济南园林志

JINAN YUANLINZHI

济南市城市园林绿化局 编

方志出版社
Publishing House of Local Records

图书在版编目（CIP）数据

济南园林志 / 济南市城市园林绿化局编. — 北京：方志出版社，2014.12
ISBN 978-7-5144-1547-6

Ⅰ.①济… Ⅱ.①济… Ⅲ.①园林—概况—济南市
Ⅳ.①TU986.625.21

中国版本图书馆CIP数据核字（2015）第007993号

济南园林志

编　　者：济南市城市园林绿化局
责任编辑：陈　菁
出 版 人：冀祥德
出 版 者：方志出版社
地址　北京市朝阳区潘家园东里9号（国家方志馆4层）
邮编　100021
网址　http://www.fzph.org
发　　行：方志出版社发行中心
电话（010）67110500
经　　销：各地新华书店
印　　刷：济南黄氏印务有限公司
开　　本：889×1194　1/16
印　　张：55
字　　数：1679千字
版　　次：2014年12月第1版　2014年12月第1次印刷
印　　数：0001～2000册
ISBN 978-7-5144-1547-6/T·11　定价：260.00元

《济南园林志》编纂委员会

主　任：韩永军

副主任：吕剑平　杨德海　刘建东　潘大波　丁桂军
孙平远

委　员：（按姓氏笔画）
于增利　尤凤尧　片西玉　王永华　王亚玲
王吉栋　王　凯　王　昆　尹相鞲　田晓东
刘运初　刘春丽　吕　杰　安吉磊　吴炳泽
张宝迎　张保全　杨　波　陈玉才　林祥龙
胡玉厚　赵晓平　郭京山　崔家新　隆中华
焦玉忠　谢玉浩　释　达　韩明新　雷学端
潘丕旗　魏　强

编委会办公室

主　任：孙平远（兼）

副主任：尤凤尧　释　达

成　员：王桂欣　于文玲

济南园林志

主　　　编： 韩永军

副　主　编： 吕剑平　杨德海　李炳锋　刘建东
潘大波　刘　洪　崔家新　杨　波
丁桂军　孙平远　于增利　王永华
吕　杰

常务副主编： 孙平远

执 行 编 纂： 尤凤尧　释　达　王桂欣　于文玲

提供志稿资料人员

（以姓氏笔画为序）

丁大尧	刁小华	于一民	于永红	于近东	万平平	马　战	马立海
马思凤	孔宪雷	王　禄	王　静	王永华	王春成	王秀珍	王泽刚
王晓莹	王清珍	王维霞	卢长明	平　静	宁　睿	田晓东	石敬爱
朱　忆	朱广伟	朱庆和	庄金萍	刘　昕	刘　洁	刘允东	刘在明
刘即文	刘俊刚	刘继群	任　正	孙济生	齐登龙	吕顺利	宋　卫
宋　惠	宋雪翔	苏　佳	李　敬	李　慧	李怀古	李海燕	李福林
李肖鹏	陈宗梅	陈希军	张　勇	张　淼	张　琳	张　蔚	张建胜
张玉林	张成伟	张洪安	张爱民	张存虎	张明忠	张宝岭	张春玲
张光群	张新春	张锦秀	张玉霞	杨　波	杨文朴	杨旭平	杨春梅
杨振龙	郑　霖	郑云霞	房立平	林　杉	林祥龙	周克强	姜　娜
郝迎久	赵　峰	侯长征	侯青云	侯宪龙	隶立楠	展　钊	袁　超
唐　洁	唐玉林	校志强	郭泗亭	徐家茂	黄海燕	索奎霖	梁　哲
曹　梁	鹿　珍	谢玉浩	康和祯	董玉凤	董成国	韩　莉	鲁　原
焦　婷	蒋三登	黑自明	窦　红	鲍　静	管恩友	潘和林	

序

济南，是国家级历史文化名城，有着9000年人类居住史和2600年的建城史，是史前文化——龙山文化的发祥地。在数千年的历史长河中，自上古虞舜到历代名士，为官、游历或安居于此，遗留下诸多文物古迹，积淀成深厚的传世文明。济南，又以“泉城”著称，境内分布十大泉群、800余处天然泉，自然风貌独具特色，文化底蕴深厚。自建城以来，依托独特的山水禀赋，引泉成河，汇河成湖，山、泉、湖、河与城市营建巧妙结合，形成“不出城郭而获山水之怡，身居闹市而有林泉之致”的城市特色。

济南深远的历史文化和秀丽的自然风光，为济南园林的形成和发展创造了得天独厚的优越条件。自南北朝起，造园家们因势造景，大展其才，创作了许多优秀的园林佳品。如建于北魏正始年间（504—508年）的使君林，元代的云庄、万竹园，明代的伊人馆，清代的秋柳园、遐园、漪园及商埠公园（今中山公园）等，均以独特的姿态彰显着园林的魅力。济南园林既有江南园林纤巧多变、含蓄曲折的特点，又有北方园林气势宏伟、富丽堂皇的风格。在这里，整个城市就是一座园林，“泉城伴生．城即园林”是其最大的特点。

新中国成立后，在中共济南市委、济南市人民政府的正确领导下，济南园林绿化事业取得了令人瞩目的成绩，先后建成了大明湖公园（今济南大明湖风景名胜区）、趵突泉公园、千佛山公园（今济南千佛山风景名胜区）、金牛公园（今济南动物园）、环城公园、五龙潭公园、植物园（今泉城公园）、百花公园、跑马岭野生动物世界、西郊森林公园（今济南森林公园）、英雄山风景区、红叶谷生态文化旅游区、济南植物园（新）、国际园博园等10余处市级公园景区和30余处区（县）级公园。由趵突泉公园、大明湖风景名胜区、环城公园、五龙潭公园整合形成的“天下第一泉风景区”，于2013年荣膺国家5A级景区称号。城市附属绿地、防护绿地、生产绿地也得到飞速发展，至2013年，各类城市绿地已达12858公顷，城市建成区绿化覆盖率、绿地率、人均公园绿地面积分别达到39%、34.6%和10.3平方米。名泉保护工作成效显著，泉水自2003年9月至今持续喷涌；2009年，济南名泉被住建部列入第二批《中国国家自然与文化双遗产预备名录》。济南园林绿化事业的蓬勃发展，有力地改善了城市面貌，提高了城市知名度和美誉度，2002年，济南市荣获“国家园林城市”称号。目前，济南园林广大干部职工以更加饱满的热情、昂扬的斗志，向建设“生态园林城市，绿色和谐泉城”的目标迈进。

为系统记录济南的风景名胜、园林发展历史和主要成就，存史和服务于今后济南城市园林建设，2008年12月，中共济南市园林管理局党委决定成立济南市园林志编委会及其工作机构，在完成《济南市志（1986—2005）》的“济南泉水”和“园林绿化”篇目的承编任务后，开始编写《济南园林志》。2009年10月，《济南园林志》编纂工作正式展开，历时4年多，于2014年6月终告完成。

《济南园林志》是一部园林部门志，通过风景区（点）、公园、泉水、城市绿化、设计与施工、科技教育、机构队伍七篇和总述、大事记、附录等志文，较为全面、客观地记述了济南的风景名胜、济南园林的历史及保护建设情况。对人们了解济南秀丽的自然景观和济南园林发展史，普及园林文化，宣介济南特色，具有重要的意义。同时，也鼓舞和鞭策广大园林职工为园林事业不懈奋斗。

在《济南园林志》编写过程中，市史志办主任李吉祥、巡视员朱佩峰始终给予了精心指导；郭元祥、孙启胜、孙培森、韩晓光等历任园林局局长，贾祥云、于红生、王玉华、杨庆绪、索奎霖、王立永、蒋三登、徐家茂、孔宪雷、黑自明、李世欣等诸位园林专家，均给予了大力支持，提出了许多宝贵的意见和建议。局机关有关处室、局属各单位和历下区、市中区、槐荫区、天桥区、历城区、长清区、章丘市、平阴县、济阳县、商河县的园林部门提供了大量资料或文稿。编纂人员细心选材，精心编纂，寒暑伏案，终铸此志。借《济南园林志》付梓之际，一并表示衷心地感谢。

中共济南市城市园林绿化局党委书记
济 南 市 城 市 园 林 绿 化 局 局 长
济南市名泉保护委员会办公室主任

2014年9月

编纂说明

一、《济南园林志》是一部系统、客观记述济南风景名胜景观和园林发展历史与现状的部门志书。以马克思列宁主义、毛泽东思想、邓小平理论、“三个代表”重要思想和科学发展观为指导，坚持存真求实的编写原则。

二、体裁，以志为主，述、记、图、表、录辅之，结构为篇、章、节、目体。

三、时间断限，上起事物发端，下至2011年年底，部分内容有所下延。

四、地域范围，以2011年济南市行政区划为记述范围，以2011年年底的地名为现行地名。

五、纪年，中华民国成立前，采用中国历史纪年，括注公元纪年；中华民国成立后采用民国纪年，括注公元纪年。公元纪年、公历和民国纪年，使用阿拉伯数字；中国历史纪年和夏历，使用汉字。

六、地名、称谓，采用当时的名称，历史地名视情括注今名。

七、行文用字，使用规范的现代语体文和规范简化字；数字使用，遵循《出版物上数字用法的规定》；计量单位，遵循《中华人民共和国法定计量单位》的规定。

八、统计数据，一般采用统计部门的数据；统计部门未有的，采用事业部门的数据。

九、引文中的差错，在保持原貌的前提下予以补正。改正字注于〔〕中，脱漏字注于（）中，残缺字以□标注。

十、本志所用图片除署名外，均由济南市城市园林绿化局和所属单位及区、县（市）园林部门提供。拍摄时间明确者括注于照片说明文末。

十一、本志所称解放前、解放后系指济南解放即1948年9月24日之前和之后。

十二、参考书目

《济南市志》（1997年版）、《济南年鉴》（1989~2012年各卷）、《历城县志》（正续合编）、《济南名泉》（任宝祯著）、《趵突流长》（趵突泉系列丛书）、《1927年济南快览》（周传铭著）、《明湖风月》（大明湖系列丛书）、《济南名胜古迹诗词楹联选》（徐北文主编）、《中国历史文化名城济南》（谢玉堂主编）、《济南地名琐话》（济南市地名协会编）、《济南树木志》（韩子奎 李景全 董兆昌 张学杰编著）、《当代山东雕塑》（陈青 胡希佳 王黎明编）、《山东近代园林》（贾祥云等主编）《水经注校证》（陈桥驿校证）、《济南楹联漫话》（荣斌 荣新著）等。

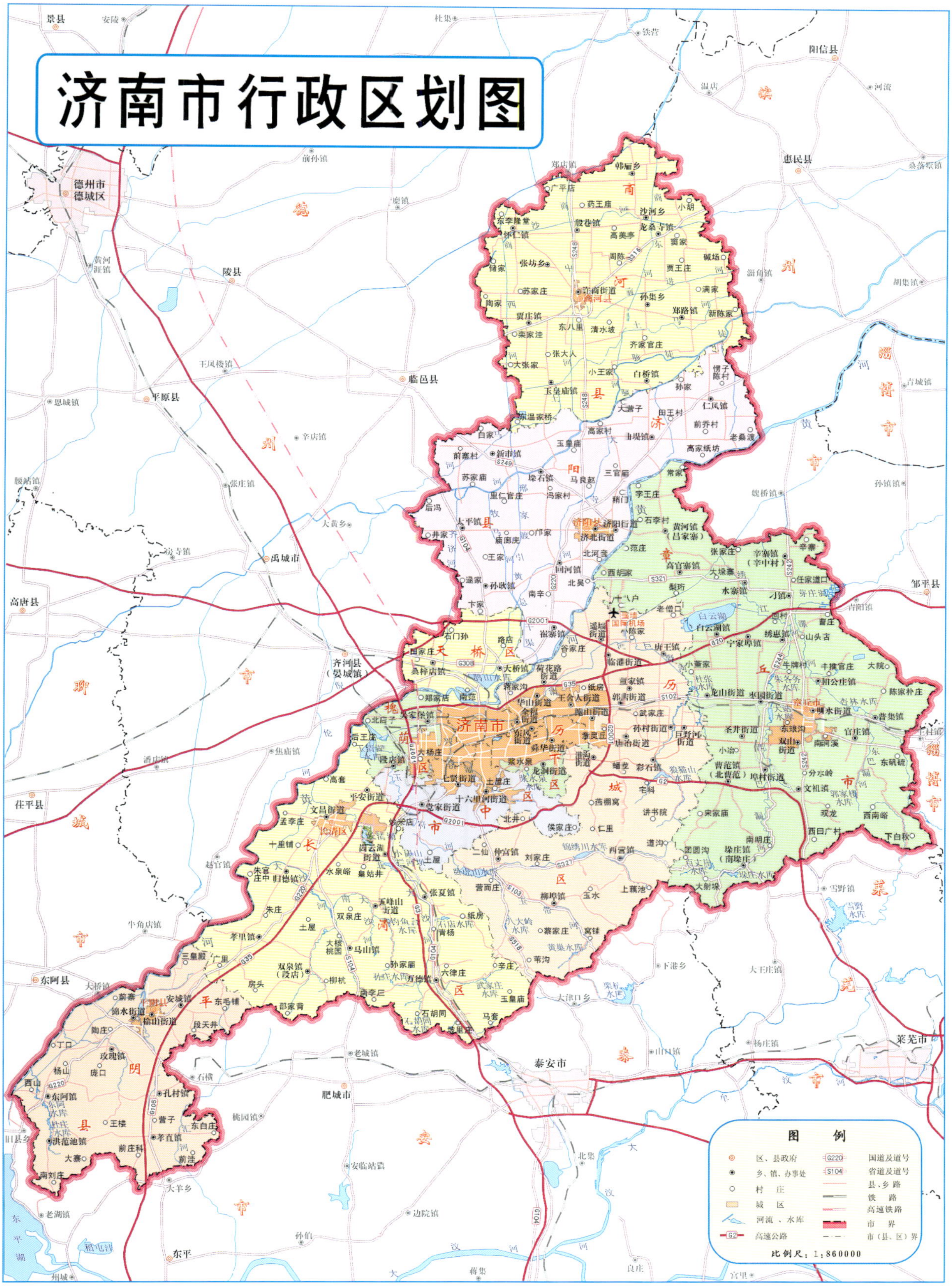

（资料截止日期2012年12月31日）

美丽泉城

三大名胜——趵突泉

趵突泉（2010年）

趵突泉（1930年）

漱玉泉（2005年）

三大名胜——大明湖

大明湖（2010年）

秋柳园

鹊华桥

三大名胜——千佛山

千佛山

千佛山牌坊

兴国禅寺

风景区

天下第一泉景区于2013年3月25日成立，同年8月15日，全国旅游景区质量等级评定委员会公布为国家5A级旅游景区，由"一河"（护城河）、"一湖"（大明湖）、"三泉"（趵突泉、黑虎泉、五龙潭三大泉群）、"四园"（趵突泉公园、环城公园、五龙潭公园、大明湖风景名胜区）组成

龙洞风景区

英雄山风景区（2003年）

红叶谷生态文化旅游区（摄影　申胜利）

公　园

环城公园

园博园长清湖

百花公园一角

济南植物园

公 园

30年代中山公园

中山公园（2011年）

五龙潭公园一隅

泉城公园一隅

济南动物园一隅

广场绿地

泉城广场

洪楼广场

燕山健身广场（2004年5月）

道路绿化

英雄山路一隅

旅游路一隅

道路绿化

经十东路

马鞍山路一隅

玉函路一隅

滨河绿化

小清河一隅

兴济河一隅

玉绣河一隅

庭院绿化

山东高等电力专科学校一隅

舜耕山庄一隅

济南污水处理厂绿化

住宅区绿化

燕子山小区一隅

鲁能康桥一隅

住宅区绿化

济南市委干休所一隅

卧龙花园一隅

古树名木

五峰银杏

宋海棠

九顶松

灵岩云檀

城市雕塑

“五三”惨案纪念碑

山师大校园内毛泽东雕像

王尽美与邓恩铭雕塑

目　录

第二篇 公 园

第三篇 泉 水

第四篇 城市绿化

第五篇 设计与施工

第六篇 科技教育

第七篇 机构队伍

附 录

总 述

一

济南园林源远流长。

早在公元前694年，鲁桓公与齐襄公相会于泺。泺，即趵突泉，距今已有2700余年的历史。

东汉章帝、和帝年间，修建于长清孝堂山的郭氏墓祠，是我国现存最早的具有园林元素的地面房屋建筑，距今有1900余年的历史。

北魏正始年间（504—508年），郑蕜建于历城北的使君林，是迄今所知济南最早的名园，距今有1500余年的历史。园内沟溪纵横，水流汩汩，亭台楼阁四周广种树木，曲廊水榭枕水傍溪，满塘红蕖盛开，莲香四溢，风光旖旎。北魏时，地理学家郦道元在《水经注》中还记载了济南城的三处园林：人工穿渠凿池，导引历水，形成了早期市内园林——流杯池（在今珍珠泉附近曲水亭一带）；另两处在城西，一处位于风景优美的古大明湖（今五龙潭一带），泺水“北为大明湖，西即大明寺，寺东、北两面侧湖，此水便成净池也。池上有客亭”。这一带湖水涟漪，林木幽深，自然风光和宏伟建筑交相辉映；另一处在泺水之源——趵突泉，这里“泉源上奋，水涌若轮”，声若隐雷，势如云沸，风景极佳。在泉畔建有娥英庙，供奉舜帝二妃——娥皇、女英。在泰山北麓、济南南部山区金舆谷，前秦皇始元年（351年）著名僧人朗公创建的朗公寺，是山东最早的一座寺院。在泰山西北方山之阴，法定禅师于北魏孝明帝正光元年（520年），建神宝寺，后又在方山之阳建灵岩寺。这些宗教建筑点缀在明山秀水之中，是济南寺观园林的开始。北朝时期，历城北还有两座园林：莲子湖和房家园。房家园是北齐博陵郡太守房豹的私家园林。北齐亡后，房豹辞官回乡，在济南城北堆山筑池以为园，“丘园自养”，人们称之为“房家园”。园内种植大量梧桐树，“杂树森疏，泉石崇邃”“风沦历城水，月倚华山树”描写的就是当时房家园的幽静奇妙景观。

隋唐时期，济南古典园林趋于成熟。见于记载的园林建筑和游览景点多分布于西、北二郊，城内园林稀少。例如，杜甫吟咏“海右此亭古，济南名士多”的历下亭，在城西五龙潭；李白描绘“绿翠如芙蓉”“含笑凌倒影”的华不注山，在城东北济水南岸，属于“郊园”性质，多天然野趣。这一时期的寺观园林发展迅速。朗公寺于隋开皇三年（583年），被隋文帝敕封为“神通寺”。隋大业七年（611年），在寺内建四门塔，迄今巍峨矗立，是中国现存最早的石塔。隋开皇年间始（581—600年），沙门信徒在历山依山势凿窟，镌佛像多尊，并建千佛寺。唐贞观年间（627—649年），对寺院进行扩建，并将“千佛寺”改称“兴国禅寺”。唐开元年间（713—741年），在千佛山东南佛慧山下深涧内建佛慧寺，城内建开元寺。位于方山之阳的灵岩寺，在唐代规模宏大，被誉为“舆内四绝”，是当时全国四大名寺之一。

北宋时，济南城市园林建设达到鼎盛时期。随着城内大明湖（今大明湖）形胜的日益丰富，园林建设的重心遂由近郊移进城内，形成了以大明湖为主体的园林群落。曾巩在奠定济南园林游览格局方面功不可没。北宋熙宁四年（1071年），他出任齐州（今济南）知州，除在政治、经济上积极作为外，还致力于开发名胜资源，整修风景区，尽取济南山河湖泉之胜，布设建筑园林。围绕大明湖修筑北水门、百花洲、百花堤、百花台、百花林、北渚亭、阅武堂、环波亭、芍药厅、水香亭、静化堂、仁凤厅、凝香斋、芙蓉台等景观，在趵突泉畔修建历山堂和泺源堂，并撰《齐州二堂记》。文中第一次记述了济南趵突泉水来源于泰山之北与齐之东南诸谷之水，自渴马崖潜流至历城之西复涌成泉；第一次将“趵突泉”之名载于文字，世代不易。并赞誉济南“齐多甘泉，冠于天下”。曾巩还在城区环绕大明湖修筑七桥，有泺源桥、鹊华桥、百花桥、芙蓉桥、北池桥等，形成了历史上著名的“七桥风月”景观。在他调离齐州后仍怀恋此地风光，发出“从此七桥风与月，梦魂长到木兰舟”的感叹。

金、元二代，济南城市园林建设持续发展。官僚贵族、文人学士造园蔚然成风，城内城外私园密布。金人在趵突泉畔建胜概楼；元赵孟頫在泺口以东修建景色幽雅的砚溪村；张养浩在“城北十里”处构造云庄别墅。城内大明湖畔新建了天心水面亭、超然楼、鱼乐楼、汇波楼等一大批园林建筑。另外，城西还有万竹园。当时的趵突泉、华不注山和大明湖号称“济南三绝胜”，蜚声海内。华不注山下的华阳宫寺观建筑群历史悠久，创始年代史料无详细记载。至金兴定四年（1220年），丘处机的弟子陈志渊对华阳宫进行拓建，渐成规模。自此香火绵延，经久不衰。

明代，济南城市园林建设的重要成就之一是德藩王府的建造。明成化二年（1466年），德王朱见潾因爱济南湖山泉水之胜，在珍珠泉建德王府，将溪亭、散水、云楼、濯缨等名泉划入王府院内。王府面南山，负百花洲，规模宏大，“园亭山石之胜，甲于全省”“宫中泉眼以数十计，皆澄泓见底，石子如蒲然”。其中的濯缨湖（亦称王府池），广四十余丈（1丈=3.33米），“名花匝岸，澄澈见底；亭台错落，倒影入波；……白云缭绕，下接水光，上浮天际，宫殿隐隐在烟雾中，宛然如画”。德王府，既有皇家园林之气魄，又有山水园林之幽美，远近驰名。明代还在大明湖滨修建了尹公亭、青萝馆、水云居、云波亭、瀛洲亭、涟漪园、芙蓉亭、烟雨亭、小淇园、白雪楼、闻韶馆、晏公庙等一大批亭台楼阁风景名胜。明代大学士殷士儋在元代万竹园旧址修筑别墅通乐园（清代为二十四泉草堂），烟水苍茫，泉石错落，斋阁静深，清幽秀丽。济南东部园林亦有所发展，李攀龙在鲍山筑白雪楼，“前望泰麓，西北眺华不注诸山……每一登临，郁为胜观”。除鲍山白雪楼外，还有湖上（百花洲）白雪楼，泺源（趵突泉）白雪楼。伊人馆建在五龙潭（清代改为贤清园、朗园）。城内的开元寺被迁往城外佛慧山下，城南千佛山上建一览亭。

明末清初，由于天灾人祸，济南园林缺乏整修，大多荒废。但大明湖作为园林风景区的自然基础尚在，因此，清代又于湖畔修筑了南丰祠、铁公祠、得月亭、张公祠、阎公祠、李公祠、遐园等。济南亭榭以历下亭最为古老，康熙时又重新整治，移至湖中岛上，即今之历下亭之所在；在大明湖北岸，山东盐运使阿林保于铁公祠前修小沧浪，有堂、台、廊、榭，尽收湖山美景；德王府在明末毁于战火，清巡抚周有德移青州衡王府的木石加以重建，称名山东巡抚部院署，规模更大，也更加宏丽奢华。这一时期私园继续发展，桂馥于乾隆五十六年（1791年），在城西五龙潭造潭西精舍，有倚杖桥、谈助亭、琴床、芳林、水槛等景观，呈现出“树色不离门，水声长绕屋”的优雅景致；城西的图云馆、漪园等也都是著名的私家园林。城内湖畔、水边多植柳种荷，形成了“四面荷花三面柳，一城山色半城湖”的景观。刘鹗在《老残游记》中赞曰：“家家泉水，户户垂杨”。由于城北水势进一步消退，风光稍减，城南的千佛山取代了华不注山的地位，成为济南著名的游览胜地。清末，济南园林开始走上社会化发展之路。清光绪二十九年（1903年），当局以官商合办名义，在济南南郊燕子山、马鞍山、千佛山南麓辟山场（苗圃）3个，开了济南官办苗圃之先河。光绪三十年（1904年），青岛树艺公司派员到济南开场种树，并在城东创设林业试验场，从事林业试验研究和改良工作。这一年，开辟济南商埠，开始建造济南城市中的第一个公园——商埠公园（即今中山公园），建成面积5.1万平方米。

民国元年至济南解放（1912—1948年），济南园林开始有计划发展。一是建了第二个公园。民国17年（1928年）5月，日本侨民机构（居留民团）在商埠经六纬八路一带建专用公园〔民国34年（1945年）改为胜利公园，1950年1月改为青年公园，今博远广场〕，面积约2.64万平方米。至此，济南有了两个总面积约7.74万平方米的公园。二是对市区风景名胜进行了修葺。民国19年至23年（1930—1934年）对中山公园和大明湖、千佛山部分建筑进行维修。大明湖的晏公庙，因危旧被拆除改为晏公台；将千佛山的东西庙加以翻修油漆，重铺东西两条登山盘路。20世纪40年代初，有将“大明湖辟为公园”的计划。当时，历下亭、铁公祠及周围湖田面积仅1.83万平方米，其余湖田、河道均由湖民占有，最终未形成公园格局。三是开始对城市道路进行绿化。民国4年（1915年）在济历路栽种刺槐、柳树。民国19年（1930年）前后，又在商埠区19条道路上栽种刺槐。民国30年（1941年）年底，市区28条道路有行道树8000株左右，其中，10%是杨柳树，90%是刺槐。四是规定植树节，开展植树造林活动。民国政府成立后曾规定清明这天为植树节。民国19年（1930年）3月12日，济南各界举行纪念孙中山逝世5周年植树典礼，开展植树活动，并遵令将植树节改为3月12日（孙中山逝世日），嗣后每年是日举行植树活动。民国29年（1940年）根据北方气候条件恢复清明为植树节，植树节前后一星期为植树周，并在植树节这天举行植树典礼。同时利用标语口号、电影广播、布告、课堂等形式宣传造林意义及栽植管理办法，出版《造林浅谈》《我们对造林之认识》等宣传册，进行宣传活动。从民国19年至33年（1930—1944年），山东省建设厅曾先后划千佛山西麓至太平岭北面一带荒山，市区各义地、隙地、河岸、湖畔、马路两旁、羊头山、金鸡岭北麓、省体育场附近隙地及义冢地，济南南部五里山等为绿化造林地点，组织职员、社会团体、学校分日植树。在济南市南部太平岭以东，黄石崖以西一带荒山进行雨季造林，对小龙洞、卜居山、四里山、六里山、开元寺等山林空隙地补植树木。据开展植树周活动资料记载，至民国32年（1943年），济南城区共有树株102020株；至民国34年（1945年），省第一林务局济南林场山林面积有451.6万平方米，树株约142万株。在开展造林植树活动中，省市政府（公署）自民国19年至32年（1930—1943年）先后在济南地区建了一批苗圃，共13个，总面积约24万平方米。按其所辖分为省辖、市属和私人三种类型。省辖苗圃有东关苗圃、辛庄苗圃、马家庄苗圃、白石涧苗圃（也称开元寺苗圃）、柳埠苗圃、袁洪峪苗圃、段店苗圃、桑园苗圃等，面积15.16万平方米；市属苗圃有金牛山苗圃〔民国31年（1942年）改称济南市苗圃〕，由市政府于1937年4月租地开办，面积8337.5平方米；私人苗圃有同利农场、中华农林种苗公司、华东农业改进社、郭毕苗圃，总面积不足百亩。这些苗圃通过购、典、租地形式开办，苗木种类有侧柏、刺槐、杨、柳、桐、松、杏、桃、梨、葡萄、柿、枣和少量花卉。所育苗木多以经济为目的，部分兼作试验，为植树造林提供苗木。民国时期一度取得的园林成果由于日军入侵、内战、管理不力、自然灾害等原因，基本没有保持下来。至1948年济南解放时，济南的传统园林特色已不复存在，仅存大明湖、趵突泉、千佛山、四门塔、灵岩寺、五峰山及中山公园、胜利公园。园林苗圃用地2.9万平方米，市区行道树不足2000株，人均公共绿地仅0.25平方米。

二

济南解放后，济南园林事业得到恢复和发展。1949年5月市人民政府建设局设农林科，管理园林工作。先后整修了人民公园、青年公园和大明湖、趵突泉的部分文物古迹及园林建筑等。同年，始建四里山烈士陵园（1968年竣工）和300万平方米的林场；1950年，征购125.56万平方米园林绿化用地，建起了金牛山、黄台、泺口、辛庄、峨眉山、兴福寺6个园林苗圃，总面积27.9万平方米，育苗36万株。

1953—1965年，城市园林事业有长足发展。1955年，将大明湖和城墙旧址连为一体，扩建成大明湖公园。1956年，拆迁趵突泉周围部分居民住房，改建成趵突泉公园，趵突泉园区面积由原0.3万平方米扩大到1.47万平方米。1959年，将千佛山辟为公园，并制定了建设环城公园的规划。1960年，利用金牛山和周围土地建成以观赏动物为主的金牛公园。1964年，再次扩建趵突泉公园，将散布于附近街巷院落的马跑、浅井、洗钵等十几处名泉扩建于园中，成为园内名泉。同年，将市蔬菜园艺场66.7万平方米的菜地改育树苗，建立了西郊苗圃，组织33个单位自建苗圃13.6万平方米，增加苗圃面积79.3万平方米。这一时期，原有的人民公园、青年公园也得到改造。同时，建起了黑虎泉滨河游园，扩建了五龙潭，辟建了共青团路、解放桥、顺河街、泺源街、成丰桥、山东宾馆等10多处街头绿地。发动群众在橛山、平顶山、鹊山、药山、峨眉山等风景点营造风景林，在市区护城河、兴济河、小清河沿岸和黄河二道坝及市区道路植树造林；发动机关、学校、工厂等单位发展专用绿地，涌现出山东师范学院、机床二厂、机车工厂、匡山肥料厂等一批绿化先进单位。至1965年年底，市区公园增加到6个，面积达到149万平方米；有各种树木83万株，市区195.6公里的主、次干道上均种植了行道树；近郊宜林山地初步进行了绿化，造林1330万平方米；建立市属苗圃7个，育苗面积达156.7万平方米；城市人均公共绿地2.3平方米。市区以泉水为中心，初步形成了点、线、面相结合的园林绿化系统。

“文化大革命”开始后，公园被视为“封、资、修”产物，千佛山著名石刻造像遭到严重破坏，大明湖北极阁元代泥塑被打碎置于湖中，公园建筑和设施均遭到不同程度破坏。123.9万平方米的绿地被侵占，千亩西郊苗圃改作“五七干校”，百万株树苗被拔掉，园林基建队伍被迫改行，城市人均公共绿地面积下降到1.8平方米，其中，槐荫区、市中区平均每人占有绿地仅为0.13平方米，历下区为4.01平方米。园林房屋严重失修、失养，完好率不到30%。1972年，市园林管理处成立后，园林事业有所恢复。对大明湖公园进行建成开放以来的第一次大规模清淤疏浚，使大明湖水深均达2米以上，蓄水量由27万立方米增加到83万立方米。城市绿化也逐渐恢复建设，到1977年年底，全市148条主要道路都补植或新植行道树，公共绿地总面积达到159.37万平方米，近郊山场有林面积由“文化大革命”前的1330万平方米增加到2600万平方米。

中共十一届三中全会后，国家进入社会主义现代化建设新时期，济南园林事业重新振兴。1978—1984年，先后修复了被破坏的名胜古迹；新建了一览亭、乐云亭、望岱亭、娥英池、赏菊阁、明湖楼、李清照纪念堂等一大批园林景点和公园服务设施。大明湖、趵突泉、千佛山、金牛、人民、青年6个公园面貌大为改观。这期间，还改建扩建了汇波楼、万竹园、辛亥革命烈士陵园；新建街头绿地81处，面积7.43万平方米；建设和修复专用绿地238.2万平方米；营造风景林、防护林，植树70多万株；修建了面积11万平方米的马鞍山苗圃，并将向阳果园、英雄山果园的部分林地改成苗圃，增加生产绿地20余万平方米。1986年，建成沿护城河环绕古城一周的环城公园，把著名的黑虎泉、趵突泉、五龙潭和大明湖联系起来，构成了古城绿化中心。环城公园全长6.9公里，两岸宽阔的绿化带，形成开敞式城市绿地，使城区的环境条件得到改善。此后又分别于1987年和1989年建成五龙潭公园、济南植物园（今泉城公园）、百花公园。四个市级公园的建成，增加公园绿地106.6万平方米。1989年新建了动物园嘤鸣馆、千佛山地下游乐宫等游园项目。到1990年，市区已有公共绿地558万平方米，专用绿地953万平方米，生产绿地161.1万平方米，防护绿地298万平方米，城市绿化覆盖率达到30%，人均公共绿地面积达4.07平方米，比1976年人均增长2.21平方米。

1991—1996年，根据市十届人大常委会第十八次会议作出的《关于济南大环境绿化建设方案的决议》和市委、市政府《关于奋战十年绿化济南的决定》，市政府抽调园林局机关人员组成省会城乡大环境绿化指挥部办公室，组织实施了规模宏大的济南大环境绿化一期工程。市以上（包括市级）驻济南党政机关、社会团体、企事业单位、部队共61个系统52万余人，按每人每年植树5株，一次分配五年任务，包栽、包活、包管理的要求，统一分配到历城区、章丘市、长清县的24个有荒山的乡镇划定责任区植树造林。全市的党、团、妇、民兵、少先队等组织也被组织起来，营造“七一”林、“五四”林、“三八”林、“八一”林、“六一”林，全市每年有上百万人参加大环境绿化建设，全民义务植树尽责率达到90%以上。到1995年年底，一期工程主要建设任务圆满完成，共完成荒山造林6.67万万平方米，补植疏残林2万万平方米，植树2亿多株。其中市以上机关团体企事业单位及驻济南部队61个系统完成植树1100多万株。公园建设方面，先后新建、改建了大明湖湖心亭、植物园（今泉城公园）水上世界、动物园华宇宠物乐园、大明湖明昌钟亭、百花公园水上乐园、大明湖天香园养兰基地、动物园垂钓园、趵突泉公园南大门、大明湖铁公祠、千佛山奇能滑道、趵突泉公园白雪楼；实施了环城公园东护城河段和大明湖公园秋柳园至西南门段清淤工程，西郊森林公园开工建设。城市绿地建设方面，发展速度趋缓。共建公共绿地13.1万平方米，减少生产绿地面积30余万平方米，主要是园林苗圃因外环西路建设减少了10.08万平方米；花卉和向阳果园两苗圃原有育苗地面积约20万平方米，因建商城、居住小区和舜耕山庄等被全部征用。至1996年，城市绿化覆盖率为30.5%，人均公共绿地面积5.01平方米，比1990年分别增长0.5%和0.94平方米。

1997年，济南园林事业开始步入新的快速发展期。到2002年，以创建国家园林城市，实现市委、市政府“济南五年大变样”战略部署为目标，在加强城市绿地养护管理的同时，连续组织实施了五期“造绿工程”，建设了黄河济南市区段、玉符河、小清河、济南钢铁厂、黄台电厂等多条防护林带；建成西郊森林公园和华山、药山、匡山、浆水泉等19个区级公园，对趵突泉公园实施扩建改造，增加公园绿地2700余万平方米；新建43个总面积133.3万平方米、各具魅力的绿地广场，结束了济南市区无绿地广场的历史；建设街头及社区绿地、游园326处，总面积达1991万平方米；发展单位附属绿地2197万平方米；新建了百合花卉和北国卉苑2个市属园林苗圃、5个区属苗圃，增加生产绿地81.6万平方米；建成了英雄山风景区和红叶谷生态文化旅游区。2002年12月6日，济南市被建设部正式命名为“国家园林城市”。创建国家园林城市、城市绿化面貌大变样目标实现后，到2005年又相继实施完成南至分水岭、北到大明湖全长10.5公里的玉绣河综合治理工程、植物园（今泉城公园）建园以来规模最大的一次综合整治改造工程和集植物科研科普、旅游观光休闲于一体的山东神洲生态乐园暨新济南植物园建设工程，进一步巩固和发展了园林绿化成果。2005年年底，城市绿化覆盖率、绿地率、人均公共绿地面积分别达到39.6%，33.8%和9平方米，城市绿化面貌发生显著变化。

2006年3月，市园林局提出“建设创新型园林”和“构建‘三环’‘四区’‘六带’‘九廊’‘多楔多点’[①]的绿化框架布局，把济南建成绿地分布合理、植物多样、景观优美、特色突出、生态环境良好的生态园林城市”的发展目标。围绕这一目标，从园林建设经营理念、体制、机制、科技、环境五个方面进行改革创新，组织实施了一系列省、市重点园林绿化工程。主要有：（1）市区道路绿化提升工程。2005—2007年，投资5亿多元，对经十路、经一路、工业南路、二环路等52条重点道路的绿化进行了全面改造提升。（2）环城公园整治改造环境提升和护城河通航工程。2007—2010年，分三期对环城公园实施整治改造，实现了护城河环河通航，环城公园被打造成泉城标志区游览景观带。（3）五龙潭公园扩建改造工程。2008—2010年，对公园北区实施了扩建改造，增加公园面积2.06万平方米。（4）大明湖扩建工程。2004—2009年，对大明湖实施扩建，投资20多亿元，扩挖湖面9.4万平方米，增加绿地15万平方米，扩建区域免费向社会开放。（5）第七届中国（济南）国际园林花卉博览会筹办暨济南园博园建设工程。2008—2009年，历时一年多，完成园博园建设任务，使该届园博会按期开展，创下历届园博会筹办用时最短、规模最大（园博园占地总面积346.79万平方米）、参展城市最多（共有86个国内外城市参展，展园达到108个）的新纪录。（6）迎全运城市环境综合整治绿化美化工程。2009年，为迎接中华人民共和国第11届运动会在济南举行，高标准高质量地完成了“三区”“四桥”“五廊”“七场”“九园”“三十二路”[②]和58座破损山体的绿化美化整治任务。（7）森林公园建设及百花公园环境改造提升工程。该工程于2010年3月分头开工实施，当年年底，两公园建设和改造提升任务圆满完成并免费向社会开放。（8）生态园林城市建设工程。2010年，围绕建设生态园林城市目标，开展了“公园绿地建设年”活动，投资11亿元人民币，新建、改建区级公园、街头游园、社区公园29个，25条道路提升绿化，各市属公园、风景区从硬件设施、服务管理、游园活动多个方面提升了建设管理水平。在当年“全国文明指数测评”中，公园、风景区作为必测单位，以一流的园容园貌通过测评，为济南市“文明指数”位次的大幅提升和争创“全国文明城市”做出了贡献。2011年以“重点工程建设和管理创新年”为抓手，园林工作取得新的成绩。重点工程建设项目有序推进。百花洲片区整治工程当年完成工程立项、招标及新增区域的拆迁摸底工作，并开工建设建筑面积4681平方米，完成了群联报社、万寿宫、南厂房等老建筑的整修；大明湖——小清河通航工程立项、建设用地规划许可、规划方案编制等前期准备工作基本完成；千佛山环境改造提升工程基本竣工，完成投资2188万元。城区绿地建设实现新突破。在103省道、二环南路等80余条道路实施绿荫工程，栽植大规格乔木，对省府前街、经十西路等27条道路实施绿化提升。公园、景区建设再上新台阶。完成公园周边环境整治15项，动物园金牛湖片区改造、跑马岭野生动物世界表演馆改造等园区整治提升53项，建成并开放森林公园科普馆；对洪山公园、峨眉山公园、唐冶体育公园等10个区级公园出入口实施整治、苗木栽植和基础设施建设。至当年年底，全市共建有各类城市绿地11980.91万平方米，其中，公园绿地2913万平方米，防护绿地805.07万平方米，附属绿地4262.4万平方米，生产绿地430.26万平方米，其他绿地3570.18万平方米，城市绿化覆盖率、绿地率、人均公共绿地面积按新的建成区面积和人口计算分别达到37%、33.6%和10.3平方米。

三

1978年以来，在中国共产党的改革开放政策指引下，济南园林尝试改革，有力地推动了园林事业发展。

1983年4月16日，济南市人民政府发出《关于对事业单位试行企业化管理意见的通知》，确定从当年起，在设计、市政、园林、剧团、劳教招待所和科研部门的实验厂、车间及校办工厂等单位试行企业化管理。济南园林作为试行单位之一，随即开始实行企业化管理改革。至20世纪80年代末，主要进行了四项改革。（1）1985年在全国率先对公园经营模式进行改革。公园管理经费由政府全额拨款改为主要靠公园自身通过提高环境效益和服务水平，吸引游客，开展多种经营增加收入来解决，差额部分再由政府财政补助。为适应这一改革，允许园林之外的国营、集体和个体服务行业到金牛、大明湖、千佛山等公园租赁房屋，或在指定地点自建商亭，从事经营服务。经营方式可独立经营，亦可与公园职工集资入股合作经营。所有进入公园从事经营服务的单位和个人，都与公园签订合同，明确经营服务项目、年限及缴费数额等。自此，济南市公园经营服务模式走上多样化之路。（2）对园林管理机制进行探索性改革。1986年11月，经市编委批准，成立了山东省第一个“事业属性，企业化管理”并取得国家园林工程二级企业资质的单位——济南市园林开发建设服务中心。90年代初，局机关从局长、处长到一般工作人员，层层实行岗位目标责任制，全局各项工作任务一一分解落实到局、处长和每个工作人员，每月考核一次，考核结果与奖金挂钩。基层单位领导实行任期目标责任制，任期内对落实局每年核定的生产、经营、环境、安全和精神文明建设等管理目标负完全责任，经年终考核，完成管理目标任务的，奖金可高于单位平均奖的50%—100%；超额完成任务、成绩突出的，局再给予一次性奖励；未完成年度目标任务的，扣减主要领导人和有关责任人的奖金，直至扣发50%的基本工资。基层单位的班组，根据承担的工作任务分别采取不同的承包方式。公园绿化卫生工作，实行定岗、定员、全面目标管理责任制，局、单位、分管科室三级考核，以分计奖，其奖金高于平均奖的20%—30%；未完成定额指标的，相应扣减奖金和工资。公园门票实行定岗、定员、定收入，超收部分按比例提成；观赏花室和实验性花室实行定数量、定品种、定效果的目标化管理，考核达标发全额工资和应得奖金；经营性花室实行定产量、定收入、定支出、定上缴利润，超额提成奖的“四定一奖”办法；苗木生产实行定额目标管理，责任落实到人，工资奖金浮动，体现多劳多得；商业服务和其他有经营收入的单位，经过测算，确定承包基数和有关服务标准，实行经济定额承包超收分成或租赁承包自负盈亏；行政后勤部门，因岗设人，定员定责。各项管理、服务、生产工作，局每月、单位每周、班组每天督导考核，根据督导考核结果，年终兑现奖惩。（3）改革市区绿化管理体制。1984年3月，中共济南市委、市人民政府印发《关于深入改革市区管理体制若干问题试行制度》。根据文件精神，当年即对济南市城市绿化管理体制进行改革，市城区绿化由市绿化队统一管理改为市、区两级管理，以区为主，人、财、物、权亦下放到区。原属市绿化队的72名职工调整充实到各区绿化队。（4）在人事制度方面也尝试了改革。主要是打破用工制度，新进园林职工实行合同制；打破干部任命制，基层单位行政领导副职和专业技术人员实行聘任制；打破干部、工人身份界限，在工人中选拔聘任干部。1986年，济南三十八中园林专业毕业生首次作为合同制工人进入园林系统工作，打破了济南园林原有的用工制度。1987年6月，基层单位行政领导副职一律实行聘任。1988年，聘任制在专业技术人员中全面实行。局属单位所需的专业技术岗位，由市职称改革领导小组以指标限额的形式下达给园林局，再由园林局职称改革领导小组下达给各单位。各单位根据实际需要设置专业技术工作岗位，规定岗位职责，按照下达的专业技术岗位限额指标审报专业技术职务，实行评聘一致。这些改革举措，对于减轻政府财政负担，调动园林职工积极性、创造性，尽快消除“文化大革命”影响，恢复园林事业发展，起到了积极作用。

进入20世纪90年代，园林改革继续深入进行并取得开拓性成果。

1993年，市园林局工会制定《关于事业单位经办经济实体的试行意见》，鼓励各单位兴办经济实体，走自我发展的路子。同年，局属事业单位即开始兴办经济实体。到1997年年底，市园林系统各单位都成立了园林绿化公司等经济实体。园林绿化公司除参与济南市园林绿化建设工程竞争外，还走出济南，参与省内、国内，甚至是国外的园林绿化建设。为多渠道获取资金，在市场竞争中立足，1997年，中共济南市园林局党委提出“主业精，副业兴”，在抓好主业的同时，大力发展园林经济的发展思路，并提出承揽园林工程、发展花卉苗木生产、经营好园林有形无形资产、创新绿地养护管理方式、开发建设新景区、建立园林工程质量监督监理制度、加强公园门票管理发展园林经济的“七条路子”，推进了园林事业的发展。

园林管理机制改革实现突破。为促进城市园林绿化事业单位逐步走上自主管理、自我约束、自我发展、自我完善的道路，对全局20个单位，依据其职能、创收情况划分为自收自支、差额补助和全额预算三种类型，在机构编制和经费预算方面，实行分类管理。1998年，将从事园林设计施工的单位从事业管理体制中分离出来，按照“政企分离、事企分离、管养分离”，增强园林发展活力的改革目标，组建了济南园林开发建设集团。济南园林开发建设集团作为全局系统深化体制改革、机制创新的平台和调整事业结构、加快园林产业发展的主要载体，积极引进各类专业人才，分别成立齐鲁景石公司、设计公司、施工公司等多个专业分公司，构建起适应市场经济发展要求的济南园林新模式、新体制、新机制。1999年8月，市园林局将市园林科研所和花卉苗圃两单位合并，组建了济南市花卉苗木科研中心。科研中心自成立起，积极贯彻中央关于逐步推行“事改企”的体制改革和机制改革的双改精神，因事设岗，竞争上岗，以岗定酬，充分调动了员工积极性，在较短的时间内，实现了园林花木科研、生产、销售、服务一体化，成为山东最大的花卉苗木科研生产基地及出口单位。2000年，园林开发建设集团以股份制方式，投资开发建设了占地260余万平方米的红叶谷生态文化旅游区。红叶谷生态文化旅游区建设与管理全面实行企业化运作。同年9月，济南市花卉苗木科研中心（2000年10月更名为济南市花卉苗木开发中心）注册成立济南百合园林集团有限公司（原称济南百合花卉有限公司），注册资本2218万元，下设花卉有限公司、园林绿化工程有限公司、绿洁有限公司、山东神洲园林有限公司、鲁兴园林绿化工程有限公司、花卉展销市场等子公司和分支机构，成为集园林花卉苗木及相关产品科研、生产、经营和园林绿化工程设计、施工、绿地养护管理于一体的大型综合性企业。2001年，开始在各公园实行卫生保洁管理制度改革，取消临时工编制，由正式在编人员组成卫生保洁班组，负责园内清洁卫生。对保洁班组按照核定的人员编制、经费投入和规定的卫生保洁标准进行管理，精简压缩后勤杂工，充实卫生保洁用工，实行优者奖、庸者下、劣者罚，各公园保持了一流的环境卫生，既节约了经营管理成本，又调动了在职人员的积极性。2004年，经十东路建设完工后，对该路的绿地养护方式试行改革，将绿地养护经费由原来按属地编制人数拨付，改为按绿地面积核拨管理费和绿地养护美化费，绿地养护队伍通过公开招标方式择优选定。济南百合园林集团绿洁公司以队伍技术力量强、养护费用低等优势中标，取得了对经十东路绿地的养护管理资格。自此，济南重点绿地及新建绿地的养护管理普遍实行了公开招标。为加强对中标绿地养护管理的监督，根据中标管养路段和地点的重要程度以及管养植物的种类，制定绿地分类标准，划分绿地级别，制定相应的管理考核标准，分类分级进行承包管理。市园林局每个季度组织检查评比，对连续出现检查不合格的单位实行淘汰制。同年，中共济南市园林局党委又谋划由百合园林集团牵头，大明湖风景名胜区管理处、趵突泉公园管理处、千佛山风景名胜区管理处、园林开发建设集团、百合园林集团、齐鲁园艺景石有限公司、西苑绿化工程有限公司、世博园林工程有限公司等局属单位共同投资，组建山东神洲股份有限公司，建设集旅游观光、休闲娱乐、别墅度假于一体的大型生态旅游景区山东神洲生态乐园。公司注册资本1290万元，景区建设以公司资产为基础，按照“分期开发，滚动发展”的战略有序实施。到2006年9月，山东神洲生态乐园内的世界城、济南植物园等景区建成并对外开放，成为济南市由园林主管部门主导的、以股份公司投资形式建设的首个大型生态旅游景区。2009年建成的济南国际园博园，从筹建开始就实行市场化运作。建成之后，绿化、保洁、经营全部实行招标管理，实现了从管人到管事、以费养事的转变。

人事工资管理实现制度创新。1993年8月，根据济南市人事局转发省人事厅《关于进一步做好专业技术职务评聘工作的意见》，对实行企业化经营、经费自收自支的单位，参照企业的办法自主设岗；财政差额拨款的单位，因事设置专业技术岗位，由局职称改革领导小组审核确定，自然减员补缺评聘。1998年，根据山东省人事厅《关于全面推行竞争聘任专业技术职务的通知》精神，市园林局制定了《关于推行竞争聘任专业技术职务的实施意见》，在全局系统全面推行专业技术职务双向选择、竞争聘任制度。专业技术人员申报相应专业技术职务任职资格，不再受岗位限额的影响，技术人员取得初级职称满四年、中高级职称满五年并做出相应成绩的，即可获得申报高一级专业技术职务资格，但所在单位必须以上级批准的专业技术岗位限额评审聘任。2006年后，竞争聘任专业技术职务的做法也制度性地在行政职务中推行。基层领导副职和中层干部、机关处室领导副职和部分正职，都破除了干部任命制和职务终身制，实行竞争聘任。2010年11月，局组织处下发《园林事业单位岗位管理试行办法（征求意见稿）》，实行因事设岗、按岗聘用，根据工作任务、实有员额和事业发展需要等因素，科学合理设置岗位，明确岗位职责及任职条件，建立符合园林特点和要求的管理制度，推行全员人员聘用制度，变身份管理为岗位管理。工资分配制度方面：1992年以后，遵照国家“以按劳分配为主体，其他分配方式为补充”的精神，全局在有条件的单位开始实行自主承包经营，除按劳分配外，资本收入、经营收入等生产要素开始参与分配，突破了延续几十年的个人收入分配制度。1993年，事业单位工资制度改革，专业技术人员实行专业技术岗位工资制，技术工人实行技术等级工资制，管理人员实行职员职务等级工资制，普通工人实行等级工资制。工资构成上由固定部分和活的部分（津贴）组成，固定部分占工资总额的60%，活的部分占40%。1994年后，生产要素参与分配得以推进，鼓励职工投资入股，允许经营入股分红、发放年终奖励等，使其工资收入体现技术要素的投入，实行工资总额包干和功效挂钩办法，允许兼职兼薪，多劳多得，职工收入分配呈现多种类型、多种形式的格局。对聘用的非在编人员执行备案制度，履行《中华人民共和国劳动法》和《中华人民共和国劳动合同法》有关规定，保证了用人单位和聘用人员的合法权益。2009年9月，市园林局制定《关于规范园林事业单位非在编工作人员工资发放有关问题的指导意见》，对局属各单位通过公开招聘签订劳动合同的非在编人员，要求合理确定工资水平，建立正常增资机制，科学设置工资结构，参照劳动力市场工资指导价，确定岗位工资标准和工资差距，建立以岗位测评为依据，以岗定薪，岗变薪变的工资制度，实现留住人才、用好人才的目的。

城市绿化管理体制不断深化。进入90年代后，对20世纪80年代初改革形成的“市、区两级管理，以区为主”的绿化管理体制，继续进行改革完善。1998年，在市、区成立了依法管理城市绿化的专门执法队伍——市园林监察支队和各区的园林监察大队。2004年，市、区园林监察队伍随全市城管体制改革并入市综合执法局。园林监察执法队伍的成立，对加强城市绿化保护管理发挥了重要作用。2003年，市政府推进城管重心下移，城市绿化管理体制改革进一步深化，城市绿化管理重心下移到各区街道办事处。到2011年，“两级政府（市、区）、三级管理（市、区、街道）、四级网络（市、区、街道、社区单位）”全新的城建绿化管理体制建立起来。

2013年5月10日，济南市政府批准了市园林局与市规划局编制的《济南市城市绿地系统规划（2010—2020年）》，为济南市城市园林绿化建设发展规划了新的蓝图。到2020年，济南将建成绿地分布合理、生态环境优良、可持续发展、“山、泉、湖、河、城”相融合、独具泉城特色的国家生态园林城市。广大园林干部职工将为实现这一目标而奋斗。

①三环：市区内环路、二环路、绕城高速；

四区：大明湖、千佛山、英雄山、龙洞四个风景区；

六带：玉符河、大辛河、绕城高速东环线、西巨野河、黄河、小清河防护绿带；

九廊：104、309国道，102、220、103省道，大桥路，旅游路，刘长山路西延长线，世纪大道。

②三区：奥体中心场馆区、园博园周边区、省体育中心赛区；

四桥：顺河高架桥、天桥、二环东路高架桥、玉函立交桥；

五廊：102、103省道，220、104国道，世纪大道；

七场：历下、舜耕、英雄山、槐苑、槐荫、火车东站和洪楼广场；

九园：大明湖风景名胜区、千佛山风景名胜区、趵突泉公园、百花公园、动物园、泉城公园、环城公园、五龙潭公园、中山公园；

三十二路：经十路、经十东路、经十西路、历山路、大纬二路、英雄山路、经一路、花园路、经七路、泺源大街、工业南路和北路、解放路、旅游路、舜玉路、玉函路、舜耕路、山大路、济微路、济泺路、堤口路、马鞍山路、黑西路、黑北路、二环南路、二环西路、二环北路、和平路、张庄路、北园路、山师东路、泉城路。

大事记

鲁桓公十八年（前 694 年）

《春秋》记载，鲁桓公十八年春，“公会齐侯于泺”。“泺”即今趵突泉，这是见诸历史文献的关于济南泉水的最早记载。

鲁成公二年（前 589 年）

齐晋鞌之战爆发。齐国侵占鲁地，鲁国求援于晋，晋、鲁、卫三国联合伐齐。六月，双方在今济南北马鞍山一带决战，齐军溃败，率军作战的齐顷公被晋军追赶至华不注山（今济南市区东北部华山）下，在车上与大臣逢丑父更换驾乘位置并佯装下车到华泉取水，方才骗过晋军，得以逃脱。华泉因此成为济南历史名泉。

东汉章帝、和帝年间（76—105 年）

郭氏墓祠修建于今长清孝里镇孝堂山。墓祠由青石构筑，单檐悬山坡顶，石刻屋顶脊背、瓦陇、勾头、连檐等形状，山墙和瓦当上刻有蕨纹、菱纹等图案，是我国现存最早具有园林元素的地面房屋建筑。

北魏正始年间（504—508 年）

齐州（今济南）刺史郑悫在历城北修建了一座风景秀丽的园林，因古代尊称刺史为使君，故称此处为“使君林”，是迄今所知济南最早的园林名园。

△ 郑悫发明碧筒饮。其制作方法，据唐人段成式《酉阳杂俎》记载：“取大莲叶置砚格上，盛酒二升，以簪刺叶，令与柄通，曲茎上轮菌如象鼻，传吸之，名为碧筒杯。历下学之，言酒味杂莲气，香冷胜于水”。

北魏孝昌三年前（527 年前）

北魏地理学家郦道元撰《水经注》（为汉代桑钦《水经》作的注释），书中的“济水”篇以济水为脉络，对济南地区的狼水、玉水、泺水、历水、华泉、巨合水、关卢水、百脉水以及大明湖、净池（今五龙潭）、流杯池、客亭、舜祠（今千佛山舜祠）、舜井、华不注山、玉符山、琨瑞山朗公寺（今神通寺）等，作了记述。其中“泉源上奋，水涌若轮”是对趵突泉喷涌气势极为生动、真切的描述。

北齐承光元年后（577 年后）

北齐博陵郡太守房豹于北齐亡后，回历城堆山筑池，“丘园自养”。其园“杂树森疏，泉石崇邃”，被称为“房家园”，为历城祓禊之胜地。

隋大业七年（611 年）

中国现存最早的石塔——四门塔在历城柳埠神通寺建成。

唐麟德二年（665 年）

高宗武后封禅泰山路过齐州，“御齐州大厅”，到灵岩寺拜佛，于齐州驻跸十日之久，然后自灵岩出发。

唐开元年间（713—741 年）

位于今千佛山东南佛慧山下的佛慧寺建成。明初，济南城内开元寺被官府占用，僧众徙居于此，遂改称“开元寺”。

唐天宝四年（745 年）

大诗人杜甫到山东临邑看望胞弟杜颖，路过济南，北海太守李邕赶赴相会，同游济南名胜，并宴饮于古大明湖畔之客亭，席间杜甫即兴写下《陪李北海宴历下亭》诗。这是客亭称名历下亭的最早文字记载。悬挂于今大明湖历下亭的“海右此亭古，济南名士多”楹联语句，即出于此诗，世代流传。

△ 杜甫与李邕、李之芳同游济南历下新亭，赋诗唱和，李邕作《登历下古城员外孙新亭》。

北宋咸平六年（1003 年）

七月中元日，宋真宗《御制孔子赞》刻石立于济南府学大成殿内东侧。

北宋熙宁五至六年（1072—1073 年）

文学家曾巩在济南任齐州知州，动工疏浚大明湖，建北水门（会波门）、环波亭、北渚亭、百花堤，并在趵突泉畔修建泺源堂、历山堂，分别撰《齐州北水门记》《齐州二堂记》。

北宋熙宁六至八年（1073—1075 年）

熙宁年间，济南大旱数年，泉水干涸，雨后复涌。熙宁六年（1073年）到济南任齐州掌书记的文学家苏辙撰《舜泉诗并序》和《舜泉复发》诗，序中记述其到齐州时，“大旱几岁，赤地千里，渠存而水亡。……越明年夏，虽雨而泉不作……又明年夏，大雨霖，麦禾荐登，泉始复发”，即舜泉复发于熙宁八年（1075年）。这是关于济南泉水因大旱而停喷，遇大雨而复发的最早的文字记载。

南宋建炎二年至绍兴七年（1128—1137 年）

刘豫任济南知府和伪齐皇帝期间，在华山阴筑堰，将发源于济南诸泉、北注入大清河的泺水，向东导于济水故道，称为“小清河”。从此，济南泉水汇为小清河，迳直入海。

元至元七年（1270 年）

元代散曲家张养浩在济南城北建别墅——云庄。内有“处士庵”“遂闲堂”“绰然亭”等建筑，山水相映，花木扶疏。

△ 意大利旅行家马可波罗游历济南，盛赞其“园林美丽，堪悦心目；山色湖光，应接不暇”。

元至元二十九年至三十一年（1292—1294 年）

著名文学家、书画家赵孟頫任济南路总管府同知，作《趵突泉》诗：“泺水发源天下无，平地涌出白玉壶。……云雾润蒸华不注，波涛声震大明湖。时来泉上濯尘土，冰雪满怀清兴孤。”此诗称名于世，后依韵唱和者颇多。

元元贞元年（1295 年）

十二月 赵孟頫创作《鹊华秋色》图，艺术地描绘了济南城北华不注山、鹊山间的秋天景色。此画被清代皇宫收藏，成为中国古代绘画艺术的传世名作。

元至治三年（1323 年）

六月 济南淫雨，水深丈余，淹没民居及趵突泉。

元至顺四年前（1333 年前）

著名的历史地理学家、文学家于钦纂《齐乘》，书中转录了金代《名泉碑》所载济南七十二名泉的名称，记载了各泉所在的位置，这是济南七十二名泉见于史志的最早记载。书中有“历下发地皆泉”“数以百计”等记述，说明济南泉水之多。

元至正二年（1342 年）

六月一四日（7月16日） 夜，山水暴涨，冲济南东西二关，流入趵突泉内，淹没民居千余家，溺死者无数。

明洪武四年（1371 年）

济南历城开始新建城垣，改土城为砖石墙，并开挖护城河。

明永乐年间（1403—1424年）

山东按察司佥事晏璧作《济南七十二泉诗》，对济南七十二名泉逐一吟赞，是历史上第一位全面咏赞济南名泉的诗人。其《趵突泉》诗中有“趵突独称第一泉”的诗句，是趵突泉为天下“第一泉”最早的文字记载。诗作对后世颇有影响，所咏七十二泉为继金《名泉碑》之后举称济南七十二名泉的又一说。

明天顺五年（1461年）

趵突泉南岸建观澜亭。

明成化二至三年（1466—1467年）

德王朱见潾因爱济南湖山泉水之胜，在珍珠泉建德王府，所占面积为济南城三分之一，将溪亭、散水、云楼、濯缨等名泉划入王府院内。

明嘉靖十二年（1533年）

疏浚小清河。

明嘉靖三十四年（1555年）

巡按山东监察御史雍焯、历城知县李从宜等人筹集资金，纠工修葺趵突泉亭廊，构建碑楼，疏浚河道，架设木桥，掏挖泉池，趵突泉为之一新。

明万历三十五年（1607年）

济南城内香泉发大水，其水奔溢满城，以致道生鱼鳖。

明万历四十六年（1618年）

岁旱，趵突泉干涸。

明崇祯十四年（1641年）

趵突泉枯竭。

清康熙七年（1668年）

山东巡抚衙署院内（今珍珠泉大院）掘土挖出一眼清泉，取名为“濋泉”。

清康熙九年（1670年）

五月二十一日（7月7日） 大雨，趵突泉外溢，漂没房舍人畜。

清康熙二十三年（1684年）

十月初八（11月14日） 清康熙皇帝抵达济南，先游趵突泉，在泉旁观澜亭，书“激湍”二字，并赋诗一首：“十亩风潭曲，亭间驻羽旗。鸣涛飘素练，迸水溅珠玑。汲杓旋烹鼎，侵阶暗湿衣。似从银汉落，喷作瀑泉飞。”这是有文字记载为济南名泉题书的第一位皇帝。

清康熙二十五年（1686年）

山东巡抚张鹏勘查了小清河地势后，提出“治小清河之上流，疏小清河之大流”的全面治理方案。

清康熙二十八年（1689年）

正月十六日（2月5日） 康熙皇帝南巡过济南，驻跸巡抚公署，再次赏趵突泉，书“润物”二字，观珍珠泉，题“作霖”二字。登大明湖汇波楼，作《登济南城望华不注》诗。

清康熙四十二年（1703年）

正月二十四日（3月11日） 康熙皇帝游趵突泉，御书“源清流洁”四字，并赋诗一首。

春 舜井水忽溢高数尺，须臾泛滥，出舜祠北，流入大明湖。

清康熙四十五年（1706年）

济南城内修复双忠祠时，掘土涌出一泉，取

名为“双忠泉”。

清雍正八年（1730年）

六月二十八日（8月11日） 大雨连旬，水忽从南山而下，流入趵突泉中，泉水忽溢丈余，池亭皆毁，漂没民居甚多，王苹二十四泉草堂亦付流水。

清乾隆七年（1742年）

第一部全面系统记述济南趵突泉历史的《趵突泉志》由任弘远编纂出版。全书分上下两卷，列宸游、图经、源流、基址、建置、沿革、古迹、灾异、人物、仙迹、幽怪、传闻、艺文、金石、额联共15目。

清乾隆九年（1744年）

三月下旬 趵突泉忽作声如雷，将池中水尽吸泉眼内，瞬息复自泉眼中飞腾而出，高丈余。乡人皆云“泉啸”。又言康熙四十二年（1703年）亦与此同。

清乾隆十三年（1748年）

乾隆皇帝巡游济南，赏趵突、珍珠等泉，登千佛山，游大明湖，作《再题趵突泉》《珍珠泉》《千佛山极目有作》《戊辰题大明湖》《历下亭》《题鹊华桥》《登汇波楼有作》等诗。

清乾隆二十二年（1757年）

八月 乾隆皇帝南巡至长清灵岩寺，赏灵岩诸景，作《驻跸方山》、《灵岩寺》、《题灵岩寺八景》等诗。此后又分别于乾隆二十七年（1762年）、三十年（1765年）、三十六年（1771年）、四十一年（1776年）、四十五年（1780年）、四十九年（1784年）、五十二年（1787年）驻跸灵岩寺，皆作咏景诗。

清乾隆五十二年（1787年）

夏 趵突泉干涸，至秋自涌。

清乾隆五十六年（1791年）

学者桂馥在五龙潭西侧建潭西精舍，作为四方文人聚会咏诗下榻之处。在挖地槽时，掘出一泉，桂馥为其命名“七十三”泉。

清乾隆五十九年（1794年）

春夏之交，济南大旱。为解旱情，山东布政使江兰主持疏浚泉源，在护城河道整治施工中，挖出一眼清泉，取名为“白石泉”。

清嘉庆年间（1796—1820年）

中国公共图书馆首创者周永年之子周振甲的别墅——朗园，修建在五龙潭贤清泉边。整个庭院以水为胜，可与江南园林媲美。

清嘉庆九年（1804年）

七月 山东提督学政刘凤诰和山东巡抚铁保在大明湖畔（今小沧浪）宴会，刘氏即兴吟咏得联语：“四面荷花三面柳，一城山色半城湖”，铁保遂书之。

清嘉庆二十三年（1818年）

五月二十日（6月23日） 夜，大雨，趵突泉一带淹没庐舍无算，民多溺死。

清道光二年（1822年）

八月 瓮井水溢，流至巡抚院署，十余日方止。

清咸丰四年（1854年）

四月至八月 在济南知府陈栗堂倡议下，官员僚属、绅商士庶捐资重修趵突泉祠宇，疏浚泉池。

清同治八年（1869 年）

金线泉南侧设立尚志堂书院。

清同治十三年（1874 年）

郝植恭查阅地方志书，对济南诸泉加以梳理，选列出七十二泉，作《济南七十二泉记》，成为济南七十二泉又一说。

清光绪十六年（1890 年）

济南近代曲艺演出场所“明湖居”“鹊华居”分别在大明湖畔开设。

清光绪二十九年（1903 年）

山东当局以官商合办名义，在济南东郊七里堡迤北购地12余万平方米，创办山东农事试验场，由原籍湖北的候补知县谭奎翰、候选县丞汪懋钧任董事，聘日本人谷井恭吉为农桑教习，试种日本谷类蔬菜瓜果、美国豆类棉花及本地谷菜等，并在南郊燕子山、马鞍山、千佛山南麓辟山场三个，栽植树木〔一说农事试验场创办于光绪三十二年（1906年）〕。

△ 江苏丹徒人刘鹗开始写作反映社会现实的长篇小说《老残游记》，并先后在上海《绣像小说》和天津《日日新闻》连载。至光绪三十二年（1906年），全书写成，共二十回。书中对济南的景物描绘精彩生动，尤以“家家泉水，户户垂杨”的赞语脍炙人口，对外地人了解济南风光产生重要影响。

清光绪三十年（1904 年）

青岛树艺公司派员到济南开场种树，并在城东创设林业试验场，从事林业试验研究与改良工作。

△ 济南设商埠总局，绘制了《济南商埠全界图》，主要内容有道路网规划、街坊规划和建筑安排、绿地规划。

△ 济南商埠公园开始建造。

清光绪三十一年（1905 年）

济南府募集股本银3万两，创办林木培植会，分析各处宜种树木。上半年在各州县植树300余万株。

△ 疏浚小清河，并开挖新清河。在长清县睦里庄西玉符河右堤修建石拱铁板三孔闸，引玉符河水东北流，经历城县吴家堡、匡山，与柳塘河合流，过林家桥入小清河，小清河上游始与玉符河相连。

清光绪三十二年（1906 年）

8月 山东高等农业学堂在济南七里堡农事试验场正式开学。招生120名，先设中等农业、林业、蚕业三科，学制三年，毕业后升入高等三年本科。农事试验场及所属山场，均归学堂经营。

清宣统元年（1909 年）

2月22日 山东巡抚袁树勋奏准创办山东省图书馆，储藏四库善本，兼收各国图书，并附设金石保存所，凡本省新出土文物和旧拓精本，一律收存。当年5月9日，拨银2万两，择大明湖西南隅原贡院东新号官地动工兴建，次年1月26日落成开馆。馆址背湖面山，颇饶形胜，建筑亦含公园性质，由提学使罗正钧题名为“遐园”。

本年 山东农业学堂在济南桑园建苗圃，面积1.3万平方米。

清宣统三年（1911 年）

商埠公园内设立商品陈列馆，陈列各种商品。

中华民国元年（1912 年）

9月27日 孙中山游览大明湖。

10月 济南模范森林局成立，局址设在城南十六里河，划玉函山、六里山为林场。民国18年（1929年）10月改称山东第一林区事务所，民国

21年（1932年）9月改为林务局。

中华民国 4 年（1915 年）

4月 农商部在长清县崮山、五峰山一带设立第二林业试验场（后称实业部山东模范林场）。同年春，济南模范森林局辟建柳埠林场苗圃。

本年 山东巡按使蔡儒楷令拨济南商埠公园后身官地1.3万平方米，设立体育场一处。

△ 济宁大型农林公司在平阴县洪范池、旧县一带山区兴办林场。

中华民国 6 年（1917 年）

春 民商集资万元，在章丘县胡山成立第五峪森林公司，山场面积15平方公里，栽植树木6000余株。

中华民国 9 年（1920 年）

11月21日 青年学生王尽美、邓恩铭、王志坚、王象午等发起组织进步学术团体——励新学会，是日下午在商埠公园“四照厅”召开成立大会。

中华民国 10 年（1921 年）

2月 夏渠园、张寂园等人在济南开办金马林圃股份有限公司。1923年2月注册，资本4万元，实收2万元。

中华民国 12 年（1923 年）

4月 杨谦斋、李仲侯等人在济南泺口镇开办药山森林股份有限公司。当年10月，批准注册，资本5000元，一说民国10年（1922年）9月成立。

中华民国 14 年（1925 年）

商埠公园改称中山公园。

中华民国 15 年（1926 年）

季海泉在济南商埠经七路纬五路（今中国人民银行济南分行处）创办“游艺园”，内设体育、游艺器械和京剧、电影场等。

中华民国 17 年（1928 年）

5月 位于经六路与经七路、纬七路与纬八路之间的原练兵场，被日本侨民机构（居留民团）辟为专用公园，抗战胜利后改称胜利公园，解放后称青年公园。

中华民国 19 年（1930 年）

3月12日 济南各界举行孙中山逝世5周年植树典礼，开展植树活动。嗣后每年是日均举行纪念植树活动。

9月 济南市政府设计委员会成立，对南北展界作出规划。北展界名为“模范市”，“模范市”规划中把金牛山及小清河的宽阔部分（俗称大肚子河）规划为公园区。此外，还计划将标山一带划作小公园并在泺口镇和官扎营北各设一个小公园；将规划区外的药山一带辟为大公园。

本年 山东省农矿厅在全福庄东建东关苗圃。初建面积1.8万平方米，后曾扩大至2.8万平方米，1953年撤销改建为工厂。

△ 山东省第一林务局在济南辛庄建辛庄苗圃（今山东省劳动职业技术学院），面积0.9万平方米，1954年改为学校用地。

中华民国 20 年（1931 年）

4月20日 趵突泉治理工程开工。10月9日竣工，深挖泉池1米，四周砌石护岸，并凿新泉3眼，每秒增加水量0.4立方米。

6月4日 市政府召开会议，定莲花为济南市市花。

8月3日 黑虎泉治理工程开工，10月13日完工。扩大泉池并深挖1.2米，四周砌以石壁及短墙，北墙留出水口，南墙增加喷水石雕龙头2个。

中华民国21年（1932年）

8月 作家老舍《趵突泉的欣赏》一文在《年华》杂志发表，文章对趵突泉作了生动的描写。

本年 经七路“游艺园”改建为“山东进德会游艺场”，内设影剧院、图书博物馆、杂艺场、各类球场、游泳池、花圃、动物园等，院内亭桥池山，曲折夹道，花木扶疏，清爽宜人，为一综合性娱乐休闲场所。

中华民国22年（1933年）

夏 济南市第一座游泳池——市立游泳池在黑虎泉东侧建成。池长40米，宽15米，利用天然泉水，每天换水一次。

中华民国23年（1934年）

4月2日 济南市自来水筹备委员会成立，着手兴办自来水事业。年内，在趵突泉南兴建自来水厂。

本年 山东革命先烈公墓在济南千佛山东麓兴建。民国25年（1936年）12月建成，徐镜心、刘溥霖等23名辛亥革命及北洋军阀时期被杀害的烈士迁葬于此。

中华民国24年（1935年）

7月9日 济南东郊龙洞一带新栽树木多缺水枯死，山东省政府主席韩复榘下令将“保护不力”的历城县县长及济南市工务局局长各罚薪一个月，“以示儆戒”。

中华民国25年（1936年）

8月 官商合股成立济南市自来水股份有限公司。12月15日，所辖趵突泉水厂建成正式供水。

本年 省建设厅在柳埠镇开办袁洪峪苗圃，面积1.6万平方米。1945年前后解体。

中华民国26年（1937年）

12月24日 日本侵略军进逼济南，山东省政府主席、国民政府第三集团军总司令韩复榘逃离，所部奉令实行“焦土抗战”，开始爆破焚烧机关、车站等设施。省政府驻地珍珠泉大院、进德会游艺场、遐园等被焚烧。

本年 山东省公署建设厅林业推广委员会建白石涧苗圃（即开元寺苗圃），面积2.5万平方米。翌年因水源缺乏停办。

中华民国30年（1941年）

12月17日 伪山东省建设厅为扩大育苗面积，适应造林需要，典用东关苗圃东邻当地农民陈明良畦地0.63万平方米育植苗木。到1945年，圃地面积扩大到2.81万平方米，苗木种类发展到刺槐、合欢、松、榆等16种，繁育苗木183万株。

中华民国31年（1942年）

11月18日 伪济南市公署布告严禁在四里山、马鞍山采石，以“保护名胜”。

中华民国34年（1945年）

抗战胜利后，国民政府将纬七路至纬八路间的原日侨专用公园改称为胜利公园，并将原公园内的唯一建筑“忠魂碑”改为“抗战阵亡将士纪念塔”。

中华民国35年（1946年）

10月4日 《华北新闻》报道，抗战胜利后改称的中山公园恢复“五三公园”名称；省绥靖统一指挥部议决，将院前旧省政府故址珍珠泉辟作“中山公园”。

中华民国37年（1948年）

9月24日 人民解放军攻克济南，济南解放。

9月 由省实业厅组建省立泰历林场，其管辖范围除泰山林场外，还包括历城的柳埠林场，长清的灵岩寺、崮山林场、五峰山林场。

10月15日 济南各界建筑烈士公墓筹备委员会成立，决定在四里山修建解放济南烈士纪念塔、烈士纪念堂、烈士公墓和烈士遗物陈列馆。同年11月，济南革命烈士陵园和济南烈士纪念塔奠基。

10月 济南特别市政府成立济南特别市政府建设局，管理市区建筑、市容、公用企业和园林绿化事宜。

11月 济南特别市政府市长郭子化、副市长徐冰发布《关于保护水源的布告》，禁止向护城河及各泉池倾倒垃圾污水，规定每日上午10时前为汲水时间，在汲水时间内，不得在河、泉濯洗衣物。这是济南解放后，以政府名义发布的第一个保泉布告。

本年 方鸿慈在《地质论评》杂志发表《济南地下水调查及其涌泉机构之判断》一文，称可将济南泉水分为趵突泉、黑虎泉、贤清泉、北珍珠泉四个“涌泉群”。这是迄今所知对济南城区四大泉群的最早划分。

1949 年

4月 山东省实业厅以济南旧有的张庄、桑园、辛庄3个苗圃及小龙洞、四里山、马鞍山、燕子山等8个林场为基础建立济南林场。该林场随后划归市人民政府建设局。

5月22日 济南特别市政府建设局更名为济南市人民政府建设局，内设农林科，分管园林绿化事宜。

5月 中山公园交市文教局、胜利公园交青年团济南市委管辖。

11月 市人民政府公布《济南市公园管理暂行规则》。

12月24日 济南市人民政府发布关于保护山林和公有林场的布告。

本年 成立泺口苗圃、兴福寺苗圃，归属济南市人民政府建设局。阎千户苗圃由省林业厅、辛庄苗圃和大明湖由省建设厅划归市人民政府建设局。

1950 年

1月30日 济南胜利公园更名为青年公园。

6月2日 《济南市都市计划纲要》制定完成。这是济南解放后市人民政府编制的第一个城市规划大纲。该纲要“对城市的结构布局，规划37个功能分区，其中第七部分为游览区和绿化地带；除原有和新设公园外，以所有南山森林地区、环城地带、林荫大道及北园园艺区构成绿地系统，并与郊区绿化相衔接”。纲要还把重要公共烈士纪念塔和纪念堂选在四里山（今英雄山）。

7月 四里山公园成立，为市人民政府建设局农林科管理单位。

10月31日 济南市人民政府建设局决定成立沙石管理处和测量队。

10月 济南市人民政府批准可以开采的山岭有黄台山、驴山、无影山、黄岗山、白马山、丁家山、刘长山、四里山、六里山、七里山。规定开采单位和个人必须办理手续，一次交纳开采费，领取开采许可证，按指定地点开采。

本年 济南市苗圃改称金牛山苗圃。

△ 植树6.34余万株，育苗75.78万平方米。

1951 年

中山公园改称人民公园。

△ 大明湖部分湖田收归国有，利用拆除城墙旧料砌垒湖岸，并将部分湖田租给湖民耕种。

1952 年

8月 济南市建设局内设的农林科与公用科合并为园林科，管辖大明湖、人民公园、青年公园、济南林场、泺口苗圃、兴福寺苗圃、闫千户苗圃、四里山公园、人民广场、金牛山苗圃等单位。

10月27日 中共中央主席毛泽东在济南视察，游览了趵突泉、漱玉泉、马跑泉、珍珠泉、黑虎泉和大明湖历下亭、张公祠、铁公祠、佛公祠、小沧浪亭，欣赏了名联 “四面荷花三面柳， 一城山色半城湖”，称赞道：“泉城，真是名不虚传。”

1953 年

济南市人民政府征购大明湖部分湖田为国有，拆除大明湖田埂，疏浚湖底河渠，利用拆除旧城墙的砖石砌垒湖岸。同时拆除北岸北极庙街、北城根街、铁公祠街300余户居民房屋，划为公园用地。

△ 济南市石沙管理处撤销，其业务移交石头公司。1954年2月石头公司撤销。

1954 年

3月18日 人民公园由济南市文教局移交市建设局管理。

本年 闫千户苗圃因建济南铁路大厂、辛庄苗圃因建山东省劳动技校被占用。

△ 青年公园由青年团济南市委交市建设局管理。

1955 年

大明湖正式辟为以水景为主的名胜公园。对园内历下亭、铁公祠、稼轩祠、遐园、北极庙、汇波楼等名胜进行整修，并增添服务设施。

△ 金牛山苗圃改称金牛山果园。

△ 济南市建设局园林基建工程队成立。

1956 年

1月 济南市建设局更名为济南市城市建设局，负责城市建设规划、市政工程建设和建筑、市容、公用事业、园林绿化管理。

春 山东省第一届劳模大会代表在省长赵健民带领下，在人民广场（今泉城公园处）栽植果树1万余株，当年8月，建立济南果树园艺场。

4月20日 济南市人民委员会公布《济南市树木保护管理暂行办法》。

7月12日 济南市趵突泉、千佛山等地的29处名胜古迹，被山东省人民委员会定为全省第一批文物保护单位。

8月 济南林场划归市郊区办事处实业科。

9月18日 济南市城建局撤销内设的园林科，成立济南市园林管理所，为市城建局直属事业单位。

9月 济南市园林管理所设立“马路行道树”机构，负责市城区行道树栽植养护。

11月4日 济南市城市建设局、中国科学园艺会济南分会，在趵突泉公园举办济南解放以来第一次菊花展览，展出菊花1万余盆。

11月 以趵突泉水景为主体的趵突泉公园开工建设。将趵突泉附近的金线、皇华、卧牛、马跑等20余处名泉筑墙圈围，疏浚泉池，砌垒池岸，将趵突泉向南掘宽2米，东池增扩2/5，池底深挖0.6米，出水河道加宽。

1957 年

2月15日 趵突泉公园建成开放，游览面积由0.3万平方米扩大到1.47万平方米。

2月22日 《济南市城市建设初步规划意见》颁布，规划绿地指标为每人12平方米；以大明湖为中心，通过林荫道、河滨路把市区公园、小游园、区级绿地、防火林带（黄河大堤、遥堤和南郊山区）连接起来，构成城市绿化系统。

3月10日 在大明湖公园南丰祠举办“济南市城市规划展览会”，展览会除展出全部规划图纸和具体设计方案外，还展出各种资料和测量成果。

4月20日 济南市园林管理所整建制由市城建局移交市农林水利局管理，改为市农林水利局园林科。

5月 大明湖公园实行售票游园。

7月 王庄苗圃成立。

9月26日 济南市人民委员会公布济南市第一批文物古迹保护单位75处。

12月 济南市蔬菜园艺场（西郊苗圃前身）成立。

1958 年

1月6日 济南市农林水利局园林科移交市城建局。

2月14日 中共济南市委、市人委召开“一年绿化济南”誓师大会，要求户户动员，人人动手，于年内完成1900万株的植树任务，实现一年绿化济南的目标。

2月15日 济南市园林管理所恢复原建制，原市农林水利局所属的果树园艺场、济南林场亦交由市城建局管理。

3月14日—15日 山东黄河两岸19个县市青少

年代表在济南举行绿化黄河誓师大会。

3月28日 山东黄河两岸19个县市20万青少年开展为期3天的义务劳动，突击绿化黄河大堤，济南青少年参加了这次植树劳动。

6月3日 济南市城建局园林科与大明湖捕鱼委员会建立协议，将大明湖范围内的湖田全部收归国有，统一管理。当年9月完成收归工作，捕鱼委员会15名劳力和156名湖民转为大明湖公园职工。

6月 人民公园售票游园。

11月2日 中共济南市委发动市区群众突击采集树种3.3万余公斤。

12月1日 济南市园林绿化指挥部成立。

12月20日 市园林管理所、济南林场、市果树园艺场三个单位合并成立济南市园林管理处，副处长常坚主持工作。

本年 市人民政府制定济南市城市总体规划方案，首次确定建设济南环城公园，确定公园的建设宽度包括河道为120米。当年，把沿河的宏济堂制药厂的阿胶车间和其他几个有污染的小厂迁走，整治了护城河趵突泉北段及黑虎泉西段，并进行适当绿化，护城河两岸至此有了小片绿化用地。

△ 山东省地质局水文地质工程地质大队（801队）在济南进行水文地质勘测，并提交报告，对济南泉水成因作了科学论证。

△ 市区共植树181万株，荒山绿化700万平方米，植树301万株。

△ 济南果树园艺场更名为济南南郊果园。

1959年

1月26日 市人民委员会颁发《济南市开山采石暂行管理办法》。这是济南市山岭资源管理第一个成文规章。强调采石必须办理合法的手续，禁止在千佛山、四里山、六里山、南马鞍山、峨眉山、匡山、北马鞍山、药山、金牛山、凤凰山、华山、腊山、鹊山、卧牛山、粟山15处山岭开采山石，保护郊区山林名胜、风景、古迹。

1月28日 济南市人委决定市郊风景山、风景林的绿化和管理由市农林局负责，市园林管理处负责市区公园、街道、庭园绿化和管理。

3月 济南市匡山苗圃成立。

5月28日 中共济南市委决定济南林场行政工作归属市农林水利局，负责近郊风景区、风景林的绿化；市园林管理所归属市城建局领导，所管辖的公园、街道、庭院绿化等业务由市农林局负责技术指导。

10月 动物园在金牛山动工兴建。

11月5日 济南市园林管理处撤销，所管辖的公园、苗圃、果园等单位由济南林场管理。

12月9日 宋代著名爱国女词人李清照纪念堂在趵突泉公园建成开放。

本年 《济南市城市总体规划》编制完成。建设环城公园是规划中的内容之一，并确定园林绿化以“环城公园为核心，从街坊绿化、庭院绿化着手，加强美化处理，适当布置各种内容的公园设施，利用风景山头、苗圃、防护林等形成绿带，环绕城市，引向郊区，实现城市园林化。”

△ 千佛山辟建为公园。

△ 大明湖南岸乾建门里街、李公祠街、半壁街、思敏街拆除，共拆迁居民289户，增加公园面积11.89万平方米。

1960年

1月10日 市人民委员会发布《济南市公园管理通则》。

5月1日 动物园建成开放，定名金牛公园，舒同题写了大门匾额。

5月4日 中共中央主席毛泽东在珍珠泉大院接见山东省和济南市党政干部，与干部们合影后，对陪同的舒同、裴孟飞、白如冰等省领导说：“你们济南素有泉城之称嘛，泉水保护得怎样？”遂观珍珠泉。看后，对陪同的领导说：“泉水你们保护得很好。”

5月 恢复济南市园林管理处建制，并将林场并入，郑文斋任处长。

△ “马路行道树”改称济南市绿化工程队。

6月 济南市果树研究所成立，编制5人，市园林管理处负责日常工作，山东省林业厅负责技术工作。

本年 中共济南市委、市人民委员会组织万人上山，安营扎寨，绿化山场，对山场绿化达27万人次，在千佛山、四里山及南郊山场植树61.64万株。

1961 年

1月18日 济南市园林管理处与市城建局合并为一个机构，挂两块牌子。

10月1日 辛弃疾（稼轩）纪念祠在大明湖南岸落成。

本年 以生产救灾为中心开展城市园林绿化，动员300余名园林职工回乡生产，公园植树4824株，山场造林13.81万平方米，育苗2.668万平方米。

本年 泺口苗圃改称泺口葡萄园。

△ 大明湖、千佛山公园明确为科级事业单位。

1962 年

4月—6月 济南林场、千佛山林区发生毁灭性柏毛虫危害，济南市发动群众3万人上山灭虫。

本年 共植树39.14万株，山场造林58万平方米。

1963 年

1月10日 市人民委员会发布《关于济南市近郊国有山林管理暂行办法》《济南市河渠管理暂行办法》和《济南市泉水管理暂行办法》。

6月25日 济南市人委同意市建设局、市园林管理处提议，市中、历下、槐荫、天桥区各成立区人委建设科，与区市政工程养护管理所合署办公，一个机构，两个牌子。

12月15日 第二次疏浚工商河工程开工，共挖淤泥8.078万立方米，修整河堤河坡5.3万余立方米，开凿石方250立方米，工程预算65.85万元。翌年12月31日竣工。

本年 四里山公园更名为济南市四里山果园。

△ 中共济南市委、市人委决定，整修南护城河及五三街和东流水地区。当年，拆除了五三街和东流水街东沿河建筑及第二虹桥以南西门桥局部地区的全部平房，并整修了中共山东省委旧址。

△ 市区植行道树13.73万株，植绿篱2355米，种草坪1.1万余平方米，山场造林133.8万平方米。

1964 年

1月11日 市人民委员会发布《济南市树木管理暂行办法》。

1月30日 济南市园林管理处改为济南市园林管理局，郑文斋任局长，行政编制46人。

1月 济南市蔬菜园艺场由市二商局移交市园林管理局。

△ 济南市人委批准各区建立绿化队，每区配10名工人，编制、工资、待遇从市绿化工程队解决，实行双重领导，以区为主。

7月1日 济南市蔬菜园艺场更名为济南市西郊苗圃，列为县级事业单位。

7月 济南市园林局增设济南市园林规划设计室，增加事业编制3人。

△ 济南市园林工程基建队改称园林基建队。

△ 段店苗圃、匡山苗圃并入济南市西郊苗圃，分别改称市西郊苗圃段店生产队、匡山生产队。

12月3日 济南市工业、基建、交通、财贸、园林、卫生、教育等部门举办的21所半工半读学校，联合在“八一”礼堂举行开学典礼。中共济南市委书记处书记、市长杨毅参加典礼并讲话。

本年 趵突泉公园确定为科级事业单位。

△ 共植树69.89万株，山场整地466.6万平方米，育苗319.43万平方米，建起了共青团路、解放路、山东宾馆等部分街头绿地。

△ 山东省地质局水文地质队对济南市区泉水进行调查。调查结论是：在济南市区内，东起青龙桥街，西到杆石桥，南起趵突泉前街，北到大明湖北岸的范围内，有天然泉池108处。根据泉水出露的集中性及汇流线路，划分为趵突泉泉群、黑虎泉泉群、珍珠泉泉群、五龙潭泉群，统称“四大泉群”。

1965 年

1月 千佛山果园成立，由天桥区政府管理，市向阳液压厂负责经费补助，其性质为集体事业单位。“文化大革命”期间，改称向阳果园。

3月 市西郊苗圃段店生产队、匡山生产队从西郊苗圃析出，恢复段店苗圃、匡山苗圃名称，为市园林局直属单位。

△ 济南市西郊苗圃建制级别调整为科级事业单位。

本年 为纪念济南战役胜利而修建的解放阁台基建成，上面镌刻“解放阁”三个大字，系中共中央政治局委员、国务院副总理、原华东人民野战军司令员兼政委陈毅元帅题写。

△ 在护城河上新建琵琶桥，在河南岸堆假山、修亭廊，修砌黑虎、天镜、玛瑙、琵琶、五莲、月牙等泉池及河两侧护岸，黑虎泉公园建成开放。

△ 山东省水利监测站对济南市区泉水进行全面测量，测量报告载各泉群涌水量为：趵突泉群共有泉池34处，丰水期涌水量2.9586立方米/秒；黑虎泉群共有泉池14处，丰水期涌水量2.5829立方米/秒；五龙潭泉群共有泉池21处，丰水期涌水量1.355立方米/秒；珍珠泉群共有泉池10处，丰水期涌水量0.4148立方米/秒；分散泉池29处，丰水期涌水量0.2795立方米/秒。四大泉群和分散泉池枯水期涌水量分别是1.9463立方米/秒，1.9829立方米/秒，0.8324立方米/秒，0.3764立方米/秒，0.2166立方米/秒。

△ 城市绿化贯彻“乡土树种为主，经济国防林为主，优良品种为主”和“自采自育自种”的方针，实行分片包干，三包到底，门前责任制，发动群众造林2781.39万平方米，近郊19个山头全部植了树，21条道路、70多条街道植树38万株。

1966 年

2月6日 济南市人委批转市园林局关于调整绿化管理体制的请示报告。根据报告，市绿化工程队除保留园林树木病虫害防治小组外，其他人员下放到各区绿化队；市绿化工程队改称市绿化队。

2月16日 《济南日报》讯：“从去年8月份以来，历下区东门大街街道办事处带领广大居民整修道路，栽种700多株葡萄树”。

2月 槐荫区北大槐树街道办事处发动群众在北大槐树街两旁修建了长达1017米的防洪护堤，展宽了马路，植树800多株，不仅解决了多少年洪水的威胁，也使道路焕然一新。

8月下旬 千佛山、黄石崖、玉函山石窟造像等一大批文物古迹和公园、风景区的建筑、设施被当作“四旧”遭到严重破坏。

本年 市区植树65万株，建街头绿地5656平方米，其中解放桥200平方米，青龙桥360平方米，成丰桥1856平方米，山东宾馆（门前）1127平方米，官扎营街961平方米，顺河街1152平方米。

1967 年

济南林场首次使用飞机喷药抗治柏毛虫。

1968 年

4月5日 济南英雄山革命烈士纪念塔建成。该塔通高34.54米，南、北两面镌刻毛泽东题写的“革命烈士纪念塔”阴文贴金巨字。

本年 市西郊苗圃改称济南市“五七干校”。

△ 市区降水量398.1毫米，泉流量14.29立方米/日，最低水位27.73米，自1959年以来第一次降到28米以下，日采水量首次突破15万立方米，达到17.48万立方米。

1969 年

9月 市园林管理局与城建、房管、建工等局合并组成济南市城市建设局革命委员会，内设园林组，负责城市园林管理。

1970 年

1月26日 大明湖清淤疏浚工程开工，计划在33.3万平方米湖面挖泥60万立方米。

2月 市王庄苗圃并入四里山果园。

4月 泺口葡萄园并入北郊公园（即当时的金牛公园，今济南动物园）。

6月 段店苗圃并入西郊苗圃。

11月2日 中共济南市革委城建局核心领导小组决定，济南市园林绿化队划归市市政工程管理处领导。

本年 市“五七干校”恢复市西郊苗圃名称。

1971 年

11月18日 中共济南市革委城建局核心领导小组在呈送的关于改革机构体制的报告中提出，拟成立济南市园林管理处，为事业单位，所有的园林绿化单位归其统一管理。

本年 市区有树86.68万株，其中，136条道路有行道树12.38万株，70条街巷有树6702株，田旁有3.6万株，庭园有70万株。

△ 全年降水量为763.1毫米，日开采地下水24.23万立方米，比上年增加2.28万立方米，年平均水位 28.11米。

1972 年

7月1日 中共济南市革委城建局核心领导小组决定将济南市绿化队恢复为市革委会城建局直属单位。

8月10日—13日 柬埔寨国家元首、柬埔寨民族统一阵线主席诺罗敦·西哈努克亲王和夫人一行访问济南，游览了趵突泉、大明湖等名胜。

9月28日 济南市革命委员会发布《关于加速绿化、加强山林树木保护管理的布告》。

11月8日 济南市革委撤销市革委城建局园林组，成立济南市园林管理处，为市革委城建局所属事业单位，编制17人。至1981年2月，邱洪江、陈进业先后任园林管理处主任。

本年 地下水位最低降至26.65米，趵突泉出现短期断涌。

△ 新增树木1.67万株，苗圃总面积达到93.38万平方米，苗木68万株。

1973 年

3月6日 中共济南市革委城市建设局核心领导小组决定：恢复王庄苗圃、段店苗圃和泺口葡萄园为城建局局属单位，并自3月10日正式对外办公。王庄苗圃从四里山苗圃析出后改称济南市花卉苗圃。

3月14日 济南市革命委员会颁布《关于对破坏园林树木的处理规定》。

3月15日 市革命委员会颁布《济南市城市树木管理办法》。

3月30日 趵突泉断流，7月5日复涌。

3月 泺口葡萄园从北郊公园（金牛公园）析出，为市革委城建局直属事业单位。当年8月15日起归属市园林管理处。

△ 四里山果园改称英雄山果园。

4月26日 大明湖疏浚主体工程按计划完成，湖底深度由平均0.6米增加到2米多，贮水量由27万立方米增加到83万立方米。

7月2日 中共济南市园林管理处委员会成立，委员会由季宝华、吕国选、邱洪江、杨洪志等12人组成。

8月9日 中共济南市革委城建局核心领导小组决定，市园林管理处设立办公室、政工科、公园科、绿化科等科室。

8月15日 中共济南市革委城建局核心领导小组决定，即日起将大明湖公园、趵突泉公园、金牛公园、人民公园、千佛山公园、济南林场、花卉苗圃、西郊苗圃、段店苗圃、南郊果园、匡山苗圃、英雄山果园、绿化队、园林基建队、泺口葡萄园15个单位划归济南市园林管理处直接领导，并启用“济南市园林管理处”印章。

本年 共植树12.27万株。

1974 年

植树13.67万株，市区树木达到100万株，绿地面积达到4222万平方米，其中，公共（公园）绿地173.5万平方米，生产（苗圃）绿地103.9万平方米，山林面积3944.5万平方米，人均公共绿地面积1.84平方米，园林固定职工1346人。

1975 年

4月10日—7月30日 黑虎泉断流。

8月26日 市革命委员会颁布《济南市泉水河渠管理办法》。

本年 遵照毛泽东主席“在一切能够植树的地方，都要努力植树造林”的指示，积极开展植树造林，共植树9.7万株，育苗26.86万平方米。至年底，全市有公共绿地面积150.68万平方米，近郊山场面积3943万平方米，其中有林面积2804万平方米。

1976年

3月21日 青年公园由济南市城建局划归槐荫区统一领导和管理，隶属关系调整后，公园性质不变。由此，济南市有了第一个区级公园。

3月 济南市园林管理处调整内设机构，设办公室、知青办、政工科、园林管理科、计划财务科和工会、共青团等部门，编制34人。

7月12日 向阳果园划归济南市革委城建局。

1977年

4月15日 趵突泉公园将散落在府学文庙的济南四大名石（龙、凤、龟、蛇）之龙石移入园内，使这一元代遗物得以保护，成为济南第一名石。

5月19日 泺口葡萄园撤销。

10月 济南市园林基建队的机械生产与维修析出，成立市革委城建局济南市城建机械修制厂，以当年5月撤销的泺口葡萄园为厂址。

12月23日 济南市英雄山革命烈士陵园等12处革命纪念地、古墓葬、古遗址、古石刻造像等，被山东省革命委员会公布为省级重点文物保护单位。

本年 共植树14.79万株，市区有公共绿地159.37万平方米，人均公共绿地面积1.86平方米，近郊山场有林面积2600万平方米。

1978年

5月 大明湖一次死鱼12.5万公斤，市环境保护领导小组办公室对大明湖进行污染源调查，提出了治理计划。济南市革命委员会批转了市环保办的调查报告。

6月9日 市革命委员会转发《济南市山岭开采使用管理办法》，制止乱采乱挖现象，扩大山林风景区的保护范围，将禁开山岭由15处增至26处，对北部地区名贵石料原则上均禁开采。

6月15日 济南市革委在大众剧场召开全市城市整顿和计划节约用水工作会议。中共济南市委副书记、市革委副主任李元荣到会讲话。会议要求学习青岛先进经验，发动群众搞好城市整顿和计划节约用水二作。

8月29日 市革委颁发《济南市地下水源开采管理试行办法》，计10条。规定：济南市规划范围内（东至郭店，西至古城，南至分水岭，北至黄河），一律不准随意开采地下水源；已开采单位要进行登记备案；水资源开发手续由市城建局办理。

10月28日 济南市园林管理处调整内设机构，撤销政工科和园林管理科，改设组织科、宣传科、保卫科、公园管理科、绿化管理科。

11月3日 市园林基建队撤销，根据所属职工按性质、待遇、隶属关系不变的原则，充实到市革委城建局济南市城建基建队。

11月8日 济南市城市建设局的组织机构和建制进行调整。调整后局属单位有园林管理处、市政公司、市政管理处等。郑文斋任中共济南市城市建设局党委书记、局长。

12月8日 全国第三届城市园林绿化会议在济南召开。参加会议的10位全国著名专家称赞：“济南不愧为泉城，一个城市有这么多泉，在世界上少有，这是无价之宝，是全国人民的财富，应当十分珍惜，认真保护好，管理好，建设好。”并提出要突出在泉上做文章，利用名泉组成园林绿化中心。

本年 共植树15.51万株，山场造林15.6万平方米，育苗36.9万平方米，出圃苗木16.8万株，园林绿地面积达到482.4万平方米，其中生产（苗圃）绿地116万平方米，人均公共绿地面积2.4平方米，固定职工1550人。

1979年

3月9日 济南市革命委员会召开春季造林动员大会，并将千佛山公园的13.34万平方米树林命名为“青年林”。

3月12日 济南市30万人参加第一个植树节活动，一天植树200多万株。

3月 济南市南郊果园恢复市果树园艺场名称。

4月10日 长清县灵岩寺经过修缮，正式对外开放。

5月 济南市保泉节水应急工程指挥部成立。

8月 国家建设总局发出《济南泉水资源急待

保护治理》的简报。希望保护济南泉城名胜，要求省市有关部门，严格控制地下水开采总量，开辟其他供水源，逐步恢复地下水位。

9月 市革命委员会颁布《济南市地下水源开采管理试行办法补充规定》4条。

10月 中共济南市委、市革委组织“引黄”调查小组，着手对利用黄河水作为济南市供水水源进行调查研究。

本年 城市绿化覆盖率为12%，人均公共绿地面积1.7平方米。

1980年

1月1日 济南市革委会城市建设局更名为济南市城市建设局。园林管理处仍为该局局属单位。

4月5日 大明湖截污工程竣工。在大明湖北设立污水截流泵站，使城市污水通过管道经泵站截流处理，排入北护城河。

6月27日 济南市第一个花坛环形岛在解放路与历山路交叉路口建成。环岛直径为45米，外环快车道11米，绿隔带2米，慢车道7.5米。

6月 山东省下达《山东省排污收费办法》。济南市环保局开始进行大明湖水体污染调查与水质评价。

9月16日 宋代杰出词人李清照纪念堂和辛弃疾纪念祠分别在趵突泉、大明湖公园恢复开放。

9月24日 济南市区停止采水8小时，少开采13.56万立方米，市区地下水位回升14—45厘米。

11月28日 罗马尼亚社会主义共和国总理伊利耶·维尔德茨由国务院副总理陈慕华陪同游览趵突泉公园、大明湖公园，并观看了市容。

11月 济南市政府批准组建园林规划设计室。1983年正式挂牌办公。

年底 《济南市城市总体规划》（以下简称为《八〇年规划》）和18项专业规划编制完成。《八〇年规划》确定的园林绿化功能与规划布局是：充分发挥济南市山、泉、湖的自然特色，突出趵突泉、黑虎泉、珍珠泉、五龙潭四大泉群。以千佛山、大明湖为重点，护城河、湖山路（今泺文路）为纽带，组成济南独特的园林绿化系统。利用河道、铁路两侧的绿化带和南部山林的有利条件，加强苗圃、果园建设，为城市保泉、绿化创造条件。

本年 共植树25.5万株。

1981年

1月24日 《人民日报》发表贾祥云文章《一座名园毁在旦夕》，引起省市有关部门对保护万竹园的重视。

2月23日 济南市城市建设局、市规划管理局合并为济南市城市规划建设局，以市城建局所属园林管理处为基础建立济南市园林管理局，刁庆芳任局长。行政编制10人，事业编制31人。当年4月，市园林局划归市建委领导，与市城市规划建设局分署办公。

4月1日 《济南市引黄保泉供水工程计划书》获国家计委批复。

5月4日 中共中央总书记胡耀邦在济南出席中共山东省委召开的地市委书记会议并讲话，提出保护济南泉水，一至三年恢复泉群冒水的要求。

5月13日 济南市地下水位降至25.74米，四个泉群干涸停涌。

5月19日 市人民政府召开“济南市保泉节水紧急动员大会”。会上传达了胡耀邦总书记关于恢复泉群冒水的指示，号召全市各级各部门紧急行动起来，抓好节水工作。

5月27日 中共济南市委、市政府向中共山东省委和省政府呈报《关于保泉供水三年综合治理计划的报告》，提出保泉供水三年的任务和措施：一是计划用水，节约用水；二是开辟新水源，采外补内；三是保护上游水源，增加地下水补给。

5月30日 济南市城建机械修制厂由市城市规划建设局划归市园林局，改称园林机械厂。

△ 恢复济南市园林基建队名称。

6月6日 市八届人大常委会第十二次会议通过《济南市计划供水节约用水管理办法》和《济南市地下水资源管理暂行办法》，第一次提出封井保泉。规定：“本市东至解放桥，西至顺河街，北至大明湖，南至经十路一带为泉城区。该地区一律严禁打井，现有机井要有计划地逐步封井停用。”

6月8日—14日 共青团济南市委组织全市青年开展清挖趵突泉池义务劳动突击周活动，万余名团员青年参加。

9月14日 济南市人民政府作出关于“保泉节水”的决定。

△ 济南市保泉节水指挥部成立，指挥部由10人组成，指挥张骏，副指挥刘献林、刘耀华、龙启经、刘振嵩。这是济南市成立的第一个节水保泉领导机构。

9月16日 济南市召开全市保泉节水会议，市保泉节水指挥部指挥张骏在讲话中提出：“生活用水要加强管理，坚决取消包水制，解决喝大锅水的现象。”

9月23日 济南市政府发布《关于计划用水节约用水的实施办法》。规定：城市职工生活用水当年10月底前全部取消包水制，实行水费自理。在东至解放桥，西至段店，南至八里洼，北至大明湖范围内的自备深井，年底前全部封闭。

9月 市引黄调查小组向省政府呈报《济南市引黄保泉供水工程计划任务书》。

10月14日 济南市园林科研所批复组建，人数暂定10人以内，费用从市园林局园林经费中列支。

10月6日—12日 中国地质学会岩溶地质专业委员会、山东省科学技术协会、山东地质学会暨济南市科协，在济南联合召开“济南岩溶泉水利用与保护”座谈会，研究恢复济南泉水喷涌问题。

11月23日 济南市保泉节水应急工程指挥部成立。市委常委、副市长刘献林任工程指挥部总指挥，指挥部下设水源开发、计划节约用水、山区综合治理三个办公室。

11月 对人民公园进行重大改造，把公园分成中心游览区、花卉盆景区、儿童活动区三个各具特色的景区，1983年9月改建完工。

12月20日 “八一”花坛环行岛建成。花坛直径50米，环路宽20米，这是济南市继解放桥花坛环行岛之后建成的第二个大型花坛环行岛。

12月22日 济南市果树园艺场（南郊果园）改称济南市植物园。

△ 北魏时期的黄石崖石窟造像、佛慧山的开元寺遗址、千佛山东麓的辛亥革命烈士陵园划归千佛山公园管理。

12月 中共山东省委第690次常委会审查并通过《济南市城市总体规划》（简称为《八〇年规划》），强调“济南市的城市建设要突出‘青山进城，泉水入户’的特点，切实抓好保泉和绿化两件大事”。

本年 对青年公园进行改造，使之成为地上、地下相结合的综合性公园，成为槐荫区广大群众进行文体娱乐活动中心。

△ 济南市保泉节水应急工程开工。1983年12月9日全面竣工，共新建、扩建、改建水厂、水源地和高压泵站13座，日新增水源能力24万立方米，日供水能力20万立方米。

△ 共植树50万株，城市园林绿地面积达到881万平方米，其中，公共绿地面积236.3万平方米，生产绿地面积138万平方米，市区绿地覆盖率13.5%，人均占有公共绿地面积2.3平方米，园林固定职工2169人。

1982 年

1月30日 济南市政府决定将向阳果园、金鸡岭、佛慧山、黄石崖、开元寺、燕子山等划归千佛山公园。其范围北至经十一路，南至罗袁寺顶和佛慧山，西至向阳果园西边金鸡岭，东至开元寺为界。

1月 济南市政府决定以英雄山、马鞍山、五里山、六里山、七里山风景区为主，建立英雄山公园，为科级事业单位，编制10人，人员和经费从市园林局及所属单位调剂解决。公园规划范围：北至经十一路，南至七里山南坡，东至省委宿舍、省妇联和省公安厅警察学校，西至英雄山路（原纬二路）。在规定的公园范围内，除英雄山烈士陵园仍归民政部门管理外，其他地方归市园林局规划建设管理。

2月20日 济南市召开绿化工作会议，要求立即在全市掀起全民义务植树活动的高潮。同日，山东省青年植树造林突击队（手）表彰大会在济召开，济南市5个植树造林突击队，4名突击手受到表彰。

2月23日 国务院公布长清灵岩寺为全国重点文物保护单位。

2月 济南市绿化委员会成立，中共济南市委副书记、市长李元荣任主任，下设城市绿化和农村绿化两个办公室。城市绿化办公室设在市园林局，农村绿化办公室设在市林业局。

3月1日 济南市农业区划办公室、市水利局、山东省水文地质大队（801队）联合组织对全市地表水、地下水进行统一观测，观测数据对进一步分析评价济南市水资源提供了可靠依据。

4月 恢复沙石管理机构，成立济南市沙石管理所，为市城市规划建设局所属科级事业单位。

5月1日 济南市用水应急工程投产供水。该项工程东起济钢、西至峨嵋山，新建、扩建改造水厂和加压站8座，打井25眼，铺设管道53公里，安装各种管道件2.2万余吨。自此，东西郊每天可向市内供水10余万立方米，为逐步达到20万立方米创造了条件。

5月 济南市花木公司成立，与市花卉苗圃"一个班子，两块牌子"，实行企业化管理，独立核算，不另增编制，所需人员由市园林局内部调剂解决。

8月 《济南的泉水》一书由中国地质出版社出版发行。该书共8万字，由陶良喜编著。

11月13日 济南市城乡50万名军民参加冬季植树和清理环境卫生的"共产主义义务劳动日"活动。

11月 青年公园经过一年多修建重新开放。

12月1日 济南市人民政府颁布《关于保护发展林业，制止乱砍滥伐森林的布告》。

本年 城市绿化面积为837万平方米，各类绿地面积为：公共绿地面积190.73万平方米，生产绿地151万平方米，专用绿地238.2万平方米，防护绿地37万平方米，烈士陵园50万平方米，果园78.6万平方米，其他绿地91.47万平方米，人均公共绿地面积2.3平方米。

1983 年

2月23日 国家计委下达《关于济南引黄保泉供水工程设计任务书的批复》。批复中提出，济南市引黄保泉工程按日供水40万立方米进行总体规划，分期建成。济南市引黄保泉工程正式列入国家计划。

2月25日 引黄保泉供水工程重要项目老徐庄引黄闸工程破土动工。

3月3日 济南市首次义务植树表彰动员大会召开，表彰奖励8个花园式庭院，48个绿化先进单位。

3月12日 济南市20万人参加义务植树活动，共植树20万株。

4月16日 济南市人民政府发出《关于对事业单位试行企业化管理意见的通知》，决定市区从1983年开始，先在设计、市政、园林、剧团、劳教、招待所和科研部门的实验厂、车间及校办工厂等单位试行企业化管理。

5月13日—17日 山东省和济南市科协邀请省内外专家60余人，参加大明湖环境规划学术研究会。专家们认为大明湖已受污染，自然生态平衡遭破坏，急待进行综合治理。并提出一定少养鱼，多种高等水生植物，加强生物学防治污染等措施，同时要在拓宽明湖路工程中建成排污系统，解决污染问题。

5月30日 济南市引黄保泉指挥部成立，指挥部由10人组成，市委副书记、市长何宗贵任指挥。

6月10日 《济南市城市总体规划》获国务院批复。批复提出："泉水是济南的特色，应尽快采取措施。首先恢复和保证四大泉群应有的涌水量，在建设中利用环城绿带把城、河、湖和四大泉群联系起来，形成以湖、河、泉水为特征的园林绿化中心，突出泉城特有的风貌。"

8月2日 市人民政府印发《济南市区周围山岭资源管理办法》，对已有军事设施或风景名胜区的山岭的维护和管理作了分工，扩大了市郊山林风景、名胜古迹保护区的范围，对北郊名贵石料的开采责成市花岗石开发公司统一经营管理。

8月10日 济南市园林局组织人员为五龙潭、趵突泉泉群的部分无名泉起名为"玉泉""虬溪泉""青泉""赤泉"等。

8月17日 济南市园林管理局改为济南市园林管理处，列事业编制55人，郭元祥任主任。

9月 坐落在千佛山东麓的辛亥革命烈士陵园修复工程竣工。11月4日正式开放。

△ 济南市广大青年积极响应号召，开展采集树种活动。共收集树种2.5万余公斤，并将0.5万公斤侧柏种子运往甘肃支援绿化。

10月19日 济南市政府印发《关于引黄保泉供水三大工程会战实施方案的通知》。通知称：引黄保泉供水工程是国家计委和水利部黄委会批准的年引黄量3亿立方米的大型工程，包括54公里的输水渠，26.3平方公里的沉沙池，143座桥涵，4600万立方米的调蓄水库，40万立方米/日净水等。

11月22日 济南市园林规划设计室成立，列科级事业单位，配事业编制18人。

12月29日 济南市保泉节水应急工程全面竣工。此项工程从1981年开工，新建、扩建、改建水厂、水源地和高压泵站13座，日新增水源能力24万立方米，日供水能力20万立方米。

12月 黄河下游最大的引黄保泉一期工程正式开工。该工程是利用老徐庄农灌引黄闸引黄河水，经过第一净水厂加药混凝沉沙，通过5.14公里的输沙管，将泥沙送往长清县许寺洼存沙区。经过沉淀的水在第二净水厂加药和物理处理后，并入市区自来水管网。

本年 共植树96万株，辟建街头绿地62块2.65万平方米，城市绿化覆盖率达到16%，人均公共绿地面积仍为2.3平方米。

1984 年

2月18日 济南园林机具维修厂成立，科级事业单位性质，独立核算，自负盈亏。

2月25日 环城公园建设动员大会召开。中共山东省委副书记李昌安代表省委书记、省长梁步庭作动员讲话。

2月 济南市园林科研所以原市园林绿化队植保室、化验室和济南市园林树木普查课题组人员设备为基础，正式组建成立。办公地址设在济南植物园，与济南植物园合署办公。同时撤销市园林绿化队建制。

3月3日 济南市25万军民上街大搞卫生，对大明湖、趵突泉等游览场所和纬二路、泉城路等主要马路及人民商场等文明窗口进行整理清扫，使市容、街容、园容、店容面貌焕然一新。

3月5日 马鞍山苗圃组建成立，为市园林处属科级事业单位。

3月10日 环城公园动工兴建。至年底，拆迁、截污、疏浚、泉池整治、河岸砌垒、地形整理等基础工程基本完成。

3月26日 市政府发文规定，对“济南青”、“柳埠红”和“长清绿”等稀有花岗石实行统一规划，统一开发，统一管理，统一经营。

3月 中共济南市委、市人民政府印发《关于深入改革市区管理体制若干问题试行制度》。从当年起，市城区绿化由市绿化队统一管理改为市区两级管理，以区为主。原属市绿化队的72名职工调整充实到各区绿化队。

5月11日 中共济南市委、市政府举行环城公园建设祝捷大会，向参加建设的驻济南部队指战员表示感谢，并决定在大明湖东门河岸上为参加泉城建设的解放军战士立一座雕塑，树碑立志。

7月9日 济南市水资源管理委员会成立，副市长庄庆臣为主任，在水利局设办公室。

8月 市园林科研所与济南植物园剥离，与向阳果园合署办公，保留向阳果园名称、编制及集体事业性质。1992年，向阳果园整建制划归济南舜耕山庄。

9月4日 市人民政府公布《济南市区园林绿化管理实施细则》。

10月 中共长清县委、县政府组织8万多名干部群众在黄河滩区建设防护林和速生丰产林，奋战10天，植树164万株，建成丰产林1113.89万平方米，完成104华里的黄滩区绿化。

11月29日—12月1日 济南市山区工作会议在章丘县召开，市长何宗贵与济南各县（区）长签署绿化责任状。规定用3年时间把全市宜林山滩全部栽上果树；完成绿化任务，给各区县长记功授奖，完不成任务的要追究责任。

11月 市园林管理处内部机构增设老干部管理科和基建科。

本年 济南市保泉节水工作成绩显著，与上年相比节水1654万立方米，自来水重复利用率从34.7%提高到42.7%，泉水断流时间由146天缩短为98天，最高地下水位从27.6米上升到28.02米。

△ 郊区绿化管理所成立，职工34人。

△ 市区园林绿地总面积达1128.5万平方米，其中，公共绿地面积316万平方米，生产绿地面积229.7万平方米，专用绿地面积238.2万平方米，防护绿地面积37万平方米，其他绿地面积307.6万平方米。绿化覆盖率为19.7%，人均占有公共绿地2.84平方米。有园林职工2030人，其中全民所有制职工1876人。

1985 年

1月16日 为配合五龙潭公园建设，市园林局办公地点从五龙潭公园迁址趵突泉南门。

1月25日 市政府召开城市雕塑工作会议，决定成立市城市雕塑规划领导小组。

2月2日 济南市野生动物保护协会成立。

2月20日 大明湖公园举行迎春花展，共展出茶花、牡丹、杜鹃等上百种。其中，空军济南医院姚长民送展的一株茶花高2.16米，冠幅1.5米，216个花蕾竞相开放。

3月2日 中共济南市委、市人民政府召开城市绿化动员大会，要求全市人民奋战5年，使济南市绿化工作跨入全国先进行列。大会表彰了35个花园式单位、143个绿化先进单位。

3月10日 《济南市市区园林绿化管理实施细则》发布。

3月12日 济南市军民20万人在市区植树5万余株，新建花坛40余个。历城、章丘、长清3县组织10万名青少年到黄河河堤植树14万余株。

3月16日 济南市首批文明单位命名大会在职工剧院举行。趵突泉公园、千佛山公园评为市级文明单位。

3月19日 全市规模最大的游乐园——金牛公园游乐园动工兴建。4月29日竣工，市长翟永淳、副市长郭德耀出席落成典礼，并为游乐园剪彩。

3月20日 济南市城市雕塑规划领导小组成立，副市长谭庆琏任组长，市委常委、市委秘书长王砚耕和市委宣传部、省建委、市文化局、市规划局、市城建局、市园林处、市群众艺术馆等部门有关领导为副组长。领导小组在市城乡建设委员会设办公室，科级事业单位，编制3人。翌年成立雕塑创作室，为领导小组办公室开展创作工作的实体机构，建制级别、编制人数未变。

3月25日 团市委在千佛山青年林举行“青年林”落碑典礼仪式。千佛山青年林是团市委开辟的青年绿化活动基地，全市团员青年在这里共栽下20多万株树，形成以常绿树为主，乔灌木结合的植物林。

△ 济南市人民政府发布《关于保护鸟类的布告》。

4月14日 趵突泉公园新上“地对空导弹”、“猫吃老鼠”、“冲浪”、“赛车”等10种电子游戏设施。

4月26日 济南环城公园成立，为科级差额拨款事业单位，人员编制及所需经费由市园林管理处调剂解决。

5月1日 大明湖百米喷泉落成。

5月21日 济南解放纪念阁奠基，省、市领导和驻济南部队领导参加奠基仪式。

△ 由市花卉苗圃开设的济南市花卉展销门市部在英雄山下开业，展销茶花、桂花、君子兰、杜鹃、含笑、月季等，并兼营宜兴花盆和盆景配件。

6月11日 大明湖遐园浩然亭重建漆饰完毕。

8月10日 济南市绿化委员会决定，自即日起，在全市进行以柳树、国槐为候选市树，紫薇、石榴、荷花、月季为候选市花的投票普选。至当月22日为投票普选截止日，共收回市树选票207638张，其中，柳树132701票，国槐74937票；市花选票203645张，其中，月季88937票，荷花56815票，石榴37271票，紫薇20622票。

8月27日 济南市人民政府发布《关于加强环城公园管理的通告》。

9月13日 济南市美化城市匾额指导委员会在趵突泉公园成立，特邀著名书法家武中奇为名誉主任。

10月1日 大明湖东门建成投入使用。

△ 梁步庭、李昌安、姜春云等省、市领导和济南军区领导在趵突泉茶社听取副市长谭庆琏关于环城公园第一期建设情况的汇报，查看公园一期工程建设情况。

10月4日 五龙潭公园筹建规划方案编制完成。

11月26日 济南军区空军赠送给济南市的一架曾参加抗美援朝的喷气式战斗机，陈列于济南市大明湖公园露天舞台，供游人观赏。

12月29日 为迎接1986年元旦，环城公园职工赶制20只精致的木划船开始在护城河上供游客使用。划船划程西起坤顺门，东到黑虎泉，全长1.5公里。

本年 济南市政府对城市绿化的专项经费投资达400万元，是1978年的80倍。

△ 济南市植物园建设指挥部成立。

△ 济南市园林处尝试打破公园封闭、单一的经营模式，允许园林之外的国营、集体和个体服务行业到金牛、大明湖、千佛山等公园租赁房屋，或在指定地点自建商亭，从事经营服务。经营方式可独立经营，亦可与公园职工集资入股合作经营。

△ 济南市展开园林植物病虫害及天敌资源普查工作。该项工作于1987年1月结束，共采集制作园林植物病虫、天敌标本1022件。其中，病害338

件、虫害512件、害虫天敌172件，第一次摸清了济南园林植物病虫害及天敌的种类。

1986 年

1月7日 《济南日报》讯："济南水资源调查研究成果通过市级鉴定。这项成果全面分析了济南水资源的数量、质量、时空变化规律以及开发利用规律和现状等，综合评述了泉水水资源开发利用的前景，提出了开源节流和保护水资源的对策。"

1月29日—30日 济南市第九届人大常委会第二十次会议通过《关于命名济南市市树市花的决定》，确定柳树为济南市市树，荷花为市花。同年开始市树市花的普及工作，全年发展柳树苗木20万株，引进荷花新品种60多个。

2月1日 济南市城乡建设系统总结表彰大会召开，市政府授予市园林管理处、市建筑总公司等单位为先进单位称号。

2月20日 济南市引黄保泉工程——杨庄引黄闸破土动工。该工程位于郊区吴家堡镇杨庄附近，设计每秒引黄河水10立方米，工程建成后每日向市区供水40万立方米。

△ 上午，济南市政府召开城市绿化工作会议，研究部署当年城市绿化工作，会议要求有关单位修订年度绿化工作计划，把绿化美化工作和社会主义精神文明建设结合起来，动员全市人人栽树植绿，把100万平方米草坪的任务落到实处，使部分地区不漏黄土；落实"门前三包"制度，严格执行绿化法规，严肃处理破坏绿地和树木的行为。

2月28日 济南市青少年营造黄河防护林工程表彰会在郊区洪家楼镇召开。副市长庄庆臣出席会议并讲话，24个青少年营造防护林工程先进单位受到表彰。

3月12日 济南市20万名军民参加绿化活动，一天种树栽花20万株。

3月27日 济南市副市长郭德耀及园林处领导到市西郊、段店、花卉等5个苗圃检查工作，研究遭受冻害损失的主要树种补救措施。

4月5日 由成都市根雕艺术协会、趵突泉公园、济南市盆景协会联合举办的根雕"动物世界"艺术作品展会在趵突泉公园开展，展出"动物"作品140余件。这是济南市首次举办的大型"动物"根雕艺术展。

4月16日 济南市政府召开各区、市直各部门（公司）、人民团体等单位领导干部会议，号召全市人民积极行动起来，迅速掀起以种植草坪、草花为重点的绿化新高潮。

4月29日 金牛公园森林乐园在二商河东岸杨树林中落成开放。乐园占地3.1万平方米，有小火车、小型汽车等游艺设施。市长翟永溥为乐园剪彩。

5月9日 济南市各级党委书记包山绿化现场会在历城县彩石乡玉皇山召开。

5月24日 中共济南市委、市人民政府召开绿化近郊荒山会议。动员驻济南机关干部、部队指战员、铁路职工、大专院校学生等，划片包干，绿化荒山，逐步使近郊荒山山绿水清，城市道路两侧绿林成荫。以中共济南市委副书记孟云为指挥，董承铭、王允文为副指挥的近郊荒山绿化指挥部同时成立。6—8月，全市军民10万人响应号召，踊跃参加近郊荒山绿化，共植树250万株，沿黄植树15万株。

6月10日 国画艺术家李苦禅的400余件作品由其家属捐赠给济南市。次日，李苦禅纪念馆在济南历史名园——万竹园开馆。

6月13日 李苦禅艺术座谈会在趵突泉茶社举行，来自全国各地参加李苦禅纪念馆开馆仪式的著名书画家和知名人士，以及省、市宣传、文化、新闻出版部门等共百余人出席座谈会。

6月18日 《济南日报》讯："连日来，市直机关干部组成浩浩荡荡的绿化大军，奔赴南郊四座荒山，挥锨舞镐挖树穴，为雨季植树造林做准备。市委、市纪委、市政府、市人大、市政协的负责同志身先士卒，带头大干。这次挖树穴采用分片包干，责任到单位的办法，有效地调动了大家的积极性。"

7月17日 大明湖公园举办济南市首届荷花展，展出品种60多个。

7月19日 位于人民公园北门、具有园林特色和时代气息的园林宾馆举行开业典礼。

7月26日 济南市文联、市园林处邀请省、市部分书画家、诗人在大明湖公园既湖楼举办首次"泉城赏荷笔会"，市领导翟永溥到会并讲话。

7月29日 济南市首次使用飞机播种造林，济南军区派出飞机向南郊卧虎山、万灵山等16座荒山飞播侧柏、刺槐树种2500公斤，播种面积266.8万平方米。

8月29日 《济南日报》以“改革用工制度，增强企业活力”为题，介绍济南市园林机械厂由劳动合同制代替用工终身制，打破“铁饭碗”，调动职工积极性，超额24%完成上半年任务的经验。

9月20日 金牛公园大象馆主体工程完工。

9月30日 大明湖公园大型游艺项目摩天轮和金牛公园航空乐园举行建成剪彩仪式并对外开放，省、市领导及济南空军领导参加了两项设施的剪彩仪式。

10月1日 山东省地图出版社编印出版《济南泉水图》。内容有济南泉水分布图、四大泉群、济南七十二名泉、名泉故事传闻等，并附趵突泉、五龙潭、珍珠泉、黑虎泉照片。

10月15日 济南解放纪念阁及环城公园落成典礼在解放阁下举行。山东省暨济南市领导、驻济南部队首长及各界群众1万多人参加典礼。

10月29日至11月1日 国务院副总理谷牧视察济南，查看了环城公园、解放纪念阁、万竹园等，称赞泉城近年来变化很大，强调济南发展旅游主要靠泉，希望把济南建设得更加繁荣美丽。

10月30日 济南市人民政府召开全市节水紧急动员大会，号召全市人民为节水“三保”（保生产、保生活、保泉涌）做贡献，并公布《济南市节约用水奖惩办法》。

11月12日 为纪念孙中山先生120周年诞辰，济南市人民政府决定，人民公园恢复“中山公园”名称。当日上午，纪念孙中山诞辰120周年和中山公园揭幕仪式在中山公园举行，市委副书记贺国强和市人大常委会主任李元荣为中山公园揭幕，大门匾额“中山公园”由书法家武中奇题写。

11月 济南市园林建设开发服务中心成立。这是山东省第一个“事业属性，企业化管理”，并取得国家园林工程二级企业资质的单位。

△ 南郊果园改建济南植物园工程启动，当年完成围墙建设任务。

△ 济南园林机械厂生产的绿化多用喷洒车、植树挖穴机在全国城市建设展览会上双双获得城乡建设部优秀产品奖、新产品开发奖，植树挖穴机还获得技术进步三等奖。

本年 闵子骞公园（今百花公园）开工建设。

△ 植树115万株，铺种草坪102万平方米，种草花500万盆（株）。城市绿化覆盖率达到24.5%，人均占有公共绿地面积达到3.32平方米，涌现出花园式庭院47个，城市绿化先进单位162个，绿化先进居委会35个，绿化先进个人324名。

1987年

1月16日 济南市林学会成立。

1月23日 济南军区向长清县儿童乐园赠送退役飞机一架，供游客观瞻。

2月23日 济南市园林管理处恢复济南市园林管理局建制，为市人民政府直属局级事业单位，郭元祥为局长。

2月28日 中共济南市委市政府在山东剧院召开城市绿化动员大会，号召全市人民立即行动起来，掀起义务植树绿化高潮。

3月5日 济南市园林机具维修厂划归市园林机械厂，更名为市园林机械分厂。

3月11日 省、市领导与郊区2000多名青少年一起参加营造黄河青少年防护林植树活动。

3月12日 上午，省委、省纪委、省人大、省政府、省政协、济南军区、济南军区空军、省军区领导及省、市各有关部门负责人和机关干部到成丰桥东侧植树。当日，全市共有30多万人参加植树劳动，栽植20多万株。

3月 南邻南郊宾馆，北接经十路，占地约43万平方米的济南植物园（今泉城公园）全面开工建设。

4月1日 济南市白云湖风景区开发工程正式开工。

4月4日 因持续干旱，济南市区水位下降至25.14米，为历史上有记录以来最低水位，市政府召开水荒紧急动员大会，号召家家惜水，户户节水，人人爱水。

△ 济南市城市雕塑规划领导小组办公室（科级事业、全额预算、编制3人）及其实体济南市雕塑创作室从市建委划归市园林局，与园林建设开发服务中心一个党支部，三块牌子。翌年，济南市雕塑创作室单列为科级差额拨款事业单位，同时履行市城市雕塑规划领导小组办公室职能。人

员由市园林建设开发服务中心调出15人组成。

5月1日 由济南市海外联谊会、市政协祖国统一委员会、市侨办和市侨联联合举办的各界人士庆祝“五一”游园活动在中山公园举行。

△ 金牛公园新建的金牛洞、金牛泉、金牛滩向游客开放。

△ 青年公园“儿童游艺场”建成开放。游艺场占地1100余平方米，新增10部电瓶车和2部电动木马，共有各种玩具十几种、近百件，可同时供500多名儿童娱乐。

△ 坐落在舜井商业街的舜园建成并正式对外开放。舜园面积约600平方米，建有湘妃亭、醉心亭、壁画长廊等。

6月1日 济南儿童乐园（今山东省妇女儿童活动中心）第一期工程建成，举行开园典礼。省市领导梁步庭、姜春云、苏毅然、李振、翟永溥、李元荣等出席，并与少年儿童一起庆祝“六一”国际儿童节。

6月12日 济南市政府转发市园林管理局拟制的《济南市绿化近郊荒山第二期工程实施方案》。当年，省市机关、学校、部队10万多人参加荒山雨季造林，共植树350万株。

7月1日 全国首届荷花展在济南大明湖公园举办，参展荷花150余种。

7月12日 金牛公园和日本和歌山县白浜野生动物园建立友好关系协定书，在济南园林宾馆举行签字仪式，双方一致同意在进一步加强野生动物的饲养管理和繁殖等方面进行技术交流，促进相互间的动物互赠活动。

7月27日 建设中的闵子骞公园更名为济南市芦花公园，为市园林管理局属科级事业单位。

7月28日 市政府确定济南市五龙潭公园为市园林管理局属科级差额拨款事业单位，与1985年4月建成开放的环城公园“一套班子，两块牌子”，实行企业化管理，编制人数150人。

8月26日 济南市遭受特大暴雨和龙卷风袭击。14时至次日2时30分，市区平均降水317.5毫米，积水面积30平方公里，总积水量6600万立方米。市区公园、苗圃普遍遭受水灾。

8月27日 济南市区地下水位上升到27.33米，干涸14个月的趵突泉等泉池恢复喷涌，到10月份，泉水喷涌势头呈最佳状态，最大喷涌量达1.5万立方米/秒。

9月19日 山东省首届盆景展览在大明湖公园举办，济南参展作品获总分第一名。

9月27日 五龙潭公园建成开放。公园于1986年开工建设，占地面积5.44万平方米。

10月2日 书画家王雪涛、孙墨佛的部分作品捐赠仪式在济南举行。次日，趵突泉公园沧园王雪涛纪念馆和大明湖公园南丰祠剑门书画馆（今孙墨佛孙天牧父子书画馆）开馆。

11月13日 匡山苗圃与西郊苗圃合并组建济南市园林苗圃，编制107人，科级事业性质未变。匡山苗圃建制遂撤销。

12月28日 引黄保泉一期供水工程竣工。工程总投资1.14亿元，建成日供水能力10万立方米的黄河水厂1座，结束了济南市单纯依靠开采地下水供应自来水的历史。经调试，翌年11月23日，该水厂生产的水正式并入城市自来水网。

本年 共植树86.4万株，铺草皮26.2万平方米，种草花 500万盆（株），新建绿地8万平方米，植绿篱7万米。城市绿化覆盖率、人均占有公共绿地面积分别由上年的24.5%、3.3平方米提高到26%和3.47平方米。新评花园式单位5个，城市绿化先进单位和居委会各30个，全市花园式庭院（单位）和先进绿化单位达到288个。

1988 年

1月13日 国务院公布济南市历城区柳埠千佛崖造像（包括龙虎塔、九顶塔）为第三批全国重点文物保护单位。

3月12日 济南市城乡30万人参加“植树节”活动。

3月25日 趵突泉自上年8月27日恢复喷涌后停止喷涌。

4月10日 日本和歌山县白浜野生动物园赠送济南市的一头非洲大象顺利抵达金牛公园。12日，交接仪式在金牛公园举行。

4月30日 金牛公园儿童游乐园建成开放。

5月4日 济南市2万多名青年在大明湖公园举行“省城友爱之春，青年大世界游园会”。

5月7日 中共山东省党史陈列馆在五龙潭公园中共山东党组织早期领导机关旧址（原济南东流水街）建成开馆。

5月11日—12日 爱尔兰共和国总统帕特里

克·约翰·希勒里一行访问济南，游览了大明湖等名胜。

6月 以卧虎山水库为水源的南郊水厂建成通水，每日向市区供水5万立方米。

7月1日 大明湖公园举办“万盆荷花展览”。

7月18日 市政府发布《济南市城市雕塑管理办法》。办法规定：市园林管理局是城市雕塑建设的主管部门；雕塑建设应按审批程序审批；雕塑建成后不得随意迁移或拆除；建成后的雕塑在公共场所的，由所在区园林绿化管理部门负责维护，在单位院内的，由单位负责维护；对玷污和损毁雕塑的单位及个人，视情节轻重，给予处罚。

7月23日 济南市第十届人大常委会第四次会议通过决定，篆书“泉”字形为济南市市标。

9月8日 大明湖公园南围墙、趵突泉公园东围墙、五龙潭公园东围墙原砖石水泥结构的实体围墙改建立柱钢钩式透墙工程全部竣工。

9月23日 中共济南市委、市人民政府在解放阁举行济南解放40周年纪念大会。5000多名干部群众和驻济南部队指战员参加大会，中共山东省委常委、济南市委书记贺国强，山东省副省长马忠臣，济南军区副政委曹芃生先后讲话。会后，中共山东省委副书记、省长姜春云，济南军区司令员李九龙为“解放济南战役革命烈士纪念碑”落成揭幕。

10月8日 大型不锈钢雕塑《腾飞》《拼搏》在省体育中心落成。

10月15日 中共一大代表邓恩铭烈士塑像在烈士母校济南一中落成。

10月17日 金牛公园更名为济南市金牛动物园。

10月18日 济南植物园（今泉城公园）配套工程南苑宾馆建成并投入使用。

10月31日 市政府调整济南市水资源管理委员会人员，副市长谭永青任主任。

10月 《济南名泉》一书由山东人民出版社出版。该书为《潇洒济南》丛书中的一册。

本年 共植树65.4万株，铺草坪20.2万平方米，种草花634万盆（株），新建公共绿地10.1万平方米。城市绿化覆盖率和人均占有公共绿地面积分别达到27.5%和3.62平方米。新评出花园式庭院10个，绿化先进单位25个。至此，全市共有花园式庭院60个，绿化先进单位311个，先进居委会49个，先进个人420名。

1989 年

1月18日 济南市1.5万名青少年走上街头，开展“爱泉城爱泉水”宣传活动。

2月 济南市园林管理局内部机构增设基建工程处。

3月9日 济南市政府召开全市绿化动员大会，要求全市人民立即行动起来，掀起植树绿化高潮。大会由副市长谭永青主持，市长翟永溥作动员报告。

3月11日 山东省、驻济南部队和济南市党政军负责人与历下、市中、天桥、槐荫、历城5个区的干部群众10万余人参加植树活动。

3月 济南市园林建设开发服务中心与市园林规划设计室合并组建济南市园林规划建设服务中心，为科级事业单位。

4月4日 由共青团槐荫区委募捐建立的“四五”烈士纪念碑，在青年公园落成并举行揭幕仪式。“四五”烈士纪念碑由知名雕塑家仇志海设计，纪念1931年4月5日被军阀韩复榘枪杀于此处的邓恩铭、刘谦初等22位英烈。

5月10日 济南市金牛动物园更名为济南动物园。

5月11日 济南市人民政府作出《关于加快林业发展，全面绿化泉城的决定》，确定到1995年全市森林覆盖率达到30%。

5月22日 日本和歌山县白浜野生动物园赠送济南动物园长颈鹿“马赛”运抵济南 。

5月26日 山东省首家植物医院在济南成立。

7月4日 济南市政府召开近郊荒山绿化会议，动员驻济南机关、部队、企事业单位和全市人民迅速行动起来，参加义务植树，加快林业发展，改变城市小气候。

7月20日 1978—1988年泉城10大景观（建筑）评选揭晓，八一立交桥、省体育中心、黄河公路大桥、解放纪念阁、环城公园、舜耕山庄、舜井商业街、五龙潭公园、燕子山住宅实验小区、齐鲁宾馆当选。

8月13日 济南市实施保泉绿化第一期工程建设项目规划获林业部批准，项目建设总投资2322

万元，重点加强市区南部山区1055平方公里的绿化建设。

9月23日 千佛山公园地下游乐宫建成开放。

9月25日 《济南日报》报道，以体现济南特色和时代精神为主题的8座城市雕塑分别在济南市名胜之地和繁华场所建立。

9月29日 山东省第一个植物园——济南植物园（今泉城公园）和济南市百花公园建成开放。

9月30日 百脉泉公园建成开放。该公园位于章丘县城，占地20万平方米，其中水面8万平方米。

10月1日 山东省暨济南市数十万名群众参加庆祝中华人民共和国成立40周年游园活动，当晚在大明湖举行了盛大的焰火晚会。

10月5日 日本和歌山县日中友协事务局次长津田谦、白浜野生动物园常务经理本田公昭应邀率团到济南参加济南动物园建园30周年和两园缔结友好关系2周年庆祝活动。

10月6日 济南动物园嘤鸣馆建成并举行开馆典礼。

10月31日 中共山东省委书记姜春云对市园林管理局关于实施济南大环境绿化建设的建议作出批示："改善济南大环境是一件很有意义的有益于当代、造福于后代的大事，应当专题讨论，作出决断，抓紧实施。"济南大环境绿化建设工程由此启动。

11月 济南保泉绿化指挥部成立，副市长封居尚任指挥。

12月15日 济南市人民政府发出《关于进一步加强节约用水工作的紧急通知》，提出居民用水由每人每月2立方米减为1.5立方米；工业用水按万元产值平均耗水150立方米的标准控制用水。

12月22日 市十届人大常委会第十三次会议作出《关于〈同意济南市历史文化名城保护规划〉的决议》。

本年 植树80.2万株，植草坪15.56万平方米，培植草花219.6万株（盆），城市绿化覆盖率达到29%，人均占有公共绿地面积3.92平方米。城市园林绿化总面积达到2685万平方米，其中，公共绿地面积528万平方米，专用绿地面积953万平方米，防护绿地面积298万平方米，生产绿地面积161.1万平方米。至当年年底，全市共评出花园式单位67个，城市绿化先进单位327个，先进居委会44个。

1990年

1月8日 市人民政府颁布《济南市封山育林管理规定》。

2月9日 济南市政府授予在城市园林重点工程建设中做出突出贡献的济南植物园（今泉城公园）、济南百花公园、济南动物园先进集体称号，给予22名个人各记功一次的奖励 。

2月22日 《济南大环境绿化建设规划方案》论证会在园林宾馆召开。副省长张瑞凤、中共济南市委副书记李启万、副市长谭永青及省市建委、林业、土地、水利、环保等部门领导、专家共39人出席论证会。

3月9日 济南市政府召开城市绿化动员大会，对在1989年绿化工作中做出显著成绩的587个先进单位和437名先进个人进行表彰，并取消了8个"绿化先进单位"的称号。

4月5日 李凤美任中共济南市园林管理局党委书记。

4月26日 济南市园林规划建设服务中心向第11届北京亚运会捐献"泺岫"石仪式在北京亚运村举行。北京市常务副市长、亚运会筹委会常务副主任张百发向济南市园林管理局负责人颁发荣誉证书。

5月24日 市第十届人大常委会第十六次会议通过《济南市园林绿化管理办法》。6月27日，山东省七届人大常委会第十六次会议批准公布实施。这是济南市第一部关于园林绿化管理的地方性法规。

5月 马鞍山苗圃并入济南动物园，马鞍山苗圃建制撤销。

6月29日 济南市政府发布《创建国家卫生城市实施方案》，对环境卫生管理、市容秩序管理、环境保护工作、公共场所管理、城市绿化美化、除害防病等诸方面规定了目标要求，提出了达标的具体措施意见。

7月 济南市区南部近郊山林发生大面积毒蛾虫害，受灾山林面积达1000万平方米，涉及济南林场5个林区，虫口密度达1000—3300头/株。21日—27日，园林部门紧急组织专用飞机喷药灭虫和人力喷药灭虫，灭虫效果达到91%，使毒蛾虫害得到有效遏制。

8月24日 趵突泉自1988年3月25日停喷883天后恢复喷涌。至9月2日晚，黑虎泉复涌，市区四大泉群全部恢复喷涌，再现百泉争涌景况。

8月 大明湖湖心亭建成。

9月19日 市十届人大常委会第十八次会议审议通过《济南市大环境绿化建设方案》，并作出决议，号召全市人民积极参加大环境绿化建设，为建设济南、美化济南做出积极贡献。

10月30日 济南动物园建制由科级事业单位调整为县级事业单位，机构名称改为济南动物园管理处。

11月17日 济南市政府召开全市节水保泉工作会议。市领导在会上第一次提出树立节水保泉5个观念：保泉和合理利用水资源是重大国策的观念；节约用水是长远战略方针的观念；节水保泉是精神文明建设重要内容的观念；保泉节水是促进对外开放，促进社会、环境、经济效益重要条件的观念；保泉节水是实现城市总体规划、保护自然文化遗产的观念。

12月4日 济南市政府发布《关于在市区实行义务植树登记制度的规定》，规定自1991年1月1日起，市区开始实行义务植树登记制度，凡本市市区公民，男十八至六十周岁，女十八至五十五周岁，除丧失劳动能力者外，每人每年应义务植树3—5株或承担相应的绿化任务。

本年 共植树85.3万株，铺草皮16万平方米，培植草花98.7万盆（株），建公共绿地11.8万平方米，城市绿化覆盖率达到30%，人均占有公共绿地面积4.07平方米。

1991年

1月 孙启胜任市园林管理局局长。

2月28日 山东省政府批准成立省会城乡大环境绿化总指挥部，副省长张瑞凤和市长翟永溥任总指挥，副市长庄庆臣、谭永青任常务副总指挥。下设办公室，市园林管理局原局长郭元祥任主任，迟效初任副主任。

3月1日 省会城乡大环境绿化动员大会召开，提出用10年时间植树造林47000万平方米，建成11个风景游览区和8个风景点。

3月5日 济南市引黄保泉二期工程破土动工。

3月9日 中共济南市委、市人民政府召开城市绿化动员大会，授予71个先进单位“花园式庭院”称号。

3月11日 全市城乡20万人参加义务植树活动。

4月30日 趵突泉停止喷涌。

6月25日 市政府发布《济南市市区山岭管理办法》，要求切实加强市区山岭管理，保护其自然容貌，在该区域内挖沙、取土、采石、兴建建（构）筑物等，必须经有关部门批准，并对违犯本办法的处罚作了规定。

6月 对清代任弘远的《趵突泉志》进行整理校注的《趵突泉志校注》一书由济南出版社发行。

7月29日 市政府颁布《济南市城市供水管理办法》。规定：对城市供水水源地划定保护区，防止水源污染；在水源保护区内，禁止建设任何可能污染水源的设施等。

△ 上午8时，停喷3个月的趵突泉恢复喷涌。

8月17日 黑虎泉群开始复涌。

8月 撤销济南市园林规划建设服务中心，恢复市园林建设开发服务中心和市园林规划设计室名称，仍各为市园林局属的科级事业单位。

9月4日 《济南日报》报道，在吉林召开的全国第二次城市环境保护工作会议上，济南市环城公园被评为第一批全国城市环境综合整治优秀项目，全国共有86个项目获此荣誉称号。

9月15日 济南市首届咏泉花卉楹联盆景艺术展在趵突泉公园开展。

9月27日 市园林科研所承担的《园林树木蛀干害虫微波技术》研究课题结题。11月21日，通过部级鉴定。

10月1日 由著名美术家韩美林设计制作的《双虎》——黑虎、金虎雕塑在环城公园黑虎泉畔落成。

10月2日 日本和歌山县“嵯峨御”流派插花艺术大师中森庆甫率代表团应市园林局邀请，在南苑宾馆举办插花艺术讲座。济南市42个单位的66名学员参加讲座。4日，80多件师生插花作品在济南植物园（今泉城公园）展出。

10月18日 中共济南市委、市政府作出《关于奋战十年绿化济南的决定》。

11月2日 市人民政府发布《济南市城市节约用水管理办法》。

本年 大明湖公园由科级事业单位调整为县级事业单位。翌年2月，成立济南市大明湖公园管理处。

△ 共植树44.8万株，铺草皮16万平方米，种草花96万盆（株），城市绿化覆盖率达到30.12%，人均公共绿地面积达到4.15平方米。

1992 年

1月2日 济南市大环境绿化与城市生态环境学术研讨会举行。与会专家、学者就搞好济南市大环境绿化、维护生态环境、实行城乡一体化、扩大造绿、涵养水源等进行了深入研讨。

2月19日 山东省省会城乡大环境绿化总指挥部召开会议，要求济南市完成当年的大环境绿化任务，为全省大环境绿化做出更多的贡献。

2月26日 中共山东省委书记姜春云、省人大常委会副主任卢洪、副省长王建功带领省直有关部门负责人，在市领导李启万、孙常印、谢玉堂等陪同下，参加济南植树劳动，并检查指导大环境绿化工作。

2月29日 省会城乡大环境绿化再动员大会在南郊宾馆召开。

3月6日 全市“绿化泉城，青年当先”誓师大会在历下区姚家镇举行。

△ 济南市政府召开城市绿化动员大会，285个单位获“花园式庭院”“绿化先进单位”称号，488人获“绿化先进工作者”称号，7个单位被撤销“花园式庭院”和“绿化先进单位”称号。

3月24日 驻济南部队某部2000多名官兵奋战10余天，完成了卧虎山风景区上万亩的荒山绿化任务。

4月15日 趵突泉停止喷涌。

4月28日 由章丘县白云湖乡投资兴建的大型人文景观齐鲁名士宫和省市旅游重点开发区——章丘县白云湖风景旅游区同时向社会开放。市领导李启万、孙常印及济南军区空军政委杨汉文等参加剪彩仪式。

4月 济南市园林职工学校批准成立，列科级差额拨款事业单位，编制23人，人员从英雄山公园编制调剂。

5月18日—23日 济南市人大常委会视察城市园林绿化和大环境绿化建设工作。

5月 由济南市园林局组织加工制造、以山东省名义赠送日本山口县的一座仿清代宫廷风格的重檐四角亭——“泺亭”，在日本山口县维新公园完成安装。

6月8日 济南市举行声势宏大的节水宣传活动，“全国城市节约用水宣传周” 活动在济南拉开序幕。

6月18日 市政府发布《济南市园林绿化管理办法实施细则》。

△ 济南市第一个水上娱乐项目“水上世界”在济南植物园（今泉城公园）建成开放。

6月30日 由著名美术家韩美林创作的巨型雕塑《天下第一牛》在济南动物园落成。

7月 济南植物园（今泉城公园）、趵突泉公园由科级事业单位调整为县级事业单位。管理机构名称分别改为济南市植物园管理处和济南市趵突泉公园管理处。

9月20日 一对来自缅甸的亚洲象“撒宽”（雌性7岁）、“亚坤”（雄性6岁）经过8个昼夜的旅程安抵济南动物园落户。落户后，撒宽先后于1997年、2002年、2004年和2010年9月产下4只小象，均为雄性。

9月29日 千佛山公园引进资金，兴建的集我国四大石窟艺术于一洞的万佛洞建成。10月1日正式对外开放。

10月22日 市十届人大常委会第三十一次会议通过《济南市古树名木保护管理办法》，11月21日由省七届人大常委会第三十一次会议批准。

11月4日 日本山口县赠送山东省的一座具有日本民族风格、以山口县的代称“防长”命名的庭院建筑“防长亭”，在济南植物园（今泉城公园）安装完成。

本年 共植树36.3万株，铺草皮12.34万平方米，种草花74.2万盆，新建公共绿地3.5万平方米，城市绿化覆盖率达到30.24%，人均公共绿地面积5.01平方米，涌现出12个绿化美化先进单位和83个花园式庭院。各苗圃共育苗木20.7万株，育苗17.8万平方米，林场造林4.4万株。

1993 年

3月11日 济南市政府召开全市绿化动员大

会，要求全市人民、社会各界更加深入扎实地开展全民义务植树活动，把济南建设成花园式城市。

3月12日 省、驻济南部队和济南市党政军负责人及干部、官兵800余人，到千佛山公园植树。

3月 济南市第十一届人民代表大会第一次会议通过刘正宗等12位代表提出的“尽快制定保护名泉、泉水的地方法规和泉水保护规划，做到有法可依，有章可循”的议案。泉水保护开始步入立法轨道，拉开了泉水立法保护的序幕。

5月1日 华宇宠物乐园在济南动物园建成并对外开放。

△ “明昌钟亭”在大明湖北岸南丰祠院内晏公台建成。

5月 济南市引黄工程指挥部成立，市长谢玉堂任指挥，副市长谭永青任副指挥。

6月26日—30日 以日本和歌山市山东省友好城市协会会长山崎利雄为团长的第二次友好之樱访华团一行20人访问济南。在济南期间，举行了庆祝和歌山和济南建立友好城市关系10周年、樱花树纪念揭幕仪式及植树活动。

7月6日—8日 济南市人大常委会会同部分驻济南省人大代表，视察济南市大环境绿化建设工程，听取了章丘、历城、长清、平阴等县（市）区开展大环境绿化建设的情况汇报，察看了济微、济王、济兰、济新公路沿线的绿化情况。

7月8日 济南市编委正式明确省会城乡大环境绿化总指挥部办公室为局级事业单位，内设秘书处、业务处，编制列市园林管理局，所需业务人员由市园林管理局内部调剂解决。

△ 百花公园“水上乐园”建成开放。该乐园占地面积2.3万平方米，水面面积近1万平方米。2009年被改建成全民健身场所。

8月31日 市园林规划设计室更名为济南市园林规划设计研究院。

9月17日 趵突泉自上年4月15日停涌519天后恢复喷涌。

9月20日 济南市人大常委会致函市政府，指出环翠宫酒家建设侵占白龙湾，每天用水泵从两个泉眼中抽取5000立方米的地下水排入下水道，对趵突泉构成直接威胁。市政府根据该函告，勒令环翠酒家停止建设施工。

9月24日 千佛山公园上山索道建成并向游客开放。索道全长600米，共设吊椅60个，每小时可单向乘载游客450人左右。

10月1日 山东省规模最大的养兰基地“天香园”在大明湖公园落成。

10月26日 济南市保泉绿化第一期工程通过国家计委、林业部检查验收。该工程于1989年开工建设，完成人工造林18866万平方米，林木覆盖率达到28.5%，比工程前提高10个百分点。

10月28日—11月16日 以保护生态多样化、拯救国宝大熊猫为主题的中国保护国家大熊猫工程展览在济南动物园举行。展览活动期间，福建省大熊猫表演团熊猫明星“巴斯”“元元”到济南助兴表演。

本年 济南市园林局工会制定《关于事业单位经办经营实体的试行意见》，鼓励园林系统各单位兴办经济实体，走自我发展的路子。同年，局属各单位开始兴办园林绿化公司等经济实体。到1997年年底，市园林各单位都成立了园林绿化公司等经济实体。

△ 共植树25.7万株，铺草皮3.1万平方米，种草花45.7万盆（株），新建公共绿地1.4万平方米，城市绿化覆盖率和人均公共绿地与上年度持平，分别为30.24%和5.01平方米。庭院绿化美化方面新涌现出20个绿化先进单位和1个花园式庭院。各苗圃全年出圃苗木9.5万株，育苗13.6万平方米，林场造林8万株。

1994年

3月16日 中共中央政治局委员、山东省委书记姜春云，济南军区政委宋清渭及机关干部1200余人，到千佛山参加义务植树活动。

3月24日 位于东南外环路两侧的“八一林”基地正式破土动工建设。

4月9日 趵突泉断涌。

4月11日 市政府颁布《济南市园林绿化工程施工管理办法》。

4月23日 “市长二号工程 ”（山区七乡镇开发建设工程）建设暨全市消灭宜林荒山战前动员大会在章丘市垛庄镇召开。

4月28日 济南动物园垂钓园建成。垂钓园总面积2.4公顷，垂钓水面1.4万平方米，分7个垂钓区，总投资30余万元。

5月27日 开元寺风景区开发建设工程正式开工。市领导谭永青、李启万、刘耀华等参加开工仪式。

7月8日 上午11时，停喷达两月之久的趵突泉恢复喷涌。

7月10日 全国第八届荷花展及水生植物展在大明湖公园开幕。

7月21日 大明湖南丰祠翻建工程竣工。

7月 济南市林场增挂济南市近郊风景区管理处牌子。

8月29日 《济南市历史文化名城保护规划》获建设部、文物局批复。批复指出：保护泉水，恢复泉流是济南市历史文化名城保护规划的重要内容，也是济南建设必须重视的重大问题；保护泉水的措施应严格实施，在泉水保护范围内进行各项建设都要做好泉水保护的研究论证，有相应的防范措施，尽快恢复泉涌，再现泉城特色。

8月31日—9月1日 市人大常委会视察南部山区绿化工作。

9月10日 济南市五峰山旅游度假区破土动工，规划面积38.5平方公里。

10月19日 市政府发布《济南市城市喷泉管理办法》。全市全年建成人工喷泉12个，分别位于西门绿地处、植物园东北角、泺源大街大众日报社门前、玉函路绿地处、经七纬二路路口、辛庄高架桥北、槐荫公园内、明星电影院东三角绿地、金帝利大酒店前、第二工人文化宫绿地处、天桥区少年宫门前、历城洪家楼三角绿地处。

11月 环城公园与五龙潭公园分立，各自仍为科级差额拨款事业单位。

本年 共植树38万株，种草花75万盆（株），新建绿地5.8万平方米，城市绿化覆盖率和人均公共绿地与上年度持平。新评出城市绿化先进单位10个，花园式庭院2个，至此，全市共有城市绿化先进单位231个，花园式庭院82个。各苗圃共出圃苗木17.7万株，育苗10.9万平方米，生产盆花14万盆、五色草160万株。林场造林9万余株，修枝抚育71.3万平方米。

1995 年

1月5日 驻济南部队绿化纪念碑落成仪式在历城区仲宫镇政府驻地举行，以纪念驻济南部队支援济南大环境绿化工程建设做出的贡献。仪式上，市政府同时将一面写有“支援地方屡建功勋，绿化济南再谱新篇”的锦旗赠送驻济南部队。

1月27日 锦绣川水库引水保泉第一期工程竣工。

3月9日 山东省暨济南市城市绿化动员大会召开，号召广大干群掀起春季绿化高潮。

3月10日 山东省、济南军区及济南市领导赵志浩、李春亭、韩瑞阶、孙常印等与3000多名干部群众和部队官兵，参加义务植树活动。

3月28日 驻济南部队3000名官兵，再次赴南部山区“八一林”基地植树造林。市六大班子领导前往工地慰问。

4月20日 趵突泉停止喷涌。

5月13日 济南动物园一只乳名“爱子”的雌性孟加拉虎一次产下5只虎仔，全部成活。

5月14日 山东省暨济南市节水宣传周开幕式在省体育馆举行。

5月 济南市政府遵照省人大常委会主任李振关于“要把趵突泉和万竹园直到白龙湾连为一体，统属趵突泉公园。在这个范围内新建的影响景观的建筑物已经引起人们的重视，都应该下决心尽快拆除”的批示，拆除了趵突泉西邻正在建设的二层商业楼骨架。

△ 由山东省著名园林专家周培正设计的趵突泉公园南大门落成。

△ 千佛山公园瀛芳园建成开放。

6月4日 省暨济南市纪念“六五”世界环境日宣传活动在植物园（今泉城公园）举行。

6月14日—15日 市人大常委会领导视察济南城市园林绿化执法工作。

7月15日 济南市第三届“达瀚杯”龙舟赛、第九届明湖荷花展在大明湖公园开幕。

7月 中山公园、千佛山公园由科级事业单位调整为县级事业单位。

8月7日 趵突泉断涌109天后复涌。

9月1日 由市雕塑创作室主任孟晋元设计、市雕塑创作室承建的“五三惨案”纪念碑在“五三惨案”旧址顺城街（五三街）落成。

9月上旬 位于趵突泉公园的柳絮泉出现“金线”景观。当时，泉水涌升，在水面形成一条水线，像游丝一般忽隐忽现，随波荡漾，在阳光折射下，犹如一条金线闪闪发光，引得游客纷纷驻足观赏。水盛时，“金线”景观在柳絮泉南侧的金线泉时常出现，在柳絮泉出现，历史上未见记载。

10月 济南动物园被建设部和中国动物协会评为全国十佳动物园。

本年 济南园林机械厂被中国企业形象认定委员会授予“中国企业最佳形象AAA级”称号。

△ 千佛山公园、龙洞林区被山东省政府列为省级风景名胜区。

△ 全年共植树19.5万株，新建绿地6000平方米，出圃苗木11.7万株，育苗11.95万平方米，山场抚育造林234.2万平方米，评选出82个花园式庭院、211个先进单位和369名先进个人。撤销32个单位花园式庭院及绿化先进单位称号。

1996 年

2月2日 山东省省会规划建设委员会专家组召开会议，论证《大明湖地区近期综合改造规划》和《趵突泉公园周围地区改造方案》。副省长张瑞凤，市委副书记、副市长谭永青，市政协副主席汤家永参加会议。

2月5日 市政府发布《济南市森林资源保护管理规定》。

3月12日 山东省、济南军区、济南市领导韩喜凯、谭福德、孙淑义、郝保庆等与近千名干部群众，在千佛山风景区参加义务植树活动。

5月8日 大明湖综合整治截污工程举行开工典礼。

5月30日 《济南市级机构改革实施意见》保留市园林管理局，为市政府直属正局级事业单位。内设办公室（挂法规处牌子）、城市绿化办公室、公园管理处、科技教育处、园林绿化处、计划财务处、保卫处、组织人事处、离退休干部工作处、宣传处、名泉保护管理办公室。

△ 市第十一届人大常委会第二十一次会议通过《济南市城市绿化管理办法》，6月15日，省第八届人大常委会第二十二次会议批准施行。

6月26日 市政府投资30万元，由济南军区舟桥团组织150余名官兵承担的环城公园东护城河段清淤工程竣工。该工程共清淤河道近600米，清除淤泥1万余立方米。

7月3日 大明湖公园清淤工程开工。该工程被列为1996年度济南市城市建设十大工程之首。至年底，秋柳园至西南门段清淤任务基本完成。

7月13日 《济南日报》讯：“趵突泉公园获全国十佳公园称号。”

8月7日 千佛山奇能滑道试车成功。9月26日正式向游人开放。该项目由千佛山公园管理处和香港奇能发展有限公司合资兴建。

9月 济南市园林苗圃部分用地改建森林公园工程开工。至年底，内外广场、停车场和东环园路完工，公园南大门完成土建部分。

10月1日 段店苗圃更名为济南市园林花卉苗木中心。

12月30日 重建的铁公祠纪念堂在大明湖公园落成。

本年 济南市园林科研所研究的防治柳树吉丁虫、光肩星天牛、日本木蠹蛾、刺角天牛4种蛀干害虫综合防治技术，从1992年起在全市推广应用后，产生了良好的环境、生态、社会效益，获得山东省科技进步三等奖，济南市科技进步二等奖；济南动物园《黑鹳人工繁殖、饲养课题研究》成果达到国内先进水平，具有推广价值，获省科技进步二等奖。

△ 共植树47.4万株，林场抚育造林18万株，新建公共绿地1.8万平方米。城市绿化覆盖率达到30.5%，人均公共绿地面积5.01平方米。

1997 年

3月2日 趵突泉公园排污排洪工程开工。

3月7日 市政府办公厅转发市园林管理局制定的《济南市城市“造绿工程”实施方案》。

3月11日 济南市成人纪念林浮雕落成仪式在郎茂山举行，中共济南市委常务副书记孙常印等为浮雕揭幕。“植活一棵成人树”活动全面启动。

△ 全市造绿工程建设动员大会召开，中共济南市委副书记、副市长谭永青与历下、市中等五区区长签订城市造绿工程责任书，并对上年做出突出成绩的先进单位和先进个人进行了表彰。

3月18日 中共山东省委书记赵志浩，济南军区副司令员兼济南军区空军司令员韩瑞阶，省委常委、中共济南市委书记孙淑义等与市属各部门负责人300余人，在市园林苗圃西郊森林公园参加义务植树活动。

3月23日 大明湖清淤首期工程完工。二期工程开工，济南军区舟桥团部队承担了清挖外运淤泥的任务。至月底，完成湖西南角、北岸南丰祠附近的淤泥清挖外运，共清淤20余万立方米，沿湖新建荷田10000平方米，翻修石砌湖岸1200米，修建环湖路4200平方米，改建铁公祠东水闸1座，综合整治工程圆满完成。

5月11日 济南市首届“爱泉城爱泉水”节水摄影书画艺术展在解放阁开幕。

5月21日 趵突泉公园完成残疾人服务设施建设，成为全国首家无障碍公园。

5月29日 市十一届人大常委会第二十七会议通过《济南市名泉保护管理办法》，6月6日，由省八届人大常委会第二十八次会议批准公布。这是济南市首部、也是全国第一部保护泉水的地方性法规。

5月 根据1996年《济南市级机构改革实施意见》，省会城乡大环境绿化总指挥部办公室正式撤销，市区大环境绿化职责划归市园林管理局，并保留省会城乡大环境绿化总指挥办公室名称。

6月1日 齐鲁明珠大象表演馆在济南动物园建成开放。

6月6日 济南环城公园南门桥至解放阁段河道清淤工程开工。环城公园军民共建单位——济南军区舟桥团承担了此次清淤任务。7月3日，清淤任务圆满完成，共清理河道700米，清除淤泥8000多立方米。清淤后，护城河南门桥至解放阁段河床平均下降0.5米，最深处达1.6米，河水清澈见底，游船通行无阻，游人数量明显增多。

6月18日 济南市第一个高尔夫球场——阳光城市高尔夫娱乐中心在千佛山公园开工建设。9月16日正式建成开业。该球场面积6000平方米，总投资40万元。

6月28日 济南市第一座香港回归纪念雕塑《巨龙腾飞》，在北园路东亚家具城广场落成，总高度为13.38米。

7月20日 济南市名泉保护管理办公室挂牌成立。

7月 济南市建委副主任孙培森任市园林管理局局长兼党委书记。

△ 修复满井泉。

8月 修复登州泉、酒泉、湛露泉、石湾泉、北煮糠泉（广会杜康泉）、花墙子泉、芙蓉泉。

△ 历下区芙蓉泉畔6户居民自发订立济南市第一个民间《爱泉公约》。

9月6日 名泉保护图片展在解放阁展出。

9月15日 济南市政府发布《关于加强植物园管理的通告》。

9月26日 济南市植物园（今泉城公园）向社会免费开放，成为全国首家免费开放的植物园。

10月15日 市政府发布《济南市区绿地广场管理规定》。

10月26日 山东省首届菊花展暨济南市第十八届菊花展在趵突泉公园开展。

11月12日 全市造绿工程总结暨现场会召开。

11月28日 济南市园林机械厂整建制划归齐鲁考格尔集团。

12月 《济南市志》第一册由中华书局出版。所载“泉水”篇近20万字，收记济南地区泉水579眼，对济南泉水的历史和现状作了翔实记载。

本年 《金丝猴饲养与繁殖研究》课题获济南市科技进步二等奖。该研究成果较好地解决了金丝猴在人工饲养条件下受孕、繁殖、幼仔成活等技术难题。

△ 中共济南市园林局党委提出“主业精，副业兴”，在抓好主业的同时，大力发展园林经济的发展思路，并提出承揽园林工程、发展园林苗木生产、经营好园林有形无形资产、创新绿地养护管理模式、开发建设新景区、建立园林工程质量监督监理制度、加强公园门票管理7条发展园林经济的路子。

△ 全年城市绿化植树81.53万株，建设绿地57.86万平方米，铺种草坪52.9万平方米，山场植树14.8万株，城市绿化覆盖率和人均公共绿地面积两大指标结束了多年徘徊局面，分别达到31.07%和5.2平方米。

1998年

2月3日 大明湖公园藕神祠重建告竣，举行落成开放仪式。

2月26日 济南市中绿荫休闲广场（英雄山绿地广场）被共青团中央、建设部、全国少工委命名为全国青少年绿色文明园。

3月3日 济南市春季植树造林现场会在章丘市

召开，副市长刘克昌代表市政府与各县（市）区政府签订五年绿化责任状。

3月7日 “春回大地”护绿行动在英雄山广场启动，标志着济南市以美化环境、促进管理、方便生活为主要内容的“城市管理年”活动拉开序幕。中共济南市委副书记沈建国，市委常委、宣传部部长牛洪恩及市建委、市教委、团市委、市中区的领导参加了活动。

3月11日 市政府召开全市造绿工程动员大会，确定当年绿化工作任务，表彰在造绿工程中涌现出的93个花园式庭院、222个先进单位和379名先进个人。

3月12日 小清河治理工程纪念碑落成。

3月26日 《济南日报》讯：“小清河春季绿化工程全线竣工，植树近5万株，完成绿化面积56.7万平方米。”

3月27日 济南市英雄山公园改建英雄山风景区一期工程开工。当年9月12日竣工开放。该工程由新组建的园林开发建设集团承建。

5月1日 槐荫广场落成启用。该广场由青年公园改建而成，总面积3.2万平方米。中共山东省委常委、济南市委书记孙淑义，市委副书记、市长谢玉堂等领导出席广场落成和启用仪式。

5月2日 山东省、济南市联合举办的“五三”纪念活动在趵突泉公园重建的“五三”纪念亭前举行，省及济南市社会各界人士参加活动。

5月6日 解放阁修缮工程开工。9月上旬竣工。该工程是中共济南市委、市政府为纪念济南解放50周年实施的工程。工程包括237平方米的阁面翻修，阁顶及室内油漆彩绘，对碑文进行防水处理，加固阁基等土建维修以及安装外饰灯，展室扩充展品，增加济南战役沙盘和声光设备等内容。

5月17日 济南市长谢玉堂发表《致全市中小学生一封信》，动员中小学生自觉爱绿护绿。

5月23日 珍池修复工程开工。7月中旬竣工。此次工程清挖了泉池、石砌了池壁、刻制了名泉碑，并对周围环境进行了绿化。

5月28日 济南园林开发建设集团揭牌成立，为县级事业单位。该集团以市园林建设服务中心为主体，由市园林花卉苗木中心、市花卉苗圃、市园林规划设计研究院、市雕塑创作室、市英雄山果园、济南立鑫实业总公司、市园林建设监理总公司等单位组建而成。

△ 历城将军广场正式命名。广场占地5万平方米，铺设草坪3万余平方米。

6月6日 张含镶、陈衍涛、徐家茂、王培智等10位市民联名通过《济南时报》向全体市民发出“别让名泉毁在我们手中”的倡议。随后，《济南时报》和市名泉保护管理办公室联合发起保泉、护泉10万人签名活动，1万名民众在10米长卷上签名。

6月7日 市长谢玉堂致信倡议保泉护泉的10位市民和《济南时报》，称赞10位倡议者是爱泉城的模范市民，号召全体市民向他们学习，爱我名泉，护我名泉，救我名泉。11日，这10位市民被市名泉办聘为首批“济南市爱泉保泉义务监督员”。

6月18日 由济南军区舟桥团支援实施的护城河西段坤顺门桥至大明湖西南门段清淤工程竣工。至此，经过三年三次分段清淤，环城公园河道清淤工作全部完成。

6月22日 东泺河管网工程与大明湖截污工程建成并网，大明湖被污水污染的状况得到改善。

6月27日 济南市第一个青年文化广场在市中区舜玉公园挂牌。

6月 饶曼妮、彭开宙、邓宝金、李春圃等18位驻济南全国人大代表视察济南名泉，提出重新评审济南七十二名泉的建议。新七十二名泉评选由此发轫。

7月9日 百花洲清淤整治工程竣工。整治后的百花洲划归大明湖公园管理处统一管理。

7月10日 泉城广场开工建设。该工程位于泉城中心地带，东起南门大街，西至趵突泉南路，南临泺源大街，北依环城公园。广场东西长780米，南北宽210米，占地约16.68万平方米。

7月13日 全市拆墙透绿工作现场会召开。截至7月上旬，共拆实墙长度7354米，拆除临时建筑9520平方米，新建绿地1.44万平方米。

7月15日 全市名泉保护现场会暨畔池修复开工仪式举行。此次修复工程拆除了周围简易房，对泉池淤泥进行了清挖，使畔池原貌得以恢复。

7月17日 市政府发布《济南市城市道路美化管理规定》。

8月14日 凌晨2时50分，停喷10个月之久的趵突泉复涌。

8月24日 中共济南市委、市政府举行纪念济南解放50周年解放阁修缮工程竣工仪式。

8月28日 济南市人大常委会主任李启万，副主任谭永青、赵志冰、刘海亭、董承铭察看城市绿化工作。

8月30日 园林监察支队正式成立。

8月 济南市长谢玉堂到千佛山视察时，提出了建设千佛山风景区的要求。市园林局组建规划设计队伍，经过实地勘察，反复修改论证，制定了《千佛山风景名胜区总体规划》。

△ 由市名泉保护管理办公室编著的《济南名泉大观》由济南出版社出版，市长谢玉堂为本书作序。

9月2日 赵志冰、彭开宙、邓宝金、李春圃、王玉梅、赵玉美、杨秋萍、宫洪平、吴天文、赵平年、汤家永等驻济南全国人大代表视察济南名泉保护工作，要求依法把名泉工作做好，并提出举办泉水节的建议。

9月10日 全市造绿工程总结表彰大会召开。济南市自1997年8月实施造绿工程，截至1998年年底，共栽植乔灌木186.3万株，新增绿化面积218.44万平方米，铺种草坪122.4万平方米，58家单位拆墙透绿11413米。

9月 济南市英雄山风景区管理处成立，为县级差额预算管理事业单位，编制60人，领导职数配主任1人，副主任2—3人，中层干部8人。

10月1日 千佛山公园人工瀑布和大舜石图园建成。

△ 大明湖百米喷泉改建工程竣工。该喷泉始建于1985年，此次改建由公园与丹麦公司合作完成。2005年实施大明湖景区综合整治时拆除。

10月5日 引黄保泉工程项目鹊山调蓄水库动工兴建。

10月12日 位于历城区柳埠镇跑马岭的“济南野生动物世界”开工兴建。翌年9月26日建成开放，总规划面积为666.7万平方米。

本年 由济南市园林苗圃、园林科研所承研的《国槐、白蜡良种选育和地被植物引种及栽培繁殖技术研究》课题通过专家鉴定，达到国内先进水平。

△ 抢救修复王庙池、雪泉、放生池、甘露泉、长生泉、感应井泉、不匮泉、刘氏泉、玉环泉、砚池等12眼名泉，局部整治了珍珠泉，使这些名泉重新恢复了昔日风采。

△ 共栽植树木132.3万株，植草坪168.65万平方米，新建绿地167.42万平方米，建成英雄山、火车东站、槐荫公园、历下园林、历城党家庄、济青高速零点立交、市中赤霞、七贤、天桥金牛、小清河纪念碑10个绿地广场和马鞍山观赏绿地，总面积达到45.2万平方米，结束了济南无绿地广场的历史。城市绿化面积达3795.7万平方米，其中，公共绿地面积997.45万平方米，比上年分别增加236万平方米和110.87万平方米；城市绿化覆盖率达到32.8%，人均公共绿地面积达到5.68平方米。

1999年

1月27日 《济南日报》讯：“趵突泉公园南大门等三项工程获山东省首届城市市政设计精品奖。”

1月 市名泉办两次在《济南时报》、济南电视台等媒体发布信息，请市民推荐“七十二名泉”。至8月底，共收到推荐名单238份，推选名泉100余眼。

2月2日 市人民政府转发市地矿局《关于加强济南市城区及主要交通沿线地质地貌景观保护工作的报告》。报告提出：对地质地貌景观保护区内的石料厂、石灰窑、黏土矿，按照谁开发，谁保护，谁破坏，谁治理，谁受益，谁投资的原则，实行矿区定量绿化指标制度，做到开采一片，绿化一片，逐步恢复山川秀丽景色。

2月11日 中共山东省委常委、济南市委书记孙淑义检查指导园林、环保工作，察看市环境监测站等单位。

3月5日 趵突泉公园北区扩建拆迁工程开工。9月23日竣工。共拆迁居民360户、单位32个，新建通乐园、白龙湾、北大门、“齐风”、“泻玉”、东门石牌坊和盆景园等景区、景点10余处，将趵突泉、万竹园连为一体，公园面积扩大至10.5万平方米。并修复登州、杜康、饮虎池、白龙湾、花墙子等名泉。

3月6日 济南历下舜耕园林广场动工兴建。7月18日建成开放。

3月8日 济南槐荫广场被共青团中央、建设部、全国少工委命名为全国青少年绿色文明园。

3月10日 全市实施造绿工程动员大会召开。

3月14日 趵突泉自上年8月14日恢复喷涌以后再次停喷。

4月8日 济南市与日本名古屋市妙香园株式会社在千佛山公园合作建设"中日友好园"和弥勒大佛像协议书签字、奠基仪式举行。当年9月，友好园在千佛山公园东部原石渣堆处建成。

4月28日 位于济南天桥区的金水广场建成并开放。

5月1日 济南市首家水幕电影在大明湖上建成。同日，动物园孔雀散养园建成开放。

5月 市人民政府调整济南市名山名泉领导小组，市长谢玉堂任组长，设办公室于市建委。

△ 济南市林场调整为县级差额预算管理事业单位，编制150人，领导职数配场长1人，副场长3人。

△ 大明湖公园兰岛改建工程开工，当年9月30日竣工并开放。

6月6日 章丘市琅沟煤矿发生突水事故，造成明水泉群停涌。

8月1日—4日 山东省省会规划建设委员会第三届第一次会议对《济南城市总体规划（1996年—2010）》《济南市城市人口规划研究报告》《泉城特色标志区规划方案》《千佛山风景名胜区总体规划》等进行审议。

8月17日 全市第三期城市造绿工作会议召开。

8月19日 济南市"母亲河，我与你同行"绿色传递活动主旗交接仪式在济南黄河公园举行。

8月24日 济南市编委批复同意市园林科研所、市花卉苗圃（市花木公司）合并成立济南市花卉苗木科学研究中心，为差额预算管理县级事业单位，编制130人。

9月7日 济南市政府发布《关于加强泉城广场管理的通告》。

△ 趵突泉、黑虎泉、珍珠泉、五龙潭四大名泉银质纪念章发行，共印制5000枚。

△ 济南植物园"海洋之窗"水族馆建成开放。

9月12日 槐苑广场建成开放。

9月25日 泉城广场、济南机场、趵突泉公园扩建工程竣工仪式在泉城广场举行。

9月26日 济南市庆祝新中国成立50周年暨泉城广场落成大型文艺演出"泉城放歌"在泉城广场举行，市六大班子领导观看演出。

9月28日 济南市历城区洪楼广场建成开放。

10月16日 李苦禅诞辰百周年纪念展暨中国书画名家纪念馆联会在趵突泉公园李苦禅纪念馆举行。

10月25日 市人大常委会公布《济南市森林资源保护管理办法》。

10月30日 以日本山口县农村部部长长龙井勇为团长的山口县民植树团一行149人访问济南，在长清举行植树仪式。

10月31日 规划占地53.3万平方米的齐鲁碑林工程奠基仪式在五峰山举行。

11月1日 全国造林绿化"十佳"城市检查团到济南检查城市绿化工作，对济南市造林绿化工作给予充分肯定。

11月11日 1999年度全市"优秀文化广场"评选揭晓。槐荫广场被中共山东省委宣传部、省文化厅授予"山东省十佳文化广场"称号，东亚广场、解放阁广场被授予"山东省优秀文化广场"称号。

11月23日 田山引黄供水工程建设全面展开。该工程概算投资9.94亿元人民币，属大型城市供水项目，完成后日供水能力为40万立方米，对缓解济南市城市供水紧张、减少地下水开采、恢复和保护泉城特色将发挥重要作用。

12月1日 千佛山南大门建设工程竣工。南大门由广场、票房、牌坊、绿地组成。总占地面积3900平方米。大门主建筑石牌坊东西长15米，高12.2米，由两高两低4根方石柱构成。

12月29日 鹊山调蓄水库建成蓄水。水库占地7.4平方公里，库围坝长11.64公里，总库容量为4600万立方米。

本年 市人民政府批复《济南市封山育林规划》。规划于2001年完成封山育林面积33301万平方米，补植12023万平方米，平茬扶壮35万平方米；在章丘、历城交界处建设万亩植物园。

△ 重修寿康泉，修复玉乳泉，移址重建泉城广场建设中填埋的鉴泉。

△ 由市地矿局委托山东省801水文队作的《济南市地质地貌环境调查与评价报告》通过专家审查验收。报告对城建开发向南部山区的逐步推移提出了警告，指出，南部山区，特别是拟建

绕城高速公路以北地区是济南地下水的直接补给区，据计算，每侵占1平方公里国土面积，每年将减少地下水补给29.7万立方米；另外，该区大量垃圾（主要是生活垃圾）的无序堆放，将导致地下水质日趋恶化。

△ 植树105.6万株，新建绿地96.4万平方米。建成绿地广场15个，总面积46.9万平方米，分别是：泉城广场、舜耕园林广场、千佛山绿地广场、万嘉隆广场、七贤广场、七彩花园广场、大众广场、美里湖广场、世贸中心广场、槐苑广场、金水广场、黄岗绿地广场、洪楼广场、花园路广场、平安广场。城市绿地广场达到25个，总面积达到86.37万平方米。城市绿化覆盖率、绿地率、人均公共绿地面积三大指标分别达到35.56%、30.82%和7.05平方米，比上年度平均增长2.76%、2.22%和1.37平方米。

2000年

1月1日 济南市西郊苗圃部分圃地改建西郊森林公园一期工程建设完工，并对外开放。公园建成部分占地13.6万平方米。

1月15日 济南市田山引黄供水工程主要建设项目——玉清水厂工程奠基仪式举行。

2月13日 济南市人民政府发布《关于实施蓝天工程搞好大环境绿化的通告（第一号）》。

2月15日 济南市政府发布《关于实施蓝天工程防治大气污染的通告（第二号）》。

2月17日 省暨济南市召开实施蓝天工程大环境绿化动员大会，要求党、政、军、民、学迅速行动起来，积极主动地实施大环境绿化，打好蓝天工程第一个攻坚战，把环境绿化、美化、净化工作推进到一个新的水平。

3月1日 济南市青年志愿者表彰暨青少年参与"蓝天工程"动员大会在植物园（今泉城公园）音乐广场召开。

3月4日 济南市政府召开绿化动员大会，号召全市人民抓住春季绿化大好时机，迅速掀起城市造绿工程建设新高潮，创造出天蓝、水净、气清的生态环境。

3月5日 全市近30万人参加市及各区举行的"实施蓝天工程共建美好家园"签字活动。

3月30日 济南市获全国绿化委员会授予的"1998—1999年度全国造林绿化'十佳'城市"称号。

3月31日 英雄山风景区二期工程开工。重点在五里山山顶建阁、廊、亭，总面积345平方米。工程投资165万元，由济南园林开发建设集团设计并承建。同年8月底完成建设任务。

3月 千佛山公园改称济南千佛山公园管理处。

4月12日 济南市副市长刘克昌代表市政府，同市中、历下、历城、长清四区负责人签订责任状，3年内完成市区南部190个山头的绿化任务。

4月16日《济南日报》讯：日前，历城区狼猫山水库供水工程启动。该工程是济南市节水保泉、补充东郊水源的重大举措之一。

4月20日 因持续干旱，济南南部两大水源之一的卧虎山水库停止供水，济南南部地区实行限量供水及用水超量加价措施。

4月22日 济南动物园生态展区建成并对外开放。

4月24日 济南市第一座平原水库——鹊山调蓄水库正式向市区供水。水库占地949.5万平方米，蓄水能力4600万立方米。是济南市一次性投资最大的城市供水项目。

5月1日 位于济南长清县孝里镇的大峰山风景区对外开放。该风景区由济南市港基房地产公司和长清县齐长城旅游区管委会共同开发。

5月 济南市节水和名泉保护部门联合举办以"蓝天碧水"为主题的节水保泉宣传周活动。各企事业单位和居民近万人走上街头参加节水宣传。

6月13日—15日 市长谢玉堂、副市长陶安岭率济南市代表团赴大连考察城市道路综合整治和城市绿化工作。以学习大连经验，绿化美化济南的"一环九射"，展现省会现代风貌为主题的济南市第四期造绿工作会议在大连棒棰岛宾馆召开。

7月24日 共青团路拓宽及五龙潭公园开发扩建工程动工。工程由济南市园林开发建设集团筹资开发建设。

7月 省市规划、地质、水利等部门实地考察后，初步认定无影山顶部无影潭、小无影潭、田庄苇塘为断层裂隙泉。

8月5日 继卧虎山水库停止供水后，锦绣川水库也停止供水，济南市面临新中国成立以来最严峻的供水形势。

8月16日 全国城市绿化园林局长座谈会在济南召开。

8月24日 济南市花卉苗木科研中心完成组建正式成立。

9月6日 位于济南市长清县万德镇台山西麓的卧龙峪旅游区正式对外开放。

9月24日 中共济南市委副书记、市长谢玉堂察看第四期造绿工程“一环九射”样板路段，并对造绿工程提出要求。

△ 大明湖公园西南门扩建工程竣工。

9月25日—29日 全国第十届兰花博览会在大明湖公园举行。

9月30日 济南华山风景区一期工程竣工并对外开放。

△ 千佛山村开始动迁。至年底，顺利完成村民搬迁任务，共搬迁村民117户，拆除房屋面积2.25万平方米。20世纪50—60年代开始形成的“园中村”问题得以解决。

△ 千佛山公园中日友好园建成。该园占地面积2.25万平方米，由欢乐弥勒佛铜像、樱花园和附属建筑小品组成。

△ 济南市南部三大重点工程——仲宫至垛庄公路、锦绣川水库增容加固、七星台宾馆及植物园建设全部竣工。三大工程总投资1.3亿元。其中，七星台宾馆及植物园建设工程投资2000多万元，完成荒山造林333.3万平方米，栽植各种树木70多万株。

△ 济南野生动物世界更名为济南跑马岭野生动物世界有限公司。

9月 济南市花卉苗木科研中心注册成立济南百合花卉有限公司，2004年2月更名为百合园林集团。

10月1日 全国首家符合国际B级、国家A级场地标准的越野卡丁车场在济南西郊森林公园落成。

10月8日 济南市第四期造绿工程“一环九射”工程动员大会召开。

△ 由韩晓光主编，李宗益、徐家茂编辑的《天下第一泉——趵突泉》一书，由中国文联出版社出版。

△ 千佛山风景名胜区历山院改造工程竣工。改造后的历山院以舜文化为主题，由舜祠、圣裔祠、三圣殿、东西门组成完整院落，建筑面积增加800平方米。

10月15日 济南市最大的人造瀑布在华山建成投入运行，总落差达120米，宽12—16米，流量为每小时200立方米。

10月23日 市花卉苗木科研中心更名为济南市花卉苗木中心。

10月 济南市园林绿化工程监督站成立，为市园林局属自收自支县级事业单位，编制20人。

11月1日—5日 日本山口县志愿植树团、林业协议团一行110人访问济南，并参加在长清县举行的“绿色黄河友好林”植树活动。

12月15日 济南市长谢玉堂倡议全市人民节水保泉，开展在厕所水箱中投放一块砖活动。为配合这项活动的开展，市节水部门于12月16日在泉城广场举行启动仪式。

12月22日 《济南市城市总体规划1996——2010年》获国务院批复。批复中强调，严格控制城市向南发展，严格控制地下水开采；采取有效措施，加强对以四大泉群为重点的名泉保护；保护好千佛山等风景名胜区以及千佛山—大明湖之间的视觉走廊，体现“一城山色半城湖”的风貌特色。

12月27日 济南市名泉保护管理办公室由市园林管理局内设机构改列为市园林局属全额预算管理县级事业单位。编制15人。

12月29日 全市建国以来投资最大、对保护济南泉水起重要作用的城市供水工程——玉清湖水库建成通水。水库占地613.7万平方米，总库容4850万立方米，工程概算总投资9.94亿元。

12月 济南市林场由差额预算管理改为全额预算管理。

本年 山岭管理以实施“蓝天工程”为重点，分期分批关停41个小采石矿、石灰窑；实施了封山造林工程，加强对风景名胜山岭经常性检查，严格查处各类违章占用山岭行为。

△ 红叶谷生态文化旅游区开工建设，完成一级干道、拦水坝等基础设施建设，景区绿化、山石水景等建设初具规模。

△ 趵突泉公园完成综合服务楼和白龙湾景区建设。对李清照纪念堂进行扩建。扩建部分称名

"易安旧居"。翌年扩建工程竣工，对外开放。

△ 修复被占压填埋的白龙湾、广福泉、华家井、岱宗泉等11眼泉池。拍摄完成宣传济南泉水的电视专题片《济南七十二名泉》。

△ 济南市园林苗圃经营类型由差额预算管理改为全额预算管理。

△ 共植树70.1万株，新建绿地47.9万平方米。新建绿地广场10个，分别是：甸柳广场、鲁泉广场、六里山广场、匡山绿苑广场、劳动广场、成丰花园广场、天福苑广场、七里堡广场、花园小区广场、港沟广场。至此，全市已建有绿地广场35个，总面积达100多万平方米。城市绿化覆盖率、绿地率、人均公共绿地面积分别达到36%、31%和7.1平方米。

2001 年

1月18日 下午，济南市市长谢玉堂亲自转动扳手将自来水公司普利门自备水井关闭。标志着排查确定的二环路以内142眼井年内全部关闭，封井节水保泉措施正式实施。

2月20日 山东省绿化委员会、济南市政府召开蓝天工程和第四期造绿工程总结表彰大会，64个单位、27名个人受到表彰。

3月2日 全市大环境绿化会议召开，公布《济南市2001年蓝天工程大环境绿化实施方案》。

3月5日 济南市城市绿化暨创建国家园林城市动员大会召开。

5月18日 市第十二届人大常委会第二十次会议通过《济南市城市绿化管理办法》修正。6月15日，省第九届人大常委会第二十一次会议批准修正。

6月1日 济南市顺利通过省建设厅省级园林城市考核。6月28日，正式向建设部推荐济南市参加国家园林城市考核验收。

6月11日 济南革命烈士陵园被中宣部命名为全国第二批百个爱国主义教育基地之一。

7月9日 引黄二期工程最后一个项目——玉清水厂建成供水，济南供水结构发生重大变化，地下水和地表水的比例由7：3调整为3：7，为泉水复涌起到决定性作用。

7月20日 济南市政府召开创建国家园林城市工作会议，对创建国家园林城市工作进行再动员和再部署。

8月14日 中共山东省委常委、济南市委书记孙淑义就节水保泉工作进行专题调研。

8月16日 济南市创建国家园林城市领导小组成员（扩大）会议召开，部署第五期造绿工程任务。会后以绿化进庭院、进机关、进学校、进企业、进街道为"五进"内容的第五期造绿工程迅即展开。

8月18日 济南市从卧虎山水库放水至玉符河进行泉域回灌补源试验。30日结束，共放水1000万立方米。玉符河渗漏明显，对地下水有一定的补给作用。

8月19日 济南市雪山水厂正式奠基。该水厂以狼猫山水库为水源，计划日供水量2万立方米。翌年8月建成投产，结束了二环东路以东地区主要靠自备井供水的历史。

9月16日 全国首个山会冠名权拍卖会举行，千佛山山会冠名权由济南徐士俊酒业有限公司以31万元竞得。

9月17日 济南市区最大的水厂——解放桥水厂关闭最后一眼水井。数小时后，地下水位上升半米多，突破27米。自1999年3月14日停涌926天的趵突泉于16时25分复涌。10天后，黑虎泉开始溢水。至此，市区四大泉群全面复涌。

9月19日 由济南园林开发建设集团投融资开发建设的红叶谷生态文化旅游区建成开园。

9月20日 市十二届人大常委会第二十二次会议审议通过《济南市水资源管理办法》。10月28日，经省九届人大常委会第二十三次会议批准，于11月1日起实施。

9月26日—27日 创建国家园林城市检查团对济南市创建国家园林城市工作进行全面考核，认为济南市创建国家园林城市各项基本指标达到国家园林城市标准，并确定上报建设部审批。

10月1日 千佛山公园佛山书院建成投入使用。该书院是在千佛山村旧址上建成，仿唐式建筑，占地面积3万平方米。

11月1日 中共山东省委常委、济南市委书记孙淑义就人工回灌补源保泉、泉水先观后用进行调研。

11月29日 深圳发展银行济南分行捐资50万元保护济南名泉，省、市领导出席捐资仪式。

12月 济南市荣获"山东省园林城市"称号。

本年 抢救修复被占压填埋的华泉、双忠泉和扇面泉，其中双忠泉为移址修池；疏浚整修小王府池至曲水亭，五龙潭至大易造纸公司段泉水流经渠道。

△ 共栽植各类苗木653.8万株，新建绿地333.55万平方米，城市绿化覆盖率、绿地率、人均公共绿地面积分别达到36.8%、31.52%和7.3平方米。

2002 年

2月23日 为落实济南市委有关供水保泉及回灌补源会议精神，市自来水公司停止使用卧虎山水库向城市供水，以其为水源的南郊水厂同时停产。

3月10日 山东省暨济南市“情系母亲河，捐植纪念树”植树活动在长清区平安店镇举行。共青团中央书记处书记杨岳等参加植树活动，并为建团80周年纪念林揭牌，近2000名青年志愿者植树2000余株。

3月12日—27日 对济南城区泉水回灌补源进行试验，向玉符河河道排放卧虎山水库库水约900万立方米。

3月13日 趵突泉于2001年9月17日复涌170多天后，再次停涌。这是自1971年以来31年间的第26次“休眠”。

3月25日 环城公园综合整治工程开工，当年8月20日竣工。该工程是环城公园建成后16年来进行的第一次全面、大规模的整修。工程主要对西护城河和南护城河两个地段进行清淤、砌岸、建花架、布设小品、铺装地面、安装护栏、增设照明设施、提升河岸绿化景观等。工程由济南园林开发建设集团承建完成。

4月11日 在济南市第八次党代会上，中共山东省委常委、济南市委书记孙淑义向与会代表承诺：“力争经过几年的努力，实现正常降雨年份泉水常年喷涌”。

4月27日 山东省人大常委会办公厅召开新闻发布会，宣布自5月1日起珍珠泉及省人大常委会机关大院内风景名胜对外开放。

4月 《济南泉文化丛书》由济南出版社出版发行。该丛书由李世欣编著，包括《名泉奇观》《诗词文赋》《传说故事》《文人名士》共四册。

6月28日 济南名泉研究会成立。中共山东省委原书记梁步庭、山东省副省长赵克志为研究会揭牌。经大会民主选举，梁步庭、宋清渭、郭长才、王裕晏、翟永淳、李元荣任名誉会长，张福山、牛子重、谭永青、赵志冰、诸葛士廉、彭元栋任高级顾问，邢玉墀任会长，曹守恭、王丕俊、惠熙和任副会长，侯佐昌任秘书长。

8月19日 锦绣川水库干涸见底，以其为水源的分水岭水厂同时停产。

9月1日—3日 省政府邀请周干峙、刘建航、张宗祜、王梦恕、卢耀如5位院士组成的院士团到济南进行“济南市地铁建设与地下水保护”调研论证活动。经调研论证，诸位院士一致认为：济南泉水恢复与保护的核心问题仍然是泉域范围、边界性质、岩溶水资源量等基本问题以及大规模岩溶水开采诱发的岩溶水环境变化问题，必须采用新技术、新方法、新理论进行新一轮的地下水勘查与评价，查清争论不休的疑难问题，达成共识，制定切实可行的保泉供水措施。

9月10日 山东省第一家植物科普馆——济南植物园（今泉城公园）植物科普馆建成开放。

9月29日 参加“中国济南—日本经济文化交流合作活动纪念周”的日本友人与济南市青年一起，在植物园（今泉城公园）新落成的“中日友好樱花园”栽下50株象征和平的樱花树。

9月30日 济南市两项重点水利工程——卧虎山水库续建一期工程和绣江河拦河分洪工程竣工。

10月20日 经十东路绿化工程圆满完成。绿化总面积100万平方米，草坪30万平方米，分车带22万平方米，栽植乔灌木260万株，各种花卉70余万盆（株），绿化面积占整个道路面积的52%，被评为济南“五年大变样”十佳建设工程（景观）之一。市园林局五家具有国家一、二级园林绿化施工资质队伍上千人参加此项工程建设。

10月30日 由济南名泉研究会、市名泉保护管理办公室等共同组织召开的济南泉水历史溯源研讨会上，与会专家对济南泉水的历史文化、水文地质等进行了学术研讨，并提出济南泉水最早的可考文字见于商代末期“纣克东夷”甲骨文中的“泺”字。

10月底 中山公园北国卉园苗木基地在天桥区

桑梓店镇承租土地建立，面积约20万平方米。

11月11日 《济南时报》讯："近五年，济南市成片造林3568.7万平方米，新建完善农田林网101273万平方米，南部山区泉水补给区森林覆盖率由18.3%提高到25.9%"。

11月19日 济南名泉研究会、市名泉办召开济南七十二名泉评审动员会，公布《济南七十二名泉评审实施方案》，制定七十二名泉评审原则和评审标准，提出100眼推荐名泉名单。会后，由28名领导和专家组成的考察团分四路进行了为期半个月的实地考察。

11月29日 《济南日报》讯：济南绕城高速公路东线绿色通道建设工程已全部完成23公里的绿化带建设任务。此项工程是济南"五年大变样"的亮点工程，也是中共山东省委、省政府确定的重点工程。

11月 环城公园、五龙潭公园划归趵突泉公园管理处管理。百花公园划归千佛山风景名胜区管理处管理。

12月13日 济南市召开蓝天工程总结表彰大会，提出今后继续持久地改善城市生态环境质量，把济南建设成具有"山、泉、湖、河"特色的生态城市。

12月16日 济南市被建设部命名为"国家园林城市"。

12月24日 85眼泉水通过七十二名泉评审初试，其中有51眼曾为金、明、清三代七十二名泉。

本年 修复了起凤泉、醴泉、蜜脂泉，对王府池子至曲水亭、百花洲全长300余米地段的泉池、泉渠进行了清淤。

△ 济阳县济北广场建成。

△ 共栽植乔、灌木513.45万株，新建绿地211.42万平方米，栽植垂直绿化苗木12.7万株，城市绿化覆盖率、绿地率和人均公共绿地面积三大指标分别达到37.68%、32.22%和7.8平方米。有10个单位和4个小区被省建设厅授予"省级花园式单位和小区"称号。

2003 年

1月 以济南七十二名泉为题材的咏泉诗集《汇泉集》由济南出版社出版。作者邢玉墀。

2月15日 中共山东省委副书记、代省长韩寓群视察济西水源地抽水试验工程。

3月26日 济南市人民政府办公厅印发《关于城区工程附属绿地项目实行绿色图章制度的通知》。

4月28日 济南火车站广场改造及周边环境整治工程正式竣工并投入使用。

6月8日—27日 为探讨济西地下水与济南城区泉水水源的关系，在济西水源地（济南西郊桥子庄、冷庄、古城）进行首次抽水试验，抽水量为19万立方米/日。试验期间，趵突泉水位下降1.44米，引起社会各方关注，遂停止试验。

7月4日 经十路综合改造工程实施方案确定。该工程包括道路建设、两侧整治和周边综合改造三大部分。

7月25日 济南名泉研究会向市委、市政府主要领导提交《关于恢复泉水喷涌的现状调查分析与几点建议》，在分析了年内济南地区降雨量明显偏大，地下水位却上升十分缓慢、趵突泉等泉水仍不能喷涌的原因后，建议市委、市政府成立强有力的保泉专门机构，暂停济西水源地抽水试验，严厉查处私开自备井及擅自开采地下水违法行为，抓紧研究实施分质供水方案等。

8月1日 《济南市城市管理综合执法暂行规定》实施。法规授权市园林局的处罚权由济南市城市综合执法局统一行使。

8月17日 大明湖公园、趵突泉公园、红叶谷生态文化旅游区获国家4A级旅游景区景点称号。

8月24日 五龙潭泉群恢复喷涌。26日，珍珠泉泉群复涌。

8月 原隶属济南市城市建设管理局的山岭管理处整建制划归市园林管理局。

9月6日 上午8时30分，趵突泉地下水位上升到27.01米，在停喷了548天后恢复喷涌。9日，黑虎泉复涌。

9月11日 晚，中共山东省委书记、省人大常委会主任张高丽，省委副书记、省长韩寓群，省委副书记、省政协主席吴爱英，省委副书记、济南市委书记孙淑义，省委副书记王修智，同济南市上千名市民在恢复喷涌的趵突泉畔，共度中秋佳节。

9月12日 经十路道路与环境建设工程动员大会召开，经十路改造工程暨道路绿化建设转入全面实施阶段。

9月16日 沉寂了909天的章丘百脉泉复涌。至此，济南泉群全部恢复喷涌。

9月17日 章丘市人民政府印发《关于关停自备井保护泉水的实施意见》，决定到当年11月20日，分四批关停明水城区内单位自备井，统一实行公共供水。

9月24日 日本山口县访华团一行7人参观济南泉城广场，并在植物园（今泉城公园）种植友谊纪念树。

△ 济南市第二大烈士陵园——历城革命烈士陵园改造建设工程竣工。

9月26日 五龙潭公园扩建工程竣工。工程由济南园林开发建设集团和济南新盛事置业有限公司投资4000万元于2000年7月开工建设。经三年多时间的施工，拆除旧建筑1万多平方米，拓宽共青团路用地4800平方米，扩建公园用地3122平方米，新建成公园西南门、瀛泉阁和西南门广场，修复了关帝庙、蜜脂殿和醴泉、赤泉、蜜脂泉3眼名泉。

9月30日 环城公园综合整治二期工程完工。该期工程主要完成了对东、北护城河及周边环境的整治任务。共清挖河道淤泥4.4万立方米；新设石护栏3830米、花架50多组、围墙3000余米；铺装园路广场3.1万平方米；安装电力管线7260平方米、供水管道5300米、沿河园灯187盏；回填种植土1.26万立方米，栽植乔灌木30.4万株，植草坪3.1万平方米，安装假山石1200吨。

10月9日 燕山健身广场开工建设，广场面积21.6万平方米，主要建设内容包括：对广场进行绿化美化，修建24个活动广场、8个老年门球场、6个地掷球场及园林小品、道路、喷泉、雕塑、公厕、商亭、停车场、管理房等。

11月中旬 玉绣河综合治理引水工程施工全面展开。该工程是济南市“六河治理工程”的起始工程。由市园林局牵头，联合市政公用局、水利局等部门共同实施。至当年年底，共完成河道清淤17.4万立方米，挖运土石方3863立方米，砌垒挡墙2.1万立方米，截污水口35个，建检查井32眼，埋设管道910米，第一阶段施工任务圆满完成。

11月20日 济南新七十二名泉初评名单公布，并进行为期15天的社会公示，再次征求社会各界意见。

12月8日 大明湖开始实施换水。至2004年1月17日结束，分为放水、清淤、低水位循环换水、集中蓄水四个阶段。换水结束后，大明湖的水质得到明显改善，透明度达1米左右，为20年来最好水平。

12月28日 济南百合花卉展销市场建成营业。

12月31日 济南七十二名泉评审专家组召开评审会，确定了新七十二名泉名单。

本年 大明湖公园被山东省政府定为省级风景名胜区。济南市大明湖公园管理处更名为济南大明湖风景名胜区管理处。

△ 济南市千佛山公园管理处更名为济南千佛山风景名胜区管理处。

△ 由山东省地矿局编著的《济南泉水》出版。该书介绍了济南泉水的发布、成因，对济南泉水动态演化及削减原因进行了分析，并对济南的保泉供水提出了建议。

△ 共种植乔木70.7万株，新建绿地161万平方米，城市绿化覆盖率、绿地率和人均公共绿地面积分别达到38.2%、32.7%和8.2平方米。

2004 年

1月1日 “济南时报杯”山东省首届横渡明湖冬泳大赛暨济南市第23届冬泳表演赛在大明湖举行。

3月19日 位于章丘市埠村的山东神洲生态乐园动工兴建。该乐园规划建设植物园、欧洲风情园、历史文化园、齐鲁名人园、休闲度假园等六大主题景区，总面积400万平方米。

3月21日 山东省暨济南市“世界水日”宣传活动在泉城广场举行。

3月 陈衍涛编著的《名人与名泉的故事》一书，由山东出版社出版。

4月2日 济南七十二名泉评审委员会召开新闻发布会，正式向社会公布济南新七十二名泉及十大泉群评审结果。至此，自1998年9月开始的历时5年多的新七十二名泉评审工作结束。

4月4日 《济南七十二名泉》邮票首发式在泉城广场举行。

5月1日 由市园林局组织设计施工的济南市第一个以健身为主题的广场——燕山健身广场建成

开放。山东省、济南市领导张高丽、姜大明、鲍志强等出席广场启用仪式。

5月9日 经十东路绿化养护管理项目招标在市建筑工程交易市场开标。这是济南市道路绿化养护管理项目第一次公开对社会招标。

6月1日 护城河趵突泉公园与五龙潭公园段实现游船通航，开启了济南泉水游的序幕。

6月28日—7月7日 第二十八届世界遗产大会在苏州召开，济南名泉研究会派出3名人员与会，学习申遗程序和做法。

6月 以市长张建国为主任的济南市名泉保护委员会成立。委员会办公室设立于市园林局。

7月14日 省体育中心改造扩建配套项目——英雄山广场改造、经十一路东段道路拓宽及地下人防主体工程竣工。

7月15日 济南市勘察测绘研究院编绘的《济南名泉游》实用地图册，由山东省地图出版社出版发行。

7月16日 济南市"六河治理"第一项工程玉绣河综合治理引水工程竣工。该工程主要完成了南郊水厂至文化西路长约4.5公里段的治污、蓄水、防洪、增绿、造景等任务，环境整治面积30余万平方米。

△ 济南名泉研究会向市政府提出将济南泉水申报世界自然与文化遗产的建议。中共济南市委书记姜大明、市长张建国、常务副市长殷鲁谦分别作出批示，支持济南泉水申遗。

7月29日 市第十三届人大常委会第十二次会议通过《济南市城市绿化管理办法》第二次修正，9月23日山东省第十届人大常委会第十次会议批准修正。

8月25日 中共济南市委、市政府印发《济南市人民政府机构改革实施意见》，市园林管理局由市政府直属事业单位改为市建委管理的全额预算管理的正局级事业单位。配事业编制50人，领导职数配局长1人，副局长4人，处长9人，副处长9人。内设政策法规处（保卫处）、发展规划处、绿化处（城市绿化办公室）、风景园林管理处、财务审计处、宣传处、组织人事处、办公室8个职能处室和离退休干部工作处。

9月6日 趵突泉28年来首次自复涌后持续喷涌一年。是日，趵突泉地下水位为29.42米。

9月16日 章丘百脉泉复涌一周年，水位至65.40米，创有史料记载以来的最高记录。

9月30日 趵突泉地下水位遥测点——天尺亭竣工。

10月1日 济南植物园（今泉城公园）综合整治工程完工。新增绿地约7万平方米，增加生态广场、高架步行景观桥等景观。

△ 济南市首座生态中水处理站在植物园（今泉城公园）建成，日处理污水能力7500立方米。

10月29日 市人民政府公布《关于济南市植物园保护范围有关问题的通告》。

11月11日 《济南日报》讯："近日，泉城广场被中国群众文化协会评为全国60个'特色文化广场'之一"。

11月20日 济南市园林管理局公布《关于市属公园对市民晨练、晚练活动免费入园的规定》。规定自当月20日起，济南市民可在规定时间内免费进入市属8处公园（风景区）晨练、晚练。8处公园（风景区）是：大明湖风景名胜区、千佛山风景名胜区、植物园（今泉城公园）、环城公园、中山公园、百花公园、英雄山风景区、森林公园。

11月24日 山东省和济南市气象局首次联合开展人工增雪作业。到25日，全市普降大到暴雪，平均降雪量20毫米，市区降雪量达到29.8毫米，是济南市50年来最大降雪。

11月 济南市山岭管理处撤销，其职能并入济南林场。

12月21日 济南生态城市建设规划论证会召开。会议确定济南生态城市创建的总体目标是：到2020年，在全市形成具有完善服务功能的生态环境，遵循循环经济理念的产业体系、持续稳定安全的投资环境，和谐优美的生活环境，以"山、泉、湖、河、城"为特色的泉城景观风貌，弘扬文化传统的生态文明。

12月28日 《济南名泉保护战略规划及其对策研究》课题通过专家评审，获济南市城建科技二等奖。

本年 大明湖扩建工程指挥部及大明湖扩建历史街区保护办公室成立。

△ 市园林监察支队整建制划归济南市综合执法局。

△ 奚德荫、秦若轼、赵延铸、于红生、李世欣、孙兴振6人联名向市政府建议保护和恢复白泉

湿地，获市政府重视。

△ 济南市供水保泉重要工程——工业南路供水管道工程串水打压成功。工程投入使用后，济南东部地区工业南路两侧即停用地下水，全部使用自来水。

△ 共栽植乔木164.7万株，新建绿地207.2万平方米，至年底，市区绿地面积7139.3万平方米，其中公共绿地2163.8万平方米，城市绿化覆盖率、绿地率和人均公共绿地分别达到39.1%、32.9%和8.6平方米。全市又涌现出112个城市绿化先进单位和小区。经十东路绿化工程获山东省人居环境范例奖。

2005 年

3月1日 济南大明湖风景名胜区等5个“巾帼文明岗”在全国妇联召开的纪念“三八”国际劳动妇女节暨全国“巾帼文明岗”表彰大会上受到表彰。

3月12日 山东省、济南市领导姜大明、赵春兰、高新亭等到章丘市双山街道办事处白泉村小东岭山义务植树基地，与社会各界1000余名绿化志愿者参加义务植树活动。

3月18日 巨幅瓷刻《道德经》在济南环城公园落成。作品长47.2米，高1.1米，由60块瓷板组成，共计5300余字。

4月3日 济南泺口九烈士纪念碑揭幕仪式在泺口黄河公园举行。

4月16日 首届“泉城之春”文化艺术展演（映）月活动开幕式文艺演出在植物园（今泉城公园）生态广场举行。

4月18日 保泉应急重要措施——卧虎山水库放水玉符河回灌补源方案正式启动。回灌补源持续40天，总回灌量1800万立方米。

6月14日 市人民政府办公厅公布《济南市公园风景区安全管理规定（试行）》。

6月15日 再次向玉符河回灌补源。至7月2日，共回灌库水756万立方米。7月13日、14日两天，又回灌13万立方米。

6月24日—26日 济南市旅游商品展示暨旅游文化博览会在植物园（今泉城公园）生态广场举办。

7月8日 中共济南市委副书记、市长鲍志强对济南市10条重点道路建设情况、城区33条道路整治情况、市内5区背街小巷整治情况及经十西路等工程收尾情况进行大检查并提出要求。

7月15日 城区道路绿化整治景观提升工程开工。此次工程涉及城区52条主要道路，至年底，完成了经一路、经十路、济泺路、工业南路等24条道路的绿化整治，面积67万平方米，新增绿地16万平方米，增植各类苗木256.16万株。

7月19日 市人民政府发布《济南市封山育林管理规定》。

7月22日 市第十三届人大常委会第十九次会议通过《济南市名泉保护条例》，9月29日，山东省第十届人大常委会第十六次会议批准实施。该条例共6章38条，并附载《济南市名泉名录》和《济南市十大泉群名录》两个附件，其中名泉名录收列泉水645眼。1997年6月6日颁布实施的《济南市名泉保护管理办法》同时废止。

8月17日 中共山东省委副书记、济南市委书记姜大明视察城区重点道路改建、整治工作和环城公园截污工程收尾情况。

8月27日 姜大明察看城市重点道路两侧环境和市内5区街巷整治工作并提出要求。

9月6日 《济南日报》讯：千佛山风景名胜区近日通过国家旅游局评定验收，达到国家4A级景区标准。当年12月，国家旅游局将“国家AAAA级旅游区”匾牌授予千佛山风景名胜区管理处。

9月21日 受18日市区降雨量达170.7毫米降雨影响，趵突泉地下水位达到29.60米，创下1967年以来的最高水位纪录。

9月22日 市大明湖综合整治领导小组召开会议，再次研究部署大明湖扩建工程有关事项，确定2006年5月1日前完成全部拆迁工作，2007年5月1日前完成整个扩建任务。会后，市园林局成立了以局长韩晓光为指挥、副局长杨庆绪为副指挥的大明湖扩建工程指挥部。

9月27日 《济南日报》讯：“在近日召开的‘2005全球人居环境论坛’上，章丘市百脉泉公园被联合国国际交流合作协调委员会（CCC/UN）授予‘全球优秀生态旅游景区’称号”。

9月29日 《大明湖风景名胜区详细规划》获第一届济南市城市规划委员会审查批准。该规划由市园林规划设计研究院和市规划院共同编制。

11月22日 济南市水利局承担的“济南市保泉

综合技术研究”项目通过国家级鉴定。

12月3日 《济南日报》讯：“黄河流域最大的人工银杏林，在济南黄河岸边建成。该银杏林占地面积133.3万平方米，共栽植银杏33万株”。

12月25日 济南市园林管理局编制的12项园林绿化地方标准获济南市质量技术监督局批准，即日颁布实施。12项标准是：城市绿化工程及验收规程，园林绿化养护管理质量标准，园林绿化养护管理技术规范，园林植物配置技术规范，城市绿化大树移植技术规程，行道树栽植及修剪技术规程，花坛花镜建植技术规程，地被建植技术规程，草坪建植与养护管理技术规程，垂直绿化技术规范，园林植物保护技术规程，古树名木管理技术规范。

本年 共栽植乔、灌木375.7万株，其中乔木55.7万株，城市绿化覆盖率、绿地率、人均公共绿地面积分别达到39.6%、33.8%和9平方米，比“九五”时期末分别提高了3.6%、2.8%和1.9平方米。全市有25个单位（小区）被省建设厅评为省级花园式单位（小区），59个单位被评为市级城市绿化先进单位，32个单位被评为市级花园式庭院，16个小区被评为市级花园式小区。

2006 年

3月9日 韩晓光任中共济南市园林管理局党委副书记、局长。

3月 市园林局提出“建设创新型园林”和“构建‘三环’‘四区’‘六带’‘九廊’‘多楔点’的绿化布局，力争把济南建成绿地分布合理、植物多样、景观优美、特色突出、生态环境良好的生态园林城市”的发展目标。

△ 任宝祯、管萍编著的《济南名泉》一书，由山东友谊出版社出版。

4月9日 《济南市保持泉水喷涌应急预案》由市政府颁布实施。

12日 济南市首届荷兰郁金香展在红叶谷生态文化旅游区开展。该届郁金香展由红叶谷生态文化旅游区与荷兰波曼花卉有限公司合作举办，共展出郁金香50余种100万株，是山东省有史以来规模最大的一次郁金香花展。

4月26日 济南市人民政府办公厅印发《关于进一步加强城区树木绿化保护管理的通知》。

6月9日 趵突泉公园公开向海内外征集趵突泉吉祥物设计方案。共征集到设计作品95幅，经游客、市民和专家三轮评选，8月8日，“宝宝”“嘟嘟”“泉泉”被选定为趵突泉吉祥物。

6月26日 市政府召开济南泉水申报《中国国家自然遗产、国家自然与文化双遗产预备名录》工作会议，部署泉水申遗工作。会后，市园林管理局根据会议要求成立济南泉水申遗办公室，局长韩晓光为主任，巡视员于红生为副主任。申遗办设综合、联络、宣传组，分头展开申报书编写、对外联络宣传等工作。8月23日，申报《国家自然与文化双遗产预备名录济南泉水申报书》编写完成，经专家论证后于当年12月呈报省建设厅转报建设部审批。

7月 《趵突流长》丛书由山东省地图出版社出版。

9月4日 济南植物园管理处成立，为市园林局属差额预算管理正处级事业单位，配事业编制60人。

9月7日 卢森堡大公一行访问济南，参观了趵突泉。

9月22日 济南植物园更名济南泉城公园揭牌仪式举行。

9月26日 新建植物园——济南植物园在章丘市埠村建成开放。

9月28日 趵突泉公园北区“泺苑”建设工程全部竣工，“泺苑”茶文化街开街迎客。

10月30日 市人民政府办公厅印发《济南市市区临时闲置建设用地绿化管理规定》。

12月11日 济南市名泉保护委员会召开会议，提出“增雨、补源、置采、控流、节水”保泉的“十字方针”，力保正常降雨年份泉水持续喷涌。

12月23日 “节水保泉爱我家园”暨《济南市名泉保护条例》宣传活动在泉城广场举行。

12月31日 《济南市“十一五”园林绿化事业发展规划》编制完成，正式印发实施。

本年 共栽植乔、灌木480万株，新建绿地396.5万平方米，城市绿化覆盖率、绿地率、人均公共绿地面积分别达到40.5%、34.7%和9.5平方米。市园林局被建设部评为全国城市绿化先进集体、全国建设系统思想政治工作先进单位、山东省建设系统“三五”依法行政先进单位、“弘扬济南精神，创建文明城市”主题活动先进单位，并荣获2006年中国沈阳世界园艺博览会综合类最佳奖。

2007 年

2月7日 趵突泉公园被建设部命名为全国重点公园。

2月 济南跑马岭野生动物世界有限公司整建制移交市园林局管理。

3月12日 中共济南市委、市政府“全民义务植树暨造林绿化行动”启动仪式在历城区仲宫镇举行。

△ 1万多名青少年和社会各界人士到长清区平安街道参加省暨济南市“情系母亲河，捐植纪念树”活动。

3月18日 南水北调济平干渠义务植树活动在长清区归德镇举行。中共山东省委书记、省人大常委会主任张高丽，济南军区司令员范长龙、政委刘冬冬等5100多名官兵同各界群众一起参加义务植树活动，省市领导孙淑义、姜大明、焉荣竹、张建国、徐华东等参加活动。

3月20日 市规划委员会组织专家在舜耕山庄对《济南市名泉保护规划（2006—2020）》进行评审，原则同意该规划，并提出修改意见。

3月21日 《济南日报》讯：“济南市第一个‘社区旅游’开发项目，章丘市明水湖主题公园一期——瑞境皇冠水岸社会旅游项目近日开工建设。”

3月26日 济南市政府召开保泉会议，要求加大置采、封井、补源力度，力保“五一”黄金周泉水持续喷涌。

4月29日 环城公园通航及景观整治一期工程竣工，解放阁至五龙潭公园全程2.7公里河段实现通航。

4月 市园林局、济南名泉研究会对新评出的七十二名泉进行综合检查。

5月3日 纪念济南惨案79周年暨“五三”纪念堂落成仪式在趵突泉公园“济南惨案纪念园”举行。

5月 省政府批准《大明湖风景名胜区总体规划》。大明湖风景区扩建改造工程正式展开。

6月10日 市名泉办发布《济南市关于严格控制地下水开采的管理制度》。

6月17日 趵突泉水位为27.12米，是该泉自2003年9月6日复涌以来的最低水位，距停喷水位仅差0.11米。

7月15日 济南第一个城市主雕塑——泉标著作权回归济南。泉标设计者王天任与济南有关单位达成著作权转让协议。

7月19日 千佛山新建南大门工程完工。新建南大门位于原南大门西侧，总占地面积1.5万平方米，为仿唐式建筑风格。

9月6日 趵突泉持续喷涌4周年，实现自20世纪70年代以来最长时间持续喷涌。

9月16日—11月25日 由山东省建设厅、济南市政府主办，济南市园林局承办的第二届山东省城市园林绿化博览会在济南植物园举办。全省17地市及国内30多个城市参会。室内展于10月10日至12日在舜耕国际会展中心举办。

9月29日 大明湖综合整治、环城公园通航及景观整治被列为泉城特色标志区建设重点工程，百花公园全民健身中心建设、“十园”亮化、园林绿化提升以及道路环境整治等，被确定为迎“十一运”重点推进项目。

9月 济南东联供水一期工程破土动工。该工程旨在以黄河水为水源，通过建设加压泵站和输水管道，形成供水管网，向济南东部地区用水大户企业提供可靠的工业生产原水，以置换出的地下水供应居民生活和保泉需要。

10月12日 大明湖扩建改造工程在完成扩建规划局部调整完善和一期拆迁工作后正式开工。至年底，完成工程投资7.6亿元。

12月18日 全市小清河综合治理工程征地拆迁动员大会召开，小清河综合治理工程沿线征地拆迁全面启动。

12月26日 《毛主席视察山东省农科院纪念地》塑像落成并揭幕。

本年 市名泉办制定《白泉泉群详细规划》并通过专家论证。

△ 共栽植乔、灌木484万株，新建绿地426万平方米，城市绿化覆盖率、绿地率、人均公共绿地面积分别达到36.8%、31.5%和9.5平方米。

2008 年

1月7日 住房和城乡建设部正式复函济南市人民政府，确定济南市为第七届中国国际园林花卉博览会举办城市。

2月5日 《济南日报》讯："济南市泉城公园（玉绣河区域）综合整治工程获2007年中国人居环境范例奖。"

2月25日 济南市第七届园博会概念性方案策划工作正式启动。

3月13日 济南市"迎和谐全运，建美丽泉城，机关当先锋"主题实践活动仪式暨义务植树活动在大明湖扩建工程现场举行。

3月14日 济南市人工影响天气指挥中心和卧虎山水库防洪调度中心建成。

3月20日 山东省暨济南市"纪念第30个全民义务植树节"大型集会活动以及济南市首次倡导的"绿飘带"行动启动仪式在泉城广场举行。

4月8日 第七届园博会筹备工作会议在北京召开。济南市就该届园博会展园选址、展会时间和筹备工作进展情况向住建部作了汇报。5月13日，住房和城乡建设部同意济南市长清区大学科技园为第七届园博会园址。

4月16日 中共济南市委副书记、市长张建国带队出席第六届中国国际（厦门）园林花卉博览会闭幕式，并从住房和城乡建设部副部长仇保兴手中接过园博会会旗。

△ 济南市园林局被评为第六届中国国际（厦门）园林花卉博览会先进集体。

4月29日 济南市歌舞剧院创作的大型舞乐诗画《齐风鲁韵·泉水谣》首演。

4月 五龙潭公园、环城公园整建制并入市趵突泉公园管理处，百花公园整建制并入济南千佛山风景名胜区管理处。三公园名称仍然保留。

△ 济南市雕塑办公室及创作室从市园林建设开发服务中心划归市园林绿化工程质量监督站，保留单位名称，科级事业性质及编制。

5月11日 主题为"节水保泉，建美丽泉城，迎和谐全运"的山东省暨济南市第17个城市节水宣传周活动举行。

5月30日 济南园博园总体规划方案设计进行公开招标。6月25日，在山东新闻大厦开标。

6月 济南市园林管理局调整内设机构，撤销发展规划处，设立规划建设管理处；撤销离退休干部工作处，职能并入组织人事处；宣传处改称宣传教育处；增设经营管理处。

8月5日 济南市东联供水一期工程（鹊山水库至济钢段）建成通水。

8月10日 济南市第七届园博会筹备工作领导小组正式成立，中共济南市委副书记、市长张建国任组长。

8月12日 住房和城乡建设部复函济南市政府正式成立第七届园博会组委会。住房和城乡建设部部长姜伟新，中共山东省委副书记、省长姜大明，省委常委、济南市委书记焉荣竹任名誉主任，住房和城乡建设部副部长仇保兴，中共济南市委副书记、市长张建国任主任。

8月27日 百花公园全民健身中心开工建设。

8月30日 《济南日报》讯："西郊森林公园绿荫健身广场近日竣工投入使用，该广场占地5000平方米，为济南市最大的绿荫健身广场"。

9月8日 第七届园博会筹备工作领导小组成立园博园建设指挥部。

9月10日 济南市第七届园博会组委会第一次会议在北京召开，审议通过第七届园博会《组织实施方案》《招展实施方案》和《总体规划方案》，第七届园博会官方网站开通，园博会筹备工作进入全面提速阶段。

9月17日 大明湖风景名胜区被住房和城乡建设部命名为国家重点公园。

9月 济南名泉研究会召开保泉座谈会，中共山东省委常委、济南市委书记焉荣竹参加会议并讲话。

10月12日 济南国际园博园管理处成立，为差额预算管理正处级事业单位，隶属市园林管理局。配事业编制30人，领导职数配主任1人，副主任2人。内部机构设综合科、园容绿化科、基建科、经营服务科和保卫科。

10月19日 济南国际园博园开工奠基仪式举行，园博园正式破土动工。至12月底，园博园基础建设、道路铺装、景观小品布局、地形整理等建设任务基本完成。

10月22日 市政府正式公布第七届中国国际（济南）园博会总体规划理念及规划方案。

△ 市政府召开第七届园博会邀展招商动员会

议，公布园博会《招展实施方案》，明确40个市直部门为参展城市对口招待单位。

10月24日 中宣部向济南市民赠送京剧光盘暨“京剧传承示范园”授牌仪式在趵突泉公园举行。趵突泉公园、千佛山风景名胜区、英雄山风景区被文化部授予“京剧传承示范园”称号。

10月28日 全国城市园林绿化工作座谈会在北京召开，会上，济南市政府邀请全国各城市到济南园博园建园参展。

10月 娄本鹤著《济南新七十二泉诗集》，由大众文艺出版社出版。

11月9日 白鹭和金牛分别被确定为济南市市鸟和吉祥动物。

11月29日 市园林管理局和市名泉保护管理办公室被批准列为参照公务员管理事业单位。

12月9日 济南市迎全运首个行业礼仪培训班在市园林系统开课。

12月 济南市园林管理局被评为省级文明单位。

本年 五龙潭公园东大门建设和门外广场铺装竣工。

△ 共栽植乔、灌木90万株，新建绿地350万平方米，城市建成区绿化覆盖率、绿地率、人均公共绿地面积分别达到36.41%、31.5%和9.8平方米。

2009 年

2月9日 以绿化美化“三区、四桥、五廊、七场、九园、三十二路”为内容的迎全运城市绿化美化整治工作全面启动。

2月20日 济南市政府召开第二十五次常务会议，听取市园林局关于保泉基本情况的汇报，讨论研究《2009年保持泉水持续喷涌实施方案》，市长张建国对保泉工作进行部署。

2月21日 省建设厅组织召开第七届园博会齐鲁园建设（第二阶段）动员部署会议，山东省17地市展园设计方案正式公布。

3月1日 济南园博园主入口“水之门”开工建设。

3月2日 济南园博园建设服务中心建成并投入使用。

3月10日 济南市政府在园博园天圆广场施工现场举行第七届园博会倒计时200天揭牌仪式。

3月12日 济南军区、山东省委、省政府、济南市委、市政府部分领导与干部群众、驻济南官兵1000余人参加园博园植树活动。

3月15日 济南德信投资音像有限公司由市园林管理局出资成立。

4月8日 市第十四届人大常委会第十二次会议通过《济南市城市绿化管理办法》第三次修正，5月27日山东省第十一届人大常委会第十一次会议批准修正。

4月22日 济南园博园主展馆封顶。

4月29日 第七届园博会组委会第二次会议在北京召开，确定第七届园博会开幕时间为2009年9月22日，吉祥物为“泉水姑娘——泉泉”，并通过开幕活动“一揽子”总体方案。

5月 济南市园林管理局局长韩晓光、副局长李心宏当选中国公园协会第三届理事会理事。

6月10日 中共山东省委常委、济南市委书记焉荣竹视察大明湖扩建和环城公园通航工程，并主持召开座谈会，听取工程汇报，对下一步工作提出要求。

6月13日 济南市第七届园博会筹备工作领导小组办公室举行新闻发布会，正式确定“加拿大小姐”济南籍华裔女孩马艳冰为第七届园博会形象代言人。

6月14日 济南市第七届园博会倒计时100天活动在济南泉城广场举行，中共济南市委副书记、市长张建国，市委常委、常务副市长王良等出席，第七届园博会筹办和园博园建设进入全面冲刺阶段。

7月18日 西护城河与大明湖通航工程竣工。

△ 泉城特色标志区——泉水游览景观带暨大明湖风景名胜区超然楼封顶仪式在五龙潭公园东门和大明湖超然楼前广场分别举行。中共济南市委副书记殷鲁谦，市委常委、常务副市长王良，市政协副主席胡占平等领导参加活动。

8月20日 园博园建设指挥部开展大干30天活动奖励大会，中共济南市委常委、常务副市长王良出席会议并讲话。

8月21日 园博园倒计时30天动员大会在舜耕国际会展中心隆重召开。

8月 市名泉办、市民政局、《齐鲁晚报》联合开展为无名泉征名活动，确定了承运泉等6眼无名泉的名称，经市政府批准后，向社会公布。

9月5日 市政府在趵突泉畔举办济南泉水持续喷涌6周年庆祝活动。

9月10日 济南泉水凭借数量多、水质优、形态美、历史文化深厚、普遍观赏价值高，具有独特性、稀有性和濒危性的特点，被住房和城乡建设部列入第二批《中国国家自然与文化双遗产预备名录》，成为我国首个以泉水为主体申报世界自然与文化双遗产的预备项目。

9月16日 百花公园全民健身中心建成并投入使用。

9月21日 大明湖扩建工程竣工，扩建新区对社会免费开放。大明湖扩建始于2004年，扩建范围西至西护城河，东至黑虎泉北路，南至明湖路，北至明湖北路，搬迁居民3000余户，单位26个，工程总投资20余亿元。扩建区域，恢复重建了鹊华桥、明湖居、超然楼、二郎庙等名胜古迹，形成七桥风月、超然致远、秋柳含烟、曾堤萦水等八大景观。扩建后的大明湖景区总面积由原来的74万平方米扩大到103.4万平方米，大明湖由园中湖变为城中湖。

9月22日 济南国际园博园建成。第七届中国国际（济南）园林花卉博览会隆重开幕。中共山东省委书记姜异康、省长姜大明、住房和城乡建设部部长姜伟新、济南市市长张建国等出席开幕仪式。

9月24日 住房和城乡建设部在山东大厦影视厅举行国家重点公园授牌仪式，对自2004年以来命名的46个国家重点公园统一授牌。济南市趵突泉公园和大明湖风景名胜区先后于2007年2月、2008年9月被命名为国家重点公园。

11月4日 以“和谐济南，泉水之都”为主题的世博论坛在济南舜耕会堂举行。

11月16日 英雄山风景区9处新景点征名揭晓。景点1：迎旭亭；景点2：瞻英阁；景点3：松月亭；景点4：赤霞阁；景点5：七里山；景点6：怡情；景点7：七里亭；景点8：担山桥；景点9：逸闲。

12月31日 济南市政府机构改革方案公布，市园林管理局更名为济南市城市园林绿化局，由市建委管理的正局级事业单位，调整为市政府直属财政全额预算管理的正局级事业单位。

12月 环城公园东护城河通航工程开工。

本年 共栽植乔、灌木65万株，栽植各类花卉1200万株，新建绿地112万平方米，城市建成区绿化覆盖率、绿地率、人均公共绿地面积分别达到36.4%、32.6%和10平方米。至年末，城市建成区面积336.4平方公里，园林绿地面积达到13300万平方米。

2010年

3月9日 全市城市绿化暨名泉保护工作会议召开，表彰了2008、2009年度29个保泉先进单位和57名先进个人。

3月11日 济南森林公园、百花公园改造工程开工。两公园改扩建并向社会免费开放是市政府承诺的2010年为民办的12件实事之一。

3月12日 济南市名泉办制定《2010年全市保泉工作实施方案》，经市政府常务会议讨论修改后，印发各相关单位组织实施。

3月25日 中共济南市委副书记、市长张建国察看环城公园环境提升暨东护城河通航工程，调度工程进展情况，要求各级各有关部门从打造泉城特色标志区、提升省会城市形象的大局出发，高标准策划好、建设好环城公园环境提升暨东护城河通航工程。

4月2日 “四五”烈士纪念碑重修揭幕仪式在槐荫广场举行。该碑由知名雕塑家仇志海设计，1989年4月落成。2009年，为配合槐荫广场人防工程改造，纪念碑暂时外迁。此次纪念碑重新安放，进行了碑体抬高、清洁、描金等处理。

4月3日 济南百里黄河风景区免费向市民开放。

4月9日 济南市政府办公厅印发《济南市城市园林绿化局主要职责内设机构和人员编制规定》，将原市园林局、市名泉保护管理办公室的职责整合列入市城市园林绿化局。市城市园林绿化局挂济南市名泉保护委员会办公室牌子，为市政府直属财政拨款正局级事业单位，依照法律法规授权行使行政管理职能。

4月17日 百花公园环境提升工程开工。9月30日竣工。公园面积由原来的17.87万平方米增至18.38万平方米。

4月19日 中共济南市城市园林绿化局委员会印发通知，撤销经营管理处、宣传教育处、规划建设管理处、绿化处，设立发展规划处、园林工程建设管理处、公共绿地管理处、城市绿化指导处；撤销济南市名泉保护管理办公室，设立名泉保护管理处、名泉保护技术处。

△ “首届泉城园林文化月”活动正式启动。此次活动是市城市园林绿化局组织11个所属公园、风景区开展的“宣传园博会，推介园博会，宣传园林文化，提升园林景区形象，展示园林艺术风采”活动。

4月21日 中国人民解放军山东老战士纪念广场在长清区孝里镇龙泉官庄山东人文纪念园内建成开放。

4月24日 济南动物园在金牛广场举行建园50周年庆典仪式，采用汉字“金”字结构的动物园园标在仪式上发布。

4月28日 山东地标性建筑——大明湖超然楼正式对外开放。超然楼始建于元代，后毁圮。2004年实施的大明湖扩建工程中重建。重建后的超然楼面积5673平方米，共7层，高51.7米。同日，重建后的明湖居开业。

5月5日 市政府办公厅印发《济南市2010年城市园林绿化工作方案》，方案确定市区年内建一批街头游园、社区公园，对济南市森林公园、百花公园等7处市级公园、绿地进行建设、改造，对城市道路进行绿化建设和综合整治，全面提升城市绿化水平，新建绿地328万平方米。

5月8日 上午，历时237天的第七届中国（济南）国际园林花卉博览会落下帷幕。该届园博会创造了参展范围、展园面积、植物种类、节能环保等多项新纪录。

6月22日 济南市城市园林绿化局百人合唱队参加市直机关“庆七一、唱济南、赞变化”歌咏比赛，获一等奖。

8月13日 中共山东省委常委、济南市委书记焉荣竹听取济南名泉研究会会长邢玉墀“关于让济南市民饮用优质泉水调研情况的汇报”。焉荣竹在听取汇报后，要求市政府有关部门把市民饮用泉水问题当成民生大事进行讨论、研究、落实。

8月20日 《济南时报》讯：“五龙潭公园内的月牙泉再现飞瀑景观。这是自2003年9月6日趵突泉复涌以来第三次出现‘月牙飞瀑’。前两次分别出现于2004年7月和2008年8月下旬。”

8月22日 上午，济南动物园从非洲几内亚引进的4只小黑猩猩首次公开与游客见面。

8月31日 市名泉保护委员会在舜耕山庄召开座谈会，庆祝泉水持续喷涌七周年，总结保泉成功经验及做法，研讨保泉长效机制。

8月 济南市平均降雨达426毫米，为1964年以来当月最大值，地下水位上升迅速，趵突泉地下水位一个月内上升186厘米。

9月1日 五龙潭公园东大门建成向游人开放。该大门的建成标志着自2008年5月开始实施的五龙潭公园扩建工程全部完工。

9月23日 济南市政府召开新闻发布会，通报当日凌晨趵突泉水位达到30.01米，是自1966年以来的最高水位纪录。市区泉水日喷涌量达30万立方米以上。

9月28日 济南府学文庙完成“千年大修”，正式对外开放。

10月1日 《济南日报》讯：“东护城河成功试通航，标志着护城河水路航线全线打通，‘环河、湖、城泉水游’目标圆满实现。”

△ 改造一新的百花公园向社会免费开放。当日客流量达2万余人次，创下自1989年开园以来最高纪录。

11月13日 《济南日报》讯：“《济南市城市绿地系统规划（2010—2020）》完成初编，原则通过专家评审。”该规划由市城市园林绿化局、市规划局编制。

12月21日 《生活日报》讯：“国家林业局通过对济西国家湿地公园、玫瑰湖国家湿地公园的初步审查，这两处湿地公园正式成为国家级湿地公园建设试点。”济西湿地公园位于省城西部长清区，湿地面积3335万平方米，芦苇地800万平方米，荒草地200万平方米，常年保有水量1000万立方米以上。玫瑰湖湿地公园位于平阴县城西北部，西北紧邻黄河，规划总面积为685万平方米。

12月26日 济南森林公园建成并向社会免费开放。济南森林公园由园林苗圃改建而成。

12月28日 晚，护城河全线通航仪式在南门桥亲水平台举行，中共济南市委副书记、市长张建国，市人大常委会主任徐华东，市政协主席徐长玉，常务副市长王良等领导出席仪式。护城河全线通航工程历时四载，2007年5月实现了黑虎泉向西经趵突泉公园至五龙潭公园通航。2007年年底，结合迎“两会”（全运会、园博会），按照泉城特色标志区总体规划，实施了西护城河通航工程，至2009年7月18日实现了西护城河与大明湖的通航。2009年年底，中共济南市委、市政府决定实施环城公园环境提升及东护城河通航工程，当年12月16日正式开工。到2010年12月24日，环城公园景观提升和东护城河通航工程基本完成。自此，护城河与大明湖实现了环河、湖全线通航。

△ 市城市园林绿化局局长韩晓光兼任济南市名泉保护委员会办公室主任。

12月31日 上午，中共济南市委、市政府召开第七届园博会筹办工作总结表彰大会，对在筹办园博会工作中涌现出的先进集体和个人进行表彰。市委副书记、市长张建国出席会议并讲话。

本年 济南市园林绿化局实现事业收入2.42亿元，同比增长19.8%；所属企业经营收入3.58亿元；城市建成区绿化覆盖率、绿地率、人均公共绿地面积分别达到37%、33.6%和10.2平方米。

2011 年

3月19日 千佛山环境改造提升工程开工。当年年底竣工，工程投资2188万元，拆除有碍观瞻建（构）筑物及设施11处1250平方米，铺设沥青路面1.8万平方米，整理绿地10.3万平方米，新植花灌木3万余株，改造了观音院等景点，增加了太阳能路灯、休闲桌椅等服务设施，景区景观和服务功能进一步提升。

4月22日 济南森林公园管理处成立，由市园林苗圃和市园林职工学校合并组建而成。为市城市园林绿化局属全额拨款处级事业单位，核定事业编制107人，领导职数配主任1人，副主任3人，科长6人。内部机构设综合科、组织科、保卫科、财务科、园容绿化科和科普教育科。

5月12日 济南名泉研究会换届，上届名誉会长、高级顾问、秘书长继续留任，补充谢玉堂为名誉会长，昝龙亮、孟宪杰、钱道书为高级顾问，李吉乾、燕锡功、韩晓光为副会长。

6月17日 趵突泉地下水位降至27.96米，年内首次突破保泉橙色预警线（28米）。

6月23日 全市泉水普查工作启动。当年10月底结束，普查落实泉点792眼，其中新泉点188眼。

8月16日 泉城新八景评选活动正式启动。

9月26日 百花洲片区整治工程开工建设。该工程是明府城整治的试点项目，总面积5.6万平方米。至年底，群联报社、万寿宫、南厂房等老建筑整修完毕，恢复民居建筑232平方米。

9月27日 由孙慧芳捐赠的孙中山全身铜像在中山公园落成。

10月12日 山东省首座园林绿化废弃物处理站在经十东路花卉苗木开发中心建成投入运行。该处理站占地4000平方米，年处理能力2.7万立方米，设计年产堆肥产品2000立方米。

11月7日 第七届中国（济南）国际园林花卉博览园项目获中国建设工程“鲁班奖”。

11月12日 在求是杂志社、亚太休闲协会联合举办的“2011中国（国际）休闲发展论坛”上，趵突泉公园被评为“中国十大休闲胜地”。

11月30日 市十四届人大常委会第三十四次会议审议通过《济南市城市绿化条例》。2012年1月13日，获山东省十一届人大常委会第二十八次会议批准，2012年6月1日起施行。

11月 济南市首座集观赏、展览、科普、生态于一体的多功能动植物科普展馆——济南森林公园科普馆建成开放。该馆于2010年7月26日开工建设，建筑面积5282.5平方米，整体为3层钢筋混凝土结构，分为科普展区和游客服务区两个区域。科普展区由1个植物中厅、5个主题展厅和1个动态展厅组成；游客服务区设3D影院。

12月14日 以“一环”（护城河）、“一湖”（大明湖）、“一城”（明府城）整治为重要内容的济南市泉城风貌恢复与保护规划建设项目获住房和城乡建设部“中国人居环境范例奖”。

本年 城市建成区绿化覆盖率、绿地率、人均公共绿地面积分别达到37%、33.6%和10.3平方米。市城市园林绿化局在全市行风民主评议活动27个公共服务类部门单位中，排名由2010年的第17位升至第4位。

2012 年

3月8日 济南市政府召开保泉工作专题会议，提出在全市开展“百日保泉行动”。会后，以“对济西水源地地下水实施新的控采限采措施，做好增雨准备，加大城市用水调控力度，加强对施工工地、洗浴中心、大企业等重点领域用水计划管理控制”为主要内容的“百日保泉行动”正式展开。

3月20日 韩永军任济南市城市园林绿化局局长、市名泉保护委员会办公室主任。

4月30日 卧虎山水库开始回灌补源。到7月8日上午11时结束，累计从卧虎山水库放水1620万立方米，对保持趵突泉喷涌水位起到重要作用。

5月4日 护城河“济南时报号”画舫冠名仪式在黑虎泉畔举行。

5月14日 由《济南时报》主办、舜网联办的“我最喜爱的绿化美化道路”评选活动启动。经市民和各区园林绿化部门推荐、网络投票和专家评选，7月4日评选出经十路、旅游路、阳光新路、舜耕路、三孔桥街、英雄山路、明湖西路及明湖北路、历山路、马鞍山路、济泺路10条道路为“最美绿化道路”。

5月16日 中共山东省委常委、济南市委书记王敏调研节水保泉工作，要求保泉要做好三大工程：从平阴调黄河水补卧虎山水库，结合整治20多条南部山区到市区的河道，推进东、西、北部3个湿地建设。

5月24日 市政府发布《济南市城市绿化条例实施细则》，6月1日起施行。

5月31日 以“缤纷五月，华彩园林”为主题的泉城市民“园林文化月”活动落幕。活动期间，100余项雅俗共赏、形式多样、喜闻乐见的文化活动，让泉城市民感受到园林文化的魅力。

7月8日 济南市第26届大明湖荷花艺术节在大明湖景区开幕。8月31日结束。

8月2日 《济南日报》讯：“白泉湿地建设方案获批，将与济南10座在建的湿地公园助力济南打造‘湿地之城’。白泉湿地公园规划面积200万平方米，核心区域46—66万平方米。建成后，将是济南市离城区最近、唯一由泉水喷涌形成的沼泽湿地。”

8月11日 由济南市政府和山东省旅游局联合主办的以“泉水休闲，幸福人生”为主题的“2012泉城泉水休闲汇”开幕式在泉城广场举行。

8月13日 五龙潭公园南门东侧新建“亲泉戏水区”对游客开放。这是该公园继2005年建成濂泉亲泉戏水区后，又一处重现济南“清泉石上流”景观的亲泉戏水区。

8月14日 济南市政府召开第九次常务会议，研究部署创建国家5A级旅游景区工作，正式提出建设“天下第一泉景区”。

8月15日 五龙潭公园月牙泉再现“月牙飞瀑”景观。上次出现此景观是2010年8月20日。

8月18日 专家评审团第四次全体会议暨新八景“16进8”终评会在舜耕山庄举行，评出趵突腾空、明湖汇波、历山览胜、泺水棹歌、清河烟岚、百脉寒泉、灵岩探幽、九如听瀑为“泉城新八景”。至此，该评选活动圆满结束。

8月30日 由《齐鲁晚报》志愿者与安利（中国）日用品有限公司联合举办的“环保嘉年华、节水保泉”活动在环城公园举行。

9月6日 “百日保泉行动”总结暨庆祝趵突泉复涌9周年活动在趵突泉公园举行。市领导王敏、杨鲁豫、杨峰、孟祥桓、金德玲等与广大市民一起参加庆祝活动。

9月20日 济南市园林行业文学艺术联合会成立。下设民俗艺术协会、书画爱好者协会、音乐舞蹈曲艺协会、摄影爱好者协会、园艺协会、文学创作协会、雕塑艺术协会7个分会，会员近700人，全部为市园林系统职工。

本年 全市新建绿地330万平方米，城市建成区绿化覆盖率、绿地率、人均公共绿地面积分别达到38%、34%和10.3平方米；市园林绿化局全年实现事业收入2.87亿元，同比增长7%；全局获得市级以上集体荣誉151个，个人荣誉212人次。

△ 明府城百花洲片区整治工程完成曲水亭街以东建筑设计和以西区域规划方案、片区文化及经营业态策划方案编制；新建仿古建筑14组，整修老建筑7组；具备条件区域的广场铺装、绿化全部完工。

△ 千佛山风景名胜区保护开发及环境整治年度任务全部完成。

△ 跑马岭野生动物世界设施改造工程全面完成。

△ 济南市古树名木第四次普查、复壮工作结束，普查登记古树名木2586株。

2013 年

1月1日 济南国际园博园由济南西城投资集团与济南园林开发建设集团共同投资成立的济南西城旅游公司接收管理。

1月30日 来自四川卧龙自然保护区雅安碧峰峡大熊猫基地的两只大熊猫抵达济南动物园，入住该园新建的大熊猫馆。

2月2日 济南白云湖国家湿地公园正式揭牌，成为济南第三处国家级湿地公园。

3月4日 《济南日报》讯：为向国家5A级景区标准靠拢，大明湖景区启动大规模修缮工程，涉及景点或建筑多达近10处，景区游乐场和“海底世界”改造工程也在同步进行。

3月9日 位于大明湖超然楼南侧的聚雅斋美术馆大明湖分馆揭牌开馆，泉城名家迎春画展同日开幕。

3月11日 《济南市城市绿地系统规划（2010—2020）》编制完成。5月10日，获市政府批准实施。

3月15日 市政府召开创建生态园林城市动员大会，济南市创建生态园林城市工作正式展开。

3月22日 《济南日报》讯：“济南园林文联‘大讲堂’近日在市园林规划设计研究院揭牌成立”。园林文联大讲堂是继“周三读书会”之后，市园林局推出的加强园林文化建设的又一举措。

3月25日 “济南天下第一泉风景区管理处”挂牌成立。天下第一泉景区由“一河”（护城河）、“一湖”（大明湖）、“三泉”（趵突泉、黑虎泉、五龙潭三大泉群）“四园”（趵突泉公园、环城公园、五龙潭公园、大明湖风景名胜区）组成，是集独特的自然山水景观和深厚的历史文化底蕴于一体的精品旅游景区，总面积3.1平方公里。

3月 旨在建设大千佛山风景名胜区的改造工程全面动工。

4月11日 济南七十二名泉整治工作专题会召开，中共济南市委常委、常务副市长孙晓刚出席专题会议。会后，对七十二名泉进行泉池修复、清淤、立碑记文为主要内容的整治提升工作全面展开。到当年8月29日济南首届泉水节开幕时，七十二名泉整治提升工作全面完成。

4月29日 济南市首家碑刻文化主题公园——齐鲁碑刻文化苑在千佛山风景名胜区建成开园。文化苑占地面积5.75万平方米，苑内安装了从秦代至明清时期，山东历史上132通著名石碑的复制碑。

5月14日 由市人民政府主办、市史志办公室编纂的《济南泉水志》出版发行仪式在趵突泉公园举行。

5月21日 济南动物园一只呼名“丽丽”的猞猁产下两只幼子，这是该园自建园以来首次饲养猞猁繁殖成功。

6月4日 济南市生态园林城市创建办公室成立，市城市园林绿化局长韩永军任主任，副局长刘建东任副主任。

6月18日 《济南时报》讯：“千佛山风景名胜区五景区（千佛山景区、佛慧山景区、金鸡岭景区、平顶山景区、蚰蜒山景区）之一的佛慧山改造工程启动。”

6月25日 《济南日报》讯：“由市城市园林绿化局组织申报的《绿地土壤肥力质量评价及改良技术研究》《木芙蓉引种驯化及抗旱良种选育研究》《黑叶猴异地繁育技术研究》《白犀牛繁育及相关技术研究》等5项课题被列为济南市2013年科学技术发展规划项目。”

7月1日 晚8时，由市园林局举办的“庆七一经典影片展映周”活动，在大明湖风景名胜区、趵突泉公园、千佛山风景名胜区、泉城公园、中山公园、英雄山风景区、森林公园同步启动。

7月2日 《济南日报》讯：“为彰显市花风采，突出泉城特色，从6月中旬开始，市园林局在经十路、黑北路、洪楼广场、‘天下第一泉’等30余处城市主干道、广场、景区周边，布置了盆栽荷花4000余桶1.2万余株。”

△ 市政府召开济南市园林重点工程专题调度会，中共济南市委副书记、市长杨鲁豫出席并讲话，强调园林重点工程对于建设美丽泉城，提高城市影响力，增强城市美誉度，具有重要意义。

7月30日 《济南日报》讯：“环城公园西护城河上两处泉水山石景观经专家评定，被正式命名为‘毓秀泉’‘太平泉’。”新命名的两处泉水景观位于西护城河周公祠桥北，利用自然高差，通过管道将上游泉水引入下游，在叠石驳岸中喷涌而出，形成瀑布叠水。

8月13日 上午10时，趵突泉公园内的金线泉再现“金线奇观”。同一天趵突泉水位达到29.83米，为当年以来最高水位。

8月15日 全国旅游景区质量等级评定委员会发布公告，宣布济南天下第一泉景区为国家5A级旅游景区。

8月25日 《济南日报》讯：“由济南市图书馆整理的济南最早的一部泉水志——清任弘远著《趵突泉志》影印出版。”

8月26日 济南市泉水节促进委员会办公室向社会公布“十大泉水景观”评选结果：经过候选景观征集、公众评选（网络、报纸评选）和专家评审3个阶段历时4个多月的评选，首届济南泉水节“绿地泉景”杯济南十大泉水景观为“趵突腾空”（趵突泉）、“百脉寒泉”（百脉泉）、“龙潭观鱼”（五龙潭）、“黑虎啸月”（黑虎泉）、“珍珠溅雪”（珍珠泉）、“洪范浮金”（洪范池）、“曲水芙蓉”（芙蓉泉、濯缨泉）、“漱玉流韵”（漱玉泉）、“九如听瀑”（九如山瀑布群）、“五步三泉”（卓锡泉）。这是济南历史上首次评选泉水“十大景观”。

8月29日 晚7时，首届济南泉水节在大明湖畔、北极阁前群众大联欢中启幕。该届泉水节是由济南报业集团、济南广播电视台、九如山瀑布群风景区、融汇地产、世贸广场共同举办的群众性节庆活动，包括39项主题活动及配套活动。

9月6日 晚，庆祝泉水复涌10周年活动在济南天下第一泉风景区趵突泉景区举办。

9月25日 济南天下第一泉风景区管理中心机构编制获市机构编制委员会批准：撤销济南大明湖风景名胜管理处事业单位建制，并入济南天下第一泉风景区管理中心（济南市趵突泉公园公里处），加挂济南大明湖风景名胜区管理处牌子。济南天下第一泉风景区管理中心为市城市园林绿化局所属财政补贴副局级事业单位；核定事业编制730名；内部机构设综合处、组织人事处、财务处、运营管理处、服务监督处、园容绿化处、基建维修处、安全保卫处，均为副处级；领导职数核定主任1名（副局级）、副主任4名（正处级）、处长8名（副处级）、副处长16名（正科级）。

10月25日 山东省人民政府公布《山东省第四批省级文物保护单位》名单，趵突泉群、黑虎泉群及园林建筑、大明湖景区钟楼寺钟楼台基等位列其中。

11月5日 《济南日报》讯：“10月27日至11月1日，中共济南市委副书记、市长杨鲁豫率代表团到台湾参加‘2013台湾山东经贸文化周’。其间，由济南市和山东省台办、基隆市政府共同主办的‘相聚基隆一家亲’活动中，天下第一泉景区与基隆市和平岛海滨公园签署了合作协议，成为友好协作单位。”这是天下第一泉景区荣膺5A级旅游景区以后结成的第一个对子，为两个景区在更广领域的深入交流合作创造了条件，奠定了基础。

11月12日 “墨润文心”全国作家书画墨迹作品展在大明湖景区南丰祠举行。展出《红旗谱》作者梁斌，《小兵张嘎》作者徐光耀，《闪闪的红星》作者李心田，《敢问路在何方》词作者阎肃，《十五的月亮》词作者石祥和贺敬之等当代作家创作的书画作品和手迹50余件。

△ 《济南日报》讯：“五龙潭景区新增漪园和洗心泉两处景观。”

△ 位于环城公园景区五莲泉附近的彩绘壁画《大顺图》绘制完成，正式和游客见面。

11月24日 千佛山风景名胜区保护建设工程佛慧桥项目竣工。该桥的建成，将千佛山风景名胜区的核心景区千佛山景区和佛慧山景区连在一起，方便游客安全横穿旅游路游览两大核心景区。

本年 新建绿地304万平方米，城市绿化覆盖率、绿地率、人均公共绿地面积分别达到39%、34.6 %和10.3平方米。市城市园林绿化局全年实现事业收入3.03亿元，同比增长5.6%，所属企业营业收入6.78亿元，同比增长15.7%。全局获得市级以上集体荣誉180个，个人荣誉148人次。济南天下第一泉风景区荣膺国家5A级旅游景区称号，其管理中心成为副局级事业单位。

第一篇 风景区（点）

济南历史悠久，风景名胜众多，不少名胜闻名于世。

当今，大明湖、趵突泉、千佛山并称济南“三大名胜”。趵突泉在我国最早的编年史书《春秋》中就有“桓公十八年，公会齐侯于泺”的记载，泺即趵突泉。大明湖之名最早见于距今1500多年前北魏郦道元的《水经注》，是国内仅有的由众泉汇流而成的城中湖。千佛山，古称历山，传说是舜帝耕作之处，其石窟造像群和千佛寺（唐贞观年间改称兴国禅寺）建于隋开皇年间，千佛山遂成为一处延至今日的佛教圣地。

除三大名胜外，还有五龙潭、珍珠泉、黑虎泉、百脉泉、府学文庙、华山、龙洞、五峰山、四门塔、灵岩寺、黄河等著名的风景名胜。这些风景名胜为历史文化名城济南增添了深厚底蕴。

新中国成立后，人民政府非常重视对风景名胜资源的保护和开发。国民经济恢复时期，整修了大明湖、趵突泉、灵岩寺等部分文物古迹。中共十一届三中全会后至20世纪80年代末，部分修复了在“文化大革命”中遭破坏的千佛山石刻造像、舜祠、鲁班祠泥塑以及大明湖北极阁泥塑和失修的名胜古迹，新建了一览亭、乐云亭、望岱亭、赏菊阁、明湖楼、李清照纪念堂等一大批园林景点。到2011年，全市共建有著名的风景区9处，另有著名风景点若干处。

第一章　风景区

第一节　大明湖风景名胜区

大明湖风景名胜区位于济南市中心（古城区北部）。早在清朝末年，浙江温州人宋恕就倡议在大明湖修建公园。清光绪三十一年（1905年）九月，宋恕应山东巡抚杨士骧之聘，出任山东学务处议员兼文案。翌年，宋恕写了一篇《采西制办公园议》，文中谈到在大明湖建立公园的设想，并将其命名为“明湖公园”。文载：“大明湖源出历下诸泉，北流入泺，周十余里，自唐宋以来，杜少陵、曾南丰、元遗山、李沧溟、王渔洋之所游赏，为天下名区之一。柳岸荷塘，萧散闲远，现虽淤塞殆半，而风景尚胜于秣陵之秦淮。似可于湖滨圈地若干，保护而饰新之，号曰‘明湖公园’，于内建设图书馆、博物馆、美术馆、水族居、音乐会所、阅报公所、竞马场、竞走场、舞剑所等。”他的这一建议，在当时社会条件下，没有得到实现。20世纪40年代初，伪济南市公署文件中有将大明湖辟为公园的记载。当时政府派人管理历下亭、铁公祠及周围公产湖田，面积约1.83万平方米。其余湖田、河道由湖民占有，最终未形成公园格局。解放后，市人民政府于1950—1953年征购部分湖田为国有，拆迁了临湖街、北极庙街、北城根街、铁公祠街等300多户居民房屋，将城墙旧址与湖滨南丰祠、北极庙等名胜连为一体。同时，疏浚了湖底、河道，利用拆除旧城墙的砖石砌垒湖岸，大明湖水、陆面积达到61.41万平方米。1955年，正式辟建为以大明湖水景为主的公园。建园后，又对历下亭、铁公祠、遐园、北极阁等名胜全部整修，并增添了服务设施，于1957年5月实行售票游园。1958年将湖田全部收归国有。1959年，拆迁了湖南岸乾建门里街、李公祠街、半壁街、思敏街等298户居民住宅，增加公园面积11.89万平方米，总面积达到73.3万平方米，其中，湖水面积45.3万平方米，滨湖游览面积28万平方米。20世纪70年代初，对西、北岸及湖心亭、北洋洲、翠柳屏、小南岛、历下亭等处堤岸，进行翻修加固。1978年中共十一届三中全会以后，公园建设迅速发展，增植花木，扩大游览场地，修复了南丰祠、稼轩祠、北极阁等“文化大革命”中被毁坏的名胜古迹；重建汇波楼，新建明湖楼，改建船舶码头，增置游览服务设施，美化园容环境。1998年，百花

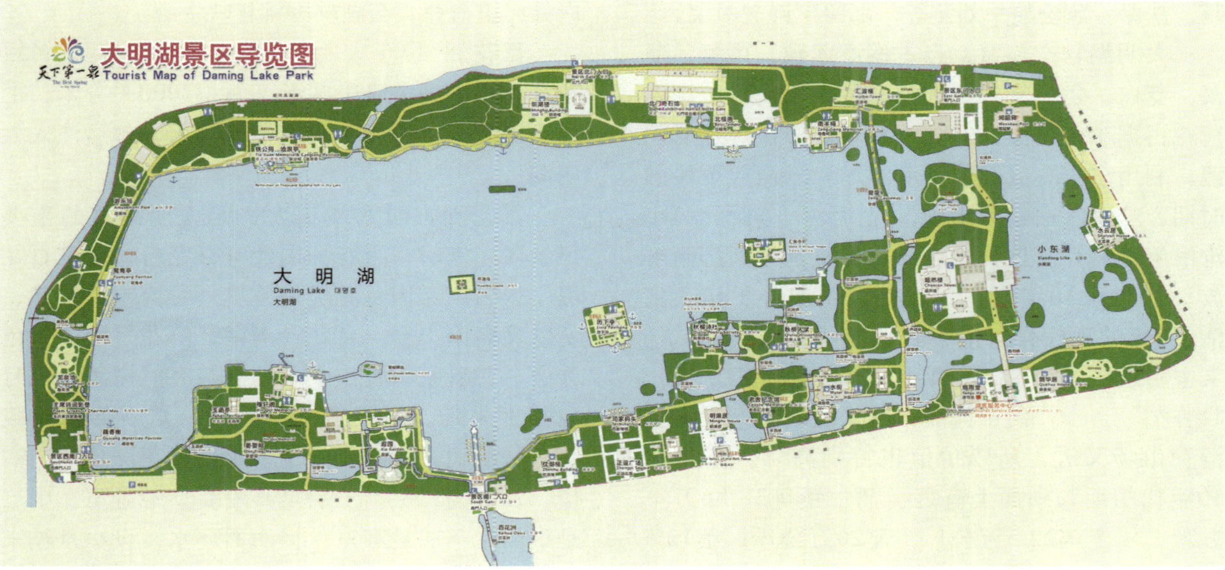

大明湖平面图（2011年）

洲划归大明湖公园，公园面积增加0.7万平方米，达到74万平方米。2004—2009年，实施大明湖扩建改造工程，景区面积扩大到103.4万平方米，扩建新区免费开放，昔日的园中湖变成了城中湖。2003年，被评为省级风景名胜区和国家4A级旅游景区。2009年，获全国重点公园称号。2013年3月，与趵突泉公园、环城公园、五龙潭公园整合，创建济南天下第一泉风景区，当年8月，获国家5A级旅游景区称号。

一、水体景观

大明湖　济南三大名胜之一。其名称最早见于北魏地理学家郦道元所著《水经注·济水注》：泺水“北为大明湖，西即大明寺。寺东、北两面侧湖，此水便成净池也”。那时的大明湖也称净池，位置是在今五龙潭一带。随着历史的变迁，城市建筑的扩展，《水经注》记载的大明湖已消失。今大明湖，《水经注》称“陂”“历水”；唐段成式《西阳杂俎》中称“莲子湖”；宋朝称西湖，文学家曾巩《西湖纳凉》中有“问吾何处避炎蒸，十顷西湖照眼明”的诗句；金代文学家元好问在《济南行记》中，承袭古城西五龙潭处大明湖之名，直至今日。

昔日，大明湖范围很大，水面辽阔，南到濯缨湖，东北可乘船到华山。西晋永嘉年间，修建城墙，将湖水分开。宋代齐州知州曾巩，为解除水患，在湖北岸修建了北水门，以调节湖水水位，使得大明湖具备恒雨不涨的特点。元代时湖面占府城三分之一，清代则形成了“一城山色半城湖”的格局。后湖面渐渐淤积变小，被划分为多块湖田，仅有狭窄的水道供游船行驶。

大明湖水来源于城内诸泉，清乾隆《历城县志》引李裕《游大明湖记略》云：“济南七十二泉，汇为明湖”，有“众泉汇流，平吞济泺”之说，为繁华都市中的一处天然湖泊。湖底为不透水的火成岩，故有久旱不涸之特点。平均水深2米，最深处4米，常年保持固定水位，为国内外罕见。湖水由北水门泻出，经护城河流入小清河，再向东注入渤海。

大明湖风景秀丽。岸上翠柳垂荫，婀娜多姿；湖中碧波泛荡，荷花似锦；水面小舟争渡，画舫徐行；楼台亭榭，隐现其间，似一幅立体大画。清乾隆《历城县志·山水考四》赞曰：“湖光浩渺，山色遥连。冬泛冰天，夏挹荷浪，秋容芦雪，春色杨烟。鼓枻其中，如游香国。鸥鹭点乎晴波，箫鼓助其远韵，固江北之独胜也。”“四面荷花三面柳，一城山色半城湖”是大明湖独特的景观写照。旧时济南八景中的“明湖泛舟”“鹊华烟雨”“汇波晚照”“历下秋风”和著名的“佛山倒影”景观均可在湖上观赏。优美的自然景观引得历代文人前来观光游赏、赋诗唱和。唐代的李白、杜甫，宋代的曾巩、苏轼，金、元的元好问、张养浩，明代的李攀龙、王象春，清代的王士祯、刘凤诰、何绍基、铁保、蒲松龄、刘鹗等，都留下诗文墨宝。

大明湖物产丰富，自古盛产莲藕、芦苇、蒲菜、茭白、鱼、虾等，润泽民生。明代时，湖内荷花占据半个湖面，文人王象春赞曰："莲菱鱼蔬，利用多矣"（《济南府志》）。清代至民国时期，"明湖白莲数十顷，无闲地"（阮元《小沧浪笔谈》）。这种生态结构一直延续到济南解放。20世纪30年代初，曾在大明湖畔工作、生活了3年的现代作家梁容若在《我看大明湖》一文中写道：大明湖"年年要出藕出鱼，割芦苇，收香稻"，那"湖田又肥，水又足，生产量多，消费市场又近，所以价值也特别高"。20世纪50年代初期，湖面上有莲、蒲、苇等38.86万平方米，年产藕22.5万公斤，蒲20万公斤，苇12.5万公斤，荷叶15万公斤。50年代中期，铲除了地埂，净化了水面，种植面积逐渐减少。水产养殖也是大明湖一大特点。解放初期，湖内主要是自然繁殖鲤、鲫等鱼种，年产1.5万公斤左右。1953年，开始实行人工养殖，投放鲢、鳙等高产鱼种，1954—1959年，平均年产鱼约为3.5万公斤；60年代达到8万公斤以上，70年代平均年产超过10万公斤。其中，1977年产量达到15万公斤，平均亩产225公斤。后来由于泉水减少，水质污染，湖鱼产量锐减，1988年仅捕鱼4700公斤。此后大明湖便结束了养鱼捕鱼的历史。由明湖水产制作的碧筒饮、全鱼宴、蒲菜水饺、炸荷花瓣、荷包饭、冰糖莲子、锅塌蒲菜等，被称为历下风味。其中的茭白、莲藕、蒲菜被老济南人誉称"明湖三美蔬"。

解放后，市人民政府为保护大明湖水体景观，多次投资整治大明湖。1950—1953年，对湖底河道进行首次疏浚。1971—1973年，对湖底进行清淤，清挖淤泥60万立方米，使湖水深度平均达到2米以上，总蓄水量由27万立方米增加到83万立方米左右。1996—1998年8月，进行第三次清淤，共清挖外运淤泥20余万立方米。同时实施截污工程，使流入大明湖的80%的污水被截住，基本解决了大明湖水长期被污染的问题。2003年，对大明湖实施千年大换水，分开闸放水、清除湖底淤泥杂物、关闸蓄水三个阶段，历时月余，湖水质量得到进一步改善。2004—2009年，对大明湖实施扩建改造，将小东湖扩进大明湖，湖水面积增加11.7万平方米，达到57.4万平方米。湖内近岸处广植荷莲，与湖畔垂柳相映生辉。

百花洲　位于大明湖南门牌坊以南，又名百花汀、小南湖，略呈圆形，面积7000平方米，汇集珍珠泉、芙蓉泉、王府池等泉水，尔后注入大明湖。

百花洲古时水域很大，是大明湖畔的重要风景区。宋时，百花洲内建有百花台，因"百花堤"得名，又因百花堤是曾巩（号南丰）所建，所以又名南丰台。百花台周围，鲜花烂漫，景色秀丽，曾巩赋诗赞曰："烟波与客同樽酒，风月全家上采舟。莫问台前花远近，试看何似武陵游。"明代，诗坛领袖李攀龙在百花洲建"白雪楼"，楼为三层，上层是其爱妾蔡姬卧室，中层是书斋，下层是客室。楼四面环水，设小舟往来渡客。李攀龙过世后，楼主数次更换。至明末，诗人王象春因与李攀龙同是济南人，并对李氏深为敬仰，便购买白雪楼旧址，建"问山亭"为住所，自此徜徉于济南的湖光山色中，著有诗集《齐音》（又称《济南百咏》）、《问山亭集》等，对济南的山、水、湖、泉题咏殆遍。

昔日，百花洲附近的居民多在水中植白莲，岸旁栽杨柳，四周房舍，参差错落，似水乡民居。《老残游记》中所载"家家泉水，户户垂杨"，主要是指这一带。解放前，百花洲多次淤塞。解放后，市政府多次对其整治。1982年夏，政府拨款治理，补砌湖岸，改截污水河道，补栽树木。1996至1998年进行的大明湖清淤工程中，对百花洲也实施了清淤整治，清挖外运淤泥1.48万立方米，修整湖岸220米，新建1.55米高的环百花洲铁质护栏400米。

历经沧桑，如今，百花洲一带的亭台楼舍已废，然而景色依然秀丽。北侧近临大明湖，水光潋滟，芙蕖映绿；西岸建有花园，四季有春，蜂飞蝶舞；南岸小桥卧波，清溪潺潺，柳浪闻莺；东边矮屋短墙，鳞次栉比，错落有致，依然为江南水乡风貌。

感应井泉　位于湖北岸，北极庙东侧，是明代正德年间修葺北极庙时挖出的一眼甘泉。据清康熙《济南府志》载："城北滨湖，水味多咸，此井独甘。"旧时北极阁的道士和附近的百姓，多饮用井中泉水。后此泉湮没。1998年修复。泉口为圆井形，深约2米，井径1米，井口四周砌石圈为水池。池之中部，有汉白玉石雕鲤鱼两尾。两石雕鲤鱼口系铁链，扯起一方孔铸铁圆钱。方孔中悬挂小铁钟一口，人在池边，以圆铁板掷小铁钟，击中即有水柱自井中喷出。

百米喷泉 位于大明湖中心偏东北处，离北岸约100米。1985年5月1日建成，1998年与丹麦公司合作对其进行改建。当年10月1日改建竣工。改建后喷泉面积1500平方米，呈长方形，四周环以桩柱和铁链，由16个喷头组成，以旋转喷泉加上直流环喷为中心，中心喷头周围为2组40米高的“艾菲尔”喷头，2组抛物斜喷直流喷头。喷泉中心喷头喷出的银色水柱直冲蓝天，水柱高达108米，旋转喷头喷水高度达28米。2005年，景区进行综合整治时拆除。

水幕电影 位于湖东北部距北岸80米的水面上，1999年5月1日建成，当时在济南市尚属首家。由水幕发生器和投影机组成。放映时先启动水幕发生器的水泵，将湖水喷向半空，形成水幕，然后开放投影机，将图像投射在水幕上，形成水幕电影。每逢放映时，便吸引大批市民前往观赏。2005年，景区进行综合整治时拆除。

二、景观建筑

历下亭 一名“古历亭”，位于大明湖面积最大的岛子上，因南临历山（千佛山）而得名。此亭始建于北魏，位置多有变迁。北魏至唐时在城西净池（今五龙潭）处，郦道元在《水经注》中有载，称“客亭”，是官家为迎宾接使所建。唐初始称“历下亭”，唐天宝四年（745年），诗人杜甫到临邑看望其胞弟杜颖，途经济南，适逢北海太守李邕至济，李邕便于此亭宴请杜甫及济南名士，杜甫当即赋诗《陪李北海宴历下亭》，这是历下亭之名见于文字的最早记载。

据《旧唐书》记载，天宝元年，齐州曾改为临淄郡，故此亭当时也称“临淄亭”。杜甫《八哀诗》有“伊昔临淄亭”的诗句。唐末，历下亭随着古大明湖的消失而倾圮。北宋曾巩在齐州任职时，重建历下亭于州宅后地势较高之处。金代末期，历下亭又成荒墟。元代，在宋时原址再次兴建，于钦在《历乘》中记载：历下亭在“府城驿邸内历山台上，面山背湖，实为胜绝”。明文坛“后七子”领袖李攀龙于嘉靖年间对其重修。

今历下亭是清初山东盐运使李兴祖于康熙三十二年（1693年）购买乡绅艾氏地产重建而

历下亭（2005年）

成，亭址移到湖中。其规模比以前宏大，坐北朝南，颜额为“古历亭”。东西绕廊庑，右建闲房，后立杜甫和李邕的诗碑。廊内墙壁嵌有诸家题刻。亭前架有木桥，可以往来通行。康熙三十二年（1693年）夏，古历亭竣工后，又在亭西偏南，筑土垒石，建轩宇三间，轩西为宽阔的水域，晴空下，天光水色，一派蔚蓝，故题额“蔚蓝轩”。古历亭的西面，隙地如盘，四周清波环绕，由浮桥相通，上建小亭，泛小舟在水上，如游镜中，所以亭子取名“水镜亭”。历下亭修成后，蒲松龄曾作《古历亭赋》，“地如滕阁，亻佩玉而鸣銮；人比兰亭，更流觞而泛酒”描写了历下亭及周围的胜景和此亭的兴衰历史，并对李兴祖修建此亭大加赞扬。清雍正八年（1730年）秋水泛滥，唯余一亭，其他皆倾圮。都转运使杨宏俊再次重修，规模比以前略增。清乾隆十三年（1748年），高宗弘历来巡，并题诗一首，又题写了“历下亭”三字匾额。其后至民国也多有倾圮，多有修葺。解放后，也曾多次维修，尤其是经过1965年和2005年两次大的整修，增铺了地面，修葺了回廊，增设了楹联，但基本保留了清代的规模。今亭矗立在岛的中央，八角重檐，攒尖宝顶，红柱青瓦，斗拱承托，脊上饰以吻兽，蔚为大观。亭身空透，檐悬清乾隆皇帝书写的“历下亭”匾额，内设石雕莲花桌凳。亭北为“名士轩”，坐北朝南，面阔五间。轩名袭用的是曾巩在州衙中的题名，字为清宣统三年（1911年）春朱庆元书丹。轩内西壁，嵌唐天宝年间北海太守、书法家李邕和诗人杜甫的线描石刻画像。东壁嵌有清人何绍基题写的《历下亭诗碑》。2001年，又在轩内增加15位济南古代名人石刻画像。轩门楹柱上悬挂1959年郭沫若题写的对联："杨柳春风万方极乐，芙蕖秋月一片大明。"轩前一排四株海棠，花季艳开，满院清香。亭的西侧是"蔚蓝轩"。亭南是大门，门额"海右古亭"、楹联"海右此亭古，济南名士多"（集杜甫诗句）皆由何绍基书丹。大门两侧是东西长廊，西接小四面亭，东接由临湖阁改建的茶厅，厅内北墙有何绍基于清咸丰九年（1859年）仲夏撰写的《重修历下亭记》石刻。厅西外墙上嵌有蒲松龄《古历亭赋》石刻，为2007年书法家王仲武书丹。大门外西侧是御碑亭，内立乾隆十三年（1748年）为大明湖题写的诗碑。大门东侧立有乾隆题写的"历下亭"三字石刻。整个岛上，亭台轩廊，高低错落，花木扶疏。春天，修竹婆娑，翠柳笼烟；秋日，湖水荡漾，荷花溢香，凉风徐徐，令人心爽，此景被称作"历下秋风"，为古时济南八景之一。

历下亭，不仅是历代文人骚客咏觞的佳境，也是20世纪二三十年代山东革命家活动的胜地。就学时期的王尽美曾在此为暑假演讲团谱写了《长江歌词》，此后又与邓恩铭等多次在这里聚会，商讨革命大事。

北水门·汇波楼　北水门位于大明湖风景名胜区东北隅，始建于北宋。北宋熙宁四年（1071年），唐宋散文八大家之一的曾巩任齐州知州。为防御水患，在他到任后的第二年初，便主持修建了北水门，并撰有《齐州北水门记》，详细记述了修建北水门的经过以及修建此门的背景和意义。文中记道，如遇大雨，城外暴流急涨，水倒灌城内，则取荆条、芦苇，扎成土门以抵挡。但此法既不坚实，又劳民伤财，于是曾巩决定修建水门，以调控湖内外之水。当年二月二十日（3月12日）开工，动用库银，雇用民工，至三月六日（3月28日），用时半月，水门建成。南北深八十尺，东西宽三十尺（当时每尺30厘米），石头砌垒，南连大明湖，北通护城河，南北两端各安装木闸门，视内外水位高低任意调节水位。从此大明湖水患得以消除，一劳永逸。明洪武四年（1371年）重修城墙时，将北水门改称汇波门。因众泉汇流，从此门泄出，故得名。解放初期，人民政府对其重修，并恢复北水门之名。历千年风雨沧桑，今天北水门依然发挥着调节明湖水位的作用。

汇波楼位于北水门之上，建于元初，至元二十五年（1288年），都转运使曾扩建重修。泰定元年（1324年），秋雨连绵，城楼遭到破坏，司宪（监察机关）监郡长官拨款重修，面阔七间，上下二层，翼角悬山，脊饰吻兽，风铃扬韵。四周白杨簇拥，如众星捧月。楼建成后，散曲大家张养浩为之作记曰："盖济南形胜，惟登兹楼，可得其全焉。"汇波楼峭拔高耸，登楼远眺，南可观历山、玉函等山，北可观"齐烟九点"景观。清乾隆末年，经院学家阮元任山东学政时题写"鹊华秋色"匾额悬挂于楼上。另有颜额："河山一览"。若傍晚登至楼上，俯瞰湖面，夕阳返照，晚霞尽染，金波粼粼，渔舟唱晚，景色幽绝，此景称"汇波晚照"，为古时济南八景之一。

解放前夕，汇波楼坍塌。1981年重建，由园林工程师周培正参照楼的原样设计。重建后的汇波楼，坐北朝南，混凝土结构，七间二层，飞檐歇山，饰有吻兽。二层南向颜额"汇波楼"，由当代书画家、广东省美协副主席李雄才题写。西向颜额"汇波晚照"，由当代书画家刘海粟题写。2004年，汇波楼二层被辟为汇波棋苑，并新增两副对联，其一"静里动态不妨那黄河为界，闹中忙事任凭他楚汉相争。"由王仲武撰联并书。另一幅"忙里偷闲下盘棋去，闹中取静泡壶茶来。"为原曲水亭联，当代书法家邢增庆书丹。

南丰祠　原名曾公祠，位于大明湖东北岸，为纪念北宋文学家曾巩而建。曾巩（1019—1083），字子固，北宋嘉祐年间进士，江西南丰人，世称"南丰先生"，官至中书舍人。他能诗善文，为唐宋散文八大家之一。北宋熙宁四年至六年（1071—1073年）出任齐州知州，建亭筑台，修路搭桥，兴办学堂，倡修水利，剪除豪强，政绩显著。在他调离齐州时，人们断吊桥，闭城门，加以挽留。曾巩趁夜间抄小路悄然离去。该祠始建年代无考，清道光九年（1829年），历城知县汤世培重建，大厅三间，内立牌位供奉。解放初期，与临近的晏公庙和张公（清末山东巡抚张曜）祠划归一体，统称南丰祠。后经过多次修葺或重建，遂成现状。现在的南丰祠占地2690平方米，由南丰祠堂、南丰戏楼、孙墨佛·孙天牧父子书画馆、明昌钟亭、雨荷厅等建筑组成，是一处清静幽雅的古典式庭院。

南丰祠堂位于院内北大殿西端。1992年启动翻建，1994年7月竣工。翻建后的南丰祠，北厅三楹，仿古建筑，南出厦，半壁花棂，抱柱楹联“北宋一灯传作者，南丰两字属先生。”作者及书写年代不详。堂内立曾巩木刻像，由江西南丰产整株樟木雕刻而成，高2米，文官形象，峨冠博带，手持书卷，栩栩如生。四周墙壁悬挂当今书画家咏赞曾巩的书画作品，展橱内展有各种版本的曾巩著作、历代评介文章及曾巩墓出土的部分文物复制品。

南丰戏楼位于南丰祠堂对面，始建于清末，是迄今为止济南市保存完好的古戏楼之一。2006年4月，对古戏楼进行整修，成为济南著名的曲艺演出场所，演出山东地方戏曲。戏楼面积近300平方米，雕梁画栋，彩绘精巧，具有深厚的历史文化内涵和浓郁的民俗民风气息。戏楼内收藏有山东梨花大鼓传人谢大玉、左玉华、陆巧云和众多老艺术家们的经典老照片。

孙墨佛·孙天牧父子书画馆位于南丰祠堂东邻，大厅五楹，1987年10月辟建，原名剑门书画馆，陈列孙墨佛遗作及其长子孙天牧国画作品。孙墨佛，号“眉园”，又称“剑门老人”，原籍山东莱阳，早期同盟会会员，曾跟随孙中山革命多年，解放后担任中央文史馆馆员。他心胸豁达，修身清节，淡泊名利，书法风格质朴洗练，具有极高的艺术造诣。孙天牧，又名家骧，山东莱阳人，孙墨佛长子，精于北派山水，曾任中央文史馆馆员、吉林艺术学院教授、中国美术家协会会员、政协天津市书画研究会理事会顾问、济南“孙墨佛·孙天牧父子书画馆”名誉馆长等职。

明昌钟亭位于孙墨佛·孙天牧父子书画馆东侧的晏公台上。明末在台上建有晏公庙，也称“晏公祠”，纪念水神晏戍子。清道光七年（1827年）春，历城县知事汤世培曾重修，并镌刻“晏公庙”颜额，镶嵌在晏公庙台的南侧。庙台下原有券门，每当斜阳照射，湖光滉漾，景色迷人，最早人们也称这里的景观为“汇波晚照”。到明崇祯年间，券门堵塞，“汇波晚照”遂不可见，清末庙毁仅存台座。1993年在晏公台上建亭，亭中悬挂铁质古钟一座。因钟铸于金代明昌年间（1190—1196年），故名“明昌钟”，亭亦据此得名“明昌钟亭”。据学者考证，金代明昌年间，为纪念大明湖畔开元寺内刘姓僧人，济南百姓集资铸铁钟安置于开元寺内。明代占寺院以扩充官衙，遂将此钟移于湖滨康和尚院，筑楼悬之，并改称“镇安院”，成化年间（1465—1487年）更名为“钟楼寺”。近代以来，由于内忧外患，钟楼废圮，千年古钟荒置于市井宅舍之中。钟亭建成后，古钟得以安置。亭为四角重檐十字脊式方亭，混木结构，红柱青瓦，点金彩绘，端庄典雅。亭高10.6米，阔8米，上有宝顶，沿脊饰脊兽32件，四角悬黄铜风铃8枚，轻风吹动，叮铃作响。铁钟重8吨，高2.4米，外径1.8米，上铸八卦图案，亭内地面亦饰有八卦图案，并安置3米余长枣木钟杠，游客登亭可乘兴撞钟，金声玉振，方圆十里可闻。亭上对联“金钟鸣处蛙声静，碧月升时客梦清”，由徐北文撰写。亭旁立明昌钟亭记石碑。碑文亦由徐北文撰写，书法家雷衣谷书丹。

雨荷厅位于晏公台南临湖处，水榭三间，四周出厦，红柱青瓦，玻璃槅扇，内置茶几坐凳，可于内下棋赏景。厅东西北三面水池环绕，青石砌岸，内植荷莲，岸上垂柳披拂。盛夏时节，红荷碧柳交相辉映，景色迷人。传说乾隆皇帝就是在此与夏雨荷相识相知，演绎出一场轰轰烈烈的爱情故事。台湾言情小说家琼瑶在电视剧《还珠格格》中有这一故事的精彩片段。

雨荷厅

藕神祠 位于南丰祠院东，西为晏公台，东临水溪，为一独立院落，1998年辟建，院南辟小门与南丰祠院相通。历史上大明湖曾建有水仙祠，在湖北岸铁公祠以西。《老残游记》中曾有简单记述："圆门东边有三间旧房，有个破匾，上题'古水仙祠'四个字。祠前一副破旧对联："一盏寒泉荐秋菊，三更画船穿藕花。"该祠始建年代不详，藕神是谁也无记载。至清代同治年间，济南一些文人经过商议，决定推戴济南杰出的宋代女词人李清照代替藕神，并将水仙祠加以修葺，为李清照安位设祭。还推举符兆纶撰写《明湖藕神祠移祀李易安居士记》，刻碑立石，说明原委。后水仙祠废圮。1998年，公园据此典籍重建藕神祠。祠堂三楹，坐北朝南，前出厦，花槅扇，青砖青瓦，古朴端庄。匾额"藕神祠"三字，为当代台湾书法家王凤峤手书。内楹柱有徐北文撰联"是耶非耶，水中仙子荷花影；归去来兮，宋代词宗才女魂。"外楹柱则悬挂古水仙祠旧联，由山东当代书画家刘如璞手书。祠堂正中，彩塑宋代仕女像，身高2.8米，座高1.5米。相貌清丽，身材窈窕，玉指纤纤，卷轴在握，温文尔雅，楚楚动人。两侧塑侍女像，高2.7米，一位手持红荷，一位手持绿莲，彩服贴金，珠翠明珰，婷婷玉立，神彩飞扬。三面墙壁上是彩色壁画，内容为藕神传说和明湖风光。院内卵石铺地，松柏蓊郁，石榴飞红，竹摇绿影，十分清雅。

北极阁 又名北极庙、真武庙，坐落在大明湖东北岸，为道教庙宇，供奉真武大帝。真武，原名玄武，后避帝讳，改为真武，是道教传说中的西方净乐国王子，自幼慕道，成年后放弃王位，辞别父母，来到中国武当山修炼，历经四十二年磨难，终成正果，被玉皇大帝接上天界，安置在北方，是北方七宿的化身，与青龙、白虎、朱雀共同掌管东西南北四方，成为四方神之一。

北极阁是在原放鹤亭旧址上于元初至元十七年（1280年）由杨成修建而成，明永乐十八年（1420年）重修。因真武色黑主水，建在大明湖畔，以求降妖除魔，保佑一方平安。庙宇建在7米高的石镶土台上，占地1078平方米，南北呈长方形，庙墙原与古城墙相通，庙貌巍峨。正殿居中，坐北朝南，殿内原有元代的真武和龟、蛇二将的塑像以及明永乐年间的木雕侍像。正殿后面是启圣殿，为明成化初年由德王朱见潾增建。初名"净乐宫"，后更名"启圣殿"，殿内塑有真武父母像。正殿两侧为庑殿，分别接钟鼓楼，钟鼓楼之间有三间门厅。庙门两侧对联为："宫中下见南山尽，城上平临北斗悬。"

北极阁

"文化大革命"初期，殿内原有神像被毁。1980年起，市园林局按照"修旧如旧"原则，对北极庙进行修复，重建钟鼓二楼，殿中重新塑起神像，全部建筑彩绘一新。前后殿中新制作了佛龛，佛龛上各雕有云纹、蝙蝠、二龙戏珠、八宝（螺、轮、伞、盖、鱼、罐、花、肠）等图样。正殿佛龛内，塑有真武坐像，手持宝剑，两侧侍金童（持书）玉女（持印）。神龛前下方分别站有火将（执旗，在左）、水将（执剑，在右）、龟将（吞魔的形像，在左）、蛇将（杀魔的形像，在右）。神龛左侧，由南向北，站有青龙（持剑）、赵天君（持鞭）、关天君（持刀）、仙真（持金球）、风伯（持枪）、雷公（持锤、錾）；右边由南向北站有白虎（持枪）、马天君（持三尖两刃刀）、瘟天君（持狼牙棒）、仙曹（持笏版）、雨师（持葫芦）、电母（持镜）。这些塑像根据神话传说中的形象历时2年塑制而成。

汇泉堂 原名汇泉寺，坐落在大明湖东南隅湖中小岛上，西对历下亭，北面是南丰祠，占地248平方米。该岛四面环水，湿润清凉，景色幽静，为夏日避暑胜地，人们也称之为"清凉岛"。

过去，城内众泉多从这岛附近汇入大明湖，所以岛上一眼清泉，被命名为"汇波泉"，建于这里的一座寺院因此称作"汇泉寺"。该寺始建年代不详，但据清朝钱塘人吴华《重修汇泉寺碑记》载，清嘉庆五年（1800年）曾由当地盐商茅、张二氏重修，当年孟夏落成，随后又召集同仁，每月捐资四金，聘请信一和尚为本寺主持，伺奉佛主。该寺原为两重院落，东侧依次为佛殿、关庙、公输子祠、文昌阁等建筑。佛殿为正殿，内供佛像。偏西为精舍四楹，名曰“薜荔馆”，颇为雅致。四周的水，远处的山，荷深处的轻舟，小陌之行人，皆能入画。清末民国初，香火旺盛。佛殿旁是文昌阁，匾额“文昌阁”三字为清代刘墉书写。阁内曾挂有李清照肖像。至解放初期，寺院建筑大都倾圮，佛像被毁，仅剩大殿一座、平房三间。1955年辟建公园时，对岛上建筑进行改建、整修，并更名为“汇泉堂”。堂为三楹出厦，红柱青瓦。堂前立一太湖石。岛上植有垂柳、白杨、桐树多株。后来这里曾被辟为“汇泉棋社”，为济南棋坛高手聚会之地。1984年7月，公园将此处辟为钓鱼区，游人可来此享受垂钓之乐。1999年，大明湖公园对汇泉寺岛进行改建，作为兰花展览和养植基地，更名“兰岛”。岛上有汇泉堂、文兰轩等建筑。汇泉堂为古建筑翻建而成，青瓦红柱，前厦中脊，古朴壮观。“文兰轩”为中西合璧式风格，面积400平方米，既具观赏价值，又可作温室使用。轩前院内有山阜、水池及各式石制花架。在文兰轩和院内花架上，展有数千盆兰花。2008年，兰岛被改建为景区餐饮接待服务中心。

月下亭·济南战役国民党守军临时指挥部旧址 月下亭位于大明湖北岸，北极阁西侧。始建于民国26年（1937年）。初为一花园式方形庭院，院门南向，东南、西南角皆有亭式角楼。后经改造，拆除了院落，改建、整修了厅堂和地下室，遂成现状。

月下亭为一桥亭，建于水池中央，亭基、护栏均为白石砌筑，亭为六角尖顶，红柱青瓦，饰以彩绘，小巧玲珑，典雅别致。亭柱悬楹联“数点雨声风约住，一帘花影月移来。”池中蓄锦鱼，植荷莲，池周自然石驳岸，犬牙交错，顽石卧波。东侧紧靠北极阁处为假山，巨石陡立峭拔，嶙峋峥嵘。近植翠竹，飒飒有韵。

月下亭南北，各有白石小桥，南通湖岸，北通大厅。大厅建在数级台阶上，坐北朝南，面阔三间，有白色楹柱贯顶，南面出厦，东西各有耳房一间。厅堂两侧，绿竹丛生，湖风飒至，竹摇影动，十分清幽。

大厅之下，有地下室，地下室有地道通往城外。1948年解放济南时，国民党第二绥靖区司令长官、山东省主席王耀武在此设临时指挥部，城陷后从地道中逃出济南。1998年，为纪念济南解放50周年，大明湖公园将此处辟为“济南战役国民党守军临时指挥部旧址”对外开放。

月下亭是赏月的最佳去处。溶溶月光中白石小桥、白石楹柱呈现出一片莹白，就连池中桥的倒影、月的倒影、亭的倒影，在月光与波光的辉映下也莹白如玉，清晰得如同水面之上的实物。由亭中向南望去，皓月临空，静影沉璧，湖天一色，柔波粼粼，月色如纱，垂柳如烟，亭台楼阁，在月色朦胧中若隐若现。偶有清风徐来，数点雨声，一帘花影，仿佛仙境一般。

明湖宝鼎·济南北城墙旧址·曾公画壁 明湖宝鼎位于大明湖北门内的“北渚台”上，1999年建成开放。台为二层石砌方形，底层雕为须弥座，一二层均围以雕花石栏。宝鼎为双足圆形铁鼎，立于台正中，高2.3米，直径1.5米，重3.5吨，通体金黄，造型古雅。鼎身饰以凤纹，铸有北宋晁补之《北渚亭赋并序》一文。晁补之字无咎，齐州巨野（今属山东）人，北宋著名文学家，苏门四学士之一，宋神宗元丰进士，于北宋哲宗元祐八年（1093年）出任齐州知州。《北渚亭赋》追忆了曾巩守齐州的功绩，咏赞了大明湖的秀丽风光。清代文坛盟主王士祯极为赞赏，盛赞“吾郡遗文惟晁无咎《北渚亭赋》最为瑰丽”。

济南北城墙旧址位于北门内，明湖宝鼎之北。济南古城墙在明代之前一直是板筑的土城。明洪武四年（1371年），才将土城内外瓮以砖石加高加宽，形成“周围共十二里四十八丈，高三丈二尺，阔五丈”的巍峨府城墙。换算成现代计量单位，济南府城墙全长6.4公里，地面上高达9—10米，基宽12米，顶宽约10米；下部青方条石垒砌约2.5米，上部青砖砌筑，城墙中间黄土夯实，间打灰土。其大致走向是：今护城河内侧，由黑虎泉西路、黑虎泉北路、明湖北路和趵突泉北路围起的方形线路。解放后，济南城墙被拆除。1999年，大明湖公园在原北城墙遗址处仿照旧制复建一段古城墙，长约六七十米，中间凿圆形门洞，城墙西侧有石砌台阶，游人可登墙观赏。

曾公画壁位于宝鼎之南，1999年建成，长25.8米，高6.2米，壁顶斜覆绿色琉璃筒瓦，下有石雕须弥座，壁上嵌白色花岗石浮雕，面积71平方米，内容为颂扬曾巩知齐州时兴修水利、整顿治安、改革教育、奖励农耕等政绩，以及曾巩离任时齐州人民绝桥闭门挽留他的感人场面。画壁两侧有徐北文撰书的对联：“北渚云飞，泺水历山迎帝子；明湖波净，莲歌渔唱念曾公。”

铁公祠 位于大明湖北岸西端，为民族形式的庭院，呈长方形，占地6386平方米，由铁公祠、佛公祠、湖山一览楼、小沧浪等建筑组成，是大明湖的园中园，1979年定为市级文物保护单位。

铁公祠为纪念铁铉而建。铁铉，字鼎石，河南邓州人，明朝兵部尚书、山东布政使，明惠帝（朱允炆）时镇守济南。明建文二年（1400年），燕王朱棣与惠帝争夺帝位，从北京发兵南下，兵至济南，铁铉固守，燕王屡攻不下，后绕道进取南京。夺取帝位后，燕王复取济南，铁铉被执，不为屈服，受磔刑而死。清乾隆皇帝特赐谥号“忠定”。“忠定”之谥词曰：“策励守城，气吞伏板；才能优裕，志节坚刚。”为表彰他的忠烈，故建祠以祀之。

原铁公祠始建年代无考，后颓废。清乾隆五十七年（1792年），山东盐运使阿林保捐资在大明湖北岸复建铁公祠，在铁公祠东建佛公（山东巡抚佛伦）祠，还以修铁公祠的余工仿苏州沧浪亭建小沧浪。吴人骥为此作《重修铁公祠记》并镌刻于石碑。文载：“壬子春，时和物阜，槐堂听政之暇，谋兴是役。……爰鸠工而庀材焉。计堂庑、水廊共屋七十馀间，中以奉香火，而庖湢客寮毕具。”诗人、书法家、山东学政翁方纲也为修祠作记。清同治三年（1864年），济南知府萧培元重修祠堂。原祠只供奉铁公的牌位。重修时，萧氏欲增铁公塑身，但找不到遗像，便朝思暮想。一日夜，伏案入梦，忽见一人，拿书一卷授予萧氏，序后书页上有一小像，冠、带、袍具着，仅露半身，约四十岁年纪，面红黄，眉宇英俊，面容愁惨。萧氏大喜，醒后便将梦中铁公的形像讲述给塑工。塑工据此塑成铁公像供在祠内。为此，萧培元作《神像碑记》。清道光二十一年（1841年），山东布政使杨庆琛再次重修，并作《重修湖上铁公祠工成偶题》八首，镌刻在石上，记述了重修铁公祠的用意和铁公祠前优美的景色。民国时，祠内房屋大都坍塌。民国18年（1929年），山东省政府主席陈调元主持山东事务，重修铁公祠，并增建“湖山一览楼”及八角凉亭（又名“得月亭”）。到民国31年（1942年）时，铁公祠有南北两个门，南门通湖内水道，北门通铁公祠街。其院内东北角有铁公、佛公两祠殿，各成一院，内有乾隆年间重修铁公祠之欧体古碑碣一方。南大门内走廊墙壁，满置游人所留诗文刻成之碑。北面有湖山一览楼，东南角有凉亭一座，南面有沧浪亭三大间，石桥一座，大小水池各一方，院内并植有柳树、杨树、椿树、海棠和藤萝架、葡萄架等，杨柳垂荫，藤萝攀缘，花木扶疏。

解放后，对铁公祠进行多次维修，尤以1965年规模最大，改建、增建了部分建筑，遂成现状。整个院落由曲廊相围，东大门为锁壳式朱红色门楼，迎门叠山石小品，青松垂荫，凌霄花攀缘，作为障景。东廊壁辟有异形窗，框成幅幅小景。西廊壁上，嵌清代铁保、阮元等书法家的题刻，其形体潇洒俊逸，韵致深厚隽永，堪称书苑上品。东廊帧帧小品与西廊幅幅墨迹，遥相辉映。铁公祠堂居庭院东北隅，1996年翻建。坐北朝南，面阔三间，前檐出厦，歇山起脊。堂内居中置铁铉铜铸坐像，像高2.3米，重1.8吨，着明代文官服饰，冠带袍笏，双眉微蹙，面带愁戚，人物传神，栩栩如生。铁公像由铁铉第二十二代孙铁明正率族人捐资、济南当代雕塑家薄自洋设计、山东枣庄金属工艺铸造厂铸成。堂内墙上嵌有古今书法家手书石刻八方，真、行、草、篆、魏碑各体具备，功力深厚，各有千秋。内容多为颂扬铁铉之忠烈精神。大门悬清人严正佷联：“湖尚称明，问燕子龙孙可堪回首；公真是铁，惟景忠方烈差许同心。”

铁公祠

佛公祠位于铁公祠东，两祠中间有石碑相隔，平房三间，坐北向南，前檐出厦，红柱青瓦。

湖山一览楼位于铁公祠西，楼与祠中间由游廊相连。楼坐北朝南，上下两层共10间。在楼上可观览对面群山和明湖全景，故得名“湖山一览楼”。楼西侧墙壁上嵌有清代铁保、阮元等著名书法家题刻。

小沧浪原名“小有沧浪”，位于铁公祠院南侧。其名之典取自《楚辞·渔父》：“沧浪之水清兮，可以濯吾缨；沧浪之水浊兮，可以濯吾足。”匾额“小沧浪”，初为山东提督学政阮元书写，后为山东巡抚觉罗·崇恩补书。小沧浪采取借景的建筑手法，南面架长廊不建围墙，把湖光山色借入院内，使院外大明湖的绿波和院内的亭、台、假山、花木连为一体。由于这里风景优美，多有文人到此聚会。清嘉庆九年（1804年）七月，山东提督学政刘凤诰和山东巡抚铁保在这里宴会，诗兴大发，刘氏吟咏得联语：“四面荷花三面柳，一城山色半城湖。”铁氏即席挥笔书写，并刻木悬在楹柱上，镌石嵌在廊壁间。这里还是著名景观“佛山倒影”的最佳观赏处。观赏佛山倒影景观须在春秋季节、日出或傍晚、湖面风平浪静之时。当年刘鹗就是在这三个条件同时具备的情况下，看到了那奇特的景观。他在《老残游记》中作了生动的描述：“到了铁公祠前，朝南一望，只见对面千佛山上，梵宇僧楼，与那苍松翠柏，高下相间，红的火红，白的雪白，青的靛青，绿的碧绿，更有那一株半株的丹枫夹在里面，仿佛宋人赵千里的一幅大画，做了一架数十里长的屏风。正在叹赏不绝，忽听一声渔唱，低头看去，谁知那明湖业已澄净得同镜子一般。那千佛山的倒影映在湖里，显得明明白白。那楼台树木，格外光彩，觉得比上头的一个千佛山还要好看，还要清楚。这湖的南岸，上去便是街市，却有一层芦苇，密密遮住。现在正是着花的时候，一片白花映着带水气的斜阳，好似一条粉红绒毯，做了上下两个山的垫子，实在奇绝。”

明湖楼 在铁公祠东，建成于1983年，是一座二层仿古建筑。歇山式房顶覆以黑色筒瓦，飞檐出厦。二层檐下，悬挂“明湖楼”金字黑底匾额，为艺术大师刘海粟88岁时题写。明湖楼建在约1米高的石砌平台上，平台围以石栏。整个建筑古朴端庄，大气威严。楼之四周，植松柏榆槐以掩映楼阁，叠嵯岈自然石以求山林野趣，砌花坛以为点缀，环境十分优雅。明湖楼的兴建，使北岸铁公祠、天香园、月下亭、北极阁一线景点，分布得疏密有致，浑然天成。

明湖楼现为景区饭店，游客在尽览明湖风光后，还可来此品尝全鱼宴、水晶藕、炸荷花瓣、锅塌蒲菜等明湖风味小吃。

西南门·水榭 西南门位于大明湖景区西南隅，是景区客流量最大的一个门。此门初建于1963年，2000年重建，是一组功能齐全、气势宏伟、古朴典雅的园林仿古建筑。大门坐北朝南，由入口、票房、连廊、花架、曲桥、水榭、服务厅七部分组成，另有开敞式外广场和半围合式内庭院。整组建筑占地6000平方米，建筑面积1600平方米。大门东西长60米，南北进深40米，混木结构，红柱绿瓦，门上彩绘西蕃莲、二龙戏珠等图案。门楼为二层单檐，高12米，建筑形式为卷棚歇山顶，前有花岗石抱柱，四周以木花窗围合。二层檐下悬一横匾，上书“大明湖”贴金大字，由郭沫若书丹。门楼内侧匾额“湖光山色”，由当代书法家武中奇题书。二层楼西面，内侧悬“迎旭”匾额，东面则蜿蜒入湖，由花架廊将舫式水榭引入水面。花架廊上悬“涵清”匾额。

水榭为新建西南门的配套建筑，仿古风格，舫式结构，半浸水中，四周湖水环绕，由一栈道连通湖岸。水榭大门朝西，上悬“藕香榭”匾额。两边对联“晨风莲花香远，朝日古木影长”。匾、联均由舒安书丹。室内墙壁挂有当代书画家之书画作品，现为游客服务中心。

水榭南面水域种植一片荷花，每逢盛夏，碧叶接天，红荷映日，清香四溢。

稼轩祠 位于大明湖南岸遐园西侧，占地1400平方米。原为李公（李鸿章）祠，清光绪三十年（1904年）修建，1961年改建为“辛稼轩纪念祠”。1965年进行全面整修，“文化大革命”中关门停展。1980年重新整理开放。2008年进行扩建，基本保留了原来的形式与规模。

辛弃疾（1140—1207），字幼安，号稼轩，济南历城四风闸（今历城区鸭旺口）人，南宋爱国英雄、豪放派词人。青年时代，在家乡参加以耿京为首的农民抗金起义军，后历任南宋地方行政长官。为主张抗金，多次上书朝廷，后被贬谪，抑郁离世。其词作与苏轼齐名，并称“苏辛”。著有《美芹十论》《九议》《南渡录》《稼轩词》《稼轩长短句》等。

稼轩祠坐北朝南，南北向三进院落，建在一条中轴线上。祠院门在南端，青砖瓦，红门扉，雀替雕刻以花鸟，两旁各有门房一间。门额“辛稼轩纪念祠”为陈毅元帅题书。门外两侧雌雄石狮各一只。门南为照壁，门内太湖石矗立作障景。左右厢房各三间，分别陈列当代名人叶圣陶、臧克家、吴伯箫、唐圭璋等人赞颂辛弃疾的诗词、字画。厢房北端各有耳房一间，再向北是过厅三间，院内国槐垂荫。

穿过过厅是第二院落，院内植有青松、银杏及石榴、百日红、月季等花卉。两侧是抄手半壁游廊。北为正厅三间，卷棚顶式，门楣额枋皆饰彩绘，上悬匾额“辛弃疾纪念祠”，楹柱挂对联“铁板铜琶继东坡高唱大江东去，美芹悲黍冀南宋莫随鸿雁南飞”，匾、联皆为郭沫若1959年题书。厅内置辛弃疾石膏仿铜塑像一尊，1981年制作，像高3.1米。墙上镶嵌辛弃疾《醉里挑灯看剑》大型木雕词刻，由魏启后书丹。四壁挂辛弃疾生平事迹和舒同、李予昂、姜守迁、关友声、鲁特、魏启后等名人字画，橱中陈列有关辛弃疾的各种版本的书籍。

第三院落北临湖滨，院内建筑由游廊相连。东西为半壁廊，西廊壁饰有扇面、海棠叶等各种异形窗。北端游廊二层，与“集山楼”（原名“临湖楼”，2008年扩建时改用此名）相通。东廊向北依次叠升，直达楼上。每叠平台由假山石堆砌。中段台上建小亭，供登楼中途稍憩。楼为两层，上建凉台，下设茶座，于内可观明湖景物。楼北水中有石桥，桥下可通小舟。桥北端原有清代建筑——四角攒尖方亭，后亭废，改建成六角亭，名曰“九曲亭”，六角攒尖，单檐宝顶。亭桥相衬，亭影浮动，也为明湖一景。

遐园 位于大明湖南门牌坊以西，占地9600平方米，历有“历下风物，以此为盛”和“南阁北园”（南阁即浙江宁波的天一阁，北园即济南大明湖遐园）的赞语，被誉为济南第一标准庭院。

遐园，原是山东省图书馆的别名，是我国较早的图书馆之一。清末光绪三十四年（1908年）山东提学使罗正钧倡议兴建，清宣统元年（1909年）竣工，正式开馆。遐园之名取《诗经·小雅·白驹》中“皎皎白驹，在彼深谷”之意。此

遐园

处临近昔日科举考场——贡院，建造者希望能在这里大兴学风，造就人才。为了以幽静的环境、秀丽的景色启发人们读书的情趣，罗正钧特派幕客姚鹏图仿照浙江宁波明侍郎范钦的“天一阁”设计了这组馆园结合的民族形式的建筑。

遐园，基本和天一阁布局相同。进门以假山作屏障，园内曲径虹桥，修竹翠柏，花木扶疏。浓荫下，隐露着参差错落的建筑。这些建筑是：读书堂（阅览室）、宏雅堂、海岳楼（书库）、明漪舫（儿童阅览室）、博艺堂（文物美术展览室）、汉画堂（储放汉画石刻）、罗泉堂（内展历代贝币）。楼堂以曲廊相连，前后凿以池塘，内植荷莲，蓄锦鱼，既可观赏又可防火。

遐园，风景优美，建筑别具一格，图籍文物丰富珍奇，所以颇负盛名。后由于多年战乱，遭到严重破坏。“五三”惨案时，日本侵略者炮轰济南，园内房屋残毁。抗战爆发后，韩复榘撤离济南时又放火焚烧了一部分。解放战争时期，遐园成为国军存放军火的仓库。此时的遐园已近消亡，文物也多遗失。

济南解放后，遐园于1965年从省图书馆中划出，归属市园林局管理，文物移交给市博物馆，并进行了较大程度地改建，把围墙、大门拆除改建成长廊，又增建凉亭，堆砌假山，遂成现状。其后又多次进行维修。

现在，遐园大门朝东，门外北侧，横一石碣，上刻篆书“遐园”二字，由罗正钧于清宣统元年（1909年）题写。大门匾额“遐园”为当代书法家金棨书写。门旁原有楹联“湖山如画，齐鲁好文”，后缺失。门两侧，长廊南北方向伸展。进门是假山，顺势延伸至院南侧。山石陡

峭，巨石嶙峋，有小路可登，上面有台，名“朝爽台”。台上有一四面亭，名“风亭”，又因亭基及四根柱子都是石质，所以又称“石亭”，登亭可观城南群山。假山北、西两面是池塘，水从湖中引来。西池内建“明漪舫”，曾为儿童阅览室。舫为长方形，四面出厦，红柱青瓦，玻璃隔扇。因湖内船舟不能驶进遐园，故特造船形室以象征。舫四周绕小溪，溪水北流，折向东，汇入湖中。沿溪西岸，建有半壁长廊，一直伸到庭院的北侧。长廊上镶嵌大型石刻，内容为诸葛亮的前后《出师表》。长廊北端跨溪架一拱桥，名曰“玉珮桥”。桥北是一方塘，内植垂柳、荷花。池塘往北是遐园北门。北门内立有《临唐李当涂小篆谦卦之碑》，是明朝天水书法家胡缵宗书写。临近北门处有原山东省图书馆藏书楼，建于1935年前后，楼名“奎虚书藏”，其意为“奎星主齐，虚星主鲁，以二星之分野，括齐鲁之疆域”。2008年大明湖扩建，省图迁往新馆，只保留此楼，其余建筑拆除作为绿地划归大明湖景区。北门内向东是阅览室，名曰“读书堂”，仿古建筑，坐北朝南。堂东又有一假山，山南有池，池边有一四面长方形小亭，1965年建，为游人休息场所。池北岸山石上刻有“涨渌汫”三字。山上有亭，名曰“浩然亭”，形为六角，红柱青瓦，登亭可观鹊华烟雨及明湖景色。

南门牌坊 位于大明湖南门内，为一民族形式的牌坊，1952年，由济南府学文庙迁此。原为木结构，1984年改为混凝土木结构，样式依旧，后历经多次维修。坊高8.38米，宽14.7米，比原坊增高0.52米，加宽1.2米。其结构为五间七彩重昂单檐，飞檐起脊，脊上和微翘的檐角上，各饰有吻兽。坊顶黄色琉璃瓦覆盖，檐下由云头斗拱承托，拱下额枋彩绘有“旭日云鹤”“金龙戏珠”“西番莲”等图案。匾额上书“大明湖”三个鎏金大字。6根立柱和12根斜柱支撑着三阶式错落的坊顶，柱础由石鼓夹抱。整个建筑金碧辉煌，宏伟壮观，被人们视作大明湖的标志。

牌坊西侧，立有清嘉庆十六年（1811年）“大明湖”石碑一通，为登州（今蓬莱）于书佃手笔。牌坊匾额“大明湖”三字，即依该碑字迹刻成。牌坊两侧，门房对称，歇山卷棚，上覆绿色琉璃筒瓦，玲珑典雅。房前架雕栏小石桥，桥下各有石砌小溪。珍珠、濯缨等清泉经此溪注入

南门牌坊

大明湖。坊内设码头，柳浪垂荫，画舫停泊，往来渡客。2009年大明湖扩建竣工后，南门属于免费开放区域，不再售票。

曲水亭 原位于百花洲南侧，小兴隆街西口，河东岸。昔日系济南棋社，棋林高手多于此品茗博弈。据考证，该亭建于明朝，为坐东面西的三间小房，房前房后，小溪弯弯，流水潺潺，垂杨依依，有木桥渡客。清代将亭改建在水中，三间瓦房，坐东朝西，沿用旧名。珍珠泉、王府池子等泉水流经房前，形成宽敞的河道。亭门上悬挂着郑板桥撰写的一副楹联“三椽茅屋，两道小桥；几株垂柳，一弯流水。”清代诗人王初桐在《济南竹枝词》描写这一带的景象：“曲水亭南录事家，朱门紧靠短桥斜。有人桥上湔裙坐，手际漂过片片花。”后来小房倾圮，亭主又在水中打桩重建，形为木制敞厅，三面轩窗，四壁挂满字画，四面回廊环绕，花格透窗，由远处望去，翠绿丛中，犹如盛开的一朵芙蓉。亭下流水，另设木桥，直达西岸。亭子内设有茶坐，可供游人休息品茗，还备有围棋、象棋，为棋迷们“手谈”提供方便。亭门楹联改为：“历下亭中坐怀古，鹊华桥畔静观棋。”民国时期，大明湖船家赵嘉麟主管曲水亭，当时曲水亭棋社远近闻名，不但济南棋界高手云集此地，国内外高手到济南也必先到曲水亭茶社以棋会友。为此，曲水亭棋社被载入20世纪30年代编写的《济南大观》。与郑板桥的楹联相对应，曲水亭大门还贴过这样的楹联“忙里偷闲，下盘棋去；闹中取静，泡碗茶来。”

历经沧桑，原亭舍早已荒废。2003年，选址曲水亭街北端，百花洲西岸，恢复重建。在2011年开工的百花洲片区改造工程中规划对其

再次重建。

枕湖楼 始建于清道光六年（1826年），位于大明湖南岸。《1927济南快览》载："为翟翊风及弟渐逵承其父修来居士之志而筑也。楼虽不高，然甚宏敞。下周有曲廊，达枕湖草堂之上。南望则层云叠嶂，若断若续。北望则湖水若镜，界以蒹葭，覆以菡萏，可极湖上之大观矣。"后消失不存。2008年，择址南门牌坊东南处重建。

老舍纪念馆 老舍，本名舒庆春，字舍予，北京满族正红旗人，中国现代著名小说家、文学家、戏剧家。20世纪30年代，老舍曾两次应齐鲁大学之邀到济南执教。第一次为民国19年（1930年）7月至民国23年（1934年）6月，就任齐鲁大学文学院教授和《齐大月刊》编辑等职。民国23年（1934年）8月，到设在青岛的国立山东大学任教。民国26年（1937年）8月13日至11月15日，再次回到济南齐鲁大学执教。两次在济南前后长达四年多，其间创作了长篇小说《大明湖》（焚毁于战火）、《猫城记》《离婚》《牛天赐传》，短篇小说《赶集》，散文《济南的冬天》《济南的春天》《趵突泉的欣赏》《大明湖之春》等。老舍在济南的住所，一共有四处，其中居住时间最长、保存最为完好的是南新街54号（今南新街58号），2006年被列入第三批山东省省级文物保护单位。

大明湖畔的老舍纪念馆，是2008年由原学院街12号辟建而成。建筑面积136平方米，二进院落，馆内以展板、视频影像等形式，图文并茂地展示了老舍在济南的生活和文学成就。其中，老舍笔下的大明湖是陈列展中的亮点。

明湖居 原位于鹊华桥南，百花洲西侧，是清末以来济南著名的曲艺演出场所，与鹊华居一同开设于清光绪十六年（1890年）。刘鹗《老残游记》第二回"历山山下古帝遗踪 明湖湖边美人绝调"，对明湖居内王小玉演唱梨花大鼓的情形作了极其生动而精彩的描述，明湖居从此名闻遐迩。

最初的明湖居是个大戏园子，前有戏台，台下能容纳一百多张桌子。民国初年已倒塌。解放后，1964年，为恢复济南的名胜景点，将大明湖南门以西、遐园以东、小溪南岸的一座旧有民居改建为明湖居，占地442平方米，独立院落，北厅五间，古式青砖瓦房，前后出厦，门前台阶为条石砌就，东西厢房及南厅各三间，皆青砖砌垒。20世纪90年代末，对此处进行改造，拆除建筑，成为绿地。2008年择址重建。现在的明湖居，位于大明湖南岸，牌坊以东，占地1800平方米，为二层仿古建筑，坐北朝南，四周以曲廊环绕，一楼北面为戏台，东西两层为包厢雅座，可同时容纳200余人听曲品茗、观看演出。

明湖居

七桥风月·鹊华桥 古时大明湖周围环绕着鹊华、百花、芙蓉、水西、湖西、北池、泺源共七座桥梁。七桥周围呈现小桥流水人家，青瓦绿树红花的景致，历史上称此景为"七桥风月"。后来，随着城市的拓展，七桥大多消失。2008年大明湖扩建，重建七桥，使这一历史景观得以再现。重建后的七桥中，因泺源桥在西门处，故以秋柳园附近的"秋柳桥"代之，其他六桥均为原名。七桥之外，还重建新建了北渚、南丰、梅溪、芦花、藕香、凝雪、竹韵、齐音等20余座景观桥。长虹短虹，拱桥平桥，各具形态，既融汇了江南风格，又保持了江北特色。

七桥中最著名的是鹊华桥。此桥原址在大

七桥风月

明湖南门牌坊以南，横架在大明湖和百花洲之间，始建于北宋，是济南著名的古桥。桥为单孔拱形，石质，因百花洲而得名“百花桥”。元代改称“鹊华桥”。清乾隆《历城县志》记载：“元易今名，遂以百花名其南桥”。原桥与道路同宽，高数丈，桥下可乘画舫由百花洲驶进大明湖。桥周景色秀丽，清代诗人董芸曾写《鹊华桥》诗赞美：“晓风残月垂杨岸，无数白莲花乱开。”正因如此，人们都愿在这里乘凉消夏。登桥远眺，但见北面的鹊、华二山如一对绿裳仙女遥遥对舞，田野阡陌交错，村郭炊烟缭绕，古人称此景观为“鹊华烟雨”。 这也是此桥改名鹊华桥的缘由。元时，曾任济南路总管府事的赵孟頫应好友周密（济南人）之约，绘制了绝世佳作《鹊华秋色》，成为中国传统画作的精品。清乾隆十三年（1748年）春，高宗弘历东巡途经济南，他登上鹊华桥，远眺“鹊华烟雨”有感，即兴题《鹊华桥》诗三首，其二是：“大明岂是银河畔，何事居然架鹊桥？秋月春风初较量，白榆应让柳千条。”诗成几日，皇后即病逝。乾隆便认为是这诗招来的不祥，从此济南成了他的伤心地。他曾悲情低吟：“大明湖岂是银河，鹊架桥成不再过。伏尔东风两行泪，为添北渚几分波。”清嘉庆二年（1797年），盐商捐资重修鹊华桥。解放前，因人力车通行不便，将其拆除，改为木质平桥。解放后，修建大明湖路时，改木质平桥为钢筋混凝土结构的平板桥，长3米，宽6米。2008年，大明湖扩建，恢复重建鹊华桥。重建后的鹊华桥，位于大明湖新区东部，原南北历山街南端，西临烟雨堂，东临鹊华居，桥体宏大，气势壮观，如长虹卧波。桥南立石质牌坊，坊上镌刻匾额，南向为“众泉汇流”，北向为“鹊华烟雨”。

二郎庙 位于大明湖扩建新区水街岸畔。历史上大明湖畔就建有二郎庙，有老济南人广为传唱的民谣为证：“东更道西更道，王府池子二郎庙。”二郎庙是人们为求得风调雨顺、保佑一方平安而建，建筑年代无考，后废圮。2008年大明湖扩建，对二郎庙进行恢复重建。重建后的二郎庙临水而居，内有传说中的二郎神、啸天犬及梅山六杰等塑像。

玉斌府 2009年在原东玉斌府街6号院的基础上修复改建而成。“玉斌”是“仪宾”的谐音，仪宾是清代宗室诸王女婿的称谓。据传，曾有陈姓仪宾世居于此，其所在街巷也以仪宾的谐音“玉斌”而命名。修复改建的“玉斌府”，建筑面积495平方米，是济南古城区石砌四合院中最大、建筑质量最好、砖石木雕最精美的院落。府内按旧时大户人家的生活起居布置。

秋柳园 位于大明湖南岸，与湖中历下亭相对，是清初王士祯读书之处。

王士祯（1634—1711），原名士禛（后因避雍正皇帝胤禛讳，改“禛”为“祯” ），字子真、贻上，号阮亭，别号渔洋山人，清代山东新城（今淄博桓台）人。出生于书香门第、官宦人家，累官至刑部尚书，是著名的清官廉吏。他从政之余勤于著述，一生著有三十六种五百六十多卷，有《带经堂集》《渔洋诗文集》等传世。他独创诗论“神韵”说，主盟诗坛半个世纪之久，被誉为“一代诗宗”“文坛领袖”，是我国文学史上著名的诗人、文学家。据乾隆《历城县志》记载，清顺治十四年（1657年），王士祯会诗友于大明湖水面亭（在历下亭南）。时值初秋，湖畔垂柳，叶始微黄，若有摇落之感，王士祯身置其中，浮想联翩，乃赋《秋柳》诗四章。此诗风格独特，句句写柳，却通篇不见一个“柳”字，震惊当时文坛，大江南北，和者甚众，风靡一时。于是人们把他在湖岸读书的地方称为“秋柳园”。后来，文人雅士在这里成立了“秋柳诗社”，并建馆舍多间，观柳赏荷，即兴赋诗，挥笔联句，步韵唱和，颇具盛名。清代文人朱照作诗记述：“数椽馆舍明湖侧，后辈人传秋柳章。”

秋柳园馆舍及水面亭早已毁圮。2008年于原址之上对其恢复重建，并辟建“秋柳含烟”景区。景区面积1.75万平方米，由天心水面亭、秋柳诗社、谭艺轩、信古斋、镜亭、瑶榭、秋柳人家等景点组成，是一组纪念性仿古园林建筑。景区内杨柳依依，山石叠落，小桥流水，亭台点缀，极富情趣。

重建后的秋柳园为一独立院落，大门上方悬“秋柳园”匾额，两边楹联“尚书天北斗，司寇鲁东家”，由清代文人钱名世撰，季羡林书丹。季羡林对济南怀有深厚的感情，得知修复秋柳园，以98岁高龄欣然题写了这副对联。

进入大门，两侧是碑廊，镶嵌王士祯诗十一

首和山东大学教授袁士硕撰写的《秋柳园记》。园内的主体建筑坐北朝南，二层仿古。一层大门上方悬匾额“清远堂”，两侧对联“天下文章莫大乎是，一时贤士皆从其游”由王士祯的弟子殷彦来撰，当代书法家魏启后书丹。二层檐下悬匾额“秋柳诗社”，两侧对联“切磋推敲历山下；交流唱和秋柳园”，皆由当代书法家欧阳中石书写。进入一楼大门，迎面立有王士祯像，两侧悬其联：“名须后世称方好；书至今生读已迟。”室内陈列仿古家具，东墙为木刻《秋柳四章》，由欧阳中石书。一、二楼夹层是王士祯的《手镜录》，二楼辟有秋柳诗社，为文人活动场所。诗社内西墙是王士祯的《泛明湖记》，东墙悬《王渔洋会友》图。

园内西侧有两组建筑，连接碑廊。一组名曰“潭艺轩”，一组名曰“信古斋”。园东侧建有“镜亭”和“瑶榭”。再往东是假山，山上有“空翠亭”，假山东侧是秋柳人家和柳茗居。秋柳人家按旧式药铺设计布展，柳茗居内展示茶文化。

秋柳园后面是临水建筑天心水面亭。该亭始建于元代，由大学士李泂所建。亭名取自宋代邵雍诗句“月到天心处，风来水面时”。李泂（1274—1332年），字溉之，山东滕州人，生而颖悟，文思俊逸，授翰林国史院编修官。清乾隆《历城县志》载：“臣泂之居，在大明湖上。壅土水中而为亭。可以周揽其胜，名之曰‘天心水面亭’。”后亭废圮。2008年大明湖扩建工程予以重建。

湖心亭　坐落于湖心岛上。早在宋代，湖心岛上就有亭，名曰“环波亭”，曾巩、苏辙均有诗咏。后亭毁。1990年9月在岛上新建一亭，采用钢筋混凝土结构，为传统的重檐方亭。亭子由16根朱红色圆柱支撑，飞檐出厦，黑瓦铺顶，脊饰走兽，点金彩绘。亭高11.6米，边长近10米，面积约90平方米，是当时济南市内最大的方亭。游客可弃舟登岛，在亭中赏景休憩。

亭内立一石碑，上刻唐宋八大家之一苏辙的《环波亭》诗：“南山迤逦入南塘，北渚岧峣枕北墙。过尽绿荷桥断处，忽逢朱槛水中央。凫鸥聚散湖光净，鱼鲨浮沉瓦影凉。清境不知三伏热，病身唯要一藤床。”

超然楼　位于大明湖新区，鹊华桥北。历史上大明湖畔曾建有超然楼，位置在水面亭后，为元代李泂所建。明代诗人杨衍嗣赋《超然楼》诗赞曰：“近水亭台草木欣，朱楼百尺汇波濆；窗含东海蓬瀛雨，槛俯南山岱岳云。柳色荷香尊外度，菱歌渔唱座中闻；七桥烟月谁收却，散入明湖已十分。”楼毁于明崇祯十二年（1639年）清军攻打济南之难。清乾隆年间，诗人任弘远在游览大明湖时，曾寻访超然楼。此时这里已成瓦砾，故而作诗感叹道：“超然楼记在明湖，学士风流近有无。还是窗前红菡萏，依然槛外绿菰蒲。空闻鱼鸟归诗卷，不见龙蛇舞醉图。此日重寻成瓦砾，岧峣北望一峰孤。”

2009年，遵其旧制，择今址重建。重建后的超然楼为一钢筋混凝土仿木结构楼阁式建筑，坐落在宽大的花岗岩台基上，建筑面积5673平方米，楼高51.7米，上下共七层，有电梯直达楼顶，为明湖第一楼。济南泉水名胜、城市园林文化博展汇集于楼内。登楼远眺，大明湖及泉城景色尽收眼底。

超然楼

小淇园　位于大明湖东南岸边，系明代赵司农（赵世卿）所建，取《诗经•卫风》中“瞻彼淇奥，绿竹猗猗”之意而命名。赵世卿（？—1618年），字象贤，历城（今属山东济南市）人，明代政治家，官至户部尚书，并一度兼任礼部尚书。他立身正直，但因朝廷政治腐败，党派林立，自感国事日非，回天无力，遂辞官归乡，在此建成此园。明末刘敕在《历乘》中记载了当时小淇园的情形：明湖之干，园名“小淇”。昔大司农赵公以忤江陵削藉，乃种竹湖上，吟啸自怡……名花错绣，榆柳夹集，景趣幽绝，且截木为舟，采石为山，一觞一咏，可登可临，故贵人豪客多游览于斯，遂称湖干之胜概云。历城十六景之一的“竹港清风”景观即指此处。除刘敕《历乘》所载之外，清乾隆《历城县志》还及：（小淇园）内有问水亭、冷香亭等建筑。因园景佳丽，文人雅士云集于此，或抚琴博弈、吟诗作画，或饱览湖上风光，小淇园一时名扬历下，成为济南著名园林景观。后随历史变迁，岁月沧桑，这一名胜泯然无存。2008年大明湖扩建中，此景得以恢复。

水香亭 始建于宋代，位于历下亭旁，曾巩曾作《水香亭》诗。后亭废。2008年大明湖扩建工程中择址恢复重建。重建后的水香亭位于大明湖东岸、扩建新区，为一景观亭，四角单檐，亭柱悬挂两副对联：“开池纳天影，种竹引秋声”；“边柳涉新绿，田园散微和”。亭四周环水，芳草如茵，环境清幽，是市民休闲、观光、小憩的佳处。

司家码头 位于大明湖南岸，南门东。司家码头是历史上有名的行船码头。清乾隆帝游大明湖时，就是从这里登船。清光绪十五年（1889年）绘制的《省城街巷全图》即有司家码头以及与司家码头之名有关的司家庄。2008年大明湖扩建工程，恢复重建司家码头，并立石为记。重建后的司家码头临湖一带建有长廊，长廊大门上悬匾额“鱼鸟沉浮”，集字于清山东提督学政阮元。两旁廊柱上为清代书法家、篆刻家邓石如书王钟霖诗句“北渚横苍色，南山印翠痕”。面湖处大门匾额“水木明瑟”为当代画家吴泽浩书，对联是宋代黄庚的诗句“竹净堪居鹤，荷香欲醉鱼”，为清代篆刻家、“西泠八家”之一的陈鸿寿书。

司家码头

灰山亭 位于大明湖南岸，水街南侧，2008年建成，因灰山而名。灰山是济南历史上有名的“三山不见”山之一。“三山不见”山之另两山是历山、铁牛山。“三山”从远处是看不见的，只有到了近前，才能看到平地突起一块大石头，古名“三山不见”。传说，济南的中心曾是渤海的海眼，几千年前常有海水喷涌而出，霎时就能将济南淹成一片汪洋，人们深受其害。后来，大舜看出济南地势南高北低，反了风水，遂派人推演，并以三山镇之，方才化祸水为甘泉。这三座小“山”分别位于老城区的原历山顶街、门里街和汇泉寺街。其中，历山早已被压埋在房屋下面；铁牛山被挪移到府学文庙中；灰山于2008年从深藏于原汇泉寺街46号院内东屋西南墙角下移至灰山亭侧，靠岸边的浅水中，隐约露出水面，供游人观赏。灰山亭为六角重檐石亭，石质为山东莱州灰麻岩。亭高8.9米，由6根石方柱支撑，两层檐之间，南、北向各悬匾额一方，一为楷书，一为隶书。亭侧石岩上镌荣斌撰文的《灰山亭记》石刻。

三、植物配置

历史上，大明湖一湖荷花，夹岸垂柳，形成独特的自然景观。解放初期，湖内仍分布着以荷花为主的水生植物38.7万平方米，湖岸、湖心岛、历下亭等处植有少量垂柳。1955年建园时，铲除田埂，以石砌岸，建成水面46万平方米的湖体，并在湖岸补植了柳树。20世纪60年代初，公园进行规划改建，并调整绿化布局，沿湖采用枝条柔和的垂柳为主，点植树姿不同的法桐、白蜡、国槐等，丰富湖岸景色，与湖中荷花相映衬，构成红荷绿柳的特色。在绿化布局上，以自然式为主，局部采取规整式造型和孤植、丛植、群植等多种手法，体现个性美与群体美的统一。1989年，公园内共有以柳树为基调树种的乔、灌木44科113种12627株，花坛、花境500多平方米以及草坪、竹林、绿篱等，绿化覆盖率77%。20世纪90年代起，公园陆续对铁公祠、藕神祠、西南门、“过山车”场地等处进行绿化改造。2004—2009年，景区进行史上最大规模的扩建工程，保留柳树、国槐、白蜡、椿树、毛白杨、榆树、泡桐、法桐等原有树木400多株；新植乔木8277株，栽植灌木12万株，种植芦苇、蒲草、荷花、千屈菜等水生植物20多种。扩建新区的植物布局充分体现植物与地形、水体、山石、庭院的组合配置关系，利用色叶植物、开花植物、地被植物、水生植物等丰富的植物景观，增强沿湖植物的观赏性。至2011年，景区存有乔木13790株，灌木210余万株，绿地面积25.46万平方米，绿化覆盖率约为80%。

大明湖景区绿化植物配置坚持因地制宜、以环境选择植物种类的原则，形成不同的植物景观。

北部山丘地带，以常绿乔木为骨干，形成绿色“屏风”，配以落叶乔木，山色苍翠，秀丽多姿；湖北岸1.4万多平方米的草坪周围，以五角枫、黄栌、火炬树等色叶树种作背景，外缘以常绿灌木、落叶灌木相围绕，体现出个性和季相变化；南丰祠种植桧柏、水杉、竹、国槐等，庄严肃穆；花卉展室东北有刺槐林，开花季节，白花满冠，清香醉人；明湖楼东侧的雪松林，面积3000多平方米，树冠呈塔形，挺拔苍翠，阵风吹过，松涛起伏，蔚为壮观；明湖楼西侧土山上，植有桧柏、千头柏、火炬树、黄栌、五角枫等混交林，形成“北山秋色”景观，深秋季节，绿的碧绿，红的火红，颇具山林野趣；铁公祠内，植有松、竹、梅，体现追香寻梅的意境；沧浪亭三面荷池环绕，夏日，柳荫覆盖湖岸，满池荷花飘香，微风摇曳，红绿相间，“沧浪荷香”，景色绝佳；铁公祠西侧疏林草地，利用原地形及雪松作背景，植水杉、侧柏、银杏、白玉兰、白杨、桧柏、水杉、淡竹、南天竹、腊梅等，环境氛围清雅幽静；铁公祠北侧的“天香园”，1993年10月1日建成开放，占地1500平方米，分仿竹园、 仿木园及园林小品三个景区。建成初期，是济南著名的兰花养植、展览场所，后主要展出盆景。园内有株紫藤，树龄逾百年，春天开花时节，串串紫色花絮挂满枝头，花香四溢，引得蜂飞蝶舞。

西岸龙泉池周围，植有黑松、雪松、白皮松、圆柏，四季常青；池畔石峰配植榆叶梅、丁香、连翘、海棠、百日红、珍珠梅等，三季有花，或聚或散，取其自然，与山石巧妙组合，流水潺潺，野趣盎然；南岸稼轩祠正厅两侧，冬青环绕，形成长方形绿地，南北两端，各对植两株银杏和白皮松，配置月季，姿秀而古雅；遐园内既有参天的白杨、法桐等高大树种，又植有迎春、山杏、丁香、紫荆、连翘、郁李等春花植物，构成春花满园的景色；秋柳园植杨柳近百株，配植松柏、大叶女贞、银杏、南天竹等秋色树种，枝繁叶茂，环境幽静，蝉鸣高树，其声悠远，“秋柳鸣蝉”“秋柳含烟”景观别有情趣。

散布湖中的历下亭、汇泉堂、湖心亭、小南岛、北洋洲、翠柳屏6个总面积1万多平方米的岛屿，遍植杨、柳、桐、槐、云杉、冬青、海棠、石榴等，岛内花坛种花植草，形成杨柳起舞、群花争艳、芳草如茵、四季青翠的植物群落。

四、经营服务

（一）游乐

游艇划船 建园前，湖内有百余只人工撑船。建园后不断更新，数量不断增加。1961年，有大游船55只，小划船100多只。到20世纪80年代末，有各种游艇、划船500多只。20世纪90年代后又有所发展，到2011年有画舫船、豪华游艇（船上可就餐）、小划船（电瓶船、休闲脚踏船）、快艇等游船157只。

游乐场 位于大明湖西岸，占地面积1.245万平方米。自建成以来，场内先后设有登月火箭、喷气式飞机、碰碰车、电瓶车、摩天轮、“海盗船”、五爪章鱼、海底世界、穿梭机、过山车、海狮海豹馆等十余项大型游乐观赏设施。另外，还有小猴爬杆、健身车、转椅、滑梯、跷板、转马等10余种小型游艺设施。2013年对游乐场进行改造，当年8月，场内保留过山车，重建海底世界，新建太空飞人、转马、五D影院、自控飞人、步步惊魂、海盗船、儿童爬山车、小火车、大摆锤、狂呼、遨游太空、飓风飞椅等游乐项目13种。摩天轮位于大明湖西北隅，由铁道部济南机车工厂设计制造安装，1986年国庆节落成。总高45米，设有24个观览箱，每箱可乘4人，7分钟转一周。2007年，迁建于新植物园。

电瓶游览车 2005年始设。

（二）餐饮

明湖楼饭店 位于大明湖北门，建于1983年，面积3092平方米。楼上下两层，一层设东、西两个餐厅，二层设有接待室和小餐厅，能容纳

350多人同时进餐，是公园内规模最大的饭店。内设养鱼池，供游客挑选食用。特色菜品：糖醋鲤鱼、水晶藕、冰糖莲子、全鱼宴、蒲菜水饺等。现名四季明湖酒店，除经营传统菜品外，还经营萝卜丝炒虾皮、明湖荷叶尖、炝拌明湖脆藕等特色菜肴。

绿景公馆大酒店（闻韶驿） 位于大明湖东门东邻，2009年建，面积4510.52平方米，经营红烧乳鸽、明湖藕合、干炸小黄花等特色菜品。

君顶华悦俱乐部（枕湖楼） 位于大明湖南门牌坊东南，2009年建，面积2545.76平方米，经营爆炒腰花、茶树菇松板肉、酸辣土豆丝等特色菜品。

鹊华居 位于大明湖新区东南角，2009年建，面积2784.38平方米，经营老济南炸五花肉、川渝毛血旺、辣炒花蛤等特色菜品。

润泽缘（柳荫舍） 位于大明湖新区，2009年建，面积1669.23平方米，经营川香豆腐、胶东炸面鱼、水煮鱼片等特色菜品。

荷香村饭店 设在铁公祠院内北侧的"湖山一览"楼。1965年开业，营业面积525.78平方米，1987年改称荷香村饭店，门额"荷香村"木匾由肖龙士题书。饭店经营啤酒拼盘、各种炒菜、风味名吃、锅贴面点、米饭蒸包等，可接待150多人就餐。后来增加的炸荷花瓣很受游客青睐。现已关门停业。

东湖酒家 位于东门南侧，原是园林基建队待业青年饭店，后移交大明湖公园，1988年4月重新开业，面积268.05平方米，可供100多人用餐。主要经营普通菜肴、水饺、面条、蒸包、啤酒等。后随所在街道拆迁改造而停业。

湖西餐厅 位于公园西南门西侧，坐北朝南，占地面积440.83平方米。其前身是1982年设立的待业青年饭店，1986年进行了修建，1987年10月重新开业经营。餐厅经营普通菜肴、各种面食、啤酒拼盘，兼营烟、酒、糖、茶、糕点、冷饮等。20世纪90年代末拆除。

与谁同坐轩 原名湖西茶社，位于大明湖西岸， 1965年建，面积142.43平方米，经营烟、酒、糖、茶、饮料、食品、明湖小吃等。

清酌客 原名摩天轮茶社，位于大明湖西岸，面积45平方米，经营饮料、食品、烟酒糖茶、明湖小吃等。

纷樱轩 原名控制室茶设，位于大明湖北岸，面积80平方米，经营饮料、食品、烟酒糖茶、明湖小吃等。

雅吟居 原名铁公祠茶设，位于铁公祠院外东临，面积45平方米，经营 饮料、食品、烟酒糖茶、明湖小吃等。

问山居 原名北极庙茶社，位于北极庙南，面积82平方米，经营饮料、食品、烟酒糖茶、明湖小吃等。

历下亭茶社 位于大明湖历下亭岛上，面积104平方米，经营茶水、字画、明湖小吃等。

四面亭茶社 位于铁公祠院内，面积55平方米，经营旅游纪念品、工艺品、书画、明湖小吃等。

秋柳苑茶社 位于大明湖新区，面积60平方米，经营旅游纪念品、工艺品、茶水、明湖小吃等。

（三）摄影

海底世界照相点 位于大明湖北岸，面积9平方米，经营摄影、照相器材销售、相关道具的出租等业务。

铁公祠照相点 位于铁公祠院外以东，面积6.5平方米，经营摄影、照相器材销售、相关道具的出租等业务。

另外在北极阁、汇波楼、南门牌坊、历下亭等景点设有流动摄影摊点。

（四） 其他服务及设施

西南门工艺品店 位于大明湖西南门两耳房，面积66平方米，销售工艺品及旅游纪念品。

铁公祠工艺店 位于大明湖北岸铁公祠院内，面积86平方米，销售工艺品及旅游纪念品。

（五）门票

大明湖公园于1957年5月售票游园。初始门票为0.03元，后调为0.2元，1991年调整至3元，1997年调至6元，1999年调为10元，2000年为15元，2006年调整到30元。

第二节 千佛山风景名胜区

千佛山位于济南城区南部，东接佛慧山，西连马鞍山（会仙山），海拔285米，是济南三大名胜之一。

千佛山，汉代以前称历山，北魏时又称舜

千佛山风景名胜区平面图（2011年）

耕山、舜山。相传，公元前22世纪，舜帝耕种于此，并建舍居住，迄今，此地尚留有“象耕鸟耘”的故事。晋朝，佛家逐渐渗入，改称千佛山，沿用至今。千佛山之名的由来有两种说法：一说是东晋时期，佛教传入济南，当地百姓每年都要在这里举行一种名为“迁祓”的仪式，以祓除不祥，除恶求福。因“迁祓”与“千佛”谐音，久而久之，人们就将“迁祓”转音为“千佛”了，山即名千佛山了。另一说是：千佛山之名始于隋朝。隋开国皇帝杨坚生母系济南民女吕苦桃，杨坚出生后，寄居一寺院中，由僧尼抚养成人。杨坚称帝后，崇尚佛教，为纪念其母，便于济南大兴佛事，于是开皇年间，沙门信徒即在历山，依山势凿窟，镌佛像多尊，并建“千佛寺”，至此，历山便称为千佛山。

千佛山自然景观壮美，山势东西横列，奇伟深秀，树多林密，草绿花香。从远处望去，犹如一架巨大锦屏，四季风光各异：冬天松柏青翠吐绿，春天百花烂漫，夏天浓荫遮日，秋天黄菊、红叶满山遍野，“佛山赏菊”被列为济南著名的八景之一。

千佛山人文景观丰富，古有舜祠，隋朝时建造了千佛寺、千佛崖佛像群；唐朝贞观年间，重新修葺千佛寺，并改称“兴国禅寺”；明朝又重建寺院，清朝更加扩大，千佛山遂成为香火胜地。另外还散落着唐槐亭、鲁班祠、“齐烟九点”坊以及“云径禅关”坊、文昌阁等名胜古迹。自元代始，每年九月九日重阳节都举办庙会，前来赶会的游客络绎不绝。

1959年千佛山辟建为公园，建成面积50万平方米。1981年，济南市人民政府把附近北魏时期的黄石崖石窟造像、佛慧山的唐朝开元寺、千佛山东麓的辛亥革命烈士陵园划归千佛山公园。1995年，被山东省人民政府公布为省级风景名胜区。1996年，市政府印发《关于千佛山公园用地范围的通知》，通知千佛山公园范围是：北至经十一路；东至千佛山东路西侧羊头峪村居民用房以西，省地震台用地边界以外，并沿千佛山东路至羊头峪水库坝址北端；南边界为千佛山山脊；西至济南市博物馆、市广播电视局宿舍、市国家安全局诸单位征地之东边界。1998年，济南市人民政府办公厅再次印发《关于千佛山公园用地范围的通知》，对千佛山的用地范围作了调整：东、西、北三面边界保持不变，南边界向南扩延至千佛山南坡沿旅游路北侧。2000年对公园中的千佛山村实行搬迁，共迁移住户117户，结束了公园有村的历史。经过几次边界变动和千佛山村搬迁，公园面积达到166万平方米，成为济南市区最大的公园。2005年被评为国家4A级旅游景区。

一、景观建筑

兴国禅寺　位于千佛山山腰，南依峭壁，北面泉城，面积约1.93万平方米。寺院创建于隋开皇年间，因在石崖上造佛像多尊，时称“千佛寺”。唐贞观年间，经扩建，改称为“兴国禅寺”。后遭兵火破坏，殿堂尽毁。明成化四年（1468年），济南德王府内官苏贤，到千佛山游览，看到当时的情景，不胜感叹，遂捐资建佛殿，盖僧房，塑金身，成化七年全部完工。据当时的石志载，殿堂内原塑有释迦佛一尊、地藏王菩萨一尊，还有十八罗汉、四大天王。从清嘉庆至咸丰年间又分别增添了观音堂、佛爷殿、千手佛，均毁于“文化大革命”中。现有佛殿、僧房等建筑多为明成化年间所建。解放后，1957年、1972年、1979年多次加以维修。

兴国禅寺内景

今兴国禅寺，大门朝西，上额嵌中国佛教协会原主席、书法家赵朴初题写的“兴国禅寺”石刻，门两侧石刻对联“暮鼓晨钟惊醒世间名利客，经声佛号唤回苦海梦迷人”，为清末秀才杨兆庆书丹。院西进门两侧钟鼓二楼矗立。北侧架长廊，壁嵌董必武、郭沫若、赵朴初游千佛山诗刻题记。寺院内有大雄宝殿、玉佛殿、菩萨殿等殿宇。大雄宝殿在寺内东侧，坐东朝西，雄伟壮观。殿内正中莲花宝座上，供奉着佛祖释迦牟尼塑像，两侧菩萨、罗汉侍立，南北侧分别塑：普贤、文殊菩萨和阿难、迦叶等十大弟子。释迦牟尼塑像背后，南无观世音菩萨塑像面东站立，左右侍童子。玉佛殿在大雄宝殿北侧，坐北朝南，殿中央佛龛内供释迦如来坐像，白玉石质，由泰国请来。玉佛西侧佛龛内供奉地藏王菩萨。菩萨殿在大雄宝殿南侧，坐南朝北，中央佛龛内供观世音菩萨，东西两侧分别为地藏菩萨、千手观音菩萨。寺院南侧千佛崖危立，崖上有隋开皇七年至开皇十五年（587—595年）所镌刻的佛像，共9窟130余尊。沿石崖由西向东，依次有龙泉洞、极乐洞、黔娄洞、洞天福地坊、对华亭、吕祖洞等古迹。

龙泉洞位于兴国禅寺西门内南侧，在高耸的石壁下。壁上翠柏挺拔如盖，老榆枝柯交葛，山风吹来，呼啸作响，如龙吼，故名。洞口上方石壁篆书“龙泉洞”三字，为济南当代书法家任晓麓题书，笔势遒劲，潇洒俊秀。洞内东侧与极乐洞相通。南侧石壁凿有多尊佛像，其中一尊弥勒像，为刘景茂于隋开皇七年（587年）正月造，是千佛山年代最早的造像。佛像下面小门内有一深潭，称“龙泉”，水清见底。洞内穹窿石壁早先悬有钟乳，后经开掘，形成如今半人工半天然的长方形式。

极乐洞是千佛崖9窟中的主窟，有大、小佛像87尊。中间一尊为阿弥陀佛，盘膝禅坐，高3米，身后饰佛光，法相端庄。左右为大势至与观世音菩萨，侍立，高近3米。洞内曾嵌清代著名诗人施闰章的碑记。“文化大革命”中，佛像、碑记惨遭破坏。1979年3月，市政府拨专款，组织专业人员按原样进行了修复。

黔娄洞在极乐洞东侧岩壁上。相传周代黔娄子曾居住于此，故名。岩壁上端，松柏垂荫，山花烂漫。雨后，洞周壁上，苔衣墨绿，蜗牛布阵，蝉蜕点点，犹如一幅淡雅的水墨画。洞深10余米，三折之后呈长方形，为人工开凿，类似居室，高2米，面积20平方米。洞内温湿，水珠下滴，击石有声，使洞穴越发显得清幽。清嘉庆年间，洞内尚有黔娄子的坐像，白须方巾，文士打扮，后毁。洞口上端，有石刻一方，大字为“黔娄洞”，小字记载了黔娄子的身世。黔娄子，为周代齐国人，修身清节，不事王侯，隐居在这里，凿石为洞，终身不下山，著书四篇，名《黔娄子》（已失传）。

“洞天福地”石坊在黔娄洞的东侧，横跨于对华亭西门石级上，坊建于清乾隆五十七年（1792年），坊上匾额 “洞天福地”为山东巡抚江兰所书。石坊虽不算大，但雕刻却很有特点，具有较高的艺术价值。石坊通体用青石仿木结构雕砌而成，形成二柱一楼式，飞檐起脊。石脊两侧，饰有花纹，两端雕有正吻，刀法纯熟，线条流畅，颇有韵致。檐上雕有瓦垅，檐下云头斗拱承托，拱下额枋分别刻有流云饰纹和二龙戏珠、狮子滚绣球等浮雕。两柱下石鼓浑厚，古朴典雅。坊的南侧，为悬崖峭壁，葱郁的树丛中，隐有石佛一窟。坊北侧有古椿树垂荫，将石坊衬托得更富情趣。

对华亭在兴国禅寺东南隅小独院内。该院坐落于峭壁之下10余米高的平台上，院门悬木刻匾额“对华亭”三字，集于赵孟頫书帖。对华亭始建于明代，位于小院北侧，因遥对“华不注”山而得名。昔日此处为僧人面壁诵经、修心养性之处。院内有藏经楼，二层，朱红柱，橙黄瓦，双檐起脊，雕梁画栋，蔚为大观，系1995年改建而成。

吕祖洞在兴国禅寺院内南侧悬崖下，上嵌“吕祖洞”石刻匾额。洞内原有吕洞宾石像。洞外石壁间，有记载吕祖的道教传说、重修千佛山庙记等清朝石刻四方。洞穴上端，柏树榆树长势奇特，其根暴露在外面如龙爪，匍匐于地上似蛇形，其干挺拔多姿。这里景色尤以秋日最美，山菊开着黄花，藤蔓丹叶如霞。因境界清幽，被明朝人称作“石洞绝尘”，为古时历下十六景之一。

历山院　在兴国禅寺东，是一座长方形的院落，占地面积3000平方米，与兴国禅寺相距仅20余米。因远古时代的虞舜曾在历山之下开荒种田，故命名为“历山院”。据史料记载。明成化四年（1468年），济南德王府内官苏贤，欲成“善果”，捐资修建了三清殿和真武楼，祀元始天尊、武德天尊、太上老君和玉皇大帝、紫微大帝等道教信奉的祖师。就连舜也被道教尊奉为天、地、水三神中的地神（天神为尧，水神为禹），立祠祀奠。清康熙三十三年（1694年），在此处建文昌阁，除供文昌帝君外，文人们又把儒家的创始者孔子供奉在文昌阁内。清代还曾建有观音堂，奉祀观音菩萨。历山院成为儒、道、佛三家同居一处之所。1999年对历山院进行改造，2000年10月工程竣工。2009年又对历山院实施改造提升工程。改造提升后的历山院以舜文化为主题，由鲁班祠、舜祠、《舜典》石刻、圣裔祠、三圣殿、一览亭、东门、西门组成完整院落。院门门额题“历山”二字，集自清代书法家曾熙书帖。门内南山墙上，嵌清乾隆六十年（1795年）《历山铭》石刻，由著名学者、时任山东学政的阮元撰文，书法家桂馥隶书。整个院落，殿宇错落，红墙青瓦，古色古香。院内，青藤摇曳，松柏储润，银杏舒秀，绿荫垂地。

历山院

鲁班祠位于历山院东南隅，相传建于宋元，清咸丰间重修。原祠中，塑鲁班像，像侧置锛、锯等木工工具，墙上是鲁班传说绘画。后祠毁。新中国成立后复建。1981年重塑鲁班像。像为坐式，身着布衣，头挽抓髻，须髯垂胸，俨然智慧之化身。像两侧，侍童子，一童捧墨斗，一童托书卷。像雕刻精美，罩以神龛，挂帷幔，前置香案，供游人拜奉之需。鲁班，姓公输，名班，春秋鲁国之工匠，历代木瓦工均尊其为祖师。其事迹，散见于《礼记》《孟子》《战国策》诸书籍。

舜祠（舜帝庙）位于历山院中部南侧10米高的台子上，为历山院的主建筑。该祠建造年代很早，北魏郦道元《水经注》记载：历城“城南对山，山上有舜祠”，可见，当时祠已存在。又因舜帝目重瞳子，又名“重华宫”。祠内原有塑像，据清嘉庆九年黄钺《游历山记》载，舜像为三十余岁年纪，衮冕执圭，像左右是二妃娥皇女英，珠冠蟒服。后塑像废，又经屡次修葺，祠庙亦非原貌。现在的舜祠是1979—1981年重修后的建筑，面积251平方米，坐南朝北，仿古式，钢筋混凝土结构，七楹出厦，白粉墙，棕红柱，庑殿顶，黄琉璃瓦。檐椽、额枋、斗拱，皆饰彩绘，正脊饰之以螭吻，翼角饰仙人，复饰套兽：

龙、凤、狮、天马、海马、斗牛。殿内供塑像，为1983年按原样重塑：舜帝端坐，着章服，冠冕旒，执镇圭；左右配祀二妃娥皇、女英，两侧列八家臣。祠内东、西、南三面墙上，绘以舜帝生平业绩的彩色壁画。

《舜典》镌刻于舜祠下石壁上，2009年9月完成，长近30米，宽近6米。石刻所书内容为《尚书·舜典》，全文800字，是古籍中关于大舜的最早文字记载。端首“舜典”2字由山东大学教授蒋维崧题写，正文由其弟子刘绍刚以金文书法写成。

舜典

三圣殿位于舜祠西侧，为舜祠的配殿。占地187平方米，坐南北向，五楹出厦，白粉墙，棕红柱，歇山顶，绿瓦覆其上。椽、檩、额枋、斗拱皆饰以彩绘。正脊饰螭吻，翼角饰仙人，复有吉祥兽：龙、凤、狮、天马。台基、台阶皆以青石砌之。殿前地面，铺方形青石板。东、西、北面，围之以青石栏。殿内，塑尧、舜、禹三圣坐像。三圣两侧，侍四大臣，分别是皋陶、契、后稷、伯夷。殿内四壁，绘以“大禹治水”“禹受封赏”“益驯鸟兽”“后稷耕作”等彩色画图。

圣裔祠又称帝舜圣裔宗祠，占地187平方米，位于舜祠东侧，坐南北向，与三圣殿相对称，内供帝舜后裔神主。帝舜后裔有30多个姓氏，祠内共有25个，即一祖二姓二十三氏。一祖为皇始祖圣帝大舜神主；二姓为姚姓宗长汉朝博士姚平神主、妫姓宗长吴国大都督妫览神主。神主均为木制牌位，分置于殿内四周神龛及供桌上。神主之后壁，绘以单色线描画图。正面西侧为“孝亲承欢”：舜与父瞽叟、后母季好、二妃及弟、妹宴欢之状；“虞廷赓歌”：帝舜与大臣禹、龙、益、夔、契、皋陶、伯夷等于廷对语之状。东西壁分别为“命禹治水”“五世其昌”“躬耕历山”等画面。

一览亭位于舜祠北侧，原为古典式的高大殿宇，供游人览景小憩。由于这里地势颇高，北面又极其开阔，是凭栏远眺的最佳去处。历代文人雅士多有来此观景者，并留下诗篇。清乾隆十三年（1748年）春，高宗弘历曾到历山观景远眺，并咏《千佛山极目有作》诗：“……开窗纳烟霞，俯栏睇锦绣。泰麓巢云处，延赏既已富。探奇复得此，坐久消清昼。因悟境无穷，骋怀难尽副。”历经沧桑，殿宇倾圮，1979年于此处修建“一览亭”。亭为四面长亭，飞檐起脊，宽敞明亮。北面基部探出崖外，两侧各有曲廊延伸，西接历山门，东连四面亭。亭廊皆悬空中，犹如鲲鹏展翅，翱翔云海。亭南，有六朝古柏，苍劲挺拔，老态龙钟，桠杈歧出，舒于脊端，并有五叶地锦攀缘其上，绿意甚浓。2008年，对一览亭进行改建，改建后的一览亭共3层，地下1层，地上2层，总建筑面积320平方米，为歇山重檐式仿古建筑，外设观景台，游客可凭栏远眺泉城美景。

东山门，面积42平方米，坐东向西，仿古式，歇山坡顶，混凝土结构，黑色铜板瓦屋面，青石券门，正脊饰以螭吻，戗脊安以戗兽，翼角饰以仙人，复有吉祥兽：龙、凤、狮。墙面涂以红色。椽、檩、额枋，皆饰以彩绘，南北两侧与工作室连为一体。

西山门，面积30平方米，坐西向东，仿古式，硬山坡顶，混凝土结构，黑色铜板瓦屋面，青石券门，正脊饰以螭吻，垂脊饰以垂兽，墙面涂以红色。椽、檩、额枋，皆饰以彩绘，北接东西长廊，南接波浪式围墙。

佛慧山·开元寺 佛慧山，在千佛山东南。因山上雕有巨佛，古时又称大佛山。明万历年间，济南知府平康裕在山上建巨大石柱，像橛子，俗称为“橛山”。又因似笔形，故雅称“文笔峰”或“文壁峰”。古人迷信风水，认为济南城地势低洼，地下多水，像一条船，如果不把它牢牢系住，将来便会被水漂走，所以在此山上立了巨柱，作为系“船”的石桩，把济南城这条“船”系牢。济南解放前，国民党守军在此修筑防御工事将石柱拆除。该山海拔460米，山势峭拔，巨石危立，涧谷萦回。秋日，满山丹树黄花，重阳节期间，历代文人常于此登高赏菊吟眺，此景被称作“佛山赏菊”，为旧时济南八景之一。

山峰北侧石壁上，有一巨大佛龛，高约9米，1924年落成，由僧人道然募捐修建。佛龛中间券拱门，额书“大雄宝殿”四字，为清末御史、济南书法家张英麟手笔。龛内正面，有石佛一尊，像高7.8米，宽4米，北宋景祐三年（1036年）凿竣（一说唐天宝年间凿造），因仅刻胸肩以上，俗称“大佛头”。佛龛外东侧石壁上，有方形密檐浮雕塔两座，亦为北宋景祐三年镌刻，体态玲珑，风格典雅。佛像西侧石壁，刻有明万历三十五年（1607年）三月重修题记。东壁勒“大慈大悲”四个大字，为明人题书。佛龛向上，可达山巅，于上观景极佳。鳞次栉比的城市楼宇，透澈如镜的明湖，九曲蜿蜒的黄河，“齐烟九点”的秀姿，尽收眼底。

佛慧山峰下深涧内，为开元寺遗址。该寺历史悠久。据《续修历城县志·金石三》载，寺址石壁上遗有“大隋皇帝”字样的残字。可知，隋朝时期佛家便涉足于此。唐代开元年间（713—741年），又建“佛慧寺”。北宋景祐年间重修。明初，济南城内开元寺被官府占用，僧众徙并于此寺，佛慧寺遂改称“开元寺”。寺三面环山，松柏笼罩，藤萝垂蔓，异常清幽。该寺院内原有正殿5间，东西配殿各2间，宋代丁香数株。殿后北壁上，凿有上下石室多间。昔日，儒生常于此读书。石壁西首有镇武洞，凿于清乾隆五十八年（1793年），临洞下方依山雕龟像，蛇绕其颈，造型古朴。龟背上端乃镇武庙。院周岩崖，雕凿唐代造像多尊。崖壁石隙中，山泉渗滴，名曰“长生泉”“甘露泉”。夏日，这里绿荫覆盖，气温清凉，历代游客多来此消暑，试茶品茗。寺北有“功德洞”，是义公禅师涅槃之处。寺西，密林深处石壁下，亦有一洞，名“卧云洞”，相传是开元寺卧云和尚修炼之处。洞为天然形成，上窄下宽，高约7米，深30米左右。洞内有题记，且有钟乳石附之于壁。岩隙滴水叮咚，积为小潭，又沿洞底小溪潺流。洞口上端，缀以山花，垂以柔枝。洞穴四周，巉岩峭壁，林木交葛，深奥清幽。

历经沧桑，寺宇早已倾圮，石雕佛像亦多残损不堪，唯唐宋以来各代题刻尚较完整地留存于崖壁间。清泉漱玉，万木葱茏，景色依然清幽。

黄石崖石窟摩崖造像 黄石崖位于千佛山南侧，海拔350米。相传，秦时黄石公曾隐居在这里，又因石呈黄色，故名。崖上旧有“乐缘寺”，亦俗称“乐寺顶”。此山峭壁陡立，幽深清秀，漫山松柏苍翠，芳草萋萋，山花烂漫。临近山顶，有天然石台，长50余米，宽4米，高3米，难以攀登，被称“天台”。台上壁间，依山就势，镌有北魏、东魏时期的佛陀、菩萨像等92尊，共七区，高者1.6米，矮者仅20余厘米，集中分布在自然石窟之中和山体石壁之上。中间的自然洞穴，是黄石崖石窟造像的主窟。东壁佛像为坐姿，西壁为立像。佛像背后雕有圆形头光、舟形身光、火焰大背光，外饰卷草图案、梅花如意、二龙戏珠等。主窟东侧南向石壁上有一小石窟，窟内雕佛像一尊、侍者二尊。主窟外西侧南石壁上，由西向东，依次有五区摩崖造像：第一区一排；第二区五排，镌刻于北魏正光四年（523年），是此处最早的造像，保存也最完好；第三区，凿坐式佛像一尊，左右为侍者，上面镌有五飞天；第四区，佛像上下三排，上面也镌有飞天；第五区，佛像一尊，侍者二尊。此外，再向西也存有佛像及飞天的残迹。这些浮雕，刻工精细，层次分明。尤其是雕配的半圆形高浮雕飞天，更为潇洒俊秀。有的着裙裾，披飘带，乘风起舞；有的裸体或半裸体，极富体质感。风度闲雅，形态窈窕，手持乐器，作飞舞盘旋状，楚楚动人，其雕刻艺术，可与大同云冈石窟媲美。全部佛像，皆作禅定说法姿态。刀法简朴，服饰多着敷搭双肩袈裟式外衣，平直阶梯式衣纹。两肩较窄，面庞清瘦，露脚赤足，具有明显的北魏艺术风格。

此处除石窟摩崖造像外，尚有题记11种，是北魏孝明帝正光四年（523年）至北宋宣和三年（1121年）的作品。造像题记者，有皇室贵族、地方长官、僧尼、善男信女等，都是为了给帝王、法界众生、师僧、父母、居家眷属祈福。从书法艺术角度来看，充分体现了北朝时期的特点。其中，北魏正光四年（523年）、孝昌三年（527年）、建义元年（528年）和东魏元象二年（539年）、兴和二年（540年）等八种造像题记尤为出色，魄力雄强，笔法跳越，精神飞动。

黄石崖石窟造像，历史悠久，是山东佛教重要史迹，为济南地区现存最早的石窟造像群，1979年被公布为市级重点文物保护单位。因天长日久，风雨剥蚀，部分镌有造像的山崖于1995年1

月13日夜间自行崩塌，造成部分造像消失。

四胜境

辛亥革命烈士陵园　位于千佛山景区内，千佛山东麓，1934年建，1979年济南市政府公布为市级重点文物保护单位。1981年纪念辛亥革命70周年之际，山东省和济南市人民政府拨资重修，1983年9月修竣。陵园为南北纵向，顺山势而成。北端，立有新建的黑色花岗石影壁，上刻“辛亥革命山东烈士墓”九个大字，背面刻有《辛亥革命山东烈士墓重修记略》。最南端，是陵园的主体建筑纪念塔，1934年“双十节”建。塔为四棱锥体，高6米余，淡红色大理石砌成。碑的北面，刻“山东革命先烈公葬纪念塔”十一个大字，系山东国民党元老陈名豫书丹。塔北为墓区，安葬着辛亥革命中为推翻清王朝及讨伐袁世凯复辟、反抗军阀暴政而牺牲的23位烈士，其中无名烈士2人。主墓3座，成品字形布局。正中是同盟会山东分会主盟人、山东辛亥革命领袖徐镜心之墓，两侧是老同盟会员薄子明、刘溥林之墓，皆为1934年“双十节”建。主墓北侧，为同盟会员王永福、张同普、秦明堂、何风翱、赵金漳和第一次国共合作时期的共产党员史得金、朱锡庚等人的墓室。陵园内外，松柏葱郁，山花烂漫，环境幽静。

万佛洞　位于千佛山北麓，利用人防工事改建而成，1992 年 9 月 30 日开放。展线长达 600 米，面积 5000 平方米。集我国敦煌、龙门、麦积山、云冈四大石窟之精华，经过艺术家浓缩、重构，用仿造的方法，塑造佛祖、菩萨、弟子、天王、力士等 2 万余尊，依次分为“莫高集锦”“龙门精华”“麦积奇观”“云冈荟萃”四部分。洞内佛像，严格按照原样塑成。有写实的圆雕，有肉感强的浮雕，有抒情洒脱的线雕；有的头断，有的臂残，有的风化；有的肢体健美，有的雍容浑厚，有的高鼻深目，有的曲眉丰颊，有的发络垂肩。人们在这里，可欣赏到敦煌莫高窟、洛阳龙门石窟、天水麦积山石窟和大同云冈石窟的各种雕像风格。

文昌阁　原位于历山院南侧石砌平台上。台壁老槐悬生，藤蔓附披。台上柏荫笼罩。浓荫之下，设以石几石凳，供游人小憩赏景。台上南侧又起高台，台壁卧以券洞，洞上嵌有“文昌阁”石刻颜额。文昌阁即矗立于高台之上，三楹出厦，粉墙青瓦，红棕柱，花隔扇，典雅古朴。东西各有配房一间，两侧砌以石阶，拾级可上。春夏，院内葱木滴翠；秋日，阁后黄花撒金。整个院落显得古雅而幽静。

文昌阁

此阁始建于清康熙三十三年（1694年），清咸丰三年（1853年），清光绪七年（1881年）和十六年（1890年）先后由府城同人，筹措捐资，集腋成裘，纠工修葺。阁内供奉文昌帝君。两侧配殿分别享祀朱衣、魁星。三殿皆有塑像：文昌文静恬适，朱衣点头微笑，魁星持斗执笔。文昌亦名梓潼帝君，相传姓张，名亚子，居四川七曲山，仕于晋，后战死。唐宋时封之为英显王，元仁宗延祐三年，再封之为“辅文开化文昌司禄宏仁帝君”。道家称，玉帝命其掌管文昌府及人间之功名禄位。朱衣，据载，宋欧阳修主持贡院之举试，每阅卷，常觉座后有着红衣者不时点头。凡点头者，皆为合格文章，故有“唯愿红衣一点头”的诗句。魁星是我国天文学中二十八宿之一，道教信徒尊其为主宰文章兴衰之神，故有魁星朱笔点状元之说。文昌、魁星、朱衣都是我国神话中主持文运之神灵，所以旧时多为读书人立庙祀之。每逢仲春、重阳，多有文士来祭，赏景吟诗，别具风骚。据石志载，溯自建阁以来，文风蒸蒸日上，凤起蛟腾，科名大振，人才辈出。

2002年7月至2004年8月，文昌阁迁至今万佛洞东南方梨园西侧，扩之为前后两院，是一组较大的仿古建筑群，面积4000平方米，坐南向北。后院建主殿，左右为配殿，皆庑殿式。主殿内供文昌，左右为魁星、朱衣。东配殿供寿星，西配殿供福星。配殿北端，分别建以钟鼓二亭，攒尖式，内置钟鼓。暮鼓晨钟，声韵远扬。钟鼓亭之间，凿以墨池，供文人洗砚涮笔之用。池南壁嵌三个龙头，水从其口出。前院主殿亦庑殿式，殿内塑关帝神像，左右为廊，连接山门。门与廊皆歇山坡顶，古朴大方。院前北向，随山就势，叠台阶数十米有牌坊树立，四柱饰以浮雕，龙形图案，其顶部是吉祥兽辟邪。整个建筑严整错落，气势宏伟。

弥勒胜苑　位于文昌阁东侧，为千佛山风景名胜区管理处与日本妙香园株式会社合作建设，2000年9月建成开放。占地3万平方米，建筑面积846平方米，由弥勒塑像、石壁浮雕、樱花园与附属建筑构成。

弥勒大佛

胜苑正门居北，建以石坊。坊为四柱三间式，高 9.9 米，宽 12.5 米，前后颜额为“弥勒胜苑”“皆大欢喜”，坊前辟广场，左右卧石象。广场东南隅和西南隅建亭，东北隅和西北隅建轩。东西两侧建门、廊。广场北侧入口台阶两侧辟水池。院内外植松、桐、枫、樱等花木，绿荫葱茏。

弥勒塑像居广场南侧，坐南北向，背依青山，占地1500平方米，高21米，锻铜质地，于莲形须弥圆座之上。座高9米，座周用咖啡色花岗石镶饰。座之东、西、北三面，围以汉白玉石栏。石栏两端，卧青色花岗石雕雄狮。像为中国弥勒佛，也称笑口弥勒佛、布袋和尚，面相和悦慈善，袒胸露腹，笑口常开。弥勒像座之后，镌黑色大理石隶书之偈语（佛经中的唱词），摘自《佛说弥勒下生成佛经》，述其母怀胎及弥勒下生之况。与偈语石刻相对，南侧石壁上，镌以佛传故事浮雕，长36米，高3.5米，分中、西、东三个区。中区是六道轮回图，取自宋代重庆大足石窟造像；西区浮雕是西方佛界，镌印度正宗弥勒生平，像为菩萨状之弥勒，取之于山西云冈石窟，为北魏时交脚佛之形状。东区雕刻中国民间所传颂的布袋和尚，取之于杭州灵隐寺飞来峰。2008年，市园林局筹资169万元，对弥勒塑像重新贴金见新。

佛道胜迹

灵官殿　位于景区北门内上山路西侧，1998年5月建成。仿古风格，殿为两层楼阁。其南侧，与灵祐殿（售工艺品）、品茶厅组为一体，占地378平方米。阁楼下层，供以神像。门外两侧，左为千里眼石雕像，右为顺风耳石雕像。门内正中，塑王灵官坐像。像呈威武状，红脸虬须，三目怒张，手执钢鞭，大有镇妖降魔之气魄。其侧侍立护卫神将：左加恶，右加善。灵官坐像之后，北、西、南三面，供奉二十五尊保卫神将，由北迄西、迄南依次为：马灵官、赵公明、关羽、耿通、熊光显、钟英、殷郊、辛汉臣、朱彦、刘吉、梅田顺、陶元信、邓郁光、李青天、蒋光、张元伯、石远信、庞煜、金游、吕魁、康应、方角、二郎神、雷吉、毕宗远。塑像神态各异，栩栩如生。

三清观　位于灵官殿南侧，2002年建成开放，占地1000平方米，建筑面积350平方米，仿古形式，独立成院。山门傍上山路，西为正殿，南北配殿，以廊贯之。正殿谓三清殿，祀玉清元始天尊、上清灵宝天尊、太清道德天尊。北殿谓王母殿，祀王母、碧霞元君、送子娘娘。南殿谓三官殿，祀上元一品赐福天官紫微大帝、中元二品赦罪天官清虚大帝、下元三品解厄水官洞阴大帝。山门与正殿之间，以小庙障之，庙内祀护卫神王灵官。南北廊之内，祀十二生肖神将：甲子神将王文卿（鼠）、丁丑神将赵之任（牛）、甲寅神将明文章（虎）、丁卯神将司马卿（兔）、甲辰神将孟非卿（龙）、丁巳神将崔石卿（蛇）、甲午神将韦玉卿（马）、丁未神将石叔通（羊）、甲申神将扈文长（猴）、丁酉神将臧文公（鸡）、甲戌神将展子江（狗）、丁亥神将张文通（猪）。

财神殿　与三清观隔路相对。原为“文化长廊”，1996年建成，占地400余平方米，由殿、阁、廊、亭、轩等诸宇构成。财神殿内，祀五路财神、文武财神。五路财神分别是赵公明元帅（亦称武财神）、招宝天尊萧升、纳珍天尊曹宝、招财使者陈九公、利市先官姚少司。五路乃东、西、南、北、中，谓出门五路，皆可得财。文财神比干，为殷纣王之叔父，是一大忠臣；武财神关公，为全能之神。

福寿宫 位于财神殿北侧。宫内祀福、禄、寿三神：中为赐福天官，手持如意；左为禄神，作员外郎打扮，头饰富贵牡丹花，幼童偎怀；右为寿神，隆额白须，执杖托桃，面现笑容。福禄寿三神，由三星演化而来。福星即岁星，亦即木星；禄星，即文昌宫的第六星；寿星，为二十八宿中的角、亢二宿，又说为南极老人星，即南极仙翁。

观音堂 位于弥勒胜苑西侧山洞内，展线187米，2001年重阳节建成开放。洞内置大小观音数百尊。尤以53尊汉白玉质、13尊名贵木质大型观音为佳。雕工精美，造型生动，法相慈祥。迎门，通道延伸，道侧危崖壁立，壁间绘《观音传奇》彩色长卷，长118米。观音堂外，洞门之上，悬崖之巅，立白衣观音像，高18米，气势崇宏，四围青山叠翠。

观音园 位于唐槐亭北侧，原为1980年开凿的一个自然式荷花池。池水原自金鸡岭引来，今就地汲水。1996年7月，依池扩建为观音园，占地2000平方米，白粉青瓦覆顶围墙，券拱三楼式大门，池中植20余丛湖北名贵莲荷，蓄珍稀金鲤500余尾。花艳鱼戏，生机盎然。园内，塑各类形象观音19尊。有的立于池内碧波中，有的卧在池岸石丛内，有的高耸危崖峭壁间，内容丰富，神采各异。矗于池中者，为“白衣观音”，法相慈祥。池周塑自在观音、送子观音、数珠观音、渡海观音、善才、龙女等，造型端主俊秀。2002年10月增建东门，为仿古庑殿式。2003年10月，重修观音像，改“白衣观音”为“杨柳观音”。像为铜质，面北，高9.19米，像两侧有两株松、椿古木，寓“长生不老”“青春长在”之意。

十八罗汉石雕 十八罗汉石雕散布于景区北门内上山路两侧，1996年落成。按十八罗汉次第排序：宾度罗跋罗度阇、迦诺迦伐蹉、迦诺迦跋厘堕阇、苏频陀、诺矩罗、跋陀罗、迦理迦、伐阇罗弗多罗、戍博迦、半托迦、罗睺罗、那伽犀那、因揭陀、伐那婆斯、阿氏多、注荼半托迦、嘎沙鸦巴、纳答密答喇。

卧佛 位于三清观南，1996年12月落成。呈侧卧状，为佛祖释迦牟尼，花岗石质，长10米，重50吨，头东面北，右手托于头下，着通肩大衣，颊丰肩阔，头为肉髻螺发，耳垂肩，眉修长，双目微睁，神态慈祥。

千佛图 位于景区南大门内50米处，北依千佛山，南对南大门，长30米，高7米，花岗岩质，2007年建成。千佛图由圆雕三世佛——释迦牟尼、药师、弥陀及浮雕997尊小佛像构成。三尊大佛，端坐在须弥座上，仪态慈祥。正中释迦牟尼，结跏趺坐，左手下垂，施“与愿”手印，表示能满足众生一切愿望；右臂上伸，施“无畏”手印，表示给众生以大无畏精神。左侧药师佛，为东方净琉璃世界的教主，左手托钵，内盛甘露，右手持药丸。他曾发十二大誓愿，除众生病魔苦难，令众生安乐、长寿、幸福。右侧阿弥陀佛，为西方极乐世界的教主，双手结“弥陀定”手印于脐下，掌中为金莲台，以示接引众生至西方极乐世界。三尊大佛背后，饰以火焰纹、忍冬缠枝纹图案的头光和大背光，以示佛光普照。其后墙壁上，嵌997尊小型佛象，寓意芸芸众生，只要觉悟，均可成佛。

散落的胜迹

大舜石图园 位于卧佛东百余米之林中，1998年6月竣工，面积2100多平方米。石图园环境清幽，周遭花木丛生，四季有景：春季桃花争艳，盛夏槐柳舒秀，金秋红叶流丹，隆冬松柏泄润。中有圆形石砌地面，面积600多平方米。圆地面之内，立有九条石柱，通高约8米，花岗石质，不加雕琢。九柱分为三组，中组顶端，擎60吨重长方形石块，上刻篆书“大舜石图园”。九柱之上的石刻人物造型，皆据秦汉壁画、画像石、画像砖及马王堆汉墓帛画镌成，其型古朴典雅，令人遐思。西南隅第一柱上，镌尧舜相见的故事；西侧第二柱上，镌大禹治水之精神与业绩；北隅第三柱上，镌《书经·虞书·舜典》之文、大舜东巡图、柴祭、制礼作乐场面等；园中央、西南隅第四柱上，镌黄帝战蚩尤、嫦娥奔月、吴刚伐桂等故事；园中央第五柱上，镌东夷图腾之图解；园中央第六柱上，镌夸父逐日、羿射九日二则故事；园东北隅第七柱上，镌《史记·五帝本纪》小篆体文一则和“舜耕历山”的故事；园东侧第八柱上，镌舜罹三难的故事；园东南隅第九柱上，镌舜南巡的故事。

唐槐亭 位于千佛山阴山腰盘路旁。据志书记载，这里原建有纪念曾巩的曾公祠，明朝正统年间曾于祠前立碑，对该祠作了详细记载。历经沧桑，此碑迷失不知去向。解放以前，该建筑即

已倾圮。1957年，在曾公祠旧址处建一亭，名唐槐亭。此亭，四面十八柱，宝顶飞檐，造型精美，玲珑剔透。亭南侧悬匾额，上题“唐槐亭”三个鎏金大字，为当代书法家舒同于1981年夏手书。亭西侧有一古槐，传说，唐朝开国元勋、胡国公秦琼，当年到山上寺院给母亲许愿烧香，曾拴马于此树，故世称“秦琼拴马槐”。今树干虽半枯，却有一幼树从树干空腔中勃然而生，犹如母亲怀抱婴儿，人们又称其为“母抱子槐”。亭因树而名。

唐槐亭

“齐烟九点”坊　位于千佛山西盘道中段，为清道光二十五年（1845年），历城知县叶圭书建，形为二柱一楼式。坊前匾额“齐烟九点”由唐代诗人李贺《梦天》诗“遥看齐州九点烟”之句演化而来，叶圭书题写。济南，古为齐州，城北有九座秀山，由东向西，依次为卧牛山、华山、凤凰山，标山、鹊山、匡山、北马鞍山、药山、粟山。九山山势各异，云雾润蒸，岚烟缭绕，形成烟景，故称“齐烟九点”。坊后匾额“仰观俯察”，典出王羲之《兰亭序》：“仰观宇宙之大，俯察品类之盛。”字亦取自《兰亭序》书帖，并加以放大。此处位于千佛山半山腰，“仰观俯察”意喻在此处仰可观苍穹之宏伟，俯可察万物之欣荣。如今，牌坊周围树木茂盛，遮天蔽日，“齐烟九点”之景，在此已不可见。要想体品其情趣，尚须更上一层。

“云径禅关”坊　位于兴国禅寺西门外。木质，清乾隆年间建造，形为四柱三楼式。牌坊正背两面皆悬匾额，红底金字，正面是“云径禅关”，背面是“峰回路转”。据传，其字原为清道光年间王观成题书。1972年维修时，分别改由

“云径禅关”坊

济南当代书法家黄立孙、姜守迁题书。“云径禅关”意喻寺院高耸，云雾弥漫，游人至此进入佛门净地。“峰回路转”典出宋代大文学家欧阳修《醉翁亭记》“峰回路转，有亭翼然”语句，借以形容此处地势险峻。在此一语双关，是佛教劝戒人们要超脱“红尘”，走出“苦海”，回头是岸之意。

赏菊阁　位于千佛山顶东端，1984年建成。阁为二层，歇山飞檐，外带挑台。阴雨天，云雾缭绕，宛若琼阁。北侧山崖，生有丹枫，秋天，叶子变红，与阁相映成趣。山南侧有赏菊崖，深秋季节，红白黄紫各色山菊，漫山盛开，清风吹来，馨香扑鼻。每逢重阳佳节，登阁赏菊的游人络绎不绝。

望岱亭　位于千佛山顶西端，1984年建。六角，重檐宝顶。千佛山为泰岱余脉，泰山为“岱宗”，亭名“望岱”，寓意在此可南望泰山。置身亭内极目远眺，重峦叠嶂，山岚萦绕，蔚为大观。

望岱亭

乐云亭　位于兴国禅寺和历山院上端东西盘路相交处，1984年建。此处地势较高，若逢阴雨天气，云雾缭绕，宛若仙境，故名“乐云亭”。

此亭四面单檐，歇山坡顶，不加雕镂，自然天成。亭周万木争荣，将亭半隐，从远处望去，万绿丛中，掩映可见，对景区起到画龙点睛的作用。此亭为典型路亭，上下左右皆有盘路在此通过。向上折西可至望岱亭，向东再上可到赏菊阁，向西可见济南市区最大石刻“第一弭化”。亭身空透，视野开阔。西北侧可俯瞰兴国禅寺全貌，东北向可一览历山院秀姿。

历山铁索　位于赏菊阁西侧。昔日，千佛山山顶，有一古铁锁，而且还有锁链，作锁山之状。据明末金石学家顾炎武考证，为汉代遗物。唐段成式《酉阳杂俎》载：“谓山本在海中，好动，海神锁之，山将索链挣断，飞来于此矣。”为恢复这一景观，景区管理处于2002年自筹资金，在山顶赏菊阁的西侧峭壁间，嵌以粗大的锁链，并以巨锁锁之，又将《酉阳杂俎》原文镌于石壁，虽简朴，但富有古意。

慈云谷　位于山阳偏西，植被丰富。沿谷建有慈云坊、初渡桥、飞虹桥、“普渡众生”影壁等景观。慈云坊，亦可称山门，位于慈云谷南端，为第一景点，通高8米，宽5米，双柱单门单楼，简洁大方，花岗石制作。初渡桥，着落于由慈云坊沿盘道往上不远处。桥为平拱仿古式，樱花红花岗石雕刻，简洁明快。飞虹桥，位于初渡桥前方，为仿古拱式，白色大理石雕刻，宛若彩虹。“普渡众生”影壁居慈云谷最上端，二者相距35米，由飞虹桥继续往上攀登，即至。影壁呈东西向，嵌“南无阿弥陀佛”贴金大字，上镌释迦牟尼为众生讲经说法的宏大场面，释迦牟尼居中，两边文殊菩萨与普贤菩萨对侍，左右护法神“四大天王”喻风调雨顺之意。两端镌二大金刚、五百罗汉及六道众生等图象。整个画面刻有百余人，皆谛听释迦牟尼之教化，并附以山水、祥云等吉祥图案。

红雨亭　位于万佛洞北侧高坡上，1991年建。亭上悬匾额，篆体，为济南当代书法家蒋维崧题书。亭为石质，圆形宝顶，玲珑剔透，下设坐栏，供游人小憩。红雨亭石柱上，雕有当代济南学者徐北文撰写、雷衣谷书丹的楹联：“蟠桃献寿，花雨缤纷映九点；翠柏逢春，薰风淡荡暖三齐。”

佛山书院　位于千佛山西北，千佛山村旧址处。2001年9月建成。占地3万平方米，建筑面积3000余平方米，是一栋集餐饮、会议、住宿于一体的园林建筑。坐南北向，仿唐形式，坡顶直檐，错落有致，以廊组之。内设三个小院，呈“品”字形。西院小，植以花木。南院大，凿水池，修假山，山植松柏，临池辟小径，径侧建花坛，坛内植石榴、木兰、木瓜，并有孔雀游戏其间。东院又称“四季厅”，全封闭式，内设喷泉，浚以小溪。溪上架拱桥，拱桥饰以护栏，汉白玉质，雕刻云龙图。桥西，临水墙基，刻“齐烟九点”景观。院内植精品花卉，有芭蕉、槟榔、海芋、棕榈、珍珠铁、袖珍椰子等。南侧廊内，嵌汉白玉弥勒石像，并刻《佛说弥勒下生成佛经》偈语。2006年，对佛山书院进行扩建，增加面积700余平方米，2007年改称“绿景缘”，服务功能得到进一步提升。

瀛芳园　位于千佛山上主盘路中段路东，占地2600多平方米，1995年5月建成。此园采取日本造园风格建造。大门设在北侧，坡顶灰板瓦覆盖，犹如中国民居。两边配以短墙，植以松竹，立以秀石。门内巧石横卧，以作屏障，石上镌以“樱”字。园内缀以日本传统的造园标志物洗钵、石灯笼。园东南侧，依山势建有“双亭”，石柱石栏，灰瓦宝顶，典雅玲珑。亭南叠以山崖，亭下砌以方池，池岸缀以秀石，岸内散置卵石，为典型的日本“枯山水”式造园手法。双亭周围空间甚为宽敞，铺以卵石，被以绿茵，视野开阔，适于游人坐在亭内眺望四周风光。园西侧，为茶道馆，1996年建，平面布局，立体造型，高低错落，亦具有日本传统的建筑特色。

景区大门

北门　也称礼敬门，取佛经“礼敬诸佛”之意。位于公园北侧，前临经十一路，正对千佛山路，于1987年12月建成，是景区正门，标志性建筑为牌坊，为四柱三楼式，高14.45米，宽15.5米，石结构，气势博大，宏伟壮观。坊上镌刻“千佛山”三个贴金大字，系摹拓于1922年6月兴国禅寺和尚行洹募立“千佛山”颜额。牌坊次间、明间、雀替皆有浮雕，依次为荷花、西番莲、卷草，线条流畅，刀法纯熟。柱下石鼓挟抱，鼓下须弥座承托，鼓上蹲雄狮，坊脊檐端饰吻兽。坊左右两侧，在相等距离处，建有售票房，形式相同，对衬布置，白粉墙，小青瓦，古典样式。东西票房和牌坊，三者组成一体，犹如一方巨大取景框架，把千佛山的全貌框在里面。坊南为规整的石砌盘道，道两侧，翠树嶂列，绵延数百米。

南门　也称佛慧门，位于千佛山南侧，佛慧泉处，1999年修建，占地3900平方米，建筑面积3100平方米。大门内，东西票房相同且对称，清代建筑形式，歇山坡顶，抱厦石柱，额枋、斗拱、椽头皆饰以彩绘。西票房北侧牌坊，长15米，高12.2米，四根冲天柱，二高二低，柱头刻以云纹，柱底铺装地袱石，石上安以抱鼓，鼓上蹲石狮，明间颜额“千佛山”三个鎏金大字，由武中奇书。次间颜额刻以道家八宝，自右至左为轮、螺、伞、盖、鱼、罐、花、长。2007年，新南大门建成后，该门停用。

南大门　位于原南门西，2006年10月开工建设，翌年7月建成，由建筑、绿地、水体景观、休闲广场、停车场组成，占地1.5万平方米，大门高12米，形为仿唐式，中间五楹，重檐庑殿顶。重檐间，悬有两块匾额：一为“千佛山”，一为“冈峦雄秀”，金字黑底，其字集自乾隆御碑。两侧偏房也为庑殿式，红棕柱，白粉墙，压光小黑瓦，由短廊相连。门内北面，建有三道拱形石桥，桥体颇大，可行人，也可行车。桥两侧，皆设花岗岩质护栏，栏板镌以浮雕，皆为佛家所钟爱的吉祥图案，诸如八宝之类。桥下为溪，溪中植荷花、水葱、千屈菜等水生植物。门外南侧，辟以休闲广场和停车场，面积7000余平方米。休闲广场内，有树池、花坛、山茱萸、红瑞木、石楠、蒲葵、银杏、松柏等。

友情之门　位于大舜石图园西北侧。是韩国水原市为纪念该市与济南市缔结友好城市十周年和进一步增进两市未来的友好交流与合作而建，2003年11月建成并举行揭幕仪式。门长3.4米，宽2米，高3.6米。上额镌以韩文：“友情之门”，字为韩国著名人士书丹。门的两侧各辟三个透窗，寓意两市各界朋友亲密合作，携手展望未来。

二、植物配置

济南解放时，山上仅残存零星树木和少量野生灌木。解放后，特别是辟建公园后，市人民政府重视风景山建设，多次大规模组织市民上山植树造林，保护植被资源，山体迅速得到绿化。到1989年，公园辖区内，山场存有木本植物95种，成林树34科40多万株，植被覆盖率达到80%。后经多次绿化改造提升，至2011年，景区植物种类达到45科160多种，成林树木70多万株，植被覆盖率达96%以上。园区内有以侧柏、桧柏、千头柏为主体的常青林；以黄栌、黄连木、五角枫为主体的红叶林；以山杏、山桃、流苏为主体的观花林；以山榆、荆条、酸枣为主体的野生灌木林；有以各种观赏花木构建的桃花园、樱花园、腊梅园、梨花园、竹径、丁香路、连翘路、紫薇路、金银路以及林荫夹道的绿色长廊；有散布在山崖、路旁享有活化石誉称的古树300多株。

绿色长廊　唐槐亭向上，有东西两条盘路，分别至历山院与兴国禅寺。昔日盘路凄凉。解放后，1957年、1972年分别对两盘路进行修建，盘路两侧，年年绿化，现已成荫，将盘路密蔽，被誉为“绿色长廊”。春天，鲜花怒放；夏天，万木映绿；秋天，红枫流丹；冬天，桧柏叠翠，景色奇丽。

危岩悬翠　兴国禅寺西门南侧，有天然石崖，高约30米，长70米，危然耸立，如削如劈。上面有上百株侧柏、山榆、荆条、叶底珠等野生植物，形姿各异，典雅壮观。尤其生在岩巅石缝中的侧柏，枝干虬曲，垂青悬碧，展示了不畏艰险，顽强拼搏的高贵品格。

寒秋红叶　千佛山南麓，半山坡上，1957年植有数以万计的色叶树。有形如元宝，翅果悬挂的五角枫；有叶形洒脱，花艳若彤云的黄栌、黄连木。2001年至2004年，景区又投资50万元，逐渐完善，景观更美。尤其是深秋季节，叶色渐红，层林尽染，灿如彩霞，娇娆夺目。清晨，在朝阳甘露的衬托下，就像红色的锦缎上，缀满了粒粒珍珠，蔚为壮观。

春花争艳　千佛山东北麓，以葱郁的柏树林为背景，千余株山杏、花桃、流苏等花果树形成混交林，面积达2万平方米。春天，桃花、杏花簇拥，流苏花白如雪，将千佛山装扮的妖娆多姿。

林荫夹道　从千佛山礼敬门（北门）石坊到山前广场，长四五百米的道路两侧，有侧柏、国槐、白蜡等600余株，构成林荫地带，树冠相交，葱郁垂荫。尤其是槐树，初夏绽放，白如玉，香如兰，登足于途，心情倍感舒畅。

青年林・新建林　青年林，在千佛山礼敬门

（北门）石坊南侧路东，占地6万平方米，树木1.2万余株，20多个品种，为自然式风景林，是共青团济南市委于1982年春季组织全市青年义务劳动栽植，故称“青年林”。新建林，在盘路西与青年林相对，植有侧柏、火炬、臭椿、楸树、白蜡、千头柏、茶枝等1.3万多株，也为自然式风景林，与青年林相映生辉。

秋景林 位于千佛山东北麓人防洞口处。这里原是人防工程凿山堆积的石渣。1995年12月至1996年2月，公园将石渣进行平整，上面覆盖千余立方米的沃土，栽植白蜡、火炬、黄栌、五角枫等秋景树1400余株，间植少量侧柏、女贞、山桃、山杏、木槿、紫叶李等常绿树、花灌木，建成秋景林，面积约1.4万平方米。如今这里，秋天一片火红，春夏冬三季有花木景观。

竹径 北起紫薇路，南至景区水电房，由土坡推平建成，占地3300平方米。2002年8月开工，翌年8月竣工。沿路两旁带状坡地内，栽植淡竹5000余墩，经几年生长，幼竹已成林成荫，炎热夏天，漫步竹径，倍感凉意。

丁香路 北起迎宾门（西北门），南到绿景缘门北，2002年始建，2003年3月竣工。路的两侧，呈带状梯田形，种植丁香1000余株，月季2200株，麦冬2600平方米。春天，草绿花开时，在山顶俯瞰，丁香路两侧繁花似锦，颇具特色。

紫薇路 位于主盘道第二平台的西侧，北起灵官殿，南到竹径，占地2000平方米。2000年始建，2001年7月竣工。沿路两侧侧柏疏林中，种植紫薇（百日红）4560株，麦冬300平方米。盛夏，盛开的紫薇由苍翠的侧柏相衬，形成万绿丛中一片红的景观效果。

连翘路 东起礼敬门（北门），西与丁香路相接，由废石渣铺平建成，占地面积1850平方米。2004年2月开工，翌年3月竣工。道路两侧的波状带内，种植连翘900余株，丰富了两门之间的绿化层次和植物季节变化。

菩提路 位于景区东门上山路南段东，西与通往万佛洞路相接，东至辛亥革命烈士陵园，长约千米，2004年建成，路两侧间植菩提树百余株。菩提，学名七叶树，又名梭罗树，树形美观，冠如华盖，花似烛台。相传释迦牟尼于菩提树下修成正果。辟菩提路植菩提树，增添了千佛山佛文化气息。

樱花林 位于千佛山主盘路中段路东，占地2600多平方米，1993年春，为纪念济南市与日本和歌山市缔结友好城市10周年，和歌山市向济南市赠送樱花树苗百余株，种植于此处，形成樱花林。林间还植有松柏、黄栌、迎春等花木。1995年5月在樱花林的西隅，辟建瀛芳园。

梨园 位于秋景林南，文昌阁东、观音堂西，1998年3月始建，翌年5月建成，占地6800平方米。园内种植白梨、核桃、桃、丁香、臭椿、冬青球、雪柳等乔、灌木15种2000余株。其中，梨树100余株，以白梨为主。每年4月梨花开时，花白似雪，市民争相来此赏花。

腊梅园 位于永乐门（美院门）西，建于2003—2004年，苗木以腊梅为主，配以刺槐、紫叶李、卫矛。腊梅花开时，朵朵蜡黄小花，傲立枝头，为寒冬之中的千佛山平添几分生机。

茱萸园 位于索道下站北，2007年建成，面积4000平方米，内植茱萸41株，皆大型，尚有毛梾、火棘、四照花、红瑞木及各种草花1130株。春夏之交，茱萸、毛梾、火棘、四照花各展风姿，青条舒秀，艳花吐瑞，色彩各异。夏秋之交，则是另一番景象：树上挂满穗穗小果，有的深红，有的暗红，似珍珠，若宝石，显现一派丰收景象。

桃花园 位于万佛洞北侧，占地6.6万平方米。园内栽植各种桃树2400余株，间有红杏、榆叶梅等。该园融自然、人工于一体，专供游人踏青、游春而建。林间铺有冰纹石样小径，蜿蜒曲徊；路边树下点缀秀石，千姿百态。每逢阳春三月，桃花争相开放，如红雨，似彩云，为千佛山平添几分春色。

三、经营服务

（一）游乐

游乐场 位于景区正门沿主上山道向南600米路东，面积3000平方米。截至2013年，场内设有碰碰车、滚摆舱、小火车、桑巴气球、海盗船、蜗牛特工队等游乐设施。

奇能滑道 位于山阴半山腰处，1996年建成。德国专家设计，设备引进于德国，自升至降，周长1200米，高差80米，14处弯道，速度为每小时1600公里，可娱乐，可健身，速度自我调控，老少皆宜。

高尔夫球场 居正门内，盘路西侧的幽林深处，占地面积6000平方米，1997年9月建成，为当时济南市区所独有，属城市微型球场。利用园林景区自然优势，按国际标准修建，分设A、B两区，每区18球道，每道设以难度不同的障碍。集运动、娱乐、休闲消暑、社交于一体，颇受各界人士之青睐。

客运索道 1993年9月24日建成。为"固定抱索单线循环吊椅式"，长600米，安装吊椅60个，最高离地面8米，吊椅载重200公斤。索道下站房，位于东门南150米，上站房距历山院东门50米，单程需8分钟。

电瓶游览车 2004年始设。

（二）餐饮

阳光家常菜馆 位于景区东门向南300米路西，1999年7月建成，建筑面积739.57平方米。

绿景缘酒店 见本节"散露的胜迹·佛山书苑"条。

静心莲饭店 位于兴国禅寺东侧，1999年7月建成，建筑面积393.66平方米。始称餐秀阁饭店，2011年改称今名。

天一阁饭店 位于卧佛南，广场东侧，2002年由山益饭庄改建而成，面积280米，经营甲鱼涮锅、脆皮羊肉、精炒大虾等特色菜品。2009年改作他用。

一览亭茶社 位于历山院内北侧，1979年建，1984年8月扩建，建筑面积由100多平方米扩至330平方米，是景区内面积最大的一个茶社。

雀巢冷饮茶社 位于弥勒胜苑广场东侧，2000年建，以冷饮为主。

停云轩茶社 位于唐槐亭东南侧，1996年11月建，占地56平方米，经营各种饮料、风味小吃。

二平台茶社 位于主盘道二平台西，与灵官殿同为一体，经营各种饮料、小吃。

（三）其他服务及设施

卧佛商亭 位于卧佛稍北西侧，1998年建，占地面积76平方米，主营书画、工艺品类。

灵佑殿服务部 位于主盘道西侧，1998年建，主营千佛山特色纪念品。

东庙工艺品服务部 位于兴国禅寺东门外，一览亭西南侧，1999年建，主营各种工艺品、特色纪念品等。

游客中心 原位于卧佛北200米路西，2013年1月1日迁建于景区北门西南，主要为游客提供休息、行包寄存、导游等服务。

另外，观音园东南设电脑画像，山上山下还有2个摄影点。

（四）门票

1959年公园建成时，门票为0.03元，后调整至0.2元，1991年为3元，1997年调至6元，1999年调为10元，2000年为15元，2006年调整到30元。

第三节　龙洞风景名胜区

龙洞位于济南市城区东南，1995年，被山东省政府公布为省级风景名胜区，由龙洞峪景区、佛峪景区、马蹄峪景区、浆水泉景区、汹峪景区组成，面积约1381万平方米。到2011年，龙洞峪、佛峪、马蹄峪三个景区初具规模，浆水泉、汹峪景区待建。景区具有良好的自然生态环境和深厚的历史文化积淀，以奇特的地质地貌、丰富的自然植被、悠久的文物古迹以及名泉、瀑布等优美的自然景观取胜，被誉为"历下第一胜景"。

龙洞峪景区 位于龙洞风景区西北部，是风景区的主景区。龙洞山，峰峦叠嶂，山势峻拔，岫岩横出，因山中有"龙洞"而得名。相传，帝尧时，有孽龙于此兴风作浪，造成水患，大禹治水，前来捉拿，孽龙钻山逃遁，至今留下深洞，故此山又称禹登山。这里有丰富的自然景观与人文景观，至宋代已成为游览胜地。清代著名学者孙星衍咏诗赞曰："我游龙洞惊奇绝，画不成图口难说。"此处，山势奇绝，北有老君崖、凤凰台环拱如门，南有独秀峰、三秀峰突兀环列，形成峭壁围绕的山峪，名"龙洞峪"。峪口两侧为老君崖，崖下有老君井，传说太上老君曾于此炼丹。与老君崖相对，东侧为凤凰台，相传昔日为凤凰栖息之地。两山对峙，谷底清溪流淌，山清水秀。深谷之南，迎面巨峰危立，丛木簇拥，白云缭绕，风光奇奥，称"白云峰"。由此向西，穿过一段峡谷，便到达龙洞峪腹地。这一带危峰壁立，陡峭如削，似神工鬼斧所为。峪内原有一寺院，为魏晋时建，宋英宗治平四年（1067年），赐名"寿圣院"。殿内祀龙王、龙子、龙女、金龙等神像，香火盛极一时。天旱"祷雨必应"，故宋神宗元丰二年（1079年）七月，又封此处龙神为"顺

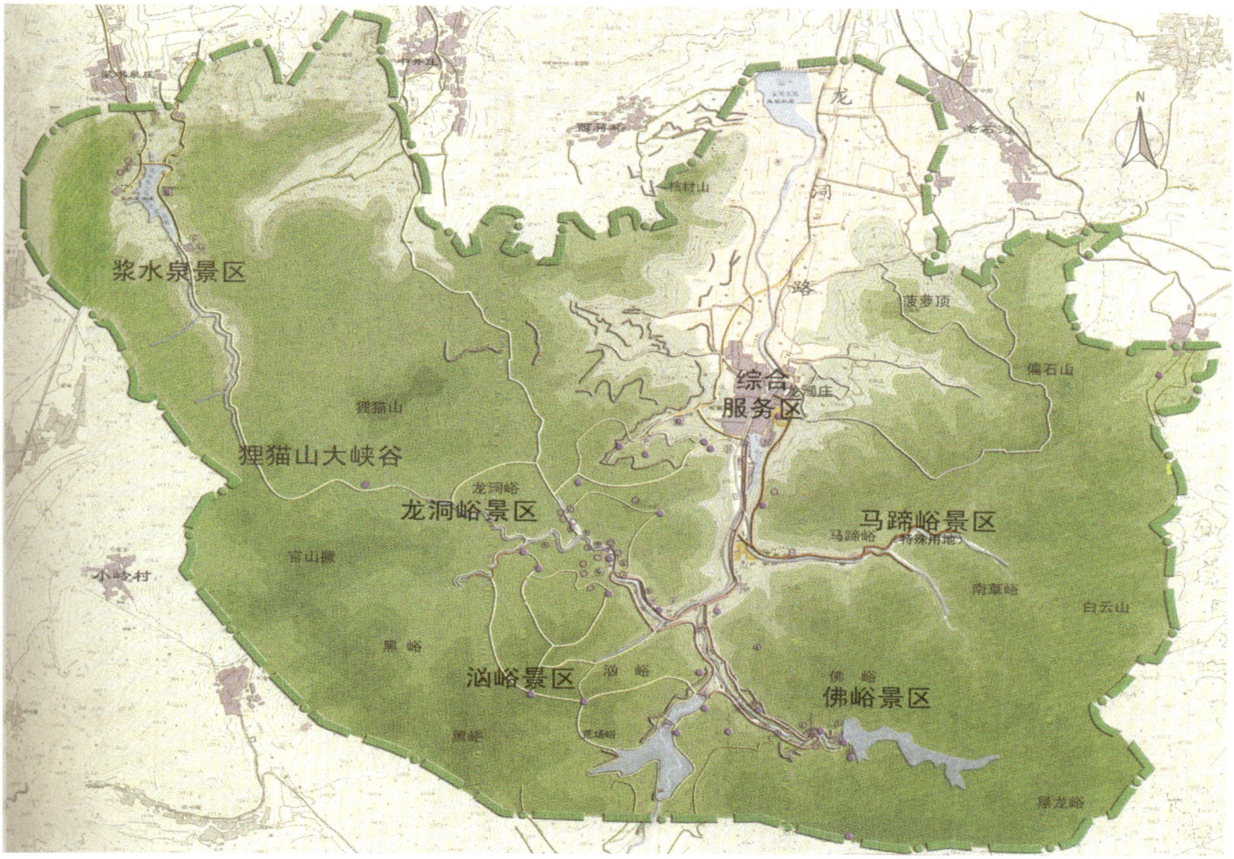

龙洞风景区初步规划图（2004年）

应侯”。金皇统年间，再晋封为“灵惠公”。如今寺院已倾圮，两株高龄的银杏树却枝繁叶茂。北宋元丰二年（1079年）与北宋元符三年（1100年），镌记该山龙神降雨故事的石碑尚存。

寺院旧址南侧高峰是鹭栖岩，岩巅矗立七级石塔，高12米，形如西安大雁塔，名“报恩塔”，建于北宋政和六年（1116年）。塔身佛龛内，供奉着观音像，塔下舍利室中，置有林棣（今山东惠民）开元寺东大圣院僧人宗义的舍利，塔正面嵌建塔碑记。

七级石塔

鹭栖岩北侧，独秀峰孤标雄拔，石壁上布满宋元以来拜谒龙神、游览胜迹的大字摩刻10余种。其中，有宋代政治家范仲淹之子、齐州知州范纯仁北宋元丰四年（1081年）的题刻。这些摩刻有的字高三尺，气势雄浑，神韵潇洒，堪为奇观。

两峰中间，为一巨大平直的峭壁，像屏风，人称“锦屏岩”。岩上翠柏悬生，荆榆点洒，山花缀饰。壁间凿有“白云无尽”“锦屏春晓”等巨字石刻。其中，清光绪二十二年（1896年）济南名士柳文洙所题的“壁立千仞”，其笔划可容一人。由于这里景色秀丽，被誉之“锦屏春晓”，旧时列为济南八景之一。

锦屏岩东侧陡壁上有一洞，人们习称“东龙洞”。陡壁上无路可通。据元于钦《齐乘》载，洞内有釜鬲等炊具，洞壁黝黑，为古人避兵乱生火炊饭所致。岩西南侧的“佛刹山”“诚应岩”上也有一洞，即“西龙洞”，人们常说的龙洞即指此洞。洞口高2.7米，宽1.3米，洞门两侧石壁上刻有对联“真气森喷薄，神功接混茫”，为清朝同治年间济南知府龚易图所书。洞长若百米，洞内有一石室，高敞穹隆，可容数十人。室顶悬垂钟乳石花。壁间镌刻佛像3组，50余尊，其中3尊高约4米，为东魏天平年间（534—537年）作品，法相端庄，风格古朴。其他多为隋代凿建。继而向里，洞身变狭，忽敛忽舒，曲折盘桓，深邃幽奥。洞内怪石横出，钟乳倒挂，石花丛生，水珠下滴，铿锵有韵。出山巅洞口，豁然开朗，北侧石壁上镌宋元以来题记多方。

寿圣院旧址西北方向，也为深涧，很宽绰，内有金沙泉、白龙泉、黑龙泉。昔日水势很大，泉水汇为深潭，故又分别称为黄龙潭、白龙潭、黑龙潭。再向西为天梯，坡陡势险，须猫腰爬行。两侧峭壁如斧劈，仰望，仅看蓝天一线。顺梯而上有一平台，翠柏笼荫，可于此小憩观景。三泉西南为藏龙涧，地势险峻，两侧山崖垂直对峙，山石棱嶒，涧谷蜿蜒曲折，古木笼荫，幽奥阴森。

佛峪景区 位于龙洞风景区东南侧。这里四面环山，重峦叠嶂，林木葱郁，山花烂漫，清泉淙淙，古寺深藏，环境清幽深秀，具有天然园林风光，人称世外桃源。山峪中段，是一圈圆形峪谷，俗称“箩圈峪”，为佛峪景区最佳处。山溪北侧是南灵台山，山半腰石崖上，有一座古老的寺院，名“般若寺”。据明成化年间碑文记载，寺院为隋文帝时创建，距今已有1400多年的历史。寺院由墙院相围，形成一个幽静的院落。南侧路间，有座四柱三楼式木结构彩坊，额题“佛峪胜境”。过木坊沿石径进入山门，东侧为偏房，端坐在悬崖之下，西侧为长廊，危立于峭壁之上。长廊下临深涧清溪，凭栏南眺，可见峰峦绝壁，壁上丛生翠木野藤、山花芳草。廊北，石崖横空探出，状如披厦。崖下有一泓碧水，名曰“露华泉”，又因水香如甘乳，故又名“乳肖泉”。近泉岩壁上，镌有“云殿泉厨”石刻。细流之上，悬崖飞坠，上镌佛像数尊，多为隋开皇七年（587年）至唐乾元二年（759年）的作品。除佛像外，崖壁上还有不同朝代的石刻数通：有唐开成二年（837年）寺内众僧与佛教信徒110人为纪念大德和尚所镌刻的《大唐金刚之会碑》《石弥勒像赞》的石刻；有明清时代的“林壑尤美”“岩阿仙境”“别有洞天”“舍灵馆真”等大字题刻。这些佛像、题刻幸处悬崖险峻，无人为毁坏，佛像至今完美无损，题记仍清晰可辨。

寺院西侧，石壁千仞，上悬钟乳、石花、石幔，蔚为壮观。寺东侧，一峰危岩孤立。峰顶为平台，相传大禹治水，曾驻足于此，故称“禹王台”，俗称“钓鱼台”。台上有亭，四周山崖绿萦翠绕，名曰“环翠亭”，又名“听瀑亭”。南向对面浓荫下，“观音堂”时隐时现。置身于亭中，清风送爽，满目葱茏，令人心旷神怡。环翠亭东侧崖上，有一名泉，称“林汲泉”。其北侧60余米处，悬崖壁立，山泉之水从崖顶飞流直下，形成瀑布，跌落崖前潭内漾溢而出，沿峪谷蜿蜒流淌。若有山风吹来，林声、涛声交织一起，轰然作响，犹如海啸。

马蹄峪景区 在龙洞景区的东北部，地势平缓宽广，植物繁茂，种类甚多，以“林茂境幽”为特色。区内有白云庵、幽林、白云洞等景点。峪内清泉涓涓，蓄水成池。池内碧波粼粼，水草青莹。临池的白云庵，房舍错落，林木掩映。池东侧，有大面积的密林，地形起伏，富于变化。密林深处，一山峰高耸云端，曰“白云山”，峰下陡崖处有白云洞，洞外崖下碧水一泓，为“白云泉”。幽洞、泉池，隐于密林之中。

第四节 红叶谷生态文化旅游区

红叶谷生态文化旅游区位于历城区锦绣川水库南3公里，距济南市区33公里。景区占地266.8万平方米，由济南园林开发建设集团与济南新

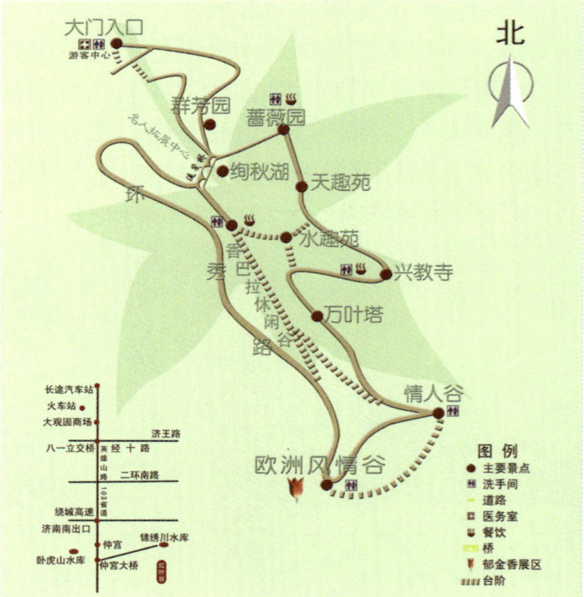

红叶谷导游图（2011年）

盛事置业有限公司共同投资，于2000年10月兴建，2001年9月建成开放。景区内景点众多，“红叶”是其独特景观，并有圣水泉、绚秋湖、马头山、兴教寺等山水、人文景观。2003年荣膺国家4A级旅游风景区称号。

一、植物配置

黄栌是红叶谷景区主要的野生色叶植物，十几条蜿蜒陡峭的山谷中布满黄栌。每逢深秋，红叶漫山，层林尽染，形成景区特有的自然景观。景区除漫山黄栌等色叶植物外，在建设过程中和建成开放后，因地制宜，植树种草栽花，植物种类不断丰富，山体绿化、美化面积不断增加。至2011年，景区植被覆盖率高达98%，成为名符其实的生态旅游景区。主要植物景观除红叶外，还有欧洲风情谷、蔷薇园、群芳园、蔓园、百合园、梅园等各具特色的植物景观区。

欧洲风情谷 为景区开放后新建，全长1.6公里，是景区春季举办郁金香节主展区。每年4月8日到5月12日的郁金香节期间，50余个品种、100万株荷兰郁金香姹紫嫣红，争相怒放，整个山谷变成花的海洋。山谷北半部以红柳、刺槐、荆柯等乡土树种为主，山谷南端有树龄50年左右的核桃树10余株，黄栌数十株，柿子树、软枣树等大规格乔木若干株。

蔷薇园 位于景区中心区域，东西长90米，高差达15米，是一座设计精美、景观起伏、多层次植物景观组成的园中园。园区分站台地、小广场和休闲后花园三部分。小广场中间立一抽象雕塑，形似一双手环抱着地球，告诉人们要爱护环境；又像一朵含苞欲放的花，预示着美好的希望和未来。园内以蔷薇科月季花为主，配植桃、杏、板栗、核桃及松、竹等植物30余种，形成三季有花有果、四季常青翠绿的景观效果。

群芳园 紧邻蔷薇园，占地面积3.34万平方米。园内以花造景为主，4月有樱花，5月有金银花，6月有金鸡菊，7—9月有黑心菊，春、夏、秋三季月季花盛开，可谓群芳荟萃，满园花香。

蔓园 位于景区最深的山谷中，全长800余米。谷中遍地是野葡萄、葛藤等藤蔓植物，缠缠绕绕，不离不弃，故又名“情人谷”，是年轻伴侣最爱的去处。

百合园 占地面积1万平方米，是景区百合花节的主展园。园区分为莺歌欢谷、誓言广场、爱丽丝乐园、竹径幽幽、浪漫之约五个部分，每年的7、8月，50多个品种、100余万株百合花在这里展出，盛开的百合花构成一幅绚烂多姿的彩色图画，引得游人争相观赏。

梅园 北临绚秋湖，南倚环山翠屏。园内种植腊梅、红梅、绿梅、美人梅、杏梅、榆叶梅等30余万株。每年2、3月，在此举办梅花节，满园梅花傲雪怒放，给冬季的景区带来勃勃生机。

二、景观建筑

大门景区 由大门、观景台、对景阁、连廊、“春风得意”雕塑等五部分组成，总面积1500平方米。整组建筑采用了唐式风格，造型典雅，优美流畅。大门为双层四坡顶门楼，门楼两侧设观景台，雄伟对称，庄重古朴。大门内的“对景阁”，顶廊四坡式平檐，登阁远眺，景区景观尽收眼底。“春风得意”人物雕塑矗立在大门内广场上，高6米，重10吨，人物造型为传说中的打鬼英雄钟魁，面带微笑，手舞足蹈，一副春风得意、悠然自乐的形象。

兴教寺 相传始建于西汉末年，兴于隋唐，原有殿宇数十间，僧众近百名。后来一位名叫朱阁老的人在京都做官，为官清廉，刚直不阿，遭奸臣暗算，来此隐居。官兵得悉追杀至此，当地百姓为搭救隐藏在该寺中的朱阁老，谎称兴教寺为“朱老庵”。因为“庵”是尼姑修行的地方，这一“庵”字使朱阁老免遭杀身之祸，后来人们习称兴教寺为“朱老庵”。现在整座寺院是在原来的古地基上翻建而成，以唐代建筑风格为主。“大雄宝殿”是其主殿，面阔三间，殿内供奉佛祖释迦牟尼像，结跏趺坐。佛祖身后还塑有十八罗汉像。殿旁有

兴教寺

明、清、民国石碑三通。在明万历二十九年（1601年）的石碑上记载“殿之楹，后枕龙山；前圣水，左建伽蓝，右配僧室，不知创建何年” 殿后有高僧墓塔三座，其一为明朝天顺年间（1457—1464年）建造，形状修长典雅，上镌浮雕观音。殿前有清泉一眼，久旱不涸，清凉甘美，名“圣水泉”。殿堂东侧半山腰处，有南北方向裸石一条，光洁橙黄，若锦带，当地百姓称之为朱阁老的扎腰带。据说周围漫山的红叶便是朱阁老为报答百姓的救命之恩而栽种的。寺院内还设有观音菩萨殿、地藏菩萨殿和义净禅堂等。义净，俗名张文明，山东济南人，是我国唐朝时期继唐玄奘之后又一位去西天取经的僧人。

天趣苑 取天然成趣之意，是景区最具特色的专类园之一。园区在建设上充分利用山势与峡谷的结合，在山谷上覆盖鸟网，采取鸟类自然放养的形式，给人以接近和观赏鸟类的充分空间。建筑手法上，依据园中起伏的地势，筑石为山，引水为瀑，在有限的空间上筑造了一个流水飞瀑、燕飞鸟鸣的天堂圣地。园区分为笼养区和散养区。笼养区饲养着红、绿金刚鹦鹉、鹩哥、八哥、噪犀鸟、黑腰朱鹭、灰鹤等。散养区设在植被丰富的两条山谷中，上覆鸟网，谷中绿荫浓郁，瀑布飞泻，鸳鸯戏水，白鹭高飞，天鹅漫舞，孔雀开屏，人入其中，宛若进了鸟的王国。

万叶塔 位于兴教寺西南，塔高29.5米，基色以北方常见的青灰色为主，上下七层，取佛教“救人一命胜造七级浮屠”之意。每到秋天，万山红遍，登上此塔，谷中红叶尽收眼底，塔由此

万叶塔

得名。其建筑风格采用了中国传统的飞檐尖顶石塔的风格，同苏州的虎丘塔和杭州的六和塔为同一形式。

神秘香巴拉 分演艺广场、烧烤广场和树屋三部分。游客在此可观赏到文艺演出，与家人、情人在竹亭木屋中品尝各种烧烤美味。树屋在紧邻广场的密林深处，由坚木做成，共10多个。因木屋置于树上均离地面约三四米高，故称树屋，别称空中别墅。树屋设施完善，于此环境中住宿休憩别有一番情趣。

垂花门 绚秋湖旁有一座仿明清式牌坊，在建筑上形似门，故称“垂花门”。门上匾额一侧为“仁山智水”，两边对联分别是：“山连泰岱添秀色，水通趵突共幽情”；“一谷红雨复红叶，四时绚春犹绚秋”。两幅对联说出了红叶谷美丽的四个季节。另一侧匾额为“岱北洞天”。

流笺桥 因秋季红叶随风飘落水中，像一封封信笺，令人不由想起古时举办流笺活动时的种种诗情画意，故取名流笺桥。流笺，是唐朝的一种文化活动，类似于现在的笔会。诗人把诗写在红叶上，将红叶放在流水中，任其漂流，谁捡到红叶，便写诗作答。“每恨流笺题律绝，时收红叶论禅空。归来一扫飘零意，梦外还留一树枫。”诗中描写的就是这种风流高雅的“流笺”活动。此桥原有100根柱子，现存99根，寓意“百岁”“长寿”。

三、水体景观

绚秋湖 是在景区建设过程中拦水筑坝围合而成，水面积约1万平方米。湖面碧水涟漪，岸上垂柳轻荡，青山绿树，亭台塔榭，倒映水中，如诗如画。尤其到秋季，各种植物色彩斑斓，层林尽染，满山的红叶如火如荼，倒映水中，映衬出一片绚丽多彩的秋天，“绚秋湖”因此而名。湖周建筑，均仿明清风格，彩绘花鸟鱼虫，与周围景色融为一体。其中一亭称名“陶亭”。亭名含有三层意思：第一，取“陶醉”之意；第二，它的瓦片是陶瓷做的；第三，源自孟浩然的诗句“待到菊黄佳酿时，共尽一醉一陶然”。湖中小岛经曲桥与湖岸的水榭相连。站在亭上可远览山色，近观水光，尽享山水之美。

水趣苑 是2004年“五一”之前新开发的精品园区，占地面积2000余平方米，以突出山清水

秀、观景娱乐为主要特点。在这里，可以欣赏名泉瀑布，感受鸟语花香；喜动者可攀缘跳跃，观鱼戏水，喜静者可煮茶品茗，摆棋对弈；天热可乘凉避暑，天凉可避风纳阳。置身其中，令人愉悦惬意，留连忘返。

圣水泉 见本志第三篇第二章第二节“圣水泉”条。

四、经营服务

（一）游乐

游乐场 位于景区主入口100米处，2010年9月建成，占地面积1000 平方米，主要游乐项目有蹦极、碰碰车、转鱼、5D动感影院等。

拓展训练中心 位于绚秋湖与三号坝之间，2004年9月建成开放。有飞行滑索、火箭蹦极、勇敢者道路等共计20余种训练项目，为济南规模最大、设施最全、指导最专业的拓展训练基地之一。2006年9月在百合园下方建成拓展训练基地，占地面积1500平方米，主要经营项目有缅甸桥、相依为命、攀岩、高空跳跃等。

真人CS项目 位于蔷薇园，2008年9月开始设置。主要经营项目有彩弹射击、激光射击等。

水上游船 位于绚秋湖，2008年9月开始设置，主要经营项目有脚登船，电瓶船，激光船等。

电瓶游览车 2001年始设。

（二）餐饮

风味餐厅 位于蔷薇园，2001年9月建成，占地面积350平方米，主要经营农家菜。

红叶山庄 位于红叶广场，于2001年9月建成，占地面积1700 平方米，主要经营素食类饭菜。

香巴拉烧烤 位于香巴拉休闲广场，2001年9月建成，占地面积400平方米，主要经营烧烤类食品。

青藤茶社 位于景区内情人谷上。2001年9月建成，总占地面积110平方米。

水果吧 位于红叶广场，建于2001年9月，总占地面积60 平方米，经营各类水果及果汁品。

（三）门票

2001年9月19日开园，初始门票价格30元，2006年9月调整为40元， 2010年8月调为60元。

第五节 英雄山风景区

英雄山风景区位于市中区，东起玉函路，西至英雄山路，南含七里山，北至马鞍山路。其范围内有马鞍山（会仙山）、英雄山（四里山）、五里山、六里山、七里山，总面积约100万平方米。整个山体像一张穹弓，弓背是马鞍山，弓右梢是四里山，弓左梢是五里山，穹弓峙立，态势威威。五山之中，东北侧的马鞍山海拔167米，视野最为开阔。远可北眺“齐烟九点”、九曲黄河，山河苍茫，岚烟迷离；近可俯瞰泉城全貌，丛林似波，房宇若浪。明代诗人有 “山头对酌夕阳斜，下见湖城十万家” 的诗句描写此处情景。

英雄山风景区由济南园林开发建设集团开发建设，1998年3月开工，当年8月底完成一期建设任务并对外开放。2000年3—8月进行了二期工程建设。之后又相继建成赤霞花卉展销中心、七

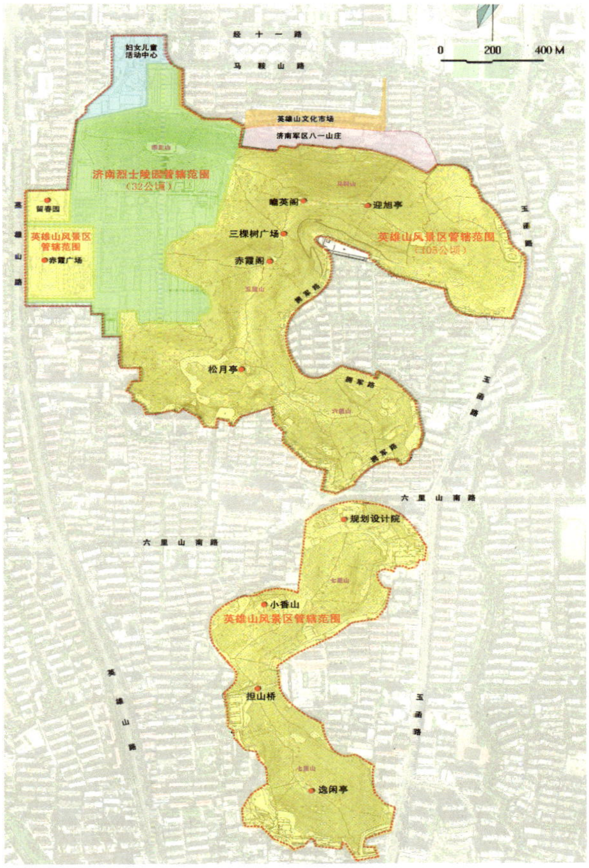

英雄山风景区边界范围示意图（2011年）

里山景区。到2009年，景区建设总体规划基本实现，成为济南市著名的风景区之一。

一、植物配置

英雄山原名四里山。古时，这里遍植黄栌，每到秋天绿叶变红，远远望去似红霞满山，故又名“赤霞岭”。清代著名诗人王苹曾在岭内建有别墅，名为“赤霞山庄”。1968年5月，革命烈士纪念塔在四里山建成后，遂改名英雄山。

景区植物资源十分丰富，有侧柏、桧柏、槐树、杨树、柳树、榆树、桐树、椿树、银杏、雪松等乔木12科20余种；有苹果、梨、柿子、杏、枣等果树12属30多个品种；有白羊草、羊胡子草等草类30余种；有柴胡、何首乌等药材植物60科200多个品种，绿化覆盖率达95%以上，被人们形象地称作济南城市之肺。

景区风光秀丽，山上山下松柏竞盛，间以五角枫、银杏、黄栌、白杨、法桐等，漫山呈葱绿青翠嫩黄之色，环境清幽深秀，赤霞广场、留春园美如花园。

二、景观建筑

革命烈士纪念塔 见本志第五篇第四章第三节“英雄革命烈士陵园雕塑群”条。

赤霞阁 位于五里山山顶。原名会仙阁，系济南市学者徐北文根据五里山及周边山峦的传说典故命名，2001年建成。阁高两层，建筑面积472平方米，占地面积1200平方米，其正门处有徐北文题写的楹联“赤霞灿烂瑶圃桃花映日千年祝曼寿，青鸟殷勤玉函锦字凌云万里报平安”，点明“会仙阁”之名的由来。“会仙阁”建成后，五里山顶成为人们登顶健身和俯瞰泉城全貌的场所。2009年，面向社会征名后改为现名。

迎旭亭・瞻英阁 2001年建成，统称山顶阁，与赤霞阁相邻不远。迎旭亭位于马鞍山顶东部，亭为二层。瞻英阁位于马鞍山顶西部，上下两层。亭、阁由长200米的廊连接。2009年，面向社会征名为“迎旭亭”“瞻英阁”。

舒心亭 位于六里山中央，是以解放前遗留下来的碉堡为基础建立，占地1000平方米，建筑面积60平方米。周围风景秀丽，环境幽雅，是市民登山休闲的好去处。

担山桥 位于七里山南、北两山之间，2008年建成。桥宽3米，跨度30.2米，钢筋混凝土结构，桥柱和桥面为花岗岩材质。2009年向社会征得此名。该桥的建成，将南北两山联系起来，方便了市民游山健身。

逸闲 位于七里山南山平台上，2008年建成。逸闲为一亭廊，建筑面积为39.51平方米，钢筋混凝土结构，地面为花岗岩板材质。2009年，向社会征得此名。周边设有多种休闲健身设施，是景区主要的休闲健身场所之一。

七里亭 位于七里山北山西南处，2008年建成。为一仿木亭，建筑面积15.21平方米，钢筋混凝土结构，地面为花岗岩板材质。2009年，向社会征得此名。亭西侧为百丈悬崖，与郎茂山遥遥相望。

怡情 位于七里山北山康乐园处，2008年建成。为一亭廊，建筑面积41.85平方米，钢筋混凝土结构，石柱和地面为花岗岩材质。2009年，向社会征得此名。

赤霞广场 （见本志第四篇第二章第二节“赤霞广场”条。）

赤霞阁

第六节 灵岩寺风景名胜区

灵岩寺位于长清区政府驻地东南31.5公里处，灵岩山之阳。灵岩山，其主峰青壁四削，呈方形，故原名“方山”。又因似“印符”，又称“玉符山”。相传东晋时高僧朗公来此说法，听者千人，山石为之点头，听众将此事告诉朗公，朗公说：此山灵也，不足怪。山遂名“灵岩”。灵岩山居中，群山环抱，重峦叠嶂。北有宝山、黄尖山，东为灵辟峰、朗公山、棋子岭，南边是黄岘山、明孔山、如来顶，西乃鸡鸣山等。北魏孝明帝正光元年（520年），法定禅师先建寺于方山之阴，曰“神宝寺”，后建寺于方山之阳，曰“灵岩寺”。当时，寺院建在山腰甘露泉侧，规模不大。至唐代贞观年间（627—649年），高僧慧崇将寺迁建于今址。以后历代均有增修。唐宋时为极盛期，有殿阁40余座，禅房500余间，僧侣500余人。唐元和年间李吉甫在《十道图》中将灵岩寺与今浙江天台国清寺、湖北江陵玉泉寺、江苏南京栖霞寺合称为“舆内四绝”。宋代，真宗赐名为“景德灵岩寺”，北宋神宗熙宁三年（1070年）正名为“十方灵岩禅寺”。明宪宗成化四年（1468年），又赐名“崇善禅寺”。

灵岩寺风光幽秀，殿宇崇宏，自然景观甚多。寺内现存主要建筑有天王殿、鼓楼、钟楼、东厢房、西厢房、韦陀院、观音堂、大雄宝殿、千佛殿、御书阁、方丈院、辟支塔、塔西院、十王殿、墓塔林等。自然景观有朗公石、一线天、十里松、摩顶松、“五步三泉”等，并存有历代题咏碑刻423块，多出于名人手笔，著名的有唐李邕灵岩寺颂碑、宋代的圆通经碑、金代党怀英书碑等。

解放后，政府对灵岩寺的保护非常重视，多次拨款整修，使这座古寺焕发出勃勃生机。1982年被国务院公布为全国重点文物保护单位，2001年评为国家4A级旅游区。

灵岩路景 从灵岩景区坊，到灵岩寺山门，有一段清幽漫长的路，沿途景美若画，胜迹多甚。进入灵岩景区，迎面可见一山，山巅形似鸡冠，故称“鸡鸣山”。该山景色秀丽，为旧时“灵岩十二景”之一。与鸡鸣山相对，有石坊屹立。此坊建于清乾隆二十六年（1761年），四柱高耸，柱础石鼓夹抱，柱端“朝天吼”昂天，额枋横贯，上镌乾隆皇帝御笔“灵岩胜境”。由此向里，大沟横卧，架以石桥，名曰“崇兴桥”，又名“崇福桥”“通灵桥”，或俗称“大石桥”。北宋大观二年（1108年）由灵岩寺方丈仁钦修建，明嘉靖十七年（1538年）重修，今建桥、修桥碑尚在。建桥碑，为北宋末年著名学者画家郭恩撰文，其子郭升卿书写，字体颇佳，效法“兰亭”。碑阴有飞白体“灵岩道场”四字，为北宋元丰年间兵部郎中王临书写，系主碑补刻。临桥古柏葱郁，溪涧深邃险峻。放眼南望，峰峦叠翠，巨石嶙峋，谓之“群仙朝笏”。其中一峰，有孔穴穿透，若翠屏之上悬挂着一轮圆月，名“明孔山”，亦为“灵岩十二景”之一。相传，法定禅师来此创寺之时，路途艰险，阴森可怖，他面山诵经49天，感动了神灵，阳光将山穿透，使他得以进山找到建寺之地。

沿路前行，又有山沟横卧，上架一桥，称“明空桥”，俗谓“小石桥”，明代重建。两侧古柏耸空，枝桠搭连，远看似门。桥北有山，松柏郁森，曰“对松山”。桥南有崖，泉流淋漓，名“滴水崖”。崖石嵯峨，状如抱厦，泉洒如雨。清乾隆皇帝来游时，赐名“雨花岩”，后将其名镌刻于碑，碑侧建亭，并定为“灵岩八景”之一。

过明空桥为“黄茅冈”，路旁有众多巨石，似龟背，从远处看去又像群羊。石上建黄茅冈亭。昔日，僧人在此迎客，故又名“接官亭”。过冈为灵岩之北溪，寺内诸泉皆汇于此，相传宋真宗曾在这里饮马，故称“饮马沟”。沟上架桥，名“新石桥”，系明代天启年间修建。桥两侧饰石栏，上雕蹲狮。沟北石壁嵌明万历年间书画家、历城人刘亮采所书“十里松”大字石刻。“十里松”是指从“灵岩胜境”坊到寺门沿途之古柏，昔人讳“悲”之音，所以称“松”。过桥之后，山路渐陡，古柏夹道，苍翠笼荫。路北侧，溪水激湍，水涛、松涛，轰鸣震耳。上陡坡，即为山门广场。迎面古柏葱茏滴翠，旁侧立一石碑，上刻“大灵岩寺”四字，系元代至正三年（1343年）西夏人、山东肃政廉访副使文书讷书丹。碑阴镌蒙古僧家奴跋语。广场东侧山岩石壁上，有清乾隆皇帝手书诗刻多方。至此，便到达佛门胜地灵岩寺。

金刚殿·大雄宝殿·摩顶松 灵岩寺山门称“金刚殿”，约为元代创建。门前两侧置清初石狮一对，昔日还立有“千崖”“万壑”石碑，由明嘉靖十一年（1532年）山东左布政使张钦书丹，门后也立二碑，镌“绝俗”“持戒”四字，为明隆庆年间李复初手笔。殿内供护法天神二尊，右为“那罗延金刚”，左为“密执金刚”，手持宝杵，威武刚猛。门内清溪东西涓流，上架三桥，东曰“虎溪”，中曰“聚善”，西曰“接引”，皆为建寺时建造。寺内僧人送客至此溪则止。

大雄宝殿

大雄宝殿为一四合院落，位于溪北，大门匾额“天王殿”，单檐硬山，基址、柱础等物乃为明代遗存。殿内左右山墙，嵌唐、宋、金、元、明、清碑碣17方。殿之中央，立北宋皇祐年间（1049—1054年）经幢1座。天王殿北部东西两侧，钟鼓二楼矗立，为北宋末寺内住持妙空创建，钟楼内现置明正德六年（1511年）十一月住持正昂铸造的铜钟一枚。钟、鼓楼东西两侧为廊庑，北侧正中高台之上便是大雄宝殿。该殿原为宋代“献殿”，是已倾圮的“礼拜五花殿”的前堂，由本寺住持仁钦于北宋崇宁、大观年间（1102—1110年）创建。昔日，僧人于此诵经朝拜。明正统年间，就国于济南的德王捐塑佛像于内，遂称“大雄宝殿”。今殿建于清代中叶，面阔五间，进深六间，硬山顶，卷棚式抱厦，红柱青瓦，半壁槅扇。左右葱茏参天的古银杏树相衬，愈显得殿堂分外壮观。清乾隆二十二年（1757年）弘历皇帝为殿题写“卓锡名蓝”匾额及“奇松尔日犹回向，诡石何心忽点头”楹联。诡石即“朗公石”，奇松即“摩顶松”。

摩顶松在大雄宝殿西北隅。四周砌以石栏，旁嵌明代嘉靖年间山东巡按监察御史张鹏所题“珠树莲台”、“名山胜水”大字石刻，以及乾隆皇帝御书“摩顶松”字碑和御制图诗碑。清康熙《灵岩志》对此松即已记载：“大可数围，内空外窍，老杆尽枯，孙枝独茂，翠色欲滴，苍古可爱，真不老物也。”僧人将玄奘的传说附会到该寺，称当年大唐玄奘去西天取经，临行时，手摩此松顶曰：“吾西去求佛，汝枝西长；归时，东向，使吾门弟子知之。”玄奘走后，树枝年年西指，一年忽东指，弟子西迎，玄奘果然归来，得佛经六百部。“摩顶松”由此得名。谓之青松，实为翠柏，因“柏”“悲”同音，其意不祥，故改之。后来寺内僧人为图吉利，便在柏侧栽柿树一株，取“百事如意”之意。这柿树长得秀丽，与苍劲古柏相映成趣，被列为“灵岩八景”之一。

千佛殿　在摩顶松的北面，为寺内保存最完好、规模最宏大的建筑。唐贞观年间（627—649年）由该寺住持慧崇创建，宋嘉祐六年（1061年）寺内住持琼环重修，明嘉靖年间重建。其后，历经多次修葺，其形制被保存下来，基本因袭了宋时的风貌。

大殿建在2米高的台基上，面阔七间，进深四间，单檐庑殿顶，丹柱碧瓦，斗拱错落，檐角翘起，跃跃欲飞，整个殿宇金碧辉煌，异常气派。殿周，围以矮墙，形成院落。院内院外，古木参天。近院有一翠柏，虬盘鳞结，苍劲挺拔，传为汉柏。旁有明万历三十六年（1608年）四月立的《汉柏记》石碑一通，碑文曰：“此柏方萌芽，汉文帝梦灵岩庙左右有千柏，命通往观之。至，惟见一萌芽，回以实报。文帝祭而祝之，曰：当与此山并传不朽。”

殿内中央台座上，供奉着三尊大佛，中为毗卢遮那佛，端坐于莲花高台上，藤胎髹漆，宋治平年间（1064—1067年）由僧惠在钱塘制作；东为药师佛，明成化十三年（1477年）以铜铸造；西为阿弥陀佛，明嘉靖二十二年（1543年）以铜铸造。四周壁上，曾排列着数以千计的30厘米高的坐佛，约为明代所置，多数木质，少数铜质，故称“千佛殿”。现存已不及半数。

殿中周围墙壁前的台座上，排列着101—120厘米高的40尊泥塑罗汉，其中，29尊为梵僧罗汉，11尊为中国高僧。这批罗汉像多数塑于北宋嘉祐六年（1061年），少数塑于元、明两代。塑造技艺精湛，写实性强，形体、比例与真人相像。其情态各异，有的禅坐，有的执杖，有的屈膝，有的光足，有的怒目，有的沉思，有的争辩，有的说法，无一雷同，生动传神。其衣饰彩绘也处理得干净利落，线条有的柔美流畅，有的刚健有力，有曲有直，有深有浮，富于节奏。色彩丰富，点染涂描，技法纯熟，堪称我国古代泥塑遗存中的艺术瑰宝。1922年7月，著名学者梁启超挥毫题字，誉之为“海内第一名塑”。

御书阁·鲁班洞 御书阁在千佛殿的东北侧。唐代本寺住持慧崇创建，曾供有唐太宗、宋太宗、宋真宗、宋仁宗等御书，故名。北宋大观年间，住持仁钦重建，并篆书颜额。金代贞祐年间，寺遭战火，御书尽焚。明代重修，并先后于内塑菩萨、玉皇像。阁为两层，下为石砌台基，券以拱门；上为阁体，飞檐起脊。阁前拱门之上石隙间生出古青檀，盘根错节，枝柯纵横，状若游龙、云朵，名曰“云檀”，为寺内一大奇观。阁基内外，嵌石刻颇多，其中以宋代写的《圆通经》最为著称。《圆通经》写于宋元符二年（1099年）十二月，共四页，草书1400余字，字体潇洒俊逸。刻石亦妙，保持了该书法之韵味。明代嘉靖间，学士方豪跋语曰：“灵岩名笔固多，惜多为石工所败，惟此字独佳。”该《圆通经》石刻与天王殿内元代汉藏文对照碑、鲁班洞中李邕《灵岩寺颂并序》碑，均为寺内珍品。

鲁班洞在大雄宝殿的西侧。过去传为东晋十六国时前秦隐士张忠穴居之处，又传为朗公藏骨处，今经文物工作者考察，是早期进入寺院的山门。山门南北方向，南侧辟券拱门，门洞深数米，两侧石壁上嵌有唐代景云、开元和北宋淳化、元祐、大观年间的题名石刻。其中西壁所嵌唐代北海太守李邕于天宝元年（742年）撰书的灵岩寺颂并序碑最为著名。李氏富有文名，书法尤佳。其字笔力遒劲，笔势开放，如龙腾虎跃，剑拔弩张。性喜创新，厌因袭，曾曰“似我者俗，学我者死”，故其书法具有独特的风格。该碑，字体为行书，是他65岁所书，可谓得意之作。李氏之碑刻，在本寺曾有多块，如今仅存此碑，亦是目前山东省仅存的一块李邕书碑。

辟支塔 位于千佛殿的西侧，以辟支佛（全称“辟支迦佛陀”）命名。其创建年代，根据唐天宝元年李邕撰书的《灵岩寺颂并序》碑“辟支佛牙，灰骨起塔”和清康熙《灵岩志》“唐天宝中建”的记载，当为唐天宝元年（742年）。今塔建于北宋淳化五年（994年），嘉祐二年（1057年）竣工，元、明屡修之。

塔高54米余，八角九级十二檐，青砖砌垒。塔基石筑，上刻阴曹地府浮雕。塔身，每级四门六窗，一至三层双檐，其余单檐。塔刹由覆钵、相轮、圆光、仰月、宝珠、刹竿组成。最上一层，八角各置金刚一尊，拽拉铁链，使刹加固。塔内设中心柱，东、西、南三面辟龛，内置石刻辟支佛像。该塔背依山峦，岿然耸立，和周围景色组成一幅美丽的立体图画。塔有砖砌台阶，盘旋登至塔顶，可观赏灵岩胜景全貌。

般舟殿基址 位于千佛殿北，为唐至清建筑遗址，1995年发掘出土。昔日，般舟殿面阔五间，进深三间。今台基上尚保留般舟殿四周残墙及硕大的柱础。其中明间两座柱础雕刻龙凤花纹，甚为精美。残墙东、西、北三面竖有八棱石柱，南面殿墙前有唐代密檐式石塔一座和八棱石经幢两根，上皆雕刻精美的纹饰，为佛教艺术精品。

慧崇塔·墓塔林 墓塔林，位于灵岩寺西0.5公里处。坐北朝南，为历代高僧安息之地。有唐、宋、金、元、明、清墓塔167座，碑刻81通。以元、明时期的墓塔居多，最早的唐塔仅1座，即慧崇塔。

慧崇塔在墓塔林北侧的最高处，是唐代高僧慧崇的葬塔。慧崇是贞观年间灵岩寺住持，他将灵岩寺从甘露泉迁至今址，创建了千佛殿、御书阁等，功绩赫然，圆寂建墓塔以藏舍利。该塔建于天宝年间（742—756年），高5.3米，石砌方形，单层。南面辟门，门上券拱处镌以火焰状半圆形浮雕。东西两面饰门，仕女凭门半掩，门上雕刻狮头、武士、飞天、乐伎等图案。塔顶重檐，以石板叠涩外挑，塔刹由露盘、仰莲、宝珠组成。整座塔体显得古朴浑厚。塔壁刻有明代万历十六年（1588年）释真可的《礼慧崇塔》。

其余墓塔，皆在慧崇塔之南，簇聚成林，

墓塔林

蔚为壮观，可与河南嵩山少林寺墓塔林媲美，对于研究我国佛教史、艺术史，具有重要价值。墓塔由塔座、塔身、塔刹组成，形制多样，造形古朴，雕刻精细。塔座多呈方形和圆形，雕成莲瓣，由金刚、力士顶托，有的则做成须弥座式。塔身有圆形、长方形、钟形、八角形等，上刻祖师僧名及年号。塔刹为雕刻着莲花瓣的复钵和圆形相轮，上置宝瓶和相轮式宝尖。诸塔之中，让公息庵和尚墓塔尤惹人注目。息庵为灵岩寺第三十九代住持，圆寂于元至正元年（1341年）。其墓旁《让公息庵禅师道行碑》，由日本和尚邵元撰书。邵元因“慕中华释教之盛”，于元泰定四年（1327年）到华，在中国居留长达21年，其间，遍游各大名寺，曾任少林寺首座僧职，还被选为百僧之一进宫诵《大藏经》。他不仅通晓禅宗教义，而且对汉文化也造诣颇深。他所撰写的此碑，书、文并茂，堪称上品，且为中日两国人民友好往来的珍贵实物资料，传为中日文化交流史上的一段佳话。当代历史学家郭沫若曾题诗赞曰：“息庵碑是邵元文，求法来唐不让仁。愿作典型千万代，相师相学倍相亲。”

白云洞·积翠证明龛·朗公石　白云洞位于寺东里许灵岩山腰。阴雨天，于山下依稀可见洞内溢出白色云气，故名。白云洞所在之山岩，平平展展，上有翠柏荆棵，山花芳草。洞穴岩壁之下，有一平坦隙地，人们立于此，可俯瞰灵岩胜景。

积翠证明龛亦称“证明功德龛”、“方山证明殿”，位于白云洞西悬星岩（俗称功德顶岩）岩间一山洞内。其名来源于“幼童舍身成佛”的传说。龛内唐大中八年（854年）乡贡进士牟珰撰写的《修方山证明功德记》载：“按寺记云：唐初有一童儿舍身，坠到半虚，五云封之，接往西天而去。……证明佛法功德之真理。”龛为唐贞观年间开凿，内平面呈椭圆形，正中雕有释迦牟尼石像，高约5米，体态丰腴，身着袈裟，趺跏而坐。旁有菩萨、弟子、卫侍、神兽造像等。洞内题记甚丰，尤以唐、宋两代最多。明嘉靖三十八年（1559年）于龛外增建方形石室，坡顶，叠涩出檐，外壁涂朱色，俗称“红门”。门前为平台，台周设护栏，人们可凭栏观赏四周景色。龛上，巨岩削壁如屏，青葱翠绿，景色壮丽，称“方山积翠”，为灵岩十二景之一。

朗公石位于悬星岩东南“师尾”“灵辟”两峰南约1公里处的山峰下。峰下耸立的一块孤石，相传为朗公之化身，故称“朗公石”。远远望去，酷像一光头和尚，身披袈裟，背着行囊，拄着锡杖，沿着山路踽踽前行，实乃唯妙唯肖。

第七节　五峰山风景区

五峰山风景区位于长清区境内，毗临大学科技园。相传玉皇大帝的五个女儿路经此地，见其风景秀丽，不愿离去，于是化作迎仙峰（聚仙峰）、望仙峰、会仙峰、志仙峰和群仙峰，五峰山由此而得名。属泰山山脉，主峰海拔395米。五峰环联错列，山峦连绵，古木参天，云生仙洞，泉涌石罅，文物荟萃，景色奇秀清幽，被誉为“齐鲁仙境”。山中有内外八景，世人曾将泰山、灵岩、五峰山并称“鲁中三山”。

五峰山人文景观丰富。从东周至秦汉时期的古代遗址有百余处，其中包括经五峰山通往泰山、孔子故里曲阜及通往长江以南的皇家御道、驿站；汉武帝建造的神灵社；北魏时期兴建的三清殿、圣佛莲花洞、讲书院等；隋唐时期农民起义军建造的营房、校兵场、点将台、烽火台等遗址；宋代至明代修建的玉皇殿、虎神殿、龙王殿、洞真观、玄都观、九莲圣母殿、避暑行宫、迎仙桥、青龙池、一天门、青帝宫等；清代多次置界、立碑、建宇。据民国24年（1935年）《续修长清县志·五峰志略》载：“五峰山场，兴发于北魏，广拓于金元，繁荣于朱明”。民国4年

五峰山五峰

（1915年），民国政府农商部设林业实验场于此。民国34年（1945年）后，林业实验场解体。1948年9月，省立泰历林场建立，五峰山场改为泰历林场五峰分场。1949年，设立国营五峰山林场，1952年归长清县政府管理。1985年，对古建筑进行了大规模恢复重建。1995年10月，被山东省政府公布为省级旅游度假区，2001年，被评为首批国家3A级旅游景区。

洞真观 金代创建的五峰山道观，明代达到极盛，分为南北二观。北观称洞真观，南观称玄都观。

洞真观建于金代泰和年间（1201—1208年），由全真教道士邱志园、范志明创建。邱、范二人殁后，同业王志深、李志清增筑之，凿池引泉，初具规模，名曰“洞真观”。元代宫廷封道观为“护国神虚宫”。明万历皇帝赐名“隆寿宫”，敕建“保国隆寿宫石坊”（高8米，宽9米），并颁发《道藏》经一部480函。至此，洞真观进入鼎盛时期，“楼殿岿崇，金碧辉荧”。清代以来，渐趋衰败。该观坐北朝南，各殿依次建在同一中轴线上。午朝门是洞真观的正门，始建于元朝，清咸丰年间曾遭到破坏，后重修。由正门、东西配殿、回廊三部分组成，是洞真观的重要组成部分。

“皇宫门”为木质牌坊，位于午朝门前，始建于金元时期，为四柱三楼式，底座上面刻有八个卧狮，两两相间，各具情态。坊的上顶均为木制，飞阁流丹，气势雄伟，颇为壮观。门内架石桥，名曰“更鸡桥”。桥北是“玉皇殿”，始建于宋代，殿内塑玉皇大帝像，头戴九旒冕冠，两侧侍者各四，有太白金星、托塔李天王、左天蓬、右天蓬四大天神，手持枪、刀、火、旗。每年的正月初九传为玉帝诞辰日，道观常在这一天举行祝寿道场。殿前右侧为“龙王殿”，明正德十三年（1518年）重修。殿内有泉，门外两侧刻楹联：“一派水声流不尽，四围山势欲飞来。”左侧为“虎神殿”，明万历三十七年（1609年）修建。玉皇殿院内古柏众多，浓荫蔽日，在午朝门前聚生13株柏树，相传系元朝五峰山道观一主持道人所植。这位住持道人在出家前曾有一子夭折。出家后，为纪念亡儿，每年孩子忌日便栽上1株柏树以作纪念，当第13年栽好第13株时，道人羽化。清朝顺治皇帝闻知此事，将这13株柏树

皇宫门

敕封为“十三太保”。殿东院外，有建观之初所植银杏1株，树干挺拔，高达30米，胸围6.5米，冠幅近40米，枝叶繁茂，禽鸟啁啾。树东有泉，名“清泠泉”，泉上有听泉台，台上筑“清泠亭”，为四柱方亭，因在志仙峰前，又称“志仙亭”。上刻对联两副：一联曰“到此息尘虑，对之清客心”；另一联曰“露滴仙人掌，云流玉女盆”。分别为清人英和、黄易题写。

北出玉皇殿，拾级而上便是“娘娘庙”，祀碧霞元君。娘娘庙后为“真武庙”，庙内原祀北方玄武七宿，其对联曰：“一柄皂旗遮日月，七星宝剑照乾坤。”真武庙北，依山借势建百丈阶，台阶宽16米，高约百米，共有91级，取道家“九九归一”之意。百丈阶之上有三元殿，亦名三元宫，始建于元代，内祀天、地、水三神，又名“三官殿”。明末清初毁圮，后加以修复。清嘉庆十八年（1813年）山东布政使朱锡爵题写门额“灵照三界”。殿左侧有观音堂、吕祖庙、青帝宫，今仅存青帝宫。该宫始建于明代万历三年（1575年），内祀青帝，居东方，主青，又称“苍帝”“春帝”。清康熙元年（1662年），顺治皇帝出家时曾住在青帝宫，后到五台山，留下了一段康熙寻父的佳话。江南才子黄易、英和就康熙寻父之事在青帝宫特留下了“青帝宫中情帝在，情缘虽了青未了”之墨宝。

洞真观中古碑林立，金、元、明、清各代皆有，其中尤以蒙古定宗二年（1247年）《真静崔先生画像赞》碑最为著名。崔先生，名道演，字玄甫，号真静，金代人，是位亦儒亦道弃仕途厌名利的隐士，原在蒙古哲里木东境“金山昊天观”。金大定七年（1167年）王重阳在山

东创建全真教，并收丘处机、刘长生、谭长真、马丹阳、郝大通、王处一、孙不二为弟子，广泛传道，先后派丘处机、郝大通、刘长生三位到五峰山弘扬全真龙门教义数年。全真教在长江以北的活动受到民众的拥戴和皇权的赞誉，势力迅速扩大。此时七真人之一刘长生为使五峰山道观发挥更大的作用，于金大定二十七年（1187年）派其弟子崔真静来五峰山做道观主持。因博览佛、道、儒三教之书，洞晓大义，且精通医术，为百姓治病，不取分文，深得民心，并得到皇上的赏识，五峰山洞真观被朝廷敕封为“护国神虚宫”。据史料记载，当时的五峰山已被列为全国“三十六洞天”“七十二福地”中的第九位。此碑为后人纪念崔真静而立，正面碑颜镌“真静崔先生画像赞”八字篆书。碑身是沈士元单线条刻画的崔真静盘膝坐像，画像上端勒有金元诗人元好问、刘祁、杜仁杰的像赞诗各一首，字体分别为籀、篆、隶。碑阴镌刻杜仁杰撰文《真静崔先生小传》。此碑作品出自各名家之手，诗、书、画、刻俱佳，为历代金石家所著录。此外，杜仁杰的诗碑也保存于观内。

玄都观　亦称南观、元都观，在洞真观南侧的青崖山西南麓，为明代德王的香火院，明成化至崇祯年间驻藩济南的六代德王陵墓均建于此。这里泉水潺流，树木葱郁。玄都观内的一株海棠尤为茂盛，枝干挺拔，冠幅博大，芳香四溢。清末民初，玄都观倾圮，陵园也遭破坏，现仅存八字墙、德王墓和一座享堂。1993年年初，文物部门对德王朱见潾墓进行抢救性发掘。该墓是墓主与其妃刘氏、其子济宁安僖王朱祐榑的合葬墓，距地面12米。墓穴中后部为地宫，砖石结构，有相互贯通的东、西、前三殿，总面积105.5平方米。两扇石门均宽11.07米，高2.51米，厚0.19米，上雕铺首及乳头形门钉，殿内各置一石棺床。

莲花洞　又名“千佛洞”，在迎仙峰西侧峭壁上，是一处珍贵的东魏石窟造像，1992年公布为省级重点文物保护单位。洞深丈余，高3米，洞口由块石券成，上嵌明天启六年（1626年）三月镌刻的“圣佛莲花洞”颜额。洞中四壁全由佛像占据。最深处正中，凿佛像一尊，结跏趺坐，高2米余，属洞中最大者；左右侍者各二，高1.6米。周围洞壁及拱门两侧雕242尊小佛，形态各异。洞顶藻井全为莲花雕饰，40余朵，色彩素净淡雅。该洞有东魏至北宋造像题记多处。据清嘉庆《山左金石志》载：“（隋）莲花洞造像题字三十种，在洞外东壁者五种，在洞内北壁者二十三种，在洞内南壁者二种，每种五六字至二十余字不等，向未著录，此段赤亭亲至五峰搜得之。”又据清孙星衍《寰宇访碑录》云：“五峰山莲花洞大像主钟崔等五十四人题名，盖又有出三十种之外者矣。”如今，不少题记尚存，但大半已漫漶不可识，尚可辨认的有东魏武定五年（547年）、北齐皇建元年（560年）造像题记等。

仙人台　位于群仙峰顶，五峰最东端。群仙峰隆然突起，海拔395米，是五峰中海拔最高的峰。峰顶如削，孤悬天半，四面悬崖壁立而成台形，只有一条小路可至。据传五峰山道人常来此坐化升天，故名“仙人台”。山势险峻，古柏苍郁，景色殊绝。

青崖寨　在五峰山东侧，原名青崖山。此山北连黄山，中隔一涧，唯西北一条小路可通山顶，山势陡峭险峻，古为兵家屯兵之地。金元时，东平路行军万户、长清人严实，曾在此建寨屯兵镇守，始称青崖寨山。明崇祯十三年（1640年），以孙华亭为首的万名起义军驻扎于此，至清顺治年间义军山寨被清兵攻破。山上尚存的遗迹，有半穴居式建筑260余间，1—3米高的寨墙300余米，寨门、马道、点将台、旗杆穴、校场、盔子石和舂米蓄水用的石臼、石瓮等。

迎仙亭　建在迎仙峰顶，五角仿古形式。亭西峭壁上有明朝书法家孔毓圻书写的“环翠”二字。迎仙峰位于五峰山最西端，三面悬崖，峰顶平展。

月明池　位于青帝宫东南侧，由清泠泉、青龙泉、白虎泉泉水汇集而成。池面呈弯月形，池上建一亭名“明月亭”。每逢月夜，空中的月亮与水中的月影交相生辉，形成月景在水，人影在天的景象。

第八节　四门塔风景名胜区

四门塔风景名胜区位于济南市历城区柳埠镇，为柳埠国家森林公园的一部分。景区内有隋代的四门塔、唐代的千佛崖和龙虎塔以及元、

四门塔风景区景点分布图（2011年）

明、清的碑刻、古墓、涌泉、塔林等名胜，是济南著名的旅游观光胜地，国家4A级旅游区。

四门塔 位于景区青龙山南麓，是中国现存最古老的石塔，也是神通寺的重要遗存之一。神通寺由东晋高僧朗公创建于前秦皇始元年（351年），初名“朗公寺”。据说，朗公功德甚高，备受当朝者尊崇，寺也得以发展，渐成山东地区最大的佛教中心。而朗公寺之所以又被唤作“神通寺”，与隋文帝的一段渊源有关。相传隋文帝杨坚梦中得佛祖点化，称其母吕苦桃的族亲在济南郡，便来此寻亲，竟真找到了母亲的侄子与堂弟。隋文帝深信“此缘来源于佛”，便在隋开皇三年（583年），以“通征屡感”赐予朗公寺“神通寺”的名字，意在“佛有神通，法力无边”。此后，在皇帝、贵族的推崇下，此处香火愈加旺盛。在随后的千百年里，寺庙经历了数次发展起伏，直至清末民初，遭战火毁灭性破坏，千年古刹毁坏不存。

四门塔呈单层方形亭阁式，四面各有一半圆形拱门，故得名。1961年被国务院公布为全国第一批重点文物保护单位。此塔的建造年代，最早根据塔内杨显叔造像题记，认定系东魏武定二年（544年）创建。1972年对该塔进行维修时，发现塔心柱内存有隋代五铢钱，在拱板石上刻有“隋大业七年造”字样，此后便认定为隋大业七年（611年）所建。

四门塔平面为正方形，通高10.4米，每边宽7.4米，皆由青石筑成，檐部叠涩五层挑出，攒尖顶上塔刹由须弥座、露盘、山华、焦叶、相轮构成。其风格简洁雄浑、朴实无华，是单层塔的早期建筑典范，受到中外学者钟爱。20世纪20年代被收入日本出版的《世界美术全集》。

塔内，顶端有16根三角石梁承托塔顶。中央为方形石砌塔心柱，四面各有一尊佛像，南面谓保生佛，北面谓微妙声佛，东面谓阿閦佛，西面谓无量寿佛，皆由青石雕成，螺髻，花纹平直褶皱，刻工精细。东西南三面趺跏而坐，作禅定状，独有北侧一尊两手扶膝作“说法状”。四尊佛像造型生动，神态亲切，精雕细刻，至今保存较为完好，被海内外专家誉为我国雕刻艺术之珍品、极品。

据清道光《济南金石志》载，塔为昔有造像题记两则，一为东魏武定二年（544年）杨显叔造像四躯，另为唐景龙三年（709年）尼姑无畏、妙法等造弥陀佛、观世音、大势至、二圣僧五像，后俱丢失。其中杨显叔题记于清末被直隶总督端方窃走流入日本，今塔内佛座上杨显叔题记是根据拓片复制而成。

1997年3月，塔内东向阿閦佛佛首被盗。阿閦佛在四尊佛像中最为传神，保存得也最为完好。佛首被盗后，流落海外。2002年3月，台北法鼓山文教基金会圣严法师的弟子从国际拍卖市场购得丢失的佛首，并由圣严法师亲自护送回四门塔。经文物专家精心修复，佛身首合一，完好如初。

四门塔北侧，有一株古柏，传为汉代栽植，树龄逾千年，枝繁叶茂，因树上有九股粗壮的枝

四门塔

干平伸，故名“九顶松”，亦称“千岁松”。树的胸围5.4米，树高15米，冠幅博大，挺拔苍劲。传说一天傍晚，远方飞来一只五彩凤凰栖于树上。黎明时分，神通寺和尚按例敲响寺内的巨钟，洪亮的钟声惊飞了凤凰，由于起飞时用力过猛，凤凰蹬断了粗大的树干。又一夜之后，树干折断之处长出了9股粗大的枝杈，挺拔苍劲，茂密葱茏，整株柏树长得更加雄健、壮观。那只凤凰起飞后，在涌泉庵的山崖上落下，此崖因此得名“凤凰台”，而涌泉庵的钟声也跟着响起，凤凰又被惊飞，最后落到柳埠村北山上，而此山就是现在的“凤凰山”。

龙虎塔·祖师林　龙虎塔，在白虎山东麓，与四门塔隔谷相对。因塔身雕刻有龙虎而得名。1988年被国务院公布为第三批全国重点文物保护单位。建造年代无考，但专家根据建筑风格断定，塔基、塔身建于盛唐，塔刹补建于宋。该塔是一方形单层砖石混合建筑，通高12.2米。基座三层，每层平石大檐突出，束腰部分镌以佛龛及凹凸纹饰、伎乐、狮子、覆莲等浮雕。塔身由四块长方形青石板扣成，四面辟火焰形券门，周身布刻佛陀、菩萨、力士、伎乐、飞天、龙虎等高浮雕。南北门两侧雕以四大天王，东门两侧浮雕则为释迦牟尼的两位高足弟子迦叶、阿难。塔檐为双重，华栱承托，顶端塔刹由露盘、仰莲、相轮构成。塔内砌方形塔身柱，四面各有石雕佛龛，龛内雕刻佛像，外饰唐草、飞天。整个塔体

龙虎塔

造形精巧，装饰华丽，雕刻技艺精湛，可谓盛唐石刻艺术之佳作。在龙虎塔东南，四门塔的北侧，有一小形石塔，1972年从柳埠突泉村皇姑庵遗址迁来，故称“皇姑塔”。又因雕有龙虎，风格与龙虎塔类同，亦称“小龙虎塔”。原为七级，现存六级，高3米余。东侧刻有唐开元五年（717年）造像题记。塔身也镌佛陀、伎乐、覆莲等精美图像。南辟拱门，门侧镌金刚，室内雕佛像，造型精致，不失为珍品。

祖师林，在龙虎塔北侧，为寺内高僧安葬处。现存元明墓塔43座。石质居多，少有砖筑。形制有幢形、钟形、阙楼形、鼓形、六角形、八角形等。下有须弥座，上覆宝盖、塔刹。其中金代“清公山主之塔”为祖师林所存年代较早的墓塔，砖砌，六角形，五级。塔身雕有半掩殿门。另有两座金代石塔，1972年由济南东北郊卧牛山迁来。

此外，在祖师林北侧，1963年清理淤土时还发现了一座唐代建筑台基，东西长12.5米，南北宽10.5米。台基束腰处，镌以浮雕，内容有飞天、伎乐，有箜篌、琵琶、阮咸、排箫、笙、角、拍板等，雕刻精致，形象生动，具有较高的艺术价值。

千佛崖　在龙虎塔西北，白虎山东侧崖壁。因摩刻佛像甚众，故名。1988年，被国务院公布为全国重点文物保护单位。此崖南北长65米，高约50米，凿大小石窟100余个，造像原有220尊，现存210尊，题记43则。始凿于唐武德年间（618—626年），历经宋、元、明各代，逐年增扩。其中以唐武德、贞观、显庆、永淳、文明年间造像最盛，前后持续60多年，可谓唐初佛教造像艺术的编年史。

造像主各阶层皆有，上至王公显贵，下至黎民百姓，并有知名僧侣，但以达官贵人为多。造像石窟最大的有五个。南端第一窟是唐显庆二年（657年）南平长公主为其亡父太宗文皇帝敬造的祈福像。南平长公主是唐太宗李世民的三女，唐高宗李治的姐姐，其丈夫刘玄意当时在济南任齐州刺史。此窟造得讲究，窟顶为木建筑的梁椽屋檐，窟内正中镌以佛像，结跏趺坐，前胸扁平，面颊丰满，头作螺髻，眉目清秀，和颜悦色，身着袈裟，腰束博带，雕工精湛，堪称珍品。此窟北，位于石崖中部的一大石窟内，有唐显庆三年（658年）太宗驸马刘玄意敬造像。佛像垂腿而坐，侧有题记，窟龛刻有门楣，饰以竹节，并雕

有力士、狮子护守。

崖北端又有两大石窟。其中一窟，迎门镌大佛两尊，分别高2.65米和2.8米，凿于唐显庆三年（658年），系唐太宗第十三子、时任青州刺史的赵王李福为其父敬造，侧有造像题记。窟壁还凿有佛陀、菩萨19尊，有王玄亮、刘操等人题记。菩萨雕刻精美，给人一种娴雅、秀美、慈祥的感觉。窟门中间石柱上又有唐永淳二年（683年）当地百余民众所造小像。

涌泉庵遗址 位于神通寺遗址西，白虎山南麓。涌泉庵，建于六朝齐梁间，隋开皇年间重修。因庵侧有“涌泉”而得名。20世纪90年代初尚遗存占地面积6380平方米的庭院1座，有南北殿堂和西厢房。现仅存北殿堂3间及附近古碑七通。原庭院门外东侧，紧临山坡，有1座形状如四门塔的单层方形石塔，塔高3.35米，边宽2.2米，坐北朝南，内有1尊石雕佛像。相传，明代有位名叫明喜的女子，其父因冷淡仕途，便辞官到神通寺作了和尚，法号“兴公”。明喜担心父亲生活不能自理，便随父而来。按寺内教规，男女不能同居，明喜便入涌泉庵削发为尼，并建该塔，把为父亲洗好的衣服按约定时间送往塔内，随后父亲再将衣服拿走。于是，人们便将这石塔称“送衣塔”。明喜当了尼姑后，于此大建殿宇，使庵院金碧辉煌。送衣塔的西南侧，即为济南七十二名泉的“涌泉”。

九顶塔 位于柳埠东南灵鹫山九塔观音寺遗址处。九塔观音寺因九顶塔而得名。此寺始建年代无考。据立于寺内的明嘉靖四十一年（1562年）许邦才撰文、李攀龙手书的《重修九塔观音寺记》碑载：“寺建于此，莫知其始。历考寺碑，惟得唐天宝、大历之文为古，然曰重修，则犹非其始也，意必建于隋梁之间。”又据寺遗址北侧，观音殿墙壁镶嵌的明万历二十七年（1599年）石碣称：“九塔寺，唐尉迟敬德所造。”由于年代久远，历经兴废，至20世纪40年代末寺已荒芜。寺院建筑虽多倾圮，但其概貌仍然可见。庭院幽幽，环以石墙，院内尚存九顶塔、观音殿及明清石碑7通。九塔寺北侧山崖上，尚有摩崖造像三区，计17窟58尊。旁有残缺题记5则，其中可辨者，有唐天宝年号。可见，此处造像也已历经千余年。

九顶塔坐落于九塔观音寺院内西南隅。1988年被国务院公布为全国重点文物保护单位。塔高13.3米，单层八角砖结构，檐部叠涩挑出，塔顶中央及每角之上各筑方形三层叠涩挑檐小塔，共9座，故名。中央小塔高5.33米，各角小塔高2.84米，形成塔林之势，构思奇妙。小塔各层皆有小门，重檐覆脊，露盘相轮，精巧别致。塔身南面距地3米余处，辟以佛龛，龛内雕一佛二僧。佛高1.2米，面颊丰满，螺形发髻，披以袈裟，结跏趺坐，刻工精细。四壁绘以明清壁画，室顶饰以天花藻井。塔身东壁存宋人题名4则。该塔造型奇特，构造诡巧，精美绝伦。20世纪20年代日本出版的《世界美术全集》评述说：该塔“匠意纵横，构筑奇异，其他无能及”。

九顶塔北侧，为观音殿，面阔3间，坐北朝南。殿内壁间残存清末壁画。殿前两侧矗立古柏2株，胸围4米余，虬枝铁干，古拙苍劲，虽历经千年风霜，却仍枝繁叶茂。据殿门东侧北壁嵌明万历二十七年（1599年）石碣载，殿前柏树由唐尉迟敬德所植。当地百姓传说：昔日，本地有一豪绅，想用这树做寿器，便派人来伐。锯时，树缝流血，锯者惊恐欲罢，豪绅执意不肯。正在这时，忽然风雨大作，一声霹雳，将豪绅击毙。古柏遂免遭劫难，从此人称其为“灵柏”。

淡竹林 位于涌泉东侧，占地面积约6670平方米，是济南地区面积最大的淡竹林。

青龙亭·白虎亭 二亭原为明代井亭，位于山东布政司（今山东省政府驻地），1972年自省府院内迁至神通寺遗址的青龙、白虎山下，由此而得名。

小宋塔 位于神通寺遗址四门塔北青龙山的半坡上，为3层舍利石塔，总高4.83米。在第一层塔身南面辟一佛龛，佛龛门外东侧刻有宋绍圣五年（1098年）三月的题记。

神异井 位于神通寺遗址东侧河旁，是当年神通寺僧众用水之井，口方形，水质甘冽，常年不竭。

第九节　黄河风景区

黄河景区在市区北部，范围很大，西起洋涓湖，东到华山，南临泺口，北依鹊山，东西呈带状。黄河横贯其间，河水奔腾，大桥飞架，百舸争流。两岸植被甚丰，绿柳披拂，白杨参天，沃野平畴，青山点点，荷塘片片，并有周恩来总理视察黄河铁桥及王士栋革命烈士纪念地，形成颇具特色的旅游景区。规划面积约990万平方米，2003年被水利部命名为“国家水利风景区”，并正式对外开放。2009年，被评为国家3A级旅游景区。

黄河 今济南北部之黄河，本为济水，古为四渎（济水、黄河、淮河、长江）之一。古老的济南，即因处于济水之南而得名。后来，济水上游发生变化，秦汉时，其下游干涸。几经变迁，历下诸泉及汶水注入河道，水清如镜，故称大清河。河水自西东来，银光闪闪，宛若玉龙，此景古人称为“清流注海”，列为历下十六景之一。清咸丰五年（1855年）六月，黄河于河南铜瓦厢决口，循济水故道，夺大清河入海。往日的大清河失去独立存在的地位，随之易称为黄河。其貌亦一反常态，变得气势磅礴，声如滚雷，粗犷豪迈。如今黄河依然壮观，狂滔怒击，大桥飞架，车水马龙，一派繁荣景象。河之两岸，杨柳依依，青翠弯弯如带；片片荷塘，菡萏吐艳。北岸的鹊山，嶂峦如屏，蓊茏葱郁；南岸的华山，虎牙桀立，挺拔清秀。

黄河，不仅景色壮丽，而且还授益于人民。河水未被污染，属于水淡，无味无臭，沉淀后可供饮用，如今已是济南市主要日用水源之一。济南辖区内，流长30余公里，设虹吸管、提水站等引水工程多处，灌溉两岸稻田、蔬圃，所盛产的“黄河大米”，粒大色白，晶莹如珠，营养丰富，馨香扑鼻。河内鱼类甚丰，诸如鲫鱼、鳜鱼、刀鱼、鲤鱼等。用黄河鲤鱼烹制的佳肴“糖醋鲤鱼”，为济南名菜。黄河历有航运之利，为山东省主要的水运航线之一。新中国成立后，于1952年在济南市成立山东省黄河航运局，继而又建起造船厂，促进了黄河航运事业的发展。

黄河飞虹 解放前，黄河被视为难以逾越的天堑，世代人民望河兴叹。昔日过河渡船，皆靠人力，或拉纤，或摇橹，或撑篙。若遇风浪，常是船翻人亡，怨声载道。解放后一改前观，特别是在1978年12月至1982年6月，于华山西北4.5公里处建成的“黄河公路斜拉桥”，堪称奇观。

该桥为预应力混凝土连续梁斜拉结构，全长2023米。主桥5孔，长488米，其中，主孔跨径220米，是当时亚洲同类型桥梁中跨径最大者。引桥51孔，长1535米，为先张法预应力组合箱梁。桥幅宽19.5米，其中，车行道15米，可并行4辆汽车，桥下可满足四级航道要求。牵拉主桥混凝土梁的两座索塔，矗立于河中，分别高68米，每塔两侧11对斜拉索缆，呈扇形布置，造型优美，雄伟壮观，好像一架摩天竖琴。大桥建筑技术水平颇高，分别获“七十年代国家优秀设计奖”和国家科技进步一等奖。周围景色如画。河水自西奔流而来，汹涌澎湃，两岸杨柳垂荫，青山雄峙。巨桥横架，若苍穹飞虹。

黄河公路斜拉桥

黄河古渡 黄河古渡位于泺口，是山东境内黄河历史上最大的水陆码头。它把省城济南和鲁北平原紧紧系在一起。黄河两侧堤岸高耸，河床高出地面，世称悬河，往来车辆渡河困难。解放后，修建了1000米长、8米宽的码头坡道，从而运行方便，同时还建起了六个不同水位的码头，任凭水位变化，仍能畅行无阻，既迅速，又安全，昼夜不停，“黄河自古不夜渡”的古训成为历史陈规。

古渡两岸风景秀丽，胜迹甚多。北岸是鹊山，山麓林木葱茏，荷塘稻田无际。现已于此建成一个开放性的公园，形成一处山青水秀的旅游点。南岸，有一古镇，原称雒口，济南城内泺河之水从这里注入大清河（即后之黄河），故又称泺口。该镇历史悠久，占有鱼盐航运之利，在明清和民国初年，经济繁荣，商贾云集，为远近闻名的货物集散地。明末《历乘》记载：“雒镇，城西北二十里，商人贸易之处，胶莱分司（盐务机构）驻焉。山（即鹊山）高峙，大清东流，楼船往来，亭阁飞甍，诚一巨镇。”如今泺口旧貌换新颜，仍为工商兴旺之地。镇西是毛泽东主席1959年9月视察黄河莅临处，群众植有雪松一株，亭亭玉立，挺拔俊秀。镇东，1911年建成的津浦铁路黄河铁桥，犹如苍龙卧涛，飞架于黄河南北。该桥是当时中国乃至亚洲最大的悬臂梁式铁路大桥，在世界上享有盛名。桥体总长1256.91米，桥宽9.4米，全部为钢结构，使用钢材8652吨。由12孔钢梁组成，初始为单轨，两侧铺钢板人行走道，后改设双线轨道。桥墩台为气压沉箱基础和钢筋混凝土基础。桥头建警卫室，日耳曼风格，小巧玲珑。新中国成立后，大桥为新中国的经济建设做出了巨大贡献。铁桥的南端，是周恩来总理视察该桥纪念地，为1977年公布的省级重点文物保护单位。1958年8月，黄河出现有史以来的特大洪峰，直接威胁大桥安全，危及津浦铁路的畅通。8月6日，周恩来总理由郑州乘飞机来此视察，并作出重要指示。为表示纪念，今立碑以志。黄河铁桥的北端，鹊山东侧山脚下，是王士栋烈士纪念地。王士栋，山东泰安人，中国人民解放军山东省军区某部战士，担负守卫泺口黄河铁路大桥任务。于1967年5月31日晚，为确保铁路大桥及列车安全，冒着暴风骤雨，排除了铁道上的障碍，不幸壮烈牺牲。为表彰烈士英雄事迹，济南市革命委员会于1967年11月11日在此建立烈士英勇抢险塑像一尊。1979年9月，被公布为济南市重点文物保护单位。20世纪90年代初，此桥曾一度废弃。1998年2月至1999年1月28日，铁道部第三桥梁工程处对近百年的泺口黄河大桥进行全面改造修复，再次重新启用。

东西嵌碧 泺口镇东西侧，黄河南岸，水面特多，片片稻田，方方荷塘，如同在黄河这一锦带上镶嵌的块块碧玉。

泺口迤东，盖家沟庄北，有较大的水面，植被甚佳，造园条件优越。荷花与柳树，是济南的市花市树。这里荷塘壮阔，荷叶青碧，莲花鲜艳。有荷亦有柳，一丛丛、一行行的垂柳，将荷塘呵护，蓊蓊葱葱，浓荫蔽日。水村渔舍，组成一幅北国江南风景长卷。

泺口迤西，黄河南岸一带，风光也很优美，小鲁庄、大魏家庄一带村内村外皆为荷塘，阡陌纵横，小洲片片，芦苇摇曳，杨柳依依。与大魏家庄比邻，是滗涓庄，野趣尤浓，水域更加开阔，人称洋涓湖。荷塘近邻药山，九峰倚连，远山近景，浑然一体。

小清河 位于济南城区北部，黄河南侧，源于济南西郊睦里闸，纳玉符河下游分流之水，东西向流至济南北园，又汇市内诸泉，流经历城、章丘、邹平等地，由羊角沟入海。该河唐以前为济水残渠，金时刘豫疏导入海。元于钦《齐乘》曰：“古泺水自华不注山东北入大清河，伪齐刘豫乃导之东行，为小清河”。明刘敕《历乘》载：“小清河，水出大明湖，环城而东，合黑虎泉诸泉之水，东北绕华不注山，经章丘、邹平、新城诸县入海。此刘豫之运河，今迷其故道”。明朝时，河道淤塞，其源退至章丘，以獭河为源。清光绪十七年（1891年），山东巡抚张曜指令当时任登莱青道的盛宣怀治理小清河，历经三年竣工，其源仍为济南诸泉。

小清河风景秀丽。流水潺潺，夹岸绿荫笼波，河内鹅鸭戏游。河上多有水闸点缀风景，最著名者为五柳闸，古时因闸旁有5株柳树而得名。该闸始建于唐武德年间（618—626年），延续至现代，于1934年改闸为两扇，混凝土结构，并取名为五柳闸桥。小清河历有鱼米舟楫之利，至20世纪50年代，小清河济南段仍有鱼40余种，产量较大，此外尚有河蚌、溪蟹、田螺、大虾等。沿河设抽水站13座之多，灌溉菜圃、稻田。两岸藕池甚多，盛产莲藕、菱芡。昔日，小清河航运繁忙，金元之后，多以其运盐，故又称“小盐河”。济南东郊黄台板桥小清河码头，船桅林立，首尾相接，为货物的重要集散地。本世纪50年代，仍可行舟至济南城区，在西门桥、成丰桥设有客货码头。如今，小清河航运虽已无往日的繁华，但仍为山东省重要的内河航运水道。近二三十年来由于工业和生活废水的大量排入，小清河的生态环境遭到严重破坏。经过20世纪90年代中期和2007年至2011年年底两次综合整治，小清河“一渠清水，万千鱼虾，绿荫夹岸，船桅林立”的夕日胜景初现。

第二章 风景点

第一节 市区风景名胜点

一、齐烟九点

济南古为齐州，城北有9座秀山，由东向西，依次为卧牛山、华山、凤凰山、标山、鹊山、匡山、北马鞍山、药山、粟山。九山孤立，山势奇异，云雾润蒸，岚烟缭绕，史称“齐烟九点”。

卧牛山　又名九里山。在城郊东北部，形似卧牛。清道光《济南府志》载，嘉庆二十一年（1816年）夏，村民于卧牛山下发现一石，为唐代武后时期马举墓志，志文多为武后创造的文字，内有“与其夫人合葬流山”之语。“牛”“流”音近，据此，现在的“牛”山可能是“流”山的讹传。其势虽不如鹊山、华山之雄伟，千佛山之高峻，却也回环有势，别有韵致。山之阳，小清河蜿蜒东去，平桥横架，杨柳垂青，红杏艳艳，麦田如茵。相传卧牛山为明代王敖〔明成化二十年（1484年）探花，赐进士及第〕读书处。

卧牛山

华山　在济南市郊东北部，位于黄河以南，小清河以北。古时称“华不注”，为历史名山。盖其名取自于《诗经·小雅·常棣》，其诗曰“常棣之华，鄂不韡韡”。“华”即“花”，鄂不即“萼跗”，谓之花蒂。山名“华不注”，意为此

华山

山如花跗注于水中。此山，平地突起，景色壮美，山上古迹甚多。金兴定四年（1220年），全真教宗师丘处机的弟子陈志渊在山南建华阳宫，内祀五帝：东方青帝，南方赤帝，中央黄帝，西方白帝，北方黑帝。明嘉靖十一年（1532年），山东巡抚袁宗儒改名为崇正祠，正殿祀逢丑父、闵子骞，两庑分别祀铁铉等22人和黄福等19人。明万历时复称华阳宫，祀四季神。明清两代，还建有泰山行宫、三元宫，分别供奉碧霞元君和天、地、水三神。山半腰为吕公祠，祀道教纯阳帝君吕洞宾。祠旁旧有清泉，澄澈甘美。整座庙宇，有殿有庑，有亭有台，脊连檐牵。如今，华阳宫尚存，四周由墙垣相围，院内古柏参天，虬盘鳞结，郁郁森森，四季鸟鸣。宇侧、岩壁、林间，碑碣林立。

凤凰山　在济南城区北部，与标山相邻，东为“凤凰”，西为“标”。昔日，两山同称标山。元代散曲家张养浩在《标山记》中即有记载：“绰然亭西三里有双山，曰‘标’”。清乾隆年间（1736—1795年），举人钟廷瑛咏标山诗中也称两山为标山。该山昔日树少，山石叠矗，势虽陂陀，但易登攀。山上有洞，如屋，可避风雨。元泰定元年（1324年）三月，张养浩即偕同宾客，于洞中出觞更酌，咏古人闲适之诗。如今山上已经绿化，周围景色也佳。

标山　在凤凰山之西。张养浩在《标山记》中曰：“盖土人以旁无他山，惟此若标可望，故

以名之。”历代多有名人于此建别墅。张养浩的“云庄”，即在标山附近，内有遂闲堂、处士庵、绰然亭（翠阴亭）等建筑。山上之石，层层如铺，路径平整易登。山巅平阔，明万历年间曾建关帝庙。清乾隆五十五年（1790年）建钟鼓二楼。楼为石质，四面单檐，柱刻楹联。如今，山前“云庄”早已湮没，山上关帝庙也已坍塌，仅存钟鼓二楼。

鹊山 在黄河北岸，与泺口码头斜相对。相传昔日每年七八月间，乌鹊飞翔，布满山巅。又传先秦名医扁鹊曾在这里炼丹，死后葬此，故名鹊山。此山无主峰，远望如翠屏，山上怪石嶙峋。有的突兀矗立，有的壁立千仞，有的悬空欲飞。山下原有“钟”“鼓”二石，以石击之，如钟鼓之声远扬数里。鹊山古迹很多，山西旧有鹊山寺，为宋时所建，坐北朝南，分为南北两院，内有佛爷、菩萨、罗汉等神像。另外还有扁鹊祠。历经苍桑，现在寺院已毁，传说中的扁鹊坟尚存于山的西侧，为一土丘，前立清康熙三年（1664年）石碑，上面刻着“春秋卢医扁鹊墓”七字。丘上植有芙蓉树，枝叶茂盛，繁花胭红，将坟遮盖，颇有气势。据当地人讲，丘下有穴，掘土听之，嗡嗡作响。

匡山 在济南城区西北部。因山形似筐，故名。后因“筐”字不雅，遂改为“匡”。其山势平缓，顽石横卧，曲径蜿蜒。登山而眺，东南为千佛山诸峰，层峦叠嶂，缥缈在云霄间；山下四周，杨柳青翠；稍远，幢幢高楼，片片绿茵，远近伸展，气势恢宏。山上有寺院，为佛道二教所据，沿盘山小径可入寺内。山门楼上，刻“匡山禅林”颜额。进门为前殿，名曰“三元阁”，祀道教三官之神。前殿后为正殿，内供“碧霞元君”。寺院后面为“李白读书堂”，相传李白曾于此读书，内供李白牌位。山之东麓立有清康熙五十三年（1714年）石碑，上有“唐谪仙青莲先生越千里到兹肄业”之句。

北马鞍山 位于城区西北部，在药山之南，形似马鞍，故名。因城南亦有马鞍山，故又名北马鞍山。因为山巅两个山头呈圆形，连在一起，一大一小，又名“日月轮”山。这里亦曾为古战场，齐晋“鞍之战”就发生在这里。《左传·成公二年》载：“六月……师陈于鞌，齐师败绩，逐之，三周华不注。”清人任弘远《鞍山》诗曰：“齐晋相将战鼓惊，只疑一笑一倾城。不堪极望华不注，唯有回车涧草生。”如今，山上土层很厚，树木茂密，浓荫蔽日。

药山 在城区西北部，东南距济南动物园约2公里。又名卢山、齐山、云山、阳起山。昔日，山下洞中产“阳起石”，可入药，故名“药山”。此石矿脉甚微，开采困难，宋朝时列为贡品。山上又有荟草，如小竹，也可入药。此山山势险峻，怪石森耸，九峰并列，俗称“小九华”。峰下有洞，上有蜘蛛石，下有蛤蟆石。昔日，山上处处松柏，苍翠欲滴，景色奇秀。山顶原有庙，名曰“万寿堂”，其右为“娘娘庙”，庙宇宏伟壮观，古朴典雅。万寿堂内，祀雷公、伊尹、扁鹊、淳于意、张仲景、华佗、王叔和、皇甫谧、葛洪、孙思邈十大名医，塑像精致，栩栩如生。现在，庙堂已毁，然而四周景色依然美好，尤其山西的洋涓湖，秀色更胜当年。盛夏时节，湖水清清，芦苇丛丛，荷花吐艳，稻荷浪涌，如锦似绣。

粟山 在城郊西北，较小，比喻为“粟”。山上土层甚厚，花木丰茂，青青葱葱。上有真武庙，大殿坐北朝南，端庄古朴，并有偏殿相配。外围院墙，山门向南，内有松柏、石碣，古意甚浓。可由曲径登至山顶，远眺四周景色。

二、府学文庙

济南府学文庙坐落于济南老城区内的芙蓉街北首，东与百花洲、曲水亭街相邻，北临大明湖，是我国现存的一座重要的府级文庙。

济南府学文庙创建于北宋熙宁年间（1068—1077年）。清乾隆《历城县志·建置考·三》记载：“宋熙宁间，郡守李恭始建府学于大明湖南”，元代学者张起岩在《济南路庙学新垣记

济南府学文庙

略》中云：此文庙“规制如鲁泮宫”，即仿造了曲阜孔庙的规格制度。文庙在金代贞祐年间（1213—1216年）毁于动乱。明洪武二年（1369年）重建，成化十九年（1483年）拓建。以后又经历数次重修或扩建，到明朝末年，建筑布局臻于完善。清代又多次对府学文庙进行修葺，但基本保持了明代以来的建筑布局和规模。

济南府学文庙是历代济南文化、教育的中心，但是到了民国时期废除科举后，府学文庙便逐渐败落。由于连年战争，解放前济南府学文庙已经遭到破坏。解放后，大成殿曾被辟为礼堂，后来整个文庙成为大明湖路小学校舍。

2005年9月10日济南府学文庙千年大修工程启动，历经5年，于2010年9月29日全面竣工，国庆节正式对外开放。

修竣后的济南府学文庙，占地约1.65万平方米，南北总长247米，最宽处66米，规模宏大，颇为壮观。其格局从南到北，依次为南门、中规中矩亭、棂星门、泮池、屏门、戟门（俗称大成门）、大成殿、东西廊庑、明伦堂、尊经阁等，构成一组由亭、台、楼、阁、殿、祠、池、廊庑组成的宏大建筑群，被誉为“儒林巨观”。其中，大成殿为九开间单檐庑殿顶建筑，黄琉璃瓦，是山东省最大的单檐庑殿顶建筑；南门内侧分列东西的“中规”“中矩”亭，造型一圆一方，寓意“没有规矩不成方圆”，告诫儒家学子做学问要有一种严谨的态度；泮池位于大成殿前，其上的泮桥为五孔石拱桥，长约20余米，宽约4米，桥身、栏杆均为石砌，桥中间为大孔，两侧为小孔，比例匀称，雕刻精美。文庙内还曾藏有龙石（云庄四灵石之一）、屏门、铁牛山3件宝物。现在龙石移至趵突泉公园；屏门1952年移至大明湖南门即牌坊，2005年大修中在原址重建；铁牛山在大修中被挖掘出土，现“俯卧”在院内偏东南位置，供游人欣赏。文庙内的“太和元气”“龙门”“龙头碑首”等石碑也颇具文化艺术价值。

三、舜园

舜园位于舜井街南段路西，原舜庙旧址处。园内“舜庙”，又称“舜祠”，建于宋、元年间。历经明清两代重修，规模宏大。殿前有1尊宋元丰年间的“神在”碑，碑后有1眼方井，名舜井（又称舜泉）。井上原有一亭，井北还有一井与之相通。井内有铁链垂至井底，相传为锁蛟之用。园中殿堂宏伟，廊庑环列，寝宫旁峙，绕以垣墙，深邃清幽。西邻为娥英祠，供有娥皇、女英神像。院内松柏郁森，花木扶疏，明朝文人刘敕曾描述道：风拂其枝，如龙凤翔舞，蜿蜒轇轕，声如吹埙，忽大忽小，忽远忽近，如薰风入丝弦，此景被称作“松韵南薰”，为旧时历下十六景之一。“文化大革命”中舜庙被毁。1985年开发舜井街时，以舜井为主体建舜园。1987年5月1日建成开放。该园面600平方米，园门朝东，重檐庑殿式牌楼。舜井（即舜泉）在门外北侧，井旁建舜池，层层叠水，清流淙淙。迎门为喷泉假山，山上置“舜井锁蛟”雕塑。山北立元至治三年（1323年）迎祥宫碑，由元代散曲家张养浩篆额，史学家、书法家张起岩撰文，记载了当时在舜庙迤东营造道教庙宇“迎祥宫”以及修葺舜庙、舜井的情况。舜园西侧，南北各有一亭。南亭名“湘妃”，八角单檐；北亭曰“醉沁”，四角方形。两亭之间，游廊相连，廊内西壁嵌《舜耕历山》釉瓷壁画，将舜帝降生、象耕鸟耘、渔雷泽、陶河滨、巡九州，以及湘妃泪滴斑竹等故事生动地展现出来。园内竹影移墙，绿草如茵，艳花溢香，藤蔓附壁，小溪潺湲，秀石卧波。四周仰舜斋、九洲书屋、天然居茶室等建筑，与园内景致浑然一体，构成一所典雅美丽的袖珍游园。2011年，舜井街片区实施改造工程，舜园拆除待重建。

四、珍珠泉大院

珍珠泉大院位于泉城路路北，内有珍珠泉、溪亭泉、散水泉、腾蛟泉、濋泉、云楼泉、灰

珍珠泉大院一角

泉、朱砂泉等，是济南珍珠泉群的主要分布区。北魏时，这里溪流纵横，称流杯池。宋朝曾巩知齐州时于此建别墅“名士轩”。金末元初，山东行尚书省兼兵马都元帅张荣于此建府第，之后，其孙，元大都督张宏建“白云楼”。明天顺元年（1457年）英宗朱祁镇次子朱见潾被封为德王，乃于成化二年（1466年）在这里建德王府，将珍珠泉、濯缨湖等划归府内。府第规模宏大，楼台亭阁，富丽堂皇，至明末，历代德王皆居于此，凡五代，被后来世人称之为“德藩故宫”。清康熙五年（1666年），山东巡抚衙门迁此。民国后，又为省督军、督办公署和省政府驻所。1937年12月，日军逼近济南，山东省政府主席韩复榘率部弃城而逃，建筑多被焚毁，仅存清朝的巡抚院署大堂。1951年起，人民政府进行整修，先后在这里建起隶属于省级机关的人民会堂和珍珠泉招待所，成为山东各界代表经常聚会、进行政治活动的场所。1979年年底，山东省人大常委会设立于此。

历经新中国成立后的多次整修，景区面貌焕然一新。珍珠泉北岸，假山危立，绿柳成荫。山脚，池塘环抱，小溪潺流，荷花艳开，小桥横卧。泉水由玉带河注入景区北部濯缨湖。湖南岸为海棠园。园东侧一泓碧水，自然石驳岸，槐柳杂生，百花争辉。水中有岛，岛上有亭，亭由曲桥相连。整个亭园，浓荫蔽日，溪水长流，鸟语花香，清幽宜人。

清巡抚院署大堂在珍珠泉东侧。原为明德藩故宫承运殿，清代进行修葺，改为巡抚院署大堂，为山东巡抚及民国山东军政长官施政、断狱的场所。面阔五间，进深16米，歇山九脊，翘角飞檐。前为卷棚式，六根大红柱支撑着错落的云头斗拱。红柱之间，为落地槅扇。檐角脊端，皆饰吻兽。堂前月台广阔，松柏郁森。整个建筑金碧交辉，宏伟壮观。1979年，被列为济南市重点文物保护单位。

海棠园·桂香柳　海棠园在清巡抚院署大堂西北隅，珍珠泉的北侧。此处原为宋代曾巩所建“名士轩”址，现仅存一株海棠，相传是宋代大文学家曾巩所植。这株海棠，1954年西移50米，主干枯残，又从树墩处萌生幼芽数丛。如今，新生的树干已长至直径35厘米，老树新干，枝繁叶茂，冠径已达8米。民国时期，此处称“珍珠精舍”，为省政府西花厅，是贵宾莅临宴聚之处。后以宋海棠命名为“海棠园”。该园是一古典形式的二进院落。北院靠濯缨湖，南北各为厅房，棕红柱，青砖瓦，白粉墙，前出厦，脊饰吻兽，古朴典雅。南院以花木配植为主，中有树池，池中即为宋海棠，葱葱茏茏，盛花时节，芳香四溢。周有翠竹，郁森成林；近有桐树，浓荫蔽日，使庭院显得越发清幽。

海棠园南侧，隔溪在假山的两端各有两株奇异的树，相互顾盼，躯干茁壮，鳞盘虬结，枝条桠杈。此树，学名沙枣，又名银柳、香柳，扁叶对生，叶形似柳，花香如桂。每届初夏，枝条上密生白色小花，香飘醉人。1960年5月，中共中央主席毛泽东视察济南，一日，于珍珠泉礼堂开会，休息时，缓步走到珍珠泉边，凭栏赏景，忽有微风吹来，杂有馨香，便向溢香处走去。不远，见有幼树，开有小花，乃以手拈枝嗅香，继而向他人询问：“树叫何名？”随者请老花工向主席作答：“这树名叫桂香柳，是济南地区稀有品种，于1954年栽植。”毛泽东主席听后，面带笑容，亲切叮嘱：“要好好保护。”此后，人们精心护理，遂成今天合抱大树。

2002年5月1日，珍珠泉大院正式向社会开放，供公众游览观光。

五、南郊宾馆

济南南郊宾馆位于马鞍山路东段，东邻千佛山，西毗英雄山风景区，北靠泉城公园。始建于1959年4月，1961年基本建成。占地面积88.8万平方米，建筑面积9.4万平方米，是山东省接待国宾的重要场所。宾馆建筑仿照北斗七星布局，分南

南郊宾馆七星湖

北两院。北院建有蓝色大厅、垂钓园、俱乐部礼堂、游泳馆等，20世纪90年代中期对社会开放。俱乐部礼堂以南为贵宾区，面积约40万平方米，区内建有7栋别墅式小楼和1处水面面积达3.3万平方米的人工湖“七星湖”。7栋小楼由南至北依次为一、二、三号楼，西侧由南至北依次为四、五、六号楼，七号楼居中。七号楼始建面积4000平方米。1993年第一次扩建装修，建筑面积达到5800平方米。2005年第二次扩建装修，建筑面积增至1.1万平方米。内设总统房、贵宾房、套房、标准房、单人房、多功能厅、会见厅、游泳馆、健身厅、休闲厅、美容美发厅、四季园等。七号楼自建成使用后，曾经接待过上百位中外领导人。七星湖建于1989年，位于七号楼北，俱乐部礼堂南，湖水引自卧虎山水库，南面水深2.1米，北面水深2.3米，容水量6.6万立方米。北岸以泰山石规则铺设，南面以太湖石自然围砌。湖中有九曲桥、云步桥、湖心岛、园中园等景点以及近百种名贵花木。九曲桥采用花岗岩铺设；湖心岛上建有八角亭，内设茶座供宾客品茗；园中园是宾馆最传统的一处中国古典园林建筑群。2013年4月南院贵宾区正式对外开放。

六、房彦谦墓

房彦谦墓俗称“西王坟”，在历城区彩石镇西彩石村东北，1977年，被公布为省级文物保护单位。房彦谦（547—615年），字孝冲，山东临淄人。通涉五经，工草隶。历任北齐齐州主簿，隋监察御史、长葛令、鄀州司马、司隶刺史、泾阳令等职。为官勤勉廉正，隋文帝时考察地方官吏，推其为“天下第一能吏”。其子房玄龄，为唐太宗贤相。父以子贵，死后追赠徐州都督、临淄公，谥曰“定”。

墓冢封土现高5米，直径17米，遍植松柏。墓前立唐贞观五年（631年）史学家李百药撰文、书法家欧阳询书写的石碑。碑首和碑身为一整块巨石，高约4米，宽约1.4米，厚0.4米。碑首凸雕螭龙。碑额篆书“唐故徐州都督房公碑”9字，碑文阴刻楷书2500余字。书法浑古苍劲，是山东省内仅存的初唐书法石刻珍品。墓两侧还立有唐代雕刻的石虎、石羊等。

七、玉函山

玉函山又名“兴隆山”“小泰山”，位于济南城区南约5公里处，海拔523米，是近郊最高的山。相传，汉武帝赴泰山封禅，回驾时登此山顶，忽有鸟惊飞，鸟飞处留一玉函，内装玉钗一对，武帝得之，从此这座山便被称为玉函山。唐代段成式《酉阳杂俎》对这一神奇的故事作了记载。

山阴有峪，名“西佛峪”，因在龙洞佛峪之西，故称。峪中苍松翠柏，丹柿红叶，斑斓似锦。峪尽头，东、西、南三面绝壁峭立，北临深谷陡坡，坡顶有庙，庙前立清康熙年间石碑，从碑文记载可知此庙为“三仙宫”。宫内供奉守山门的卫士王灵官，所以亦称“灵官庙”。灵官庙东南不远处，有一10余米宽的新月形天然石台，隋代“佛峪寺”即曾建立于此。石台北侧为深谷，谷内古木森森。高处，巨岩外伸，状如檐厦，其下崖壁间，随山就势，镌佛像100多尊，其中，82尊为隋代开皇四年至二十年（584—600年）雕凿，余者皆属唐代。此外，尚有隋唐题刻15则。如今，庙宇早已倾圮，佛像也在“文化大革命”中损坏严重。唯有石台西端崖壁上，水珠依然渗出，聚为一泓清潭，称“蕊珠泉”。

由佛峪寺遗址东行，沿石级盘桓而上可登至山顶。山顶平阔，东侧原为兴隆寺，亦名卧佛寺，建于唐代，现仅存遗址。西侧为泰山行宫，祀泰山娘娘碧霞元君，故也称“碧霞元君祠”，建于宋代。昔日规模颇大，有殿堂三座，坐北朝南，石砌无梁，状貌巍峨。明清两代，香火旺盛。每逢夏历四月前后，香客云集此山，朝拜泰山“碧霞元君”。当时山上驻有官府人员，监收香火税，成了明清国库的一大收入。碧霞祠的后面，有一水池，名“瑶池”，传为泰山女神沐浴的地方，亦即汉武帝得玉函之处。如今，祠宇已废，仅剩南天门和一殿残迹。然而，极目远眺，山河锦绣，景色仍然殊佳。

八、子房洞

子房洞位于历城区仲宫镇东沟村北铜壁山山腰。洞门由青石券成，额嵌“汉留侯子房隐仙洞”八字，镌刻于清光绪二十三年（1897年）正月。洞东西两侧，各有碑碣，分别为明隆庆、崇祯和清康熙年间重修子房洞、创建五帝阁记碑。洞之周围，翠柏葱郁，蔚然深秀。

进得洞门，空间宽绰，迎面建一石庙，颜额刻“汉留侯祠”，两侧镌楹联：“宝鼎呈祥香结彩，银台报喜烛生花。”庙内原有木龛，内置石像三尊，中为黄石公，左为张良，右为尹宗。张良，字子房，始受书于黄石公，后辅佐刘邦平天下，与萧何、曹参共称汉初三杰。大功告成，封职留侯，张公视富贵如浮云，弃轩冕从仙人赤松子游，相传曾居于此洞。黄石公，即张良的老师。尹宗，相传为当地尹家店农民，后成张良道友。沿石庙西侧，秉烛向前，逾石阶三级，转向右侧，洞穴忽然增大，宽约7米，高5米余，犹如穹窿，四壁平展。左右壁为小洞，传昔为仙人卧室。洞室内怪石甚多，似锣鼓，似蛤蟆，似蝙蝠。以石撞击，若锣鼓之声，铿锵有韵；若蛙虫之鸣，咕咕嘤嘤。继而向前，洞穴各异，深邃幽远，逐渐潮湿，细听之，像有滴水叮咚、细流淙淙，阴森可怖，不可穷尽。

子房洞外山下，约400米处，有“子房庙”，为县级文物保护单位，今尚存正殿三楹，西房1间。殿之东侧，有碑2通，为清嘉庆、光绪年间立，皆为修庙记碑。其一载：“子房洞者，不知创自何年，经前明嘉靖、隆庆、崇贞以后，国朝康熙、乾隆、嘉庆等年相继重修”。庙院颇大，内外生有柏、杏、柿、核桃诸树。庙南山涧中，植古黄连木1株，有数百年高龄，树干茁壮，虬盘鳞结，冠幅博大，枝叶繁茂，为济南地区同树种最大者。树侧有泉，称“双虎泉”。游人可于浓荫下小憩，乘凉品泉。

庙东，翻山入另一峪，峪中有黄石公、张良、尹宗三墓，青石砌成，其排序，与子房洞内石像同。庙西有石碑及八仙庙、子房庵遗址。子房庵遗址西有“熨斗”“风斗”两泉，泉水清冽甘美。泉侧，古柏舒秀。泉南有脱壳河，河上架仙人桥，桥旁设石棋盘，传为黄石公、张子房博弈处。墓前东侧，碧水一湾，澄澈如镜，水岸、谷底、山坡，遍地果香，花开似锦，野趣甚浓。

九、历城“三川”

历城“三川”即锦绣川、锦阳川、锦云川。“三川”位于历城南部山区，流域总面积400多平方公里，风景秀丽，为历代所称赞。由“三川”之水汇集而成的锦绣川水库和卧虎山水库，波光浩渺，清澈如镜，为市区重要的生活生产水源。

锦绣川源于西营镇的佛峪、葫芦峪、天晴峪一带山泉，自东而西流经枣林、商家、刘家等村庄，过仲宫桥，汇入卧虎山水库。全长36公里，流域面积221.6平方公里，为三川中最长者。流域内现有主要泉池37眼。清乾隆《历城县志》载：“锦绣川，一名北川，延袤六十余里。泉石之胜，叠见层出”。《续修历城县志·卷九·山水考五》记载：“两岸之上，峭壁云峰，俨若画屏；松柏掩映，生于石罅；禽鸟飞鸣，如在镜中；春涧野花，秋林红叶，望之如锦，故名锦绣川。”锦绣川水库建于1966年，蓄水量0.4亿立方米。库水碧绿，烟波浩淼，周围青山环列，重峦叠嶂，山光水色，风光无限。石坝横亘于南北两山之间，高48米，长328米，有10个自流孔。盛水季节，库水从大坝顶端的自流孔溢出，咆哮而下，形成巨瀑，蔚为壮观。

锦绣川水库

锦阳川又名南川，古时曾称“玉水”，位于历城区柳埠镇境内，该镇龙王崖村西的龙潭，为锦阳川源头之一。汇集柳埠镇窝铺峪、龙门峪（东北峪，亦称李家塘峪）、齐城峪、梨峪（西南峪）之水，流经仲宫镇，注入卧虎山水库。全长32公里，流域面积181.9平方公里，流域内现有主要泉池39眼。清康熙《济南府志》称：“锦阳川……或以云林竞秀，或以山水呈奇，天开画图。”环境清幽，景色优美。

锦云川又名西川，俗称“锦银川”，南北流向，其水发源于长城岭之阴，西流北折至核桃园，又北流西折经棋子岭、黑山寨、出泉沟、孙家崖、尹家店等，而东北注入锦阳川，全长16公里，流域面积55.2平方公里。清乾隆《历城县志》载：“锦云川……山川争秀，与锦绣、锦阳鼎踞其胜。”清毕沅在《锦云川》诗中写道：“日华霞彩映晴川，潋滟波光夺目妍。试唤乌篷乘兴去，一篙撑上水中天。”川内群峦叠翠，秀峰挺拔峻峭，奇石磊落突兀。清泉溪流越山涧，苍松翠柏挂云间。山花竞艳，百鸟争鸣。

十、卧虎山水库

卧虎山水库修建于1958年，位于卧虎山、黄花山之间，汇锦绣、锦阳、锦云“三川”之水，大坝长985米，高37米。水面面积270多万平方米，蓄水量1.1亿立方米。因湖水清亮如镜，人称“镜儿湖”。湖中盛产鱼虾，珍贵飞禽天鹅也落户于此。站在坝上，举目远眺，波光浩淼，清澈蔚蓝。这里，景色绮丽。山坡除天然山花丛林之外，还植有苹果、柿子、梨树等，秋季一片金黄。周围群山连绵，葱茏叠翠，山村炊烟，若隐若现，构成一幅美妙的山水村野画图。水库北为卧虎山，形似猛虎雄踞，翘首东望。清人钟廷瑛在《咏卧虎山》诗中描写道：“山上白鸟盘空烟，山下阴穴流春泉。何年老虎屹不去，蹲成万古蛟龙渊。”

水库大坝南首西侧，为黄花山。因山上多产野黄菊，故名。山姿奇伟，松柏青翠。山腰有一溶洞，曰“黄花洞”，坐东朝西，深约7米，宽3米余，高4米。洞壁上，镌刻佛像、罗汉等造像25尊，题记19则，其中一则年代为金承安二年（1197年）。洞前，有明弘治元年（1488年）、清乾隆五十六年（1791年）重修碑记各一通。石窟造像神采各异，雕刻精细，被列为市级重点文物保护单位。石窟东北侧，有清代观音堂一座，以石筑成，券门四角攒尖，内有壁画，保存尚好。观音堂北又有方形钟楼一座。

黄花山南侧相邻一山，名“瓢儿峰”，俗称“瓢葫芦峰”。相传，唐尧时期隐士许由曾于此避水，将瓢忘在这里，故名。石岩上留有金明昌年间镌刻的释迦、罗汉像。卧虎山西北，为石固寨山。此山形势险峻，古为兵家必争之地。东晋末，刘裕率师北伐，与在这里屯有重兵的南燕慕容德相战，至今山上废垒犹存。

十一、康王顶

历城区仲宫镇南，锦阳川的东岸，一山绝壁陡崖，巍峨高峻，名“康王顶”，又名“太甲陵”，相传成汤的长孙、商王太甲葬于此，故名。山上松柏郁森，峰顶有康王坟、石阁佬等古迹。山阳半腰为醴泉寺遗址。该寺始创年代无考，元至正四年（1344年）曾重修，因寺内的济南七十二名泉“醴泉”而得名。山阴谷壑深幽，林木丰茂，藏有南泉古寺，亦以清澈山泉“南泉”而得名。相传该寺建于唐代，后因年久失修而倾圮，现尚存石钟亭、清道光《重修南泉寺碑记》等遗物。寺南山崖上，有摩崖造像3尊，高约2米，面容丰满，神采各异，具有唐代造像风格，至今还十分完好。

十二、蟠龙洞

蟠龙洞在历城区港沟街道蟠龙山。因位于禹登山龙洞之东方，又俗称“东龙洞”。蟠龙山山势突兀，翠柏蓊葱。山南崖下为深涧，名“黑峪”。峪中植被丰富，花果满山。西南侧山腰，为一方小平地，金代曾在此建“佛隐寺”。因年代久远，该寺庙宇已荡然无存。平地北侧为峭壁，隐然有一天然洞穴，即蟠龙洞。洞口以规整的青石券成，匾额镌“龙洞薰风”四字，篆体，笔韵刚劲浑厚，刻于清康熙年间。洞曲折幽奥，深达千米。里面有高达30米的螺顶，有深不见底的石罅，宽阔处可容数百人，窄狭处不能二人并行。步入洞穴，洞室空旷，原有10余尊精雕佛像，惜大都惨遭破坏，唯金大定十六年（1176年）《尚书礼部碑》及清康熙五十八年（1719年）碑记等石刻尚保存完好。向洞内行至30米处，开始向右下方拐弯，回头外望，只见洞口犹如月牙出山，人称“回首望月”。继续前行，步步景奇。大自然形成的钟乳石千姿百态，景色迷幻，有“火烧葡萄架”“水帘瀑布”“江猪探海”“童子拜观音”“仙人坑”“仙人桥”“空心楼”“天梯”“姜池”“藕池”等。其中“玉龙腾空”尤令人称叹：在高达20米的洞壁上，一直径约1米左右的钟乳石，纹理深凹，通体银光闪烁，宛若玉龙自洞顶倒悬，仰视角度不同，其形态也各异，妙不可言；“龙头”垂下，滴滴水珠经此落于“莲花盆”内，似玉龙含珠吐玉，人称“龙滴水”。由此向里，不远又有一个40余米高的穹窿石室，一个洞穴自室顶通向洞外，像一轮圆月，须仰视方可得见。再向里，忽狭窄拥塞，且向下延伸，只可容一人翻身攀石通过。走过一段险境，又是一段空阔平坦的地带，这儿空气清爽，游人可稍事休憩。再向里前进，洞穴低矮窄小，行人不能站立，又因斜坡向下，只能匍匐倒行，人称“倒爬四十步”，虽然路程艰难，却另有一番情趣。再向前行200米左右，有巨石堵挡，不能前往。

十三、青铜山

青铜山位于历城区仲宫镇锦绣川办事处老庄村北1.5公里处，山阳半腰悬崖处有大佛寺石刻造像，是省级重点文物保护单位。大佛端坐在巨大石窟内，高9米余，为山东省最大的古石刻佛像，约为隋末唐初作品。佛像身着披肩长衣，博带左右下垂，两目略微下视，双手平叠在趺坐的双腿上，躯体雄伟，法相端庄，显得潇洒和悦。大佛四周石壁上，尚有元明时期造像8尊。其中，窟东壁有一菩萨高2米余，身着璎珞单衣，腰系宝带，左手提净瓶，右手举柳枝，面颊丰满，情态慈祥。旁有一罗汉，高1.8米，着袈裟，雕刻得也栩栩如生。窟西壁凿佛像7尊，窟内有题记二则，其一为明嘉靖年间镌刻。大佛座下西南隅，有一洞穴，深30米左右，曲折蜿蜒，止于大佛身下。相传，洞内昔日藏有镇山之宝，故人们称之为“宝贝洞”。石窟前为宽绰的平台，台上6株古柏，枝叶繁茂，遮天蔽日，使得佛窟愈显深幽典雅。临近佛窟的东南、西南崖壁间，分别有“甘露”“百花”两眼清泉，喷珠漱玉，哗哗有声。山上山下，林木丰茂，花果溢香。

十四、仲宫梨花峪

仲宫梨花峪位于济南城南约20公里的历城区仲宫镇。仲宫镇地处历城南部山区三川四峪的交汇处，相传是为国请缨、不辱使命的汉代外交家终军的故里，为一历史古镇。以该镇为中点，在西起卧虎山水库南岸的黄花山，东至锦绣川水库迤西的商家庄，长约15公里的沿途山峪内，植有梨树百余万株，为著名的“泰山小白梨”盛产地。阳春三月，春风送暖，山间、岭沟、地头，万千梨花竞相盛开，一团团，一簇簇，洁白如雪、如云。间有粉红色的杏花、桃花，含苞怒放，争奇斗艳。漫山遍野，花潮涌动，犹如一片花的海洋。置身于此，春风拂面，花香袭人，令人陶醉。一夜春雨，落英缤纷，宛若天女散花。

20世纪90年代以来，每年花开时节举办赏花会，游人如织，热闹异常。

十五、金象山

金象山位于历城区仲宫镇锦绣川商家村南，距市区25公里，占地面积约200万平方米，山上森林资源丰富，自然环境优美。夏季气温在25℃左右，每立方米空气中含有负氧离子70亿个，是济南市区的150倍。二氧化硫、氯化物、氨气等有毒气体含量几乎为零。2003年，由鲁汉集团开发建设旅游景区，到2011年基本建成。景区内建有游乐园、滑雪场。游乐园内有欢乐谷、逍遥谷、水上乐园、滑草场、漂流、野战基地等游乐项目。滑雪场建成于2004年12月，场内建有5条总计长达3公里的初、中、高级雪道和滑雪圈道，可以同时容纳上千人同时滑雪、赏雪。

金象山滑雪场

十六、水帘峡

水帘峡位于历城区柳埠镇簸箕掌村东南，距济南城区约35公里，占地面积400万平方米。峡内有海拔976米的济南第一高峰云梯山；有小天池、水帘洞、药王庙、天然石画园等著名景点；有水帘洞泉、饮马泉、淘米泉、公主泉、苇泉等名泉。其中，饮马泉海拔832.8米，是目前已知海拔最高的泉。

2001年由山东省水帘峡生态旅游有限公司按照国家4A级旅游景区标准开发建设旅游景区，2004年初步建成开放。到2011年，已形成水韵奇石、生态养生、娱乐休闲、宗教文化、户外冒险五大游览项目。

十七、黄崖寨

黄崖寨在长清区孝里镇大峰山东北侧，海拔

426米。因山崖呈黄色而得名黄崖山。山的东西南三面自山腰以上，异峰突起，绝壁如削，唯西北向有一崎岖小径，蜿蜒通向山顶。清咸丰年间，江苏人张积中在山上筑寨避兵讲学，改名黄崖寨山。原有全石结构叠涩式房屋1200余间，总建筑面积达6万平方米。清同治五年（1866年），官府以张积中"传播邪教，聚众谋乱"为由，调兵清洗山寨，残杀无辜寨民2000余人，张积中及其亲眷弟子200余人在"祭祀堂"自焚，世称"黄崖惨案"。山寨和房屋建筑遗址至今脉络清晰。现存的"一寨门"，寨墙厚1.6米，高4米，长500余米，全部用青石砌成，建有排枪、箭孔；"二寨门"两侧建有哨楼，寨墙厚1米，高2.5米，长600米。山寨主建筑"祭祀堂"，为凹字形锁皮厅，东西长21.1米，南北宽13.2米，现仅存3.5米高残墙。堂西南800米有一个院落，称"吴家宅子"，曾是济南知府吴载勋避兵休养之处，现存完整石室4间。

十八、大峰山

大峰山地处济南市长清区孝里镇境内，　东接泰岳，西扼黄河，南临平阴、肥城，西面与东阿县相望，有连山扼塞四固之形势，山势围合，三面峭立，曲如列屏，形若箕掌，因其顶峰高而大，故得名。主峰海拔446.9米，南北长12公里。山上已查明的树种有88种、鸟类50余种、药材30余种。这里古迹荟萃，始建于2500年前的齐长城横卧于山巅之上，巍巍壮观，被列为全国重点文物保护单位，市级爱国主义教育基地。2001年，大峰山被评为国家2A级旅游风景区。

大峰山是道教名山，山名最早见于明朝的碑刻。山中部的峰云观，始建于汉朝。红墙碧瓦，气势巍峨，周围山峦叠翠，泉水潺潺，自明朝起就香火旺盛，游客如云。有史料记载：元末明初，道长范真峰云游至此，发现山中经常发出祥光岚气，认为是修道的吉祥之地，于是广招弟子，募缘四方，扩建了这处修道圣地。观内建筑错落有致，飞檐斗拱，雕梁画栋，千年古槐、黑檀以及百年古柏直入苍穹，环境清幽，鸟语蝉鸣。峰云观现保存有明朱元璋"四龙盘顶"和清雍正"飞舞盘旋""四龙戏珠"御碑。有云根、月窟、回月楼、青龙潭、待月泉、关帝庙、玉皇殿、泰山行宫、坐化神宅等近20个景点，每一处景点都有一段美丽的神话传说。殿内所塑神像形象逼真，形态各异，栩栩如生。在峰云观二山门处，有"云根"和"青云得路"两块匾额。云根，就是云彩出生的地方。"青云得路"匾额是民国26年官员陈仙携香朝拜，连升三级后来此还原时所题。

绵延于大峰山顶1500多米的齐长城，西起今济南市长清区南部，向东经泰安、淄博、潍坊、莱芜、临沂，至青岛市黄岛区入海，绵延千余里。齐长城为昔日齐鲁之界，《管子·轻重篇》曰："长城之阳鲁也，长城之阴齐也。"此长城建于春秋，成于战国，在中国历史上占有重要地位，亦具有很高的旅游价值，是我国唯一起于黄河止于大海的长城，也是我国最早的长城，比秦长城早490多年。齐长城平地为黄土夯筑，山上则为石块垒砌。长城分两道，城墙一般高5米、厚2.5米，城地内侧有守城马道，高4米、宽2米，马道下依墙建石屋。整个长城峰峦叠翠，景色秀丽，蜿蜒在崇山峻岭之上，十分壮美。2008年10月，山东省文物局在济南启动了齐长城资源调查工作，在长清境内长城南侧发现三处周代遗址，其中两处位于长城经过的山头上，一处位于深山的山坡上，其下石崖陡峭。遗址面积从400平方米到5000平方米不等。在遗址的地表可见大量的陶片，皆为春秋晚期到战国时期遗物。初步认定这类遗址可能与长城守卫有关。这些发现为人们推定长城修筑与使用年代提供了佐证。

齐长城

十九、馒头山

馒头山位于长清区张夏镇境内，海拔408米，山的外形特别像馒头，当地老百姓习惯称此山为"馍馍山""满寿山""曼寿山"。整个山体为石质山，丰富的皱纹和陈年脉络，记录了五亿多年的地质变化。2003年，被世界教科文组织命名为世界第三地质名山，当年又被公布为省级地质自然遗迹保护区。山腰处有一处岩层，近两米高，层次非常明显。最底部是花岗岩石呈淡粉红色，紧挨着的是青灰色古代花岗岩，两者之间的形成时间相隔2.5亿年，而上层花岗岩距今约2.8亿年。综合起来有5.3亿年的历史。山上小土丘布满了寒武系碎石片，是有名的三叶虫化石的聚集地。从20世纪初，中国一代又一代的地质科研人员不断探索研究，在馒头山地区发现了17个三叶虫生物带，并确定馒头山为一处最完整的寒武纪地层层型剖面，成为中国寒武纪地质结构划分的标准山。

馒头山周边还盛产木鱼石。1991年首次在张夏镇中部馒头山被发现。据考证，木鱼石形成于距今约5.5—5.8亿年之间，是一种珍贵的石材，含26种有益人体健康的微量元素和矿物质，用木鱼石制作的器皿泡茶，多日内茶水不会变质。此外，它还能制成各类艺术品。当地有关部门经多方论证、研究，规划以馒头山为核心，在其周围兴建集科普、教育、研究、旅游于一体的地质公园。

二十、莲台山

莲台山位于长清区张夏镇境内，南距灵岩寺15公里，西距五峰山5公里。因相传汉初娄敬曾在此山洞内隐居而又得名“娄敬洞山”，形成的山峪称“小娄峪”。又传说汉初名臣张良也曾在这里隐居，所以也称作“张山”。山上植物资源极为丰富，又叫“万花山”。此地古为道教胜地。道观经历了唐、宋、元、明、清各代，极盛时“殿宇峻起，神像璀璨，金碧辉映，山谷生色，到此者悦如人居天上，境入桃源”。清嘉庆二十年（1815年），道观被官府查封后衰落。现存建筑遗址有：莲台胜境坊、蓬莱观三元宫、张仙祠、吕祖祠、玉皇殿等。此山气势雄伟，峰峦叠嶂，环抱如城廓。山内呈喀斯特地貌特征，有众多幽绝深邃的古洞，著名的有娄敬洞、青龙洞、王母洞、三青洞、八卦洞、风洞、云洞、仙姑洞、火龙洞、朝阳洞等。有拔地而起的玉柱峰，有嵯峨嶙峋的梯子崖。夏季雨后，水从山上石罅中喷出，景色壮观。深秋季节，霜染红叶遍山，令人流连忘返。

山中最大的岩洞为娄敬洞。洞在山阴之峭壁上，深数百米，宽5—6米，最高处达30余米，穿山而过，南北相通。洞前藤条攀缘，并有山中特产“王瓜菜”，四季长青，叶鲜味美。洞内黑暗，崎岖难行，借助灯光方可观赏洞内景致。洞壁间，钟乳石多姿多采，状如莲花、灵芝，如玉如盖。东南出口处，有石凿神龛，祀娄敬、范蠡、张良石像。像前供桌上刻“大金国泰和四年造”字样，相传为张良、娄敬对弈处。出洞口顿觉豁然开朗，南望泰岱峙立擎天，气象万千。

小娄峪尽头，梯子崖南侧为王母洞。崖前有泉，名王母泉。洞口两侧镌刻“壶中灵药山中采，宴内蟠桃洞中寻”对联，洞额为“西望瑶池”。洞分上下两层，其相通之路陡直拥塞，状如竖井，须手攀足蹬，翻转身体方可通过，故又称“鹞子翻身洞”。登上河顶可尽览山中景色。

二十一、崮云湖

崮云湖，位于长清县崮山镇政府驻地南侧，104国道西侧，是长清新辟建的旅游风景区之一。1995年建成度假村，并向游客开放。崮云湖原是1座水库，面积6平方公里多，偎依青山，波光潋滟，风景秀丽。湖岸白杨参天，绿柳垂丝，翠草如茵，清泉潺流。湖内有沙滩浴场、小浴池、滑水道、栈桥、观瀑亭和泊于水中的多功能客轮宾馆。游人可在“观瀑亭”内观飞瀑，赏“乌龟”“双龙”等怪石，可乘小船畅游于湖上，亦可在绿荫下悠然垂钓。清晨，于客轮宾馆可凭栏观看“崮山日出”。崮山，位于湖东北侧1公里余，山巅翠柏翁郁，掩隐着明代玉皇庙古建筑群。今除正殿已倾圮外，余保存尚完整，并有明清以来碑碣数通。古时，崮山设有驿站，清乾隆皇帝下江南时，在斯地建行宫，数次驻跸于此，留下诗作数篇。清乾隆三十六年（1771年）仲春诗曰：“崮山原属昔常过，绝顶仙宫栖岌峨。瞬息六年何所异，绿窗云影绛垣多。”

湖南岸，青龙山巍峨葱茏，像巨大屏风。半山腰处有狩猎场，还有千年古刹“衔草寺”遗址，清乾隆皇帝途经此地时赠给寺院道主的“龙头杖”至今保存完好。青龙山北峰之上，绿树丛中掩映着一片小石屋，传说为元代时当地百姓避难抗侵的“城堡”。站在主峰顶巅，南可瞻巍巍泰山，北可观滔滔黄河。

二十二、孝堂山郭氏墓石祠

孝堂山郭氏墓石祠，在长清县城西南22公里孝里铺南的孝堂山上。孝堂山原名龟山，春秋战国时称巫山。《左传·襄公十八年》载“齐侯登巫山以望晋师”，即此山。自汉代在山上建享堂，世人谓之孝子堂，遂将此山称为孝堂山。后人附会为“二十四孝”之一郭巨的墓祠。墓祠全为石筑，室内宽3.8米，进深2.08米，高2.63米。屋顶两面坡的石板刻出脊背、瓦陇、勾头、连檐等形状，作单檐悬山顶。墙壁用厚20厘米石块砌成，前面正中置3根八棱形石柱，高86厘米，上下端刻成斗形，与后墙间跨度2.03米的三角石梁负载屋顶，分祠为两间。前檐东西角各有一石柱支持。山墙和八棱形柱大斗与瓦当上均刻蕨纹、菱纹等简朴装饰。石祠约建于公元1世纪东汉初年，为我国现存最早的地面房屋建筑，是研究我国建筑学史的重要实物例证。祠内石壁和三角石梁上雕刻着精美的阴纹图画，刻画自然与社会现象，有人物、禽兽、草木、山川、天地形状，还有反映贵族生活的朝会、出行、迎宾、征战、献俘、狩猎、庖厨、百戏等场面。描绘极为生动，绘画艺术达到很高的水平，是研究汉代社会生活和我国绘画史的珍贵实物资料。为保护这一历史文物，于1953年在石祠外修建罩室，加筑围墙。1961年，被国务院公布为全国第一批重点文物保护单位。

二十三、使君林

使君林位于历城北，具体位置不详。始建于北魏正始（504-508）年间，由齐州刺史郑悫修建。因古人尊称刺史为使君，故称之为“使君林”，距今已有1500多年的历史，是济南最早的名园。园内沟溪纵横，水流汩汩。亭台楼阁四周广种树木，林荫蔽日。多处曲廊水榭依水傍溪，满塘红荷盛开，莲香四溢，风光旖旎，清代诗人朱曾传在《使君林怀郑悫》诗中盛赞：“窈窕长林下，悠然忆使君。苔多非借雨，松老自憩云。月出须眉古，风前剑佩闻。青袍间红绶，花草妒纷纷。”使君林成为郑悫及其宾僚避暑饮酒的胜地，并由此发明了济南地区特有的碧筒饮。唐段成式《酉阳杂俎•酒食》载：“历城北有使君林，魏正始中，郑公悫三伏之际，每率宾僚避暑於此。取大莲叶置砚格上，盛酒三升，以簪刺叶，令与柄通，屈茎上轮菌如象鼻，传噏之，名为碧箭（筒）杯。”唐代笔记小说集《因话录》也记载了这一饮酒雅趣。清董芸《使君林》诗曰：“使君林下起清风，荷叶为杯号碧筒。剩有疏篱间茅屋，菜花香里雨蒙蒙。”

名园使君林早已消失，但碧筒饮传承至今。

二十四、漪园

漪园位于西门外，原东流水街古温泉处，清人张秀修建于清朝初年，是一处庭院式建筑，俗称张家园。

该园以水为胜，砌石为池，微风吹拂，水面泛起涟漪，园以此得名。池中建有假山，水从石峰上跌下，喷珠溅玉。跨水建有“清浩阁”，联语集唐人诗句：泉声到池尽，山色上楼多。拾级登阁，南望群山峰岚叠嶂；北观鹊华朦胧烟雨。池畔亭榭，雕梁画栋，古朴典雅。园中的客厅，上悬匾额“漱玉堂”，为张秀读书、宴客之处。堂后有一方池，清人王士祯在《游漪园记》中载：“白石为栏槛，水清碧可见毛发。下视石子纵横，如樗蒲，中多龟鱼。金锦被水，大有径尺者，游泳荇藻间，见人殊不畏。池上有杨柳合抱，长条下垂披拂，与荇藻相乱，荫可一亩许。”田同之亦赋诗赞曰：“郭外漪园好，林亭晚更幽。花迎半月规，柳荫一泓油。白堕樽中酒，青灯竹里油。依依共今夕，珍重碧山秋。”

漪园何时消失已不可考。

第二节 章丘市风景名胜点

一、赵八洞

赵八洞位于章丘市官庄镇天苍岭北麓之四鸡山半腰。清道光《济南府志》云“相传古有樵夫赵八居此”，故名。洞北方有赵八洞村。该洞又名“龙藏洞”，深50米，最高和最宽处约20米，十分宽阔，可容千余人。洞壁上镌有元、明两代菩萨、罗汉、力士等造像80余尊，为章丘最大的石窟造像，1979年，被公布为市级重点文物保护单位。洞中卧青石1具，长6米，高3米，宽2米，上附钟乳纹理，称“龙床”。相传曾有8条小龙，兴风作浪，危及民间，触犯天律，玉皇大帝便将其囚禁于此洞中。这龙不服约束，后来施展神法，炸开天窗，潜入东海。故事所云“天窗”，即今洞顶朝天通透之圆孔，天然造就，直径约两米。白昼艳阳朗照，穹隆通明；夜间皎月穿窗，满洞清辉，景观奇特。明代书法怪杰苏洲（号雪蓑道人）所题“通天透地”四个大字，镌刻于洞口石壁上。洞内四季恒温。夏天，凉风习习，清爽宜人；冬天，薰风微吹，和煦暖人。古人称其为“龙洞薰风”，列为章丘八景之一。

二、东岭山

东岭山位于章丘市境东部，长白山南麓，古称“杈枒山”“嵖岈山”，又俗称“茶叶山”。海拔612米，山势峻拔，巨石嶙峋，有“鸳鸯戏水”“金龟探海”“大夫石”等奇峰异石，极富韵味。山上壑深洞幽，孔窍连通，相传一窍生火，遍山生烟，神奇莫测。清代著名小说家蒲松龄曾游此山，并在其《聊斋志异》中记有关于“查牙山洞”的鬼妖传说。山巅巨岩矗立，犹如南天一柱，蔚为壮观。诸峰之间，巨岩相倚，其中一岩壁通透巨孔，农历每月下旬的黎明时刻，晓月晨星正从孔中峰间显露，相传在旧章丘县衙堂上，便可看到“东岭晓月”奇观，故古人有“卧看东岭晓月明”的诗句，旧时将此景列为章丘八景之一。山东侧半山腰，山岩宽阔，纹理纵横，犹若衣纹。深秋拂晓，洒满露珠，旭日普照，五光十彩，酷似一件缀满宝石的“神袍”于此晾晒，景致奇妙，人称“神仙晒袍”。由于此山景色佳丽，历代文士多游历、隐居于此。元初著名词人刘敏中曾在山麓建“中庵别墅”，筑“含辉亭”、“赋诗台”，晚年归隐于此，著《平宋录》《中庵集》传世。山之北方，长白山峰峦叠嶂。隋大业七年（611年），“知世郎”王薄等人在此起义，掀起隋末农民大起义的风暴。

三、女郎山

女郎山在章丘旧城北里许。相传，大禹的治水功臣大章、竖亥的三个女儿被洪水淹没，葬于此，故名。该山，峰峦叠嶂，东西横亘，似一巨大屏风。山上有“三阳洞”，冬暖夏凉，为避暑胜地。原先，洞前为贴壁抱厦，抱厦左右，连接长廊，依廊矗以高阁，阁下设门与洞相通。洞上建三清殿，洞东筑“碧霞元君”洞，另外还有八蜡庙、三皇庙等。古楼危阁，烟树参差，为章丘一大胜景，称“郎山大观”。如今建筑多已倾圮，然而自然风光依旧。1990年，在山的东、西、南麓发现120余座战国至明清古墓。其中，西山坡一座传为齐将匡章之墓，随葬品甚丰，计有各种器物300余件，兵器220件，饰品6000余枚。其中，青铜器物有鼎、豆、壶、盘、勺、舟等。其品类之丰富，数量之多，在迄今发现的战国墓穴中实属罕见。这批古墓，其建筑、绘画、器物，颇富时代特点，对研究我国古代政治、经济、生活习俗和文化艺术都具有很高的价值。

四、锦屏山

锦屏山又名“平顶山”，在章丘市文祖镇三德范村南，海拔563.5米。翠柏满山，繁花争艳，从山阴遥观，形似锦屏，故名。在30公里远的旧章丘县城（今绣惠），此山仍依稀可见，因此旧时被称为县城的天然照壁。清雍正、乾隆年间，全真道人韩阳成及弟子至此修建老君堂、碧霞祠等道教庙宇，后经修葺，建筑规模颇大，现仍保存完好。

沿山东侧林荫小路，向上攀登，迎面一山门，上刻“文昌阁”三字。穿过山门，为一平地，广约30平方米。对面峭壁上，长满古拙的山榆翠柏。靠山壁立同治九年（1870年）石碑一方，两边镌对联“四周苍翠成文锦，万壑青葱如画屏”。由此向北，为一较大的院落，院内即为老君堂，东北两侧为殿宇，各3间。院内西北隅有洞，曰“朝阳洞”，又称“老君洞”，洞高约3米，宽1.5米，深30米左右。洞内阴湿，滴水常年沿洞壁下流，形成乳花。洞外有银杏树1株，树干挺拔，遮天蔽日，环境清幽。盘道尽头山顶处为“碧霞元君祠”，院落规整，殿宇森然。南侧大殿称“灵应宫”。昔日，如遇干旱，人们便来祈雨，相传每祷必应，故名。大殿门额嵌石刻“霖雨苍生”，两边勒对联：“脉衍泰宗，何处非洞天福地；神来华岳，环山被甘雨和风。”北侧为“泰山行宫”，是祠宇的主体建筑，建于石台之上，三间出厦，浑厚雄壮，廊檐额枋上刻有人物、花卉、梅花鹿、二龙戏珠等浮雕。殿内东、西山墙，彩绘山水人物。行宫北面，27株百年以上古柏东西向一字排开，树干虬曲，根暴露于外，枝叶繁茂，苍翠郁森。

五、朱家峪

朱家峪位于章丘市明水城东南5公里，北临齐鲁世博精品园，南接胡山，西连胡山森林公园，距济南城区40公里。

朱家峪原名城角峪，后改为富山峪。朱氏于明洪武四年（1371年）入村，因朱系国姓，故将富山峪改名朱家峪。据省内外专家对古村土台子出土的陶器残片和斑鹿角化石考证，夏商时期有庐于此，距今3800年以上。自明代至今，虽经六百余年沧桑之变，但仍较完整地保留着原来的古门、古哨、古桥、古道、古祠、古庙、古宅、古校，被誉为“齐鲁第一古村，江北聚落标本”。2005年9月，建设部、国家文物局公布为“历史文化名村”。

古庙——关帝庙。建于明代，复修于清嘉庆十三年（1808年）。庙虽小而建筑独特，三面尽用大青方石扣砌而成。楣石横贯，精雕双龙戏珠；左右石柱，细刻飞龙攀援。

古祠——朱氏家祠。建于清光绪八年（1882年），民国26年（1937年）复修。共分里外两院。祠堂系细凿大青方石、青砖、木椽、小瓦、翘檐、出厦之结构，祖传、略仿岱而建。堂前院中原有名木4株，现仅存高大百年桧柏1株，依然生机勃发。

古桥——康熙双桥。分东西两座，相距约10米。东桥建于康熙九年（1670年），西桥建于康熙二十七年（1688年），距今300余年。上下行人通车，十分方便。桥身全用青石砌成，虽不用灰泥，历经风雨雪霜，依旧坚固，被专家誉为“现代立交桥的雏形”。

古道——双轨古道。建于明代，复修于清代，长约300米。双轨，即指上行与下行。旧时，不论出村或入村，人与车马均靠右边走，秩序井然，与当今交通规则不谋而合。村民倡议复修此路，故又名“义路”。

古门、古墙——礼门、圩墙。修建于清道光二十年至二十二年（1840—1842年）。为防匪患之苦，确保村民平安而修。礼门整体用青石筑成，可登高远眺。经礼门用石墙连接东西两山，石墙高3—5米不等，长约1公里左右。虽历经百余年风雨，仍较为完整。

古校——文峰小学、女子学校和山阴小学。朱家峪自明末始，先后有文峰小学、女子学校和山阴小学，皆为当时当地有名的学校。其中山阴小学由重视教育的朱氏后人于民国30年（1941年）兴工修建。学校系四进院于一体，布局和谐对称，构成长方形整体，占地4400平方米。校门仿黄埔军校校门而建。校舍建筑结构皆青石根基，砖镶玻璃门窗，小瓦屋面，白灰墙，系20世纪40年代初章丘地区一流学校。

山阴小学旧址（2009年）

古阁——文昌阁。建于清道光十八年（1838年）。主体用大青方石筑成，上建阁楼，下筑阁洞，浑然一体。屋脊上的“二龙戏珠”由10余块大型方砖透雕而成，被专家誉为“清代砖雕精美之作”。建阁至今，未修复一次，依然坚固如初。文昌阁坐北面南，与文峰山顶魁星楼遥遥相对，魁星点状元，文昌主仕途，其内涵融为一体，这种互应式道教建筑，在全国实属罕见。

古宅——进士故居等。建于清嘉庆年间

（1796—1820年），距今200年左右，因当时屋主被皇帝钦命为“明经进士”而得名。集宅门院、主房院、私塾院、藏书楼于一体。古宅除部分木檐腐朽外，其他部分基本保存完整。

古泉——长流泉、坛桥七折等。依泉建有南北两池，南池建于清光绪二十四年（1898年）仲春，北池建于民国10年（1921年）3月。在南池南北两面石墙上，各有1个石雕龙头，相对而视。每当开泉季节，清凉的泉水便从龙头喷涌而出，注入池内，池满水溢于北池。泉水清澈甘美，为村民饮用水源。坛桥七折即“坛井七桥”。坛井，口小，内阔，状若坛，井水系文峰山下潜流涌出，甘甜适口，从未干涸。在坛井北、东、南三面，建有七座石砌小桥，纵横交错，曲折相连。坛井与七桥，相依为伴。柳荫下，石桥边，洗衣村姑，四时不断。

六、七星台

七星台位于章丘市垛庄镇，西连济南，东接章丘，省道327线横贯其中，总面积20平方公里，处于章丘、历城、泰安、莱芜四县市交界处。平均海拔680米，森林覆盖率高达85%，空气中每立方厘米负氧离子含量高达2000个，有“天然氧吧”之称。附近的齐长城、武圣门、四界首、瑶池、鹊桥、七星长廊、七星阁等名胜古迹，彰显悠久的历史和灿烂的文化。

四界首 秦始皇统一中国后，在全国推行郡县制。各郡县之间立碑为界，因七星台地处章丘、历城、莱芜、泰安四县市交界处，故而得名“四界首”。为纪念这一独特的地理位置，特设立四界台，对齐鲁两国和四个地域进行划分。立足此处，可谓“一脚踏四地，一步跨两国”。

齐长城（章丘段） 相传齐长城是春秋时期齐国公为抵御鲁、楚等国的侵略而修建，距今已有2500年历史。长城西起长清，经此处，东到青岛黄岛入海，蜿蜒纵横618公里，是中国历史上最早的长城。其中，章丘段齐长城全长42公里。相传“孟姜女哭长城”的故事就发生在齐长城。开发建设七星台旅游度假区时仿照北京八达岭长城样式新建一段长城，全长2000米，其中，单面长城800米，双面长城1200米，绵延起伏，雄伟壮观。

武圣门 为纪念武圣人孙武而建。山东历史上有一文一武两圣人，文圣人是孔子，武圣人是孙武。相传孙武曾在七星台聚兵操练，演绎兵法。武圣门长99.9米，高27米，飞檐斗拱，造型独特。其规模之宏大，设计之精妙，在山东省内的旅游景点中独一无二，堪称“齐鲁第一门”。

武圣门（2013年）

瑶池·青龙寺 瑶池蓄水量30000立方米，传说是西王母沐浴净身之处，池边排列十二生肖，寓王母普度众生之意。相传，瑶池里有条小青龙经常在这里为非作歹，危害百姓。有一次，它兴风作浪时被赴瑶池参加蟠桃盛会的托塔李天王看到，李天王一气之下就把小青龙压在这里。从此以后，这条小青龙开始皈依佛门，改邪归正，用龙泉灌溉方圆几十里的田地。人们为纪念它，就修建了这座寺庙，名曰青龙寺。

人间仙境 又称“西岭氧吧”，与东岭山上的东岭氧吧遥相呼应。沿途通天谷、接仙台、蟠桃峰、天街、天门等景点星罗棋布。这里树木茂盛，空气清新，植被覆盖良好，空气中负氧离子含量高，环境幽雅。

鹊桥 仿照四川都江堰样式而建，宏伟而壮观。整座桥全长280米，桥面到桥底最深处高50米，中间为软桥，行走其上，惊险刺激，堪称“中华景区第一桥”。

20世纪90年代末，七星台被辟为旅游度假区。

七、危山

危山位于章丘市圣井街道中部，309国道南侧。危山是一座孤耸于山区与平原之间的丘陵，面积约9338平方米，海拔205米。古代危山古木参天，庙宇成群，碑碣林立，有“小泰山”之誉，是章丘地区颇有影响的风景名胜地。当时有宏伟的古建筑群，始建于汉代，盛于明清。碑载：宋神宗、明弘治、清光绪年间多次重修危山寺庙。抗日战争爆发后，几经战乱，危山古建筑群破坏殆尽，残垣断壁，碑碣遗失，盛况不再。

20世纪90年代末，对危山进行开发建设，引水上山，植树造林，逐步恢复部分古迹景点。分别辟建圣井广场、元音寺、玉皇阁、汉济南王陵、圣井亭、四贤泉、圣泉池、圣贤桥、碧霞祠小区等名胜景观，还开设了文化长廊和音乐茶座，形成了山城相连，集休闲、观光于一体的风景游览区。

八、三王峪

三王峪位于章丘市曹范镇境内，距309国道20公里。峪内群山连绵，巍峨参差，宛如城垣，且峰峦俊秀，植被茂密，谷地深邃，泉溪间布，水清甘洌。四季景色各异，春季万点飞红，夏季满山滴翠，秋季红叶遍岭，冬季松柏郁蔽。登临山之巅，近望、远眺、仰观、俯察，山川相缪，村烟旷野，浮云流水，自然情趣各有千秋，自古就有“幽而不僻远闹市，山水清风真自然”的赞誉。

三王峪名称历史悠久。传因西汉末期赤眉军首领樊崇派樊柯、魏方、于平三员大将到此驻扎而得名。自明朝后叶至清朝乾隆时期，随着纺织业的兴盛，三王峪内开始植桑养蚕。据乾隆十年（1745年）、十四年（1749年）的碑文记载，当时蚕场已由原来的3座发展到了8座，规模已相当可观。主要景点有：西汉时期三王古墓遗址、会仙桥、乾坤眼、无极洞、太极塔、月亮湖、老泉、响泉、飞龙泉、淋泉、大泉、梯田迭水等。

三王峪

2008年，三王峪被评为3A级旅游景区。

九、白云湖

白云湖位于章丘市城区西北20余公里，与历城区交界处。“溪水缕注，众水潴而为湖。白云英英出其中，湖因以名”（清道光《章丘县志》），俗称“刘郎中泊”。总面积1740万平方米，其中水面面积750万平方米。湖内有10多种鱼类、60多种鸟类，其中不乏国家级重点保护品种。湖里种植红莲，面积达200余万平方米，是山东省内比较集中的红莲观赏区。湖岸杨柳垂堤，湖中芙蕖溢香，波光浩淼，气象恢宏。明代剧作家李开先《白云湖夜泛》诗赞曰：“夹岸人烟水四周，苏堤景物亦依稀。中流击楫鼋鼍出，树底鸣榔鸟雀飞。渔火错疑明月上，风帆相伴白云归。芳湖历尽欢无尽，况可乘虚望翠微。”古人称此景观为“白云晚棹”，旧时被列为章丘八景之一。

1958年始，国家对白云湖进行多次整修。1988年，引黄（河）白（云湖）工程竣工，并建万亩鱼场、湖心桥、楼门牌坊等；1992年4月建成宏伟壮观的“齐鲁名士宫”，设79个场景，塑273位历代名士像，并采用现代声光设备，使其造型栩栩如生。宫的外形，为古城样式，登临可尽览远近风景。2004年被评为2A级旅游景区，2013年成为国家级湿地公园。

十、李开先墓

李开先墓位于章丘市埠村街道鹅庄村东，309公路南侧李氏茔地内，1992年公布为省级文物保护单位。李开先（1502—1568年），今章丘鹅庄人，明朝中叶著名的文学家、戏剧家，被称为“嘉靖八才子”之一。曾于本县胡山中麓洞读书，自称“中麓子”“中麓山人”“中麓放客”等。明嘉靖八年（1529年）中进士，仕历户部主事、吏部文选郎中等职，官至太常寺少卿。后因九庙火灾罢误免官归乡，以文艺自娱。筑万卷藏书楼，贮南北词曲甚丰，有“词山曲海”之称。工诗文，尤擅长词曲传奇。削职家居的27年间，写下著名的传奇作品《宝剑记》等以及诗文杂著《闲居集》《一笑散》《词谑》等著作。今辑刊出版有《李开先集》。

李氏茔地东侧为李开先墓，墓前有碑1通，

明崇祯二年（1629年）立，上书“太常寺少卿中麓李公墓”。碑前还有两方碑座，原有两块无字碑。据李氏后裔讲，后来李家破落，无财力刻字，故成无字碑。座前甬道两旁，有翁仲和石虎、石羊、石马各1对，形体完好。再前是石坊，由3根平滑的条石扣成门状，颇简陋。茔地西侧为李开先父母的坟冢。坟冢南端为简陋石坊，石坊北面，有石兽两排，石兽再北立石碑3通，成品字形布局。前两碑碑座，为赑屃石雕，碑顶镌云龙浮雕，额题“奉天诰命”字样。茔地石碑，均为明代石刻，其中石坊上额“李氏先茔”及楹联“漫漫长夜何时旦，瑟瑟高松不计年”，为李开先之友、书法家苏洲（号雪蓑）书写。

十一、城子崖·平陵城遗址

城子崖位于章丘市龙山镇东，武原河东岸，系中国“龙山文化”的最早发现地，1961年，被国务院公布为全国第一批重点文物保护单位。这里为一黄土高阜，以前当地人称“鸭鹅城”。民国17年（1928年）春，中央研究院历史语言研究所吴金鼎于此做考古调查时，发现此地有远古遗存。民国19年（1930年）和民国20年（1931年），中央研究院对此遗址进行发掘，发现有板筑城垣，因此名之“城子崖”。遗址南北长530米，东西宽430米。文化层4—6米，分上下二层。上层出土的有豆、鬲等灰陶器物和铜质兵器等，属商周战国文化。下层出土大量的新石器时代中晚期石器、骨器、蚌器和陶器。陶器以泥质加沙黑陶为主，有鼎、鬲、豆、瓮、盆、杯等，特别是黑陶，质地坚硬，薄如蛋壳，造型精美，可谓该文化的代表。因地处龙山镇，并完全不同于以彩陶、红陶为特征的仰韶文化，便定名为‘龙山文化”。此次发掘，是中国早期近代意义上的重大考古发掘活动，是全国发现并挖掘的第一处新石器时代遗址，在中国考古学界占有极为重要的历史地位。

1990年4月，山东省考古研究所又对该遗址进一步发掘，发现龙山文化、夏代、周代城址和岳石文化堆积，填补了中国夏代城址考古之空白，再次引起海内外学术界的重视，分别被评为全国1990年和“七五”期间十大考古新发现。1991年，在考古发掘现场建成城子崖遗址博物馆，供人们研究、观览。

东平陵故城遗址位于龙山镇北，巨野河东岸，西距城子崖遗址约2公里。东平陵城，春秋时期归属齐国，称平陵邑，由姜姓诸侯统辖。公元前680年前后，齐桓公曾到此。战国时齐被田氏贵族取代，后改平陵县。汉建国后，济南郡治设于此，由于关中长安附近也有一个平陵县，故改称为东平陵县。东汉延熹七年（164年），汉王朝于此设济南国。汉光和三年（180年）前后，曹操曾于此任国相。至西晋永嘉年间，济南郡治始西移至历城。作为郡国首府，东平陵城曾长时期成为今济南地区的政治、经济、文化中心。这座古城，当年规模宏大、壮观。至宋元时，其城墙保存得还相当完好。宋朝诗人陈师道在《后山丛谈》中曰：“齐之龙山镇有平陵故城，高五丈四，方五里。附城有走马台，其高半之。”元朝于钦在《齐乘》中也曰：平陵城“雉堞高竣”。从现在残存的遗迹来看，城为方形，南北东西各长1900米，城门四座，西城墙大部分还在，皆为夯土板筑，高5米左右，厚28米，上可容车。城址北部为宫殿废墟，尚存房基及大片砖铺地。南部为冶铁遗址，发现有耐火材料、铁矿石、铁渣、烧红土、炭灰等。

古城历史悠久，出土文物甚多。陶器有：平砖、空心砖、筒瓦、板瓦、瓮、缸、背壶等。瓦当铭文有“千秋万岁”“万岁富贵”等字样。器物所饰花纹有人面纹、羊角纹等。石器有柱础、臼、石磨，铜器有铜钉、镞头、货币，铁器有镢、铲、锄、锯、锛、犁、剑、刀、铁范等。这些文物，对研究我国古代历史，特别是济南地区的政治、经济、文化历史，具有很高的价值。1977年，被公布为山东省第一批重点文物保护单位。

第三节 平阴县风景名胜点

一、圣母山生态农业观光园

圣母山生态农业观光园，因位于平阴县胡庄圣母堂而得名，是集农业结构调整、生态景观、旅游观光为一体的现代农业园区。已初步形成“三区六园”的格局：“三区”即生态农业观光区、宗教文化游览区、伊甸园休闲度假区；“六园”即千亩酿酒葡萄示范园、精品海棠园、玫瑰种植园、红柿子庄园、花卉苗木园、果品自采园。

观光园中有闻名遐迩的全国三大天主教胜地之一的胡庄天主教堂。天主教自明万历三十二年（1604年）传入胡庄村以来至1966年共建成村内和山上大、小教堂7座。“圣母无染原罪堂”位于村内，始建于清光绪三十二年（1906年），占地3.3万平方米，主要建筑由天主堂、神甫办公楼、神甫客房楼、花园等组成。主体建筑天主堂南北长52.25米，东西宽28.37米，后穹顶加十字架，高50米，建筑面积1000平方米。整个建筑用大块料石靠缝砌垒，柱石上饰以高浮雕花卉，精美绝伦。办公楼和客房楼位于教堂的东北侧。办公楼坐北向南，客房楼坐东向西。“文化大革命”期间毁于火灾。至1990年该教堂仅存有教堂院落的南大门、神甫办公楼、神甫客房楼等。1998年在原址上重建。重建后的天主教堂建筑规模如初，用料改为红砖水泥钢筋，外装饰为花岗岩及仿石喷漆。主塔楼由南端改到北端，为框架式罗马式建筑。南墙改为透明式铁棂，大门也改为铁棂式。整修了院内原来的水池，新植花木、草坪，堂前成一个美丽的花园。

胡庄天主教堂

“露德圣母堂”位于村西的尖山顶端，始建于清光绪二十一年（1895年），民国16年（1927年）夏被雷击焚毁，民国17年（1928年）重建，1966年毁于火灾。1989年6月，国内天主教友自愿献仪并出工修复。1990年5月，该教堂落成。修复后的露德圣母堂坐西向东，建筑面积270平方米。整个建筑仍然保持了原来建筑的风格特色。堂外东侧增建了长200余米的石阶直路，路南侧竖有耶稣苦像和站在十字架下的白色圣母像、圣若望宗徒像。沿石阶上行路两侧的石柱上竖立两尊守卫天神像，给前往朝圣者已进入圣地的启示。

二、翠屏山

翠屏山位于平阴县城西南12.5公里处，玫瑰镇境内。以其山势奇峭巍峨，松柏苍郁茂密，恰似一道景色秀美的天然屏障而得名。又因山上泉水众多，有“一条岩缝一处泉”之说，当地人俗称为“水山”。

翠屏山自然景观、文物古迹甚多，有浸润泉、有本泉、杨枝泉、落阳泉、朝阳泉、向阳泉6眼泉水，有石门槛、宝峰寺、神龟、无影佛、幺榆、金龟石、观天洞、布谷楼、多佛塔等多处名胜。其中宝峰寺、多佛塔最为著名。

宝峰寺位于翠屏山西侧半腰处，始建于唐天宝十一年（752年），由慈净和尚创建，初名“保宁院”。金大定三年（1163年）重修，改称“宝峰寺”。历经明清几代扩建，规模递增。主要建筑有大雄宝殿、玉皇殿、白衣阁、天王殿、八仙阁、碧霞元君殿、关帝庙、灵官庙、倒影庵、戏楼等。寺院观阁鳞次栉比，殿宇望衡。由于数百年来的风雨侵蚀以及“文化大革命”期间人为的破坏，大多倾圮。1998年，在原有基础上对宝峰寺的部分殿宇进行重修，先后修复天王殿、大雄宝殿及东西配殿等。修复的殿宇集中在南北60米，东西30米的山腰处，寺庙坐北向南，最南端为天王殿。由天王殿进入院内，迎面就是雄伟壮丽的大雄宝殿，殿前东西两侧各有配殿5间，殿殿相接，檐角相叠，巍然壮丽，引人入胜。院内有明隆庆五年（1574年），明万历十四年（1586年）、二十二年（1594年）重修宝峰寺碑9通，碑文雕刻艺术精湛。

宝峰寺北侧峭壁之上，有佛像2龛，内雕菩萨、佛像12尊。据造像记载，为唐天宝十一年（752年）鹿崇贞敬造。沿盘路再往上走，悬崖高处有两块巨石上下相叠，耸立突兀，侧刻“叠翠”二字。该石缝隙中，生古柏一株，巍巍悬于高空，树干拧生，根似鹰爪，冠盖阔大，枝叶繁茂。这一奇景，被称为“水山叠翠”，为平阴古八景之一。

多佛塔位于翠屏山巅玉皇阁院内。院内正中建玉皇阁，阁顶之四隅建筑为三角形锥堞式，中砌垛孔短墙，多佛塔矗立在院内西侧。此塔建于唐贞观四年（630年），明嘉靖元年（1522年）重修。全塔共13层，呈八棱状，用当地青石构筑。塔底外周长18.5米，通高19.7米，塔形雄伟，简洁古朴。每层四周皆辟佛龛，内嵌石雕佛像，原有104尊，尚存84尊。第二层以上佛像为半立姿，均高0.6米，肩宽0.15米。底层石雕佛像最大，均高1.1米，肩宽0.6米，佛身同饰有浮雕图案的底座连为一体。塔顶置铁制宝瓶冠刹，外形严谨，美观大方，构造甚为巧妙。重建后的多佛塔，不但大量沿用了原塔的佛雕，整个造型也都保持了唐代佛塔的造型风格。1977年12月，被山东省革命委员会列为省级文物保护单位。1980年，平阴县政府对多佛塔进行重点维修，使这一古老建筑得到保护。

三、云翠山

云翠山位于平阴县洪范池镇政府驻地南2公里处。山势南北走向，山脊长约5公里，海拔474.9米。遍山林木青翠，荫接影连，峻峰陡立，奇景叠献，山泉流淌，浸花润木。山寺隐约，古迹众多。主要景观有天柱峰、笔架峰、子陵寨、南天观、日月泉、墨池泉等。

南天观建于云翠山北侧一环形山腰处。因道教全真派创始人邱处机（号长春真人）曾修炼于此，其弟子在此筑观，名为“南天观”，当时是全国闻名的四大观（北京白云观、济南长春观、邹县峄山长青观、洪范南天观）之一。此观创建于元至大四年（1311年），明隆庆年间（1567—1572年）重修。主要建筑有玉皇阁、蓬莱仙院、凭虚阁、长春阁、真武观、三真观、戏楼、看台等，总占地面积约3600平方米，分四个院落，成“田”字形结构。西半部玉皇阁及蓬莱仙院、长春阁南北相望。东半部三真观与真武观前后相连。玉皇阁坐南朝北，东西三间，拱门方窗，内设玉皇大帝塑像。玉皇阁北10米即是蓬莱仙院。院内主建筑为长春阁，二层，坐北朝南。阁底层南北正中各设一门，南通蓬莱仙院，北通戏楼、看台。

南天观院落内有元、明、清时期所立石碑10余通，多记述着云翠山的风光和南天观的兴衰。其中记曰：“云翠山林壑优美，望之如翠，碧树沉阴，悬崖参差而罗列，峻岭环匝而萦回。”在观的西侧有建于元至元四年（1267年）《云翠山南天观》石碑1通，碑高2.4米，宽1.2米，龟趺龙首。此碑系翰林院承旨李谦撰文，文字和雕刻都十分精美。东侧有建于明万历二十一年（1593年）的云翠山天柱观新建玉皇阁记碑，碑高2.4米，宽1米，龟趺龙首，由于慎行撰文，孟一脉篆额，乔学诗书丹。因三人都是同朝进士，因此又叫“三进士碑”。

天柱峰位于南天观南约1公里，是云翠山最高点，海拔474.9米。山顶立一陡岩，长500余米，高30米，悬崖陡峭，壁立万仞，如擎天一柱，故名。在峰北悬崖上，刻有“天柱峰”三个大字，每字1米见方，浑厚豪放，为明朝东阁大学士于慎行题书。天柱峰顶是一南北狭长的山脊，东西宽约10米，南北长约100米，峰顶上有光滑平整的方石，有怪石相叠形状不一的石城，有简陋的石屋。站在峰顶远望：黄河如带，湖（东平湖）水如镜。近处六寨山、子陵寨峰峦起伏相连，遍山滴翠。

天柱峰

子陵寨位于天柱峰南1.5公里处。子陵即东汉的严子陵。相传严子陵曾隐居云翠山南端，故名“子陵寨”。子陵寨高出周围山坡16米，有山神庙、奶奶庙等古迹，还有许多颇为古老的石屋，宛如一座座小别墅，古朴雅致。传严子陵死后即葬于此。

四、贤子峪

贤子峪又名函山峪、岱西村。位于济菏高速公路平阴出入口东南3公里处，是平阴镇东蛮子村的一个自然村，地处群山环抱之中，林木茂盛，浓荫蔽日，古木、泉水众多，环境清新幽静，《平阴县志》有“曲涧潺潺，古木蓊蔚”的记载。山上古迹众多，有三泉庵、伏魔殿、观音堂等。《重修观音堂记》碑文记述了此处景色：“视山之美而茹，摘木之鲜而食。坐石临流，逍遥徜徉”，“椒杨成列，佳水向莹，生香不断，玉树连云，向阳而垂，甘露遥峰，倚空映日”，恍若人间仙境。据载，此村由明代贡生张宗旭始建，后发展成村，村中石屋、院落仍保持了明代建筑风格，是北方地区保存较为完整的明代古村落之一。

五、洪范池

洪范池又名龙池，位于平阴县城西南30公里洪范池乡政府驻地洪范村南端。池前清道光十八年（1838年）碑文载：“四周皆巨甃，池水去地积数尺，澄澈清莹，冬夏无消长。”池北建有“龙祠”，亦称“龙王庙”。关于祠堂的建造年代及原因，池前碑文记载甚明：“金完颜时，村人因祷雨辄应，建龙祠于池北。”龙祠坐北朝南，面阔三间，硬山起脊，卷棚抱厦。祠内原有神像，山墙绘有壁画。祠堂南面两侧各有金代所植古柏一株，虬盘鳞结，老态龙钟，茂枝舒展，滴绿泄翠。

六、于林

于林位于洪范池北1公里处，为明代东阁大学士、文学家于慎行的墓地。于慎行（1545—1607），字无垢，平阴县东阿镇人。明隆庆二年（1568年）中进士，授翰林院编修，后官至太子少保兼东阁大学士，卒赠太子太保，谥“文定”。有《读史漫录》《笔麈》《兖州府志》等著述，神宗时“文学为一时之冠”。

于林占地4万平方米，坐北向南。昔日，门外有石狮1对；进门有牌坊2座，名“帝赐玄庐”“责难陈善”，皆系万历皇帝御书；甬道两侧有华表、石虎、石羊、石马、翁仲相对，并植万历皇帝所赐白皮松59株；还有落棺亭1座、石碑10余通等。“文化大革命”期间，墓地毁坏严重，碑碣残损散落。现尚存白皮松44株，一般胸围2米，高16米左右，棵棵树干挺直，通体银白，针叶青翠，婷婷玉立，历400余年仍生机盎然，规模为国内所罕见。

七、九汇湖

九汇湖位于平阴县东阿镇，20世纪50年代中期，拦蓄狼溪河水而成。其水以洪范池、东流泉、扈泉、白雁泉、拔箭泉、丁泉、墨池泉、天池泉、长沟泉等九泉为源，故名九汇湖。其湖，群山环抱，风景美丽。内有湖心印月、夕阳斜辉、寺山雁鸣等景致。湖北，有明朝东阁大学士于慎行的遗迹；湖南，有状若钓叟的寺山。湖上美景，岸边古迹，形成九汇风光，前来观光者甚多。

八、平阴县文庙

平阴县文庙，位于旧县城东南隅，东距新县城1公里。北宋元符年间（1098—1100年）始建，历经元、明、清各代修葺扩建。如今，庙宇虽有倾圮，但保留下来的甚多，为一碧瓦红墙，飞檐斗拱的宋代建筑群。坐北向南，南北长198米，东西宽80米，占地1.3万平方米。分三进院落。中轴线上自南向北有棂星门、大成门、大成殿、明伦堂等。东侧建有忠义祠、名宦祠、文昌庙、三代宫、东斋；西侧有节孝祠、乡贤祠、西斋。四周砖花墙，前有柏林照壁，后有林园花圃，碑石林立，庭院井然。建于中心的大成殿，面阔5间长22米，进深3间宽11米，高11.8米，斗拱式建筑，重梁起架，歇山式九脊顶，上覆琉璃瓦。大殿正面有6根八棱高浮雕盘龙石柱，配以云朵，十分精美。殿内金柱（明柱）8根，泥柱（半在墙内）10根，结构紧严。整个建筑群布局合理，宏伟壮观。东南有锦水环绕，绿树掩映，十分幽静。1995年被定为市级文物保护单位，2006年被省政府公布为省级文物保护单位。

第四节　济阳县风景名胜点

一、周氏庄园

周氏庄园位于济阳县垛石镇后楼村，由当地进士周耀德于明天启年间（1621—1627年）在古宅院的基础上建造，后历代延续建设，直至清道光、咸丰年间，周氏第十五世祖湖北道台周成民时已成规模。整个庄园坐北朝南，建有宅院6处，18进，楼房18座，统称“六厅十八进”，占地面积1.6万余平方米，花园楼阁亭台瓦舍等建筑400余间。 今仅剩房舍10余间，庄园大门门楼尚保存完好。门楼为硬山顶，高大宽敞，宏伟气派。檐上铺小灰瓦，檐脊及两山墙盘头均雕有花卉、花纹图案，木制门棂上饰有镂空雕花，工艺细腻精致。进得大门，迎面是一面砖雕影壁，四周边框雕有竹节纹、缠枝牡丹仙童子、梅花鹿、寿字等吉祥图案，表达了主人对多福多寿、官运亨通的期盼。1992年、2007年先后被列为济阳县文物保护单位和济南市文物保护单位。

周氏庄园

二、刘台遗址

刘台遗址又称逄氏墓地，位于济阳县由堤镇刘台村。面积2万余平方米，其中间为冢子状，1957年文物普查时发现。1979年、1982年、1985年，考古工作者发掘了墓地中的6座墓葬，出土大量的陶器、青铜器、玉器、骨器等，对于研究周初齐国的社会经济、军事、文化等，具有重要的参考价值。1992年6月，被山东省人民政府列为省级第二批重点文物保护单位。

三、卢永祥故居

卢永祥故居位于济阳县回河镇境内，紧邻220国道。卢永祥（1867—1933），原名卢振河，字子嘉，今济阳县回河镇举人王村人，北洋皖系军阀。曾出资在县内修建水坝、学校、民刑看守所及印刷民国《济阳县志》等。村里至今留有古宅院一套，古风古韵。故居北1公里处是澄波湖水上游乐园，以西1公里处，是回河镇集采摘观光、休闲旅游于一体的国家级农业蔬菜精品园。

四、胜源千亩梨园

胜源梨园位于济阳县垛石镇北部，是黄河以北第一家集种植养殖、观光休闲、体验参与、旅游度假于一体的大型农业示范基地。示范基地占地500万平方米，园内建有日韩梨园66.7万平方米，金太阳、金寿杏大棚10个，鱼池4万平方米，多功能餐厅1座，以及休闲娱乐设施等。2009年4月，被济南市农业局命名为“济南胜源观光休闲农苑”。2005年以来，相继举办九届胜源梨花节，成为济南市首推的“十大梨花节”和“十大采摘节”之一。

第五节　商河县风景名胜点

一、大沙河旅游风景带

大沙河旅游景观带位于商河县城北10公里处，由东向西呈带状，东西横贯县境北部，全长32.88公里，省道248线和316线跨河而过，龙怀公路贯穿东西。河宽近百米，平均水深3米左右，水质清澈，品种众多的水生动物和鸟禽类在河内栖息繁衍。两岸纵深100米全部进行了高标准绿化，森林覆盖率达到65%。两岸沙丘高低起伏，生长着成片的杏、梨、桃、杨、柳、槐等树种，其中有些古树树龄已达200年以上，因沙质土壤无污染，果实味道甜美，色泽诱人。大沙河沿岸还分布有古城遗址、东信遗址、小官庄汉墓群等古遗址，更添几多文化底蕴。大沙河沿岸修建了金牛亭、瓜王亭等休闲观赏亭以及码头、钓鱼台、停车场，河内置游船、游艇等。2010年，被命名为省级湿地公园。

二、梁王冢遗址

梁王冢遗址（战国梁惠王长子墓冢）位于商河县郑路镇梁王冢村西北500米处，距县城20公里。遗址高出地面4米，南北长50米，东西宽40米。遗址顶部和边沿断面处，均有古建筑遗址、遗物暴露，多为鬲足、鬲沿、瓦片等。

三、芦潭晓月

春秋时，商河县属齐称麦丘邑，今县城中央遗有古城墙一段，近砌青砖城垛于其上，下傍清潭，中有荒岛，芦苇茂盛，百鸟飞鸣，故称芦潭。拂晓星残，晨月映水，人行岸上， 月随人行。旭日破晓，飞霞逐月，是为胜观。

四、古二十四孝石刻园

古二十四孝石刻园位于商河县韩庙乡政府院南，周围松青竹翠，花繁蝶舞，白杨欢歌，雀鹊和鸣。南矗大理石碑坊一座，牌坊上镌“古二十四孝石刻园”，向北建有天、地、人3座汉白玉石亭，喻“天圆地方人和”之意，再往北立大型孝经碑石，古二十四孝石刻分立东西南北，掩映在红花绿叶之中。入园赏孝图石刻，领悟儒家孝道，激发人们孝老爱亲感恩报国之情。

古二十四孝石刻园

第六节 景 胜

一、济南八景

古时，济南八景也称历城八景，起于何时无从考证（有一说始于元代）。有关八景最早的文字记载见于明崇祯六年（1633年）刊刻的《历乘》（刘敕撰，为济南现存最早的地方志）：“昔人标为八景，而沧桑代变，湮没者多。”由此可知，八景之说在明朝时就已存在多年，但有些景观已随着时代的变迁难以寻迹，所以当时刘敕列出了自己心目中的“历下十六景”。清康熙六十年（1721年）重修的《历城县志》，在卷首刊出《八景图》，这八景是“锦屏春晓”“趵突腾空”“佛山赏菊”“鹊华烟雨”“汇波晚照”“明湖泛舟”“白云雪霁”“历下秋风”。这一说法被普遍认同，一直沿用到2012年泉城新八景评出。

锦屏春晓 位列济南八景之首，位于济南城区东南龙洞山“独秀峰”处。这里四周群山环抱，层峦迭障，危峰壁立。独秀峰上，“锦屏岩”高达80余米，“壁立千仞”似屏风。岩周松柏苍翠，杨柳垂青。岩壁，繁花艳艳，芳草离离。明代文人刘敕曾作过这样的描述：“丹壁点缀，晓霞掩映，绚若锦屏”。西峰悬崖上是西龙洞，洞壁镌有佛像，洞顶钟乳石花丛生。东龙洞在东悬崖上，相传有“金瓶”“春晓”两洞。每逢春晓这天，有阳气冲出，干叶枯草随着飞扬。

龙洞下深谷中，原建有“寿圣院”，纵横数百步。院遗址银杏蓊葱，松柏苍翠，古碑数方。遗址北向西，双壁若劈，谷深蜿蜒，似龙盘曲。涧内有泉，流水潺潺。悬崖上，古木成荫，山花烂漫，形成山清水秀的景观。二三月间，景色尤奇：桃花迷径，旭日东升，蜂蝶起舞，鸟儿欢歌，一派生机。

趵突腾空 泺水之源趵突泉，春秋已显，盖岱阴之水发为此泉，有“泉源上奋，水涌若轮”及“平地泉源觱涌，三窟突起，雪涛数尺，声如隐雷，冬夏如一，故寰中之绝胜也”的记载。这一奇观被称为“趵突腾空”。

水盛之时，泉水喷涌，上冲亭阁，雄豪绮丽，气象万千。元代赵孟頫赋诗赞曰“云雾润蒸华不注，波涛声震大明湖”，清代文人蒲松龄在《趵突泉赋》中写道“吞高阁之晨霞，吐秋湖之冷焰”“漱玉喷花，回风舞霰”，都是对“趵突腾空”景观精彩绝妙的描述。主泉四周多小泉，或如鲤鱼吐泡，或如绿色丝线穿起串串珍珠，或如绽开的珠花，把三窟的瀑流衬托得更加气势壮观。

佛山赏菊 千佛山东南不远就是佛慧山，峰峦突兀，涧谷潆回。山腰原建有古刹开元寺，寺周悬崖凿有石室，昔日儒生多在这里读书。殿前崖下有甘露泉，水声叮咚富有琴韵。峭壁之上，松萝蒙荫，鸟语啾啾，每到秋天，红叶满山，黄花遍地，红似火，黄如金，风景优美，被称为“佛山赏菊”。

《山东通志》把千佛山与佛慧山混称，所以，一讲“佛山赏菊”，也指千佛山。千佛山的野菊更好。明朝诗人边贡在《九日登佛山》诗中曾有“背岭丹枫直，垂岩紫菊肥”的赞语。山的北侧，就有丹枫，秋日叶子变红，在万绿丛中颜色更加嫣红。菊花，寺内寺外，山上山下，无处不有，红、白、黄、紫各色俱全，尤以黄色为主。盛开时节，如撒黄金，清风吹来，馨香扑鼻。

据志书记载，千佛山南侧原有“赏菊崖”，是古人赏菊处。为使人们更好地观赏这一景观，1984年，在山顶巨石上修建了“赏菊阁”。丛木簇拥，云雾缭绕，如仙山琼阁，游人可在亭上饮酒赏菊。

鹊华烟雨 鹊、华两山，在济南市城北，山势俊秀，景色迷人。鹊山无主峰，林木青翠，横列如屏，山上旧有鹊山院、鹊山亭、扁鹊墓等古迹。相传，山下有钟鼓二石，以石相击，声扬数里。每年七、八月间，鸟雀云集。明朝人王象春曾写《鹊山》诗记述：“万岫千岩济水蟠，如屏孤逗出河干。秋高乌鹊集何事，霄汉空疑斗女寒。”

与鹊山隔黄河相望的是华山。北魏地理学家郦道元在《水经注》中最早描绘道：“单椒秀泽，不连丘陵以自高，虎牙桀立，孤障特拔以刺天，青崖翠发，望同点黛。”唐朝诗人李白也有“兹山何峻秀，绿翠如芙蓉”的赞语。山下建有华阳宫、三元宫、泰山行宫等庙观，院内古柏苍翠，蔚为壮观。

鹊山华山之间，原为鹊山湖，湖光浩渺，碧波万顷，“飞鸿翔鹤，远势盘空”。水村渔舍，柳绿花红，渚生蒲苇，水浮荷菱，微风轻浪，舟载歌声。阴云之际，两山连亘，若离若合，时隐时现，云雾缭绕，如两点青烟，诚为一幅绝妙的水乡图画，故昔人称此景为“鹊华烟雨”。元代大画家赵孟頫以此为背景绘就画中杰作《鹊华秋色》，千古传诵。

汇波晚照 济南城内，珍珠、濯缨、芙蓉等泉汇波于大明湖，然后由湖东北隅的晏公庙下经北水门泄出，最后注入小清河。

晏公庙侧建有晏公台，由台上可清楚地看到北面的景色。台下不远为一拱桥，名为“汇波”。桥北是北水门，由砖石券成，券门四周皆为垂柳，细长的柳丝点入水中，清风徐吹，荡起微波。周围水域皆为荷花。若到傍晚，夕阳正由券门斜射倒入水中，发出柔和的光，把周围染上了一层桔红的颜色，人们将这一景观命名为“汇波晚照”。

元初于水门上建楼，斜阳不能射入，这景遂没。然而在楼上，人们又可看到另一种绮丽的景色。向南看去，晏公庙巍峨壮观，晏公台上，古柏老态龙钟，满院杨柳笼罩，修竹郁森，院南一片荷红，远处碧波粼粼，夕阳西下，晚霞尽染，万丈光辉，宛若一幅迷人大画。后人又把这一景观视为“汇波晚照”。

明湖泛舟 大明湖昔日湖面很大，碧波万顷，遥接群山，气势壮阔。在这宽阔的水域中，四季都呈现出不同的景色。春日，柳丝轻荡，湖岸、沙洲、岛上，无处不是，有的弯着，有的卧着，有的立着，清风一吹，柳丝轻荡，最为风姿；夏日荷浪迷人，片片葱绿，点点嫣红；深秋，芦花雪白，谢落如柳絮，随风飘扬；冬日，银装素裹，分外妖娆。明湖不仅四季景色奇异，而且常年充满生机。黄鹂鸣于翠柳，鸥鹭点于清波，笙歌扬其远韵。人们荡舟其中，“如游香国”，古人将这一景观称为“明湖泛舟”。

白云雪霁 珍珠泉大院原是历代王府官邸，内有濯缨湖，由珍珠、濯缨、朱砂等泉汇集而成。昔日湖面宽阔，景色秀丽，清代王闿运《珍珠泉铭序》中曾描述：“潆泓冲融，清澜百步，旁流带垣，通舟二里；鱼鸟荇藻，怡怡悦性”。岸边建有白云楼，站在楼上，北可观明湖碧波，黄河帆影，南可望梵宇簇立，群山青葱。“且当雪霁白云缭绕，下接水光，上浮天际，宫殿隐隐在烟雾中，宛然如画。”雪后凭栏远望，清光四野，景色绮丽，悦人心目，故被称为“白云雪霁”。

历下秋风 距大明湖南岸不远，有一湖中最大的岛，上有历下亭、名士轩、蔚兰轩、御碑亭等建筑，红柱绿瓦，雕梁画栋，古朴典雅，蔚为壮观。这里风景秀丽。如若秋日，微风吹来，岸上的垂杨，水下的树影，皆舞动着青纱，婀娜多姿，好像神女在清波深院中起舞。湖里的荷花，在轻风中颤动，犹如江妃在水面上凌波微步，湖水晃漾，清波拍岸，发出清越的声响，如奏乐章。此番胜景被人们称为“历下秋风”。

济南八景之说，由元经明至清，载入叶承宗撰《历城县志》、清康熙时的《重修历城县志》和道光时的《济南府志》，且一脉相承，记载分明，无失考，亦无演化变动。

济南内八景、外八景 清代中期以后，有的文人认为八景不能完全概括济南景物，又创出内八景、外八景的十六景之说。内八景增添了佛山倒影（大明湖小沧浪亭西畔）、鼓楼钟声（县学街西南隅钟楼），外八景增加了黄河远帆（泺口）、九华拥翠（药山有九峰，号小九华）等，均为口传，未载入志书。

二、泉城新八景

2011年8月至2012年9月，中共济南市委宣传部、市文明办、市委外宣办、济南日报社等部门组织开展了泉城新八景评选活动。历时一年，市民通过网络投票、短信投票、信函投票、现场投票、“12345”电话投票等方式推荐出1200余处景观，市民评审团和专家评审团经过三次评审，从中评出32景，又从32景中评出16景，最后从16景中评选产生“泉城新八景”。新八景是：

趵突腾空 见本节“济南八景”条“趵突腾空”目。

明湖汇波 大明湖由济南众泉汇聚而成，其历史悠久，自唐宋时期就名扬四海，并有“天下第一湖”的美誉。大明湖景区内有历下亭、铁公祠、北极庙、汇波楼等20多处名胜景点，可谓步移景换，游趣无穷。黄鹂鸣于翠柳，鸥鹭点于清波，笙歌扬其远韵。人们荡舟其中，“如游香国”。

历山览胜 此景包括千佛山景区、齐鲁大学原址及泉城公园的历山秋眺，真可谓气象万千。千佛山古称“历山”，是济南三大名胜之一，站在山顶可尽览泉城全景。千佛山峰峦起伏，林木森森，恰似济南的天然屏障。泉城公园园区广为植被覆盖。齐鲁大学原址现为齐鲁医院和山东大学趵突泉校区，古建筑遍布，人文气息浓厚。

泺水棹歌 济南护城河形成于元代，全长6.9公里，是国内唯一由泉水汇流而成的护城河。其水，古称“泺水”。护城河景观带，以优美典雅的园林建筑，把趵突泉群、珍珠泉群、黑虎泉群、五龙潭泉群及大明湖连接在一起。2009—2010年，经过近两年的整治，实现全河通航。泉游凌波，美景似江南，成为泉城的一大新景观。乘坐画舫沿河游览，有“人在画中游”之感。

清河烟岚 包括小清河风景带（含五柳岛）、鹊山、华山及黄河在内，涉及槐荫区、天桥区、历城区和章丘市。2007—2011年，经过小清河综合治理一、二期工程实施，碧波重现小清河畔，板桥广场、五柳岛等景观都成为周边居民休闲、观景的新去处。

灵岩探幽 位于长清区的灵岩寺景区是泰山风景带的重要组成部分，是全国重点文物保护单位，国家级风景名胜区，全国首批4A级旅游区。驻足灵岩寺，群山环抱、岩幽壁峭；柏檀叠秀，泉甘茶香；古迹荟萃，佛音缭绕。明代文学家王世贞有“灵岩是泰山背最幽绝处，游泰山不至灵岩不成游也”之说。

百脉寒泉 章丘明水城泉水众多，素有“小泉城”美誉。以百脉泉为首，墨泉、梅花泉、东麻湾等构成百脉泉群。由于百脉群泉的水温常年保持在18℃，故被称为“寒泉”。自古“百脉寒泉”即为章丘八景之一。泉群诸泉大都位于百脉泉公园，园内有纪念宋代著名女词人李清照而建的“清照园”，在观赏“百脉寒泉”的同时，还可以感受到清照文化的魅力。

九如听瀑 九如山地处历城区西营镇与章丘市垛庄镇、泰安市岱岳区交界处，为泰岱余脉，群山连绵，峰峦层叠，灵秀之气，贯穿上下，森林氧吧，弥漫四周。纯净的原始生态孕育了峡谷、奇峰、丛林，喷发出山泉、溪流、瀑布、深潭，云蒸霞蔚，交织出绚丽的自然景观。九如山的瀑布似银珠飞落，知名者号称“九瀑”，构成沁人肺腑的群瀑风光。

三、其他景胜

历下十六景 明末刘敕在《历乘》中言及历下景物时称：“昔人标为八景，而沧桑代变，湮没者多。余广为十六景，以供达人之游览云。”

还列出了十六景的具体名称，它们是：锦屏耀日（龙洞锦屏岩）、玉鼎翻云（趵突泉）、幽涧黄花（佛慧山开元寺）、白云霁雪（珍珠泉白云楼）、石洞绝尘（千佛山吕祖洞）、明湖泛月（大明湖）、孤嶂凌霄（华不注山）、清流注海（济南城北大清河）、松韵南薰（南门内舜庙）、荷香北渚（大明湖水面亭）、苍生霖雨（五龙潭五龙庙）、翠屏丹灶（鹊山，传说扁鹊曾在此炼丹）、岩畔飞泉（黑虎泉）、汇波返照（大明湖会波桥）、竹港清风（大明湖小淇园）、鲍山白雪（鲍山白雪楼）。

山东提督学政署内八景　清朝时，山东提督学政署内也有八景，据民国《续修历城县志》记载，署中旧有八景：四照晴岚、钟楼霁雪、海棠春雨、瑶除石芝、虚舫谈经、湛然秋声、平桥待月、红栏活水。

黑虎泉品泉山房八景　黑虎泉西侧、琵琶桥南河岸，过去有一座私人庭院，内设品泉山房，旧为陈氏所建，后由唐尧卿借寓，将黑虎泉周围景色拟为八景，入内正可观赏。八景是：柳暗花明、窗外奇岸、榴林锦簇、石栈骑驴、春波浴鸭、晚凉洗马、洞前飞瀑、夜雨闻钟。

峨嵋山十二景　槐荫区段店镇西部的峨嵋山内有大悲寺、文昌阁等建筑。民国《长清县志》载，山上有内四景、外八景。内四景是：仙阁远眺、跂泉清歌、幽洞消夏、古柏参天；外八景是：笔架烟雨、墨池云树、柳堤春色、松林霁雪、古塚苍葭、孝里黄麦、济水晴帆、埠灯晚照。

长清八景　民国《长清县志》所载八景：长堤绕郭、古塔擎空、金牛牧笛、石麟笔峰、藤缠古槐、风鸣异松、通衢名泉、雷山孤亭。

五峰山内、外八景　清道光《长清县志》所载内八景：仙人台、无影庙、青龙峪、白虎峪、清泠泉、七星泉、迎仙桥、更鸡桥。外八景：青崖积翠、明泉早照、凤山烟雨、滚粟朝霞、鱼台钓月、杏堤春晓、薛岭牧樵、润玉奇峰。

灵岩八景　方山积翠、甘露澄泉、镜池春晓、明孔晴雨、书楼远眺、默然幽吟、松斋皎月、竹径晚风。清乾隆御题灵岩八景：巢鹤岩、甘露亭、卓锡泉、摩顶松、铁袈裟、白云洞、雨花岩、爱山楼。

灵岩十二景　民国《长清县志》载：置寺殿、般舟殿、铁袈裟、朗公山、明孔山、绝景亭、甘露泉、石龟泉、锡杖泉、白鹤泉、鸡鸣山、证明殿

章丘八景　清乾隆《章丘县志》所载八景：绣江春涨、锦川烟雨、龙洞熏风、黉堂夜雪、危山圣井、东岭晓月、百脉寒泉、白云晚棹。

道光《章丘县志》载八景，与乾隆时相同，又续增四景：郎山大观、摩柯秋翠、胡山三麓、峨嵋灵癸。

平阴八景　清嘉庆《平阴县志》所载八景：杏坛遗响、锦水秋潆、碧峰仙迹、水山叠翠、石门晚照、吴溪沉月、天井飞泉、峻玉含辉。

东阿八景　旧《东阿县志》所载东阿八景，后随行政区划调整，今已大多地属平阴县。其八景为：归台遗井、黄石仙踪、鱼山闻梵、大崦出云、狼溪春水、虎窟秋风、扈泉涌雪、洪范浮金。

济阳八景　明万历《济阳县志》所载八景：济水澄波、韶台远眺、古柏苍烟、奎楼夕照、苏桥曙色、祠堂夜月、禅塔晚灯、灵泉黑雾。清乾隆《济阳县志》将“奎楼夕照”改作“奎楼晓日”。民国《济阳县志》载八景，与清乾隆《济阳县志》记载的八景有两处不同：一是济水已变为黄河，“济水澄波”景观不存；二是祠堂久已荒废，因而“祠堂夜月”景观亦不存。故增加了“柳岸行吟”“孤亭耸秀”两处景观，也为八景。

商河八景　明万历《商河县志》所载八景：马颊晴沙、龙潭黑水、黉池月夜、古堞秋风、梵宇春晖、谯楼夕照、长堤凝翠、双塚埋云。

清道光《商河县志》所载八景：笃马晴沙、龙潭黑水、黉池夜月、古堞秋风、梵宇春晖、凤台灵迹、双塚埋云、长堤凝翠。

民国《商河县志》又续增八景：铁索联钟、宝刹盘桑、于山邃洞、漯河潭深、钓台环翠、饮马泉清、森林烟雨、墩台远眺。

第三章 风景区（点）的保护管理

第一节 成立管理机构

济南市城市园林绿化局（2010年1月前称济南市园林管理局）依法律法规授权管理全市风景名胜资源。1987年3月，市园林管理处改局前内设公园管理科，改局后内设公园管理处，后改设风景园林管理处，具体负责济南市风景名胜资源管理。20世纪90年代，先后建成千佛山、龙洞、大明湖、英雄山等风景名胜区，并分别成立管理机构管理景区。1993年，在济南林场成立近郊风景山林管理处，负责近郊风景山林的保护管理，全市风景资源保护管理得到进一步加强。

第二节 制定保护法规

解放后，济南市人民政府十分重视对山、泉、湖、河等风景名胜资源的保护，相继制定了一系列保护风景名胜资源的法规、规划，使风景名胜资源的保护实现有法可依。

1949年12月，市人民政府发布《关于保护山林和公有林场的布告》。这是济南解放后市人民政府发布的首个保护山林风景资源的布告。布告称：林场林木对于防风防旱防水、风景卫生公共利益，关系至钜，凡我市民理应合力保护。少数分子任意砍伐属破坏公共利益，应严予制止。

1959年1月，市人民政府颁布《济南市开山采石暂行管理办法》，规定采石必须办理合法的手续，禁止在千佛山、四里山、六里山、南马鞍山、峨眉山、匡山、北马鞍山、药山、金牛山、凤凰山、华山、腊山、鹊山、卧牛山、粟山15处山岭开采山石，保护郊区山林名胜、风景、古迹。

1978年6月，济南市革命委员会公布《济南市山岭开发使用管理办法》，制止乱采乱挖现象，扩大山林风景区的保护范围，将原禁开山岭15处增至26处，对北部地区名贵石料原则上均禁开采。

1983年8月，市人民政府公布《济南市区周围山岭资源管理办法》，对已有军事设施或风景名胜区的山岭的维护和管理作了分工，扩大了四里山山林风景、名胜古迹保护区的范围，将原禁开山岭26处增至33处，对北郊名贵石料的开采责成市花岗石开发公司统一经营管理。

1990年1月，市人民政府颁布《济南市封山育林管理规定》，对封山育林范围、管理办法、标准要求及处罚奖励均作了具体规定。

1991年6月，市人民政府发布《济南市区山岭管理办法》，规定：严谨任何单位和个人在风景名胜保护区和公园区、封山育林区、大环境绿化规划区、军事设施保护区、直接影响城市容貌的山岭地区，挖沙取土，烧荒狩猎和兴建有损于该地区山岭容貌的建（构）筑物，并对违反规定的行为制定了罚则。

1995年，市人民政府编制《济南市城市总体规划（1996—2010）》，在第八、第十一、十二共三个章节中对济南山泉湖河等风景名胜资源的保护作了详细的规划说明。1998年济南市人民政府又专门编制《济南市历史文化名城保护规划》，规划保护的范围包括济南的风景文化，以泉水为核心的古城风貌、街坊、文物古迹、风景名胜旅游等。同时，还对泉水、古城、六个风景名胜区的保护作了具体规定。

1999年2月，市人民政府转发市地矿局《关于加强济南市城区及主要交通沿线地质地貌景观保护工作的报告》。报告将城区及主要交通沿线地质地貌景观划分为三级保护区，分区制定具体保护措施。对地质地貌景观保护区内的石料厂、石灰窑、黏土矿，按照谁开发，谁保护；谁破坏，谁治理；谁受益，谁投资的原则，实行矿区定量绿化指标制度，做到开采一片，绿化一片，逐步恢复山川秀丽景色。

2005年12月，市人民政府编制了新的《济南市城市总体规划（2006—2020）》，对历史文化名城保护内容做了进一步的深化、调整和完善，在全市范围内明确划定了禁止建设区、限制建设区和适宜建设区的范围，划定了城市建设“南控线”；确定了历史文化名城、历史文化街区、文物保护单位三个层次的保护体系，明确了8处历史文化街区的保护范围、保护重点。

第二篇　公　园

解放前，济南市只建有商埠公园（今中山公园）、胜利公园（解放后称青年公园），总面积不足8万平方米。

解放后，市人民政府重视公园绿地建设。20世纪50年代到60年代初，先后辟建了大明湖公园、趵突泉公园、千佛山公园、金牛动物园等。

改革开放后，市级公园建设有了较大发展。1981—1982年改建了人民公园（今中山公园），1986年建成济南市第一个全天候免费开放的公园——环城公园，1987年建成五龙潭公园，1989年建成济南市植物园（今泉城公园）和百花公园，1999年建成济南市西郊森林公园。进入21世纪后，结合济南市“东拓、西进、南控、北跨、中疏”的城市发展战略实施，先后规划建设了济南植物园、济南国际园博园，扩建了大明湖景区和济南市西郊森林公园（扩建后称“济南森林公园”）。

区（县）级公园绿地建设起步虽晚，但发展迅速。1986年，百脉泉公园在章丘县（今章丘市）建成，成为济南市第一个县属公园。1998年，济南市园林管理局首次提出每区、县（市）建一个公园绿地的目标要求，后将建设区属公园作为一项重点建设纳入园林发展规划组织实施。到2011年，共建成历下区浆水泉公园、洪山公园，市中区舜玉公园、郎茂山公园，天桥区张养浩公园、凤凰山公园、药山公园和西苑小区水景公园，槐荫区腊山公园、匡山公园、丁家山公园、腊山湖湿地公园，历城区鲍山公园、华山公园、烈士山公园、凤凰山公园，长清区清心园、清悦园、清怡园、长乐园，章丘市百脉泉公园、眼明泉公园、荷花公园、桃花山公园、洼山公园、东山公园、清照词园，平阴县玫城公园、环秀公园、锦水河公园，济阳县济北公园、澄波湖公园，商河县人民公园、滨河公园。

至2011年，全市共建成市级以上各类公园22个，其中，省及国家级公园11个，市级公园11个，区（县）级公园34个，市、区（县）级公园总面积达到2913万平方米，其中市级公园面积1784万平方米。

第一章 市级综合公园

第一节 中山公园

中山公园位于济南市经三路纬五路，占地约4万平方米。清光绪三十年（1904年）济南开埠时兴建，始称商埠公园，是山东省兴建最早的一个以公园命名的公共游览场所。民国14年（1925年）孙中山逝世后更名为中山公园。济南解放后，称人民公园。1986年11月12日，恢复中山公

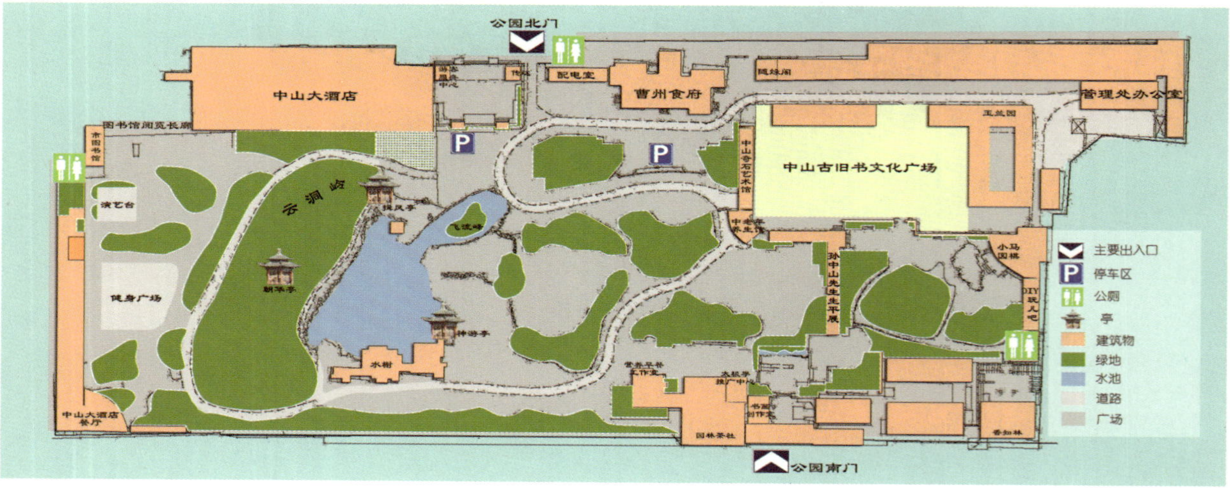

中山公园平面图（2011年）

园名称。

中山公园初建时的情形在《济南指南》（1914年版）中有较为详细的记载：“商埠公园在商埠三马路中间，纬四路南首，为商埠局设立。东西长一百二十五丈，南北宽三十七丈。大门之西，为卖票房，中为大厅，南有西菜馆，曰‘海国春’，东面偏南有船式屋一处，中设茶座，迤东接连茶棚一处。再东有广场，周围以铁丝网，为运动场，旁为弹子房及咖啡馆。近东围墙处有土山。东面偏北，有玻璃亭一处，亦可设茶座。迤东有八角亭，再东有屋数间，供游人休憩之所。正厅以西，有洋式井，商埠公用之水，多取给于此。西有南北土山，迤西有柏树林，中有音乐台，每逢星期日，下午四点钟，有音乐团来此，奏各种西乐。再西则为商品陈列馆，现改建山东展览会。……寻芳行乐，消夏品茗，亦为胜地。至夏秋间，男女游者尤众。入览券每人收铜元三枚，卖夜票。园内各处，均安电灯，并有亚细亚煤油公司，安置大洋灯二盏，尤为焜耀”。之后，景物有所变化。迎门有六角形水池，池中立石，顶呈盘形，上置四蛙，口吐喷泉，周绕石柱铁链，引人入胜。水池南侧，公园中部石砌方台上，建有“四照厅”，公园西部有石抱假山，名“云洞岭”。云洞岭东侧，有月牙形水池，池中植荷，各式亭台点缀园中。园内松柏苍郁幽深，花卉满园溢香。山石峭立，行径蜿蜒，有“景多不杂，人众不扰”之誉。日伪统治时期，在公园内砍伐树木，毁坏建筑，建电台，修神社，筑碉堡，挖战壕，风景减色，不复旧观。

解放初期，济南市曾利用公园开展文艺宣传活动。1954年3月，公园由市文教局移交市城建部门管理，后经整修，于1958年6月开始售票接待游人。公园时有面积3.11万平方米。“文化大革命”时期，公园设施受到严重破坏。后几经改造，特别是1981—1983年对公园进行了全面改建，种植花木，叠砌假山，新建亭廊轩榭，增置游艺设施，形成中心游览区、花卉盆景区和儿童游乐区三个各具特色的景区。

中心游览区 位于公园中部，东以长廊为界，西至云洞岭，面积1.8万平方米。该区域西侧以假山、水池为主体，以云洞岭为基础，岭上树茂花艳，岩崖峭壁，跌水飞瀑，石径盘旋；岭前建有900平方米的大型水池，池中水清碧透，池岸曲径环绕，山石参差，山色相映，浑为一体。临池建有“流音水榭”“神游亭”“揖风亭”“朝华亭”“汀步桥”“登云石”“寻幽石”等风景建筑和园林小品。东端以半壁廊、花架廊、宣传廊连为一体的曲廊为主线，曲廊两头和折回处，有“夕红轩”等四个休息亭，形态各异。随廊装有条石坐凳，供游人休息。2008年9月，公园将南门内东侧的花架廊、宣传廊改建为“孙中山生平展”廊，面积400余平方米，成为爱国主义教育基地。廊内的孙中山生平展分为“早期经历”“建立共和”“愈挫愈奋”“壮志未酬”“心系山东”“公园沧桑”六部分，共展出图片150余幅，集中展示了孙中山推翻帝制、创建共和的丰功伟绩和进行国家经济建设的远大理想。展廊前青松翠竹间伫立1尊孙中山全身铜像，像高约2米，由孙中山的孙女孙慧芳捐赠，2011年9月27日落成。

花卉盆景区 位于公园东部，以长廊为界，与中心区分隔，面积约6000平方米。北部建有生产、观赏盆栽花卉盆景展区，其中玻璃花房面积796平方米，花卉展览场地2570平方米。南端建有临街的花卉展销部，陈列公园自育的各种盆景和时令花卉，供花卉爱好者观赏选购。中端是露地花卉，花木丛中建有扇面亭、枕虹石、水池、喷泉等，绿荫遮日，繁花似锦。2003年5月，公园将原花卉展销部向外扩建300平方米，对外租赁。同年6月至2004年3月，将原盆景园、花室拆除，改建成以经营旧书为特色的文化市场，并以此为集中地，每年在此举办一次旧书等纸质品收藏交流大会，吸引各地的收藏爱好者和“淘宝客”光顾。由于特色突出，公园旧书市场发展很快，到2010年，经营业户达到152户，成为济南唯一一处、山东省最大、在全国也有名气的旧书集散市场。昔日的花卉盆景区成为特色文化游览区。

儿童活动区 位于公园的西部，以云洞岭与中心游览区分隔，占地5000多平方米。1982年至2006年期间，儿童活动区内设有大型电动转马、电动转杯、电子鹿、电瓶车、电动唐老鸭、小火车、秋千、滑梯、压板、弯月飞车等儿童游艺设施。2006年10月至2007年5月，由于游乐设施陈旧老化，公园对地面及道路全面改造提升，将儿童活动区的游乐设施及售票房全部拆除，改建为健身娱乐广场，场内设坐式登桶、单双杠、转腰器、肋木架、漫步机和儿童滑梯等20余种健身器材。

一、植物配置

公园初建成时，园内遍植树木，尤以松柏树种占主要成份，有“松柏深秀而满园”之说。至今尚有清末时期栽植的柏树50多株。1985年经取样测定，年轮均在百年以上，形成济南市区内少有的古树群落景观。1981年公园改建，植物配置突出以松竹为基调，通过配置各种花木，创造出许多优美的植物景观。南门内迎面用松、竹、梅组成庭园式入口，门厅两侧用青松、云杉、翠竹布置成绿化天井和竹林小园。北门内迎面利用长方形的橱窗，栽植一株树姿潇洒的青松，后面用翠竹组成景框，形成“寒友迎宾”的意境；中心游览区在条状和块状的起伏地形上，成片种植修竹，由行径蜿蜒的小路联系，形成“竹径通幽”的景观。在微风中漫步，竹影拂动，妙趣横生；云洞岭上遍植花木，四季青翠。中部一道弯曲深谷东西贯通，西侧峭壁藤枝悬垂，森郁幽荫，呈现“翠岭幽谷”的自然景观。曲廊前是以青松、翠竹为主的疏林广场及各种植物构成的“塔松高耸”“竹林通幽”“枫荫对弈”“翠岭幽谷”“竹林啼鸟”“藤柏锦簇”“雄峰矗立”“云岭飞瀑”等园林景观。1986年统计，园内树种已达63种，除原有树种外，大量增加了雪松、白皮松、云杉、银杏、朴树、杜梨、玉兰、腊梅、樱花、海棠、紫薇等观赏树种及绿篱，绿化覆盖率达到70%以上。1998年开始对部分生长差的古树采取复壮措施，2006年10月至2007年5月，又对园内中区及西区进行绿化改造，使古树得以更好保护。2009年至2010年，进行植物景观的进一步提升改造，公园绿化覆盖率达到了95%以上。

二、景观建筑

四照厅 位于公园中部，与北门在同一中轴线上，是一座仿清庑殿式建筑，青瓦屋顶，环廊明柱，苏式彩绘，飞檐花脊，环厅立厦，周建石阶，四面有玻璃门窗，内布名人题书联额，并备有乐器，供游人赏玩，为园中主要风景建筑。1920年，青年学生王尽美、邓恩铭等在此厅成立进步学术团体——励新学会。1937年“7·7事变”时焚毁。1940年，利用遗存的石台搭建石棚作戏台，此后一直用作临时演出露天舞台。1981年公园改建时拆除。

熏风阁 位于公园东部北侧，为玻璃方形亭。1939年4月在亭内设阅报所。1944 年由康祥泰承租，开设“利华球社”。后遭损坏，损坏日期不明。

船亭 亦名“不系舟”，位于公园东部南侧，外形似船，砖木结构。1943 年由马文骏承租，开设“一元照相馆”。解放前夕， 因失火焚毁。

听涛亭 也称“松隐亭”，位于公园西南角，因隐于松柏林中，于内可听到风吹树叶发出的声响如波涛而得名。亭建在方形石台上，周装坐凳式条石围栏，内设石桌石凳，北面有登台石阶。1983年拆除。

何公纪念碑 位于四照厅东侧石台上，民国23年（1934年）为纪念热心慈善事业的何宗莲 （1861—1931年，字春江）而建。碑呈方塔状，镌“何公春江纪念碑”7个大字及记述何公事迹的碑记，台周装石栏，前有登台石阶。“文化大革命”时期被作为“四旧”拆除。

“五三”纪念碑 位于四照厅北侧，为纪念民国17年（1928年）济南“五三惨案”而立。为警示国民，勿忘国耻，国民政府于惨案发生后，在山东各地设立纪念碑。此碑即为斯时所立。石碑上镌“五月三日”，落款为“蒋中正书”。1937年年底济南沦陷后，伪警察厅派人率民夫将碑推倒，后遗失。

云洞岭 位于公园西部。公园初建时设立，面积1600平方米。云洞岭上建有一亭，圆形草顶，木质柱子，名“登啸亭”，后移至金牛公园。1981年公园改建时，在原亭处新建一六角形亭，称“朝华亭”。同时对原岭进行改造，堆山叠石，广植花木。岭下有洞南北相通，岭南题有“峰回路转”石刻，岭东有月牙形水池，池中植荷。改建后的云洞岭成为花木遍布、山道盘旋、峡谷洞深、瀑布跌水、新亭矗立的一处山景。

水池 位于云洞岭东侧，于1981年利用滑冰场改建而成，面积982平方米。水源由临池深井抽出，池深1.2米，池中有一立石点缀，池岸参差，石径环绕。池周的假山奇石、亭廊桥榭倒映水中，美妙壮观。

水榭 设在水池南岸，1981年建，以近有水流景色取名“流音”，是一座民族形式的建筑，歇山青瓦，环廊明柱，基部一半在水中，一半在岸上，跨水部分以水泥支柱凌驾于水面，在临水面的环廊下，装有坐凳式水磨石栏，是公园内主要风景建筑。

神游亭 位于水池东岸，1981年建，与水榭东侧的曲廊相连，是一座探入水中的方亭。神游其间，怡然自得。

揖风亭 位于水池北侧，自然石砌的高台上，1981年建。中秋时节，游人在此观景，揖风赏月，别有风味。

揖风亭

飞流峰 位于北门里正中，1981年建。三峰突起，浑厚粗犷。在14米高的主峰顶部，装有流泉，形成峰石飞流的景观。

飞流峰

长廊 位于中心游览区的东部，南与南门相连，纵贯公园南北，由半壁廊、花架廊和宣传廊组成，并由形态不同的休息亭串联成一整体。半壁廊及半壁廊与花架廊连接处的扇面形建筑名“夕红轩”，2002年改建为“中山画廊”，匾额由画家吴泽浩题写，成为举办书画展的场所，2004年开始对外出租经营。2008年9月，将花架廊和宣传廊改建为“孙中山先生生平展”区。

夕红轩 位于宣传廊与花架廊连接处，亭呈扇面形，其名称蕴含叶剑英“满目青山夕照明”之诗意。

南北大门 两个大门皆是平顶通透的现代建筑，门上悬有书法家武中奇手书“中山公园”金字匾额。

北门，两边各设售票室，入口正面有长方形的通透照壁和青松、翠竹组成景框，形成独立空间。2010年3月，在北门小广场东西两侧分别栽植了4株樱花树，翠竹框景下增加园林小品景观。

南门，迎面用透窗花墙配以泉池和松、竹、梅相对映，形成迎门障景，用方门、圆门加以联系，形成门厅、前院、旁院三个不同的空间。2009年4月，南大门内栽植景观油松两株，并建有假山叠水，形成了框架式景观。

三、动物展养

动物展养曾是公园的一大特色。1927年刊印的《济南快览》载：园内“蓄有鸡、兔、金鱼各动物”。1934年时，公园东部设动物园，建有鹿羊院，豢养梅花鹿和美国羊；建有猴舍，养猴五只。还设有猿室、鸽亭、鹤院等。解放后，动物仍为园中重要景物。1954年增添狗熊、狐狸、老鹰。1957年市人民委员会确定将公园暂作动物园，投资万元，修建动物笼舍，并将齐鲁动物展出团的动物暂留园内，增建了猴山、孔雀笼等3个鸟笼。1960年5月，齐鲁动物展出团的动物迁至新建的金牛公园，只留下少量动物。1964年存养禽鸟232羽，猴子6只，箭猪2只等。1981年实施公园改造工程时，动物全部迁出，笼舍拆除，动物展养终结。

四、经营服务

（一）游乐

游乐场 见本节“儿童活动区”条。

游艺厅 1984年建在柏树林中，呈扇面形，是一个开展室内活动的场所，厅内先后设置哈哈镜、高尔夫球、气枪，并一度举办舞会、闭路电视、激光打靶、麻将等临时性游艺活动，并作为舞厅对内经营承包。1997年拆除。

（二）餐饮

中山大酒店 位于公园北门西侧，坐西向东，面积671平方米。最初是日本商人滕原滕义于民国29年（1940年）11月租地自费建成的有声电影院，称“大观第三常设馆”。民国36年（1947年）由国民党济南市政府与行政院善后救济总署鲁青分署济南办事处合办为平价食堂，后改设社会食堂。解放后于1952年扩建为“人民俱乐部”。1971年12月1日改称“人民公园礼堂”，放映电影。1985年年底改建为“济南园林宾馆”。2010年10月园林宾馆注销，租赁给社会经营，更名为“中山大酒店。”

香知林 在公园的东南角，是一座临街建筑，面积250平方米。门首题有“留春”二字，取意于郑板桥《题兰竹石》中的诗意得名，为李予昂手笔。

这里原是公园花卉展销部，2003年改建成饭店外租，先后有“海浪花”“咱家排骨店”“哥佬倌”在此经营。自2010年起更名为“香知林”，经营鲁系特色菜，其中九转大肠、爆炒腰花为主打菜品。

曹州食府 位于公园北门东侧，两层建筑，面积1300平方米。曾作为济南市图书馆，1989年市图书馆搬离，该建筑改作园林宾馆餐厅。2002年对外出租，取名“真如意”饭店。2010年更名为“曹州食府”，主要经营鲁西南特色菜，主打羊汤、皮扎、吊炉烧饼等。

园林茶社 位于公园南门西侧，1973年兴建，单名茶社，面积400多平方米。内设茶座，经营糕点、烟、酒、糖、茶、干鲜果品等。1990年曾改建为宏园饭庄，从事餐饮经营。1999年对外出租，2006年更名为园林茶社，对外出租经营，恢复茶饮服务。

北门茶社 1960年在公园北门西侧设立小卖部，经营烟、酒、糖、茶及零星小食品。2007年经营松花粉。2013年7月改为游客服务中心。

旺雨轩 位于公园东区小广场以东，建筑面积约200平方米。2007年作为茶社对外出租。2012年7月更名为DIY玩儿吧，主要经营儿童手工、玩具等。

（三）摄影

公园摄影服务部成立于1983年9月，位于公园南门西侧。服务部设营业室和洗印室，服务范围包括拍摄、冲洗、放大及代客邮寄业务。1985年开始拍摄彩照。2000年因公园进行整体改造，摄影服务部停止营业。2011年以后改为营养早餐工作室。

（四）其他服务及设施

中老年养生馆 位于中心游览区的东部，面积80平方米，2007年辟为中老年养生馆，对外出租经营。

中山奇石艺术馆 位于中心游览区的东部，面积37.5平方米，2007年辟为中山奇石艺术馆，对外出租经营。

随缘阁 位于公园北门以东，面积36平方米，原为济南市图书馆馆舍一部分。2009年对外出租，经营古董字画，取名“随缘阁”。

书画创作室 位于公园南门西侧，面积12平方米，2009年辟为书画创作室，对外出租经营。

太极拳推广中心 位于公园南门西侧，面积16平方米，2011年出租给山东东方八卦太极拳研究推广中心，用于推广太极拳。

小马围棋 位于公园东区小广场以东，建筑面积约100平方米，2007年辟为儿童围棋培训基地，取名“小马围棋”。

（五）门票

商埠公园（中山公园）建成后，游览券每张铜元二枚，游附设陈列馆者加铜元一枚。民国30年（1941年）4月，伪济南市公署为增加公园收入，通过投标办法，把公园划分成若干地段（或建筑物），租给商民经营，并根据季节确定经营种类，按月或按季交纳一定租金。解放后，于1958年6月开始售票接待游人，门票价格为0.03元，1980年调为0.05元，1983年调整为0.30元，1986年调为0.50元，1991年调为1.00元，1998年调为2.00元。2002年年底，公园取消门票，免费对社会开放。

第二节　青年公园

青年公园，解放前称胜利公园。位于经六路

与经七路、纬七路与纬八路之间，总面积约3万平方米。原为军队练兵场，民国17年（1928年）5月由日本侨民组织“居留民团”占据，建成专供日本侨民使用的公园，园内有运动场。民国23年（1934年）日本人在园内修建祭祀“五三惨案”期间在济南毙命的日军官兵“忠魂碑”。1945年抗战胜利后，更名为“胜利公园”，将园中“忠魂碑”改为“抗战阵亡将士纪念塔”。解放初期，新民主主义青年团济南市委驻此办公，定名为“青年公园”。1976年3月，公园交由槐荫区政府管理，成为济南市第一个区级公园。经过解放后50年的建设，形成东西两部分格局。西半部为体育场，面积约1.3万平方米，设有田径场和灯光球场；东半部为游览区，面积约1.7万平方米，其中绿化面积1.5万平方米。东、西部由近百株油松、法国梧桐和各种形状的花坛、绿带构成的林荫大道分割开来。游览区内植雪松、银杏、石榴等乔木1500余株。其中，2株胸围1米以上的银杏树年年果实累累，北门两侧对植的2株龙爪槐形状尤为奇特。除乔木外，园内还配置竹林、花园、花架、花廊、花亭等。1998年5月，公园被改建成槐荫广场，今称名博远广场。

第三节 趵突泉公园

趵突泉公园位于济南老城区西南隅，因园内

趵突泉公园导游图（2011年）

有济南七十二名泉之首、济南三大名胜之一的趵突泉而名。1956年11月，以趵突泉水景为主体辟建公园，将趵突泉及附近的金线、皇华、柳絮、漱玉、马跑等20余眼名泉及众多的名胜筑墙圈围，疏浚泉池，砌垒池岸，将趵突泉池向南拓宽2米，东池扩2/5，池底深挖0.6米，并加宽出水河道。翌年2月，公园建成开放，初建面积1.47万平方米。

公园建成后，历经三次大规模建设。

第一次是1964—1966年，公园东扩至山水沟，北达大板桥路。修建了东大门、东假山、北假山、李清照纪念堂，修复了沧园、尚志堂、三大殿，挖掘了枫溪，修建了月岛、枫溪亭、花室、鱼场、热带鱼展览室。公园面积扩大到3.4万平方米。通过这次扩建，基本完成公园总体规划，奠定了公园的布局特色和风格。

第二次是20世纪70—80年代，建设任务包括完善沧园景区，建设泉香餐馆，修建白雪楼景区的大水面，挖掘泉池，改建万竹园西花园，扩建茶社，修建趵突泉南岸水榭及长廊等。重修了来鹤桥，将铁栏杆改为花岗岩栏杆；改造漱玉泉池，重新塑造周围地形，将规则式池岸改为自然式池岸。同期，还收集购买韩复榘时代修马路的条石，用以重新铺装公园的园路、广场；搜集了宋代龙石、待月峰、夔石、虬石等名石及古家具、盆景、字画；大量引进各种花木，继承中国传统园林造景手法，因地制宜，巧于因借，突出植物造景，全面提升了公园水平。

第三次是20世纪90年代末，实施了空前规模的建设。1998年，为落实中共山东省委“济南五年大变样”的战略决策，对公园西区进行扩建。新建长廊80平方米，修复了杜康、登州、花墙子3眼名泉，把趵突泉、万竹园、白龙湾连为一体，拓展公园面积1.1万平方米。1999年，扩建公园北区，共拆迁居民360户、单位32个，新建通泺园、白龙湾、北大门、“齐风”、“泻玉”、东门石牌坊和盆景园等景区、景点10余处，公园面积扩至10.5万平方米。

如今，趵突泉公园成为一个具有中国传统园林风格，以玲珑剔透、清静幽雅、赏泉观澜为特色的山水园。1982年被评为全国14个解放后新建优秀园林之一，2003年获国家4A级旅游景区称号，2007年被评为国家重点公园。2013年3月与大明湖景区、环城公园、五龙潭公园整合，创建济南天下第一泉风景区，当年8月获国家5A级旅游景区称号。

一、景观建筑

吕祖庙三大殿 位于趵突泉池北岸，最早为“娥英庙”，祀舜二妃娥皇、女英。北魏《水经注》记载：历城有泺水，“俗谓之娥姜水也，以泉源有舜妃娥英庙故也”。历经沧桑，后荒废。北宋时著名文学家曾巩在熙宁年间出任齐州知州，于趵突泉畔修建泺源堂和历山堂，并作《齐州二堂记》，记述了修建二堂的背景。南堂临泺水之源，称“泺源堂”，北堂对历山，故名“历山堂”。元代改奉吕洞宾，称“吕仙祠”。清顺治十一年（1654 年），济南道台何启图修改历山堂为阁，上层祀文昌，下层祀钟离。同时将阁后李公祠改祀斗母，称“斗母宫”。后来三大殿统称吕祖庙。

今三座大殿，坐北朝南，在同一中轴线上，是一组较大的明清建筑。1979年公布为市级文物保护单位。

最南是第一大殿，即泺源堂，面阔三间，进深 6 米，高架二层，歇山飞檐，红漆木楹柱，黄色琉璃瓦，金碧辉煌，蔚为大观。门上匾额，鎏金隶书：“泺源堂”。抱厦楹柱悬挂木刻楹联“云雾润蒸华不注，波涛声震大明湖”集赵孟頫咏泉句，由当代书法家金棻书丹。殿前为卷棚式厦檐，楣额透雕云纹、彩亭、禽兽、花卉等图案，玲珑古典。殿台临水，为赏看趵突泉景最佳处。中间为二大殿，三楹二层，斗拱错落，红柱绿瓦，熠熠生辉。大门匾额“娥英祠”，系时任山东大学副校长、教育学家吴富恒 1964 年书。门上楹联“琴瑟友之钟鼓乐，凤凰归矣潇湘吟”由当代济南名士徐北文撰并书。祠内供舜妃娥皇、女英塑像。最北为第三大殿，平房三楹，硬山出厦，古朴无华。大门匾额“三圣殿”，由书法家蒋维崧书。门上楹联“趵突腾飞三泉歌唱尧舜禹，中华昌盛万代长明日月星”，由书法家朱学达 1995 年书。殿内供塑像 3 尊，尧帝居中，两侧是舜帝和禹帝，墙上绘有舜耕历山等传说故事。

三座大殿外围，青砖白粉筒瓦坡顶墙，形成二进院落，东西各设洞门，分别砖刻门额“枕流”“漱石”。墙壁饰有花格透窗，与窗外景色相衬，呈现出幅幅图画，那亭亭玉立的雪松，苍老古拙的国槐，飘飘悠悠的翠柳，妖妖艳艳的腊梅，都被摄入窗内。其余空间，镶嵌着王守仁、王钟霖等明清以来名人咏泉碑刻19方，其中一石碑，前刻清康熙皇帝所书“激湍”二字，后刻乾隆皇帝《再题趵突泉作》诗，为这深幽庭院，增添了深厚的文化内涵。

观澜亭 在趵突泉西侧。原为北宋熙宁年间史学家刘诏（官至寺丞）庭园中的建筑物，名“槛泉亭”，后倾圮。明天顺五年（1461年）钦差大臣韦公、吴公到济南，乃于泉旁构亭（另说巡抚胡缵宗建），起名为“观澜亭”，取《孟子·尽心上》“观水有术，必观其澜”之意。

该亭原为四面长亭，半封闭式，形制考究，为历代文人称颂。宋代文学家苏辙，于北宋熙宁六年（1073年）任齐州掌书记，对济南名胜古迹吟咏甚多，其中咏《槛泉亭》诗曰：“连山带郭走平川，伏涧潜流发涌泉。汹汹秋声明月夜，蓬蓬晓气欲晴天。谁家鹅鸭横波去，日暮牛羊饮道边。滓秽未能妨洁净，孤亭每到一依然。”

现亭改为四方敞亭，飞檐翼角，斗拱承托，上饰吻兽，下设坐栏。亭侧垂柳披拂，假山秀立。亭南水中立碑一通，上刻“趵突泉”三字，为明朝嘉靖年间都察院右副都御史、山东巡抚都御史胡缵宗书。西侧墙壁嵌碑两通，一题“观澜”，明嘉靖年间山东左布政使张钦书；一题“第一泉”，清同治年间历城王钟霖题。

望鹤亭 位于趵突泉池北岸东侧。据《历乘》记载，原为“漱玉亭”，明崇祯年间历城知县贵养性改称“溪亭”。相传，因这里风景清幽，常有仙鹤到此，故清乾隆年间将此亭更名为“来鹤亭”，后又称名“望鹤亭”。王钟霖曾赋《望鹤亭》诗一首：“高轩临水不常开，偶酌清泉涤茗杯。一局棋完闲问鹤，过桥可见几仙来？”以诗可知，此亭历来是文人觞吟、对弈、赏景之处。

1964年，对此亭进行改建，称为“蓬莱茶社”，后又改为“望鹤亭茶社”。亭呈丁字形，西侧东西横向，东侧南北纵向，顶为卷棚式，悬山，小青瓦面，亭身玻璃门窗，东西两间中部南侧，辟有圆形洞门，门外隙地植垂柳，依柳叠山石。正门在西侧，上悬写于清道光十一年（1831年）的“望鹤亭”匾额。门两侧楹联乃宋曾巩《咏泉》诗句“滋荣冬茹温尝早，润泽春茶味更真”，由济南当代书法家金棨书丹。亭内设茶座，游人可品茗小憩。整个亭子半伸水中，如同画舫荡游。漫步亭周围，柳丝飘拂、碧波澄澈，泉涛喷涌，金鱼戏游，景致美不胜收。

来鹤桥·来鹤坊 来鹤桥位于趵突泉池东岸，望鹤亭西南侧，南北纵向。原为木桥，明万历年间历城知县张鹤鸣建，天启年间济南知府樊时英重修。清顺治年间再次重修，时任山东学政的施闰章为此作《重修趵突泉记》，对重修趵突泉以及来鹤桥的过程和重修后的情景作了详细记载：“跨泉之南，其楼榭亭馆之美，烂若霞起”，“凭栏周瞩，仰而见山之青，俯而见泉之洁”。重修后的桥体所使用的木材全部改用了杉树，桥头墩用砖砌垒，桥身装有栏杆，加以油漆彩绘。桥下设置锁链，桥周景色绮丽。后来又多次修葺，民国时改为平板石桥，1964年扩建趵突泉公园时再次进行大修，1971年在桥体两侧设置雕花石栏，游人可在上边观览泉水景色。

来鹤桥南端为来鹤坊，为明朝天启年间樊时英建。坊为两柱一楼式，丹柱青瓦，斗拱承托，上饰吻兽，南北各悬“洞天福地”“蓬山旧迹”匾额。古人曾把趵突泉的三股水喻为“仙山”——蓬莱、方丈、瀛洲，想登山求仙者把这里幻化为“蓬仙旧址”。原匾额也是“蓬仙旧址”，后改成“蓬山旧迹”。坊建成后历代曾多次修葺，1964年又进行维修，并油漆彩绘。整个坊体小巧玲珑、古朴典雅。两侧为清澈的泉水，翠柳轻舞，景色清幽。

万竹园 位于公园西部，始建于元代，因园中多竹而得名。园内有登州泉、望水泉，泉水流注，溪流纵横、曲廊环绕，院院相通，楼堂亭榭参差错落，修竹参天，拂云蔽日，为一代名园。明隆庆五年（1571），内阁大学士殷士儋（历城人）回归故里，归隐万竹园，“筑庐于泺水之

万竹园

滨，讲学著书，一时从者如云”，并将万竹园改称通乐园，即万民同乐之意（今人赵钟云则解释为：“乐”同“泺”，即“通泺园”）。他还于园内广植花木，叠山凿池，将云庄“四灵石”之一的麟石搜集园中，修造“川上精舍”，建造“蒙斋亭”，借景南山秀色，创造自然景观。后来殷家衰败，万竹园荒落并数易其主。到了清康熙年间，济南诗人王苹购得此园，取园内望水泉居济南七十二名泉第二十四泉之意，易名“二十四泉草堂”，人们俗称为“王氏南园”或“王秋史读书草堂”。王苹在堂前堂后辟地种菜，开挖泉池，导泉为溪，萦回于园内，休闲、读书、吟诗，过着“乱泉声里谁通屐，黄叶林间自著书”的田园生活。王家衰败后，泉水干涸，园林荒芜，只剩荒凉的遗址供人凭吊。园内麟石也被移出，下落不明。数年后，万竹园被陈、金、赵几大门族割分，建成宅院、园圃、店铺，成为工、农、仕、商杂居处。清光绪二十九年（1903年），袁世凯任山东巡抚，军阀张怀芝购得此园欲为袁氏建生祠，未成。后张怀芝任山东督军兼省长，于1912—1917年，征集大江南北的能工巧匠，重新建造万竹园，历时五年，遂成今日规模。解放后，万竹园由山东省有关单位使用。“文化大革命”期间破坏严重，庭院面目全非，房屋被改建，泉池被填平，山石树木惨遭破坏。1984年，对东、西院进行修复，当年国庆节初步开放。1985年恢复和改建西花园，并正式启用原名万竹园。当年5月1日，万竹园正式对外开放。1986年万竹园被山东省人民政府公布为省级文物保护单位，并辟为当代大写意花鸟画家李苦禅纪念馆。1993年，收入《中国传统民居建筑集》。2002年，军旅雕塑家仇志海黑陶艺术陈列馆设立于此。

万竹园占地1.5万平方米，在建筑风格上，吸取了北京王府、南方庭园、济南四合院的特点。在建筑布局上，采用对比、衬托、借景等手法，利用墙、廊、溪、桥，对空间进行分割，构成了层层迭迭的院落，计有13个庭院，186间房舍，分东、西、南三套。东套有四大院三小院，西套有四大院，两套连在一起；南套为两小院。院名以栽植的名贵花木设玉兰院、杏花院、石榴院、海棠院、木瓜院等。各院曲廊环绕，院院相连，楼堂亭榭，参差错落。

迎门假山，玲珑剔透，蔓条披拂，松柏垂荫。院内翠竹碧绿，石榴火红，玉兰雪白，生机盎然，“望水”“东高”等名泉，绕屋穿廊，潺潺湲湲。溪上架桥，池中设亭，人坐亭内可观荷赏鱼。

房舍梁柱、额枋、石栏、石礅、门楣、墙面等处，石雕、砖雕、木雕精美逼真。雕刻内容丰富多彩，有珍禽异兽、神话传说、名人典故、文房四宝、刀枪剑戟、松竹梅兰等。

院西为花园。花园西南隅有白云泉。泉涌成溪，溪上架桥，桥上设亭。溪岸巧石秀立，步移景迁。泉北有轩，名曰“白云”，面阔三间，坐北朝南，玻璃门窗，宽敞明亮，可于内品茶赏景。轩西连曲廊，廊端建小亭，亭内有池，水清见底。园内修竹千杆，花木扶疏，翠草如茵。花园虽小，但视野开阔，小中见大，给人以疏朗清新之感。

李苦禅纪念馆 设在万竹园内，1986年6月开放。李苦禅（1899—1983），山东省高唐县人，中国当代画家、书法家。他在长达半个多世纪的艺术生涯中，创作出许多艺术珍品，形成自己独特的艺术风格，在中国画坛产生广泛的影响，享有“南潘（天寿）北李（苦禅）”之誉。

纪念馆共有14个展室，400余件书画作品。其中《红梅花怒放》《松鹰图》《劲节图》等皆为作者晚年佳品。大门楹联“至圣无域泽天下，盛德有范垂人间”，系作者去世前三日应邀为日本长崎孔子庙所书，被称为绝笔之作。此外，展室内还陈列有明清字画及作者生平照片、书信稿以及按其在北京的故居所布置的书房、会客室等。

尚志堂 在趵突泉东北部，为原尚志书院的一个院落。尚志书院，清同治九年（1870年）山东巡抚丁宝祯创办，就学者除学习儒学外，还学天文、地舆、算数。该堂曾刊刻《十三经注疏》、《石徂徕先生集》、王渔洋诗文著作等书籍，称尚志堂版，在国内享有盛誉。

解放后，修建趵突泉公园时对尚志堂进行改建，坐北朝南，前出厦，丹柱青瓦，东西曲廊相围，南北各有厅房三间，自成院落，形成一景区。院外，三面小溪环抱，泉水淙淙，沿屋穿廊。整个院落显得敞中有蔽，闹中有静。

北厅房为主体建筑，房后植有修竹、芭蕉，相映成趣。小溪穿过竹林，与两边泉池相通。西廊溪水岸边有冬青绿篱，廊上翠柳披拂，形成绿荫柳廊的景观。东廊北端有一山石小景，配植花木。廊下临一清池，池中有尚志泉，并蓄有锦鱼。滨水长廊下设有栏板，游人可小憩，凭栏赏景。

院内有东西向小溪，将院落分成两部分。溪的北侧有奇石一具，名为“待月峰”，是宋代遗物。石瘦细长，多有空窍，似月形，夜深月朗，清光可透过洞穴，洒在地上，形异多变，故有诗赞曰：“精灵俊逸玉玲珑，神工鬼斧浑然成。一年三十六轮月，变幻俱在此石中。”

李清照纪念堂·易安旧居 李清照纪念堂在公园东北隅，是一座民族形式的建筑，自成院落。四周分别与马跑泉、浅井泉、漱玉泉、柳絮泉、金线泉相邻，清幽典雅，既具有纪念意义，又具有观赏价值。

李清照（1084—1155），号易安居士，济南人，宋代杰出女词人，婉约词派代表，词作称作“易安体”，对后世影响颇大。

据载，李清照故居就在漱玉泉附近。相传李清照常对泉水梳妆，故其词作取名《漱玉集》。后故宅荒废，清末在此处建丁公祠，纪念山东巡抚丁宝桢。1959年，于丁公祠旧址修建李清照纪念堂。1980年6月，对纪念堂进行改建和扩建。改扩建后的纪念堂，为传统四合院民居形式。正面对称构图，四周曲廊，回环错落，变化有致。整个建筑采用宋代风格，取其意而不仿其形，体现了女词人所处时代气氛。

院落大门朝南，前后丹柱，双脊比翼，飞檐翘角。颜额悬木匾，上写“李清照纪念堂”，是当代名作家郭沫若手笔。正厅坐北朝南，歇山飞檐，前为抱厦，侧设耳房，抱柱悬挂郭沫若题写的楹联：“大明湖畔，趵突泉边，故居在垂杨深处；漱玉集中，金石录里，文采有后主遗风”。堂内迎门，为李清照塑像，手持书卷，眉宇深锁，若有所思。堂壁上布展茅盾、叶圣陶、冯沅君、舒同、臧克家、李苦禅等名人书画。橱窗内陈列有各种版本的李清照词作，以及海内外学者的研究专著。

东侧曲廊间，建有“叠翠轩”。轩内东壁辟景窗，山水景色，摄入窗内。窗侧壁间嵌当代书法家启功、欧阳中石、魏启后等题书的李清照

易安旧居

诗词碑刻50方。西廊南端接“溪亭”，取李清照《如梦令》词中“常记溪亭日暮”句意。轩、亭匾额均由当代书法家蒋维崧篆书。

院中清泉潺潺，秀石玲珑，并根据李清照词意，配置各种名贵花木。春天，玉兰映雪，迎春洒金；夏天，海棠滴绿，芭蕉泄翠；秋天，菊花傲霜，金桂溢香；冬天，青松挺拔，修竹潇洒，生机盎然。

1999年趵突泉公园扩建时，对纪念堂进行改造，并辟建“易安旧居”，2001年9月底重新开放。易安旧居在李清照纪念堂西侧，占地3500平方米，建筑面积1500平方米，分为东西跨院。东院庭堂曰“静治堂”，取赵明诚、李清照夫妇居莱州时宅第之名，寓意“静心治家”。庭堂内陈列着四组栩栩如生的蜡像，分别为“书香门第”“词坛绽秀”“志同道合”“流寓江南”，是一代词人李清照一生生活场景片断的生动写照。西院庭堂称“有竹堂”，取李清照之父李格非开封府第之名。院落由正厅、走廊、方亭、园门、小河、石桥等组成。山石韵致极佳，“淡月亭”瀑布飞流，堂前溪水潺潺，花木丛生，古朴典雅。易安旧居通过碑廊与李清照纪念堂相连接，东西贯通，融为一体。整个堂馆是全国李清照纪念堂（馆）中规模最大、内涵最丰富的纪念堂馆。

沧园·王雪涛纪念馆·枫溪 沧园位于公园东南隅，原为明清两朝一书院故址， 1964年改建，古典建筑，占地2500平方米，为趵突泉园中园。园西侧，有纪念明朝著名诗人、“后七子”领袖李攀龙的白雪楼。李氏著有《沧溟集》，世称沧溟先生，故将该园命名为“勺沧园”，今称名“沧园”。

园内大厅三座，排列在一条中轴线上。每厅皆有外廊环绕。园周曲廊相围，沿廊修竹婆娑。院内苍松挺拔，腊梅橙黄，突出了冬季景观。尤其雪落时刻，松竹梅各展风姿，构成一幅“岁寒三友图”。

1987年1月，利用原有建筑，在园内建“王雪涛纪念馆”。王雪涛（1903—1982），河北省成安县人，中国当代著名的花鸟画家。纪念馆分“无陋山庄”“萝月堂”“瓦壶斋”三个展厅，陈列王雪涛遗作和收藏品及生前绘画用具200余件。

枫溪，在沧园北侧，东西狭长，沿岸山石，层层叠叠，参差错落。溪水从趵突泉、白云泉、登州泉、望水泉流入，然后穿进假山密林，注入西护城河。溪内西侧，建有“月岛”，东端架曲桥，最东为假山。从枫溪西端向东看去，层次鲜明，景色深远，为公园最长风景透视线。夹岸植垂柳，溪内栽荷莲，水上陈设扁舟，可于内荡游。溪之南岸，波廊尽头，有一水榭探入溪中，名曰“枫榭”。榭以东，由长廊通向平台，台上设石桌石凳，可于此欣赏枫溪景色。

秋季，红枫、丹桂、柿树、银杏、山楂与树间、崖壁、山上点缀的秋菊，组成秋色图画。若值明月当空，银波潋滟，水中映出一轮“明镜”，形成“枫溪秋月”的景观，正可在月岛上尽赏。

白雪楼 位于趵突泉东南侧，为纪念李攀龙而建。李攀龙（1514—1570），字于鳞，号沧溟居士，济南历城人，明代文学“后七子”领袖。倡导文学复古运动，并写下不少出色的五、七言律诗和绝句。明嘉靖三十五年（1556年），辞陕西按察副使职东归，在家乡筑“白雪楼”，读书其中。著有《沧溟先生集》。

白雪楼

济南白雪楼共有3座。最早一座在历城王舍人庄东北鲍山。李攀龙晚年，在大明湖百花洲又建一座。明万历年间，山东右布政使叶梦熊因敬仰李攀龙，出资在趵突泉畔建造了这第三座白雪楼。明万历四十二年（1613年，一说万历二十年，即1592年），山东巡盐监察御史毕懋康（安徽歙县人，善文辞、绘画，著有《管涔集》等），于白雪楼处创建“历山书院”。清顺治十一年（1654年），山东右布政使张缙彦（新乡人，明崇祯进士），在书院后面重建白雪楼，以祀李攀龙，并改“历山书院”为“白雪书院”，立《白雪书院记》碑一方。张缙彦撰写碑文，宏文院大学士、吏部尚书越正宗书，宏文院学士薛所蕴篆额。楼为五楹两层，坐北朝南，前面出厦，落地槅扇。楼四周小溪环绕，泉水淙淙。后白雪书院废圮，白雪楼尚存。1955年辟建公园时对白雪楼进行修葺。1960 年扩建公园时，将白雪楼拆除。1995年，又在原址重建，古戏楼形式，二层，前出厦，落地木槅，红柱花窗，古朴典雅。正厅内陈放着李攀龙全身坐姿铜像。他低眉紧蹙，似在沉思。厅内陈列其弟子学生及当代名人题写撰刻的诗文匾额，墙上悬挂大幅《会友图》，再现了当年李攀龙传诵诗词的盛景。楼上房檐下，悬挂着清嘉庆八年（1803年）金光悌书“白雪楼”匾额。楼前立有李攀龙后人和当代学者书写的《重修白雪楼记》碑。楼的南侧叠以假山，山北侧临山为湛露泉、酒泉、石湾泉，泉池内植以荷花。西侧为无忧泉，水面甚大，常年不涸，水草碧绿，锦鱼戏游。楼东为藤架，景色甚为清幽。登楼可俯瞰周围泉水竞流，远眺南山秀色。

白雪楼大戏台 西临无忧泉，西北靠趵突泉，是1996年与白雪楼同期建造的联体仿古建筑，总面积为100余平方米。戏台长6米，宽12米，雕梁画栋，富丽堂皇。两边耳房为音响室、化妆室。戏台前沿设有不锈钢护栏，两边楹联“百花齐放，推陈出新”为毛泽东笔迹，额匾“振兴京剧艺术，弘扬民族文化”为江泽民笔迹。书法家欧阳中石撰书题写的“乐奏萧韶”“临泉集盛展我家国粹，漱玉凝馨邀天下名贤”分别悬挂于上匾和抱柱。这里经常演出京剧、吕剧、柳子等多种曲艺剧目，成为戏曲文化的活动场所，全国梨园名家常临台献艺。戏台群泉环绕，正方场地数排木凳、石桌，供游人赏戏、观泉和休憩。节假日，观戏的游客人流如潮。

东门·趵突胜境坊 东门为公园正门，建于1965年，建筑面积50平方米，三间两耳民族式风格。门宽5米，8梁6柱，白墙灰瓦，出檐卷棚，彩绘精美，古朴典雅。门正中匾额“趵突泉”贴金大字，为郭沫若手书。

趵突胜境坊位于东门外约17米处，与东门相对。1999年10月，在原趵突泉坊的基础上修建。坊高7.5米，“整石构造，四柱三间，冲天挑担式”造型。柱间总宽9.2米，两侧悬挑各1.5米。磨光花岗石上刻有颜额“趵突胜境”“观澜知源”，分别由武中奇、蒋维崧题书。石坊浮雕“巨龙附柱”“游龙戏水”，灵动浩气，柱下石鼓挟抱。

南大门 位于泺源大街北侧，1994年9月修建，翌年4月落成。由山东省著名园林专家周培正设计，为古典风格、钩连搭卷棚歇山顶式门楼。占地面积1573平方米，东西长47.5米，南北纵深13米，主门高8.4米，前后丹柱，斗拱飞檐，双脊比翼，古意盎然。主门匾额“趵突泉”及抱柱楹联“喷珠屑玉水澜翻，孕鲁育齐相鼎峙”，门内匾额“激湍”分别为清帝乾隆、康熙笔迹。大门内侧“泺源门”3个大字集自书圣王羲之之字。大门外侧，东西各有一个8米见方的大水池，池壁各有1个龙头喷水，池中有喷泉石灯，镶有汉白玉栏杆的石桥直通正门。大门左右配以耳房，曲廊镶装着不锈钢护栏和红色大理石坐凳，大门周围点缀着奇花异木。整座大门空间通透，园景显露，景色交融。

北大门 修建于1999年公园扩建改造时。为仿古建筑风格，占地1500平方米，建筑面积550平方米。门楼卷棚悬山，红柱黑瓦，门宽8米，上方雕梁画栋，油漆彩绘，两边各配耳房，木格窗棂。门楼前后各有一对石鼓，北门前颜匾额“趵突泉”集自元代赵孟頫笔迹。楹联“千秋佳话娥英水，四海闻名趵突泉”由徐北文撰联、魏启后题书。内侧门颜回廊匾额“源清流洁”系清康熙皇帝撰辞，字集宋代米芾墨宝。北大门西侧连接趵突茶楼，茶楼上下两层，仿古建筑，内装木梯上下穿行。大门正前两侧各有一石台阶，正中照壁长10米，宽2米。大门内侧为一平坦小广场。左右两侧缀以乱石，沿东泺河一侧，岸边杨柳成行，绿草茵茵。

通泺园 位于趵突泉与万竹园之间，意为“通往泺水（趵突泉）的园子”。1999年建成开放，面积6600平方米。通泺园南端，有一竹门楼，上刻“通泺园”三个大字，为通泺园进出口。园中北部假山秀石缀坡，茂树密布，丁香、樱花、枫树、玉兰等各色花木错落有致。南侧坡下30余株垂丝桃、品种桃，树姿秀美，漫步其中，如同画中人，令人愉悦陶醉。通泺园内由北往南，花墙子泉、杜康泉、登州泉一字排开，泉池依照地势，或方形，或不规则形，各具特色。沿万竹园东墙南北贯通的200平方米的回廊雕梁画栋。沿回廊向北有两座仿古建筑，依形而建，门前拾阶而上，碎石铺路。房前屋后种植芭蕉、丹桂，富有浓郁的园林与乡土气息。通泺园步步为景，两个分割独立的山丘，花木成林。园内百花齐放，百鸟争鸣，是一座观景休憩的理想乐园。

娥英河·齐州桥·娥英桥·步青桥 娥英河是1999年公园扩建后在原基础上改建的一条河流。因河的源头趵突泉在娥英庙南侧，同时也为纪念娥皇、女英，故定名为“娥英河”。改造后的娥英河，河床宽3.5米，全长300米，蜿蜒曲折，或瀑布飞溅，或流水潺潺。趵突泉水经娥英河、三叠瀑和喷珠泻玉区缓缓东流，汇入护城河。

齐州桥位于娥英河西侧，1999年修建，南北横架，桥高3米，宽5米，长8米。因桥在齐州遗风景区内，故定名“齐州桥”。桥身、桥板全部用白色大理石架接装嵌，桥面板材铺装，是步入齐州遗风景区的主要通道。

娥英桥在齐州遗风和三叠瀑景区，1999年修建，南北横架，桥高3米，宽5米，长8米，因桥横架娥英河上，故名为“娥英桥”。桥桩高1米，桥板、桥桩工艺精细，雕有花纹图案，与之成对应景观，凸现出泉城济南“小桥流水”的特色。

步青桥修建于1999年，民族风格，高3米，宽6米，长10米，用料全部选自花岗石上等石料，桥两侧装置高1米多的精美护栏、护板，并有雕花石柱。桥面铺装石板和规则的皱纹石，桥南护板上刻有“步青桥”，取“平步青云”之意。

天尺亭 位于趵突泉以东，皇华轩南侧。2004年建造落成，用于观测趵突泉的地下水位。天尺亭为内盆外池构造，内盆半径3.8米，采用山东“石岛红”石材，外池半径5.8米，古代园林窜顶式三角亭嵌于内盆中央。亭内三面电子屏清晰地显示时间、趵突泉地下水位和济南泉水成因地质剖面图。亭高6.3米，对角宽3米，青瓦彩栋，为北方园林建筑之罕见。“饮水之源”“观澜之本”和“天尺亭”匾额分别悬挂于亭之东北、西北和正南方向。三个抱柱联分别是“水底洞天巧测脉”“历下泉源永相思”“城西泉上最关情”。匾额、抱柱联除“天尺亭”外，均由济南学者徐北文撰题。亭的护栏嵌有“二龙戏珠”透雕图案30方，水下安装30只射灯和人造喷雾装置，护栏内壁探出9个龙头，喷水吐雾。护栏外围地面上镶嵌济南新七十二名泉浮雕板。周围环水傍泉，花木扶疏，环境优雅和谐。天尺亭不仅具有直观地观测趵突泉地下水位和济南泉水成因的功能，还极具文化性和观赏性。

泺苑 位于趵突泉公园西北区，以观泉、嬉水、品茶为特色。2005年8月底动工建设，翌年国庆节前夕建成并对外开放。泺苑是一条仿古民居式水景街，东西宽20米，南北长约91米，总占地面积2300平方米。此处过去是大板桥街、小板桥街、曹家巷等老街巷所在地，曾经河道交叉，泉源充沛，一年四季流水潺潺，是泉城济南“潇洒似江南”景致最有代表性的地区之一。泺苑基本恢复了这一老济南风情，四围曲曲折折，环绕以清澈的泉溪，形成“人家尽枕河”的泉城特色景观。泺苑呈前街后河布局，不对外直接敞开，仅以几座不同风格的小桥对外连接，沿桥往里走，宛若步入与世隔绝的世外桃源，令人心驰神往。泺苑街宽3.5—4.0米，均以青石板铺面，街南首的板桥泉泉水流过街面，最后汇入三曲桥大河面，形成“清泉石上流”“水上汀步”等景观，可供人们亲泉、嬉水。泺苑内建筑沿循明清济南民居风格，以廊、榭、阁等敞开性建筑为主，亭、台、楼、阁、榭等高低错落，交相辉映，既富有变化又和谐统一。在杨柳、国槐、皂角等百年古树的映衬下，连同抱街入户、随处可见的泉水，构成一幅大气秀美、宛若江南的水墨画。泺苑内的楹联和匾额都是国内著名学者和书法家根据泺苑的景观和文化特色撰文和题写的，有欧阳中石的“泺上台”、“趵突流长”，陈左黄的“皇华苑”，马季的“泺苑”，荣斌撰、张仲亭书的“泉声入耳鸣环珮，柳色迎眸展画屏”等共计15方匾额、26幅楹联，为泺苑增添了浓郁的文化气息。

泺苑

“五三园”景区 2006年为纪念“五三惨案”而建，翌年“五一节”前建成开放。1928年，日本帝国主义以保护日侨为借口，要求中国军队撤离济南，5月3日，日军突然发起进攻，杀死杀伤中国公民1万余人，泺源门外顺城街一带民房化为焦土，财产损失2.4亿元以上。特别是日军无视国际公法，惨杀与之据理交涉的中国外交特派员蔡公时和17名外交人员，造成历史上惨绝人寰的“五三惨案”。

“五三园”景区位于公园北侧、护城河西岸，由入口牌坊、“济南惨案”纪念堂、“五三”纪念亭、“五三”钟台组成，总占地面积约2600平方米，绿地面积1710平方米。“五三”纪念亭前身系1932年建于经四路小纬六路西侧的“五三亭”。1937年“七七”事变后，“五三亭”拆除，拆下的8根石柱被掩埋，保存完好。1998年按原样在现址修复。亭呈圆形，顶为双层，重檐，由8根石方柱承托，亭额嵌“五月三日”巨字石刻，各柱均刻楹联，四幅柱联分别由时任山东省政府财政厅长王向荣、国民革命军第三方面军参谋长张钺、山东省政府秘书长张绍堂、山东高等法院院长吴贞缵撰书。纪念堂建筑面积约为307平方米，建筑主体高10.5米，分上下两层，一层为观展区，内高4.7米，堂内中央安放蔡公时烈士铜像，周围展示与“五三惨案”相关的图片资料等。二层为观景平台。纪念堂外东南方设“五三”钟台，置放“五三惨案”警示钟。园区内还置有“五三惨案”纪念碑和“五三惨案”歌、“国耻歌”等碑刻，与河东岸的“五三”纪念园连为一体，共同组成新的

济南惨案纪念堂

"五三纪念园"，成为集堂、钟、碑于一体，融参观游览、史料收集与研究并举的爱国主义教育基地。

名石 公园内散置6块名石，为公园平添了几分文化底蕴。

龟石位于公园西北侧广场西端，为宋徽宗寿山艮岳遗物，后被元代散曲家张养浩收藏。石高近4米，重约8吨，为《中国赏石大典》收入的名石之一，1977年由济南文庙移入公园。此石一说为龙石。依据有二：（1）龙石的来龙去脉史籍记载比较清楚。清道光《济南府志·杂记》据康熙旧志载："郡城有四灵石，在泮池上者曰蛟龙，在紫薇堂者曰凤翥，在开府署者曰龟石，在通乐园者曰麟石。今三石岿然故处，独麟石仆于菜畦。"清人王培荀《乡园忆旧录》卷四亦载，龙石在府学文庙泮池前。与今公园龟石来源自府学文庙处相符。（2）史籍记载，龙石的高、形与今称名龟石者"高约4米，重8吨"相符。翁方纲《题趵突泉上石》载：俗名"龟石"者，"旧在殷文庄通乐园"，"石高九尺六寸"，"然予考《二十四泉草堂图》卷内王方若诗，注云'麟游石也'"。据此所记，此俗称'龟石'而翁氏怀疑为"麟游石"的奇石，高不及今漱玉泉畔"龟石"的四分之三。故今趵突泉公园内龟石的高、形，当与龙石相当。

龟石（一说龙石）

"待月峰"位于尚志堂前，1982年从古运河边移入。石高1.9米，宽0.27米，厚0.6米。石上有多个形态各异的透洞，月夜，月光透过孔洞，洒落地上，变化多端，妙趣横生。

夔石位于老金线泉西侧。夔为传说中的独足怪兽，此石因形似夔而得名。石高1.5米，宽0.75米，厚0.6米，为太湖石种，宋太宗对太湖石宠爱有加："待之如室友，视之如贤哲，重之如宝玉，爱之如儿孙"。

虬石位于易安旧居门前。虬为传说中的双角小龙，此石因形似虬而得名。石高2.6米，宽1.57米，厚0.6米，1986年从山东青州觅来。

寿石位于万竹园西花园内，石形浑圆雄秀，酷似草书"寿"字，故名。石高3米，宽1.2米，厚1米。石因由无数形状、色泽各异的颗粒风化而成，且有别于当地石质，故又名"天降石""飞来石"。

"白云峰"位于万竹园白云泉畔，因泉而名。石高4.2米，宽1.8米，厚1.5米，体态高大浑厚，石身纹理交错，窍孔通透，1987年安落于此。

二、水体景观

园内的趵突泉、金线泉、漱玉泉、马跑泉、卧牛泉、皇华泉、柳絮泉、老金线泉、洗钵泉、尚志泉、螺丝泉、满井泉、浅井泉、白云泉、望水泉、东高泉、白龙湾、石湾泉、登州泉、杜康泉、混沙泉等28眼名泉各具风采，或水涌若轮，或如泄珠玑，……构成奇特的泉水景观。（见本志"泉水"篇趵突泉泉群诸泉条）

在李清照纪念堂和易安旧居北侧还有一处人工建造的水体景观，系1999年利用泉水建成。水从10米高处沿三级平石逐级顺势下泻，形成三叠瀑景观。瀑下有"濯缨池"，池呈椭圆形，水面积500平方米。驻足观赏，飞流激湍，水石相击，珠迸玉碎，如同排帘，虽由人作，宛自天成，别有一番情趣。

三、植物配置

建园前，在趵突泉周围仅有国槐2株、柏树1

株、青桐2株、垂柳5株。至2010年，全园已植树136种1万余株，绿地面积达到5.477万平方米，占公园总面积的52%。在植物配置、树种选择上，突出园内泉水丰富、水位较高的特点，以柳树为基调，以松、竹、女贞、大叶黄杨为骨干树种，并利用青松配怪石、芭蕉配湖石、修竹配剑石的造景手法，使自然山石与植物巧妙组合，组成不同画面。在绿化布局上，突出植物多样性和色彩搭配，局部或乔木或灌木，或群植或散点，多层次布局花灌木、宿根花卉和攀缘植物。

趵突泉周围，岸边建筑格局严整，泉池为整齐池岸，并护以雕石栏杆，植物配植采用规则式为主，三大殿前对植青桐，周围为整型绿篱，并配以翠竹、芭蕉、青松、西府海棠、丁香，丛林成为远景，相辅相成。马跑泉周围，山势起伏，流水叮咚，植物配植采用了自然式配置，以油松、白皮松、黄杨、酸枣、玫瑰混植，山石嶙峋，悬藤垂蔓，野趣盎然，形成浓郁的山林。人们穿花渡溪，抚石依泉，别具情趣，具有明月松间照，清泉石上流的诗情画意。玉兰院，以不同品种的玉兰进行艺术布置，每年3、4月份，红白花儿开放，大如雪莲，分外妖娆，清香四溢，形成早春效果。枫溪区，以红枫、柿树、银杏、山楂、秋菊等与常绿树相配置，突出秋季景色。沧园内以松、竹、梅为主，突出冬季景观。李清照纪念堂，院内植有海棠、青桐、菊花、芭蕉、荷花等女词人诗词中描述的观赏植物，再现诗词中的意境。公园还结合时令和环境配植花木，达到终年青翠，四季有花。园内春花有玉兰、海棠、丁香、月季、樱花等；夏花有紫薇、石榴、木槿、蜀葵、美人蕉等；秋花有桂花、菊花、秋葵等；冬花有梅花、腊梅、耐冬等。同时利用宿根花卉、应时花木和观叶观果植物进行组合，形成独特的植物景观。

1999年公园扩建改造工程修建的群芳圃景区，绿草茵茵，黄杨、月季、冬青、樱花等各种花木吐花喷绿，层次分明。香椿、无花果、杨柳树苍翠挺拔，柔条摇曳。草坪园四周由半米高、直径20厘米的木桩圈围，豆青色石板铺设在坪园中间，顺势而上，直插坪顶。草坪顶部10米见方的平坦地面上，古树高耸，巧石点缀，中国田园与异国风格相结合的园林小品使景区更显古朴且富于诗意。2006年年初，为配合公园北区茶文化街建设，对群芳圃景区重新规划，在此基础上新建百花园景区，当年国庆节建成开放。百花园占地2700平方米，其中绿地面积1800平方米，由百花厅、百花轩、连廊、花架及围合盆景门、墙、架组成。百花轩与百花厅南北相对，成为百花园中轴线，两侧连廊、花架错落有致，把百花轩与百花厅有机地连为一体。

四、经营服务

趵突泉公园以观泉、品茗、听戏、赏画为特色，园内设有多处书画社、工艺品店、茶社、餐饮部等服务设施。

（一）餐饮

趵突泉食府 位于公园西北角，2000年6月建成，面积3430平方米，以鲁菜经营为特色。

泉香酒店 位于公园东门南侧，1986年9月建成，面积500平方米，经营快餐，始称泉香快餐店。1987年12月对外承租，经营海鲜食品为主，改名“泉叶饭庄”。20世纪90年代初收回，由公园职工承包经营，改名泉香酒店，经营特色鲁菜。2012年改为“游客中心”，内设山东特色超市，经营山东土特产品和旅游纪念品。

望鹤亭茶社 位于趵突泉东侧，1965年修建，面积200平方米，茶座40位。主要经营泉水泡茶、泉水大碗茶、泉水茶汤。

北茶楼 位于公园北门西侧，1999年9月修建，面积200平方米。主要经营茶水。

清竹品敬茶社 位于万竹园内，装饰高雅，布局别致，可容纳10余人就坐品茗。万竹园内还设有万竹茶社、通泺园茶社、“陶源”精品屋等。

（二）摄影

摄影部 位于公园三大殿东侧，面积45平方米，经营景点拍照留念、胶卷电池等。

（三）其他服务及设施

石榴院书画社 位于万竹园，展销名人字画、画册等。

泺源书画社 位于万竹园杏园内，主要展销当代名人字画及其他文具用品。

沧园书画社 位于沧园内，展销名人字画及其他。

尚志堂书社 位于尚志堂院内，展销各类书籍及音像制品。

工艺品店 位于公园内一展室，1964年建成，面积96平方米。主要经营旅游纪念品。

通泺园工艺品店 位于公园通泺园，1999年修建，面积75平方米。主要经营旅游纪念品。

皇华轩工艺品店（奇石馆） 位于公园皇华轩，面积150平方米。主要经营旅游纪念品。

泺苑民俗街 位于公园西北侧民俗街，2006年10月建成，面积1100平方米。常年开办民俗、民风展览。

泉韵轩工艺品店 位于公园尚志堂北侧，1959年建成，面积75平方米。2012年尚志堂改造，恢复为展室。

泺源堂工艺精品店 位于泺源堂二楼，展销趵突泉特色与当地旅游工艺品。

此外，在娥英祠二楼展销蝴蝶制品、云南手乡服饰。草木竹品店设在尚志堂南殿，展销各种精美草木、竹手工制品。

（四）门票

建园初期，门票价格为0.03—0.05元。1970年后调整为0.1元。1991年调整为济南市民持济南身份证购票2元，外地游客购票5元。1998年调整为10元。2001年调至15元。2006年调整为40元。

第四节 环城公园

环城公园是沿护城河环绕济南古城而建的公园。1958—1960年，济南市城市总体规划方案首次确定建设环城公园，规划公园建设宽度包括河道为20米。但此次规划没有实现。只是在1958年把沿河的宏济堂制药厂的阿胶车间及其他几个有污染的小厂子迁走，整修了护城河趵突泉北段及黑虎泉西段，并进行适当绿化，护城河两岸有了小片绿化用地。1963年，中共济南市委、市人委决定对南护城河及五三街和东流水地区进行整修，拆除了“五三”街和东流水街东侧沿河建筑及第二虹桥以南至西门桥局部地区的全部平房，并整修了中共山东省委旧址。1965年，整砌了黑虎泉、琵琶泉、天镜泉、月牙泉等泉池及护城河黑虎泉两侧、“五三”街、东流水街段的护岸，新建了琵琶桥，在护城河南岸建假山和亭廊、实施了沿河绿化。通过这些工程，建成黑虎泉公园，实现了环城公园的局部建设。1984年3月，环城公园按规划全面开工建设，1986年10月正式建成开放。公园全长6.9公里，初建面积26.3万平方米，其中水面积13.8万平方米，河两岸绿地面积12.5万平方米。

环城公园建成开放后，为提升公园景观，完善护城河观光游览等功能，进行了多次整治改造。2002—2003年，实施首次规模整治改造；2004年对黑虎泉至五龙潭公园河段进行疏浚整治，实现西护城河、趵突泉公园和五龙潭公园段水上连线通航。2007—2010年实施环城公园景观提升改造和护城河全线通航工程，打通了东西护城河航道，实现真正意义上的环河通航。经过几次整治改造，河岸绿化面积增加5.4万平方米，达到17.9万平方米，公园总面积达到31.7万平方米。如今的环城公园，以绿地、水系把黑虎泉、趵突泉、五龙潭、大明湖、珍珠泉联系起来，成为泉

环城公园导游图（2011年）

城标志区的风光游览带。2013年3月与大明湖景区、趵突泉公园、五龙潭公园整合，创建济南天下第一泉风景区，当年8月获国家5A级旅游景区称号。

一、景观建筑

解放阁 为纪念解放济南而建。位于济南古城东南角，1948年9月24日，中国人民解放军攻城突破口处，南与黑虎泉相望。1965年建成台基，后因“文化大革命”停建。1985年于台上建阁，翌年9月落成开放。是山东省文物保护单位，济南爱国主义教育基地之一。1988年，被评为泉城十大景观之一。自2008年起免费开放。

解放阁连台基通高34.1米，占地1637.2平方米，建筑面积617.2平方米。阁分两层，四面方形，采用中国古典建筑形式，金黄琉璃瓦，外用花岗石贴面。上层，攒尖宝顶，翘角重檐，斗拱承托，吻兽飞动，风铃扬韵。下层环廊，廊与阁由抱厦连接。廊阁绘有山水、花卉、鱼虫、飞禽、走兽等小品。廊外为平台，台周饰石栏。阁名为原华东野战军司令员兼政委陈毅于1965年题写，鎏金的“解放阁”三字石刻分别镶嵌在台基西、南两侧。台基东侧，贴壁立解放济南战役革命烈士纪念碑，镌刻着在济南解放战役中壮烈牺牲的3764位烈士的英名，由当代书法家朱学达书丹。台基西侧嵌济南市人民政府1986年9月立、书法家武中奇书丹的《解放阁修建碑记》。

解放阁

由阁西台基下拾级而上，进入阁底层大厅。大厅中央矗立一组高大塑雕——济南战役英雄群像，四周陈列着济南战役文物。大厅外壁，镶有八组反映济南战役场景的灰色大理石浮雕。由阁北侧台基登上44级台阶便达阁二层。四周有汉白玉石护栏，可凭栏观览周围景色：阁西，水光潋滟，石林秀出，亭榭隐现；阁北，护城河上的春、夏、秋、冬四季花园，似绿色锦带上镶嵌的颗颗珍珠；向南远眺，千佛、佛慧、会仙等山，青葱遥连，蔚为大观。

1998年为纪念济南解放50周年，对解放阁进行了修缮。工程包括阁基加固、阁面翻修、阁顶及室内油漆彩绘、碑文防水处理、扩充展室展品、增加济南战役沙盘和声光设备、安装外饰灯等。当年9月上旬，各项修缮工程竣工，解放阁焕然一新。2008年再次维修，阁上原“济南解放纪念阁”更名“济南解放纪念馆”，匾名由国防部原部长迟浩田题写。历经近半年的施工，对纪念馆的地面、墙面、门窗、展橱、展柜、灯光等进行了全部更新，对展览形式进行了改造，新增电子翻书系统、矩阵式投影播放系统和多媒体科技模型系统等硬件设施，充实和完善了纪念馆的图文、实物等展出内容。同时对周边环境进行了整治提升，拆除各类商业摊点近200平方米，新建接待室一处。通过此次改造，解放阁成为集展示、教育、游览为一体的公共场所。

清音阁 位于黑虎泉西侧6米高的石台上，1985年建，建筑面积161.7平方米。阁下琵琶泉的串串水泡，珍珠似的泛上水面，咝咝炸开，发出清越的声响，若琴音，阁则因水声而得名。此阁为民族形式，仿古建筑，探出基外，翼然而立，斗拱错落，回廊环绕，雕梁画栋，富丽堂皇。绿色琉璃瓦覆盖着飞檐翘起的大屋顶，仙人、吻兽饰于翼角、脊上，跃然欲飞。阁外设坐栏，内置茶座，人们可于此倚栏赏景、品茗、休憩。除清音阁大厅外，还有东西配房，均为古典式，硬山出厦，清砖白墙，古朴无华。阁南，庭院幽幽。院周围矮墙，饰异形窗，幅幅小景，由透窗映入院内，如同水墨画小品。院东辟圆形月门，院西建门楼，门楼悬“清音阁”匾额。阁东北侧，琵琶桥南北横架，拱形似虹，桥头垂柳披拂，为阁增色。整个建筑精美别致，具有江南建筑风格，构成“一曲琵琶江上舟，十二阑干天外楼”的意境。

琵琶桥 位于琵琶泉东，清音阁东北侧。原是一座简陋的木桥，1965年拆除新建，因临近琵琶泉而得名。桥为单孔拱形，宽3米，长28.5米，跨度16.5米，横跨河南北两岸，高耸如虹。站在清音阁下、琵琶泉旁东看，整个桥孔，宛若一幅取景框，可见蓝天白云，高阁（解放阁）巍峨，河水如镜，风景如画。

琵琶桥

五莲轩 位于南护城河东段南岸，清音阁西。此处河中有五莲泉，轩因泉而名。1986年修建，建筑面积410平方米。此处原为缪家花园。园主缪润绂（原名裕绂），为清代汉军正白旗人，其母爱新觉罗氏，是清皇族远支宗室之女。清光绪十八年（1892年），缪氏进士及第，任翰林院编修，后历任日照、齐河知县和临清、直隶州知州。辛亥革命后，缪润绂在此地建园筑室居住。园内叠以假山，植以花木，并有泉亭之胜，乃起名曰“亦山林”，当地居民俗称“缪家花园”。后荒废。1965年进行整修，1986年在此基础上建成五莲轩。

五莲轩是一组较大的建筑，由茶室、六角亭、爬山廊、水榭构成，占地1000余平方米。西端为一独院。院北矮墙，中辟洞门，额嵌砖刻“茗香”，迎门叠以假山，峭拔嶙峋。峰间，有石阶可通向院内。院内地形跌宕起伏，卵石铺地，巧石缀饰，修竹婆娑。西为茶室，民族形式。室之西侧为一小院，院内，白杨、松柏、梧桐葱郁。院北矗立着巍峨的石峰，峰下流淌着淙淙的清泉。由小院向东，登上自然石阶，隔墙又有一小院，长方形式。院北矗立秀峰，峰间石台高耸。台上建亭，亭侧老树笼荫。丽日当空，影洒亭面，相错如绣。这里视野开阔，于此可乘凉小憩，观览四周景色。院东空中高悬四折半壁爬山廊，廊接水榭，于上可远眺解放阁雄姿，俯瞰五莲泉细流，天光水色，气象万千，令人心旷神怡。

鉴泉园 在南门桥以西，护城河南岸。1986年11月建成，因附近有鉴泉而得名。1998年修建泉城广场拆除。该园原主体建筑为东西长方形式，分为上下两层，东高西低，东半部为重檐阁楼，上覆绿色琉璃瓦，通脊两端、翼角之上，合角吻、套兽之类，形象奇异，似于云中跃动。重檐之间，饰有菱形花窗，彩色玻璃熠熠生辉。阁楼底层，水池别致，池周点缀山石，涓涓细流，由二层跌下，形成水帘，顺山石滑进池中，哗哗作响，富有琴韵。阁体北侧，探入水中，可凭栏观游鱼，赏水景。西半部为长方形二层平台，平台底层，一泓碧水如镜，鱼翔浅底，往来翕动。南岸叠以假山，山石怪异，如禽、如兽、如笋。山巅青桐负日，穗穗紫英如烟。石间蔷薇披拂，青条沿秀石垂下，滴绿泄翠。再加那串串如玉珂的箭兰，簇簇如黄金的秋菊，构成一幅天然的水墨画图。池内设莲叶步，大小相同，错落有致，犹如芙蕖浮在水面。池北隔室溪岸，画舫两两三三，静卧绿波，窗明几净。顶层平台设有茶座，同时兼有音乐、曲艺、露天舞厅的功能，人们可于此就座小憩。

“五三”纪念园 位于西护城河南段，河东岸。建于1986年，为纪念1928年发生在济南的“五三惨案”而建。岸边竖1通石碑，四棱锥体形，上刻“济南五三惨案纪念碑”9个字，系仿照1929年5月山东省政府建于泰安岱庙的纪念碑原样制做。碑的南、北侧，桧柏簇拥，花廊相映。碑的东侧，为1995年9月纪念世界反法西斯战争胜利50周年之际新落成的“五三惨案”纪念碑。“五三”纪念园与河西岸趵突泉公园内2006年建成的“五三园”景区相呼应。

《道德经》刻瓷 镶嵌在琵琶桥西约百米处护城河北岸的石壁上。2005年1月建成。刻瓷高1.1米，长47.2米，由60块瓷玻化抛光瓷板组成。老子《道德经》全文共5300余字，用汉隶书雕刻，由山东淄博刻瓷艺术家常宗林父子历时3年制作完成。刻瓷处有苏毅然2003年5月1日题书的济南刻瓷《道德经》记。

二、植物配置

环城公园初建时，在护城河两岸，植有乔、灌、藤本植物102种16512株，绿地面积12.5万平方米，绿地率70%。2002—2003年，公园实施提升改造，新栽、补栽植物79种。2007—2010年实施护城河通航工程，沿河绿化得到了进一步提升。

公园在植物配置上，以乡土树种为主，以柳树为基调，根据各个地区的自然条件，充分利用植物的特性，采用因地制宜的手法，形成不同的植物景观。

四季花园 位于东护城河两岸，沿河自北向南依次为冬景园、春景园、夏景园、秋景园，长约1.7公里，建成于1986年。

冬景园北自坦桥，南至老东门桥。坦桥南侧护城河西岸雪松林中建有一座汉白玉人物雕像，题刻为《隆冬瑞雪》：一老者头戴皮帽，身着裘衣，仰望瑞雪。一幼童依偎着老者，伸手喜接雪花，笑容憨稚。园中部竹林中央立有塑像《旋律》：三位少女身着素裙，手持横笛，清风微吹，犹如七窍洞中扬起的清音，故称其景为“幽篁笛韵”。景点处遍植松、竹、梅、玉兰、黄杨等耐寒植物，以突出冬季景色。严冬时节，雪压青松，翠竹摇曳，腊梅吐芳，是踏雪观景的好地方。

春景园北接冬景园，南至休闲健身广场（原儿童乐园）。园内植迎春、丁香、紫藤、海棠、连翘等春花灌木，形成“春花烂漫”的视觉效果。配建体现喜迎新春的三组红色大理石雕塑，一组为表示富有的《年年有余》，一组为向往永久安定的《和平》，一组为剪纸形透雕《舞狮》。春景园内原建有水池、曲桥、儿童乐园等设施，2010年水池曲桥拆除，儿童乐园被改造成休闲健身广场。在《和平》等三组雕塑广场的河西岸增建一处游船码头，两岸增设通往夏景园的木栈道，方便游人近河游览。

夏景园位于兴华桥（原新东门桥）两侧，北与春景园相接，南至青龙桥。园内主要配植夏季花灌木，内有“夏木荫荫”“紫薇生辉”“榴林绕屋”景点。夏木荫荫景点位于青龙桥北侧。以杨柳、国槐、泡桐、合欢等乔木为骨干，配植紫薇、金银木、石榴等花灌木和藤本花卉。绿荫中设有花廊，廊接虎皮面短墙，墙壁辟洞门，门侧植修竹，廊上紫藤摇曳。廊下设石栏、坐凳，供游客小憩，寓有“夏木荫荫正可人”之意，为避暑纳凉佳境。紫薇生辉景点位于兴华桥北侧，护城河东岸。此处植有300多株花色不同的紫薇，周围点植翠竹、合欢、红叶李、雪松等。夏季花满枝头，争奇斗艳。花丛中有一组建筑小品，由花架、围墙、双亭组成。花架在南（2010年拆除），围墙居中，中辟洞门，洞门上嵌匾额“紫薇生辉”。双亭在北，为一混凝土框架建筑。榴林绕屋景点在紫薇生辉景点的北面，护城河东岸。坡地河边，植有近百株石榴，花开时节，娇艳如火。在绿荫花丛中，矗立着一组民族形式的建筑，由水榭、休息厅、六角亭组成，始建于1985年11月，1986年11月竣工。水榭坐东朝西，一半在河岸，一半在水中。榭周设有石凳美人靠。水榭的东侧为石砌高崖，六角亭兀立于崖上，宝顶飞檐，翘角红柱，饰以挂落，雕以雀替，柱间设有石凳、美人靠。2010年因实施护城河通航工程，河水水位抬升，岸边形成湿地，不适石榴生存，树被移植，代之以水葱、再里花、菖草、鸢尾等水生植物。原水榭拆除，新建“水电磨坊”建筑小品。榴林绕屋景观不存。

秋景园在青龙桥至解放阁之间。沿护城河两岸，植有黄栌、五角枫、火炬、银杏等色叶树，山楂、柿子等秋实树，油松、桧柏等常绿树，并点缀秋菊等花卉。秋天，枫叶如丹，垂实若珠，黄花遍地，层林尽染。为突出“春华秋实”的园林意境，在层林深处、河东岸建有一组古典式园林小品，其名即为“春华秋实”，由水榭、茶室、游廊、秋风亭等建筑构成，始建于1985年11月。2010年，将位于该园南端的青年游泳池改建成水面积约800平方米的泉水浴场。

泉石园 在南护城河东端，济南古城东南隅。这里名泉众多，除黑虎泉外，还有九女、白石、琵琶、玛瑙、五莲等名泉10余处。1965年拆除此处破旧民居，新建亭台桥阁，堆叠假山，疏浚河道，石砌河岸，栽植各种花木，辟为黑虎泉公园。1986年，环城公园建成开放，黑虎泉公园改成泉石园。泉石园突出“泉”“石”景观。沿河两岸植物则以常绿树为主，适当配植花灌木。在黑虎泉对岸，阶梯式种植冬青、紫薇、红叶李、木槿、松、大叶女贞等，河边垂柳披拂，清流映黛，体现泉城特色；解放阁周围种植了白皮松、桧柏、大叶黄杨球，间植宿根花卉，以冬青、黄杨绿篱环绕，烘托出庄严肃穆的气氛。

泉溪水景园 在西护城河，连接五龙潭公园。这一带的绿化布局多采用“大色块”手法，滨河植垂柳，行道植国槐，沿河两岸大量栽植花灌木，并适当配植雪松、腊梅、竹、大叶黄杨球等。

三、水体景观

济南护城河始建年代无考，现状成于元代，是环绕古城开挖的人工河。明洪武四年（1371年）重修济南城墙时，护城河亦得以重修。据2008年出版的《济南通史》记载，“城墙外有护城河，阔五丈，深三丈。明清两朝共七次重修。”解放后，市人民政府亦多次整修护城河。1984—1986年，依河建设环城公园时，将河道拓宽至40米左右，并清淤、垒岸，河两岸种植花木。2004—2010年，连续实施三期河岸景观整治提升和河道通航工程，实现了护城河全线通航。

20世纪30年代的护城河

护城河是承载环城公园的景观河，全长6.9公里。河水由黑虎泉、趵突泉、五龙潭、珍珠泉四大泉群泉水汇集而成，其中南护城河有黑虎泉、白石泉、九女泉、玛瑙泉等10余泉，形成黑虎泉泉群。（见本志“泉水”篇黑虎泉泉群诸泉条）众多泉水潺潺流淌，经护城河汇入大明湖，注入小清河，形成济南独有的泉河绕城景观。

四、经营服务

（一）游乐

儿童乐园 位于东护城河老东门南，1984年3月建，1986年10月建成开放。占地面积6800平方米。设有组合式滑梯、电动飞车、弹跳猩猩、荡船、压板、吊篮等10余种游艺设施。2010年实施公园环境提升环河通航工程拆除。

游船服务中心 2004年6月，护城河趵突泉公园至五龙潭公园段实现通航后，增设游船服务，时有板船6艘。2007年，成立游船服务中心，专为游客乘船游览护城河提供服务。2010年10月全线通航后，整个航线设有黑虎泉、泉城广场、趵突泉、五龙潭、大明湖西南门、大明湖稼轩祠、司家码头、小东湖、老东门、青龙桥等10个游船站点。2012年游船达24艘，其中电瓶船22艘、机械船2艘，游船形制多为仿古画舫。

（二）餐饮

舜泉楼 位于南护城河东段南岸，建筑面积270平方米，1986年9月建成，始称五莲轩茶社，经营茶品。后对外承包，经营创新鲁菜并改为今名。

清音阁茶社 位于南护城河琵琶桥上方，1986年9月建成，面积231平方米。主要经营茶水。

虎泉阁茶社 位于黑虎泉上方，1986年9月建成，面积130平方米，主要经营泉水泡茶、泉水大碗茶、泉水茶汤等。

第五节 五龙潭公园

五龙潭公园，位于济南古城西门外，泺源桥北，因内有五龙潭而得名。占地面积5.44万平方米，其中水面0.8万平方米，是由潭、池、溪、港等景观构成，以质朴野逸为特点的园林水景园。

这里，北魏时水域颇大，为大明湖之一隅，湖畔有大明寺，此水为“净池”。宋代称“四望湖”。元代时水面缩小，仅剩泉池及纵横溪流。此水域历来景色清幽，杨柳依依，鸣禽啾啾，荇藻飘浮，锦鱼戏游，修竹婀娜，拂云蔽日。北魏著名地理学家郦道元在《水经注》中就有“左右楸桐，负日俯仰，目对鱼鸟，水木明瑟”的赞誉。景色之秀丽，引得历代文人前来游赏。

五龙潭位于公园中部，此外，附近还有悬清泉、天镜泉、濂泉、月牙泉等20余处清泉，构成五龙潭泉群。潺潺众泉，蜿蜒曲溪，或流水

五龙潭公园导游图

五龙潭公园导游图（2011年）

当门，或廊浮水上，或阶上听泉，或曲池观鱼，或绿屿纳荫，风姿秀雅。潭周，历代多有建筑。北魏有大明寺、客亭。唐时有“水练寨”之称，乡贤就地建秦琼祠堂，遂有秦琼府第的传说。元初，潭侧建凝碧宫，明末建霖雨亭，清初有鲛人馆、我忆阁，乾隆时又建潭西精舍。解放前，建筑大都倾圮。解放后，政府多次整修，1985年重新规划，辟建公园。浚池砌岸，堆山叠石，植花木，建亭阁，设碑廊，面貌焕然一新。1987年9月公园建成开放。2004年实现与趵突泉通航。2008年至2010年进行扩建改造，公园向北拓展2.06万平方米，公园总面积增至7.50万平方米。在扩建范围内，建成秦琼祠和贤清榭。原公园外的铜元局前街南段变成水域，设置船闸，解决西护城河南北水面落差大的问题，便于游船通航。经改造，2009年7月19日正式与大明湖通航。2013年3月与大明湖景区、趵突泉公园、环城公园整合创建济南天下第一泉风景区。当年8月获国家5A级旅游景区称号。

一、景观建筑

中共山东省党史馆 由中共山东省领导机关旧址、党史陈列馆组成。

中共山东省领导机关旧址（1925—1927年）位于五龙潭东南侧，为原济南市东流水街105号小院存留下来的两层小楼。1925—1927年年初，中共山东省领导机关秘密办公于此。中共一大代表、山东党组织的创始人王尽美、邓恩铭以及张昆弟、吴芳、李耘生、关向应等曾在这里从事革命活动。1977年，被山东省政府公布为省级重点文物保护单位。1985年辟建五龙潭公园时，拆除周围民居，保留了此两层小楼。今室内按当时的样子摆设桌、椅、茶具、办公用品等。

中共山东党史陈列馆位于机关旧址南侧，1991年“七一”前夕落成。建筑面积1273平方米，坐北朝南，造型新颖，古朴庄重。大门门额上镶嵌老一辈无产阶级革命家、全国人大常委会原委员长彭真题写的馆名。馆名上方嵌有镰刀锤头党徽标志。门厅内悬挂有党和国家领导人李先念、杨尚昆、万里、薄一波、杨得志等为陈列馆的题词。陈列馆按建筑层次设3个展厅，分为党的创立和大革命时期、土地革命战争时期、抗日战争时期、解放战争时期，展出照片720余幅、文物300余件和大量的文献资料，并辅以绘画、雕塑、沙盘、电子显示图表及相应的声像设施，生动地再现了新民主主义革命时期，中共山东党组织的发展状况和率领人民群众进行艰苦卓绝斗争的历程。

尽园·余乐园 地处公园东南隅，系公园中一组革命历史纪念性建筑群，总占地面积1800多平方米。由展览室、接待办公室、美铭亭、角亭、余乐榭、扇面厅、回廊等建筑组成，一体双院，隔而不断，一静（尽园）一动（余乐园），步移景迁。结构以砖木为主，辅以钢筋混凝土，粉墙灰瓦，花棂漏窗，朴实无华。

尽园东厢房3间，为硬山起架外楼梯两层小楼，原为解放前中共山东省领导机关旧址，保留了原样；西、南侧两幢民居式小楼，为1987年新建，风格与原省委领导机关两层小楼协调统一。楼亦两层，悬山出厦。3幢楼呈东南西三向摆布，北向敞开式，形成的小院谓“尽园”。尽园北侧，建“美铭亭”。该亭西接长廊，取王尽美、邓恩铭二人名字中的“美”“铭”两字命名，运用了拟人建筑法。它婷婷玉立在古温泉澄澈明净的水面上，水中锦鱼戏游，寓意革命先烈并肩创业，党群关系鱼水情深。美铭亭东北侧广场立有中共一大代表、山东党组织创始人王尽美、邓恩铭并肩站立的雕像，令人肃然起敬。

余乐园在尽园西侧，环廊迂回错落，长廊起伏曲折。院内南侧，扇面小厅半敞，北侧曲池蓄锦鲤，名为“鱼乐池”，取《庄子》“鱼乐我乐”之意。池为自然石驳岸，岸上柳暗花明。池中“鱼乐”水榭横架，坐北朝南，前后抱厦，四面出檐，古朴典雅。水榭楹柱挂有楹联，其一是“廊凭翠障龙凭雨，石伴青松鸟伴花”，其二是“潭临外廓园临水，池带清波柳带风”，并有匾额两块“颂芬”“继武”。园内花木多为松竹，以寓革命前辈傲霜雪守贞节的高尚情操。

古历亭旧址 位于青泉西侧。历亭，即历下亭，因南对历山（千佛山古称历山）而得名。北魏时称客亭，著名地理学家郦道元在《水经注》中记述：泺水之源“北为大明湖，西即大明寺。寺东、北两面侧湖，此水便成净池也。池上有客亭，左右楸桐负日，俯仰目对鱼鸟，极水木明瑟，可谓濠梁之性，物我无违矣。”唐代称历下亭，唐天宝四年（745年），诗圣杜甫与北海太守李邕宴饮于此亭。席间，杜甫即兴赋诗《陪李北海宴历下亭》，这是“历下亭”之名首次见诸于文字的记载。诗中绝句“海右此亭古，济南名士多”亦广为传颂。随着历史的变迁，北宋时历下亭的位置已移到珍珠泉北。清代康熙三十二年（1693年），当地乡绅又择址大明湖岛上重建，即今日历下亭。1986年在五龙潭公园建设过程中，于古历亭旧址处立一石碑，碑上镌刻武中奇书杜甫《陪李北海宴历下亭》诗。

名士阁·武中奇书法篆刻作品展览馆 位于五龙潭西岸原“潭西精舍”旧址处。潭西精舍是清代学者桂馥等人于清乾隆五十六年（1791）倡议集资修建，为研究学术、筹备借书园之处。此舍临水构筑，设计精巧，布局紧凑，是一处由水榭、谈助亭、杖影阁、曲桥、画壁等建筑组成的小型庭园，为当时济南胜景之一。历经沧桑，旧有建筑大都倾圮。1965年在“潭西精舍”旧址处临五龙潭建“潭西阁”。1994年改称“名士阁”。该阁占地面积252.65平方米，歇山二层，环以回廊，丛木簇拥，倒影入潭，曲桥画栏，随波晃动。阁西偏北建东、西、中三厅，由游廊连为一体。三厅形成两院，院内石榴火红。1985年将三厅辟为“武中奇书法篆刻作品展览室”，陈列当代书法家、济南长清人武中奇的历年作品多件。后又于西、南两侧建碑廊，形成完整四合庭院。碑廊嵌碑刻35方，内容为李白、杜甫、曾巩、苏轼、李清照、辛弃疾、元好问、李攀龙、孔尚任等历代名家的诗词文章及今人绘画的松梅等，除桂馥的《潭西精舍记》，今人启功、张爱萍的题词外，皆为武中奇手笔。其书法，气势浑厚，苍劲挺拔，卓然自成一家。院内中央，“青泉”漾漪，泉池四隅，翠柳依依。庭院西廊北端建“会友亭”，其典出自《论语》“以文会友”

名士阁

之句。南廊正中为碑厅，厅东临水建小亭，名“得月”，与阁南池北岸石刻“近水楼台”四字相协。

濂轩 位于濂泉东南隅，由轩、亭、廊、门组成，为民族形式的园林建筑，1986年修建。建在略高于地面的平台上，四面十二柱，出檐挑角，棕柱青瓦。枋上悬匾额，题名“濂轩”。上饰挂落，下设青石座凳，前为月台，后依修竹。西接东西向半壁回廊，廊北植花木。沿泉西岸，为南北向水廊，至尽头为大门。门南立太湖石，植修竹。门东水廊深入水中，栈桥形式，廊端连接六角小亭，宝顶挑檐，棕柱青瓦，上悬匾额，题名“寒玉”，为欧阳中石题写。廊亭内设青石坐凳，可于内观锦鱼、赏清泉。

披云亭 在公园东侧中部，紧靠西护城河，东依山丘，巧石秀立，三面环竹，竹间铺小径。亭为四面，混凝土框架结构，整体仿竹杆形式扣成，玲珑别致，半隐竹林中。题额“披云”，形容秀竹茂盛。其典出自苏东坡《筼筜谷偃竹记》所载宋代画竹名家文同于陕西洋县筼筜谷建“披云亭”一事。亭内柱间设坐栏，可于内乘凉小憩。

潜确亭 在五龙潭西北隅，前临官家池，喷珠泄玉，西依缓土阜，花木扶疏。亭为圆形草亭，柱由混凝土仿原木铸成。额为“潜确”，典出《周易·乾卦》：“潜龙勿用，何谓也？子曰：‘龙德而隐者也……确乎其不可拔，潜龙也’。”此即取“潜龙”之意。

静观亭 在五龙潭东北隅草坪树林内，花木掩映，显得清静，故取名“静观亭”。抱柱楹联：“清流激湍映带左右，朝晖夕阴气象万千”上联出自《兰亭序》，下联出自《岳阳楼记》，为济南当代篆刻家陈左黄手笔。亭为淡咖啡色花岗石扣成，六柱、挑檐、宝顶，下设坐栏。

渊默亭 在五龙潭东北岸，临水依山，五面、棕柱、飞檐、青瓦、宝顶。于此正可观赏潭池绿波。题额“渊默”，典出《庄子·在宥》“渊默而雷声”的句子，暗含“龙”字，意为潭中有龙。

六面亭 在贤清泉西南隅，西临小溪，六面、棕柱、飞檐、青瓦、宝顶，内设石桌石凳，游客可于亭内品茗、博弈。

秦琼祠 位于公园北部，建在秦琼故宅遗址上，占地面积1200平方米，其中建筑面积600平方米，2010年9月29日建成开放。

秦琼(585—638)，字叔宝，唐代历城人。随唐太宗李世民征战，累立战功，官至左武卫大将军，封为胡国公，死后陪葬于昭陵。相传，秦琼显赫后，曾在五龙潭侧建府第。

秦琼祠由正殿、东廊、西亭廊及大门组成，整组建筑为唐代风格，北方典型的四合院布局，采用传统的祠堂装饰手法，以体现秦琼“忠、孝、义、勇、信”精神。大门外建有影壁与之呼应。

正殿内塑秦琼像，高3.6米，秦琼身披戎装，手持令节，腰插军配，威严庄重。塑像的甲胄、服饰及配饰均根据国家军事博物馆提供的图片资料制作而成。塑像两侧，悬挂吉常宏撰写的龙门对楹联：“民间传说为朋友插刀两肋中义薄九天四海皆仰秦叔宝；历史记载擒敌酋攫锋二百次血出数斛三军皆服胡国公”。正殿壁画选取秦琼一生具有代表性的“初勋建节尉”“聚义瓦岗寨”“黎阳义救主”“归唐事秦府”“高祖赐金瓶”“陪葬昭陵”等10个情节进行刻划，采用景泰制作工艺。殿内展柜及冷兵器架采用盾牌的形式，陈列秦琼曾用过的锏与其他冷兵器。墙壁上悬挂“青龙、白虎、朱雀、玄武”图形，以识方位。

东廊正中间处有一铜腐蚀浮雕《贾家楼聚义图》，浮雕两侧南北墙壁各镶嵌3米高、0.8米宽的碑刻。南面墙刻《旧唐书·卷六十五·太宗昭》及《新唐书·卷八十九》中关于“图形凌烟阁”二十四位功臣的诏书。北面墙刻《秦琼事迹年表》，廊内自南向北依次布置《隋末农民起义形势图》《唐初统一战争示意图》《秦琼征

秦琼祠

战形势图》。西亭廊处主要以线描石刻为主。石刻内容为关于秦琼演义的“秦彝托孤”“临潼救驾”“当锏卖马”“幽州认姑”“走马金堤”“计降敬德”等10个情节。石刻采用阴文刻线，线条流畅遒劲，风格粗犷，与演义故事情节相呼应，十分传神。

院落中轴线上，大门与正殿门之间有一尊高2米的铸铜三足大鼎——“五字鼎”，沿鼎外围铸有“忠、孝、义、勇、信”5个大字。

园内西南角立有两通石碑。1通为“唐左武卫大将军胡国公秦叔宝之古宅”碑。该碑系清顺治年间，济南的秦氏后裔整修老宅时，刻立于门前，后移至公园西南隅，秦琼祠建成后，遂移至祠内；另1通为“秦爱墓志铭”碑（复制）。该碑对研究秦琼家族历史具有重要价值。将两通石碑安放在祠院内，增加了秦琼祠的文化底蕴。

贤清榭 位于公园东北侧，贤清泉之上，因泉得名。1986年修建公园时，于昔日朗园旧址建“揽泓榭”，2009年公园扩建时重建，改名为“贤清榭”，是一组民族形式的园林建筑。起脊、悬山、翘角，四面出檐，上饰吻兽，仰合小瓦，玻璃门窗，宽敞明亮，可于内品茗赏景。

历史上这里曾建有私家名园。明朝末年，济南士族陈文学在此处修建伊人馆。后为逯坦购得，重建园林，命名为逯园。清乾隆年间，逯园归德州人罗渊碧所有，易名为贤清园。山东按察使沈廷芳在济南任职期间，“为考济南泉源之盛”，曾游览贤清园，并应园主罗渊碧之请，撰写《贤清园记》。文载：“园可十亩余，缭以周垣，荫以嘉木。其南一池，方可三寻……南池南阳屋三楹，颜曰‘贤清草堂’，东西俱簃。北池北屋如之，余以‘涵青飞瀑’揭其楣。屋左设石几，可饮可弈。”清嘉庆年间，林汲山人周永年之子周震甲购得罗氏贤清园，因其号朗谷，故将园名改为“朗园”。清代王培荀在《乡园忆旧录·朗园》中记述：“入门巨竹拂云，清泉汹涌过亭下，飒飒如风雨声，汇为方塘，围五六十步，名‘贤清泉’。水最清冽，好事者汲以煮茗，云味冠诸泉。北堂临水，栏外无寸土，前面尽敞。月下听泉，阶上垂钓，如白乐天庐山草堂。洵足涤尘虑，消烦暑也。楹联云：‘舍南舍北皆春水，微雨微风隔画帘。’”可见此地古时环境优雅，景色幽美。

关帝庙 坐落在公园南门西侧，为纪念三国时期蜀国大将关羽而建。这里也是历史上山东巡抚丁宝桢接密旨斩杀慈禧太后身边大太监安德海之处。此庙修建于元代以前，具体年代不详。关帝庙的布局和建筑格局与古代皇宫大殿相似，中轴对称，前宫后寝，大殿居中。最初规模很大，有瓦房18间，门楼朱漆大门宽3米多。历史上前后修缮10余次，2004年又对其进行修复。修复后的关帝庙，大门朝南，正对共青团路。门楼采用民间收集的老材料，门上配铜钉并加以铜皮包裹，整个门楼显得威武、肃穆。门外两侧各立雕有“马耳朵”“马尾巴”的石狮1尊，为纪念关公坐骑“赤兔马”而制。相传当年关公遭杀害后，赤兔马被献于孙权，数日不食草料而死。后人钦佩赤兔马的忠烈，于是把关帝庙门前的石狮加上了马耳、马尾。

进入大门，数级台阶之下便是关帝庙院。院内有列入历代七十二名泉之一的西密脂泉，泉北即大殿。大殿为北厅三楹，门上方匾额：义炳乾坤，两侧对联：大义参天地，英风冠古今。殿内置塑像3尊，关帝居中，两侧为关平和周仓。东西两面墙上绘有表现关公生平的壁画。原壁画绘于明末清初，“文化大革命”时用膏灰加以保护性覆盖，2004年修复庙宇时对壁画重新复制。殿两侧有东西两院。东院称名密脂园，园内泉水潺潺，修竹蔽日，蔷薇攀缘；西院称名财神殿，院门为圆形门洞，院内置有一座高近3米的关帝立像。关公手执青龙偃月刀，长髯飘洒，面如赤炭，怒目而视，气宇轩昂。院内四围还陈列有出土的古代碑刻4通、门枕石等文物。4通碑刻分别是清康熙年间的“蜜脂泉蘸社碑记”、道光年间的“重修集云会馆碑记”、光绪年间的“关帝庙叩募碑记”和“整顿集云会馆碑记”。

2007年，关帝庙被列为济南市市级文物保护单位。

二、植物配置

1985年规划建设五龙潭公园时，围绕潭、池、溪、港广植花木。1987年开园时，植有树木81种，3477株。其中，常绿乔木占20.3%，落叶乔木占14.4%，灌木占59.5%，藤本植物占5.8%。种植草坪22827平方米，绿篱110米，竹子15395株，花坛50多平方米，宿根花卉1704墩，水池植荷花644平方米，绿地面积达到3.3万平方米，绿地率为71.1%。2007—2010年，配合护城河通航工程，补植花木，提升绿地景观。2011年，园内乔灌木达到120余种5万余株，水生植物3万余株。

公园的绿化采取自然式配置手法，利用水体、地形、植物划分园林空间。园内以林、竹为主，以垂柳为基调，适当配植常绿树种，溪岸、池畔植有蔷薇、迎春等垂枝花灌木，山岗、阜地以秋色树、花木、常绿树丛植成林；林缘、路边广植草皮，并利用风花月季、樱花等植物布置成花坛、花丛花境，并以植物与假山、泉水，构成花港、绿屿、竹径、树林、草坪等自然景色。

水杉、银杏、翠柏、刺楸是园内最有特色的植物。20株国家一级保护植物水杉，是1989年从园林苗圃移植而来，集栽于大草坪西端；8株国家二级保护植物银杏，其中1株植于武中奇书法篆刻展览馆前，是1971年由一单位庭院移植过来，1988年开始结果；大草坪东端的翠蓝柏及中心区域的刺楸，是1987年分别从花卉苗圃和段店苗圃移植，其中翠柏为济南市露地栽培最大的同种树株。

三、水体景观

公园内在面积不到6万平方米的地面上，散布着五龙潭、古温泉、贤清泉、天镜泉、回马泉、官家池等25处名泉，水域面积0.8万平方米。其中，五龙潭水域面积最大，为2450平方米；其次是同处于一池的洗心、静水、古温三泉形成的水域面积，为144平方米；泺溪泉为96.6平方米；由回马泉与净池泉水形成的“鱼乐池”为50.55平方米；七十三泉为52平方米；其他各泉的水面积在1—10余平方米不等。众多水面积不等、形态各异的名泉，构成了独特的泉水景观。（详见本志“泉水”篇五龙潭泉群诸泉条）

四、经营服务

（一）餐饮

瀛香阁 位于公园南门西侧，2003年9月修建，面积270平方米，经营菜品鲁菜。

贤清茶社 位于公园北部，1987年10月建成，后改做饭店外租，名湖北渔村，特色菜品砂锅鱼。2008年公园北扩时拆除。

名士阁茶社 位于五龙潭名士阁，1985年改建，面积150平方米。1986年2月，此阁二楼为潭西服务部，经营烟、酒、糖、茶、小食品、冷饮和旅游工艺品等。20世纪90年代末改为茶社，专营茶品，兼营旅游纪念品。2012年增加大碗茶服务项目，深受游客欢迎。

（二）摄影

五龙潭摄影部 1986年8月设于公园内青泉西侧，安装“柯达-20”冲扩机各1台，可冲扩5寸或7寸彩色照片，并实行照片代客邮寄服务。1987年4月迁至西门桥南侧的花鸟鱼商店东厅，改称环城彩扩部。1999年趵突泉公园北扩增建北门，花鸟鱼商店拆除，摄影服务停止。

（三）门票

建园初期门票价格为0.03元；1987年调整为0.3元；1990年调整为0.5元；1993年调整为2元；1999年调整为5元。

第六节 泉城公园

泉城公园位于千佛山西北隅，北临经十路，南傍南郊宾馆，面积47.3万平方米。解放后初期，这里被辟建为人民广场，1956年改为果树园艺场，1958年改名为南郊果园，1981年12月更名为济南植物园。1986年11月，济南植物园正式动工建设，1989年9月建成开放，是山东省内建成的第一个植物园。1991年，《济南日报》等新闻媒体组织评选，市民以无记名投票方式推选植物园为“最受市民喜爱的城市公共绿地”。1997年国庆节前夕，公园向社会免费开放。2006年9月26日，位于章丘境内的济南新植物园建成开放，济南植物园即改为今名。2007年，公园玉绣河景区获建设部颁发的“中国人居环境范例奖”。

一、植物配置

公园初建时，按照植物科研、科普、观赏、游览功能定位。规划建设了裸子植物亚纲、单子叶植物亚纲、金缕梅亚纲、五桠果亚纲、蔷薇亚纲、木兰亚纲、菊亚纲7个观展区及观赏温室区、植物资源展览馆等，共栽培植物935种15万株，其中200余种是济南首次引种，近20种属国家珍稀濒危保护植物。1989年以后，经过多次绿化改造

济南泉城公园导游图（2011年）

提升，植物配置发生了很大变化，至2011年，园内植有植物1000余种近20万株，原来规划建设的8个不同植物区，经改造形成了松柏园、牡丹园、月季园等14个专类园，绿地面积达到42.3万平方米，绿化覆盖率为90%。

观赏温室 位于园区西侧，1987年开始建设，1989年建成开放，为3个直角三角体钢框架建筑，中间展室最高点为27.6米。温室占地面积2851平方米，分为热带植物展室、亚热带植物展室及沙生多浆类植物温室3个展室，各有其独到之处。沙生、多浆类展室内，沙生仙人掌类植物千姿百态。有高达数米的山影拳、霸王鞭、天轮柱等；有形状奇特的琅棒、光棍树、扁竹蓼等；有各种各样、颜色不一的仙人球，如金琥等；有大叶弩张的剑麻、龙舌兰等，别具异域风情。热带植物展室内假山嶙峋，流水潺潺，配以高大的老人葵、风姿优美的钓鱼竹、高山榕及香蕉、散尾葵，遮天避日，再现了浓郁的热带雨林风光。亚热带植物展室中高大的天竺桂、根杷、银合欢与花山姜、鹤望兰、含笑、茶梅等相互映衬，争奇斗艳。整个室内采取自然式布局，溪流滚渡，小径蜿蜒，各类稀有植物错落布置，形成逼真的热带、亚热带景观。漫步其中，移步换景，于咫尺之间得天涯之意。

观赏温室

玉兰园 即木兰亚纲植物区，位于公园北门内，南临映日湖，占地面积约8000平方米。主要由木兰亚纲木兰科落叶乔木组成，品种有望春花、白三兰、紫玉兰、广玉兰、美丽二乔玉兰等。花期2、3月份先叶开放，花瓣6片，花色多以白为主，向四周展开。玉兰花冰清玉洁，馨香浓郁，具有很高的观赏价值。

松柏园 即裸子植物区，位于公园东北部，占地面积8.5万平方米。主要由松科、杉科、柏科等针叶树种组成，种类丰富。有白皮松、红松、油松、赤松、黑松、杜松、侧柏、铅笔柏、翠蓝柏等以及成片的水杉。松柏园三面环山，林木葱郁，鸟鸣虫噪，溪水淙淙，景色绮丽，环境十分清幽雅静。

竹园 即单子叶植物区，位于公园东部，东南门右侧以北，占地面积约3.3万平方米。最初栽植刚竹、淡竹、紫竹等多品种观赏竹类。现在主要是淡竹，形成茂密葱郁的大竹林景观。

月季园 位于公园的中部偏北，蔷薇池边长廊处，占地面积约1.5万平方米。主要植有切花月季、食用玫瑰、藤本月季、大花月季、丰花月季、微型月季、树状月季、地被月季等。色彩鲜艳，层次分明，把蔷薇池边长廊映衬得分外美艳夺目。

樱花碧桃园 位于公园西北部，映日湖北，占地面积约 1.8 万平方米。主要由樱花、桃树两大树种组成。樱花种类有日本樱花、山樱等；桃树有碧桃、垂丝桃、寿星桃等。每年的 3、4 月间樱花盛开，花色有红有白，红白相间，绚丽无比。樱花凋谢，桃花盛开，花色有白、粉、红等多种颜色。每当樱花、桃花盛开时，人们成群结队前来赏花。

牡丹园 位于公园中部，占地面积 1.7 万平方米。主要由牡丹、芍药组成，共 4000 余株。牡丹品种有丹凤白、赵粉、乌龙捧盛、豆绿、银粉金鳞、迎日红等。芍药品种有种生粉、莲台子、晴雯、朱砂判等。

忍冬园 位于公园东南角，占地面积1万平方米，主要由忍冬科植物组成，品种有猬实、郁香忍冬、金银花、红花忍冬、接骨木、荚蒾、土蓝条、锦带花等。

二、景观建筑

防长亭 位于映日湖东侧，系 1992 年日本友人为庆祝山东省与日本山口县建立友好省县 10 周年赠建。亭为日本国传统样式。山口县昔为“周防”“长门”两国所属，后人称其为“防长”，亭即取此意，故名。亭为四面方形钢结构，亭面为紫色铜板瓦，飞檐翘角，锥形尖顶。顶棚正中镶有一幅山东省与山口县遥相对应的地图，以及反映山口县著名风景的八幅图画，分别是：锦带桥、天满宫防府、琉璃光寺五重塔、山口县厅、秋芳洞、关门桥、青海岛、荻家老屋敷。亭下四面，设钢制长凳，游人可与内小憩赏景。

防长亭

生态栈桥 西起公园西南角玉绣河广场，东至东南角生态广场，总长 840 米，桥均宽 2.7 米，设有 7 个上下站台，主体为钢结构，2004 年 10 月建成开放。桥呈“S”形布局，蜿蜒穿过公园南半部，将园内景点串成一线。人行桥上，可移步畅览园中景色。

生态广场 位于公园东南，2004年建成，占地2.4万平方米，是一个以绿色植物为主体的大型室外演艺广场。广场设计新颖，造型优美，6株大型塑胶树与外围厚重的绿色植物连成一体，达到人与自然的和谐统一。配套设施完备，包括1800平方米的主体营业厅、化妆间、卫生间，以及1200平方米的商业铺面，能同时容纳5000余名观众，满足各种文艺演出的需求。

名泉文化园 在荷花池的南侧和西侧，2009年5月1日建成开放。总长100米，建筑面积300余平方米。建筑风格与公园的各大门建筑风格相近，地面是长条花岗石铺装，透水性强，体现生态园林的理念。文化园展出内容有五部分：（1）泉水成因。采取平面图标示法，把济南十大泉群位置在市区图上标示出来，把泉水成因制作成剖面图，清晰地展现给游客。（2）心系名泉。向人们介绍毛泽东、周恩来、江泽民、胡锦涛等党和国家领导人对济南泉水的关心和赞许。（3）文脉传承、名泉名士。介绍历代文人墨客对济南泉水所寄予的情怀和赞美以及对泉水历史的记载。（4）济南泉水历史八景。采取图片、文字相结合的方式，介绍趵突泉、五龙潭、百脉泉、洪范池等名泉的所在地，以及历史传说等。（5）七十二名泉及济南市名泉保护有关法规、规章。

三、水体景观

映日湖 位于公园中部，面积7710平方米，为不规则自然形人工湖。湖岸曲折，叠以秀石，植以垂柳，绿水碧波，常年不涸。湖中央建有两个小岛，岛上植物色彩搭配丰富，垂柳婀娜，红枫似火。沿小岛与湖岸种植了大量水生植物，使整个湖面充满勃勃生机。湖东西辟以小溪，蜿蜒曲折，细流潺潺，平桥横卧，青条坠波。北岸建有三层服务建筑，生态栈桥从二楼穿过。春天，湖东牡丹、芍药竞相开放，姹紫嫣红；湖北樱花园花枝满头，香气扑鼻。湖水碧绿，游人如织，呈现出一幅人与自然和谐共融的景象。

荷花池·蔷薇池 荷花池位于公园北门南侧，为一东西长方形池。池东南隅接小溪，水经小溪流入池中，常年不涸。池内植红台莲、午莲、粉莲等品种荷。荷花盛开季节，池中荷叶碧绿，荷花娇艳，芦苇储润，水鸟翔舞，一幅水乡美景。池北设假山，山脚设水池，池水清澈，喷泉涌雪。

蔷薇池在荷花池南，面积约3000多平方米。池为不规则形，自然石驳岸，池内备小舟。沿岸植蔷薇，绿条垂波，花灿似锦。池西建花廊，曲折蜿蜒，下设石栏，周有小丘，花木扶疏，倒影入池，朦胧多趣。池西北和西南隅各有小溪，分别与荷花池、映日湖相连，轻纱夹岸，溪流潺湲。

垂杨沟·翠屏湾 垂杨沟位于公园东北部的松柏园中，面积近4000平方米，东西狭长，沿岸垂杨（垂柳）笼荫。春季，青丝飘絮，清点绿波。水中散置盆莲，片片葱绿，点点嫣红。沟为自然石驳岸，为园内最长水景线。沟上设石步汀桥三座，游人可信步横渡。岸两侧为土丘，丘上花木扶疏。沿岸点以秀石，设以石凳。沟之东端北侧，为堆土而成的小山。山上松柏苍翠，清风徐吹，松涛扬韵。松柏丛中一座别致的建筑，名之为“松风阁”。

翠屏湾在垂杨沟南面竹园中，面积近2000平方米，呈不规则椭圆形。池岸曲折，山石叠砌。四周皆竹，青翠如屏。湾内有岛，岛上青松茁壮，翠竹修长，红梅妖娆，构成岁寒三友图画。花木丛中，为卵石装饰之曲径，并置石桌石凳。东西设小桥，可由此步入岛内。岸北建餐厅，下层月台宽阔旷达，上层阳台凌空浴风，游人可在此用餐品茗，远眺南部群山风景。

水上世界 位于公园西南角，建于1992年1月，当年6月竣工，并向游客开放。占地2万平方米，其中水面0.8万平方米，是济南市首家、也是最大一家室外水上游乐场所。内设成人滑梯、惊险吊索、人造海浪、神奇涌泉、人造沙滩等设施水景。

玉绣河景区 位于公园西南部，2004年玉绣河综合整治工程建成。河道采用自然弯曲形式，两岸绿树重重，点缀各种花灌木，形成亲水坡岸。水体主要以中水为主，水中种植水生植物。河上架拱桥与公园相通。整个景区水清树绿，景色优美。2007年，获建设部颁发的“中国人居环境范例奖”。

中水站 位于玉绣河景区东南，设有ETS生态处理系统处理污水，日处理能力7500立方米。处理形成的中水用于喷泉、景观布置、绿化灌溉、补充河道水源等。

四、经营服务

（一）游乐

游乐场 位于映日湖西侧、牡丹园北侧区域。周围树高林密，花香草绿，环境优美。游乐场面积约4350平方米，现有游乐设施7种，数量11台，均为2001年至2011年期间建成。主要设施有火凤凰、海盗船、碰碰车、弹跳机、遨游太空、迪斯科转盘、双龙出海、豪华转马、双人飞天、摩天轮、青蛙跳等。

电瓶游览车 2000年始建。

（二）餐饮

老号海仙酒家 位于公园东门内，建于1989年，建筑面积450平方米，主营海鲜大包、海鲜面等。

鼎鼎香 位于公园东门内，建于2004年，建筑面积950平方米，特色菜品火锅。

舜泉楼 位于公园西南门内，建于2004年，建筑面积956.7平方米，鲁菜是其特色菜品。

荷塘月色 位于映日湖北岸，建于2004年，建筑面积550平方米，特色菜品是清炖泰山活公鸡、碳烤麒麟鱼。

（三）摄影

金色长城数码彩扩部 位于公园北门内。

金色童年摄影部 位于映日湖北岸建筑二楼。

（四）门票

1989年开园时，门票为0.5元。1992年调整为1元。1994年调整为3元。1996年5月调整为5元，当年9月又调整为4元。1997年9月26日免费开放。

第七节 百花公园

玉兰花开

百花公园位于城区东侧，西为闵子骞路，东临外环东路，北靠洪楼小区，南依甸柳庄小区。1986年以前，此处为甸柳庄农用菜田。1986年3月开始筹建公园，初建时称闵子骞公园。在公园建设过程中，更名为芦花公园。1989年9月建成开放，因园内以植物花卉景观为主，改为今名。2010年进行环境改造提升，公园面积达到18.38万平方米，并免费向社会开放。

一、植物配置

在 1989 年规划建园时，突出“百花”特色，在总面积为 17.87 万平方米的区域内，种植花木 120 种 3 万余株，草坪地被 2 万平方米，以群植、片植为主要栽植形式，形成了牡丹园、玉兰园、碧桃园、竹林园、月季园、石榴园、山楂园等专类园。其中牡丹园、玉兰园、碧桃园等在济南地区享有盛誉。春天至初夏，2000 余株牡丹，2000 余株芍药，450 余株白玉兰，150 余株碧桃，竞相开放，成为市民春游踏青的好去处。公园内还植有大片的雪松、大叶女贞、石楠、海棠、紫薇等名贵树木；点植黄栌、月季、丁香、木槿、蔷薇、迎春、腊梅等花灌木；主环园路栽植毛白杨；山水园及曲池岸边栽植垂柳；西北部的芦湾区，广植荷花、芦苇等水生植物。整个园区达到四季常青、三季有花。2011 年底，公园绿地面积 13 万平方米，植物种类 140 余种 4.2 万株，绿地率 70.7%。

二、景观建筑

百花公园导游图（2011年）

建园时设计建造三组喷泉，形成喷泉广场景区。第一组喷泉位于公园西门内，池呈半圆荷花瓣形。2010 年公园改造提升时，改建成不锈钢荷花雕塑喷泉。第二组喷泉位于第一组喷泉东北侧百米处的二号广场内，池呈不规则矩形，建有九组直流旋转、三组蒲公英形喷泉。2010 年公园改造提升时，拆除喷泉，池内改种睡莲、养殖观赏鱼。第三组喷泉位于公园中部、三号广场内。喷泉由三部分组成，主池在东，呈不规则菱形，池西有一长方形水池与主池相连，长方池西与广场下的半圆荷花瓣形水池相接。主池内建有两组蒲公英形喷泉，水通过长方形水池，流入下端水池，形成瀑布景观。2010 年公园改造提升时，将该喷泉改建成音乐喷泉，可随编排的音乐曲目，组合成“芙蓉出水”“山花烂漫”“万马奔腾”“水松迎客”“霓裳羽衣”“古琴奏乐”等12组形态各异的水形，形成百花齐放的动感效果。

三、水体景观

水上乐园 1992年秋兴建，1993年夏对外营业。占地面积2.3万平方米，分为成人区、儿童区、深水区和人造海浪区。每年夏天，游人如织，成为炎炎夏日里一处难得的避暑场所。为迎接第11届全运会，2008年8月27日，在水上乐园处开工改建“百花全民体育健身中心”。2009年9月底“健身中心”竣工投入使用。中心建筑面积4409.67平方米，是济南市唯一一家坐落在公园里的大型专业健身中心。主要分为力量训练区、有氧训练区、私人教练专用训练区、乒乓球区、羽毛球场、练习室、体能检测室、团体操房、动感单车房、瑜伽房等健身区域，并设有淋浴区、更衣区、时尚咖啡厅、大型停车场等配套设施。2010年公园环境改造提升工程中，于健身中心西侧安装健身设施，丰富完善了市民健身项目。

芦花湖 在公园西北部，1989年建，水面积1028平方米。因西临春秋时期孔子的弟子、大孝子闵子骞墓，故以“鞭打芦花”掌故命名为芦花湖。以芦湾水面为主景，岸边植芦、竹，池内栽荷花，有唐朝杜牧“多少绿荷相倚恨，一时回首皆西风”的诗境。深秋季节，芦花飞雪，漂浮湖面，极富野趣。

四、经营服务

（一）游乐

儿童游乐场 位于公园中部，始建于1989年，占地面积约1000平方米。场内曾设有金鱼戏水、空中飞车、双人飞天、高空单轨车、碰碰车、儿童摩托车等10余项游乐设施。由于游乐设施使用期限到期、公园整体规划等原因，2000年后陆续拆除。

（二）餐饮

大舜酒楼 位于公园北环路中部以北，始建于1989年，建筑面积1415平方米。2009年以前一直作为饭店为游客提供餐饮服务，现更名为蔡玉水美术馆。

百花盛世 位于公园东北角，建于1988年，建筑面积412平方米。原作为公园办公室，2010年改为百花盛世饭店。

茶社 位于园内北环路南侧，面积420平方米。2003年扩建为三层建筑，面积1870余平方米，并由茶社改为餐饮，更名为香树湾饭店，现已停业。

（三）门票

公园1989年建成开放时，门票价格为0.3元，至1994年先后调整为0.5元、2元，1999年调整为3元，2002年调为5元。2010年10月1日取消门票，公园免费对社会开放。

第八节 济南国际园博园

济南国际园博园位于济南市长清区大学科技园内，距济南城区25公里。由举办第七届中国（济南）国际花卉博览会建园得名。园区占地总面积345.06万平方米，其中，水面积96万平方米，陆地面积249.06万平方米。2008年10月19日正式开工建设，2009年9月22日建成开园。园内分为公共区、中央湖区、国内园展区、国际未来人居园展区、齐鲁园展区、趣味园展区、休闲娱乐区和苗木储备区八个功能区，是集园林景区、生态旅游、植物科普、文化博览、休闲度假、水上游览为一体的大型综合性国际园林花卉博览园。第七届园博会于2009年9月22日至2010年5月在该园举办，共有86个国内外城市参展。

一、景观建筑

水之门 是园博园的主入口，呈弧形，面宽128.2米，高14米，进深10米。大门外部利用水循环系统形成主体水幕，四周环以清清流水，体现“水与环境”的主题。弧形大门水幕上“有朋自远方来不亦乐乎”一行投影大字，体现齐鲁人民的儒雅与好客。大门上方题写“第七届中国（济南）国际园林花卉博览会”。

花博大道 位于水之门内，长1000余米，宽260米，是园博园中轴线上的景观大道。由交叉的花海、树阵和溪流组成错落有致的园林景观空间，不同城市和地区的各种花卉沿道路集中展示，姹紫嫣红，美不胜收。大道东侧是园林科普知识展示区，西侧是与园林绿化和生态环境有关的新科技、新产品、新能源企业展示区。

主展馆 位于长清湖北侧，总建设面积4

济南国际园博园导游图（2011年）

万平方米，是园博园室内展所。展馆外形呈“之”字形，外部空间形成三个不同性质的广场：“之”字的右向开口形成入口广场，将游人引入建筑；“之”字的左向开口面向景观湖，为主展馆提供了一个良好的室外展览广场和亲水场合；展览广场北面面向滨湖大道一侧为后勤辅助广场。主展馆内部分为三部分：北部为展览区，南部为会议区，中部为公共活动区。第七届园博会的插花、盆景、奇石、书画、摄影展览于此馆内举办。

科学技术展馆 位于长清湖西北侧山坡上，为错层式山地建筑，是第七届园博会期间新科技、新技术的展示场所。展馆建设结合破损山体改造，因地制宜，随坡势修建，形成错层建筑，与山体融合统一。展馆的主要能源均来自太阳能，体现了环保生态的原则。

二、广场、展园

（一）广场

泉韵广场 位于水之门前，是园博园的迎宾广场，占地面积7万平方米。广场宽广大气，色彩鲜明，各色鲜花组成的花坛似河水流淌，彩色地面铺装犹如水波荡漾，拱形的花架、旗杆好像水中映像，株株绿树恰似济南遍布的清泉。

天圆广场 面积1.1万平方米，呈圆形，表现古时人们对天的认识以及“天一生水，水生万物”的思想。广场中心矗立高20米的园博园主体雕塑，外形采用中国古代祭祀天地的重要礼器——玉琮的形状。雕塑呈高耸的柱状，分为9层，在中国古代，九为阳数，代表天。柱身上用浮雕的形式分别展示原始天体图、古代彗星图、星座图、浑天仪、天文望远镜、卫星、太空舱、航天飞船、太阳系等图案，反映了人类探索天体科学的追求永不停息。

在主雕塑“玉琮”的周围，环绕着10座不锈钢景观雕塑，代表与太阳、历法有关的中国古代“十天干”。“十天干”雕塑借鉴中国古代文字篆书的造型元素，雕刻着有关“十天干”的知识及太阳传说。整个雕塑群犹如一本充满奥秘的教科书，让人百读不厌；又似一幅“天人合一”的壮丽画卷，令人大开眼界，浮想联翩。

地方广场 面积4198平方米，呈方形，体现了古时人类对地的认识。广场中心设有大型地刻，其造型借鉴了中国古代铜镜的纹饰。地刻布局源于太极图形的无极状态，无论从哪个方向都可加入，也可从任何位置转出，方便游客的观赏及流动。这面巨大的“铜镜”平放在地面上，四组雕刻纹饰借用了原始岩画的形象特征和审美情趣，以史诗的手法描绘了人类开拓洪荒的历史，图文并茂地展示着人类社会的形成和发展历程。

地刻中心位置浮雕采用“桥”的造型纹样，喻示人类的发展需要沟通与交流。广场四周设有反映“十二地支”内容的浮雕。广场地面依据“五行”方位所对应的颜色进行铺装，体现了“五色土”的立意。

和谐广场 是园博园的中心广场，面积18.3万平方米。它延续“天圆、地方”的发展理念，构成“人和”的意境，以“八音”“九鼎”营造寓意深刻的和谐氛围（八音，原为中国历史上最早的乐器分类法；九鼎，象征九州，据《左传》记载：“夏朝初年，大禹划天下为九州，州设州牧。后夏启令九州牧贡献青铜，铸造九鼎。”鼎身刻有全国各州的名山大川、形胜之地、奇异之物，以一鼎象征一州。九州遂成为中国的代名词。），一方面体现“天、地、人”的和谐统一，另一方面体现国内外参展城市欢聚一堂的融洽氛围，形成入园后景观序列的高潮。和谐广场为下沉式广场，四周是阶梯式的观演台，中间是圆形的广场，可作为演出舞台，是园博会期间举办活动、进行演出的主要场所。观演台外侧设有纪念品销售、餐饮等综合服务设施，是园内主要的购物、休憩场所之一。

（二）展园

传统园林展园 位于长清湖东岸、滨湖大道西侧，占地面积约20万平方米。展园内有天津园、武汉园（楚风园）、北京园（玉泉趵突）、西安园、郑州园（万龙、归宗、炎黄祈福）、成都园（蜀园唐韵）、厦门园（静园闲庭）、贵州园、南京园（六朝风月）、南昌园（军旗遥想）、杭州园（西湖天下景）、南宁园（壮楼叠翠）、长沙园（湘楚夕拾）、苏州园（匠心独具）、广州园（盈芳园）、宁波园（天一生水）、石家庄（封胧苑）、扬州园（祥园）、贵阳园（侗寨古风）、太原园等，集中展现了20个城市的园林风格和文化内涵。

都市现代园林展园 位于滨湖大道以东、A8路以西，占地面积约34.5万平方米。规划形成缓坡、凹地等自然地形，局部形成水面、水溪等景观，设置有景观小品及服务设施。该展园以“花”“水”“环境”为主题，分为三个区域，分别体现都市花卉植物系统概念，建设节约型、生态型社会功能和环境保护概念。通过强调绿色、生态及植物造景，突出新材料、新技术、新理念的应用，展现出参展城市的园林发展和城市特色。该展园共有26个城市（地区）园，分别是：哈尔滨园（欧陆风情）、安阳园、海口园、重庆园（写意重庆）、上海园、东莞园、呼和浩特园（殷殷祝酒歌）、常州园（淹城印象）、福州园（苍园写意）、深圳园、平顶山园、长春园、昆明园（国歌奏响）、沈阳园（浑河晚渡）、大连园（根）、北川园（大爱无疆）、合肥园（科技园）、西宁园（清凉夏都、魅力西宁）、鄂州园、银川园（岩画园）、拉萨园（世界屋脊）、桂林园、新疆园、香港园（活力动感）、澳门园（白莲怒放）、台湾园（富饶宝岛）。

齐鲁展园 位于长清湖西侧，处在园博园中央轴线末端，与园博园中心广场遥相呼应，总占地面积23万平方米，园内矗立着一座孔子衣冠佩剑青铜塑像，是山东省城市园的集中展区。它通过建于孔子塑像旁、代表孔子思想的“仁、义、礼、智、信”五个文化广场和山东17个地市不同风格的城市园，展示了山东各地城市人文风貌和博大而悠久的齐鲁文化，营造了“泰山在这里崛起，黄河在这里入海，孔子在这里诞生”的浓郁的历史文化氛围。

济南园以“古城泉韵”为主题，以泉文化为表现内容，渗透出古城济南的文化气息及韵味；淄博园以“齐地、齐人、齐文化”为主题，再现齐国风貌；泰安园以“泰山在这里崛起”为主题，凸现泰山丰富的自然和人文景观；济宁园以“杏坛讲学”为主题，强调“天、地、人”和谐的思想；莱芜园以“长勺古韵、绿色钢城”为主题，通过齐长城、锦阳关造型等反映莱芜的历史与发展；枣庄园以“江北水乡、运河古城”为主题，再现了“万亩榴园”；临沂园以“蒙山沂水”为主题，体现沂蒙山的自然美景和沂蒙精神；青岛园以“帆船之都”为主题，展示青岛的海滨风貌；

烟台园以“五彩烟台”为主题，诠释烟台的多彩印象；潍坊园以“风筝”为主题，展示潍坊作为世界风筝之都的特色；威海园以“幸福人居”为主题，展示威海的自然风貌、民俗风情和独特的海滨城市魅力；日照园以“日出印象”为主题，营造丰富的光感变化，体现日照印象；聊城园以“光岳楼”为主题，展示聊城江北水城、名城风韵；东营园以“黄河在这里入海”为主题，展现民俗文化和湿地园林景观；德州园以“太阳之城”为主题，表现德州新时期的社会经济文化发展面貌；菏泽园以“牡丹”为主题，突出菏泽“一城三乡”的特色，展现牡丹之乡的独特魅力。全省17个城市在齐鲁园总投资近6000万元。

国际展园 位于园博园西北部，滨湖大道以北，面积约14 万平方米，规划形成谷地缓坡地形。展园内共有21个国外城市园，每个展园都由所在城市园林专家设计，体现异域文化特色，并与第七届园博会“文化传承、科学发展”主题有机结合，是了解国外参展城市风情、文化、园林设计理念、园艺技术的好去处。

三、植物配置

园博园建设以“文化传承，科学发展”为主题，建成了一条中央主轴、两条景观观赏轴、八个功能分区、三大主题建筑，突出展现“文、水、花、新、广、和”六大特色。中央主轴及景观观赏轴两侧除展现“泉水”的景观元素外，多为季节性花卉组成的“花海”、花坛和乡土树种构成的“树阵”，国际国内108个展园掩映在突出地域特点的植物之中。为体现园林景观独特的风光及植物特色，园内还规划建设了“落霞园”“台地园”“湿地园”“愿学书院”四个专类园。

落霞园位于园内西北部的山体区域，以常绿、秋季色叶植物为主，形成山地植物群落，体现园林植物的丰富性和多样性的特色；台地园位于国际展区东侧，充分利用原有地形，设计成为以花卉及花灌木为主的自然坡地谷地，形成五彩缤纷、花团锦簇的特色花谷；湿地园建在齐鲁园东侧，靠近湖区，以湿地植物和水生植物为特色，以大树草坪为骨架，配以简洁的园路、小桥，形成水溪蜿蜒、植物葱郁的自然湿地景观；愿学书院位于国际展区滨湖大道南侧，利用植物、建筑、雕塑等造园元素，集优美园林景观和浓厚的文化内涵于一体，充分展示园区的文化内涵。

济南园

四、水体景观

长清湖 位于园博园中心地带，水面积约96万平方米。此湖原为1958年修建的水库，由于缺乏科学论证，水库蓄水后，渗漏严重，遂于1962年将尚未完工的水库大坝爆破拆除。1998—2006年，济南市政府投资对水库重新进行改造，对库底进行了防渗漏处理。改造后，水库蓄水量达8000万立方米，取名“景观湖”。2009年3月，在广泛征求民意的基础上更名为“长清湖”，取“湖水长清”之意。长清湖，湖域宽广，似镶嵌于园内的一颗璀璨明珠，为整个园博园增添了无穷魅力。湖岸设有码头，备有画舫，游人可临湖赏湖光水色之美，可搭乘画舫享湖中亲水之乐。

五、经营服务

（一）游乐

游船 2009年设立。

电瓶游览车 2009年设立。

（二）餐饮

度假酒店 位于齐鲁展园落霞山下。以经营鲁味菜品为主。

803餐厅 位于园区西北部，会展中心对面，主要为游客提供快餐食品。

（三）门票 公园建成开放后，门票一直为60元。

第二章 区（县）级综合公园

第一节 历下区公园

浆水泉公园 位于历下区姚家街道回龙山下，因园内有济南七十二名泉之一的浆水泉而得名。总面积33.3万平方米。浆水泉水库建于园中，水库面积10万平方米，容水量130万立方米，产银鱼、鲤鱼、虾、蟹等水产品。公园外青山环抱，园内山泉喷涌，溪流纵横，库水清清，林木繁茂。除名泉浆水泉，还有回龙塔、吕祖洞、弥勒佛洞、聚仙亭等景点，是度假、郊游的好去处。

洪山公园 位于旅游路以北，经十东路以南，浆水泉路以东，转山西路以西的洪山，原为垃圾山，石质坚硬，垃圾满地，寸草不生。2008年，历下区政府决定将其建成公园。当年9月28日开工建设，2010年年底基本完成，共投入资金2500万元，完成爆破土石方1.9万立方米，清理土渣7.5万立方米，回填种植土9万余立方米，开挖鱼鳞坑11.5万余个，栽植各类苗木22.3万余株。公园入口两侧及广场北侧用假山石进行砌垒，栽植油松、樱花、连翘等植物。设置上山游步道，山上建观景阁、洪山亭、休憩健身广场和停车场，植有火炬树、白蜡、银杏、桃树、杏树、柿树、松树等，部分精品节点栽植五针松、山茶等。山顶观景阁配园林水景，栽植了市树——柳树。洪山由过去的垃圾山变成四季长绿、三季有花、两季见果的“花果山”。

第二节 市中区公园

舜玉公园 始建于1991年，因地处舜玉路而得名，占地2.2万平方米，是济南市唯一一所开放式社区公园。公园建有山、石、亭、桥、廊、雕塑、水池、舞台等设施，是舜玉路地区居民主要的休闲、健身及娱乐场所。2001年，舜玉公园“大家乐”舞台被共青团中央、文化部、国家体育总局、中央电视台授予“青年文明社区大家乐舞台”称号。同年，被济南市委宣传部、市文化局评为“优秀文化广场”。

2006年3月，投资200余万元，对舜玉公园进行改建。拆除10余处临街房，清除垃圾3000立方米；补植草坪11000平方米，栽植各类观赏花木7000余株；对原有公益设施、健身器材进行规划调整，安装石桌石凳60套，新式垃圾收集设施16套，新款美观照明路灯43套，重新设置健身器材40余套；修建健身广场、休闲娱乐广场和儿童娱乐广场等新的文化活动场地，铺设花砖3000平方米。

郎茂山公园 位于市中区南部，南临二环南路，由大小七个山头组成，海拔在111.2—232.6米之间，总面积约82.5万平方米。1997年，定为市中区区属公园。园内主山脉为西北、东南走向，山势高差大，除东面、南面小部分和山脊线地势较缓外，其余地方均较陡，且缓坡少，基本无水源。景区规划由济南市园林规划设计研究院编制完成，总投资1830万元，分三期实施建设。因山体土质贫瘠，裸露岩石较多，又缺水源，在园内规划设计了多个蓄水池，接收蓄存雨水用以浇灌树木和防止山火。自1997年开始，通过组织辖区部分单位和专业队伍，开挖鱼鳞坑，回填种植土等，栽植侧柏、火炬、黄栌、贴梗海棠、平枝栒子、蔷薇、紫叶李、迎春、大叶黄杨等观赏性高、易成活的苗木。到2011年年底，几个主要山头已初现片林景观。同期，公园基础设施基本完善，山体入口处增加山门等标志性建筑，山体通道沿线增设艺术坐凳、景观小品、休憩场地、观景平台，陡峭、危险处架设护栏等。

第三节 天桥区公园

张养浩公园 位于天桥区柳云社区内，西泺河路以西地区，占地面积1.3万平方米，20世纪90年代为纪念我国元代著名散曲家张养浩而辟建。

园内有张养浩墓，俗称“张公坟”，济南市重点文物保护单位。张养浩（1269—1329），字希孟，号云庄，元代著名散曲家，兼长诗文。原籍山东章丘县相公庄，祖父时迁历城今张公坟村。初为山东东平学正，后任堂邑县尹、监察御史、礼部侍郎、礼部尚书、中书省参政等职。直言敢谏，曾因上书议论时政遭贬黜。元至治元年（1321年）弃官还乡，以词曲诗文自适，朝廷数召而不就。元天历二年（1329年），关中大旱，饥民相食，应召任陕西行台中丞，致力救灾，劳瘁而死。追封滨国公，赐谥“文忠”。一生为官清廉，著述颇富。散曲、小令风格豪放清逸。有《云庄类稿》《三事忠告》《云庄乐府》等传世。墓区占地0.2万平方米。封土现高1.9米，墓前有石供桌、石香炉，立明碑3通、清碑1通、石狮1对等。此外，尚有张氏亲属墓4座。墓地三面荷池环绕，东濒小清河，白杨参天，浓荫蔽日。

墓地西侧，为张养浩云庄别墅遗址，始建于元至治元年（1321年）。清乾隆《历城县志》有载：“张养浩致政时所居，中有云锦池、雪香林、挂月峰、待凤石、遂闲堂、处士庵，绰然、拙逸、乐全、九皋、半仙五亭……又有翠阴亭”。张养浩对云庄别墅颇为钟爱，曾作《我爱云庄好》诗九首，其一写道：“我爱云庄好，衡门昼寂然。苔香花覆砌，石润竹通泉。独处蓬为室，闲游杖挂钱。白头乡社里，未觉愧前贤。”他在吟咏绰然亭的小令中写道：“绰然一亭尘世表，不许俗人到。四面桑麻深，一带云山妙。”可见，云庄当时是一派泉水流碧、稻荷飘香的田园风光。

张养浩一生酷爱奇石，在云庄耸置十方太湖石，自称“十友”。志书记载：“公置奇石十，每饮，呼为十友。”其中最为细致精巧、玲珑剔透的四方，被称为麟、凤、龟、龙“四灵石”。后别墅渐衰，十名石亦多散失。明代殷士儋曾将“四灵石”移至万竹园，至清道光时四石散落（清道光《济南府志》：“云庄十石，其一在布政司署，一在云庄，一在新城，余不可考。”）。现仅存龙石矗立于趵突泉公园内漱玉泉畔。此石系20世纪70年代，趵突泉公园工作人员从府学文庙杂物堆里发现，被认作“四灵石”之一的“龟石”而移至园内。

辟建公园后，社区先后两次进行园内绿化。2001年将顺河高架桥以东区域划入绿化范围，植有杨树100株、柏树150株、雪松13株、法桐15株，还有垂柳、紫薇、红槐、紫荆等树种。公园前铺设青石，设立风景石、龟碑等。2006年社区投资200万元对墓地进行绿化改造，扩种柳树200株，对两处藕池进行砌垒保护。另在其北面新建3000平方米绿地。如今，公园内已绿树成荫，成为人们茶余饭后的休憩和进行文化活动的场所。

凤凰山社区公园 位于济南城区北部。凤凰山为济南“齐烟九点”之一，山体绿化植被较好，共植有各类乔木371株、花灌木9786株、草坪3万平方米。因有抽水喷洒浇灌，长势良好。山上还建有凤凰阁、上山台阶、健身广场、观赏水池、凉亭等，并设有草坪灯87盏、叠水彩色射灯7盏。2006年，社区居委会对3万平方米的绿地草坪进行更换改造，补栽乔木17株、花灌木124株。2010年又提升改造山体东侧的植被，修缮景观建筑和上山台阶、健身广场等，总体景观更加完善（参见本志第一篇第二章第一节之“齐烟九点·凤凰山”条）。

药山公园 依“齐烟九点”之一的药山而建，北靠二环北路，规划面积3万余平方米。公园由天桥区园林绿化管理局设计并组织施工，2001年7月动工兴建，2002年1月建成，总投资150万元。园区由绿地、硬化道路和铺装广场、人工湖及建筑组成，其中，绿化面积1.7万余平方米，道路铺装9341平方米，人工湖3700平方米。建设中动用土石方1.5万立方米，砌筑蘑菇石400立方米，铺装台阶石2000米。种植各类花灌木1万余株，大型乔木240株。园内设有园林小品1处，凉亭2个，健身器材1套，草坪灯60个，广场灯20个。公园自建成后，区园林局在每年的植树节期间都组织驻区单位及团体在此进行植树活动。整个公园已绿树成林，花开似海（参见本志第一篇第二章第一节之“齐烟九点·药山”条）。

西苑小区水景公园 位于天桥区无影山中路西北部。园内有济南新七十二名泉之一的无影潭，依此形成一个6000平方米的水潭绿地，2002年扩建为2万平方米的水景公园。扩建后的水景由3个水潭组成，水面面积达8000多平方米，且潭潭相连，隔而不断，小巧玲珑的石拱桥和精致的曲桥跨潭而建。位于南端的泉眼四季有水，为3个潭的水源。潭周边小路用鹅卵石铺就，东北侧建有一组梅花鹿雕塑。潭北为健身广场，广场中心一座奔马雕塑驰骋而立。广场东侧的山顶是水景公园的制高点，离水面有几十米高，在山顶建有小亭。公园草地、灌木、绿树层次分明，种植雪松、龙柏、大叶黄杨球、五角枫、白蜡、垂柳、国槐、红叶李、碧桃、丁香、榆叶梅、百日红、连翘、迎春、蔓月季等花卉苗木1.5万株，竹子750墩，草坪1500平方米。潭周边砌垒了内外两层护岸。四周绿树夹岸，潭边芦苇丛生。水面北岸还设有船坞，供游人进行水上活动，成为当地居民一处游憩胜地。

第四节 槐荫区公园

匡山公园 2001年依“齐烟九点”之一的匡山而建，占地面积5.67万平方米，通过栽植大量绿叶乔木，山体植被覆盖率达80%以上。主要景点有“太白读书处”刻石、雨亭、湖区亭台、大门牌坊等。（参见本志第一篇第二章第一节之“齐烟九点·匡山”条）

腊山公园 始建于2008年，至2011年，公园主体框架已基本形成。园区面积约160万平方米，苗木保有量70余万株。植物配置以松柏常绿树为基础，以黄金槐、黄栌等色叶树为烘托，20余个树种形成季相明显、色彩斑斓的绿化效果。主要景点有山门牌坊、齐烟阁、山顶观景平台及依山小游园等。公园的建设改变了该区西部缺少区域公园的状况。

腊山湖公园 2010年初步建成。公园面积18万平方米，植物配置以银杏、柳树、淡竹等观赏苗木为支撑，以香蒲、千屈菜、荷花等水生植物为重点，以地被花卉、优良草坪为铺垫，体现出人、水、绿和谐共存、山水相依的湿地绿化主题。公园水体、游园互为映衬。景点由观湖栈道、凉亭、湖前广场等构成。

第五节 历城区公园

鲍山公园 位于济南城东约15公里处，王舍人庄东南。相传，昔日附近有一座石城，称名“鲍城”，是春秋时代齐国大夫鲍叔牙的食邑，山因城得名。鲍叔牙坟即在山的东北隅，为一土丘，丘上杂草丛生。1995年由市政府公布为市级文物保护单位。据传，管仲与鲍叔牙分金处即在鲍城附近。昔日，这里山清水秀，万木参天，浮岚滴翠，山花烂漫，果树满坡。山之南，为莲花峪，石岩苔碧，涧幽水清，日夜潺流。鲍山秀美，引得历代文人赞咏。清人李倜《鲍家山》诗云：“村舍落霞处，遥遥似倒悬。深林藏白日，群嶂缩青天。夺路泉争捷，行空鸟让先。忽惊衫袖里，出入尽云烟。”明代文学“后七子”领袖李攀龙，于明嘉靖三十五年（1556年）辞官归里，在山前村中建“白雪楼”，取宋玉《对楚王问》中“阳春白雪，曲高和寡”之意，以寓自身清高，不同俗流。这楼隐于万木之中，其景幽深佳丽，时称“鲍山白雪”，为历下十六景之一。

1992年，济南钢铁厂以鲍山为主体投资建设鲍山公园。到1995年共栽植各类树木35万株，铺设引水上山管道，按照唐、宋、元、明、清五个朝代的不同建筑风格，修建五组亭廊，建成总长4000米的内外环山路，修建7条总长3700米的登

鲍山人工湖

山台阶，建成2400平方米的人工湖。2003年又投资300多万元，建成鲍山瀑布。瀑布落差38米，瀑布流量每小时400—700立方米，人工湖面积拓至5000平方米，湖体旁边修建八角亭及3座石桥，使鲍山公园更加美丽壮观。如今，鲍山已被各种植物覆盖，昔日的青石山变成郁郁葱葱、景色优美的风景山，区域环境也发生显著的改善，成为附近居民喜爱的休憩、娱乐、健身场所。

华山公园 位于济南市郊东北部，北邻黄河，南靠小清河，1996年依“齐烟九点”之一的华山而建。经过几年的建设，完成上山游路和上山引水管道等基础设施以及吕祖庙、华泉、华山瀑布等景点的修建，山体得到绿化。至2001年5月，公园初步建成，总面积50.69万平方米。

华山古时称“华不注”，为历史名山，春秋时期齐晋“鞌之战”即发生于此。《春秋左传》记载，鲁成公二年（前589年），齐顷公亲率大军在今济南北马鞍山下摆上阵势，与晋军进行决战。齐顷公骄傲轻敌，言称“灭此而朝食”，不给战马披上铠甲而参战，结果，“齐师败绩”。齐顷公被晋军追逼，“三周华不注”，幸得大臣逄丑父与之更衣换位，并佯命到山脚“华泉”取水，始得趁机逃脱。华山平地突起，景色壮美，北魏郦道元在《水经注》中描述：“单椒秀泽，不连丘陵以自高；虎牙桀立，孤峰特拔以刺天。青崖翠发，望同点黛。”唐代时四周水域亦称“莲子湖”，浅水稻溪，沼泽芦荡，水村渔舍，胜似江南。北宋以前，华不注山周围全为水域，称“鹊山湖”，远远望去，此山像在水中含苞欲放的一支荷花。唐代大诗人李白在《古风五十首》的第二十首中形容道：“昔我游齐都，登华不注峰。兹山何峻秀，绿翠如芙蓉。”芙蓉，即荷花。山上藤攀蔓连，盘根错节。草中乱石横亘，蹊径芜塞，山体陡峭，紫烟缭绕，白云卷纾。极目远眺，泰岱连绵，云气苍茫；黄河逶迤，大桥飞架；“齐烟九点”，远近点缀。每当秋日，天高云淡，大雁南飞，层林尽染，景色更加奇绝。元代书画大家赵孟頫曾绘《鹊华秋色》，流传至今。后人又将此景命名为“鹊华烟雨”，列为旧时济南八景之一。华山也是济南著名景观“齐烟九点”之一。

山上古建筑群华阳宫修建于金兴定四年（1220年），距今已近800年历史，被誉为“济南巨观”（参见本志第一篇第二章第一节之“齐烟九点·华山”条）。

凤凰山公园 位于历城区港沟街道境内，东临唐冶新区和济南市出口加工区，周边有山东建筑大学、山东体育学院，占地约25万平方米。凤凰山海拔218米。2007年依山开工建设公园，修复破损山体并进行绿化，修建凤凰亭、上山步游路、休息平台、娱乐设施、提水设施等。至2011年，各项建设任务基本完成。修筑上山步游路2800米，砌垒假山石1500余吨，栽植侧柏等苗木24万余株，完成投资460万元。

九顶塔民族风情园 位于历城区柳埠镇，距济南城区26公里。1998年由山东华洋置业集团投资近亿元，按国家4A级景区标准开发建设，2003年“五一”节前夕建成开放。园区占地面积66.7万平方米，汇集布依、朝鲜、傣、哈尼、纳西（摩梭人）、蒙古、苗、侗、佤、维吾尔、壮、藏等16个少数民族村寨，荟萃了各少数民族的建筑文化、民俗文化、歌舞文化、服饰文化、餐饮文化和民间手工艺文化等，是一处集民族风情、风景名胜、游乐探险和休闲度假于一体的大型原生态民族文化景区。

九顶塔民族风情园

第六节　长清区公园

清怡园 位于长清区政府大院东，灵岩路西侧，始建于1992年，占地1.33万平方米。公园设东、南两大出入口，采用堆山、理水、叠石的传统建园手法，混合式布局。湖心岛巧夺天工，松竹滴翠；仿古式南门牌坊，与跃跃欲飞的自然石相映成辉。2000年，公园进行改建，增设音乐喷泉，铺装圆形广场等。园内有绿化苗木40余种，主要树种为白皮松、雪松、龙柏、玉兰等。

长清乐园 位于长清城区清河街南侧，长清宾馆以西。1993年春开工建设，当年12月竣工，是全区最早建设的城市公园之一。初建面积2.67万平方米，设南、北两门，为封闭式公园。北门为主门，仿古式牌坊设计，门口有两座石狮，门内设两个龙凤石雕花瓶和影壁墙（镶贴壁画）。采用堆山理水造园手法，堆砌人工假山，建六角攒尖“清风亭”、人工跌水和人工湖等，形成山、亭、水、湖浓缩一园的园林景观。娱乐区位于公园南部。西侧设有花卉温室，每年都举办长清区花卉盆景展览。园内主要树种有黑松、油松、华山松、雪松、水杉、广玉兰、白玉兰、杨树、柳树、楝树、竹子、木槿、丁香、紫薇、芍药、牡丹、海棠、月季等，特色植被有爬行卫矛。建园以来举办多项有较大影响的活动，其中1997年春节和庆香港回归两次大型游园活动，吸引了众多游客。2003年，公园翻修改造，拆除围墙，与长清宾馆、清悦园连成一片，增加绿地面积1.2万平方米，成为一处集游乐、休息、观赏为一体的敞开式综合性公园。

清心园 位于长清城区马山路南首路西。始建于1994年，占地4200平方米，绿化面积2880平方米，因经常有大量老年人在此聚集、聊天，故又称老年公园。2000年进行部分修缮。2010年年底实施景观改造提升，对原有植物进行调整，增加植物种类及数量，丰富植物群落，提升植物景观效果；翻修道路，增加汀步，形成主辅结合的道路系统；根据游人以老年人居多的特点，在入口及台阶处增设无障碍设施；安装多种体育健身器材，满足游人健身需求；增加庭院灯、草坪灯等亮化设施，使游人夜间休闲娱乐更加方便。

清悦园 位于长清城区清河街南侧，与清怡园隔街南北相对，属文化集散广场。建于2002年，占地1.33万平方米。广场以铺装为主，绿化面积4990平方米，绿化树种20余种。广场南侧采用仿古亭廊作为背景，8根代表长清区内8处文化风景名胜的花岗石雕柱设立于亭廊之前，与清怡园南门牌坊遥相呼应。广场南部为娱乐健身区，中间有音乐喷泉，由南向北形成喷泉跌水。东北角建有长清志铭、与时俱进钟，突出了长清悠久文明的历史和浓厚的文化气息。整个公园视野开阔，夜间霓虹闪烁，流光溢彩。

第七节 章丘市公园

百脉泉公园 位于章丘市城区明水，因有颇负盛誉的百脉泉而得名。公园始建于1986年，由著名园林专家孙筱祥总体设计，规划面积35.91万平方米，其中水面占公园总面积的35%。2004年为与新建成的百脉泉广场景观融合，对公园进行提升改造，修建风雨长廊、北门新景观区，增加公园面积3.3万平方米，成为中国北方独具特色的泉景公园。2003年，荣膺国家4A级旅游景区称号。2005年9月，与四川峨眉山、浙江普陀山同获“全球优秀生态旅游景区”称号。

公园从南而北，再而西北，沿水之滨依序布置景点，展开园林画面。植物配置上以亲水植物垂柳为主调，间植春花秋色树种和常绿松柏。造景上，采取对比和对景、借景的艺术手法，使整个公园形成自然风光区、龙泉寺、清照园三大各具特色的游览区。

公园一隅

公园主入口大门坐北面南。进入大门便是自然风光区，内有儿童乐园区、幽静学习区、密林散步区、花园景树区、名泉水景区。徜徉其中，层次变化丰富，意韵含蓄深远，可谓步移景异，引人入胜。名泉水景区是整个园区的主景区，其中的百脉泉为济南七十二名泉之一，居明水诸泉之首，历史上与济南趵突泉齐名。元代于钦《齐乘》载：“岱阴诸泉，皆伏地而发，西则趵突为魁，东则百脉为冠。”百脉诸泉之水，汇而成“明水湖”。湖面烟波荡漾，清澈如镜，重青浅碧，拖练柔蓝；湖中水草袅袅，鱼翔浅底，绿叶红鳞，相映成趣。以明水湖为中心，夹岸、水中，掇山叠石，峭拔岩峻，玲珑空透。假山之上陡起一阁，名“汇泉阁”，取百泉汇波之义。登阁俯瞰，可观整个园林布局；极目远眺，章丘城区的现代神韵一览无余。阁下湖边，建有二亭：“濯缨亭”和“漪漪亭”。飞架水上的“龙门”“合璧”两座大理石拱桥，将湖区划分为三面。南湖小巧空溟，北湖波平浪细，西湖水深流急。荡舟湖心，举头仰望，水色天光，相映生辉，令人心旷神怡。西湖北有“绣江亭”，湖水从亭下北流为绣江河。

龙泉寺雄踞在百脉泉北岸，为济南地区著名佛寺。该寺始建于明景泰元年（1450年），原名“隆泉寺”，嘉靖年间重修后，易名“龙泉寺”。由于风剥雨蚀，配殿早已废圮，现仅存大殿梵王宫。经1997—1999年重修改造，梵王宫面貌焕然一新。殿内，佛像金碧辉煌，壁画形象生动，是善男信女礼佛参禅之所在。伫立梵王宫前，云蒸霞蔚的湖光山色尽收眼底。殿前之百脉泉，由品形并列的三大方池组成，中架石桥相通。池内，百脉沸腾，涌珠浮翠，堪称天下奇观。历代名人多在此流连忘返，酣畅吟咏，留下许多佳词丽句、精美石刻，游客在观泉的同时得到一种文化享受。

清照园位于公园西北角，为纪念宋代杰出词人李清照而兴建，是一座集中国南北园林风格于一体的园中之园。园内设有李清照纪念馆，1997年5月建成开放。园门外，东侧竖有复原的宋代李格非《廉先生序》碑，西侧耸立着由当代书法家舒同题写的“一代词宗”石碑。园门正中悬挂当代书法家康殷题写的匾额“清照园”。二门匾额“龙泉漱玉”，寓意明水的灵山胜水孕育了李清照和漱玉词。门内厅榭下立李清照塑像，由当代雕塑家钱绍武雕制，形象逼真，栩栩如生。清照园以泉水为主题，水面1500平方米，由漱玉泉、梅花泉汇合而成，尤以梅花泉蔚为壮观：五股泉水喷涌鼓动，状如梅花开绽。环水而建的楼台亭榭，多以李清照诗文中的词义命名。“吟风榭”“感月亭”隔水而立。吟风榭长廊蜿蜒，直达李清照纪念馆序厅，转南向东为溪亭，亭西为碑廊，陈列着舒同、沈鹏、刘炳森、欧阳中石、康殷、康雍、尹瘦石等50多位书法家的书法碑刻。园中匾额、楹联内容丰富，风格迥异，流派众多，具有极高的学术价值。碑廊以北为纪念馆前院，西配房名文叔斋，内展李清照之父李格非的生平、著作和《廉先生序》原碑残石拓片，兆示着李清照的家学渊源。正殿为“漱玉堂”，是李清照纪念馆的主展室，里面陈列着李清照年谱和历代各种版本的李清照著作以及国内外李清照研究的专著、文章。由山东省画家孙墨龙、吴泽浩、于文江、韦辛夷创作的18幅行迹图，展现了李清照壮怀激烈的人生历程。穿堂而过到达后院，西配房为“金石苑”，内展李清照之夫赵明诚的《金石录》及李清照的《金石录后序》等金石资料。正殿名“燕寝凝香”，模拟李清照夫妇寝室设计。临水而建的海棠轩，供游人品茗赏泉。轩内悬有章丘古代十大文化名人画像。园中还建有易安楼，为二层外环廊式建筑，一楼布置文房四宝，为文人墨客乘兴挥毫、尽抒雅情之精舍，二楼供游客登高望远，俯瞰清照故居全景。

眼明泉公园　位于章丘城区世纪西路以东，胶济铁路以北，明塘街以西，龙泉路以南，是章丘市继百脉泉公园之后，建设的又一处以泉水景观为特点的公园。公园建设分二期完成。一期工程于2004年4月15日动工，10月完工。二期工程于2005年2月5日动工，6月30日完工。规划占地面积39.33万平方米，绿地面积占总面积的79.43%。公园建成后，与荷花广场、荷花公园、清照词园等已经建成的城市开放空间相连通，共同构成明水城区的泉水系统、绿地系统、生态基础设施系统和旅游休闲系统。

公园分为三部分：西麻湾源头区、荷花泉片区和眼明泉片区。西麻湾源头区位于眼明泉桥南，以泉水观赏为主题，以大面积林地和疏林草地为依托，扩大泉水水面，整理溪流，形成溪谷泉林景观。泉边设广场、配套服务建筑和亲水栈桥，为人们提供形式多样的观泉和亲水选择。荷花泉片区位于眼明泉桥北，与桥南大水面相对应，以小岛收束空间，扩大溪流宽度。溪流西侧，布置舒缓的草地，草坡入水，水边设置连续的亲水栈桥，形成以泉水和泉生植物观赏为特色的城市广场型开放空间。眼明泉片区既保留原有溪流，又在其西部开挖一条新的溪流，其间以小岛加以分隔和联系，改善周边环境。整个公园突出泉水、溪流和水生植物观赏等特色。11万株乔、灌木植物整齐地蔓立于河道两侧，7万平方米的水生植物把公园装点得绿意盎然、生机勃勃。

荷花公园 地处章丘城区北部，北靠龙泉路。占地8.7万平方米，绿地面积7.53万平方米，绿地率86.5%，水面积占55%以上。公园以荷花胜景为主题，以取原低洼地势引绣江河水形成的大水面为中心，环绕水面建设游步道，同时借助通往湖心小岛的景观桥和九曲连环的栈道，向开阔的水面内纵横延伸，最大限度地营造亲水空间和观赏荷花的界面。湖心岛上建有“观澜亭”，临亭可观荷花飘香，鱼翔浅底。岛上垂柳绿树成荫，枝条婀娜，轻拂水面，激起层层涟漪，与迎风飘摆的荷花相映衬，共同构成一幅精美的水墨丹青画卷。水面外围配置大色块绿化，主栽树种为垂柳，合理搭配迎春、连翘等花灌木，与园外遮荫蔽日的行道树相融合，形成一个安静、清爽的休闲娱乐场所。

1998年7月，“章丘市荷花公园规划”项目荣获山东省“优秀工程勘察设计表扬奖”。2010年实施改造工程后，该公园已整体纳入百脉泉景区。

桃花山公园 坐落于章丘市老城区中部，北起汇泉路，南抵山泉路，东临桃花山街，西至人民医院，占地面积15.12万平方米，绿地率82.3%。公园内最高点海拔80.5米，最低点高程约65米，地势中间高，四周低，坡降舒缓。公园以桃文化为代表的地域文化作为景观题材，以山水为景观载体，以“桃文化、山水园”为主题，形成“一轴（山水为主的景观主轴）、一环（环山主游路）、一带（带状水系）”的总体布局，创造出爽目、清音、沁馨、触乐、快味的景观特色，成为集休闲娱乐和人文理念于一体、富有地方性特色的公园。

公园由北入口及管理服务区、东入口及儿童游戏区、水系景观区、文化休闲区、安静休息区和运动休闲区六大区域构成，有山堤云水、独木成林、泉声驿站、诗径书趣、雀影林幽、桃园小筑、八重叠溪、七彩飞瀑、碧潭森森、蒲泽荷香、芳林叠水、花溪樱落等景区。中国园林的山、水、植物、建筑四大造园要素在园内均有体现。建筑与山水植物相互映衬，可赏可游可憩。

洼山公园 位于章丘城区以南，北临唐王山路，西靠世纪西路，占地面积55.79万平方米，绿地面积51.05万平方米，绿地率91.5%，是章丘市第一座开放式生态型森林公园。洼山为海拔134米的低缓小丘。公园规划建设结合原有地貌进行，经过几年绿化美化改造，园内喷泉、景石、假山等园林景观设施，以及水、电、道路交通基础设施基本完善。绿化植物配置以林果、色叶植物、花灌木为主，景观效果初步显现。

东山公园 位于章丘市双山大街以东，经十东路以北，由老东山、小东山两个山体组成，海拔高度分别为176米、161.4米。公园面积66.67万平方米，绿地率94.05%，为城市森林公园。园内栽植黄栌、苦楝、黄金槐、紫叶李、紫薇、红瑞木等各类苗木50余个品种近30万株。园区道路5000多米，水、电、管护房等配套设施齐全，并建有亭、水池、喷泉、花架等园林景观设施。东山公园对补源保泉、净化空气发挥了重要作用，成为城市的“绿肺”和天然氧吧。

清照词园 位于章丘城区百脉泉畔，总面积17.33万平方米，2006年4月开工建设，是章丘市“两泉三河五湖”水系框架中百脉泉景区的核心工程，是百脉泉公园的清照园在自然和文化上的延续，也是章丘东、西麻湾泉群沟通的重要区域和明水“小泉城”游览区的重要组成部分。该工程以“现代骨、民族魂、自然衣”为设计理念，以百脉泉公园和现有的清照园为生态文化主线，以李清照诗词意境及其生活年代的风土人情为依据，结合原生态的手法，通过木铺装、木栈道、假山、叠瀑、画舫等景点建设，构建“园在水中，水在园中，景在词中，词在景中”的园林意境，展现自然景观和文化内涵。园区分为“清音风”“木簟花”“庭院雪”“故乡月”四大泉水园林景观，简称“风花雪月”。“风”区位于词园东北部，以景致自然、轻松休闲为主题，巨石高台上的清照雕塑和“甘泉露”为主要景点。“花”区位于词园南部，以伸入水中的木栈道群、画舫和卵石滩与泽地为主要景点，结合水生、沼生、湿生植物，构成一派野趣横生的原生态景观。“雪”区是词园的中心区，建有一组仿宋园林和陪衬的假山，瀑布、叠泉分布其间。“月”区位于词园西部，设计为一组水院，是一处集餐饮娱乐、休闲购物功能于一体的场所。

第八节 平阴县公园

玫城公园 又名“水上公园”，位于平阴县城西北角。1994年春开工建设，规划面积86.71万平方米，初建面积13.34万平方米，1995年5月1日建成开放。分为文化娱乐区、儿童活动区、老人活动区、休息区、水上活动区、动物园区六大区域。2001年取消门票，年客流量达5万人次。

公园定位于水上乐园，在原有两处水面的基础上，砌垒湖岸，修建湖心亭、凉亭、竹节亭及人工假山等，建造石板拱桥、曲径桥连接两岸。园内设有电动碰碰车、滑冰场、电动游船、双人飞天、淘气堡、仿古火车等游乐设施和一座2000平方米的游泳池。有松枫岭、石榴园、玫瑰园、牡丹园、动物园等景点。其中，松枫岭上的八棱石经幢，高约3米，周围2.5米，通身刻满经文，具有较高的历史文物价值。园区绿化面积3.6万平方米，草皮0.2万平方米。绿化树种以雪松、云杉等常绿树种为主，辅以五角枫、银杏等具有季节色相变换的落叶树种。灌木主要以莫海姆玫瑰、月季为主，配以红叶小檗、瓜子黄杨等色块带。石榴园、玫瑰园、牡丹园等特色绿化具有浓郁的乡土风味。

锦水河公园 位于平阴县锦东新区西侧，是锦东新区的一个重要组成部分。规划建设融合21世纪景观园林设计学理念，在保护历史遗存、发挥防汛功能的基础上进行二度创作，将此段河流由原来的一条自然冲沟变成充满时尚元素的山水园林、生态景观走廊，再现了平阴八景之一“锦水秋潆”景观。公园总面积约8万平方米，中间由北向南依次分布有下沉式垂钓广场、木栈道、人行桥广场、下沉式树阵广场。穿行其间，使人享受到一种观赏河流与漫步休闲相融合的情调。

玫瑰园 位于平阴县城西南11公里处，玫瑰镇陶庄村南，又名平阴县玫瑰花研究所实验园，占地4.67万平方米。平阴玫瑰是中国传统玫瑰的代表，以花大色艳，香味浓郁著称于世。栽培历史悠久，早在唐朝就有翠屏山僧人慈净种植玫瑰的传说。到明朝已有利用玫瑰酿酒的佳话，民间传有“隙地生来千万枝，恰如红豆寄相思。玫瑰花放香如海，正是家家酒熟时”的诗句。20世纪初，平阴县年收购玫瑰花达30万公斤，享有“玫瑰之乡”的盛誉。每年5月中旬为玫瑰盛花期，花期3—10天。花开时节，红、白、紫、黄等各色玫瑰竞相开放，争奇斗妍，芳香醉人，形成玫瑰花的“王国”，吸引着国内外游客前来观赏。

环秀公园 位于平阴县城东北，林水巷东段，文笔山脚下。占地面积8680平方米，与具有百万平方米山林的文笔山连为一体，成为城区“绿肺”。

第九节 济阳县公园

济北公园 位于济阳县城开元大街以南，正安路以西，广场西路以东，富阳路以北，占地面积9万平方米。由山东城乡规划设计院规划设计，青岛艺林园林绿化公司承建，2005年10月建成开放，总投资3000万元。公园建设挖湖叠山，贯通水系，建成“一池三山”的布局。植物群落丰富，疏密有致，绿化覆盖率70%。植物配置注重遵循“以生态效益为主，提高单位面积绿化量”的原则，配植黄山栾、白蜡、垂柳等大型乔木，既提高公园的绿化覆盖率，也提高单位面积绿量；适地适树科学布局，大量选用适应性强，抗性好、特色明显的乡土树种，使乡土树种占植物品种的85%，同时引进优良树种丰富植物群落；注重生物多样性，合理配植，强调植物种类的高低、色彩、层次的搭配，植物群落层次分明、主体突出，形成丰富的季节变化，突出植物造景。主要景点有中心湖、塑山、知鱼榭、玉带桥、一览亭等。

澄波湖公园 位于济阳县开元大街与220公路交汇处。2008年开工建设，至2011年年底，园内绿化、道路、驳岸、码头、小品、广场、浴场、景观桥梁、电力管网等基础设施基本完成，景观效果初现。公园规划占地238.4万平方米，其中，水面面积133.4万平方米，绿化面积66.7万平方米，分九大功能区：山林游憩区、北湖区、南湖区、休闲度假区、湖滨休闲区、观光农业区、乡土花园区、运动花园区、儿童乐园区。植物配置注重形态和色彩，常绿与落叶，乔木、灌木、草本、地被植物合理搭配。栽植苗木80多种，120

余万株。澄波湖平地开源，引黄河水经沉沙后汇聚于湖内，湖水澄净扬波，湖畔垂柳依依。澄波湖公园的建成，再现了济阳古八景之一“济水澄波”的景观。2010年，被命名为省级湿地公园和省级水利风景区。

第十节 商河县公园

人民公园 位于商河县城中部，西邻商中路，北至明辉路，南靠长青路，东临振业街。规划用地面积17.98万平方米，分二期建设。一期自2000年至2005年10月，建成面积4.33万平方米，主要有鼓子秧歌广场、许商雕塑和健身休闲区；二期自2007年9月至2008年8月，规划面积全部建成。其中绿化用地10万平方米，水面4.47万平方米，绿地率80%。总体布局为“一核、多区、多节点”。“一核”即核心区，位于公园北入口处，主要包括北入口下沉广场、木栈道等；“多区”即园内形成北入口、自然游览、十二园生态种植等多个景观区；“多节点”即连接各景点的节点景观。园内并配有古亭、蘑菇亭和休闲长廊等。

滨河公园 位于商河县城南部滨河路、彩虹路、商中河、文昌河合围区域，占地面积15.2万平方米，其中水面积4万平方米。公园自2009年2月开始建设，总投资1800余万元，2011年年底基本完成。共挖掘、回填土石方13万立方米，铺装园路7300平方米、广场6100平方米，砌筑毛石驳岸5000立方米，种植各类乔木1.5万株，铺设绿地灌溉管线4000余米，安装景石2200吨，建设景观桥4座，修筑4米宽环绕园区园路1条、1.5米宽园路8条，安装草坪灯42盏、庭院灯102盏，形成主入口广场、和平鸽广场、柳林广场、湖心岛、三趣园、垂钓平台、太极广场、观景平台及“商河八景”文化墙等景观。

第三章　专类公园

第一节　济南动物园

济南动物园地处济南市城区北部，东临济泺路，西、北滨临小清河、太平河，南靠工人新村、王府庄、侯家庄。1937年4月，济南市政府在金牛山处租地0.83万平方米，开办金牛山苗圃。1941年，改称济南市公署农林事务所林场，是当时济南市唯一一处官办市属林场。1942年改称济南市苗圃。解放后，1950年改称金牛苗圃。1951年将南部梁庄苗圃附近一个教会果园的苹果树移植到苗圃，遂于1955年改称金牛山果园。1959年10月动工兴建公园，翌年5月1日建成开放，初建面积74万平方米，定名“金牛公园”。1988年10月改称“济南金牛动物园”，1989年9月改称今名。1990年马鞍山苗圃并入济南动物园，公园面积增至86.7万平方米。之后，因建设先后占用土地8万平方米。其中，1991年10月利用东门西南侧边闲地段合作建设住宅楼，占地0.707万平方米；1992年4月，与山东牟平新牟国际联合企业总公司合作开发“历险宫”，占用济泺路西东门停车场以北土地约2.23万平方米（1996年2月28日，该宗土地及附属物归属泺口商城）；同年12月，为解决职工住房困难，将公园南侧平房改建为职工宿舍楼，占地1.1万平方米；1997年6月和2010年3月，小清河改造加宽，先后占用公园沿河东岸、南岸土地约3.96万平方米。至2010年12月，公园实有面积为78.6万平方

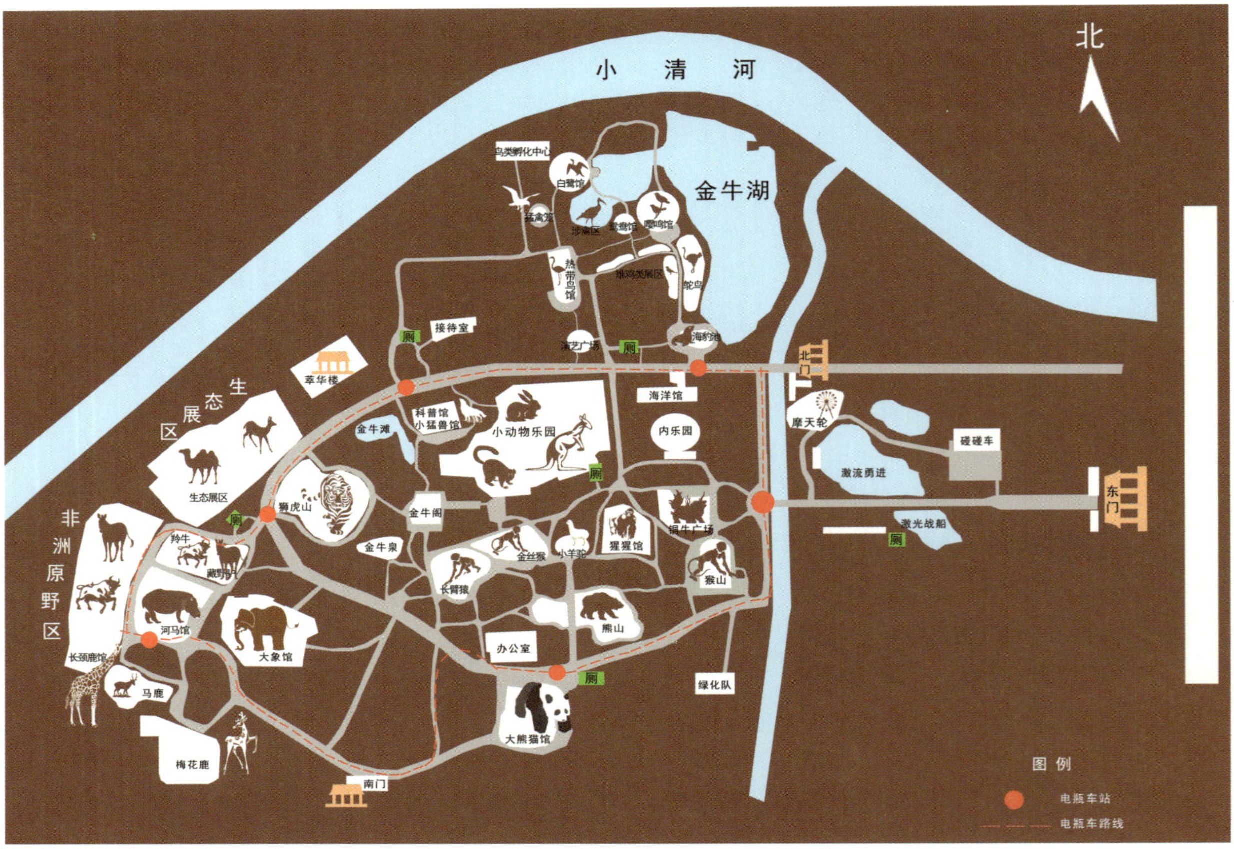

济南动物园平面图（2011年）

米。济南动物园是我国大型动物园之一，1995年，被建设部和中国动物园协会评为全国十佳动物园。

一、动物

1960年5月济南动物园对外开放时，有动物83种539只。1966年增加到101种752只。因受10年“文化大革命”影响，1978年动物品种仅存88种。20世纪80年代，首次引进黑猩猩、非洲象、斑马、袋鼠等动物，繁殖动物的种类数量不断增加。至2011年，园内存养哺乳类、鸟类、两栖类、爬行类动物四大类共计163种2364只（头），其中属于国家重点保护动物有17种82只（头）。

大熊猫 国家Ⅰ级重点保护野生动物。1973年到2013年，先后展养过10只大熊猫。1976年10月，由四川南坪引进1只（20岁），1977年从成都引进1只（10岁），后陆续死亡。1990年，由陕西楼观台引进2只，1雄1雌，雄性患急性坏死性肝炎及肝硬化于1994年死亡，雌性于1995年转至南宁动物园。1994年9月由甘肃白水江国家级自然保护区管理局租借3只，1雌2雄，均为野生，分别于2002年、2004年、2008年死亡，年龄最大的一只活了36岁，创大熊猫人工饲养寿命之最。2007年9月，租借四川卧龙中国大熊猫研究中心1只雌性熊猫，呼名“泉泉”；2010年7月22日，因吸入大量刺激性气体导致肺脏高度淤血和水肿，呼吸衰竭死亡。2013年1月，又从四川卧龙自然保护区雅安碧峰峡大熊猫基地引进2只，1雌1雄，均为2岁多一点。雌性熊猫体重75公斤，2010年7月27日出生于雅安基地；雄性熊猫体重64公斤，2010年8月23日生于海外，引进前刚回到雅安基地。

金丝猴 国家Ⅰ级重点保护野生动物。1990年9月从陕西野生动物饲养收容中心引进1只，雌性，系1988年3月出生，其父母均为野生。这是金丝猴在济南动物园首次饲养展出。1992年4月又从甘肃白水江引进2只，1雌1雄。3只个体同笼饲养交配繁殖，1994年生下1仔，雄性。此后，这3只成年猴每年都繁殖成功，共繁殖金丝猴18只，组成一个增长型的圈养小种群。近几年，通过和其它动物园调换血统，增强了小种群的繁殖能力，形成一套成熟完整的金丝猴异地饲养繁殖的技术方案，在国内处于领先水平。园内现存养8只，其中2只幼仔。

黑叶猴 国家Ⅰ级重点保护野生动物。1991年12月，从云南引进3只，中途死亡1只，这是济南动物园首次饲养展出黑叶猴。1995年7月引进3只，组成5只的小种群。1996年首次繁殖2胎2只，此后除2004年无繁殖外，每年都有繁殖，是动物园繁殖较为成功的猴类。现园内存养8只。

白颊长臂猿 国家Ⅰ级重点保护野生动物。1991年12月引进4只，1992年10月引进1只。2007年3月首次成功繁殖，2010年1月再次繁殖。现园内存养4只，其中2只幼仔。

亚洲象 国家Ⅰ级重点保护野生动物。1988年10月由天津动物园引进1只，雄性，呼名“镇园”，1976年出生于缅甸。这是亚洲象在济南动物园首次饲养展出。1992年9月由昆明动物园引进2只，1雌1雄。1997年11月，它们的第一胎出生，雄性；2001年雌象产第二胎，因胎体过大，产出后已死亡；2004年5月产下第三胎雄性幼仔。之后雌象发生蹄部疾病，经过长达近两年的治疗，被成功治愈。园内现存养2只。在大象的饲养管理、繁殖、疾病防治方面，济南动物园积累了宝贵的经验，形成一套较为成熟的技术方案。

羚牛 国家Ⅰ级重点保护野生动物。1988年展出羚牛3只，1公1母1幼仔，均为四川亚种。除1988年未繁殖外，连续繁殖5年。后不断调整血统，发展成一个具有较强繁育能力的小种群。近年来，共繁殖成活11头。园内现存养2头。

麋鹿 国家Ⅰ级重点保护野生动物。1995年4月25日从北京引进5只，首次在动物园饲养展出。后成功繁殖25只。经过不断调整血统，发展成为具有较强繁育能力的小种群。园内现存养11只，其中5雄4雌2幼。

西藏野驴 国家Ⅰ级重点保护野生动物。1988年5月28日由西宁动物园引进，1989年、1990年各死亡1只。1996年10月引进1只，1997年9月死亡1只。几经更换，现存养4只，其中2只幼仔分别于2008年、2010年在动物园繁殖。

塔尔兰 国家Ⅰ级重点保护野生动物。生存繁殖一直良好。现存养9只。

东北虎 国家Ⅰ级重点保护野生动物。1988年饲养展出2只已配对产仔多年的东北虎。1990年夏死亡1只。1991年从长春动物园引进1只。1993年、1997年先后向外转移2只，以后多年未存养。2005年11月从常州引进2雌1雄（合作繁殖），现存养4只。

孟加拉虎 国家Ⅰ级重点保护野生动物。1988年10月27日，由北京野生濒危动物饲养中心赠送济南动物园2只，动物园首次有孟加拉虎展出。1989年4月10日，从日本和歌山县白浜野生动物园引进3只，1雄2雌，3只虎配对繁殖，共成活38只幼虎，曾创一胎产5仔全部成活的先例，并形成一套较为成熟的饲养管理繁殖科研技术方案，达到国内先进水平。2010年引进4只，现存养4只。

金钱豹 国家Ⅰ级重点保护野生动物。1984年3月由江西省景德镇引进1只，野生，雌性。以后不断更替，引进转让，联合繁殖。2002年，济南动物园雌豹和江苏常州动物园雄豹联合繁殖成功。2009年引进1只，雌性。2010年成功繁殖一胎2仔。现存养2只。

黑豹 系金钱豹的黑色变种。2000年6月从西安首次引进1只，雄性，1999年12月生，现身体状况良好，曾和青岛动物园联合繁殖，未成功。

猞猁 国家Ⅱ级重点保护野生动物。1980年由宁波引进1只，雌性；1984年由丹东引进1只，雄性。1995年春，2只先后死亡。1996年引进2只，后死亡1只，另1只雌性个体现仍存活。2003年9月从南京引进1只4月龄幼仔，雄性，养育成活。2010年引进3只，现存养3只。

斑海豹 国家Ⅱ级重点保护野生动物。1984年园内淡水饲养的斑海豹首次繁育成活1仔。几经更替，现存养2只。

东方白鹳 1989年，饲养展出1对白鹳。1993年从合肥动物园引进2只，雌性。1994年配对繁殖，成活1只幼鹳，这是白鹳在济南动物园首次繁殖成功。1998年产卵5枚，孵出4只幼鹳。现存养白鹳9只。

黑鹳 1989年从济南南部山区救护5只幼鹳，成活4只，并在动物园首次饲养展出。1993年，有2只配对产卵，但未繁殖成功。1994年，人工孵化、人工育雏成活1只。1995年人工孵化、人工育雏成活2只，自然繁殖成活3只，当年共繁殖成活5只幼鹳。1996年配对雌鹳意外死亡。1998年从北京引进2只黑鹳以调整血缘，为繁殖创造条件。现存养黑鹳3只，其中2只为配对鹳。

白枕鹤 1989年以来，先后存养6只，其中有2对交配繁殖。2004年通过人工孵化、育雏成活1只。现存养白枕鹤6只。

大猩猩 原产于非洲，数量稀少，被列为世界濒危动物之一。1996年9月28日，从西班牙巴塞罗那引进1只，呼名“威利”，雄性，首次在园内饲养展出。入园时18岁。通过科学饲养管理，身体状况一直良好，曾先后到深圳、大连、宁波等地展出，深受人们喜爱。

黑猩猩 原产于非洲。1980年，香港利源有限公司赠送一对黑猩猩在动物园展出。雄性呼名“温顺一男”，简称“老温”；雌性呼名“乌面刁女”，于1986年患病死亡。1989年从北京动物园引进一雌性，呼名“老子”，1995年死亡。后又陆续引进2只，分别为“大黑”“咪咪”，均为雌性，也于近两年死亡。1998年4月，“老温”从高处摔下致左肢坏死，实施截肢手术治疗，后残疾，现“老温”仍存活，约31岁。2010年7月24日，从非洲引进4只幼仔，2雌2雄。

黑帽悬猴 原产于美洲。2001年5月从南美引进4只，2雌2雄，年龄约2岁，在园内首次饲养展出。后死亡1雌，剩余3只一直合笼饲养。2004年开始繁殖，每年1胎1仔。现园内存养6只，5只成年猴，1只幼仔。

松鼠猴 原产于南美洲。2001年5月从南美引进4只，3雌1雄。从2002年起每年繁殖1胎1仔，后2雌性先后死亡。园内现存养13只。

非洲象 产于非洲，是世界濒危野生动物。1988年4月从日本和歌山县白浜野生动物园引进1只，雌性，呼名“毛毛”，属济南动物园首次饲养展出。

长颈鹿 原产于非洲。1989年6月从日本引进1只，属动物园首次展出。1990年4月引进1只，时有2只。1993年秋死亡1只。2000年3月从山西太原引进1只雌性，2002年9月从北京引进1只雄性，雌雄合养。2004年4月16日产下一雌性幼仔，后转给北京动物园；2006年8月10日产下一雄性幼仔，后转给上海动物园；2008年6月1日产下一雌性幼仔，呼名“六一”。园内现存养2只，均为雌性。

河马 产于非洲，是生活于水中的大型草食动物。1987年9月由上海动物园引进1只，雌性；1989年5月引进1只，雄性。雌雄交配，于1990年3月16日顺利产下1仔，且成活，以后繁殖均未成活。2003年7月从北京动物园引进1只雄性幼仔。园内现存养1只。

大羚羊 产于非洲。2000年5月引进雌雄各1

只，属动物园首次饲养。2001年起连续5年繁殖5胎，每胎1仔，成活4仔。2004年12月、2006年1月，此对大羚羊先后死亡。现园内存养1只，系2004年产幼仔。

蓝角马 产于非洲。2000年5月引进雌雄各1只，属动物园首次饲养展出。2001年开始繁殖，每年产1胎1仔，共产4胎4仔，全部成活。雌蓝角马于2005年1月病亡。2004年春从北京调换1只雄性，和雌性配对成功，于2005年7月3日顺利产下1胎1仔，且成活。园内现存养7只。

跳羚 原产于非洲。2000年5月引进3只，1雄2雌，属动物园首次展出。当年便开始繁殖，遂发展成为一个小种群。园内现存养4只。

斑马 原产于非洲，系世界濒危动物。1979年、1987年由北京动物园引进雌雄各1只。1997年2月，雄性死亡，雌斑马存活至今。2007年引进2只，其中1只2010年3月23日，因颈椎骨折死亡。园内现存养2只。

美洲野牛 原产于美洲。1996年引进1只，属动物园首次展出，存活至今。

非洲狮 产于非洲及印度、伊朗。1964年7月引进1只，雌性。1988年从福州引进1只，雄性。园内现存养2只，1雄1雌。

济南动物园历年存养动物情况统计表

（1960—2011年）

表2-1

年度	哺乳类		鸟类		两栖类		爬行类		总计	
	种数（种）	只数（只）	种数（种）	只数（只）	种数（种）	只数（只）	种数（种）	只数（只）	种数（种）	只数（只）
1960	42	136	59	400					101	536
1961										
1962										
1963										
1964	44	198	54	287	3	5			101	490
1965	40	146	62	743	4	4			106	893
1966	38	214	59	534	4	4			101	752
1967	38	173	54	490	4	4			96	667
1968	37	185	48	662	4	4			89	851
1969	32	147	51	423	5	5			88	575
1970	31	189	48	440	9	9			88	638
1971	32	192	48	580	6	7			86	779
1972	40	217	49	597	6	7			95	821
1973	39	244	51	565	5	8			95	817
1974	38	167	43	584	5	6			86	757
1975	38	180	41	259	2	3	2	2	83	444
1976	41	246	59	592	1	1			101	839
1977	36	268	55	838	2	2			93	1108
1978	42	294	46	498					88	792
1979	45	272	47	907	2	2			94	1181

续表2-1

年度	哺乳类		鸟类		两栖类		爬行类		总计	
	种数（种）	只数（只）	种数（种）	只数（只）	种数（种）	只数（只）	种数（种）	只数（只）	种数（种）	只数（只）
1980	44	288	52	577	3	4			99	869
1981	44	236	46	458	2	3			92	697
1982	44	285	42	1025	1	2	1	1	88	1313
1983	43	240	45	507	2	3			90	750
1984	46	232	64	388	2	2			112	622
1985	40	277	55	367	2	2			97	646
1986										
1987	42	204	55	542	1	1	12	64	110	811
1988	45	285	52	561	7	45	1	1	105	892
1989	50	262	118	1726	1	1	8	40	177	2029
1990	52	246	134	2812	1	1	8	29	195	3083
1991	62	255	137	2745	1	1	8	24	208	3025
1992	60	245	116	2294	1	1	7	11	184	2551
1993	58	313	84	1139	1	1	5	9	148	1462
1994	54	335	79	1410	1	1	4	4	138	1750
1995	53	351	87	1492	1	1	3	3	144	1847
1996	59	350	89	1621	1	1	5	5	152	1977
1997	56	374	94	1764	1	1	1	1	152	2140
1998	48	357	93	1811	1	1	3	3	145	2172
1999	51	355	73	1104	1	1	1	3	126	1463
2000	59	348	75	1054	1	1	1	3	136	1406
2001	60	384	76	1083	1	1	7	19	144	1487
2002	68	414	81	1543	1	1	7	19	157	1977
2003	83	450	92	2203	1	1	7	19	183	2673
2004	73	386	87	1275	1	1	7	21	168	1683
2005	65	316	74	853	1	1	7	20	147	1190
2006	61	316	59	925	1	1	30	200	151	1442
2007	60	342	56	674	1	1	30	180	147	1197
2008	57	325	5555	773	1	1	28	210	145	1309
2009	56	351	59	965	1	1	23	125	139	1442
2010	57	445	57	692	2	3	35	220	151	1360
2011	53	426	75	1902	2	3	33	121	163	2364

济南动物园历年动物繁殖数量表

（1964—2011年）

表2-2

年度	哺乳类		鸟类		总计	
	种数（种）	只数（只）	种数（种）	只数（只）	种数（种）	只数（只）
1964	5	65	4	75	9	140
1965	10	93	9	241	19	334
1966	11	147	10	278	21	425
1967	6	35	7	25	13	60
1968	1	2	6	101	7	103
1969	5	18	3	70	8	88
1970	7	47	8	65	15	112
1971	2	3	2	23	4	26
1972	4	25	3	16	7	41
1973	5	31	5	29	10	60
1974	5	19	2	4	7	23
1975	5	28	4	14	9	42
1976	7	60	2	7	9	67
1977	1	3	1	19	2	22
1978	1	4	5	344	6	348
1979	6	53	6	689	12	742
1980	6	48			6	48
1981	6	21	2	289	8	310
1982	6	34	2	1000	8	1034
1983	7	50	4	286	11	336
1984	5	18			5	18
1985	3	12	2	45	5	57
1986	4	22			4	22
1987	2	8			2	8
1988	5	39	6	304	11	343
1989	2	6	6	19	8	25
1990	3	23	3	45	6	68
1991	8	22	20	758	28	780
1992	9	25	9	542	18	567
1993	6	23	7	155	13	178

续表2-2

年度	哺乳类		鸟类		总计	
	种数（种）	只数（只）	种数（种）	只数（只）	种数（种）	只数（只）
1994	10	32	12	771	22	803
1995	8	49	17	898	25	947
1996	11	47	5	176	16	223
1997	12	49	14	257	26	306
1998	9	45	6	142	15	187
1999	11	46	13	373	24	419
2000	8	31	12	649	20	680
2001	12	35	6	321	18	356
2002	11	30	10	465	21	495
2003	17	33	14	663	31	696
2004	21	47	17	670	38	717
2005	13	34	13	771	26	805
2006	17	38	12	242	29	280
2007	15	27	13	115	28	142
2008	12	18	11	260	23	278
2009	10	16	12	609	22	625
2010	13	24	6	81	19	105
2011	13	32	7	353	20	385

济南动物园重点动物首次繁殖年份及累计繁殖成活数统计表

（1961—2011年）

表2-3

动物名称	首次繁殖年份	累计繁殖成活数（只）	动物名称	首次繁殖年份	累计繁殖成活数（只）
非洲狮	1961	1	梅花鹿	1962	3
猕猴	1964	3	马鹿	1965	1
东北虎	1966	2	黑熊	1967	1
驯鹿	1972	1	金丝猴	1977	1
袋鼠	1982	1	白唇鹿	1984	1
斑海豹	1984	1	羚羊	1986	1
羚牛	1986	11	孟加拉虎	1990	40
河马	1990	1	黑鹳	1994	6
东方白鹳	1993	15	麋鹿	1995	37
金丝猴	1994	15	亚洲象	1997	2
黑叶猴	1996	14	白枕鹤	2000	8

续表2-3

动物名称	首次繁殖年份	累计繁殖成活数（只）	动物名称	首次繁殖年份	累计繁殖成活数（只）
跳羚	2000	9	蓝角马	2001	12
大天鹅	2000	8	松鼠猴	2002	10
大羚羊	2001	4	长颈鹿	2004	3
塔尔羊	2001	10	白颊长臂猿	2007	2
黑帽悬猴	2004	5	狼	2010	3
白长角剑羚	2004	7	黑天鹅	2010	4
西藏野驴	2008	2	斑马	2010	1
金钱豹	2010	2	驼羊	2010	1
野猪	2011	13	浣熊	2011	18

二、景观建筑

金牛山·金牛阁 金牛山，位于动物园中央，海拔46.7米。其名来源于一则神话传说：“旧传一小儿，从兄嫂居千佛山麓。兄嫂性贪，待之过甚。一日，此儿道逢一叟，须发皓然，引其入一洞中，见有金牛正在拉磨，偶有一二金豆落地，叟告以可拾取。良久，得三粒而返。兄嫂异之，翌日趋洞中，曰：‘何必拾豆？盗牛益富。’欲往执牛，牛跃出，洞门遽闭，夫妇不得归。牛奔西北，卧太平河畔，化为金牛山。”山南陡峭的岩石上，置半身牛像，由13吨重的黄褐色花岗石雕刻而成。牛像以南20米处有六角攒尖双层彩亭，红柱褐瓦，雕梁画栋。牛像以北20米处有人工泉，泉侧岩石上镌“金牛泉”三个大字，为书法家魏启后题写。泉水来源于山顶封闭式蓄水池，泉水借山势蜿蜒而下，汇聚在彩亭西面，名曰“桃花溪”。在金牛泉西南面，有石板铺成的盘山小径，路两侧有“石径”“峰回路转”石刻。

金牛阁

金牛阁位于金牛山上，因山而名。始建于1960年，2002年进行修缮。2007年8月遭雷击，之后进行翻建。阁分二层，高12米，建筑面积715.88平方米，黄瓦雕檐，石柱环廊。阁正面门额“金牛阁”金字横匾及阁内楹联“青松绕画阁，白水望金牛”，均由舒同题书。阁周围植物繁茂，以侧柏林为主，间植有白皮松、大叶黄杨等。登阁远眺，山峦起伏，黄河东流，绿波沃野，楼宇林立，济南风光尽收眼底。

科普馆 位于金牛广场西北，建于1990年，2010年进行改造。通过主题性构思和开放性设计，融声、光、电为一体，在一定空间内创建一个生态环境，让游客如置身于大自然中。展馆内容包括：生命起源、恐龙演变、微缩生态景观、神秘的海洋、鸟类展区、哺乳动物展区、自然生态环境演变区、微观世界、灭绝动物展区、放映区等12个展示区域。通过丰富的动物展示、珍稀濒危物种的保护宣传，精彩的互动环节和科普活动，向游客介绍生物知识，讲述生态故事，倡导环保意识，让游客在观赏中既得到陶冶，又受到教益，提高“关爱动物，保护地球家园”的自觉意识。

三、动物笼舍

狮虎山（馆） 位于金牛山西腰，1960年建成，1985年改建。2008年6月投资160万元，进行扩建。现建筑面积1500平方米，笼舍7间，每间面积60平方米，笼舍内摆置山石、塑树，周围种植小乔木、灌木、花草等。游客参观区采用钢化玻璃，外侧是仿木构架式廊道，外围是游人活动广场。

小熊猫馆 始建于1960年，1989年迁建至猿猴馆西南面。建筑外观呈皇冠型，建筑面积102平方米，分为操作间、饲养室和5间动物内舍。动物内舍地面用木板铺装，外面为玻璃门窗。环动物内舍是扇形外活动场，总面积210平方米。外活动场安装通顶铁网罩，内设假山盆景、置石，栽植竹子、柏树、香椿、无花果等植物。活动场1米开外设1米高铁栏阻游人靠近，栏外是3.75米宽环形花砖参观道。周围配置大叶女贞、石榴、山桃、侧柏等植物。

熊山 建成于1960年，是在金牛山东面岩石冲沟的自然地形上修建而成，用砖石砌垒，有7间熊舍和操作廊。顶部用水泥浇筑成宽7米、长40米的通道，道旁建0.8米高护栏。室外活动场在兽舍两边，周围挖掘成坑，砌4米高石墙。场地是自然式地形，岩石裸露，灌木丛生。

猴山（馆） 1960年建成，1988年改建。馆舍建筑面积439.4平方米，建有展室10间，朝参观廊一面装铁栏，附玻璃罩窗；距展室0.9米处装低栏，阻止游人靠近。栏外是长44米的参观廊。

猴山(馆)

猴山，连接展室北侧，沿坑边建高3米、长86米的石墙。1981年改建时，距墙3米堆建4—8米高的石山，并取《西游记》故事，建花果山、水帘洞、点将台。山上装有铁索桥、石桥、翘板、转椅等，动物可游可居。石墙顶部建石栏，绕栏有石铺参观道。

猛兽馆 建在金牛山北坡，1960年建成，建筑面积938.3平方米，以铁丝网分割为17个单笼。展笼有圆形、方形、扇形，饲养着豺、狼、豹等10余种小型猛兽。

鹿苑 建于1960年，1988年改建。改建后的鹿苑分为3个场地，面积分别为2980平方米、576.6平方米、335.7平方米。其兽舍面积分别为70.2平方米、129.1平方米和45.5平方米。场周均以石基铁栏圈围。场内饲养梅花鹿、马鹿和其他品种鹿。

南鸟室 位于嘤鸣馆南侧，建于1960年，1973年改建。建筑面积248.8平方米，分为8个单间，每间8.5平方米，前后装玻璃门窗，附钢丝网罩壁。馆内有2.6米宽的参观廊，连舍南面建钢丝网展笼。

鸸鹋馆 位于嘤鸣馆西南侧，建于1964年，1989年改作孔雀馆。建筑面积170.4平方米，以钢丝网隔成3个展室，前后装玻璃门窗，附钢丝网罩壁。馆内有2.6米宽的参观廊。与展室相连，南面有207平方米的展笼。距展笼2米装钢管护栏，游人于栏外参观。

海豹池 建于1966年，略成椭圆形，池岸以块石砌垒，面积375平方米，池深2米。池中堆石成岛，岛上建产房。水池北面连接产房和操作室建有水泥平桥。池岸装铁管围栏，游人绕栏外石径参观。

大熊猫馆 位于金牛山东南侧，1973年建成，建筑面积293平方米。馆内有30平方米的两个展厅，厅北侧装0.7米高护栏，栏外为宽4.5米的参观廊。室外活动场在展厅南侧，场周绕石基安装铁网护栏，护栏内侧有1.5米宽隔离沟。护栏外依地势修2米宽起伏道路，游人可隔栏观赏。

大熊猫馆

2012年9月对大熊猫馆舍进行改建，2013年1月10日建成。改建后的新馆占地2000平方米，建筑面积840平方米。新馆充分考虑大熊猫的生活习性，采用山石、原木等材料，确保环保生态。新馆设置了大熊猫生活区、游人观瞻区、管理人员工作区三大功能区域。大熊猫生活区有内展室、隔离室和外展区；游人观瞻区包括科普展示区、科普互动区和熊猫工艺品展售区；管理人员工作区配有管理室、监控室、配料间。新馆内暖气、空调、假山、瀑布等温度调节设施一应俱全。经专家组验收，属国内标准最高的熊猫馆舍之一。

斑马馆 建于1978年，兽舍面积153.6平方米，活动场地面积634平方米。馆之西、北两面砌石墙，东、南两面围铁网。距铁栏5米处安装石基钢网防护栏。

猩猩馆 建于1980年，2009年6月改建，建筑面积2100平方米，室外活动场1273.2平方米。馆为钢结构，内有玻璃幕墙，钢丝网封顶。

大象馆 建于1987年，2002年依原大象馆建筑风格，连接展馆东侧开山扩建，增加了室外活动场地460.94平方米，外活动场地1111平方米。沿外活动场地铺设2米宽花砖参观道。馆东侧建毛石挡土墙，墙上植连翘。在展室东侧新修水泥园路与环山路相连，沿水泥路两侧堆砌自然石，植迎春等花木造景。

大象馆

河马馆 建于1988年，2008年8月投资80万元进行改造，改造的主要部位是室外展出池及周边环境，总改造面积600平方米。东池外围进行绿化种植，抬高观赏基点，西池外新建下沉小广场，安装景观玻璃，展现河马水下活动情况。室内展厅采用玻璃幕墙，增设了供暖设备。

骆驼房 1988年建。兽舍面积151.5平方米，活动场地面积272平方米，周围安装铁栏。

野驴馆 1988年建。东临斑马馆。兽舍面积86.7平方米，游兽舍西有600平方米的活动场地，三面围铁栏，呈扇面状。

嘤鸣馆 亦名百鸟乐园，位于金牛山东北侧，为封闭式综合鸟禽馆。其名出自《诗经》："嘤其鸣矣，求其友声。"1989年10月建成，占地3万平方米。分4个展馆3个展区。热带植物温室鸟馆尤为壮观。该馆跨径40米，高18米，钢架玻璃墙壁。馆内北侧为假山，重峦叠嶂，悬崖峭壁。山中出泉，形成小瀑，流经小溪，注入沙湾，曲桥高架，修竹婀娜，巴蕉玉立，花卉丛生，虽为人造，宛自天成。另有雉鸡馆、涉禽馆、水禽湖，也各具特色，有的掘小潭，有的植佳木，有的缀秀石，自然野趣颇浓。各馆之间由平桥亭廊曲径相连，往来自如。

馆内放养140余种、2000多只鸟禽。其中有一级保护动物丹顶鹤、黑顶鹤、白鹳、黑鹳、黄腹角雉，二级保护动物大天鹅、小天鹅、斑嘴鹈鹕、灰鹤、白枕鹤、兀鹫、秃鹫、海南鹦鹉、鸳鸯、白鹇、白冠长尾雉、原鸡、红嘴角雉、红腹锦鸡；还有产于外国的30多种珍贵鸟禽，诸如灰冠鹤、黑天鹅、冠鸠、红鹳、玄凤鹦鹉、大眼斑雉、五彩文鸟等。漫步于花木掩映的曲径、亭廊、桥台、水畔，可见到各种鸟禽在山间树丛、湖中溪岸戏耍。

长颈鹿馆 1988年10月兴建，1989年5月竣工，建筑面积572平方米。室内设展厅和参观厅，面积192平方米，高9.6米。展厅南侧有1736平方米的室外活动场，场周装有2米高钢管围栏，距围栏2米处安装铁护栏。2007年2月进行改造建设，规划面积1.6万平方米，新建动物笼舍79平方米。将长颈鹿馆北侧原麋鹿馆、羚牛馆、角马馆拆除，扩建为室外活动场，并有占地面积311平方米的投食台和长颈鹿活动场，以深沟和护栏加以隔离。长颈鹿活动场北侧是原垂钓园池塘，后改建为水禽放养区，水体面积872平方米。北侧是羚羊、角马、斑马活动场。3个活动区东侧是水泥钢管护栏，护栏内是隔离沟，背景为茂密的植物种植区与隐约在树丛中的栏杆。

小动物乐园 位于金牛山东北坡，占地面积1.5万平方米。1993年5月，此处建宠物乐园，主要展出犬类和鱼类。1998年改建为科普园，2001年改建为小小动物园。园内建有小兔之家、小马之家、小猪之家、夜行馆、小羊放养区、孔雀东南飞表演场地等，展出美国矮马、小兔、小猪、孔雀等中小型哺乳动物、禽类33种。园内利用自然地形，以自然石砌驳岸建造叠水，模仿石林塑假山，设置雕塑、儿童游戏石、涂鸦墙、感应喷泉等；种植柳树、白蜡、紫叶李、丁香、女贞、黄刺玫、蔷薇、爬山虎、爬行卫矛等植物，营造良好的绿化环境。2006年7月将此处改建为小动物乐园。内有动物笼舍4座，分别是品种猴馆、袋鼠馆、小熊猫馆、美国矮马舍，另有多功能演艺台1处，观景木栈道1座。

蟒蛇馆 建于2000年6月，占地200平方米。主要展出印度野蟒、眼镜蛇、四脚蛇、变色龙等蟒蛇30余种，300多条。

企鹅海狮表演馆 建于2002年10月，占地600平方米。主要展出北极企鹅、海狮表演等。企鹅馆的建成，弥补了动物园北极动物的空白，同时也是山东省第一家北极动物展馆。

四、植物配置

济南动物园选址基于济南市苗圃。建园后，公园绿化不断改造提升，至2011年，园内绿化总面积约为47.3万平方米，绿化覆盖率达95%以上。生存树木131种89154株（不包括竹林苗圃），其中，常绿乔木占54.28%，落叶乔木占23.48%，水生植物占23.24%。另有竹类30余万株，草坪16万平方米。

在植物配置上，突出了森林式动物园的特色，创造适合动物生长的环境。狮虎山、猛兽馆周围松柏苍郁，灌木丛生，使动物隐于山林之中；熊猫馆附近疏林青碧；鸣禽馆植毛白杨、法桐、五角枫等，使群鸟栖息于密林；笼舍间花坛内花开不断，构成鸟语花香的意境。

园内林木多成片栽植，形成多种片林。（1）侧柏林。位于金牛山及山南地段，主要有解放前栽植的侧柏、千头柏。林中杂有数百株20世纪30年代初期栽种的大树，其中，山顶上金牛阁西平台上一株，底部干径只有31厘米，呈衰老状，传为清代遗物。熊猫馆周围的侧柏是1963年栽植的，柏树构成金牛山绿化的基本特色。（2）刺槐林。栽植于狮虎山以西，占地面积3万平方米，其中，3000多株为建园前所植。暮春白花锦簇，槐香四溢，花谢后一片青翠，荫郁清幽。（3）杨树林。分布于鸣禽馆西，森林乐园、工商河西岸路旁。鸣禽馆西的290余株是1960—1962年栽植的，森林乐园的700余株和工商河西岸的124株及路南端的毛白杨片林是1972年栽植的，在园中形成一道绿色屏障。（4）五角枫林。位于嘤鸣馆南，现存90余株，建园初期栽植，占地面积2500平方米，林间置石桌石凳，是游人憩荫佳处。（5）竹林。在金牛山北至小清河地段上，占地面积3.4万平方米，现有竹子30.6万株。1975—1976年由临清县引种500株竹苗，经多年驯化繁殖，至1989年形成占地约1.33万平方米的竹林。1998年开始沿小清河南岸逐年繁殖扩展至现有规模。（6）桃林。在金牛山西南坡环山路两侧，占地约2.45万平方米。20世纪80年代末期，种植山桃百余株，经多年修剪疏伐，现存40余株，株高大多在3米左右。90年代中后期树势开始衰弱，1999年开始更新复壮，至2005年年底基本更新完成。每年早春，红白相间，繁花似锦，呈现一片勃勃生机。（7）梨树林。在园区东部，栽植于20世纪50年代初，占地5万平方米。原是一片栽有上千株苹果、葡萄、梨树的果园，因树势衰老被砍伐，现存梨树290多株，构成春华秋实的园林景观。除这些片林外，园内还存有63株白皮松，零星分布于各景区，平均胸径18—20厘米；金牛山顶阁东侧4株胸径都在30厘米以上，其中最大1株胸径达40厘米。冠呈伞形，树皮灰绿，老化后表皮鳞片剥落，留下大块黄白色斑块，极具观赏性。

园内道路多以行道树命名。有东门门坊内40余株柳树形成的柳荫路，柳荫路至工商河桥段的法桐路，环山路、工商河至办公区的国槐路，环山路至猩猩馆的丁香路等。这些道路上的行道树有建园初期栽植的，也有为营造景观逐年栽植。或早春柔枝吐翠，垂丝飘荡；或盛夏绿荫如盖，遮天蔽日；或花香四溢，沁人心脾，景象十分壮观。

五、水体景观

水禽湖 在金牛山东北侧，东临工商河，北濒小清河。湖区原是一片苇草丛生的沼泽地，兴建动物园时挖土造池，形成开阔的水面，面积1.5万平方米。1983年，绕池砌石岸，湖中置船，游人可于湖中荡舟戏水。沿湖岸植花草树木，东北部建有方形“渔乐亭”，西部拱形桥上建有“霞亭”，湖西南岸建有六角形“枕波亭”，湖西部与内水禽湖相连，有小巧玲珑的石拱桥。1997年，对金牛湖进行清淤扩建，面积扩展至2.2万平方米，拆除了西南部拱形桥及枕波亭。2001年对其再次清淤，重新堆砌湖心岛，新砌驳岸300余米，岛上种植垂柳、旱柳、芦苇等，水中种荷花，放养各类水禽。岸边栽植垂柳、蔷薇、小叶女贞等植物，周围毛白杨、法国梧桐等大树参天，营造了适合禽类生长的自然环境。

六、经营服务

（一）游乐

游乐园 位于公园东北部，分里、外乐园。里乐园位于金牛广场北，外乐园位于工商河东，公园东门内两侧。20世纪80年代初辟建，到2010年，里、外乐园先后建有激流勇进、自控飞机、水上世界、摩天轮、三星飞旋、水上漂流、滚摆舱、高空列车、激光战船、水陆大战、猴爬杆、欢乐旅行等较大型游乐设施50余种。1994—2010年间，因公园规划调整、设施老化等原因，部分游乐项目先后被拆除，主要有：水上世界、高空列车、动物转盘、双人飞天、碰碰船、太空球、小猴抬轿、转椅、丛林奇观、架空飞机、飞车冲浪、跑马场、转马、疯狂老鼠、卡丁车等。

电瓶游览车 2005年始设。

（二）餐饮

萃华楼 位于金牛山东北侧，1980年建成，建筑面积1033.19平方米。内设大中小三个餐厅，可同时容纳300人就餐。供应50余种菜肴，特色菜品有糖醋鲤鱼、红烧海参、炸金蝉、扒鲜贝、香酥鸡、炒腰花、番茄肉片、三鲜汤、冰糖银耳等。

金牛快餐 位于小小动物园北门东侧，2012年4月开业，营业面积200平方米，能容纳50人就餐。秘制排骨米饭为特色菜品。

桥头快餐 位于金牛桥东侧，1993年建成。1995年拆除。

森林快餐 位于东门内主路北侧，1993年建成。1995年拆除。

东方快餐 位于东门北侧，建于1995年，营业面积600平方米，容纳100人同时就餐。2009年拆除。

绿野快餐 1997年建成。位于猩猩馆西侧，营业面积200平方米，同时能容纳50人就餐。2009年拆除。

百乐快餐 位于小动物乐园东门北侧，1998年12月建成。营业面积245平方米，同时容纳100人就餐，2007年关闭。

金牛山茶社 位于金牛山山顶的金牛阁。1965年设点营业，面积700多平方米，1995年改建。

（三）摄影

金牛摄影部 1964年开业，设在公园办公院，1984年迁至儿童乐园北侧三间平房，后迁至铜牛广场南侧小平房内，2009年摄影服务部取消。

（四）其他服务及设施

公园现有熊山商亭、猴山商亭、小动物乐园商亭、狮虎山商亭、狼豹商亭、鹿苑商亭、驼园商亭等7处商亭，皆建于1996年，主营小食品、冷饮、玩具等。另外东门及南门处有婴儿车、轮椅、雨伞租赁、小件寄存等。

（五）门票

1960年公园建成开放时，门票价格为0.05元，后调整为0.1元，20世纪70、80年代又经过几次调整，至1994年，门票价格为4.5元。1995年为6元，1996年为10元，1997年为12元，1998年为15元，2006年调整为25元。

第二节 济南野生动物世界

济南野生动物世界位于济南南部山区的跑马岭，南依泰山，距济南市城区40公里。1998年开始筹建，1999年9月26日建成开放。总面积667万平方米，游览线路总长12公里，分为步行游览区、森林休闲区、食草动物区、猛兽区、动物饲养繁育中心和综合服务区六大区域，是目前国内规模最大、野趣最浓的森林野生动物园。2001年获评国家4A级旅游景区。

济南野生动物世界所处的跑马岭占地2000多万平方米，相传是以唐代武德年间（618—626年）李世民率军东征，在此操练兵马而得名。这里平均海拔700多米，林木茂盛，气候宜人。

一、动物

园区内放养动物100余种10000余头（只），

主要放养在步行游览区、食草动物区、猛兽区。

步行游览区　位于景区正门（北门）内，是进入景区的首处动物放养观赏区。区内建有放养猴、藏獒、孔雀、澳洲鸵鸟、鳄鱼、海狮、黑天鹅等水禽的猴谷、犬舍、孔雀园、鸵鸟园、鳄鱼湾、海狮馆、游禽湖。

食草动物区　位于步行游览区之南，面积约256万平方米，分为亚洲食草动物区和非洲食草动物区，放养产于亚、非两大洲13个国家和地区的数10余种珍稀野生食草动物。亚洲食草动物区内放养有羚牛、马鹿、野驴、黄黇鹿、白黇鹿、梅花鹿、岩羊、“四不像”、骆驼、牦牛、野马、大象等。其中，羚牛来自陕西秦岭，其毛色在阳光照射下呈现金黄色，所以也叫金毛羚牛，与金丝猴和大熊猫并称中国的三大国宝；岩羊又称石羊、崖羊、青羊，被列为国家二级保护动物；马鹿产于甘肃、青海一带，是国家二级保护动物，它最主要的特点是臀部呈土黄色，故又称黄臀鹿；马鹿看上去体型非常像马，实际上是鹿科动物；野驴是一种典型的高原荒漠动物，属于国家一级保护动物；黄黇鹿、白黇鹿都来自欧洲；“四不像”是我国的特产动物，国家一级保护动物，它长有鹿的角、马的脸、驴的尾巴、牛的蹄子，学名叫麋鹿；牦牛，也是我国的特产动物，有高原之舟称号。非洲食草动物区内放养有大羚羊、斑马、野牛、长颈鹿、黑角马、鸸鹋、双角白犀牛、白脸斑羚等。其中，大羚羊是羚羊中体型最大的一种，它的肩胛骨最高可达1.75米，体重最重可达到750公斤；黑角马，学名牛羚，尾巴为白色，也叫白尾牛羚；双角白犀牛来

跑马岭御马亭

自南非，被称为野生动物世界的镇园之宝。园区有两只犀牛，1只称“南南”，1只称“非非”，12岁，体重2吨，食量大，一天可吃掉150公斤草料、50公斤水果，喝下100公斤水。

猛兽区　北邻食草动物区，区内集中了凶猛的掠食者，有虎、狮、熊、豹、狼等。其中虎类有东北虎、孟加拉虎等多个品种。东北虎中尤以金虎最为珍稀，由园区自主繁育成功。孟加拉虎中的白虎、雪虎数量位居全国前茅。豹有黑豹、雪豹两种，黑豹是一种珍稀哺乳动物，濒临绝种；雪豹栖息地在海拔2000—6000米以上，属国家一级保护动物。

园区成立有动物饲养繁育中心，内设动物医院、饲养室、繁殖研究所、育幼园等机构，聘请具有丰富的野生动物饲养繁育经验的国家级专家，指导对动物的科学饲养、疾病防治和繁育研究，为做好野生动物的保护管理工作提供保障。

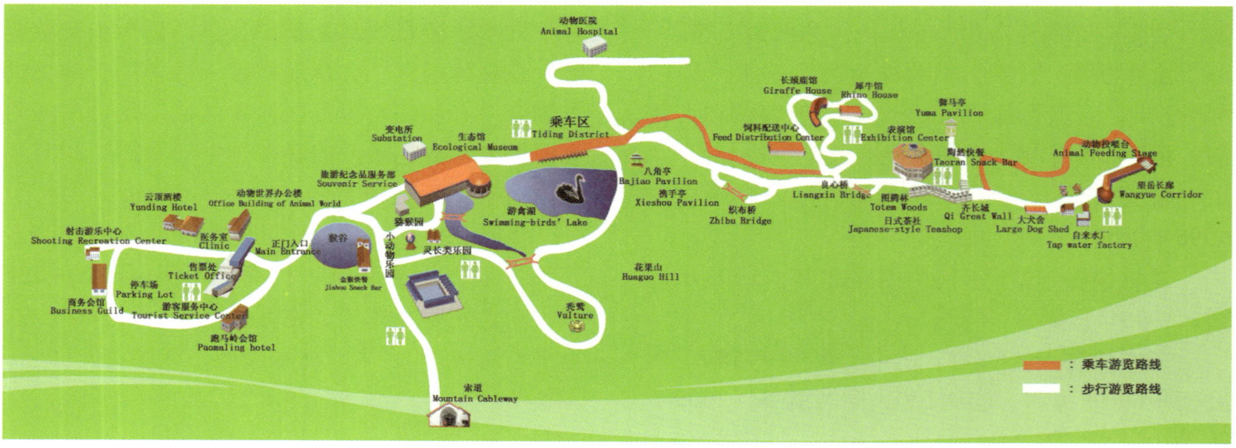

野生动物世界平面图（2011年）

二、经营服务

（一）游乐

观光投喂车 2003年设立，游客可乘坐近距离观赏动物，给动物投喂食物，与动物亲密接触。

观光小火车 2013年设立，为游客提供乘坐游园观光服务。

表演馆 位于园区齐长城处，1999年4月建成，面积415.39平方米。馆内常年有狗熊跳绳、猴子骑车、狮虎过桥等20余种动物表演。

跑马岭索道 2003年6月修建，长1500米，落差396米，为游客提供搭乘服务。

（二）餐饮

云顶酒楼 位于景区大门外东侧，1999年4月建，建筑面积1720平方米，经营炸山蝎、酱野兔、炒山鸡蛋、松菇炖本地鸡、清炖山羊腿等特色菜肴

金猴快餐 位于景区步行区入口处，1999年建。为游客提供快餐服务，兼为职工食堂。

农家饭庄 位于“金猴快餐”北侧，2013年由商品服务部改建，主营手擀面、松菇炖笨鸡、香椿炒鸡蛋等农家特色饭菜。

（三）门票

1999年建成开放时，门票价格为成人80元，儿童40元。至2011年价格未变。

第三节 济南植物园

济南植物园位于章丘市埠村，距济南市区35公里，东邻省道244线，北距经十东路4公里，南与济青高速公路南线毗邻，规划建设总面积400万平方米。2006年9月26日正式建成对外开放。2007年被评定为国家3A级旅游景区，2009年被评为国家4A级旅游景区。

一、植物配置

建园前，园区东西大沟北侧为毛白杨林地，东西大沟以西的西山有两处果园，南北大沟与东西大沟交界处以南的南岭栽植一片刺槐林，其余多为撂荒地。至2006年9月建成开放时，已形成水系、植物展览区和游览区三大区域。植物展览区

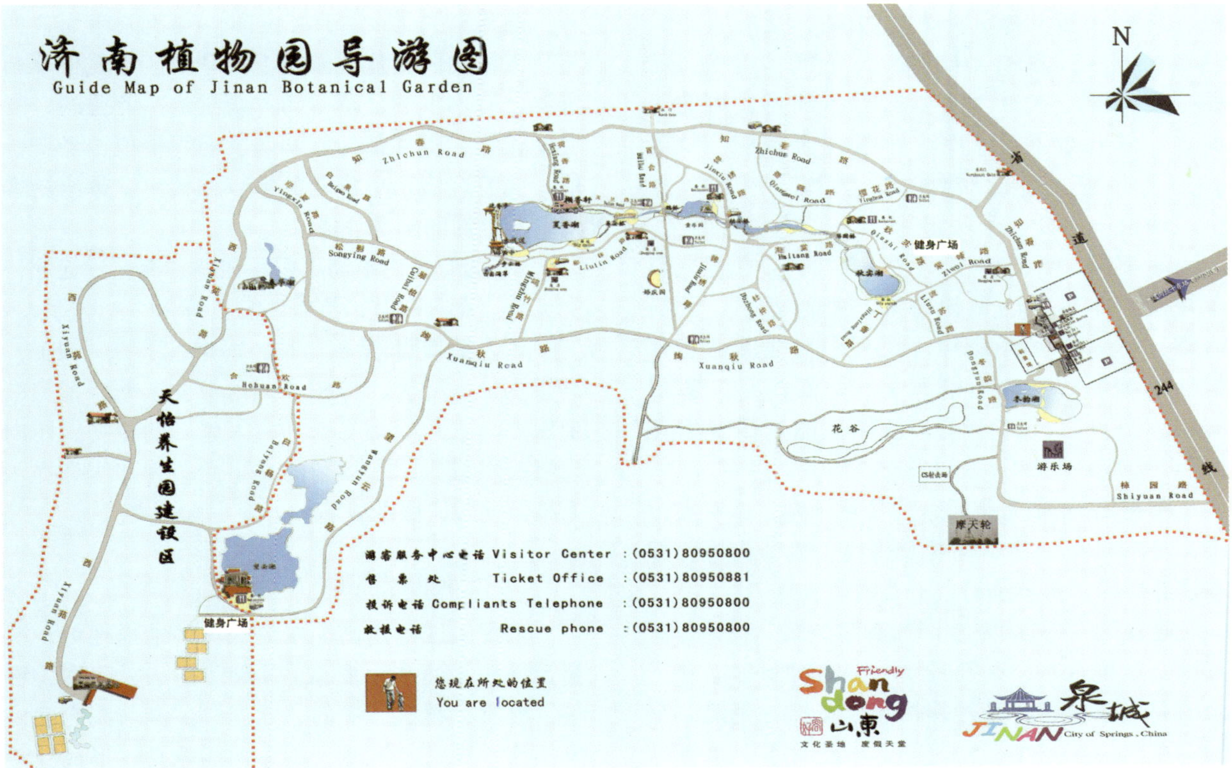

济南植物园导游图（2011年）

收集栽培植物以我国东北、西北、华北、中南地区的温带树种为主。引种栽培109科936种植物，其中木本植物670种。根据植物不同的生态要求，以科、属为基本单元，以植物专类园的形式展示植物造景艺术，形成各具特色的园林景观。园区建有彩色植物园、紫薇石榴园、木犀园、樱花园、蔷薇园、牡丹园 、海棠园 、菊园 、药用芳香园 、木兰园 、竹园、松柏银杏园共12个植物专类园和盲人植物园等6个特色园，成为集植物科学研究、种质资源保存、植物知识普及、新优植物推广、游览观赏休憩、生态示范展示等为一体的植物园。

紫薇石榴园 位于园区主干道知春路西侧，南邻彩色植物区。主要栽种各类品种的石榴、紫薇。有“翠薇”“银薇”“白石榴”“玛瑙石榴”“月季石榴”等品种。紫薇映日，榴花似火，在炎炎夏日争奇斗艳、繁花似锦。

彩色植物园 位于紫薇石榴园南。园内栽植叶、干、果常年或季节性呈彩色的植物，主要有：青桐、龙柏、红瑞木、红枫、朴树、黄山栾、栾树、腊梅、黄金槐、银杏、大叶黄杨球、紫薇、紫叶李、红叶臭椿、白皮松、黄栌、紫叶矮樱、白蜡、五角枫、鸡爪槭、柿树、乌桕、复叶槭、水杉、小蜡、金叶女贞、迎春、玉兰、翠柏、梓树、三角枫、雪松、法桐、侧柏球、大叶女贞、云杉、加杨、樱花、枫香、红叶小檗、丁香、垂柳、金枝柳、扶芳藤、七叶树、金山绣线菊、国槐、楸树、旱柳、油松、白扦、千头椿等。

海棠园 位于秋实湖西北部。栽植蔷薇科苹果属、木瓜属的贴梗海棠、垂丝海棠、西府海棠、木瓜海棠等品种，还有引自北美的花果俱佳的绚丽海棠、道格海棠、钻石海棠、霍巴海棠等品种。一树千花，妩媚风韵，尽显“花仙” 风姿。

樱花园 东临海棠园，北接童乐园。植有大山樱、日本樱花、日本晚樱及碧桃、榆叶梅等。春季桃红樱粉，落英缤纷，云蒸霞蔚。

蔷薇园 在园区东北部知春路南侧，栽种丰花月季、微型月季、茶香月季、藤蔓月季等品种。园内利用蔷薇和藤蔓月季构筑成花廊、花架、花棚、花门、花篱等围合空间。丰花月季、茶香月季等组成花阵。蔷薇月季色泽丰富，蓓蕾四时不绝，颇能感受到“曾配桃李开时雨，仍伴梧桐落后风”的意境。

牡丹园 东临蔷薇园，以引种栽培芍药科植物为主。牡丹、芍药在园内依地势散置，配以丹枫、白皮松，增加四季景观。

木兰园 位于夏香湖与北主园路之间，主要以引种木兰科植物为主。每当早春，树叶未发，玉兰花香，纯正宜人。

松柏银杏园 位于园内最高处圣地山西坡，迎夏路东侧。主要引种栽培雪松、云杉、龙柏、桧柏、黑松、白皮松、油松、刚果油松、侧柏、青扦、龙柏球、小龙柏、侧柏球、水杉等，配以银杏、五角枫，火炬树、黄栌，创造出冬季绿色不衰，春夏松荫匝地，秋季叶红果黄的圣地景观。

竹园 位于夏香湖南面，引种栽培刚竹、巴山木竹、紫竹等16个品种约28000株，郁郁葱葱，有着一份特有的宁静。

菊园 位于园区南半部，是菊科植物及宿根花卉的展示区，种植菊科、百合科、景天科、石蒜科、鸢尾科等近百种宿根花卉。这里常年花开不绝，每年举办一次大型菊展。园内还配植竹林，点植柿树、银杏等，构成四季景观。

药用芳香园 位于海棠园、樱花园南面，西与盲人植物园相连。园内汇集华东、华北中草药资源，有木本的、草本的、荫生的、芳香的，复层配植物，每种都标有学名、药用价值、经济价值，向游客展示中草药的特点和效用，带给游客清新、静谧的幽香环境。

木樨园 园内植满丁香、白蜡、流苏、连翘、女贞等，花开时节，清香四溢。

盲人植物园 栽植腊梅、海棠、丁香、银杏、马褂木、七叶树、柿树、龙爪槐、紫薇、紫荆、金银木、五角枫等易于为盲人感知的植物。园内设置有供盲人“手读”的文字介绍牌和语音提示系统及无障碍服务设施，方便盲人游赏。

二、水体景观

依据园区西南高、东北低洼的地形地势，引章丘垛庄水库水为水源，修建了望云、云影、春华、夏香、秋实、冬韵“六湖”。湖与湖之间以溪相连，观赏、灌溉、游乐功能兼具，形成独特的水体景观。

望云湖 2004年建成，占地2万平方米，其中水面面积约为1.6万平方米（南侧水源面积360平方米）。水源引自垛庄水库水和泵房井水，水深平均3.5米，蓄水量4.5万立方米，中心岛700平方米，景石607立方米。周边铺设冰纹石园路。

云影湖 2005年竣工，占地约1.67万平方米，其中水面面积8900平方米。水源引自垛庄水库水。水深2.3米，蓄水量1.687万立方米。湖体分为东、西、南三块水域，呈“品”字形排列，东、西水域间建有宽2.5米、跨度10米的木制桥一座，南北水域落差约3.5米，西、南水域间有一小溪相连。周围栽植乔灌木21种2348株，种植水生植物5种2967株，播种狗牙根草坪7018平方米。

春华湖 2005年竣工注水，面积6000平方米。湖体南侧修建人工泉水，曰“墨泉”，水源为望云湖水，利用南北高差自流，经墨泉涌出，流入湖内。湖体中间有跌水墙体，将湖面分割成南北两区，水深0.8—1.7米不等。湖体中心岛450平方米。湖体采用软驳岸，湖内种植167平方米水生植物。

夏香湖 2005年12月开工建设，2006年5月竣工注水。占地面积1.8万平方米，水深1.5—1.8米，蓄水量2.7万立方米。湖内建有中心小岛，面积1000平方米，植水杉、毛白杨等。湖西岸建有高地花架长廊，南北长180米，青白粒花岗石柱，钢筋砼梁，格片结构，外刷白色乳胶漆，错落有致，别具神韵。长廊南端建有双层仿古四角亭，名曰“浮云亭”；北端有单层小亭，曰“留香亭”。两亭均为木结构，四坡顶面，红瓦装饰。廊两侧植雪松、青桐、紫薇、木槿、竹等。湖东岸建有930平方米的“葫芦广场”。

夏香湖景观

秋实湖 2006年建成，水面面积5400平方米，周边铺设冰纹石环路。水系长560米，宽5米，落水高差3米，四级跌水。自西向东建有汉白玉“易安桥”、青白粒花岗石“平桥”、花岗石“鹊桥”、花岗石“幼安桥”、木质“红色桥”、机耕板“梨园桥”。沿水系建有“童乐园”和戏水区。湖内种植水生植物12科18属23种 8500余株，周边植草坪3.68万平方米，乔灌木31种4762株。

冬韵湖 2006年建成，面积8400平方米。浅水区水深1.2米，深水区水深1.5米，蓄水量11340立方米。湖中有岛，面积300平方米。湖内种植水生植物7545株，周边植乔灌木9种552株，植草花3种1.8万盆，播种冷季型草坪5200平方米。湖南、北各有1个广场，湖北广场面积600平方米，湖南广场面积800平方米。广场处建有面积80平方米的草屋，供游客休息。两广场中间，建景观彩虹桥，将两广场连通。

三、景观建筑

园内景观建筑主要有：“一堂”，即半山堂；“三馆”即科普馆、岭南会馆、韩国馆；“一轩”，即撷香轩。

半山堂 位于望云湖南岸，2005年建成并投入使用。建筑面积1593.97平方米，总占地面积2000余平方米。采用古典四合院布局，融合亭、廊、榭、阁等，砖混结构，局部两层。周边环境绿化，栽植乔、灌、花等植物39种3.05 万株，种植水生植物16种6297株，播种草坪3.1万平方米。

科普馆 位于园区大门内，隐藏于假山瀑布中。占地350平方米，展览面积1000平方米。一楼为植物科普知识展区，二楼为植物和动物标本展区。

岭南会馆 位于园区西南方最高点，2005年9月建成。建筑面积530平方米，砖混结构，局部两层，红色瓷砖瓦屋面。1层为会客大厅，2层为VIP会员场所。

韩国馆 2005年7月1日开工建设， 当年9月20日竣工。建筑面积1000平方米，局部两层，框架结构，门窗使用双色塑钢窗，门前建绿地广场，面积1100平方米。

撷香轩 位于夏香湖北岸，临水而建，2006年4月动工，当年8月竣工。面积450平方米，钢筋混凝土框架结构，局部两层，两坡屋面，周围建有200平方米广场，南有60平方米木质临水平台。湖内种植水生植物11种5075株，周边栽植乔灌木32种1.067万株，播种马尼拉草坪1.1万平方米。

四、经营服务

（一）游乐

游乐场 位于植物园东南方向，占地面积8万平方米，场内现有游乐设施15组，其中摩天轮建成于2009年，碰碰车、海盗船等建成于2006年9月。

电瓶游览车 2006年公园建成开放时设立。

（二）餐饮

植物园酒店 位于园区大门外广场南侧，建筑面积约为600平方米，建于2006年9月，主要经营当地特色饭菜。

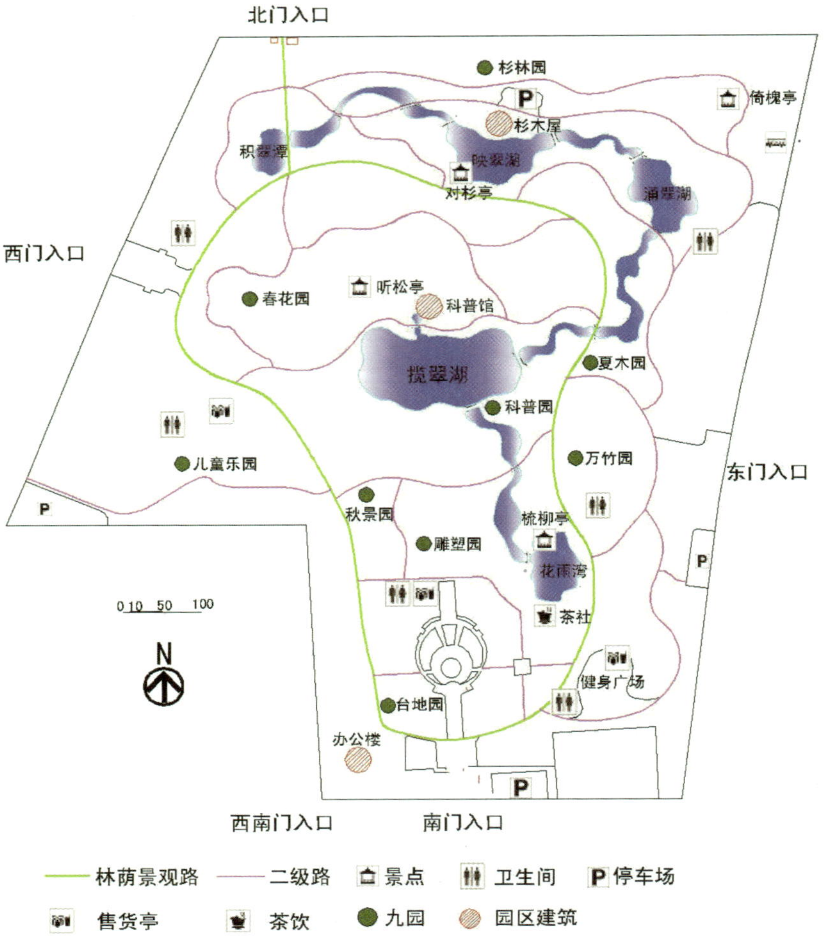

济南森林公园导游图（2011年）

（三）其他它服务及设施

游客服务中心 位于园区大门入口处北侧，建筑面积约为200平方米。主要为游客提供咨询、导游等服务，以及免费为游客提供轮椅、童车、雨伞、针线包、热水、物件寄存等。

（四）门票

济南植物园建成开放后，门票价格为30元。至2011年，票价未变。

第四节　森林公园

一、济南森林公园

济南森林公园位于济南市槐荫区张庄路西首路北，东邻兴济河，西至二环西路，北抵济西路，由济南市园林苗圃改建而成，占地面积69.5万平方米。20世纪50年代末60年代初，此地为济南市蔬菜园艺场，1964年改名为西郊苗圃，1987年更名为济南市园林苗圃。1996年利用园林苗圃南部13.6万平方米的圃地改建公园，1999年年底完成改建，2000年1月1日对外开放，定名济南西郊森林公园，成为济南市区西部唯一的一处市级专类公园。2010年，公园进行扩建改造，园林苗圃全部改建成公园，并更名为济南森林公园，当年12月26日免费向社会开放。公园由大型雕塑群、月季园景区、水景观赏区、花卉观赏区、疏林区、密林区、游乐区等景区组成。

（一）植物配置

改建公园一期工程共栽植雪松、白玉兰、翠柏、垂槐、黄金槐、百日红、水杉、雪松、海棠、龙爪槐、龙柏、红花刺槐等100多个品种1.5万余株，铺种草坪3万平方米，形成了苗木生产与游览相结合的圃地森林公园。2010年，在实施公园扩建工程中，利用圃地原有苗木进行绿化建设。共栽植各类植物169种44万余株，铺植草坪地被40余万平方米，公园绿化面积达到60.1万平方米，绿地率为86.4%，形成不同的专类园。

春花园 位于花雨湾周边，因栽植大量春花植物，故名。园内以花雨湾为主景，植有海棠、樱花、白玉兰、梨树、碧桃、榆叶梅、紫荆、二月兰、紫花地丁等植物，与花雨湾水景相映成趣，极具春花烂漫的特色。在园内西侧有一株九头柳，9根巨大枝叉围合成伞状，造型别致，长势茂密，自成一景。

台地园 在公园南门主入口处，由月季台、台地广场、彩色喷泉、雕塑、六角亭等主要景点组成。景观空间以树形优美的大型乔木和常绿乔木为主要背景，台地花坛围合的广场空间，通透广阔。月季台周围，青石砌成的五道圆形花池，植千株绿篱，栽万株月季，环形土山，花草相拥，奇石卧坡，景致优美。站在月季台回首环眺，远山近景，尽收眼底。台上还建有6米高4层叠水池，水从池台倾流而下，水花飞溅，状如瀑布。池内置多组音乐喷泉并配有玫瑰花语雕塑，营造出温馨浪漫的场景。

万竹园 位于公园东侧，因以竹林为主要景观故名。园内植有淡竹、紫竹、刚竹、箬竹等各色翠竹品种。竹径通幽的林间小路周边，建有园林小品。百亩竹林，万千翠竹，形成幽静淡雅的景观环境。

夏木园 位于公园的东南处，因多植以夏季观赏植物故名。园内浓荫蔽日，有合欢、紫薇、木槿、泡桐、槐树、栾树、梓树等大型花木。30余组体育健身器械全部隐身在树丛绿荫中。既有成年人健身的单双杠、吊环、秋千，又有儿童游乐玩耍的旋转椅、吊吊床等，可同时容纳100—150人健身活动。

杉林园 位于公园的北侧，也是全园地势最低处。园中有林间小木屋、木栈道等园林设施，栽植大量水杉、垂柳以及浮水、浅水、沉水和挺水等水生植物，形成水生植物景观。

（二）景观建筑

科普馆 位于公园中央主轴线上，南临揽翠湖，北依翠溪地形。2010年7月26日开工建设，2011年12月16日建成开放。该馆是公园主体景观建筑之一，地下1层，地上2层，建筑面积5282.5平方米，钢筋混凝土结构，利用所处

科普馆

的地形和环境，采用自然园林式布局。馆内设有1个植物中厅、5个主题展厅、1个动态展厅和1个3D影院、1个为游客服务的生态餐厅。馆外设景观开敞科普空间。按照展馆的功能属性，采用线性参观路线。设1个主参观入口，3个辅助入口，3部主要楼梯，1部无障碍观光电梯。展馆电源使用光伏太阳能，保温采用地源热泵等新技术。整个展馆建筑既与周围环境和谐融合，又生态、节能、低碳，是济南市首座也是山东省首个集观赏、科普、展览、生态于一体的动、植物主题科普馆。2012年被确定为山东省园林科普教育基地。

环翠轩 位于花雨湾南岸，仿古形式，面积110平方米。匾额“环翠轩”、楹联“海纳百川有容乃大，壁立千仞无欲则刚”，均由书法家王仲武所书。

杉木屋 位于公园东侧映翠湖北岸。建筑面积513.08平方米，分上下两层，建筑结构采用轻钢框架，外立面采用防腐木装饰，古朴、自然、生态。南侧有临水平台，满足游人亲水的需求。站在平台上，映翠湖湿地景观尽收眼中。

杉木屋

雕塑园 位于公园中心区域。园内建有《玫瑰花语》、《森林乐章》、《普罗米修斯》、《生命》等雕塑23件，形成特色突出的雕塑景区（见本志第五篇第四章第三节“森林公园雕塑群”条）。

（三）水体景观

园区有花雨湾、揽翠湖、涌翠湖、映翠湖、积翠湖等5处水体，水体之间通过溪流连通，形成完整水系，总面积4.8万平方米。湖、溪全部采用软驳岸，沿岸和湖内种植再力花、香蒲、芦苇、水芹菜、千屈菜、水葱、花叶芦苇、荷花、睡莲、黄花鸢尾、水生美人蕉等水生植物，形成人造湿地景观。

花雨湾 面积4345平方米，水深1.5米。湖畔设石桌、石凳，入水口处如水帘洞滴答流淌，四周水岸若隐若现。湖内有不规则的3处湖心岛，通过“烟雨桥”与陆岸相连，形成小桥流水的景观。

映翠湖 面积6325平方米，水深1—1.5米。湖内水草丛生，鹅群游弋，湖中小岛将湖面分隔成若干小水系。

积翠潭 位于公园西北角，面积1923平方米，水深1.5—2米。湖边结合已有的白皮松等植物现状，栽植常绿的高大乔木，宁静的湖面给人们以幽静、淡雅的感觉。

揽翠湖 位于园林科普馆南，面积5152平方米，深1.5—2米，与科普馆和1400平方米的科普广场共同组成了科普园。

涌翠湖 位于园区东北部，面积3.02万平方米。湖面深广，水景宜人。

（四）经营服务

1.游乐

健身广场 位于公园东南角，2010年12月底建成开放。占地面积6000平方米，包括12个乒乓球台、4个半篮球场、3个羽毛球场地以及各类健身器材39件。

棋苑区 位于花雨湾东岸和北岸，2010年12月底建成开放。占地2000平方米，共有棋盘桌17个。

儿童游乐园 位于公园西门南侧，2010年12底月建成开放。占地面积3000平方米，有秋千架、摇篮坐椅、橡胶座椅、跷跷板、四合一游戏塔等设施。

2.餐饮

泰丰园 位于济南市槐荫区张庄路321号，2003年2月建成。建筑面积7160.64平方米，楼前广场面积1360平方米，是一处综合性酒店，由济南瑞丰餐饮有限公司经营，以鲁菜为主。

杉木屋酒店 位于杉林园，2010年9月建成，面积550平方米。

蒙古包 位于台地园西北侧，2003年6月建成，面积1203平方米，经营特色烧烤。2010年拆除。

尚泉茶韵 位于花雨湾北侧，1998年9月建成，面积101平方米，经营茶水、冷饮。

老树咖啡 位于南门广场东侧，2010年9月建成，面积778.55平方米。

3.摄影

婚纱摄影部 位于台地园东侧六角亭，1996年4月建成，面积19.84平方米。

4.其他服务及设施

雾森商店 位于台地园北，2010年10月建成，面积22.57平方米，经营预包装食品和小百货。

银杏林商店 位于儿童游乐园内，2010年10月建成，面积20.16平方米，经营预包装食品和小百货。

园森商店 位于健身广场，建成于2010年10月，面积23.35平方米，经营预包装食品和小百货。

5.门票

2000年元旦公园建成开放时，门票价格3元，2003年调整为10元，2004年调整为5元，2010年12月免费开放。

二、柳埠国家森林公园

柳埠国家森林公园位于历城南部山区柳埠一带，北距济南城区20余公里，地处泰岱之阴，是锦阳川、锦绣川的发源地。1992年11月，以柳埠林场为基础，由林业部批准为国家级森林公园。公园地跨历城区柳埠、西营、仲宫三镇，总面积2465.5万平方米。这一带，峰峦叠嶂，谷壑深秀，泉溪瀑布，云林如画，风光殊佳。区内树木茂密，林海莽莽。林木种类繁多，计80余种，主要树种以松类和侧柏为主，约占总林地的70%，使整个公园四季常青。此外，还有成片的刺槐、栎树、枫杨、黄栌、槲树、果木林和灌木丛等。春季，山花烂漫，万木吐翠；夏季，葱茏苍郁，清凉无暑；秋季，层林尽染，果香四溢；冬季，松柏傲雪，气候温润。密林之中，鸟啭莺啼，生机盎然。此处山势峻峭，海拔多在500米以上。梯子山、天麻岭、油芦寨、香炉寨、蝎子寨诸峰，峭拔嵯峨，山石嶙峋；跑马岭，连绵逶迤，遥望如屏；灵鹫山、金舆谷、袁洪峪，群山环峙，谷壑清幽。峰峦之间，多泉潭瀑溪，著名的天然泉池有涌泉、水帘洞泉、枪杆泉、仙龙潭、苦苣泉、试茶泉、避暑泉、琴泉、寒泉、洪泉等。溪流潺湲，山清水秀。山高林密处掩隐着众多的文物古迹，主要有神通寺遗址、四门塔、龙虎塔、千佛崖、九塔寺、涌泉庵、九顶松等。公园集森林动物、山峦峰谷、泉溪瀑布、古迹名胜为一体，是避暑休闲、旅游观光的佳处。

三、药乡国家森林公园

药乡国家森林公园位于济南市历城区仲宫镇高而办事处东南，泰山主峰以北，是1992年经林业部批准建立的国家级森林公园。公园东西长12公里，南北宽5公里，总面积1233.2万平方米。园内山峦起伏，林木苍翠，花草绚丽，文物古迹散落其间，构成森林公园的奇观胜景。

公园夏季最高气温29℃，负氧离子含量是市区的380倍，形成独具特色的区域性森林生态小气候，被誉为“天然氧吧”。公园由天池景区、南台景区、瓦岗寨景区、长城岭景区和幽静谷景区组成，有中小型水库2座，水库内生长国内稀有的赤鳞鱼。

“药乡”以盛产药用植物而得名。药王孙思邈曾在此种药、采药。这里除了有被誉为泰山四大名药的何首乌、紫草、四叶参、黄精外，还有泰山赤灵芝、穿山龙、冬虫夏草等名贵药材180余种。

四、九如山国家森林公园

九如山国家森林公园位于泰山北麓，历城区西营镇，东临章丘，南接莱芜和泰安，距离济南城区48公里。公园面积36平方公里，游览面积12平方公里。园区内群山连绵，峰峦叠嶂，峡谷纵横，森林茂密，山泉遍布，溪流交错，瀑布成群，形成了以八潭、九瀑、二十四泉、三十六峰为核心景观，以山峰、栈道、山泉、溪流、瀑布、深潭为特色的大型生态自然景区，国家级森林公园。2006年辟为九如山瀑布群风景区，2009年被评定为国家4A级景区。2010年被评为2010中国品牌（县域旅游）百强品牌景区。

整个景区分为九如峡谷游览区、天篷瀑布游览区、深潭飞瀑游览区、长城古道游览区和生态休闲避暑区五大景观功能区。

九如峡谷游览区，数千亩原始森林，各种古藤在空中交错缠绕又悠然垂下，纠结成一个个绿色的藤网，多处泉水从山涧喷涌而出，悬挂在绝崖峭壁间，形成北方罕见的丛林峡谷奇观，呈现出恍如隔世的原始胜境；天篷瀑布游览区，繁花似锦，山峦险峰，栈道险峻，溪流潺潺，丛林蔽日，山径通幽，宛如远离尘世的世外桃源；深潭飞瀑游览区，群山环绕，峰峦连绵，深潭含翠，碧水荡波，恰似一副山水交融的美丽画卷；长城古道游览区，有明末清初时期的石板古道和距今2500年的齐长城遗址，身临其境，可领略长城残垣，古道沧桑，松随风啸的历史变迁。

九如山

五、卧龙峪省级森林公园

卧龙峪省级森林公园又称济南长清卧龙峪生态旅游区。地处济南市长清区境内，南临泰山桃花峪，北临海内四大古刹之一的灵岩寺，西临104国道、京福高速公路，北距济南城区49公里，南距泰安城区16公里，处在“山水圣人”黄金旅游线上。公园四周青山环绕，自然风光优美。沟长谷狭，松怪石奇，游人可享受到与世隔绝的世外桃源的意境。公园分为引导区、先导区、主导区、主体景区和长城岭景区5大景区，以及古远石林、聚龙、潜龙、麒麟谷、森林浴场等13分区。峪内泉水长年不断，山谷通道，曲径通幽，花木繁茂。步入山林，仿佛进入了原始森林。森林深处生长着名贵中草药，有人参、何首乌、黄芩、灵芝等。

六、胡山省级森林公园

胡山省级森林公园位于经十东路东首，距章丘城区6公里，距济南城区46公里。1917年在此处辟建私营林场，解放后改为国营胡山林场，1995年山东省林业厅公布为省级森林公园。公园总面积140万平方米，林木覆盖率达95.6%。

公园由一条大谷内含的五条峪沟组成，植被以侧柏为主。五条峪沟内的植物景观各不相同：其中二峪沟多杏树，名谓“杏峪”；三峪沟松柏常青，春季金钟花盛开，万绿丛中一片黄；四峪沟柿树较多，秋季红叶满谷；五峪沟深长，树种混杂，色调四季多变。公园主要景观有百丈石崖、观涛亭、齐长城遗址、五峪泉等。百丈石崖位于公园最高点，陡直岩壁，怪石磷峋。观涛亭位处公园中心，亭中小憩，听柏涛阵阵，犹如海浪拍岸。五峪泉位于憩园内，泉边有株古松，高约12米，树径约0.6米，树龄约 200 年。

公园毗邻众多自然景观和人文景观，与号称“江北第一古村”的朱家峪村相邻，南面与海拔693.8米的胡山主峰相峙而立。胡山有著名的“胡山三麓”：南有高30余米的峭石，陡拔挺立，俗称“落鹰石”；北有“古月洞”；中有“朝阳洞”。山顶有“老君祠”“六合塔”、山门、山街等遗迹。

七、大寨山省级森林公园

大寨山位于平阴县洪范池镇东南部大寨村西，海拔494.8米，又称嵫山，为平阴境内最高峰。2000年1月在原国有大寨山林场的基础上建成省级森林公园，面积939万平方米。

此山山势陡峭，怪石嶙峋，巨岩嵯峨。山顶两峰南北对峙，壁立如削，中有石梁相连，人称“天门观”。山峰景观众多，主要有透风崖、锦屏崖、天乳泉、劈雷洞、宝泉、大黄牛、透米缝、扪心桥等。明代文学家于慎行游大寨山留诗赞曰：“美尽东南第一峰，神工削出玉芙蓉。天门阁道金银晃，王母瑶台紫翠封。雷雨千岩声自起，龙蛇万壑势相从。探奇忽动凭虚相，安得仙人碧玉筇。”

北峰一侧的透风崖，两壁矗立，高约20米，中间缝隙1米余，从一侧看去，仅见一线蓝天。山风吹来，呜呜作响。若遇阴雨天，云雾从缝隙穿过，如海浪，似奔马，气势磅礴，惊心动魄，此景观，名“大嵫出云”，为古东阿八景之一。距透风崖不远处为锦屏崖，高、宽均约10余米，石壁光滑，又叫“滴水崖”。水从石缝中渗出，顺壁而下，远看似镜，近听滴水有声，阳光朗照，五彩缤纷。崖下凹进数米，突出如巨乳，水从巨乳滴下，称为“天乳泉”。

大寨山陡峭的石壁上随处可见千奇百怪的钟乳石，有的如云朵，有的似奔马，有的如群龙出海，有的似猛虎下山，象形石比比皆是，栩栩如生。最奇的是在峭壁近北端的石壁下，有一凸出的钟乳石，似一头雄健的大牛拉着一车彩云从石壁中出来，这便是当地群众说的“大黄牛”，是大寨山的一景。过“大黄牛”，绕峭壁东行，在向南转弯处，只见峭壁裂开一条缝，石逢狭窄，仅能容身，人称“透米缝”。

大寨山的东侧是自然景观和人文景观集中的地方。峭壁陡立，直插云天，林海茫茫，景象万千。在雄奇险峻、清静幽深的山崖下，散落着霹雷洞（又叫鹁鸽洞）、奶奶庙、睡奶奶洞、刘公墓等景点。霹雷洞位于大寨山扪心桥东侧的山崖下，洞口环形东向，在高出崖下小路3米的石崖下，洞不深，但奇高，站在洞内仰望，可见一线蓝天，洞上口可与天齐。洞内石壁上有不少溶洞，夜晚常有鹁鸽等山鸟栖息，所以又叫鹁鸽洞。奶奶庙坐西向东，西依山崖，传说是供奉泰山奶奶三妹妹的地方。从碑文上看，奶奶庙又称升月庵。庵院内有石碑6通，从康熙到光绪，记载了历年对庵堂的重建与维修经过。庵西北山崖下就是睡奶奶洞，洞为斜扇形山洞，洞内原有一尊卧姿菩萨，人称睡奶奶。睡奶奶洞北为刘公墓，“刘公墓”3个大字刻在10几米高的石碑上，故又称天下第一碑。

南峰一侧，峭壁奇险，气势宏伟，到处有奇峰怪石，其中有一段通向峰顶的石崖，蜿蜒曲折，犬牙交错，长约50余米，顶宽约2米，其最窄处不足1米，两侧皆为10几米深的悬崖，俯视不见崖底。人行其上，心惊胆颤，相传心地不善者难以通过，古人称此处为“扪心桥”。明万历年间，于慎行在此通过时，写下“阿弥陀佛”4个字，刻于岩顶。历经400余年风雨剥蚀，字迹至今显明可见。扪心桥景色怪异，如遇阴雨天气，一侧云雾迷蒙，将一切景物隐去，另一侧则一草一木，清晰可见。放眼四野，气象万千。

八、蟠龙山省级森林公园

蟠龙山省级森林公园位于历城区中南部山区，地跨彩石、港沟两镇街道，距济南城区23公里。所处地形为低山丘陵区，主峰蟠龙山海拔497.4米。1999年10月15日，经山东省林业厅批准开发建设，2002年7月由山东鲁建世纪集团承建开发，是一个集游览观光、探险考察、健身疗养等功能为一体的省级森林公园。公园总规划面积3166万平方米，集中开发建设面积537万平方米，分为黑峪景区、蟠龙洞景区、彩石景区、寻古怀旧观光区、寻找龙脉登山区等8大功能景区及天然森林浴场、红叶观光谷、蟠龙山庄、森林迷宫、铁索桥、石雕园等31处景点。园内泉水涓涓，森林茂密，植被丰富，森林覆盖率达98.5%。有34科62属88种木本植物，有20科40种鸟类和9种兽类。峰顶览胜，北望黄河滚滚东去；东望狼猫山水库，碧水荡漾；西看蟠龙水库如绿荫丛中一明镜，田园风光尽收眼底。

九、济南唐王平原森林公园

济南唐王平原森林公园位于历城区唐王镇，距济南城区30公里。2001年建设，属市级森林公园。该园东接白云湖风景区，西邻济南国际机场，交通便利。公园总占地260万平方米，内有100万平方米养鱼水面，106万平方米林木花卉，绿化覆盖率70%，素有“天然氧吧”之称。公园分东西两片。东片为垂钓区，有大小淮塘173个，塘内波光鳞鳞，蛙鸣鱼跃。渔塘之间为方正的林地，参天绿树倒影水中，婆娑摇曳，野趣盎然。部分渔塘周围建有凉亭、平台、栈桥，以供游人在此垂钓。西片为赏花区，内有花木80万平方米，各种鸟类60余种，密植着100余种珍稀苗木和常规绿化树，有花卉温室800平方米。区内阡陌交错，树木依类划区，竹林丛生，花团锦簇，美不胜收。

十、济南黄河森林公园

济南黄河森林公园位于济南市黄河泺口浮桥北岸，占地100万平方米。公园内有济南市唯一的森林环圈跑马场，全长1.5公里。设有森林乐园、森林跑车、旱冰场、台球、乒乓球、射箭、射击以及高科技气垫船等娱乐项目。

公园内各种树木达30万株，花草绿树郁郁葱葱，森林气息自然清新，设有浪漫林荫道，名贵美国茶花基地，并建有草原风情蒙古包及乡村风味小屋。公园北1公里处是秀丽多姿的鹊山，著名的古代神医扁鹊之墓静卧在风景如画的山弯之下。

十一、济南北郊温泉森林公园

济南北郊温泉森林公园位于黄河北岸，黄河公路大桥西14公里处，面积866万平方米。始建于1993年。包括森林浴场、温泉疗养、鱼池垂钓、动植物观赏四大景区。公园景观秀美，四季花香，百鸟啼鸣，鱼跃蓝池，是观花、赏果、垂钓、野炊、游乐佳处。

1998年9月，该园开发地热资源的第一眼温泉井正式打通，井深905米，井口水温43.2℃，出水量为每小时97.68立方米。水中含有硅、锶等多种对人体有益的微量元素，是理想的温泉疗养用水。

第五节 湿地公园

据2001年济南市湿地资源调查统计，全市湿地面积3.25万万平方米，主要有河流湿地、湖泊湿地、沼泽湿地和人工湿地4种类型。2005年，山东黄河玫瑰湖湿地建设国家级湿地公园工程动工，济南建设“湿地公园”的帷幕自此拉开。到2011年底，在建的湿地公园共有10个，其中，国家级2个，分别是济西湿地公园、山东黄河玫瑰湖湿地公园；省级5个，分别是济阳澄波湖湿地公园、济阳土马河湿地公园、商河清源湖湿地公园、商河大沙河湿地公园、济南遥墙清河湿地公园；市级3个，分别是济南燕子湾湿地公园、天桥鹊山龙湖湿地公园、白云湖湿地公园。10个湿地公园面积约3.3万万平方米，建成后，济南市的湿地将实现有效保护。

第六节 烈士陵园

一、英雄山革命烈士陵园

坐落在英雄山风景区内，处于马鞍山、英雄山（四里山）、五里山、六里山的怀抱之中。陵园于1949年筹建，1968年竣工，占地32万平方米，是山东省规模最大的一处烈士陵园，被列为山东省文物保护单位、全国重点烈士纪念建筑物保护单位，也是济南市著名的爱国主义教育基地。陵园主体内容分为革命烈士纪念塔、革命先烈墓地、革命烈士骨灰堂和济南战役纪念馆分三部分。

革命烈士纪念塔 （见本志第一篇第一章第五节“景观建筑”之“革命烈士纪念塔”条。）

革命先烈墓地 位于陵园南部，一排排墓冢，安卧在苍松翠柏之下。山东省党组织创始人之一、中共一大代表王尽美和中共一大代表邓恩铭，山东早期党的负责人鲁伯峻等1500余名先烈和济南战役中牺牲的烈士都安葬在这里。墓地东侧，有毛泽东凭吊烈士处。1952年10月27日上午，毛泽东在山东省军区司令员许世友的陪同下，沿台阶拾级而上至此石亭前，向葬于该处的山东军区政治部副主任黄祖炎烈士致哀。而后，当毛主席得知此处山麓安葬着许多在济南战役中牺牲的革命烈士，深情而感慨地说：“真是青山处处埋忠骨，有这么多革命烈士长眠在这里，四里山就成了英雄山了。”

先烈墓地山脚下有开国元勋题词碑，系济南革命烈士陵园2006年2月敬立。碑上镌刻有毛泽东、朱德、刘少奇、周恩来、任弼时、邓小平为济南革命烈士的题词。

革命烈士骨灰堂和济南战役纪念馆 位于陵园中部。烈士骨灰堂内安放着372名革命烈士的骨灰盒。济南战役纪念馆是在原烈士事迹陈列室的基础上于1998年扩建而成，建筑面积6800平方米，由陈列展厅和全景画馆两大部分组成。陈列展厅以大量文字资料、图片和实物向人们展示了济南战役的全过程。全景画馆则以高度写实的艺术手法，利用声、光、电、音响和录音解说等高科技手段，再现了1948年人民解放军攻克济南时的真实场景。

二、辛亥革命烈士陵园

（见本志第一篇第一章“千佛山风景名胜区”节“景观建筑”条。）

三、大王山革命烈士陵园

位于历城区鲍山街道赵家庄东南，是为解放济南牺牲的烈士修建的纪念园。1950年开始筹建，1954年破土动工，1955年正式落成。2003年投资1500万元进行改造建设，拓宽烈士山东路、北路，新建了3300平方米的悼念广场和壮观的汉白玉大门牌坊，增加了无名烈士碑、无名烈士墓以及“前仆后继”主题雕塑和“无坚不催”、“鱼水情深”巨型花岗石浮雕。陵园占地面积30万平方米。

整座陵园坐南朝北，大门宽4米，门外东侧20米处有一个宽约10米、高约2米的影壁，上写“死难烈士万岁”。影壁前有长方形高台和广场，为摆放花圈和举行悼念仪式的场所。大门至山顶有条宽约4.65米，长262米的大青石台阶通道。山顶矗立着一座高约12米的纪念塔，上书“革命烈士纪念塔”7个大字。塔的东侧面书“为国牺牲，永垂不朽”，西侧面书“为民而死，虽死犹荣”。

陵园东侧设有烈士纪念堂、干部骨灰堂、接待室等。整组建筑占地约1000平方米。从大门至山顶通道两侧是青石砌成的统一规格的烈士墓群，共计4区、32排、1140座陵墓，大都是解放济南时牺牲的官兵。每个墓前都立着长方形的石碑，上面镌刻着烈士的姓名、籍贯、职务、所在部队番号和牺牲的时间与地点，有的还记载着烈士的生平事迹。其中无名烈士墓和无名烈士骨灰盒共计522个。今陵园已成为济南市东部新区的“红色公园”和重要的爱国主义教育基地。

四、盛习友烈士陵园

坐落在章丘市官庄镇闫家峪村东边的青山脚下。盛习友（1944—1969），安徽省肥西县人，1964年3月入伍，次年加入中国共产党，1969年7月17日为抢救落水的青年妇女壮烈牺牲，年仅25岁。生前任中国人民解放军陆军第二十六军某部排长。1971年5月24日经毛泽东主席批准，中央军委授予盛习友“爱民模范”光荣称号，号召全军向其学习。同年，章丘人民大干50天，在烈士牺牲地建成盛习友烈士陵园。

走进陵园，迎面是大影壁，上书毛主席语录："成千成万的先烈，为着人民的利益，在我们的前头英勇地牺牲了，让我们高举起他们的旗帜，踏着他们的血迹前进吧！"绕过影壁，左侧平房为"盛习友事迹陈列室"，正面是盛习友半身石膏塑像，西边墙上画的是烈士生平事迹。展室往东是三叠石阶，迎面就是烈士纪念塔。塔身高约12米，宽3米，厚3米；塔座宽约4米，厚3.5米。正面书写着"盛习友烈士永垂不朽"9个大字，背面刻有碑文。塔后是烈士墓，墓石上绘有烈士的遗像，遗像两边分别是"全心全意想着毛主席，全心全意紧跟毛主席，全心全意为着毛主席，全心全意保卫毛主席""为人民操心最情愿，为人民吃苦最愉快，为人民斗争最幸福，为人民献身最光荣"。陵园气势宏伟，松柏郁郁葱葱，庄严肃穆。

第四章 游园活动

第一节 名 节

一、明湖荷花节

历史上，大明湖每年举办两次荷花节。一次是农历六月二十四日，俗称荷花生日，称为迎荷花神节；一次是农历七月三十日，旧日的盂兰盆会，当地则称为送荷花神节。

农历六月二十四日的迎荷花神节，荷花刚刚开满湖面。游湖的人盛装打扮，有的沿湖赏花；有的租一条小船，自己划着，在荷花荡中穿来穿去；有的带上酒食在湖畔或岛上野餐一顿。游罢湖景，再买些荷花荷叶，连同那特有的清香一起带回家去。一路上说说荷花生日的来历，更增加了对地方湖山的热爱。

农历七月三十日的送荷花神节，比起迎荷花神节来更加热闹，郊区农村的老太太和孩子们纷纷赶来参加，大明湖北极阁的道士和汇泉寺的和尚穿着齐整，敲起铙钹，吹奏笙笛，欢迎前来烧香上供的施主。他们还用彩纸扎成大型“法船”，放在庙前寺后的湖水中，黄昏时，吹打作乐，将彩船烧掉。来赴会的老太太们，则带来面灯，点燃放在湖中，用以“超度亡灵”。此时，油灯满湖，灿烂如繁星在天。主事人将汇波楼下的水闸打开，湖中的灯便顺流漂入小清河，孩子们结队冲出北城墙，沿河追灯，欢乐流得极远。

1986年1月，济南市第九届人大常委会第二十次会议，确定荷花为济南市市花。当年，大明湖景区举办了济南解放后的第一次荷花展览。翌年7月1日，全国首届荷花展在大明湖公园开展。此后，举办荷花展览成了大明湖景区的传统文化活动。荷展时间为每年的7、8两个月。后来，随着荷展规模不断扩大、内容不断充实，荷展发展成为荷花艺术节。至2011年已举办25届。艺术节期间，湖中近百亩荷田里盛开的荷花，与沿湖展出的数千盆荷花，形成荷的世界。除展出荷花外，还举办放荷灯、龙舟赛、荷花仙子评选、咏荷书画展、赏荷笔会、荷莲饮食文化展等活动。游客不仅能欣赏到自然之美的荷花，还能领略到多彩的荷文化。

二、红叶谷生态文化旅游区“四节”

红叶谷生态旅游区2001年建成开放后，相继举办红叶节、郁金香节、百合花节和梅花节，并形成传统。

红叶节 红叶是景区的独有景观，面积达260多万平方米。景区开放第二年开始举办红叶节，之后，每年的10月1日—11月12日定期举办，到2011年已经举办10届。红叶节期间，日均客流量达10万人次以上，成为景区吸引游客最多的节。每年此时，红叶林遍布全谷，登高望远，看万山红遍，层林尽染，美不胜收。

郁金香花节 节期在每年的4—5月。占地百余亩的欧洲风情谷是主要展区，50多个品种近百万株从荷兰引进的郁金香，争奇斗艳，五彩斑斓，竞相开放，布满整个山谷，美不胜收，令人陶醉。

百合花节 节期为每年的7—8月。展区设在景区百合园，由浪漫之约、竹径幽幽、莺歌欢谷、誓言广场、爱丽丝乐园五部分组成，是景区打造的爱情主题园。园内植有百合50多个品种、百万余株。百合花因有“云裳仙子”美称，又有“百年好合”之意，每年花展期间，成为新人拍摄婚纱照的场所。

梅花节 节期在每年的2—3月。景区梅园内种植腊梅、红梅、白梅、绿梅、美人梅、榆叶梅、杏梅等30余万株。梅花节期间，引得游人纷至沓来，踏雪赏梅。

三、章丘龙山文化节

每年10月中旬在章丘市龙山镇举办龙山文化节。除参观、游览龙山文化遗址及出土龙山文物外，还组织土特产品展销及经贸洽谈，吸引外商投资办厂，是集考古、民间艺术表演于一体的文化活动。

四、平阴玫瑰艺术节

每年5月1日至15日在平阴县玫瑰镇举办。主要内容有：游玫瑰湖、逛玫瑰谷、登圣母山、赏玫瑰园、吃玫瑰宴。平阴玫瑰以其色艳、花大、瓣厚、香气浓郁而蜚声中外。玫瑰节期间，游客可进入2000多万平方米的玫瑰种植区尽情赏花，并可与花农一起采摘玫瑰，制作玫瑰酱等玫瑰食品。

五、仲宫梨花节

济南城南约20公里处的仲宫镇为著名的“泰山小白梨”产地。位于仲宫镇政府驻地南，西起卧虎山水库南岸的黄花山，东至锦绣川水库迤西的商家庄，长约15公里的沿途山峪内。每年阳春三月，春风送暖，山间、峪沟、地头，万千梨花竞相盛开，一团团，一簇簇，洁白如雪，飘渺似云。间有那粉红色的杏花、桃花，含苞怒放，争奇斗艳。漫山遍野，花潮涌动，犹如一片花的海洋。20世纪90年代以来，每年花开时举办梨花节，前来赏花的游人，熙熙攘攘，热闹异常。

第二节 名会

一、趵突泉元宵灯会

济南地区元宵节放灯的习俗可追溯到隋唐时期。宋代，这一习俗更盛。明清时期，则成为济南一项全民性的游艺活动。据清乾隆《历城县志》记载：“元夜，通衢张灯，放花炬，男女群游……”可见当时济南的花灯之盛、规模之大、参与程度之高、参与范围之广。

趵突泉元宵花灯会有着悠久的历史渊源。据史料记载，正月十五元宵节这天，整个济南大街小巷到处挂着各式各样的花灯。尤以趵突泉畔的花灯烟火最为繁盛。明末清初的文人李焕章在康熙二十三年（1684年）正月十五傍晚，与家人一起漫步济南街头观灯，写下《上元夜游记》，详细记述了清初济南元夜张灯的盛况。记云：“甲子元夜，余在历下。薄暮，偕弟简安、男新命，自芙蓉馆而南至横街，彻东西数里，皆灯也。先东向过抚军、郡守二署，灯参差，若繁星，若列炬，若赘旒，各异光引满，大小随之。鼓吹、烟火当其冲，鱼龙抵戏，婆娑跳舞，络绎不绝。……出泺源门，众传趵突泉烟火犹盛，至则两大火树杰立云霄，迸发自上下，状种种异。历山、泺源二堂，恍惚有无间，雪浪自王屋来，众不暇顾。”（李焕章《老树村集》）

解放后，为弘扬民俗文化，趵突泉公园于1965年恢复元宵节放灯习俗。1980年春节，举办了济南市首届花灯会，此后便形成传统，至2011年已举办了32届。每年自正月初一开始，持续20天左右结束，有时长达1个月之久。期间，每天都有大批市民及外地游客前来观赏，特别是元宵节晚上，人们从四面八方涌来，摩肩接踵，观者如潮。据公园老职工回忆，第一、二届花灯会展出的花灯都是从南方买来的，从第三届开始，公园自己制作花灯。1992年开始，采取对外招标承包、冠名等方式制作花灯，使趵突泉花灯会年年精彩纷呈，成为江北较大灯会之一。

1994年花灯会期间，举办了首届“趵突之春”全国灯谜展猜。此后，每届花灯会均举办灯谜展猜活动，延续至今。灯谜展猜区设在李清照纪念堂游廊，集中了全国20余个省、市、自治区和香港、台湾地区，以及泰国、新加坡等海内外灯谜大师及爱好者创作的灯谜佳品。活动一般从正月初五开始持续到正月十三，在海内外具有很高的知名度，每年参与人数都超过10万人次。

二、千佛山山会

隋唐之前，千佛山曾谓“迁祓山”，即有“祓禊”——踏青、游春的活动。元代时，成宗皇帝降旨，定三月三、九月九于各州县通祀伏羲、燧人、神农三皇之后举办山会。千佛山“三月三”“九月九”山会便成定例。

每年的农历三月初三这天，人们登山踏青，顺拜佛祖、观音、王母娘娘（相传三月三是王母娘娘的生日）。清末，“三月三”山会时间有所推迟，会期也有所延长，竟达一个月之久。民国16年（1927年）出版的《1927济南快览》记载：“每年旧历三月二十八至四月二十八，为该山之庙会，士女咸集”。解放后，“三月三”山会习俗沿袭下来。“文化大革命”期间中断，20世纪80年代初恢复。山会一般在三月三日前后几天举办。2006年开始，山会增办相亲活动，形成山会的一大特色。

“九九”重阳节原为文人骚客登山赏菊的节日。每年的九月初九这天，便有众多文人骚客携茱萸酒，拎菊花糕，登山赏菊。这天，寺僧做佛事，达官贵人、善男信女，咸来焚香叩拜，而后游山赏景。百姓亦来祷之，乞求神灵保佑。至此，千佛山便由单纯的文人登高，成为各阶层麇集的庙会了。此俗沿袭了多代。民国期间，千佛山庙会已有相当规模，会期甚长，会上扎彩棚，唱戏3天，摆摊叫买者，布满山会。商界也在庙会期间休假1日，以尽游兴。解放以后，山会仍存，且规模愈大，人们登山之雅趣愈浓。“文化大革命”期间中断。20世纪80年代初恢复，又复盛兴。1987年10月，历下区政府首次以政府名义批准10月29日—11月4日举办“九月九”山会。之后，每年都由当地政府牵头组织，千佛山景区承办。期间，登高赶会者，纷至沓来，山楂、柿子等农副产品、糕团、拉面、肉串等各色风味小吃，以及日用百货、文化用品等都汇集于此。除此，还有丰富多彩的文化活动，如戏剧、杂技、魔术表演等。整个山会人流如织，笑语欢声，热闹异常。

三、大明湖新春庙会

大明湖新春庙会始于1995年。之后，每年春节期间均举办，至2011年已举办16届。

新春庙会以民俗艺术展演（民间杂耍）、文艺演出、小吃城、文化书市、游戏娱乐等传统的五大板块为主。民俗表演有皮影戏、剪纸、木版画、面塑、纺线、织布等传统手工艺制作和展销；文艺演出是庙会的重头戏，来自各地的秧歌、高跷、杂技等表演精彩纷呈；在小吃城内，荟萃了全国各地的风味美食；游戏娱乐板块内有滚铁环、投球、射击、踢毽子等传统游戏；文化书市内古玩、字画、各类图书，琳琅满目。庙会期间，每天上午在景区西南门外广场举行盛大的迎宾仪式，仪式的内容依据历史上乾隆皇帝三游大明湖的故事设计，体现皇帝与民同乐的主题。

庙会在环境布置上也突出民俗文化特点。景区内挂红灯笼，贴春联，拉彩旗，搭建牌坊，到处张灯结彩，烘托喜庆气氛。庙会期间，大明湖景区游人如织，人声鼎沸，十分热闹。

第三节 特色展览

一、济南市菊展

济南赏菊由来已久，赏菊最佳处是趵突泉。早在宋代便有一代词人李清照赏菊的记载。1956年11月4日，济南市城市建设局、中国科协园艺会济南分会，联合在趵突泉公园举办济南解放以来的第一次菊花展览，展出菊花1万余盆。后中断。1981年，济南恢复菊展和菊文化活动。此后便形成传统，时间定为每年的10月底至11月底。菊花展在中山公园、大明湖公园都有举办，但以趵突泉公园举办次数最多，是济南市菊展的主要场所。菊展期间，数十种万余盆菊花傲霜开放，吸引大量爱菊人士和游人争相观赏。

二、济南奇石展

济南天然奇石馆是济南奇石常年的展出场所。该展馆位于大明湖月下亭西邻，原为花卉展室，建于1972年，1999年改做天然奇石展览馆。展馆占地面积1000余平方米，展厅面积800平方米。馆内常年展出10余个国家及全国20多个省（市）自治区天然奇石精品1000余件，计40多个石种。包括造型石、纹理石、矿物晶体、古生物化石等。馆内陈列的3亿—5亿年前的红珊瑚、震旦角石、2.5亿年前的三叶虫、白垩纪的恐龙蛋和各类动植物化石，以及异彩纷呈的天然矿物晶体，皆为珍稀真品。

此外，济南市赏石协会分别于2002、2004、2010年在英雄山文化市场举办三届赏石博览会。博览会期间，除展出奇石外，还举办奇石鉴赏、赏石理论讲座等活动。

三、济南市插花展

济南市较大规模的插花活动始于1991年。当年10月2日，市园林局邀请日本和歌山县“嵯峨御流”派插花艺术大师中森庆甫率代表团在南苑宾馆传授技艺，全市42个单位66名学员参加培训，并参加了10月4日在济南植物园（今泉城公园）举行的汇报展出。1993年9月28日至10月4日，在大明湖公园举办了济南市第一届插花花艺展览，来自企业、机关、学校、宾馆和园林系统等30多个单位40多名选手创作展示作品60余件。1994年9月27日至10月4日，济南市插花技术比武在济南植物园（今泉城公园）举行。此后，市园林局结合荷花展、国庆花展、菊展、“大地回春”等活动多次组织插花展览和插花比赛。这些活动极大推动了济南插花技艺水平的提高。1997年和1999年，济南市组队参加第四届中国花卉博览会和昆明世界园艺博览会插花展，获得多个奖项。

第五章 公园管理

第一节 行政管理

济南的公园管理最早可追溯到20世纪初。清末光绪三十年（1904年），随着济南最早的公园——商埠公园（今中山公园）的建设，政府便开始行使公园管理的职能。商埠公园建成后，相继由商埠局和山东省会市政厅对公园实施管理。1929年济南市设立后，由商埠公园改称的中山公园以及随后建立的胜利公园，相继归济南工务局、建设局、社会局进行日常管理。

解放后，中山公园改称人民公园，胜利公园改称青年公园，两公园先后由市文教局和市建设局园林科管理。之后，随着大明湖公园、趵突泉公园、千佛山公园和金牛公园先后建成，1959年济南市园林管理处正式成立，在内部机构中专设管理公园的园容、绿化、卫生、治安、经营服务等科（处）室，使公园管理工作不断加强。园容卫生、绿化管理方面：1960年3月，设立公园绿化管理科，1988年11月改设公园管理处，2001年11月改设风景园林管理处。治安管理方面：1960年11月设人事保卫科，“文化大革命”期间称“武装部”，1979年5月改设保卫科，1987年6月改为保卫处，2001年12月治安保卫工作归并至政策法规处。经营服务管理方面：1960年3月始设财务计划科，之后到1987年2月，先后改设为生产财务科、生产科、计划财务科、综合科，1987年6月改设综合处，1997年11月改设计划财务处，2009年1月经营服务管理从计划财务处分出，设立经营管理处。2010年4月，经营管理处撤销，经营服务管理工作归并至发展规划处。各公园根据市园林管理处（局）内部机构设置情况，结合公园管理工作需要，设立园容绿化科、保卫科、生产（或经营服务）科等。

第二节 法规管理

济南商埠公园辟建后，商埠局即制定《商埠公园游览章程》，规定：“凡来公园游览者，先在售票处购券，方准入内。览毕出园，即将该券缴销；入览券每张铜元二枚，游附设陈列馆加铜元一枚（后改为每张铜元十枚，游附设陈列馆者加铜元二枚）；酒醉疯癫等人，概不售给入览券，以防滋事；管理园务之职员及匠役人等均佩有特别标帜，以便稽查；游人不得乘车马入内，不得携带危险及有妨害卫生等物，不得污画墙壁，违者罚款；园内花木果实以及所畜动物等类，只可观览，不得攀折损害，如有折花一朵者，罚京钱二百文，损害全株者，加倍议罚。”此外，还对入览券的制作标准、欲借公园亭座举办宴会、损坏器具赔偿等作了规定。1933年，济南市政府制定《中山公园管理规则》，规定：“本园设管理员一员，管理院内一切事物，并得设雇员若干人佐理之；对园内风纪秩序，管理员应负维持之责，遇必要时得通知该管公安分局派警协助；园内游人如有违背游览规则情事，由管理员随时取缔，其情节较重者，送交该管公安分局办理并呈报工务局备查；园内茶社及民众俱乐部等，均招商承租，其一切布署需受管理员之指导，如有违背各种章则情事，管理员须随时呈请核办；凡承租各商应将经理及伙友姓名、人数，报由管理员转呈工务局备查；各商雇佣之伙友所著衣服，均须一律佩戴符号，但须依照市政府之规定式样制备之；公园每日上午六时开门，下午八时闭门，但因季节或其他原因得随时呈请变更之；承租各商及伙友出入，均须遵守启闭时间，并不准容留闲人在内寄宿。”管理规则实施后，公园内茶社及民众俱乐部等设施根据规则规定，开始招商承租，一切杂商摊贩也进入公园经营。为了限制杂商摊贩进入公园，避免幽静公园变为喧闹市场，1941年，伪济南市公署发布关于《整理商埠公园、保护公物、限制杂商摊贩在园内营业的布告》。同年4月，又发布关于公园场地的《投标办法布告》，对投标资格、请承手续、投标额、营业范围、营业界限、保证金、中标规定、投标开标手续、承包责任等都作出规定。

1949年11月，济南市人民政府公布解放后首部公园管理规章《济南市公园管理暂行规则》。暂行规则规定："游人出入公园要严守秩序，不准带进牲畜和脚踏车，不得在园内鸣枪、打鸟、打弹弓、抛砖石、打手榴弹、攀登树木、采摘荷花蒲苇、随地吐痰便溺、任意摆设茶摊、在规定时间以外游览等。"1960年1月，济南市人民委员会公布《济南市公园管理通则》，规定："入园游览者应爱护公共财物，遵守公共秩序，尊重社会公德，爱护公共卫生，对违反本规则的行为，人人都有监督制止的责任。"1963年1月，又制定《公园管理通则补充规定》，对通则第七条关于违反游园秩序、损坏公园设施的行为，作了细化界定，进一步增强了通则的可操作性。1985年8月，市政府发布《关于加强环城公园管理的通告》，规定：全市人民要自觉维护公园内的环境卫生，保护泉水，爱护花草树木和园林设施。对违反公园管理规定的单位和个人，规定了处罚标准。1997年，省、市人民政府决定免费开放济南植物园（今泉城公园）。为了加强对植物园的保护管理，市政府制定发布《关于加强植物园管理的通告》，对植物园免费开放后的绿地、基础设施保护管理及游园秩序等都作出明确规定。2005年6月，市政府又制定发布《济南市公园风景区安全管理规定（试行）》，规定公园、风景区主要负责人对本单位的安全工作负总责，并负责本单位安全管理工作的落实。

第三节 规范管理

解放后，市园林行政机构采取两项主要措施，规范公园管理。（1）制定规范性文件，明确管理标准和要求。20世纪80年代，根据市政府《关于对事业单位试行企业化管理意见的通知》精神，制定了《公园管理改革方案》，规定："公园绿化卫生工作实行定岗、定员、全面目标管理责任制，局、单位、分管科室三级考核，以分计奖；公园门票服务岗位实行定岗、定员、定收入，超收部分按比例提成；经营性服务岗位，经过测算，确定承包基数和服务标准，实行经营定额承包，超收分成或租赁承包自负盈亏。"与改革方案相配合，制定了《公园管理规定》，对公园各项管理工作提出明确要求，如公园绿化要"草青、树绿、花艳""黄土不露天"；园容卫生要每日"三清（园门前及园内游路扫清，园椅园凳擦清，厕所洗清）一保（保清洁）"，产生的垃圾要"日清月洁"，即每日清理、集中存放，月底清运出园或进行无害化处理；门票服务无投诉；经营服务无"三无"（销售的商品无商标、无出厂日期、无生产厂家）等。20世纪90年代到2010年，先后制定《公园保卫工作规范化标准》《园林管理工作检查考评办法（试行）》《公园风景区管理检查评分办法》《公园风景区绿地分级分类管养规范》《公园风景区卫生保洁工作流程》《经营服务自查标准》《门票、导游服务工作考核暂行办法》及《考评细则》等规范公园管理的文件。（2）采取不同方式进行检查考核。20世纪80年代，对公园管理情况的检查考核主要采取单位自查、局分管科室复查、局长办公会考评的三级考核办法。20世纪90年代，实行督导检查的办法，每月由局公园管理机构组织一次，督导检查结果通报公布，年底按每月督导检查结果，评先选优。2000年到2010年，除局公园管理机构每月对公园的绿化、卫生、园容、经营服务等工作进行督导检查外，局计财处还对安全生产情况不定期进行检查，"五一""十一"等重大节日全面检查。保卫处按保卫工作规范化标准，每季度对各公园进行一次检查考核。2005年实施《园林管理工作检查考评办法（试行）》，原由局有关职能处室组织的月督导检查或定期、不定期进行的检查考核，一律改为季度综合检查，组织方式也改为由局办公室统一组织，局领导、局机关职能处室负责人和单位行政领导参加，组成综合检查考评组，对公园各项工作的管理情况进行计分考评。综合检查的考评结果通报公布，季度检查考评成绩作为年底评选先进单位的依据。

1990—2011年济南市园林经营收支情况汇总表

表2-4　　单位：万元

年度	经营收入				基本支出			备注
	总计	公园门票	花卉苗木	其他经营	总计	人员支出	公用支出	
1990	1202	317	201	684	922	489	433	
1991	1660	437	232	991	1084	572	512	
1992	2088	635	261	1192	1481	717	764	
1993	2628	1081	238	1309	1910	857	1053	
1994	2990	1447	250	1293	2767	1489	1278	
1995	3638	2113	253	1272	3336	1380	1956	
1996	4515	2481	296	1738	4157	1777	2380	
1997	5426	3265	357	1804	5285	2352	2933	
1998	5416	3392	203	1821	5167	2611	2556	
1999	6787	4484	455	1848	5674	3133	2541	
2000	7205	4969	457	1779	7145	3888	3257	
2001	8240	4994	545	2701	9771	4509	5262	
2002	8800	4936	781	3083	10217	5465	4752	
2003	8217	4302	1029	2886	10138	5955	4183	
2004	11521	7112	462	3947	12957	6478	6479	
2005	10520	6243	448	3829	12984	7468	5516	
2006	11076	6617	332	4127	14545	8172	6373	
2007	15501	11216	319	3966	16399	10021	6378	
2008	16124	12421	440	3263	16285	10602	5683	
2009	20181	15075	350	4756	19807	12127	7680	
2010	24238	16678	317	7243	23672	13084	10588	
2011	24747	18520	491	7727	25903	14999	10904	
合计	202720	132735	8717	63259	211606	118145	93461	

第三篇　泉　水

济南以泉水之胜享誉中外。

众多清洌甘美的泉水，从城市当中涌出，汇为河流、湖泊。盛水时节，在泉涌密集区，呈现出“家家泉水，户户垂杨”的绮丽风光。宋代曾巩赞誉济南“齐多甘泉，冠于天下”。元代于钦赞“济南山水甲齐鲁，泉甲天下”。济南因此被誉为泉城。

济南泉水，具有悠久的历史。《春秋》有“公会齐侯于泺”的记载，记述桓公十八年（公元前694年），鲁桓公与齐襄公在泺水相会之事。“泺”即今日趵突泉。北魏地理学家郦道元《水经注·卷八·济水二》载：“泺水出历（城）县故城西南，泉源上奋，水涌若轮。”金代《名泉碑》列记济南有七十二名泉。此后，济南便有“七十二泉”之说。于钦在其《齐乘》一书中，把七十二泉的名字、位置记录了下来。明晏璧作《济南七十二泉诗》，对济南名泉一一加以吟咏。

济南泉水数量之多，在中国城市中罕见。清乾隆时期的文人盛百二在其《听泉斋记》中载：“历下之泉甲海内，著名者七十二泉，名而不著者五十九，其它无名者奚啻百数。”沈廷芳在《贤清园记》中记述：“旧者九十，新者五十有五”，共145处。道光年间编纂的《济南府志》则记道：“总一百五十一泉”。新中国成立后，有关部门对济南的泉水进行了大量的调查。据山东省地矿局801队1964年的调查，市区有天然泉池108处，人工钻孔泉8处。济南市城市规划建设领导小组1980年调查材料中列举了119处泉池。1983年6—7月和1997年8—10月，市园林局又以历史记载为基础进行调查，在老城区范围内查出有名称的泉池139处。截至1997年10月，除湮没、填埋者外，尚有103处泉池基本完好，其中属金《名泉碑》所列七十二名泉者有41处。另外，在居民院落内还有30处无名称的泉池或泉井。这些有名、无名的泉集中在旧城区东起青龙桥，西止筐市街，南至正觉寺街，北到大明湖2.6平方公里的旧城区范围内。1997年6月6日，山东省第八届人民代表大会常务委员会第二十八次会议批准《济南市名泉保护管理办法》，该办法列出的济南古名泉名录中，各区县共有泉254处。1997年，新中国成立后首部《济南市志》出版，志书中专列济南泉水篇目，对全市总共530处泉水做了详细的介绍。其中，济南市区136处，市郊及历城211处，章丘85处，长清64处，平阴34处。该志书中还将1983年及1997年对济南各区县的泉池调查情况用表格形式列出，共计579处。1998年市名泉保护管理机构依照《济南市名泉保护管理办法》规定，对全市的泉水进行详细普查、登记建档。经两年多时间，全市普查登记的泉水共645处，被列入2005年市人大常委会颁布的《济南市名泉保护条例》附件之《济南市名泉名录》，这些名泉分布在：历下区165处，市中区26处，历城区182处，槐荫区1处，天桥区3处，长清区89处，章丘市143处，平阴县36处。2011年8—9月，济南市名泉保护部门再次对辖区内的泉水进行实地普查，共登记泉点792处，其中，属2005年9月市人大常委会颁布的《济南市名泉保护条例》附件一之《济南市名泉名录》所收录的泉点604处，普查新收泉点188处。另有志书史料收录、2012年查实的泉点17处，本志据此共收录泉点809处。另记载已消失或失考泉点126处。

济南泉水多如繁星，各具风采。或如沸腾的急湍，喷突翻滚；或如倾泻的瀑布，狮吼虎啸；或如串串珍珠，灿烂晶莹；或如古韵悠扬的琴瑟，铿锵有声……这些泉水，或以形、色、声、姓氏、传说、动植物、乐器、珍宝取名，或无名而名，各具情趣。使得历代文人为之倾倒。唐、宋、元、明、清各代的名人，如欧阳修、曾巩、苏辙、赵孟頫、王守仁、李攀龙、王士祯、蒲松龄等，都留下了赞泉的诗文。

济南泉水还以质纯味甘著称。泉水来自岩层深处，受气温影响甚微，水温比较稳定，常年保持在17℃—18℃，无色无味，清洌甘美，为优质饮料。20世纪90年代开发的济南“普利思”矿泉水，即是直接从地下汲取而成。经国家地矿部门鉴定，矿化度为650，并含有多种对人体有益的微量元素，每升含有锂（Li）0.12毫克、锶（Sr）0.99毫克、锌（Zn）0.13毫克、镁（Mg）35.55毫克、溴（Br）0.5毫克、钙（Ca）62.68毫克、偏硅酸（H_2SiO_3）76毫克。

2009年9月10日，济南泉水凭借名泉数量多、水质优、形态美、历史文化积淀深厚，具有普遍观赏价值，具有独特性、稀有性和濒危性等特点，符合申遗条件，被住房和城乡建设部列入第二批《中国国家自然与文化双遗产预备名录》，成为我国第一个以泉水为主体申报世界自然与文化双遗产的预备项目。

第一章 泉水成因与分布

第一节 泉水成因

关于济南泉水的来源，古人有各种不同的猜测，有华清池东移说、通海说等，相关故事传说更不胜枚举。宋代沈括在《梦溪笔谈》中说："济水自王屋山东流，有时隐伏地下，至济南冒出地面而成诸泉。"古人将此归纳为"济水伏流说"。宋代曾巩、元代于钦认为济南众泉之源来自南部山区。曾巩在《齐州二堂记》中说："泰山之北与齐之东南诸谷之水，西北汇于黑水之湾（即锦阳川），又西北汇于柏崖之湾，而至于渴马之崖。盖水之来也众，其北折而西也，悍疾尤甚。及至于崖下，则泊然而止。而自崖以北至于历城之西，盖五十里，而有泉涌出，高或至数尺，其旁之人名之曰趵突之泉……盖泺自渴马之崖潜流地中，而至此复出也。"元于钦在《齐乘》中写道："盖历下众泉，皆岱阴伏流所发，西则趵突为魁，东则百脉为冠。"

济南的泉属于岩熔泉类型，并以泉点众多、水量丰沛、水质优异以及壮观的喷涌景观，成为中国岩溶泉的典型代表。济南泉水的形成，是济南地区独特的岩石地层、地质构造和地貌等因素综合作用的结果。

济南地区广泛分布总厚度达1300余米的碳酸盐岩（石灰岩、白云岩及大理岩类）。这些岩石属于可溶性岩，是富水性很好的岩溶含水层。在漫长的地质时代中，地下水的溶蚀作用使岩体中形成大量的溶蚀裂隙、溶蚀孔隙孔洞、地下溶洞等。这些溶蚀形态所构成的地下空间网络系统，使岩体中吸纳和储存了大量的地下水，成为济南地区泉水和泉群形成的丰富水源。济南地形地貌由南而北依次为侵蚀低山、剥蚀丘陵、山前平原和冲积平原，总体地势南高北低，为一个大致自南向北，由海拔900余米降至20余米的倾斜地形面。这种地质构造格局、地形地貌及含水层的组合，极有利于济南南部丘陵区大量地下水的汇集，并循岩层倾向往北运移，从而构成济南泉群得以形成的独特、完整的岩溶地下水汇流系统。这一岩溶地下水系统，其南部边界大致在泰山山地以北的山地主分水岭（长城岭），其北部边缘在济南市区至章丘明水一带。根据地下水补排关系和水动力状况由南而北又分为间接补给区、直接补给区和汇集排泄区3个主要功能区。济南市区及章丘的泉群即处于岩溶地下水系统的汇集排泄区，泉水的出露是这个系统中地下水排泄的主要方式。

济南的岩溶地下水系统面积广大，碳酸盐岩含水层厚度大、岩溶化程度较高，具有巨大的地下水储存、调蓄能力。泰山以北（古人称之为"岱阴"）、济南南部山地丘陵区汇集的大量地下水循岩层倾向往北运移，区内一系列北北东向和北北西向的断裂构造，使地下水的向北径流更为通畅。岩溶发育的石灰岩、白云岩含水层在北部山前地带隐伏于地下，南来之地下水汇集于此，使平阴—长清—济南明水一带形成具有承压性的地下富水长廊。北部边缘地区又有具有隔水性质的岩浆岩侵入体和煤系地层的发育，阻水作用明显，尤其在济南市区北部，垂直于区域地下水流方向展布的岩浆岩侵入体恰似一道地下水坝，阻挡了地下水的向北运动。岩溶发育的含水层、有利的构造和地貌部位、独特的阻水构造，这些条件对排泄区地下水的汇聚非常有利，使济南市区地下水蓄积形成强富水区。在大的静水压力和有利的出露条件作用下，被阻挡的地下水夺窍而出，形成蔚为壮观的泉水景观。

在济南市区，平缓的单斜地层受千佛山断裂和羊头峪断裂的切割、抬升，形成一个北西向、长条状的小地垒构造，称为千佛山地垒。构成地垒的地层向北直插市区地下，且呈舌状向北突出，其两侧和北面皆与岩浆岩侵入体直接接触。这样，两侧的断层和北面的侵入岩体构成一个三面封闭的构造单元，使地下水在此区域内集中向北运动并受阻。济南老城区东起青龙桥、西到杆石桥、北到大明湖、南到南护城河一带，属于山前冲积平原与小清河、黄河冲积平原交接地带，地势低洼，海拔高度在26—28米之间，正常年份当地的地下水位在27—30米左右，即是说地下水位高于地面高程。从构造上看，这里恰是济南岩浆岩侵入体与岩溶含水层接触的南部边缘，侵入岩的厚度变小，下伏的岩溶含水层埋深较浅，且在趵突泉和黑虎泉出流区侵入岩体还局部缺失，形成“天窗”。南来的地下水在这里汇聚，加强了可溶岩的溶蚀，地下数十米深度范围形成溶蚀裂隙、溶孔及小溶洞发育带；受到侵入岩体的阻挡，地下水位抬高；在巨大的静水压力下，岩溶地下水循岩体中大量的裂隙、溶隙、溶蚀管道等通道纷纷涌出地表，形成著名的济南老城区四大泉群。

良好的岩溶含水层，独特、完整的地下水汇流和富集系统，以及有利的地下水出露条件，造就了济南地区成因类型多样、水量水质俱佳的泉水景观。

第二节 泉水分布

一、泉群的划分

济南泉群的提法或划分早已有之，从见诸于我国正式出版的学术刊物文献看，早可追溯至方鸿慈在民国37年（1948年）发表的《济南地下水调查及其泉涌机构之判断》的论文，文中称：济南泉水依其排列可归纳为四个“泉涌群”，即趵突泉泉涌群，有趵突泉、通惠泉、马跑泉、杜康泉、饮虎泉、橘泉等14处以上；黑虎泉涌泉群，有黑虎泉、玛瑙泉、白虎泉、南珍珠泉、任泉等9处以上；贤清泉涌泉群，有贤清泉、小泉、孝感泉、古温泉、江家池等6处以上；北珍珠泉涌泉群，有北珍珠泉、太乙泉等8处以上。贤清泉是五龙潭泉群中的一泉，故方鸿慈所说的贤清泉泉涌群实际就是后来人们所称的“五龙潭泉群”。1957年，山东师范学院地理系的黄春海提出的济南四大泉群，即用了现在人们所熟悉的名称。1959年，山东师范学院地理系的徐本坚在其发表于山东师范学院学报的《泰山地区自然地理》的论文中，对济南市区的四大泉群做了论述：趵突泉泉群，泉数约11个；黑虎泉泉群，泉数在11个以上；五龙潭泉群，泉数在12个以上；珍珠泉泉群，泉数为10个。1964年，山东省地质局801地质队对济南泉水进行了调查并提交了报告，对市区泉群的划分，也是按此划出趵突泉、五龙潭、黑虎泉、珍珠泉四大泉群。除四大泉群外，东郊王舍人庄一带还有白泉、华泉等10多处泉水。1990年10月，801水文地质工程大队又提交了《山东省济南市白泉——武家水源地供水水文地质勘探报告》，报告中明确了白泉泉群及其泉域。这样，济南即有了五大泉群。该泉群后因停喷，渐不为人所注意，人们仍习惯称济南有四大泉群。2004年4月2日，由济南名泉研究会、济南市名泉保护管理办公室组织进行历时五年的济南新评七十二名泉评选结果揭晓，同时还公布了新划出的白泉、涌泉、玉河泉、袈裟泉、百脉泉、洪范池六大泉群。自此，加上市区原有的四大泉群，济南就有了十大泉群的划分。

二、十大泉群分布

（一）趵突泉泉群

趵突泉泉群位于济南旧城区西南部、坤顺桥南、趵突泉南路西侧，在约0.17平方公里的范围内，集中分布泉池31处（据2012年泉水统计），其中28处集中在趵突泉公园内，其余的分布在公园以西、以北的街巷中。主要有趵突泉、金线泉、皇华泉、柳絮泉、卧牛泉、漱玉泉、马跑泉、无忧泉、石湾泉、湛露泉、满井泉、登州泉、杜康泉、望水泉，这14处泉属于新七十二泉之列；其他泉还有老金线泉、浅井泉、洗钵泉、混沙泉、酒泉泉、东高泉、螺丝泉、尚志泉、沧泉、花墙子泉、白云泉、泉亭池、白龙湾泉、饮虎池等。

泉水于趵突泉公园东部和北部流出，流入西护城河，北流经西泺河入小清河。

（二）黑虎泉泉群

黑虎泉泉群位于旧城东南隅，南护城河东段。东起解放阁，西至泉城广场中段，长约1000余米。今沿南护城河岸边或河中，共有泉池16处，其中，黑虎泉、琵琶泉、玛瑙泉、白石泉、九女泉5处属于新七十二名泉之列。其他泉还有：

2011年趵突泉泉群泉点分布图

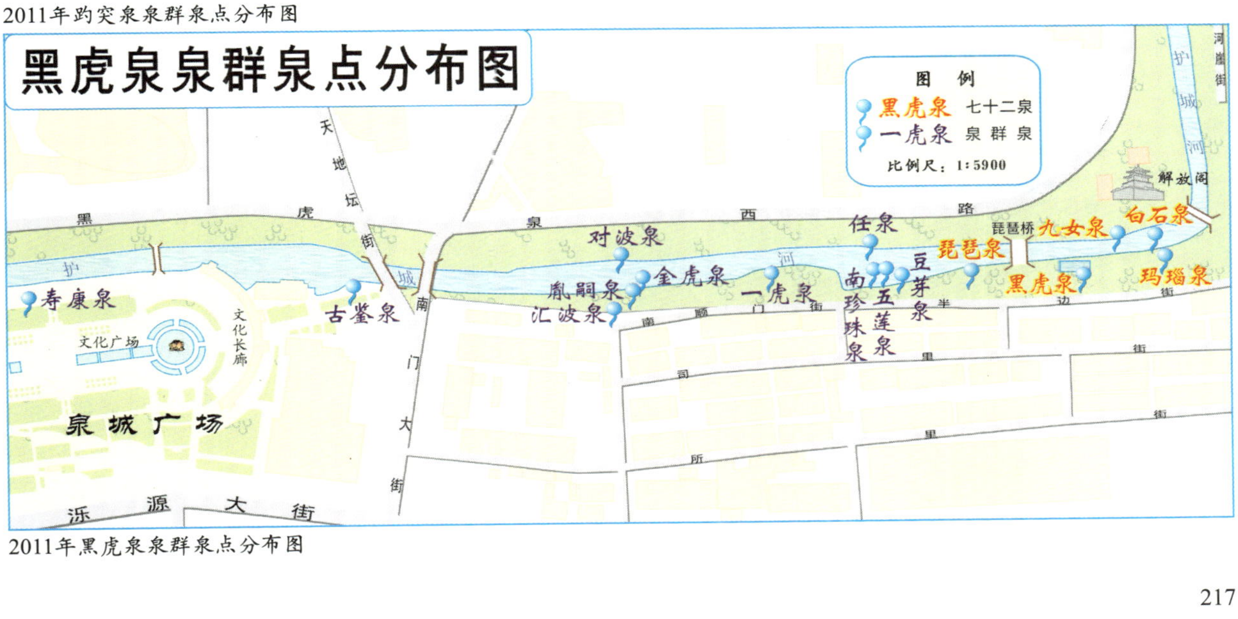

2011年黑虎泉泉群泉点分布图

金虎泉、南珍珠泉、豆芽泉、五莲泉、任泉、胤嗣泉、汇波泉、对波泉、一虎泉（缪家泉）、古鉴泉、寿康泉。

该泉群绝大多数泉水处于护城河两侧或河中，泉水直接流入南护城河，再经东护城河入东泺河北流注入小清河。

（三）珍珠泉泉群

珍珠泉泉群在济南旧城之中，西起芙蓉街，东至县西巷和钟楼寺街，南到泉城路，北邻大明湖。2004年，十大泉群公布时称有泉水21处，其中珍珠泉（北珍珠）、散水泉、溪亭泉、濯泉、濯缨泉（王府池）、玉环泉、芙蓉泉、舜井、腾蛟泉、双忠泉，这10处属于新七十二名泉之列；其他泉还有感应井泉、灰泉、知鱼泉、云楼泉（白云泉）、刘氏泉、朱砂泉、不匮泉、广福泉、扇面泉、孝感泉、太极泉。根据2012年的泉水统计，属于该泉群范围内的泉水共有71处。泉群的主泉——珍珠泉（北珍珠）、散水泉、溪亭泉、濋泉等7处在省人大院中（珍珠泉大院），其余诸泉散布于珍珠泉附近芙蓉街、曲水亭街、东更道街、舜井街、院前街等街巷，有的就在居民庭院中。

诸泉汇流成溪，注入濯缨池、百花洲，一起汇入大明湖。

（四）五龙潭泉群

五龙潭泉群在泺源桥以北，西护城河以西，与趵突泉公园隔街相对。此处在1987年简称为五龙潭公园，面积约0.06平方公里。有泉28处，其中，五龙潭（原称灰湾泉）、古温泉、悬清（贤清）泉、天镜泉（江家池）、月牙泉、西蜜脂泉、官家池、回马泉、虬溪泉、玉泉、濂泉，这11处泉属于新七十二名泉之列；其他泉还有东蜜

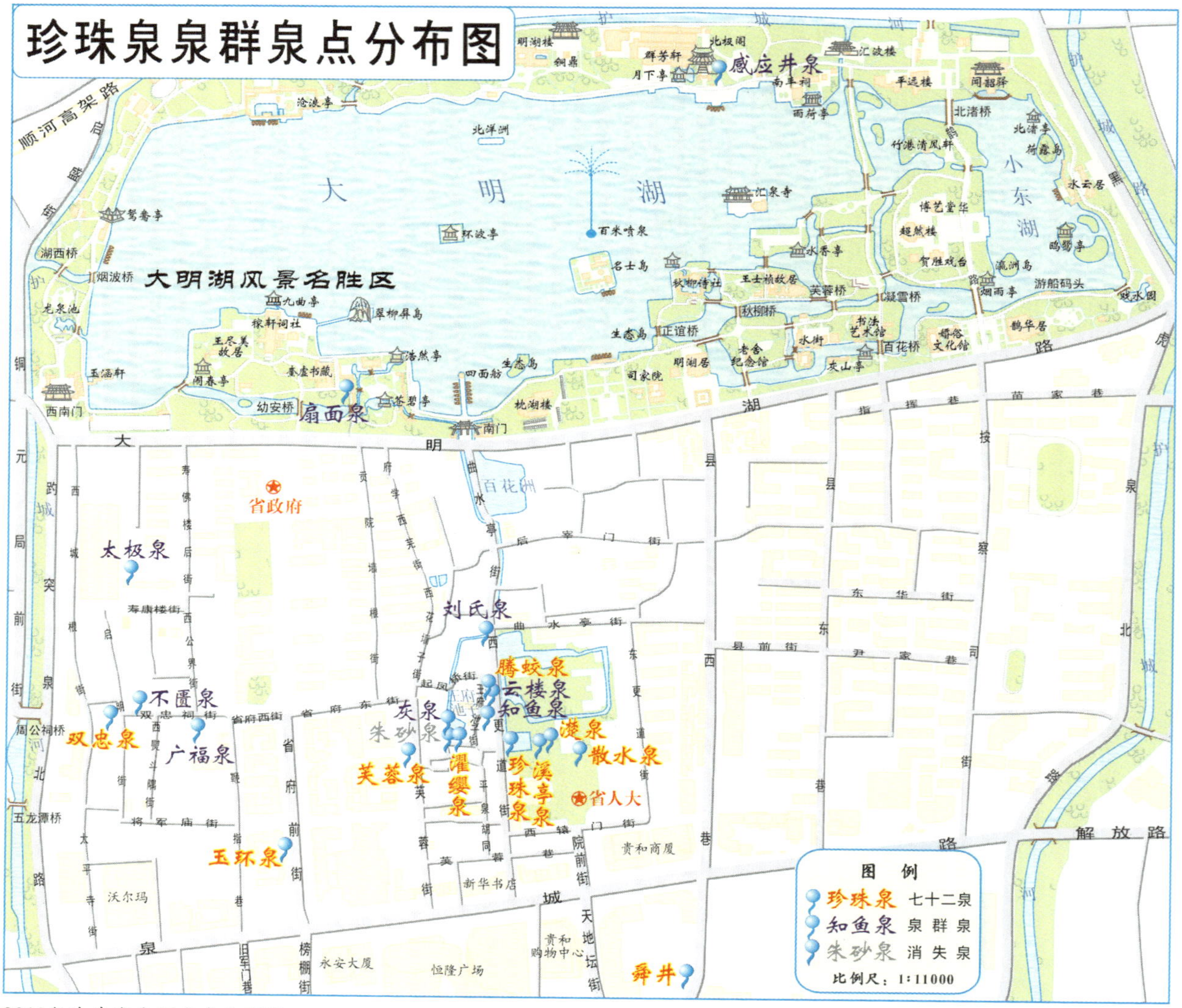

2011年珍珠泉泉群泉点分布图

脂泉、洗心泉、静水泉、净池泉、东流泉、北洗钵泉、泺溪泉、潭西泉、七十三泉、青泉、井泉、睛明泉、显明池、裕宏泉、聪耳泉、赤泉、醴泉。

泉水直接流入西护城河，北流注入小清河。

（五）白泉泉群

白泉泉群在济南市东郊王舍人镇纸房村以北，东起梁王庄，经冷水沟，西至花马、大辛庄、水坡，长约9公里、宽约3公里的狭长地带，当地亦称这里为张马湖。有主要泉10处，其中，白泉、华泉，这两处属于新七十二名泉之列；其他还有饮马泉、花泉、灰泉、丫丫葫芦泉、草泉、冷泉、团泉、麻泉。此外附近还有一些小泉。

泉水自流成河，经孙家卫北入小清河。20世纪70年代以来，由于兴建水厂及钻掘工业生产自备井，地下水被大量超采，致使该地区地下水位逐年下降，泉水衰竭严重，但在雨季或丰水年仍有出流。

（六）涌泉泉群

涌泉泉群在济南南部山区，位于

2011年五龙潭泉群泉点分布图

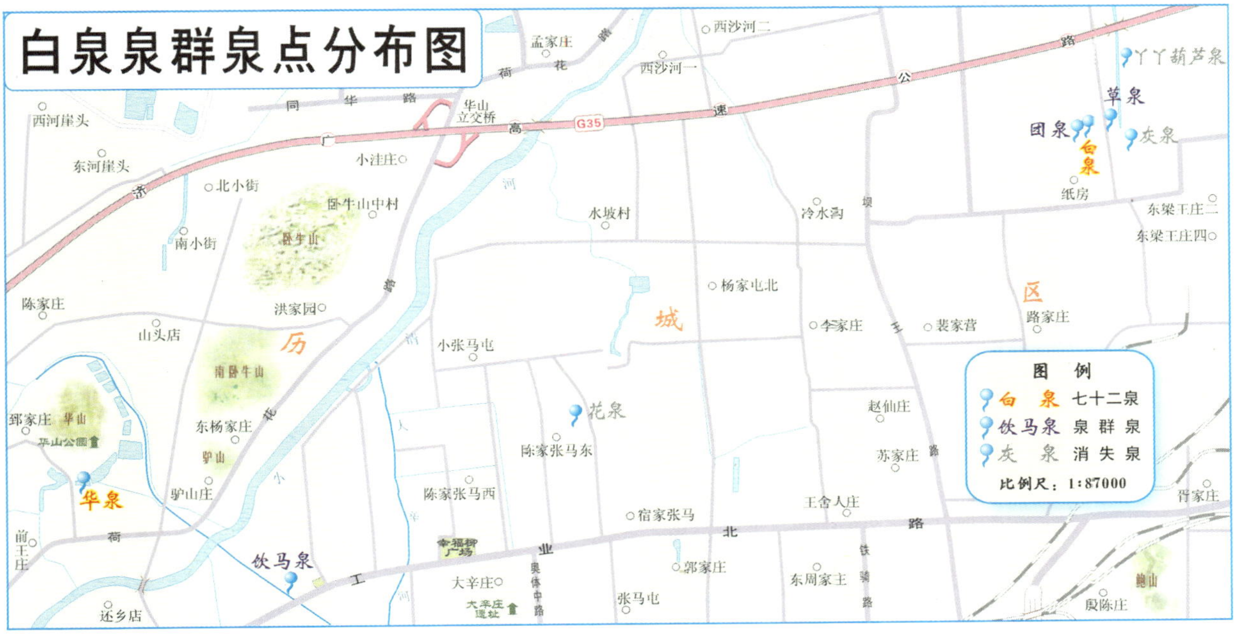

2011年白泉泉群泉点分布图

2011年涌泉泉群泉点分布图

2011年玉河泉泉群泉点分布图

历城区玉符河的锦绣川、锦阳川、锦云川流域，泉点散布于柳埠、西营、仲宫、锦绣川等乡镇，共有泉水126处，其中，西营镇52处，仲宫镇15处，锦绣川乡22处，柳埠镇37处。诸泉中，涌泉、苦苣泉、避暑泉、突泉、泥淤泉、大泉泉、圣水泉、缎华泉这8处属于新七十二名泉之列。其他泉还有：醴泉、圣池泉、南泉、簸箩泉、穆家泉、西老泉、悬泉、南甘露泉、琵琶泉、柳泉、车泉、阴阳泉、凉水泉、四清泉、百花泉、拔槊泉、智公泉、枣林泉、盛泉、黄鹿泉、虎洞泉、雪花泉、藕池泉、锡杖泉、水帘洞泉、神refs泉、滴水泉、丰乐泉、枪杆泉、咋呼泉、大花泉、试茶泉、卧龙泉、冰冰泉、水泉、凉湾泉、鹿跑泉、苦梨泉、三龙潭、熨斗泉等。

除涌泉、苦苣泉、大泉等泉较稳定外，泉群中的泉多属于山地小型泉，季节变动较大。许多泉的水流入三川，成为玉符河的上游水源。

（七）玉河泉泉群

玉河泉泉群位于济南东面的巨野河流域的中上游，属山地泉群，泉点散布于历城区彩石镇、港沟镇一带，共有泉池68处，其中，彩石镇60处，港沟镇8处。诸泉中列济南新七十二名泉的仅有玉河泉，是巨野河源头；其他主要泉水还有淌豆泉、玉漏泉、东流泉、老玉河泉、响呼噜泉、东泉、黄路泉、猪拱泉、虎门泉、忠泉、响泉、黄歇泉、卢井泉、义和泉、黑虎等。

（八）百脉泉泉群

百脉泉泉群位于章丘市明水镇，是济南地

2011年百脉泉泉群泉点分布图

区东部最大的一个泉群，泉群水文地质背景、成因、泉水特征与济南市区四大泉群相似。由20处名泉和众多无名泉组成，其中，百脉泉、东麻湾、西麻湾、墨泉、梅花泉、净明泉这6处属于新七十二名泉之列；其他泉还有漱玉泉、龙湾泉、金镜泉、灵秀泉、荷花泉、眼明泉、大龙眼泉、小龙眼泉、饭汤泉、筛子底泉、鱼乐泉、卸甲泉、盘泉、白泉等。

泉群中的东麻湾泉等泉水流入绣江河。

（九）袈裟泉泉群

该泉群实际上分为两部分：一部分在长清区万德镇的灵岩寺风景区及张夏镇、崮山镇一带，属于北沙河流域上游；另一部分在长清区五峰山街道的五峰山风景区，属于南沙河流域。有泉水44处，其中，属于新七十二名泉之列的有5处：袈裟泉、卓锡泉、檀抱泉、清冷泉、晓露泉。前3处在灵岩寺景区内，清泠泉在五峰山景区内。其他泉还有滴水泉、甘露泉、双鹤泉、白鹤泉、上方泉、郎公泉、牛鼻泉、龙居泉、双泉、王家泉、长寿泉、卧龙泉、段家泉、白虎泉、润玉泉、糠沟泉、惠泉泉、玉珠泉、青龙泉、胜天泉、马山泉等。

（十）洪范池泉群

洪范池泉群是济南西部最著名的泉群，处于平阴县狼溪河中上游河谷右侧，位于洪范池镇，分布面积约9平方公里。有名泉22处，其中洪范池、书院泉、扈泉、日月泉这4泉属于新七十二名泉之列；其他泉还有姜女池、天池、墨池、天乳泉、白雁泉、拔箭泉、莲花泉、丁泉、狼泉、长沟泉、白沙泉等。诸泉之中，最著名的为洪范池、书院泉、扈泉，出水量大且历史记载悠久。

除以上十大泉群外，还有许多泉水散布于各地区，其中不乏载济南名泉之列者。

2011年袈裟泉泉群泉点分布图

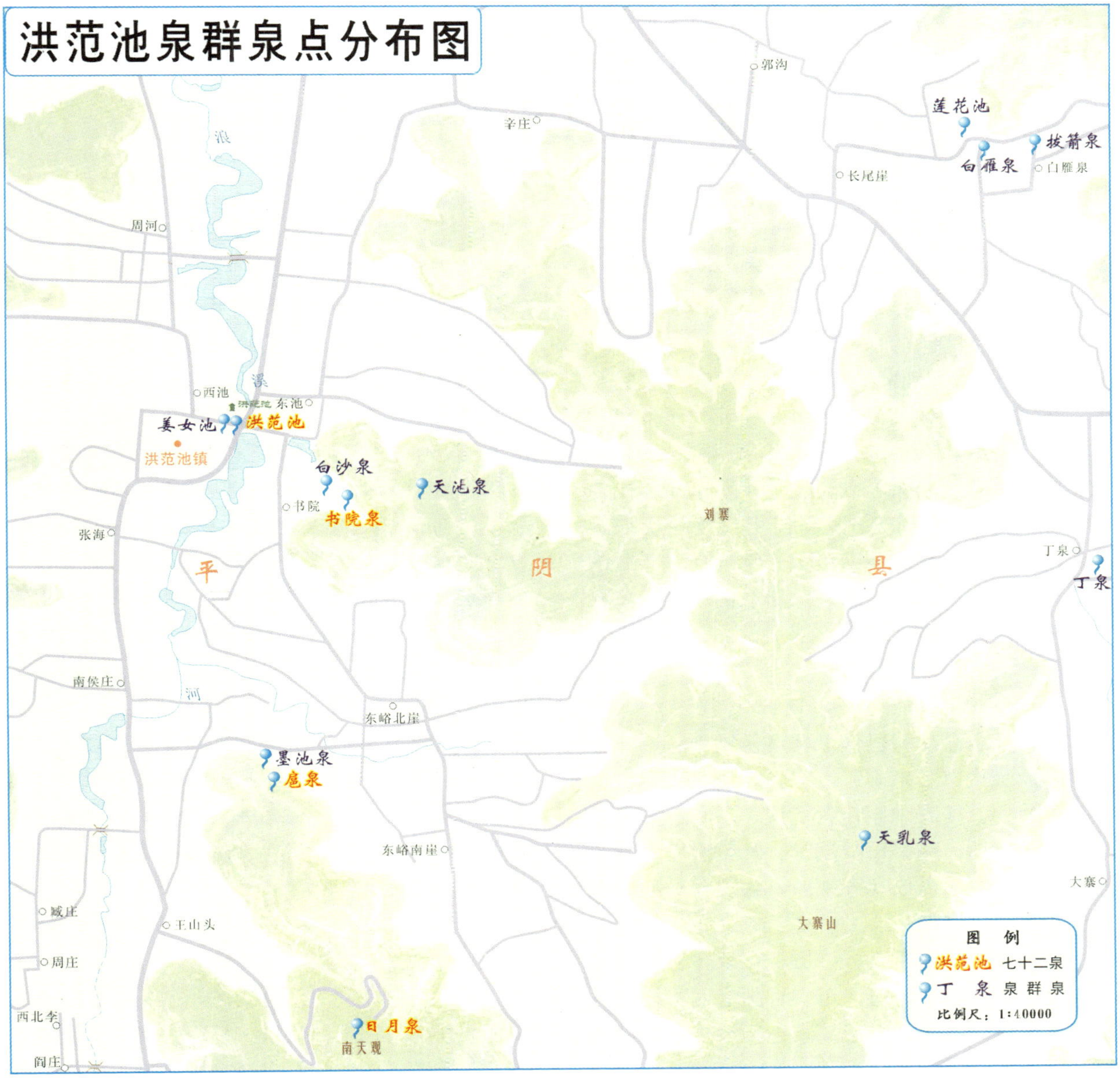

2011年洪范池泉群泉点分布图

第二章 七十二名泉

第一节 七十二名泉的由来

济南七十二名泉流传已久，历史上较完整地记述七十二泉的文献主要有三：元代至元年间于钦纂《齐乘》转述的金代《名泉碑》；明代崇祯年间刘敕撰《历乘》载晏璧作于明永乐年间的《济南七十二泉诗》；民国初年《续修历城县志》所载郝植恭作于清同治十三年（1874年）的《济南七十二泉记》。三文献所载的七十二名泉不尽相同，合计共列110处名泉。

一、金《名泉碑》

金代《名泉碑》已佚，撰者及镌刻者不详。最早转载金代《名泉碑》全文者，为元代于钦所纂《齐乘》。《齐乘》作者于钦，山东益都人，官至兵部侍郎，益都田赋总管。晚年遍游山东，体察风土民情，以成《齐乘》，为现存最早的省级地方志书。

于钦盛赞济南名泉，“历下众泉，皆岱阴伏流所发，西则趵突为魁，东则百脉为冠”，并对金代《名泉碑》所记七十二泉进行编排，加注方位，载入《齐乘》：

曰金线（趵突东）、曰皇华、曰柳絮、曰卧牛（金线东）、曰东高、曰漱玉（金线南）、曰无忧、曰石湾（趵突南）、曰酒泉、曰湛露（无忧西）、曰满井、曰北煮糠（趵突北）、曰北珍珠（白云楼前）、曰散水、曰溪亭（北珍珠东）、曰濯缨（北珍珠西）、曰灰泉（濯缨西北）、曰知鱼（灰泉东南）、曰朱砂（灰泉西。府城内灰泉最大，自北珍珠以下皆汇于此，周回广数亩，当是大明湖之源也）、曰刘氏（北珍珠西北）、曰云楼（刘氏南）、曰登州、曰望水（万竹园内）、曰洗钵（登州东北）、曰浅井、曰马跑（洗钵西南）、曰舜泉（舜祠下）、曰香泉（舜泉西）、曰鑑泉（舜泉南）、曰杜康（南舜庙）、曰金虎、曰黑虎（李承务巷）、曰东蜜脂（金虎西南）、曰西蜜脂（东蜜脂西）、曰孝感（孝感坊内）、曰玉环（同知巷前，今宪衙街）、曰罗姑（塌行〔竹〕街东）、曰混沙、曰灰池（城西南角场下）、曰南珍珠（铁佛巷东）、曰芙蓉（姜家亭前）、曰滴水（又名清泉，西务北）、曰灰湾、曰悬清（城西五龙堂东）、曰双桃（城西丁字街北）、曰温泉（城西石桥北城下）、曰汝泉（神童寺内）、曰龙门（一名龙泉，神童寺东）、曰染池（龙门东）、曰悬泉（中宫东）、曰都泉（中宫东南）、曰柳泉、曰车泉（中宫东远东庄）、曰煮糟（四里山南）、曰炉泉（南山下）、曰白虎、曰甘露（大佛山）、曰林汲（佛峪内）、曰白泉（王舍店北）、曰金沙、曰白龙（龙洞山中）、曰花泉（张马泊）、曰独孤（灵岩寺）、曰醴泉（黉堂岭北）、曰浆水（盘水镇东南）、曰南煮糠（噶山窝北）、曰苦苣（柳铺东）、曰熨斗（黎峪门家庄）、曰鹿泉（石固寨）、曰龙居（长城岭西）、合趵突、百脉，总七十二。

——《齐乘》卷二·大明湖，清乾隆刻本

碑中所列的七十二泉，现已不复存在的有12处，其中的香泉、双桃、杜康、罗姑泉皆埋在楼下，悬泉、染池、龙门诸泉湮没于水库中，白虎、汝泉、煮糠、炉泉、南煮糠泉多经查询未见踪迹。

二、明《济南七十二泉诗》

《济南七十二泉诗》作者晏璧，庐陵（今江西省吉安）人。明永乐二年（1404年）任山东按察司佥事，以诗名于时，《济南七十二泉诗》即作于在济南任职期间。

《济南七十二泉诗》序

［明］晏 璧

有此天地，即有此山川。山为地之形势，水为地之脉络，皆扶舆清淑之气所钟，和顺积中，英华发外。子在川上曰："逝者如斯"。《孟子》曰"源泉混混"，喻道体也。文人才子，适兴而咏歌之者宜哉。且济南为谭子国，附庸于齐。南距泰山百余里。郡东南三十里为龙洞，岩穴外阻而口豁，径路斗折而蛇行。多怪石幽泉，能出云气，作雷雨。泉脉环城内外，凡七十有二：曰趵突、曰玉环、曰珍珠、曰漱玉、曰醴泉、曰甘露、曰金线、曰蜜脂、曰白龙、曰黑虎、曰芙蓉、曰柳絮、曰金沙、曰白公、曰孝感、曰无忧、曰洗钵、曰濯缨……虞舜耕于历山，故济南以历城名邑。有虞舜祠，东坡先生书欧阳文忠公舜泉诗刻于石。予永乐二年，持宪节来济南，休沐之暇，与大夫君子升高眺远。凝眸而挹山色，洗耳以听泉流。绮绾绣错，黛蓄膏渟，诚中州之奇观也。抑天造而地设，岂人力所能为哉？昔柳子厚尝记柳、永二州山水，怪造物者不为之于中州，而列于夷狄，使千万年不得一售其技，是固劳而无用于神者。今济南环城不一舍许，而七十二泉献秀呈奇，是造物者为之于中州，使千百年不得一售其技，亦劳而无用于神者。予故取而咏之，惜无柳子之才，足以发扬山水之胜。诗成，济南太守、太原杨有溶请锓梓以传，且贺曰：斯泉也，阅古今而不能售，诗而咏之，是泉之遭也。予遂书之，以附郡志云。

趵突泉

渴马崖前水满川，江心泉迸蕊珠圆。济南七十泉流乳，趵突独称第一泉。

金线泉

水纹浮绿影摇金，倒挽银河百尺深。中有锦鱼三十六，碧波荡漾任浮流。

杜康泉

甘泉一脉舜祠下，此地千年说杜君。不是重华常嗜酒，几卮聊借解南薰。

朱公泉

陶公已泛五湖船，尚有芳名寄此泉。营绕柏窗风日永，济南别有一山川。

白公泉

白公当日浚清渠，可灌秋田十顷余。千载齐民沾地利，离离禾黍秀郊墟。

舜泉

巍巍舜庙历城南，中有清泉味极甘。流出迎祥仙馆去，汪汪千顷泛波澜。

濯缨泉

石罅流泉可濯缨，夐无斧凿自天成。一清疑挽银河水，应叹沧浪浪得名。

甘露泉

盘谷清泉一派长，味甘却似饮天浆。何须沆瀣分仙掌，滴滴斟来透骨凉。

独孤泉

天麻山北水盈渠，山水流传姓独孤。药岭茏葱含紫翠，清流岂受俗尘污。

湛露泉

泉如湛露味甘香，酌入三焦齿颊凉。通乐古园饶爽气，厌厌夜饮醉无妨。

双女泉

二妃厘降有虞城，城下流泉冽且清。麦垄黍田资润泽，田公击壤乐升平。

罗姑泉

阿姑遗迹渺烟萝，赢得流泉尚姓罗。陵谷变迁无限感，至今于越慕曹娥。

孝感泉

齐城孝子格天心，井涌清泉冽且深。跃鲤卧冰非好异，流传胜事到于今。

玉环泉

泉脉盘回似玉环，天留胜地在人间。温泉曾被杨妃辱，故引清流到历山。

南漱玉泉

南泉漱玉派匡庐，应是云门瀑布余。月照波心清可鉴，岂无湘女解琼琚。

北漱玉泉

泉流北涧瀑飞琼，静日如闻漱玉声。纤手掬来清彻骨，高人宜尔濯尘缨。

南珍珠泉

神林南面有流泉，流出明珠颗颗圆。一脉清冷犹合浦，月明老蚌吐深渊。

北珍珠泉

白云楼下水溶溶，滴滴泉珠映日红。渊客泣来无觅处，恐随流水入龙宫。

南甘露泉

佛顶巍巍青插天，滴来甘露化流泉。南风六月为霖雨，远借恩波溉井田。

龙门泉

西望龙门海藏通，香泉一脉透齐东。桃花浪暖春三月，鲲化鹏程九万风。

白龙泉

白龙已逐白云飞，鳞甲时时漾绿漪。月白风清天似水，一泓元是化龙池。

黑虎泉

石蟠水府色苍苍，深处浑如黑虎藏。半夜朔风吹石裂，一声清啸月无光。

黑龙泉

澄潭万顷碧如油，泉水流来石洞幽。夜半龙归云雾黑，散为膏雨泽齐州。

鹿跑泉

泉声清似鹿呦呦，逝者如斯日夜流。灵囿料应非宿昔，蘼芜杜若满沧洲。

芙蓉泉

喈华紫翠削芙蓉，山下流泉石涧通。朵朵红妆照清水，秋江寂寞起西风。

双桃泉

前度刘郎不再来，泉头几见碧桃开。昨宵忽梦三偷客，满泛瑶池阿母杯。

柳絮泉

金线池边杨柳青，泉分石窦晓冷冷。东风三月飘香絮，一夜随波化绿萍。

柳 泉

杏花开遍柳垂丝，柳下清泉漾碧漪。莫折柔条留系马，绿阴深处听黄鹂。

胡桃泉

胡桃结实昼偏长，树下清泉带露香。曾过武陵溪上路，落花流水逐渔郎。

苪苣泉

泉名苪苣一河清，万事咸由清苦成。寤寐不忘冰蘖操，菜根咬得见高情。

金沙泉

白龙泉畔有金沙，清水红莲胜若耶。一脉直通云汉路，岂无仙客泛灵槎。

白花泉

石泉流出白花浮，喜傍禅林似虎丘。好悟西来空色意，世间万事等浮沤。

灰池泉

黑风翻海撼蓬莱，吹遍昆明几劫灰。欲溯水源穷不尽，流来历下净纤埃。

登州泉

文登一脉透谭城，澄彻全无蜃气腥。安得雪堂苏学士，朗吟万竹濯清冷。

王氏溪亭泉

鱼池西北水涓涓，王氏溪亭尚翼然。溪上槐阴清昼永，凭栏徙倚听鸣蝉。

贤清泉

中州文物重谭城，故以贤清易水名。安得箪瓢颜氏子，秋风来此濯尘缨。

东皋泉

金线南泉折向东，犹如江汉远朝宗。方池半亩源流活，难觅鱼龙变化踪。

清水泉

灏气浮空秋水清，水天一色月华明。沧浪孺子高歌处，一濯尘缨得此名。

醴 泉

九成曾刻醴泉名，历下泉如竹叶清。山水之间有真乐，何须留连醉翁亭。

酒 泉

酒星炯炯映青天，地下方知有酒泉。一酌饮来甘若醴，相逢谁是酒中仙。

东蜜脂泉

清泉流出碧涟漪，脉贯东西号蜜脂。说着到头辛苦处，谁知滋味美如饴。

西蜜脂泉

西池泉味比东强，何必天寒割蜜房。莫道脂甘能悦口，试将一饮胜天浆。

洗钵泉

浅井东边有冽泉，山僧洗钵是何年。泉中流出伊蒲馔，参透三生石上禅。

香 泉

虞帝祠前春草芳，石池漾漾碧泉香。源头活水恩波远，万顷坡田摆柳黄。

散水泉

珠泉东向水萦回，荡漾涟漪去复来。时有濯缨佳客至，方池如鉴绝纤埃。

明水泉

清泉一派接银河，宝鉴同明水不波。步绕方池闲顾影，须眉散作百东坡。

皇华泉

金线池东涌碧泉，皇华使节耀齐川。圣恩浩荡宽如海，散作甘霖遍八埏。

无忧泉

槛泉西畔漱清流，酌水能消万斛愁。白叟黄童争击壤，春来有事向东畴。

满井泉

川流不息井泉盈，明秀亭前脉脉清。应是夜来春雨急，水高三尺小池平。

浅井泉

齐城浅井不满尺，一掬能令尘虑消。日暮儿童汲瓶处，芭蕉叶上雨萧萧。

石湾泉

石湾池接槛泉南，涌出清流味更甘。旋汲井花烹石鼎，岵半秋净暮烟涵。

卧牛泉

昔闻陶墓有牛眠，今见齐州溢井泉。千载历山遗胜迹，秋风禾黍满虞田。

龙居泉

东望扶桑海岱连，澄潭月冷水涓涓。钓竿一拂珊瑚树，惊起潭心龙夜眠。

马跑泉

马蹄踏破迸飞泉，流出齐城浅水边。八骏曾闻驰八极，百年几见海成田。

鱼池泉

姜家亭畔水涟漪，无数金鳞逐浪吹。只恐桃花春浪暖，龙门一跃化天池。

知鱼池泉

谭城浅水似濠梁，有客观鱼慕老庄。无饵无钩闲罢钓，倦眠莎草映斜阳。

温 泉

太真偏爱浴华清，温润何如历下城。玉韫昆山何借润，不劳薪槱与煎烹。

悬珠泉

泉脉如悬禾米珠，源头活水世间无。洞深恐有骊龙卧，吐出香涎下岵湖。

都 泉

遥望中宫廿里余，清泉都汇岵山湖。齐城大旱作霖雨，一滴能甦万物枯。

浆水泉

泉流乳窦比琼浆，入口浑疑透骨凉。若比醍醐滋味异，较他马湩更甘香。

白 泉

槐庭秋水色泓澄，体孕金天玉雪清。月夜看来疑素练，纤尘不染胜瑶琼。

南煮糠泉

泉通趵突水琳琅，浊世还能扫秕糠。地位清高隔尘土，琪花瑶草四时芳。

北煮糠泉

趵突西隅作石棚，泉名糟粕待煎烹。一掬可清无尘滓，何是当年玷浊名。

望水泉

万竹园中景趣幽，双泉一脉望登州。碧梧百尺栖丹凤，雪浪千堆戏白鸥。

熨斗泉

泉如熨斗气温温，龙洞分来第一源。欲识坎离交媾意，请参道德五千言。

染池泉

柳子当年记染溪，别分一派出东齐。忆从濯锦江边过，风漾晴澜五色迷。

车 泉

汉家闻有七香车，历下车泉夐可嘉。金井辘轳声轧轧，夕阳芳草噪寒鸦。

悬 泉

百尺流泉石上悬，龙归洞口散晴烟。曾从五老观飞瀑，倒挽银河落九天。

灰 泉

珍泉西北带烟埃，乱石堆中蚀翠苔。何日尘襟净蠲涤，源头寻路觅天台。

混沙泉

曾迎宰相筑新堤，泉石清佳似瀼西。亦有元戎乘小队，时时问柳到幽栖。

刘氏泉

泉名刘氏果何人，千载风流数伯伦。天产酿泉清可掬，松花满泛瓮头春。

道士泉

北渚南山碾石涡，寒泉迸涌寺东坡。种桃道士知何处，偏爱灵泉种得多。

——《历乘》卷十七·文苑，1959年中国书店影印明崇祯刻本

诗中不同于《名泉碑》的泉名有13处。金代《名泉碑》中的朱砂、云楼、金虎、鉴泉、灰湾、汝泉、煮糟、炉泉、白虎、林汲、花泉、鹿泉、百脉泉未收入，新收入了朱公、白公、双女、北漱玉、南甘露、黑龙、鹿跑、胡桃、白花、明水、鱼池、悬珠、道士泉。《名泉碑》中的漱玉、溪亭、知鱼、滴水、悬清、苦苣泉，分别改称为南漱玉泉、王氏溪亭泉、知鱼池泉、清水泉、贤清泉、莴苣泉。独孤泉、醴泉，分别由灵岩寺和章丘黉堂岭北移到了历城县天麻岭和康王山，浆水泉也从盘水镇移到了回龙山，鹿跑泉在柳埠镇，白花泉在十六河镇，悬珠泉在龙洞山中。诗中首次提出趵突泉为“第一泉”。

三、清《济南七十二泉记》

《济南七十二泉记》的作者郝植恭（1832—1885），字梦尧，顺天三河（今河北蓟县）人，曾任夏津、堂邑知县，临清知州、莱州知府。清同治二年（1863年）、十二年（1873年），清光绪元年（1875年）为同考官，到济南任事。善诗文。《济南七十二泉记》作于同治十三年（1874年）。

济南七十二泉记

［清］郝植恭

客有谈七十二泉者，不能举其目。予来济南十年，亦茫无以答。予乡全鑑三适宰历城，因从乞得县志，为之搜讨排辑，作《七十二泉记》。

济水伏流地中，经历下溢而出者，遍地皆泉。其称名者盖七十二焉。七十二泉，趵突为大。趵突在城西南吕祖祠，三窟并发，浪花高数尺，跳跃唐突，若有激使然者，故名曰趵突。城

内则珍珠为大，在明德藩故宫，今巡抚署西偏，平地涌泉，参差错落，如泻万斛之珠，故名曰珍珠。都泉，在中宫，为岱北诸泉之总都聚也，水之所聚曰都。白泉，出纸坊北，方十亩，中有大泉，间数刻一发，声如隐雷，以其多白沙也，故名曰白泉。曰响泉，以其声也。曰悬泉，以其形也。曰温泉、曰冷泉，以其性也。曰朱砂、曰胭脂，以其色也。可以染，曰染池；可以汲，曰林汲，以其用也。泉有取象于天者：曰白云，如云之英英也；曰甘露，如露之滴滴也。泉有以地名者：曰当道，横去路也；曰龙门，出洞口也；曰溪亭，占园林之胜也；曰菩萨，出菩萨岩下也。泉有以人名者：曰舜泉，历山之遗迹在焉；曰杜康，世传杜康尝以此酿酒；曰孝感，孝子事亲水远，感而出泉；曰双忠，则以祠而名之也；曰贤清，一名三娘子湾，盖以三娘子而得名也；曰独孤、曰窦姑、曰罗姑，泉从乎姓也。泉有以动物名者：曰马跑，如马之奔也；曰鹿趵［跑］，如鹿之逐也；曰白龙，如白龙之出峡也；曰腾蛟，如蛟之得云雨而飞腾也；曰虎，虎啸风生也；曰金虎、曰黑虎、曰白虎，则又以其色而别之也。泉有以植物名者：曰花，花纹荡漾也；曰草，水草交萦也；曰芙蓉，明以艳也；曰莴苣，寒以苦也；曰黄华，淡而弥永也；曰柳絮，水沫纷翻，如絮飞舞也；曰双桃，夹岸桃花，如桃源仙境也。泉有以用物名者：缨之濯也，清如；钵之洗也，蠲如；曰鉴者，泽如；曰炉者，沸如；曰南叵罗者，斟如；曰枪杆者，其流直如；曰玉环者，两泉并出，其形环如也。泉有以食物名者：曰试茶，茗之瀹也；曰煮糟，醨之啜也；曰浆水，米汁之倾也；曰醴，酒之甘也；曰蜜脂，中边皆甜也。泉有以乐器名者：曰琴，流水之调也；曰琵琶，浔阳之旧曲也。泉有以珍宝名者：曰悬珠，珠之悬也；曰漱玉，玉之漱也；曰金沙，淘沙而金可拣也。泉有得名于释氏者：曰印度，初禅之地；曰锡杖，将飞之候也。泉有得名于女工者：曰金线，波纹之细；曰麻披，缕缕之不绝也。至于灰之澄也，曰灰池；井之满也，曰浅井；天倒影而如镜也，曰天镜；水悬流而如帘也，曰水帘；曰涌，腾也；曰团，圆也；曰避暑，清凉界也；曰无忧，欢喜境也；曰冰冰，凝阴之所结也；曰濋，盖取《尔雅·释水》之义也。凡此为七十二泉。后人于五龙潭潭西得泉，题曰七十三泉，则以无名而名者也。无名而名，故不在此数。

——《漱六山房文集》卷七，光绪四年刻本

记中不同于金《名泉碑》的泉池有27处，不同于明晏璧《七十二泉诗》的泉池有33处。其中，金《名泉碑》所列的卧牛泉、东高泉、石湾泉、酒泉、湛露泉、满井泉、北煮糠泉、散水泉、灰泉、知鱼泉、刘氏泉、登州泉、望水泉、香泉、东蜜脂泉、混沙泉、南珍珠泉、滴水泉、灰湾泉、汝泉、柳泉、车泉、南煮糠泉、熨斗泉、鹿泉、龙居泉、百脉泉，明《七十二泉诗》所增添的朱公泉、白公泉、双女泉、北漱玉泉、南甘露泉、黑龙泉、胡桃泉、白花泉、明水泉、鱼池泉、道一泉，均未收载，而新收录了响泉、冷泉、胭脂泉、当道泉、菩萨泉、双忠泉、窦姑泉、腾蛟泉、虎泉、草泉、南叵罗泉、枪杆泉、试茶泉、琴泉、琵琶泉、印度泉、锡杖泉、麻披泉、天境泉、水帘泉、涌泉、团泉、避暑泉、冰冰泉、濋泉共25处泉池。另外，琵琶泉在环城公园，濋泉在珍珠泉院内，腾蛟泉在王府池子街北首，窦姑泉（斗母泉）在青铜山顶部，枪杆泉、试茶泉、琴泉、锡杖泉、水帘泉、冰冰泉、避暑泉、印度泉、涌泉，还有疑似响泉的咋呼泉，均在柳埠镇境内。

记还对名泉名称的由来作了注解，如“以其多白沙也，故名曰白泉”“曰响泉以其声也”“天倒影而如镜也，曰天镜”“平地涌泉，参差错落，如泻万斛之珠，故曰珍珠”等等。

四、新评七十二名泉

1998年，济南市政府采纳饶曼妮、彭开宙、邓宝金、李春圃等18位驻济南全国人大代表建议，决定重新评审“七十二名泉”。1999年1月至7月，市政府先后两次在《济南时报》、济南电视台等媒体发布关于重新评选七十二名泉的消息，请市民推荐七十二名泉。至8月底，共收到推荐名单238份，推荐名泉100余处。2001年年底，市政府概括市民推荐意见，选出100处名泉作为新七十二名泉的候选名泉。100处候选名泉是：

趵突泉、金线泉、皇华泉、卧牛泉、柳絮泉、马跑泉、洗钵泉、石湾泉、湛露泉、无忧泉、满井泉、登州泉、杜康（北煮糠）泉、东高泉、望水泉、漱玉泉、黑虎泉、南珍珠泉、玛瑙泉、白石泉、九女泉、琵琶泉、（古）鉴泉、五龙潭、（古）温泉、东蜜脂泉、贤清泉、天镜泉、月牙泉、虬溪泉、官家池、玉泉、濂泉、（北）珍珠泉、散水泉、溪亭泉、濋泉、王府池（濯缨泉）、芙蓉泉、玉环泉、凤翥池、玉乳泉、腾蛟泉、双忠泉、舜井（泉）、孝感泉、华家井、白花泉、斗母（窦姑）泉、南泉、南甘露泉、大泉、柳泉、车泉、涌泉、滴水泉、枪杆泉、水帘洞泉、苦苣泉、避暑泉、卧龙池（龙居泉）、冰冰泉、泥淤（印度）泉、突泉、龙门泉、玉漏泉、东流泉、滴水泉、玉河泉、甘露泉、浆水泉、林汲泉、金沙泉、白龙泉、悬珠泉、白泉、华泉、百脉泉、墨泉（章丘）、梅花泉、西麻湾、大龙眼泉、净明泉（明水泉）、圣水灵泉、西园半井、西园井、双鹤泉、袈裟泉、饮虎泉、檀抱泉、清泠泉、白虎泉、青龙泉、玉珠泉、洪范池、墨泉（平阴）、东流泉、扈泉、白雁泉、丁泉。

2002年，市政府组织成立由28名专家组成的济南七十二名泉评审委员会，确定的新七十二名泉评审标准条件是：（1）市辖区范围内的泉水，均可参加评审，以古城区及风景名胜区名泉为重点，兼顾县（市）区。（2）本着尊重古人、尊重历史的原则，对金、明、清三代所列七十二名泉进行全面考察，现水势旺盛，正常年份能够常年喷涌，周围环境较好的，要尽量予以保留。（3）历史上未被列入七十二名泉，但水势旺盛、环境优美，且有一定自然人文景观和旅游价值的泉水，经考评可以列入。（4）要充分考虑到泉水的自然景观、历史演变、文化内涵、周围环境、旅游开发价值等，进行全面衡量，择优录取。评审委员会专家对100处候选名泉逐一实地考察，反复论证，选定85处名泉进入第二阶段评审。

85处候选名泉是：(1) 金明清列入七十二名泉的51处：趵突泉、金线泉、皇华泉、卧牛泉、柳絮泉、马跑泉、无忧泉、漱玉泉、黑虎泉、五龙潭（灰湾泉）、(古) 温泉、贤清泉、珍珠泉、散水泉、溪亭泉、王府池（濯缨泉）、芙蓉泉、玉环泉、石湾泉、湛露泉、满井泉、登州泉、杜康（北煮糠）泉、望水泉、(古) 鉴泉、琵琶泉、舜井（泉）、濋泉、腾蛟泉、双忠泉、蜜脂泉、天镜泉、孝感泉、甘露泉、浆水泉、林汲泉、金沙泉、涌泉、苦苣泉、避暑泉、卧龙池（龙居泉）、冰冰泉、泥淤（印度）泉、突泉、南甘露泉、柳泉、白泉、斗母（窦姑）泉、百脉泉、净明（明水）泉、袈裟（独孤）泉。(2) 未列入过七十二名泉的34处：月牙泉、起凤泉、玛瑙泉、白石泉、九女泉、官家池、回马泉、虬溪泉、玉泉、濂泉、华家井、无影潭、水帘洞泉、玉河泉、大泉、玉漏泉、缎华泉、华泉、圣水泉、西麻湾、危山泉（圣井）、圣水灵泉、墨泉、梅花泉、双鹤泉、檀抱泉、清泠泉、白虎泉、晓露泉、洪范池、东流泉、白雁泉、扈泉、日月泉。

2003年9月，诸群泉相继复涌。10月22日起，评审委员会专家再次对85处候选名泉进行实地考察，根据喷涌量、周边环境等，于11月20日，初步确定了济南新72名泉名单，并通过新闻媒体进行为期15天的社会公示，征求社会各界意见。其间，收到群众来信、来访300多人次。12月31日，名泉评审委员会再次进行集中评议，最终确定了济南新七十二名泉名单。2004年4月2日，市政府正式公布济南新七十二名泉名单。新七十二名泉是：

趵突泉、金线泉、皇华泉、柳絮泉、卧牛泉、漱玉泉、马跑泉、无忧泉、石湾泉、湛露泉、满井泉、登州泉、杜康泉（北煮糠泉）、望水泉、珍珠泉、散水泉、溪亭泉、濋泉、濯缨泉（王府池子）、玉环泉、芙蓉泉、舜井、腾蛟泉、双忠泉、黑虎泉、琵琶泉、玛瑙泉、白石泉、九女泉、五龙潭、古温泉、贤清泉、天镜泉、月牙泉、西蜜脂泉、官家池、回马泉、虬溪泉、玉泉、濂泉、华泉、浆水泉、砚池、甘露泉、林汲泉、斗母泉、无影潭、白泉、涌泉、苦苣泉、避暑泉、突泉、泥淤泉、大泉、圣水泉、缎华泉、玉河泉、百脉泉、东麻湾、墨泉、梅花泉、西麻湾、净明泉、袈裟泉、卓锡泉、清泠泉、檀抱泉、晓露泉、洪范池、书院泉（东流泉）、扈泉、日月泉。

在新评出的七十二名泉中，有43泉列入历代七十二名泉，其中，列入金《名泉碑》、明《七十二泉诗》、清《七十二泉记》的有趵突泉、皇华泉、柳絮泉、漱玉泉、马跑泉、无忧泉、珍珠泉、溪亭泉、濯缨泉（王府池子）、玉环泉、芙蓉泉、舜井、黑虎泉、西蜜脂泉、古温泉、贤清泉、浆水泉、甘露泉、白泉、苦苣泉、突泉、袈裟泉22泉；列入金《名泉碑》、明

《七十二泉诗》的有卧牛泉、石湾泉、湛露泉、满井泉、登州泉、杜康泉（北煮糠泉）、望水泉、散水泉8泉；列入金《名泉碑》、清《七十二泉记》的有林汲泉；列入金《名泉碑》的有五龙潭（灰湾）、百脉泉；列入明《七十二泉诗》的有净明泉；列入清《七十二泉记》的有濋泉、腾蛟泉、双忠泉、琵琶泉、天镜泉、斗母泉、涌泉、避暑泉、泥淤泉9泉。金线泉、玛瑙泉、白石泉、九女泉、回马泉等29泉历史上虽未曾列入七十二名泉，但因水势旺盛，环境优美，且具有旅游价值，本次入选济南新七十二名泉。

新评定的七十二名泉分布于济南老城区的有40泉，其中，趵突泉公园14泉，五龙潭公园11泉，环城公园5泉，省人大院内4泉，市区街巷内6泉；城郊及历城区境内17泉；章丘市境内6泉；长清区境内5泉；平阴县境内4泉。

第二节 新七十二名泉大观

1. 趵突泉

位于趵突泉公园内泺源堂前，别名泺、泺水、娥姜（英）水、槛泉、爆流泉、三股水。金《名泉碑》、明《七十二泉诗》、清《七十二泉记》均收录，历代列济南七十二泉之首。泉池历经修葺，为石砌长方形，东西长30米，南北宽20米，深1.75米，泉水出露标高26.49米，日涌量最大可达24万立方米，汇入西护城河。1956年依泉建园，称趵突泉公园。以趵突泉为代表，其周围20余泉统称为趵突泉泉群。

2002年王宇信、吴荣曾等专家依据河南安阳

趵突泉（2007年）

出土的甲骨文考证，趵突泉有文字记载历史可以上溯至商代，距今3500多年。

趵突泉是古泺水之源，春秋时称“泺”，《春秋》载：鲁桓公十八年（公元前694年）“公会齐侯于泺”，“泺”即指今趵突泉一带。据《水经注·济水》记载，魏晋南北朝时，因泉上有娥姜庙（亦称“娥英庙”），趵突泉被俗称“娥姜水”。北宋又被称为“槛泉”（见赵抃《题刘诏寺丞槛泉亭》诗）。曾巩所撰《齐州二堂记》始称“趵突泉”，文曰：“有泉涌出，高或至数尺，其旁之人名之曰‘趵突’之泉”；“趵突之泉，冬温，泉旁之蔬甲，经冬常荣，故又谓之‘温泉’。”宋、金时期，趵突泉还被称为“爆流泉”。此名最早见诸宋张邦基《墨庄漫录》，后又出现在金代元好问《济南行记》中：“凡济南名泉七十有二，‘爆流’为上”。济南百姓还俗称它为“三股水”。在趵突泉诸多名称中，沿用时间最长的还是“趵突泉”，距今已有930余年的历史。

趵突泉喷涌之气势，泉水喷涌量之大，在济南诸泉中首屈一指。泉水从地下石灰岩溶洞中涌出，三窟并发，声若隐雷，势如鼎沸。20世纪60年代中期监测，趵突泉最大涌量1.8776立方米/秒。“趵突腾空”为明清时济南八景之首。泉水四季恒温18℃左右。严冬，水面上水气袅袅，像一层薄薄的烟雾。一边是泉池幽深，波光粼粼，一边是楼阁彩绘，雕梁画栋，构成了一幅奇妙的人间仙境。趵突泉水质清醇甘冽，含菌量极低，是理想的天然饮用水。相传，清乾隆皇帝下江南，出京时，带的是北京玉泉水，到济南品尝了趵突泉水后，便改带趵突泉水。

趵突泉是历代文人墨客观赏、咏赞的对象。郦道元赞曰“泉源上奋，水涌若轮”；赵孟頫、张养浩先后写下了“云雾润蒸华不注，波涛声震大明湖”“三尺不消平地雪，四时常吼半空雷”的千古佳句；蒲松龄赞趵突泉为“海内之名泉第一，齐门之胜地无双”。苏轼、苏辙、元好问、王守仁、王士禛、何绍基、郭沫若、柳亚子等，均对趵突泉景观有所题咏。清代济南诗人任弘远还编纂了一部《趵突泉志》。

趵突泉周边的名胜古迹有观澜亭、泺源堂、娥英祠、望鹤亭、来鹤桥、蓬山旧迹坊及“激湍”“观澜”“趵突泉”“第一泉”等历代咏泉诗文碑刻。

2. 金线泉

位于趵突泉公园内，趵突泉东北，皇华泉、柳絮泉东南侧。原在今老金线泉处。金《名泉碑》、明《七十二泉诗》、清《七十二泉记》均收录。金线泉池呈长方形，石砌，东西长2.68米，南北宽1.65米，深0.66米，常年不竭，汇入西护城河。

金线泉（2004年）

该泉是著名的奇泉。宋吴曾《能改斋漫录》载："石甃方池，广袤丈余，泉乱发其下，东注城壕中，澄澈见底。池心南北有金线一道，隐起水面，以油滴一隅，则线纹远去。或以杖乱之，则线辄不见，水止如故。"宋代，金线不仅白天可以看到，夜间也显明易见。对于这一天下奇泉，历代文人骚客赋诗为文，予以讴歌。其中尤以宋代文学家曾巩所赋七言律诗最为著名："玉甃常浮灏气鲜，金丝不定路南泉。云依美藻争成缕，月照灵漪巧上弦。已绕渚花红灼灼，更萦沙竹翠娟娟。无风到底尘埃尽，界破冰绡一片天。"元代戏剧家关汉卿曾编杂剧《杜蕊娘激赏金线池》，以金线池周边的旖旎风光为背景，演绎韩辅臣与歌妓杜蕊娘悲欢离合的爱情故事。清代，濮文暹《见在龛集·说金线泉》，对金线泉的形成作了科学解释："自西睨之，水纹一丝，横分泉面为二，终不相混，厥色独黄。佥谓有泉并上涌，力均而相敌，界成一线，又斜受日光，状厥形，故以'金线'名。"

金线泉之"金线"，明清时期尚能清晰可见，后因改建泉池，泉基底遭破坏，水势减弱，"金线"从此消失。1956年扩建趵突泉公园时，在老金线泉东南侧约20米处一个石砌雕栏小池中（即今址），也出现了"金线"，便将这一泉池称之为"金线泉"，并将清同治九年（1870年）吴兴人丁彦臣题写的"金线泉"石刻，由老金线泉移至今址泉池东壁上，从此，原来的金线泉称为"老金线泉"。今址金线泉东、南壁各有泉水流出，两股泉水相拥，聚成一条水纹，漂浮移动，阳光映照下，如同金线，可谓名副其实。

3. 皇华泉

位于趵突泉公园内，皇华轩门前东侧，西与卧牛泉相对。别名木鱼泉、黄花泉。金《名泉碑》、明《七十二泉诗》、清《七十二泉记》均收录。出露形态为渗流，常年不竭。水自池底沙际中涌出，池盈而流入趵突泉池，汇入西护城河。今泉池石砌长方形，东西长7.02米，南北宽4.54米，深1.28米，周围绕以石雕栏杆，池内北壁嵌"皇华泉"石刻，为现代书法家魏启后1980年题写。

皇华泉名出自《诗经·小雅》"皇皇者华"，意为皇帝派出的使者。皇华泉是为纪念或颂扬哪朝哪代哪位使节而得名，已无从确考。有人说这个使臣是被汉文帝派到济南笔录今文《尚书》的晁错。还有人说是用来纪念大舜的。传说在虞舜时期，历山下有三条毒蛇残害百姓，于是舜便率领勇士将它们斩除，使天下复归太平，百姓得以安居乐业。后人为纪念舜为民除害，恩泽于世，便将趵突泉边的这处清泉命名为"皇华泉"了。明代诗人晏璧曾赋诗吟咏皇华泉："金线池东涌碧泉，皇华使节耀齐川。圣恩浩荡宽如海，散作甘霖遍八埏。"

皇华泉（2011年）

4. 柳絮泉

位于趵突泉公园内，与南侧金线泉隔壁相连。金《名泉碑》、明《七十二泉诗》、清《七十二泉记》均收录。出露形态为渗流。泉池为新中国成立后重修，长方形，石砌，东西长3.68米，南北宽2.68米，深1.32米，常年有水，流入西护城河。池内有两个涌势相当的泉眼对涌，水面经常出现一条东南——西北向的水纹，在阳光照射下，闪闪发光，沿袭了古老的“金线”奇观。池东栏杆间镌“柳絮泉”三字，为1980年李予昂题写。

柳絮泉

相传宋代女词人李清照故居就靠近这里。清顺治年间的著名诗人田雯曾写过《柳絮泉访李易安故宅》诗：“跳波溅客衣，演漾回塘路。清照昔年人，门外垂杨树。沙禽一只飞，独向前洲去。”乾隆年间，《趵突泉志》的作者任弘远观瞻柳絮泉后，也写过一首题为《柳絮泉访李易安故宅》诗：“为寻词女舍，却向柳泉行。秋雨黄花瘦，春流漱玉声。收藏惊浩劫，漂泊感生平。往昔风流在，犹传乐府名。”道光年间，诗人范坰同样有《易安居士故宅诗》：“漱玉清词玉版笺，易安居士有遗编。远齐道韫应无愧，故宅犹称柳絮泉。”同时期学者俞正燮正是依据诗人们的结论，在《癸巳存稿》中推断：“易安居士李清照，宋济南人，居历城城西南之柳絮泉上”。为了纪念这位杰出的女词人，1959年在柳絮泉北侧修建了李清照纪念堂，1999年又建易安故居。

5. 卧牛泉

位于趵突泉公园内，皇华轩南侧，东与皇华

卧牛泉

泉相对，西北与老金线泉相望。金《名泉碑》、明《七十二泉诗》均收录。泉名一说是为纪念舜耕历山而得，另一说是因昔日常有耕牛躺卧泉旁休息而得。古时的槛泉亭与卧牛泉相距不远，常有牛羊饮其水，卧其旁，故唐宋八大家之一的苏辙在《槛泉亭》诗中写到：“谁家鹅鸭横波去，日暮牛羊饮道边。”清代，卧牛泉池淤塞。刊印于1928年的《历城县乡土调查录》仍称“今失考”。1964年，扩建趵突泉公园时恢复。今泉水出露形态为渗流，水自池底沙际涌出，晶莹碧透。泉池长方形，石砌，东西长6.87米，南北宽4.56米，深1.22米，常年有水，流入西护城河。池北岸石栏上嵌“卧牛泉”石刻，由济南书法家张立朝于1980年题写。

6. 漱玉泉

位于趵突泉公园内，李清照纪念堂前，柳絮泉东南。金《名泉碑》、明《七十二泉诗》、清《七十二泉记》均收录。泉名语出西晋文学家陆机《招隐诗》“飞泉漱鸣玉”。流泉漱石，声若击玉，故名。相传宋代女词人李清照《漱玉集》即以此命题。

漱玉泉（2005年）

漱玉泉出露形态为涌水状，泉池长方形，石砌，东西长5.36米，南北宽3.72米，深1.50米，常年有水，流入西护城河。池周饰雕石栏杆，池内北壁嵌“漱玉泉”石刻，为济南书画名家关友声1956年题写。水自池底或池壁涌出，漫石穿溪，汇入长24米的不规则形石砌水塘。水塘中群鱼嬉游，波纹回旋，云天倒映，景致怡人。泉北有李清照纪念堂、易安旧居。庭院与泉池相映，为漱玉泉增添了文化内涵。

7. 马跑泉

位于趵突泉公园内，西临李清照纪念堂，东南侧为公园假山。金《名泉碑》、明《七十二泉诗》、清《七十二泉记》均收录。因抗金英雄关胜的战马怒啸奔腾，扒地出泉的传说而得名。相传北宋末年，济南总兵刘豫麾下有一员部将骁勇善战，人称大刀关胜。金兵南侵至济南，刘豫欲投降敌军，遭到关胜的坚决反对。关胜屡次率兵抗拒围城的金兵。于是，刘豫便设计陷害于他。待关胜出城迎战时，刘豫将城门关闭，并命令士兵在城墙上向下射箭。关胜在内外夹击下，壮烈殒命。他的坐骑见主人遇难，怒吼咆哮，愤而跑地，居然扒出一泓清泉。济南人为了纪念这位民族英雄，遂将此泉命名为“马跑泉”，并在泉北岸筑起了一座庙宇，称作“关王庙”（亦称“关公祠”），庙内供奉的是大刀关胜的塑像。元明之后，庙宇塌废。当人们在重建该庙时，误将关胜的“胜”字错为“圣”字，塑三国蜀将关羽之像，并配以周仓及战马赤兔，“关胜庙”便张冠李戴地成为“关羽庙”了。清时济南人朱照对此在其所著《锦秋老屋稿》中曾著文辨析。他写道：“公讳胜，曾为济南将官。值伪齐刘豫降金叛据济南，公不从，因战斗死。乘马怒哮，扒地出泉，遂有‘马跑泉’之名。乡人感其节义，为建祠于泉侧。后历元、明兵燹，基址半塌废，遇有好事者重为修。盖误‘胜’为‘圣’字，竟塑作壮缪神像矣！配神周仓，战马赤兔，固极周备，然与宋臣全无涉也。”（朱照《关公祠诗并序》）

如今，庙宇早已倒塌。泉池实际是由两泉组成，另一泉为“浅井泉”。原先，两泉之间有一墙相隔，“浅井”在北，“马跑”在南。1956年扩建趵突泉公园时，把墙去掉，使两泉合为一体。泉水出露形态为渗流。泉池呈不规则形，假山石驳岸，南北长16.30米，东西宽4.50米，深1.24米，池岸曲折起伏，参差交错。泉水自岩石缝隙中涌出，泛起串串水泡，沿池底小溪向东北流去，注入西护城河中。泉池周围，怪石嶙峋，绿树掩映，景致幽雅别致。

马跑泉（2011年）

8. 无忧泉

位于趵突泉公园内，趵突泉南，白雪楼西北角。金《名泉碑》、明《七十二泉诗》、清《七十二泉记》均收录。传说以酌饮此水能消愁解忧而得名。故明代诗人晏璧在《无忧泉》诗中云：“槛泉西畔漱清流，酌水能消万斛愁。白叟黄童争击壤，春来有事向东畴。”清代诗人张善恒也赋诗唱吟：“盈涸本无常，自行还自止。安得一寸心，化作无忧水。”此泉于1926年修建趵突泉周边景物时被填平，1989年在今址重新修复。出露形态为渗流。泉池呈不规则形，假山石驳岸，深1.42米，常年有水，流入西护城河。池内锦鳞戏逐，闪光耀彩。池周松柏泄翠，杨柳垂荫，修竹储润，景色秀丽。

无忧泉

9. 石湾泉

位于趵突泉公园内，趵突泉东南，北临白雪楼。金《名泉碑》、明《七十二泉诗》均收录。因巨石驳岸，状如水湾而得名。古今泉址稍异。元于钦《齐乘》云在“趵突泉南”，明晏璧《七十二泉诗》称“石湾池接槛泉南”。原池淤

石湾泉（2004年）

塞迷失已久，明末刘敕《历乘》称“有其名而莫辨其址”。清道光《济南府志》载：“石湾泉，在趵突泉南……《通志》云今塞。”民国《历城县乡土调查录》称：“石湾泉在趵突泉南，与无忧泉并列，今迷。”1997年，整饬趵突泉公园，在今址开掘一泉，出露形态为渗流，命名为“石湾泉”。泉池呈不规则形，假山石驳岸，深1.08米，池中置盆栽莲花，常年有水，注入西护城河。池岸岩石上镌“石湾泉”三字。

10. 湛露泉

位于趵突泉公园内，趵突泉南，北临无忧泉，东连石湾泉。金《名泉碑》、明《七十二泉诗》均收录。因泉水清湛，甘香味美而得名。据史料记载，明隆庆年间，武英殿大学士殷士儋回归故里后，在通乐园（即今万竹园）中大宴宾客，主客一边谈古论今，一边畅饮犹如浓重露水般的湛露泉水，“厌厌夜饮，不醉无归”。其泉址，元《齐乘》、清道光《济南府志》俱称在无忧泉西，明末《历乘》云“有其名而莫辨其址”，民国《历城县乡土调查录》称在“围屏街张子志花园内”，即张怀芝构建的万竹园内，1964年，山东水文地质队调查时未见其踪。1997年夏，扩建趵突泉公园时在今址挖掘垒砌泉池，泉池呈不规则形，假山石驳岸，长10.15米，宽5.95米，深1.08米。出露形态为渗流，常年有水，注入西护城河。池岸西部半浸水中的岩石上镌“湛露泉”泉名。泉东北侧是为纪念明代文学“后七子”领袖、济南人李攀龙所建的白雪楼。

湛露泉

11. 满井泉

位于趵突泉公园内，趵突泉北，三圣殿西南隅。金《名泉碑》、明《七十二泉诗》均收录。因四季涌泉，盈溢井口而得名。据明末《历乘》载，此泉曾于明末淤塞。新中国成立后1954年被覆盖，1979年遭填埋，1997年重新修复。泉水出露形态为渗流。泉池呈六边井形，石甃井壁，直径2.26米，深1.40米，常年有水，注入西护城河。池周饰雕石栏杆，南侧栏板刻“满井泉”三字，为济南当代书法家梁修题写。

满井泉

在满井泉南、北咫尺之间，有三座宫殿式建筑，为明代遗物，历史上曾称作“娥英祠”“泺源堂”“吕祖庙”。在三座大殿之间，镶嵌着理学大师、阳明学派的开创者王守仁等明清以来名人咏泉碑刻19方，其中有一方被称为“双御碑”的正面镌刻着清康熙皇帝玄烨所书“激湍”二字，背面刻乾隆皇帝弘历《再题趵突泉》诗。

12. 登州泉

位于趵突泉公园内，趵突泉西。金《名泉碑》、明《七十二泉诗》均收录。传说因水脉通登州而得名。该泉原坐落于花墙子街57号院内，20世纪中叶曾被覆盖于一街道厂房之下。1994年花墙子街改造时，再次遭填埋。1997年趵突泉公

登州泉（2011年）

园西区扩建时恢复。泉水出露形态为渗流，泉池长方形，石砌，长6.2米，宽5.5米，深3.10米，常年有水，注入西护城河。

传说登州泉与地处山东半岛的登州（今蓬莱）有着水脉相连的关系，泉水是从登州千里迢迢地潜流过来的。还甚至有人在泉池中发现过海螺贝壳等。明晏璧为此赋诗曰：“文登一脉透谭城，澄彻全无蜃气腥。”古人所谓此泉之水来自登州之说，没有科学依据，按照趵突泉一带的地质构造，登州泉与趵突泉当属同一水脉。

13. 杜康泉（北煮糠泉）

位于趵突泉公园内，趵突泉西北，观澜桥西。传说因酒仙杜康曾于此置锅煮糠酿酒而得名。又称广会杜康泉。金《名泉碑》、明《七十二泉诗》均收录，称“北煮糠泉”。明末《历乘》称“煮糠泉”，清道光《济南府志》仍延称“北煮糠泉”，但已有人将此泉讹称为“杜康泉”，并刻“杜康泉”名石刻（清乾隆《历城县志》卷八·山水考三：“按今有石刻名杜康泉者，或即北煮糠，以声而讹也。”）。民国时期，《济南大观》《济南名胜古迹辑略》等书即将此泉称之为“杜康泉”。因济南内城刷律巷有一泉早已称“杜康泉”，故人们为了区别两处杜康泉，又将刷律巷内的泉子称为“古杜康泉”，而将临近广会桥（大板桥）的此泉（即“北煮糠泉”）改称为“广会杜康泉”，并于丁酉年（1957年）八月在泉池西壁嵌上“广会杜康泉”泉名砖刻。该泉原坐落于花墙子街23号门前，水势旺盛，清冽甘美，昔日为居民饮用水。1994年花墙子街改造时被填埋，1997年趵突泉公园西区扩建时修复，纳入公园内。泉水出露形态为渗流，泉池长方形，石砌，长4.50米，宽3.87米，深0.46米，南侧连一井形泉池，池上建彩亭，额悬“杜康泉亭”木匾。常年有水，注入西护城河。

杜康泉（2011年）

杜康泉名的由来源自一个古老的民间传说。据金代元好问《济南行记》等文献记载，杜康寻找天下最好的水来酿造人间最上乘的佳酿。他除了观察水的颜色、品尝水的味道外，还用水体分量的轻重来检验其质量的优劣，分量轻的为佳。杜康走遍五湖四海，品味了无锡惠山泉、杭州虎跑泉等名泉后，发现江苏镇江西北的长江临岸水中，冬季水枯时出露的冷泉水为最好，名之为“中泠水”。但当他来到了济南后，又发现这里有处泉水，色虽然与中泠水相似，但因中泠水每升重二十四铢，而此泉水则是二十三铢。于是杜康就选用此水置锅酿酒，从而造出了天下第一名酒。人们将此酒称为“杜康酒”，而酿酒之泉也因此命名为杜康泉。清代范坰曾赋诗云：“名泉幸得杜康名，曾共中泠较重轻。瓦铫泥炉观蟹眼，一杯春茗解朝酲。”（《新齐音·风沦集》）

古杜康泉早先在舜庙内，后位于刷律巷里。由于“杜康在济南造出天下第一美酒”这一民间传说的广为传播，杜康泉的名声大振。据说旧时还在泉畔建有酒楼。四方来客，大都喜欢到此一游，饮酒赏泉。文人名士还乘兴赋诗，如明代晏璧诗曰：“甘泉一脉舜祠下，此地千年说杜君。不是重华常嗜酒，几卮聊借解南薰。”（《七十二泉诗·杜康泉》）清代诗人王鸿在《杜康泉》诗中云：“杜郎去已远，泉乃留其名。我来俯一掬，顿觉吟眸明。我来饮一勺，能使枯肠清。渴欲狂吸之，一酿千日醒。鸿也高阳徒，陶然有真情。忧至何以解，醉里访先生。”（《历下咏怀古迹诗钞》）

如今，地处刷律巷内的古杜康泉已消失，而

趵突泉公园内的“杜康泉”（北煮糠泉）成为济南唯一的杜康泉了。

14. 望水泉

位于趵突泉公园万竹园西院，又名二十四泉。金《名泉碑》、明《七十二泉诗》均收录。泉水出露形态为渗流，泉池长方形，石砌，东西长15.25米，南北宽9.96米，深1.33米，中架南北向3孔石桥，桥南建彩亭，北连过厅门楼，桥西侧北岸池壁嵌清末宣统二年（1910年）题写的“望水泉”泉名刻石。常年有水，注入西护城河。池周建筑错落，修竹成林。

望水泉取名“望水”，在济南民间有一种说法。相传此泉与同在万竹园内的另一泉——登州泉水脉相通，泉水齐望登州，故名。明代隆庆年间，历城显宦、内阁大学士殷士儋由京回济，卜居于此，将元万竹园改称为“通乐园”，取“与民同乐”之意。清康熙年间，济南著名诗人王苹曾居于泉旁，以泉在金代《名泉碑》中排序二十四，又特将此泉称之为“二十四泉”，并将自己的书斋命名为“二十四泉草堂”。他在《二十四泉草堂图记》中记道：“余居望水之上二十年，因取金碑所列水之次第以名吾堂为‘二十四泉草堂’焉。”1997年扩建趵突泉公园西区，泉址随着万竹园划归趵突泉公园。

望水泉

15. 珍珠泉

位于历下区山东省人大常委会机关大院，俗称珍珠泉大院内，清巡抚院署大堂西北。金《名泉碑》、明《七十二泉诗》、清《七十二泉记》均收录。以平地涌泉，水泡升腾，如泻万斛珍珠而得名。又因城东南护城河中有南珍珠泉，故又名北珍珠泉。泉水标高26.28米，20世纪60年代中

珍珠泉（2012年）

期监测最大涌水量0.1459立方米/秒。泉水出露形态为串珠状上涌。池中泉眼遍布，依栏观赏，泉从沙际出，忽聚忽散，忽断忽续，忽急忽缓，与池中成群的鲤鱼吐放的水泡相融相伴，构成“鲤鱼戏珠”的胜景。今泉池整修于1980年，长方形，长41.28米，宽30.45米，深2.61米，雕石砌岸，周饰石栏。池内水中偏东立白色大理石碑一方，上刻泉名“珍珠泉”，字涂朱红色，为时任中共山东省委书记高启云1980年书。1983年在南岸建一水榭，造型优美，如展翅大鹏。榭内悬匾额“浮玑”，为时任山东省人大常委会副主任李予昂1983年题书。珍珠泉常年有水，由玉带河北流进濯缨湖，经百花洲注入大明湖。其周围泉水依此泉称之为珍珠泉泉群。

珍珠泉久负盛名，历代许多文人写下无数脍炙人口的诗文。金代诗人雷渊在《济南珍珠泉》诗中唱吟：“大地万宝藏，玄冥不敢私。抉开青玉罅，浑浑流珠玑；轻明疑夜光，洁白真摩尼。风吹忽脱串，日射俄生辉。有时如少靳，觱沸却累累。”清康熙二十三年（1684年）爱新觉罗·玄烨皇帝南巡经过济南，观赏珍珠泉并题“清漪”二字。清康熙二十八年（1689年）再次南巡驻跸珍珠泉，赋咏《珍珠泉》诗一首，并在诗前作序曰：“济南多名泉，趵突、珍珠二泉为最。昔经过趵突，曾赋篇什，今临珍珠泉上，爱其澄澈，题曰‘作霖’。”清代文人蒲松龄在《珍珠泉抚院观风》云：“稷下湖山冠齐鲁，官寮胜地有佳名。玉轮滚滚无时已，珠颗涓涓尽日生。泡涵天影摇空壁，派作溪流绕近城。远波旁润仍千里，直到蓬莱彻底清。”清乾隆帝于乾隆

十三年（1748年）农历三月四日，游览珍珠泉后，赞美珍珠泉天然无饰，如同仙境称冠群泉。并题记："济南多名泉，岳阴水所潴。其中孰巨擘?趵突与珍珠。趵突固已佳，稍藉人工夫。珍珠擅天然，创见讶仙区。卓冠七十二，分汇大明湖。几曲绕琼房，一泓映绮疏。可以涤心志，可以鉴眉须……"。后人将此题记刻碑立于泉北岸，至今尚存。

珍珠泉所在的珍珠泉大院，在元代初年为山东行尚书省兼兵马都元帅、知济南府事，后进封为"济南公"的张荣之私人宅第。明宪宗成化二年（1466年），德王朱见潾又扩建为德藩故宫，俗称德王府。先后有五代世袭德王居住在这里，时间长达173年。清代为山东巡抚衙门。民国时期先后为山东督军、督办公署和山东省政府所在地。济南解放后，为山东省人大常委会机关驻地。珍珠泉大院历经沧桑，院内现存景物尚有清巡抚院署大堂、乾隆御碑、浮玑亭、海棠园、桂香柳等，亭台楼榭，碧水绿荫，风光秀丽。

昔日的珍珠泉大院或为私家园林，或为官府驻地，寻常百姓不得随意入内。2002年4月19日，经山东省人大常委会主任韩喜凯提议，省人大常委会各位副主任一致同意，决定将省人大常委会办公区域压缩四分之三，把珍珠泉和院内风景名胜对外开放，供人民群众游览观赏，还泉于民，还景于民。4月27日，省人大常委会办公厅召开新闻发布会宣布此事。5月1日，济南珍珠泉大院正式向全社会开放。

16. 散水泉

位于珍珠泉大院内，清巡抚院署大堂东南角。金《名泉碑》、明《七十二泉诗》、清《七十二泉记》均收录。因泉水奋涌，涟漪旋回，聚而复散而得名。出露形态为渗流，常年有水，积水成池。1981年重修泉池，方形，长、宽各1.6米，深2米，石砌池岸，加建石栏。南岸栏板上镌"散水泉"名石刻，为省人大常委会副主任李予昂书写。池内水清见底，晶莹碧透。

昔日散水泉的水势十分旺盛，水流量很大，水色空明，明朝诗人晏壁咏诗赞曰："珠泉东向水萦回，荡漾涟漪去复来。时有濯缨佳客至，方池如鉴绝纤埃。"

泉畔清巡抚院署大堂始建于明代，为德王府

散水泉

"承运殿"，清代重建，面阔5间，进深16米，为珍珠泉大院仅存的古代建筑。

17. 溪亭泉

位于珍珠泉大院内，珍珠泉东，清巡抚院署大堂西侧。别名王氏溪亭泉。金《名泉碑》、明《七十二泉诗》、清《七十二泉记》均收录。因附近溪流潺潺，亭阁翼然的园林景物而得名。出露形态为渗流，常年有水，积水成池。池为长方形，长2.52米，宽1.55米，深0.75米，池岸石砌，东叠山石，石上镌现代山东著名书法家王讷（字墨仙）题写的"溪亭泉"三字。池南侧说明牌上有当代济南名士徐北文撰书的《溪亭泉题记》。

唐宋时期，溪亭泉、珍珠泉一带水面广阔，亭阁翼然，柳绿荷香，鸥鹭翻飞。著名的宋代女词人李清照一曲《如梦令》，对家乡的景物抒发了由衷的赞美："常记溪亭日暮，沉醉不知归路。兴尽晚回舟，误入藕花深处。争渡，争渡，惊起一滩鸥鹭。"

溪亭泉（2011年）

溪亭泉附近的溪亭是否就是李清照词中的“溪亭”，有多种说法。一说，古代的溪亭当在今日溪亭泉不远处，溪亭泉正是以泉边的溪亭而得名。另一说，溪亭泉边的溪亭不是宋代的溪亭，宋代的溪亭在济南城西，为名医徐遁所有，有苏辙《题徐正权秀才城西溪亭》一诗为证：“竹林分径谁通渠，正与幽人作隐居。溪上路穷惟画舫，城中客至有罾鱼。”诗题中的徐正权即“泰山学派”、著名文人石介的女婿徐遁。徐遁，字正权，是济南当时的名医，与李清照之父李格非是同乡士类。李清照前往徐氏园林游玩当有可能，所描绘的溪亭当是在徐遁庭园里的这个溪亭。又一说，“溪亭”并非专指某一名曰“溪亭”的亭子，此处当作泛指解释，即溪流边的亭子。凡此种种，至今仍是众说纷纭，莫衷一是。

18. 濋 泉

位于珍珠泉大院内，珍珠泉东，清巡抚院署大堂西北。清道光《济南府志》有载，郝植恭列入《七十二泉记》。出露形态为渗流，常年有水，积水成池。1951年秋重新修葺，以石砌岸，池为方形，长、宽各2.10米，深0.90米，周饰石栏，水自池底岩隙涌出，清澈见底。泉壁篆体“濋泉”二字，为山东现代书法家王讷书写。

濋泉（2011年）

据史书记载，清康熙七年（1668年），山东巡抚刘芳躅（字增美）命工役于巡抚大堂西北侧掘土，深至二尺时，有泉水涌出，复凿二尺，其水增大数倍。刘芳躅见状，十分高兴，便就新泉取名之事咨询其幕僚朱彝尊，朱彝尊脱口而出：“《尔雅》：水自济出为濋，其‘濋泉’乎？”并作《濋泉记》曰：“天下之水，源澄者，流必清；源浊者，流亦浊。然河出昆仑墟，色白；所渠并千七百一川，色黄，则众水混之也。航于下流者，见其浊，以为河之性。然彼徒窥其末而未穷其本，则为之浊也，固宜。为政之道亦若是而已。吏至廉也，为之宾客者苟萌营利之心，惑于视听，则混之者日至。源之清浊，流亦异焉。今公既能洁己于上，宾客咸以公之心为心，若泉之在甃，纤尘有所不纳，虽极而至于大小清河，而入于海，无非濋者矣。”（朱彝尊《濋泉记》）

19. 濯缨泉（王府池）

位于历下区王府池子街中段，别名濯缨湖、王府池、王府池子。金《名泉碑》、明《七十二泉诗》、清《七十二泉记》均收录。以《孟子·离娄上》“清斯濯缨，浊斯濯足”之意命名。清代又因泉由德王府划出称“王府池”。出露形态为串珠状上涌。水自池底及西岸岩孔涌出，沿曲溪向北折向东流，穿民居，过石桥，至曲水亭，汇珍珠诸泉水，经百花洲入大明湖。今泉池方形，长42米，宽31米，深1.7米，昔日，池中有一沙渚，居民多于此戏水捞虾，故俗名“捞虾渚。”清初山东巡抚李树德于池内沙渚上建“王府池新亭”。其亭造型玲珑，彩绘秀美，栏杆精雕。亭周绕以回廊，廊接虹桥，景象万千。解放前亭废。

明末崇祯《历城县志》载：“濯缨湖，今归入德藩，建濯缨亭其上。俯视澄渊，须眉可鉴，杨柳交匝，金鳞游泳，龙舟荡漾，盖世奇观。”清道光《济南府志·卷六·山水二》又载：“城内各泉惟珍珠、濯缨、芙蓉三泉为大……濯缨泉称湖，前在德王宫内，今在院署西墙外百余步，俗称王府池，围圆四十余丈，由地沟北流，穿民居，出起凤桥下，至院后会珍珠泉水，经百花、

濯缨泉（2009年）

鹊华两桥入大明湖。”2009年，济南市名泉办在泉侧立《重修濯缨泉记》碑刻，云：“濯缨泉……水甘清冽，泉眼众多，水泡串串，水藻摇曳，游鱼戏逐。池岸民居错落，曲巷藏幽，杨柳叠翠，藤架古朴，水流成溪。”

20. 玉环泉

位于历下区省府前街（明清称“布政司街”）中段西侧，别名玉环井。金《名泉碑》、明《七十二泉诗》、清《七十二泉记》均收录。因两泉并涌，水纹相扣如环而得名（明嘉靖《山东通志》：“两泉并出如环。”）。泉水终年不涸，水势甚旺，水质甘美，昔日附近的居民皆饮用此水。该泉于1978年省府前街拓宽时曾一度被覆盖，1982年重新修复，1998年和2006年两次整修。今出露形态为渗流，池呈双井形，块石甃成，直径1.1米，深3米，池周绕石柱围栏。泉南侧立一假山石，上刻泉名和2006年《玉环泉碑记》。

济南民间对玉环泉曾流传着这样的传说：当年杨贵妃在临潼骊山西北麓的温泉华清池洗澡，将泉水污染，天上神仙不忍，便将十股清流引到济南。把济南的玉环泉与唐明皇的贵妃杨玉环联系在一起，有明代诗人晏璧题咏玉环泉诗为证：“泉脉盘回似玉环，天留胜地在人间。温泉曾被杨妃辱，故引清流到历山。”

玉环泉（2011年）

21. 芙蓉泉

位于历下区芙蓉街路西69号院外。金《名泉碑》、明《七十二泉诗》、清《七十二泉记》均收录。后淤塞，1997年实施清淤修池后复涌，出露形态为渗流。今泉池长方形，东西长10米，南北宽5.3米，深1.5米，块石砌岸，中架石桥，东南西三面连接房屋外壁，北面装雕石栏杆，墙壁上嵌魏启后书写的泉名。

芙蓉泉

历代根据当时名物记载芙蓉泉地址。元代于钦《齐乘》称，芙蓉泉在“姜家亭前”。清道光《济南府志》称：“芙蓉泉，在芙蓉街西铺面后，泉池围方十丈余，由地沟北流至府学前。”金元以来，历代在泉畔建有姜家亭、瞻泰楼、芙蓉馆等多处古迹。其中以瞻泰楼最为著名，明代济南诗人许邦才曾与诗人李攀龙在此楼内吟诗唱和。后此楼圮废不存。清代乾隆年间，济南府平原县人董芸曾寓居芙蓉泉边。并在此撰《历下山水记略》二卷。

芙蓉泉所在的芙蓉街因泉而名，街南北不过千米，但在济南城市文明史上却是一条古老的、典型的商业街和文化街。早在北宋熙宁年间，今芙蓉街的北首就修建了府学文庙，每年都要在这里举行盛大的祭孔仪式。到了明代，它又成为德王府的西苑。直到清朝初年，在原德王府中心建起巡抚院署后，此处才沦为街巷民居。清末民国时期，这一带布满了经营古玩字画、书籍文具的店铺，文人学士们经常在此流连赏玩，搜淘珍籍。历史上，芙蓉街自南而北还曾设有三山号眼镜店、治香楼百货店、广立顺照相馆、张巽臣镶牙所、燕喜堂、大成永鞋帽店等百年老店，成为济南颇负盛名的商贾之地。

在这条古老的街巷内，除芙蓉泉外，还有朱砂泉、南芙蓉泉以及若干无名小泉。这些泉或深藏于街旁小巷，或隐蔽在巷内民宅。明净的泉水，或明或暗地流入到濯缨泉（王府池子）内，最后汇于大明湖。

22. 舜井（舜泉）

位于历下区舜井街中段西侧，别名舜泉，金《名泉碑》、明《七十二泉诗》、清《七十二泉记》均收录。以虞舜掘井出泉的传说而得名。因其为井形，多称为“舜井”。曾淤塞，1985年修复，并于舜泉处建起舜园。今因街区改建，将舜园拆除，仅保留圆形井池和一座石碑。泉池呈井形，常年有水，直径1.56米，深2.8米，石甃井壁，上置块石雕凿的圆口作岸，周饰石栏，井内垂铁链，寓意“舜井锁蛟”的传说故事。池西墙壁挂“舜井”黑字铜匾。

据史料记载，舜是父系氏族社会后期的一位部落首领，姓姚，号虞氏，名重华，史称虞舜。相传因四岳推举，尧命他摄政，并将自己的两个女儿娥皇、女英许配与他。舜巡行四方，剪除“四凶”，尧去世后，舜受禅即位。舜耕历山的传说几千年来一直在济南民间流传。历山，一说即今千佛山。相传大舜为民时，曾在山下耕作，故又称舜耕山。北魏郦道元《水经注》载“泺水”之源有舜妃娥英庙，城南对山，山上有舜祠，山下有大穴，谓之“舜井”。

舜泉之所以又称为“舜井”，世传是因它为大舜亲手凿成。相传舜父是位盲人。舜出生后不久，母亲便不幸去世，舜父又娶了一位妻子，并生有一子，名象。继母出于对舜的妒嫉，唆使其父虐待舜，并设计害舜，欲将其置于死地。一天，继母唆使舜父让舜淘井，待舜下到井底时，却用石板盖住井口，企图将舜害死。舜在惊恐之际，发现井壁北侧有一暗洞，便沿着暗洞往前爬行。行了十余丈远，洞穴豁然变亮，原来此洞与地面相通，舜从此洞中钻了出来，方才幸免于死。后人把舜遇难、脱险之井称为“舜井”。

唐人封演《封氏见闻记》有另外一种记载：“齐州城东有孤石，平地耸出，俗称之‘历山’，以北有泉，号‘舜井’。东隔小街，又有石井，汲之不绝，云是舜东家之井。乾元中，有

舜井

魏炎者于此题诗曰：‘齐州城东舜子郡，邑人虽移井不改。时闻汹汹动渌波，犹谓重华井中在。’”

自从舜井与大舜的传说挂上了钩，名声大振，所以欧阳修、曾巩、苏辙、元好问等历代多有文学大家题写诗文赞咏它。

23. 腾蛟泉

位于历下区王府池子东北，王府池子街北首东侧屋墙下。清《七十二泉记》收录。因西临昔日的“腾蛟起凤坊”得名。出露形态为涌状水流。今泉池长方形，南北长1米，东西宽0.55米，深0.86米，常年有水。水自岩孔涌出，盛时躬身可及，汇入大明湖。池东岸屋墙上嵌清代举人李僩书“腾蛟泉”名石刻。

腾蛟泉一带，青砖灰瓦的四合院栉比鳞次，街巷内，由溪悠悠，垂柳依依。名泉、小桥、流水、人家，不是江南，胜似江南。

清顺治十五年（1658年），济南地方官府在

腾蛟泉（2011年）

此修建一座石坊，上刻“腾蛟起凤”四个大字，激励到济南应考的学子刻苦攻读，以求将来在仕途上飞黄腾达。后来，人们依照石坊上的“腾蛟起凤”四字，把石坊附近的两座泉池分别命名为“腾蛟”和“起凤”。坊畔建有一石板平桥，名起凤桥。如今，石坊早已不见，石桥尤存。

24. 双忠泉

位于历下区双忠祠街西首路北，清《七十二泉记》收录。此处为双忠祠故址。明崇祯十二年（1639年）清兵入关，绕过北京直取济南，山东巡安御史宋学朱、历城知县韩承宣率领留守城内的千名乡兵及民众殊死抵抗，城陷阵亡。事后，为纪念宋、韩二人，建“双忠祠”。清康熙四十五年（1706年），乡人修复已倾圮的双忠祠，掘地时忽有双泉涌地，莹洁甘美，人们莫不叹为灵异，遂以祠命名为“双忠泉”。山东督学赵申季撰《双忠祠记》，勒石立于泉旁。后祠废为民居。民国时期，《双忠祠记》石碑尚嵌于双忠祠街31号院内南屋东山墙上。墙东即为双忠泉。解放前，修屋拆墙时将碑碣推倒铺地，后损毁，泉也随之填埋。2002年，修复双忠祠街西首的一处无名泉，将此泉沿称“双忠泉”。出露形态为渗流，泉池长方形，块石甃成，长2.8米，宽1.7米，深2米，常年有水，积水成池，东、北面连接屋墙，西南面建矮墙为栏，泉旁立“双忠泉”石刻，由当代书法家孙墨龙题写。

双忠泉（2011年）

25. 黑虎泉

位于护城河南岸崖下，东北与解放阁隔河相望。金《名泉碑》、明《七十二泉诗》、清《七十二泉记》均收录。因水声轰鸣，犹若虎啸，或洞卧巨石，形似卧虎而得名。泉池为石砌长方形，东西长13米，南北宽9米，深3米。泉水标高27.88米，泉水出露形态为涌状，常年不竭。1972年11月监测最大涌水量0.692立方米/秒。泉水由池南壁三石雕兽头口喷出（取“口若悬河”之意），跌入池。池北为一水闸，水漫流形成水帘，泄入护城河。泉与周围山石树木、楼台亭阁、曲径拱桥等园林建筑相互辉映，蔚为壮观。喷水口的石雕兽头名为趴蝮，传为龙之六子。清末，池中兽头仅有1个，长0.67米，宽约0.5米，1931年整治泉池时又增2个。1965年以后又多次整修泉池。昔泉崖之上建有黑虎庙，今为茶社。

黑虎泉（2011年）

黑虎泉之名始见于金代《名泉碑》。相传，某日午夜，深涧之中有嚎叫声，惊醒众多居民观看，只见两猛虎格斗，一只黑色，一只金色。虎见人多，心生惧意，黑者钻进东泉，金者钻进西泉，从此便有了“黑虎泉”和“金虎泉”之说。

黑虎泉在济南数以百计的名泉中，喷涌气势极盛。明人刘敕在《历乘》中曾做过这样动人心魄的描述：“喷珠飘练，澄彻可鉴眉睫。泉溢而出，轰轰下泻，澎湃百状。飘者若雪，断者若雾，缀者若旒，挂者若帘。泻为圆池，名曰太极。池中屹然一巨石，水石相击，珠迸玉碎，萦回作态。其声如昆阳巨鹿之战，万人鸣鼓瓦缶相应，以浮白酬之。坐十丈外，泉濛濛洒，人不寒而栗。”古时将它列为济南十六景之一“岩畔飞泉”。其周围10余处泉点被称之为“黑虎泉泉群”。

黑虎泉周围一带风景佳丽：亭台、楼阁、假山、流水，相互辉映；清泉、绿树、花卉、画舫，风姿各异。它们共同构成一处令人喜爱的自然和人文景观。明人胡瓒宗《过泉留题》诗赞道："济水城南黑虎泉，一泓泻出玉蓝田。巨鳌伏地来河内，灵液流云到海边。杨柳溪桥青绕户，鹭鸶烟雨碧涵天。金汤沃野还千里，春满齐州花满川。"诗人晏壁《黑虎泉》诗云："石蟠水府色苍苍，深处浑如黑虎藏，半夜朔风吹石裂，一声清啸月无光。"刘敕也在《咏黑虎泉》诗中赞曰："石激湍声成虎吼，泉喷清响作龙吟。"清人王培荀在《乡园忆旧录》一书中有载："'碧栏之下，寸寸秋色'，古今以为奇语，移赠此泉，洵可无愧。"

琵琶泉（2008年）

26. 琵琶泉

位于护城河南岸，黑虎泉西。清《七十二泉记》收录。因水声淙淙，犹如琵琶扬韵而得名。出露形态为串珠状上涌。泉池原为不规则自然形式，1965年整修，今池为长方形，长6米，宽5米，深2米。池壁以青石砌成，四周石雕栏杆装饰，水自池底岩孔涌出，漫溢二级石阶，跌宕下泻，落入护城河中，状如琴弦，与河水相击，声如琴音。

琵琶泉处风景优美。这里清流潺潺，绿树婆娑。泉东侧1965年建有一座单孔拱桥，横跨河南北两岸，高耸如虹，因泉而得名曰"琵琶桥"。人与桥上可俯瞰"琴弦"，品听"琴音"，体会唐代大诗人白居易《琵琶行》诗："大弦嘈嘈如急雨，小弦切切如私语；嘈嘈切切错杂弹，大珠小珠落玉盘"的意境。泉西有一高阁探出岸来，名为"清音阁"。站在清音阁下、琵琶泉旁东看，整个桥孔宛如取景架，可见高阁（解放阁）巍峨，杨柳拂波。

关于琵琶泉的来历，在济南民间有一个传说。很久很久以前，在琵琶泉畔住着一位美丽的妙龄少女，名叫莲花。莲花一家以在泉畔种田谋生。龙王四太子因感于莲花一家乐善好施，便托梦送给莲花一把琵琶。莲花常常在劳动之余，坐在泉边弹奏着，自娱自乐。可是，琵琶声引来当地一恶少。恶少见莲花生得美丽，便欲抢占为妾。莲花父母不肯，遂被恶少带人打死。莲花见父母为自己不幸身亡，便抱着琵琶投入泉中。据说莲花投水后，被龙王四太子救入龙宫。自此，泉池便经常传出琵琶声。人们说，这是莲花女回来祭奠父母，也是这处名泉起名为"琵琶泉"的缘由。

27. 玛瑙泉

位于护城河南岸，黑虎泉东。因水自池底涌起串串水泡，经阳光照射，五彩缤纷，犹如玛瑙而得名。池呈长方形，长3.7米，宽3.2米，深2.2米，以块石砌岸。出露形态为串珠状上涌，常年不竭。泉水从池上部7个分孔溢出，落入护城河，状如垂帘。

清乾隆年间，管世铭在其《城南诸泉记》中记道："玛瑙泉又在黑虎泉东，清澈与珍珠无异，深广过之，匀圆涣散之态差不及。有草著泉底，冬夏浅碧可爱。"这是有关该泉的最早记载。1928年出版的《历城县乡土调查录》称其"在县城外东南，三皇庙下崖，桥西南。"今在

玛瑙泉（2011年）

玛瑙泉的南面，是现代雕塑艺术家、济南人韩美林设计制作的《双虎》雕塑，栩栩如生。北面隔护城河与解放阁相望。

关于玛瑙泉的名称，在济南民间流传这样一个故事。传说在黑虎泉边住着一位老人，名叫丛善。丛善一生乐善好施。有一天，丛善去黑虎泉打水，见一年迈的老者病倒在泉畔。丛善急忙将他搀扶起来，领回自己家中。老者不仅在丛善家吃住，丛善还为他治好了病。老者临走时，从自己的口袋里掏出一颗玛瑙，对丛善说："我是东海龙王，见你夫妻俩是积德行善的好人，所以决定把这颗玛瑙送给你们。明年这里要发大水，到时候，你们带着这颗玛瑙，便可以消灾避水。"说完，老者一眨眼的功夫就不见了。到了第二年夏天，历城果然连降暴雨，大街小巷全被水淹了，唯独丛善一家没有进水。这事儿被一个暴戾贪婪的老财主知道了，便派几个家丁来到丛善家里，强行抢走了玛瑙。老财主见玛瑙搞到手，大喜过望，急忙将玛瑙从家丁手中夺过来。不料想，老财主一把没拿住，玛瑙掉在地上。霎时间，地陷涌水，出现一股水色美如玛瑙的清泉，把老财主的家也淹没了。从此，人们便把这处泉水叫做玛瑙泉。

28. 白石泉

位于护城河北崖解放阁下，与护城河相融，泉之前上为解放阁。清道光《济南府志》载："在南门外东，城濠北崖。"因泉周有许多白石出没于水面而得名。泉水出露形态为串珠状上涌，常年不竭。水由池岸石隙流出，汇入护城河。今池呈不规则形，长12.16米，宽8.03米，深1.32米，以假山石驳岸。

此泉出现于清乾隆五十九年（1794年）。据清道光年间《济南金石志》第二卷所收桂馥撰书的白石泉记碑刻记载，乾隆五十九年春夏之交，济南干旱。为缓解旱情，当时任山东布政使的江兰捐资招募河工疏浚泉源。河工在挖掘河道时，忽有泉水从地中涌出，泉周白石粼粼，泉水"味甘如醴"，既可灌溉周边田地，又可为当地居民饮用。

旧时，白石泉边建有小刹，被称作"金山寺"，又被称作"龙神庙"。旁有亭台、楼榭、宝塔、茶室，供游人休息品茶。清人乔岳《泉上即目》诗赞曰："风满园林月满楼，一泉围绕半城秋。溪西烟树知多少？添个渔船胜虎丘。"

白石泉（2011年）

29. 九女泉

位于解放阁下，护城河北岸，东与白石泉相邻。1928年出版的《历城县乡土调查录》载："九女泉，在南关黑虎泉，北依城壕。"1965年重修为椭圆形泉池，长10米，宽4.4米，深1.15米，假山石驳岸，半伸河中，水自岩孔涌出，常年不竭。水泡从池底冒出，袅袅升起，于水面碎裂，与纱藻交织出美丽的图案。泉水高于河水，形成涟漪荡漾的水湾，清澈见底。细流从石缝中泄入河内，与溪水相击，如溅珠玑。西侧有重檐飞翘六角翼亭，周围垂柳婆娑，与泉池相映成趣。

九女泉名的由来在济南民间流传故事有三。

其一：因泉边曾住着一户人家，生有九女，个个俊俏，故名。其二：很久以前，历城县城东的护城河边有一块"破晓石"。石旁有一汪清澈无比的泉水。传说每天天刚蒙蒙亮，就会有一只金鸡从城外飞来，站在"破晓石"上引颈高啼。

九女泉（2003年）

金鸡啼过三遍之后，便悄然离去，接着就有九位白衣仙女飘然来到泉边，沐浴梳妆。等到东方泛白的时候，她们就唱着欢快的歌，飞回天上去。后来人们就把这眼清泉称为“九女泉”。其三：古时泉北临城楼上有一座魁星阁（俗名“三角楼”）。魁星是中国古代天文学中的二十八宿之一，被尊崇为主宰文章兴衰之神。相传魁星为九天仙女变化而来，所以“魁星楼”又叫“九女楼”，楼下的泉便被称为“九女泉”。

30. 五龙潭

位于五龙潭公园内，名士阁东侧。金《名泉碑》、清《七十二泉记》收录。北魏郦道元《水经注》称“净池”，池边建有客亭，亦即唐代的历下亭。唐天宝四年（745年）大诗人杜甫与李邕在此宴饮，即席写下了“海右此亭古，济南名士多”的千古佳句。宋时，五龙潭又称“四望湖”，是大明湖的一部分。金《名泉碑》称为“灰湾泉”。元代池旁建五龙庙，后改名为“五龙潭”。明《历乘》载，明万历年间历城知县张鹤鸣于此“建一霖雨亭，又为鲛人室，祷雨屡应”。清乾隆《历城县志》载：“五龙潭，在西门外，五龙宫东。潭深不测，疑有蛟龙，大旱搅潭，往往得雨。”

五龙潭泉池历经整修，今为不规则形，池长70米，宽35米，深3.68米，以石砌岸，溢水标高25.80米，20世纪60年代中期监测最大涌水量0.608立方米/秒。泉水出露形态为涌流，常年不竭。潭水沿石渠穿街过院，蜿蜒北流，泻入西护城河和生产渠。1986年依潭建成五龙潭公园。与周围近20处泉点被统称为“五龙潭泉群”。

五龙潭泉池深邃阔大，周广数亩，巨石砌岸，巉岩嶙峋，绿柳婆娑，湛蓝色的泉水在浓荫下显得特别幽暗神秘。泉水从池底和四周涌出，看不到泉眼，却只见水涨而溢，古人深信为龙窟。明代刘敕赋诗云：“传是蛟龙宅，龙潜何处寻？坛中台殿古，门外石潭深……”。

五龙潭之名的由来，传说甚多，其中之一即“秦琼与五龙潭”。秦琼，字叔宝，齐州历城县（今济南市）人。传说秦家世代在济南西关花店街一带以打铁谋生，人称“冶铁秦家”。秦琼年轻时，曾在历城县衙门当捕快。他为人慷慨仗义，广交天下英雄。曾因解救几位犯案的好汉，

五龙潭（2011年）

自己甘愿忍受官府的严刑拷打，因而在江湖上获得“仗义”的美名。秦琼曾与徐茂公、程咬金、罗成等人在历城西关贾家楼结拜为江湖“三十六友”，其中许多人后来成为唐王朝的开国名将，这就是有名的“贾家楼聚义”。此后，秦琼追随唐太宗李世民南征北战，为创建大唐王朝立下了汗马功劳。因功勋卓著，被封为左武卫大将军，授爵翼国公（后改封“胡国公”），并在济南古历亭旁建造了一座富丽堂皇、豪华壮观的府第——胡国公府。

秦琼过世以后，他的后人仍住在这里。一直到唐太极元年（712年），唐太宗李世民的重孙玄宗（李隆基）继位。这位玄宗皇帝晚年沉迷女色，宠爱美人杨贵妃，朝政便由贵妃娘娘的堂兄杨国忠把持。一时间奸佞当道，忠贤遭斥，举国上下怨声载道。秦琼的后人秉承祖训，一心忠君报国，常约一些知己好友借酒消愁。酒桌上难免谈及朝政时发发牢骚、吐些怨言。不料，这些议政之语被奸细密报朝廷，皇上听后大怒，立刻下了一道圣旨：查抄秦琼府。就在朝中人马到达济南，正要宣读圣旨时，天空突然之间乌云翻滚，雷雨交加，大雨倾盆而下。此时，只见秦琼府上空有五条蛟龙盘旋，久久不肯离去。忽然随着一声震耳巨雷，整个府第沉落不见踪影，遂出现了一处碧水深潭——五龙潭。

五龙潭为秦琼故居的说法，最早见于元代文学家张养浩的《复龙祥观施田记》：“闻故老言，比唐胡国公秦琼第遗址，一夕雷雨，溃而为渊。有渔者善游，见阶戺皆玉石，尚隐隐可数。……或谓溃而为渊者，龙尝居焉。”此后不

知何年，在五龙潭西南处竖起一块石碑，碑上刻有“唐左武卫大将军胡国公秦叔宝之故宅”。于是济南百姓多少年来一直把此地称为“秦琼府”。

近年来，随着秦琼之父秦季养墓志铭在济南经七路小纬六路建筑工地施工中被发现，秦琼的家世、里居之谜，终于被揭开。原来，秦琼并非出身于冶铁世家，其曾祖父、祖父和父亲三代均系北魏、北齐两朝的文职官吏。而秦琼的故居是在历城县怀智里。至于秦琼府“一夕化为渊”，而成五龙潭之说，不过是一个传说。其实，这里池底上层是21.5米厚的第四纪黏土层，其下是40米厚的闪长岩，闪长岩下面是奥陶纪灰岩，由于石灰岩长期被地下水溶蚀，形成溶洞，日久溶洞渐大，由于重力作用，上层黏土和闪长岩塌陷，于是形成深渊。

31. 古温泉

位于五龙潭公园内，五龙潭东南，中共山东省领导机关旧址北侧。金《名泉碑》、明《七十二泉诗》、清《七十二泉记》均收录，因泉水恒温18℃左右，隆冬季节，朔风凛冽，大雪纷飞，此处却热气腾腾，故得名温泉。又因此泉历史久远，今人习惯上称古温泉。今出露形态为渗流，水沿暗渠东流汇月牙、虬溪诸泉水，流入西护城河。

过去，这里是东流水街，故此泉在古代又被称为“东流水泉”。历代沿街多有建筑。清代康熙年间，历城人在此建一所庭院，名漪园，当地居民称其为“张家园”，诗人王渔洋（王士禛）曾作《游漪园记》一文，对这一带的优美景色作了细致的描述。其文曰：“济南发地皆泉，而其奇犹在城西。温泉者，七十二泉之一也。出自西门，行阛阓间，不百步，折而北，有清流贯乎通逵，汇为方塘。居人之汲者、浣者咸集焉。稍折而东，是为‘漪园’。跨水为亭、为堂、为楼阁、为长廊，皆因水为胜……”后来，漪园荒废。民国时期，古温泉南临四合小院，院东的二层小楼即为早期（1925—1927年）中共山东省领导机关旧址。院内还有静水、洗心两泉与古温泉毗邻。1964年和1968年，先后将两泉合与古温泉泉池。1985年建五龙潭公园，又将古温泉水面扩大为长18米，宽8米，深1.63米的石砌长方形池，池上建水廊、双亭，构成公园内主要景观。

古温泉

32. 贤清泉

位于五龙潭公园内东北隅。金《名泉碑》称“悬清泉”，明《七十二泉诗》、清《七十二泉记》称“贤清泉”。明末《历乘》称“三娘子湾”，并称“世传三女子齐坠于此，故名。”清光绪三年（1877年），济东泰武道道员李宗岱在泉址建私人宅院“汉石院”，斯泉亦被当地人俗称为“李家池子”。古时，泉旁曾建伊人馆、贤清园、朗园等园林名胜。贤清园是济南清代乾隆年间的一处私家园林，因泉得名。时任山东按察使的沈廷芳（椒园），曾游览贤清园，后“为考济南泉源之盛”，应园主罗渊碧之请，撰写了《贤清园记》，“记其园之概”。嘉庆年间，林汲山人周永年之子周震甲购得罗氏贤清园，因其号朗谷，故将园名改为“朗园”。清代王培荀在《乡园忆旧录·朗园》中对朗园当时的情景记述道：“入门巨竹拂云，清泉汹涌过亭下，飒

贤清泉

飒如风雨声，汇为方塘，围五六十步，名‘贤清泉’。水最清冽，好事者汲以煮茗，云味冠诸泉。”

1986年，辟建五龙潭公园时整修泉池，将贤清泉圈入五龙潭公园。今泉池呈不规则形，以自然石砌岸，泉上架石桥，泉旁建回廊水榭。出露形态为渗流，常年有水，水深1.38米，流入西护城河。历经数百年沧桑，如今的贤清泉景色仍十分幽美。

33. 天镜泉（江家池）

位于五龙潭公园内西南隅，五龙潭南。因泉水平明，日月星云倒影如天垂镜，故名。昔名“江家池”，因明代嘉靖年间官至陕西按察副使、锦衣卫武官的历城人江浚世居于泉池之上而得名。明万历年间由山东按察司副使张鹤鸣改称为“天镜泉”，但江家池一名仍沿称至今。明代刘敕《历乘》称“其泉清澈可爱”。清乾隆《历城县志》载：“天镜泉，在五龙潭南，即江家池，方广一亩，可鉴须眉。”清代郝植恭收录《七十二泉记》：“天倒影而如镜也，曰天镜”。此处原为济南第一放生池，池内有鱼数以百计。今池呈长方形，长14米，宽10米，深1.41米，泉水出露形态为渗流，串串水泡由池底沙际冒出，于水面破裂，形成漂亮的波纹，从泉池东北角溢出，顺渠流入潭西泉，进而汇入五龙潭。

泉池旁边曾有一座闻名遐迩的百年老店汇泉楼饭庄。该饭庄始建于清道光二十八年（1848年），坐落于江家池北岸，探于水中，为二层小楼，楼上楼下可摆放十几台饭桌。清朝末年，著名厨师彭柯到汇泉楼饭庄掌灶后，即倡导在江家池内养鲤鱼。一为吸引顾客赏泉观鱼，二为烹烧该饭庄的“糖醋鲤鱼”“三吃黄河鲤鱼”等拿手名菜备足原料。在此赏泉观鱼就餐，别有一种风

天镜泉（2003年）

趣。故而，一年四季顾客盈门，高朋满座，生意十分兴隆。新中国成立后，汇泉楼饭庄改称“汇泉饭店”，由江家池畔迁至西护城河东侧、西门桥北的繁华地带。20世纪90年代后期因城市改造拆除。

34. 月牙泉

位于五龙潭公园内东南隅，中共山东省领导机关旧址及古温泉东侧。月牙泉最早见于清道光年间王培荀所撰《乡园忆旧录》：“月牙泉，在西门外北巷中，形似初月，故名。水极清澈。”民国《续修历城县志》载：月牙泉“在西门外东流水路东”。今池整修于20世纪60年代中期，呈不规则形，深1.37米，以假山石驳岸，水中立有以纪念我国第一颗原子弹爆炸成功命名的蘑菇云石，水盛时可从3米高的石顶喷出，水花四溅，洒落泉池，形成“月牙飞瀑”景观。泉水出露形态为涌状，季节性泉。池水沿曲溪，过石桥，穿竹林，流入西护城河。

月牙泉（2004年）

35、西蜜脂泉

位于五龙潭公园南门西南侧，关帝庙院内。金《名泉碑》、明《七十二泉诗》、清《七十二泉记》均收录。因水质甘美如蜜而得名。泉水出露形态为渗流，常年有水。今池呈长方形，东西长5.16米，南北宽2.07米，中架石桥，分隔为两个对称的方池，池水相通，池周饰雕石栏杆。其东五龙潭公园南门东侧有东蜜脂泉。

该泉的位址，元《齐乘》称在东蜜脂泉西，与黑虎泉相近的金虎泉西南。依此，西（东）蜜脂泉似应在护城河南岸。但明末《历乘》明确记载（东）蜜脂泉在“西门外道北”，西蜜脂泉在

西蜜脂泉

"东蜜脂泉西"；清乾隆《历城县志》亦载"西蜜脂泉，在五龙潭坊西，流入五龙潭""东蜜脂泉，在天镜泉东"，均与今西蜜脂泉址相合。

36. 官家池

位于五龙潭公园内西北隅，五龙潭西北侧。"官家"即"众家"的意思。官家池意即众家用水之池。该池泉眼众多，水质清冽甘甜，据说用池水生出的豆芽和别处的不一样，既鲜嫩，又脆生，特别好吃。泉水出露形态为渗流，常年有水，昔日为附近居民炊用水源。今泉池呈不规则形，深2米，自然石驳岸，北岸石壁上镌刻泉名。水自池底多孔涌出，由东岸石上溢出，流入小河（昔日称生产渠）。由于这里地势较低，泉水涌出标高水位为26.3米，比趵突泉涌出水位低半米多，因此，该泉是市区泉群中出流最早、断流最晚的泉池。池西侧有一圆形草亭，名曰潜确亭。泉池周围绿柳夹岸，茅亭翠竹，小桥卧波，环境十分幽静。

官家池（2010年）

37. 回马泉

位于五龙潭公园内，五龙潭东南20米，1997年版《济南市志》收录。1986年建五龙潭公园时，与位于其北侧的净池泉连在一起，扩大水面，称"余乐池"。泉水出露形态为渗流，常年不竭。水自池底多孔涌出，升起串串水泡，如泄珠玑，过石桥汇入五龙潭。今池呈长方形，长9.3米，宽5.4米，深1.45米。池内荷花艳开，锦鱼戏游，游人可于廊内、亭下赏泉观鱼。池南岸石壁上嵌"回马泉"名石刻。

回马泉名称的由来与一个传说故事有关。相传，当年好汉秦琼在历城县衙当捕快的时候，有一次，秦琼手持双锏，骑着高头大马，追赶贼人来到这里，与贼人交战。在鏖战中，秦琼所骑的战马猛一回头，蹄力过猛，马蹄落处，一泓清泉从地中汩汩冒出。济南人为了纪念秦琼这位山东好汉，便将这个泉子叫做回马泉。

回马泉

38. 虬溪泉

位于五龙潭公园内，古温泉东侧，南临月牙泉。1997年版《济南市志》收录。此泉为一人工

虬溪泉（2001年）

钻孔泉。1965年，山东造纸东厂欲取用地下水在此处钻探。钻探时泉水从钻孔涌出，粗如碗口，水势蔚为壮观。钻探取水被制止，此钻孔被作为一处泉眼予以保留。因其喷涌出的水流，如同古时传说中头上生有双角的虬龙盘曲吐水，故1983年得名为虬溪泉。泉水出露形态为涌水，常年不竭，水势甚盛，流入西护城河内。1997年重修泉池。今池呈不规则形，深1.04米，自然石驳岸，参差错落。池东岸壁上镌刻泉名“虬溪”。

39. 玉 泉

位于五龙潭公园内，五龙潭东南 20 米，回马泉北。为一人工钻孔泉。因泉水清澈见底、晶莹如玉，于 1983 年得名。泉水出露形态为涌水，常年不竭。水穿石隙，自隐于石中的圆管涌出，沿水渠蜿蜒东流，入古温泉北的余乐池，向北流入荷花池，穿曲桥向西泻入五龙潭。今池呈不规则形，长 4.2 米，宽 2.7 米，深 0.85 米，池岸以自然石砌垒。玉泉水质甘冽，泉池旁设有多个泉水涌口，游客至此处可俯身汲饮，附近居民也常取此水烹茶。

40. 濂 泉

位于五龙潭公园内，五龙潭西北，濂轩下。原在五龙潭附近的濂泉胡同2号院内，据说一陈姓人家六代居住于泉旁又俗名“陈家池子”。新中国成立后，济南城建部门在进行名泉普查时将其改称“濂泉”，其所在的胡同也因泉名之。1987年扩建五龙潭公园时，濂泉胡同消失。

东汉许慎的《说文解字》“濂，薄水也，……一曰中绝小水。”濂泉之水既平静又清澈见底，没有趵突泉“水涌若轮”的磅礴气势，也无黑虎泉“喷涌之势好似虎啸”之壮美景致，

濂 泉（2010年）

只有无数涓涓细流如串串珍珠不间断地由池底多个小孔中涌出，正合“濂”字“中绝小水”之意。泉水出露形态为渗流，常年不竭，积水成塘。今池呈不规则形。

濂泉东南隅有栋1986年建的仿古园林建筑，名曰濂轩。由亭、轩、门、廊组成，系1986年建成，因临近濂泉而得名。其轩建在略高于地面的平台上，四面十二柱，出檐挑角，棕柱青瓦，枋上悬匾额“濂轩”。上饰挂落，下设青石坐凳，前为月台，后依修竹。西接东西向半壁回廊，廊北植花木。沿泉西岸，为南北向水廊，至尽头为大门。门南立太湖石，植修竹。门东水廊深入水中，栈桥形式，廊端连接六角小亭，宝顶挑檐，棕柱青瓦，上悬匾额“寒玉”。廊亭内设青石坐凳，可于内观锦鱼、赏清泉。2005年，公园对濂泉景区进行改造扩建，将位其东南侧的裕宏泉、聪耳泉相连成一整体水系，聪耳、裕宏两泉之水溢出泉池，浸入由青石铺设的地面，缓缓向北流入濂泉，形成了“清泉石上流”景观，成为深受游客特别是儿童喜欢的戏水赏泉场所。

41. 华 泉

位于华山公园华阳宫前，因临华不注山而得名。华泉之名始见于《春秋左传》“鞍之战”：“逢丑父与公移位，将及华泉，骖絓于木而止。”说的是公元前589年，齐、晋两国大战于济南北马鞍山，齐军大败，退至华不注山，被晋军追得“三周华不注”。面对晋军的追赶，齐国大夫逢丑父急中生智，假扮成齐顷公，佯使齐顷公借去华泉取水之机得以逃走。自此，华泉便以“齐顷公取水处”载入史册，成为最早见于我国古代文献的济南名泉之一。相传古时华山之阳浩淼的华山湖，便是由华泉水流入而形成的。

华泉在史籍中多有记载。北魏《水经注》载：华不注“山下有华泉”。唐段成式《酉阳杂俎》云“华不注泉，方圆百步；北齐时，有人以绳千尺沉石试之，不穷……”。北宋曾巩《华不注山》诗云：“高标特起青云近，壮士三周战气酣。丑父遗忠无处问，空余一掬野泉甘。”明代“前七子”之一边贡，嘉靖年间官至户部尚书，后辞官回乡，在华泉之畔建一田庄隐居，名“东村”。边贡在此居住三年，写下了大量诗文作品，合集录成《边华泉集》14卷传世。历史上

华 泉

的华泉经历了喷涌、淤塞、复涌、再淤塞、再复涌的过程。据史书记载，早在明代，华泉就曾出现过淤塞。刘敕在《历乘》一书中记有“华泉，华不注山下，昔逢丑父令齐顷公取水于斯，今竭”。清代学者全祖望在《游华不注记》一文中，记述了他在清雍正九年（1713年）七月游华山时，“沙门（出家人）汲华泉，至拾乱薪烹之。”但“今则华泉一线，渐淤为小沟，游人亦鲜过者。”此时的华泉已逐渐淤塞。乾隆《历城县志》称华泉“今涸”。嘉庆年间董芸在《广齐音·华泉》诗的笺注中描述得更清楚：“华泉，其涸已久，余曾读书华阳宫，访之土人，莫能知其处。”清阮元《小沧浪笔谈》载：“华不注山下泉源灌注陂池交属，荷稻之利，村民赖之。”20世纪40年代华泉又淤塞，50年代，农民大搞水利建设时，曾在华阳宫一宫门遗址挖出一雕龙石碑。此处虽无明显泉眼，但久旱不涸，冬不结冰，碑旁约是华泉原址。2001年春，再次对其进行清淤挖掘，发现两处泉眼，而且泉水是从黏土中涌出，出露形态为渗流，这种出水形态在济南地区尚属罕见，引起专家极大兴趣。为保护华泉，在出水处砌筑了泉池。池呈长方形，石砌，长17.6米，宽10米，深3.5米，常年有水，流向华山湖。一池清水，平明如镜，孤山及古庙倒影，与鱼池、荷塘相互映衬，别具风姿。

42. 浆水泉

位于历下区姚家街道浆水泉村东，回龙山西麓，南临浆水泉水库。明清《历城县志》有载。因水质美如琼浆玉液而得名。当地村民形容其水像米脂一样香甜，是浆水泉村的饮用水源。泉水出露形态为涌状水流，水自洞底岩孔流出，常年不竭。泉池为不规则形，长2.5米，宽1.3米，东侧回龙山、南侧老虎山、西侧平顶山（与佛慧山相连）环抱。山上枫树、柿树、红榛树众多。盛夏时，大树参天，绿草深深，野花争艳，令人心旷神怡。

关于此泉名的由来，当地流传着一个故事。相传，昔日有一蒋姓老者，甚好游历，走遍全国名山大川，偏偏迷恋上这里，于是决心定居下来，但苦于无水，便沿山崖寻找。忽然发现此处山石湿润，料想必定有泉，便开始凿山。日久感动了神灵，果真有一清泉喷涌出来。此后，人们称这泉为“蒋水泉”，再后来又将“蒋”字改成“浆”字，“蒋水泉”变成了“浆水泉”。

金《名泉碑》、明《七十二泉诗》、清《七十二泉记》均收录有“浆水泉”。但据元《齐乘》记载，《名泉碑》之浆水泉在“盘水镇东南”，又作“江水泉”，为发源于龙山镇（金代称“盘水镇”，今属章丘）之南十余里的武原水源头，与今址浆水泉并非一泉。明永乐年间晏壁作《七十二泉诗》时，距元代不远，所咏浆水泉当与《齐乘》记载的金《名泉碑》“浆水泉”相同。明末崇祯年间编纂的《历城县志》在记述《齐乘》所载浆水泉时曰：“今考百尺涧东南亦有以‘浆水’名者，每当瀑发，声撼风雷，流经荆山，入七里河。”清乾隆《历城县志》转述了前志的这一记载。百尺涧，明《历乘》载在“窑头正南，岩秀而长，亦复陡绝”，根据地理方位，当即今浆水泉水库所处山涧。明清《历城县志》所述位于百尺涧东南的浆水泉，当即为今浆

浆水泉

水泉。清同治年间郝植恭《七十二泉记》所称浆水泉，似亦指此泉。

43. 砚 池

位于历下区姚家街道砚池山中。据池旁《砚池泉记》碑载，砚泉因形如砚台而名。砚泉由开山采矿形成。1958 年全民大炼钢铁，因砚池山上有矿石层，人们采矿放炮作业时，有泉水喷涌而出。有关专家对砚泉的出现，多次进行地质勘探和科学考察认为：砚池处南高北低，临山丘与平原的结合部位，加之岩层复杂，很容易使南山之水渗透过来，加以储存。开采矿石时触到了地下泉源的主脉，遂呈现“甘水涌喷、银柱穿空”的景况。

泉水出露形态为涌状水流，积水成塘。泉池为塘湾状不规则形，深达20.50米，水面面积约4000平方米，水自池底涌出，汇聚池内，常年不涸。池东北岸，立有“砚池”泉名碑，由当代书法家沈鹏题写。泉池西南侧山壁上刻有“秀水天成”四个大字。水质尤佳。据测试，砚泉水中含有丰富的人体所需要的多种微量元素，可与趵突泉水媲美。济南市老年游泳队常年在此进行游泳训练。

砚池所在的砚池山是济南战役之名山。1948 年中秋节前夕，攻克济南的战役打响。解放军东线攻城部队首先攻克控制了砚池山等制高点，对济南战役的胜利发挥重要作用。

砚池（2005年）

44. 甘露泉

位于历下区佛慧山开元寺旧址石碑西6米，别名试茶泉、秋棠池、滴露泉。金《名泉碑》、明《七十二泉诗》、清《七十二泉记》均收录。甘露泉藏于悬崖下一半隐形山洞。泉水出露形态为渗流，常年不竭。泉水沿岩壁渗流而下，流入

甘露泉（2005年）

圆形池。池半石砌，直径1.90米，深0.97米，水清见底。泉周岩壁上有隋唐时期摩崖造像。泉畔曾为古老的开元寺，寺址石壁上遗有“大隋皇帝”残字。甘露泉位于的佛慧山因有宋代雕凿的一尊硕大佛头，故又俗称“大佛山”“大佛头山”。明《历乘》载：甘露泉在“大佛山寺中一洞，其水涓涓而下汇为一池，味甚甘冽，经岁不竭，有‘天生自来泉’五字”。甘露泉与开元寺，名泉名寺，相得益彰。

甘露泉水来自岩层深处，有着“味甘却似饮天浆”的盛誉，尤其适合烹茶。昔日，儒生多于此读书品茗，泉壁上曾刻有“政和五年七月，季德修五人，就甘露泉试北苑茶”字迹，故此泉又名“试茶泉”。明代济南府新城（今山东桓台县）籍诗人王象春在《齐音》（又名《济南百咏》）中一首题为《登高》诗云：“登高须上大佛头，红树黄花急暮流。佛慧寺旁看石壁，试茶几代有题留。”清代康乾时期济南诗人任弘远《甘露泉》诗吟：“味同甘露冷同冰，大佛山头一勺清。不信此泉堪煮茗，拭苔拂草看题名。”

昔日，甘露泉畔生长多株秋海棠，枝叶茂盛，每到，海棠花开，如火如荼，花落池中，如胭脂色，故又名“秋棠池”。泉旁原有小亭，名“滴露亭”。历经岁月沧桑，海棠树和滴露亭早已消失，唯有这一泓清泉潺潺流淌，至今不息。

45. 林汲泉

位于历下区龙洞南，佛峪寺东崖，金《名泉碑》、明《七十二泉诗》、清《七十二泉记》均收录。泉水由崖壁间石穴中涌出，流向崖下河

道。盛水期，泉水从崖壁泻下，形成小瀑布。泉池长4.2米，宽1米，深0.5米。泉池右上方石壁上镌刻“林汲泉”三字（隶书），旁有清乾隆五十四年（1789年）题记。题记文字虽经岁月剥蚀，至今依稀可辨。

林汲泉四周，林木茂盛，深谷叠翠，林茂谷幽，景色宜人。清代《四库全书》主编之一周永年，曾于此建林汲山房，读书著文，晚年绘制《林汲山房图》。

林汲泉

46. 斗母泉

位于市中区兴隆街道青铜山顶部的斗母泉村，别名大泉，泉旁有刺楸树、斗母宫。青铜山阳雕有唐代大佛，山下曾有大佛寺。清《七十二泉记》收录。明崇祯《历城县志》载：“窦姑泉，在大佛寺北顶”。清乾隆《历城县志》和道光《济南府志》以及1997年版《济南市志》均沿袭明代的泉名。清《七十二泉记》载：“曰窦姑，……泉从乎姓也。”何时改称“斗母泉”已无从查考。改名的缘由，亦未见文献记载。疑因谐音改称“斗母”。此泉所在的村子因泉而名。斗母泉出露形态涌状，常年不竭。今池呈方形，长、宽各3.2米，深1.5米，是村民的主要饮用水源。

斗母泉（2005年）

斗母泉地处济南南部海拔754米的青铜山上，有趵突泉“晴雨表”的誉称。每当夏秋之际的盛水期，斗母泉的日喷涌量达到七成时，趵突泉必喷无疑。在斗母泉池旁还有两株连根同生的奇特大树：一株是刺楸，另一株是车梁木。两树树根盘曲连生，状如虬龙。刺楸树高10.5米，主干高4.5米，直径37厘米，其树冠呈平顶圆形，直径9米，长势十分旺盛。车梁木直径96厘米，枝干粗壮四展，树冠呈伞状，直径13米，今已枯，巨大的枯干仍蟠曲悬卧在崖壁上，长达10米，状如巨龙。

47. 无影潭

位于天桥区无影山游园内，因处无影山而得名。此泉由多年掘砂逐渐形成。潭为不规则形，以石砌岸，水面积约5000平方米，水深2—3米，出露形态涌状，泉水由潭底多处细微的岩孔涌出，常年不竭。2000年7月规划、水利、地质等部门实地考察后，初步认定为断层裂隙泉。2004年，无影潭被评为济南新“七十二名泉”之后，天桥区政府依源开发成面积约2万平方米的社区

无影潭

游园。潭周边砌垒了内外两层护岸。四周绿树夹岸，潭边芦苇丛生。水面北岸还设有船坞，供游人进行水上活动，成为当地居民一处游憩胜地。

48. 白 泉

位于历城区鲍山街道纸房村北侧。乾隆《历城县志》认为即郦道元《水经注》所称“白野泉”。但清末《续修历城县志》认为非是，白泉之外另有白野泉。金《名泉碑》、明《七十二泉诗》、清《七十二泉记》均收录。明崇祯《历城县志》载：“白泉，在王舍庄东北五里，源广数亩，下灌稻田数十顷。”清乾隆《历城县志》载：“白泉，出纸坊庄北，方十亩，中有大泉，间数刻一发，声如隐雷，多涌白沙，故名。”后来，随着地下水开采量增加，白泉水面逐渐缩小。

白泉也被称为百泉，是因为在历城区王舍人庄以北，东起梁王庄，经冷水沟，西至张马、大辛庄、水坡长约9公里、宽3公里的狭长地带，汇集着唐家泉、张家泉、李家泉、当道泉、双保泉、丫丫葫芦泉等数十处泉池，而白泉居于首位，所以当地老百姓就形象地称其为“百泉”。今将周围诸泉称之为“白泉泉群”。昔日，白泉周围是一片湿地，当地人称“张马湖”，水美土肥，历有鱼米之利。

白泉（2005年）

49. 涌 泉

位于历城区柳埠镇四门塔景区，四季村宾馆东侧。清乾隆《历城县志》载：“在神通寺西，瀑布飞悬，流入锦阳川”。清《七十二泉

涌泉

记》收录：“曰涌，腾也”。民国《历城县乡土调查录》作“涌腾泉”。泉水自白虎山山腰岩隙涌出，通过一石雕虎口跌落于一石砌泉池中，今泉池呈长方形，长5.1米，宽4.8米。池旁立明代《重修涌泉池记》，碑载：此泉池建于明天启三年（1623年），泉水旺盛，一年四季不涸，池中水草浮动，银鳞小鱼戏游。跌落于池中的泉水从池南壁一长方形水口流出，依山势经过涌泉桥下向南三迭而下：一迭注入石砌方形“青龙潭”；二迭流入山石砌岸的不规则小池，池边竹树夹映，青苔满石；三迭由10余米高的悬崖上跌落至名为“卧龙洞”的小石潭，崖上奇石叠垒，古藤缠木，苔衣披附。“卧龙洞”石矶卧波，流激磬石，铮铮作响，颇富韵味。水由石潭溢出，形成“细水长流”“锦上添花”“悬崖飞瀑”三处各具特色的景观。最后缓缓地穿过柳树林、芳草地，汇入锦阳川。泉池东侧是一片竹林，景色怡人。旁有“望岳亭”。置身亭内，信目南眺：近处平野宽绰，阡陌纵横，点点农舍，袅袅炊烟；平野尽处，群峦叠嶂，白云缭绕，泰岱可见。民国《续修历城县志》赞曰：“百尺飞流，千章古木。山光水色，鸟语花香”，洵为胜地。昔日，泉池处有一亩庵，因泉而得名涌泉庵，如今尚存有吕祖祠、送衣塔和宋代摩崖造像等遗迹。2004年，历城南部仲宫、柳埠、西营、锦绣川、高而一带120余处泉点，被统称为“涌泉泉群”。

50. 苦苣泉

位于历城区柳埠镇亓城袁洪峪北侧崖下，别名莴苣泉。金《名泉碑》、明《七十二泉诗》、清《七十二泉记》均收录。今泉池为圆形，石砌，直径0.7米，为石板覆盖，泉水出露形态为涌状水流，常年不竭。水经暗渠伏流，沿山势落差往西北方向流入“罗曼山庄”度假村院内，然后出露地面，自山石叠成的假山上跌落，形成宽3米、高2米的瀑布，又经暗沟，流入院中修建的人工游泳池。池水一年四季清澈碧透，相对保持恒温。池的西北端有一暗沟，水自暗沟流入绿树郁闭的峡谷，注入茶臼河，为锦阳川源头之一。泉边立有现代山水派诗人孔孚题写的《苦苣泉》名碑，泉旁还有韩复榘别墅遗址。

明清时期苦苣泉被称作“苪苣泉”。明晏璧咏《苪苣泉》诗云：“泉名苪苣一河清，万事咸由清苦成。瘖瘵不忘冰蘗操，菜根咬得见高情。”清《七十二泉记》云：“曰苪苣，寒意苦也。”苦苣即苦味的苪苣，泉名虽冠以“苦”字，但由于此处地质结构为木鱼石，故水质甘美，最宜泡茶。

苦苣泉名与当地流传的一个民间传说有关。唐朝末年，农民起义领袖黄巢率军转战泰山一带，驻扎过黄巢军队的黄草峪村便因此更名为“黄巢村”。村中有位美丽、聪明且武艺高强的姑娘叫苦苣，当黄巢军遭到官府围剿时，她率领一队人马杀出重围，不料又遭阻截，起义军殊死抵抗，终因寡不敌众，全部阵亡。姑娘身负重伤，昏死过去。当醒来时看到起义军无一生存，痛不欲生，便一头撞向山崖。当地百姓含泪掩埋起义军尸体时，发现苦苣殉难之处冒出一股清冽的泉水，于是便将此泉取名为“苦苣泉”。

苦苣泉

51. 避暑泉

位于历城区柳埠镇亓城袁洪峪度假村避暑泉生态园内。明清《历城县志》、清《七十二泉记》均载。因气候凉爽，宜于盛夏避暑而得名。该泉今为半露于地上的封闭式圆池，水泥砌就，直径5米，深2.1米。出露形态为涌状水流，常年不竭。水由石壁圆孔外泄，顺势西流，入半圆自然水湾，再顺山坳蜿蜒而下，注入茶臼河。盛水期日涌量可达千立方米以上。泉周山清水秀，绿树辉映。核桃树、柿子树、山楂树、梨树、杏树，覆盖了整个山梁。春季繁花似锦，蝶飞蜂舞，花香四溢；夏季硕果累累，枝繁叶茂，绿意盎然；秋季山楂红透，柿子金黄，丹栌似火，一派丰收景象；冬季，落叶飘零，白雪皑皑，山峦沉静，又是另一番意境。

避暑泉

52. 突 泉

位于历城区柳埠镇突泉村皇姑庵旧址处，别名都泉，金《名泉碑》、明《七十二泉诗》、清《七十二泉记》均收录。泉水清澈甘醇。今泉池为方形，水泥砌就，长0.85米，宽0.6米，深3.4米。出露形态为涌状水流，常年不竭。水经池壁石洞沿暗渠向东再折向南，穿街而过，涌入路南石砌长方形池内，尔后注入明渠西流，形成“溪抱渠绕”景观，最后汇入锦阳川。

古时人们称突泉为都泉。清乾隆《历城县志》载：“都泉，在中宫东南皇姑寺，溪抱村流，为岱北诸泉之总。”清《七十二泉记》云：“都泉在中宫，为岱北诸泉之总都聚也，水之所聚，曰‘都’。”此泉水势旺盛，涌出后呈凸起状，故又以其形称突泉。

突泉泉边，古时有一个皇姑庵，庵内有一座唐代皇姑塔，俗称小龙虎塔，方形密檐式，三米

突 泉

多高，塔身满布浮雕，1972年被移到神通寺遗址四门塔处。今皇姑庵遗址尚有横卧的石质八楞经幢两块。突泉周围群山屏列，山花烂漫，风景如画。正如《遁斋诗稿》中朱倬《都泉诗》所咏：“稻池林壑太幽偏，柳埠人家近市廛。最是都泉好风景，山花如绣锦阳川。”

53. 泥淤泉

位于历城区柳埠镇西南峪泥淤泉村，曾名印度泉。清《七十二泉记》收录。池为方形，石砌，深6米。泉水出露形态为涌状，常年不竭。为村民主要饮用水源。村中有三泉，“品”字形分布，泥淤泉地势最低。三泉源竞流，哗哗有声。三泉水汇流后，分为两股。一股流向东南，一股流向西北。清澈的溪水有时沿明渠流淌，有时潜入地下，弯弯曲曲，流过街巷，流过村民门口，到处可见落差跌水和门口石板小桥，宛然一派江南水乡景象。

淤泥泉水质甘冽，水势极佳，四季喷涌不已。村民们除作饮用水之外，还利用此泉水洗衣洗菜，浇灌田园，尽得其便。今泉池旁5米处，有一

泥淤泉

株胸围2.8米古槐，乡人称其为“唐槐”。这株古槐枝干早已枯落，主干顶端却又重新长出旺盛的新枝，名木名泉交相辉映，成为泥淤泉村一景。

泥淤泉自明朝崇祯年间起，一直到民国时期，历代方志文献上都称它为“印度泉”。明清《历城县志》载：阎家河，在梨峪中，源出印度泉，流入锦阳川。又称：印度泉，在梨峪庞家庄。清代文人郝植恭在《济南七十二泉记》中记道：“曰印度，初禅之地”。梨峪，今称柳埠西南峪。据村民言，泉所在村子过去叫印度泉村。因该泉在历史上多次被山洪泥沙淤塞，随后经人们淘挖复又成泉，于是村民将其改称为“泥淤泉”。随着泉名的改变，村民也将村名由印度泉村改为泥淤泉村。

金《名泉碑》一处名泉称“熨斗泉”。于钦《齐乘》注解为在“黎峪门家庄”。“印度”与“熨斗”音近，疑印度泉即为熨斗泉。因年代变迁，旧志记载的印度泉所在“庞家庄”，熨斗泉所在“门家庄”今为何村，已无从查考

54. 大 泉

位于历城区仲宫镇大泉庄。因水流量大且连续大旱之年从未干涸而得名。清道光《济南府

大泉（2005年）

志》载：“马帝泉，在马帝峪华严寺下。旧志云，一名大泉，寺废，泉流经孙家庄，入锦绣川”，似指此。马帝峪，乾隆《历城县志》作“马蹄峪”，称在“南泉寺东，涧壑幽邃，流水无声，有桃源之胜，水入锦绣川”。池为不规则形，石砌，直径5.4米，深2.2米。泉源在峪底深处，出露形态为涌状。水从岩孔涌出，顺势西流，三迭而下。至孤山脚下折向南，汇入面积约4000平方米的池塘，再沿九曲河北流入锦绣川。

泉池安装抽水设备，为6个自然村600余人提供饮用水，同时浇灌500余亩农田，村民称其为“宝泉”。泉周围峰峦叠翠，花果溢香，景致清幽。

55. 圣水泉

位于历城区仲宫镇红叶谷生态文化旅游区内。因泉水有灵气，喝了能长寿的传说而得名。泉水来自山崖一自然洞穴内，如漱玉珠玑跌落泉池中，哗哗有声，然后溢出池口，穿过小石桥，形成一瀑布注入另一泉池。泉池为不规则形，假山石驳岸，深0.45米。出露形态为涌状，常年不竭。丰水年最大涌流量每日近千立方米。水质清冽甘美，是景区内最古老的天然名泉，也是村民主要饮用水源。这一带清泉、绿树、小桥、流水，风光旖旎。秋天满山红遍，层林尽染，故称“红叶谷”。

泉边有兴教寺，民间称朱老庵。相传，寺始建于西汉末年，兴盛于隋唐，可称千年古寺。兴教寺所在红叶谷漫山遍野的红叶林，相传就是1000多年前人称朱阁老的隐士居住在这里时种植的。

圣水泉水质清凉寸美，含有多种矿物质及人体必需的微量元素。为了充分利用好这一优质天然水，2000年开发建设红叶谷生态文化旅游区时，在圣水泉两侧建了茶社，取圣水泉之水煮茶，供游客品尝。

圣水泉（2011年）

56. 缎华泉

原称段华泉，明崇祯、清乾隆《历城县志》和清道光《济南府志》俱载，称其“在九塔寺

缎华泉（2005年）

南”。1997年版《济南市志》载记：段华泉“在与九塔寺隔岭的南峪北侧，北距九塔寺300余米。……泉池呈井形，片石砌岸，常年不涸。水盛时溢出，沿山沟漫流”。历代志书记载的段华泉今失考。今缎华泉位于九顶塔风景区内，原为20世纪50年代在九塔寺南的圣水泉西南侧六七米处挖凿而成，因与圣水泉相邻且水为一脉，亦被当地人称作“圣水泉”。泉水清澈，为居民饮用水源，并曾罐装“森乐”牌矿泉水供应市场。1998年，山东华洋置业集团开发建设九顶塔民族风情园时，将其收入园内，整修泉池，称名“段华泉”。泉池为长方形，石砌，长5.1米，宽4.05米，深2.4米。泉水出露形态为涌状，常年不竭。

2004年，段华泉被评为济南新“七十二名泉”时改称缎华泉。“段”与“缎”音同义不同，“段华”改为“缎华”，更加突现了这一名泉的特色。清泉平稳似绸缎，水波涟漪纹如华。离缎华泉不远处有一口无名古泉井，是缎华泉的泉源。缎华泉池中的水正是从这口井慢慢地渗过来的。古泉井终年涌水，故缎华泉常年不竭。盛水季节，泉池水满溢出，漫流于山沟之中。泉周自古景色宜人。明代文人许邦才在《九塔寺记》中盛赞：“泰山北下，麓野之间，有地曰齐城，有山曰灵鹫，有川曰锦阳。峰峦复合，林荟苍郁，距郡邑百里，称异境云。”

57. 玉河泉

位于历城区彩石镇玉河泉村内河底，别名榆科泉。为巨野河（古称巨合水、巨冶河）的源

玉河泉

头。元《齐乘》载：“巨合水出龙山镇南五十里，曰榆科泉。”其地，历史上属章丘县。清道光《章丘县志》载：“榆科泉，在县西南七十余里，榆科东南，泉源竞发，入巨合。”榆科泉何时改称玉河泉，文献未见著录，无从查考。似因“榆科”与“玉河”读音相近，天长日久，人们便把“榆科”讹读为“玉河”。泉池为长方形，石砌，长1.7米，宽1.2米，深0.6米，泉水出露形态为涌状，常年不竭。泉水自河边岩孔涌出，穿街过户，与周围的牛头泉、响呼噜泉、晴云泉、门口泉、院内泉、西老泉和东老泉等共8处泉水相汇，北流入巨野河，为村民主要饮用水源。2004年将港沟、彩石一带分布的60余泉，统称为“玉河泉泉群”。

58. 百脉泉

位于章丘市百脉泉公园龙泉寺内，别名珍珠泉。为绣江河源头。因百泉俱出而名。金《名泉碑》收录。百脉泉名的由来，志书多有记载。北魏《水经注》载：百脉水“出土鼓县故城西，水源方百步，百泉俱出，故谓之百脉水”。历史上百脉泉与趵突泉齐名。元于钦在《齐乘》中写道：“盖历下众泉，皆岱阴伏流所发，西则趵突为魁，东则百脉为冠”。清道光《章丘县志》称：“百脉泉，在县南二十五里，明水镇东，绣江源也。方员半亩许，其源直上涌出，百脉沸腾，状如贯珠，历落可数，故名”。历代《章丘县志》都把“百脉寒泉珍珠滚”列为章丘八景之一。2004年将周围20泉统称为“百脉泉泉群”。

百脉泉出露形态为涌状，泉姿优美。泉水从池底无数脉孔中涌出，腾起串串水泡，浮上水面，状如滚动的珍珠，形成常年不涸的一泓碧水。因涌水形态如珍珠，故当地人又称其为“珍珠泉”。很多文人名士吟诗作赋盛赞百脉泉。明杰出戏剧家李开先咏《游百脉泉》诗云：“水劲无过济，脉泉更著名。不霜清见底，漱石寂无声。颗颗如珠碎，沄沄比镜平。不能容小艇，但可濯长缨。”

百脉泉原为半亩方池。泉边，白玉石栏，雕名人题字，墨宝飘香，雅趣怡然。清乾隆年间知县张万青倡导对百脉泉做了一次修整。泉池由“品”字形三池组成。1958年，章丘县人民政府由绣惠镇迁至明水，在疏浚明水湖的同时，对“品”字形三池进行改建。将三池合并为长方水池，长26米，宽14.5米，水面为385.7平方米。青石垒岸，池周装饰雕刻围栏。东西向架起一石拱小桥，横卧于碧波之上。1997年在整修龙泉寺时，再次对百脉泉池进行改建。在原池南增建两个石砌方池，恢复了1958年前的“品”字形格局。改建重修后的泉池，长24米，宽22米，深3.4米，水面积528平方米。池水东流，汇入明水湖。

百脉泉所处的龙泉寺，始建于明景泰元年（1450年），规模宏大，殿庑台榭，檐连甍接。泉北有“梵王宫”，为龙泉寺正殿，庄严肃穆。1997—1999年对龙泉寺进行全面修复，今占地面积3500平方米。

百脉泉（2009年）

59. 东麻湾

位于章丘市百脉泉公园绣江桥东，为一天然湖湾。清道光《章丘县志》载：“东麻湾，在百脉泉东南里许，水西北流，汇百脉泉于锦江桥南。”清康熙、道光《济南府志》均收录。因在明水老城之东，水域内又泉若繁星，密密麻麻，故而得名。

东麻湾原为自然式塘湾洼地，20世纪70年代扩为明水湖，水面达10余万平方米，比原来的东麻湾扩大了数十倍。1986年建百脉泉公园时，周砌石岸，净化水面，建岛架桥，增设游船，广植花木，成为公园独具特色的景区。今出露形态为水珠涌状，池为不规则形，长236米，宽119米，深2.15米。东麻湾每年的涌水量高达1.5亿立方米（包括汇入东麻湾的其他泉水），灌溉着附近的稻田荷塘达2万余万平方米，是章丘市境内第一大丰水河——绣江河的源头，也是济南七十二名泉中泉域面积最大的名泉。

东麻湾内处处涌泉，状如漱玑泄玉。水面波光粼粼，游艇穿梭。浅水处群泉突涌，水花飞溅。水草丛生，群鸟相戏。湖岸垂柳如丝，百花争艳。恰似一幅天然山水画。

东麻湾（2011年）

60. 西麻湾

位于章丘市眼明泉公园内，与东部的东麻湾遥相对应。清道光《章丘县志》载：“西麻湾在百脉泉西南二里许，水自西山北麓石壑中出，东北流，与百脉诸水汇于沙河口。郡国志云十二芹沟，俗名麻湾，即此。”泉池呈不规则河湾形，水岸石砌，水中藻类疏疏朗朗，筓草如流；河湾浅湾处，芦苇丛生。河湾岸边，杨柳依依。呈现一派郊野园林秀丽风光。

西麻湾（2008年）

泉水出露形态为涌状，常年不竭。水从地下上涌，形成自然塘湾。西麻湾及其岸坡，随处涌泉。其中著名的就有净明泉、荷花泉、廉坡泉、黑虎泉等6泉。湾底众泉簇簇，水泡缓缓升起，似串串珍珠达于水面，如银钱浮水，若玉花绽开。甘冽澄深的泉水，愈流愈涌，流至堂子庄眼明王庙前，与净明泉水汇合，注入绣江河。

西麻湾风景秀丽，景色宜人。清道光《章丘县志》载，元、明、清各代就曾在此建有南园、北园、沥清园、沙家园、李家竹园、宋家竹园、康氏南竹园、康氏北竹园等。2005年，以西麻湾为主体建眼明泉公园，为明水城区开放式公园。园水面积299.7万平方米，西麻湾湖面是眼明泉公园的主要景区。眼明泉大桥如同一条水上长虹把西麻湾分为南北两湖。桥南之湖为“源头活水”，桥北之湖水域宽阔，湖水荡漾，莲荷飘香。

61. 墨 泉

位于章丘市百脉泉公园内，百脉泉南约30米，龙泉寺大门南侧。为1966年形成的钻孔喷泉，孔深150米，盛水期泉流量0.30立方米/秒。泉口为一铸铁管，直径0.4米，因铁管色黑，水清透明，在铁管映衬下，泉水黝深如墨，故名。池呈方形，石砌，长、宽各2.2米。池周雕刻汉白玉护栏，前后刻“墨泉”二字，为现代书法家舒同题写。泉水出露形态为涌水，常年喷涌。泉周，烟波蒸腾，雾霭弥漫，柳枝青翠，风景优美。

墨泉水出自深部奥陶纪石灰岩裂隙，水盛时涌水量达1立方米/秒，泉水如柱喷涌而出，高出平地半尺余。似车轮滚滚，若沉雷轰鸣。泉水沿石渠汇入绣江河。该泉清冽甘美，水中富含矿物质和微量元素，水质接近天然矿泉水。

墨泉（2004年）

62. 梅花泉

位于章丘市百脉泉公园内。为钻孔喷泉。1979年钻，共五孔，孔深250米，直径各0.5米，呈梅花状排列。泉水集中于5个孔中喷涌而出，似一朵盛开的梅花，故名梅花泉。泉水出自深部奥陶纪石灰岩裂隙，涌量为0.5立方米/秒。盛水期喷涌高达数尺，鼎沸浪激，水汽蒸腾。汇入长52米、宽50米、深1米石砌长方池塘，然后从溢水口流出，过原锦江桥入绣江河。泉旁有李清照故居，始建于1995年8月。初名“清照园”，1997年5月落成对外开放，2007年改称李清照故居。总建筑面积1.3万平方米。整个建筑为一组仿宋代民居，由易安楼、漱玉堂、吟风榭、海棠轩、感月亭、文叔斋、黄花馆、燕寝凝香厅、长廊等15座古典式建筑组成。还有武中奇、欧阳中石等当代书法家碑刻30余方。

梅花泉（2004年）

63. 净明泉

位于章丘市眼明泉公园内东侧。原在塘子村东的塘子桥西北侧，20世纪八九十年代因地下水源被截而断流。21世纪初移至1965年形成的钻孔喷泉“荷花泉”处，即今址。又名明净泉，别称明水㚖。元《齐乘》载：“明水，一名净明泉，出百脉西北石桥边。其泉至洁，纤尘不留，土人以洗目退昏翳。与西麻湾水合流三里余，入绣江，乃东北流……又北，入小清河”。明《七十二泉诗》收录，称为明水泉。清道光《章丘县志》称在“百脉泉西二里许，堂子庄眼明王庙前”。泉池呈不规则形，自然石砌垒，直径4米，深0.43米。泉水出露形态为涌状，常年不竭。正常年份泉水上涌高出地

净明泉

面数尺，水花四散，蔚为壮观。水质优良，清冽甘甜。泉水冬暖夏凉，三九隆冬从不结冰，雪花落入泉池之内会立刻溶化，被称为“仙泉”。水过之处，河床内笮草如梳，一根根、一簇簇透着深绿。泉畔河旁，绿树掩映，藕池连片，水乡明珠，美如画卷。

泉名与当地百姓中流传的故事有关。唐贞观十八年（644年），太宗李世民率二十万大军水陆并进，东征高丽。因长途跋涉，鞍马劳顿，路过临济（当时章丘称为临济县）时，将士多患眼疾。太宗只得下令歇军，就此安营扎寨。此时，在路边有一童男童女出现，亲自带领士兵来到西麻湾净明泉，掬泉水洗目，当即见效，不日便病去眼明。唐太宗闻报大喜，前来观泉。只见泉水清冽至洁，纤尘不染，遂称其泉为“净明泉”。后来百姓便在泉旁建“眼明王庙”，庙内塑童男童女神像，模样极像观音菩萨左右的金童玉女。

之后该泉名气大振，故而西麻湾西岸原名“西泉镇”的村庄改名为“眼明塘村”，人们简称其为“塘子村”，即志书中所称“堂子庄”。清道光二十四年，附近居民捐资重修眼明王庙，撰《重修眼明殿记》，勒石立碑于庙前。现庙宇和《重修眼明殿记》石碑，以及村东古塘子石桥仍存。

64. 袈裟泉

位于长清区灵岩寺地藏殿南50米，别名独孤泉、印泉。金代《名泉碑》收录。因泉边立有一形似袈裟之铸铁块而得名。泉源在封闭的岩洞中，出露形态为岩缝渗流。水自崖壁石罅流出，汇入一半圆形石潭，溢而为溪，盘桓曲绕，由石雕龙口泻入大池中。池为不规则形，长8米，宽2米，深0.05米，池中荇藻飘浮，金鳞嬉游。泉周危崖峻峭，丛木悬生，亭廊环绕，鸟语花香，环境清雅幽美，别具风采。2004年将长清区境内40余眼泉统称为“袈裟泉泉群”。

金《名泉碑》称独孤泉。元《齐乘》称孤独泉在灵岩寺。清康熙《灵岩志》载：“昔有隐者姓独孤，结茅泉侧，后人以姓命泉也”，故名“独孤泉”。明万历年间进士、历城人刘亮采隐居泉畔，建“面壁斋”，因厌恶“独孤”之名，改泉名为“印泉”。“印”为佛语，即用手指作出种种形态，作为法德的标志，以印证功果。但印泉之名未得广泛流传。清代之后，又以泉旁有一形似袈裟的铸铁块取名为“袈裟泉”。传铁袈裟为汉代铸铁之遗物。据清《长清县志》《灵岩志》载，北魏法定禅师开创此刹时，袈裟自地涌出。有人又云，当年达摩自西域到此处面壁九年，道成而去，弃袈裟于此。

袈裟泉（2004年）

65. 卓锡泉

位于长清区灵岩寺千佛殿东侧岩壁下。亦名锡杖泉。清康熙《灵岩志》载：“世传为佛图澄锡杖卓出者，故名。流三四步，入大石池内，合寺皆汲于此，名曰‘镜池’，亦曰‘功德池’。”清道光《长清县志》载：“僧法定开创灵岩，苦近庵乏水，乃谋于佛图澄。澄曰：‘何地无水！’至一处，曰：‘此下有甘泉’。以九环锡杖卓之，得泉甘冽，遂名。”今泉水出露形态为涌水，水自岩壁下一洞穴涌出，汇入深1米的水泥砌就的不规则泉池。

卓锡泉

卓锡泉是“灵岩八景”之一的“五步三泉”中的一泉。另外两泉是双鹤泉和白鹤泉。与白鹤、双鹤二泉相比，卓锡泉水势最盛。泉旁石崖苍苔满壁，上垂虬髯翠柏，下植凤尾修竹。

历代名人游览灵岩圣地后，对卓锡泉多有题咏。其中题咏最多的当数清朝乾隆皇帝。他多次驻跸济南，亦间或游览过趵突泉、珍珠泉，但对灵岩胜景却情有独钟，不仅数次到此观瞻，还在卓锡泉畔筑建了规模宏大的行宫。每次游览卓锡泉后都题诗咏赞，并有题字。今泉上方石壁仍镌刻着乾隆帝御笔题写的泉名，为丹色篆书。泉西侧岩壁则嵌有乾隆咏泉石刻五方。其中一方为《卓锡泉》诗：“泉临卓锡一亭幽，万壑千岩景毕收。最喜东南缥缈处，澄公尝共朗公游。”此首诗是乾隆二十二年（1757年）再次巡视济南，驻跸灵岩寺，乘兴为灵岩八景题诗中的一首。另一方是乾隆五十五年（1790年），乾隆最后一次来灵岩，为卓锡泉题诗：“五年隔复偶斯来，不改青山崔与嵬。一宵便当催辔去，谓他卓锡涉多哉。”

灵岩寺自古以来就是佛教圣地，所以，千百年来对于三泉的来历，一直流传着一个具有浓厚的宗教色彩的神话故事。

相传当年灵岩寺的创始人法定和尚由白虎驮经，青蛇引路，来到灵岩，转了多时，见这里四面山峰高不可攀，乃于南山面石久立，诵佛七七四十九天，终于感动了神灵，运用神钓力量，以太阳光把南山高峰穿透一穴洞，从洞中透出一束红光，照射数里之外，法定循红光过洞下山，到了这处山林秀蔚之地。法定发现山中缺水，无法久居。于是他又四处寻觅水源，因无结果，心中十分愁闷。正在惆怅时，法定在路上遇到了一位樵夫。樵夫对他说“师虽有意于此，而患其无水耶？”法定点头叹气。樵夫抬手向东南方向一指曰：“双鹤鸣处，可得之矣。”说罢隐身不见。法定顺着樵夫所指的方向走去。见有两只白鹤引颈唳鸣。上下盘旋。法定在其盘旋之地果然发现两处泉源。清冷的泉水汩汩而出。法定便将锡杖插于地上休息，随之顺着锡杖又涌出一泉，顿时水波迸涌，飞瀑溅珠。于是，就有了“双鹤”“白鹤”和“卓锡”三泉的称谓。明代金鼎曾作《题灵岩八景诗·甘露澄泉》咏道：“双鹤飞来地涌泉，名题甘露至今传。涓涓一脉流无竭，直与沧溟巨派连。”

66. 清泠泉

位于长清区五峰山玉皇殿东，因清泉激石，泠泠作响而得名。再因位于五峰山志仙峰下，又名“志仙泉”。清道光《长清县志》和《济南府志》俱载。金元时期，人们曾在这里建过洞真观，因洞真观是长江以北最大的道教圣地之一，故清泠泉被誉为观内“第一名泉”。泉池为长方形，石砌，长3米，宽2米，深1米。是洞真观主要饮用水源。泉水出露形态为渗流。水自石雕龙口流出，注入方形小池，溢流为二脉：一脉西流约6米穿过小石桥，跌入“连二湾玉女盆”；另一脉伏流至清泠亭西侧，从两个石雕龙口泻出，喷珠溅玉，落入石砌方池，再伏流而西，泄入龙王殿内雕栏石池，潜流至玉皇殿前石桥下出露。

今清泠泉上有单檐四面小亭，建于清嘉庆年间，因泉取名“清泠亭”。亭柱南侧镌黄易于清嘉庆二年（1797年）以隶书题写的楹联“露滴仙人掌，云流玉女盆”，柱北侧镌清人英和行书联“到此洗尘虑，对之清客心”。泉周还散布着青龙、白虎、七星、七仙、鹿泉等许多名泉，形

清泠泉（2004年）

成泉水景观。清泠亭西有一株雄雌同株的古银杏树，虽历经千年风雨，却依然枝繁叶茂，生机勃勃。

67. 檀抱泉

位于长清区灵岩寺第四峪村，别名檀井、东檀泉、东檀池，水屋泉。因泉穴上方岩壁上，有一株千年青檀，俯抱此泉，故名。泉池呈长方形，石砌，长4.35米，宽1.2米，深0.3米。泉水出露形态为岩洞涌流。水自树下石穴涌出，积于石砌长方池，再沿暗渠注入下方石塘。

当地流传着一个神话传说。相传很久以前，东海龙王路过此地，被这块风水宝地的秀美风光所吸引，慷慨赠与当地老百姓两件宝贝：一颗龙珠和一枝海桐花。龙珠落地，化成一泉，润泽着这块土地；海桐花则化作一株巨大的青檀，树根纵横交错，怀抱清泉，仿佛慈母拥抱自己的婴儿一般护卫着泉水。于是，当地百姓形象而又贴切

檀抱泉（2003年）

地称它为“檀抱泉”。青檀树有这泉水滋润，生长得格外旺盛。而檀抱泉受到古檀的呵护，长年喷涌，四季不竭。

68. 晓露泉

位于长清区张夏镇积家峪村东北岩洞中。相传泉水因晨露凝聚而成，故得名。民国《长清县志》有载。1997年版《济南市志》称为“肖汝泉”。据说该泉石洞建于明洪武年间，洞深4米，宽、高各2米。洞门由张夏产石材砌垒而成。洞内上方有无数块巧石凌空悬挂，下面是顽石啮波，左右秀石错落。晓露泉清冷的泉水从洞底的岩石缝隙之中涌流而出，然后通过暗流，从一汉白玉雕刻的龙头中流出，跌进石砌泉池中，溅起白雪般浪花，声若钟鸣。近年又重建泉池，池呈长方形，深0.25米，甃石为壁，绕以花岗石栏。水盛时溢出池外，沿山沟蜿蜒向北，流入石店水库。因其毗邻灵岩，旧时将此泉列为“灵岩外八景”之一。今泉池旁存有清同治二年（1863年）《重修晓露泉记》碑刻。泉洞洞口上方有1株树龄已逾千年的古柏树，树北侧1株虬曲的南蛇藤盘绕于它的上面，两树同生，古奇苍劲，妙趣横生，堪称一景。

晓露泉

69. 洪范池

位于平阴县洪范池镇洪范池公园内（原镇政府驻地）“洪范”一名来自《尚书·洪范》篇，取洪水就范之意。洪范池又名龙池。据清道光十八年（1838年）《重修洪范池碑记》载：“金完颜时，村人因祷雨辄应，建龙祠于池北，故又号龙池。”距今已有850多年的历史。

洪范池

洪范池历史上曾地属东阿县，故被《东阿县志》收录。清道光《东阿县志》载：“洪范池，在城东南十五里群山之中，突起一高阜，周围咸巨壑，泉仰吐其上，甃石为池，方十余丈，深三仞，澄澈见底。游人掷钱其中，飘飖旋转不能遽下，盖泉上出之气盛矣。水从龙口喷出，引之绕池，可以流觞。凡祷雨辄应，谓之‘龙池’。金丞相侯公立龙王庙其上。”

洪范池列久负盛名的洪范九泉之首。泉水涌溢而出，四季长流。丰水期，泉涌水量为每日1000立方米左右。今池呈正方形，石砌，长、宽各7米，深约4.35米。池周有石栏护围，上有雕刻精细的座狮望柱和花卉栏板。泉池南侧外壁上有一青石雕刻的龙头，从池壁探出，为泉水出口。龙头正上方镌有“龙池”二字，为清代贡生秦维翰书丹。水池两侧，各有一尊石狮，两侧立清康熙十年杨士元诗刻。池北虹桥卧波，桥北为“龙祠”，由金末尚书右丞、行山东省事、东平路兵马总管侯挚创建。祠前两侧，各有古柏一株，东名“珍珠翠”，西名“龙柏”，两株古柏虬盘鳞结，枝叶繁茂。水自池壁南侧的石雕龙口中涌出，喷珠溅玉，跌入2米见方的小池中，绕大池一周，与众泉相汇为狼溪河。2004年将平阴县境内20余泉统称为“洪范池泉群”。

洪范池奇特之处有三：一是“洪范浮金”，为古东阿八大景之一。游人掷硬币于池中，上涌的泉水使硬币飘摇旋转而不沉下，日照其上，金光闪闪，呈现出浮光耀金之奇观。明代嘉靖进士何海晏有《洪范浮金》诗一首：“方池十丈水之浔，洪范锡名称到今。戏掷一钱清澈底，随波荡漾似浮金。”二是“不以旱涝而消长”，即旱涝如一，水位不受旱涝的影响，水温长年保持17℃

恒温。三是水质优良，含有锶、锂、锗、偏硅酸等20多种人体必需的微量元素，不仅可以饮用，还用于熬制阿胶。《中国药学大词典》（1935年版）阿胶条载："按古法先取狼溪河水以浸泡黑驴皮，后取阿井水熬胶。考狼溪河水源于洪范诸泉，其性阳，阿井水发源于济水，其性阴，取其阴阳相配之意。"

70. 书院泉（东流泉）

位于平阴县洪范池镇书院村内。亦名东流泉。清道光《东阿县志》称，此泉即北魏《水经注》所记载的出自谷城（今东阿镇驻地）城东附近山下，汇入狼水（即狼溪河）的"西流泉"。《水经注》对为何称"西流泉"解释道：西流泉"出城东近山，西北迳谷城北，西注狼水，以其流西，故即名焉"。金元之际，地方实力派、长清人严实由金降宋，以济南为中心，分兵四击，太行山以东皆受其节制。后又改弦更张，率所部二府六州共三十余万户投降蒙元，在东平建行省并被授东平路兵马总管。他倾慕洪范山水，在西流泉构建别墅，并改泉名为"东流泉"。明代嘉靖年间，在此处建东流书院，所以该泉又名"书院泉"。书院泉依山抱水，风景如画，历来为文人名宦流连忘返之佳处。明嘉靖时，都察院右副都御史刘隅告老返乡，亦曾在泉旁构筑精舍，主持东流书院。清道光《东阿县志》称"东流泉，在天池山下，亦甃石为池，方十余丈，泓澄莹澈，可鉴毛发"，周围"茂林修竹，间以流泉亭台池沼，为一方之胜"，并收录了大量古人咏诵东流泉的诗作。

今泉水从村东天池山脚下的岩石缝隙散溢流出，出露形态为涌水，汇入边长约7米的石砌方池，再流入半圆形水池，沿小溪盘村绕户，穿林润木，汇入狼溪河。池中水草摇曳，清澈见底。该泉常年涌流，水极盛，是洪范池泉群中涌水量最大的一泉，日涌水量1万立方米，为居民主要饮用水源。

昔日，泉北侧有一名刹——洪福寺，相传为唐代洛阳白马寺的高僧清真、悟明、惠僧、圆僧四人创建。明嘉靖年间毁寺建东流书院。现寺庙仅存遗址及明朝万历年间朱维京、朱应毂《东流泉》诗碑两通。在天池山腰石壁之上，雕有四尊与人等高的佛像。据当地百姓说，清

书院泉（2004年）

真、悟明、惠僧、圆僧四位僧人生前整治泉池，修建河道，为当地百姓造福。四尊佛像是百姓为纪念他们而建。

71. 扈 泉

位于平阴县洪范池镇云翠山北麓扈山崖下，故名扈泉。此处为一山坳，称扈山坳。山坳周边峭壁陡立，西壁下端，天然溶洞幽深莫测，扈泉便从这洞中涌出。平时细水长流，盛水时期，泉水从洞中喷涌而出，跌落山谷，声传数里。扈泉之水是居民主要饮用水源，水大时亦用于农田灌溉。

扈泉有两大景观：一是"扈口喷雪"。因石洞洞口有一巨岩塞其出口，石洞中激流遇堵，由下而上喷出，珠沫四溅，状如飞雪，成瀑布状奔泻而下，如飞虹架空，跌落山谷，景象壮观。清道光《东阿县志》描绘道："扈泉，在扈山北峪岩下，有坎如井，深窈不可测。大雨时行，则泉从井中涌出，触岩抵石，声闻数里，散于乱石间，如跳珠飞雪。又从悬崖注下，有瀑布之观。"二是"扈泉涌碧"。因岩壁悬有古柏，碧绿的枝条从石隙中挤出，古人将此处景物称作"扈泉涌碧"，列为古东阿八景之一。如今南壁悬崖上，仍镌刻着明朝巡抚都御史孟一脉书写的"扈泉涌碧"四个朱红大字。

扈泉在当地人心目中充满了神秘色彩。相传这泉子很有灵性，心肠坏的人到扈泉来，回去就会得病，而心肠好的人则会身体健康，事事顺心。为此，当地还有一传说故事。传说古时候，有一个为人善良的生意人到东峪村办事，路遇一个又冻又饿的年青女子，商人救了她，临别并给

扈泉

她一锭银子。女子说："我姓扈，家住东峪，您能否给我家人捎个信，向他们问好？"商人答应了。女子还告诉他，在她家吃饭时只吃饺子，其他什么也不能吃。商人办完事后，就开始打听那位女子的家。村民都说这姓扈的多年前就死了。其中一位村民又说："西山坡上有一泉，叫扈泉，不知是否在那儿。"商人来到泉边，喝了几口泉水，不知不觉睡着了，梦中忽听一老者说："怎么在外面睡觉，进去暖和暖和吧。"商人一问，正是年轻女子的家，于是随老者进入一高大气派的大宅，并说明年轻女子捎信问好的事。老者留商人吃饭。商人记着那女子的话，只吃饺子。饭后作别，刚出大门，那华宅就不见了，商人一惊，醒了过来，发现自己还躺在泉边。忽觉腹胀难耐，一咳嗽，吐出一锭银子，商人共吃了三十个饺子，也就吐出了三十锭银子。所以，从那时起，当地就留下了这样的习俗，凡是来观看扈泉的人，都会站在泉边，默默地祈祷几句，以祈福免灾。

72. 日月泉

位于平阴县云翠山南天观遗址处。遗址北侧有"回阳洞"，又称"长春洞"，洞口朝北。泉水自洞内岩层渗出，形成涓涓细流，跌进距洞口约0.33米的两个半石砌池中。一池在南，用一块新月形中空石板覆盖；一池在北，用一块中为圆洞的石板覆盖，形成日月状，故名"日月泉"。清道光《东阿县志》载称："天一泉"，并称"泉出洞而汇为池，谓之'稻池'"。今泉池呈长方形，长1.6米，宽0.79米，深0.14米。泉水甘洌，常年不涸。泉水距洞口很近，游人可取而饮之，是南天观饮用水源。

南天观创建于元代武宗至大四年（1311年），传说道教全真派创始人丘处机曾在此修炼，为当时全真教的一座有名的道观。今废。

日月泉（2011年）

第三章 其他泉

第一节 老城区诸泉

老金线泉 即金《名泉碑》、明《七十二泉诗》、清《七十二泉记》所列的金线泉。位于趵突泉公园内，趵突泉东北，卧牛泉西北侧。泉水盛时自池底两边涌出，流势相当，在水面相交成一条水纹，漂浮移动，阳光下宛如金线，故名。宋、元、明、清均可见“金线”，后水势减弱，“金线”消失。1956年辟建趵突泉公园扩建，在今金线泉处发现新的“金线”，遂将出现“金线”的泉池称之为“金线泉”（即今金线泉），而将原来的金线泉冠以“老”字，称为“老金线泉”。今泉池石砌方形，长、宽各4.78米，深1.5米，泉水出露形态为涌水状。池北壁有一长方条石，上刻隶书“老金线泉”四字，系当代济南书法家李钟余书。泉旁有皇华轩、尚志堂。

泉名的由来与一个传说故事有关。传说很久前，历山脚下有位心灵手巧的姑娘，靠刺绣度日。为将花鸟图案绣得栩栩如生、色彩鲜艳，姑娘每天上山采集各种颜色的山花野草、树叶之类用来染线。有位仙女被感动，送给她一条金闪闪的丝线，说道：“念你心诚，赠你金线三尺，用时只念：金线金线，随我心愿，造福众人，灵光闪闪。它就使不完用不尽。”从那以后，姑娘便用这使不尽用不完的金线刺绣，乡亲们都穿上了色彩绚丽的衣裳。不料此事被一个叫黑老豹的财主发现，派人将姑娘抢到家中，逼她拿出金线。姑娘宁死不屈，终于化作一泓清泉，而那神秘的金线，也永远伴随姑娘在泉水中时隐时现。

螺丝泉 位于趵突泉公园内，漱玉泉南侧。因簇簇水泡，旋转着慢慢升起，其状如螺，故名螺丝泉。泉水出露形态为渗流，池为不规则形，假山石驳岸，深0.53米，常年有水，流入西护城河。岸上青松挺拔舒秀，翠竹婀娜多姿。泉旁立“鸢飞鱼跃”刻石。

螺丝泉（2011年）

浅井泉 位于趵突泉公园内，李清照纪念堂东侧，假山西北角下，与马跑泉同池。金《名泉碑》、明《七十二泉诗》、清《七十二泉记》均收录。

昔日，浅井泉与马跑泉中间有一墙相隔，“浅井”在北，“马跑”在南，1956年辟建趵突泉公园时将墙拆掉，二泉合为一池。出露形态为渗流，常年有水，流入西护城河。

历史文献对浅井泉地点的记载不一。元于钦《齐乘》记载浅井泉与马跑泉同在“洗钵泉西南”，明末刘敕《历乘》称“有其名而莫辨其址”，乾隆《历城县志》载“今考，在马跑泉东，西营城河内”，道光《济南府志》称“在马跑泉东”，民国《历城县乡土调查录》载称“在马跑泉西南，尚志堂北院楼下，今迷”。

洗钵泉 位于趵突泉公园李清照纪念堂院内西北隅，院外的老金线泉东、马跑泉西。金《名泉碑》、明《七十二泉诗》、清《七十二泉记》均录。泉池原无名，1985年，专家依据历史文献中洗钵泉在马跑泉西的记载，将此泉命名为洗钵泉。今池长8.2米，宽4.6米，深0.55米，假山石驳岸，青条纷披，水清见底。今池北壁石上有1997年刻写的“溪泉”二字。

其泉址，《齐乘》称在马跑泉东北。明末

崇祯《历城县志》记载“在‘马跑’西，‘金线’正北”，清乾隆《历城县志》、道光《济南府志》亦持此说；民国《历城县乡土调查录》称“在马跑泉西路北民宅内”，与此说基本相同。

混沙泉 位于趵突泉公园内，马跑泉东，假山北侧山脚下，金《名泉碑》、明《七十二泉诗》收录。元《齐乘》载此泉与灰池泉同在城西南角场下，明末《历乘》载记“有其名而莫辨其趾”，清乾隆《历城县志》、道光《济南府志》俱称“在灰池南”，民国《历城县乡土调查录》记述“在县城西南角护城河下崖，今失迷”。1964年趵突泉公园扩建时，在公园内东北隅，马跑泉以东假山下新涌出一处清泉。1985年，以其在护城河西南角和灰池附近，将此泉点称之为“混沙泉”，即今址。泉池呈椭圆形，自然石驳岸。泉水漫池岸溢出后，跌落到西护城河。因浅井泉已于马跑泉合为一池，公园为方便游人寻泉，1997年夏在混沙泉池东南石壁上刻“浅井泉”三字。

混沙泉（2011年）

酒　泉 位于趵突泉公园内，趵突泉东南，白雪楼门前东侧。金《名泉碑》、明《七十二泉诗》收录。古今泉址不同。元《齐乘》称在“无忧西”，明末《历乘》载“有其名而莫辨其趾”，清道光《济南府志》载“在无忧泉南”，民国《历城县乡土调查录》称在围屏街张子志（即张怀芝）花园内。1941年出版的《济南名胜古迹辑略》云：“酒泉，在趵突泉南，即石湾泉之改流也。”1964年山东省水文地质队调查时，该泉已被填埋，不见踪迹。1997年夏扩建趵突泉公园时，将公园南门内迎门假山与白雪楼之间，以自然石砌垒的不规则形连体泉池，自西向东依

酒泉（2011年）

次认定为湛露泉、石湾泉和酒泉，并分别在南侧石壁上镌刻泉名。泉水出露形态为渗流，常年有水，流入西护城河。今池为不规则形，假山石驳岸，直径10米，深0.91米，池内植有荷莲，蓄有锦鱼。

尚志泉 位于趵突泉公园内，趵突泉东北，尚志堂南。清同治九年（1870年），山东巡抚丁宝桢在泉边建“尚志堂”，泉以堂得名。泉水出露形态为渗流，常年有水，流入西护城河。1964年扩建公园时整修泉池为不规则式，假山石驳岸，直径3.75米，深0.45米。泉池旁立有“待月峰”奇石。

沧　泉 位于趵突泉公园内，沧园南院西北隅，别名新沧泉。因沧园而得名。泉水出露形态为渗流。今泉池为不规则形，石砌，直径2.92米，深0.88米，常年有水，积水成池。泉旁是王雪涛纪念馆。

花墙子泉 位于趵突泉公园内，趵突泉西北，杜康泉（北煮糠泉）西北侧。原在花墙子街87号院，因街而得名。1983年调查时已填埋，1997年8月趵突泉公园西区扩建时恢复，纳入公园内。泉水出露形态为渗流，常年有水，流入西护城河。今泉池为石砌长方形，长3.6米，宽2.3米，深1.53米，池周绕以青柱石栏，泉水涌动，清澈见底。

板桥泉 位于趵突泉公园内，大板桥东侧北，“泺苑”茶文化街南首。因与大板桥相邻而得名。《济南泉水志》收录。2006年辟建“泺苑”茶文化街时形成，为人工钻孔泉，孔深160米。泉池石砌方形，四周围以石护栏，西侧墙上嵌“板桥泉”泉名刻石。常年有水，沿小溪流淌于茶文化街，注入西护城河。

板桥泉（2006年）

东高泉 位于趵突泉公园内，万竹园东南侧。亦称东皋泉。名列金《名泉碑》和明《七十二泉诗》。因在望水、白云二泉东侧，且地势高于二泉，故名。清代时曾淤塞，清末恢复。但民国《历城县乡土调查录》仍称东高泉“在金线泉南，今失考”。泉水出露形态为渗流，常年有水，流入西护城河。今泉池石砌方形，长、宽各3.68米，深0.41米。池岸立清末宣统元年（1909年）石碑，上题楷书“东高泉”三字。泉北是李苦禅纪念馆。

东高泉（2011年）

白云泉 位于趵突泉公园内，万竹园花园西南隅，北临白云轩。泉水出露形态为渗流，常年有水，积水成池。今泉池为石砌长方形，南北长10.66米，东西宽5.8米，深1.25米。泉池西岸嵌泉名刻石。

白龙湾泉 位于趵突泉公园内，万竹园西南侧。1993年欲在此处建楼，因开挖地基，水面扩大至7303平方米，久旱不涸。1999年重建池岸。泉水出露形态为渗流，常年有水，积水成湾。今泉池为自然土石状，深2.46米，池广水深，清莹碧透。池周山石秀美，起伏错落。明末《历乘》所记载的在城西南圆通寺西、清道光《济南府志》记载的在“趵突泉西圆通寺侧”的“白龙池”，似即此泉。

泉名的由来源于一个神话传说。相传，古时这一带有一个烂泥湾，东海龙王之子小白龙因犯天条被罚到此地。见当地百姓吃水困难，便使用魔法让烂泥湾中涌出清泉，从此以后，烂泥湾变成了泉水旺盛的清水湾。当地居民不忘小白龙的恩德，便将这一水湾称为“白龙湾”。

泉亭池 位于趵突泉公园内，万竹园西院。因在泉上建有望鹤亭而得名。泉水出露形态为渗流，常年有水，流入西护城河。今泉池为石砌长方形，长21.16米，宽13米，深0.6米。

灰池泉 位于南护城河西端南岸，趵突泉南路北段东侧，坤顺桥东南隅。金《名泉碑》、明《七十二泉诗》、清《七十二泉记》均收录。泉水出露形态为串珠状上涌。1986年重修泉池，2010年护城河三期通航工程再次重修。今泉池为长方形，假山石驳岸，长7.5米，宽4.95米，深0.55米，常年有水，流入护城河。

饮虎池 位于泺源大街与饮虎池街南首交界处东北，泺源大街北侧人行道旁，街因泉而名。属于趵突泉泉群之名泉。原位于饮虎池街和西青龙街交界处，池周有大约一米高的方形围墙，三米见方，古色古香，水有一米多深，清澈见底，附近居民和过路人经过此处都会驻足观赏。1993年道路拓宽修建泺源大街时，饮虎池正好位于规划中的马路中间，无法避开，被埋于路下。2001年择今址重建，泉池为石砌长方形，长6.16米，宽4米，深0.63米。泉水出露形态为渗流，常年有水，积水成池。池畔假山上有两只猛虎雕塑，形象逼真，栩栩如生。

迎仙泉 位于天桥区顺河街西圩子壕（锦缠沟）东岸，英贤桥（旧称迎仙桥）南。2011年8月泉水普查时收录。原为无名泉，2009年8月，市名泉办联合民政局面向社会征名，以泉近迎仙桥命名为“迎仙泉”。泉池为石砌方形，池口边长2.3米，深1.3米。池内常年有水，满池溢水，流入西圩子壕。1965年，山东省地质局水文地质观测站整理的《济南泉水一览表》所载迎仙桥处的人工钻孔喷泉，似即此泉。

东蜜脂泉 位于五龙潭公园南门内东侧的小院西墙处，其西关帝庙处有西蜜脂泉。金《名泉录》、明《七十二泉诗》收录。（有关泉址的历史文献记载，见本志本编第二章第二节“西蜜脂泉”条）泉水出露形态为渗水，常年有水。泉水由池底以泡状冒出，顺西墙外小溪北去，穿过小桥，注入五龙潭。最初泉池由块石三面堆叠，1986年建设五龙潭公园时改泉池为石砌长方形，长8米，宽5米，深0.94米。

醴 泉 位于五龙潭公园南门外，天镜泉西约10米处。原在江家池街路西“醴泉居”酱菜园院内，路东有天镜泉。2000年在实施共青团路拓宽与五龙潭公园开发扩建工程中被覆于新建楼下，2002年在原泉址西侧重建。出露形态为渗流，常年有水。今泉池为石砌不规则形，直径4.5米，深1.88米，池西壁刻有“醴泉”二字。水由暗溪流进七十三泉，而后汇入五龙潭。

昔日，酱菜园院里的醴泉池内曾蓄养一条长约1米，粗如碗口的大鲤鱼，鱼鳃上有一铁环，是鱼主人做的标记，酱菜园以醴泉为名并以鲤鱼作为该酱园的产品商标。

据志书记载和1983年实地调查得知，济南地区还有两泉亦称“醴泉”，并均早于该处醴泉而见之于著录：一处在章丘与邹平交界处的长白山黉堂岭，一处在历城仲宫康王山；前者名列金代《名泉碑》，后者为明《七十二泉诗》、清《七十二泉记》所载。因同名，今人也有把此泉误认为历史上的七十二名泉。

赤 泉 位于五龙潭公园南门外西，关帝庙东侧。以五方神龙中的赤龙命名。原为碎石叠砌池壁，2001年改造后与关帝庙东北侧水池融为一体。

洗心泉·静水泉 位于五龙潭公园内，五龙潭东南，中共山东省领导机关旧址北侧。两泉与之东的古温泉毗邻，水势颇好。1964年和1968年，先后将洗心泉和静水泉合与古温泉泉池，使三泉同处于一个池中。1985年建五龙潭公园，又将三泉水面扩大为长18米、宽8米的泉池，并在泉上修建了水廊、双亭。泉水出露形态为渗流，常年不竭。泉水沿暗渠东流，与月牙、虬溪诸泉相汇，注入西护城河。

净池泉 位于五龙潭公园内，五龙潭东南20米，南临回马泉。1986年建五龙潭公园时，将该泉与回马泉连在一起，扩大水面，称“余乐池”，并于水中蓄锦鱼，建水榭，榭名“鱼乐”，取鱼乐我乐之意。泉水出露形态为渗流，常年有水。泉出石下，水漫石上，饶有趣味。泉池呈不规则形，自然石驳岸，深1.2米，池内荷花艳开，锦鱼戏游。池上曲桥卧波，桥上设有坐栏，游人凭栏赏看，尽得情趣，其景致被称为“曲池观鱼”。

东流泉 位于五龙潭公园内，中共山东省委机关旧址西，别名感应泉、东流水泉。1983年查测时已填埋，1987年恢复。泉水出露形态为渗流，常年有水。今泉池为石砌长方形，长3.34米，宽2.42米，深1.69米。

东流泉（2007年）

北洗钵泉 位于五龙潭公园内，古温泉北。1983年查测时已填埋，1987年恢复。泉水出露形态为渗流，泉池为石砌长方形，上饰石栏。池长2.08米，宽1.6米，深0.74米，常年有水。泉边立一奇石，酷似一位老僧在此洗钵，这便是泉名的由来。

泺溪泉 位于五龙潭公园内，月牙泉东南，西护城河西侧岸下。泉水出露形态为渗流。泉池为不规则形，假山石驳岸，长23米，宽4.2米，深1.49米，常年有水。

潭西泉 位于五龙潭公园内，名士阁南侧，因处在五龙潭西而得名。泉水出露形态为涌水，常年有水。泉池为石砌长方形，深1米，池中主泉眼的泉水呈水轮状向外喷涌。池北侧石壁上镶有“近水楼台”刻石，为明代书法家张中发书写，原存于贤清泉北侧旧舍墙内，建五龙潭公园时迁

潭西泉（2007年）

至此处。该泉丰雨季节水势甚佳，由池中圆穴中涌出，与西蜜脂泉、天镜泉、七十三泉之水相汇，向四面漾出涟漪，浪花飞溅，堪称奇观。泉水通过小桥汇入五龙潭。池西建有一亭，名“得月亭”，与“近水楼台”四字相协。亭柱两侧有联：“说文四家君其一，历下亭泉此地三”。

七十三泉 位于五龙潭公园内，五龙潭西，潭西泉南侧。清道光《济南府志》有载。泉水出露形态为渗流，常年有水，水从石隙冒出，经小石桥，流入潭西泉，进而汇入五龙潭。今泉池为不规则形，假山石驳岸，长10米，宽5.2米，深1.4米。

此泉的出现曾有一段佳话。清乾隆五十六年（1791年），学者桂馥和他的朋友集资，在五龙潭西侧修建“潭西精舍”，作为四方文人聚会咏诗下榻之处。建精舍挖地槽时掘出一个泉子，水势甚佳，汩汩喷涌，犹如冰壶，呈现出“一峰地出疑晶突，六月阴藏忽雪喷”的景观。桂馥甚喜，便大宴宾客，为泉起名。众说纷纭，有以形命名的，有以色命名的，有以味命名的……难以定夺。想到济南素有七十二名泉之说，桂馥便索性以“七十三泉”来命名，并题诗曰：“名泉七十二，不数五龙潭。为劳算博士，筹添七十三。”这一带有戏谑味道的命名，立即博得众人拍手叫绝，于是“七十三泉”这一称名便流传下来。新泉的出现，使精舍大为增色。为增加水流的气势，精舍主人又将南侧天镜泉的水引来与七十三泉相汇。泉水绕屋穿廊，流入五龙潭，潭西精舍成了著名的水景园，游人远远就能听到汩汩的流水声。如今精舍早已倾圮，1965年在其旧址上建起了潭西阁，即今名士阁。

该泉曾被不少诗人赞咏。清人郝植恭的《五龙潭七十三泉》诗曰：“潭西精舍听泉声，七十三泉新得名。润物始知流泽远，出门无失在山清。”同时期文人吴友松作《七十三泉记》刻于石上。该石现已没，文收清阮元《小沧浪笔谈》。

青 泉 又名琼泉，位于五龙潭公园内，名士阁西侧。以昔日此地所祀五方神龙中的青龙命名。泉水出露形态为渗流，常年有水，水由暗道汇入五龙潭，流入小河（旧称生产渠）。泉池为石砌方形，1965年建，深1.24米，泉水清澈见底，泉池四角植有柳树。

井 泉 位于五龙潭公园内，武中奇书法篆刻展览馆展厅东侧，南邻青泉。泉水出露形态为渗流，常年有水。泉池为石砌圆井形，直径0.26米，深1.3米。

晴明泉 位于五龙潭公园内，南临官家池。原无名，1994年市建委调查时拟名晴明泉。出露形态为渗流，常年有水，流入小河（生产渠）。泉池为石砌长方形，长4.1米，宽4米，深1.38米。

显明池 位于五龙潭公园内，五龙潭北侧，西为官家池。过去曾在池子里种养菱角，故名“鲜菱池”，后易名显明池。泉水出露形态为渗流，常年有水，汇入五龙潭。今泉池为不规则形，自然石砌岸，深1.78米。

裕宏泉 位于五龙潭公园内，五龙潭西北，濂泉南侧。泉水出露形态为渗流，常年有水，流入小河（生产渠）。泉池为石砌长方形，长4米，宽3.9米，深1.1米。

聪耳泉 位于五龙潭公园内，五龙潭北，裕宏泉南。池呈人耳状，故名聪耳泉，俗称“耳朵眼儿泉”。1994年市建委组织泉水调查时取为今名。泉水出露形态为渗流，常年有水，流入西护城河。今泉池为石砌不规则形，深1.2米，泉水从池底涌出，溢出泉池北岸，浸过石铺地面，融入青石板上，形成“清泉石上流”景观。泉水向北汇入濂泉。

五莲泉 位于护城河南侧岛上，琵琶泉西。泉眼甚多，泉水簇拥，似盛开的莲花，故名。1965年整修泉池，为四方平整的池岸，高出河面标高0.5米，泉水涌上池口，向四周漫溢，尔后二叠而下，落于南护城河中，如同挂帘。1965年，山东省地质局水文地质观测站整理的《济南泉水调

五莲泉（2011年）

查表》称“溪中泉”，民间称之为“玻璃泉”。1986年，泉池四周改为曲岸，堆叠自然石。山石以聚为主，叠砌成岛，高出水面，泉水从岛上石缝中溢出，出露形态为串珠状上涌，常年有水。今泉池为不规则形，长12米，宽4米，深0.5米。1985年5月辟建环城公园时，在泉南侧河岸上建“五莲轩”，由亭、台、廊、榭组成，规模较大，构成一组别致的景观。

一虎泉 位于护城河南岸，五莲泉西。因水从一石刻虎头中流出，故名。这里曾为清光绪十八年（1892年）进士、翰林院编修、临清直隶州知州缪润绂的花园，故又称“缪家泉”（曾被讹称苗家泉）。泉水自河岸斜坡泄出，出露形态为涌状水流，常年有水。1983年，此处作为黑虎泉公园的一个景区，整修了泉池，就势叠山理水，山脚清流环绕，自西向东，三个洞穴依次排开，其形各异。泉水汇成曲池，然后跌进河中。池边矶石横卧，水中巨石矗立，水随山转，山因水活，创构一城市山林景观。泉池为不规则形，假山石驳岸，长28米，宽7米，深0.7米，常年有水。泉旁有“一虎泉”简介碑刻。

金虎泉 位于一虎泉西，护城河南侧河中。名列金代《名泉碑》。元《齐乘》曰与黑虎泉俱在“李承务巷”。明末《历乘》称其“即黑虎泉也”。清代时失迷。民国《历城县乡土调查录》称“在黑虎泉正西，今失考”，但又云“或谓即在护城河北岸胜绍公司院内，亦有谓在范氏花园者”。今泉水出露形态为串珠状上涌，常年有水，流入南护城河。泉池为石砌方形，长、宽各4米，深1.5米。

昔日，今址泉侧有一庭园，名曰“适园”，建于何年无考。此园沿河构筑，东西狭长。园中有溪，溪上架桥，桥旁建亭。后来，园主家境衰败，庭园荒废，被山西商人李卓购买，并加以修复，改园名为“须弥”，称泉名为“金粟”。解放前此园荒芜，泉也与岸分开，移至河中。1965年修建泉池，1986年于泉上建亭，透顶翘角，因泉得名“金虎亭”。南侧有三曲平桥与南岸相连，游人可由曲桥步入亭内。

金虎泉得名有两说。一说泉源处由人工用山石装饰，形式奇特，似虎非虎，故名。另一说，相传古时某日午夜时分，居住在山崖河畔的居民听到猛虎咆哮声，便出来观看，只见两只猛虎在格斗，一只黑色，一只金色。虎见有人来，便停止了格斗，黑虎往东奔去，钻进了东侧山崖下，于是便有了黑虎泉。金虎往西奔去，跳进河中，化做一处清泉，人们就把这处清泉称为金虎泉。

汇波泉 位于护城河南岸，五莲泉西侧。泉水出露形态为涌状水流，常年有水，流入护城

一虎泉（2011年）

汇波泉（2011年）

河。泉池为不规则形，假山石驳岸，长4.5米，宽4米，深0.86米，沿池四周，山石聚散布置，东、西、南皆为土坡，土坡以山石叠砌形成山峦。泉水在山脚下涓涓流淌，汇为小潭，两侧山石交错，细流潺潺，犹若山涧小溪。1986年于山上建“伴月亭”，亭挑出水面，跃跃欲飞，周围绿树垂荫。泉、石、亭、树有机结合，极富情趣。泉旁有“汇波泉”简介碑刻。

对波泉 位于护城河北岸，与汇波泉相对，故名。泉水出露形态为串珠状上涌，常年有水，流入护城河。泉池为石砌长方形，长4.7米，宽4.6米，深1.25米。池侧矗立小亭，名“对波亭”，1985年建，因泉得名。泉旁有“对波泉”简介碑刻。

豆芽泉 位于护城河南岸，琵琶泉西。昔日，附近居民常用此泉水生豆芽，生出的豆芽，外观粗而短，吃起来鲜嫩而脆生，分外可口，故名。当年的南护城河一带，豆芽作坊多达七八家，皆筑在河崖下，面河傍泉而居，参差错落。今泉池为石砌长方形，长2.15米，宽2.05米，深1.24米，出露形态为渗流，常年有水，积水成池，汇入南护城河。

南珍珠泉 位于五莲泉东北侧护城河中。金《名泉碑》、明《七十二泉诗》收录。历代志书均有记载。清乾隆年间任户部主事郎中、充军机章京的管世铭在《（济南）城南诸泉记》一文中，对南珍珠泉二百多年前的境况曾有过极为生动的描述：南珍珠泉“甃石为池，深可七八尺，清澈见底。泉自沙际达于水面，如万斛珠玑，霏霏不绝。诸泉之观，此为最焉，味尤甘冽”。因串串水泡涌出似珍珠，又因在旧城内的珍珠泉之南，故名。因该泉相对于府城内的北珍珠泉来说，虽规模小得多，但因没有围栏，可任人随意观览，故闻名于世。明清以来，不少诗人作诗予以颂之。因该泉地处护城河道中，为不影响护城河通航，20世纪80年代修建环城公园时拆除泉池，成为市区名泉中唯一一处有名无池的泉子。今泉水出露形态为串珠状上涌，水自河底涌出，融于南护城河中。

南珍珠泉（2011年）

任 泉 位于南珍珠泉西北侧，护城河北岸下，南与五莲泉相对。出露形态为涌状水流，常年有水，流入南护城河。泉池为不规则形，半石砌，长3.6米，宽3米，深1.4米。北侧石壁上刻泉名，四周石栏围绕。

胤嗣泉 位于护城河南岸，金虎泉三曲小桥南

胤嗣泉（2006年）

端。其名见之于《城南诸泉记》等清代文献。因泉在张仙庙崖下，故取名“胤嗣”。解放后，庙倾圮。1986年重修泉池。泉池为不规则形，假山石驳岸，长6.2米，宽3.1米，深1.45米。泉水出露形态为串珠状上涌，常年有水，流入南护城河。泉畔石碑镌刻“胤嗣泉”三字，旁边建有三曲小桥通向观泉亭，四周绿柳成荫。

古鉴泉（鑑泉） 位于护城河南岸，南门大桥西南隅，因泉水净明如镜而得名。金《名泉碑》、清《七十二泉记》收录。元《齐乘》称在“舜泉南”，明崇祯《历城县志》载“今考在南门外桥西，池如太极，而水更空明可鉴。流入城河”。清乾隆五十三年（1788年），当地居民徐文举因“历年来大雨冲损，汲水者每苦其难”，便独自修池，并立古鑑泉碑，碑载：此泉“水净沙明，对之若镜”。1982年整修泉池，长7.6米，宽4.8米，周围建花坛。20世纪90年代初被鉴泉

古鉴泉（2011年）

酒家改建为人工喷泉，1998年建泉城广场时被填埋。2001年移今址重建，并立“古鉴泉”名刻。2010年在护城河三期通航工程中，对移建的古鉴泉加以重修，并在泉旁立“舜田门遗址”假山石碑刻。今池为不规则形，假山石驳岸，长3.1米，宽2.85米，深0.82米。泉水出露形态为涌状水流，常年有水，流入南护城河。

寿康泉 位于护城河南岸，古鉴泉西，银座购物广场北侧。清道光《济南府志》有载。因附近居民皆用此水烹茶为饮，喝出了很多百岁老人，故得名。清乾隆三十八年（1773年）仲冬，当地老者王瑞等人曾立碑志之，正书“寿康泉”三个大字，并记文二行（见清道光《济南金石志》）。

昔日寿康泉泉眼很多，水泡从泉底冒出，袅袅上升，浮出水面，化为潺潺细流，注入护城河内。此泉曾一度被填埋，1986年修建环城公园时重新修复，周围饰以雕栏，水势颇佳，叠水漫流入河中。修建泉城广场时，又在其原址进行保护性修复。今泉池为长方形，石砌，长9.08米，宽4.55米，深1米。泉水出露形态为串珠状上涌，常年有水，流入护城河。池岸边植有垂柳，绿荫如盖。

承运泉 位于历下区珍珠泉大院内，清巡抚院署大堂北侧。2005年11月施工挖地，距地表深约半米处，泉水汩汩涌出。经考古发掘，发现3眼古泉井和2处青砖砌筑的积水池。2006年在所发现的东侧古泉井和积水池遗址处，石砌长方形泉池。池长11.9米，宽5.9米，深0.24米，四周围以汉白玉石栏，修复后的古泉井坐落于池中。常年有水。2009年，市名泉办联合市民政局面向社会征名，以其位于明代德王府承运殿（即今称清巡抚院署大堂）旁，命名为“承运泉”。2011年8月泉水普查时收录。

存心泉 位于珍珠泉大院内，清巡抚院署大堂北侧，承运泉西。2005年11月施工发现，翌年在所发现的古泉井及积水池遗址处石砌泉池，池长12.11米，宽9.4米，深0.15米，四周围以汉白玉石栏，修复后的古泉井坐落于池中。常年有水。2009年，市名泉办联合市民政局面向社会征名，命名为“存心泉”。 2011年8月泉水普查时收录。

九角泉 位于珍珠泉大院内西北，濯缨湖西北岸。2011年8月泉水普查时收录。常年渗流，积水成池。池口圆形石砌，直径2.0米，深1.8米，池周石栏护围，假山石上刻2005年题写的泉名。

小王府池 位于历下区王府池子街南首，别名老王府池子。出露形态为串珠状上涌，泉池为长方形，石砌，长3.42米，宽2.75米，深0.64米，常年有水，沿途汇合众泉，流向百花洲，注入大明湖。

神庭泉 位于历下区王府池子街41号院内，与玉枕泉、太乙泉、小王府池子相邻。原无名，1994年市建委组织泉水调查时拟名。泉水出露形态为渗流，泉池为长方形，石砌，长0.64米，宽0.4米，深0.94米。常年有水，为居民生活用水。为方便取水，居民在池内安装两根管道。

玉枕泉 位于历下区王府池子街39号院内，与神庭泉、太乙泉、小王府池子相邻。原无名，1994年市建委组织泉水调查时拟名。泉水出露形态为渗流，泉池为长方形，石砌，长1.56米，宽0.5米，深0.4米，常年有水，积水成池。原池水甘甜清澈，蓄养锦鱼。后被当做下水道，水质受到严重污染。

灰　泉 位于历下区王府池子街中段，濯缨泉（王府池子）西北侧。别名灰包泉。金《名泉碑》、明《七十二泉诗》收录。泉水出露形态为渗流，泉池为长方形，水泥修筑，长2.1米，宽1.5米，深1.02米，常年有水。西侧以民居石墙地基为岸，东侧以石墙与濯缨泉相隔，墙下沿有一出水口，泉水涌出后由出水口流出与濯缨泉水汇合，穿墙过院经曲水亭街小溪注入大明湖。古时众泉汇为一塘，水面颇大，清顾祖禹《读史方舆纪要》载："濯缨湖，在城内偏北，合珍珠泉、散水泉、濯缨泉、朱砂泉汇为湖，周广数亩。本曰灰泉，元人改今名。"

知鱼泉 位于历下区王府池子街6号院内，别名知鱼池泉。名列金《名泉碑》，《齐乘》称在"灰泉东南"。明《七十二泉诗》亦有"知鱼池泉"诗。原为德王府邸中的泉子，后消失，明末《历乘》中记载"有其名而莫辨其址"。民国《续修历城县志》中李图《知鱼泉》诗称："旧闻开府邸，中有知鱼泉。不见众生处，赤鲤过百年。"民国《历城县乡土调查录》则称"在珍珠泉东北"。到20世纪50年代初，居住在今6号院内的蔡姓居民将其重新修复。泉水出露形态为井泉，泉池为圆井形，石砌，直径0.55米，深1.55米，常年有水，积水成井，为居民主要饮用水源。池畔墙壁上嵌"知鱼泉"石刻。

清　泉 位于历下区王府池子街19号，近邻王府池子。原为无名泉，2007年市名泉办联合市民政局面向社会征名为"清泉"。泉水出露形态为井泉，池呈井形，石砌，直径0.6米，深1.2米，常年有水，积水成井。水质清澈，是居民生活用水。

起凤泉 位于历下区起凤桥街9号院内，王府池子北。原为无名泉，1994年市建委调查时以所处街巷拟名。泉水出露形态为渗流，泉池方形石砌，长2.19米，宽2.08米，深1.5米，常年有水。2002年以来，市名泉保护部门对其进行多次维护整治。

平　泉 位于历下区平泉胡同路西，金菊巷1号旁门内。原泉池已填埋消失，居民便将其附近金菊巷1号院内的无名泉沿用平泉之名。出露形态为渗流。今泉池呈长方形，半石砌，长0.9米，宽0.6米，深1.08米，常年有水，是居民生活用水。

银珠泉 位于历下区平泉胡同11号。原为无名泉，2007年市名泉办联合市民政局面向社会征名为"银珠泉"。泉水出露形态为井泉，池呈井形，石砌，直径0.55米，深1.2米，常年有水，积水成井。水质清澈，是居民生活用水。

源　泉 位于历下区西更道街20号。原为无名泉，2007年市名泉办联合市民政局面向社会征名为"源泉"。泉水出露形态为井泉，池呈井形，池口石砌，井壁砖砌，直径0.4米，深0.84米，常年有水，积水成井。水质清澈，是居民生活用水。

云楼泉 位于历下区西更道街4号院内，珍珠泉北，刘氏泉南。又称白云泉。名列金《名泉碑》，称"云楼泉"。明刘敕《历乘》称"白云泉"。清郝植恭以"白云"之名列入《七十二泉记》。泉水出露形态为井泉，泉池为圆井形，石砌，直径0.42米，深0.72米，水质清澈，夏季泉水上升几乎与地表相平。即使干旱之年亦常年有水，是居民生活用水。

云楼泉得名与原建于珍珠泉畔的白云楼有关。白云楼建于元代，是当时山东行尚书省兼兵马都元帅张荣府邸中的高大建筑，因云楼泉近邻白云楼，故借用楼名为泉命名。

碧玉泉 位于历下区西更道街2号。原为无名泉，2007年市名泉办联合市民政局面向社会征名为"碧玉泉"。泉水出露形态为井泉，池呈井形，石砌，直径0.7米，深1.5米，常年有水，积水成井。水质清澈，是居民生活用水。

刘氏泉 位于历下区曲水亭街南头，西更道街北端路西，金《名泉碑》、明《七十二泉诗》收录。20世纪60年代初曾被填埋，1998年12月由济南市市政建筑二公司义务修复。泉水出露形态为渗流，常年有水，汇入曲水河，流经百花洲，注入大明湖。泉池为方形，石砌，长宽各1.8米，东、北、南三面装饰兽头石雕栏杆，池深0.68

刘氏泉（2011年）

米。泉池南侧为珍珠泉水与王府池子水相会之处，溪流潺潺，小桥卧波，流水当门。西面临水渠，又称曲水河。泉水自西侧池壁溢出，汇入河中。泉池东南侧为珍珠泉大院。

昔时，曲水河畔建有一凉亭，名曲水亭。泉边亭畔是济南品茗博弈之场所，清代著名书画家郑板桥曾在此题写了一幅对联：“三椽茅屋，两道小桥；几株垂柳，一湾流水。”有人接题了下联：“忙里偷闲，下盘棋去；闹中取静，泡碗茶来。”

佐泉 位于历下区曲水亭街15号西屋。2011年8月泉水普查记为无名泉，2012年市名泉办联合市民政局面向社会征名为“佐泉”。泉池方井形，水泥砌筑，边长0.42米，深0.8米，泉水涓涓流出，供居民生活用。

佑泉 位于历下区曲水亭街15号东屋。2011年8月泉水普查记为无名泉，2012年市名泉办联合市民政局面向社会征名为“佑泉”。为石砌长方形泉池，长0.5米，宽0.4米，深1米，常年供居民生活之用。

水芝泉 位于历下区芙蓉街5号。原为无名泉，2007年市名泉办联合市民政局面向社会征名为“水芝泉”。泉水出露形态为井泉，池呈井形，石砌，直径0.25米，深0.85米，常年有水，积水成井。水质清澈，是居民生活用水。

关帝庙泉 位于历下区芙蓉街38号关帝庙内。2011年8月泉水普查记为无名泉，2012年市名泉办联合市民政局面向社会征名为“关帝庙泉”。泉池石砌井形，井口直径0.51米，井深1.45米。常年有水，为一景观泉。

武库泉 位于历下区芙蓉街38号北邻。2011年8月泉水普查记为无名泉，2012年市名泉办联合市民政局面向社会征名为“武库泉”。泉池石砌井形，井口直径0.53米，井深1.20米，是周围居民的生活用水。

水华泉 位于历下区芙蓉街61号。原为无名泉，2007年市名泉办联合市民政局面向社会征名为“水华泉”。泉水出露形态为井泉，池呈井形，池口石砌，井壁砖砌，直径0.5米，深1.2米，常年有水，积水成井。水质清澈，是居民生活用水。

无名泉 位于历下区芙蓉街73号院内。《济南泉水志》收录。泉水出露形态为井泉，池口水泥修筑，直径0.7米，常年不竭，是居民生活水源。

苏家井 位于历下区芙蓉街76号苏姓居民院内，故得名苏家井。泉水出露形态为井泉，常年不竭。井口位于居民室内，水泥版封堵，居民用虹管引水用于生活。井口东侧房屋墙壁上嵌1995年启功书“苏家井”泉名刻石。

水芸泉 位于历下区芙蓉街95号。原为无名泉，2007年市名泉办联合市民政局面向社会征名为“水芸泉”。泉水出露形态为井泉，池呈井形，池口石砌，井壁砖砌，直径0.4米，深1.36米，常年有水，积水成井。水质清澈，是居民生活用水。

南芙蓉泉 位于历下区芙蓉街132号院内，因位于芙蓉泉南而得名。泉水出露形态为渗流，

南芙蓉泉（2011年）

泉池为方形，水泥修筑，长1米，宽0.8米，深1.9米，常年有水。水位不受季节影响，人称“神泉”。原有泉名砖刻。近年来，因芙蓉街污水管道老化漏水，经常污染泉池。市名泉保护部门划拨专项资金，多次进行维修整治。

泮 池 位于历下区庠门里街南端路西，府学文庙内。因在文庙屏门外，又称外泮池。泉水出露形态为渗流。1998年进行抢救性修整，重修了泉池。今池呈半圆形，石砌，长37.32米，宽18.16米，深1.9米，常年有水。岸上雕石围栏，池间南北向架五孔石拱桥。泮池泉水与由南经芙蓉街明渠暗道流入大小畔池的泉水汇合后，注入玉带河，汇入大明湖。泮池北是府学文庙屏门。文庙始建于北宋，2005—2010年市政府投资4000余万元重修。其格局从南到北，依次为影壁、南门、棂星门、中规中矩亭、外泮池、屏门、内泮池、

外泮池（2010年）

戟门（俗称大成门）、大成殿、东西廊庑、明伦堂、尊经阁等主要建筑。

岱宗泉 位于历下区岱宗街南端路东。原无名，1994年市建委调查时依居民口述拟名。泉水出露形态为井泉，泉池呈圆井形，石砌，直径0.6米，深0.4米，常年有水。昔日，街中居民皆饮此水。

厚德泉 位于历下区后宰门街97号。原为无名泉，2009年市名泉办联合市民政局面向社会征名为"厚德泉"。泉水出露形态为井泉，池呈井形，口池石砌，井壁砖砌，直径0.45米，深0.7米，常年有水，积水成井。水质清澈，是居民生活用水。

珍 池 位于历下区珍池街中段，因珍珠泉水经玉带河流入池内，故得名。泉水出露形态为渗流。旧时，池内多鱼虾，常有鸭子戏水捕食，俗称鸭子湾。后因建珍珠泉宿舍，玉带河被截流，珍池失去重要水源补给，水质变差。1982年重修，池周以青石砌垒。1993年被填埋。1998年修复，池周砌石栏，植绿篱。今池呈扇形，石砌，长21.42米，宽6.28米，深1.5米，常年有水。池水向北经暗渠流向百花洲，注入大明湖。

珍池（2011年）

同元井 位于历下区珍池街1号院内。原为无名泉，2012年市名泉办联合市民政局面向社会征名为"同元井"。泉水出露形态为井泉，池呈井形，水泥修筑，直径0.6米，常年有水，积水成井，是居民生活用水。

王庙池 位于珍池南邻，西墙根下。泉水出露形态为渗流，盛水期有水。1998年进行抢救性修复，今池呈长方形，石砌，长2.15米，宽1.52米，深0.1米。池西墙壁上嵌有泉名石刻。

院后泉 位于历下区院后街9号。原为无名泉，2009年市名泉办联合市民政局面向社会征名为"院后泉"。泉水出露形态为渗流，池呈方形，石砌，长宽各0.85米，深0.85米，常年有水，积水成池。水质清澈，是居民生活用水。2011年8月，市名泉办拨付专项资金，由历下区名泉办整治维修，泉池北侧立假山石碑刻。

院北泉 位于历下区院后街16号院内。2011年8月泉水普查记为无名泉，2012年市名泉办联合市民政局面向社会征名为"院北泉"。泉水出露形态为井泉，池呈井形，石砌，直径0.78米，深1.65米，常年有水，积水成井，井壁石砌，水质清澈，是居民生活用水。

兴隆泉 位于历下区小兴隆街13号。2011年8月泉水普查记为无名泉，2012年市名泉办联合市民政局面向社会征名为"兴隆泉"。为石砌圆井，井口直径0.31米，深1.1米，常年供居民生活之用。

永安泉 位于历下区县西巷商业街北首，泉乐坊163号北。2011年8月泉水普查时收录。泉池长方形，水泥砌就，长12米，宽9.6米，深0.77米，常年有水。

无名泉 位于历下区县西巷商业街路西中段。2011年8月泉水普查时收录。泉池为县西巷改造时所修，石砌方形，边长2米，深1.22米，池口圆形，池周石栏护围。常年有水，为一眼景观泉。

县东泉 位于历下区县东巷79号。2011年8月泉水普查时收录。原为无名泉，2009年8月市名泉办联合民政局面向社会征名，以其所处街巷命名为"县东泉"。泉池为石砌方井，井口边长0.55

米，井深2.24米，常年有水。

涌锡泉 位于历下区泉城路路北335号院内。泉池呈方井形，边长0.55米，井口圆形，口径0.4米，高20厘米。井壁砖石砌垒，井深3.5米，长年有水，久旱不涸。井北房壁上嵌“涌锡泉”石刻，高0.32米，宽0.43米，据说为清道光三年（1823年）立。2012年8月8日核查时，“涌锡泉”三字因风化已难辨认。

凤翥池 位于历下区，山东省政府大院内（昔日为明清山东布政使署驻地）。进入省府大院南门，迎面有一架小桥，桥两侧各为方池，石砌，长宽各5米，深1.5米。泉水出露形态为渗流，常年有水，积水成池。盛水期泉水潺潺流泄，清澈见底。池周饰以石栏，东池北壁嵌“凤翥池”石刻，西池北壁嵌有题记。凤翥池北原有一太湖石，形状奇特，翼然而立，如凤起舞，故名“凤翥石”，曾是元代散曲家张养浩别墅“云庄”中的奇品。泉以石名。石、泉相映，寓意甚丰。由此向东，至大院东南隅，还曾有一池，池壁嵌“华笔池”石刻。此处，明清时代为贡院。清乾隆五十七年（1792年）八月上旬，山东布政使江兰到这里主持科考事宜，派人分别在贡院和布政使署内，凿成“华笔池”和“凤翥池”。江兰撰写《新浚凤翥池记》，并书写刻于石上。“凤翥”取意于《诗经·大雅》“凤凰鸣矣，于彼高冈”，意在勉励到此科考的士子奋发图强，像凤凰般振翅腾飞。

玉乳泉 位于山东省政府院内西部，凤翥池西，因泉滴滴如乳汁而得名。民国《历城县乡土调查录》有载：“在省公署花园内南端”。泉水出露形态为涌状水流。原池长40米，宽30米。1999年7月改建为石砌方池，长8.3米，宽8.2米，深1.2米。常年有水，沿暗渠北流入大明湖。

雪　泉 原在山东布政使署名士轩南，今位于历下区西公界街2号省经委宿舍院内。清道光《济南府志》及《续修历城县志》有载。清朝乾隆年间，山东布政使江兰拓建放生池时得此泉。泉池修好后，学者桂馥题书泉名，翁方纲于乾隆五十八年（1793年）六月二十八日作《功德水记》，并书丹刻于石上。当时，泉池甚大，水颇清，荇藻青翠，锦鱼戏游，为济南一大胜景。为培育人才，继而又在池旁建讲堂数楹，命名为“济南书院”。

解放前，碑刻、书院全废，放生池也与雪泉分为两处。1982年重修泉池。泉水出露形态为渗流，池呈方形，石砌，长宽各2.3米，深0.9米。四周建雕刻石栏，池南壁镶“雪泉”泉名刻石。水旺盛，常年不涸。

放生池 位于历下区西公界街3号院内，与雪泉相邻，又称功德水，功德泉。清朝乾隆年间，山东布政使江兰拓建。山东学政翁方纲于乾隆五十八年（1793年）撰《功德水记》：“引署内华笔、凤翥二池之流，汇珍珠、芙蓉诸泉，以成斯池。”泉水出露形态为渗流。今池呈方形，石砌，长、宽各3.4米，深0.3米，常年有水。

公界泉 在历下区西公界街40号院旁。2011年8月泉水普查记为无名泉，2012年市名泉办联合市民政局面向社会征名为“公界泉”。池水泥砌就，井形，井口直径0.72米，井深0.90米，常年有水，是居民生活用水。

不匮泉 位于历下区双忠祠街33号院内，清道光《济南府志》及《续修历城县志》有载。泉水出露形态为渗流。池呈长方形，石砌，长2.4米，宽1.85米，深0.5米，常年有水，积水成池。

据清人张贞《不匮泉记》（《续修历城县志·山水考六》）和赵申季《不匮泉跋》（道光《济南府志·艺文二》）载：济东道道台宋广业（字澄溪）之母管氏相夫教子，敬奉姑婆，孝名甚著，清康熙四十四年（1705年），康熙帝东巡时诰封一品夫人并赐“北萱映彩”匾额。其子宋广业也有孝名，康熙四十三年至四十八年（1704—1709年）任济东道道台时，将其母接至署衙奉养，并在署衙的西侧建御书碑亭，把皇帝赐给他母亲的匾额挂在里面。建亭时，于亭后凿池，得一新泉，泉水甘美清冽。根据《诗经·既醉》“孝子不匮，永锡尔类”的诗句，将泉命名为“不匮泉”。

广福泉 位于历下区双忠祠街12号大门内西侧，泉水出露形态为渗流。原池长1.05米，宽0.7米，深1.75米，条石砌成，雨季有水，后淤塞覆盖已久。2000年5月修复。今池呈长方形，石砌，长3.5米，宽2.9米，深1.5米，常年有水，积水成池。池岸筑高石柱栏板。

天净泉 位于历下区双忠祠街21号。原为无名泉，2007年市名泉办联合市民政局面向社会征名为“天净泉”。泉水出露形态为渗流，池呈方形，石砌，长宽各0.7米，深0.5米，常年有水，积水成池。水质清澈，是居民生活用水。

启福泉 位于历下区启明街35号院内。原为无名泉，2012年市名泉办联合市民政局面向社会征名为“启福泉”。泉水出露形态为井泉，池呈井形，池口水泥修筑，井壁石砌，直径0.68米，深1.15米，常年有水，积水成井。水质清澈，是居民生活用水。

启禄泉 位于历下区启明街41号院内。原为无名泉，2012年市名泉办联合市民政局面向社会征名为“启禄泉”。泉水出露形态为井泉，池呈井形，水泥修筑，直径0.42米，深1.6米，常年有水，积水成井。水质清澈，是居民生活用水。

启寿泉 位于历下区启明街47号院内。原为无名泉，2012年市名泉办联合市民政局面向社会征名为“启寿泉”。泉水出露形态为渗流，池呈长方形，池口石砌，池壁水泥修筑并贴瓷砖，长0.48米，宽0.41米，深1.5米，常年有水，积水成池。水质清澈，是居民生活用水。

华家井 位于历下区启明街49号东侧路北。原为当地居民汲水处，1965年使用自来水后曾被填埋。2000年5月，市名泉办与泉城路街道办事处加以修复。泉水出露形态为井泉。池呈井形，石砌，直径1.13米，深2.4米，常年有水，积水成池。

启喜泉 位于历下区启明街87号院内。原为无名泉，2012年市名泉办联合市民政局面向社会征名为“启喜泉”。泉水出露形态为井泉，池呈井形，石砌，直径0.9米，深1.4米，常年有水，积水成井。水质清澈，是居民主要饮用水源。

无名泉 位于历下区启明街101号院内。泉池圆井形，口径0.45米。泉址南侧兴建大型商业楼后，水势衰退，几近枯竭。

无名泉 位于历下区太平寺街2号院室内。昔日为居户饮用水源。泉池圆井形，口径0.4米。泉址南侧兴建大型商业楼后，水近枯竭，井口被棚盖弃用。

无名泉 位于历下区太平寺街6号院房根处。泉池圆井形，口径0.45米。南侧兴建大型商业楼后，泉水枯竭，泉井被用混凝土封堵弃用。

太平井 在历下区太平胡同5号院旁。2011年8月泉水普查记为无名泉，2012年市名泉办联合市民政局面向社会征名为“太平井”。石砌井形，井口长0.56米，宽0.48米，深0.48米，常年有水，是居民生活用水。

福德泉 在历下区孟家胡同1号院旁。2011年8月泉水普查记为无名泉，2012年市名泉办联合市民政局面向社会征名为“福德泉”。石砌圆井形，井口直径0.628米，深0.30米，常年有水，为居民主要饮用水源。

孟家井 历下区孟家胡同7号院旁。2011年8月泉水普查记为无名泉，2012年市名泉办联合市民政局面向社会征名为“孟家井”。石砌圆井形，井口直径0.5米，深1.0米，常年有水，为居民生活用水。

状元泉 位于历下区鞭指巷9号院内，2011年8月泉水普查记为无名泉，2012年市名泉办联合市民政局面向社会征名为“状元泉”。泉水出露形态为井泉，池呈井形，石砌，直径0.8米，深1.1米，常年有水，积水成井，是居民生活用水。泉旁是陈冕状元府。

鞭指井 位于历下区鞭指巷31号院内。原为无名泉，2012年市名泉办联合市民政局面向社会征名为“鞭指井”。泉水出露形态为井泉，池呈井形，石砌，直径0.43米，深1.15米，常年有水，积水成井。水质清澈，是居民生活用水。

昇仙泉 在历下区西城根街44号院旁。2011年8月泉水普查时收录。原为无名泉，2009年市名泉办联合市民政局面向社会征名为“昇仙泉”。泉池长方形，水泥砌就，长0.73米，宽0.43米，深1.65米。常年有水，是居民主要生活用水。

太极泉 位于历下区大明湖路西端路南，济南第七职业中专院内。清道光《济南府志》有载：“太极泉，在太平寺北……形圆，水清，流入明湖”。泉水出露形态为涌状水流，泉池呈井形，曾是20世纪60年代水文地质部门的测试点，20世纪70年代停用。1997年3月，附近泉眼在建房施工中被填埋，此泉遂喷涌溢流，故临泉建边长1.2米的方池，水顺管道注入排污暗沟，流进大明湖。今泉池呈长方形，水泥修筑，长1.3米，宽0.9米，深0.5米。常年有水，水质优良。

扇面泉 位于历下区大明湖南侧、山东省老图书馆院内东侧，因泉池呈扇面形而得名。泉水出露形态为渗流。池呈扇形，石砌，长4.6米，宽3.6米，深0.5米，常年有水，积水成池。2009年扩建大明湖时，曾一度被掩埋，后在原址处进行修复。因水源不旺，水质明显变差。

司家井 原在大明湖路235号司家大院内，2009年大明湖风景区扩建时保留为景区院落泉点。泉水出露形态为井泉。池呈圆井形，石砌，直径0.43米，深1.6米，常年有水，积水成井，水质清澈。

感应井泉 位于大明湖北岸，北极阁前东侧。清乾隆《历城县志》引明嘉靖《山东通志》

感应井泉（2011年）

载："感应井，在府城内北极台下。"康熙《济南府志》载："城北面滨湖，水味多咸，此井独甘。"泉旁有济南人邹袭撰文的《感应井泉记》石碑，立于明正德九年（1514年）。后来，泉井湮没，石碑亦埋于地下。1999年依址修复，泉池为井形，石砌，直径1.2米，深0.8米，常年积水。原埋于地下的《感应井泉记》石碑被挖出立于井旁。

据《感应井泉记》载，此泉出现于明正德年间。当时德王府兴工修缮北极庙，人众工大，因附近之水苦涩难饮，工匠所饮之水需到十多里之远的罗姑井、玉环泉等处汲取，既费工又费力，不胜其劳。负责修缮工程的德王府承奉白誾默默祈祷能解决取水之难。一日夜间，白誾梦见一异物指示其泉水的地点。第二天一早，便命人在所示之处挖掘，果然得一甘泉，解决了工程饮水难题。遂名此泉为"感应井泉"，并在泉上建一石亭，勒石以记此事。

青龙泉 位于历下区东青龙街路西，护城河东岸，隔河与苗家巷相对。《济南泉水志收录》。水从河东岸石崖上涌出，泻入护城河中。原无名，2012年春，趵突泉公园管理处在泉水跌落处围以长方形石栏，以地处东青龙街，取名为"青龙泉"，由著名书法家张仲亭题写泉名，镌刻于西侧石栏板上。1965年山东省地质局水文地质观测站整理的《济南泉水一览表》所载苗家巷之人工钻孔喷泉，似即此泉。

第二节 老城区外及历城区境诸泉

龙 泉 位于千佛山兴国禅寺西门内南侧，高耸石壁下 "龙泉洞"内。明崇祯年间《历乘》有载："冬夏不竭，味甚甘，煮茗堪比雪水。"清朝诗人刘大绅曾作《咏龙泉洞》诗曰："千尺高岩万树林，时时洞口老龙吟。不知几夜清秋雨，并作寒泉一水深。"泉水出露形态为渗流，池呈深潭状，不规则形。龙泉洞口上方篆书"龙泉洞"石刻，为济南当代书法家任晓麓题书。洞内南侧石壁上镌有隋代佛像多尊。佛像下边有一小门，门内是垂直深潭，面积10余平方米，水深2米。潭水清澈见底，四季不涸，为山中渗水聚成。洞壁之上布满藓苔，颗颗露珠，纷纷滑下，夜深人静之时，可闻叮叮咚咚的声响，如同大珠小珠落玉盘，极富琴韵。炎夏登山，走向洞内，凉气袭人，倍感清爽。

龙泉水质甘美，昔日寺内僧人即取此水烹茶为饮。明朝济南名士刘敕《咏兴国寺》诗曰："数里城南寺，松深曲径幽。片湖明落日，孤嶂插青流。云绕山僧室，苔侵石佛头。洞中多法水，为客洗烦愁。"故到此观光的游客，为图吉祥，也为消烦愁而争相饮之。

长生泉 位于千佛山风景名胜区佛慧山开元寺遗址东侧石壁下。清道光《济南府志》有载："长生泉，在开元寺前。"泉水出露形态为渗流，积水成池。泉名刻于石壁上，由元朝山东肃政廉访使察罕菩华题书。石刻上方有唐贞观时镌刻的佛像一尊。泉水经年不涸，汇为方池，山水渗滴，铿锵作响。水质甘美，旧时供寺内僧人饮用。

仰 泉 位于历下区浆水泉水库东南侧，为水库泉源之一。季节性泉水。池呈不规则形，人工凿石，盛水期水自岩孔腾突喷涌，注入水库。2011年8月市名泉保护部门普查时干涸。

2011年历城区境泉点分布图

佛慧泉 位于千佛山风景名胜区南门东300米牌坊下，别称兔子窝山泉。泉水出露形态为渗流。原为自然水坑，修建千佛山景区南门时对泉池进行改建，以假山石驳岸，岸壁镌“佛慧泉”泉名。属季节性泉，盛水时水自岩隙渗出。2011年8月市名泉保护部门普查时断流。

佛慧泉（2011年）

漏水泉 位于佛慧山南坡漏水桥西。出露形态为滴状水流，泉池呈不规则形，人工凿石，直径0.8米，常年有水，积水成洼。崖壁多窟穴，泉自窟穴渗漏而出，汇积于池中，常年不竭。雨季，沿山峪漫流。为居民生活用水。

漏水泉（2011年）

琵琶泉 位于历下区外环东路西侧，燕子山下，舜联建设集团院内西南角。泉自岩隙流出，汇入水泥修筑的琵琶状水池。池长6米，宽2.5米。南侧立假山石，上镌“琵琶泉”泉名。属季节性泉，2011年8月普查时干涸。

黄龙泉 位于浆水泉水库坝东北约百米处，游览路旁。季节性泉水，盛水期水自岩洞流出，积水成池。池呈长方形，长1.3米，宽0.9米，水泥修筑。2011年8月泉水普查时干涸。

牛腚泉 位于浆水泉水库南300米，牛腚山峪东侧。池呈不规则形，池岸为自然土石。属季节性泉，雨季开泉，由暗渠明沟蜿蜒北流，汇入浆水泉水库。2011年8月泉水普查时断涌。

皮狐泉 位于历下区浆水泉水库坝中段东部。2011年8月市名泉保护部门泉水普查时收录。泉池为自然不规则形，池口最大直径0.4米，深0.1米，常年有水，为居民饮用水源。

西沟峪泉 位于浆水泉水库坝西侧峪中。泉池水泥修筑，长0.3米，宽0.2米，常年有水。今将泉池封闭，接管道引水饮用。

无名泉 位于历下区浆水泉村，浆水泉北30米处。2011年8月泉水普查时收录。泉池为石砌长方形，长1.4米，宽1.2米。常年有水，是居民生活用水。

上 泉 位于历下区外环路东南拐角处，老虎山东脚下。分为相距20米的上下两池。上池出露形态为涌状水流，池岸为自然土石，呈水洼状，直径0.5米，深0.1米。下池井形，水泥修筑，直径0.75米，深1.2米，水质清澈。皆常年有水，是居民生活用水。

露华泉 位于历下区龙洞佛峪般若寺遗址石壁处，其上有隋唐摩崖造像。泉从石壁上渗出，如同漱玉，称“露华泉”，泉旁石壁勒有篆书泉名。又因泉水甘美如同乳香，所以也称“乳肖泉”。泉水出露形态为渗流，泉池呈不规则形，石砌，长1.1米，宽1米，深0.2米，常年有水，积水成池。昔日，泉水流入僧厨佛殿，供寺内僧人饮用。临近泉池的岩壁上镌刻有“云殿泉厨”四字，何人书写不详。如今，泉流依然如故，石刻仍存。

壶嘴泉 位于龙洞佛峪般若寺遗址西约200米处的山涧内。水经岩孔流出，状若壶嘴出水，故名。当地人也称之为“茶壶泉”。泉池呈长方形，石砌，长0.9米，宽0.5米，深0.18米，季节性泉，积水成池。泉池上方石壁上有当地居民镌刻的“茶壶泉”三字。2011年8月泉水普查时干涸。

金龙泉 位于龙洞佛峪北首东坡。出露形态为涌状水流，泉池呈长方形，石砌，长3.4米，宽2.1米，深0.3米，常年有水，积水成池。池以水泥板封盖，水由池壁溢水管流出，泻入河中。泉旁岩石上书“金龙泉”三字。

金龙泉（2011年）

金沙泉·白龙泉·黑龙泉 金沙泉，在龙洞西北侧藏龙涧内的崖壁间，金《名泉碑》和明《七十二泉诗》、清《七十二泉记》均收录。白龙泉，在金沙泉北约30米，金《名泉碑》和明《七十二泉诗》、清《七十二泉记》均收录。黑龙泉，在白龙泉北侧，泉旁有明嘉靖三十二年（1553年）六月游人题字，明《七十二泉诗》收录，明末《历乘》和清《历城县志》、《济南府志》有载。三泉相隔不远，昔日汇水成潭，又分别叫黄龙潭、白龙潭、黑龙潭。盛水季节，泉水相汇，顺山涧层层叠叠淌下。枯水季节，水流甚小，积为水洼。两侧为险壁，山清水秀。黑龙泉西北，为藏龙涧尽头，山体陡峭处，有天然石阶可攀，被称为“天梯”。登天梯，可远眺独秀峰、鹫栖岩、龙洞的雄姿，俯瞰涧底潺潺清泉。

悬珠泉 位于龙洞洞口石壁上，明《七十二泉诗》、清《七十二泉记》收录。水自石壁渗出，滑滚下落，故称“悬珠泉”。无泉池，季节性泉，滴落后蒸发。2011年8月泉水普查时断流，是唯一盛水期无流量的名泉。

一指泉 在龙洞寿圣院遗址西侧，三秀峰下。清末编纂、民国初年出版的《续修历城县志》收录。民国《历城县乡土调查录》亦载。1997年《济南市志》亦收录。泉池石砌井形，上方下圆，长、宽各约0.5米，池深约5米，常年不涸，为饮用水源。

白云泉 位于龙洞马蹄峪尽头，白云山主峰东北向山梁西侧陡崖下。因白云山而得名。陡崖高约15米，下部凹进，呈石窟状，泉自窟穴中流出，出露形态为涌状水流，汇入2米宽、0.4米深的石砌方池，然后再淌入与小池相连的大池中。大池南北长20米，东西宽约6米，一面临崖，三面石砌，常年有水，积水成池。池内青藻飘动，水清碧透，久旱不竭。泉北侧为白云洞，又称白衣仙人洞。洞深十余米，宽四五米。此处山高峪深，林木丰茂，蔚然深秀。白云山峻拔葱郁，白云常常缭绕于山间，气象苍茫。

凤凰池 位于龙洞马蹄峪西南峪底北沿一石屋内。出露形态为涌状水流，池呈长方形，石砌，长35米，宽10米，深0.46米，池上覆水泥板，留有装水泵方孔。临泉池有长约35米、宽10—30米的塘湾状水池。常年有水。池中水草繁茂，岸边垂柳依依，周围青山环抱，葱茏苍郁。池水澄明如镜，山树倒影入池，景致清幽秀美。

凤凰池（2011年）

老鸹泉 位于龙洞风景区，白龙泉北200米处。2011年8月泉水普查时收录。常年渗流，积水成洼，为农田灌溉之用。

老君泉（老君井） 位于龙洞风景区入口老君崖下。别名老君井、朗公井。因水质甘美，相传道教祖师老君即取此水炼丹，故名“老君井”。明崇祯、清乾隆《历城县志》和道光《济南府志》有载，亦为“朗公井”。泉池井形，石砌，直径1.5米，井深莫测，是居民主要饮用水源。水从井壁中流出，泄入井旁河中，久旱不涸。

无名泉 位于龙洞风景区停车场南500米处。2011年8月泉水普查时收录。泉池半石砌不规则形，最长1.8米，宽1.6米，常年有水，积水成池。现池口保护性覆盖。

水洞子泉 位于历下区龙洞庄西，狸猫山东南侧洞内。2011年8月泉水普查时收录。洞口宽1.6米，高2米多，水自洞上方岩缝流出，跌落于口径4—5米的水池中，水满溢出洞口，沿水洞子沟流淌。

无名泉 位于历下区龙洞庄东侧。2011年8月泉水普查时收录。泉池石砌不规则形，常年有水，是居民饮用水源。

小无影潭 位于天桥区无影山中路与无影山路交叉口南。因邻近无影潭，面积较小，故名。泉水出露形态为渗流，泉池为石砌不规则形，水面1324平方米。常年有水，观之池水深绿。潭中心矗立一座小亭，潭周垂柳成荫，小桥逶迤，绿地延展，环境清静优美。

小无影潭（2011年）

田庄苇塘 位于天桥区泺口街道田庄村附近，清泉名苑千鹤园小区。因靠近田庄而得名。出露形态为渗流，泉池石砌方形，长宽各1.1米，深1.95米。常年有水，水质清冽。周围绿树夹岸，芦苇丛生。

铁匠泉 位于天桥区药山街道洋涓庄222-1号东侧药山脚下。2011年8月泉水普查记为无名泉，2012年市名泉办联合市民政局面向社会征名为“铁匠泉”。泉池为石砌方形，长宽各1.5米，深4米。据传系100年前徐姓铁匠找泉水，顺山势凿出。泉水甘甜，从未干涸。以前是村民主要饮用水源，村内通自来水后仍有附近居民取水饮用。

蕊珠泉 位于市中区十六里河街道玉函山北侧佛峪寺遗址。清道光《济南府志》有载：“在西佛峪崖上”。一股细流在原寺内西侧岩壁上渗出，注入方池。因细流撞击，池内常有水泡泛起，如蕊珠，故名“蕊珠泉”。泉水出露形态为岩缝滴流，池呈长方形，凿石为岸，长4.3米，宽1.6米，深0.1米，常年有水，曾是寺庙主要饮用水源。盛水季节，泉水溢出，从北面的石隙中泻出，顺势跌落崖下。夕阳返照之时，从远处看去，犹如一道金线，景观甚奇。若值深秋，红叶满谷，黄花遍野，翠柏相映，景色更佳。

灰 泉 位于玉函山佛峪寺下北坡，别名惠池。据清雍正十年（1732年）佛峪寺住持僧人通惠所立的《佛峪右灰泉记》碑载，佛峪寺下的山坳间“有惠池澄清”，该泉为佛峪寺所属之地，历来僧侣借助泉水生活，所以只能供僧众所用。后来周围各村也来取水，引起僧徒不满。为此大家商议后立此碑，划清用水界限以告民众。由此可见，当年的灰泉名叫“惠池”，水量很大且泉水澄清，是大山钟灵之所在。今泉水出露形态为渗流。泉池呈不规则形，池岸为自然土石，长0.8米，宽0.6米，深0.1米，常年有水。泉旁尚存《佛峪右灰泉记》碑。因长年风化，碑文内容已辨识不清。

鹁鸽泉 位于玉函山佛峪西侧，鼓楼峰下。因四周多野生鹁鸽而得名，为山间鸟兽饮水之处。清代济南诗人方启英《登玉函山过卧佛寺》诗云：“野鸟频呼侣，山猿自饮泉”，是此泉极为恰当的写照。水自岩缝流出，积于天然土石池内，旱时断流干涸，属季节性泉。2011年8月泉水普查时断流。

大 泉 位于十六里河街道玉函山安息园内。因水势很大而得名。水出自一巨岩下，出露形态为涌流。泉池石砌长方形，长3米，宽2米，深0.15米，常年有水，积水成池。今人在池东壁雕一龙首，将泉水导入新建的蓄水池，作为四周消防水源。泉上小亭翼然，泉畔垂柳婆娑，由亭内南望玉函山主峰，历历如画。

无名泉 位于玉函山安息园内。2011年8月泉水普查时收录。泉池不规则形，石砌，泉塘口径最长13米，常年有水，为玉函山安息园的一处景观泉。

东峪泉 位于十六里河街道柏石峪村中。泉眼处在石崖中，上方是很高的石崖，山上长满柏树。出露形态为岩缝渗流。泉池石砌长方形，长2米，宽1.7米，深0.05米，常年有水，积水成池。

沛 泉 位于柏石峪村西，帅旗峰下果园内。因泉源丰沛而得名。出露形态为渗流，泉池为石砌长方形，长6.9米，宽6.7米，深0.1米，常年有

沛泉（2011年）

水，积水成池，是居民主要饮用水源。泉池东壁上嵌泉名碑。据题字可知，泉池重修于清道光元年（1821年）三月，下署名“东十六里河白石峪公立”。池底是一整块巨大岩石，泉源在泉池南壁下，从崖间众多细小的洞隙中流出，水盛时溢出方池，漫山而流，为峪内奇观。

南泉井 位于花山峪村。出露形态为渗流。泉池石砌方形，长宽各0.65米，深2.8米。常年有水，积水成池，是居民主要饮用水源。

北泉井 位于花山峪村南泉井北。出露形态为渗流。泉池圆井形，水泥修筑，直径0.8米，深2米。常年有水，积水成井，是居民主要饮用水源。

永清泉 位于十六里河街道花山峪村南侧，玉函山东侧。1997年版《济南市志》收录。为长宽各0.5米、深3米石砌井形泉池，常年有水，为村民饮用水源。水盛时溢出，沿山谷漫流。昔日池旁有1966年所立泉名碑，20世纪八九十年代被砸毁烧作石灰。泉北有眼“老井”，亦常年有水，为村民饮用水源。永清泉南200米左右崖壁下，还有两眼山泉。雨后，峪中山泉腾突喷涌，沿山峪下泄。

鹿 泉 位于十六里河街道石匣村南，石固寨山（亦称大寨山）北侧崮头下。名列金《名泉碑》。传说泉内有一条白龙，后驾云而去，将片片鳞甲留在泉中，在阳光照耀下闪烁银光，故又名“白龙泉”。泉水出露形态为渗流，泉池呈方形，石砌，长宽各0.6米。属季节性泉。水质清冽甘美，乡人奉若“圣水”，是居民主要饮用水源。泉旁有村民自建的碧霞元君祠和白龙庙。

双龙泉 位于石匣村东。2011年8月泉水普查时收录。泉池为石砌长方井，井口长1.2米，宽0.7米，井深6.5米。常年有水，供农业之用。

大泊泉 位于石匣村西。2011年8月泉水普查时收录。泉池石砌方形，边长0.5米，深1米。常年涌水，为村民生活及农耕用水。

大岭泉 位于市中区兴隆街道大岭村东山脚下，水库旁。传说曾有一苏姓兄弟到此落户，发现南北两处泉眼，称之为“鸳鸯泉”。后来大哥搬走，北边的泉眼干涸，只剩南边的泉眼有水。泉水出露形态为渗流，池呈不规则形，半石砌，长16米，宽12米，深2米。常年有水，用于农业灌溉。

金鱼泉 位于兴隆街道镢村，佛峪钓鱼台东，为林汲泉的下池。泉池石砌长方形，长4.3米，宽1.1米，出露形态为线状水流，常年不竭，积水成池，为饮用水源。

金鱼泉（2011年）

逻岩泉（二姑泉） 位于兴隆街道镢村东南，是附近学校的饮用水源。2011年8月泉水普查时收录。该泉因后面山体呈半圆形且直上直下，泉水自岩下石底部流出而得名。传说在唐末宋初，从泰山来了两个道姑采药治病，发现岩底处有鸟儿喝水，将那里挖开后，汩汩泉水涌出，两个道姑就在此处建庙定居下来，庙称“二姑庙”，泉曰“二姑泉”。今有护林防火用房建在二姑庙遗址处。

白花泉 位于兴隆街道白花泉村东。明《七十二泉诗》收录。清道光《济南府志》载：“白花泉，在大佛寺东。旧志云飞泻漫流，曲尽幽姿，流经孤山，入锦绣川。”泉水出露形态为渗流，泉池呈长方形，东临深涧，三面石砌，长10米，宽7米，深0.5米。常年有水，用于农业灌溉。

小　泉　位于兴隆街道斗母泉村北部，小泉村南侧崖下台地上。因泉水量小于斗母泉村北俗称“大泉”的斗母泉而得名。泉水出露形态为渗流，池呈长方形，石砌，长0.7米，宽0.6米，深0.15米。常年有水，用于农业灌溉。

南岭泉　位于兴隆街道斗母泉村宝兴山生态陵园内，因源于南岭山顶得名。泉水出露形态为渗流，池呈方形，石砌，长、宽各0.55米，深0.15米，常年有水。水自岩缝涌出，流落池内，哗哗作响，是村民主要饮用水源。

南圈泉　位于兴隆街道南圈村西，泉以村名得名。出露形态为渗流，泉池呈长方形，水泥修筑，长2.6米，宽2.3米，深0.5米，水自南壁岩缝流出，常年有水，积水成池，清澈洁净，是村民主要饮用水源。

南圈泉（2011年）

边庄北泉·南泉·西泉　位于兴隆街道边庄村街旁岩下，以村名而得名。三泉又依方位分别取名“北泉”“南泉”“西泉”。泉水出露形态为渗流，泉池均呈长方形，石砌，长7米，宽3米，深2.5米，常年有水。泉池被水泥板棚盖，留取水孔，水量较均衡，不涸不溢，是村民主要饮用水源。

西坡北泉　位于兴隆街道西坡村中部，因方位而得名。又因传说村民如果想吃豆腐，就到泉边烧纸，第二天，泉边就会出现豆腐，故又名“豆腐泉”。泉水出露形态为渗流，泉池呈长方形，水泥修筑，长4.75米，宽3.84米，深0.92米。常年有水，水质清澈，是村民主要饮用水源。

西坡南泉　位于西坡村中部，因在村中“北泉”之南而得名。泉水出露形态为渗流，泉池呈长方形，石砌，长3.1米，宽2.7米，深0.7米，常年有水，积水成池。泉池上方有水泥石碑，字迹模糊，辨认不清。池顶用料石券为拱形，水自岩缝流落池内，泉水清澈，村民自方孔中取水饮用。

寄宝泉　位于兴隆街道磡堡峪村。传说曾有僧人在泉旁石缝寄藏财宝，故名。1997版《济南市志》和2005年《济南市名泉保护条例》附件一之《济南市名泉名录》收录。该村有三处供村民饮用的泉井，统称寄宝泉：一泉在街旁崖下，池呈圆井形，石砌，口径0.75米，深0.5米；一泉在村西北，池呈长方形，石砌，长0.6米，宽0.5米，深1.54米；另一泉位于村内，池呈方形，长、宽各0.5米，深0.42米。

吴家泉　位于市中区党家街道土屋村东南。因从前一吴姓地主在泉边种了许多庄稼，每年都大获丰收，故得名吴家泉。泉池为石砌长方形，长0.78米，宽0.59米。属季节性泉，农业用水。2011年8月泉水普查时断流。

吴家泉（2011年）

姑嫂泉　位于党家街道蛮子庄，金拱岭北坡，别名淑让泉。泉水出露形态为渗流，泉池为石砌长方形，长1.5米，宽0.3米，深0.25米，常年有水，是村民主要饮用水源。泉旁立姑嫂塔两座。塔门上镌“红云嫂墓”和“青云姑坟”。两塔间有姑嫂殿遗迹。

姑嫂泉的由来，源于一个古老的传说故事。宋朝时，有宋氏姑嫂二人，为生活所迫，逃难来到济南西南方向的一处山中。时值盛夏，气候干旱，方圆几十里不见人烟。两人干渴难忍。突然发现山峪中有一个牛蹄印，蹄印里荡漾着一洼清澈的救命水。因水太少，只够一个人喝。姑嫂二人当时虽已奄奄一息，但谁也没有去争抢这救命水。二人互相谦让。小姑子认为，自己年龄小，理应让嫂子先去饮用。而嫂子则觉得，自己年长，应该让妹妹喝。结果两人谁也没有喝这湾水，最终双双渴死在牛蹄印边。上天的神灵知道此事，甚是感动，便在牛蹄印边凿了一眼新泉，称“淑让泉”，有劝人向善之义。老百姓则称之为“姑嫂泉”。姑嫂二人相让，十分符合“礼”的要求。人们为了纪念姑嫂二人，把她们葬在了姑嫂泉边，并在墓上筑以双塔，以示永久怀念。后来又在塔边建造姑嫂殿，用以四时祭祀。到了明朝，殿宇已经十分宽敞辉煌，山下也因此逐渐形成一个村落，称为蛮子庄。清代，重修姑嫂殿，因为游客不断，四周乡民便在泉边峪内约立香会，怀念先人。当时的规定是，香火大会分两天，农历三月十五主祭小姑，第二天即三月十六主祀嫂子。自此绵延至民国时期，香客遍布鲁西地区。

姑嫂泉边的姑嫂塔（2011年）

圣池泉 位于仲宫镇北道沟村，普门寺遗址。因地处佛门普门寺圣地而得名。明崇祯、清乾隆

圣池泉（2011年）

《历城县志》，道光《济南府志》均有载，称“圣池泉，在普门寺山门外，清冽澄洁，一方攸赖”。泉水出露形态为线状水流。池为石砌方形，长宽各1.4米，深0.9米。常年有水，是村民主要饮用水源。

上水泉 位于仲宫镇马家庄杨家寨山西南。明、清《历城县志》和道光《济南府志》有载。泉水呈线状水流，水质甘甜，是居民主要饮用水源。周围环境及景色俱佳。

东老泉 位于仲宫镇东老泉村南。2011年8月泉水普查时收录。泉池为石砌长方形，长2.8米，宽1.5米，深5米。泉水不断渗出，成为村民主要饮用水源。

西老泉 位于仲宫镇西老泉村东。出露形态为井泉，泉池呈长方形，水泥修筑，长2.8米，宽2.2，深14米。涌水旺盛，从未干涸，是全村人畜饮用水之一。村民们在溪渠边洗衣洗菜，担水浇田，尽得其便。

犁峪泉 位于仲宫镇西老泉村西。属季节性泉水，无泉池，出露后流向河道。2011年8月泉水普查时断流。

梨峪泉 位于仲宫镇王府庄西，因当地盛产泰山小白梨而得名“梨峪泉”。又因该泉地处村西南300余米之山岗，当地人又称为“小南峪泉”。出露形态为涌状水流，泉池石砌长方形，长0.8米，宽0.5米，深0.25米。常年有水，流量较大，距泉200多米处修建占地100多平方米的大水池，用水管将泉水引至池内，池深约2米，水清如镜，是村民主要饮用水源。

西　泉 位于仲宫镇王府庄西。出露形态为涌状水流，无泉池，常年有水，通过长800米管道将水引至村西蓄水量300多立方米的大水池中，是村民主要饮用水源，也用于农业灌溉，可供全村9个月饮用水与果树浇灌。

穆家泉 位于仲宫镇穆家庄西，因村得名。泉水出露形态为线状水流，池为不规则形，自然土石池岸，常年有水，积水成洼。水量大，为居民主要饮用水源。

打虎泉 又称咋呼泉，位于仲宫镇北草沟村南峪。2011年8月泉水普查时收录。季节性出水，积水成洼，为村民主要饮用水源。

崔家泉 位于仲宫镇崔家庄东卧虎山。2011年8月泉水普查时收录。泉水渗流而出，积水成洼，成为居民主要饮用水源和农田灌溉之水。

簸箩泉 位于仲宫镇朱家庄西南，河道一侧，靠近卧虎山水库。泉头为一直径2米圆池，盛水时水源呈趵突状溢出。特别是雨季来临，水流每秒流量1.2立方米，每日流量1500立方米，半里之外，能闻水声。此水自上而下形成1公里长小河，注入玉符河中，用于农业灌溉。属季节性泉，2011年8月普查时断流。

蜜脂泉 位于仲宫镇西董家庄西。水自砾石缝流出，澄澈甘洌，沿溪东流，汇入玉符河。属季节性泉，2011年8月泉水普查时断流。

南 泉 位于仲宫镇左而庄南。2011年8月泉水普查时收录。常年渗流，为村民饮用和灌溉农田水源。

醴 泉 位于历城区仲宫镇康王山南坡。因泉水常年不涸且甘美如醴，故名。明崇祯、清乾隆《历城县志》和康熙、道光《济南府志》有载。泉水出露形态为渗流，泉池石砌方形，长宽各3米，深1米，常年有水，积水成池，是居民主要饮用水源。泉池西侧，为明嘉靖十六年（1537年）四合寺（醴泉寺）寺院僧人修建的小龙王庙，现屋顶已塌陷。

金、明、清七十二泉榜中，均列有“醴泉”，但泉址不同。金代《名泉碑》所载之醴泉，元《齐乘》称在“黉堂岭”（今章丘、邹平交界处），此泉今尚在，地属邹平市。据清道光《济南府志》载，旧志（指康熙《济南府志》）因其距府城太远，故将此康王山之醴泉易之，“盖同名而异地也”。其实，明代晏壁已将此地属历城的醴泉列为七十二名泉，其《七十二泉诗·醴泉》赞曰：“历下泉如竹叶清”。清道光《济南府志·山水一》称：历城“南山通得‘历’之名”。康王山在济南南部群山中，亦可属历山，晏壁咏誉的“历下”之醴泉，当即康王山处的醴泉。晚清，郝植恭亦将此康王山之醴泉列为七十二名泉之一。

醴泉所处的康王山，位于仲宫镇小并渡口村处的锦阳川东岸，高峻峭拔，松柏蓊郁。山之阳面山腰处有醴泉寺，又称四合寺，昔日规模很大，“四阿环以廊庑，凡正殿、月台、佛像、地藏阁”无不“金碧辉煌，烂然掩映”，现已倾圮。在遗址中尚存一方明朝嘉靖四十一年（1562年）的《重修醴泉寺记》碑。该碑记载了醴泉的存在：“醴泉（寺），历之名寺也，去县治六十里，不知何自始立，元至正甲申有重修记录，则寺之创制远矣。其寺依山带河，环以峻岭，中有甘泉，寺之得名，盖取山中出泉之义，诚为殊胜……”。

崔家泉 位于仲宫镇小并渡口村北，康王山西北侧之郭而老山山阳脚下，又称龙泉。因泉原处于崔姓地面而得名。泉水出露形态为涌状水流，水自崖下红页岩中渗流而出，常年不竭，经石渠汇入长20米、宽12米的石砌蓄水池内，再经管道自流入户，供小并渡口村民饮用。雨季水盛，溢出池岸漫流山下。此泉位于康王山麓，林木茂密，环境清幽，风景十分优美。

青龙泉 位于仲宫镇仲南大桥南，郭而老山西北坡，当地人又称为“芦家泉”。出露形态为涌状水流。泉池为半石砌不规则形，深0.3米，水自山崖下红页岩缝隙涌出，积于小长方池内，终年不涸。泉旁立碑，上书“青龙泉”三字。此水含有多种矿物质，水质优良甘美，煮沸无垢，附近居民多汲之烹茶，是村民主要饮用水源，还用于浇灌果树菜蔬。

南 泉 位于仲宫镇南泉寺遗址。明万历七年（1579年）许邦才《重修南泉寺记》载：“寺迄南出泉三四泓，冬夏不涸”，故寺以泉名。（乾隆《历城县志·卷十八·古迹考五》）其所在山峪亦被称为南泉峪。历经沧桑，今寺已倾圮荒芜，唯南泉四季长流。泉在寺院遗址的东南隅，出露形态为渗流，池为石砌方形，长宽各1.2米，深0.9米，常年有水。泉水自池壁溢水口流出，向西曲行30余米汇入1965年“四清”运动时建成的“四清水池”。此池颇大，面积320平方米，水质优良，清澈甘洌，含锶等微量元素，具有矿泉水性质；水流量大，终年流淌，从不枯竭，东郭全村1500人的饮用水与800多亩农田的灌溉，皆用此泉水。池岸立清道光二年（1822年）《重修南泉寺碑记》，称：“历邑之南，大川有三（指锦绣、锦阳、锦云三川），名泉七十有二……此泉居七十二泉之首。”泉北10米处，尚有一座石构四面凉亭，为南泉寺遗物。

永清泉 位于仲宫镇南泉寺遗址。原为石壁缝隙中流出的天然泉池，1965年依山岩砌石筑池，取名为“永清泉”，并刻石立碑于池壁。泉水出露形态为渗流。池为长方形，水泥修筑，长4米，宽3米，深0.6米。常年有水，是居民主要饮用水源。为保持池水清洁，今用水泥板将泉池棚盖，泉水沿池底输水管道流入村中，供村民饮用。

泉子峪泉 位于仲宫镇于家洼村，地处山凹处，东、西、南三面环山。村中原明代洪武元年（1368年）碑文记载：此地处三面环山，村中有一名泉。泉水出露形态为涌状水流，池为石砌方形，深0.6米。距泉10余米处，建有面积200多平方米的大水池，供全村饮用与农田用水。原常年喷涌，流量较大。20世纪70年代放炮开山后，流量减少，并向下渗漏。2011年8月泉水普查时断流。

水石屋泉 位于仲宫镇邱家村南青龙山脚，因源于俗称“水石屋”的天然岩棚下得名。泉水出露形态为渗流，水自岩缝流出，汇入浅池。池为不规则形，人工凿石而成，深1米。常年不竭，为村民饮用水，也用于农业灌溉。沿途古树林立，风光怡人。

小峪泉 位于仲宫镇稻池庄南，泉水出露形态为渗流，泉池呈长方形，水质清澈甘甜，常年流水不断，盛水时，每小时流量6—8立方米。20世纪70年代，稻池村依泉建容量200立方米蓄水池一处，供附近果农浇水种菜。

朱家峪泉 位于稻池村牛尾山根处，泉水自山根底处流出，水质优良，甘甜爽口，属季节性泉，2011年泉水普查时近乎断流。泉水四周，山花烂漫，松柏常青。

四清泉 位于仲宫镇廒而庄南，明真观外西北角。原名向阳池，1966年，敖而基建队修筑水池，取名“四清泉”。明真观内一隋朝碑文记载此地“林木蔚然，水声淙淙，拾级而上则精舍在焉。”今泉水出露形态为涌状水流，石砌方池，长宽各6米，深0.3米，常年有水，积水成池，是村民主要饮用水源。

悬 泉 位于仲宫镇大泉庄南，水自石棚半壁悬崖缝隙流出，故名“悬泉”。此石棚位于山谷东崖，崖高数十米，中间凹进，形成天然石棚，巍巍险峻，当地村民称为“黄石棚子”。昔日，泉水有两处，一处自石棚半壁悬崖缝隙流出，高出地面约3米，哗哗飞泻，似一银链，跌入石砌的四方泉池，水雾升腾，声若雷鸣；另一处来自巨石合抱的石罅，状若小溪，潺潺有声，泉水沿山就势，流入泉池。两处泉水汇成一条小河，沿山涧蜿蜒而下，流经七峪村汇入九曲河，而后入锦绣川。2003年3月，市名泉办组织专家考证，认为此泉即名列金《名泉碑》、明《七十二泉诗》、清《七十二泉记》的“悬泉”。今泉池为石砌不规则形，长2.1米，宽1.1米，深0.66米，流向河道。属季节性泉水，2011年8月泉水普查时断流。

凉水泉 位于仲宫镇凉水泉村南。原为东西两泉，因中间被一座称为“庙子岭”的小山岭东西分隔，故名“两分泉”。后因泉水清凉，且“两”“凉”同音，便改称为“凉水泉”。西泉源于10米深岩洞，水自石缝流出汇于洞内水池，盛时溢出漫流。东泉自岩缝涌出，经石渠，穿苇丛，汇入长11米，宽2米的石砌方池，池水清澈，水中青藻飘动。是村民主要饮用水源。

凉水泉（2011年）

白云泉 位于仲宫镇白云村，白云沟驴头山西侧山腰岩下。山下为如都庵遗址，山上有白云洞，泉因白云洞而得名，当地百姓又俗称“药泉子”。清乾隆《历城县志・卷八・水一》所载“锦绣川水……经马头山北，左纳白云泉水”，即此泉。“马头山”与“驴头山”，当为一山，古今名称不同而已。另据该志《卷六・山一》所载：“马头山下为黄巾石屋，上有白云洞，洞下有白云泉”。“黄巾石屋”即如都庵。泉水出露形态为涌状水流，水自岩缝流出，再由井壁沿暗管流入长方形蓄水池，池为水泥修筑，长10米，宽9.4米，深2米，常年有水，是村民主要饮用水源。此处地势高峻，四周群山巍峨，壁立千仞。阴雨天，云雾缭绕于山间，景象迷幻。

阴阳泉 位于仲宫镇孤山西侧，杨家洼西北，大佛路桥西50米。泉水出露形态为涌状水流。原为自然水坑，溢水后流向河道。后为方便取水，村民依山修筑长方形池蓄水。水池半石砌，长9.5米，宽6米，深1.6米，常年有水，盛水时，水深近3米，是村民主要饮用水源。

道士泉 位于仲宫镇大佛寺村南，拦河坝下20米东。因在村南，当地人又称南泉。名列明晏壁《七十二泉诗》："北渚南山碾石涡，寒泉迸涌寺东坡。种桃道士知何处，偏爱灵泉种得多。"清道光《济南府志》称"在大佛寺东坡"。该村南侧，昔日有大佛寺，现仅存极少量的墓塔石和石雕柱础。道士泉即在大佛寺遗址东侧的山坡下，出露形态为线状水流，无泉池，常年有水，流向河道，是村民主要饮用水源。

清 泉 位于大佛寺村南桥下。清道光《济南府志》收录，称"在道士泉北"。出露形态线状水流，常年有水，无泉池，沿峪沟自然流淌，是村民主要饮用水源。

陈家老泉 位于大佛寺村。因泉自一陈姓农户院落涌出，故名"陈家老泉"。出露形态为井泉，泉池井形，水泥修筑，常年有水，是村民主要饮用水源，也用于农田灌溉。据当地人说，早年间泉畔立一虎头，亦有碑文，后遗失。

莲花泉 位于大佛寺村北。泉池为水泥长方形，长11米，宽7.3米，深2米，常年有水。是村民主要生活用水。因其水质优良，常有市区居民来此取水。

老庄泉 位于仲宫镇老庄村内，近邻青铜山大佛寺造像，泉以村名。当地人又称"青松泉"，并立泉名碑刻。原为东西两泉，西泉池呈长方形，水清碧透；东池为井形，苍暗深邃。两池皆以石砌岸，水由暗渠流入8米长的蓄水池。今出露形态为井泉，池井石砌，长0.85米，宽0.6米，深2米，常年有水，是村民主要饮用水源。沿泉旁石阶路可攀登至青铜山大佛寺造像。

南甘露泉 位于老庄村东沟，大佛造像东。因水质甘美，且为了有别于佛慧山开元寺的甘露泉，故名南甘露泉。名列明晏壁《七十二泉诗》："佛顶巍巍青插天，滴来甘露化流泉。南风六月为霖雨，远借恩波溉井田。"清道光《济南府志》载"在大佛东南"。泉水出露形态为涌状水流，池为长方形，半石砌，长1.7米，宽1米，深0.3米，常年有水，积水成池。四周高峰峭立，翠柏郁森，中央为沃土，山坡果树溢香，畦中菜蔬肥壮，皆由此泉水浇灌。1999年村民在小水池下，又修建宽8米、长12米的方池。雨季该泉日出水量近百立方米，用于农田灌溉。

百花泉 位于仲宫镇北崖村，因群泉簇涌，浪花翻腾得名。出露形态为涌状水流，水自崖下洞穴中涌出，汇为三面石砌的长方形水池，池长8米，宽1.6米，深0.2米，再由池南壁石隙流向20米远的大佛水库，亦称百花水库。是村民主要饮用水源，也用于农田灌溉。泉水四季常流，水温恒定。冬季水雾蒸腾，池岸杨柳依依，景色奇妙。水势颇佳，大旱之年仍可保证北崖村800人吃水，并灌溉农田百余亩。现为保持水源清洁，用石板将泉池棚盖。

灰 泉 位于仲宫镇东崖村北。原由上、下两处泉组成。上方泉为季节性泉水，无泉池，已断流。泉旁有一钟乳石，遭部分破坏。下方泉水出露形态为线状水流，流入长8米、宽1.6米的长方形蓄水池中，水深0.2米，常年有水，为当地村民饮用和农田灌溉的主要水源。

老 泉 位于仲宫镇东崖村东，地处山腰处。岩缝多处滴流，汇入半石砌长方形泉池中。池长0.7米，宽0.4米，深0.1米，常年有水。水通过管道引入下方较大蓄水池中。水质清澈优良，利用自然压力供村民饮用。村内长寿老人较多。

老泉（2011年）

琵琶泉 位于仲宫镇黄崖村北，因泉出石涧泠泠有韵而得名。明崇祯、清乾隆《历城县志》俱载。晚清郝植恭列入《七十二泉记》。今泉源在峪底深处，泉水出露形态为滴状水流，无泉池，常年有水。水自岩缝流出，顺势西流，三迭而下，至孤山脚下折向南，沿街缓流，南入锦绣川。是村民主要饮用水源。

柳 泉 位于仲宫镇北坡村柳泉观右殿前。金《名泉碑》、明《七十二泉诗》收录。出露形态为井泉，泉池石砌，直径0.5米，深0.6米。水自井壁南侧石隙中流出，在地下潜流30余米，流入一石砌方形大水池中，水池面积2000余平方米，因蓄水量大，故又称柳泉水库。该泉水势良好，

柳泉（2011年）

长年涌流，附近两处村庄的村民多饮用此水。池岸刻“柳泉”二字，为国家文物局原局长孙轶青2008年题写。水池内绿草浮摇，鹅鸭戏游，东壁留有一溢水口，水自溢水口流出，穿流山峪，浇灌附近农田和菜蔬，最后流入锦绣川。泉池四周杨柳垂翠，红杏满枝。泉北为玉皇山，山上柏林苍郁。泉旁为柳泉观。

柳泉观，创自何代不详，明朝天顺三年（1459年）曾重修，现仅存两座大殿和古碑。

凤凰泉 位于北坡村。出露形态为涌状水流，泉池长方形，石砌，长10米，宽3.5米，深0.9米，常年有水，积水成池，是村民主要饮用水源。

凤凰泉（2011年）

灰 泉 位于仲宫镇灰泉村北，青铜山南侧鸡冠岭下。原名混泉，因读音相近而传称为灰泉，村以泉得名。出露形态为涌状水流，泉池呈长方形，石砌，长7米，宽3米，深0.2米，常年有水，积水成池。经输水管道流入村户，供全村人饮用。

林 泉 位于仲宫镇灰泉村北。唐代此处曾有林泉观，后林泉观改称吊枝庵，泉也称“吊枝泉”，又称“玉龙泉”。清道光《济南府志·卷六·山水二》载：“玉龙泉，在吊枝庵西岩”。今泉池位于林泉观遗址西南隅，出露形态为滴状水流，水自岩缝涌出，蓄于池内，池为石砌长方形，长5米，宽2米，上用石板覆盖。常年有水，积水成池，再沿输水管道顺山势自流，浇灌果园农田。林泉观已废，现尚存观音殿、凉亭和明景泰二年（1451年）《重修林泉观》碑。

车 泉 位于仲宫镇车川村东车泉广场北。金《名泉碑》和明《七十二泉诗》收录。出露形态为涌状水流，泉池呈不规则形，石砌，长5米，宽3米，深5米，常年有水，水涌量大，从未干涸。泉水沿石渠向南伏流20余米，经一石雕龙头口中泻入面积近500平方米的蓄水池。尔后从池南壁溢水口流出，注入锦绣川。为兴水利，在池上建房，并安装抽水设备，供全村人畜用水并灌溉农田。现又开发车泉景观，在泉南侧建 “车泉广场”。

黄钱峪泉 位于仲宫镇黄钱峪村正北，当地人又称“北泉”。出露形态为涌状水流，四季不涸，是村民主要饮用水源。泉池长方形，水泥修筑，长14米，宽8米，深0.7米。水自崖缝涌出，汇入池中，再从池南壁上部溢水口流落至1966年修建的“社教水库”。水盛时沿峪沟流入锦绣川水库。

韩家泉 位于仲宫镇韩家泉村南。泉水出露形态为渗流，池呈方形，石砌，长宽各2米，深0.05米。常年有水，是村民主要饮用水源。

杨家泉 位于仲宫镇金钢纂村东，因源于杨姓田边得名。出露形态为涌状水流，泉池长方池，水泥修筑，长10米，宽6米，深1.9米，常年有水，积水成池。水自地下水道向西伏流，汇入村内蓄水池。泉水澄澈，清洌甘美，是村民主要饮用水源。水盛时沿山峪蜿蜒南流5公里余，入锦绣川水库。

枯 泉 位于仲宫镇仁里村南。原为自然塘湾，后开发改造，面积缩小。今池塘半石砌，呈不规则形，深3米，常年有水，积水成塘，主要用于工业及建筑用水。

月牙泉 位于仲宫镇上核桃园村。2011年8月泉水普查时收录。常年渗流，积水成洼，为农耕之用。

南 泉 位于仲宫镇西邱村南，当地人称“啲啦泉”。2011年8月泉水普查时收录。泉池为水泥长方形，长2.7米，宽1.4米，深3.6米。常年渗流，是居民主要饮用水源，也用于农田灌溉。

南泉（2011年）

香炉泉 位于仲宫镇出泉沟水库下。传因原泉池状如香炉而得名。夜深人静，泉水涌流之声在山间回荡，故又名“响泉”。水自黑山寨东山根岩缝流出，积于不规则自然水坑，然后顺山崖缓缓细流，汇入锦云川。泉水终年不断，出露处岩石青苔吐翠。水质极佳，煮沸无垢，相传饮之可祛病，故远近乡民常至此汲水为饮。

香炉泉西南50米处，也有一泉在石罅中渗出，四季不竭。黑山寨东侧山腰处，亦有山泉常年渗流。

五岭泉 位于仲宫镇出泉沟村南。2011年8月泉水普查时收录。泉池为水泥长方形，长2.3米，宽4.5米，深0.2米。常年渗流，供村民饮用和灌溉。

谢家泉 位于出泉沟村南，原有谢家族人在此居住，故名。2011年8月泉水普查时收录。常年流水，泉池井形，方口，边长1.45米，为村民主要饮用水源。

双盆泉 俗称“南泉”。位于仲宫镇南高而村南侧，黑山寨北山根。因两池并列，状似盆，泉水泠泠自盆出而得名。明崇祯、清乾隆《历城县志》和道光《济南府志》俱载：“在高儿庄石崖下，泉泠泠自盆出，其味甘，流入锦云川。”属季节性泉。泉池石砌长方形，长0.5米，宽0.4米。水自岩隙中哗哗流出，形成一自然小池，澄澈洁净，旁植翠竹。又自小池出，蜿蜒西行五六米，再积于椭圆形深池中。深池中亦有泉涌，四季不竭。池水漾溢，漫流成溪，穿村绕屋，流入锦云川。

白花泉 位于仲宫镇孙家崖村泉子岭。因泉涌时水花飞溅似白花朵朵而得名。又因与毗邻的长清县境内山顶的另一山泉相对，又名“对花泉”。乾隆《历城县志》、道光《济南府志》有载，称为“百花泉”。泉池长方形，长4米，宽3米，乱石砌岸。泉水自石缝涌出后，穿过池壁，沿渠流入果树丛中的蓄水池。现池口被覆盖。

咋呼泉 位于孙家崖村北60米处。2011年8月泉水普查时收录。该泉呈石洞形，属季节泉，雨季流量每小时达100多立方米。

双 泉 位于孙家崖村北400米处。2011年8月泉水普查时收录。水自三道石缝中不断流出，似三龙喷水，为村民生活用水。

葫芦泉 位于孙家崖村西450米处。2011年8月泉水普查记为无名泉，2012年市名泉办联合市民政局面向社会征名为“葫芦泉”。旱季时泉水流量5—15立方米/日；雨季时流量较大，整个泉的外口像只桶，满涌而出，达500立方米/日以上。

圣水泉 位于仲宫镇北高而村南河边。传为神赐，故名。泉池石砌长方形，长2.78米，宽1.6

圣水泉（2011年）

米，深1.0米，旁立清咸丰三年（1853年）《重修圣水泉池碑记》和“圣水泉”石碑。1996年被棚盖。泉水向北伏流五六米，汇入临河岸修建的水池，清冽甘美，为村民饮用水。池水常年不断，水中小鱼戏游。水盛时溢出池外，注入锦云川。

杨家井 位于北高而村北，锦云川西岸，杨家寨山东侧山根处。原为天然石坑，后杨姓村民砌为口径0.9米，深2.7米的石井，遂称杨家井。常年有水，乡民汲此为炊。水盛时漫溢井外，沿水渠东流，注入锦云川。

青龙泉 位于北高而村青龙峪中部。2011年8月泉水普查时收录。池呈长方形，石砌。长4.3米，宽1.8米，深0.2米。常年有水，是村民饮用和灌溉农田水源。

天帘泉 位于仲宫镇西沟村泉子峪。2011年8月泉水普查时收录。泉水涓涓流淌，是村民的主要饮用水源，也用于农田灌溉。

熨斗泉 位于仲宫镇东沟村东，子房庵遗址处。因水温偏高如熨斗而得名。名列金代《名泉碑》和明《七十二泉诗》。明晏璧诗曰：“泉如熨斗气温温，龙洞分来第一源。欲识坎离交媾意，请参道德五千言。”关于此泉的地址，元《齐乘》称在“黎峪门家庄”，今为何村庄已不明；明崇祯、清乾隆《历城县志》和清道光《济南府志》载“在扶山子房庵”，今按此说。

泉水出露形态为井泉，常年有水，积水成井，池为石砌方井形，长、宽各0.6米，深2.2米，水位常年恒定，用于农田灌溉。泉四周山峦青秀，古柏苍生。在泉的东侧30米处，有古墓3座，据说左为汉相张良墓，中为张良的老师黄石公墓，右为尹宗墓。

风斗泉 位于东沟村子房庵旧址，熨斗泉南侧10米处，因临风斗岭得名。泉池呈井状，属季节性泉，水质甘甜清冽。传说，张良隐居时常饮用此水，有“圣水”之称。2011年8月泉水普查时断涌。

双虎泉 位于仲宫镇东沟村子房峪东端，铜壁山南坡。由两泉组成，两泉相距约15米。一泉泉池为椭圆形，池口被条石分隔为两个半圆形池孔；另一泉池呈石砌井形，直径0.8米，深1.4米。皆庇荫于一株树龄数百年的黄连木树下，四季不竭。泉北铜壁山葱茏峻拔，山上有子房洞，传为先贤张良隐避处。洞前石碑对双虎泉作了记载。

双虎泉（2011年）

水池泉 位于仲宫镇汤家庄东，锦云川西畔，汤家石桥南侧。泉池石砌方形，池口边长0.9米，深0.28米。泉水自池南壁岩缝汩汩涌出，水势旺盛，终年不息，注入锦云川。泉水清澈甘冽，泉旁川边，鹅鸭戏游，林木葱茏。

北池泉 位于汤家村东北河边。水自岩缝汩汩流出，久旱不竭。

盛 泉 位于历城区西营镇佛峪村东，为锦绣川源头之一。民国初年《续修历城县志·山水考》载：“锦绣川其源有三：一发于东北章丘佛峪之东山下，石壁玲珑，泉源甚大，号曰盛泉。”今数十米长的岩壁下，多处涌水，出露形态涌状水流，汇流于临岩砌就的长1米，宽0.8米，深0.4米的长方形池中。池内亦泉眼遍布，腾突簇涌。常年有水，是村民主要饮用水源。距池30米处街旁及河崖处，各有一泉，水自岩缝涌出，沿溪缓流，村民多在溪旁洗浣。现已在池旁建起提水站，供全村饮用。

无名泉 位于佛峪村东。2011年8月泉水普查时收录。泉池石砌长方形，长1.7米，宽1.0米，深0.4米。常年渗流，积水成池，为村民生活和灌溉农田水源。

南 泉 位于西营镇道沟村南。2011年8月泉水普查时收录。泉池水泥修筑长方形，长5.7米，宽4.2米，池深2.0米。常年有水，是村民主要饮用水源。

枣林泉 位于西营镇白炭窑村西。因地处枣林水库而得名。出露形态涌流，属季节性泉。无泉池，流向水库。库水位高时，泉眼隐于库中，泉自水下汩汩上涌，至水面漾出碗口粗的水轮，荡起缕缕清波。库水清澈见底，岸边杨柳依依，花木扶疏。

朝阳泉 位于西营镇赵家庄朝阳寺遗址，因源于朝阳寺而得名。今寺院建筑已废，唯清泉常流。出露形态为井泉，池为圆井形，石砌，深0.1米，水自池底涌出，晶莹碧透。常年有水。现池口已用石板棚盖，村民引水入户，家家吃上了自来水，是村民主要饮用水源。池西有石砌水坝，蓄山泉来水。

拔槊泉 位于西营镇拔槊泉村东。传说当年唐王李世民带兵东征被敌军追杀到此，人马口渴难耐，纷纷倒地，而敌军则步步紧逼，形势危急。李世民顺手抓过身边大将军单雄信的槊（古代兵器）绝望的往地上一插，欲拔槊自毙，不料一股清澈的泉水随槊而出，将士们一阵惊喜，人马痛饮，绝处逢生，“拔槊泉”由此而得名。泉水自石缝中流出，出露形态为线状水流。泉池为圆口方池，水泥修筑，直径0.55米，深0.73米。水质清澈甘甜，从不枯竭，是村民主要饮用水源。村民为保护泉水，将泉水通过暗渠引到一个蓄水池中，蓄水池上方只留井口大小，供吃水之用；在下方另修一个蓄水池，将多余的水引到这里，供灌溉之用。

灰 泉 位于西营镇灰泉子村东。传说唐王李世民东征时，带领人马路过此处，见半山腰有一泓清泉汩汩流淌，便下马离鞍，俯身泉边痛饮。泉水下肚顿觉神清气爽，李世民起身正欲离去时，无意间瞥见泉水中自己的倒影，两只下垂的帽翅竟像两只兔子耳朵那样耷拉着，心中顿觉不悦，便令人寻来草木灰撒到泉中。于是，就有了灰泉之名。还有传说是，唐王李世民当年征东至此，为解士卒干渴，撒灰成泉，故名。又传，唐王李世民征东路经此泉，见水浊似有灰，待仔细观察，原来泉底石质呈灰色，并非水混，故取名“灰泉”。今泉水出露形态为井泉，泉池石砌圆井形，直径1.5米，深0.8米，常年有水，是村民主要饮用水源。

饮马泉 位于西营镇哭姑顶山顶。相传是唐王李世民操练兵马时饮马的地方，故得名。当地人又称“浆水泉”。出露形态为渗流，石砌长方水池，长0.9米，宽0.67米，深0.9米，常年有水，是村民主要饮用水源。饮马泉虽地处山顶，但百年大旱，泉水不干。泉南约1公里处有“真武庙”。

黄路泉 位于西营镇黄鹿泉顶村。相传当年黄巢起义军到交战顶作战时，路经此泉，故名。出露形态为井泉，泉池石砌井形，直径0.6米，深10余米，常年有水，是村民主要饮用水源。

黄路泉（2011年）

积米泉 位于西营镇积米峪村北，又称“渍米泉”。传说唐王李世民东征带兵从此处经过，发现一眼清泉喷涌如柱，煞是喜爱，想到自己军粮匮乏，就随口说了句：“这么旺的一眼泉喷出来的要是米就好了。”话音刚落，黄澄澄的米便随着泉水从泉眼滚涌而出，于是人们将这山泉称作“积米泉”。明崇祯、清乾隆《历城县志》俱载，称：“渍米泉，在渍米峪中，流入云河。”泉水出露形态为井泉，泉池水泥修筑，泉如轮涌，常年不涸，水质甘冽。如今，村民在泉下筑堤为坝，泉水汇聚成水库，库水青碧可人，积米峪8个自然村正是靠这湾碧水，家家户户吃上了自来水。

鸭子泉 位于西营镇鸭子泉村北。相传，从前有一牧羊老汉翻山越岭，牧羊至此，口渴难耐之时，忽见几只山羊在一堆青草处低头吸允，走进一看只见两只鸭子伏卧于草丛中。牧羊人怀疑自己看花了眼，便用竹竿一扫，结果两只鸭子无影无踪了，在其伏卧处留下了两眼山泉，人们便把这泉称为“鸭子泉”。清道光《济南府志》有载：“鸭子泉，在渍米峪东。”泉水出露形态为井泉，石砌井形水池，直径1.5米，深0.8米，常年有水，是村民主要饮用水源。

永盛泉 位于鸭子泉村北，由两处相距较近的石砌井泉组成。一井口径1.2米，深0.7米，另一井口径1米，深1.15米，常年有水，是村民主要饮用水源。昔日，泉西侧曾建有三清殿，此泉即为道人饮用水。20世纪50年代初大殿倾毁，今泉南石堰上，尚嵌有清乾隆十六年（1751年）重修《永盛观碑记》。

红岭泉 位于西营镇红岭村河堰下。泉水常年自岩石隙中涌出，流入河中，用于农田灌溉。

河口泉 位于红岭村。2011年8月泉水普查时收录。泉池石砌不规则形，常年有水。

马鞍泉 位于红岭村。2011年8月泉水普查时收录，记为无名泉。泉池水泥修筑不规则形，常年有水，是村民主要饮用水源。

滴嗒泉 位于西营镇龙湾村弹房峪内。水自岩缝渗出，形成水珠，沿岩石滴下，故名。出露形态为渗流，泉池石砌方形，长宽各0.6米，深0.2米，常年有水，是村民主要饮用水源。泉池用风车形木制屋保护，周围风景怡人。

咋呼泉 位于西营镇龙湾村，港西路西侧路边。2011年8月泉水普查时收录。季节性泉，雨季喷涌。因泉水喷涌时哗哗作响，故名。泉水用于灌溉农田。

黄鹿泉 位于西营镇黄鹿泉村。相传，明朝洪武年间，这里是一片森林，在层叠奇妙的山崖中有一仙泉，泉边的石洞中有两只黄色的鹿居住，饮用此水，黄鹿泉由此得名。古时称“黄栌泉”，明崇祯、清乾隆《历城县志》云：“黄栌泉，在西营北，云河一带之水大半仰给此泉。其流，经擒口峪入锦绣川。”出露形态为线状水流，泉池呈方形，水泥修筑，长宽各0.88米，常年有水。水质甘洌，且含20多种矿物质，是村民主要饮用水源。现已得到开发利用，用此水生产“鹿羚泉”牌天然矿泉水。

历甲泉 位于西营镇石岭村“玉明贤庄园”内，2005年《济南市名泉保护条例》附件一之《济南市名泉名录》收录。为石砌水泥封面的圆井，井口直径0.8米，深0.9米，常年有水。泉下筑有容水近20000立方米的大水塘，据说该水塘已有200多年的历史，塘内泉水常年不断，是村居民主要饮用水源。井边刻有“历甲泉”三字。泉周四季景色各异，如诗如画。

2011年8月泉水普查时，发现该处还有两泉，亦称历甲泉。一泉池长22米，宽18米，深2米；另一泉池也是长方形，长8米，宽6米，深1.5米。均常年有水。

雪花泉 位于西营镇丁家峪村西北峪。因泉水常年侵蚀，崖壁片片碳酸钙堆积，状如雪花，故名。出露形态为渗流，池呈不规则形，池岸为自然土石，深2.7米，有5米见方。泉水自石罅流出，沿钟乳滴下，如玉石击，清脆悦耳，清澈如镜，四季不涸，是村民主要饮用水源。泉池北侧为白云洞道观遗址，周围翠柏森郁，景致清幽。

白云泉 位于丁家峪村西北峪。2011年8月泉水普查记为无名泉，2012年市名泉办联合市民政局面向社会征名为“白云泉”。泉水自自然土石中流出，积水成洼，是村民的主要饮用水源。

寒　泉 位于西营镇梯子山村西南，当地百姓称为“冻冻台”的高山上。清末《续修历城县志》“锦绣川其源有三：……一发于东南箭干庄……冻冻山下之寒泉”，即此。此泉源于海拔约770余米的山峰上端峭壁下，依山岩漫流。因山高阴寒，一年之中长时间结为冰冻，故俗名“冻冻台”。泉水出露形态为渗流，无泉池，水深0.03米，常年有水，积水成塘。此山与梯子山对峙，峥嵘嵯峨。每年春深日暖，冰释成瀑，从崖上泻下，景色蔚为壮观。

南　泉 位于梯子山村南，因所处方位得名。梯子山海拔976米，是济南市海拔最高的山峰。此处为降甘峪南端，泉水自峪底涌出，汇为由水坝截成的一泓碧水。出露形态为渗流，泉池石砌长方形，长30米，宽20米，深2米，积水成塘，常年不竭，是村民主要饮用水源，也是锦绣川源头主脉。池水受环境影响，呈五彩状。池南，柳树成林。周围重山环列，巉岩壁立，青松挺拔，植被覆盖率达95%，葱郁繁茂，气象苍茫，四季风光无限。

墨林古井 位于梯子山村南，2011年8月泉水普查时收录。泉池为石砌圆井，井口直径0.9米，深2.7米，常年有水，是村民主要饮用水源。

柳　泉 位于西营镇梯子山腰。2011年8月泉水普查时收录。常年渗流，积水成洼，为村民饮用和灌溉农田水源。

无名泉 位于西营镇王家庄东。2011年8月泉水普查时收录。常年有水，积水成井。井口呈方形，边长0.63米，深0.5米，为村民主要饮用水源。

洪　泉　位于西营镇降甘村洪泉峪，梯子山村北洪泉子沟口，为锦绣川源头之一。清末《续修历城县志》载："锦绣川其源有三：……一发自东南箭干庄梯子山下之洪泉"。泉水自冲积砾石缝中流出，出露形态为渗流，泉池石砌不规则形，深0.54米，常年有水，甘洌清澈。盛时，池水顺山峪下泻，用于农田灌溉。

胭脂泉　位于西营镇后降甘村北山上，山北侧有玉泉寺、观音洞。因传说是观音菩萨梳洗打扮的地方而得名。明、清《历城县志》俱载："在玉泉寺岭前"。晚清郝植恭列入《七十二泉记》。泉水自一高崖石隙中涌出，形成水帘，落入泉池中，哗哗作响。泉池为半石砌长方形，长30米，宽约15米，深4米。泉水下落处苔藓碧绿，池塘内泉水清澈，芦苇丛生。泉水常年涌流，是居民饮用和农田灌溉的主要水源。水盛时汇入降甘水库，流向锦绣川。

玉　泉　位于西营镇上阁老村玉泉寺遗址。明崇祯、清乾隆《历城县志》有载，称"在龙集寺观音阁下，涓涓东注，龙集独胜"。又据乾隆《历城县志·古迹考五》：玉泉寺，又名果老庵，在龙集山。盖今村名即由"果老庵"而得。今玉泉出露形态为涌状水流，积水成池。池为长方形，长2.6米，宽2.4米，深0.8米，料石砌岸。水自岩缝流出，汇于池内，清洌甘美，常流不竭，是村民主要饮用水源。泉近邻有一雄一雌两株千年银杏树，为玉泉寺遗物。

藕池泉　位于西营镇藕池村，地处千条沟下藕池水库附近。泉水出露形态为涌状水流，无泉池，常年有水，流向河道。水库南侧的千条沟大峡谷，幽深蔚秀，气候怡人。

石佛峪泉　位于西营镇石佛峪东南。2011年8月泉水普查时收录。泉池长5米，宽3.1米，水泥砌筑，是村民主要饮用水源。该泉上方90米处有3尊石佛像，刻在三棱锥形天然巨石上。村名和泉名皆与此有关。

秦口泉　位于西营镇秦口峪村口，因村而得名。2011年8月泉水普查时收录。泉池圆形，水泥修筑，池口直径0.5米。常年有水，是村民主要饮用水源。

老　泉　位于秦口峪村。清末《续修历城县志》载：秦口峪之东山有泉曰"清历"，其上有泉曰"老泉"，出山腰间，水入锦绣川。清代谢阡游此诗云："峪口泉流清露沙，清泉小围一亭斜。"今泉水出露形态为涌状水流，石砌长方池，水泥板棚盖，长4米，宽2.65米，深0.26米，是村民主要饮用水源。池内泉眼如碗口，常年喷涌。雨季，泉水注满水池，池水流入泉下小河内。周围山峦叠嶂，环境幽雅，空气清馨。

小　泉　位于西营镇秦口峪村，因泉池小于老泉而得名。2011年8月泉水普查时收录。泉池边长1.05米，水泥砌就，通过管道引水入下方较大蓄水池中，是当地居民主要饮用水源。水量较大，水质清澈甘美。

智公泉　位于西营镇智公泉村北，因传说智公高僧常饮用此水而得名。明晏璧《七十二泉诗》收录，称"朱公泉"。清道光《济南府志》载"朱公泉，在黑牛寨前"，地址与今智公泉合，盖因谐音，将"朱公泉"衍称为"智公泉"。据该村居民称，此泉还曾叫作"济公泉"，泉名之演变由此可见。智公泉由相距较远的南北两泉组成。两泉池均呈长方形，水泥修筑，常年有水，是村民主要饮用水源。南池长4.8米，宽1.4米，泉水出露形态为线状水流，水质清澈，安装水泵，供村民取水饮用。北池长12米，宽3.6米，泉水出露形态为涌状水流，池旁立有"智公泉"泉名碑和"智公泉天池"石碑。

下罗伽泉　位于西营镇下罗伽村入口处东侧路北。2011年8月泉水普查时收录。泉池为边长6米的石砌方形，深1.03米，泉眼位于泉池上侧石堰下，常年有水。

长　泉　位于下罗伽村。2011年8月泉水普查时收录。泉池石砌狭长方形，长2.5米，宽0.6米，故名长泉。泉眼位于泉池东侧。属季节性泉，为村民饮用和灌溉农田水源。

杏行泉　位于西营镇杏行子村泉子沟内。2011年8月泉水普查时收录。泉池为青石砌垒的圆井，井口直径1.5米，深0.9米，常年有水。盛时，泉水外溢，流入泉下水塘内，后流入杏行水库。泉池四面环山，池水碧透，景色宜人。

栗行泉　位于西营镇栗行村南，泉以村得名。又因传说李世民在此吟诗煮茶，故当地人称"龙吟泉"。泉水自一古树下的洞穴涌出，出露形态为涌状水流。泉池呈不规则形，池岸为自然土石，池长2.66米，宽2.16米，深0.27米，常年有水。泉水沿暗渠流入封闭式蓄水池，再经输水管道流至街头1米见方的石砌方池，汩汩潺潺，水花翻腾，清澈明净，躬身可及，是村民主要饮用水源。泉旁有一株千年古柏，树干周长为3.5米，传说为唐王李世民所栽。右侧有一块石板，传为李世民煮茶所用。

秉行泉（2011年）

黑峪泉 位于西营镇黑峪村，当地人称“虎啸泉”。泉眼地处黑峪村入口处路边东侧一半封闭的洞穴，泉池长方形，水泥修筑，长2.6米，宽0.74米，积水成池，是村民主要饮用水源。洞穴南侧上方有一根常年流水的塑料管，为附近几十户人家提供生产生活用水。泉旁有“虎啸泉”题刻。属季节性泉，2011年泉水普查时断流。

会仙泉 位于西营镇营南坡村东，因源于会仙山而得名。当地人又称为“上泉”。泉水自岩石缝流出，汇入石砌长方形池中，池长6米，宽2.8米，是村民主要饮用水源。泉旁立1964年《重修会仙泉》碑记。属季节性泉，2011年8月泉水普查时断流。

会仙泉（2011年）

下 泉 位于营南坡村东。2011年8月泉水普查时收录。泉池长方形石砌，长2.3米，宽1.5米，涓涓细流，为农田灌溉水源。

林商泉 位于营南坡村东。2011年8月泉水普查时收录。泉池井形石砌，口径1.2米，常年有水。

虎洞泉 位于西营镇西营村南河边，因源于石虎洞得名。岩壁上刻有“虎洞泉”三字。出露形态为涌状水流，无泉池，泉水从石缝中喷涌而出，然后漫过石梁向下滴水。四季不竭，水质甘甜，村民虽都已用上自来水，但仍有人来此取水饮用。

甘 泉 位于西营村南河边。别名“箭杆泉”，因传说是唐王李世民用箭杆射出而得名。出露形态为渗流，池呈不规则形，池岸为自然土石，常年有水，积水成洼，供村民饮用及农田灌溉。因泉水常年不竭且水量很大，20世纪70年代筑堤垒坝，拦水成库。

三江峪泉 位于西营村。2011年8月泉水普查时收录。泉池方形石砌，边长1.1米，季节性有水。

水帘洞泉 位于历城区柳埠镇水帘峡风景区，双腰山西北山涧内。山势陡峭险峻，在两山之间，有一巨石斜盖中间，与两边山石形成人字形状，隔成两个洞穴，泉水从洞口石崖顶端直泻而下，状如水帘遮掩洞口，故曰“水帘洞”。泉水出露形态为渗流。泉池呈不规则形，石砌，长10米，宽8.5米，深0.9米，清澈甘甜，常年不涸。泉

水帘洞泉（2005年）

水过水帘洞后，沿山涧或湍激或潺湲，注入簸箕掌水库，为锦阳川源头之一。水帘洞峡谷幽深，奇树林立，因山上盛产灵芝、黄芩、何首乌、丹参等中草药，泉水富含多种人体有益成分，被称为“神水”“仙水”。每逢农历四月初八、九月初九，人们排起长龙，前来求取“仙水”。

淘米泉 位于水帘峡风景区养生谷北。2011年8月泉水普查时收录。水泥圆形井池，口径4.0米，深0.8米，是景区的景观泉。

公主泉 位于水帘峡风景区南侧。2011年8月泉水普查时收录。泉池为石砌长方形，长2.4米，宽1.9米，深0.2米，常年有水，是水帘峡风景区的景观泉。

饮马泉 位于水帘峡风景区峡谷双腰山山脊。2011年8月泉水普查时收录。泉池海拔832.80米，是目前已知海拔最高的泉。传说当年唐王李世民行军至此，饥渴难忍，突然天空一道亮光闪过，战马双蹄踏出一股清泉，唐王爱马心切，让战马先饮，故名饮马泉。因泉池呈马蹄形，当地人也称 “马蹄泉”。泉池石砌，长宽各4米。泉水出露形态为岩缝渗露，常年不竭。

苇 泉 位于水帘峡风景区石画园路旁。2011年8月泉水普查时收录。泉池为长、宽各4米的石砌方形，常年有水，是农田灌溉水源。

无名泉 位于水帘峡风景区药王庙旁。2011年8月泉水普查时收录。石砌圆形井池，口径3.8米，深0.5米，是景区的景观泉。

安子沟泉 位于柳埠镇簸箕掌水库东北峪，别名“淘米泉”。泉水自山峪冲积岩石缝中涌出，如丝线一般，乡人又称之为“一线泉”。出露形态为渗流。泉池呈长方形，石砌，长0.6米，宽0.4米，深1.1米，常年有水。泉头有一小池，水质甘冽清爽。

枪杆泉 位于柳埠镇桃科水库坝东约200米，锦阳川北岸崖下。名列清《七十二泉记》。明崇祯、清乾隆《历城县志》和道光《济南府志》俱载，称“在南桃科，泉飞滋圃，为龙门诸泉之冠。”今泉池长方形，水泥修筑，长3米，宽2.3米，深1.1米，常年有水，积水成池，水盛时泻入锦阳川，汇入桃科水库。。

2011年8月泉水普查时，发现在桃科水库南，坝东约200米处还有两泉，当地人也称之为枪杆泉。一泉在东峪北岸崖下，崖壁有一直径约为40厘米的石洞，泉水出露处在洞口内，出露形态为渗流，泉池为自然土石，不规则形，常年有水，水自池中流出洞口，进入一个长12米，宽2米，深1米的池中。另一泉在锦阳川北岸崖下，出露形态亦为渗流，泉池长方形，石砌，长4.3米，宽2.6米，深0.9米，常年有水。

跑马泉 位于柳埠镇跑马岭野生动物世界饮马湾。2011年8月泉水普查时收录。为自然土石形成的方形泉池，边长10米，深1.75米，是村民主要饮用水源。泉水涌量较大，每日约150余立方米。相传唐代武德年间李世民率军东征，在此操练兵马，故此岭取名“跑马岭”。此泉地处山岭山腰处，因地取名“跑马泉”。泉水汇集成湾，当地百姓又称为“饮马湾”。所在地平均海拔700多米，林木茂盛，风景秀丽，20世纪90年代在此辟建济南跑马岭野生动物世界。

涌清泉 位于柳埠镇涝峪庄东南。2011年8月泉水普查时收录。涓涓细流，汇成小溪，流入河道，供农田灌溉。

南园泉 位于柳埠镇涝峪庄南沟。2011年8月泉水普查时收录。常年渗流，积水成洼，为农田灌溉之用。

老鼠洞泉 位于柳埠镇涝峪庄东南大涝峪山腰处。2011年8月泉水普查时收录。有两泉：一泉池呈方形，边长5米，供村民饮用；另一泉无池，泉水依山势汇流成溪，流入水库。

石窑泉 位于柳埠镇石窑村东，燕子台水库坝下。出露形态为涌水，泉池原为长、宽、深各3米左右的石垒方池，水质甘美，常流不竭。1992年在池底装地下管道，引水进村入户，供村民饮用，池亦被棚盖。今泉池为圆形，水泥修筑，直径1.9米，常年有水，流向水库，是居民主要饮用水源。

此泉地处跑马岭西，泉东侧为石窑寺遗址。该村东北侧昔日也有一泉，石甃井池，直径1米，深五六米，常年不涸，供村民饮用。1958年建水库将此泉淹没，干旱时，水库水位下降方能露出泉眼。此泉水势旺盛。相传当年石窑寺僧人洗衣做饭均用此水。

无名泉 位于石窑村西南。2011年8月泉水普查时收录。石砌圆井形，口径1.4米，深1.05米，清澈甘甜，是居民主要饮用水源。

牛蹄泉 在柳埠镇孙家坡村东。2011年8月泉水普查记为无名泉，2012年市名泉办联合市民政局面向社会征名为“牛蹄泉”。泉池为石砌井形，井口直径1.4米，深1.1米，常年有水，是村民主要饮用水源。

染池泉 位于柳埠镇龙门村东。金《名泉碑》、明《七十二泉诗》、清《七十二泉记》均录。元《齐乘》称在“龙门东”，明崇祯、清乾隆《历城县志》称“在神通寺东，流入锦阳川”，民国《历城县乡土调查录》称“在神通寺龙门泉东”。泉水出露形态为渗流，常年有水，泉池为石砌长方形，长3.5米，宽2.9米，深1.4米，是农业灌溉水源。

染池泉（2011年）

苦梨泉 位于柳埠镇涝洼村东，黄尖山前。泉水从石缝流出，出露形态为渗流，常年有水，流入锦阳川。明崇祯、清乾隆《历城县志》载有苦梨泉，称“在黑牛寨前黄尖下，流经罗伽峪，入云河。”云河，即锦绣川。1997年版《济南市志》以此泉在黄尖山下，视之为“苦梨泉”，但与旧志所载苦梨泉流经不合。今泉池在一居民别墅院内，泉水自崖缝渗流而出，经石雕龙头口中哗哗落入石栏围绕的方形小池中，而后流经较大的蓄水池，再汇入更大的泉池内。蓄水池顶用混凝土板封盖，接水管通往村民家中，为村民饮用自来水。近年在泉旁石壁上镶嵌多方题刻，泉周花木扶疏，景色清幽。

苦梨泉（2011年）

新开泉 位于柳埠镇青杨峪村东北。2011年8月泉水普查时收录。泉池为石砌长方形，长7米，宽3米，深3.3米。常年有水，供居民饮用和农业灌溉。

泛 泉 位于柳埠镇青杨峪村西北，2011年8月泉水普查时收录。水泥修筑的长方形泉池长4.5米，宽2米，深1米，常年有水，是村民主要饮用水源。

无名泉 位于柳埠镇曲吕峪村内。2011年8月泉水普查时收录。半石砌井口直径1米，井深2.9米，常年有水，为村民主要饮用水源。

泉子峪泉 位于柳埠镇泉子峪村西南。泉自白虎山东北脚下岩缝流出，积于长方池内。泉池水泥修筑，长0.86米，宽0.76米，深2米，常年有水。尔后经渠道流入一蓄水池中，水旺时外溢，流入山中河道。此水清冽甘甜，是居民主要饮用水源。

锡杖泉 位于柳埠镇下海螺峪村。因传说此泉是唐朝高僧用锡杖戳出，故名。明崇祯、清乾隆《历城县志》有载。清代郝植恭列入《七十二泉记》。传说此泉与东海相通，曾出过海螺壳，被视为东海海眼，故又名“海眼泉”。出露形态为渗流，泉池石砌长方形，长1米，宽0.85米，深2.5米，水质清澈，常年不涸。水盛时溢出池外，沿山峪漫流。上、下海螺峪两村村民均饮用此水。

神异泉 位于柳埠镇四门塔神通寺东侧滴水峪石桥南，滴水峪沟西崖。世传此处原无泉水，北魏皇始二年（397年）郎公禅师至此，闻地下有水声，命人挖掘，果然涌出一泉，长流不竭，似有灵异，因此得名“神异井”，而神通寺之名亦源于此。清道光《济南府志》载：“神异井，在神通寺东廊下。”今泉西尚立明成化十年《神通寺外护记碑》，碑文对此泉的由来作了记载。原井口为方形，今神通寺博物馆建设改为圆形。泉井直径1米，深2米，常年有水。水澄净甘洌，昔日是神通寺僧人饮用水源，相传唐代佛教兴旺时期，供上千僧人饮用。

泉东南约100米处为隋代古塔“四门塔”。塔东南200多米处的锦阳川两岸，各有一无名泉南北相对。南岸之泉，地处金驴山阴脚下，泉池为椭圆形，临锦阳川砌就，东西长14米，南北宽7米，深四五米，常年有水，设抽水设备，供金驴山游览点使用。北岸之泉，距锦阳川河崖20余米，为东西长约20米，南北宽约15米的石砌长方池，池水碧绿，常年不涸。池中水草繁茂，鹅鸭戏游。

神异泉（2011年）

滴水泉 位于四门塔神通寺滴水峪桥下东侧。昔日，涓涓细流从石壁缝隙中汩汩涌出，积水成池，池满溢出，汇入小溪中，池四周石壁爬满青苔。据说此泉水大时流淌，水小时滴落，丁丁零零，别有一份雅致。今池呈不规则形，半石砌，属季节性泉。

滴水泉（2004年）

牛膝泉 位于柳埠镇南山村45号东侧。2011年8月泉水普查记为无名泉，2012年市名泉办联合市民政局面向社会征名为“牛膝泉”。泉池为石砌长方形，长0.8米，宽0.6米，深1.5米，常年有水，是村民主要饮用水源。

丰乐泉 位于柳埠镇柳埠东村天齐庙内。泉水清澈，泉池长方形，石砌，长1.5米，宽0.6米，为季节性泉。

黄巢泉 位于柳埠镇黄巢村西，2011年8月泉水普查时收录。泉池为石砌长方形，长2.3米，宽1.7米，深1.6米，常年有水，是农田灌溉水源。

金 泉 位于柳埠镇下黄瓜峪东南角，涓涓流水，为农田灌溉水源。2011年8月泉水普查时收录。

三龙潭 位于柳埠镇龙王崖村西，黄巢水库大坝西北，长城岭下，为锦阳川源头之一。在被称作“龙王崖”的山崖下，约百米长的地段上分别列3个天然石潭：有的形如铁锅，清澈见底；有的状似瓷坛，幽深莫测，统称“三龙潭”。当地人又称其为“仙龙潭”。清乾隆《历城县志》有载，称“龙潭”。出露形态为渗流，泉池呈不规则形，池岸为自然土石，常年有水，是居民主要饮用水源。1956—1958年在龙潭处筑土坝蓄水，称“三龙潭水库”。20世纪70年代，改建成石砌拱坝水库，坝长127.8米，高48米，库容量520多万立方米，水面广阔，因唐代黄巢起义军曾在此驻扎，遂易名为“黄巢水库”，龙潭湮没在水库坝下，被水库覆盖。

黄路泉 位于柳埠镇黄路泉村内。相传农民起义领袖黄巢率大军路过此地，见泉水清冽纯净，便命兵马休息饮用，此泉因此而得名。泉水自和尚帽山的东北根岩洞流出，汇于长1.1米，宽0.9米，深0.8米水泥井形水池，池中安装通往村民各家中的自来水管道，供全村人饮用。为保持泉水清洁，用水泥板将泉池棚盖。盛水季节，泉水沿山漫流，被积于以石坝顺势拦截而成的8个水塘之中。8个水塘高低错落，以水相连，宛若8颗翡翠，镶嵌于山村。塘边，芦苇丛生，沟渠纵横，引水灌溉果木田禾。

赵家泉 1997年版《济南市志》载为“赵家三泉”。在柳埠镇赵家庄南侧山岭下，东西向有3个泉池，形状各异，深度相近，水势甚小，供村民生活用水。三泉相隔20米，最东一泉泉池石砌长方形，长1.5米，宽1米，深1.6米，出露形态为渗流，常年有水；中间一泉，池呈圆井形，用水泥筑成，直径2.7米，深0.9米，出露形态为井泉，常年有水，上用水泥板封盖，留一方形口，方便村民取水；最西一泉，池呈圆形，乱石砌垒，上用石块封盖，留一方口， 2011年8月泉水普查时干涸。

在三泉之南，还有两泉，2011年8月泉水普查时收录。一泉，池呈长方形，石砌，长1米，宽0.7米，深0.6米，出露形态为渗流，常年有水；另一泉泉池呈长方形，水泥修筑，长1.1米，宽0.8米，深0.25米，出露形态为渗流，常年有水。两泉均为村民饮用水源。

永乐泉 位于柳埠镇小槲疃村东山山腰。2011年8月泉水普查记为无名泉，2012年市名泉办联合市民政局面向社会征名为“永乐泉”。泉池为水泥长方形，长6.0米，宽5.0米，深2.3米，常年有水，是农田灌溉水源。

无名泉 位于小槲疃村东山山腰。2011年8月泉水普查时收录。泉池为石砌不规则形，最长1.6米，宽1.4米，常年有水，供农田灌溉。

川道泉 位于柳埠镇川道北峪村。2011年8月泉水普查记为无名泉，2012年市名泉办联合市民政局面向社会征名为“川道泉”。泉池为石砌井形，井口直径1.1米，井深2.3米，常年有水，是居民主要饮用水源。

马家沟子三泉 位于柳埠镇马家沟村南。2011年8月泉水普查时收录。三泉泉池均为石砌圆井，泉1井口直径0.9米，深1.7米；泉2井口直径1.3米，深0.8米；泉3井口直径0.8米，井深1.3米。均常年有水，主要用于农田灌溉。

周家峪泉 位于周家峪村西北。2011年8月泉水普查记为无名泉，2012年市名泉办联合市民政局面向社会征名为“周家峪泉”。泉池为石砌不规则形，长1.0米，宽0.8米，深1.5米，常年有水，是居民主要饮用水源。

无名泉 位于柳埠镇周家峪村东北。2011年8月泉水普查时收录。泉池为石砌圆井，井口直径1.2米，井深0.8米，常年有水，是村民主要饮用水源。

永乐泉 位于柳埠镇槲疃村西南半山腰。2011年8月泉水普查时收录。泉池石砌长方形，长4米，宽3.5米，深0.4米，泉水从石隙中流出，落入池中，清澈甘冽，富含锶，是居民主要饮用水源。

关于此泉的由来，当地演义着这样一个故事：当年燕王朱棣南征途经此处，正值五月旱天，骄阳似火，将士们饥渴难耐。燕王心急如焚，抬眼望去，但见西山半腰一片葱郁，便督兵前往挖掘。当挖至三尺深时，一股泉水汩汩涌出。将士们欣喜若狂，争相饮用。更为神奇的是，受伤将士饮用此水后，伤口竟痊愈了。燕王率兵继续南征，一举夺取天下，定都北京，年号“永乐”，并赐此泉为“永乐泉”。

朱砂泉 位于柳埠镇槲树湾旅游园区东北方，因泉旁有红砂石而得名。2011年8月泉水普查时收录。泉池为石砌圆井形，井口直径0.5米，井深0.6米，常年有水。

卧龙池（龙居泉） 古称“龙居泉”，名列金《名泉碑》。位于柳埠镇外卧龙池村，分里、外卧龙池，因处于东西横亘、形似卧龙的山梁（长城岭）里、外两侧而得名。里卧龙池在山梁之南，龙首崖和里卧龙池村北里许，泉池呈石砌不规则形，深0.28米，水面积约700平方米。外卧龙池在山梁之北，位于外卧龙池村西南侧，亦为石砌不规则形。两池皆常年不涸。平日涓涓细流，雨季开泉，腾突喷涌，为茶臼河之源。

关于古之龙居泉的位置，元《齐乘》称在“长城岭西”。清道光《济南府志》载 “在长城岭下。”民国《历城县乡土调查录》则较具体地称“在长城岭西北，茶臼河上流。”1997年版《济南市志》收录。2005年《济南市名泉保护条例》附件一之《济南市名泉名录》分记为“龙居泉”和“卧龙池”两泉，其中卧龙池列入十大泉群之涌泉泉群名录中。

琴 泉 位于柳埠镇袁洪峪北之苦洪峪口南侧山坡，因泉声夜滴如有琴韵而得名。明崇祯、清乾隆《历城县志》和道光《济南府志》有载，并形容“泉声夜滴，如理丝桐”。清郝植恭列入《七十二名泉记》。出露形态为渗流，常年有水，泉水涓涓，声润如琴。泉池石砌长方形，长2.67米，宽1.66米，深0.21米。水自崖底孔穴流出，注于石砌池中，流向茶臼河。池水清澈明净，水中绿藻飘动。乾隆年间诗人王初桐诗云：“苦红峪口白云深，试听琴泉泉似琴。何必思贤寻旧谱，高山流水有清音。”近年又在袁洪峪度假村西南建一长方形泉池，亦称琴泉。

琴泉（2011年）

试茶泉 位于柳埠镇亓城村茶臼河东崖上。因水质甘美，昔日常有人在此品茶论道，以此鉴别天下茶品之优劣，故名。明崇祯、清乾隆《历城县志》和道光《济南府志》均载，称“其流飞泻，入茶臼河”。又因其坐落于柳埠镇袁洪峪口北，而得名“袁洪峪泉”。泉水出露形态为渗流，泉池石砌长方形，长12米，宽4米，深0.2米。泉水常年自河崖上端涌出，滋花润木，哗哗泻下，注入茶臼河。岸边绿树野花倒映在清澈池水中，空灵碧透。

咋呼泉 位于亓城村南，因雨季开泉，泉水顺山崖下泻时水声振耳得名。出露形态为渗流，泉池长方形，池岸为自然土石，长1.3米，宽0.65米，深0.5米，水从地堰下崖石缝隙间涌出，水质清凉甘甜，常年不断，顺水渠流向山下，入茶臼河。池水晶莹碧透，池底水草浮动。清乾隆《历城县志》、道光《济南府志》所载“在交战顶西谷下”， 郝植恭列入《七十二泉记》的“响泉”，似即此泉。

大花泉 位于柳埠镇北田庄村北山崖下，因泉水喷涌若花，故名。出露形态为渗流，常年有水，积水成池。池为石砌长方形，长8.7米，宽4.8米，深2米。水势很旺，长年喷涌，伏流50余米，汇于石砌蓄水池中。水盛时沿山势流下，入茶臼河。水质甘甜清冽，不仅供北田村及凤凰村村民饮用，还能灌溉山下千亩良田。

响 泉 位于柳埠镇凤凰庄东峪中段南坡。2011年8月泉水普查时收录。泉池为石砌长方形，长2.1米，宽1.0米，深0.6米，池水清澈甘甜，是村民主要饮用水源，也用于农田灌溉。

圣水泉 位于柳埠镇九顶塔风景区内，九塔寺南侧。清乾隆《历城县志》、道光《济南府志》有载。因常流不竭，人们认为此泉有“灵气”，故称“圣水”。池呈井形，块石砌成，直径0.32米，深2米，常年有水。泉水清澈，原为寺内僧人饮用水。20世纪50年代，村民在该泉西南侧六七米处又挖凿出一个方形泉池，水势盛过老泉，故将新挖泉池称之为圣水泉。实际上两泉一脉，此消彼长，可称之为“新”“老”圣水泉。20世纪90年代开发九顶塔民族风情园时，将新圣水泉收入园内，护以青石栏杆，以“锻华泉”相称。泉北九塔寺院内，九顶塔奇巧壮丽，古柏虬劲苍郁。周围峰峦叠翠，花果溢香。

尼姑庵泉 位于柳埠镇孟家村东北方向，九顶塔民族风情园中的藏族建筑下方。古有尼姑庵堂，现荡然无存。泉水出露形态为涌水，泉池呈长方形，石砌，长3.2米，宽1.5米，深1.5米，常年有水，用于农业灌溉。

观山泉 位于柳埠镇石桥村东南观山下。2011年8月泉水普查时收录。泉池为石砌长方形，长7.5米，宽4.5米，深2米，常年供村民饮用。泉旁有建于20世纪50年代的石桥。

无名泉 位于石桥村西南。2011年8月泉水普查时收录。泉池为石砌方井，井口边长0.7米，井深1.7米，常年有水，是村民主要饮用水源。

康 泉 位于柳埠镇康泉村北。传说此泉之水时有时无，村人来挑水时，明明有水，放下桶去便消失了，故当地人称之为“诓泉”，后因“康”“诓”字音相近，便沿称“康泉”。明崇祯、清乾隆《历城县志》和道光《济南府志》有载。水自岩隙涌出，出露形态为渗流。今泉池石砌长方形，长8.9米，宽6.6米，深5米，常年有水，盛水季节漫溢，流入亓城峪沟。泉水清洌，供灌溉和村民饮用，也是工业生产水源。

冰冰泉 位于柳埠镇冬冻台村南，秋千台山阴，海拔800米左右。明崇祯、清乾隆《历城县志》载，此处“山高阴寒，冰积如陵，故亦名‘冰冰台’……其冰，立夏始解。北经龙岘，入茶臼河。”泉以山而名，为茶臼河源头之一。出露形态为渗流，常年有水。水自峡谷中一石壁下沿流出，水激乱石，哗哗作响，溅起雪白的浪花。然后，穿茂密草丛流入一人工砌成的水池中。池长0.8米，宽0.7米，深0.1米，池顶端已保护性覆盖，西端下沿有3个溢水口，水从溢水口中喷出，如碗口粗，泻入峡谷，汇流茶臼河，北流入锦阳川。

水 泉 位于柳埠镇水泉村，因泉多水盛而得名。村以泉名。该村夹河坐落，村中架大小石桥10余座，雨季，四处皆泉。主泉在村中泉子崖下，出露形态为水滴状，常年有水，积水成池。池石砌方形，长宽各0.7米，深0.3米，长年喷涌，盛水季节漫溢。泉南依陡壁悬崖，崖高30余米，崖壁翠柏悬生。泉边建一方形蓄水池，容量500立方米，池水碧透，水质清澈甘甜，是居民主要饮用水源。

水泉村南还有两泉，2011年8月泉水普查时收录。其中一泉泉池为方形，石砌，长宽各15米，深1.3米，用于农业灌溉。另一泉泉池为井形，石砌，直径1.1米，深2.4米，是居民主要饮用水源。

鹿跑泉 位于柳埠镇鹿跑泉村西。明晏壁《七十二泉诗》收录。明崇祯、清乾隆《历城县志》称之为“鹿趵突”。出露形态为渗流，泉池呈不规则形，石砌，长1.6米，宽0.8米，深0.1米，常年有水。水盛时溢出，汇于1965年修筑的鹿跑泉水库，用于农田灌溉。周围青山绿树，倒映水中，宛然如画。

鹿跑泉之名的由来有两种说法。一是源于传说故事。相传古时此处山深林密，经常有野鹿出没。一日，一头野鹿从山上跑下来，口渴欲饮，但又找不到水，便在崖边草丛中用双足奋力跑蹬，不大一会儿，崖缝中便冒出一股清泉，于是人们将此泉称之为鹿跑泉。因“跑”“宝”音近，后易称为“鹿宝泉”。另一说是因泉水汩淌的声音如鹿鸣，故名。明代诗人晏壁就持有这一观点，诗曰：“泉声清似鹿呦呦，逝者如斯日夜流。灵囿料应非宿昔，蘼芜杜若满沧洲。”

无名泉 位于鹿跑泉村西。2011年8月泉水普查时收录。泉池为石砌井形，井口长1.30米，宽0.75米，常年有水，是村民主要饮用水源。

无名泉 位于鹿跑泉村西。2011年8月泉水普查时收录。泉池为石砌井形，井口长1.0米，宽0.7米，常年有水，是村民主要饮用水源。

凉湾泉 位于柳埠镇突泉村西南，锦阳川西南岸崖下。水自石穴中涌流而出，清凉甘美，临河汇为自然水湾，故名。出露形态为渗流，泉池半石砌不规则形，长17米，宽8.37米，深1.35米，常年有水，水满溢出流入锦阳川。明崇祯、清乾隆《历城县志》和道光《济南府志》载有水帘泉，称“在都泉西南崖下，一名水帘坡。”清郝植恭列入《七十二泉记》。1997年编纂《济南市志·泉水篇》时调查该水帘泉，已无人知晓，只知有凉湾，编纂者取泉名为“凉湾”，并疑凉湾泉即“水帘泉”。

当地流传着这样一个神话传说：古时，此泉不仅供百姓饮水和灌溉农田，而且能为百姓提供婚宴所用瓷具。若当地哪家百姓有结婚喜事需用瓷器设宴待客，便请亲朋好友到泉边烧些纸香，说明用量，眨眼间所用瓷具即出现在眼前，村民用完后再烧些纸香将瓷具返还。然而，不知什么时候，一家贪婪的用户使用完毕后未将瓷器如数归还，从此凉湾泉就再也不为人们提供这一方便了。

水帘泉 位于柳埠镇突泉村西南锦阳川西南岸，凉湾泉西北。2011年8月泉水普查时收录。原无名，近年有人依旧志水帘泉的记载，将此泉取名为“水帘泉”。出露形态为渗流，泉池为半石砌不规则形，最长处3米，宽1米，深0.23米。常年有水，是居民饮用水源之一，水溢流入锦阳川。

淌豆泉 位于历城区港沟街道伙路村南淌豆寺旧址。泉水自三米高石壁沿势而下，注入一自然泉池。水质清澈甘甜，涝而不增，旱而不减，检测为优质矿泉水。

关于此泉的由来，有一个传奇色彩的故事：隋朝末年，李世民带兵东征，被隋兵围困于淌豆寺内，外无援兵，内无粮草，人困马乏。情急之中，李世民用手中长枪戳向三米高的石壁，石壁应声而开，出现一泉眼，泉眼中汩汩地流出黄豆，不多不少，正好供应李世民兵马之用，遂击退了隋兵的进攻。李世民兵马走后，村中有一财主霸占了此泉，嫌黄豆流量太小，遂派人将泉眼凿大。在凿泉眼的过程中，黄豆停止了流淌，继而流出鲜血，最后流出了清澈的泉水。

淌豆泉（2011年）

玉漏泉 位于港沟街道芦芽岭村南云台寺。泉水自云台寺内大殿西南侧的山崖石缝流出，常年水流如线，清澈甘甜，注入自然池中，供僧人及村民饮用。云台寺，约建于元朝年间，为县级重点文物保护单位。

甘露泉 位于芦芽岭村云台寺。2011年8月泉水普查时收录。泉池长方形，水泥修筑，池长4米，宽3米。常年有水，供居民饮用。

大 泉 位于港沟街道桃科村麒麟山阴。当地人称为“麒麟泉”，并刻有石碑。泉水甘甜，长年流淌。因附近缺水，虽流量不大亦呼之为“大泉”。泉水自山崖数处缝隙流出后汇于一处，从一个石雕龙头口中吐出，注入泉池内。池石砌方形，池口边长3.0米，深0.5米，久旱不涸。泉北有“泰山行宫”古迹。泉水旺时，颇似济南城内黑虎泉，弱时仍水流如柱。

东流泉 又称东流神泉。位于港沟街道郭家庄朱凤山乡义寺旧址，通天崖东侧。泉水自石崖根部潺潺而出，面朝正东，故名。泉水甘洌，水流如柱般注入水池。池水清澈，小鱼穿梭于水中。原为露天泉池，为保护泉水，今群众自发捐资，为泉池搭建亭子，既保护了泉水，又成为一道景观。乡义寺，亦名朱凤寺，碑刻记载创建于北齐武平年间。鼎盛时期，有僧众逾百人，东流泉供应全寺用水绰绰有余。泉旁有株五角枫，直径60厘米左右，号称济南的“枫树之王”。

西天神泉 位于港沟街道郭家庄乡义寺旧址。水自崖壁汩汩流淌，久旱不竭。

大 泉 位于港沟街道坞西村西。泉从石罅中流出，汇为两面临崖的自然水池，池水碧绿，苇草摇曳，久旱不涸。

滴水泉 位于港沟街道坞东村北高速路下。泉自石崖渗出，顺崖壁滴滴滚落，故名。名列金《名泉碑》。元《齐乘》载：“一名清泉，在西务北。”明晏璧《七十二泉诗》称之为“清水泉”。清道光《济南府志·卷六·山水二》载：“清水泉，在西务北。”原泉所处河崖高20余米，曲折长约50米，崖顶岩石探出如厦，崖壁枝柯悬生，被称为“滴水崖”。水滴处青苔铺绿。冬季，形成数丈高的冰挂，蔚为壮观。现因高速公路压占，水量明显减小。

老井泉 位于港沟街道坞东村东南。为一年代悠久的井泉，故名。井口石砌，直径0.7米，深2.3米，久旱不涸。

老井泉是深受附近百姓喜爱的泉。早年燕棚窝等附近24个村庄的村民全靠老井泉的水生活。炎炎夏日，坐在泉旁可以感觉到阵阵凉意，所以每到盛夏时节，总有不少村民来此纳凉歇息，并取泉水泡茶饮用。泉水经常溢出井口，村民在井中修建了排水道，水旺时泉水顺水道流向下游的水库。

灰 泉 位于坞东村东。泉自崖壁下端小石穴中流出，淅淅沥沥滴落于崖下自然水池，尔后流入河中。

东峪泉 位于坞东村东。泉水长年流淌且流量较大，可供有兰峪全村生活用水并用作农田灌溉。

早年，东峪泉距有兰峪村约有1.5公里，村里的村民要想吃上清澈甘甜的泉水都要挑担上山，来回要步行一小时，而且步行于崎岖的山路，颇费周折。后来，该村名叫雷大山的富人出巨资修筑地下水道，将泉水引入全村各大小井中以及田地里的各井中。因工程庞大又是耗巨资打造，所以全体村民都非常感谢他，相继传颂他的美德，至今仍有不少关于他修井造福后人的故事在村民中流传。

东峪泉（2011年）

小井子泉 位于坞东村南。2011年8月泉水普查时收录。泉池石砌井形，井口直径0.7米。常年有水，是村民主要饮用水源。

老玉河泉 位于历城区彩石镇玉河泉村内，又名“西老泉”，古称“榆科泉”。泉池石砌长方形，长4.4米，宽1.5米，深0.13米，久旱不涸。2011年8月调查时日流量300立方米。

绕玉河泉村共有8处泉，即：老玉河泉、玉河泉、牛头泉、响呼噜泉、晴天泉、门口泉、院内泉、西老泉，泉水汇集成小河，像一条玉带般绕村一周，为巨野河源头。

院内泉 位于玉河泉村56号农户院内。2011年8月泉水普查时收录。泉池水泥修筑长方形，长1.36米，宽0.53米，深0.34米。常年有水，是村民主要饮用水源。

东　泉 位于玉河泉村内幸福路，又名“东老泉”。泉池石砌长方形，长2米，宽0.8米，深1.0米，久旱不涸。

当地人称，早年此泉曰“饮马东泉”。相传唐王李世民东征，在此歇息，人马饥渴难耐，遂命人寻找水源，只听泉声汩汩作响，追寻发现一清泉从石壁下流出，水击彩石，溅起浪花无数，然后隐入茂草丛中，流入山谷。唐王于是在此饮马。因之前有一处“饮马南泉”，遂命此泉为“饮马东泉”，后简称为“东泉”。

响呼噜泉 位于玉河泉村内西南。泉池圆井形，口径0.6米，深0.8米，四季不竭。泉眼大如磨盘，雨季来临，泉水喷涌声震四方。泉侧山石上刻有“历史名泉”四字。

响呼噜泉（2010年）

炸鼓泉 位于彩石镇万粮峪村。泉池石砌长方形，长1.2米，宽0.96米。下雨开泉，水从石缝中涌出，泻入河道，水声震耳，故名炸鼓泉。当地有“炸鼓泉开泉，透了地”之谚语，意指炸鼓泉开始喷涌时，庄稼地里就已经浇透了。供万粮峪村全村饮用。

下雨泉 位于万粮峪村河道旁。属季节性泉，下雨开泉，故名。村民在泉口下方挖一口径1米余的蓄水池，泉水汇入池中，清澄甘美，为村民生活用水。

无名泉 位于万粮峪村居民院内。2011年8月泉水普查时收录。井形水泥泉池，池口边长0.5米。季节性有水，积水成井，是村民主要饮用水源。

南小泉 位于彩石镇徐家场村东南。泉池石砌井形，长2.5米，宽2米，深0.9米。常年不涸，供农田灌溉。

南山泉 位于彩石镇磨盘峪陈家村。泉池石砌井形，口径1.1米，深0.1米。常年不涸，是村民主要饮用水源。

北井泉 位于磨盘峪陈家村。泉池石砌井形，长0.53米，宽0.43米，深0.8米。常年不涸，是村民主要饮用水源。

三井泉 位于彩石镇磨盘峪吴家村。由三眼井泉组成。其中两眼口径皆半米有余，深2米多，常年不涸，是村民主要饮用水源。另一眼石块封口弃用。

芦井泉 位于彩石镇磨盘峪芦家村。由相距不远的两眼井泉组成。一眼长0.66米，宽0.5米，深3.2米；一眼口径0.6米，深0.2米。皆常年不涸，是村民主要饮用水源。

肖南井 位于彩石镇磨盘峪肖家村。泉池石砌井形，口径1.1米，深1米。常年不涸，是村民主要饮用水源。

青龙泉 位于彩石镇青龙峪村东沟。2011年8月泉水普查时收录。泉池依山而建，半石砌，长1米，宽0.6米。该泉常年有水，水质极佳，是村民主要饮用水源。水量亦很大，估计日喷涌量500—700立方米，也是农田灌溉水源。

青龙峪南泉 位于彩石镇青龙峪村南，村民以“南泉”相称。2011年8月泉水普查时收录。由三处泉池组成。两处泉池呈方形，边长4米；另一泉池长方形，长1米，宽0.6米，深1.3米。皆水质优良，是村民的饮用水源。

虎门泉 位于彩石镇虎门村东南峪。泉池水泥修筑长方形，长4.96米，宽1.13米。常年不涸，是居民主要饮用水源。

猪拱泉 位于虎门村北，巨野河东崖。泉池石砌，长3.3米，宽1.7米，深0.3米，常年不涸。经化验，有关部门认定此泉水达到矿泉水饮用标准。

关于此泉的由来，当地流传着这样一个神话故事。相传，唐太宗李世民率大将秦琼、尉迟恭征讨王世充，路经此处时值六月，大军人困马乏，口渴难当，便令军士解鞍小憩，寻找水源。唐太宗席地而坐，闭目养神，渐入梦境。少许闻鼓声大作，战马嘶鸣，疑敌兵将至，惊醒后方知不远处有一猪一鸡，天热觅水斗法，一拱一跑，叫声不止，近前一看，有二泉始涌，由浊变清。原来此处东山有猪、西山有鸡，因尉迟恭燥渴难耐，一时性起，挥鞭击山，惊动了猪、鸡二神，二位神灵知天子有难，故前来救驾。唐太宗自知天意，曰：“猪首攻，鸡尾攻。”即御封为：“猪拱泉，鸡跑泉”。因鸡神误听为“猪首功，鸡无功”，一怒之下飞回西山，只留下“猪拱泉”之名。

此泉向东30米处有一绝壁，裂缝如刀砍斧剁一般，传即为当年尉迟恭一鞭之功。

猪拱泉（2011年）

忠　泉 位于彩石镇中泉村东南峪。泉池水泥修筑长方形，长4.96米，宽1.13米，深0.86米，常年不涸。

相传隋末唐初，李世民带兵东征，途径历城郭店一带，中敌埋伏，唐军大败，向东南部山深林密处败退。当时正值六月天气，更是将士口渴难忍，行至当今中泉村境内，人马纷纷倒地，渴死无数，后面杀声震天，眼看追兵将至，李世民万念俱焚，不禁仰天长叹：“大唐休矣！”遂欲拔剑自刎。谁知就在这时，岩间一股清泉涌地而起，唐军人马抱泉痛饮，顿时精神大振。李世民龙颜大悦，连称此泉救驾有功，当即御封为“忠泉”。

咋呼泉 位于中泉村南河东。2011年8月泉水普查时收录。泉池自然土石围成，长1.6米，宽0.6米。用于农田灌溉。

鸡跑泉 位于中泉村南河西。2011年8月泉水普查时收录。涓涓细流，流入河道，为农田灌溉水源。

柳 泉 位于彩石镇柳泉村。泉池石砌井形，长0.55米，宽0.4米，深2.1米。泉水从一石缝汩汩流出，常年不竭。

无名泉 位于柳泉村西。2011年8月泉水普查时收录。泉池为石砌圆形井池，口径0.5米，深1米。水清澈，是村民主要饮用水源。

黑虎泉 位于彩石镇岔峪村南山峪。分东西两泉，为季节性泉。夏秋季节，东侧泉水从地中汩汩喷涌，西侧泉水从岩隙深处洞穴中哗哗流出。两股泉水汇入水池，池水清澈透底，池边草木葱郁。

仙人堂泉 位于彩石镇路相村北。泉池石砌井形，口径0.7米，深0.8米。常年不涸，是村民主要饮用水源。

响 泉 位于彩石镇西捎进村河边东南。为三眼石砌圆井，口径分别为0.8米、1.0米，0.75米，深皆2.0米有余。常年不涸，是村民主要饮用水源。

据传，清代章丘县财主高大廷到此落户发现此泉，并用条石砌成圆形泉池，作平时饮用水。泉旁有清同治年间石碑一通，载有“响泉”之名。泉南约1000米处有一株被村民称之为“降龙树”的古树，树旁即为清代高家庄遗址，内有古井七眼，千年古柏一株，周围树木葱郁。

义和泉 位于彩石镇韩家峪村南。泉池石砌长方形，长6.5米，宽1.9米，深1.4米。常年不涸，是村民主要饮用水源。相传，明朝万历年间韩朝员、韩朝详定居于此发现此泉，并以此泉为生活之源，繁衍生息。泉水自拱形洞石缝间滴落而下，汇聚为一泓清泉。一年四季不涨不涸，水质清洌甘甜。

义和泉（2011年）

白胡子老头泉 位于韩家峪村南。为一深水井，泉眼位于井下，为村民饮用水源，2011年8月泉水普查时断流干涸。据说，该泉旺盛之时，汩汩分流，泛起白花，泉水溢过泉池，流入河道，水流呈线状泛白，如老者长长的白须，故名。清乾隆年间泉畔曾立石碑一通，上记泉水出入及村名来历。

虎啸泉 位于彩石镇杏峪村北，雨季行泉。

南峪泉 位于彩石镇西丝峪村南。为石砌井泉，井口直径0.7米，深0.4米，常年不涸。

黄路泉 位于彩石镇黄路泉村。为石砌长方井泉，井口长1.2米，宽0.56米，深5.7米，久旱不涸。

无名泉 位于黄路泉村。2011年8月泉水普查时收录。泉池井形石砌，常年有水。

断岩泉 位于彩石镇断岩村，当地人称之为“老井”。石砌井池，常年不涸，是村民主要饮用水源。

无名泉 位于彩石镇断岩村药王庙南。2011年8月泉水普查时收录。泉池水泥修筑长方形，长7.0米，宽4.4米，深0.4米。清澈甘甜，是村民主要饮用水源。

石瓮泉 位于彩石镇石瓮峪村。凿石成池，池口直径0.7米，深0.08米，久旱不涸。

康 泉 位于彩石镇康泉村。泉池井形，半人工砌垒，井口长1.5米，宽1米，深1.5米。井底涌水，四季不涸，村民饮用仰仗此泉，被当地人称为“英雄泉”，并刻石碑。

无名泉 位于康泉村。2011年8月泉水普查时收录。泉池为石砌圆井，口径0.9米，深2.0米。清澈甘甜，是村民主要饮用水源。不远处有瓦屋脊战斗英雄纪念碑。

井子峪泉 位于彩石镇井子峪村。为两眼石砌圆井，口径分别为0.53米、0.66米，深2.1和1.66米，久旱不涸。遇大旱，附近村庄的村民皆至此汲水。水盛时溢出，穿石绕峪，涓涓流淌，流入狼猫山水库。

无名泉 位于井子峪村。2011年8月泉水普查时收录。为井形水泥泉池，长0.55米，宽0.45米，深0.45米。清澈甘甜，是村民主要饮用水源。

黄歇泉 位于彩石镇黄歇村西。泉池石砌长方形，长5米，宽1.7米，深0.6米。常年不涸，是村民主要饮用水源。

无名泉 位于黄歇村西北。2011年8月泉水普查时收录。泉池半石砌不规则形，最长2.2米，宽1.6米。常年有水，是周围工矿企业生产水源。

老井泉 位于彩石镇南泉村河南崖。为东西相距约7米的两眼历史悠久的泉井，水清洌。周围山环水绕，绿柳笼荫。水自井壁石隙流入河中，北流入狼猫山水库。

滴水泉 位于南泉村北。水自岩缝流出，滴落于崖下，形成“水帘”奇观。相传唐王李世民东征时在此歇息，士兵皆饮此泉水。与东泉村之饮马泉齐名，在当地有“饮马东泉，滴水南泉”之说。1995年村民在崖下砌池蓄水，池口直径0.5米，深0.9米，久旱不涸。

冰心泉 位于南泉村西北河南崖下。雨季行泉，水自10余米高的崖根岩缝涌出。水质甘美，寒冽如冰水，饮之沁人心脾，故名。泉池石砌长方形，长1.3米，宽0.9米。

南　泉 位于南泉村。2011年8月泉水普查时收录。常年渗流，为村民生活用水。

孔　井 位于南泉村北。2011年8月泉水普查时收录。自然土石形成的泉池内，蓄积季节性泉水，用于农田灌溉。

饮马泉 位于彩石镇东泉村河西南岸。传说唐王李世民曾在此饮马，故名。泉西北为九峰桥，桥旁民国《倡建九峰桥碑》有“右跨饮马泉”的记载。泉水出露形态为渗流。水自岩缝流出，汇积于不规则的土石坑中，坑长1.1米，宽0.8米，久旱不涸。

东泉 位于东泉村河东岸。泉池为石砌圆井，井口直径0.6米，井深3.5米，是周围居民主要饮用水源。

无名泉 位于彩石镇东泉村东南。2011年8月泉水普查时收录。雨季行泉，积水成洼。

无名泉 位于东泉村正南。2011年8月泉水普查时收录。属季节性泉，泉水直接流入河道。

三泉峪北、上、南三泉 位于彩石镇三泉峪村南北峪。分别以方位取名。北泉，在七八米高的巨岩之下，水自数处岩隙中流出，汇积成自然水池；上泉，在北泉西南约100米处，水自崖壁10余处小洞穴中涌出，汇为自然水池；南泉，在北泉西南里许的山峪尽头，位于一石洞内，水自洞壁石隙渗出，尔后漫流于洞外。南北两泉常年不竭，上泉为季节性泉。雨季水盛，泉水顺山势急流下泻，声闻数里。

玉河泉 位于彩石镇北宅科村东济南绕城高速公路南。2011年8月泉水普查时收录。泉池为水泥长方形，长3.4米，宽2.1米，深1.1米。常年有水，是村民主要饮用水源。

红柿泉 位于北宅科村东，绕城高速路南。泉池石砌长方形，长2.6米，宽1.35米，泉水汩汩喷涌，常年不息，顺流而下，注入狼猫山水库。今村民为保护泉水，提升景观，砌一方形泉池，使泉水在泉池下方形成潺潺溪流，穿石绕树，铺绿描翠，构成一幅锦绣家园景色。

咋呼泉 位于北宅科村西。属季节性泉，2011年8月泉水普查时断流。

清　泉 位于北宅科村西。2011年8月泉水普查时收录。泉池由自然土石围成，长1.5米，宽1.3米，深0.75米。清澈甘甜，是村民主要饮用水源。

七井泉 位于彩石镇东彩石村南。泉池石砌井形，口径0.8米，深1.7米。常年不涸，是村民主要饮用水源。

罐子泉 位于彩石镇西彩石村西南。属季节性泉，2011年8月泉水普查时断流。

双乳泉 位于历城区巨野河街道李家楼村西。清道光《章丘县志·卷三》作“双水泉”，为关卢水之源。泉池石砌长方形，长0.8米，宽0.5米，深1.5米，常年不涸。1997年版《济南市志》载：“世传武定府李阁老（李之芳，清康熙年间仕至文华殿大学士，故称“阁老”）路经此地，见万松山下两个山泉流出的水呈乳白色且水味甘美，便取名双乳泉。后来李阁老又在泉边建别墅，成了他的避暑之地。今泉在村内林木笼荫的峪沟里，常年不竭，清冽甘美，供村民饮用。水盛时沿峪沟漫流。”

饮马泉 位于历城区王舍人街道大辛庄西北，黄台电厂河东侧。为东西长50多米，南北40米左右的不规则的天然水塘，常年不涸，可灌农田。水中芦苇摇曳，岸边杨柳婆娑。

泉名的由来源自一个民间传说。相传，三国时代曹操率83万人马攻打孙吴，大败而归，退至历城，粮草皆无，饥饿难忍，移步艰难。曹操仰天长叹："天灭我也!"遂坐在一凹坑内，背靠青石，昏睡过去。一觉醒来，觉得身下潮湿，似有水浸，定睛一看，见脚下一股清泉涌出，须臾，凹坑成一池清水。曹操大喜，刚想伏身饮之，不料他的坐骑竞抢先喝干。曹大怒，正要扬鞭笞马，只见泉复涌满地，曹转怒为喜，高呼："天不灭曹!"曹军喝了泉水，士气为之大振。曹操得意之下，挥刀在大青石上刻下"饮马泉"三个大字。

双宝泉 位于王舍人街道冷水沟村西。1997年版《济南市志》收载："在王舍人镇冷水沟村西南约1公里处的田间。为东西相距百米左右的两泉，皆常年积水。西侧之泉水深，植有荷莲；东侧之泉水浅，呈沼泽状，苇草茂盛。"

猪拱泉 位于历城区鲍山街道南滩头村。1997年版《济南市志》收载："在王舍人镇南滩头村西南田间，无砌垒泉池。由于地下径流上源的大量开采，此泉已成季节性泉。旱季干涸，雨季出露，平时周围土壤湿润。"

草　泉 位于鲍山街道纸房村北侧。明崇祯、清乾隆《历城县志》和道光《济南府志》俱载："在白泉南，源广数亩，流经滩头，入坝子河。"清郝植恭将该泉列入《七十二泉记》。民国《历城县乡土调查录》称已"失考"。当地百姓称，"草泉"在白泉以东约800米，原为自然水坑，水极旺盛，深达二三米，1975年前后，曾在泉源处打一眼机井，作灌溉之用，后因水量不足而废弃。1997年版《济南市志》记"现已淤塞"。据2011年8月—9月泉水普查，今泉池呈不规则形，水深0.6米，出露形态为涌水，常年有水，积水成洼，为农业灌溉用水。

团　泉 位于纸房村北，白泉附近。明崇祯、清乾隆《历城县志》和道光《济南府志》俱载："团泉，在白泉西，流入滩头。"乾隆县志又载："团泉，一名漂泉。"清郝植恭将该泉列入《七十二泉记》。民国《历城县乡土调查录》称作"团圆泉"。1997年版《济南市志》记"已湮失"。据2011年8月—9月泉水普查，今泉为长方池，水深2米，出露形态为渗流，常年有水，积水成池，为农业、工业用水。

丫丫葫芦泉 又名葫芦头泉。位于纸房村北，白泉东北约300米处。因平面呈丫丫葫芦形，故名。昔日，泉源奋涌，水深数米。今为面积约700平方米的自然洼坑，淤塞严重；平时积有浅水，旱时干涸，洼坑为长满苇草。

鸭旺温泉 位于历城区临港街道鸭旺口村。为人工钻孔泉。1986年5月，由山东省地矿局第五探矿工程队打成第一眼钻孔井，井深771米，孔口水温42℃，含有硫、铁等多种对人体有益的矿物元素。后附近又打出多眼钻孔井，单井日自流量500—1000立方米。作医疗、洗浴用水。

第三节 长清区境诸泉

双鹤泉 位于长清区灵岩寺千佛殿南，卓锡泉南七八米处。清道光《长清县志》、道光《济南府志》均有收录。为南北向双池，南池壁上题"双鹤泉"三字。与邻近的卓锡泉、白鹤泉水汇为小潭，名曰"镜池"，又称"功德池"。池边原有卓锡亭，建于清乾隆年间。今卓锡亭已毁。

相传，前秦永兴年间（357年），法定禅师由白虎驮经，青蛇引路，来到灵岩，转了多时，见无水，正犹豫时，忽有樵夫指点，说双鹤鸣处有泉，然后隐身不见。法定顺着樵夫所指的方向走去，两只白鹤飞起的地方果然有两眼泉水，法定便将锡杖插于地上休息，随之顺着锡杖又涌出一泉水，这就是"双鹤""白鹤""卓锡"三泉。因三泉相邻，有"五步三泉"之说，被列为灵岩八景之一。

白鹤泉 位于灵岩寺千佛殿南，卓锡泉东约18米崖壁下。清道光《长清县志》、道光《济南府志》有载。泉池呈石窟状，泉水自窟壁缝隙中流出。窟上方岩壁嵌乾隆二十年（1755年）所题"白鹤泉"石刻，行书涂丹。与卓锡、双鹤泉构成"五步三泉"景观。

上方泉 位于灵岩寺风景区内，饮虎池北约20米处的同一岩壁间，亦名"虎跑泉"。清道光《长清县志》和道光《济南府志》有载。水自岩壁缝隙淌下，流入长1.5米、宽1米的石砌长方池。泉上方岩壁勒"上方泉"三字；其上，松柏悬植。属季节性泉，雨季流量甚可观，旱季枯竭。

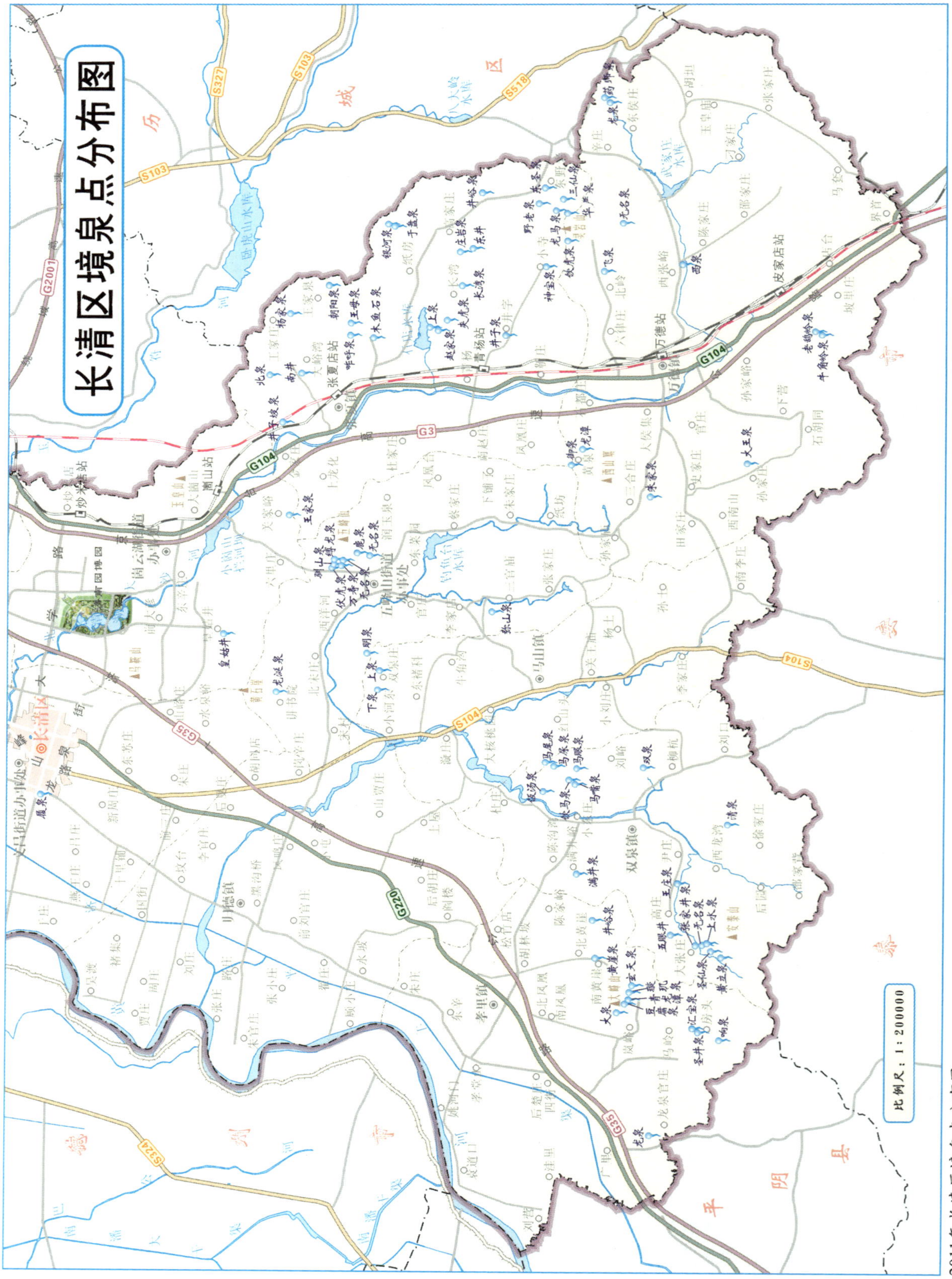

2011年长清区境泉点分布图

甘露泉 位于灵岩寺大雄宝殿东北500米处的乾隆行宫遗址东崖下。因自石隙似露珠般流出，泉水清冽甘美而得名，旧有“灵山第一泉”之称。清道光《长清县志》、道光《济南府志》均有收录。泉池石砌长方形，长5.7米，宽1.1米，久旱不涸。盛水季节，水自池西壁石雕龙头口中泻出，沿溪奔流，声闻数里。池东侧崖壁上嵌“甘露泉”泉名石刻，为乾隆皇帝御笔。

甘露泉（2011年）

历史上多有文人，如元代的郝经，清代的施闰章、姚鼐、王培荀等咏诗、撰文赞美此泉。乾隆皇帝曾在这里建行宫并多次驾临，每次均有诗作留世，其中，乾隆四十一年（1776年）所作的《甘露泉》诗曰：“石罅淙泉清且冷，观澜每至小徜徉。设云此即是甘露，一滴曹溪谁朱尝。”如今，池壁上尚存有乾隆皇帝咏泉诗刻数方。泉池西侧10余米岩壁上，嵌明嘉靖二十七年（1548年）山东巡抚彭黯所书“活水源头”巨字刻石。

饮虎池 位于灵岩寺风景区内，灵岩山积翠证明龛西南约50米的飞云浦北侧崖下。泉水自岩壁缝隙淌下，积于长1.5米、宽1米石砌长方形池中，泉流处石壁挂满青苔，旁镌“饮虎池”三个字。属季节性泉，旱季枯竭。

飞 泉 又名“滴水泉”。位于灵岩寺风景区崇兴桥南约0.5公里处，灵岩路观音院内。泉从悬崖半空泻下，故称“飞泉”。水弱时，串串水珠沿崖壁滑下，故又称“滴水泉”，山崖被称作“滴水崖”。飞泉泻下汇入长50米、宽19米的石砌长方池，常年不涸。

飞泉一带石润水滴，淋漓如雨，若遇霞光照耀，颗颗水珠流光溢彩，乾隆皇帝取其名为“雨花岩”，并有“未见飞空天女散，落来岩际尽天花”（清道光《济南府志·卷首》）的诗句。此处上临峭壁飞泉，下接清溪潺潺，溪岸芳草萋萋，岩壑松柏森然，青萝垂挂，被古人列为灵岩八景之一。

朗公泉 位于灵岩寺风景区，朗公石东南十八亩地北。清道光《长清县志》和《济南府志》均有载。属季节性泉，2011年8月泉水普查时断流。

龙居泉 位于万德镇坡里庄龙居寺遗址。泉自山隙中流出，水流较大，水质清澈甘甜。泉池为石砌圆井，井口直径1.1米，深2.5米，常年不涸，据传为当年寺僧四百余人的饮用水源。

龙居寺创建于元代，属“四大名刹”之首——灵岩寺的下院。此寺三面环山，山势像条俯卧的巨龙。龙居寺原有山门、天王殿、大佛殿，各殿内塑有泥像。现仅留有大佛殿，为县级重点文物保护单位。殿前有明弘治、清乾隆年间重修龙居寺碑两通和千年银杏树1株。寺南群山高崇逶迤，建有齐长城。

龙居泉（2011年）

牛角岭泉 位于龙居寺西牛角岭山脚。出露形态为渗流，泉池呈不规则形，自然土石池岸，常年有水，用于农田灌溉。

老鸹岭泉 位于龙居寺西北老鸹岭。水自岩缝流出，长流不息。

牛鼻泉 位于万德镇卧龙峪风景区，游乐场向东百米路北。泉从山崖流入溪内，颇为可观。此地沟谷幽深，怪松奇石遍布，植被茂密，潭瀑溪流常年不断，夏秋丰水季节尤为壮美。

龙 泉 位于万德镇东侯庄合龙寺大雄宝殿东北侧。出露形态为渗流。泉池为水泥井池，池口直径0.95米，井深0.4米，是合龙寺主要饮用水源。合龙寺所在的位置，是曾经的龙泉观遗址，今存明嘉靖二十五年（1546年）和隆庆二年（1568年）《重修龙泉观记》石碑两通。

合龙泉 位于万德镇东侯庄合龙寺内。2011年8月泉水普查时记为无名泉，2012年，市名泉办会同市民政局向社会征名为“合龙泉”。出露形态为渗流，常年有水，积水成池。池呈长方形，水泥修筑，长0.74米，宽0.63米，深0.3米，是村民主要饮用水源。

大王泉 位于万德镇大王村。水从岩缝中涌出，流入长、宽0.85米左右的泉池，再汇入小溪中。水量很大，饮用、观赏俱佳。

御　泉（黄泉） 位于万德镇黄泉村北。原称“黄泉”，2007年此地举办樱桃节时，根据乾隆皇帝赐名的传说改称“御泉”。泉水自岩隙中涌出，流入水泥方池，清澄甘美，是村民主要饮用水源。泉边有2株树龄已逾260余年、树高5米、树冠占地40平方米的樱桃树，得到泉水滋润，长势分外茂盛，年产量都在150公斤左右。因果实累累，须用木棍支撑主枝才不至于被压折。果实红中透亮，晶莹剔透。相传，当年乾隆皇帝赴灵岩寺时曾到过该村，在这两株树下休息。树下有一山泉，泉水干冽，乾隆皇帝喝了泉水后，赐名御泉，并称这2株樱桃树为“夫妻树”。

龙　潭 位于万德镇宋家园村西南龙王庙北侧岩壁下。潭池长6.5米，宽5米，深1.1米，常年积水。庙南有龙潭水库，两岸青山绿水，环境幽雅。

朱家泉 位于万德镇朱家泉村。泉池呈井形，乱石砌壁，长1.5米，宽1.2米，深1.5米。水质清澈，久旱不涸。水自井东壁石隙流出，形成小溪，流入河中。溪边鹅鸭戏游。

西　泉 位于万德镇陈家庄，又名“中泉”。出露形态为渗流，泉池为水泥砌井形，井口直径0.9米，深6米。泉水清冽，涓涓长流，为居民主要饮用水源。

无名泉 位于万德镇大刘庄北山顶。2011年8月泉水普查时收录。常年有水，积水成池。泉池为石砌长方形，长0.8米，宽0.5米。是村民主要饮用水源。

神宝泉 位于张夏镇小寺村南山下，方山之阴。清、民国《长清县志》和清道光《济南府志》有载。此处为神宝寺旧址，泉以寺得名。清代《灵岩志》载，此地“凿井不能得水，土民于泉源凿池蓄水，遇秋泉旺，则溢出成溪”。现在泉涌处安装水管引水流入村头石砌井池，池口直径3.9米，深1.7米。水质甘美，久旱不涸。已被开发为神宝泉矿泉水。

神宝泉（2011年）

据传神宝寺由东晋高僧朗公所创建，最初的名字叫静默寺，南北朝时期的第一次灭佛运动使静默寺遭到很大破坏。北魏正光年间，法定禅师云游至此，喜其山水及幽静的环境，重修此寺，并据寺北的宝山和神谷而取名神宝寺。后来法定又在与神宝寺一山之隔的方山之阳修建了灵岩寺。随着灵岩寺规模的不断扩大，神宝寺的规模较灵岩寺已小得多，故而俗称“小寺”。因此，当地人流传着“先有小寺，后有灵岩”之说。后神宝寺逐渐废圮。

华严泉 位于张夏镇花岩村南华严寺遗址，又名“花岩泉”。泉因寺而得名。清、民国《长清县志》和清道光《济南府志》有载。为南北相距约200米，规模流势相同的两处泉池。北泉在寺遗址南，泉水自山崖流入一眼井内，再由井内淌入水池中，池长3.1米，宽2.2米，深0.75米，水泥修筑，为村民主要饮用水源；南泉在村南头山崖下，平地砌池，水自池西壁岩缝流入，盛时溢出池外，沿石渠蜿蜒北流，经黄家峪汇入石店水库。两泉泉水清冽，常年不竭。鸟鸣泉响，环境幽静。

野老泉 位于张夏镇东野老村中，别名村中南井。2011年8月泉水普查时收录。据清康熙《灵岩志》载，野老村 “乃晋张忠隐居处也”。所谓野老，即前秦苻坚时的隐士张忠（字巨和，中山人，谥安道先生）。泉水出露形态为渗流，常年有水，积水成井。泉池为石砌圆井形，直径0.65米，深10米，是居民主要饮用水源。

东圣泉 位于东野老村，别名东野老泉，庄里井池。2011年8月泉水普查时收录。出露形态为渗流，常年有水，积水成池。池为长方形，水泥修筑，长0.7米，宽0.4米，深2.8米，是居民主要饮用水源。

龙马泉 位于张夏镇西野老村。2011年8月普查时收录。当地人介绍，昔日石堰中有大唐齐州神宝寺之碣，碑碣上记载，唐朝第三任皇帝李治当年自神谷石路骑马去泰山，途经此地，人马饥渴，下令休息，李治御马脚踏潮湿处，忽然两泉涌出，甘甜如醴，人马痛饮，因古称皇上为“龙”，故名“龙马泉”。

1965年在泉处打机井，建成千余立方米水池，水盛时，水从池口通道溢出，沿河曲流，注入岳庄水库。泉水出露形态为渗流，常年有水，积水成池。池为半石砌椭圆形，直径30米，深3米，为农业用水。

三仙泉 位于张夏镇西野老村东。2011年8月泉水普查时收录。出露形态为渗流，常年有水，积水成池。池为石砌长方形，长1.8米，宽0.8米，深0.2米，为农业用水。

泉名的由来源于一个神话传说。相传，古时候一位家境贫困的老翁，在一名张姓员外麾下放羊，时至午间，老者在草丛中入睡，梦到村西迎仙洞中，遇到三位仙女，一位仙女手提一篮肥桃，一位仙女手提一篮热馒头，另一位仙女手提一瓷罐，三位仙女取出香甜可口的饭菜，让他饱餐一顿。一梦醒来，三位仙女不见踪影，却在眼前涌出三股泉水，清澈见底，溪流无声，老翁饮之，犹如饱食饭菜、痛饮桃汁，故得名“三仙泉”。

井峪泉 位于张夏镇井峪村东。泉池呈石砌方形，池口边长0.6米，深0.4米，为居民主要饮用水源。此处泉眼密布，小桥众多，有“一步三口泉，八步五座桥”之说。

庄岩泉 位于张夏镇积家峪村西北崖下。水出自一个幽深莫测的山坳岩洞，流入长方形水泥泉池，池长6米，宽1.3米，深1.25米。久旱不涸，供全村人畜用水。水盛时溢出池外，蜿蜒东流，与晓露泉水相汇，流入石店水库。

东　井 位于积家峪村东。2011年8月泉水普查时收录。出露形态为渗流，常年有水，积水成池。池为石砌长方井形，长4米，宽3米，深4米，是当地主要饮用水源。

于盘泉 位于张夏镇于家盘村北，五郎山腰。水自岩缝流出，流入石砌方池，长流不竭，供村民饮用。

银河泉 位于张夏镇于家盘村。2011年8月泉水普查时收录。泉水出露形态为渗流，常年有水，积水成池。池为石砌长方形，长2.6米，宽1.1米，深0.3米，是居民主要饮用水源。泉旁有古柏一株。

段家泉 位于张夏镇纸纺村北山峪。泉水从悬崖下的石缝中流出，先流入一个石凿的小池中，再流入长14米、宽11米、深1.5米的石砌水池中。雨季时泉水甚旺，落差达3米多，颇具特色。据化验，泉水富含13种对人体有益的微量元素。

上　泉 位于张夏镇上泉村西。水自岩隙滴流入长6.2米，宽3.2米，深0.45米池中，不溢不涸，是村民主要饮用水源。

夹虎泉 位于上泉村南。水自岩缝流出，积水成洼，洼长1.89米，宽1.3米，深0.62米，满溢沿山峪北流，入石店水库。

赵家泉 位于上泉村西南。水从岩缝流出，积水成洼，洼长1.08米，宽0.92米，深0.24米，水满溢出，沿山峪北流，入石店水库。

井子泉 位于张夏镇井字村。泉池水泥修筑长方形，长3.9米，宽3.2米，深2.3米。是居民饮用水源。

长湾泉 位于张夏镇长湾村东。泉池直径5.1米，深3.5米，池口被棚盖，为居民饮用水源。

双　泉 位于张夏镇张夏村东通明山下，双泉庵（今称义净寺）大雄宝殿前。为南北相对的两个方井形泉池，故名“双泉”。两泉池口长、宽均为0.6米，深数米，池下相通，常年有水，积水成井。两泉口西侧各有参天古柏一株，其中南侧一株主干已枯。泉水经孔道自西侧石堰下石雕龙头口中吐出，流入水池中，是寺院主要饮用水源。此处四周皆山，泉水常流，古木郁森。东侧山顶山岩通透如月，名“通明山”。双泉庵始建年代无考，明代中叶达到鼎盛，新中国成立后荒废。2009年开始修复，2011年秋修竣，有门楼、大雄宝殿、三世佛殿、药师殿、地藏殿、观音殿、朝圣园等建筑和明代至民国时期石碑数通。

井子坡泉 位于张夏镇井字坡村北，泉池呈石砌方形，池口边长0.6米，池深4.5米。是居民日常饮用水源。

北　泉　位于张夏镇北泉村北岩下，雨后开泉。水自10余米长石堰的岩缝涌出，汇入石砌方形泉池，池口边长0.55米，深4.5米，水盛时沿峪沟漫流。是村民主要饮用水源。

北泉（2011年）

南　井　位于张夏镇车箱峪村。泉池为石砌方井，井口长宽各0.7米，井深2.5米，是村民主要饮用水源。

杨家泉　位于张夏镇杨家泉村南。此处山崖陡峭，壁立千仞。泉自山崖岩缝涌出，顺势跌落下来，水花四溅，状如飞瀑。岩顶水跌落处，钟乳石褐黄晶亮。水沿山体，哗哗淌入村头蓄水池内，池口半弧形覆盖，供村民饮用。

王家泉　位于张夏镇王家泉村南。泉池南北对列，一为天然石池，一为石砌方池。水清澈甘美，终年不竭。池口半弧形覆盖，为村民饮用水源。泉四周山势嵯峨，青葱蓊郁。东南侧山崖处，有唐至金元摩崖造像70余尊，保存较为完好。

朝阳泉　位于王家泉村东南。距村东200米有一尊石刻佛像，雕刻于隋唐时期，人称“朝阳佛”，朝阳泉就位于其下，因此而得名。2011年8月泉水普查时收录。泉水出露形态为渗流，常年有水，积水成池。池为长方形，水泥修筑，长3米，宽1.6米，深0.3米。泉水甘甜可口，是居民主要饮用水源。

长寿泉　位于张夏镇莲台山丁庄村东山脚下。泉池始建于明朝。泉下埋藏有一种珍贵的石材——木鱼石。据《本草纲目》记载，木鱼石有“益脾、安脏气、定六腑、镇五脏”之功效。丁庄村民常年饮用此泉水，延年益寿，有“长寿

长寿泉（2011年）

村”之说，遂此泉得名“长寿泉”。

卧龙泉　位于张夏镇莲台山张仙祠东北。泉池石砌长方形，长0.68米，宽0.42米，深1.5米。水质甘冽，终年不竭。

王母泉　位于莲台山王母洞。岩壁涌泉，淌落于井形池中。传说王母娘娘曾在此洗漱，故名。洞口镌有对联“壶中灵药山中采，宴内蟠桃洞中寻”，横联为“西望瑶池”。此洞有上下两层，登上洞顶可饱览山景。

王母泉（2011年）

咋呼泉　位于莲台山玉柱峰西侧崖根。为季节性泉。雨后，泉从水桶粗的岩孔涌出，水声轰鸣。在莲台山“莲台胜境坊”南40米处的山崖下，还并列有两眼山泉，无名，常年流水，清冽甘美，煮沸后无垢，多有人汲水为炊。

木鱼石泉　位于莲台山长寿泉山庄。泉水由一个天然形成的木鱼石池中流出，故名。 2011年8月泉水普查时收录。出露形态为渗流，常年有水，积水成池。池为石砌不规则形，长1米，宽0.8米，深0.3米。泉水常年涓涓流淌，是居民主要饮用水源。

青龙潭 位于孝里镇大峰山峰云观东侧。水自山崖下石穴中流出，出露形态渗流，汇入洞内石砌长方形池中。池长2.13米，宽1.25米，深0.84米，池壁镌“青龙潭”三字。常年有水，为峰云观饮用水源。

豆腐泉 位于大峰山峰云观北的岩洞中。出露形态渗流，水自面积20多平方米石洞的顶端滴下，落于洞内，叮咚作响，颇有情韵。泉池井形，直径2.45米，深1.6米，四季不涸，是大峰山著名景观。洞外古柏耸立，杂木悬生，青苔铺绿，浓荫幽深。

豆腐泉（2011年）

璇玑泉 位于大峰山璇玑洞。2011年8月泉水普查时收录。出露形态为渗流，常年有水，积水成池。池长方形，自然土石池岸，长1.99米，宽1.13米，深0.58米。

玄天泉 位于大峰山璇玑洞旁。2011年8月泉水普查时收录。出露形态为渗流，常年有水，积水成洼。人工凿石成池，不规则形，长3.1米，宽2.9米。泉旁岩壁有石雕佛像。

大　泉 位于大峰山主峰西北侧三教堂遗址处。出露形态渗流，泉池石砌长方形，长0.59米，宽0.38米，深1.2米。水自岩缝流出，常年不竭。

此外，三教堂遗址下侧，璇玑洞西北约200米，峰云观西约500米处，各有无名山泉，或顺势漫流，或蓄水为池，皆常年有水。

龙　泉 位于孝里镇龙泉官庄村西。四季水量丰盛，出露形态为渗流，泉水自山西南两面哗哗流入一个长5.7米、宽2米、深6米的石砌长方形大池，池口棚盖，留有三个长方形取水孔，可同时供三人提水。

从前村里流传着“毁了龙泉，兴了灵岩”之说。据说，龙泉寺建于唐初，遗址在村北，占地五六亩。当年龙泉寺内，钟、鼓二楼东西分立，大雄宝殿、观音殿、天王殿巍峨壮观，寺院内僧侣众多，香火兴盛，尤其是院内一口八宝琉璃井，更是充满了神秘色彩。传说这口八宝琉璃井特别神奇，若外出化缘的僧侣在路上丢失了什么金银宝贝，不用急着寻找，只要回到寺中，从八宝琉璃井里捞一捞，准能捞出所失之物。后来，因为寺里的和尚对一个过路的赶考举子起了歹心，等那举子高中之后，便奏请皇上，扒了龙泉寺。原本龙泉寺的香火远比灵岩寺兴盛，但龙泉寺被毁后，寺里的和尚和香客转移到了灵岩寺，灵岩寺的香火从此更为兴盛。因此便有了“毁了龙泉，兴了灵岩”这样的说法。

汇宝泉 位于孝里镇房头村东。泉池为石砌长方形，长7.7米，宽4.4米，深2.25米，水自池底岩缝涌出积于池内。池西侧为直径20米左右的自然水塘。塘深如潭，水色墨绿，可资灌溉。水盛时溢出池塘，沿渠漫流。

圣井泉 位于孝里镇房头村东南侧，村小学校门外。出露形态为渗流。为大口圆形井池，直径5.7米，深17米多，水面距池岸仅1米左右。水量颇大，长涌不竭。池顶半掩，旁建抽水机房，可供全村人畜吃水和灌溉之用。

响　泉 位于孝里镇房头村西南响泉峪。出露形态为涌水。水自岩隙涌出，汇入就地凿成的大深潭中，常年不竭。潭石砌方形，口边长5.4米，深30米，潭顶用水泥板棚盖。盛水季节，泉水由潭口溢出，顺山谷突腾下泻，其声轰鸣，故名。

黄崖泉 位于孝里镇南黄崖村东首。出露

黄崖泉（2011年）

形态为涌水。泉池圆井形，直径1.5米，深约10米。此泉水势旺盛，从未干涸。夏日，水中可见小鱼虾，乡民传与海通，故又称此泉为“海眼泉”。雨季，水自井口溢出；旱季，水深亦在8米以上。亢旱年份，方圆八九里的村民亦至此汲水。

井峪泉 位于孝里镇井峪村。出露形态为渗流。泉池为石砌长方形，长1.9米，宽0.9米，深0.5米。是居民饮用水源。

双 泉 位于双泉镇双泉庵水库东。出露形态为渗流。由两个泉池组成：一个泉池为石砌长方形，长2.1米，宽1.1米，深1.6米；一个泉池为假山石垒砌不规则形，最长2.04米，宽1.95米，深1.35米。池内常年水满，溢出流入泉北湖中。

黄立泉 位于双泉镇黄立泉村东南，村以泉名。传说因泉边有黄鹂鸟栖息而取名。明代石碑有“黄鹂泉”记载，后依音称“黄立泉”。出露形态为渗流，水自深约8米、宽约3米的岩洞深处石隙中流出，伏流至洞口前长2.72米、宽1.08米的石砌长方池，居民引水入村内的上、中、下三池，是饮用、浆洗及灌溉水源。泉水清澈甘冽，终年不竭。水盛时直接从洞口溢出，在村中纵横流淌。冬季，泉流处终日雾气蒸腾。泉东五六十米为三教堂遗址，周围岩崖峭立，松柏森郁，翠鸟啾鸣，景致清幽。

圣仙泉 位于双泉镇李庄村东台山西坡。2011年8月泉水普查时收录。李庄村自古以来缺水，群众就用管道引来此泉，在村东砌一口井，供全村人饮用，也用于农业灌溉。后因该村多长寿者，故当地村民奉此泉为圣仙。出露形态为渗流，池为石砌圆井形，直径1.3米。属季节性泉，2011年8月泉水普查时断流。

上水泉 位于双泉镇大张庄上水庵东15米。2011年8月泉水普查时收录。出露形态为渗流，常年有水，积水成洼。池为自然水坑，长7米，宽6米，水较浅。池内杂草丛生，泉水溢出流向山下。泉池附近古庙因泉得名上水庵。

张家井泉 位于双泉镇大张庄。2011年8月泉水普查时收录。出露形态为渗流，常年有水，积水成池。池为石砌长方形，长0.83米，宽0.61米，深0.6米，是居民主要饮用水源。

无名泉 位于双泉镇大张庄。2011年8月泉水普查时收录。出露形态为渗流，常年有水，积水成池。池为石砌长方形，长3.98米，宽2米，深0.1米，为农业用水。

五眼井 位于双泉镇五眼井村天齐庙南。出露形态为渗流。外表看是山坡下一字排开的五眼井，实际上是一个池形大泉，上覆四块条石，间隔成五个井眼。泉池石砌，长5.34米，宽1.45米，深1米。该村原名魏家庄，后因泉井演变为“五眼井村”。一井五眼，水势旺盛，枯水季节，水亦不竭。水质甘冽，供村民饮用。泉旁立清嘉庆二十四年（1819年）《合庄重修官井建立碑记》石碑。泉东北约百米处是一个断崖，溪水流至断崖，跌下形成飞瀑，声如狮吼虎啸，蔚为壮观。

王庄泉 位于双泉镇王家庄九顶莲柱山，又名“神泉”。泉水自山石岩缝渗流而出，汇入石砌长方形泉池。池长5.44米，宽3.3米，深0.42米。从未干涸，雨季丰沛。为居民饮用水源。

传说，从前这一带闹瘟疫，一天来一名老者手拿拂尘往山下扫了一下，众人便见山下多了一眼泉，人们喝了此泉水病就好了。众人大悟，原来是太白金星下凡救人，便称泉为“神泉”。后来，人们依此神话传说，曾在泉水上方建金星老爷庙。

清 泉 位于双泉镇清泉峪村东。出露形态为渗流。泉池呈井形，直径1.02米，宽0.69米，深3.2米。常年不涸，为村民饮用水源。

满井泉 位于双泉镇满井峪村西南。出露形态为涌水。泉池系天然石井，水满井，常溢出井口，故名。井口长1.17米，宽0.78米，深15米。雨季，水从泉口喷出似水柱一般，沿石渠汇入宾谷河。

满井泉（2011年）

饭汤泉 位于双泉镇马西村东山坡。传说是当年马山奶奶烧饭汤救薛仁贵兵马时，放瓦罐的地方所形成的一汪泉水，故名。出露形态岩缝渗流，泉池不规则石砌，水深0.3米。常年有水，是居民饮用水源。

马山泉 位于双泉镇马山庙南。由相距不远的两个季节性泉点组成，出露形态均为岩缝渗流，泉池为不规则石砌，其中，一池水深0.2米，另一池水深0.5米，皆为居民饮用水源。

丰施泉 位于马山西侧。2011年8月泉水普查记为无名泉，2012年，市名泉办会同市民政局向社会征名为“丰施泉”。泉池石砌，长0.9米，宽0.4米，深0.55米，泉水出露形态为渗流，常年不竭，为农业用水。

鬼谷泉 位于马山西南侧，2011年8月泉水普查记为无名泉，2012年，市名泉办会同市民政局向社会征名为“鬼谷泉”。泉池石砌，长0.7米，宽0.4米，深0.4米。出露形态为渗流，常年不竭，为农业用水。

马嘴泉 位于马山西南。出露形态为岩缝渗流，泉池为不规则石砌，深0.2米。常年流淌，供农耕之用。

饮马泉 位于双泉镇马山。出露形态为岩缝渗流，洞大水满而不外溢。泉眼被掩盖，居民引水入村饮用。

膑谷泉 位于马山鬼谷泉南200米。2011年8月普查记为无名泉，2012年，市名泉办会同市民政局向社会征名为“膑谷泉”。泉池为石砌圆形井，井口直径1.10米，深0.27米。常年流水，水质佳，山上居民皆取此水饮用。因此处泉水呈微黄色似马尿，还传说是宝马撒尿之处，故名。

马尾泉 位于双泉镇马山北马尾洞。出露形态为岩缝渗流，泉池不规则形，自然土石池岸。为季节性泉，2011年8月泉水普查时断流。

上 泉 位于马山镇双泉庄东。2011年8月泉水普查时收录。泉池为石砌长方形，长13米，宽6米，深0.3米，常年有水。泉旁建有凉亭一座。

下 泉 位于马山镇双泉庄西。2011年8月泉水普查时收录。常年有水，积水成湾，用于农田灌溉。

七仙泉 位于五峰山风景区。清《长清县志》和道光《济南府志》载在“县东南六十里”。县志云：“斯处又有白石泉，众水相合，为青崖上流。”民国《长清县志·五峰志略》载在“五峰东南”。1997年版《济南市志》载在五峰山“青龙峪安乐轩东南。泉自石隙中流出”。2011年8月普查记为：在五峰山洞真观龙王殿东侧，现已干涸，仅发大水时才能找到。

青龙泉 位于五峰山群仙峰东，青龙峪安乐轩附近。民国《长清县志·五峰志略》载：“在山东岩畔安乐轩下，平时水止细流，大雨时行泉，建瓴而下，声振山谷，流入沙河。”2011年8月普查时已涸。

白虎泉 位于五峰山东南白虎峪。民国《长清县志》有载。泉从水泥雕成的虎口中涌出，注入直径1.2米的水池中，清冽甘美。所在白虎峪，为昔日五峰山内八景之一，现已在此建成“百鸟林”。

白虎泉（2011年）

鹿 泉 位于五峰山鹿泉峪中，五峰阁东南五六十米处的山崖下。泉旁岩石上镌有“鹿泉”二字。

玄明泉 位于五峰山鹿泉峪东侧。属季节性泉，2011年8月泉水普查时断流。

无名泉 位于五峰山南。为季节性泉，泉池由自然土石围成，泉水用于农田灌溉。

润玉泉 位于五峰山街道润玉泉村中石崖下。

润玉泉（2011年）

民国《长清县志》有载。因泉自山崖流下，气势如雨，取名“润雨泉”，后依音改称今名。原泉水沿山岩漫流，没有泉池。后为方便乡民提水，壮一方观瞻，临崖凿池蓄水，泉池石砌方形，池口边长1米，深1.6米，池旁立“润玉泉”石碑。泉水盛时溢出池外，沿街漫流。池畔立民国18年（1929年）润玉泉《重修碑碣记》。

此泉北四五十米处，也有一泉池，水势不及润玉泉，池畔亦立有“润玉泉”泉名石碑。润玉泉村西、北方，青崖寨、黄山顶等7座山峰锦翠如屏，昔日被称作“润玉七峰”，列为五峰山外八景之一。

万寿泉 位于五峰山街道石窝村中南部。泉池石砌方形，池口边长4.8米。泉水从五峰山伏流下来，自池东壁石雕龙头口吐出，跌落于从池东壁探出的石板上，泉水击石，铿锵有韵，水花四溅，落于池内。石雕龙头上方池壁，嵌1965年雕凿的“万寿泉”泉名石刻一方。村东五峰山西麓莲花洞内，有东魏至隋代石窟造像300余尊。属季节性泉，2011年8月泉水普查时断流。

驯山泉 位于石窝村，南距万寿泉百余米。属季节性泉，2011年8月泉水普查时断流。泉池石砌方形，边长2米，池东壁石雕龙头上方嵌1966年镌“驯山泉”泉名石刻。

胜天泉 位于石窝村，万寿泉西。1966年建石砌方形泉池，池口边长2.2米。池东壁石雕龙头上方嵌“胜天泉”泉名刻石。属季节性泉，2011年8月泉水普查时断流。

胜天泉（2011年）

缚龙泉 位于石窝村，驯山泉东约30米。泉池石砌方形，边长1.85米。原名“普济泉”。昔日泉上有石亭，今尚存莲花座柱础。清咸丰元年“普济泉”刻石镶嵌于池壁。1965年重修泉池改为今名，并在池东壁嵌“缚龙泉”泉名刻石。

缚龙泉（2011年）

伏虎泉 位于石窝村，驯山泉西约30米。泉池石砌方形，池口边长2.2米，旱季干涸。原称“永便泉”，池畔尚立有清咸丰元年（1851年）《创建永便泉碑记》和“永便泉”石刻。1966年重修泉池，改为今名，并在池东壁嵌立“伏虎泉”泉名刻石。昔日，泉上亦建有石亭。

伏虎泉（2011年）

无名泉 位于石窝村南。季节性泉，泉池由自然土石围成，泉水供农耕之用。

糠沟泉 位于五峰山街道马庄东南。民国《长清县志》有载，称“在青崖山西，东马庄南，每至夏秋，水颇旺，居民多用以灌田”。水自岩隙流出，出露形态为渗流，积水成洼。泉池呈不规则形，自然土石池岸，用于农田灌溉。

明 泉 位于五峰山街道西马庄村西，滚球山（滚粟山）东。水沿崖坡漫流，在朝阳照耀下，闪烁明亮如镜，故名。此景被称作“明泉早照”，昔日被为五峰山外八景之一。出露形态为岩隙渗流，泉池呈不规则形，自然土石池岸，长1.5米，宽0.6米。为农田用水，2011年8月泉水普查时断流。

惠 泉 位于五峰山街道庄南山村老村西，滚球山（滚粟山）北侧五色崖下。民国《长清县志》有载，称“其水味甘，用以煮茗甚佳”。泉自岩石隙缝流出，出露形态渗流，积水成洼。泉池自然土石池岸，方形，长宽均0.6米，深0.33米，常年有水，用于农田灌溉。

庄南山泉 位于庄南山村老村南。《济南泉水志》收录。水自石缝流出，汇积于长4米、宽3.5米、深2.3米的石砌水池中，清澈甘美，常年不涸。村民铺设水管，引水入村饮用。距泉东、西500余米远处，还各有一泉，均无砌垒泉池，分别被村民称之为东大泉、西大泉，亦曾为村民饮用水源。

徐南山泉 位于五峰山街道徐南山村老村南崖下。《济南泉水志》收录。水从木鱼石岩缝涌出，流入长2.5米、宽1.3米、深2.2米的石凿水池内，常年不涸，清澈甘美。池北壁留有出水口，泉水溢出北流，跌入西侧涧中。为保持泉水清洁，泉池用水泥板棚盖，村民铺设水管，引水入村饮用。

五色崖泉 位于徐南山村新村西南，滚球山五色崖下。《济南泉水志》收录。在长约百米的山崖峭壁上，多处泉水从岩缝流出，落入崖下河中，常年不竭。冬季形成壮观的冰瀑景观。

韩家峪泉 位于五峰山街道柳杭村东南，韩家峪黑岔沟内。《济南泉水志》收录。水从沟底涌出，常年不断。村民在泉口处用砖砌垒直径1.3米的圆形井池并铺设水管，将水引至池西200余米处，供村民饮用。水盛时，泉水从井壁出水口溢出，沿黑岔沟西流。

石牛瓮泉 位于五峰山街道宋村北山（卧牛寨）山腰。《济南泉水志》收录。水池为一自然石窍，上窄下阔，状如石瓮，瓮中有一牛头状天然岩石，故名“石牛瓮泉”。常年有水，水盛时“牛头”淹没。山上有卧牛山寨。

北 泉 位于长清区五峰山街道北套村。水从岩缝渗出，跌落崖下，汇入砖砌方池内。

龙涎泉 位于北套村。2011年8月泉水普查时收录。出露形态为渗流，泉池石砌方井形，边长0.7米，井深0.7米。常年有水，是居民主要饮用水源。泉边有古树相伴。

弥山泉 位于五峰山街道三官庙村北。民国《长清县志》有载。出露形态渗流，泉池水泥圆井形，井口直径1.0米，深1.0米。常年不竭，为农业用水。

玉珠泉 位于崮云湖街道土山村东南，崮云湖大桥西约百米路南，小白顶山北脚下。清《长清县志》和道光《济南府志》均收录，称在“崮山南三里许，出山崖下，状如井筒，水与地平，深不过二尺余。虽大旱，河井皆干，而此泉不竭。附近数十村庄、崮山驿马，皆需此水。灌溉近泉地数十亩，不费人力”。民国《长清县志》作“东泉子”，称“在山茌区土山庄，水颇旺，附近灌田若干亩。世俗天旱，乡村祈雨者多来此取水”，并称此泉“冬温夏凉”。

玉珠泉（2011年）

今水势依然。泉水量大而清冽甘美，是居民主要饮用水源，亦兼以灌溉。出露形态为岩缝渗流。水自土崖下三眼碗口粗的洞穴中平地流出，北流10余米，汇入一石砌长方形池中，池长7.3米，宽3米，深0.65米。再从池壁溢水口泻出，沿小溪东流，入崮云湖。崮云湖偎依青山，波光粼粼，景色深秀。

近年土山村投资30万元，对玉珠泉进行开发。由崮山籍著名书法家武中奇题写的泉名碑兀立泉边，泉西侧建有一亭，泉北侧修筑有三个大小不等的蓄水池，成为崮云湖畔一大景观。

王家泉 位于崮云湖街道王家村南，通沟山东侧。出露形态渗流。泉池石砌长方形，长9米，宽8米，深1米，为居民生活水源。泉南侧不远处的山崖，有保存较为完好的唐至金元摩崖造像70余尊。

皇姑井（韩姑井） 位于崮云湖街道皇姑井村南。清道光《长清县志》、道光《济南府志》均收录。出露形态为涌水。为一井泉，井口直径0.8米，井深5米。关于此泉的由来，清《长清县志》载称："韩姑井，在县东南十五里，地名池子村。山枯无泉，居民苦之，韩姑毅然募工，穿凿数丈始及泉。人咸德之，遂呼今名。"韩姑井改称皇姑井，与一段传说有关。据传，乾隆皇帝下江南时，路过如今的皇姑村，当时正是大热天，乾隆皇帝和随从口渴难耐，恰遇韩姑。乾隆皇帝上前询问："何处有水解渴？"韩姑见是外乡人，便热情地指引乾隆皇帝来到韩姑井边，取水送与乾隆皇帝。乾隆喝到甘甜的泉水后，龙颜大悦，便认韩姑为干女儿。韩姑成了乾隆皇帝的女儿，自然便成了皇姑。"韩姑井"也跟着改为"皇姑井"。昔日，皇姑井北侧有几通清代立的石碑，南侧还有一座皇姑庙，庙内大殿供奉着皇姑。"文化大革命"期间，皇姑庙被拆除，石碑被砸，碑文内容已不得而知。

此泉水势甚旺。民国《长清县志》载"夏秋间，水自井口涌出。虽大旱，水亦不竭"。今况依然。泉水从古井汩汩喷出，高出井口约20厘米，随后涌进北侧蓄水池中，水盛时，泉水喷出井口半米多高，十分壮观。村民介绍，在20世纪80年代初期，一天村里搭舞台演大戏，四里八乡的群众都来看戏。有一个小伙子站在皇姑井口附近看戏入了迷，结果不小心掉进井里了。因泉水腾突然上涌，小伙子便顺势爬了上来。

皇姑井不仅供本村饮用，也供附近村庄吃水。过去只有一个井口，因井口小，取水者多，经常发生同时打水而彼此碰破取水罐子的事情。20世纪50年代，在村中长者建议下，在泉眼上方搭建成两个井口，这样既避免了磕碰，又方便了村民取水。从此，一眼泉、两井口的格局就一直留传到现在。

佛公井 位于崮云湖街道炒米店村南，京沪铁路复线东侧。清道光《长清县志》《济南府志》、《济南泉水志》收录。井址东侧，旧日是济南通往泰安的大道，东南约200米处有古泰山行宫，清代为灵岩寺的下院。据县志记载，"此地土薄石深，向无井泉"，因无水煮米而得名"炒米店"。过往行人、车马至此歇息，饮水十分困难。清康熙三十一年（1692年）秋，山东巡抚佛伦从曲阜视察阙里工程后返回济南路经此地，问及当地疾苦，灵岩寺下院住僧永泰即告之无水。遂命长清知县巴柱朝负责办理此事。济南府同知升任济东泰武临道道员的戴圣聪精于堪舆之学，他观察此处地形后手指一地，说：在此处挖六丈多深，可挖到泉水。于是，知县巴柱朝纠集工匠掘土凿石挖泉。兴工不久，佛伦升任川陕总督，继任山东巡抚桑格继续过问凿井之事，省司、济南府官员亦亲临工程现场视察。井凿至39.96米深时，仍不见泉水，戴圣聪缒绳下井探视。下到一半深时，听见石内有水声，便用笔在其处作出标记，命工匠旁凿一孔。随之，一股清泉汩汩涌出，在井内蓄积深达五六丈，旱涝不变。为感念佛伦爱民之志，遂将此井泉命名为"佛公井"，将"炒米店"改称"佛公店"，当地百姓又俗称井泉为"仙井"。

新中国成立后，当地村民用上自来水，泉井被弃用，今盖于一村民房屋内。昔日井旁立有泉名石碑，上署"佛大老爷创始，桑大老爷告成"，中刻"仙井"二个大字，井上盖屋后被移至灵岩寺下院故址院内。

履 泉 位于长清老县城，文昌街道南门里街25号居民家中。民国《长清县志》有载，作"履泉井"，将其景誉为长清八景之"通衢名泉"，称："南门大街中间迤西，有井号'履泉'，沾润万家，虽亢旱之时，水亦滔滔不穷。"出露形态为渗流。今泉池圆井形，水泥修筑，井口直径0.7米，深0.3米，常年有水。现井口覆盖弃用。

水 泉 位于文昌街道水泉峪村东。《济南泉水志》收录。为一古老井泉，井口方形，井壁石甃圆形。井旁有碑，碑文已漫漶不清。不远处有一石砌塘湾，湾旁有1963年水泉峪大队修建幸福水库竣工纪念碑记。

第四节　章丘市境诸泉

漱玉泉 位于明水街道百脉泉公园"李清照故居"内。为1958年形成的钻孔喷泉。今泉池石砌，井形如盘，口径3米，深0.25米，池底鹅卵石色如玉，泉漾漱玉，取李清照《漱玉集》之意命名。泉水漫过池南壁，泻入梅花泉池中。李清

漱玉泉（2011年）

照故居位于百脉泉公园西北隅，为纪念“一代词宗”李清照而兴建。园内是楼台亭榭，曲径游廊。园中水域开阔。

金镜泉 位于百脉泉以西50米处百脉宾馆院内。清道光《章丘县志》《济南府志》有载。1966年在泉口扩钻为钻孔喷泉。今泉池圆形，池口直径7米，深0.25米，池畔装石柱铁栏。水自池中高于水面的铸管泉口向外翻滚，状如蘑菇，声若雷鸣。池水清澈，波光粼粼，在阳光照耀下，金辉闪烁，如同明镜，故名金镜泉。泉水终年喷涌，从未干涸，分别从东西池壁的明渠、暗沟流出向北，注入绣江河。

龙湾泉 位于百脉泉公园汇泉阁北。清道光《章丘县志》有载。1965年在泉口处扩钻。今泉池呈扁长形，东西17米长，中间略窄；池底铺光滑卵石，池岸弯弯曲曲，高低不平，因此称为“龙湾泉”。涌水量较大，盛水期泉涌如柱，泉池水满四溢。盈盈池水被阵阵轻风吹起道道涟漪，波纹时聚时散，十分奇妙好看。泉水潺潺流

龙湾泉（2011年）

经石砌曲径，千回百折，汇入明水湖。泉旁筑有“漪漪亭”“濯缨亭”，依亭观泉，泉水吐银泛玉、涟漪荡漾的景观尽收眼底。

龙 泉 位于百脉泉公园内，明水湖西南隅。为1965年形成的钻孔喷泉。2011年8月泉水普查时收录。泉池为石砌不规则形，最长119米，宽62米，深0.8米。此泉称之为龙泉，是因为泉眼在湖湾的上源，紧靠南岸，南岸巨石嶙峋，蜿蜒崎岖就象一条横卧的长龙，泉水从卧龙巨石下喷出，如巨龙吐水。龙泉水涌如柱，出水量很大，是龙桥以南明水湖的主要水源。昔日，这里是玉带河的中段，河两岸泉眼甚多，1958 年挑挖明水湖时把河道加深加宽而成为广阔的湖面。今湖底不断涌出串串气泡，实则是泉水上涌所致。隆冬时节，多数湖面已结冰，唯独龙泉及其周围水雾弥漫，碧波荡漾，景象奇妙。

伏鳌泉 位于眼明泉公园内西麻湾东侧，眼明泉大桥北200米处，为1965年形成的钻孔喷泉。曾为明水城区第一眼自来水供水井。2011年8月泉水普查时收录。泉池为石砌六边形，直径2.58米，深0.58米，四周大理石护栏，池底铺鹅卵石。池内常年有水，流入西麻湾。

灵秀泉 位于明水街道章丘第四中学院内，北邻荷花公园。为1979年形成的钻孔喷泉。泉眼由3孔钻井组成，呈半菱形（另有小孔径水位观测井1眼）布局。泉池石砌长方形，长2.4米，宽2米，深0.32米，水质清冽甘醇。此地旧时为康家园林，园内有清水泉。明清时代，康家有“一代一举人三秀才”之说，如今也出过齐鲁高考“理科状元”“文科亚元”。因而此泉被称为“灵秀泉”。

眼明泉 位于明水街道眼明泉公园内东侧，眼明泉大桥北300米处。为1965年形成的钻孔喷泉。泉池为石砌正八边形，直径8米，深0.85米，四周围为大理石护栏，池底铺鹅卵石。泉眼在泉池中间，泉水突突上涌，状如伏在水上的一团蘑菇。池水盈盈，清澈见底，水底所放之石历历可数。护栏北端贴岸有一横扁形出水口，泉池所溢之水从此处跌下，形成一小型瀑布。据附近居民说，用此泉之水洗眼，少年可不近视，老年可不花眼，故此泉名为“眼明泉”。眼明泉公园也是依此泉命名的。很多人在这里或掬水喝，或用水洗脸、净目。

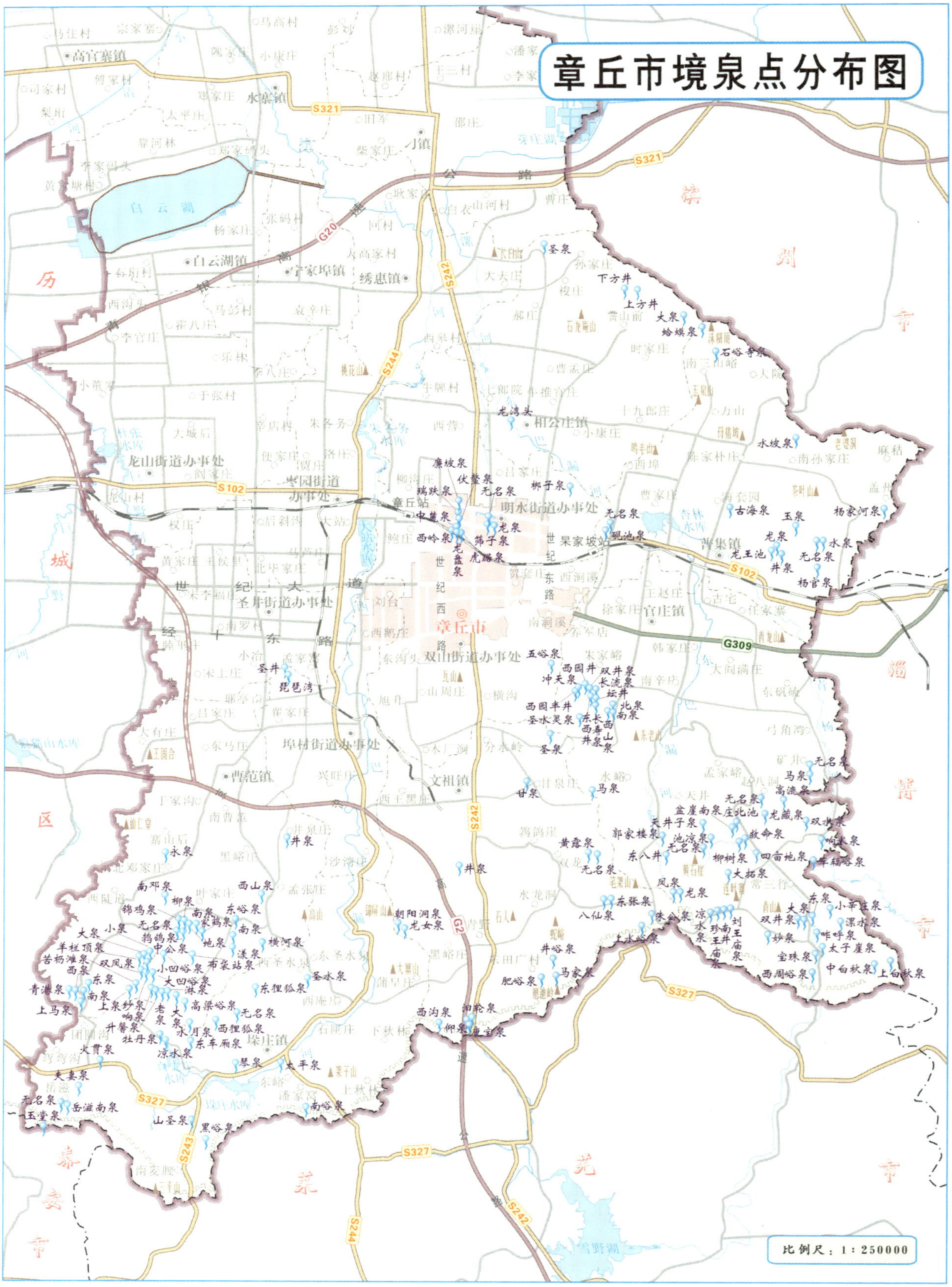

2011年章丘市境泉点分布图

筛子泉 位于百脉泉公园西门南。2011年8月泉水普查时收录。凿石成圆形泉池，池径10米，深0.5米，以鹅卵石铺底。因池底泉眼如筛子底密布而得名。

瑞蚨泉 位于眼明泉公园内东侧，眼明泉大桥北250米处，为1954年形成的钻孔喷泉。2011年8月泉水普查时收录。泉池为边长4.84米的半石砌方形，四周有大理石护栏，池底铺鹅卵石。池内常年有水，流入西麻湾。

中麓泉 位于眼明泉大桥南20米处。为1954年形成的钻孔喷泉。2011年8月泉水普查时收录。泉池假山石驳岸，呈不规则形，池深2米，池面直径60余米。此泉原为一钻孔喷泉，修建眼明泉大桥时拔出井管，现今仍见串串水珠涌出。

虎踞泉 位于眼明泉公园东南处，热力公司供热站西侧，为西麻湾之源头。2011年8月泉水普查时收录。此泉原为钢铁联合厂抽水坑，今建成长方形泉池，池长9米，宽5米，深2.4米。池内簇簇水泡不断缓缓上升，在阳光照耀下如银珠玉花，煞是好看。池中涌出之水泻落于西麻湾中。此泉又雄踞在原明水小西山的根基上，故名“虎踞泉”，寓意“虎虎生威”。

龙盘泉 位于眼明泉大桥西南山崖下。2011年8月泉水普查时收录。季节性泉。泉池为假山石驳岸长方形，长6米，宽2.44米，四周皆天然岩石。其泉眼原为杨胡提水站抽水坑，今池内仍有泉水上涌，然后顺势泻入西麻湾。因为过去在西麻湾之南前有小西山，后有大西山。如果把西麻湾的上源比作山门，那么右有“虎踞泉”，左就应有“龙盘泉”，故名。

西岭泉 位于眼明泉公园护心岛西侧，龙盘泉北约5米山坡脚下。2011年8月泉水普查时收录。泉水呈珠状自然上涌。泉池为假山石驳岸不规则形，池径28米，深0.22米，常年有水。此泉处于西山北麓的山岭上，故名“西岭泉”。

大龙眼泉 位于明水街道桃花山公园内。清道光《章丘县志》卷三山水考“小峨嵋山”条有载。泉水自鏊东悬崖石洞中流出，水声如龙吟，呈水帘状跌下，在鏊底形成一湾深1米的水域，如游龙之首。在沟鏊筑坝蓄水后，该泉及附近小龙眼泉、饭汤泉、筛子底泉没于水中，水落泉出。属季节性泉，2011年8月泉水普查时断流。

小龙眼泉 位于桃花山公园内。清道光《章丘县志》卷三山水考“小峨嵋山”条有载。与大龙眼泉遥相对称，如果把沟鏊比作一条龙，二泉即是龙的两只眼睛了。属季节性泉，2011年8月泉水普查时断流。

饭汤泉 位于桃花山公园内。泉水从沟鏊西崖下的石隙中流出，在崖下岩石掩映下似米汤，故名。据说谁家孩子无食欲，便取饭汤泉水饮之用以“开胃”。依科学观点，泉水里可能含有适宜人体的矿物质，故能有此疗效。属季节性泉，2011年8月泉水普查时断流。

筛子底泉 位于桃花山公园内。泉池为一圆形沙湾，湾水深1米。泉水从沟鏊底部密如筛子底的沙孔中涌出，拱得细沙粒儿在水中沸沸扬扬，就像用筛子过滤一样，故名“筛子底泉”。属季节性泉，2011年8月泉水普查时断流。

无名泉 位于明水街道章丘市博物馆南50米。2011年8月泉水普查时收录。泉池由水泥修筑，边长0.6米方形，为居民生活用水。属季节性泉，2011年8月泉水普查时断流。

鱼乐泉 位于明水街道湛汪庄东公路旁，泉畔曾建虹鳟鱼场。原为自然泉池，后用机械深钻，成为自流钻孔泉。泉池石砌长方形，长9米，宽3米。水自池中圆孔腾涌而出，盛水期泉头高达7米之多，落下时散珠溅玉，异常壮观。是居民主要饮用水源。

盘　泉 位于明水街道侯家庄盘泉寺遗址，今国家农作物品种区域试验站内。清道光《章丘县志》《济南府志》收录，称“南盘泉……平地涌出，西北流入獭”。今泉池为水泥砌筑方形，边长4.5米，深12米。常年不涸，用于农田灌溉。

梆子泉 位于侯家庄国家农作物品种区域试验站内。2011年8月泉水普查时收录。池口为凿石方形，边长1.5米，池深12米。常年有水，积水成池，为农田灌溉水源。

廉坡泉 位于明水街道廉坡村中。村民习称“甜水井”，1997年版《济南市志》称“廉坡泉”，2005年《济南市名泉保护条例》附件一之《济南市名泉录》以“墨泉”收录。泉池井形，井口石砌，长0.9米，宽0.75米，井深10余米。昔日，泉水清冽甘美，是村民主要饮用水源。水势旺盛，水从井口下方出水口溢出，沿街中挖砌的暗渠东流，汇入绣江河。1997年12

月，距该泉西北500米处的矿井采煤打透水脉，地下水涌入煤井，封堵不止。此后，廉坡泉水断井枯，井口封盖。

白　泉　位于双山街道白泉村疗养院东。三股泉水自岩缝中并列喷出，清澈甘冽，洁白如练。故名。泉边立一石碑，上刻“白泉”二字。泉水终年不涸，味甘美。村依泉得名。泉东南15米有株老榆树，枝繁叶茂，遮蔽清泉。泉中树影摇曳，更显山野泉趣。

白泉

五峪泉　位于胡山森林公园第五峪。泉池长方形，水泥砌筑，长13米，宽11.5米，深1.4米。常年积水，是公园内景观泉。

砚池泉　又名“翰墨池”。位于普集镇池子头村济青公路北，原高家祠堂西侧。清道光《章丘县志》《济南府志》收录，称“砚池泉……方塘清冽，北流入獭”。古时，文人学士常聚集泉边，洗砚赋诗，切磋学问，故名。泉池颇大，以石砌岸，长40米，宽25米，深1.25米。东岸护以石栏，西池壁嵌清咸丰九年（1859年）“翰墨池”巨字石刻。枯水年泉水亦不涸。池水碧绿清幽，鱼虾任游。夏日雨季池水猛增，犹如一面大镜闪闪放亮，水光天色。夜间池内怀月揽星，消夏赏池别有情致。20世纪60年代，雨季泉旺，水满外流，浇灌庄西庄北农田。池水流过家家户户门口，孩子玩水、鹅鸭嬉闹，风光犹如江南。

无名泉　位于池子头村北。2011年8月泉水普查时收录。常年有水，积水成池。圆形水泥池口，直径0.5米，深1.5米，供农田灌溉之用。

玉泉（育泉）　位于普集镇小辛庄（原称玉泉庄）东冲沟。清道光《章丘县志》卷三山水考“獭河”条有载。村民依泉建村，砌泉为井、为池。井由块石甃成，水自池壁岩缝流出，常年不涸，供村民饮用；泉池石砌长方形，长9米，宽5米，水自池壁岩缝流入，供村民洗衣涮物。水池北连三面陡崖的自然水湾，湾底水涌，多有水泡上蹿。井池之水溢出成溪，供牛羊牲畜饮用。因此泉是村民唯一饮用水源，为感泉水养育之恩，取名“育泉”，村也以泉得名“育泉村”。后又在泉北建育泉桥。清代中叶，村庄失火房屋烧光，村重建时改名“小辛庄”，泉和桥依然沿用“育泉”。

庙湾泉　位于章丘市普集镇海套园村西。属季节性泉。泉边建一大口井塘，丰水年塘满四溢，汇成溪流。

古海泉　位于普集镇海套园村东。清道光《章丘县志》《济南府志》均有载，称：“泉源百出，南流入獭。”今况亦然，在村民房屋墙下和临近的小河沟边、沟底，散布着许多泉眼，地中暗河流水，声似弹琴吹箫，婉转悠扬。常年不断，水量较丰，汇为小河，向南流淌约百米，被拦截为面积2000多平方米的大水塘，可资灌溉。水塘南侧石坝留有溢洪道，水盛时经此泻入村南小河，流入漯河。

据当地人讲，原先在泉北不远处有三株大杨树，三搂粗，高数十米。1945年，被土匪砍伐运至东岭山上修碉堡，其枝杈被解成面板供村民使用，现在还有两块存世。当地村民中还流传着“建立古海楼，黎庶富安宁”的谚语。传说在远古的时候此地是海岛，后几经沧桑巨变，海水退去，留一海眼通往大海，泉眼日夜喷涌，轰然作响，使当地人无法正常生活。当地居民特请一神仙用一口铁锅将泉眼盖住，泉水只能自铁锅缝隙中流出，变害为利。后人（年代已不可考）在古海泉东建一古海楼，楼共三层，高六丈余，建筑宏伟壮观。泉北有观音庙，庙宇整齐壮观。如今，古海楼和观音庙已不复存在，只有古海泉仍常年涌流。

龙　泉　位于普集镇龙王寨村东河谷中。村南建有龙泉寺。居民迁徙至此以泉命名村落，后跨沟建桥，桥北修龙王庙一座，村名遂改为龙王寨。旧时干旱，附近村庄多向龙王庙求雨。今龙泉寺倾圮无存，泉仍在，为石砌方形，边长0.8米。属季节性泉，2011年8月泉水普查时断流。

龙王池　位于龙王寨村东，龙泉南45米。泉池石砌方形，边长2.7米。属季节性泉，2011年8月泉水普查时断流。

井 泉 位于普集镇井泉庄东侧，西距龙泉三四百米。原为石甃长方形井泉，旁连石桥。20世纪60年代扩建为边长18米左右的水池，泉湮于池中。 村民又按原样在水池东北岸砌一边长11米的方形泉池，池深0.4米，常年不涸，为村民饮用水源。盛水时，池水外溢，沿山峪漫流。

杨官泉 位于普集镇杨官庄南，茶叶山下。泉池长6.2米，宽4.4米，深1.3米。池边石砌工整，盛水期碧波荡漾。泉边白杨参天，苗木成畦，为章丘市林业局杨官苗圃所在地。

水 泉 位于普集镇水泉庄西冲沟，茶叶山南麓。泉水自石英砂岩裂隙涌出，水量丰沛。明洪武十三年（1380年）郑姓由河北枣强迁来建村，村以泉得名“水泉头”，后演称水泉庄。泉池为凿石而成，长方形，长15米，宽11米，深4米。池水碧透，久旱不涸。丰水年泉水自池周石隙溢出，顺峪沟汇于300米外的水泉水库内。泉旁山崖亦流泉多出，旺季喷涌，崖头松柏滴翠。北望茶叶山，巍峨葱郁，气象苍茫。

无名泉 位于水泉庄西。2011年8月泉水普查时收录。常年有水，积水成池。泉池石砌方形，边长10米，深0.4米，是农田灌溉水源。

杨家河泉 位于普集镇孟白庄西南。泉流不竭，汇水成湾。早年衰减。

水坡泉 位于普集镇水坡村北。东北山为长白山脉鹤伴山顶峰，泉水自岩裂缝隙流出，清澈甘洌。泉北山高谷阔，怪石嶙峋。鹤伴山建有国营林场，游人不断。

石峪寺泉 位于普集镇北三山峪村石峪寺东。北山为长白山主峰摩诃顶，海拔826.8米。泉水自岩裂缝隙流出，水质清纯，四季长流。泉池为长方形，长1.8米，宽1.6米。

民国27年（1938年）初春，万山村人李曼村在中共党组织的领导下，组织抗日救国军60余人在泉边石峪寺起义。此地现辟为爱国主义教育基地。

蛤蟆泉 位于相公庄镇丁家庄东。泉边怪石零乱，杂木丛生，人迹稀少。水自石缝渗出，汇水成溪，用于农田灌溉。

大 泉 位于丁家庄。2011年8月泉水普查时收录。泉池为长0.8米的石砌等腰三角形，常年有水，主要用于农田灌溉。

大泉（2011年）

上方井 位于相公庄镇梭庄村东，长白山歪歪顶子山峰下。清道光《章丘县志》《济南府志》收录，称“水从石罅流出，冬夏不竭”。山上原筑有“雪山寺”，井在寺内，呈石砌方形，边长0.5米，深1.35米，冬夏不竭。泉水属火山玄武岩裂隙潜水，四季长流，味甘冽，质清纯，含有多种有益微量元素。今泉边有明清碑刻4方，其中明万历年间《题上方井》诗刻，对当时的泉溪盛况有所描述，其诗曰：“上方瞩望远，宛若太山形。路曲羊肠险，溪流燕尾分。鸟啼云外树，花映寺前屏……”

下方井 位于梭庄村东，上方井下500余米。清道光《济南府志》有载，称在“上方井南一里，其泉盈满不流”。今井口保护性覆盖。

松间泉 位于梭庄梭山北坡下。2010年版《泉韵章丘》收录。原为“品”字形3个方池，相互间以桥相连，池中串串水泡恰似珍珠，水草飘动，鱼虾漫游，景致十分优美。20世纪70年代大兴水利建设，将“品”字形泉池扩大成东西两个长方池。

圣 泉 又称圣井，位于相公庄镇姜家套村北，圣泉寺院内。清道光《章丘县志》载：“圣井，在县东十里圣泉寺，味甘冽，西流入獭。”泉池为一直径0.6米，深数米的石砌圆井，水质清澈，终年不涸，是圣泉寺饮用水源。圣泉寺，又称圣水寺，在村北圣仙峪（又称圣水峪）内，坐北朝南，寺前东西各有同形低丘一座，犹如门前旗杆坐墩。圣泉寺地处长白山脉西北，青山环抱，草木葳蕤，泉水流淌，鸟鸣山幽。清朝邑人靳希孟赋《重游圣泉寺》诗赞曰：“一峰侧处一峰横，林木苍苍梵宇清。涧石多年丛细草，山僧少小不知名。经声磬韵空尘世，叠嶂流泉列画屏”。另一清朝邑人韩与禄《游圣泉寺》诗中赞道：“危峰四壁立，古径一泉开。”

龙湾头 位于相公庄镇寨子村南河道拐弯处，由此上溯为“东巴漏河”，往下为“漯河”，故名。清道光《章丘县志》、《济南府志》收录，称作“龙湾”，并载“遇旱不竭，流入獭河”。今况依然。

漯水源 俗称苇湾子泉，位于官庄镇小辛庄（小新庄）村东的石砌洞窟中，洞券门上石额枋镌“漯水源”三字。水自洞壁岩缝流出，经洞口西流约20米，汇入石坝拦截的大水池中。池水碧绿，水满漫溢，是章丘东巴漏河（下游称漯河）支流的源头。属季节性泉，2011年8月泉水普查时断流。洞门前有1株古柏，胸围1.9米，枝叶繁茂，笼荫吐翠。

小辛庄泉 位于小辛庄西北。原水源稳定，供全村饮用。现泉口被保护性封盖。

车辐峪泉 位于官庄镇石门村西南。泉水常流不竭，积水成池，设管引水供村民用。

响水泉 位于官庄镇响水泉村南。因常年涌流，哗哗作响，故名。村亦以泉名。泉自南顶盖山阴石崖下流出，清澈甘冽，供村民饮用。泉边

响水泉（2011年）

有石刻两块，一为民国8年（1919年）修葺泉池所立，碑文曰：“……响水泉庄地虽偏小，民康物阜，峻岭巍峨，树木森森，是有太行盘古之胜景，晋代桃园之遗风。庄南旧有一泉，水流澄清，响声震耳，此庄之所命名焉……今合庄共议，捐资输粟，重立石碑，永垂不朽矣。”另一石上书“石泉社响水泉环水池”，为1958年立。水经暗渠向北伏流20余米，泻入清光绪四年（1878年）凿就的一小方池中，然后自溢水口流下，穿村绕屋，汇入东巴漏河。

双水泉 位于官庄镇双水泉村西崖下。水自崖壁两个岩孔中流出，汇入池中，故名。泉池长方形，水泥修筑，长8米，宽6米。泉水清冽甘美，常年不竭，供村民饮用。池中绿藻浮动，池水盛时溢出，沿山溪漫流。

高漉泉 位于双水泉村西的山崖下。水自岩缝流出，积于长1.6米、宽0.8米、深0.3米的石砌长方池中。水质清澈甘美，终年不涸。

马 泉 位于官庄镇矿井村南。泉池长方形，水泥修筑，长3.3米，宽2.1米，深1.3米。水质清纯，长年不竭。

无名泉 位于矿井村内。2011年8月泉水普查时收录。常年渗流，积水成井。井也为圆形石砌。井口直径0.8米，深1.0米，为村民主要饮用水源。

龙藏泉 位于官庄镇赵八洞村南龙藏洞生态景区。泉向北自流入村，供村民饮用。属季节性泉，2011年8月泉水普查时断流。龙藏洞为著名岩洞，有历代石刻造像及明代书法家雪蓑手书“通天透地”四字石刻。

无名泉 位于赵八洞村西南。2011年8月泉水普查时收录。泉池为水泥修筑，长方形，池长7米，宽6米，深2.5米。常年渗流，为村民主要饮用水源。

盆崖南泉 位于官庄镇上盆崖村东南，天苍岭下。泉水出自石灰岩裂隙，终年不涸，水质甚优。泉池用料石护砌，池口长6.5米，宽5.5米，深3.8米，石栏环边。泉边及沟里岩壁陡峭，林木森然。

庄北池 位于上盆崖村内。2011年8月泉水普查时收录。泉池石砌长方形，长8.1米，宽3.8米，深2.0米。常年有水，为村民主要饮用水源。

东八井 位于官庄镇东八井村南，正南为九顶山，距主峰3公里。泉池石砌井形，井口直径0.9

东八井（2011年）

米，深3.6米。丰水年泉水自井口溢出，平水年从井台下流出成溪。

龙 泉 位于官庄镇东八井村南九鼎山农庄水库东北。2011年8月泉水普查时收录。泉池为石砌圆形，口径1.7米，水为农耕之用。季节性渗流，2011年8月泉水普查时断流。明万历三十六年（1608年）在龙泉西边建一刹，依泉得名“龙泉庵”。现院内存有石碑五方，分别铭刻着庵的始建和各时期的维修及扩建过程。

龙泉（2011年）

凤 泉 位于九鼎山农庄水库西。2011年8月泉水普查时收录。泉水蓄积在不规则的自然土石围成的泉池内，供农耕之用。季节性渗流，2011年8月泉水普查时断流。

郭家楼泉 又称“黑虎泉”，位于官庄镇郭家楼村东。泉池石砌圆井形，井口直径1.0米，深3.7米，供村民取水饮用。丰水年泉流悬挂于山崖，曾利用水力发电。村北东风水库水面开阔，风景殊佳。

天井子泉 位于官庄镇天井村东南3公里，大山北坡崖下。建有石砌长方形水池，池口长10米，宽5米。池中设引水管入村供村民用水。

马 泉 位于官庄镇栗家峪村东南。2011年8月泉水普查时收录。泉池由自然土石围成，最长1.1米，宽0.7米。常年有水，供农耕利用。

南 泉 位于官庄镇南张家庄西。泉池石砌方井形，边长0.6米，深5.2米。泉水常年不竭，供村民饮用。

北 泉 位于南张家庄西北。泉池石砌井形，井口边长0.7米，深7.5米。泉水常年不竭，供村民饮用。

西山泉 位于官庄镇李家庄西。2011年8月泉水普查时收录。泉池石砌长方形，长0.9米，宽0.7米，深1.2米。常年有水，是村民主要饮用水源。

圣水灵泉 位于官庄镇朱家峪村南，胡山东麓山腰石砌拱形石洞内。清道光《章丘县志》《济南府志》收录，称：“泉出山半，流入石井中，不溢不涸，祷雨辄应”，被堪舆家称之为“地池”“卫龙”。今水自洞底岩缝流出，积于池内。池被保护性覆盖。洞门石额枋镌“圣水灵泉”四字，门旁原有石刻楹联“祈数滴渊潜散长空而成时雨，保万家烟火借斯泉以度丰年”，均为清代人黄炳题书。今石刻楹联已不存。石洞之上有龙王庙等古建筑遗存。

西园半井 位于朱家峪村笔架山西。这里，青山环抱，溪流纵横，花果满山，林茂谷幽，人称“西园”。峪中南北向曾有3个井形泉池。南首之泉原为自然池，仅有半人深，故称“半井”。后几经修建，池深约2米，内阔外窄。现已湮于长44米，宽20米，深6米的蓄水池中。池口被保护性覆盖。

西园井 位于朱家峪村西，南距西园半井里许。泉口石砌井形。

长流泉（龙泉、凤泉） 位于朱家峪村东岭山石崖下。分为南北紧紧相依的两眼泉池，南为“龙泉”，北为“凤泉”。龙泉建于清光绪二十四年（1898年）仲春，凤泉凿于民国10年（1921年）三月。龙泉泉池有一对石雕龙头相对，盛水时节，清澈的泉水自石雕龙头口中流出，成为附近著名景观。二泉经暗道汇流入长1.6米，宽1.3米，深0.8米长方池中，供村民饮用。

长流泉（2011年）

冲天泉 位于朱家峪村西园。由两泉组成，一泉因朝天喷涌，名“向天泉”，又因地址在团山，得名“团山泉”。另一泉从岩洞里喷出，泉水飞跃山崖，形成瀑布，得名“水帘泉”。两泉流光溢彩，合称“冲天泉”。

坛 井 位于朱家峪村南部文峰山下。泉池从一巨大沙石岩中凿出，因口小内阔，状如坛，故名。池口方形，边长0.8米，深12米。池底岩缝有泉眼多处，水量甚丰，甘甜适口，常年躬身可汲，从未干涸。丰水期泉水自井畔石雕龙口中溢出，蜿蜒北去。在坛井北、东、南三面周围20米范围内，建有石桥7座，纵横交错，曲折相连，别有情致，人称“坛井七桥”， 为该村八景之一。桥头泉边，洗衣村姑四时不断。

坛井（2011年）

双井泉 位于朱家峪村关帝庙南50米。为石甃井泉，井口长1.02米，宽0.94米，深28米。中架条石板，分隔为两眼井口，故名。池水澄澈甘冽。盛水时节，溢出池岸，沿街漫流。

双井泉（2011年）

东西井 位于朱家峪村，一在路东，一在路西。2011年8月泉水普查时收录。泉池均为凿石而成，井形，井口径长0.8米。泉水不断渗出，积水成井，是村民主要饮用水源。

长寿泉 位于朱家峪村，因泉边多有长寿老人得名。水自岩隙涌出，沿小溪汩汩缓流。溪旁石径蜿蜒，花木丛生，景致清幽。属季节性泉，2011年8月泉水普查时断流。

池凉泉 位于官庄镇池凉泉村西。清道光《章丘县志》《济南府志》收录。此地处于天苍岭西南，村以泉得名。水清甘洌，泉边建有长方形水泥池蓄水，供村民饮用。池长9米，宽5米，深3.2米，常年不涸，水盛时溢出，漫流街巷，为瀛汶河第一源泉。

无名泉 位于池凉泉村西南。2011年8月泉水普查时收录。出露形态为渗流，季节性有水，主要用于农田灌溉。

救命泉（马跑泉） 位于官庄镇马闹坡村东北，天苍岭西300米处。清道光《章丘县志》卷三山水考“天仓岭”条有载。水自岩缝流出，积于自然水坑中，水量甚微，但终年不涸。水盛时沿山谷漫流。传说，唐王征东时，军士被饥饿困于此处。一日，得巨蚁引路，先发现此泉解渴，又发现穴洞得粟解饥。军士被救活命，于山坡扎营，圈马沟峪中。谁知夜间天降陨石雨落于峪中，马惊奔闹，嘶鸣山谷，造成军营混乱，留下一段故事。后人依坡建村时，便以“马闹坡”为村名，以“救命泉”称呼此泉。

柳树泉 位于马闹坡村北西崖下。泉池石砌长方形，长13米，宽10米，深1.23米。是村民主要饮用水源。

大拓泉 位于马闹坡村南。2011年8月泉水普查时收录。泉池石砌长方形，长30米，宽20米，深4米。泉水不断渗出，供农业之用。

四亩地泉 位于马闹坡村东。2011年8月泉水普查时收录。常年渗流，积水成井。井口圆形石砌，直径1.6米，深6.5米，为农耕用水。

双井泉 位于官庄镇鱼湾村西。清道光《章丘县志》《济南府志》收录。水自岩缝流出，沿溪流进两眼规格形状相似的石甃井中，故名。水随季节时多时少，从未干涸，是村民饮用之水。

双井泉（2011年）

东　泉　位于鱼湾村东。水自崖壁裂缝流出，落入崖下自然池中。水甘冽，常年不断，供居民饮用。水盛时自岩崖上的数处洞穴中涌出，顺山崖淌下，湍激奔流。

咋呼泉　位于鱼湾村南崖下。清道光《章丘县志》《济南府志》收录。因泉水涌出时声音大，宛若人呼喊，故名。当地人又称“打虎泉”。水自岩缝流出，汇为小池。此泉为季节性泉，最大流量每小时20立方米。水盛时融于河水北流。

大　泉　位于鱼湾村西。2011年8月泉水普查时收录。泉池方形，水泥砌筑，边长0.6米，深1米。常年渗流，为农耕用水。

宝珠泉　位于官庄镇三角湾村南，因源于宝珠山下而得名。泉池石砌长方形，长2.3米，宽0.9米，深3.2米，常年不涸，为村民饮用水源。此处为三壑交叉口，瀛汶河蜿蜒东北而来，积水呈湾为三角形状，村因湾得名。湾岸岩缝多泉，是汇河主要源头。1978年在三角湾处筑坝，蓄水成湖，称宝珠山水库。后堤坝二次加高，泉眼全部隐于水下，宝珠山亦大部没入湖中，出露仅高不过20米，若立若浮在清水碧波中。山顶有宝珠寺，香烟袅袅，苍松翠柳，蓊蓊郁郁。湖上架有两座石桥，湖水碧绿，岸边垂柳披拂。库水从泄水坝跌下，形成十余米高的瀑布，湍急成河，流入莱芜雪野水库。游客往来于桥上，成一旅游胜地。

太子崖泉　位于三角湾村东崖下。峭壁似刀削直立山谷，谷地清泉自岩缝涌出，汇流成溪，注入宝珠山水库。相传唐代李世民东征至泉畔，其妻于泉边生下太子，故赐名太子崖泉。今山崖上有一排仍保存完好的凿石孔，传说是生太子时为扎帐篷而凿。该泉水量甚丰，特枯年，周围20里群众来此取水。

太子崖泉（2011年）

西周峪泉　位于官庄镇西周峪村内。泉自峪中石隙中出，汇入瀛汶河，最后注入大汶河。泉口石砌井形，水量甚丰，常年不竭，供全村人饮用。

上白秋泉　位于官庄镇上白秋村西。正常年水流不竭，2011年泉水普查时断流。

中白秋泉　位于官庄镇中白秋村西河道岸边。泉池石砌方形，边长4.2米，深1.5米。水流不竭，供村民饮用。

中白秋泉（2011年）

凉水泉　位于官庄镇石匣村西。泉从沟南沿岩石裂隙涌出，积于长1.25米，宽0.85米，深0.9米的石砌长方池中，然后由池壁方孔溢出，沿河东流，入宝珠山水库。村中《创修升仙桥序》碑文记载：“庄之西里余有泉焉，汶水所自出也……则此泉为汶源之一无疑也。泉自南来，绕庄南东去。”

珍王庙泉　位于石匣村西。泉池石砌长方形，池口长1.5米，宽0.64米，深1.3米，是村民饮用水源。

刘王庙泉 位于石匣村东。泉池石砌长方形，池口长1.3米，宽0.9米。2011年泉水普查时断流。

妙 泉 位于石匣村东相峪。泉自山崖下岩底汩汩涌出，一泉成溪，水质甘冽，清澈碧透，终年不涸。泉前一松，高数丈，形若伞盖，夭矫苍翠，甚为壮观。相传奇松颇灵异，后人遂环松建寺，名曰兴隆寺，当地俗称东寺。据寺前清乾隆八年（1743年）碑记云，该寺不知建于何年，到乾隆时已数次重修。寺内碑碣林立，多为清刻。寺院为四合院落，南为山门，东、西两厢，北为正殿，香火兴盛。

南 井 位于石匣村顺河街60号。2011年8月泉水普查时收录。井口石砌长方形，长1.5米，宽0.7米，井深3.2米。常年有水，为居民主要饮用水源。

汩轮泉 俗称"簸箩泉"，位于文祖镇三槐树村西，齐长城北侧百米处。清道光《章丘县志》《济南府志》收录。属季节性泉，2011年8月泉水普查时断流。雨季水涌，沿石渠东流，汇入三槐树村东河中。今泉口保护性覆盖。

仰 泉 俗称"阳沟泉"，位于三槐树村委北。清道光《章丘县志》《济南府志》收录。水自石堰下岩缝流出，沿山沟漫流。属季节性泉，2011年8月泉水普查时断流。

康宝泉 位于三槐树村西南沟崖下。水自河崖石穴中流出，积于水泥长方池中，供村民饮用。属季节性泉，2011年8月泉水普查时断流。

马蹄泉 位于章丘市文祖镇三槐树村北，拦水坝下西侧。属季节性泉，丰水年常年涌流。

西沟泉 位于文祖镇石子口村西。属季节性泉，2011年8月泉水普查时断流。

井 泉 位于文祖镇三德范村北东道街，泉旁有玄帝阁。2011年8月普查时井口被掩埋。

电角泉 位于章丘市文祖镇东田广村西南，齐长城锦阳关东2500米处。此处有一高峰，称"杨家寨"，寨西麓有一清泉，常年喷涌。泉口成方形，却高低不平，被称为"踮脚泉"，因谐音又叫"电角泉"。

马家泉 位于文祖镇东田广村东，峭崖下"马家洞"中，故名。属季节性泉，2011年8月泉水普查时断流。马家洞处于绝壁，洞口在林荫中若隐若现，又有泉水溢出，别有一番情趣。

肥峪泉 位于东田广村。泉池石砌不规则形，最长处1米，宽0.5米。属季节性泉，2011年8月普查时干涸。

井峪泉 位于东田广村北。2011年8月泉水普查时收录。常年有水，积水成池。泉池石砌不规则形，最长3米，宽2米，深1米，为农田灌溉水源。

龙女泉 又名龙王井泉。位于文祖镇锦屏山文昌洞。传说龙女私自下凡，由于海马离水而死，龙女难以归海，但又迷恋人间，便化作锦屏山，手镯变成"龙女泉"。该泉原为峭壁下的山泉，一年四季潺流不息。清光绪十二年（1886年），施财善人李景汤等重修时，为"备日用之汲"，将山泉砌为井，并名为"龙王井泉"。此井深4米，水清澈甘甜，昔日可供"三月三庙会"2000人饮用。今泉池石砌圆井形，口径0.4米，深0.7米，终年不涸。泉北有石龛，上刻"井泉龙王"四字。周围有50多株千年古柏，另有石碑、石洞、石牌坊、千年银杏等名胜。

朝阳洞泉 位于锦屏山老君堂朝阳洞内。洞上壁岩缝通透可见天空，其形望之似一条腾飞的白龙，故又名"白龙池"。泉池在朝阳洞深处，半石砌长方形，长1.4米，宽1.3米，深0.7米，设护池栏杆。此泉夏季不溢，春季不竭，常存半池碧波，取水片刻后，不闻任何声响，水位又会恢复原样。相传清代乾隆年间，道长韩阳成收徒40人，饮用池水，不见水少。

"朝阳洞"紧靠百丈峭壁，洞口有一株巨柏，高30余米，通直无曲，名曰"赶山柏"。洞顶石壁上刻"灵紫泻清泉，冬温夏凉，洞中别有天地"，为乾隆三十八年（1773年）黄钟题。

朱公泉 古称猪拱泉。位于文祖镇朱公泉村。水自岩石缝隙流出，入泉下池塘。正常年四季有水，旱年甚微。泉的西边有"问童子处"石刻，建立年代不详。传说孔子周游列国时，在此休息遇一孩童，曾询问前行的路径。

朱公泉的由来，有一则民间传说故事。传说元末春季的一天，有个汉子赶着牛来到村东头讨水喝，并问出山的路径及山外有无官兵驻扎。那汉子得知此泉名"猪拱泉"后，连说"不雅"。又说："这泉有益于我，我姓朱，就改名'朱公泉'吧！"若干年后，众人得知当年来讨水喝的

朱公泉（2011年）

汉子即是明朝开国皇帝朱元璋，遂将泉名、村名一并改为“朱公泉”，沿袭至今。

上水峪泉 位于文祖镇郭家庄东南 “上水峪”，为峪中多处泉点的统称。常年喷流，为村民吃水之源。村民在上水峪口筑坝截水，形成水库，雨季水泻，形成瀑布景观。

东张泉 位于文祖镇东张庄中。泉水常年不竭。泉东南20米处，有一自流钻井，井口石砌不规则形，水颇盛，一年四季向上喷涌，供全村人生活及浇灌农田之用。

八仙泉 位于东张村中，村南为长城岭。附近有8眼天然出流泉点，传说为八仙开凿，故名。泉池呈井泉状，泉水从井下涌出，形成溢流，绕村西北流去。岸边杨柳成荫，河中鹅鸭成群。泉畔有被称为“鸳鸯柏”的两株千年古柏。两树形态各异，胸径均有1.5米以上。村南长城岭风景秀丽，如花似锦。1980年前，在此钻出自流井2眼，水头喷高数米，为章丘南部山区知名泉点。

黄露泉 位于文祖镇黄露泉村，村以泉名。原名皇禄泉，取皇帝赐禄之意。辛亥革命后，改为现名。泉水常年不涸，积入石砌长方形泉池，供村民饮用。

关于泉名的由来，据当地村民传说，明朝万历年间，李氏兄弟二人从章丘枣园官庄搬进此地居住。多年后，请一个云游老道为村庄和泉子起名，那道士指着清泉说：“大明开国皇帝朱元璋曾遇灾难于此，喝过此泉水逢凶化吉，后成为明太祖。你们在泉边立庄，喝此泉水，后人们定会建功立业，吃上国家俸禄。此泉名、村名统称‘皇禄泉’为上乘也！”就这样，“皇禄泉”从明朝叫到清朝末年。辛亥革命推翻了清王朝，因“皇禄”二字与“共和制”的民国犯忌，便将泉名、村名改称为“黄露泉”。

无名泉 位于黄露泉村西南。2011年8月泉水普查时收录。常年渗流，积水成池，为居民生活之用。

甘 泉 位于文祖镇甘泉村西北。该村曾称三泉村，因村北山上有三眼山泉而得名。后来仅甘泉常流，故改称甘泉村。泉在村西北堰根下，渗流汇入一个直径2.4米、深30米的石砌圆井，四季不涸。

圣 泉 位于文祖镇马家峪村东，月亮湾水库上方，胡山之阳百丈峭壁下。2011年8月泉水普查时收录。水自岩缝中流出，汩汩淌入一个直径两米的石砌不规则池湾。泉东30米悬壁之下，为“通天洞”，洞内怪石嶙峋，洞顶能透进丝丝光亮。泉池西侧200米处有1个池塘，修建于20世纪初，呈“残月”形状，人称“清月潭”。潭水清澈，映出胡山的巍峨雄姿。

岳滋南泉 位于垛庄镇岳滋村东南峪中，长城脚下100米处。泉池为一天然坑穴，泉下建有水泥长方形池，池口长0.78米，宽0.68米，深1.25米，终年蓄水，供农灌之用。

岳滋南泉（2011年）

夫妻泉 位于岳滋村东沟，通天桥南侧。由两泉组成，一泉为石砌长方形，池口长4.7米，宽2米；一泉为石砌不规则形，最大直径1.7米，深0.42米。为农田灌溉水源。

玉堂泉 位于岳滋村。泉水常流，汇水成溪，用于农田灌溉。

无名泉 位于岳滋村中。2011年8月泉水普查时收录。泉池石砌不规则形，长1.4米，宽1.1米。常年有水，是村民生活用水。

火贯泉 位于垛庄镇火贯村东北。常年为渗流，积水成池。池深0.8米，为农田灌溉用水。

凉水泉 位于垛庄镇西车厢村。清道光《章丘县志》《济南府志》收录，称“泉水甘冽澄澈”。泉水渗出流向小河，汇入西巴漏河。

凤凰泉 位于垛庄镇西车厢村南凤凰岭下。2011年8月泉水普查时收录。水自天然洞窟中涌出，经引水管流入10余米远处的蓄水池中。常年不竭，是村民主要饮用水源。

牡丹泉 位于西车厢村凤凰泉东20余米处。人称昔日泉北侧有1株千年牡丹树，也有人说泉水喷涌状若银花怒放，形似花王牡丹，故名“牡丹泉”。因泉旁曾建有观音庙，亦称为“观音井”。泉池自然井形，泉口长1米，宽0.6米。水满溢出，跌入水溪。

牡丹泉（2011年）

东车厢泉 位于垛庄镇东车厢村。泉自岩缝渗出，垂泻成溪，汇入水泥池中，供村民饮用。

山圣泉 位于垛庄镇山圣圈村西南。泉水自花岗片麻岩裂隙涌出，积为石砌圆井，井口直径0.5米，深4米。久旱不涸，是村民主要饮用水源。盛水期泉水溢出，形成瀑布，蔚为壮观。

黑峪泉 位于山圣圈村南。泉水自石隙中涌出，细浪翻滚，绕涧而下。泉周山花烂漫，谷深林密，百鸟啼鸣。泉旁有一株槭树，树干遒劲，枝繁叶茂，参天入云。泉下修一石砌长方形蓄水池，池长13.2米，宽8.8米，深3米，久旱不涸，供村民饮用及灌溉。

琴 泉 位于垛庄镇下琴子村北。泉水沿山崖而下，形成瀑布，跌入长方形水泥泉池。池长7.2米，宽4.8米，深0.5米，水满溢出成溪。溪水由南向北奔流，蜿蜒数里，流经上琴村和下琴村入海山湖。沿途水溪崖畔，泉眼细密如筛。溪流处处叮咚作响，如弹拨琴曲，故称“琴泉”。

明嘉靖八才子之一的李开先曾到此游览，作《琴泉》诗一首：“焚香抚琴慰知音，斯人已逝悲断魂。千载清泉流不尽，至今时鼓琴魂音。”

南峪泉 位于垛庄镇南峪村南冲沟。建有石砌长方形蓄水池。池长36米，宽23米，深1米。非大旱年泉流不竭，为农田灌溉之用。

太平泉 位于垛庄镇南垛庄村沿河大街中段镇政府南侧。泉水常年喷涌，高出泉堤尺余，白浪翻滚腾跃，为垛庄旧“八大景”之一。水质清澈甘甜，水温常年保持在16℃左右。据说此泉水具有明目、清肺、去疾、长生之特效，并且外出远行之人带一壶泉水可免水土不服而生的恶疾，“太平泉”由此而得名。泉池石砌，圆井形，井口直径0.8米，深0.95米，水自井底石缝涌出，常年不涸。

2006年为纯洁水质，重修太平泉，抬高泉堤，上设护罩，并在泉上建一小亭，名“太平亭”。亭下有一小浅潭，是太平泉水自然冲击而成，四周随意放置数块光洁圆润的大青石板，常有妇女围潭而坐，洗菜浣衣。泉南架跨河小桥，取名“太平桥”，以方便两岸来往行人。同时，为充分利用水资源，灌溉两岸农田，美化环境，在太平泉下游修建数道拦河坝，形成碧波荡漾的小湖。泉附近还有几处泉眼，众泉齐涌，汇成一条清澈的小溪，蜿蜒在巴漏河中。两岸碧草青翠，野花摇曳，生机勃勃。

太平泉（2011年）

圣水泉（滴水泉） 位于垛庄镇圣水泉村西，河道东侧崖下。一年四季不疾不徐，缓缓洒落，一日可接水一立方米左右，故得名“滴水泉”。此泉虽不似其他山泉奔涌腾跃，但滴水似金，养育一方百姓，村民感激不已，视此泉为救命圣泉，遂又名为“圣水泉”。过去，全村百十户人家都饮此泉水，取水轮流排队，井然有序，从未因接水而产生纠纷，一家有事用水，全村帮忙接水，年年如是。久而久之，村中便自然形成和谐互助的村风。随着生活水平的提高，人们用水量增加，圣水泉村从东立虎村埋管引来山泉水，也就不用再日夜排队去接滴水泉的水了。

西狸狐泉 位于垛庄镇西立虎村南，泉池长方形，水泥修筑，长30米，宽15.2米，深4米。常年有水，供农田灌溉。

无名泉 位于西立虎村东。2011年8月泉水普查时收录。泉池石砌长方形，长1.2米，宽0.5米。常年有水，供农耕之用。

东狸狐泉 位于垛庄镇东立虎村南。属季节性泉，丰水年全年自流，枯水年旱季断流。泉下建一塘坝，积水供灌溉之用。

青港泉 位于曹范镇青港泉村西。泉水出自红色页岩，清澈透底。该泉上有清泉水库，泉下建有石砌长方形蓄水池，池长40米，宽8米。水量甚丰，用于农业灌溉。水盛时溢出，沿山溪东流，为横河之源。至垛庄镇南明村入西巴漏河。

上马泉 位于青港泉村承德庙下。泉水沿红页岩缝渗出，蜿蜒20余米，汇于石砌池中。

西 泉 位于青港泉村西，故名。泉池临街，为一井形水泥池，池口长1.35米，宽0.6米，深2.3米。常年不涸，为村民饮用水源。

南 泉 位于青港泉村西南冲沟中，以方位得名。原池井形，水自井底涌出，常年不竭。80年代在井西侧挖掘一深于泉井的自然形水池，井水断涌，移至深池，水深碧绿，四季不涸，用于农业灌溉。盛时沿山沟漫流，入横河。

东 泉 位于青港泉村东，故名。2011年8月泉水普查时收录。泉池临街，水泥井形，井口长0.66米，宽0.56米，深1.5米。常年不涸，为农田灌溉用水。

苦栭滩泉 位于曹范镇赵家岭村北双凤山顶。水自寒武系崮山组泥质灰岩夹层渗出，旱季水量甚微。泉池石砌圆井形，井口直径0.7米，深1.1米，为农田灌溉用水。

上 泉 位于赵家岭村北双凤山。2011年8月泉水普查时收录。泉池石砌长方形，长0.55米，宽0.4米，深2米。常年有水，是村民主要饮用水源。

老 泉 位于曹范镇三王峪村，双凤山下。此泉在三王峪一带地壳形成时就已存在。泉水千年复千年，一直在流淌，故得名老泉。泉池为水泥长方形，长1.48米，宽0.9米。终年不涸，历史大旱年，周围村民皆到此取水。

老泉（2011年）

淋 泉 位于三王峪景区内。常年有水，积水成池。泉池石砌长方形，长11米，宽10米，深1米，是景区内景观泉。

飞龙泉 位于三王峪景区西区。《济南泉水志》收录。泉眼在悬崖上，出口呈椭圆形，口径为43厘米，系天然形成。泉水从此口喷出，倾泻在崖下的岩石上，沿山腰往下飞流，似上下翻腾的“飞龙”，故得名。传说汉朝刘秀，唐末黄巢均来此逗留、观景。黄巢在遭唐军围攻，被迫转移时，曾长叹道：“吾欲化作飞龙腾，荡涤唐军一身轻”。后人们改为“吾欲化作飞龙腾，荡涤污尘一身轻”。以此寓示“洁身自律”“洁身方轻”的道理。

水月泉 位于曹范镇钟楼子村西南山沟中。常

水月泉（2011年）

年有水，汇水成溪，为农田灌溉水源。

升馨泉 位于公益牌村。2011年8月泉水普查时收录。因从地下直接冒出四个上翻的水花，比济南的趵突泉水花小，因此又叫“小趵突泉”，泉池为自然土石不规则形，泉水净洁，饮之爽口，水温常年如一。

大　泉 位于曹范镇公益牌村西。2011年8月泉水普查时收录。由两处泉池组成，一泉池为自然土石不规则形，另一泉池为石砌不规则形。两泉皆常年有水，汇水成溪，流入泉前小河，用于农田灌溉。

响　泉 位于公益牌村。2011年8月泉水普查时收录。属季节性泉。喷流时，击石作声，震响满谷而得名。泉上建一凉亭，泉旁建有一座桥，名曰凤桥。

响泉在民间流传着一个故事。很久之前的一天，响泉突然开喷，声如雷鸣，惊动了天上主管天下名泉的水官，疑是天河开口或是几大名泉改流。于是迅即驾云查询，天河及几眼名泉安然无恙。水官又落至岱顶，俯察下方，见一眼新泉喷涌翻腾，响声即来于此，遂将此泉收入名册。对此，曾有诗表叙：“天下平然运转声，水仙突被陌泉惊。先疑天穹划破洞，后遍遥山查水鸣。无心来至东岳上，见一泉喷化瀑沨。迅将名泉簿上书，从此响泉变有名。”

高粱峪泉 位于公益牌村。2011年8月泉水普查时收录。泉池为石砌圆井，井口直径0.8米，深3.4米，常年有水。

大凹峪泉 位于曹范镇大凹峪村。泉水常年不竭，注入水池，供村民饮用。

小凹峪泉 位于曹范镇小凹峪村。属季节性泉。泉水流入边长0.7米的方形水泥池中，供村民饮用。

双凤泉 位于小凹峪村双凤山。2011年8月泉水普查时收录。泉池石砌长方形，长1.90米，宽1.60米，深0.54米，是当地居民主要饮用水源。

纱　泉 位于小凹峪村双凤山。2011年8月泉水普查时收录。泉池水泥砌垒长方形，长1.17米，宽0.90米，深0.14米。常年有水，是农田灌溉用水。

羊栏顶泉 位于曹范镇羊栏顶村东崖下。泉自石崖下流出，汇入一半棚盖的长方形池中。池为水泥砌筑，池口长8米，宽5米，深0.5米。久旱不涸，供全村饮用。

羊栏顶泉（2011年）

大　泉 位于曹范镇大泉村西南山腰石崖下。村以泉名。水自岩石缝中流出，流四五米，注入长3.97米、宽1.95米、深1.5米的泉池。久旱不涸，供村民饮用。

小　泉 在曹范镇小泉村。村以泉名。泉池为水泥方形，边长3米，深0.3米。水清澈，久旱不涸，供村民饮用。水盛时溢出漫流。

中公泉 位于小泉村。2011年8月泉水普查时收录。泉池石砌不规则形，长1.0米，宽0.55米，深0.4米。常年流水不断，是农田灌溉水源。

布袋站泉 位于曹范镇布袋站村东南崖下。泉水常流不竭。泉池石砌长方形，池口长1.0米，宽0.5米，深0.8米。

柳　泉 位于曹范镇瓦口岭村南山脚下。岩隙出泉，四季不涸。昔日，河岸柳树成林，故名。

锦鸡泉 位于瓦口岭村西南，在柳泉西约150米处的河床北沿。水自石隙缝涌出，汇入泉前小溪，常年不竭。

鹁鸽泉 位于瓦口岭村西南沟口处。泉水常年不断，旱季，淙淙流淌不息；雨季，腾突奋涌，蔚为壮观。泉水积于小水池，水深0.55米，而后下泄汇入水塘，供农灌之用。

地　泉 位于瓦口岭村南。平地涌泉，故名。1957年在泉涌处掘池蓄水，名曰“胜利水塘”。水池长25米，宽15米，深约4米。泉水常年自池壁、池底涌出，汇为一池碧水。如今，池塘因淤积变为水洼，水深仅0.24米。

家鹤泉 位于瓦口岭村东南冲沟。泉水终年不竭，水势颇佳。泉边建有池塘，供农田灌溉之用。

南 泉 位于瓦口岭村南岭之阴山崖上。水自数处石缝中流出，顺山崖淌下，在崖下积成水湾。水质甘美，煮沸无垢，烹茶最宜。

无名泉 位于瓦口岭村。2011年8月泉水普查时收录。涓涓细流，汇成小溪，为村民主要饮用水源。

东峪泉 位于曹范镇黄石梁村南。泉池石砌长方形，长2米，宽0.6米，深0.8米。水自底部的石缝中流出，终年不竭，为农田灌溉之水。旱时，水仅积于池底；雨季充盈，且自池口溢出，沿山峪漫流。

南 泉 位于黄石梁村南。泉水自峪底岩棚下汩汩涌出，由水坝截成一潭碧水，恬静幽雅。属季节性泉，2011年8月泉水普查时断流。

漾 泉 位于黄石梁村南三王峪。泉池石砌长方井形，井口长1.5米，宽1米。枯水年断流，丰水年水从井口四溢。是农田灌溉用水。

横河泉 位于曹范镇横河村南河道北侧，又名“北横河老井”。1966年钻为机井，井口石砌方形，边长0.6米，深9.1米。泉水久盛不衰，丰水期从井口四溢。井旁西崖五山并立，称“五虎山”。河西岸山上，遍植黄栌。秋日，河水奔流，红叶满山，景色秀丽。

横河泉（2011年）

西山泉 位于曹范镇孟张庄西，2010年版《泉韵章丘》收录。泉池石砌井形，井口直径1.0米，深0.98米。久旱不涸，供村民饮用及灌溉

井 泉 位于曹范镇井泉村。原在村中（今447号门前），方口井形，是村民主要饮用水源。20世纪八九十年代村中修路，覆于水泥路下。今村西南崖下一处坑塘状下降泉，亦被视为“井泉”。此泉常年有水，属上层滞水，为农田灌溉水源。

南邓泉 别名天赐泉，位于曹范镇南邓家庄南山坳中。滢滢泉水自石缝间涌出，汇入石砌长方形泉池，池长2.7米，宽1.68米。泉旁有石碑一通，上书“天赐泉，大清康熙十八年开泉”。泉北侧石壁镶有一通古碑，上刻“大清康熙仲夏开泉”字样。泉东北侧有灵巧秀丽的六角亭，亭梁上书“问泉亭”三字。亭东有一蓄水池，长、宽各20余米。远近山色倒映水中，随波荡漾。

永 泉 位于曹范镇寨山后村南白云寺。寺前散落着三眼井泉，因泉水终年不涸，名曰“永泉”。井口直径1.1米。泉池四周镶嵌石栏，内有三条雕刻的石龙，三股泉水自龙口喷出。泉水清澈见底，供白云寺内僧人及村民饮用。泉周古木葱郁。泉西南不远处还有古井一眼，其水清澈甘洌。

圣 井 位于圣井街道危山风景区，危山北坡。又名圣泉。相传，隋唐时天旱溪竭，当地居民渴不得饮。这时，有一和尚衣衫褴褛，手执锡杖，自言从天竺国而来，坐于石上，以杖插地，泉水随之涌出，成井一眼。百姓赖此得以生存，将此井泉称之为“圣井”。因有此传说，后来每遇天旱，邑人辄至圣井之畔祈雨。今井池由青石砌就，井口内呈圆形，外砌八角，直径0.92米。池侧新立石碑一通，上刻“圣井”和章丘八景诗。水自岩缝北流至五六米远处的方池，常年不涸。这里景色秀丽，林木葱郁，泉水甘洌澄澈，古时被称作“危山圣井”，被列为章丘八景之一。

近年，将此处辟建为危山风景区。危山，海拔205米，方圆4平方公里，虽不高峻，但平野突起，山巅亦呈峰状。山顶自古被称作“铁墓顶”，传西汉济南王刘辟光参与“七国之乱”死后葬于此处。2002年建设危山风景区时，在山之北坡发现汉代陶兵马俑陪葬坑。

琵琶湾 位于危山风景区，危山玉皇顶东。泉水顺山势而下，注入琵琶状湾塘，故名。属季节性泉，2011年8月泉水普查时断流。

第五节　平阴县境诸泉

姜女池　位于洪范池镇洪范池西北侧5米处，因临近姜女庙得名。明万历《兖州府志》称“玉女泉”，清道光《东阿县志》称“玉女池”。1997年版《济南市志》称“墨池”。明嘉靖年间为孟姜女而建池，清乾隆二十九年（1764年）重修，1990年填埋。1993年挖掘恢复。2001年重新建池。出露形态为渗流，泉池为石砌方形，边长4.0米，深1.25米，池水清澈，四季不涸。池水常年涌流，日流量达200余立方米，与洪范池等众泉水相汇流入狼溪河。

姜女池（2011年）

相传，孟姜女当年被秦始皇逼迫无奈跳入东海，被东海龙王救起，安排在身边当作干女儿。明嘉靖年间，邑人在龙王庙右侧建起孟姜阁，并在阁前指地划池，以让孟姜女洗身浴体，且传池面漂浮的苔藓是为掩羞而用。2008年重修姜女庙时，复用了孟姜阁的部分石块。

天池泉　位于洪范池镇天池山顶。清道光《东阿县志》有载，一称“天池”，又称“云泉”。出露形态为渗流，泉水从岩缝中涌出，蜿蜒七八米，注入一天然小池，池中绿藻浮动。泉东侧有柏林相映，青葱墨绿，水色澄碧，雨季外溢，从山西流下山坡。泉西的荒坡，乱石遍布，杂草丛生，远看如放牧的羊群。泉西南的山崖上有唐代摩崖造像两龛四尊，像与人高，面容丰满，是极为少见的石佛造像珍品。山下有书院泉。站在这里，极目西眺，群山叠翠，白雁泉、狼溪河波光粼粼，景色殊佳。

白沙泉　位于洪范池镇书院村西北。出露形态为涌水，泉水自天池山石缝中淅出，常有白沙泛波腾旋，人们便称之为白沙泉。泉池水泥修筑方形，边长0.8米，久旱不涸，是村民主要饮用水源。盛水季节，水从池中溢出，流入泉前池塘。

白沙泉水质极好，矿物质含量高。与附近书院泉相比，含砷量低，而含硒量高，当地人称用之做的豆腐嫩、壮，是做豆腐的优质水。

聚贤泉　位于洪范池镇书院泉西屋角。2011年8月普查记为无名泉，2012年，市名泉办会同市民政局向社会征名为“聚贤泉”。泉池为石砌不规则形，池内常年有水，是村民主要饮用水源。

墨池泉　位于洪范池镇云翠山北侧。清道光《东阿县志》载：“墨池，在笔峰北址，粗石甃池，水色如墨，故名。其水，时或溢池而出，如江海之潮，亦可异也。”今泉池为边长6.5米的石砌方池，深2米，观之水色如墨，取之清澈。出露形态渗流，常年不涸，为农田灌溉水源。此泉能随朝夕及月缺、月圆有潮汐，传为东海海眼，堪称奇观。

道塘泉　位于云翠山南天观日月泉南1公里。2011年8月泉水普查时收录。泉水澄澈清莹，由昔日南天观道士凿挖山岩而成，专用来洗澡沐浴，因而称为“道塘泉”。泉东南为陡峭壁立的天柱峰。天柱峰古称“小髻”，意思是天仙美女的秀发。因此泉处“小髻”之下，古人又称为“发际泉”。今泉池为边长0.5米的方形水泥池，池深2米。泉水自东侧10米处岩缝流出，汇入池中，大旱亦不涸。泉池周围，草木茂盛，怪石嶙峋，悬崖峭壁之上点缀着奇花异木，如诗如画。

天乳泉　位于洪范池镇大寨山天门观北岩。清道光《东阿县志》有载。在陡峭的岩石侧面，有巨石探出，似乳形，石面中部凹进，内有泉水从天然石缝中渗出，盛水时下泻成流，枯水时滴滴下坠，故名“天乳泉”。当地人又俗称“滴水盆”。冬日寒风凛冽，泉水下滴，速结成冰，积久成柱，似玉石，像翡翠，所在石洞被当地人称为冰柱洞。属季节性泉，2011年8月泉水普查时断流。

无名泉　位于大寨山，季节性有水。2011年8月泉水普查时收录。泉池由自然土石围成。泉旁曾有刘公墓。

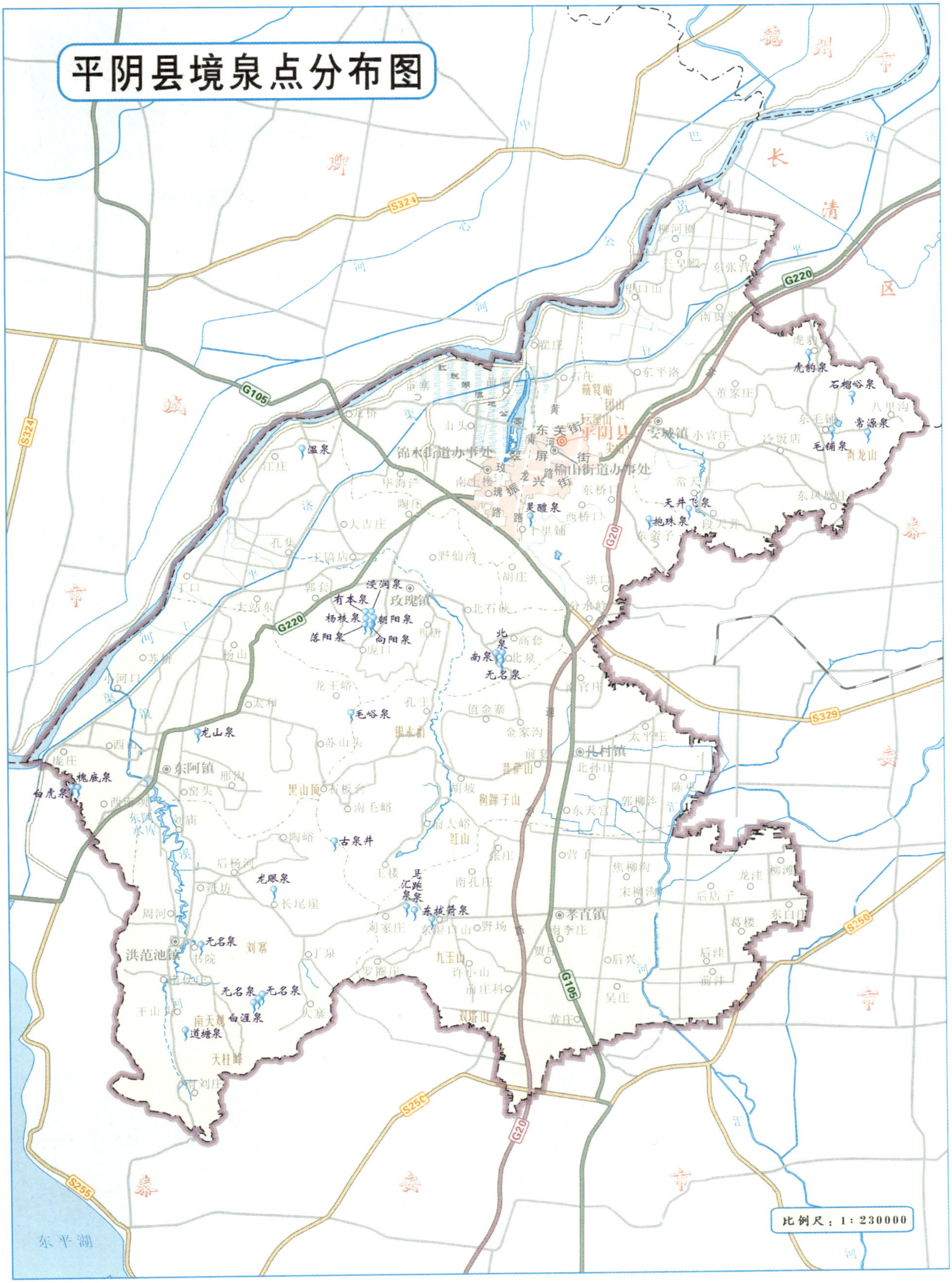

2011年平阴县境泉点分布图

白涯泉 位于大寨山白衣道观。2011年8月泉水普查时收录。泉池为凿石而成，不规则形，是白衣道观主要饮用水源。因泉水自天然石缝中似针线之流涌出，道士取水时，常需等候半个小时方能灌满桶，在等候过程中，依泉旁灰白石壁休憩，向东从两山之间可望见天边，所以称为“白涯泉”，并立碑刻名。因此泉是白衣道观道士依大寨山北峰而建的救命宝贝泉，故又曾称“宝泉”。

无名泉 位于大寨山，季节性有水。2011年8月泉水普查时收录。泉池凿石形成，泉旁有白衣道观、天仙吕祖像。

丁 泉 位于洪范池镇丁泉村，别名丁兰泉，因传为地处二十四孝中的丁兰故里而得名。清道光《东阿县志》有载。出露形态渗流，泉池以青石砌垒，大小两个。大池长9.4米，宽5.5米。水自岩缝涌出，汇入大池，澄澈明丽，再由大池西侧石雕龙头口中跌入小池，常年不断，日涌水量约1400立方米。水从溢水口泄下，浪花四溅，沿街旁小溪，穿村越壑，注入狼溪河。大池池岸四周，围以0.8米高的石雕栏杆。泉池正面对联“丁火轰起巨建设，泉水冲出大自然”。临池，昔日建有庙宇，现存遗址。石栏北侧嵌清乾隆七年（1742年）《重修丁泉池碑记》石碑。碑载：“此池不知浚自何代，元至正年间已重修。”1958年兴修水利，对泉池进行改建，并镌《改建丁泉水池碑记》石刻，立于石栏西侧。池水澄明，池底绿藻清晰可见。该泉水势甚好，久旱不涸，可供全村人饮用洗浣。

丁泉（2011年）

白雁泉 位于洪范池镇白雁泉村。清道光《东阿县志》有载。出露形态为渗流，水势颇佳，四季涌流，日涌量850立方米左右。村民皆取此水饮用。泉池由巨块石砌岸，池口呈长方形，长6.5米，宽6.0米，泉水自池南壁石雕龙头口中泻入一长方形小池，尔后流入水渠，汇入狼溪河。泉池东侧原有元皇庆元年（1312年）《天平观碑志》石碑一通，该碑记载，汉王刘邦当年伐楚带兵路过这里，天气炎热，士兵干渴难忍，四处寻水，忽见一群白雁从山下惊起，王曰必有泉，令军士察之，果然有泉，人们便将此泉称为“白雁泉”。金元之际，济南等路总管严实曾在泉边建别墅。旁有天平观，已废。

白雁泉（2011年）

拔箭泉 位于白雁泉村。清道光《东阿县志》载“在白雁泉东，大雨始发”。今水势甚好，常年不涸，泉涌量与白雁泉相当。相传汉王刘邦带兵喝过白雁泉的水后，发现不远的地方也有白雁，于是便张弓射去。雁受惊飞走，箭却插在地上。军士将箭拔起，随箭涌出一眼清泉，故名“拔箭泉”。泉池颇大，为1956年兴修水利时扩建。呈长方形，长22.4米，宽18米，石砌。池中砌一南北向石墙，将池一分为二，东池狭长而水深，西池面阔而水浅。池南壁分别留有溢水口，

拔箭泉（2011年）

盛水季节，泉水经此泻出，沿河渠流进村庄和田间，兴灌溉之利。

莲花池 位于白雁泉村，因地处天平观西，九顶莲花山麓而得名。出露形态渗流，泉池为石砌长方形，池口长3.5米，宽3.0米，久旱不涸，为农田灌溉之用。

相传天平观的道士赵某因去池边菜园取水浇菜，结识了沉鱼落雁之姿的李玉花，被道长批准还俗归乡。道士刘某也去池边菜园浇菜，看中了羞花闭月的陈玉花，也被道长恩准还俗归乡。后来道长得知李玉花和陈玉花的父亲是连襟兄弟，都居住在九顶莲花山下，于是将此池命名为莲花池。1982年刻泉名碑于泉旁。

莲花池（2011年）

龙眼泉 位于白雁泉村莲花池东。2011年8月泉水普查时收录。泉池为半石砌长方形，长4.5米，宽3.0米，深0.4米，池内常年有水，是村民主要饮用水源。泉池边存有清道光年间所刻道观遗碑。据传因云翠山南天观中有日月泉，后来道士为取“三光者，日月星”，便称此泉为“天星泉”。后因该泉地处龙头山下，附近的白雁泉和拔箭泉被视为龙的两只眼睛，这眼泉水便被称为“龙腋泉”，天长日久，人们口口相传成了“龙眼泉”。

白虎泉 位于东阿镇狮耳山西坡。出露形态为渗流，水自石缝中流出，流入在石崖上凿出的长方形水池。池长1.7米，宽0.7米，常年不涸，为居民主要饮用水源。

白虎泉所在的狮耳山，又名虎窟山，海拔250米，因十六国时，南燕建平年间，济南太守胡咨得虎于洞中，故称为“虎窟山”。山主峰北侧崖下，建有虎窟山观，有观音堂、虎窟书屋、虎窟禅洞（又名白虎洞）、三仙洞、八仙洞、白虎泉、槐底泉、虎窟秋风等胜景。虎窟书屋，传为明朝进士赵邦彦读书处。观西的石崖下有两眼泉池：一曰白虎泉，一曰槐底泉。明万历《兖州府志》、清道光《东阿县志》所记虎窟山佛堂崖下、寺岩之上的两眼泉水，似即此。

槐底泉 位于狮耳山西坡，与白虎泉同处于虎窟山观西侧山岩下。2011年8月泉水普查时收录。出露形态为渗流，泉池为凿石而成，不规则形，常年有水。

龙山泉 位于东阿镇太和村西南里余，龙山西侧，润发机械公司院内，因山得名。出露形态渗流，泉池为石砌长方形，长18.5米，宽12.0米。泉水自池底岩缝涌出，汇积池内，水深数米，澄清甘冽。20世纪70年代中期实测泉水涌量810立方米/日。汛期溢流，旱季时有干涸，属季节性泉。供生产用水。

马跑泉 位于平阴县孝直镇马跑泉村中，赤沟山北崖，东临汇河。清《平阴县志》有载。村以泉得名。泉水自岩洞石缝中渗出，伏流四五米，跌入边长4.2米的半石砌方池。尔后从池中泻出，蜿蜒流入汇河，向东注入东山水库。此泉长流不息，雨季，水如瀑布，喷射而出，数里可闻涌流之声；干旱年份，水量变小，泉流如线，但从不干涸，且甘甜清凉，煮后无水垢。村民皆以此为饮。泉池北岸立有石碑，上题泉名。

马跑泉（2011年）

传说当年汉光武帝刘秀从河北征战，挥师南下，准备到南阳聚集。当骑马途经此处时，已是人困马乏，干渴难忍，刘秀昏睡在了马背上。他的白色战马跟他久经沙场，对主人感情至深，当它看到前方有一株枝叶繁茂的大柳树时，就飞奔过去，将刘秀放在柳树旁的石头上。之后，突然腾起前蹄，用力刨地，泉水顿时喷涌而出。白马仰天嘶鸣，将主人从昏睡中惊醒，刘秀和白马一起饮泉水解渴。“刘秀下南阳，白马救主，马跑跑泉”的故事就此传开，此泉取名为“马跑泉”。后来，乡民在泉旁建汉王庙。泉边石碑为明正德年间《重修汉王庙记》碑。今古庙已不存，碑身文字也已毁于“文化大革命”时期。石碑的外围，有一个圆形的石臼和一个长方形的石槽，分别供人们舂捣粮食和洗浣之用。

汇 泉 位于马跑泉村西南。出露形态渗流，泉池水泥砌筑，长方形，长2.1米，宽1.8米，深0.3米。四季不涸，供村民生活及灌溉之用。汛期泉水从池中溢出，穿山谷流入汇河。

东拔箭泉 位于孝直镇湿口山村东南，九峪山东北脚下。为有别于湿口山之西的洪范池镇拔箭泉，故名。出露形态渗流，泉池石砌方形，池口边长2米。属季节性泉，2011年8月泉水普查时断流。雨季喷涌，汇流于西北侧的东湿口山水库。

泉名来源于东汉皇帝刘秀“开弓射雁，拔箭出泉”的故事。相传刘秀当年从附近的马跑泉起身欲下南阳，刚骑上马，抬头看到东南上空有一大雁，拿起弓，搭上箭，一箭射去，将这只大雁射下，等骑马来到山下，看到箭穿雁身，箭头插进石缝里，遂下马用力将箭从石缝里拔出来，不料泉水喷涌而出，拔箭泉由此而得名。

古泉井 位于孔村镇晁峪村烂柯山西侧的车厢峪东坡，形如井状，故称为古泉井。2011年8月泉水普查时收录。出露形态渗流，泉池石砌长方形，长0.85米，宽0.76米，深1.35米。常年有水，是农田灌溉水源。泉水甘甜清冽，盛水时节，下流至100米处的黑龙池中，外观呈墨绿色。传说原来这池清澈见底，游鱼细石清晰可见，后来因为有一条黑龙在这山峪中为非作歹，被勇敢的村民杀死，黑龙的血流到这潭水中，把水染成了黑色，从此池水就成了墨绿色。

毛峪泉 位于孔村镇毛峪村西北，俗称“天水井”。出露形态为渗流，常年不涸。井口石砌圆形，口径0.81米，深1.25米，水质清冽甘美，为村民饮用水源。天长日久，汲水绳索将井口青石勒出深达2—7厘米的道道槽沟。

有本泉 位于玫瑰镇翠屏山西侧宝峰寺内。出露形态为渗流，泉水自一自然洞穴中涌出，泄

有本泉（2011年）

入洞前小池，铿锵有韵。洞外两侧岩石上分别镌“有本泉”三字和诗刻一方。相传，唐代先师慈净和尚云游于此，见该处风景秀丽，松柏掩映，泉水流畅、清澈，不愿离去，于是就开山凿石，兴修殿阁，该泉水就成了众僧人和游人的饮用水。

浸润泉 位于翠屏山宝峰寺内。泉西侧上方约5米处的石岩上，勒有“浸润泉”三个大字。清《平阴县志》有载，称浸润泉在水山（即翠屏山）北岩，可供千人饮，不涸亦不溢。今枯水季节，时有干涸；盛水季节，泉水从岩缝中渗流而出，滋花润木。岩缝西旁有凿于唐天宝十一年（752年）的石佛龛2个，内有造像12尊，甚为精美。

杨枝泉 位于翠屏山西坡。清光绪《平阴县志》有“承以石盆，大旱不涸”的记载。今杨枝泉在一石窟内，泉水自正面石壁上方缝隙中渗出，顺势流下，形成数支细流，状如杨（柳）枝而得名。窟壁上凿佛像三尊，勒《杨枝泉说》《宝峰院记》等古石刻。

杨枝泉（2011年）

朝阳泉 亦名龙须泉，位于翠屏山东侧山腰处。因泉池正对初升的太阳，故名。泉水自石缝

中渗出，积于自然形成的池中，四季不涸。池西、北壁为自然山岩，东、南壁系人工石砌。池长12米，宽8米。上方山崖处刻“龙须泉”三字。当地习称为“朝阳泉”。

向阳泉 位于翠屏山南坡山阳，故名。泉水自山腰下的石缝中渗出，积于自然池中，池内长满芦苇。

落阳泉 亦名夕阳泉，位于翠屏山西南侧的山腰陡岩下。水从数处石隙中流出，汇入长1米，宽0.65米的石池中，四季不涸，夕阳正好得以照射，发出灿烂的光辉，故名。盛水时节，水势颇大，池水外溢，漫流于石上。泉池上方巨大岩石上，镌有“落阳泉”和“石门槛”巨字。

南 泉 位于玫瑰镇南泉村。出露形态为渗流，泉池石砌长方形，池口长3.8米，宽1.7米，四季长流，是居民主要饮用水源。

无名泉 位于玫瑰镇南泉村。2011年8月泉水普查时收录。泉水常年渗出，汇水成溪，为居民饮用水源。

北 泉 位于玫瑰镇北泉村，云门山北侧山脚下。出露形态为渗流，泉池石砌长方形，池口长1.0米，宽0.5米，深0.8米，与南泉村的南泉相距四五米，同出一脉，久旱不涸。村民习惯饮用南泉之水，而北泉用于喂养牲畜。

温 泉 位于玫瑰镇大孙庄村小学门前，因有地热源，水温较高，故名。出露形态为渗流，方形水泥泉池，池口边长2.5米。因水温高危害庄稼，封闭不用。

灵醴泉 位于平阴县城东南隅，青龙山金斗峪西南坡。清光绪《平阴县志》载，此泉旱涝不涸，乡人在泉上盖一石屋，曰“水母娘娘庙”，清乾隆二十一年（1756年），平阴知县李汝榛改建为阁，名“斗母宫”，并“旁栽柏树千余株，设道院于下，于是始为邑中胜地”。光绪《平阴县志》称之为“金斗峪泉”。今泉在人工砌垒的石洞中，洞高3米。水从洞壁滴下，叮咚作响，汇为自然圆池，直径2.5米，深约1米。洞前券门上嵌石匾，题“灵醴泉”三字，为乾隆二十三年（1758年）邑人张翊鸿书。因泉水甘美，附近居民多至此汲水烹茶。石洞之上的斗母宫“文化大革命”时毁坏，现仅存残墙断壁。

抱珠泉 位于榆山街道贤子峪村。出露形态渗流，泉池为人工凿石而成的两个大小相邻的长方池，总长8.2米，宽3.4米。常年有水，是村民主要饮用水源。水从东南侧石缝中涌出，汇入大池，池满再溢入北侧的小池，小池水满后从西侧溢出，汇成小溪，顺沟峪向西流，是锦水河的源头。400多年来，村人都是以此泉水为饮用水，也是县城居民的饮水补给水源之一。

抱珠泉（2011年）

以前，当地人称此泉为“井泉”。明代贡生张宗旭到此发现此泉群山怀抱，常年不涸，清澈甘甜，在月光下就像两颗夜明珠，遂改名为“抱珠泉”，并舍弃功名，举家到此居住。

天井飞泉 又称天井泉、石井泉，位于安城镇段天井水库边，为一长30.0米，宽2.5米的水湾。泉水常年喷涌，沿山涧湍激而下，为安滦河源头之一。清嘉庆《平阴县志》载：天井泉“在山涧石井中，泉势如趵突，飞流界道，虽旱不涸”。因景观壮丽，称“天井飞泉”，为旧时平阴八景之一。历代多有诗人赞咏，清朝邑人国进诗曰：“石涧有名泉，泉声日夜喧。滔滔不复住，谁解问真源。”20世纪60年代初兴修水利，在泉北侧筑堤建坝，拦河蓄水，建段天井水库。盛水季节，泉没入水库，少水季节，则独泉成湾。

对天井泉的由来，村民中流传着两个不同的说法。一是根据井口呈长矛头形，传说二郎神杨戬路经此地，拿长矛猛地往地上一戳，便戳出了一个五六米深的洞，没想到这洞里竟向外涌出了清泉。另一说，是王母娘娘用头上的金簪子使劲往地上一扎，扎出来的一股飞泉。后来，人们便在泉眼四周砌上井台，附近老百姓都来这里取水，此泉常年不涸。

毛铺泉 位于安城镇东毛铺村东北，原为两眼井形泉池，俗称“大海眼”“小海眼”，泉水为汇河源头之一。今出露形态为渗流，泉池石砌长方形，长0.78米，宽0.66米，水势颇佳，久旱不涸，汛期喷涌，年喷涌量约15万立方米，用于灌溉农田。

石榴峪泉 位于东毛铺村东天堂山石榴峪内。出露形态渗流，泉池石砌长方形，长16米，宽10米，深4米。常年不竭，用于农田灌溉。泉西南侧为毛铺水库。

常源泉 位于天堂山南桃花峪中。2011年8月泉水普查时收录。20世纪60年代兴修水利时，村民建成石砌长方形泉池，南北长45米，东西宽14米，深5米，大旱不涸，形成仰望群峰竞秀，俯看绿水荡漾的景致。盛水期，水从池西边南端的水口溢出，流入小溪。

虎豹泉 位于安城镇虎豹川村中。因村东为虎山，村西为豹山，故名。出露形态渗流，泉池井形，直径1.3米，深12米，平时水深10.5米，盛时漾溢，2011年8月泉水普查时断流。20世纪70年代中期实测涌量146立方米/日。水质清冽甘美，为村民饮用水源。天长日久，汲水的绳索将井口青石勒出深达2—7厘米道道槽沟。泉畔，倒卧有清乾隆三十九年（1774年）《虎豹川修庙穿井立石记名》碑。

第六节　消失（失考）的泉

双桃泉 在原济南城西丁字街北（今城顶街北）。金《名泉碑》、明《七十二泉诗》、清《七十二泉记》均收录。清乾隆《历城县志》载："在丁字街铺屋下，由地中经蜜脂、江家池入五龙潭。"20世纪80年代初，因建电信大楼而消失。

孝感泉 位于历下区原西门内孝感坊北，今趵突泉北路路东三联商厦停车场处。金《名泉碑》、明《七十二泉诗》、清《七十二泉记》均收录。泉池因长年失修淤积，污染严重，20世纪90年代初兴建三联大厦后移址重建泉池。池以石砌岸，长3.4米，宽2米，上盖水泥板，池岸自然石镌"孝感泉"三字。后因三联商厦改造，被填埋。

古时的孝感泉，清流潺潺，周围翠竹蔽日。其泉名的由来源于一个感人的至孝故事。据北宋乐史《太平寰宇记》卷十九载："孝感水在县北门……耆老传云，昔有孝子事母，取水远。感此，泉涌出，故名'孝水'。天宝六年，敕改为'孝感水'。"

罗姑泉 又名罗姑井、瞽女池、曹家井，在历下区县东巷中段路东。金《名泉碑》、明《七十二泉诗》、清《七十二泉记》均收录。元代《齐乘》载，相传这里是唐朝大将罗士信的故宅。传说，罗士信之姊独居于此，抗暴死，故称为罗姑泉。又因泉呈井形，亦名罗姑井。明末《历乘》载在"县治东，一方之水皆苦，独此井甘。昔井上有亭，今圮矣。"

"瞽女池"名称的来历，民国初年《续修历城县志·山水考六》引清王初桐《济南竹枝词》的释文曰："罗姑井，相传为罗士信故宅。刘廷式聘女而瞽，竟娶之。庭下得泉成池，瞽女凡三饮其泉而得三男，号'瞽女池'。"刘廷式，北宋齐州人，后中进士。后来，宅院归曹氏居住，因此，这泉也叫曹家井。

该泉1965年被覆盖，但井口尚可辨认。1995年此处改建为居民楼，泉被覆于楼体北墙外侧。

杜康泉（古杜康泉） 在原刷律巷南口路西59号院内。此处原为舜庙西侧娥英庙。金《名泉碑》、明《七十二泉诗》、清《七十二泉记》均收录。泉池呈井形，砖石砌垒，直径1米，深4米，长年不涸，水质甘美，居民汲之烹茶为饮。相传杜康以此泉水酿酒，故名。后来因花墙子街北煮糠泉讹称为"杜康泉"。为了区别，有人将此泉称为"古杜康泉"。1993年刷律巷拆除，建新大新商厦，泉被埋在大厦东侧下。2011年8月普查时已消失。

香　泉 在原济南六十五中校园内，昔日为舜庙西庑下。金《名泉碑》、明《七十二泉诗》收录。明清历城县志书记载：该泉六十年一发大水，发则奔溢满城，道生鱼鳖。水流入大明湖，数月方休。明万历三十五年（1607年）曾泛滥成灾。1965年《济南名泉一览表》载，为一石砌水池，水势尚好。20世纪80年代初，六十五中学建教学楼时，该泉被填埋于教学楼西南墙脚下。

朱砂泉 金《名泉碑》、清《七十二泉记》收录。1997年版《济南市志》记为：位于芙蓉街94号院内。因该院自芙蓉街72号可进入，故2003年普查登记为芙蓉街72号院内。2011年8月开展的普查亦记为：历下区芙蓉街72号。泉池长方形，由块石砌垒，盛水季节水清，注入王府池中。1994年被覆于水泥地下。

华笔池 位于历下区省政府院内东南隅，池壁嵌“华笔池”名刻。此处，明清时代为贡院。清乾隆五十七年（1792年）八月上旬，山东布政使江兰到这里主持科考事宜，使人分别在贡院和布政使署内，凿成“华笔池”和“凤翥池”，导引珍珠、芙蓉二泉之水注于池内。江兰当时撰写《新浚凤翥池记》刻于石上，对华笔、凤翥两池的挖凿做了概括叙述。“华笔池”之名寓有祝愿参加科考的士子妙笔生花之意。池水与珍珠、芙蓉两泉一脉相通，涓涓细流，注入凤翥池，最后流进大明湖。

如今，凤翥池完好无缺，盛水期潺潺流泄，清澈见底。华笔池则因附近建宿舍楼，于1992年被覆于水泥路下。2005年《济南市名泉保护条例》附件一之《济南市名泉名录》收录，2011年8月市名泉保护部门普查时记填埋消失。

大比泉 在省政府院内东部。清道光《济南府志》载：“在贡院提调道门内，有明成化年碑。”已湮没，碑已失。

瑞雪泉 位于历下区省直统管房18号。原池长25米，宽16米，深1.5米，块石砌成，水向北流，20世纪末填埋湮失。

惠民泉 又名惠民井。明嘉靖《山东通志》载：“在府城内，与玉环井相并”。清道光《济南府志》载“在布政司街东”。今失迷。

饮马池 位于历下区泉城路路北。20世纪末在山东省统计局院内，旧城区改造后，在今红尚坊商厦处。明嘉靖《山东通志》载：“在都司北，池有芙蓉堤，绕文庙东，俗呼叠道。”明崇祯《历乘》、清乾隆《历城县志》、道光《济南府志》均有载。都司，即山东都指挥使司，明代设立于此。清雍正年间裁撤，在其址设立泺源书院，故饮马池后又称“泺源池”。泉池面积50余平方米，水势甚好。1970年，市自来水公司在泉侧钻井4眼，建成泉城路水厂。此后，泉池水位逐渐降低，最后干涸，遂被填埋，并建房舍。

太乙泉 位于历下区王府池子街南端，民国《历城县乡土调查录》有载。泉池以砖砌成圆形，直径0.8米，深1米，水旺盛，原为居民饮用水源。20世纪80年代泉池被覆盖，于上建小房。

金波泉 位于历下区平泉胡同6号。原为无名泉，2007年，市名泉办联合民政局面向社会征名为“金波泉”。2005年《济南市名泉保护条例》附件一之《济南市名泉名录》收录，2011年8月泉水普查时已消失。

术虎泉 位于历下区岱宗街8号。原为无名泉，2007年，市名泉办联合民政局面向社会征名为“术虎泉”。2005年《济南市名泉保护条例》附件一之《济南市名泉名录》收录，2011年8月泉水普查时已消失。该泉列入在建的百花洲工程恢复项目，拟于2013年修复。

北芙蓉泉 位于岱宗街24号院内。因地处芙蓉泉的东北而得名。清嘉庆十六年（1811年）涌出成泉，民国初年《续修历城县志》有载。泉池长1.65米，宽1.3米，深3米，条石砌垒。20世纪70年代初被填埋。该泉列入在建的百花洲工程恢复项目，拟于2013年修复。

芙蓉池 俗称王八湾，在岱宗街北芙蓉泉西侧。已填埋。该泉列入在建的百花洲工程恢复项目，拟于2013年修复。

步月泉（鉴泉） 位于历下区原县马园子街9号，今珍池街珍池东15米。原名鉴泉，2005年改名步月泉。1997年版《济南市志》载：“鉴泉，在县马园子街9号。已填埋，旁有泉名石刻。”2005年《济南市名泉保护条例》附件一之《济南市名泉名录》以“步月泉（鉴泉）”收录。2011年8月泉水普查时记为：因城区改造占压消失。

中央泉 位于历下区县西巷2号院内。井形，

县西巷拆迁前的中央泉

水清，常年不涸。东墙嵌有清宣统三年（1911 年）“中央泉”石碣。2002 年在旧城改造中填埋。

无名泉 位于历下区后宰门街2号。2005年《济南市名泉保护条例》附件一之《济南市名泉名录》收录，2011年8月普查时已消失。

无名泉 位于历下区县西巷33号。2005年《济南市名泉保护条例》附件一之《济南市名泉名录》收录，2011年8月普查时已消失。

无名泉 位于历下区县西巷34号。2005年济南市名泉名录收录，2011年8月普查时已填埋消失。

无名泉 位于历下区县西巷40号。2005年济南市名泉名录收录，2011年8月普查时已消失。

无名泉 位于历下区县西巷61号。2005年《济南市名泉保护条例》附件一之《济南市名泉名录》收录，2011年8月普查时已消失。

无名泉 位于历下区县西巷63号。2005年《济南市名泉保护条例》附件一之《济南市名泉名录》收录，2011年8月普查时已消失。

北漱玉泉 原在趵突泉南路8号院内。明《七十二泉诗》收录。清道光《济南府志》载“在金地院内”。1986年趵突泉南路拓宽时覆于路下。

劳动泉 在原趵突泉后门街16号门前。20世纪50年代初发现，并正楷书丹泉名石刻，镶嵌于泉池南壁上。泉池呈井形，以砖石砌垒，水质清澈甘甜，为本街居民饮用水。1960年趵突泉公园扩建时填埋。

青龙泉 在原西青龙街派出所院内。1965年《济南泉水一览表》收录，1983年调查时已填埋。

井影泉 在原饮虎池街34号。1965年《济南泉水一览表》收录，淤塞严重，1983年调查时已填埋。

道村泉 在原饮虎池街17号。1965年《济南泉水一览表》收录，1983年调查时已填埋。

围屏泉 在原围屏街70号南，金宅。1965 年《济南泉水一览表》收录，1983年调查时已填埋。

迎香泉 位于万竹园南二门内西侧。原无名，1995年市建委调查时取名迎香泉。1997年版《济南市志》收录。该泉有三眼泉眼，丰水期喷涌甚烈，俗称“小趵突”。池东、西、北三面呈弧形，规整石砌岸，池南壁为自然石垒砌，池壁上凿有虎头，可以吐水，岸上藤蔓扶疏。1999年南二门拆除，在原址处建花架、景墙，泉被填埋。

对康泉 在原五路狮子口27号院内。1965年《济南泉水一览表》收录。1993 年改建回民小区时，埋在居民楼下。

金 泉 在原江家池街9号院内。1984年取名，1993年填埋。

玉德泉 在原城根街36号门口。1965年山东省地质局水文地质观测站所编《济南泉水一览表》收录，已填埋。

玉露泉 在原大明湖路197号（原山东省机械厅）院内。泉池长6.2米，宽4米，深1.2米，为碎石砌成。水向东流。泉边有“玉露泉”碑记。后被填埋。

太平泉（东） 在原后高祥后街南口路西。原泉池呈井形，俗称“苦水井子”。1955年填埋建水站。

太平泉（西） 在原太平寺街40号门前。1965年《济南泉水一览表》收录，1983年调查时已填埋。

汇波泉 位于大明湖东南隅清凉岛上。过去，城内众泉多从这岛附近汇入大明湖，所以，岛上的这眼清泉，便被称之为“汇波泉”。此泉池在明嘉靖三十年（1551年）曾重修并立有碑记。昔日，岛上有寺，因泉取名汇泉寺。每逢盛夏，远近文士多到这里乘凉。明人张鹤鸣《游湖十绝》诗中曰：“汇波泉上夕阳里，紫翠玲珑透鸭茵。”新中国成立后，经改造，曾辟为棋社，游人也可来此享受垂钓之乐，但泉已淹没。

沃 泉 在历下区珍珠泉北。民国《济南名胜古迹辑略》有载。今失迷。

炉 泉 金《名泉碑》、清《七十二泉记》收录。元《齐乘》称在“南山下”，明崇祯、清乾隆《历城县志》载“今迷莫考”。民国《历城县乡土调查录》记载：“在千佛山下，今失考”。

南煮糠泉 金《名泉碑》、明《七十二泉诗》收录。元《齐乘》称在“螎山窝北”。清道光《济南府志》载：“在螎山窝北，县志云，今涸”。今址不详。

白虎泉 金《名泉碑》、清《七十二泉记》收录。元《齐乘》称与甘露泉同在“大佛山”，民国《历城县乡土调查录》记载“在县南大佛山开元寺”。大佛山即佛慧山，因山上凿有宋代大石佛故俗称之。今已失迷。

一勺泉 清道光《济南府志》载："在佛洞下，旧志云，池仅如盆，挹取不匮。"今为何址不详。

煮糠泉 名列金《名泉碑》。元《齐乘》曰在"四里山南"。早已失迷。据明崇祯、清乾隆《历城县志》载："今考山下无泉，或即道旁野井也。"但晚清郝植恭又将此泉列入《七十二泉记》，民国《历城县乡土调查录》称"相传在城西四里，今失考。"

洗砚泉 清乾隆《历城县志》转述王士禛《香祖笔记》载，济南城北砚溪村一带，四面皆是稻田，园圃中有一清泉，相传是元朝文学家赵孟頫的洗砚泉。一日，园丁整治菜畦，从土中挖出一方石刻，洗净一看，上面刻有用篆体题写的两首诗，其中一句曰"泉声振响暗林壑，山色滴翠落莓苔"，诗后刻有"同知济南路总管府事赵孟頫题"字样。乾隆初年，此石刻尚遗存在臧家屯（今属北园街道，位于小清河畔）。今藏于济南市博物馆。据调查，今臧家屯村中街旁，旧日有"一品泉"，泉池为圆井形，直径约2米，井口覆以大青石，间隔成"品"字形布局的三眼小井口， 故俗称"三眼井"。泉井东侧为臧家屯，以西即为砚溪村（今已连为一村）。村民用上自来水后，泉井渐趋荒废，后拓宽街道填埋于路下。疑此"一品泉"即古之洗砚泉。

腊 泉 位于槐荫区腊山。在天然洞穴内，深不可测，水质甘美。2005年《济南市名泉保护条例》附件一之《济南市名泉名录》收录，2005年因房地产开发被填埋。

跂 泉 位于槐荫区峨嵋山。民国《长清县志》有载。今失考。

王母池 位于市中区十六里河街道玉函山顶。山顶平阔，东侧原有兴隆寺，亦叫卧佛寺，建于唐代。西侧原有宋代所建的泰山行宫，因祀泰山碧霞元君，所以也叫碧霞祠。现寺院遗址仅存少量建筑。王母池在碧霞祠废墟北侧，形似方井，亦称"瑶池"。传说是王母娘娘沐浴的地方，并有"惊鸟留玉函"的故事传世。相传汉武帝登泰山封禅，回驾来到池边，使池边一鸟惊飞。鸟飞处留一玉函，所以后人将此山称作玉函山。2011年8月泉水普查时已填埋消失。

云外泉 清道光《济南府志》载："在函山佛峪。"今失迷。

灰 泉 1997年版《济南市志》载："在丫丫葫芦泉西北约300米，面积3000平方米左右。已夷为稻田，仍常年积水。"2011年8月泉水普查记为失迷。

冷 泉 位于鲍山街道纸房村北白泉附近。清郝植恭列入《七十二泉记》。明崇祯、清乾隆《历城县志》和道光《济南府志》俱载："在白泉南，流入滩头。"清乾隆《历城县志》又载白泉"旁有冷泉、漫泉"。1997年版《济南市志》载"今已湮于农田" 。

麻 泉 位于鲍山街道纸房村北白泉附近。泉源深广，清郝植恭列入《七十二泉记》，称"麻披泉"。明崇祯、清乾隆《历城县志》和道光《济南府志》载"在白泉北，流入滩头"。1997年版《济南市志》载"今已湮于农田" 。

漂 泉 明崇祯、清乾隆《历城县志》和道光《济南府志》俱载："在白泉东，发源迅疾，流经曲家庄，入遥墙河。"1997年版《济南市志》载"已湮失"。

惠 泉 在鲍山街道纸房村东约300米。明崇祯、清乾隆《历城县志》和道光《济南府志》俱载："在白泉南，流与冷泉合。"1997年版《济南市志》载"今早已沦为农田"。

漫 泉 在鲍山街道纸房村西。明崇祯、清乾隆《历城县志》和道光《济南府志》俱载："在冷泉西南，流入滩头。"昔日水盛，几与麻泉相连，故乾隆县志载："漫泉，一名麻披泉。"1997年版《济南市志》载"今已沦为农田"。

猪拱泉 位于历城区鲍山街道南滩头村。1997年版《济南市志》收载："在王舍人镇南滩头村西南田间，无砌垒泉池。由于地下径流上源的大量开采，此泉已成季节性泉。旱季干涸，雨季出露，平时周围土壤湿润。"20世纪末，村中开发建设时填埋。

当道泉 在历城区鲍山街道西梁王庄北。清《七十二泉记》收录。乾隆《历城县志》载"源流深长，可资水利，流入坝子河。"泉池甚广，可垂钓，泉畔建有钓鱼台寺。解放前，寺已毁。20世纪50年代，泉池日渐淤塞，沦为稻田。

柳叶泉 在鲍山街道西梁王庄北。清道光《济南府志》有载。20世纪50年代末淤塞，沦为稻田。

花　泉　位于历城区王舍人街道陈家张马村东北隅，双龙桥东三四十米处。清乾隆《历城县志》载："在张马泊，泉源数泓，周广数亩，一方水利所关，流经耙道河，东北入沙河。"又载：耙道河，源出张马泊花泉。该泉因泉眼聚集十余处，竞相喷涌，水面波纹激荡，状若花朵盛开而得名。昔日泉源旺盛，水势很大，与附近的钊家泉、柳冈泉、耿家泉相汇，在附近形成很大的"张马泊"。泉畔有一桥为"双龙桥"，古为通往遥墙的交通要津。

据倒卧于双龙桥旁的清道光十九年（1839年）《重修双龙桥碑记》载，当时花泉已融于藕池中。1970年以前，尚可见池底涌泉。后因工业用水不断增加，尤其是附近张马屯铁矿的开掘，泉渐停涌，水泊也被改为稻田、菜地。1993年在桥东辟建渔塘，花泉遂没于塘内。雨季，双龙桥附近的钊家泉、柳冈泉、耿家泉等无池小泉仍时有出露，积水成洼。旱季复涸。2011年8月泉水普查时已消失。

珍珠泉（双龙泉）　位于历城区郭店街道虞山东南坡。虞山为地处山前平原的一座孤山，松柏苍郁，岩石嶙峋。昔日，山上建有泰山行宫等庙宇，颇有名气，每年农历三月举行为期4天的庙会，远近香客、游人每天万余，皆饮此泉。清乾隆《历城县志·山水考一》载："康熙四十四年大雨，有泉出于山巅，至今不涸，土人名之曰'神应泉'。"后来，此泉衍称为"双龙泉"，因位于白龙石、黑龙石之间而得名。民国初期《续修历城县志·山水考六》载："双龙泉，在虞山白龙石、黑龙石之间，一泓澄澈，岁亢旱不涸，祷雨辄应。前志载'神应泉'，疑即此泉。"又载此泉"甘美可饮，天旱，取之不竭"（山水考一"虞山"条）。1997年版《济南市志》疑珍珠泉即昔日之神应泉、双龙泉，并载珍珠泉"为直径20米，深5米左右的天然水坑，终年不涸"。岁月迁延，今山上遍布采石矿坑，2011年8月泉水普查时泉已失迷。

老母泉　在历城区荷花路街道堰头村。清康熙、道光《济南府志》俱载，称在堰头北，"其泉日涌寒沙，好事者系石试之，莫测其底，流入大清河。"1997年版《济南市志》载"已淤失"。

灰包泉　清道光《济南府志》载"在韩家店东北"，并引康熙《济南府志》语："流经闸口西，入小清（河）。"据乾隆《历城县志·山水考四》载："韩家店闸，在府城东北十二里。"今失迷。

白公泉　明《七十二泉诗》收录。明崇祯《历乘》载"在开元寺西"。清乾隆《历城县志·山水考一》和道光《济南府志》载，此泉在卧虎山后。今失考。

双女泉　明《七十二泉诗》收录。清道光《济南府志》载"在西务西坡"。西务，即今历城区港沟街道坞西。已失迷。

胡桃泉　明晏璧《七十二泉诗》收录。清道光《济南府志》载"在猪头岭北"。清乾隆《历城县志·山水考一》载："猪头岭，在大涧岭西，西营之径"。今失考。

独孤泉　明《七十二泉诗》、清《七十二泉记》收录。明崇祯、清乾隆《历城县志》和道光《济南府志》俱载："在天麻岭下，北流入锦阳川。"民国《历城县乡土调查录》称："在县东南九十余里天麻岭下，与泰安交界。"今失考。

菩萨泉　清郝植恭列为七十二名泉之一。明崇祯、清乾隆《历城县志》和道光《济南府志》俱载："在南菩萨庵石崖下，大旱不竭，大涝不溢，流入锦阳川。"民国《历城县乡土调查录》称"在中宫镇东南菩萨庵下崖"。今失考。

龙门泉　位于历城区柳埠镇龙门村东。金《名泉碑》、明《七十二泉诗》和清《七十二泉记》均收录。传此泉形如半掩的洞门，内藏龙状巨石而得名。昔日池形多变，广数亩，人称龙门湾。水势旺盛，常年不涸，供全村饮水及灌溉粮田。1958年在泉北筑坝蓄水，建龙门水库，泉融于水库中。

汝　泉　名列金《名泉碑》。元《齐乘》称在"神童寺内"。此泉久已失迷。清道光《济南府志》称"旧志云，今按神通寺中本无泉，惟方丈西有白龙池，或即汝泉欤？然又塞于僧舍下。"

南薄罗泉　清《七十二泉记》收录，作"南叵罗泉"。明崇祯、清乾隆《历城县志》和道光《济南府志》俱载"在齐王寨后岩下。"齐王寨，乾隆《历城县志·山水考一》称"在神通寺东北，一名齐家寨"。今失考。

马帝泉　清道光《济南府志》载"在马帝峪华岩寺下"，并引康熙《济南府志》语："一名大泉，寺废，泉流经孙家庄，入锦绣川”。清乾隆《历城县志·山水考三》称：“马蹄峪，在南泉寺东，涧壑幽邃，流水无声，有桃源之胜。水入锦绣川。”卷十八古迹考五又载：华岩寺，在“马蹄峪，元建今废”。1997年版《济南市志》载：“今泉在何址不详，疑即今大泉村之大泉。”

北薄罗泉 清道光《济南府志》载“在马帝峪东”，并引康熙《济南府志》语 “泉端有连理树”。今不详。

水波泉 清道光《济南府志》载“在水峪，旧志云，流入锦绣川”。清乾隆《历城县志·山水考三》引明崇祯县志语：“水峪，在马蹄峪东，内有三教堂，清幽莫匹。”今不详。

响 泉 清郝植恭列为七十二名泉之一。明崇祯、清乾隆《历城县志》和道光《济南府志》俱载。乾隆县志称在亓城峪“交战顶西谷下”，道光府志称“在交战顶西谷中”， 民国《历城县乡土调查录》称“在中宫乡南高而庄南交战岭”。今失考。

涝 泉 明崇祯、清乾隆《历城县志》和道光《济南府志》俱载：“在涝泉岭后”（府志作“劳泉”）。属锦云川流域。今失考。

孟家泉 明崇祯、清乾隆《历城县志》和道光《济南府志》俱载：“在涝泉东”。属锦云川流域。今失考。

涌清泉 清道光《济南府志》载：“在涝峪东石崖内，旧志云，流入锦云川。”今失考。

上水泉 明崇祯、清乾隆《历城县志》和道光《济南府志》俱载：“在杨家寨后，泉气阴森，沁人肌肤。”属锦云川流域。今失考。

扫帚泉 位于历城区仲宫镇孙家崖村八达岭水库东200米。汛期开泉，自岩缝喷涌，状如扫帚，故名。1997年版《济南市志》、2005年《济南市名泉保护条例》附件一之《济南市名泉名录》收录。2011年8月泉水普查时记为：湮于水库。

尼姑泉 位于历城区彩石镇潘河崖村。2005年《济南市名泉保护条例》附件一之《济南市名泉名录》收录。此泉长年水盛，久旱不涸，曾是周围五六个村庄的主要饮用水源。1964年第三次修整潘河崖水库时湮于库中。

岭北泉 位于历城区彩石镇磨盘峪吴家村。为一井泉，深2米左右，长年有水。2005年《济南市名泉保护条例》附件一之《济南市名泉名录》收录，2011年8月泉水普查时已消失。

开山井 位于长清区崮云湖街道开山村西，西临京沪铁路复线。清道光《长清县志》载：“开山旧苦无水，雍正年间，戴保段家庄段萃枝捐资创修，至今人咸感之，立有碑记。”20世纪70年代修津浦铁路复线时填埋。

白石泉 清《长清县志》有载。民国《长清县志》载：“白石泉，在五峰山东南，与七仙泉水相合，为五峰上流之水。”今消失。

黄龙泉 又名黄龙池，位于长清区灵岩寺黄茅冈南侧之北溪，白羊沟水库上游的沟壑中。清道光《长清县志》和《济南府志》有载。清《灵岩志》称“在寺西南里许”，方位、里程与今址合。20世纪60年代在溪中筑石坝，蓄为小水库，泉湮于水库中。如今，库水碧透，四周翠柏掩映，景色十分幽雅。

卧象泉 在灵岩寺风景区黄茅冈北溪的南侧河崖下。清《灵岩志》称“在黄龙泉西南数十步。”清道光《长清县志》和《济南府志》有载。泉自石隙中流出，汇入溪水。昔日泉旁刻有“卧象泉”三字。20世纪60年代建水库后，泉被湮于水库中。

石龟泉 清道光《长清县志》和《济南府志》有载。清康熙《灵岩志》称：“在铁袈裟迤东，泉由石龟腹而出。”昔为灵岩十二景之一。今失迷。

观彩泉 清道光《长清县志》和《济南府志》有载。清《灵岩志》称“在寺东二里许，野径幽壑之内。流入寺中，由虎溪桥下西流而去。”今失考。

黄牛泉 位于灵岩寺风景区。1997年版《济南市志》记载：“又名黄牛池，在灵岩寺檀园宾馆西南约30米处。水自岩隙中流出，汇为自然水池，曾为附近居民饮用水，使用自来水后，渐废置。如今淤塞严重，但池形尚存，雨季仍有积水。”今已失迷。

醴泌泉 清道光《长清县志》和《济南府志》有载，称“在灵岩”。今失迷。

七星泉 位于五峰山风景区。清《长清县志》和道光《济南府志》载“在五峰山”。民国《长清县志·五峰志略》载“在龙王殿东”。为昔日五峰山内八景之一。今失迷。

黑虎泉 位于长清区五峰山街道石窝村。泉池方形，边长3米左右，自然石砌垒，池壁嵌石雕虎头，故名。水从虎口中吐出，积水成池，常年不涸，曾是村民主要饮用水源。2005年《济南市名泉保护条例》附件一之《济南市名泉名录》收录，2011年8月泉水普查时已消失。

兴龙泉 民国《长清县志》有载，称“在石窝庄南，周景王七年修”。今失考。

普润泉 民国《长清县志》载，称“在石窝庄南首”。今失考。

建瓴泉 民国《长清县志》载：“在蔡家庄西，沙河东岸，水势汹涌，若建瓴然，故名。”蔡家庄，应即今五峰山街道蔡家庄，其村西现为钓鱼台水库南区，疑泉已湮于水库中。

寿松泉 民国《长清县志》载：“在钓鱼台左侧。”今失考。

李密泉 民国《长清县志》载：“在黄山顶西石崖中。相传李密战败至此，渴甚，以戟刺崖，泉水流出，故名。”黄山顶在今五峰山街道润玉泉村北，泉失考。

大峪湾泉 位于长清区张夏镇大峪湾村山林中。2005年《济南市名泉保护条例》附件一之《济南市名泉名录》收录，2011年8月泉水普查时已消失。

龙头泉 位于长清区张夏镇莲台山宾馆东南百余米山坡下。1997年版《济南市志》载：“水自石雕龙头口中吐出，跌入石砌长方形池内，终年不竭。”2005年《济南市名泉保护条例》附件一之《济南市名泉名录》收录。2011年8月泉水普查时已消失。

米泔泉 位于长清区双泉镇马山西南“马头”处，石砌泉池。2005年《济南市名泉保护条例》附件一之《济南市名泉名录》收录，2011年8月普查时已消失。

民国《长清县志》卷十六杂事志载有“米泔泉”，又作“水泔泉”，称“在马山之北。相传，唐时东征兵行于兹，渴甚，乱石中忽涌一泉，其味甘，一军饮之，渴解，故名。”今昔“米泔泉”，是同名异址，还是同一泉，不详。

圣慧泉 位于马山西南，石砌泉池。2005年《济南市名泉保护条例》附件一之《济南市名泉名录》收录，2011年8月普查时已消失。

民国《长清县志》载有“圣惠泉”，又作“圣水泉”，称“在马山募粮台下”。又记道：“马山寺西山门下，丛石中有清泉一，水浅，仅供数口之用。咸同年间，发匪过境，山上避乱人民数万，泉水暴涨，池蓄之，用之不竭，故名‘圣水泉’。”似即此泉。

白虎泉 据民国《长清县志》载，在峪泉庄南泉子峪沟底。峪泉庄即今长清区文昌街道水泉峪村。今失考。

黑虎泉 据民国《长清县志》载，在峪泉庄西北，东北沟东岩下。今失考。

大沟泉 民国《长清县志》载：“在峪泉庄西南，夏秋之交大雨时，水自地中出，不久即竭，乡人寻掘数次，亦无痕迹。”今失考。

张公池 在章丘百脉泉旁龙泉寺大悲阁南。清道光《章丘县志》《济南府志》收录。为乡民感念乾隆十六年至二十一年（1751—1756年）任章丘知县的张万青之德，而凿池成泉。1996年填埋。

卸甲池 位于章丘市双山街道鲍庄村南。相传唐王李世民征东曾在池旁卸甲休息，故名。原为自然圆池，20世纪60年代扩建为水塘，遂没入塘内。

道济三泉 清道光《章丘县志》、《济南府志》收录。县志载：“在昔日章丘城（今绣惠镇驻地）道济门外。”又载：“西城苦无泉，乾隆二十年知县张万青疏浚壕堑，于吊桥南涌出泉三处，相距各十数武，民皆便之……今涸。”

月湾泉 位于章丘市普集镇袭家庄北，茶叶山南麓。2005年《济南市名泉保护条例》附件一之《济南市名泉名录》收录，2011年8月泉水普查时已消失。

会英泉 在章丘市普集镇池子头村东。昔日泉水旺盛，泉旁有马鞍桥、关帝庙。庙前古柏笼荫。20世纪50年代，庙毁，古柏亦伐，泉水渐淤塞，今已不复见。

泡罐泉 位于章丘市曹范镇大北头村东北泡罐沟崖下。1997年版《济南市志》收录，称在“横河南崖下。井形，直径1米，深4米余。久旱不涸。平时水面距井口2米余，丰水季节，躬身可汲。”2005年《济南市名泉保护条例》附件一之《济南市名泉名录》收录。2011年8月泉水普查时已因河道砂土沉降掩埋消失。

四贤泉 位于章丘市圣井街道危山顶药王庙

东。相传为纪念孔、孟、颜、曾四位古代贤人而设。1997年版《济南市志》、2005年《济南市名泉保护条例》附件一之《济南市名泉名录》收录，2011年8月泉水普查时已因修建“元音寺”湮失。

王母池 位于章丘市圣井街道危山顶。2009年版《章丘市志》载：“位于圣井危山王母宫北殿前，匾额为‘王母瑶池’……殿前，瑶池泉水，清澈甘洌。”2005年《济南市名泉保护条例》附件一之《济南市名泉名录》收录，2011年8月泉水普查时已因修建“元音寺”不复见，只存有“王母池”石碑一通。

四峪口泉 2005年颁布的《济南名泉保护条例》附件一之《济南名泉名录》列记：在章丘胡山森林公园第四峪口。2011年8月泉水普查时失迷。

明　泉 2005年颁布的《济南名泉保护条例》附件一之《济南名泉名录》中列记：在章丘胡山森林公园第三峪口。2011年8月到此处调查，失迷。

墨　泉 俗称黑水湾，在章丘市宁家埠镇阎码村。清道光《章丘县志》载：“在城西北十里闫马庄南，以水色如墨故名。”20世纪50年代整治土地时填埋。

报效泉 清道光《章丘县志》收录，称：在县“东南九十里野狐岭南，泉源涌出，西南汇双井、乍勿二泉……经莱芜上流庄东，入泰安寨里河”。今失考。

七女泉 清道光《章丘县志》载：“在县东南四十里阎家峪，久旱不涸，北流入獭。”今失考。

圣　水 清道光《章丘县志》载：“在县东十里余，去圣泉寺南半里，发自小荆山，西流入獭。”今失考。

大佛寺泉 在平阴县锦水街道大佛寺村东南。清光绪《平阴县志》载：“出大佛寺之东南，经土楼之东，西北入锦水。”1997年版《济南市志》称“今况不详”。

湖溪泉 原在平阴县湖溪渡大清河南岸，后沦于黄河。清光绪《平阴县志》有载。昔日，景色佳丽，称“湖溪沈月”，为平阴八景之一。

甘露泉 清光绪《平阴县志》载：“在城东北会仙山之西麓，久涸，泉形尚存。”1997年版《济南市志》称“今况不详”。

拔泉井 清光绪《平阴县志》载：“出县西南九峪山北，至石硖折而西，经王蒿店之官桥又西，至外山入河。”1997年版《济南市志》称“今况不明”。

沮汝泉 清光绪《平阴县志》载：“在县北傅家寨之东南，数泓出主高原中，筑大堤后始有之，潴于堤外土塘，渟涸无常，田为污莱。”1997年版《济南市志》称“今况不详”。

柳沟泉 清光绪《平阴县志》载：“在县东南王家小屯之南，明崇祯六年浚，出高堤沙土中，东南行至刘家小屯之北，肥城衡鱼河从东北来会之，名曰‘汇河’”。后建房填埋。

太液泉 清光绪《平阴县志》载：“距柳沟泉六十九步，雍正十一年浚，由柳沟泉入汇河。”今失考。

狼　泉 狼溪河源头，古洪范九泉之一。清道光、民国《东阿县志》有载。明于慎行《兖州府志》称：“丁泉之北为黄崖山，狼泉之水出焉”。2005年颁布的《济南名泉保护条例》附件一之《济南名泉名录》中收录。2011年8月泉水普查时标记，该泉在建设狼溪河水库时没入库中。

长沟泉 古洪范九泉之一。清道光、民国《东阿县志》均收录，称“在扈山西，此沟直通南山，夏时随处有泉，秋冬惟此泉不涸。北流至洪范池，汇东流炅，三水合而为狼溪。”2005年颁布的《济南名泉保护条例》附件一之《济南名泉名录》中列记：位于洪范池镇洪范水库上峪中。2011年8月泉水普查时已消失。

济南泉水一览表

（2012年5月）

表3-1

序号	泉 名	泉 址	泉池结构形状	泉水出露形态及流向	泉水主要用途	备 注
济南老城区泉水						
1	趵突泉	趵突泉公园内	石砌长方池	涌水，常年不竭，流入西护城河	景观	金、明、清、新
2	金线泉	趵突泉公园内	石砌长方池	涌水，常年不竭，流入西护城河	景观	新
3	皇华泉	趵突泉公园内	石砌长方池	渗流，常年不竭，流入西护城河	景观	金、明、清、新
4	柳絮泉	趵突泉公园内	石砌长方池	渗流，常年不竭，流入西护城河	景观	金、明、清、新
5	卧牛泉	趵突泉公园内	石砌长方池	渗流，常年不竭，流入西护城河	景观	金、明、清、新
6	漱玉泉	趵突泉公园李清照纪念堂前	石砌长方池	涌流，常年不竭，流入西护城河	景观	金、明、清、新
7	马跑泉	趵突泉公园内	假山石砌不规则	涌流，常年不竭，流入西护城河	景观	金、明、清、新
8	无忧泉	趵突泉公园内	假山石砌不规则	渗流，常年不竭，流入西护城河	景观	金、明、清、新
9	石湾泉	趵突泉公园白雪楼前	假山石砌不规则	渗流，常年不竭，流入西护城河	景观	金、明、新
10	湛露泉	趵突泉公园白雪楼南	假山石砌不规则	渗流，常年不竭，流入西护城河	景观	金、明、新
11	满井泉	趵突泉公园娥英祠院西北隅	石砌六角井	渗流，常年不竭，流入西护城河	景观	金、明、新
12	登州泉	趵突泉公园内	石砌长方池	渗流，常年不竭，流入西护城河	景观	金、明、新
13	杜康泉（北煮康泉）	趵突泉公园内	石砌长方池	渗流，常年不竭，流入西护城河	景观	金、明、新
14	望水泉	趵突泉公园万竹园西院	石砌长方池	渗流，常年不竭，流入西护城河	景观	金、明、新
15	老金线泉	趵突泉公园内	石砌方池	涌水，常年不竭，流入西护城河	景观	金、明、清
16	螺丝泉	趵突泉公园内	假山石砌不规则	渗流，常年不竭，流入西护城河	景观	
17	浅井泉	趵突泉公园内，与马跑泉合	假山石砌不规则	渗流，常年不竭，流入西护城河	景观	金、明
18	洗钵泉	趵突泉公园李清照纪念堂院内	假山石垒砌	涌流，常年不竭，积水成池	景观	金、明、清
19	混沙泉	趵突泉公园内马跑泉东	假山石垒砌	涌流，常年不竭，积水成池	景观	金、明
20	酒 泉	趵突泉公园内白雪楼旁	假山石砌不规则	渗流，常年不竭，流入西护城河	景观	金、明

续表3-1

序号	泉 名	泉 址	泉池结构形状	泉水出露形态及流向	泉水主要用途	备 注
21	尚志泉	趵突泉公园内	假山石砌不规则	渗流，常年不竭，流入西护城河	景观	
22	沧 泉	趵突泉公园内	石砌不规则池	渗流，常年不竭，积水成池	景观	
23	花墙子泉	趵突泉公园内	石砌长方池	渗流，常年不竭，流入西护城河	景观	
24	板桥泉	趵突泉公园内	石砌方池	涌流，常年不竭，流入西护城河	景观	2012年调查编入
25	东高泉	趵突泉公园内万竹园东南	石砌方池	渗流，常年不竭，流入西护城河	景观	金、明
26	白云泉	趵突泉公园万竹园西南	石砌长方池	渗流，常年不竭，积水成池	景观	
27	白龙湾泉	趵突泉公园万竹园西南	自然长方塘湾	渗流，常年不竭，积水成湾	景观	
28	泉亭池	趵突泉公园内	石砌长方池	渗流，常年不竭，流入西护城河	景观	
29	灰池泉	趵突泉南路北段，坤顺桥东南隅	石砌方井池	涌珠，常年不竭，流入护城河	景观	金、明、清
30	饮虎池	泺源大街与饮虎池街南首交界处东	石砌长方池	渗流，常年不竭，积水成池	景观	
31	迎仙泉	西圩子壕东崖，英贤桥南	石砌长方形	渗流，常年不竭	景观	★2009年8月命名
32	五龙潭（灰湾泉）	五龙潭公园内	假山石砌不规则	涌流，常年不竭，流入西护城河	景观	金、新
33	回马泉	五龙潭公园偏南	石砌长方池	渗流，常年不竭，流入西护城河	景观	新
34	濂 泉	五龙潭公园内	假山石砌不规则	渗流，常年不竭，积水成塘	景观	新
35	古温泉	五龙潭公园内东南	石砌长方池	渗流，常年不竭，流入西护城河	景观	金、明、清、新
36	贤清泉（悬清泉）	五龙潭正北	假山石砌不规则	渗流，常年不竭，流入西护城河	景观	金、明、清、新
37	官家池	五龙潭公园内	假山石砌不规则	渗流，常年不竭，流入西护城河	景观	新
38	天镜泉（江家池）	五龙潭南	石砌长方池	渗流，常年不竭，流入潭西泉	景观	清、新
39	月牙泉	五龙潭公园东南	假山石砌不规则	涌水，季节性泉	景观	新
40	虬溪泉	五龙潭公园偏东	假山石砌不规则	涌水，常年不竭，流入西护城河	景观	新
41	玉 泉	五龙潭公园内	石砌不规则形	涌水，常年不竭，流入西护城河	景观	新
42	西蜜脂泉	五龙潭公园南门外西侧，关帝庙院内	石砌长方池	渗流，常年不竭，流入西护城河	景观	金、明、清、新

续表3-1

序号	泉　名	泉　址	泉池结构形状	泉水出露形态及流向	泉水主要用途	备　注
43	东蜜脂泉	五龙潭公园南门内东侧	石砌长方池	渗流，常年不竭，流入西护城河	景观	金、明
44	醴　泉	五龙潭公园南门外西侧	石砌不规则	渗流，常年不竭，流入西护城河	景观	2002年移址重建
45	赤　泉	五龙潭公园南门外西，关帝庙东侧	碎石叠砌池壁	渗流，常年不竭，流入护城河	景观	
46	洗心泉	五龙潭公园东南，与古温泉合	石砌长方不规则	渗流，常年不竭，流入护城河	景观	
47	静水泉	五龙潭公园东南，与古温泉合	石砌长方不规则	渗流，常年不竭，流入护城河	景观	
48	净池泉	五龙潭公园内，南连回马泉	自然石砌不规则	渗流，常年不竭，流入西护城河	景观	
49	东流泉	五龙潭公园内山东省委秘书处旧址	石砌长方池	渗流，常年不竭，流入西护城河	景观	
50	北洗钵泉	五龙潭公园内	石砌长方池	渗流，常年不竭，流入西护城河	景观	
51	泺溪泉	五龙潭公园内	假山石砌不规则	渗流，常年不竭，流入西护城河	景观	
52	潭西泉	五龙潭公园内	石砌长方池	涌水，常年不竭，流入西护城河	景观	
53	七十三泉	五龙潭公园内	假山石砌不规则	渗流，常年不竭，汇入五龙潭	景观	
54	青　泉	五龙潭公园内	石砌方池	渗流，常年不竭，流入西护城河	景观	
55	井　泉	五龙潭公园内	石砌圆井形	渗流，常年不竭，流入西护城河	景观	
56	睛明泉	五龙潭公园内	石砌长方池	渗流，常年不竭，流入西护城河	景观	
57	显明泉	五龙潭公园内	自然石砌不规则	渗流，常年不竭，流入西护城河	景观	
58	裕宏泉	五龙潭公园内	块石砌岸L形	渗流，常年不竭，流入西护城河	景观	
59	聪耳泉	五龙潭公园内	石砌不规则形	渗流，常年不竭，流入西护城河	景观	
60	黑虎泉	解放阁西南，护城河南岸	石砌长方池	涌流，常年不竭，流向护城河	景观	金、明、清、新
61	白石泉	解放阁南，护城河北侧	假山石砌不规则	涌珠，常年不竭，流入护城河	景观	新
62	九女泉	解放阁南，护城河北侧	假山石砌不规则	涌珠，常年不竭，流入护城河	景观	新
63	琵琶泉	环城公园黑虎泉西	石砌长方池	涌珠，常年不竭，流入护城河	景观	清、新
64	玛瑙泉	环城公园黑虎泉东	石砌长方池	涌珠，常年不竭，流入护城河	景观	新
65	五莲泉	环城公园琵琶泉西，护城河南侧河中	石砌长方不规则	涌珠，常年不竭，流入护城河	景观	

续表3-1

序号	泉 名	泉 址	泉池结构形状	泉水出露形态及流向	泉水主要用途	备 注
66	一虎泉（缪家泉）	环城公园内护城河南岸，五莲泉西	假山石砌不规则	涌水，常年不竭，流入护城河	景观	
67	金虎泉	环城公园内护城河南侧，一虎泉西	石砌长方池	涌珠，常年不竭，流入护城河	景观	金
68	汇波泉	环城公园内护城河南岸	假山石砌不规则	涌水，常年不竭，流入护城河	景观	
69	对波泉	环城公园内护城河北岸	石砌长方形	涌珠，常年不竭，流入护城河	景观	
70	豆芽泉	环城公园护城河南岸	石砌长方池	渗流，常年不竭，积水成池	景观	
71	南珍珠泉	环城公园五莲泉东北侧护城河中	无池，有碑	涌珠，常年不竭，流入护城河	景观	金、明
72	任 泉	环城公园护城河北岸下	半石砌不规则形	涌水，常年不竭，流入护城河	景观	
73	胤嗣泉	环城公园内护城河南岸	假山石砌不规则	涌珠，常年不竭，流入护城河	景观	
74	古鉴泉	环城公园护城河南岸	假山石砌不规则	涌水，常年不竭，流入西护城河	景观	金、清，2000年移址重建
75	寿康泉	环城公园护城河南岸，古鉴泉西	石砌长方池	涌珠，常年不竭，流入护城河	景观	
76	珍珠泉	省人大常委会机关院内	石砌长方池	涌珠，常年不竭，流入濯缨湖	景观	金、明、清、新
77	溪亭泉	省人大常委会机关院内	石砌长方池	渗流，常年不竭，积水成池	景观	金、明、清、新
78	散水泉	省人大常委会机关院内	石砌方池	渗流，常年不竭，积水成池	景观	金、明、新
79	濋 泉	省人大常委会机关院内	石砌方池	渗流，常年不竭，积水成池	景观	清、新
80	承运泉	省人大常委会机关院内	石砌长方池	渗流，常年不竭，积水成池	景观	★2009年8月命名
81	存心泉	省人大常委会机关院内	石砌长方池	渗流，常年不竭，积水成池	景观	★2009年8月命名
82	九角泉	省人大常委会机关院内	石砌圆井	渗流，常年不竭，积水成池	景观	★
83	濯缨泉（王府池）	王府池子街中段	石砌长方池	涌珠，常年不竭，注入大明湖	景观	金、明、清、新
84	腾蛟泉	王府池子街北首路东	石砌长方池	涌流，常年不竭，积水成池	景观	清、新
85	小王府池	王府池子街41号门前	石砌长方池	涌珠，常年不竭，汇入王府池子	景观	
86	神庭泉	王府池子街41号院内	石砌长方形	渗流，常年不竭，积水成池	生活	
87	玉枕泉	王府池子街39号院内	石砌长方池	渗流，常年不竭，积水成池	生活	
88	灰 泉	王府池子街濯缨泉西北侧	水泥长方池	渗流，常年不竭，汇入王府池子	景观	金、明

续表3-1

序号	泉 名	泉 址	泉池结构形状	泉水出露形态及流向	泉水主要用途	备 注
89	知鱼泉	王府池子街6号院内	石砌圆井	井泉，常年不竭，积水成井	景观	金、明
90	清 泉	王府池子街19号	砖石圆井	井泉，常年不竭，积水成井	生活	2007年12月命名
91	起凤泉	起凤桥街9号院内	石砌长方池	渗流，常年不竭，积水成池	景观	
92	平 泉	金菊巷1号旁门内	砖石砌长方池	渗流，常年不竭，积水成池	生活	
93	银珠泉	平泉胡同11号	石砌圆井	井泉，常年不竭，积水成井	生活	2007年12月命名
94	源 泉	西更道街20号	砖石圆井	井泉，常年不竭，积水成井	生活	2007年12月命名
95	云楼泉（白云泉）	西更道街4号院内	石砌圆井	井泉，常年不竭	生活	金
96	碧玉泉	西更道街2号	砖石圆井	井泉，常年不竭，积水成井	生活	2007年12月命名
97	刘氏泉	曲水亭街南首，西更道街北端路西	石砌方形	渗流，常年不竭，汇入曲水亭	景观	金、明
98	佐泉	曲水亭街15号西屋	水泥方形	渗流，常年不竭，积水成井	生活	★2013年2月命名
99	佑泉	曲水亭街15号东屋	水泥长方形	渗流，常年不竭，积水成池	生活	★2013年2月命名
100	芙蓉泉	芙蓉街69号院外	石砌长方池	渗流，常年不竭，流入泮池	景观	金、明、清、新
101	南芙蓉泉	芙蓉街132号院内	水泥长方形	渗流，常年不竭，积水成池	景观	
102	水芸泉	芙蓉街95号	砖石方池	井泉，常年不竭，积水成井	生活	2007年12月命名
103	苏家井	芙蓉街76号院内	水泥井形	井泉，常年不竭，积水成井	—	屋内覆盖
104	无名泉	芙蓉街73号院内	砖砌井形	井泉，常年不竭	生活	2012年调查编入
105	水华泉	芙蓉街61号	砖石圆井	井泉，常年不竭，积水成井	生活	2007年12月命名
106	水芝泉	芙蓉街5号	石砌井形	井泉，常年不竭，积水成井	生活	2007年12月命名
107	关帝庙泉	芙蓉街38号关帝庙内	石砌井形	井泉，常年不竭，积水成井	景观	★2013年2月命名
108	武库泉	芙蓉街38号北邻	石砌井形	井泉，常年不竭，积水成井	生活	★2013年2月命名
109	泮 池	庠门里街南端	石砌不规则形	渗流，常年不竭，流入大明湖	景观	
110	岱宗泉	岱宗街南首路东	石砌圆井	井泉，常年不竭，积水成井	景观	
111	厚德泉	后宰门街97号	石砌井形	井泉，常年不竭，积水成井	生活	2009年8月命名

续表3-1

序号	泉 名	泉 址	泉池结构形状	泉水出露形态及流向	泉水主要用途	备 注
112	珍 池	珍池街中段	石砌扇形	渗流，常年不竭，流入百花洲	景观	
113	王庙池	珍池南邻	石砌长方池	渗流，常年不竭，积水成池	景观	
114	同元井	珍池街1号	水泥井形	井泉，常年不竭，积水成井	生活	2013年2月命名
115	院后泉	院后街9号	石砌方池	渗流，常年不竭，积水成池	生活兼景观	2009年8月命名
116	院北泉	院后街16号	石砌井形	井泉，常年不竭，积水成井	生活	2013年2月命名
117	兴隆泉	小兴隆街13号	石砌圆井	井形，常年不竭，积水成井	生活	★2013年2月命名
118	永安泉	县西巷商业街北首	水泥长方池	涌水，常年不竭，积水成池	景观	★
119	无名泉	县西巷商业街路西中段	石砌方池	渗流，常年不竭，积水成池	景观	★
120	县东泉	县东巷79号	石砌方井	井泉，常年不竭，积水成井	景观	★2009年8月命名
121	舜井（舜泉）	舜井街中段路西	石砌圆井	井泉，常年不竭，积水成井	景观	金、明、清、新
122	涌锡泉	泉城路335号	砖石方井	渗流，常年不竭，积水成井	生活	
123	凤翥池	省政府院内	石砌方池	渗流，常年不竭，积水成池	景观	
124	玉乳泉	省政府院内西部，凤翥池西北	石砌不规则形	涌水，常年不竭，积水成池	景观	
125	雪 泉	西公界街 2 号院内	石砌方池	渗流，常年不竭，积水成池	景观	
126	放生池	西公界街 3 号院内	石砌方池	渗流，常年不竭，积水成池	景观	
127	公界泉	西公界街40号	水泥井形	井泉，常年不竭，积水成井	生活	★2013年2月命名
128	玉环泉	省府前街中段路西	石砌双圆井	渗流，常年不竭，积水成井	景观	金、明、清、新
129	双忠泉	双忠祠街西首路北	石砌长方池	渗流，常年不竭，积水成池	景观	清、新，2004年移址重建
130	不匮泉	双忠祠街33号院内	石砌长方形	渗流，常年不竭，积水成池	景观	
131	广福泉	双忠祠街12号大门内西侧	石砌长方池	渗流，常年不竭，积水成池	景观	
132	天净泉	双忠祠街21号	石砌方池	渗流，常年不竭，积水成池	生活	2007年12月命名
133	启福泉	启明街35号	砖石圆井	井泉，常年不竭，积水成井	生活	2013年2月命名
134	启禄泉	启明街41号	水泥圆井	井泉，常年不竭，积水成井	生活	2013年2月命名

续表3-1

序号	泉　名	泉　址	泉池结构形状	泉水出露形态及流向	泉水主要用途	备　注
135	启寿泉	启明街47号	石砌长方池	渗流，常年不竭，积水成池	生活	2013年2月命名
136	华家井	启明街49号东侧路北	石砌井形	井泉，常年不竭，积水成井	景观	
137	启喜泉	启明街87号	石砌圆井	井泉，常年不竭，积水成井	生活	2013年2月命名
138	无名泉	启明街101号	圆井形	渗流，几近枯竭	弃用	
139	无名泉	太平寺街2号	圆井形	渗流，几近枯竭	弃用	
140	无名泉	太平寺街6号	圆井形	渗流，几近枯竭	弃用	
141	太平井	太平胡同5号	水泥井形	井泉，常年不竭，积水成井	生活	★2013年2月命名
142	福德泉	孟家胡同1号	石砌井形	井泉，常年不竭，积水成井	生活	★2013年2月命名
143	孟家井	孟家胡同7号	水泥圆井	井形，常年不竭，积水成井	生活	★2013年2月命名
144	状元井	鞭指巷9号	石砌井形	井泉，常年不竭，积水成井	生活	★2013年2月命名
145	鞭子井	鞭指巷 31 号	砖石圆井	井泉，常年不竭，积水成井	生活	2013年2月命名
146	昇仙泉	西城根街44号	水泥长方池	渗流，常年不竭，积水成池	生活	★2009年8月命名
147	太极泉	大明湖路西端路西，市七职专院内	水泥长方形	涌水，常年不竭，积水成池	景观	
148	扇面泉	大明湖南侧，原省图书馆院内	石砌扇形	渗流，常年不竭，积水成池	景观	
149	司家井	大明湖公园南岸，司家大院内	石砌圆井	井泉，常年不竭，积水成井	景观	
150	感应井泉	大明湖公园北极庙东侧	石砌方池圆井	井泉，常年不竭，积水成井	景观	
151	青龙泉	东青龙街路西，护城河东岸	长方形石栏围泉	涌水，泻入护城河	景观	2012年调查编入
老城区外及历城区境泉水						
152	龙　泉	历下区千佛山兴国禅寺西门内南侧	石砌不规则形	渗流，常年不竭，积水成池	景观	
153	佛慧泉	千佛山南门东300米牌坊下	自然形	断流，季节性泉，积水成池	景观	
154	甘露泉	历下区佛慧山开元寺遗址石碑西6米	半石砌圆形	渗流，常年不竭，积水成洼	景观	金、明、清、新
155	长生泉	佛慧山开元寺遗址东侧石壁下	岩洞	渗流，常年不竭，积水成池	景观	
156	漏水泉	佛慧山南山坡漏水桥西	石凿不规则形	滴水，常年不竭，积水成洼	景观	

续表3-1

序号	泉 名	泉 址	泉池结构形状	泉水出露形态及流向	泉水主要用途	备 注
157	砚 池	历下区姚家街道砚池山北	石凿不规则形	涌流，常年不竭，积水成塘	景观	新
158	琵琶泉	东外环路西侧，燕子山东脚下	水泥长方池	断流，季节性泉，积水成池	景观	
159	浆水泉	姚家街道浆水泉村东，回龙山西	石凿不规则形	涌流，常年不竭，积水成洼	景观	清、新
160	无名泉	浆水泉北30米处	石砌长方形	渗流，常年不竭，积水成池	生活	★
161	仰 泉	姚家街道浆水泉水库底部东南侧	石凿不规则形	断流，季节性泉	景观	
162	黄龙泉	浆水泉水库坝东北约百米处游览路旁	水泥长方形	断流，季节性泉，积水成池	景观	
163	牛腚泉	浆水泉水库南300米牛腚山峪东侧	峪中岩孔	断流，季节性泉，流入河道	景观	
164	皮狐泉	浆水泉水库坝中段东部	自然形	渗流，常年不竭，积水成洼	饮用	★
165	西沟峪泉	浆水泉水库坝西侧峪中	水泥方池	渗流，常年不竭，积水成池	生活	
166	上 泉	东外环路东南拐角处，老虎山东脚下	自然形	涌水，常年不竭，积水成洼	景观	
			水泥井形	涌水，常年不竭，积水成洼	景观	
167	林汲泉	历下区龙洞风景区佛峪寺东崖	石砌不规则形	涌流，常年不竭，流入河道	景观	金、清、新
168	露华泉	龙洞风景区南佛峪寺内石壁处	石砌不规则形	渗流，常年不竭，积水成池	景观	
169	壶嘴泉	龙洞风景区般若寺西山涧内	石砌长方形	断流，季节性泉，积水成池	景观	
170	金龙泉	龙洞风景区佛峪寺北首东坡	石砌长方池	涌水，常年不竭，积水成池	景观	
171	金沙泉	龙洞风景区寿圣院西北藏龙涧内	井状	—	—	金、明、清
172	白龙泉	龙洞风景区寿圣院西北	自然形	—	—	金、明、清
173	黑龙泉	龙洞风景区寿圣院西北	自然形	—	—	明、清
174	悬珠泉	龙洞风景区寿圣院洞口石壁上	石壁渗滴	断流，季节性泉	景观	明、清
175	一指泉	龙洞风景区寿圣院遗址西侧	石砌井形	渗流，常年不竭，积水成池	饮用	1997年《济南市志》收录，2012年5月查实。
176	白云泉	龙洞风景区白云山上	石砌方池	渗流，常年不竭，积水成池	景观	
177	凤凰池	龙洞风景区马蹄峪	石砌不规则形	涌水，常年不竭，积水成塘	景观	
178	老鸹泉	龙洞风景区白龙泉北200米	自然形	渗流，常年不竭，积水成洼	农用	★

续表3-1

序号	泉名	泉址	泉池结构形状	泉水出露形态及流向	泉水主要用途	备注
179	老君泉（老君井）	龙洞风景区门口老君崖下	石砌井池	常年不竭，积水成井	饮用	
180	无名泉	龙洞风景区停车场南500米	半石砌不规则形	渗流，常年不竭，积水成池	景观	★
181	水洞子泉	龙洞街道龙洞村西	自然形	渗流，常年不竭，积水成洼	景观	★
182	无名泉	历下区龙洞街道龙洞村东	石砌不规则形	渗流，常年不竭，积水成池	饮用	★
183	无影潭	天桥区无影山路游园内	石砌不规则形	涌流，常年不竭，积水成塘	景观	新
184	小无影潭	天桥区无影山中路与无影山路交叉口	石砌不规则形	渗流，常年不竭，积水成塘	景观	
185	田庄苇塘	天桥区泺口街道田庄村	石砌方池	渗流，常年不竭，积水成池	景观	
186	铁匠泉	天桥区洋涓庄222-1号东侧，药山下	石砌方形	渗流，常年不竭，积水成池	饮用	★2013年2月命名
187	蕊珠泉	市中区十六里河街道玉函山佛峪寺内	石凿长方池	滴流，常年不竭，积水成池	饮用	
188	灰泉	十六里河街道玉函山山腰北坡	自然形	渗流，常年不竭，积水成洼	景观	
189	鹁鸪泉	十六里河街道玉函山山腰	自然形	断流，季节性泉	—	
190	大泉	十六里河街道玉函山安息园内	石砌长方池	涌流，常年不竭，积水成池	景观	
191	无名泉	十六里河街道玉函山安息园内	石砌不规则形	渗流，常年不竭，积水成池	景观	★
192	东峪泉	十六里河街道柏石峪村中	石砌长方形	渗流，常年不竭，积水成池	景观	
193	沛泉	十六里河街道柏石峪村西	石砌长方池	渗流，常年不竭，积水成池	饮用	
194	南泉井	十六里河街道花山峪村	石砌方池	渗流，常年不竭，积水成池	饮用	
195	北泉井	十六里河街道花山峪村	水泥圆井	渗流，常年不竭，积水成井	饮用	
196	永清泉	十六里河街道花山峪村南	石砌方池	渗流，常年不竭，积水成池	饮用	1997年《济南市志》收录，2012年5月查实
197	鹿泉	十六里河街道石匣村南山腰	石砌方池	渗流，季节性泉	饮用	金
198	双龙泉	十六里河街道石匣村东	石砌长方池	渗流，常年不竭，积水成池	农用	★
199	大汩泉	十六里河街道石匣村西	石砌方池	涌水，常年不竭，汇水成溪	生活	★
200	大岭泉	市中区兴隆街道大岭村东山脚下	半石砌不规则	渗流，常年不竭，积水成塘	农用	

续表3-1

序号	泉 名	泉 址	泉池结构形状	泉水出露形态及流向	泉水主要用途	备 注
201	金鱼泉	兴隆街道矿（钅广）村佛峪钓鱼台东	石砌长方形	线状流，常年不竭	—	
202	逻岩泉	兴隆街道矿（钅广）村佛峪崖下	岩缝	渗流，常年不竭	景观	★
203	白花泉	兴隆街道白花泉村东	石砌长方池	渗流，常年不竭，积水成池	农用	明
204	斗母泉（窦姑泉）	兴隆街道斗母泉村北	石砌方池	涌水，常年不竭，蓄水成池	饮用兼景观	清、新
205	小 泉	兴隆街道斗母泉村北部	石砌长方池	渗流，常年不竭，积水成池	农用	
206	南岭泉	兴隆街道斗母泉村宝兴山生态陵园内	石砌方池	渗流，常年不竭，积水成池	饮用	
207	南圈泉	兴隆街道南圈村西	水泥长方池	渗流，常年不竭，积水成池	饮用	
208	边庄北泉	兴隆街道边庄村	石砌长方池	渗流，常年不竭，积水成池	饮用	
209	边庄南泉	兴隆街道边庄村	石砌长方池	渗流，常年不竭，积水成池	饮用	
210	边庄西泉	兴隆街道边庄村西	石砌长方池	渗流，常年不竭，积水成池	饮用	
211	西坡南泉	兴隆街道西坡村中部	石砌长方池	渗流，常年不竭，积水成池	饮用	
212	西坡北泉	兴隆街道西坡村南	石砌长方池	渗流，常年不竭，积水成池	饮用	
213	寄宝泉	兴隆街道磵堡峪村1号	石砌方池	渗流，常年不竭，积水成池	饮用	
		兴隆街道磵堡峪村	石砌圆井	渗流，常年不竭，积水成井	饮用	
		兴隆街道磵堡峪村西北	石砌方井	渗流，常年不竭，积水成池	饮用	
214	吴家泉	党家街道土屋村东南	石砌长方池	断流，季节性泉	农用	
215	姑嫂泉	党家街道蛮子庄金拱岭北坡	石砌长方池	渗流，常年不竭，积水成池	饮用	
216	圣池泉	历城区仲宫镇北道沟村	石砌方池	线状流，常年不竭，积水成池	饮用兼景观	
217	上水泉	仲宫镇马家庄杨家寨山西南	自然形	线流，常年不竭，积水成池	饮用	
218	东老泉	仲宫镇东老泉村南	石砌长方形	渗流，常年不竭，积水成池	饮用	★
219	西老泉	仲宫镇西老泉村东	水泥长方井	井泉，常年不竭，积水成井	饮用	
220	犁峪泉	仲宫镇西老泉村西	自然形	断流，季节性泉，流入河道	景观	
221	梨峪泉	仲宫镇王府庄西	石砌长方池	涌流，季节性泉，积水成池	饮用	

续表3-1

序号	泉 名	泉 址	泉池结构形状	泉水出露形态及流向	泉水主要用途	备 注
222	西 泉	仲宫镇王府庄西	自然形	涌流，常年不竭，流入水池	饮用兼灌溉	
223	穆家泉	仲宫镇穆家庄西山脚	自然形	线状流，常年不竭，积水成池	饮用	
224	打虎泉	仲宫镇北草沟村南峪	自然井形	渗流，季节性有水，积水成洼	饮用	★
225	崔家泉	仲宫镇崔家庄东卧虎山	自然形	渗流，常年不竭，积水成洼	饮用兼灌溉	★
226	簸箩泉	仲宫镇朱家庄西南	自然圆池	断流，季节性泉	农用	
227	蜜脂泉	仲宫镇西董家庄西	自然岩缝	断流，季节性泉	—	
228	南 泉	仲宫镇左而庄南	石砌不规则形	渗流，常年不竭，流入河道	饮用兼灌溉	★
229	醴 泉	历城区仲宫镇康王山南坡	水泥方池	渗流，常年不竭，积水成池	饮用	明、清
230	崔家泉	仲宫镇小并渡口村北，郭而老山南坡	石砌长方池	涌水，常年不竭，积水成池	饮用	
231	青龙泉	仲宫镇仲南大桥南，郭而老山西北坡	半石砌不规则形	涌流，常年不竭，流入河道	饮用兼灌溉	
232	南 泉	仲宫镇南泉寺旧址	石砌方池	渗流，常年不竭，积水成池	饮用兼灌溉	
233	永清泉	仲宫镇南泉寺旧址	石砌长方池	渗流，常年不竭，积水成池	饮用	
234	泉子峪泉	仲宫镇于家洼村	石砌方池	涌水状，常年不竭，积水成池	饮用兼灌溉	
235	水石屋泉	仲宫镇邱家村南青龙山脚	石凿不规则形	渗流，常年不竭，积水成洼	饮用兼灌溉	
236	小峪泉	仲宫镇稻池村南	石砌长方池	涌水，常年不竭，积水成池	农用	
237	朱家峪泉	仲宫镇稻池村牛尾山根	自然形	断流，季节性泉，流入河道	景观	
238	四清泉	仲宫镇廒而庄南明真观	石砌方池	涌流，常年不竭，积水成池	饮用	
239	大 泉	仲宫镇大泉村	石砌不规则形	涌流，常年不竭，积水成塘	景观	新
240	悬 泉	仲宫镇大泉庄南	石砌不规则形	断流，季节性泉，流入河道	景观	金、明、清
241	凉水泉	仲宫镇凉水泉村南	水泥长方池	涌流，常年不竭，积水成池	饮用	
242	白云泉	仲宫镇白云村	水泥长方池	涌流，常年不竭，积水成池	饮用	
243	阴阳泉	仲宫镇孤山西侧，大佛路桥西	半石砌长方形	涌流，常年不竭，积水成池	饮用	
244	道士泉	仲宫镇大佛寺村南拦河坝下	自然岩缝	线状流，常年不竭，流入河道	饮用	明

续表3-1

序号	泉 名	泉 址	泉池结构形状	泉水出露形态及流向	泉水主要用途	备 注
245	清 泉	仲宫镇大佛寺村南道士泉北侧	自然形	线状流，常年不竭，流入河道	饮用	
246	陈家老泉	仲宫镇大佛寺村委东	石砌圆井	井泉，常年不竭，积水成井	饮用兼灌溉	
247	莲花泉	仲宫镇大佛寺村北	水泥长方形	线流，常年不竭，积水成池	饮用	★
248	老庄泉	仲宫镇老庄村内	石砌长方形	井泉，常年不竭，积水成井	饮用	
249	南甘露泉	仲宫镇老庄村东沟，大佛造像东	半石砌长方池	涌流，常年不竭，积水成池	农用	明
250	百花泉	仲宫镇北崖村	石砌长方池	涌流，常年不竭，积水成池	饮用兼灌溉	
251	灰 泉	仲宫镇东崖村	半石砌长方形	线状流，常年不竭，积水成池	饮用兼灌溉	
		仲宫镇东崖村	自然形	断流，季节性泉	农用	
252	老 泉	仲宫镇东崖村东中段	半石砌长方形	滴水，常年不竭，积水成池	饮用	
253	琵琶泉	仲宫镇黄崖村北	自然岩缝	滴水，常年不竭，流入河道	饮用	
254	柳 泉	仲宫镇北坡村柳泉观	石砌椭圆井	井泉，常年不竭，积水成井	灌溉兼景观	金、明
255	凤凰泉	仲宫镇北坡村	石砌长方形	涌流，常年不竭，积水成池	饮用	
256	灰 泉	仲宫镇灰泉村北，青铜山南鸡冠岭下	石砌长方井	涌水，常年不竭，积水成池	饮用	
257	林 泉	仲宫镇灰泉村北	石砌长方形	滴水，常年不竭，积水成池	农用	
258	车 泉	仲宫镇车川村东车泉广场北	石砌不规则形	涌流，常年不竭，积水成池	饮用兼景观	金、明
259	黄钱峪泉	仲宫镇黄钱峪村正北	水泥长方池	涌流，常年不竭，积水成池	饮用	
260	韩家泉	仲宫镇韩家泉村南	石砌方池	渗流，常年不竭，积水成池	饮用	
261	杨家泉	仲宫镇金钢纂村东	水泥长方池	涌流，常年不竭，积水成池	饮用	
262	枯 泉	仲宫镇仁里村南	半石砌不规则形	渗流，常年不竭，积水成塘	景观兼工业用	
263	圣水泉	仲宫镇红叶谷生态文化旅游区内	假山石砌不规则	涌流，常年不竭，流入河道	景观	新
264	月牙泉	仲宫镇上核桃园村	石砌不规则形	渗流，常年不竭，积水成洼	农用	★
265	南 泉	仲宫镇西邱村南	水泥长方形	渗流，常年不竭，积水成池	饮用兼灌溉	★
266	香炉泉	仲宫镇出泉沟水库下	自然岩缝	渗流，常年不竭，积水成洼	饮用	

续表3-1

序号	泉 名	泉 址	泉池结构形状	泉水出露形态及流向	泉水主要用途	备 注
267	五岭泉	仲宫镇出泉沟村南500米处	石砌长方形	渗流，常年不竭，积水成洼	饮用兼灌溉	★
268	谢家泉	仲宫镇出泉沟村村南	水泥井形	井泉，常年不竭，积水成井	饮用	★
269	双盆泉（南泉）	仲宫镇南高而村南，黑山寨北山根	石砌长方池	断流，季节性泉，流入河道	饮用	
270	白花泉	仲宫镇孙家崖村泉子岭	水泥长方池	渗流，常年不竭，积水成池	饮用	
271	咋呼泉	仲宫镇孙家崖村北60米处	自然形	渗流，季节性泉，流入河道	—	★
272	双 泉	仲宫镇孙家崖村北400米处	自然岩缝	渗流，常年不竭，流入河道	生活	★
273	葫芦泉	仲宫镇孙家崖村西450米处	自然形	渗流，常年不竭，流入河道	生活	★2013年2月命名
274	圣水泉	仲宫镇北高而村南河边	石砌长方池	渗流，常年不竭，积水成池	饮用	
275	杨家井	仲宫镇北高而村北	石砌圆井	井泉，常年不竭，积水成井	饮用	
276	青龙泉	仲宫镇北高而村青龙峪中部	石砌长方形	渗流，常年不竭，流入河道	饮用兼灌溉	★
277	天帘泉	仲宫镇西沟村泉子峪	自然形	渗流，常年不竭，流入河道	饮用兼灌溉	★
278	熨斗泉	仲宫镇东沟村东，子房庵遗址处	石砌井形	井泉，常年不竭，积水成井	农用	金、明
279	风斗泉	仲宫镇子房庵遗址，熨斗泉南侧	石砌不规则形	断流，季节性泉，积水成洼	农用	
280	双虎泉	仲宫镇东沟村子房峪东端，铜壁山南坡	石砌井形	井泉，常年不竭，积水成井	饮用	
281	水池泉	仲宫镇汤家庄东河边	石砌方池	渗流，常年不竭，积水成池	饮用	
282	北池泉	仲宫镇汤家庄东北河边	自然形	渗流，常年不竭，积水成洼	饮用	
283	盛 泉	历城区西营镇佛峪村东	石砌长方池	涌流，常年不竭，积水成池	饮用	
284	无名泉	西营镇佛峪村村东	石砌长方池	渗流，常年不竭，积水成池	生活兼灌溉	★
285	南 泉	西营镇道沟村南	水泥长方池	渗流，常年不竭，积水成池	饮用	★
286	枣林泉	西营镇白炭窑村西	无泉池	涌流，季节性泉	—	流向水库
287	朝阳泉	西营镇赵家庄朝阳寺旧址	石砌井形	井泉，常年不竭，积水成井	饮用	
288	拔槊泉	西营镇拔槊泉村东	水泥圆口方井	线状流，常年不竭，积水成池	饮用	
289	灰 泉	西营镇灰泉子村东	石砌方井	井泉，常年不竭，积水成井	饮用	

续表3-1

序号	泉 名	泉 址	泉池结构形状	泉水出露形态及流向	泉水主要用途	备 注
290	饮马泉（浆水泉）	西营镇哭姑顶山顶	石砌长池	渗流，常年不竭，积水成池	饮用	
291	黄路泉	西营镇黄鹿泉顶村	石砌井形	井泉，常年不竭，积水成井	饮用	
292	积米泉（渍米泉）	西营镇积米峪村北	水泥井形	井泉，常年不竭，积水成井	饮用	
293	鸭子泉	西营镇鸭子泉村北	石砌圆井	井泉，常年不竭，积水成井	饮用	
294	永盛泉	西营镇鸭子泉村北	石砌井形	井泉，常年不竭，积水成井	饮用	
			石砌井形	井泉，常年不竭，积水成井	饮用	
295	红岭泉	西营镇红岭村	自然形	渗流，常年不竭，积水成洼	农用	
296	河口泉	西营镇红岭村	石砌不规则形	渗流，常年不竭，积水成洼	农用	★
297	马鞍泉	西营镇红岭村	水泥不规则形	渗流，常年不竭，积水成池	饮用	★
298	滴嗒泉	西营镇龙湾村弹房峪内	石砌方形	渗流，常年不竭，积水成池	景观兼饮用	
299	咋呼泉	西营镇龙湾村，港西路西侧路边	石砌不规则形	渗流，季节性泉	农用	★
300	黄鹿泉	西营镇黄鹿泉村	水泥方池	线状流，常年不竭，积水成池	饮用	
301	历甲泉	西营镇石岭村	水泥井形	井泉，常年不竭，积水成井	饮用	
			石砌长方池	渗流，常年不竭，积水成池	景观	
			石砌长方池	渗流，常年不竭，积水成池	景观	
302	雪花泉	西营镇丁家峪村西北峪	自然形	渗流，常年不竭，积水成洼	饮用	
303	白云泉	西营镇丁家峪村西北峪	自然形	渗流，常年不竭，积水成池	饮用	★2013年2月命名
304	寒 泉	西营镇梯子山村	自然岩缝	渗流，常年不竭，流入河道	景观	
305	南 泉	西营镇梯子山村南	石砌长方形	渗流，常年不竭，积水成塘	饮用	
306	墨林古井	西营镇梯子山村南	石砌圆井	井泉，常年不竭，积水成井	饮用	★
307	柳 泉	西营镇梯子山腰	石砌不规则	渗流，常年不竭，积水成洼	饮用	★
308	无名泉	西营镇王家庄东	水泥井形	渗流，常年不竭，积水成井	饮用	★
309	洪 泉	西营镇降甘村洪泉峪	石砌不规则	渗流，常年不竭，积水成洼	农用	
310	胭脂泉	西营镇后降甘村北	自然形	渗流，常年不竭，积水成洼	饮用兼灌溉	清

续表3-1

序号	泉 名	泉 址	泉池结构形状	泉水出露形态及流向	泉水主要用途	备 注
311	玉 泉	西营镇上阁老村玉泉寺旧址	水泥长方池	涌流，常年不竭，积水成池	饮用	
312	藕池泉	西营镇藕池村大石梁	自然形	涌流，常年不竭，流入河道	饮用	
313	石佛峪泉	西营镇石佛峪村东南	水泥长方形	渗流，常年不竭，积水成池	饮用	★
314	秦口泉	西营镇秦口峪村口	水泥井形	井泉，常年不竭，积水成井	饮用	★
315	老 泉	西营镇秦口峪村	石砌长方池	涌流，常年不竭，积水成池	饮用	
316	小 泉	西营镇秦口峪村	水泥井形	线流，常年不竭，积水成池	饮用	★
317	智公泉（朱公泉）	西营镇智公泉村北上山坡西侧	水泥长方池	涌流，常年不竭，积水成池	饮用	明
		西营镇智公泉村南	水泥长方池	线状流，常年不竭，积水成池	饮用	
318	下罗伽泉	西营镇下罗伽村入口处东侧路北	石砌方池	渗流，常年不竭，积水成池	农用	★
319	长 泉	西营镇下罗伽村	石砌长方池	断流，季节性泉，积水成池	农用	★
320	杏行泉	西营镇杏行子村泉子沟内	石砌井形	井泉，常年不竭，积水成井	饮用	★
321	栗行泉	西营镇栗行村南	自然形	线状流，常年不竭，积水成洼	饮用	
322	黑峪泉	西营镇黑峪村	水泥长方池	断流，季节性泉，积水成池	饮用	
323	会仙泉	西营镇营南坡村东	石砌长方池	断流，季节性泉，积水成池	饮用	
324	下 泉	西营镇营南坡村东	石砌长方池	渗流，常年不竭，积水成池	农用	★
325	林商泉	西营镇营南坡村东	石砌井形	井泉，常年不竭，积水成井	农用	★
326	虎洞泉	西营镇西营村村南河边	自然岩缝	涌流，常年不竭，流入河道	饮用	
327	甘泉（箭杆泉）	西营镇西营村村南河边	自然岩缝	渗流，常年不竭，积水成洼	饮用	
328	三江峪泉	西营镇西营村	石砌方池	断流，季节性泉，积水成池	农用	★
329	水帘洞泉	历城区柳埠镇水帘峡风景区内	石砌不规则形	渗流，常年不竭，积水成洼	景观	
330	淘米泉	柳埠镇水帘峡风景区养生谷北	水泥圆形	渗流，常年不竭，积水成池	景观	★
331	公主泉	柳埠镇水帘峡风景区南侧	石砌长方池	滴流，常年不竭，积水成池	景观	★
332	饮马泉	柳埠镇水帘峡风景区双腰山山脊	石砌方池	渗流，常年不竭，积水成池	景观	★

续表3-1

序号	泉 名	泉 址	泉池结构形状	泉水出露形态及流向	泉水主要用途	备 注
333	苇 泉	柳埠镇水帘峡风景区石画园路旁	石砌方形	渗流，常年不竭，积水成洼	农用	★
334	无名泉	柳埠镇水帘峡风景区药王庙旁	石砌圆池	渗流，常年不竭，积水成池	景观	★
335	安子沟泉	柳埠镇簸箕掌水库东北峪	石砌长方形	渗流，常年不竭，积水成洼	景观	
336	枪杆泉	柳埠镇桃科水库南	水泥长方池	渗流，常年不竭，积水成池	农用	清
			土石水湾	渗流，常年不竭，积水成池	农用	
			石砌长方形	渗流，常年不竭，积水成池	农用	
337	跑马泉	跑马岭野生动物世界饮马湾	自然方形	涌水，常年不竭，积水成池	饮用	★
338	涌清泉	柳埠镇涝峪庄东南	自然形	渗流，常年不竭，汇水成溪	农用	★
339	南园泉	柳埠镇涝峪庄南沟	自然形	渗流，常年不竭，积水成洼	农用	★
340	老鼠洞泉	柳埠镇涝峪村东南大涝峪	自然形	渗流，常年不竭，汇水成溪	饮用	★
			石砌长方形	渗流，常年不竭，积水成池	饮用	
341	石窑泉	柳埠镇石窑村东燕子台水库坝下	水泥圆池	涌水，常年不竭，流入水库	饮用	
342	无名泉	柳埠镇石窑村西南	石砌井形	井泉，常年不竭，积水成井	饮用	★
343	牛蹄泉	柳埠镇孙家坡村东	石砌井形	井泉，常年不竭，积水成井	饮用	★2013年2月命名
344	染池泉	柳埠镇龙门庄东	石砌长方池	渗流，常年不竭，积水成洼	农用	金、明、清
345	苦梨泉	柳埠镇涝洼村东	石砌方池	渗流，常年不竭，积水成井	景观	
346	新开泉	柳埠镇青杨峪村东北	石砌长方池	渗流，常年不竭，积水成池	饮用兼灌溉	★
347	泛 泉	柳埠镇青杨峪村西北	水泥长方形	渗流，常年不竭，积水成池	饮用	★
348	无名泉	柳埠镇曲吕峪村内	半石砌井形	井泉，常年不竭，积水成井	饮用	★
349	泉子峪泉	柳埠镇泉子峪村西南	水泥长方池	渗流，常年不竭，积水成池	饮用	
350	锡杖泉	柳埠镇下海螺峪村	石砌长方池	渗流，常年不竭，积水成池	饮用	清
351	涌 泉	柳埠镇四门塔景区四季村宾馆东侧	石砌长方池	线流，常年不竭，流入河道	景观	清、新
352	神异泉	柳埠镇四门塔景区滴水峪	石砌圆井	井泉，常年不竭，积水成井	景观	
353	滴水泉	柳埠镇四门塔景区滴水峪桥下东侧	半石砌不规则形	断流，季节性泉，积水成池	景观	

续表3-1

序号	泉 名	泉 址	泉池结构形状	泉水出露形态及流向	泉水主要用途	备 注
354	牛膝泉	柳埠镇南山村45号东	石砌长方池	渗流，常年不竭，积水成池	饮用	★2013年2月命名
355	丰乐泉	柳埠镇柳东村天齐庙内	半石垒长方池	断流，季节性泉，积水成池	农用	
356	黄巢泉	柳埠镇黄巢村西	石砌长方池	渗流，常年不竭，汇入河流	农用	★
357	金 泉	柳埠镇下黄瓜峪东南角	石砌不规则形	渗流，常年不竭，积水成池	农用	★
358	三龙潭	柳埠镇龙王崖村黄巢水库大坝西北	天然石潭	渗流，常年不竭，流入水库	饮用	
359	黄路泉	柳埠镇黄路泉村	水泥井形	井泉，常年不竭，积水成井	饮用	1997年版《济南市志》收录
360	赵家泉	泉1在柳埠镇赵家庄西南	水泥井形	井泉 常年不竭，积水成井	饮用	
		泉2在泉1西	无泉池	断流，季节性泉	农用	
		泉3在泉1东	石砌长方池	渗流，常年不竭，积水成池	饮用	
		泉4在泉1南	石砌长方池	渗流，常年不竭，积水成池	饮用	
		泉5在泉1南	水泥长方池	渗流，常年不竭，积水成池	饮用	
361	永乐泉	柳埠镇小槲疃村东山山腰	水泥，长方形	渗流，常年不竭，积水成池	农用	★2013年2月命名
362	无名泉	柳埠镇小槲疃村东山山腰	石砌不规则形	渗流，常年不竭，积水成洼	农用	★
363	川道泉	柳埠镇川道北峪村	石砌井形	井泉，常年不竭，积水成井	饮用	★2013年2月命名
364	马家沟子三泉	柳埠镇马家沟子村南	石砌圆井形	井泉，常年不竭，积水成井	农用	★
365	周家峪泉	柳埠镇周家峪村西北	石砌不规则形	渗流，常年不竭，积水成池	饮用	★2013年2月命名
366	无名泉	柳埠镇周家峪村东北	石砌圆井	井泉，常年不竭，积水成井	饮用	★
367	永乐泉	柳埠镇槲疃村西南	石砌长方池	涌水，常年不竭，积水成池	饮用	★
368	红砂泉	柳埠镇槲树湾公园东北方	石砌圆池	井泉，常年不竭，积水成井	景观	★
369	卧龙池（龙居泉）	柳埠镇里卧龙池村北	石砌方池	渗流，常年不竭，积水成池	饮用	金
		柳埠镇外卧龙池村西南	池石砌，不规则	渗流，常年不竭，积水成洼	农用	
370	琴 泉	柳埠镇亓城苦洪峪口南侧	石砌长方池	渗流，常年不竭，积水成池	景观	清
371	苦苣泉	柳埠镇亓城袁洪峪度假村内北侧崖下	石砌圆井	涌流，常年不竭，流入茶臼河	景观	金、明、清、新
372	避暑泉	柳埠镇亓城袁洪峪度假村避暑泉生态园	水泥圆井	涌流，常年不竭，积水成井	景观	清、新

续表3-1

序号	泉 名	泉 址	泉池结构形状	泉水出露形态及流向	泉水主要用途	备 注
373	试茶泉	柳埠镇亓城村茶臼河边	石砌长方形	渗流，常年不竭，积水成池	景观	清
374	咋呼泉	柳埠镇亓城村南	长方池	渗流，常年不竭，积水成洼	农用	
375	大花泉	柳埠镇北田庄村北山崖下	石砌长方池	渗流，常年不竭，积水成池	饮用	
376	响 泉	柳埠镇凤凰庄东峪中段南坡	石砌长方池	渗流，常年不竭，积水成池	饮用兼灌溉	★
377	缎华泉	柳埠镇九顶塔风景区内南边	石砌长方池	涌流，常年不竭，流入河道	景观	新
378	圣水泉	柳埠镇九顶塔风景区内南边	石砌圆井	井泉，常年不竭，积水成井	景观	
379	尼姑庵泉	柳埠镇孟家村东北	石砌长方池	涌流，常年不竭	农用	
380	观山泉	柳埠镇石桥村东南观山下	石砌长方形	渗流，常年不竭，积水成池	饮用	★
381	无名泉	柳埠镇石桥村西南	石砌井形	井泉，常年不竭，积水成井	饮用	★
382	康 泉	柳埠镇康泉村北	石砌方池	渗流，常年不竭，积水成池	工业用	
383	冰冰泉	柳埠镇冬冻台村南	石砌长方形	渗流，常年不竭，积水成池	饮用	清
384	泥淤泉（印度泉）	柳埠镇泥淤泉村街旁	石砌方井	涌流，常年不竭，流入河道	景观	清、新
385	水 泉	泉1在柳埠镇水泉村综合商店对面	石砌方形	滴水状，常年不竭，积水成池	饮用	
		泉2在柳埠镇水泉村南	石砌方形	渗流，常年不竭，积水成池	农用	
		泉3在柳埠镇水泉村南	石砌井形	井泉，常年不竭，积水成井	饮用	
386	鹿跑泉	柳埠镇鹿跑泉村西	石砌不规则形	渗流，常年不竭，流入水库	农用	明
387	无名泉	柳埠镇鹿跑泉村西	石砌井形	井泉，常年不竭，积水成井	饮用	★
388	无名泉	柳埠镇鹿跑泉村西	石砌井形	井泉，常年不竭，积水成井	饮用	★
389	突泉（都泉）	柳埠镇突泉村皇姑庵遗址	水泥方池	涌流，常年不竭，流入河道	景观	金、明、清、新
390	凉湾泉	柳埠镇突泉村西南河崖下	半石砌不规则形	渗流，常年不竭，流入河道	景观	
391	水帘泉	柳埠镇突泉村西南河崖下，凉湾泉北	半石砌不规则形	渗流，常年不竭，积水成池	饮用	★
392	淌豆泉	历城区港沟街道伙路村南淌豆寺旧址	自然形	渗流，常年不竭，积水成池	饮用	
393	玉漏泉	港沟街道芦芽岭村南云台寺	自然岩洞	渗流，常年不竭，积水成池	饮用	

续表3-1

序号	泉 名	泉 址	泉池结构形状	泉水出露形态及流向	泉水主要用途	备 注
394	甘露泉	港沟街道芦芽岭村南云台寺	水泥长方形	渗流，常年不竭，积水成池	饮用	★
395	大 泉	港沟街道桃科村麒麟山阴	石砌方池	渗流，常年不竭，积水成池	饮用	
396	东流泉	港沟街道郭家庄朱凤山乡义寺	石砌不规则形	渗流，常年不竭，积水成洼	饮用	
397	西天神泉	港沟街道郭家庄乡义寺	自然形	渗流，常年不竭，积水成洼	饮用	
398	大 泉	港沟街道坞西村西	自然形	线状流，常年不竭，积水成洼	饮用	
399	滴水泉	港沟街道坞东村北高速路下南端桥东	自然岩壁	滴水状，常年不竭，积水成洼	饮用	金、明
400	老井泉	港沟街道坞东村东南	石砌圆井	井泉，常年不竭，积水成井	饮用	
401	灰 泉	港沟街道坞东村东	土石岩缝	渗流，常年不竭，流入河道	饮用	
402	东峪泉	港沟街道坞东村东	自然形	渗流，常年不竭，积水成池	饮用	
403	小井子泉	港沟街道坞东村南	石砌井形	井泉，常年不竭，积水成井	饮用	★
404	玉河泉	历城区彩石镇玉河泉村内河底	石砌长方池	涌流，常年不竭，流入河道	景观	新
405	老玉河泉	彩石镇玉河泉村内	石砌长方池	渗流，常年不竭，积水成池	饮用	
406	响呼噜泉	彩石镇玉河泉村西南	石砌圆井	井泉，常年不竭，积水成井	饮用	
407	东 泉	彩石镇玉河泉村内幸福路旁	石砌长方池	渗流，常年不竭，积水成池	饮用	
408	院内泉	彩石镇玉河泉村56号院内	水泥长方池	渗流，常年不竭，积水成池	饮用	
409	炸鼓泉	彩石镇万粮峪村	石砌长方形	断流，常年不竭，积水成池	农用	
410	下雨泉	彩石镇万粮峪村	自然形	断流，季节性泉，流入河道	农用	
411	无名泉	彩石镇万粮峪村47号院内	水泥井形	断流，季节性泉，积水成井	饮用	★
412	南小泉	彩石镇徐家场村东南	石砌井形	井泉，常年不竭，积水成井	农用	
413	南山泉	彩石镇磨盘峪陈家村	石砌井形	井泉，常年不竭，积水成井	饮用	
414	北井泉	彩石镇磨盘峪陈家村	石砌井形	井泉，常年不竭，积水成井	饮用	
415	三井泉	彩石镇磨盘峪吴家村	石砌井形	井泉，常年不竭，积水成井	饮用	
416	芦井泉	彩石镇磨盘峪芦家村	石砌井形	井泉，常年不竭，积水成井	饮用	

续表3-1

序号	泉 名	泉 址	泉池结构形状	泉水出露形态及流向	泉水主要用途	备 注
417	肖南井	彩石镇磨盘峪肖家村	石砌井形	井泉，常年不竭，积水成井	饮用	
418.	青龙泉	彩石镇青龙峪村东沟	半石砌方形	渗流，常年不竭，流入河道	饮用兼灌溉	★
419	青龙峪南泉	彩石镇青龙峪村南	石砌方池	渗流，常年不竭，积水成池	饮用	★
			石砌长方池	渗流，常年不竭，积水成池	饮用	
			石砌方池	渗流，常年不竭，积水成池	饮用	
420	虎门泉	彩石镇虎门村东南峪	水泥长方形	渗流，常年不竭，积水成池	饮用	
421	猪拱泉	彩石镇虎门村北河东崖	石砌不规则形	渗流，常年不竭，积水成洼	饮用	
422	忠 泉	彩石镇中泉村东南峪	水泥长方形	渗流，常年不竭，积水成池	饮用	2012年查实埋于路下
423	咋呼泉	彩石镇中泉村南河东	自然形	渗流，常年不竭，积水成洼	农用	
424	鸡跑泉	彩石镇中泉村南河西	自然形	渗流，常年不竭，流入河道	农用	★
425	柳 泉	彩石镇柳泉村	石砌井形	渗流，常年不竭	—	
426	无名泉	彩石镇柳泉村西	石砌圆井	井泉，常年不竭，积水成井	饮用	★
427	黑虎泉	彩石镇岔峪村	自然形	涌流，季节性泉，流入河道	农用	
428	仙人堂泉	彩石镇路相村北	石砌井形	井泉，常年不竭，积水成井	饮用	
429	响 泉	彩石镇西捎进村河边东南	石砌井形	井泉，常年不竭，积水成井	饮用	
430	义和泉	彩石镇韩家峪村南	石砌长方形	渗流，常年不竭，积水成池	饮用	
431	白胡子老头泉	彩石镇韩家峪村南	自然井形	断流，季节性泉，积水成井	—	
432	虎啸泉	彩石镇杏峪村北	石砌不规则形	断流，季节性泉，流入河道	农用	
433	南峪泉	彩石镇西丝峪村南	石砌圆井	井泉，常年不竭，积水成井	农用	
434	黄路泉	彩石镇黄路泉村东	石砌长方池	渗流，常年不竭，积水成井	农用	
435	无名泉	彩石镇黄路泉村	石砌井形	井泉，常年不竭，积水成池	饮用	★ 养鸡场污染停用
436	断岩泉	彩石镇断岩村	石砌井形	井泉，常年不竭，积水成井	饮用	
437	无名泉	彩石镇断岩村药王庙南	水泥长方形	渗流，常年不竭，积水成池	饮用	★

续表3-1

序号	泉 名	泉 址	泉池结构形状	泉水出露形态及流向	泉水主要用途	备 注
438	石瓮泉	彩石镇石瓮峪村	石凿成圆形	渗流，常年不竭，积水成池	农用	
439	康 泉	彩石镇康泉村北	石砌长方池	渗流，常年不竭，积水成池	农用	
440	无名泉	彩石镇康泉村	石砌圆井	渗流，常年不竭	饮用	
441	井子峪泉	彩石镇井子峪村西北	石砌圆井	井泉，常年不竭，积水成井	饮用	
			石砌圆井	井泉，常年不竭，积水成井	饮用	
442	无名泉	彩石镇井子峪村	水泥井形	井泉，常年不竭，积水成井	饮用	★
443	黄歇泉	彩石镇黄歇村西	石砌长方形	渗流，常年不竭，积水成池	饮用	
444	无名泉	彩石镇黄歇村西北	半石砌不规则形	渗流，常年不竭，积水成洼	工业用	★
445	老井泉	彩石镇南泉村河南崖	石砌圆井	井泉，常年不竭，积水成井	饮用	
446	滴水泉	彩石镇南泉村北	自然岩缝	井泉，常年不竭，积水成池	饮用	
447	冰心泉	彩石镇南泉村西北河南崖	石砌长方形	断流，季节性泉，积水成池	农用	
448	南 泉	彩石镇南泉村	自然形	渗流，常年不竭，流行河道	生活	★
449	孔 井	彩石镇南泉村北	自然形	断流，季节性泉	农用	★
450	东 泉	彩石镇东泉村河东岸	石砌圆井	井泉，常年不竭，积水成井	饮用	
451	饮马泉	彩石镇东泉村河西南岸	自然岩缝	渗流，常年不竭，积水成洼	农用	
452	无名泉	彩石镇东泉村东	自然形	断流，季节性泉，积水成洼	农用	★
453	无名泉	彩石镇东泉村正南	自然形	断流，季节性泉，流入河道	农用	★
454	三泉峪北泉	彩石镇三泉峪村南北峪	自然岩洞	渗流，季节性泉，积水成洼	农用	
455	三泉峪上泉	彩石镇三泉峪村泉子峪南	自然岩洞	渗流，常年不竭，积水成洼	农用	
456	三泉峪南泉	彩石镇三泉峪村泉子峪	自然岩洞	渗流，常年不竭，积水成洼	饮用	
457	玉河泉	彩石镇北宅科村东，绕城高速路南	水泥长方池	渗流，常年不竭，积水成池	饮用	★
458	红柿泉	彩石镇北宅科村东，绕城高速路南	水泥长方池	渗流，常年不竭，入狼猫山水库	饮用	
459	咋呼泉	彩石镇北宅科村西	石砌不规则形	断流，季节性泉，流入河道	—	流入河道

续表3-1

序号	泉 名	泉 址	泉池结构形状	泉水出露形态及流向	泉水主要用途	备 注
460	清 泉	彩石镇北宅科村西	自然形	渗流，常年不竭，积水成池	饮用	★
461	七井泉	彩石镇东彩石村南	石砌井形	井泉，常年不竭，积水成池	饮用	
462	罐子泉	彩石镇西彩石村西南	自然形	断流，季节性泉，流入河道	—	流向河道
463	双乳泉	历城区巨野河街道李家楼村西	石砌长方形	渗流，常年不竭，积水成池	景观	
464	饮马泉	历城区王舍人街道大辛庄西北	长方形	渗流，常年不竭，积水成池	农用	
465	双宝泉	王舍人街道冷水沟村西南	自然形	渗流，常年不竭，积水成池	—	1997年《济南市志》收录
466	白 泉	历城区鲍山街道纸坊村北	不规则形	淤塞	—	金、明、清
467	草 泉	鲍山街道纸坊村北	不规则形	涌流，常年不竭，积水成洼	农用	清
468	团 泉	鲍山街道纸坊村北	长方池	渗流，常年不竭，积水成池	生活	清
469	丫丫葫芦泉	鲍山街道纸坊村北	不规则形	淤塞	—	
470	鸭旺温泉	历城区临港街道鸭旺口村	人工钻孔	涌流，常年不竭	医疗洗浴用	
471	华 泉	历城区华山风景区华阳宫南	石砌长方池	渗流，常年不竭，流入华山湖	景观	新
长清区境泉水						
472	袈裟泉（独孤泉）	万德镇灵岩寺内地藏殿南	石砌不规则形	渗流，常年不竭，汇水成潭	景观	金、新
473	卓锡泉	灵岩寺内千佛殿东侧岩壁下	水泥不规则池	涌水，常年不竭，汇入泉池	景观	新
474	檀抱泉	灵岩寺第四峪村东	石砌长方池	涌流，常年不竭，注入下方水塘	景观	新
475	双鹤泉	灵岩寺内千佛殿南	水泥不规则形	渗流，常年不竭，积水成池	景观	
476	白鹤泉	灵岩寺内千佛殿南	水泥不规则形	渗流，常年不竭，积水成池	景观	
477	甘露泉	灵岩寺内	石砌长方池	渗流，常年不竭，积水成池	景观	
478	饮虎泉	灵岩寺内积翠岩西北岩下	石砌长方池	断流，季节性泉	景观	
479	上方泉	灵岩寺饮虎池北20米处	石砌长方池	渗流，季节性泉	景观	
480	飞泉（滴水泉）	灵岩寺观音院内	石砌长方池	渗流，常年不竭，积水成池	景观	
481	朗公泉	灵岩寺景区朗公石东南十八亩地北	自然形	断流，季节性泉	景观	

续表3-1

序号	泉 名	泉 址	泉池结构形状	泉水出露形态及流向	泉水主要用途	备 注
482	龙居泉	万德镇坡里庄龙居寺西南	石砌圆井	常年不竭，汇水成井	农用	
483	牛角岭泉	万德镇坡里庄龙居寺西牛角岭山脚	自然形	渗流，常年不竭，积水成池	农用	
484	老鸹岭泉	万德镇坡里庄村西老鸹岭	自然形	渗流，常年不竭，积水成洼	农用	
485	牛鼻泉	万德镇卧龙峪风景区	自然形	渗流，常年不竭，汇入小溪	景观	
486	龙 泉	万德镇东侯庄合龙寺大雄宝殿北侧	水泥井形	渗流，常年不竭，	饮用	
487	合龙泉	万德镇合龙寺内	水泥长方池	渗流，常年不竭，积水成池	饮用	★2013年2月命名
488	大王泉	万德镇大王村	石凿，不规则形	涌流，常年不竭，汇水成池	生活	
489	御泉（黄泉）	万德镇黄泉村北	水泥方池	渗流，常年不竭，积水成池	饮用	
490	龙 潭	万德镇宋家园村西南龙王庙北	石砌不规则形	渗流，常年不竭，积水成塘	农用	
491	朱家泉	万德镇朱家泉村	石砌长方口圆井	渗流，常年不竭，积水成井	饮用	封盖
492	西 泉	万德镇陈家庄	水泥圆井	渗流，常年不竭，积水成池	饮用	
493	无名泉	万德镇大刘庄北山顶	石砌长方池	渗流，常年不竭，积水成池	饮用	★
494	神宝泉	张夏镇小寺村南山下	水泥圆井	渗流，常年不竭，积水成井	饮用	
495	华岩泉	张夏镇花岩村北	水泥长方池	渗流，常年不竭，积水成池	饮用	
496	野老泉	张夏镇东野老村	石砌圆井	渗流，常年不竭，积水成井	饮用	★
497	东圣泉	张夏镇东野老村	水泥长方池	渗流，常年不竭，积水成池	饮用	★
498	龙马泉	张夏镇西野老村	半石砌椭圆形	渗流，常年不竭，积水成池	农用	★
499	三仙泉	张夏镇西野老村东	石砌长方池	渗流，常年不竭，积水成池	农用	★
500	井峪泉	张夏镇井峪村	石砌方池	渗流，常年不竭，积水成池	饮用	
501	晓露泉（肖汝泉）	张夏镇积家峪村东北岩洞中	石砌长方池	涌水，常年不竭，注入水池	景观	新
502	庄岩泉	张夏镇积家峪村西北崖下	水泥长方池	渗流，常年不竭	饮用	
503	东 井	张夏镇积家峪村东	石砌井形	渗流，常年不竭，积水成池	饮用	★
504	于盘泉	张夏镇于家盘村北岩下	自然形	渗流，常年不竭	饮用	

续表3-1

序号	泉 名	泉 址	泉池结构形状	泉水出露形态及流向	泉水主要用途	备 注
505	银河泉	张夏镇于家盘村	石砌长方池	渗流，常年不竭，积水成池	饮用	★
506	段家泉	张夏镇纸坊村北	自然长方形	渗流，常年不竭，积水成池	饮用	
507	上 泉	张夏镇上泉村西	水泥长方池	渗流，常年不竭	饮用	
508	夹虎泉	张夏镇上泉村南	自然岩缝	渗流，常年不竭	农用	
509	赵家泉	张夏镇上泉村西南	自然岩缝	渗流，常年不竭	饮用	
510	井子泉	张夏镇井字村	水泥长方池	渗流，常年不竭，积水成池	饮用	
511	长湾泉	张夏镇长湾村东	水泥长方池	渗流，常年不竭，汇水成湾	农用	
512	双 泉	张夏镇双泉庵（今称义净寺）大雄宝殿前	石砌方池	渗流，常年不竭，积水成井	饮用兼景观	
513	井子坡泉	张夏镇井字坡村北	石砌方池	渗流，常年不竭，积水成井	饮用	
514	北 泉	张夏镇北泉村北岩下	石砌方池	渗流，季节性泉	饮用	
515	南 井	张夏镇车箱峪村	石砌井形	渗流，常年不竭，积水成井	饮用	★
516	杨家泉	张夏镇杨家泉村南		渗流，常年不竭	生活	保护性覆盖
517	王家泉	张夏镇王家泉村南		渗流，常年不竭，积水成池	生活	保护性覆盖
518	朝阳泉	张夏镇王家泉村东南	水泥长方池	渗流，常年不竭，积水成池	饮用	★
519	长寿泉	张夏镇莲台山丁庄	石砌	渗流，常年不竭，积水成池	饮用	保护性覆盖
520	卧龙泉	张夏镇莲台山张仙祠东北	石砌长方池	渗流，常年不竭，积水成池	景观	
521	王母泉	张夏镇莲台山王母洞	石凿不规则形	滴流，常年不竭，积水成洼	景观	
522	咋呼泉	张夏镇莲台山玉柱峰西侧	自然形	涌流，季节性泉，	景观	
523	木鱼石泉	张夏镇莲台山长寿泉山庄	石砌不规则形	渗流，常年不竭，积水成池	饮用	★
524	青龙潭	孝里镇大峰山峰云观东	石砌长方池	渗流，常年不竭，积水成池	饮用	
525	豆腐泉	大峰山峰云观北	自然圆井形	渗流，常年不竭，积水成井	景观	
526	璇玑泉	大峰山璇玑洞	自然长方形	渗流，常年不竭，积水成池	景观	★

续表3-1

序号	泉 名	泉 址	泉池结构形状	泉水出露形态及流向	泉水主要用途	备 注
527	玄天泉	大峰山璇玑洞旁	石凿不规则形	渗流，常年不竭，积水成洼	景观	★
528	大 泉	大峰山三教堂遗址处	石砌长方池	渗流，常年不竭，积水成池	农用	
529	龙 泉	孝里镇龙泉官庄	石砌长方井	渗流，常年不竭，积水成井	饮用	
530	汇宝泉	孝里镇房头村东	石砌长方池	渗流，常年不竭，积水成池	农用	
531	圣井泉	孝里镇房头村小学校门外	石砌圆井	渗流，常年不竭，积水成井	饮用兼灌溉	
532	响 泉	孝里镇房头村西南响泉峪	石砌方池	涌流，常年不竭，积水成池	农用	
533	黄崖泉	孝里镇南黄崖村东首	石砌圆井形	涌流，常年不竭，积水成井	饮用	
534	井峪泉	孝里镇井峪村	石砌长方池	渗流，常年不竭，积水成池	饮用	
535	双 泉	双泉镇双泉庵水库东	石砌长方池	渗流，常年不竭，积水成池	景观	
536	黄立泉	双泉镇黄立泉村东南	石砌长方池	渗流，常年不竭，引水入池	饮用	
537	圣仙泉	双泉镇李庄村东台山西坡	石砌井形	渗流，季节性泉	饮用兼灌溉	★
538	上水泉	双泉镇大张庄村上水庵东15米	自然形	渗流，常年不竭，积水成洼	农用	★
539	张家井泉	双泉镇大张庄村	石砌长方池	渗流，常年不竭，积水成池	饮用	★
540	无名泉	双泉镇大张庄村	石砌长方池	渗流，常年不竭，积水成池	农用	★
541	五眼井	双泉镇五眼井村天齐庙南	石砌长方池	渗流，常年不竭，积水成池	饮用	
542	王庄泉	双泉镇王庄村九顶莲柱山	石砌长方形	渗流，常年不竭，积水成池	饮用	
543	清 泉	双泉镇清泉峪村东	石砌井形	渗流，常年不竭，积水成井	饮用	
544	满井泉	双泉镇满井峪村西南	水泥天然石井	涌流，常年不竭，积水成井	饮用	
545	饭汤泉	双泉镇马西村东山坡中	石砌不规则形	渗流，常年不竭，积水成池	饮用	
546	马山泉	双泉镇马山庙南 双泉镇马山庙南100米	石砌不规则形	渗流，季节性泉	饮用	
547	鬼谷泉	双泉镇马山西南	石砌长方池	渗水，常年不竭，积水成池	农用	★2013年2月命名
548	膑骨泉	双泉镇马山西南侧鬼谷泉南200米	石砌长方池	渗水，常年不竭，积水成池	农用	★2013年2月命名

续表3-1

序号	泉 名	泉 址	泉池结构形状	泉水出露形态及流向	泉水主要用途	备 注
549	马嘴泉	双泉镇马山西南	自然岩隙	渗流，常年不竭，积水成洼	农用	
550	饮马泉	双泉镇马山	自然岩缝	渗流，常年不竭，引流入村	饮用	
551	丰施泉	双泉镇马山西	石砌圆井	渗流，常年不竭，积水成井	农用	★2013年2月命名
552	马尾泉	双泉镇马山北	自然岩缝	渗流，季节性泉	景观	
553	上 泉	马山镇双泉庄村东	石砌长方池	渗流，常年不竭，积水成池	农用	★
554	下 泉	马山镇双泉庄村西	石砌不规则形	涌水，常年不竭，积水成湾	农用	★
555	清泠泉	五峰山街道五峰山玉皇殿东	石砌长方池	渗流，常年不竭，注入方池	景观	新
556	七仙泉	五峰山洞真观龙干殿东侧	自然岩缝	季节性泉，仅大雨后出现	—	
557	青龙泉	五峰山群仙峰东青龙峪安乐轩附近	自然岩洞	季节性泉，大雨后出现	—	
558	白虎泉	五峰山东南白虎峪	水泥圆井	涌流，常年不竭，积水成池	景观	
559	鹿 泉	五峰山五峰阁东南五六十米处的山崖下	石砌	渗流，常年不竭，汇水成池	饮用	
560	玄明泉	五峰山鹿泉峪东侧	石砌不规则形	断流，季节性泉	景观	
561	无名泉	五峰山南	自然形	渗流，季节性泉	农用	★
562	润玉泉	五峰山街道润玉泉村中石崖下	石砌方池	渗流，常年不竭，汇水成池	饮用	
563	万寿泉	五峰山街道石窝村中南部	石砌方池	渗流，季节性泉	景观	
564	胜天泉	五峰山街道石窝村51号南	石砌方池	渗流，季节性泉	农用	
565	驯山泉	五峰山街道石窝村旧址	石砌方池	渗流，季节性泉	景观	
566	缚龙泉	五峰山街道石窝村旧址	石砌方池	渗流，常年不竭，积水成池	农用	
567	伏虎泉（永便泉）	五峰山街道石窝村旧址	石砌方池	渗流，季节性泉	景观	
568	无名泉	五峰山街道石窝村南	自然形	渗流，季节性有水	农用	★
569	糠沟泉	五峰山街道马庄村东南	自然岩缝	渗流，季节性泉，积水成洼	农用	
570	明 泉	五峰山街道滚粟山东	自然不规则形	渗流，季节性泉	农用	
571	惠 泉	五峰山街道滚粟山北五色崖下	自然形	渗流，常年不竭，积水成洼	农用	

续表3-1

序号	泉 名	泉 址	泉池结构形状	泉水出露形态及流向	泉水主要用途	备 注
572	庄南山泉	五峰山街道庄南山村南	石砌长方池	渗流，常年不竭	饮用	2012年调查编入
573	徐南山泉	五峰山街道徐南山村南崖下	石凿长方池	渗流，常年不竭	饮用	2012年调查编入
574	五色崖泉	五峰山街道徐南山村南五色崖下	自然形	渗流，常年不竭	景观	2012年调查编入
575	韩家峪泉	五峰山街道柳杭村东南韩家峪	砖砌圆井	渗流，常年不竭	饮用	2012年调查编入
576	石牛瓮泉	五峰山街道宋村北山下	自然石窍	渗流，常年不竭	农用	2012年调查编入
577	北 泉	五峰山街道北套村	自然岩缝	渗流，常年不竭	生活	
578	龙涎泉	五峰山街道北套村	石砌井形	渗流，常年不竭，积水成井	饮用	★
579	弥山泉	五峰山街道三官庙村北	水泥圆井	渗流，常年不竭，积水	农用	
580	玉珠泉	崮云湖街道土山村东	石砌不规则	渗流，常年不竭，积水成池	饮用兼灌溉	
581	王家泉	崮云湖街道王家村南	石砌长方池	渗流，常年不竭，积水成池	生活	
582	黄姑泉（韩姑井）	崮云湖街道皇姑井村南	石砌圆井形	涌流，常年不竭，入蓄水池	饮用	
583	佛公井	崮云湖街道炒米店村南	—	—	—	2012年调查编入
584	履 泉	文昌街道老县城南门里街25号	水泥圆井	渗流，常年不竭，积水成井	—	弃用
585	水 泉	文昌街道水泉峪村东	石砌圆井	渗流，常年不竭，积水成井	饮用	2012年调查编入
章丘市境泉水						
586	百脉泉	百脉泉公园龙泉寺内	石砌品字形	涌水，常年不竭，汇入绣江河	景观	金、新
587	墨 泉	百脉泉公园龙泉寺西南	石砌方池	涌水，常年不竭，积水成池	景观	新
588	梅花泉	百脉泉公园李清照故居内	石砌方池	涌水，常年不竭，汇水成塘	景观	新
589	东麻湾	百脉泉公园绣江桥东	石砌不规则湖湾	涌珠状，常年不竭，汇水成湾	景观	新
590	漱玉泉	百脉泉公园李清照故居内	石砌圆池	涌流，常年不竭，积水成湾	景观	
591	金镜泉	百脉泉公园百脉泉宾馆院内	石砌圆池	常年不竭，积水成池入绣江河	景观	
592	龙湾泉	百脉泉公园汇泉阁北	自然石砌不规则	渗流，常年不竭，积水成湾	景观	
593	龙 泉	百脉泉公园内	石砌不规则形	永水，常年不竭，流入明水湖	景观	★

续表3-1

序号	泉 名	泉 址	泉池结构形状	泉水出露形态及流向	泉水主要用途	备 注
594	筛子泉	百脉泉公园西门以南	石凿圆池	涌流，常年不竭，汇入明水湖	景观	★
595	灵秀泉（清水泉）	章丘四中院内	石砌长方池	渗流，常年不竭，积水成池	景观	
596	西麻湾	眼明泉公园内西	石砌不规则形	涌水，常年不竭，汇水成湾	景观	新
597	净明泉（明水泉）	眼明泉公园内东	石砌不规则形	涌水，常年不竭，流入绣江河	景观	明、新，移址重建
598	眼明泉	眼明泉公园内东	石砌正八边形	渗流，常年不竭，积水成池	景观	
599	伏鳌泉	眼明泉公园内东	石砌正六边形	渗流，常年不竭，流入明水湖	景观	★
600	瑞蚨泉	眼明泉大桥北250米处	半石砌方池	渗流，常年不竭，流入明水湖	景观	★
601	中麓泉	眼明泉大桥南20米	假山石砌不规则	渗流，常年不竭，流入明水湖	景观	★
602	虎踞泉	眼明泉公园内东南	石砌长方池	渗流，常年不竭，积水成池	景观	★
603	龙盘泉	眼明泉大桥西南山麓下	假山石砌不规则	渗流，季节性泉	景观	★
604	西岭泉	眼明泉公园护心岛西侧	假山石砌不规则	渗流，常年不竭，积水成湾	景观	★
605	大龙眼泉	桃花山公园内	自然形	渗流，季节性泉	景观	
606	小龙眼泉	桃花山公园内	自然形	渗流，季节性泉	景观	
607	饭汤泉	桃花山公园内	自然形	渗流，季节性泉	景观	
608	筛子底泉	桃花山公园内	自然形	渗流，季节性泉	农用	
609	无名泉	章丘市博物馆南50米	水泥方池	断流，季节性有水	生活	★
610	鱼乐泉	明水街道湛汪庄村东	水泥方池	渗流，常年不竭，积水成池	饮用	
611	盘 泉	明水街道侯家庄农作物试验站内	水泥方井	渗流，常年不竭，汇水成池	农用	
612	梆子泉	明水街道侯家庄农作物试验站内	石凿长方池	常年不竭，积水成池	农用	★
613	廉坡泉（墨泉）	明水街道廉坡村	石砌井形	断流	—	保护覆盖
614	白 泉	双山街道白泉村疗养院东	水泥方池	渗流，常年不竭，汇水成池	农用	
615	五峪泉	胡山森林公园第五峪	水泥长方池	常年不竭，积水成池	景观	
616	砚池泉（翰墨池）	普集镇池子头村	石砌长方池	常年不竭，积水成池	景观	

续表3-1

序号	泉　名	泉　址	泉池结构形状	泉水出露形态及流向	泉水主要用途	备　注
617	无名泉	普集镇池子头村北	水泥圆井	渗流，常年不竭，积水成池	农用	★
618	玉泉（育泉）	普集镇小辛庄东冲沟	石砌长方池	渗流，常年不竭，积水成池	农用	
619	古海泉	普集镇海套园村东	自然形	渗流，常年不竭，汇水成塘	生活	
620	庙湾泉	普集镇海套园村西	井塘形	季节性泉	—	
621	龙　泉	普集镇龙王寨村东	石砌方池	渗流，季节性泉	农用	
622	龙王池	普集镇龙王寨村东龙泉南	石砌方池	渗流，季节性泉	—	★
623	井　泉	普集镇井泉庄东	石砌方池	常年不竭，汇水成池	饮用	
624	杨官泉	普集镇杨官庄南茶叶山南麓	石砌长方形	渗流，常年不竭，积水成池	农用	
625	水　泉	普集镇水泉庄西冲沟	石凿长方池	渗流，常年不竭，汇水成池	农用	
626	无名泉	普集镇水泉庄西	石砌方池	渗流，常年不竭，积水成池	农用	★
627	杨家河泉	普集镇孟白庄西南	自然形	渗流，常年不竭，汇水成湾	农用	
628	水坡泉	普集镇水坡村北	自然形	渗流，常年不竭，积水成洼	饮用	
629	石峪寺泉	普集镇北三山峪村石峪寺东	石砌长方池	渗流，常年不竭，积水成池	农用	
630	蛤蟆泉	相公庄镇丁家庄东	自然形	渗流，常年不竭，汇水成溪	农用	
631	大　泉	相公庄镇丁家庄	石砌三角形	渗流，常年不竭	农用	★
632	上方井	相公庄镇梭庄村东	石砌方池	渗流，常年不竭，积水成井	景观	
633	下方井	相公庄镇梭庄村东	—	—	—	保护覆盖
634	松间泉	相公庄镇梭庄梭山北坡	石砌长方池	—	—	2010年版《泉韵章丘》载
635	圣泉（圣井）	相公庄镇姜家套村北圣泉寺	石砌圆井	渗流，常年不竭，积水成井	饮用	★
636	龙湾头	相公庄镇寨子村南	自然形	渗流，常年不竭，积水成湾	农用	
637	漯水泉（苇湾子泉）	官庄镇小辛庄村南岩下	石砌不规则形	渗流，季节性泉	农用	
638	小辛庄泉	官庄镇小辛庄西北	自然形	渗流，季节性泉	农用	
639	车辐峪泉	官庄镇石门村西南	自然形	渗流，常年不竭，积水成池	饮用	

续表3-1

序号	泉 名	泉 址	泉池结构形状	泉水出露形态及流向	泉水主要用途	备 注
640	响水泉	官庄镇响水泉村南	石砌长方池	渗流，常年不竭，积水成池	饮用	
641	双水泉	官庄镇双水泉村西	水泥长方池	渗流，常年不竭，积水成池	饮用	
642	高漉泉	官庄镇双水泉西	石砌长方池	渗流，常年不竭，积水成池	农用	
643	马 泉	官庄镇矿井村南	水泥长方池	渗流，常年不竭，积水成池	饮用	
644	无名泉	官庄镇矿井村中	石砌圆井	渗流，常年不竭，积水成井	饮用	★
645	龙藏泉	官庄镇赵八洞村南龙藏洞景区	石凿不规则形	渗流，季节性泉	景观	
646	无名泉	官庄镇赵八洞村西南	水泥长方池	渗流，常年不竭，积水成池	饮用	★
647	盆崖南泉	官庄镇上盆崖村东南	石砌长方池	渗流，常年不竭，积水成池	饮用	
648	庄北池	官庄镇上盆崖村中	石砌井形	渗流，常年不竭，积水成井	饮用	★
649	东八井	官庄镇东八井村南	石砌圆井	渗流，常年不竭，积水成井	饮用	
650	龙 泉	官庄镇东八井村九鼎山农庄水库东北	石砌圆池	渗流，季节性有水	景观	★
651	凤 泉	官庄镇东八井村九鼎山农庄水库西	自然形	渗流，季节性有水	农用	★
652	郭家楼泉（黑虎泉）	官庄镇郭家楼村东	石砌圆井	渗流，常年不竭，积水成池	饮用	
653	天井子泉	官庄镇天井村东南3公里	石砌长方池	渗流，常年不竭，积水成池	饮用	
654	马 泉	官庄镇栗家峪村东南	自然形	渗流，常年不竭，积水成洼	农用	★
655	南 泉	官庄镇南张家庄西	石砌方池	渗流，常年不竭，积水成池	饮用	
656	北 泉	官庄镇南张家庄西北	石砌方井	渗流，常年不竭，积水成井	饮用	
657	西山泉	官庄镇李家庄西	石砌长方池	渗流，常年不竭，积水成井	饮用	★
658	圣水灵泉	官庄镇朱家峪村南	石凿方池	渗流，常年不竭，积水成池	饮用	保护性覆盖
659	西园半井	官庄镇朱家峪村笔架山西	石凿方井	渗流，常年不竭，积水成池	农用	保护性覆盖
660	西园井	官庄镇朱家峪村笔架山西	—	—	—	保护性覆盖
661	长流泉	官庄镇朱家峪村东岭山石崖下	石砌岩洞凿方池	渗流，常年不竭，积水成池	饮用	
662	冲天泉	官庄镇朱家峪村西园	石凿不规则形	渗流，常年不竭，积水成洼	景观	

续表3-1

序号	泉 名	泉 址	泉池结构形状	泉水出露形态及流向	泉水主要用途	备 注
663	坛 井	官庄镇朱家峪村文峰山下	半石砌方井	渗流，常年不竭，积水成池	饮用	
664	双井泉	官庄镇朱家峪村关帝庙南50米	石砌长方井	渗流，常年不竭，积水成井	饮用	
665	东西井	官庄镇朱家峪村	石凿井形	渗流，常年不竭，积水成井	饮用	★
666	长寿泉	官庄镇朱家峪村南岩下	石砌不规则形	渗流，季节性泉	—	
667	池凉泉	官庄镇池凉泉村西	水泥长方池	渗流，常年不竭，积水成池	饮用	
668	无名泉	官庄镇池凉泉村西南	自然形	渗流，季节性有水	农用	★
669	救命泉（马跑泉）	官庄镇马闹坡村东北	自然形	渗流，常年不竭，积水成池	农用	
670	柳树泉	官庄镇马闹坡村北	石砌长方池	渗流，常年不竭，积水成池	饮用	
671	大拓泉	官庄镇马闹坡村南	石砌长方池	渗流，常年不竭，积水成池，	农用	★
672	四亩地泉	官庄镇马闹坡村东	石砌圆井	渗流，常年不竭，积水成井	农用	★
673	双井泉	官庄镇鱼湾村西	石砌方池	渗流，常年不竭，积水成池	饮用	
674	东 泉	官庄镇鱼湾村东	石砌不规则形	渗流，常年不竭，积水成池	饮用	
675	咋呼泉	官庄镇鱼湾村南崖下	自然岩缝	季节性泉	—	
676	大 泉	官庄镇鱼湾村西	水泥方池	渗流，常年不竭，积水成池	农用	★
677	宝珠泉	官庄镇三角湾村南	石砌长方池	渗流，常年不竭	饮用	
678	太子崖泉	官庄镇三角湾村东	石砌长方池	渗流，常年不竭，积水成池	饮用	
679	西周峪泉	官庄镇西周峪村中心	条石砌长方池	渗流，常年不竭，积水成池	饮用	
680	上白秋泉	官庄镇上白秋村西	自然形	渗流，季节性泉	农用	
681	中白秋泉	官庄镇中白秋村西	石砌方池	渗流，常年不竭，积水成池	饮用	
682	凉水泉	官庄镇石匣村西	石砌长方池	渗流，常年不竭，积水成池	饮用	
683	珍王庙泉	官庄镇石匣村西	石砌长方池	渗流，常年不竭，积水成池	饮用	
684	刘王庙泉	官庄镇石匣村东	石砌长方池	渗流，季节性泉	饮用	
685	妙 泉	官庄镇石匣村东相峪	岩底汩涌	渗流，常年不竭，积水成池	农用	

续表3-1

序号	泉 名	泉 址	泉池结构形状	泉水出露形态及流向	泉水主要用途	备 注
686	南 井	官庄镇石匣村顺河街60号	石砌长方井	渗流，常年不竭，积水成井	饮用	★
687	汩轮泉	文祖镇三槐树村西	自然岩洞	渗流，季节性泉	农用	
688	仰 泉	文祖镇三槐树村	自然岩缝	渗流，季节性泉	农用	
689	康宝泉	文祖镇三槐树村西南沟崖下	—	季节性泉	饮用	
690	马蹄泉	文祖镇三槐树村北	—	季节性泉	—	
691	西沟泉	文祖镇石子口村西	—	渗流，季节性泉	农用	
692	井 泉	文祖镇三德范村北东道街	—	—	—	井口掩埋
693	电角泉	文祖镇东田广村西南	—	渗流，常年不竭	—	
694	马家泉	文祖镇东田广村东	自然形	渗流，季节性泉	农用	
695	肥峪泉	文祖镇东田广村	石砌不规则形	渗流，季节性泉	农用	
696	井峪泉	文祖镇东田广村北	石砌不规则性	渗流，常年不竭，积水成池	农用	★
697	龙女泉（龙王井泉）	文祖镇锦屏山文昌阁山腰	石砌圆井	渗流，常年不竭，积水成井	饮用	
698	朝阳洞泉（白龙池）	文祖镇锦屏山老君崖朝阳洞中	半石砌长方池	渗流，常年不竭，积水成池	景观	
699	朱公泉	文祖镇朱公泉村	自然岩缝	渗流，常年不竭，积水成池	饮用	
700	上水峪泉	文祖镇郭家庄东南上水峪中	多泉统称	渗流，常年不竭	农用	
701	东张泉	文祖镇东张村中	石砌不规则形	渗流，常年不竭，积水成池	生活	
702	八仙泉	文祖镇东张村中	石砌方池	渗流，常年不竭，积水成池	生活	
703	黄露泉（皇禄泉）	文祖镇黄露泉村	石砌长方池	渗流，常年不竭，积水成池	饮用	
704	无名泉	文祖镇黄露泉村西南	水泥长方池	渗流，常年不竭，积水成池	生活	★
705	甘 泉	文祖镇甘泉村西北	石砌圆井	渗流，常年不竭，积水成井	农用	
706	圣 泉	文祖镇马家峪村月亮湾水库上方	石砌不规则形	渗流，常年不竭，积水成池	农用	★
707	岳滋南泉	垛庄镇岳滋村东南峪	水泥长方池	渗流，常年不竭，积水成池	农用	
708	夫妻泉	垛庄镇岳滋村东沟	石砌不规则形	渗流，常年不竭，积水成池	农用	

续表3-1

序号	泉 名	泉 址	泉池结构形状	泉水出露形态及流向	泉水主要用途	备 注
709	玉堂泉	垛庄镇岳滋村星台风小区内	自然形	渗流，常年不竭，汇水成溪	农用	
710	无名泉	垛庄镇岳滋村中	石砌不规则形	渗流，常年不竭，积水成池	生活	★
711	火贯泉	垛庄镇火贯村东北	自然形	渗流，常年不竭，积水成池	农用	
712	凉水泉	垛庄镇西车厢村	石砌不规则形	渗流，常年不竭，流入小河中	生活	
713	凤凰泉	垛庄镇西车厢村南	自然岩洞	渗流，常年不竭，积水成池	饮用	★
714	牡丹泉	垛庄镇西车厢村南	自然井形	渗流，常年不竭，积水成池	农用	
715	东车厢泉	垛庄镇东车厢村	水泥	渗流，常年不竭，积水成池	饮用	
716	山圣泉	垛庄镇山圣圈村西南	石砌圆井	渗流，常年不竭，积水成井	饮用	
717	黑峪泉	垛庄镇山圣圈村南	石砌长方池	渗流，常年不竭，积水成池	农用	
718	琴 泉	垛庄镇下琴子村北	水泥长方池	渗流，常年不竭，积水成池	农用	
719	南峪泉	垛庄镇南峪村南冲沟内	石砌长方形	渗流，常年不竭，积水成池	农用	
720	太平泉	垛庄镇垛庄村东	石砌圆井	渗流，常年不竭，积水成井	饮用	
721	圣水泉（滴水泉）	垛庄镇圣水泉村西河道东侧	不规则	渗流，常年不竭，积水成池	农用	
722	西狸狐泉	垛庄镇西立虎村南	水泥长方池	渗流，常年不竭，积水成池	农用	
723	无名泉	垛庄镇西立虎村东	石砌长方池	渗流，常年不竭，积水成池	农用	★
724	东狸狐泉	垛庄镇东立虎村南	自然形	渗流，季节性泉	农用	
725	青港泉	曹范镇青港泉村西	石砌长方池	渗流，常年不竭，积水成池	农用	
726	上马泉	曹范镇青港泉村承德庙下	—	常年不竭	农用	保护覆盖
727	西 泉	曹范镇青港泉村西	石砌长方池	渗流，常年不竭	饮用	
728	南 泉	曹范镇青港泉村西南	石砌长方池	渗流，常年不竭	农用	
729	东 泉	曹范镇青港泉村东	水泥长方池	渗流，常年不竭，积水成池	农用	★
730	苦枥滩泉	曹范镇赵家岭村北双风山顶	石砌圆井	渗流，常年不竭，积水成井	农用	
731	上 泉	曹范镇赵家岭村北双凤山	石砌长方池	渗流，常年不竭，积水成井	饮用	★

续表3-1

序号	泉 名	泉 址	泉池结构形状	泉水出露形态及流向	泉水主要用途	备 注
732	老 泉	曹范镇三王峪村	水泥长方池	渗流，常年不竭，积水成井	景观	
733	淋 泉	曹范镇三王峪景区内	石砌长方池	渗流，常年不竭，积水成池	景观	
734	飞龙泉	曹范镇三王峪景区内	自然岩缝	涌流	景观	2012年调查编入
735	水月泉	曹范镇钟楼子村西南	自然形	渗流，常年不竭，汇水成溪	农用	
736	升馨泉	曹范镇公益牌村	自然形	涌流，常年不竭，积水成池	景观	★
737	响 泉	曹范镇公益牌村	自然形	渗流，季节性泉	景观	★
738	大 泉	曹范镇公益牌村西	自然形	渗流，常年不竭，汇水成溪	农用	★
			石砌不规则形	渗流，常年不竭，积水成池	农用	
739	高粱峪泉	曹范镇公益牌村	石砌圆井	渗流，常年不竭，积水成池	农用	★
740	大凹峪泉	曹范镇大凹峪村附近	—	渗流，常年不竭，积水成井	饮用	
741	小凹峪泉	曹范镇小凹峪村附近	水泥方池	渗流，季节性泉	饮用	
742	双凤泉	曹范镇小凹峪村双凤山	石砌长方池	渗流，常年不竭，积水成池	饮用	★
743	纱 泉	曹范镇小凹峪村双凤山	水泥长方池	渗流，常年不竭，积水成池	农用	★
744	羊栏顶泉	曹范镇羊栏顶村西南崖下	石砌长方池	渗流，常年不竭，积水成池	饮用	
745	大 泉	曹范镇大泉村侧	石砌长方池	渗流，常年不竭，积水成池	饮用	
746	小 泉	曹范镇小泉村附近	水泥方池	渗流，常年不竭，积水成池	饮用	
747	中公泉	曹范镇小泉村	石砌不规则形	渗流，常年不竭，积水成池	农用	★
748	布袋站泉	曹范镇布袋站村东南崖下	石砌长方池	渗流，常年不竭，积水成池	—	弃用
749	柳 泉	曹范镇瓦口岭村西山脚下	自然形	渗流，常年不竭，汇水成洼	农用	
750	锦鸡泉	曹范镇瓦口岭村西南	自然岩缝	渗流，常年不竭，汇水成洼	农用	
751	鹁鸽泉	曹范镇瓦口岭村西南沟口处	自然洞穴	渗流，常年不竭，积水成塘	农用	
752	地 泉	曹范镇瓦口岭村南	自然形	渗流，常年不竭，积水成湾	农用	
753	家鹤泉	曹范镇瓦口岭村东南冲沟	石砌不规则形	渗流，常年不竭，积水成池	农用	

续表3-1

序号	泉 名	泉 址	泉池结构形状	泉水出露形态及流向	泉水主要用途	备 注
754	南 泉	曹范镇瓦口岭村南	自然岩缝	渗流，常年不竭，积水成池	饮用	
755	无名泉	曹范镇瓦口岭村	自然形	渗流，常年不竭，汇水成溪	饮用	★
756	东峪泉	曹范镇黄石梁村南	石砌长方池	渗流，常年不竭，积水成池	农用	
757	南 泉	曹范镇黄石梁村南	自然岩缝	渗流，季节性泉，积水成池	农用	
758	漾 泉	曹范镇黄石梁村南三王峪	石砌长方池	渗流，常年不竭，积水成池	农用	
759	横河泉	曹范镇横河村南河道北侧	石砌方池	渗流，常年不竭，积水成池	生活	
760	西山泉	曹范镇孟张庄西	石砌井池	常年不竭	—	2010年版《泉韵章丘》载
761	井泉	曹范镇井泉村西南崖下	坑塘	渗流，常年不竭，积水成塘	农用	
762	南邓泉（天赐泉）	曹范镇南邓家庄村南	石砌长方池	渗流，常年不竭，积水成池	景观	
763	永 泉	曹范镇寨山后村南白云寺	石砌圆池	渗流，常年不竭，积水成井	饮用	
764	圣 井	圣井街道危山风景区危山之阴	石砌圆池	渗流，常年不竭，积水成井	景观	
765	琵琶湾	圣井街道危山风景区玉皇顶东	自然形	渗流，季节性泉	景观	
平阴县境泉水						
766	洪范池（龙池）	洪范池镇洪范池公园内	石砌方池	涌水，常年不竭，经池入狼溪河	景观	新
767	姜女池（墨池）	洪范池镇洪范池公园内	石砌方池	渗流，常年不竭，积水成池	景观	
768	天池泉	洪范池镇天池山顶	石砌方池	—	景观	
769	书院泉（东流泉）	洪范池镇书院村	石砌方池	涌水，常年不竭，经池入狼溪河	景观	新
770	白沙泉	洪范池镇书院村西北	水泥方池	涌流，常年不竭，积水成池	饮用	
771	聚贤泉	洪范池镇书院村书院泉西	石砌不规则形	涌水，常年不竭，汇入书院泉池	饮用	★2013年2月命名
772	扈 泉	洪范池镇云翠山北崖下	自然形	涌水，常年不竭	饮用兼灌溉	新
773	日月泉	洪范池镇云翠山元代南天观遗址	半石砌长方池	渗流，常年不竭，流入天一洞	饮用	新
774	墨池泉	洪范池镇云翠山北	石砌方池	渗流，常年不竭，积水成池	农用	
775	道塘泉	洪范池镇云翠山南天观遗址南	水泥方池	渗流，常年不竭，积水成池	洗浴用	★

续表3-1

序号	泉 名	泉 址	泉池结构形状	泉水出露形态及流向	泉水主要用途	备 注
776	天乳泉	洪范池镇大寨山	自然圆形池	渗流，季节性泉	景观	
777	白涯泉	洪范池镇大寨山白衣道观	石凿不规则形	渗流，常年不竭，积水成池	饮用	★
778	无名泉	洪范池镇大寨山	自然形	渗流，季节性泉	景观	★
779	无名泉	洪范池镇大寨山	石凿不规则形	渗流，季节性有水	景观	★
780	丁 泉	洪范池镇丁泉村	石砌长方池	渗流，常年不竭，积水成池	生活	
781	白雁泉	洪范池镇白雁泉村	石砌长方池	渗流，常年不竭，积水成池	饮用兼灌溉	
782	拔箭泉	洪范池镇白雁泉村	石砌长方池	渗流，常年不竭，积水成池	农用	
783	莲花池	洪范池镇白雁泉村	石砌长方池	渗流，常年不竭，积水成池	农用	
784	龙眼泉	洪范池镇白雁泉村莲花池东	半石砌长方池	渗流，常年不竭，积水成池	饮用	★
785	白虎泉	东阿镇狮耳山西坡	石凿长方池	渗流，常年不竭，积水成池	饮用	
786	槐底泉	东阿镇狮耳山西坡	石凿不规则形	渗流，常年不竭，水量微小	景观	★
787	龙山泉	东阿镇龙山西，润发机械公司院内	石砌长方池	渗流，季节性泉	工业用	
788	马跑泉	孝直镇马跑泉村	半石砌方池	渗流，常年不竭，积水成池	饮用	
789	汇 泉	孝直镇马跑泉村西南	水泥长方池	渗流，常年不竭，积水成池	生活	
790	东拔箭泉	孝直镇湿口山村东南	石砌方形	涌流，季节性泉	石灰厂用	
791	古泉井	孔村镇晁峪村车厢峪东坡	石砌长方池	渗流，常年不竭，积水成井	农用	★
792	毛峪泉	孔村镇毛峪村西北	石砌圆井	渗流，常年不竭，积水成井	饮用	
793	有本泉	玫瑰镇翠屏山宝峰寺内	石砌长方池	渗流，常年不竭，积水成池	景观	
794	浸润泉	玫瑰镇翠屏山宝峰寺内	自然形	渗流，季节性泉	景观	
795	杨枝泉	玫瑰镇翠屏山西坡	石石凿洞	渗流，常年不竭，积水成洼	景观	
796	朝阳泉	玫瑰镇翠屏山东坡山腰	半砌垒长方池	渗流，季节性泉	农用	
797	向阳泉	玫瑰镇翠屏山南坡	自然形	渗流，常年不竭，积水成洼	农用	
798	落阳泉	玫瑰镇翠屏山西坡	自然形	渗流，季节性泉	农用	

续表3-1

序号	泉 名	泉 址	泉池结构形状	泉水出露形态及流向	泉水主要用途	备 注
799	南 泉	玫瑰镇南泉村	石砌长方池	渗流，常年不竭，积水成井	饮用	
800	无名泉	玫瑰镇南泉村	自然形	渗流，常年不竭，汇水成溪	生活	★
801	北 泉	玫瑰镇北泉村	石砌长方池	渗流，常年不竭，积水成池	生活	
802	温 泉	玫瑰镇大孙庄村孙庄小学内	水泥方池	渗流，常年不竭，积水成池	封闭停用	
803	灵醴泉（金斗峪泉）	县城东南，青龙山金斗峪西南坡	半石砌长方池	渗流，常年不竭，汲水而用	饮用	
804	抱珠泉	榆山街道贤子峪村	石凿长方池	渗流，常年不竭，积水成池	饮用	
805	天井飞泉	安城镇段天井水库	自然形	渗流，常年不竭，积水成湾	农用	
806	毛铺泉	安城镇东毛铺村东北	石砌长方池	渗流，常年不竭，积水成井	农用	
807	石榴峪泉	安城镇东毛铺村天堂山石榴峪	石砌长方池	渗流，常年不竭，积水成池	农用	
808	常源泉	安城镇东毛铺村天堂山南	石砌长方池	渗流，常年不竭，积水成池	农用	★
809	虎豹泉	安城镇虎豹川村	石砌圆井	渗流，季节性泉	饮用	

说明：

1. 本表收录的泉水为2011年8月泉水普查时存在的泉点，不包括当时已消失或失考的泉点。在所收录的809处现存泉点中，属2005年9月济南市人大常委会公布的《济南市名泉保护条例》附件一之《济南市名泉名录》所收录的泉点604处，在“备注”栏不作说明；属2011年8月济南市名泉保护管理办公室泉水普查时收录的泉点188处，在“备注”栏用★标记；其他来源泉点17处，在“备注”栏注明其出处。
2. 本表“备注”栏的“金、明、清”，分别系指金《名泉碑》、明《七十二泉诗》、清《七十二泉记》所记载的名泉；“新”，系指2004年新评《七十二名泉》。
3. 本表“泉址”使用的地名，为2011年8月状况。

第四章 泉水保护与管理

解放后，济南市人民政府十分重视泉水保护工作。1948年11月，济南特别市政府首次以市长名义发布《关于保护水源的布告》，规定严格禁止向护城河及各泉池青岛垃圾和污水，每日上午10时以前为汲水时间，汲水时间不得在护城河及各泉池内濯洗衣物。1963年4月颁布《济南市泉水管理暂行办法》，首次以政府规章的形式对泉水的保护管理范围、保护管理部门及要求等作出了明确规定。

20世纪70年代初，依法保泉工作进入了一个新时期。1972年6月，趵突泉出现解放以来首次短期断流（一说首次断流时间为1971年5月26日—6月10日）。到2003年9月6日，共停喷26次，最短断流期两个多月，最长断流期达两年半之久。1981年5月4日，中共中央总书记胡耀邦，在济南出席中共山东省委召开的地、市委书记会议并讲话，提出保护泉水，一至三年恢复泉群冒水的要求。当月19日，济南市政府为落实总书记的要求，召开“济南市保泉节水紧急动员大会”，号召全市紧急行动起来，抓好节水工作。27日，中共济南市委、市人民政府向中共山东省委、省人民政府呈送《关于保泉供水三年综合治理计划的报告》，提出保泉供水三年的主要任务和采取的措施：一是实行计划用水，搞好节约用水；二是开辟新水源，采外补内；三是保护上游水源，增加地下水补给等。之后30年间，市人民政府为落实保泉措施，抢救泉水，恢复和保护泉城特色，持续不断加强保泉工作，取得显著成效。

建立保泉机构，泉水保护管理得到空前加强。1981年9月，成立由市委、市政府领导任指挥的济南市节水保泉指挥部；同年10月成立济南市保泉应急工程指挥部；1983年5月，成立由市长任总指挥的济南市引黄保泉供水指挥部；1984年成立由副市长为主任的济南市水资源管理委员会；1986年5月，成立由市委副书记任指挥的济南市近郊荒山绿化指挥部；1989年11月，成立由副市长任指挥的济南保泉绿化指挥部；1993年成立由市长任指挥的引黄工程指挥部；1997年7月，成立济南市名泉保护管理办公室；2002年6月，成立济南市名泉研究会；2004年6月，成立由市长任主任的济南市名泉保护委员会及其办公室。

制定保泉法规公约，泉水保护管理实现了有法可依。在已颁布实施的《济南市泉水管理暂行办法》基础上，从1975年到2005年，又先后制定颁布了《济南市泉水、河渠管理办法》《济南市名泉保护管理办法》《济南市名泉保护条例》，济南市名泉保护管理工作实现了有法可依。此外，还把对济南泉水的保护纳入历次制定的《济南市城市总体规划》，实施规划保护。市民自发制定保泉公约，倡议全社会行动起来，爱泉、保泉、护泉。

重视泉点整治，泉水出露景观得到有力保护。新中国成立后，市人民政府对泉点的保护倍加重视。通过建设趵突泉、五龙潭、环城、百脉泉等公园，先后修复了趵突泉、皇华泉、卧牛泉、混沙泉、黑虎泉、镜泉、花墙子泉、官家池、芙蓉泉、百脉泉等数百余处名泉，1997年《名泉保护管理办法》颁布实施后，市名泉保护管理部门，依据办法规定，抢救修复了60多处被填埋占压的名泉，为100余处名泉修建了名泉碑。

采取补源节水系列措施，取得显著保泉效果。20世纪80年代初以来，市政府针对严峻的保泉形势，先后采取植树造林、水源置换、地下水监管、回灌补源、人工增雨、节水保泉等一系列措施，取得了显著成效。自2003年9月7日趵突泉等诸泉群再次复涌后，到2011年12月一直保持持续喷涌状态，创近30年来泉水持续喷涌时间最长的纪录。

第一节 建立保泉机构与组织

济南组建旨在保泉的机构始于20世纪80年代初。1981年9月，中共济南市委决定建立保泉节水指挥部，于9月14日印发了《关于建立济南市保泉节水指挥部的通知》，由市委副书记张骏任指挥，副市长刘献林等任副指挥，负责领导全市节水、开源、保泉工作。同年10月，又成立济南市保泉应急工程指挥部，下设办公室、水源开发办公室、计划节约用水办公室、山区综合治理办公室。此后，1983年5月成立了由市长何宗贵任总指挥的济南市引黄保泉供水指挥部，6月又进行调整充实，下设水资源工程和水厂工程两个办公室。1984年成立由副市长庄庆臣为主任的济南市水资源管理委员会（1988年由副市长谭永青接任）；1986年5月成立由中共济南市委副书记孟云任指挥的近郊荒山绿化指挥部；1989年11月成立由副市长封居尚任指挥的济南保泉绿化指挥部，领导组织实施绿化保泉工程；1993年5月成立由市长谢玉堂任指挥、副市长谭永青任副指挥的引黄工程指挥部；1997年7月20日在市园林局内增设名泉保护管理专门机构——市名泉保护管理办公室；1999年成立（调整）由市长谢玉堂任组长的济南市名山名泉保护领导小组，办公室设在市建设委员会，市建委副主任、园林局局长孙培森兼任办公室主任。2000年12月27日，将市园林管理局内设的济南市名泉保护管理办公室分设出来，列全额预算管理县级事业单位，仍由市园林管理局主管。

2002年6月28日，济南市名泉研究会正式成立。原市委常委、组织部部长、市政协副主席邢玉墀担任会长；原市人大常委会副主任曹守恭、原济南市副市长王丕俊、原市政协副主席惠熙和担任副会长。原中共山东省委书记梁步庭，原省人大副主任郭长才，原省政协副主席翟永溥，原市人大常委会主任李启万、李元荣担任名誉会长。此后，济南名泉研究会进一步充实人员，原济南军区政委宋清渭被增补为名誉会长。名泉研究会主要对名泉管理长效机制、济南泉水申请国家自然文化遗产、济南泉水开发利用等课题进行研究，提出对策。

2004年6月成立济南市名泉保护委员会，市长任主任。在市园林管理局设办公室，与名泉保护管理办公室合署办公。2010年4月，撤销了市名泉保护管理办公室，将市园林管理局、市名泉保护管理办公室职责整合成立济南市城市园林绿化局，同时挂济南市名泉保护委员会办公室牌子。新的名泉保护管理机构成立后，在市城市园林绿化局内增设名泉保护管理处和名泉保护技术处，具体承担全市名泉保护管理之责。

根据1997年6月公布实施的《济南市名泉保护管理办法》的规定，济南市辖各县（市）区园林管理部门负责本辖区内名泉的保护管理。2005年9月29日，《济南市名泉保护条例》颁布实施后，各区、县（市）依据条例规定，都确定了由一个政府部门负责本行政区内的名泉保护管理工作。

第二节 制定保泉法规公约

济南解放后，市人民政府、市人大常委会制定了一系列保泉法规公约，并把名泉保护纳入市城市总体规划，使名泉保护工作不断得到加强。

一、制定保泉法规

1948年11月，济南特别市政府以市长郭子化、副市长徐冰名义发布《关于保护水源的布告》：“查本市城关一带居民饮水，向以护城河及各泉池为源，惟附近有住户随意在河流水池内洗涤衣物并倾倒垃圾污水，影响市民健康，至深且巨，亟应严格制止。兹规定上午十时以前为汲水时间，十时以后为洗涤时间。在汲水时间不得濯洗衣物。违者由公安人员随时制止。特此公布周知，希各名遵照为要！”

1963年4月，市人民政府办公厅制定实施《济南市泉水管理暂行办法》，共十一条，首次以政府规章的形式对泉水的保护管理范围、保护管理部门、保护管理要求等事项作出明确规定。规定：“本办法所管理的范围，包括：历史名泉、露天涌泉、泉池、泉井和人工钻孔喷泉以及泉水河道和附属设施。本市所有泉水由市建设局统一管理。对泉水非经批准，任何单位和个人均不得侵占、移动、填垫、损毁或作其他利用。严禁向泉池内倾倒垃圾、排放生产废水和生活污水，在泉源上洗衣、洗菜、淘米，在泉池中洗澡及游泳和放养家禽家畜。泉源30米以内不得有厕所、粪坑渗井，已有的用不透水材料进行改建；在50米以内不得排放和积存垃圾、废物以及有毒、易燃、飞扬物品。凡未经市建设局批准，不得在泉源附近进行爆破打桩，防止地质变化，影响泉流。对违犯本办法之规定者，分别情况，由管理部门给予批评、教育、赔偿、罚款等处分，情节严重者送交司法部门依法处理。”

1975年8月，市革命委员会制定《济南市泉水河渠管理办法》，共七条。除重申1963年制定的《济南市泉水管理暂行办法》的有关规定外，又规定：河渠两岸严禁挖坑取土、开荒种地、开挖河道口及放水口；为合理使用水源和贯彻以水养水的方针，市城建部门应对明渠流经用水单位，统一分配水量，不准任意提高水位；用水单位应按期交纳水费，逾期不交者，加倍罚款；凡未经批准私自用水者，除检查外，应按收费标准处以五至十倍的罚款。

1993年3月，济南市第十一届人民代表大会第一次会议通过了刘正宗等12位代表提出的“尽快制定保护名泉、泉水的地方法规和泉水保护规划，做到有法可依，有章可循”的议案。经过4年的立法调研，1997年5月29日，《济南市名泉保护管理办法》由济南市第十一届人民代表大会常务委员会第二十七次会议通过；同年6月6日，获山东省第八届人民代表大会常务委员会第二十八次会议批准实施。该办法共26条。办法规定：“本办法适用于本市行政区域内名泉泉池及其人文景观的保护管理。市园林局主管本市名泉管理工作，并具体负责市区范围内名泉的管理。县（市）园林管理部门负责本辖区内名泉的保护管理。名泉管理部门应当对名泉进行调整、登记、鉴定、建档和建立标志，并组织有关部门对泉水进行科学研究。名泉属国家所有，名泉维护按分工负责。县（市）人民政府应当编制名泉保护规划，并纳入城市总体规划。名泉控制区内禁止开凿新井，现有水井实行限量开采，并逐步封闭。禁止建设有碍名泉风貌和可能造成泉系阻淤的建（构）筑物。禁止填埋、圈占和损毁名泉。3年内修复被填埋、占压损坏、污染的名泉，每年9月份为名泉宣传月等。对违反本《办法》的行为制定了具体的处罚办法。”

2005年7月22日，济南市第十三届人大常委会第十九次会议审议通过《济南市名泉保护管理条例》，同年9月29日获山东省第十届人大常委会第十六次会议批准实施。该法规突出“保护”，分设总则、规划、管理、监督检查、法律责任、附则共6章38条和《济南市名泉名录》《济南市十大泉群名录》两个附件。较《济南市名泉保护管理办法》，新法规具体条款内容更加完善，更富有实践性和可操作性。主要是扩大了适用范围，由原办法“适用于名泉泉池及其人文景观的保护管理”，改为“适用于本市行政区域内泉水补给区、出露区和名泉泉池、泉渠及其人文景观的保护”；体现了保泉重在保“源”的全新立法理念，规定：“名泉保护工作应当坚持保泉与保源、保泉与泉水综合利用并重，保泉与城市发展相协调、与弘扬文化相结合的原则”；在泉水补给区保护范围内应当尽快植树造林、封山育林、育草，保护植被，涵养水源，合理拦洪蓄水，保持地形地貌，不得擅自取直、压实、垫高河道和沟谷，禁止建设污染水质的工业生产设施。确需建设的工程项目，必须进行环境影响评价；在泉水直接补给区保护范围内的重点渗漏带，禁止开山采石、挖砂、取土和新建、扩建、改建影响地表水渗漏的工程项目；在泉群出露区保护范围内建设工程基础施工限制采用箱形基础，禁止建设有碍名泉风貌的建筑（构）物。这些规定都大大提高了泉水保护的针对性、全面性和有效性。

二、编制保泉规划

新中国成立后，市人民政府先后编制了多部城市总体规划和历史文化名城保护、名泉保护等专门规划，加强对泉水的保护。1950年制定了《济南市都市计划纲要》，1959年编制了新中国成立后第一个《济南市城市总体规划》（以下简称为《五九年规划》）。之后，又编制了《八〇年规划（1978—2000）》《九六年规划（1996—2010）》《〇六年规划（2006—2020）》。1989年4月，制定了《济南市历史文化名城保护规划》。2001年，将济南泉水补给区的南部山区划定为重要生态功能保护区，严格控制城市向南发展。2007年根据“南控”要求，编制了《济南市南部山区保护与发展规划》，市名泉管理部门也于同年制定了《济南市名泉保护总体规划》。这些规划都把保护泉水、保护泉城特色作为重要内容纳入其中，对保护济南泉水发挥了重要作用。

《八〇年规划》提出济南城市规划建设要充分发挥济南市山、泉、湖的自然特色，突出趵突泉、黑虎泉、珍珠泉、五龙潭四大泉群。以千佛山、大明湖为重点，护城河、湖山路为纽带，组成济南独特的园林绿化体系。利用河道、铁路两侧的绿化带和南部山区的有利条件，加强苗圃、果园建设，为城市保泉、绿化创造条件。并提出了具体规划：旧城区保护有代表性的古城风景带，以保护“家家泉水，户户垂杨”景观；要搞好南部山区普遍绿化工程，以涵养水源增加泉水补给量；开发利用黄河水源，压缩泉群区地下水开采，逐步恢复泉城名胜；泉水风景区附近建筑高度限两层，古城区范围内建筑高度一般以四层为主。这个规划，1983年获国务院批复。批复中指示：“泉水是济南的特色，应尽快采取措施，首先恢复和保证四大泉群应有的涌水量，在建设中利用环城绿带把城、河、湖和四大泉群联系起来，形成以湖河泉水为特征的园林绿化中心，突出泉城特有的风貌。”“今后济南的一切建设要严格按照已批准的总体规划进行，加强建设管理，逐步建设成为具有泉城特色、环境优美、文明整洁、经济繁荣的社会主义现代化城市。”

《九六年规划》中提出：“泉水是济南历史文化名城的重要特色，应重点加以保护。”为此，规划确定：以南部山区和玉符河地区为重点的泉水补给保护区，采取有效措施增加水源涵养和补给能力，保护泉水喷涌。加强以趵突泉、黑虎泉、珍珠泉、五龙潭四大泉群为重点的名泉保护，划定名泉保护区，严禁对泉水喷涌和泉池环境有破坏性影响的建设活动。该规划于2000年12月22日获国务院批复。

《〇六年规划》，按规划原则和发展目标，提出了一系列保护名泉、保护泉城特色、保护历史文化名城风貌的规划构想和措施。规划强调：泉水是济南独具特色的自然景观，具有深厚的历史文化底蕴，是历史文化名城保护的重要组成部分。把泉水保护作为历史文化名城保护规划的重要内容；泉水的保护要坚持保护泉源、泉脉和保护泉眼、泉系并重的原则，坚持泉水保护和旅游发展相结合的原则，坚持妥善处理好保泉与城市供水关系的原则；泉水出露点及地下泉脉径流，按照《济南市名泉保护条例》严格保护，统一管理，审慎开发；尽快划定济南市区泉域、章丘百脉泉泉域、平阴洪范泉域补给区的保护范围，采取保护措施，加强绿化，涵养水源，合理拦洪蓄水，保持地形地貌，严格控制对泉水补给有影响或污染水质的建设活动以及工业生产活动；保护重点渗漏带，封山育林，涵养水土，禁止新建、扩建、改建影响地表渗漏的工程项目；禁止开山、采石、挖砂、取土等破坏地形地貌的活动；禁止其他影响地表水渗漏和污染水质的各项活动。

《济南市历史文化名城保护规划》将济南的风景文化，以泉水为核心的古城风貌、街坊、文物古迹、风景名胜旅游等作为重点保护，并对如何保护制定了措施和实施办法。其中在保泉方面，规划对保泉范围作了界定：济南古城泉水水域重点保护范围为东至东梧断层，西至马山断层，南至分水岭，北部基本上以火成岩体为边界，西北部以石炭二叠系地层为边界，泉域面积约1500平方公里。规划还提出了合理调整地下水资源，采取停采或限采地下水及开发新水源，修建拦水工程和渗井，实施地表水回灌，在南部山区植树造林等措施，使济南地下水位在降水正常年份达到海拔27.5米，实现泉水终年喷涌。对市区四大泉群的保护，规划提出：趵突泉泉群除按规划认真保护好现有泉池水系格局外，拟将趵突泉按规划用地规模适当扩大，恢复园林水景，临近公园外围的建筑不得超过9米高；珍珠泉地区是历史文化名城保护的中心区域，结合园林绿化恢复泉水特色，创造新的游览观赏条件；五龙潭泉群，适当扩大公园用地，整修天镜泉、醴泉；黑虎泉泉群，保护好泉眼及泉水水系，加强对绿化的管理。

《济南市名泉保护总体规划》明确了泉水补给区、直接补给区和重点渗漏带、泉水出露区的保护范围和分区保护措施。对补给区的保护，规定：要大力植树造林，涵养水源，控制水土流失；严格控制开山采石，治理矿山地质环境；泉水拦蓄利用，实施人工增雨、补源等。对直接补给区和重点渗漏带的保护，规定：要保持沟谷原有地形地貌，不得擅自取直、压实、垫高；禁止新建、扩建、改建影响地表水渗漏的工程项目；禁止开山、采石、挖砂、取土等破坏地形地貌、影响地表水渗漏的活动；禁止在该区域倾倒垃圾、排放污水、开凿新井等。对泉水出露区的保护，规定：泉池周围五十米以内，禁止新建、扩建工程地基基础超过二米的建（构）筑物；新建、改建、扩建任何工程项目，应当进行保泉环境影响评价；禁止填埋、占压、毁坏名泉泉池、泉渠及其人文景观；禁止向泉池内、泉渠内排放污水和倾倒垃圾、污物等措施。

除上述保泉法规、保泉规划外，还有不少市民自发制定了保泉公约。1997年8月芙蓉泉畔6户居民，在张含镶老人倡导下制定了济南市第一个《爱泉公约》：（1）不向池内倾倒污水、乱扔东西。（2）不在泉池内洗、泡、涮各种物品。（3）不在泉池内洗澡、捕鱼捉虾。（4）不在池岸堆放杂物。（5）爱护池旁花木，保护环境卫生。并将此公约刻石嵌于墙壁上，以示人遵守。

第三节 补源节水

为减少对地下水的开采，保护“泉城”特色，自20世纪80年代初开始，市政府制定了一系列补源节水保泉措施，并积极地组织实施，取得了显著成效。

一、造林绿化

1986年5月，驻济机关干部、部队指战员、铁路职工、大专院校学生等，开赴近郊山区划片包干，绿化荒山，当年绿化荒山2000万平方米。同年7月底，济南军区派飞机向南郊卧虎山、万灵山等16座荒山飞播侧柏、刺槐树种2500公斤，播种面积260余万平方米。1987年3月，济南30万军民参加植树活动，共栽树20余万株。同年6月12日，市政府转发市园林管理局拟制的《济南市绿化近郊荒山第二期工程实施方案》，省市机关、学校、部队10万多人参加荒山雨季造林，当年雨季植树1.4万亩350万株。

为改善优化济南市生态环境，增加地下水补给，市政府决定，从1988年起动员全市人民奋战10年，在近郊南部山区建设以防护林为主体的保泉绿化工程。该工程东起历城区孙村镇彩石乡，西至长清县（区）崮山镇、平安店镇，北起历下区姚家镇、市中区七贤镇，南到历城区、长清县（区）与泰安市交界处，总面积1800平方公里。工程分两期实施。到1998年共完成荒山造林35399.3万平方米，工程区域内的林木覆盖率由工程实施前的14.5%提高到24.7%，两期工程确定的造林任务超计划完成。之后，从1998年至2002年，又相继实施了保泉绿化建设工程和大环境绿化“蓝天”工程，巩固发展两期绿化保泉工程成果。

在市区，1997—2002年围绕创建国家园林城市目标，连续实施5期造绿工程。城市绿化覆盖率和有人均公共绿地面积两大指标，分别由1997年的31.07%和5.2平方米提高到37.68%和7.8平方米。2005—2007年，对经十路、经一路等市区52条重点道路进行绿化提升。2009年，结合迎接中华人民共和国第11届运动会在济南举办，对奥体中心场馆区等“三区”，顺河高架桥等“四桥”，省道102、国道220等“五廊”，历下广场等“七场”，趵突泉公园等“九园”，经十东路等“三十二路”和58座破损山体进行绿化、美化整治。2010年，开展公园绿地建设年活动。新建、改建区级公园、游园、社区公园29个，提升绿化道路25条，新建绿地330.15万平方米，其中公共绿地105.87万平方米。2011年，实施绿荫工程，在省道103线、二环南路等80余条道路旁栽植大规格乔木5万株；对省府前街、经十西路等27条道路实施绿化提升，栽植各类苗木142万株；新建绿地38处，增加绿地面积391万平方米。

经20几年持续不断造林绿化，到2011年，济南市国土绿化面积大幅增加。南部山区森林覆盖率由实施绿化保泉工程前的14.5%提高到60%；城市绿化覆盖率、绿地率和人均公共绿地分别达到37%、33.6%和10.3平方米，大大减少了林地地表径流，增强了水源涵养能力，对保持泉水持续喷涌起到重要作用。

二、置换水源

济南解放初期，市区四大泉群的日涌水量为30万立方米，最高达50万立方米。新中国成立后，城市用水量逐年增加。1949年平均日供水1.04万立方米，到1972年增至27.51万立方米，

1981年增至43.52万立方米，1988年达到51.6万立方米。相反，地下水位和四大泉群的喷涌量逐年下降。1968年泉群日喷涌量降为20万立方米，1976年降为10万立方米。并从1972年开始出现季节性间隙停喷。为减少对地下水的开采，恢复泉水喷涌，保持济南泉城特色，同时保证城市生产、生活用水，自20世纪80年代初期开始，市政府有计划地开辟新水源，实行水源置换。

1988年6月，以卧虎山水库为水源日供水能力5万立方米的南郊水厂建成通水。同年11月，投资11400万元、日供水10万立方米的引黄保泉一期工程—黄河水厂正式建成并网通水。两个水厂的建成通水，结束了济南市区单靠地下水源供水的格局。1989年5月28日，黄河水厂第二条生产线投入运行，日供水能力提高到16万立方米；6月21日，黄河水厂所有生产系统全部开机运行，供水能力达到20万立方米的设计要求。1999年9月21日，分水岭水厂建成投产。该水厂以锦绣川水库为水源，日供水能力5万立方米，它的建成投产改变了不能同时从锦绣川水库和卧虎山水库引水的局面，并解决了济南城区南部高地势地区居民吃水难的问题。当年12月29日，济南市最大的城市供水基础设施工程项目——鹊山调蓄水库建成蓄水，2000年4月24日正式向市区供水。该水库位于黄河北岸济南段黄河北展区末端，占地面积7.4平方公里，库坝围长11.64公里，总库容量4600万立方米。2000年12月29日，济南市新中国成立以来投资最大的城市供水工程项目——玉清水库建成。该水库位于槐荫区与长清区交界处。占地600余万平方米，库坝围长10公里，总库容量4850万立方米，蓄水面积4.9平方公里。两大水库和与之配套的黄河水厂及玉清水厂的建成投产，改变了城市供水格局，地下水和地表水的供水比例由7：3调整为3：7，为保障城市供水和保泉、恢复泉涌奠定了重要基础。为优化水资源配置，解决长期以来东部工业区用水大户使用自备井，大量抽取地下水，影响市区泉水喷涌的问题，2006年，市政府决定在城市东部地区实施“东联供水工程”，实现生产用水大户水源置换。该工程以鹊山水库、章丘地表水及明水出露泉水为水源，以黄河水、南水北调的长江水为补充水源，通过管道连通，联合调度，向东部地区重点企业提供工业生产用水，置换出地下水供市区生活用水及保障泉水喷涌。“东联供水工程”总投资2.8亿元，分两期进行。一期工程分朱各务水库—章丘电厂段，由章丘市负责建设，总投资2000多万元，于2006年6月建成通水；鹊山水库—济南钢铁厂段，由济南市本级负责建设，总投资1.96亿元，于2007年9月开工，2008年8月5日建成供水。一期工程完成后，可向章丘电厂日供水4.4万立方米，济钢日供水20万立方米，使两个用水大户实现了生产用水置换，大大减少了对地下水开采。

三、地下水监管

济南市对水资源的管理始于20世纪70年代初。1978年8月市革委颁布《济南市地下水源开采管理试行办法》10条，第一次明确规定地下水为国家所有的重要资源。确定东起郭店，西至旧城，南起分水岭，北至黄河的范围内，不准随意开采地下水。办法公布后，对自备水源的单位进行普查，办理登记。1979年9月颁布《济南市地下水源开采管理试行办法补充规定》4条，依据办法和补充规定对地下水源开采进行管理，浪费水源的状况有所减轻。

1981年6月，市人民政府又颁布《济南市计划供水节约用水管理办法》17条和《济南市地下水资源管理暂行办法》15条，比原来的规定更臻完善。除重申以前办法的规定外，又规定：用水量较大的单位都必须实行计划用水，按季分月编报用水计划；超计划用水20%—50%，分别加价2—5倍。东自历山路，西至顺河街，北至明湖路，南至经十路为泉城区，这一范围内一律禁止打井，已有的机井有计划地封闭停用；南郊山区（南至锦绣川、东至港沟、西至玉符河）规定为泉城区上游补给带，除人畜用水必须打井要经县人民政府批准外，不准再凿新井，对已有的机井加强管理，逐步减少开采量；对自备水井的管理与保养、改建与扩建，确保地下水源的不受污染，对地下水的监测等方面都作出了规定。1981—1986年期间，申请开凿机井的单位180余户，只批准41户凿机井61眼，日采水量68900立方米；对未经批准的单位，令其与附近单位联合使用机井；对违章开凿的219户381眼机井，经审核后准予补办采水手续者190户346眼，令其封闭者29户35眼。封闭时相关部门派员监督，静水位以下填以石子，其余部分采用水泥、石砂材料封到基岩层上，避免继续违章启用，并防止地表水下渗污染地下水。

1996年7月，市人大常委会颁布《济南市城市节约用水管理办法》28条，规定根据全市水的长期供求计划，编制城市年度供水、用水计划；市节水办根据供、用水计划会同有关部门制定用水定额，向用水单位（含自建供水设施的用水单位，下同）下达用水计划指标，并按季考核。用水单位按照下达的年度用水计划指标用水。对超计划用水的，收超计划加价水费。因建设施工临时增加用水量的，须经申请获准并缴纳临时供水增容费。用水单位自建供水设施，必须报经批准并按规定安装水表计量。

2001年9月，市人大常委会颁布《济南市水资源管理办法》32条。对水资源的开发、利用、保护、管理以及节约用水等作了明确规定。规定开发利用水资源实行开源与节流并举，充分利用地表水和大气降水，限制开采地下水；对水资源的开发、利用应当进行统一规划。取水单位和个人应当按照水行政主管部门下达的年度取水计划取水；直接从河流、湖泊和地下取水的单位及个人，除法律、法规规定不需要办理取水许可和免予取水许可的外，须向水行政主管部门提出取水许可申请，经审查批准领取取水许可证后，按载明的取水地点、期限、方式取水；持有取水许可证的单位和个人，应当按有关规定缴纳水资源费；市水行政主管部门应当会同市规划、环保行政主管部门划定地下水资源主要补给区及其保护范围。在其保护范围内，任何单位和个人不得有污染、阻隔、破坏水资源的行为。

为减少地下水开采量，恢复泉水喷涌，自2001年开始，对自来水管网已达到范围内的自备井采取封堵措施，当年关闭市区内自备井98眼。2003年市政府成立以副市长邹世平为组长的济南市封井保泉领导小组，园林、水利、执法、公用事业等部门为成员单位，共同负责市区内自备井的现状调查，实施关闭和关闭后的监督检查。到2010年，全市累计封井2481眼，其中，深层自备井326眼，年减采地下水近1亿立方米。章丘市规范矿业开采，关闭了13处对泉水有影响的煤井，并对煤井冲水点进行注浆封堵，年减少矿井排水1625万立方米。

2003年9月6日，趵突泉在断涌沉寂了548天后复涌。为了监测地下水位，掌握地下水位的升降情况，一旦趋向下降状态，能及时发出预报，并采取有针对性地抢救措施，使地下水位保持在泉水喷涌水平，2004年7月在趵突泉公园内动工修建监测地下水位的“天尺亭”，当年10月建成投入使用。亭内安装电子观测仪，地下水位情况通过电子观测仪清晰地反映出来。工作人员每天记录地下水位数据，作为开展保泉工作的重要依据。2006年4月9日，市政府发布《济南市保持泉水喷涌应急预案》。预案规定：趵突泉地下水位降至28.15米时，发布黄色预警，启动Ⅲ级应急预案，各责任单位迅速进入应急准备状态，按照人工增雨、水源置换、控采限用、回灌补源等工作分工，做好各项实施准备工作；趵突泉地下水位降至28.00米时，发布橙色预警，启动Ⅱ级应急预案，立即实施人工增雨、水源置换、控采限用、回灌补源等应急措施；趵突泉地下水位降至27.60米时，发布红色预警，启动Ⅰ级应急预案，进一步加大水源置换、控采限用、回灌补源等应急措施的力度。预案制定实施以后，到2011年共发布3次黄色预警，3次橙色预警，1次红色预警。各相关责任单位严格按照分工，落实应急措施，确保了泉水自2003年9月6日复涌以来持续喷涌。

四、回灌补源

进入20世纪80年代，针对泉水时常出现常年性停喷严峻形势，开始在泉水补给区的南部山区沟谷修筑拦洪塘坝、蓄水池井等减少地表径流的截洪蓄水设施；在玉符河等平原沟谷修筑拦洪坝，增加汛期上游河水对下游地下水的渗漏补给；在汇流排洪区的泉群附近，通过人工管井高压注水使地下水位升高等措施。到1999年年底，在市区南部山区共修建塘坝44座，蓄水坝153座，蓄水池1430个，旱井、水窖15600个，增加蓄水能力168.8万立方米。从2001年开始，适时从卧虎山水库放水，通过玉符河道渗漏回灌补充地下水源，每次放水1000万—1500万立方米。对当年9月17日趵突泉在停喷3年之后复涌起到了一定的作用。2005年4月18日，启动玉符河回灌补源方案，卧虎山水库持续放水48天，总放水量达到1800万立方米；6月14日，实行第二次回灌补源保泉，每日放水40万立方米。两次补源，使地下水位保持相对稳定，停止了下降趋势。2006年4月9日，市政府发布《济南市保持泉水喷涌应急预案》，将回灌补源列为制度化的保泉措施之一。章丘市引垛庄水库补给百脉泉群及在桃花山公园筑坝向百脉泉群注水也取得明显效果。

五、人工增雨

为增加大气有效降水，抗旱保泉，自2002年开始，市政府不断加大人工增雨的工作力度，逐年增加建设投入，先后共投入人工影响天气专项建设经费2500多万元，构建了南部山区人工影响天气指挥中心和作业体系，在市区南部山区3300平方公里范围内，确立了27处固定火箭作业区，配备了54部固定火箭发射架和11部机动火箭作业车，成立了由气象人员、基干民兵组成的280人的人工影响天气作业队伍，专施人工增雨作业。到2011年累计实施人工增雨（雪）作业108次，发射火箭弹7772枚，增加降水9.9亿立方米，取得了明显的增雨（雪）、抗旱保泉效果。

六、节水保泉

20世纪80年代以来，市人民政府采取了一系列节水保泉措施。1981年6 月颁布《济南市计划供水节约用水管理办法》17条，要求各单位拟订出详细的用水计划，呈报市节水办公室审批。强调一水多用、循环用水、废水综合利用，争取两三年内取消生活用水由单位集体承担水费的“包水费制”，实行水费自理。新建楼房要将用水计量器安装到户。对超出用水20%—50%者，水费分别加价2—5倍。1980年全市人均每日用水210升，1985年降至人均每日175升；全市工业用水的重复利用率1980年为15%，到1986年有的单位达到70%。此外，对防空干道的渗水也有所利用。从1987年开始，在全市推广节水先进技术和工艺，到1989年，共为此提供无息贷款237万元，帮助44家市属企业完成节水技术改造项目150余项，推广卫生洁具2.5万套，节水型脚踏淋浴器2000套，推广了22个单位的节水先进经验。1989年5—8月份，对全市单位所属的自备井首次进行调查、登记、核实。

1990年上半年，济南市区地下水位持续下降，以致下降到历史最低点：20.83米（6月17日）。面对严重的水荒危机，从1990年1月1日始，济南市实行限量供水，市民计划用水每人每月1.5立方米，超计划用水每立方米加价0.50元。通过新闻媒体，报道水危机形势。在《济南日报》开辟《全民动员节约用水》《节水保泉造福子孙》的专题栏目。对节水计划进行科学管理，企业生产用水实行按万元产值下达用水计划，企业自备水井的水费由0.10元上调为0.20元。11月17日，市政府召开全市节水保泉工作会议，市政府领导第一次在会议上提出树立节水保泉五个观念：保护和利用水资源是重大国策的观念；节约用水是长远战略方针的观念；节水保泉是精神文明建设重要内容的观念；保泉节水是促进对外开放，促进社会、环境、经济效益重要条件的观念；保泉节水是实现城市总规划、保护自然文化遗产的观念。会议号召全市人民行动起来，节水保泉。这一年，节水保泉工作取得了较好成绩。全年市区生活用水7547万立方米，比上年下降8.3%；市区工业用水量（含自备水）17279万立方米，比上年减少2.2%；工业用水重复利用率67%（扣除电力工业用水），比上年提高0.82个百分点；工业万元产值综合耗水量150.85立方米，按可比口径比上年减少19.4立方米；全年生活和工业生产用水共节约3410万立方米。

1991年，大气降水量甚丰，地下水位回升至28.80米，是1981年以来地下水位最高的一年，泉水保持了较长时间的喷涌。在这种情况下，市政府继续开展节水保泉宣传的同时，强化节水管理工作。按照“以水定产、量水而行、奖优罚劣、鼓励节水、有保有压、择优供水”的原则，下达用水计划。当年，工业用水重复利用率提高到71%（扣除电力工业用水），工业万元产值综合耗水量比上年减少35.85立方米；全年生活和工业用水，共节约1800万立方米。

1995年，为加强对自备井采水管理，实现节约用水，在全市部分自备井试行智能卡收费。从4月5日开始，进行为期40天的节水检查。共检查163个单位，对存有浪费水问题的56个单位进行了经济处罚。在当年5月15日召开的第三届全国城市节约用水工作会议上，济南市以综合节水指标名列第五，其中工业用水重复利用率名列第一的成绩，首次被评为全国节水先进城市。全年全市共节水2080万立方米。

1998年，在全市开展创建节水型城市和创建节水型企业（单位）活动，从社会各界、各企业、各部门聘请99名节水信息监督员，为市节水办提供动态信息，对各种浪费用水现象和问题进行批评劝阻及举报。在全市推广应用节水新技术、新工艺、新设备、新器具（简称“四新”）。当年城市节水工作取得前所未有的好成绩。全市工业用水万元产值取水量降至53立方米，比上年下降5立方米，工业用水重复利用率79.5%，全年节水2181立方米。

2000年，济南市遇到历史上少有的持续干旱，水的供需矛盾十分突出。高峰供水期，卧虎山、锦绣川两大水库相继干涸，济南水资源匮乏和恢复泉水喷涌成为全社会关注的焦点、热点问题。当年，根据中共济南市委、市政府的部署和要求，全面加强了城市节水管理工作。在4—6月份，组织进行了全市节水大检查，共检查343个用水企事业单位，对超计划用水和浪费水的单位进行了经济处罚。组织科技力量攻克节水技术难点，研制推广节水新技术、新工艺、新设备、新器具。12月15日，市长谢玉堂倡议全市人民节水保泉，在厕所水箱中投放一块砖，减少水箱贮水量。为响应市长倡议，推动节水工作，12月16日，市节水办在泉城广场举行“向水箱中投放一块砖”启动仪式，为市民购置砖5.5万块。全年累计节水4672万立方米，其中，工业节水3730万立方米，生活节水942万立方米，工业用水重复利用率达到80.1%，万元产值取水量降至40立方米，创下济南城市年度节水新纪录。

2003年，针对全市严峻的供水形势，实施紧缩的用水计划。驻济南单位中，四分之三单位的用水指标被压缩，最高压缩幅度20%；对不按计划建设中水设施的单位，再压缩5%的用水指标。9月1日，调整供水价格，居民生活用水价格由原1.75元／立方米调整为2.60元／立方米；工业用水到户价格由原2.10元／立方米调整为2.90元／立方米；经营服务业用水到户价格由原3.20元／立方米调整为4.30元／立方米；特种行业用水价格由原4.00—8.00元／立方米调整为16.00元／立方米。同时，对凡具备自来水水源的自备井加收20%的水资源费。9月17日，市政府出台硬性节水措施：年内确保30个单位的中水工程上马；两大污水净化厂实施二期工程，功能由达标排放变为达标供水，园林绿化、道路清洁、车辆清洗和生态景观用水尽量使用再生水和干道水；继续推广节水型器具，全市的节水器具普及率由60%提高到80%；建立科学的用水定额管理体系，继续封井保泉，加快自来水管道施工进程，为用水单位封井创造条件。当年全市计划用水管理率和考核率均达到100%，工业用水重复利用率达到81%，万元产值取水量降至27立方米。

2005年，配合推进节水工作，从7月1日起，对城市供水价格进行调整。企业用水价格调整为3.80元／立方米，经营服务业用水价格调整为5.40元／立方米，旅游定点宾馆、饭店用水价格调整为4.75元／立方米，居民生活用水价格调整为2.95元／立方米。

2009年，由于自上年10月1日至2009年1月31日，济南市平均降水量29.5毫米，较常年偏少33.7毫米，全市185座水库蓄水量不足，多处于半库容状态。济南市遭遇了13年来同期最严重的旱情。为缓解城市供水压力，做好保泉工作，启动节约用水计划，对城市供水进行即时监控。园林绿化和道路保洁严禁使用自来水；进一步压缩用水计划，采取限制或关停部分用水量大、对民生影响不大的单位用水。其中，工矿企业、居住小区压缩5%；机关、部队、学校、商业服务压缩7%；宾馆、饭店、建筑工地、园林绿化、洗浴、洗车业压缩10%。通过实施节约用水计划，全年城市节水2700万立方米。

2010年，全面实行计划用水管理。在全市推广以喷、滴、管灌为主要形式的高标准节水工程和智能卡等先进管理模式，推进节水器具开发利用工作，开展节水活动进社区、进校园、节水器具进万家等活动。全年城市节水3000万立方米，城市计划用水率98%以上，工业用水重复利用率达94.5%。2011年，继续深入实行计划用水管理，并出台了《济南市用水总量管理办法（暂行）》，全年城市节水2600万立方米，万元产值取水量降至12.50立方米，工业用水重复利用率达95%，用水计划管理率达到98%.

自1999年起，济南市开始实施中水建设，推广中水回用，并制定了《济南市中水设施建设管理实施细则》，规范中水建设和管理。2006年又把中水配套建设扩大到小区，规定新建小区必须配套建设中水设施。2011年9月，山东省最大的单体再生水回用项目——水质净化三厂再生水回用项目正式通水，日供水规模4.2万立方米。至此，全市共建成中水设施170座，日处理能力达22.9万立方米。2006—2011年，累计中水回用1.34亿立方米，年均2680万立方米。中水回用为济南市节水保泉、节能减排工作做出了贡献。

第四节 泉点保护管理

保护泉点（即泉水出露点）是保护济南泉水景观的一个重要方面。济南对泉点的保护由来已久。据史料记载，早在宋代就有达官贵人通过依泉建堂、建府、建园，将泉点纳入堂府园内，使众多泉点得以保护。宋代著名文学家曾巩在任齐州知州期间，在趵突泉畔建造了泺源、历山二堂，以为“使客之馆”。始建于元朝的万竹园，园内就有望水泉、登州泉等名泉。明成化三年（1467年），德王朱见潾因爱济南湖山泉水之胜，在珍珠泉建德王府，将溪亭、散水、云楼、濯缨、灰泉等名泉划入王府院内。这些堂、府、园虽历经沧桑，但其内的名泉至今保护尚好。

趵突泉是济南名泉之冠，对它的保护历代格外重视，多次进行修葺亭廊，建设碑楼，开疏夹河，掏俊泉池。清人施闰章在清顺治十三年至十七年（1656—1660年）任山东学政期间，主持重修趵突泉工程。工竣后作《重修趵突泉记》（清乾隆《历城县志》收录此文时，改称《趵突泉来鹤桥记》），对重修趵突泉的过程和重修后趵突泉复涌的情景做了详细记载。清咸丰四年（1854年）4月至8月，济南太守陈栗堂“共糜金钱一万有奇”，除对趵突泉周边历代修建的祠宇亭舍进行修整外，“并于泉之窟加以淘汰，疏地脉之壅滞，瀹灵源之郁勃。”整修后，趵突泉“喷珠溅玉，喋雪奔雷，汩汩然涌地上出，渟而为渊，潴而为泽，汇流奔放，旋绕于石栏台榭间。漱润流清，潆洄曲折，宇宙奇观，于是乎在焉”（清人毛鸿宾《重修趵突泉祠宇记》）。

民国时期，对泉点的保护整治有记载的，是民国20年（1931年），曾对趵突泉和黑虎泉实施治理。是年10月9日趵突泉治理工程竣工，深挖泉池1米，四周砌石护栏，并凿新泉3眼。黑虎泉治理工程8月3日开工，10月13日竣工，扩大泉池，深挖1.2米，四周砌以石壁及矮墙，北墙留出水口，南墙增加喷水石雕龙头2个。

新中国成立后，人民政府对泉点出露点的保护更加重视。

通过建设公园和实施重点工程，对泉点进行保护和整治。1956年11月，市人民政府决定将趵突泉辟建为公园，并以公园内的趵突泉称名该公园。公园初建时，疏浚趵突泉，泉池向南展宽2米，东池增扩2/5，出水河道加宽，使趵突泉成为一个东西长30米，南北宽18米，深2.2米的新泉池。对趵突泉泉口进行改装，用3米余长的钢管取代原石雕圆孔，使其成为露出池底1.4米，深入池底下岩石约1.6米的钢制出水口。同时，把趵突泉附近的金线、柳絮、漱玉、马跑等20余处名泉及众多的名胜筑墙圈围，并新修了新金线泉，修复了皇华泉、卧牛泉。1963年，中共济南市委、市人委决定，整修南护城河及五三街和东流水街一带。此次工程除绿化外，结合护城河岸的整修，对黑虎、天镜、月牙等整修范围内的名泉池岸进行整砌，利用自然山石堆山叠石，形成景观。如整修月牙泉时，受1964年10月16日我国第一颗原子弹爆炸形成的蘑菇云的启发，利用自然山石叠成蘑菇云状的假山，把泉水上引，使泉水从上而下喷淋，形成蘑菇云状景观。1964—1966年进行趵突泉公园建成后的第二次扩建，移址新建混沙泉。为保护趵突泉景观，1972年市革委将停用的趵突泉以南的自来水公司水厂划归趵突泉公园。公园随即对趵突泉泉池中的自来水设施进行拆除。1984年在环城公园兴建施工中，对黑虎泉泉群的黑虎泉、玛瑙泉、白石泉、九女泉、琵琶泉、豆芽泉、五莲泉、南珍珠泉、任泉、一虎泉（缪家泉）、金虎泉、汇波泉、对波泉、胤嗣泉、鉴泉共15处名泉泉池进行整修，配建了名泉碑。1985年，市政府规划建设五龙潭公园，将五龙潭泉群周围的天镜、回马、古温、月牙、北洗钵、贤清等26处泉池圈连为一园，堆山叠石，浚池砌岸，使诸泉面貌焕然一新。

依法修复被填埋、占压、损毁的名泉。1997年6月《济南市名泉保护管理办法》颁布实施后，本着先市区后市郊、先抢救再修复的原则，制定了三年分期分批完成全市名泉抢救修复计划，开始对被填埋、占压、毁损、污染的名泉进行整治修复。当年，修复了杜康、登州、石湾、湛露、满井、混沙、酒泉、北煮糠、花墙子、虬溪、芙蓉等14处名泉，其中，芙蓉泉经清淤整治后复涌，泉水深达2米，清澈见底。同年章丘市人民政府对百脉泉进行整治，将泉池由方形恢复为品字形，池岸用青石砌垒，周边设花岗石雕刻栏杆。1998年，抢救修复了珍池、王庙池、泮池、雪泉、放生池、甘露泉、长生泉、感应井泉、不匮泉、刘氏泉、玉环泉、砚池共12处名泉，局部整治了珍珠泉。1999年，重修了寿康泉，修复了玉乳泉，对泉城广场建设中填埋的鉴泉进行了移址重建。2000年，修复了被占压填埋的白龙湾、广福泉、华家井、岱宗泉4处名泉。2001年，抢救修复了被占压填埋的华泉、双忠泉和扇面泉，其中双忠泉为移址修池；刻制安装了古鉴泉、灰池泉泉碑，疏浚整修了小王府池至曲水亭、五龙潭至铜元局前街泉水流径渠道。2002年，修复了起凤泉、醴泉、蜜脂泉，对王府池子至百花洲全长300余米地段的泉池、泉渠进行了清淤。到2003年，全市共有41处被填埋、占压、毁损、污染的名泉得到修复整治，使这些名泉恢复了昔日的风采。2005—2011年，市名泉保护部门又相继组织修复、整饬了迎仙泉、王府池子、珍池、芙蓉泉、院后泉、玉环泉、林汲泉、砚池泉、突泉、斗母泉、卓锡泉、双鹤泉、袈裟泉、清泠泉、洪范池、书院泉、扈泉、日月泉等名泉20余处，为荷花、瑞蚨、伏鳌、眼明、龙盘、虎踞、佛慧、梅花、漱玉9处原无池无名的泉建池命名。对起凤、濯缨、圣水、浆水、百脉等多处名泉重修了泉池，为100余处名泉修建了名泉碑。

依照名泉法规规定，与法定的名泉维护单位和个人签订名泉保护管理责任书，落实保护管理责任。1997年名泉保护法规《济南市名泉保护管理办法》颁布后，依照办法的规定，市与区、区与责任单位和个人，层层签订名泉保护责任书，把对泉点的保护责任落实到具体单位和个人。市、区两级名泉保护管理部门定期检查保护责任落实情况，并聘请“爱泉、保泉义务监督员”，监督泉点保护工作。1998年6月6日，张含镶、陈衍涛、徐家茂、王培智等10名市民联名发出“别让名泉毁在我们手中”的倡议，市长谢玉堂致信称赞10名市民倡议者是“爱泉城的模范市民”，号召市民向他们学习。同年6月11日，10名倡议者被市名泉保护管理办公室聘为首批“济南市爱泉保泉义务监督员”。

第五章 保泉宣传研究

第一节 保泉宣传

20世纪80年代初，在节水保泉诸措施实施的同时，有组织的节水保泉舆论宣传工作也开展起来。1981年，中共济南市委、市人民政府先后两次召开保泉节水动员大会，大张旗鼓地开展保泉节水宣传教育。1986年10月30日，市政府召开全市节水紧急动员大会，号召全市人民为节水保生产、保生活、保泉涌作贡献。1988年，《中华人民共和国水法》颁布实施以后，市计划用水节约办公室即印发水法3万份，发至各企事业单位学习，组织20多万人次观看节水片《点点滴滴》，并与电视台联合摄制专题电视片《珍泉》和节水教育片进行宣传。1989年，在全市青少年中开展了为期6个月的“爱泉城、爱泉水”活动，组织中小学生到工厂、街道、居民家庭宣传节约用水，举办节水知识电视竞赛和以节水为内容的大型文艺晚会，参加人数达30多万人次。5月份高峰供水期间，在市电视台开辟《敬告市民》栏目，将当日水况告知市民。全年编发《我市供水形势严峻，节约用水刻不容缓》宣传提纲15万份。与省市电视台联合摄制了《学习青岛节水经验》《水的呼唤》《历下情》《水的警告》4部节水专题片。

1990年，针对地下水位下降，全市面临水荒的严峻形势，在《济南日报》开辟《节水保泉造福子孙》栏目，并利用广播、电视，宣传节水保泉。还举办了红领巾节水图片漫画摄影展。1991年市节水办与市人民广播电台联合举办了“我爱泉城水”征文，与人民剧场联合举办了40场节水文娱演唱会，与市电视台联合录制了以“爱泉城，保泉水”为内容的电视艺术音乐片《蓝色的爱》，先后在市、省、中央电视台播出，收到了良好的社会宣传效果。1995年，市节水办与省广播电台联合举办了“节水知识有奖竞赛”活动，历时两个月，收听者达10余万人次。与市青年志愿者协会联合成立市志愿者保泉宣传监督队，宣传保泉，监督保泉工作。1997年5月组织举办了首届“爱泉城、爱泉水节水摄影、书画艺术展”。当年9月，根据新颁布的《济南市名泉保护管理办法》关于“每年9月份为名泉保护月。在名泉保护月中开展名泉保护的宣传、教育、检查、督办等项工作”的规定，开展首次名泉宣传月活动。在泉城广场宣传保泉法规，普及保泉知识，接受市民咨询，进行为期1个月的名泉保护情况检查等。这一名泉宣传月活动，一直坚持到2005年9月新的名泉条例颁布。

2000年以后，保泉宣传工作进一步加强。当年5月，市节水办和市名泉办联合举办了以“蓝天碧水”为主题的节水保泉宣传周活动。各企事业单位和街道居民近万人走上街头参加节水宣传。2003年夏秋，在泉城广场举办庆泉水复涌、节水保泉等大型宣传咨询活动，发行“庆泉水复涌”首日纪念封、纪念戳、宣传戳，编辑发行《济南七十二名泉纪念邮册》，举办“名泉旧影”“七十二名泉”书画展摄影展等。2004年5月，由中共济南市委宣传部主办，市名泉研究会、济南商业银行承办，市园林管理局、市人民政府新闻办公室策划，市对外宣传中心、市名泉保护管理办公室制作出版了《济南七十二名泉》大型摄影书法画册。2005年《济南市名泉保护条例》实施后，为宣传条例，组织了学习条例培训班和现场会。2008年济南电视台和中央电视台联合摄制了纪录片《泉生济南》，生动地解读了济南泉水成因、泉水奇观及泉与人民生活的关系。该纪录片在济南电视台及中央电视台第四频道多次播放。市名泉办在泉城广场举行《济南市名泉保护条例》宣传活动，并在《济南时报》开辟保泉专栏，宣传的有关信息被新华网、国家水利部网、新浪网、搜狐网等转载。2009年9月，中共济南市委宣传部组织市委外宣办、市广播电视局和济南电视台摄制了大型系列片《天下泉城》，先后在中央电视台和山东、北京、广东、湖北、辽宁、内蒙古等电视台播出，成为这些电视台介绍11届全运会主办城市——济南的重要宣传片。市名泉办与济南电视台联合摄制了电视风光片《济南泉水甲天下》，11届全运会期间在济南电视台播出。2010年，在全国第十九个节水宣传周活动中，配合中央电视台《绿色空间》摄制组拍摄了《城市与节水》专题片。市名泉保护委员会办公室在大明湖景区新建超然楼设立了济南泉水园林文化展厅，采用声光电技术，通过动漫的形式展示新评济南七十二名泉的形态、位置和泉水成因。展厅内还设有电子书和放映厅，电子书储存历代文人墨客吟咏济南泉水的诗词歌赋，图、文、声并茂；放映厅则播放《天下泉城》等与泉水有关的宣传片。这里已成为宣传济南泉水的常设场所。

第二节 保泉研究

20世纪70年代济南泉水流量出现衰减和间歇性断流后，引起中央和省、市有关方面的重视以及社会舆论的关注。自80年代初，开始有组织地进行泉水保护研究。1981年5月27日，中共济南市委、市人民政府向山东省委、省人民政府报送《关于保泉供水三年综合治理计划的报告》，提出保泉供水三年的主要任务和采取的措施：一是实施计划用水，搞好节约用水；二是开辟新水源，采外补内；三是保护上游水源，增加地下水补给等。同年10月，山东省科学技术学会、中国地质学会岩溶地质专业委员会和山东省地质学会，组织召开了“济南保泉供水座谈会”。与会的中国地质司总工程师辛奎德等国内知名岩溶地质专家各抒己见，献计献策。《座谈会纪要》会后呈报国务院与省、市政府有关部门，受到高度重视。根据专家们提出的为制定科学的保泉措施需从基础工作着手的意见，由山东省地矿局801水文地质工程地质大队地矿部岩溶地质研究所、山东地矿工程勘察院、长春地质学院、山东师范学院地理研究所等地质勘察、科学研究单位对济南的水文地质情况开始进行全面的调查。至1999年，相继完成了《济南地区地下水动态观测阶段报告（1978—1982）》《山东省济南市长清—孝里铺地区供水水文地质勘察报告》《山东省济南市保泉供水地质勘探报告》《济南市保泉供水水文地质勘探水质模型报告》《济南市地下水资源管理模型报告》《济南市保泉供水系统研究》《济南市环境地质调查评价报告》和济南岩溶水示踪试验等研究，为制定科学的保泉措施提供了重要依据。奚德同、李传谟、高广宇、黄春海等人，在报刊上发表了一些有关济南泉水成因、泉域划分、恢复泉涌、保泉与供水对策的研究文章。

1997年市名泉保护管理办公室成立以后，组织水文、地质方面的专家、学者进行保泉研究。到2002年，形成了一批保泉战略对策研究成果。主要有：市名泉保护管理办公室的《济南名泉保护规划及保泉战略对策》；中国科学院地理科学与资源研究所教授娄华君的《济南市保泉供水问题探讨及解决方案》；山东省地矿局高工李传谟的《济南保泉供水需要科学的决策》；济南市园林管理局副局长于红生的《保泉重在保源》；济南市科协李中赋的《依靠科学技术实现保泉供水的战略目标》；山东省地矿工程勘察院高明志的《济南泉水保护与开发利用》；山东省水文水资源勘测局商广宇的《济南优质地下水可为保泉供水作贡献》《既可饮用优质地下水，又能解决泉水正常喷涌》和商广宇、李森的《有的放矢科学保泉——济南泉域边界条件论证》；济南市自来水公司赵玉德等专家的《引黄供水保泉的对策和战略措施》；济南市气象局毛晓平的《浅析影响济南市区名泉停涌的气象因素》和付若鲁的《人工增雨保泉的可行性分析》；济南市计划节约用水办公室卢朝霞、陈学峰的《论保泉的根本措施—节水》；山东省地矿工程勘察院、济南市水资源管理办公室李铁锡、邢立亭、王德辰的《济南泉水特征及影响因素特性研究》和李铁锡、魏鲁峰、吴兴波、李君的《济南泉城岩熔水系统特性研究》；山东省水利科学研究院、山东省水利厅、济南市水利局李福林、马吉刚、王德辰等的《济南市区泉群喷涌参数计算及供水保泉宏观调控措施》；山东省水利科学研究院李道真、刘春华的《供水保泉总体规划可持续发展战略措施研究》；市水利局秦若轼，市水利勘测设计研究员巩振茂的《泉水忆谈——对保泉供水有关问题的建议》；市人大代表王忠烈、张文超、彭兰文、刘文柱的《建地下东湖比地上东湖好》。

2002年6月济南市名泉研究会成立以后，围绕中共济南市委、市政府的保泉战略，以恢复泉水常年喷涌为目标，联合本市及海内外各界人士，广泛开展爱泉保泉研究和学术交流活动，开展泉文化研究及名泉保护开发利用研究。当年10月，研究会与市文物局、市名泉办、市博物馆组织召开“济南名泉历史溯源研讨会”，省内外历史、考古、水文、地质、社科等方面30多名专家、教授参加研讨论证。通过探讨论证，使济南名泉有文字记载的历史由2600年前追溯到3500余年前商纣王征东夷甲骨文中“泺”的记载。同年8—10月，两次召开济南西部水源地开发利用与保泉专题研讨会，根据开发济西地下水与保泉影响不大和与保泉关系密切的两种意见，提出了启动济西抽水试验的建议。2003年7月，针对降雨量已达422.1毫米，比上年同期增加160.4毫米，市区泉水水位上升却十分缓慢的情况，召集水文、地质专家对恢复泉水喷涌进行专题研究，专家们根据当时趵突泉水位23.19米、黑虎泉水位23.17米，距地下水位26.94米的趵突泉喷涌水位还差3.75米的实际情况，向中共济南市委、市政府提出了减采、封井、暂停济西抽水试验，加快恢复泉水喷涌的建议。2007年开展了保持泉水常年喷涌的专题研究。研究认为，造成20世纪70年代以来泉水时常断流的主要原因是地下水开采量过大，超过30万立方米/日，最大达80万—100万立方米/日，大大超过地下水的补给量。另一原因是市区泉水补给区（南部山区）因开发等原因，面积逐渐减少，水源涵养能力下降。根据研究结果，2008年1月，市名泉研究会向中共济南市委书记焉荣竹写出了《关于保持泉水持续喷涌的几点经验和建议的报告》。2007年8月开始，对济西水源地与市区泉水出露地之间有无直接联系的课题进行了深入调查研究。通过一年多的调研，得出了济西水源地与市区泉水之间有直接联系，为了保泉，限采、停采济西地下水的决策是正确的结论。2010年，根据2009年11月5日中共济南市委书记焉荣竹关于“既保持泉水持续喷涌，又让泉城人民喝上泉水”的意见，市名泉研究会组织专家、学者、部门领导、专业工作者以“泉水先观后用，让市民喝上优质泉水”为课题展开研究，形成了26份10万字的论证材料。当年8月13日，向中共济南市委、市政府领导写出了《关于让济南市民饮用优质泉水的调研报告》。

上述这些研究，为市委、市政府部署保泉工作提供了决策依据。

第三节 泉水申遗

2002年6月，济南名泉研究会首先提出济南泉水申报世界自然文化遗产的建议，获得市政府同意。2004年6月28日，第28届世界遗产大会在苏州召开，济南市派曹守恭、王丕俊、李世欣等人赴会，学习申遗程序、经验及做法。当年7月16日名泉研究会召开全体会员大会，通过了将济南泉水申报世界自然文化遗产的决议，并将此诀议呈报济南市人民政府。时任中共济南市委书记姜大明立即做出批示。经过两年多的准备，2006年6月26日，市政府在舜耕山庄召开济南泉水“申遗”工作会议，正式启动泉水“申遗”工程。会议确定市名泉保护委员会为申遗委员会，设在市园林局的名泉保护委员会办公室为申遗办公室。由尤凤尧、于文玲、关梅组成的综合组，宋雪翔、李世欣、张建胜、林祥龙组成的宣传组，雷学端、丁大尧、李海燕组成的联络组，分头展开申报书编写、编制申遗画册和音像光盘、对外联络搜集资料信息等工作。当年8月，泉水“申遗”申报书初编完成。当年12月，经专家论证确定后，《国家自然与文化双遗产预备名录——济南泉水申报书》由市政府正式报送山东省建设厅和建设部。

2009年9月10日，济南泉水凭借名泉数量多、水质优、形态美、历史文化积淀深厚，具有普遍观赏价值，具有独特性、稀有性和濒危性的特点，符合申遗条件，被住房和城乡建设部列入第二批《中国国家自然与文化双遗产预备名录》，成为全国第一个以泉水为主体申报世界自然与文化双遗产的“申遗”预备项目。9月19日，市政府举行新闻发布会，向社会公布了这一消息，并介绍了下一步推进济南名泉资源保护，加快济南泉水实现世界双遗产申报目标的工作安排。2011年，市名泉保护部门对照《世界自然与文化双遗产》标准，制定了《济南名泉申遗工作实施方案》，济南泉水申遗工作向申遗成功最终目标推进。

1959—2010年济南市降水量、市区泉水流量、地下水开采量及水位情况表

表3-2

年份	降水量（毫米）	泉水流量（万立方米/日）	地下水开采量（万立方米/日）	地下水位（米）			泉水断流天数
				年平均水位	最高水位	最低水位	
1959	611.9	30.54	7.28	30.40	30.90	30.04	—
1960	461.6	31.05	9.69	29.72	29.96	29.36	—
1961	959.5	35.53	10.79	30.15	31.51	29.13	—
1962	1029.5	50.18	8.96	31.54	32.88	30.52	—
1963	822.0	46.58	8.33	31.86	33.02	30.94	—
1964	1191.4	47.23	8.30	31.85	33.92	30.41	—
1965	433.7	33.58	9.78	30.76	32.16	29.89	—
1966	516.5	26.13	11.29	29.37	29.74	28.89	—
1967	549.3	29.11	13.42	28.75	29.19	28.35	—
1968	361.1	14.29	17.48	28.21	28.76	27.73	—
1969	709.4	15.91	19.61	28.25	28.89	27.60	—
1970	541.3	14.94	21.95	28.23	28.66	17.83	—
1971	763.1	16.41	24.23	28.11	28.95	27.04	—
1972	593.7	15.00	27.51	28.70	28.64	27.31	短期断流
1973	813.3	15.97	28.48	28.10	29.52	26.62	97
1974	748.2	21.02	25.92	28.68	29.50	27.55	—
1975	600.8	16.12	32.13	28.15	29.19	27.01	—
1976	660.8	12.50	34.05	27.17	28.76	26.46	123
1977	586.5	9.35	36.05	27.33	27.69	26.06	80
1978	817.7	13.56	36.95	27.27	28.74	25.20	112
1979	614.2	10.05	38.22	27.17	27.80	26.20	69
1980	720.0	11.36	39.26	27.16	27.97	26.02	184
1981	384.2	5.10	36.44	26.68	27.73	25.90	282
1982	603.2	5.00	38.38	26.46	27.49	24.51	365
1983	606.1	4.50	38.63	26.99	27.77	25.54	273
1984	718.6	8.20	39.61	27.27	28.06	25.28	81
1985	733.0	9.06	43.27	27.43	28.56	25.44	71

济南市园林规划设计获奖项目一览表

（1986—2011年）

表5-1

序号	项目名称	获奖类型及奖励等级	颁奖单位	获奖年份
1	大明湖公园南门牌坊票房设计	勘察设计一等奖	济南市建委	1986
		勘察设计单项奖	山东省建委	1986
2	环城公园总体规划设计	勘察设计一等奖	山东省建委	1987
		勘察设计二等奖	国家建设部	1988
		勘察设计铜牌	国家建设部	1989
3	五龙潭公园总体规划设计	勘察设计一等奖	济南市建委	1987
		勘察设计二等奖	山东省建委	1988
		勘察设计表扬奖	国家建设部	1989
4	济南市植物园（今泉城公园）总体规划设计	勘察设计二等奖	济南市建委	1990
5	趵突泉公园南门设计	勘察设计一等奖	济南市建委	1997
		勘察设计二等奖（银奖）	山东省建委	1999
6	千佛山公园瀛芳园规划设计	勘察设计二等奖	济南市建委	1997
7	佛山苑小区集中绿地规划	勘察设计三等奖	济南市建委	1997
8	省电力专科学校校园绿化规划及工程	勘察设计一等奖	济南市建委	1999
		勘察设计三等奖	山东省建设厅	2000
9	趵突泉公园北门设计	勘察设计三等奖	济南市建委	2000
10	大明湖公园西南门设计	勘察设计二等奖	济南市建委	2001
		勘察设计一等奖	山东省建设厅	2002
11	千佛山公园历山院设计	勘察设计二等奖	济南市建委	2000
12	千佛山公园南门景区设计	勘察设计三等奖	济南市建委	2001
13	泉城广场绿化种植设计	勘察设计一等奖	山东省建设厅	2000
		中国建筑工程鲁班奖	国家建设部	2000
14	经十东路道路绿化景观设计	勘察设计一等奖	济南市建委	2004
		勘察设计一等奖	山东省建设厅	2005
15	燕山立交绿地健身广场设计	勘察设计一等奖	济南市建委	2005
		勘察设计二等奖	山东省建设厅	2006
16	玉绣河综合治理引水工程设计	勘察设计二等奖	济南市建委	2005
			山东省建设厅	2005
17	经十路改造道路绿化景观设计	勘察设计一等奖	济南市建委	2006
18	工商河绿地改造工程设计	勘察设计二等奖	济南市建委	2006

续表5-1

序号	项目名称	获奖类型及奖励等级	颁奖单位	获奖年份
19	山东省体育中心改造绿化工程	勘察设计三等奖	济南市建委	2005
20	旅游路绿化景观设计	勘察设计二等奖	济南市建委	2007
		勘察设计三等奖	山东省建设厅	2007
21	趵突泉公园北区改造——茶文化街设计	勘察设计一等奖	济南市建委	2007
		勘察设计二等奖	山东省建设厅	2007
22	山东中医药大学长清校区校园景观设计	勘察设计二等奖	济南市建委	2009
23	北园大街道路及环境绿化设计	勘察设计三等奖	济南市建委	2009
24	红叶谷生态文化旅游区规划设计	优秀园林工程一等奖	中国风景园林学会	2004
		勘察设计一等奖	济南市建委	2008
		勘察设计一等奖	山东省建设厅	2009
		勘察设计三等奖	国家建设部	2009
25	龙奥大厦综合服务楼景观设计	勘察设计一等奖	济南市建委	2009
		勘察设计三等奖	山东省建设厅	2009
26	五龙潭公园改扩建工程规划设计	勘察设计二等奖	济南市建委	2010
		勘察设计二等奖	山东省建设厅	2010
27	大明湖风景名胜区扩建改造规划设计	勘察设计一等奖	济南市建委	2010
		风景园林规划设计二等奖	中国风景园林学会	2011
		勘察设计一等奖	山东省建设厅	2011
		第二届城市设计精品工程二等奖	山东省建设厅	2011
28	第七届中国（济南）国际园林花卉博览会园博园总体规划及景观设计	勘察设计一等奖	济南市建委	2010
		风景园林规划设计二等奖	中国风景园林学会	2010
		勘察设计二等奖	山东省建设厅	2010
29	环城公园环境提升及东护城河通航工程规划设计	勘察设计一等奖	济南市建委	2011
30	百花公园环境改造提升工程设计方案	勘察设计三等奖	济南市建委	2011
31	济南森林公园规划设计	勘察设计一等奖	济南市建委	2011

第二章　施　工

第一节　施工队伍

济南开埠以前，造园施工主要由民间能工巧匠所为。清光绪三十年（1904年）开埠后，商埠区的造园施工由山东商埠局的技正负责。民国18年（1929年）济南建市后，济南市工务局接管公园建设与修缮。

1951年，市人民政府建设局成立北城工程处，公园的修缮与建设由该北城工程处负责。工程处下设勘察设计组、工程施工组、材料后勤组等，主要负责拆城墙和修建环城马路，附带修砌大明湖湖岸和周围环境。1955年，市政府决定辟建大明湖公园，园林环境整治和景点整修工作量加大，市建设局遂成立园林基建队，专门负责对大明湖及各处名胜景点的整修、建设。基建队成员主要是市建设局的专业技术人员和从社会上招募的能工巧匠，他们既负责规划设计也参与施工。大明湖公园、趵突泉公园、千佛山公园、金牛公园等均由他们为主规划设计并参与施工。“文化大革命”中，园林施工和其他行业一样受到冲击，园林基建队工作基本停滞。1972年，市园林处机构恢复，园林基建工作逐步走上正轨。到1976年，园林基建队伍发展到247人。1977年，园林基建队机械修造部分及划出职工110人成立市城建机械修制厂（1981年5月更名为园林机械厂），留下的人员仍以园林基建队名义从事公园设施修缮、一般工程施工等工作。1982年，园林基建队撤销。为适应园林施工的需要，1986年11月成立济南市园林开发建设中心，承担全市公共绿地、机关、厂矿企业庭院及居民区的园林绿化建设任务，开展对外绿化施工服务。该开发中心先后完成了环城公园、五龙潭公园、济南市植物园、百花公园等大型公园建设和市区重点地段及大型庭院绿化等建设任务。

1995年后，园林施工项目骤增，济南市园林开发建设中心忙于公共绿地、大型庭院的绿化建设，小型绿地建设逐渐由园林系统的相关单位及非园林系统施工单位承接。到1997年年底，济南市园林施工单位已经超过百家，其中许多单位没有施工资质，也缺乏专业技术人才，施工质量参差不齐。针对新的情况，中共济南市园林管理局党委作出决策，对园林施工队伍进行整合，增强市场竞争实力：（1）成立两个园林集团。一是1998年以济南市园林建设开发服务中心为主体，联合9家具有独立法人资格单位成员，注入资金1942万元，组建济南园林开发建设集团。该集团1999年5月被建设部核定为城市园林绿化一级资质企业，2000年被商务部批准具有对外“承包经营”资质，2002年被山东省建设厅批准为建筑业市政二级资质，2004年注册资本金由1942万元升至2000万元，2006年被建设部批准为风景园林工程设计专项乙级资质，并通过ISO 9001（质量管理体系）、ISO 14001（环境管理体系）、ISO 18000（职业健康安全）三项国际认证。二是2006年以济南百合花卉有限公司为母体，成立济南百合园林集团，并于当年取得国家园林绿化施工一级资质。（2）在多数局属单位、区县（市）园林部门分流部分人员成立园林施工企业。这些企业有：济南世博园林工程有限公司、济南齐鲁园艺景石有限公司、济南百合绿洁有限公司、山东神州园林有限公司、西苑绿化工程有限公司、济南格瑞恩园林绿化有限公司等。

两个园林集团的成立和局属单位园林施工企业的建立，大大增强了园林施工整体实力，使园林专业优势得到充分发挥，形成了行业优势，取得显著社会效益和经济效益。

第二节 建设施工

自20世纪80年代到2011年，市园林局组织实施了众多园林工程建设，有许多是省、市人民政府确定的重点工程。这些工程建设对园林事业发展产生了重大影响，济南城市绿化面貌也由此而发生了深刻的变化。

环城公园全面施工建设 1983年12月，市建委向市政府提交《环城公园建设方案》。之后，市政府组织专家对《环城公园建设方案》进行论证和相关工程规划。1984年2月15日，省会规划委员会召开会议，审定通过《济南市环城公园建设方案》。

1984年2月25日，中共济南市委、市政府召开环城公园建设动员大会，省委副书记李昌安代表省委书记、省长梁步庭到会并讲话，要求按照人民城市人民建的方针，调动各方力量，共同建设。会后，环城公园建设指挥部成立。副市长郭德耀任指挥，市建委副主任马芸生、市园林处主任郭元祥、历下区政府副区长李凤美任副指挥，各区负责人及市政、房管、文化、公安等部门领导和团市委、中建八局、济南军区的相关领导任委员。指挥部下设办公室和规划设计、物资、施工、拆迁四个处。各区分别成立指挥部，负责组织领导驻区单位完成市里分配的工程任务。济南军区、团市委、中国建筑第八工程局均组成专门班子负责此项工作。各街道办事处（包括郊区镇）成立环城公园建设领导小组。2月29日，市政府批转《环城公园建设方案》。3月10日，环城公园建设工程正式开工。

环城公园全面建设工程，由驻济南部队、省级机关、济南市辖五个区、团市委、济南铁路分局和中国建筑第八工程局分段包干义务劳动建设。整个建设共出义务工57万个，拆迁817户，搬迁33个单位，拆除房屋4万多平方米；完成清淤10万立方米，挖运土22万立方米，砌石3.26万立方米，掇迭山石0.5万立方米，铺装园路4万平方米，对全部泉池进行了疏浚，改造泉池10个，埋设排污和喷灌管道1.5万米，埋设园灯电缆0.2万米，建水闸4座、沉淀池2个、拱桥1座、涵桥2座，完成园林建筑13组，建儿童乐园1个，安装雕塑10组，栽植各种乔灌花木100多种（品种）计6万多株，栽草皮、草花6万多平方米。经过对园林、城河、泉池、放污的综合治理建设，护城河和沿岸的破旧面貌彻底改观，城河湖面与四大泉群联成一体，以湖、山、水为特色的济南市园林绿化中心初步形成。

环城公园建设总投资2800万元。在济南城市建设史上谱写了新的篇章，也是人民城市人民建的又一壮举。这项工程建设，自始至终得到省市领导的热情关怀和精心指导，得到省市各有关部门的大力支援。在整个工程建设过程中，从方案的审定到大会动员，从破土动工到总结表彰，省委、省政府负责人梁步庭、李昌安、姜春云和省政府顾问宋一民等都亲自参加，并及时给予重要指示；市委、市政府领导亲自抓，经常深入现场，了解情况，解决工程进展中遇到的困难和问题，保证建设的顺利进行。这项工程顺民心、合民意，得到全市人民的衷心拥护和支持。全市各级党委、政府和企事业单位都把建设环城公园当做建设文明泉城的大事来抓，广泛、深入地发动群众，调动社会各方面力量支援工程建设。广大群众积极踊跃地为工程建设献策献力，许多人主动捐资，成千上万的建设者夜以继日地奋战，涌现出大量感人事迹。

环城公园建设任务及分工（1984年2月）

一、环城公园建设总工程量（全长7057米）

1. 疏浚河道62988立方米。
2. 砌垒河岸7024立方米。
3. 挡土墙30689平方米。
4. 铺装园路广场26730平方米。
5. 换挖土方17300立方米。
6. 园林建筑2807平方米。
7. 花架766平方米。
8. 漏窗垣墙100米。
9. 山石组装1000立方米。
10. 园内路灯6866米。
11. 踏步、坐凳等条石9900米。
12. 新挖小溪450立方米。
13. 疏导泉池24座。
14. 节制水闸2座。
15. 绿化种植141860平方米。
16. 清除垃圾5000立方米。

二、分工情况：

郊区：自坤顺门桥至琵琶桥，长1323米，疏浚河道15832平方米，砌垒河岸2978立方米，挡土墙1593立方米，园路广场2775平方米，换挖土方5660立方米，园林建筑1070平方米，花架150平方米，山石组装350立方米，园内路灯2646米，踏步、坐凳等条石1900米，疏导泉池15座，绿化种植56700平方米。

历下区：自琵琶桥至新东门桥，长790米，疏浚河道6752立方米，砌垒河岸272立方米，挡土墙5132立方米，园路广场6110平方米，换挖土方6300立方米，园林建筑280平方米，花架75米，园内路灯1250米，踏步、坐凳等条石1900米，绿化种植31510平方米。

槐荫区：自新东门桥至老东门桥，长750米，疏浚河道8925立方米，砌垒河岸1187立方米，挡土墙18780立方米，园路广场11038平方米，园林建筑167平方米，花架283平方米，山石组装200立方米，园内路灯1500米，踏步、坐凳等条石3000米，疏浚泉池1座，绿化种植27000平方米。

济南部队：自坦桥至角楼庄桥，长2040米，疏浚河道14400立方米，挡土墙4505立方米，清除垃圾5000立方米，绿化种植6000平方米。

市中区：自老东门桥至坦桥，长49米，疏浚河道8019立方米，砌垒河岸1515立方米，园路广场2727平方米，园内路灯1470米，踏步、坐凳等条石3000米。

天桥区：自西门桥至角楼庄桥，长1367米，疏浚河道7660立方米，砌垒河岸477立方米，园路广场3000平方米，换挖土方1200立方米，园林建筑180平方米，花架70平方米，漏窗垣墙100米，新挖小溪450立方米，山石组装450立方米，节制水闸2座，疏导泉池8座，绿化种植10850平方米。

团市委：自坤顺门桥至百门桥，长280米，疏浚河道1400立方米，砌垒河岸595立方米，挡土墙679立方米，园路广场1080平方米，换挖土方4140立方米，花架125平方米，踏步、坐凳等条石100米，绿化种植9800平方米。

第八工程局：门楼60平方米，花架63平方米，花鸟鱼商店250平方米，三轮车站房100平方米。

市建筑总公司：建解放阁700平方米。

济南市植物园（今泉城公园）改造 植物园建成开放以后，经过几次较大规模的改造，园容景观不断提升。1992年，自筹资金建成济南市第一个水上游乐项目——水上世界；1996年，对观赏温室进行改造，辟建了蔷薇园；1997年8月，为适应免费向社会开放需求，市政府拨款1000万元，对公园的布局进行初次较大规模地调整改造，辟建了3个分别位于映日湖南岸、北门内和园区东部，总面积约2.6万平方米的绿化休闲广场，增开了东北角和南门东西两侧3个出入口，安装各种灯具160多盏，增设石凳、卫生箱、警示牌等一大批服务设施；1998年，投资85万元对日本园、观赏温室及音乐广场等景点进行提升改造；1999年，完成了碧桃园改造。

2004年3—9月，为迎接亚足赛，市政府投资7000万元，对植物园进行建园以来最大规模的综合改造。上海华东建筑设计研究院负责总体规划，济南市建筑设计院、市园林设计研究院配合完成建筑设计和园林设计。济南园林开发建设集团承担改造施工。当年3月开工，9月底竣工。实施完成的改造项目主要有：（1）拆除园内零星杂乱的服务和经营用房8000多平方米，分别在东门、新南门和中心湖面建设一组钢结构科研及经营用房，总计5600平方米。（2）拆除原有北门、东门、东南门，采用钢结构、飘板式、无隔断的设计手法，新建北、东、东南三个大门，改造大门广场，设置大型景观灯柱，以较大的广场空间和色彩绚丽的景观灯饰，展现现代化城市景观；新建东门、映日湖、西南门三组服务建筑，主体均为钢结构，外观装饰是玻璃幕墙。东门服务建筑位于植物园东侧，地下一层，地上局部两层，建筑面积约2200平方米；映日湖服务建筑是园内映日湖的滨水建筑，面积近2500平方米，生态栈桥自建筑二层穿过，既是景观地又是观景地；西南角服务建筑是三层钢结构，面积约1200平方米，西临玉绣河，通过六顺门到玉函路，把植物园景观与玉绣河广场融为一个统一的整体。（3）道路、广场及环境改造。增设小型铺装广场20多个，总面积16420平方米。改造道路35430平方米，其中新增7300平方米。改造映日湖、蔷薇池、荷花池，扩大水面4500平方米。引进各类苗木83种（品种）2.76万株，种植草坪地被植物6.7万平方米。增设木坐椅200余套、石坐凳1200余米。安装绿地护栏7200米。增设垃圾箱300套，垃圾清扫车、密闭式垃圾集运箱各1台。（4）新建生态栈桥820米。生态栈桥西起玉绣河植物园段东岸广场，经盆景园、丁香园、映日湖、蔷薇园等景区，止于东南部生态文化广场。钢结构桥架，木胶板，S型曲线布局，桥面平均宽2.7米，其中映日湖段宽3.5米。沿栈桥护栏上端设线型流畅、边型美观大方的“流光溢彩”LED灯饰，夜间，恰似一道穿越在绿树丛中斑斓多姿的空中彩虹。（5）新建生态文化广场。1997年植物改造时将位于东南部位的草坪地加以铺装，改造为游客晨练和小型聚会的场所。此次改造充分考虑济南市的文化广场需求，提升为以生态环境为特色、能够满足各类文艺演出需要的大型露天文艺广场。设定可同时容纳5000人的座椅（若特殊演出站立观摩可容纳8000—10000人），看台腹腔设1200平方米商铺并附设公共厕所。舞台台口宽28米，纵深18米，采用塑树结合真实植物种植，将灯光、音响等设施隐藏在塑树之中。（6）灯饰照明工程。以三组大门、园区北侧、生态栈桥、生态文化广场、映日湖水面等区段为主，设置“千步青云”“傲立八方”“流光溢彩”“音乐之声”等大型景观灯41组、LED光带1400米，设“海鸥灯”“海马灯”和装饰灯232盏（套）。使用装饰灯照明，这在全市的造园工程中属首例。（7）周边环境改造工程。主要包括经十路景观带和舜耕路景观带。将原植物园沿经十路、舜耕路周边的护栏后退10—15米，结合道路绿化改造为平均宽25米的景观步行道，并设置花架等园林小品。

经此次综合改造，市植物园由原来以科研、科普与游览为重点的专类园（植物园），转变为市民游憩、健身的公共开放绿地。

造绿工程　1997年3月7日，以创建国家园林城市为目标的济南市城市“造绿工程”开始全面实施。工程分为五期进行。1997年3月至2000年6月，以绿化道路、美化门前、辟建街头绿地、建设绿地广场、大力发展立体绿化为重点建设内容，实施了3期工程，建成绿地广场35个，总面积100万平方米，栽植各类乔灌木400万株，建设绿地390多万平方米。2000年6月至2001年8月，实施了以拆除违章建筑、建设绿化长廊为内容的第四期造绿工程，即“一环九射”工程。该期工程创造了短期内建筑拆迁面积最大（196万平方米），绿化建设战线最长（174.9公里），绿化面积最大（315万平方米）的新纪录。2001年8月至2002年12月，实施以绿化进庭院、进机关、进学校、进企业、进街道“五进”为主要内容的第五期造绿工程。共拆除违章建筑、旧建筑9.37万平方米，栽植各类苗木34.76万株，新建绿地22.3万平方米。有40个单位（小区）被评为省级花园式单位，132个单位（小区）评为市级花园式单位，432个单位（小区）评为市级绿化先进单位。

该工程从实施到结束历时5年，通过连续5期工程，全市城市绿化覆盖率、绿地率和人均公共绿地面积分别达到36%、31%和7.1平方米。创建国家园林城市的目标得以实现。2002年12月16日，建设部正式命名济南市为国家园林城市。

西郊森林公园建设及改造扩建　1994年10月，市园林局根据市“九五”城市发展规划，邀请有关专家、领导就将济南市园林苗圃改建公园进行座谈，形成了《园林苗圃改建公园座谈纪要》，提出将园林苗圃东南区约33万平方米圃地辟做专类公园以解决济南市区西部无市级公园问题的初步设想，并责成市园林设计研究院就此作出规划方案。规划方案形成后，截至1996年5月，市园林局共组织专家对规划方案进行4次研究讨论，5次修改，最后经山东省省会规划建设委员会专家组讨论通过。1996年6月14日，规划方案经市规划局审查批准实施。当年9月，苗圃部分改建公园工程开工。年底，工程完成，定名为济南市西郊森林公园。2000年元旦，西郊森林公园正式对外开放。

2010年3月11日，济南园林苗圃全部改建公园即西郊森林公园改造扩建工程开工。此项工程是与百花公园环境提升改造同为市政府承诺的当年为市民办的12件实事之一。改造扩建内容主要包括：（1）对已建成的西郊森林公园进行改造。（2）将剩余苗圃地全部改建成公园用地，并将公园东邻的老屯汽车配件城和老屯农贸市场拆除，作为公园用地，扩大公园面积。当年3月25日至4月24日，市园林局组织了为期一个月的绿化会战，市园林系统21个单位7400余人次参加会战，共移栽大规格苗木51个品种1.6万株；市政府办公厅组织机关干部到公园建设工地参加了义务植树活动。8月，工程进入攻坚阶段，工程建设者“5+2”（每周5天加周末2天）、“白加黑”（白天加晚上）大干60天，到10月底，除老屯汽车城和农贸市场因拆迁未实现规划外，其他改扩建任务均如期完成。经2个月的调整，当年12月26日免费向社会开放，定名为济南森林公园。

西郊森林公园改造扩建工程累计投入资金约1.3亿元，拆除建筑面积约1.8万平方米，栽植、移植各类植物169种、44万余株；铺植草坪、地被40余万平方米；铺装园路、广场铺装约7.3万平方米。建成一环（林荫景观路）、一轴（膜纹花坛景观带）、三片（草坪绿地）、五湖（西里湖、天鹅湖、木樨湖、中央湖、花雨湖）和九园（杉林园、春花园、夏木园、秋景园、雾森园、万竹园、台地园、科普园、儿童游乐园）的景观布局和林荫公园的景观特色，成为济南西部新城最大的综合性公园。

百花公园环境提升改造 2010年1月18日，市委、市政府决定对百花公园进行环境提升改造，10月1日正式向市民免费开放。改造内容包括将闵子骞墓一并纳入公园改造规划，对道路、广场、休憩设施进行梳理，完善提升公厕、管线、照明、景观、基础设施等，为市民提供一个更加舒适、优美的生态游息场所。当年1月，完成工程立项申报、规划设计方案报批，绿化种植、管线设计、园路、广场铺装方案等一同完成。3月16日开始拆迁，3月19日发布绿化施工招标公告，4月14日绿化工程开标，施工队伍陆续进场，4月17日正式开工。经过5个多月的紧张施工，按规划完成了西大门改造和音乐喷泉、儿童乐园、片林及湿地景观建设，整修了破损园路与广场，辟建了新的广场与景点，完善了基础设施，改造提升了服务设施和绿地维护系统。整个提升改造工程共栽植花木4.5万株，新增绿地1万平方米，安装健身器材50余套、太阳能路灯150盏，铺装生态广场及道路3.2万平方米，建设沙石广场6600平方米，完成投资3000万元。公园总面积由原来的17.87万平方米增至18.38万平方米。列入环境提升改造规划的美德园，因拆迁延迟等原因缓建，共完成投资7028万元。

红叶谷生态文化旅游区建设 红叶谷生态文化旅游区于2000年10月开工建设。一期工程建成唐式大门建筑群、天趣园、兴教寺遗址、蔓园、神秘香巴拉等景点，形成百亩蔷薇园、杜鹃园、梅园等10大专类园；栽植120多个树种40万株，铺植草坪10万多平方米，建设总库容45万立方米的库塘3个；驯养孔雀、火烈鸟、天鹅等鸟禽40余种上万只。2001年8月18日试营业，2001年9月19日正式对外开放。2008年，景区增建了百合园、梅园。2009年，又与当地政府协调，拓宽下山路，增修停车位70个，并引进资金建设垂钓基地和游乐场。红叶谷生态文化旅游区已成为济南市南部山区重要的文化旅游景区。

英雄山风景区建设 1998年9月，正式命名“英雄山风景区”。规划建设总面积100万平方米。范围北起马鞍山、英雄山（四里山），南到七里山，包括马鞍山、英雄山、五里山、六里山、七里山5个山头和英雄山烈士陵园。一期工程于1998年3月开工建设。是年8月底，赤霞广场和留春园两个总面积6万平方米的主景区建成并对外开放。2001年，建成马鞍山长廊阁、会仙阁。2006年，建成占地面积3000平方米的赤霞花卉展销中心，中心配有智能温室、大型停车场，成为市区集绿色植物、景石、盆景根雕、水族渔具、园林工具、时令花卉等为一体的综合花卉市场。2007年，拆除赤霞广场泄洪沟东侧原有儿童乐园等违章建筑并建成绿地。2008年，提升、改造赤霞广场西门两侧花坛及绿地，动工建设七里山景区。到2009年，建成六里山入口及花雕牌坊、1700米长的防火通道、七里亭、1600米长的上山台阶、连接七里山南北的花岗石拱桥、七里山南山休闲亭廊等，并改造赤霞广场道路。此后，又相继建成健身场地30余个，安装健身器材365件，成为市区重要的开放型城市居民游憩、娱乐的胜地。

趵突泉公园扩建改造工程 （见本志第二篇第一章“趵突泉公园”节）

经十东路绿化工程 经十东路（今经十路东段）西起二环东路，东至绕城高速邢村立交桥，全长13公里。该路绿化工程于2002年2月开工，同年10月底完工。经十东路绿化是市园林局有史以来承担的工作任务最重、时间最为紧迫、质量要求最高、施工难度最大、上阵人数最多的园林绿化工程。为圆满完成工程建设任务，局党委把经十东路绿化作为一项政治任务来抓，园林局主要领导亲自挂帅，靠上指挥，率领上千人的施工队伍，全力投入到工程建设中。施工中，以加倍的付出、科学的施工方法和种养并举的管理措施，克服了工期紧、任务重、标准高、地形错综复杂、交叉施工相互影响、苗木反季节栽植难成活、持续干旱、高温及雾雪天气等诸多困难和不利因素，保证了工程进度和质量。至10月20日，完成道路两侧各30米绿化带和内侧各8米分车绿化带，总绿化面积约100万平方米，占经十东路规划总面积52%的绿化施工任务。共付出劳力49.6万个，起用机械10879台次，清运渣土78.6万立方米，整理地形87.6万平方米，回填种植土105.3万立方米，垒挡土墙4000多米，吊装假山石8200多吨，栽植乔灌木260.1万株、花卉99.5万株、草坪49.8万平方米，铺设管道22公里。绿化竣工后的经十东路成为全国一流，可充分展示山东省会形象、泉城魅力的城市景观大道，得到社会的一致好评和广泛赞誉，被评为济南"五年大变样"十佳建设工程（景观）之一。

玉绣河综合治理引水工程　该项工程的任务是将锦绣川水库的水引入城中，通过对河道清淤、污水治理、中水回用以及河道两侧环境的绿化美化，达到对玉绣河综合治理的目的。工程分两期实施：一期工程是绿化自南郊水厂至经十路长约4.5公里的河床及营造沿岸景观；二期工程治理泉城公园至大明湖间"污水沟"，使其变成给大明湖注水的生态走廊。

一期工程于2003年11月15日开工，2004年7月上旬完工。共清淤17.4万立方米，清理渣土3.7万立方米，拆迁建筑物1万余平方米，铺设截污管线3900米，截污水口105个；调运土石方42万立方米，砌垒挡土墙2.7万立方米；建小滚水坝13座，橡皮坝2座，钢架步行桥1座，马鞍山路公路桥1座，中水处理站4座及亭廊3个。预埋地下水电管线6230米，安装沿河护栏1747米，铺装网路18377平方米，安装花架350米。栽种植物60种约18.9万株，播种草坪2.6万余平方米。在宽为8米的复式河床上，栽植了垂柳、女贞、桧柏、大叶黄杨球、连翘、蔷薇、凌霄等树种。一期工程完工后即进入二期建设，到2007年年底整个工程竣工。通过此项工程建设，昔日玉绣河两侧杂草丛生、河道淤塞、污水长流、蚊虫孳生、恶气熏天、河道上热力燃气管线纵横交错等问题得到根本解决，实现了治污、蓄水、防洪、增绿与造景的治理目标。其中，泉城公园节点（公园西南出入口）景区，被建设部评为"中国人居环境范例奖"。

山东神州生态乐园暨济南植物园建设　2003年，经市园林局选址考察，市政府决定在章丘市埠村镇埠西村以南地域建设集植物科普、旅游观光、休闲娱乐、别墅度假于一体的大型生态旅游景区。当年7月30日，济南园林开发建设集团有限公司与章丘市埠村镇人民政府、埠村镇埠西村村民委员会签订《山地租用合同》，租赁埠村镇埠西村土地4692亩，其中一类荒地3775亩。2004年3月17日又签订《补充协议》，约定合同地周围荒坡、荒山无偿使用。合同期限50年。是年3月19日，完成土地交接。4月，山东神洲园林有限公司在济南章丘市登记注册成立。

山东神州生态乐园暨济南植物园，规划建设总面积400万平方米，初次规划建设含植物园、欧洲风情园、娱乐园、历史文化园、齐鲁名人园、休闲度假区六大主题景区。2005年10月，通过专家论证，规划的六大园区为植物园、世界城、娱乐园、名仕园、度假园和游乐园。其中植物园占地100万平方米。建设之初，填埋、迁出、拆除石灰窑6个，粘土矿5个，采石场3个，煤厂6个，坟墓2000余座，破旧厂房400余间。雇佣当地农民工以西山方塘、万亩柿园为中心展开园区基础绿化和管网铺设。到2004年12月底，园区基础整治基本完成，园内绿化格局初步形成。2005年2月，园内"世界城"建设项目立项。韩国馆作为"世界城"推介会主会场率先开建。当年11月至翌年9月，市园林局组织全局职工先后实施4次绿化大会战。至2006年8月，完成12个植物专类园、二级环路、三级环路、大门景区、春华湖、夏香湖、秋实湖、冬韵湖及水系建设。9月26日，济南植物园、娱乐园等景区建成开放。

城区道路绿化综合治理　城区道路绿化综合治理是2005年7月开始，对经十路、经一路、工业南路、济泺路、二环路等市区52条重点道路，按照"重要节点改造提升，一般地段充实提高，大部地段调整梳理"的原则，进行的绿化改造提升工程。该工程历时两年多，2007年完工，总投资5亿元，是济南城市道路绿化提升改造一次投资最多的工程项目。

此次道路绿化整治注重绿地植物配植比例关系的合理性，确定树木与草坪的面积比为4：1，乔木与灌木面积比为1：2，落叶树与常绿树面积比为3：2，行道树、分车带、路侧绿带选用2—3种大乔木作为骨干树种，节点绿地沿边线满铺低矮灌木，不同色叶品种相间搭配，部分球类、花灌木等穿插其间，以减少草坪占地面积过多、维护费用过大的弊端。具体标准是每500平方米绿地栽植10—15株大树、80—90株花灌木。花坛则选择喜阳的半支莲、费菜、黑心菊，耐荫的二月兰、玉簪等地被植物。针对道路绿化改造中的建筑物密度大、房屋陈旧、绿化带狭窄，可用于绿化的面积较少的问题，因地制宜，在单块面积较大的绿地中增加园林小品，在面积较小的绿地中选用色叶植物构成丰富的色彩图案，以增添美感。通过个性化设计和不同的植物搭配，构成以雪松、植物球类、花灌木为主的开阔疏朗型，以竹丛、色叶灌木、置石为主的文雅屏蔽型，以柏类高篱整形修剪、色叶灌木、植物球类为主的规则装饰型，以大树、花灌木、常绿灌木为主的自然疏木型等不同风格的景观。同时坚持“以人为本”理念，在道路两侧绿地内，根据地理条件和市民休闲需要，设置花砖铺地、游路、花架、景亭、景墙、桌凳、果皮箱和雕塑等园林小品。路侧为单位的路段，实行拆墙透绿，采用密植绿篱、花篱等与单位院落分隔，并与单位园内绿化融为一体。此外，还把点缀山石等我国传统园林艺术手法用于道路绿化改造之中，在道路绿地内设置孤立景石与散点石，起到点景和配景的作用。

整个工程共提升道路绿地322万平方米，完成清渣72.4万立方米，回填种植土35万立方米，栽植各类乔木7.4万株、灌木60.62万株、模纹植物553.59万株、攀援植物3.99万株、花卉70.2万株、草坪111.73万平方米，安装护栏4.7万米。城区道路绿化整体水平实现较大提升。

济南国际园博园建设　济南国际园博园是中国第七届国际园林花卉博览会的核心工程。2008年5月13日，经住房和城乡建设部专家组现场考察论证，济南市人民政府决定，济南国际园博园定址于长清大学科技园核心区长清湖及其周边区域。规划控制面积345万平方米，包括水面96万平方米。9月23日，由中共济南市委常委、常务副市长殷鲁谦任指挥的园博园建设指挥部成立。10月19日，园博园建设正式开工。到2009年7月底，65个国内参展城市和21个国外参展城市（机构）的展园建设任务首先完成。9月22日，园博园建设工程全面竣工，第七届园博会在新建成的济南国际园博园泉韵广场如期开幕。

济南国际园博园从正式开工建设，到高标准、高质量建成开放，只用了一年的时间。建成的项目有：一条长476米，宽260米的花博大道和一座体现“水与环境”主题的水之门；园区主展馆和科学技术展馆两大展馆；苗木储备、休闲娱乐、趣味展园三大区；泉韵、天圆、地方、和谐4个广场；108个展园，其中，传统园林展园20个，都市·现代园林展园28个，国际展园21个，设计师展园9个，齐鲁展园17个，专类园13个（包括新科技、新产品、新能源企业展园8个），形成国际·未来展园和国内传统与现代展园2条景观游览线；中央湖（长清湖）景观区游船码头2个，跨湖桥1座。

园博园建设得到广大军民、社会各界的大力支持。2009年植树节期间，省市党政机关、驻济官兵1000多人到建设现场参加义务植树劳动。省市领导姜异康、姜大明、郭兆信、焉荣竹、张建国、徐华东、徐长玉等先后到园博园现场办公、视察指导，有力地推动了园博园建设及园博会各项筹办工作。

2011年6月10日，上海世博会的山东馆迁建济南园博园，园博园展馆增加到109个。

大明湖风景名胜区扩建改造工程　2001年，大明湖风景名胜区扩建工程纳入济南市重点工程计划。2004年陆续展开拆迁安置、规划设计等前期工作。2005年9月29日，第一届济南市城市规划委员会第三次全体会议审查并批准《大明湖风景名胜区详细规划》。2007年5月，山东省政府批准《大明湖风景名胜区总体规划》，大明湖风景名胜区扩建改造工程正式开工，2009年9月21日竣工，扩建区免费向社会开放。

此次扩建改造工程，恢复重建了超然楼、唐和尚院、明湖居、闻韶驿、闻韶台（戏台）、司家码头、枕湖草堂，保护性修缮了秋柳园、东玉宾府等历史古迹；增辟老舍与济南、秋柳人家等文化展馆；新建“七桥风月”“秋柳闻风”“湖山天地”“萦堤远水”“鸟啼千步”“超然致远”“方圆天地”“明湖晨钟”8处景点。在湖内建设3个小岛，小岛不设与陆地相连的通道，营造与世隔绝的环境；新增游览河道2000多米，砌垒湖岸8000多米，其中三分之二以上是软质湖岸，不用生硬的压顶石直接压顶，而是栽种植物，点缀山石，丰富水际线变化，为鸟类、鱼类提供栖息场所；建成桥梁28座、仿古建筑8组；挖湖65.1万立方米，清淤21.53万立方米，假山石砌叠2.79

万吨，驳岸砌垒7052米，道路广场铺装7.48万平方米，绿化15万平方米，铺设管线11.5万米。完成工程总投资22亿元。扩建改造后，大明湖风景名胜区总面积扩大到103.4万平方米，其中，湖水面积达到57.4万平方米，滨湖游览面积达到46万平方米。大明湖由园中湖变成城中湖。2010年2月该工程获山东省新中国成立60周年60项山东精品工程奖。

为保证工程顺利实施，实行了责任分工。住宅拆迁由历下区拆迁办公室负责；国有非住宅单位土地，由市土地收购储备中心负责收购；省属房产由市园林局协调省政府办公厅整体搬迁。规划建设、规划设计和历史街区保护工作，由市规划局牵头，市园林局、文化局和公安局参加。工程建设由市园林局负责。

环城公园护城河通航景观提升工程 工程主要包括：一是通航，二是完善滨河步行游览系统，三是提升整个公园景观，主要是绿化改造提升，增设夜景设施和建文化墙，沿河做观赏小品等。整个工程新建3座桥，重建5座桥，改造装饰10座桥。新建的3座桥是五龙潭北门桥、周公祠桥（大致在周公祠街对着护城河位置）和黑虎泉北路桥（位于规划建设中的小东湖东南角，游船由此进出大明湖）。重建的5座桥是：少年路桥、兴华桥、玛瑙泉东石板桥、解放阁东桥、东护城河儿童乐园附近曲桥。改造装饰的10座桥是：琵琶桥、九女桥、玛瑙桥、西门桥、坤顺门桥、南门桥、对波桥、寿康桥、青龙桥、东门桥。新建桥下要能通过游船，还要满足市政和防洪需求。工程总投资4.4亿元。

工程分为三期进行。

一期工程于2007年2月开工，主要是疏浚南护城河河道，改造提升两岸绿化景观。当年5月竣工。实现了黑虎泉向西经趵突泉公园至五龙潭公园全长2700米的通航。当年“五一”期间，“船游泉城”成为济南旅游的新亮点。

二期工程于2007年年底开工，2009年7月18日竣工。此期工程主要是结合迎两会（即全运会、园博会），按照泉城特色标志区总体规划，通过建设船闸桥梁、改造美化河岸、河道清淤、管线迁移、灯光亮化和五龙潭公园扩建等，打通西护城河五龙潭公园至大明湖段，实现南、西护城河至大明湖的通航。为保证工程建设任务在两会前完成，市园林局成立了通航工程指挥部，在全局范围内抽调精兵强将，组成施工队伍，精心施工，确保各项建设任务于2009年7月18日圆满完成，实现了南、西护城河与大明湖全长5500米的通航。

三期工程于2009年12月16日开工，2010年12月29日竣工。此期工程是中共济南市委、市政府作为为民办的12件实事之一列入2010年市级重点工程。工程任务是南自坤顺门桥，东至白石泉，北到小东湖，新建船闸、节制闸、防洪闸各1座；新建黑虎泉北路桥、小东湖桥，重建兴华门桥、白石泉桥，加固老东门桥；迁移改造供电、供水、燃气、热力、污水、通信、交通、路灯8大类13种40余条管线；加固山大南路桥至坦桥两岸河岸1500米，清除河道淤泥4万余立方米；拆除环城公园红喜玛蛋糕房、藏汉堂、金州房地产等12处建筑及历下区体育局、泉城广场办公楼、历下区燃料公司等建（构）筑物约1.7万余平方米；完成园路铺装5000平方米、广场铺装8000余平方米，假山石安装9000余吨；栽植乔灌木及水生植物16万余株，地被植物约62万株；修缮改造原有建筑7处，翻新园林小品20余处，安装木栈道300余米，实施灯光亮化和建设泉水浴场等。

五龙潭公园北区扩建工程 为护城河通航二期工程的重要部分，2008年5月动工，2010年8月竣工。投资3000万元，拆迁居民290户、单位3个，总面积1.8万平方米，公园用地西扩至筐市街、朝阳街，北扩至周公祠街，东扩至西护城河，使五龙潭公园与环城公园融为一体。在扩建范围内，建设了秦琼祠和北、东大门，公园面积扩大2.06平方米，其中增加绿地6000平方米。

济南奥体中心园林绿化工程 由济南园林开发建设集团承建。2006年10月20日开工，2008年3月20日竣工，工程造价1529万元，总面积12万余平方米。主要包括地形整理、苗木栽植、园路及广场铺装、假山石砌垒、水电管线安装等项目。共挖除渣土4900余立方米，回填土方2.1万余立方米，砌垒景石4200余吨，安装驳岸假山石1.5万余吨，铺设各类管线4.9万余米，安装喷头289个，铺装园路及广场1.2万余平方米，栽植苗木73个品种100万余株，铺种草坪10万平方米。

该工程2009年获中国优秀园林绿化工程金奖，2010年获济南市园林绿化优质工程奖。

第三章 设计与施工管理

第一节 资质管理

1994年4月11日，市人民政府发布《济南市园林绿化工程施工管理办法》，规定“市园林管理局是本市园林绿化工程施工的主管部门，各县（市）、区园林绿化主管部门按照职责分工负责本辖区内园林绿化工程施工管理”“本市的园林绿化工程，必须由持有相应园林绿化工程施工资质等级证书的施工单位承担”“建设工程的绿化设计应与主体工程设计同时进行，并由持有相应资格证书的设计单位承担”，园林设计施工资质管理从此开始走上法制化轨道。此后，经2011年11月30日济南市第十四届人大常委会第三十四次会议通过，2012年1月13日山东省第十一届人大常委会第二十八次会议批准，《济南市城市绿化条例》颁布并自2012年6月1日起施行，园林绿化设计和工程施工资质管理被上升到法规层面。该条例规定：“城市绿化工程的设计、施工和监理应当委托具备相应资质等级的单位承担”“承担绿化工程的单位不得违反资质标准承揽工程的设计、施工和监理”“申请城市园林绿化企业资质的，应当向市城市绿化主管部门提交申报资料，经审核同意后，报城乡建设主管部门审批”。

市园林管理局作为济南市园林工程资质的管理部门，依法每年对济南市或进入济南市从事园林工程设计施工的单位进行审核，符合三级（含三级）以上资质的，报送市建委按资质审批权限，逐级审批。到2011年，全市共有三级以上园林工程设计施工企业77家，其中，具有一级资质的4家，二级资质的21家，三级资质的52家。

第二节 招投标管理

2006年，《济南市园林管理局基建管理办法》实施，规定属于政府投资建设的园林绿化工程实行招标投标管理。其中，预算投资在100万元以内的，实行邀请招标；投资超过100万元以上的，实行公开招标。2011年，市城市园林绿化局在《济南市园林管理局基建管理办法》基础上，又制定《建设与维护工程招标投标管理办法（试行）》，将设计、施工（含与工程有关的材料、设备采购、卫生保洁、绿地养护、施工监理）全部纳入招投标管理。强调局系统内的建设与维护项目招标采用事前审查、事后审批制度。局成立招标审查领导小组，负责招标前审查及评标后审定工作。招标审查领导小组由局领导、园林工程建设管理处、财务审计处和纪检监察机关的相关人员组成。招标审查领导小组办公室设在园林工程建设管理处，负责协调招标活动中的有关事宜。

《建设与维护招标投标管理办法（试行）》对设计和建设与维护工程施工招投标分别作出规定。（1）有关设计招标的规定：全部使用国有资金的建设工程设计项目（包括单位自筹资金），以及省、市相关部门确定的省、市重点项目，且设计费估算价在100万元（含100万元）或投资规模5000万元（含5000万元）以上的项目，应当公开招标，并按照国家、省、市相关规定和程序进行。对于项目的技术性、专业性强，或者环境资源条件特殊，符合条件的潜在投标人数量有限的或设计费估算价在100万元以下30万元（含30万元）以上的工程项目及受其他因素影响较大的，可以进行邀请招标。但属于涉及国家安全、国家秘密的，涉及抢险救灾的，主要工艺、技术采用特定专利、专有技术，或者建筑艺术造型有特殊要求的，不能形成有效竞争的，改、扩建项目或技术改造项目以及设计费估算价在30万元以下的工程项目等，仍不实行招投标。（2）有关建设与维护工程施工招标的规定：施工招标实行招标控制价。200万元以上（含200万元）的工程施工、卫生保洁、绿化管理、施工监理等项目和100万元以上（含100万元）的材料、设备采购，必须委托招标代理机构向社会公开招标，并按照国家、省、市相关规定和程序进行；200万元以下30万元（含30万元）以上工程施工、卫生保洁、绿化管理、施工监理等项目和100万元以下30万元（含30万元）以上的材料、设备的采购，须委托招标代理机构以邀请招标的方式组织招标活动；30万元以下10万元（含10万元）以上工程施工、卫生保洁、绿化管理、施工监理等项目和材料、设备采购项目，由建设单位报市园林局招标审查领导小组同意后，可以采取邀请招标或竞争性谈判的方式，由建设单位或委托招标代理机构组织招标活动；10万元以下的小型建设维护工程施工、卫生保洁、绿化管理、施工监理等项目和材料、设备采购，由建设单位通过邀请招标或竞争性谈判、询价等方式，自主确定施工或供货单位。（3）有关投标人的规定：投标应当具备承担招标项目的能力及规定的资格条件。经招标人认可的两个以上法人或者其他组织，可以组成一个联合体，以一个投标人的身份共同投标，但联合体内必需明确约定各方拟承担的工作和责任，并将共同投标协议连同投标文件一并提交招标人。联合体中标的，联合体各方应当共同与招标人签订合同，就中标项目向招标人承担连带责任。严禁投标人相互串通投标报价、排挤其他投标、损害国家利益、损害社会公共利益或者他人的合法权益，严禁投标人以低于成本的报价竞标或弄虚作假，骗取中标。办法还强调公开开标、评标和中标；国有资金投资项目（包括单位自筹资金）评标委员会的所有成员，必须全部从山东省工程建设评标专家库或济南市城市园林绿化局专家库中抽取；中标人应当按照合同约定履行义务，完成中标项目；中标人不得向他人转让中标项目，也不得将中标项目“肢解”后分别向他人转让。办法还明确了责任追究和相关的处罚措施。

第三节　质量监督

为加强园林工程质量管理，2000年10月，经市机构编制委员会批复成立济南市园林绿化工程质量监督站，隶属济南市园林管理局（今市城市园林绿化局）领导，业务上接受济南市建筑工程质量监督站指导。自此，济南园林工程质量监督有了专门机构。市园林绿化工程质量监督站依据国家、省、市关于“城市绿化项目建设单位，应当按照设计规范和工程建设标准组织施工，并接受城市绿化主管部门的监督检查”的有关规定，先后制定《济南市园林绿化工程申报质量监督程序》《济南市园林绿化工程质量监督工作程序》《济南市园林绿化工程质量检验评定标准》等规范性文件，细化了园林绿化质量监管标准，使园林绿化工程质量监督有规可依。

《济南市园林绿化工程申报质量监督程序》规定：建设单位或施工单位应在工程开工前到市园林质监站领取并填报“园林绿化工程质量监督申报表”；提供项目立项批文、规划许可证、施工中标通知书、施工设计文件及审查批准书等证件资料，经市园林质监站审核，确认符合申报要求的，给予办理质量监督手续。

《济南市园林绿化工程质量监督工作程序》规定：建设单位或施工单位在开工前，向市园林工程质监部门提交绿化施工图、施工合同副本、施工计划等有关文件，市质监站据此制定质检计划，确定质检内容，并告知建设单位；市质监站一周内指派质检员按质检计划跟踪实施工程质检。质检过程中发现质量问题，下达《工程整改通知单》，问题严重的，下达《工程停工整改通知单》，对相应的项目经理或监理人员采取警告、个别谈话等劝勉措施，并及时向建设单位通报；情节严重的，通过网络及媒体进行曝光，并建议建设单位将其清退出园林工程市场。

《济南市园林绿化工程质量检验评定标准》对质检评定的划分、检验评定的等级及评定程序做了规定。规定绿化工程的质量按分项工程和单位工程进行检验和评定，分项工程分为栽植土工程、植物材料工程、栽植工程。新建、扩建或改建的绿化工程称为单位工程；分项工程和单位工程的质量按“优良”“合格”和“整改合格”三个等级评定，并填写园林绿化工程质量检验表，作为工程质量评定依据；分项工程质量由单位工程项目经理、质量验评人员评定，单位工程质量由企业技术负责人组织检验评定，园林绿化质监部门核定。

2010年，市园林局制定发布了《济南市城市绿地养护管理标准》《精品道路绿地管理质量标准》《济南市公共绿地精细化管理示范路管理考核办法》《济南市绿地养护管理检查考核办法》《关于对侵占绿地行为加强报告制度的通知》等规范性文件和管理标准，园林绿化工程质量监督管理工作上了一个新台阶。

第四章 城市雕塑

第一节 创作机构与队伍

济南市最早的城市雕塑创作机构是1985年3月20日成立的济南市城市雕塑规划领导小组办公室。该机构设在市城乡建设委员会，为全额预算管理的科级事业单位，编制3人。领导小组组长由时任副市长谭庆琏担任。1986年，为便于对外开展工作，以领导小组办公室人员为基础，成立创作实体，称济南市雕塑创作室，归市建委城建处领导。1987年4月，市雕塑规划领导小组办公室及其实体济南市雕塑创作室划归市园林管理局，与市园林建设开发服务中心实行“一套班子、三块牌子”。1988年，济南市雕塑创作室单列为差额拨款的科级事业单位，同时履行市城雕规划领导小组办公室职能，人员编制达到15人。2009年，济南市雕塑创作室及其城雕规划领导小组办公室职能并入济南市园林绿化工程质量监督站。

济南市城雕创作队伍除济南市雕塑创作室外，还有一些社会创作队伍，主要是北京、浙江、江西、安徽、四川、吉林等省市的专业人员。济南市城区现有的雕塑中，很多就是由社会创作队伍创作的。

第二节 雕塑作品创作

济南的现代城市雕塑起步于20世纪60年代。1964年英雄山人民英雄纪念碑开工建设，成为济南最早开建的城市雕塑。1967年在山东师范学院（今山东师范大学）落成毛泽东立像，1968年在洛口黄河铁路大桥烈士纪念地落成王士栋烈士雕像。

改革开放后，城市雕塑引起各级政府重视。济南的城市雕塑发展迅速，一度走在全国的前列。1986年，在环城公园“四季花园”景区内落成《年年有余》《和平》《舞狮》三组石雕和《金秋》《隆冬瑞雪》两组汉白玉人物雕像，在解放阁内落成《解放济南》浮雕群和《胜利》圆雕；1988年，在五龙潭公园内落成王尽美、邓恩铭纪念雕像；1989年，在市区落成《市树·市花》（位于经二纬二路西侧三角绿地）、《顽童戏水》（青龙桥东侧）、《五龙戏水》（西门桥西）、《舜井》（舜井街南首）、《图腾柱》（成丰桥东北侧）、《九鹤泉》（历城影院东侧）、《和平鸽》（明星影院对面街心绿地内）7组喷泉雕塑和英雄山北麓广场黄铜雕塑《胜利》，在省体育中心落成大型不锈钢雕塑《田径运动》《拼搏》，在济南一中落成中共一大代表邓恩铭烈士塑像；1991年，在黑虎泉东侧落成《双虎》，在动物园落成《天下第一牛》；1995年，在顺城街旧址（五三街）落成《五三惨案纪念碑》。到20世纪90年代中期，共在公园、小区、校园及市区主要绿地、景区落成雕塑200余件。其中，《解放济南》浮雕群和圆雕《胜利》及王尽美邓恩铭纪念像，在全国产生了很大影响。20世纪90年代中期以后到2008年的10余年间，全市城市雕塑发展迟滞。2009年开始，城市雕塑有所发展，到2011年底的不足三年时间里，共有40余件（组）作品在大明湖新景区、济南国际园博园、护城河畔、济南森林公园等处落成，其中不乏名家巨匠的作品。

第三节 特色雕塑

英雄山革命烈士陵园雕塑群 由革命烈士纪念塔、《胜利》《山东少年儿童运动》《解放济南》等组成。

革命烈士纪念塔 位于英雄山山顶，灰白花岗石雕，塔高34.64米，1964年开工建设，1968年4月5日建成，是济南最早开工建设的城市雕塑。塔身南、北两立面镌有毛泽东主席1951年专门题写的“革命烈士纪念塔”7个镏金大字，气势宏伟。塔顶上的五角星直径2米，由红色花岗石雕刻而成。塔基为双层，南北两面镌有《红旗颂》浮雕。塔身南面到山下有白色花岗石铺筑的202级石阶，像一挂巨型瀑布，由天倾注，象征着革命烈士的冲天浩气。北侧有东西两条林荫石阶梯路，东路296级，西路311级。游人可通过南北3条石阶梯路，攀到纪念塔广场，瞻仰纪念塔雄姿。

该塔始建于1949年11月28日，由同年成立的济南市烈士塔建塔委员会负责筹建。后因财政困难等原因，建塔工作暂停。1957年4月建塔工作再次启动，并邀集大学教授、工程师、雕塑家、历史文物学家及各界人士到四里山勘查现场，研究建筑方案。1961年3月，在国家遭受严重自然灾害的情况下，中央要求停止基本建设，建塔工作遂又停止。1964年10月，建塔工程重新开工，1968年4月5日，纪念塔建成。由于烈士陵园和纪念塔都建在四里山，四里山因而改称英雄山。

革命烈士纪念塔

《胜利》雕塑 位于英雄山烈士陵园北门内，铜雕，山东艺术学院雕塑系教师李振才创作，青岛市园林雕塑厂承制，1989年9月28日落成。该雕塑高10米，其中，底座高3.8米，主体塑像高6.2米。底座用砂浆、砖石垒砌，黑色大理石贴皮，鎏金的“胜利”二字嵌刻在基座北面；塑像主体内用砖石、砂浆垒砌，外用铜皮贴铸，表现的是一位身披戎装、坐骑骏马的解放军战士，振臂举枪，欢庆胜利的形象。

《山东少年儿童运动》浮雕 位于《胜利》之南，英雄山北侧山脚下。为汉白玉浮雕墙，面积96平方米。山东画院画家李勇设计，莱州天龙艺术有限公司承制，1995年10月落成。这是由山东省红领巾理事会倡议，全省900多万名少先队员通过开展“小种植、小饲养、小秋收、小节约”活动筹资捐款建立，主旨是激励广大少年儿童继承革命传统，争做社会主义事业合格接班人。画面内容自左向右主要反映革命战争年代、社会主义革命和建设时期的少年儿童运动及新时期少先队员按照“面向现代化、面向世界、面向未来”的要求，争做有理想、有道德、有文化、守纪律的一代新人的情景。展示不同时期的少年儿童运动形象，用以激励广大少年儿童继承革命传统，争做社会主义事业的合格接班人。

《解放济南》浮雕 位于英雄山革命烈士陵园悼念广场，2005年6月30落成。是一座以中国人民解放军解放济南、奋勇攻坚为主题的大型纪念群雕。从设计到完工历时半年。13位战士的造型形象逼真、栩栩如生，彰显了人民军队前仆后继的大无畏精神。纪念群雕由花岗石雕凿而成，整体高7.1米，寓意党的生日，象征“党指挥枪”、党指引革命战士奋勇前进。厚2.6米，寓意纪念在济南战役中伤亡的2.6万名解放军指战员。群雕前有9级台阶，群雕全长24米，寓意为济南解放日——

《解放济南》

1948年9月24日。悼念广场北侧是2006年3月落成的毛泽东、朱德、刘少奇、周恩来、任弼时和邓小平6位开国元勋题词碑。

毛泽东主席塑像　济南现有5尊室外毛泽东主席塑像，分别位于山东师范大学校园内、英雄山赤霞广场、济南明湖小学操场、王舍人街道幸福柳广场和山东省农业科学院。

山东师范大学校园内塑像为石雕，身高11米，底座高5米，总高度16米，建成于1967年10月11日，由张松鹤、李振才和张玉林三人设计创作。据山师大校史记载，此尊毛主席塑像的雕琢和落成经历了一个曲折艰难的过程。短短四个月的时间里，前后共设计了三个雕型，而从最后定型到塑像落成，只用了一个多月的时间，可谓雕塑史上的奇迹。2009年，这座雕像入选济南市第三次文物普查“不可移动文物”名录。

英雄山赤霞广场塑像为汉白玉石雕。塑像原位于趵突泉北路的山东省工业展览馆院内，建成于1968年7月，由王昭善、李振才、张玉林设计创作。塑像高12.26米（取毛泽东生日），其中，底座高4米，像身高8.26米，是济南市最大的一尊毛泽东塑像，在全国也较为知名。1999年8月，因趵突泉北路拓宽，工展馆拆除，塑像迁落至此。2004年4月对塑像及周边环境进行了清洗、整修，新建了汉白玉栏杆。每年的12月26日，都有群众自发来到塑像前，缅怀这位带领中国人民脱离苦难的伟大领袖。

济南明湖小学校园塑像为石雕，落成于1970年8月9日。1958年8月9日，毛泽东主席视察北园水屯村，在一株槐树下与农民亲切谈话，并发出了“还是人民公社好”的号召。为纪念这次视察，人们将当时的视察地辟为“毛泽东主席视察北园纪念地”。1970年，北园的社员群众在当年他们和毛泽东主席交谈的槐树旁，建造起这尊塑像。塑像由张玉林按山师大校园塑像造型复制，塑像高3.8米，面向南，前方原来是容纳万人的广场，现是明湖小学操场，塑像后面是一个大型的花岗石坊，上面镌刻着毛泽东所题“人民公社好”五个金色大字。1977年，纪念地被列为省级重点文物保护单位。

王舍人街道幸福柳广场塑像为石雕，位于济南市东郊大辛庄村北幸福柳广场。1959年4月13日和9月21日，毛泽东主席曾两次来到当时的历城县东郊人民公社大辛庄视察。2006年，为缅怀领袖之风，弘扬伟人精神，大辛庄村党员大会决定在幸福柳广场建造毛主席塑像。同年12月26日，这尊身穿中山装、手持谷穗、高3米的毛泽东塑像建成。

山东省农业科学院塑像为铸铜，落成于2007年12月26日。1958年8月9日和1959年9月21日，毛泽东主席两次到山东省农业科学院（当时称省农业科研所）视察棉花试验田。1977年12月23日，山东省革命委员会将毛主席视察的棉花试验田确定为省级重点文物保护单位，并立碑标志。2007年，省农科院为把纪念地办成革命传统教育和科普基地，借省农科院院区规划建设之机，重修纪念碑，并将碑址由试验田东侧移至西侧。同年12月26日，值毛泽东114周年诞辰之际，“毛主席视察农科院纪念地”在省农科院科研发展核心区南区落成，毛主席视察农科院塑像同时揭幕。塑像由五人组成，圆雕工艺，黄铜质地，其中毛泽东主席单像高4.5米。在一人多高的底座上，毛泽东主席垂手而立，双目含笑，仿佛还在和身边的四位棉花技术人员谈笑风生，重现了毛泽东主席视察省农科院棉花试验田时的情景。

王士栋英勇抢险雕像　位于黄河铁路大桥北端，鹊山东麓的王士栋烈士纪念地内，由王昭善设计创作，石雕。王士栋(1946—1967) 山东省泰安县季家庄人。1966年3月入伍，为山东省军区某部二连战士，担任警卫济南泺口黄河铁路大桥的任务。1967年5月31日晚，堆在泺口大桥桥头的原木被狂风吹落在道轨上。守桥部队紧急出动，冒着狂风暴雨排除铁路障碍。王士栋奋力将最后一根原木掀出道轨时，被一列客车疾驰卷过，光荣牺牲。按照王士栋生前的遗愿，他所在的部队党委追认他为中共正式党员，山东省军区为他追记一等功。1967年7月24日，山东省革命委员会、济

《王士栋英勇抢险》

南军区发出《关于开展学习王士栋同志活动的决定》。8月25日，山东省和济南市军民5万余人在山东省体育场集会，追悼为保卫人民生命财产安全而英勇献身的王士栋烈士，并确定成立济南市修建王士栋烈士纪念碑办公室。1968年5月31日，王士栋烈士纪念碑和塑像在泺口黄河大桥北端东侧落成。1979年被列为市级重点文物保护单位。

《解放济南》群雕和《胜利》圆雕 1984—1986年重修解放阁时，由市城市雕塑创作室组织并创作完成。在解放阁底层大厅外壁镶着八组反映济南战役的灰色大理石浮雕，画面生动逼真，笔调雄健遒劲，内容丰富深刻。《水深火热》反映了济南人民解放前的贫困生活及渴望解放的情景；《支援前线》《战前动员》《登城》《巷战》《攻打伪政府》《欢庆胜利》六幅，集中描写了战役的全过程，讴歌了解放军的英雄气概，反映了军民鱼水深情；《继续前进》则是人民解放军为解放全中国胜利进军的勃勃英姿。这八组浮雕分别由当时山东八位雕塑家李轲民（青岛师范）、仇志海（济南军区）、王昭善（济南市群众艺术馆）、李振才（山东艺专）、张昆仑（山东艺术学院）、张玉林（济南市雕塑创作室）、池清泉（山东艺术学院）、邢成林（青岛工艺美校）设计创作完成。解放阁二层室内的《胜利》圆雕，由张玉林根据毛泽东主席对“济南战役胜利是军民的胜利”的评价设计创作。圆雕正面为一解放军怀抱婴儿和一群众手扶担架，象征军民一心共同奋战解放济南；背面为一名勇士手拉一位瘦骨嶙峋老人和手拂红旗的一名少年，寓意获得解放的济南人民对子弟兵感激之情。

《胜利》

王尽美、邓恩铭纪念雕像 红花岗石雕，位于大革命时期的中共山东省委机关旧址北侧（今五龙潭公园内），1988年落成。为纪念中共一大代表、山东党组织创始人王尽美、邓恩铭而建。由国家一级美术师、市雕塑创作室张玉林设计创作。雕像高4.3米，底座高0.8米。王尽美左手放胸前，右手握《晨中报》，邓恩铭在王尽美左侧并肩站立，反映革命战友亲密无间。他们昂首挺立，目视远方，展示了先烈们大义凛然、英雄无畏的气概。整个创作运用大块面、直线条结构，充分体现烈士的性格特征。塑像正面处理成平板，上镌刻有董必武《忆王尽美同志》：“四十年前会上逢，南湖舟泛语从容。济南名士知多少，君与恩铭不老松”的诗句。

四五烈士纪念碑 位于槐荫广场（原青年公园）东北角，占地面积30平方米。纪念碑由著名雕塑家仇志海设计，高4米，由3块长方体大理石组成，大理石上镶嵌反映烈士当年英勇就义的铜浮雕，刻有王震、梁步庭的题词和22位烈士的主要生平事迹。

1931年4月5日，国民党反动当局在济南纬八路刑场（现槐荫广场）枪杀了中共一大代表邓恩铭、中共山东省委原书记刘谦初等22名党的重要干部，使山东党组织蒙受到惨重损失，史称四五烈士。1989年，为继承烈士遗志、发扬革命传统，中共济南市槐荫区委、区政府决定在四五烈士英勇就义的地方（时称青年公园）建立纪念碑，并于当年4月4日举行了纪念碑揭幕式。2009年，结合槐荫广场改建，对纪念碑进行了碑体提高、清洁、描金等修缮处理。碑体下方设置了汉白玉栏杆，纪念碑周边增加了空地面积。

“四五烈士”纪念碑

“五三惨案”纪念碑 1995年9月1日在“五三惨案”顺城街旧址（五三街）落成。由济南市雕塑创作室主任孟晋元设计，市雕塑创作室承建。纪念碑由卧碑和浮雕墙两部分组成，呈南北走向，高4.25米，长17米，黑色花岗石砌就。东侧为卧碑，南、北、东三面围以铁索护栏。碑体上刻当代书法家武中奇题写的“济南惨案遗址”六个大字。卧碑的正中是凸起的巨型棕白色花岗石台历，右页镌刻“五三惨案”发生的时间，左页镌刻《济南惨案纪略》，由武中奇书丹。台历左右两边，饰以汉白玉雕刻的花圈。碑西侧为采用汉画像石刻技法镌刻的《国耻》浮雕墙，西面，墙上雕有“蔡公时遇害”“炮轰泉城”“泉城怒火”“疯狂屠杀”“尸骨如山”“血流成河”等惨案场景，墙两端雕刻洪钟，钟上镌有“勿忘国耻，警钟长鸣” 8个大字。

《济南交警》雕像 1996年10月15日在南门广场落成。铜制，是著名雕塑艺术家仇志海去世前创作的最后一件雕塑作品。1995年，仇志海被济南交警在精神文明建设中做出的贡献深深感动，主动请缨，自筹资金，自行设计，与其子仇世森共同创作。雕塑主体是一名青年交警在风雨中昂首挺胸、挥臂致敬的英姿，象征着人民警察在履行自己神圣的职责。整座雕塑高9米，基座长3米，宽3米，坐北朝南。基座正面刻有江泽民（时任中共中央总书记）为济南交警题写的“严格执法，热情服务”，两侧是反映交警执勤的浮雕，艺术地展现了济南交警这一先进群体的精神风采。

泉城广场雕塑群 由《泉标》主雕塑、《泉城揽胜》浮雕、《荷花》圆雕、《圣贤史迹图》浮雕、《齐鲁名人》圆雕等组成，1999年落成。

《泉标》为广场主题雕塑，高38米，重170吨，在广场主轴与榜棚街副轴相交处拔地而起。陕西省雕塑院王天仁设计。它取古汉书 “泉”字之神韵，用大型钢制异形曲杆塑成，整体以曲线为主，兼容直线，方棱体面的三股蓝色异形曲杆尤如趵突泉三股鼎沸的泉水拔地而起，向上翻滚直冲云霄，形成水天一色的城市景观，寓刚健挺拔于婀娜秀美之中，展刚柔并济于水天相接之间，中心部位直径近4米的钛金球象征着泉城广场如城市中的明珠。

《泉标》

《泉城揽胜》浮雕位于广场中部、下沉广场东侧，长30米，宽2.5米，刘玉安创作设计，珍珠白花岗石雕刻而成。浮雕以多场面组合的构成手法，将泉城“三大名胜”“四大泉系”“齐烟九点”“灵岩圣境”“四门古塔”“龙山文化”等景观和文脉融为一体，充分体现了“山、泉、湖、城、河”泉城特色，展示了泉城济南丰富多彩、古老庄重的文化风貌。

《泉城揽胜》

《荷花》圆雕位于广场中轴线东部、文化长廊西侧，不锈钢质。在圆形水池中，9朵小荷花簇拥着一朵盛开的巨大荷花，音乐声起，水自水池及荷花中喷射而出，形成大小4000多个喷泉，整个景观动（喷泉）与静（荷花）有机结合而成“泉育荷”之意，渲染广场艺术与空间气氛，体现生命之源。

《圣贤史迹图》浮雕位于泉城广场东端文化长廊的两端及柱杵处，分别是舜耕历山、伯禽治鲁、太公封齐、管仲霸齐、晏婴谏君、孔子讲学、子贡货殖、孙武兵法、稷下争鸣、孟子游说、鲁班学艺、扁鹊行医、邹衍辩论、东方曙光。表现了“舜耕历山”等14幅历史故事，讲述的都是发生在齐鲁大地上的一段段脍炙人口的历史故事，反映齐鲁文化的历史脉络。汉白玉石刻。

《齐鲁名人》圆雕大舜、管仲、孔丘、孙武、墨翟、孟轲、诸葛亮、王羲之、贾思勰、李清照、戚继光、蒲松龄12尊历史名人雕塑依次安放在泉城广场东端文化长廊内东侧，李友生、王黎明等设计，锻铜。

泉城路雕塑群 由《老残听曲》《泉韵》《打电话者》《母女俩》《爷儿俩》5组铜铸雕像组成，2002年4月泉城路拓宽改建后落成。由济南军区政治部创作室创作员仇世森、山东工艺美院教授李友生设计，枣庄圣德青铜铸造厂铸造。雕塑采用“超级写实”的手法，衣服布纹都清晰可见。

《老残听曲》位于芙蓉街南口西侧的大柳树下。反映的是清末刘鹗《老残游记》小说中的人物：白妞身穿绣花衣，头扎双髻，出神入化说书；老残坐在石桌旁边，神态自若，凝神听曲；小伙计也目不转睛地看着、听着，茶杯满溢全无察觉。桌旁留有空位，桌上摆放着莲蓬和空碗，地面上镶嵌着“历山山下古帝遗踪，明湖湖边美人绝调”的文字，展示了刘鹗笔下“比那江南风景，觉得更为有趣”的济南浓郁的风土人情。

《老残听曲》

《泉韵》位于芙蓉街南口路对面的时空广场，为两组人物雕塑。雕塑处设有喷泉。其中一组为母子，展示一伫立在泉池边准备汲水的少妇观看两个孩童戏水的场景：少妇自然站立，左手自然搭右臂手腕处，右手持水瓢，旁边放一水罐；男童一个裸体趴在水池边捞鱼儿，一个扔瓦片儿打水漂儿。用昔日泉池边常见的场景，再现老济南人与水的亲密关系和对泉水的依赖。另一组由中、外友人组成：水池边一个青春少女将背包和鞋子置于一旁，弯腰伸腿正欲入水，引来一男一女两个“老外”游客，隐喻泉水魅力和济南风貌。

《打电话者》《母女俩》《爷儿俩》则着力表现现代生活气息。《打电话者》位于舜井街北口西侧，以一手扶墙单足站立的男子正在打手机的形象，表现现代生活场景中最寻常一幕。《母女俩》位于皇亭体育馆对过人行道上，母女牵手走在泉城路上，女儿伸手欲向前奔跑，展现迫切的心情。《爷儿俩》位于泉城路西段北侧的休息椅上，父亲双手伸开搭在椅背上休息，手里拿着儿子的小水壶；儿子躺在椅子上，头枕着父亲的腿，呼呼大睡，表现“人困马乏”之态。

《山东大学星》雕塑 2004年年底在山东大学兴隆校区落成。1997年10月15日晚，中国科学院国家天文台施密特CCD小行星项目组在天空中发现一颗未知的小行星。经过追踪观测及对其运行轨道的论证，该项目组最终取得了这颗小行星的国际永久正式编号29467和对这颗小行星的命名权。因这颗小行星被发现的日子，恰好是山东大学建校96周年的校庆日，国家天文台遂决定将它命名为“山东大学星”。经过申请，国际小行星命名委员会于2004年7月13日发布公告，将第29467号小行星正式命名为“山东大学星”。这是继“北京大学星”“南京大学星”“北京师范大

《山东大学星》

学星”之后，第四颗由中国高校名称命名的小行星。10月17日，“山东大学星”命名仪式在山东大学举行，国家天文台向山东大学颁发“山东大学星”命名证书，并赠送该星运行轨迹图铜牌。雕塑主体为96相扣，行星飞空的造型，镶嵌在红色大理石基座上，寓意山东大学像一颗冉冉升起的新星，在培养民族精英的舞台上，绽放璀璨华丽的光芒。

《天下第一牛》大型雕塑 位于济南动物园，由著名艺术家韩美林设计，著名书法家启功题“天下第一牛”，紫铜锻制，1992年6月30日落成。铜牛长15米，高15米，重约30吨。基座

《天下第一牛》

为长18米，宽8米，高1.8米的黑色花岗石台。该雕塑是根据济南动物园内金牛山的传说而雕铸，融浓郁的民族风格和紫铜古朴高雅的表现特色为一体，线条流畅，形象生动，雍容华贵，威武庄重，是难得的雕塑精品，同时也是当时世界上最大的铜牛雕塑。

泺口九烈士纪念碑 位于泺口险工40号坝（今济南百里黄河风景区公园内）。2005年4月3日落成。1933年8月18日，原中共济南市委书记李春亭、中共青岛市委书记李伟仁、中共山东省特委代理书记孙善帅、共青团青岛市委书记张福林、中共徐海蚌特委鲁南特派员唐东华、中共益都县委书记段亦民、中共益都县委书记郑心亭、中共郯城县委组织委员孙善师、中共青岛市委秘书王常怡九名党员干部，为了民族的独立和人民的解放事业，在泺口堤下马家道口英勇就义。为牢记历史、缅怀先烈、激励当代、昭示未来，让子孙后代铭记烈士的丰功伟绩和继承烈士的革命精神，中共济南市委、市人民政府决定在烈士牺

泺口九烈士纪念碑

牲地建立泺口九烈士纪念碑。纪念碑高6米、宽8米、厚2米，主要采用传统纪念碑与现代雕塑相融合的手法，用高浮雕和低浮雕相结合的方式，给人们一种现代感、崇高感和视觉冲击力。整个纪念碑由三个部分组成，第一部分表现高昂的革命精神；第二部分表现气吞山河、慷慨就义的英雄气概；第三部分表现追忆和缅怀。纪念碑坐落于黄河岸边风景秀丽的森林公园内，滔滔黄河水从碑下流过，泛舟黄河抚今追昔，缅怀英烈，教育后人，成为济南北部又一处爱国主义教育基地。

大明湖风景名胜区新区雕塑群 2009年，26个人物雕塑在稼轩祠、明湖居、秋柳诗社、健身广场等新建(扩建)区域内落成。这批人物雕塑主要分为历史人物雕塑、民俗风情雕塑和现代生活雕塑三个部分，全部采用铸铜工艺制作。

历史人物雕塑部分，采用写实手法，再现了辛弃疾、王士祯、刘鹗三位与济南明湖文化相关的历史文化名人的精神风貌。其中，辛弃疾的雕像采用了左手握剑、右手拿书的晚年形象，再现其忧国忧民、文武双全的历史形象。在雕像的后背上，还刻有辛弃疾的传世名篇。而为了表达辛弃疾所处的动荡年代，雕像的基座采用了“破碎山河”的创意；为恰当地表达刘鹗生活富足的情景。雕塑采用一组两人，按1：1的比例制作，从铜塑的服饰上，可以看到锦缎形成的衣褶。书童的造型不仅和主人的身份相吻合，仅背篓的制作就从南方的竹篓修正到北方的荆条篓，篓内的物品也改为书籍；王士祯像则由最早的坐着的老人改成了站立的青年，再现了其青年才俊的形象。

在民俗风情雕塑部分，则采用写实与夸张相结合的手法，表现吹糖人、磕拐、抽老牛、下棋

《吹糖人》

等老济南喜闻乐见的民俗游戏竞技场景。《吹糖人》表现的是一个吹糖人的老人鼓着腮帮子把一个个糖团吹成各种玲珑可爱的小动物，几个孩子围在老人身边兴奋不已。安置在大明湖生态岛一带的空旷草坪上的《磕拐》和《抽老牛》，再现了浓厚的童趣老游戏。

《钓鱼》《下棋》《轮滑》则是充满现代气息的雕塑，以当今的生活为原型，展现济南新貌。其中置于湖边的《钓鱼》，以退休老人为原

《轮滑》

型，反映出济南的生活变迁。老人身旁的小男孩，顽皮中透着活泼与可爱。老舍纪念馆东侧的《下棋》，通过棋手的眉头紧锁和观棋祖孙悠然自得的刻画，营造出欲罢不能的浓郁棋场氛围；司家码头南侧的《轮滑》刻画了轮滑者的神情专注和团结友爱，生动体现了体育竞技中紧张有趣的场景。

环城公园雕塑群 1986年落成，由《舞狮》《年年有余》《和平》《嬉水》《金秋》《隆冬瑞雪》《戏鹅》《旋律》《双虎》等多组雕塑组成。这些不同风格与表现手法的雕塑与园景融为一体，给观者创造出美妙的视觉享受和心灵启迪。

《嬉水》位于东护城河的“夏景园”内，为中央美院雕塑创作教研室张润凯设计制作，白玉石雕。表现一名妙龄少女卧于池边嬉水，象征夏日季节。

《金秋》位于环城公园青龙桥至解放阁之间的“秋景园”内。两位少女上着短衣，下穿长裙，雍容尔雅，落落大方。在微风轻拂下，她们秀发飘扬，手托竹筐，满载硕果，笑颜绽开，呈现出金秋丰收喜悦之色。设计创作者为山东艺术学院王黎明。

《舞狮》《年年有余》《和平》三组雕塑

《喜迎新春》

位于东护城河“春景园”内，构成“喜迎新春”题材的三件组雕塑，为中央美院雕塑创作室张德娣设计制作。《舞狮》为采用剪纸技艺的透雕，一名英俊少年手捧彩球，丰姿潇洒，引逗雄狮起舞，欢庆元宵，意在闹春。《年年有余》展示的是一位少妇抱起幼儿，擎在肩上，幼儿手持一条鲜活鲤鱼，寓意生活富裕。《和平》为宝宝站在母亲怀里，双手捧着和平鸽，正欲向蓝天放飞，意在向往和平安定。

《隆冬瑞雪》《旋律》位于环城公园东护城河北端“冬景园”内。《隆冬瑞雪》表现一位老者头戴皮帽，身着裘衣，仰看瑞雪，笑容可掬；一名幼童依偎着老者，伸出纤纤嫩手，喜接雪花，笑容憨雅。《旋律》则是三位少女身着素裙，手持横笛，清风微吹，清音悠扬。分别为中央美院雕塑创作教研室冯河和张德娣创作设计。

《双虎》位于黑虎泉畔，由当代著名的美术家韩美林设计，其中位于东侧的“黑虎”，是由黑色花岗石雕凿而成，稍西的“金虎”由铜铸成，重约8吨，是目前国内已知最大的铸铜虎。“黑虎”“金虎”身长各为9.7米，身高3.7米，翘起的虎尾最高点离地面达4.5米。“双虎”头东尾西，一前一后，引首啸天，似猛虎下山状，恰与身边的黑虎泉、金虎泉景观相对应。

《济南八景》位于护城河五龙潭段东河壁上，2009年落成。由山东省壁画家张一民创作完成。趵突腾空、佛山赏菊、明湖泛舟、汇波晚照、鹊华烟雨、历下秋风、锦屏春晓、白云雪霁的景象都刻画得惟妙惟肖。济南新八景浮雕壁画不仅作者与北京奥体中心浮雕是同一人，连制作厂家都和奥运作品是同一家。

《娥英水长》位于南护城河西段河壁上，浮雕与透雕结合，全长76米，高2.3米，2010年落成。雕塑以舜及娥皇、女英的传说，自东向西用神乌负日、诞育重华、大孝格亲、耕于历山、渔与雷泽、陶于河滨、贩于成阳、重华协帝、虞庭赓歌、水绕鹊华、明湖韶阁、松韵南薰、娥英水长等13个典型情节，同时将千佛山、趵突泉、大明湖，鹊山、华山、舜祠、柳树、荷花、龙山文化等融合在画面中，形象生动地反映济南的历史文化。

《娥英水长》

《水电磨坊》位于东护城河夏景园，2011年落成。由山东艺术学院刘大力设计创作。由直径近5米、重约3吨的巨型铸铁水车转轮、磨坊及磨面的祖孙仨和张含英（山东菏泽人，1929年，有其主持设计，在济南新东门外护城河畔建成山东第一座水力发电站）等人物组成。雕塑反映了民国时期居民在东护城河边利用水利发电、磨面的场景。

《五龙戏水》 位于公园东大门内，由5个用花岗岩石雕刻的龙组成。龙高约6米，呈一字形排

《五龙吐水》

列，有水从龙口吐出。该雕塑原位于公园东南门外、山东文物总店东侧，1989年落成。2008年，实施公园北扩工程中，迁建于今址。

济南国际园博园雕塑群 2009年，园博园落成80余组（幅）雕塑，成为济南市区拥有雕塑最多的公园。

《玉琮》位于天圆广场中央，通高21.36米，

《玉琮》

是济南国际园博园的主要景观，利用九层自然造型的纹理层，从下至上用72幅浮雕分别展示了原始天体图、古代彗星图、星座图、浑天仪、天文望远镜、卫星、太空舱、航天飞船、太阳系等图案，反映了人类对天体的认识不断提升，探索天体科学的追求永不停息。雕塑的柱身是空心的，内部通过灯光处理，夜间显得更加雄伟、神秘。在主雕塑“玉琮”周围，环绕着10座不锈钢景观雕塑，代表与太阳、历法有关的中国古代“十天干”。每座雕塑高3.6米，形状分别为“甲、乙、丙、丁、戊、已、庚、辛、壬、癸”古篆书字样。雕塑立面1—2米之间为金属腐蚀的图饰展带，分别雕刻有 东皇太一、日神东君、后羿射日、夸父逐日、日神崇拜、若木扶桑、太阳下的生灵、汤谷浴日、羲和捧日、炎帝的传说等相关图案。

地方广场中心设有大型地刻，其造型借鉴了中国古代铜镜的纹饰。地刻布局源于太极图形的无极状态。地刻呈微微起伏的山峦状，宽度为2米左右，最高处约0.4米，采用浮雕、线刻相结合的手法，图文并茂地展示人类社会的形成和发展历程，分别表现了人类狩猎、采集、农耕、手工、信仰、战争、贸易、建筑、城市的出现、国家的形成等内容。地刻中心位置浮雕采用“桥”的造型纹样（同时也借鉴了铜镜背面“钮”的形状），喻示着人类的发展需要沟通与交流。广场四周用地支配以十二生肖作装饰浮雕，借鉴古代“印”的形式，上半部为生肖造型，简洁、生动、有趣。

地方广场南侧通道地面铺装六个大脚印，象征前六届园博会。两侧布置大小不等的鹅卵石，鹅卵石上雕刻着古人关于道德修养方面的嘉言警句。

下沉式的和谐广场及其周围是雕塑最集中的区域。广场主入口处《竹简》雕塑，镌刻了孔子《礼记·大同篇》内容，展现儒家的格物，致

《礼记•大同篇》

知，正心，诚意，修身，齐家，治国，平天下的理想大同世界；《齐鲁24名人墙》浮雕，用蒲松龄、戚继光、辛弃疾、李清照、颜真卿、义净、贾思勰、王羲之、诸葛亮、孔子、荀子、庄子、孟子、扁鹊、孙膑、范蠡、鲁班、墨子、孙武、左丘明、管仲、齐桓公、姜子牙、帝舜等头像浮雕展现山东悠久历史文脉；《长清铭》浮雕，形象生动的展现了世界现存最古老的石屋建筑孝堂山、始建于春秋时期的齐长城及其传说和海内四大名刹之首的灵岩寺等著名建筑及景观；《湖山泉水老济南》浮雕，再现了大明湖、趵突泉、柳树、荷花、鹭鸟等济南特色景观及其楹联佳句；《拔河》《磕拐》《跳皮筋》《捉迷藏》《老鹰捉小鸡》《拿倒立》《爬树》《放飞》《轮滑》

《搬梨》等儿童题材的情景铸铜雕塑，生动活泼、童趣横生。

《放飞》

地方展园也根据本土的历史文化和风土人情布置了相应的雕塑。济南园用浮雕造型刻画了威风凛凛的门神秦琼，用剪纸木雕介绍了济南的名胜；青岛园用新颖的“香螺构架”和“青岛号”雕塑集中展现了青岛作为“帆船之都”的城市文化形象；枣庄园用雕塑及石刻展示“凿壁偷光”的成语故事；大连园以“根”为主题，用长18米，高约3.5米“海南丢”浮雕墙，向人们讲述着百年间在异乡生根、奋斗和思乡之情；深圳园作为一座新兴城市，用铸铜“劲牛”和活力四射的儿童情景雕塑，传达着精神、效率、活力；北川园里的大型浮雕墙及人物石雕造型，古朴奇特，传达着羌族独特的文化；北京园的石雕龙壁、济宁园的《杏坛讲学》、德州园的《太阳之城》、内蒙古园的《牛角》等，都用雕塑的手法讲述历史、崇尚贤明、宣传科技、推介自己。

百花公园雕塑群　1989年开园时，公园建有《花仙子》《花蕾》《花球》《文化柱》《飞马喷泉》等雕塑。2010年百花公园环境提升改造中，结合园区自然环境及人文环境，按照百花、孝道和绿色的园林内涵，在东门区域、儿童休闲娱乐区域、美德园、叠水喷泉及西门区域处安放6组雕塑。分别是《花神》《稚子问孝》《荷韵》《嘘！听……》《堆城堡》和《跳舞兰》。

《花神》位于公园东部，与公园东门相对，高4.3米（含基座），由镜面不锈钢锻造而成。表现一位亭亭玉立的少女站立在盛开的荷花中，在背景高大乔木的掩映下，给人一种“出污泥而不染”的圣洁感。

《稚子问孝》位于芦花湖北侧，铜雕，是根据闵子骞的孝道故事创作的情景雕塑，高1.9米，表现两个“稚子”牵着一位长者的衣角，渴望长者传授孝道的真谛。湖边绿地上散落布置1.5米高、2米左右宽的自然石，石上镌刻颂扬孝道的名言。

《稚子问孝》

《荷韵》位于公园西门喷泉跌水处，镜面不锈钢锻造，由荷花、荷叶、花苞、莲蓬等造形组成，形成荷花喷泉跌水景观。

儿童游乐区内，结合沙滩环境，用铸铜塑造的《嘘！听……》，汉白玉雕成的《堆城堡》《跳舞兰》3组雕塑，采用夸张的手法，表达了童趣。《嘘！听……》塑造了两个儿童坐在地上，侧耳倾听着大海螺发出的“海的声音”；《堆城堡》是3个小孩趴在沙滩上，用沙子堆起一座“高大”的城堡，表现了孩子的童真可爱；《跳舞兰》则将3个儿童塑造成跳跃的花朵，展现了大自然孕育的伟大。

《嘘！听……》

济南森林公园雕塑群　新建的济南森林公园

落成23组雕塑。这些雕塑既有来自济南市人民政府主办，市园林局、市雕塑办承办的“人与自然 绿色泉城——森林里的和谐乐章”雕塑大奖赛的获奖作品，也有邀请国际雕塑名家为森林公园量身定制的作品。其中，《玫瑰花语》《无题》《森林之父、森林之母》《普罗米修斯》《春华秋实》《森林的乐章》《和谐大家庭》《聆听》等主题鲜明、风格各异，集中体现了人与自然和谐共生的主题。

《玫瑰花语》位于正门喷泉处，不锈钢锻造。塑造的是30多株挺拔盛开的“玫瑰”，高低错落，花瓣胭红，叶子碧绿，几片粉色的“花瓣”和绿色的叶子落在地上，被露珠接住，自然地形成了一只只精巧的座椅，在喷泉的白色水雾衬托下，显得活泼、浪漫。

《玫瑰花语》

《无题》位于台地园最高点，铸铜。塑造的是高10米的半圆形基台上一只巨手横卧，一只小鸟站立在食指上，悠闲自在。表达人类用“手”、用心呵护生灵，意喻人与自然和谐共生。

《春华秋实》位于花语湾北，铸铜。塑造的是河溪边的少女，用手分别挽住一把头发，而头发则幻化成金黄的麦穗，歌颂女性勤劳、善良的品德。

《森林之父、森林之母》《普罗米修斯》《森林的乐章》《和谐大家庭》《聆听》等雕塑皆位于雕塑园内。2米高的的《森林之父、森林之母》，把传说中的树魂“森林之父”“森林之母”塑造为面部用树叶遮盖，魁梧的身躯刻有树的年轮，护佑着人类长生不衰，繁衍昌盛；《普罗米修斯》位于雕塑园区大草坪内，是世界雕塑协会会长、俄罗斯列宾美院的老院长查尔金教授的作品，表达了人类对英雄普罗米修斯的赞颂、佩服和感激之情；《森林的乐章》由大小齿轮、伐木工具等组合成一把琴，高约10米，是园内单体最高的雕塑。

《聆听》

提醒人类合理利用森林资源，才能创造更美好的未来；《和谐大家庭》则通过对人们各种姿态抽象造型组合及联想，刻划了人们的喜怒哀乐，悲欢离合等表情和诸多形态，体现了人与自然的和谐共处；《聆听》近3米高，形如人耳，汉白玉雕成，生动、形象的表达人类沐浴着丛林晨光，聆听天籁之音，享受大自然赋予的宁静、祥和。

五柳风帆 “五柳风帆”因坐落在小清河中的五柳岛而得名，高度23米，重约38吨，为全不锈钢网架镂空结构，全部人工煅造。雕塑整体由抽象的五片柳叶及一面鼓起的风帆组成，其中，柳叶造型代表着济南市树“柳树”，而风帆造型则代表了小清河曾经繁荣的航运景象。该雕塑是济南市继泉标之后的第二大城市雕塑，也是济南第一例典型的现代大型城市雕塑。

清河恋 “清河恋”雕塑位于板桥广场中心的雕塑广场内。雕塑长约5米，直径3米，为不锈钢雕成的“水滴”造型，立于直径5米，高约0.8米花岗石基台上。作品通过圆雕和镂空雕的手法，将写意的白云、和平鸽、浪花等元素结合，组成一颗晶莹剔透的露珠，映现小清河水系文脉和谐统一，源远流长。

《清河恋》

济南市区现代城市雕塑一览表

（1964—2011）

表5-2

落成区域	雕塑名称	作者	落成年份	类别	材质	位置
英雄山风景区	革命烈士纪念塔	张玉林（浮雕《红旗颂》作者）	1968	纪念性 圆雕	石材	英雄山山顶
	毛泽东塑像	王昭善、李振才、张玉林	1968	纪念性 圆雕	石材	1999年移入赤霞广场
	胜　利	李振才	1989	主题性 圆雕	锻铜	英雄山北广场
	山东少年儿童运动	—	1989	主题性 浮雕	石材	英雄山北广场南
	岳母刺字	—	1998	主题性 圆雕	石材	留春园
	济南革命烈士纪念群雕	—	2006	主题性 浮雕	石材	烈士陵园悼念广场
环城公园	水深火热	李轲民	1986	主题性 浮雕	石材	解放阁墙外壁
	支援前线	仇志海	1986	主题性 浮雕	石材	解放阁墙外壁
	战前动员	王昭善	1986	主题性 浮雕	石材	解放阁墙外壁
	登　城	李振才	1986	主题性 浮雕	石材	解放阁墙外壁
	巷　战	张昆仑	1986	主题性 浮雕	石材	解放阁墙外壁
	攻打伪政府	张玉林	1986	主题性 浮雕	石材	解放阁墙外壁
	欢庆胜利	池清泉	1986	主题性 浮雕	石材	解放阁墙外壁
	继续前进	邢成林	1986	主题性 浮雕	石材	解放阁墙外壁
	胜　利	张玉林	1986	主题性 圆雕	铸铜	解放阁二层室内
	舞　狮	张德蒂	1986	主题性 透雕	石材	春景园
	年年有余	张德蒂	1986	主题性 圆雕	石材	春景园
	和　平	张德蒂	1986	主题性 圆雕	石材	春景园
	嬉　水	张润凯	1986	装饰性 圆雕	石材	夏景园
	金　秋	王黎明	1986	装饰性 圆雕	石材	秋景园
	椰　汁	张玉林	1986	装饰性 圆雕	石材	秋景园
	旋　律	张德蒂	1986	装饰性 圆雕	石材	冬景园
	隆冬瑞雪	冯河	1986	装饰性 圆雕	石材	冬景园
	拳拳报国	张玉林	1986	主题性 圆雕	石材	青龙桥畔
	双　虎	韩美林	1991	主题性 圆雕	锻铜、石材	黑虎泉畔
	五三惨案纪念碑	孟晋元	1995	纪念性 浮雕	石材	趵突泉北路
	飞　天	济南市雕塑创作室	2009	装饰性 浮雕	锻铜	琵琶泉畔
	济南八景（8件组）	张一民　刘文健	2009	装饰性 浮雕	石材	西护城河河壁
	成　长	济南市雕塑创作室	2009	主题性 浮雕	锻铜	南护城河西端
	母与子	济南市雕塑创作室	2009	主题性 浮雕	石材	南护城河西端
	娥英水长	刘文健	2010	装饰性 浮雕	锻铜	南护城河西端河壁
	水电磨房（2件组）	刘大力	2011	主题性 圆雕	铸铁、石材	夏景园

续表5-2

落成区域	雕塑名称	作者	落成年份	类别	材质	位置
五龙潭公园	五龙牌坊	济南市雕塑创作室	1987	装饰性 圆雕	不锈钢	南门，2002年拆除新建
	五龙壁	济南市雕塑创作室	1987	主题性 浮雕	陶瓷	南门里
	孔雀女	张玉林	1987	装饰性 圆雕	石材	贤清榭南
	王尽美邓恩铭像	张玉林	1988	纪念性 圆雕	石材	美铭亭北
	五龙戏水	李新华	1989	主题性 圆雕	石材	东门里
	和平龙	日本和平龙友好会	1993	主题性 圆雕	铸铜	濂泉东
	秦琼塑像	李霁	2010	陈列性 圆雕	铸铜	秦琼祠内
大明湖风景名胜区	辛弃疾塑像	李霁	2009	陈列性 圆雕	铸铜	辛弃疾纪念祠
	老舍塑像	李霁	2009	陈列性 圆雕	铸铜	老舍纪念馆
	下 棋	孙珊	2009	装饰性 圆雕	铸铜	老舍纪念馆东侧
	刘鹗塑像	李霁	2009	陈列性 圆雕	铸铜	明湖居前
	书 童	李霁	2009	陈列性 圆雕	铸铜	明湖居前
	王士祯塑像	李霁	2009	陈列性 圆雕	铸铜	秋柳园门口
	吹糖人	孙珊	2009	装饰性 圆雕	铸铜	秋柳园东侧
	磕 拐	仇世森	2009	装饰性 圆雕	铸铜	秋柳园东侧
	抽陀螺	孙珊	2009	装饰性 圆雕	铸铜	司家码头南侧
	轮 滑	仇世森	2009	装饰性 圆雕	铸铜	司家码头南侧
	钓 鱼	仇世森	2009	主题性 圆雕	铸铜	秋柳诗社南
	小姐弟	孙珊	2010	装饰性 圆雕	铸铜	秋柳园旁
	母 子	孙珊	2010	装饰性 圆雕	铸铜	竹港清风景点入口处
千佛山风景名胜区	欢乐弥勒佛	李友生	1996	主题性 圆雕	锻铜	弥勒圣苑广场
	弥勒传说	—	1996	主题性 浮雕	石材	欢乐弥勒佛身后山崖上
	观音菩萨	—	1996	主题性 圆雕	铸铜	观音园内
	十八罗汉	孙珊等	1996	主题性 圆雕	石材	盘山路两侧
	卧 佛	莱州雕塑艺术有限公司	1996	主题性 圆雕	石材	北门内盘山路侧
	乐山大佛	—	1996	主题性 圆雕	石材	万佛洞前
中山公园	孙中山塑像	孙惠芳（孙中山孙女）捐赠	2011	纪念性圆雕	铸铜	孙中山生平展廊外
济南动物园	吹箫女	—	1990	装饰性 圆雕	石材	
	天下第一牛	韩美林	1992	标志性 圆雕	锻铜	金牛广场
趵突泉公园	王雪涛塑像	—	1987	陈列性 圆雕	石材	沧园
	李清照塑像	王昭善原稿	1999	陈列性 圆雕	石材	李清照纪念堂内
	蔡公时塑像	陈嘉庚筹资锻造	2006	陈列性 圆雕	铸铜	五三纪念堂内

续表5-2

落成区域	雕塑名称	作者	落成年份	类别	材质	位置
泉城公园	牡丹仙子	—	1989	主题性 圆雕	石材	牡丹园
	迎宾女	张玉林	1991	标志性 圆雕	石材	南苑宾馆门前
	植物科普	—	2000	主题性 圆雕	石材	东南门里
	马克吐温塑像	布鲁诺卢切斯（美国）	2006	主题性 圆雕	铸铜	演艺广场东
	彩　蝶	—	2006	装饰性 透雕	不锈钢	观赏温室前
	水·地球	山东威迪文化产业有限公司	2006	主题性 圆雕	石材	西南门内广场
	曲柳与北欧松	琳达科威特（加拿大）	2011	主题性 圆雕	不锈钢	观赏温室东
百花公园	花仙子	—	1989	主题性 圆雕	石材	牡丹园
	文化柱（4件组）	济南市雕塑创作室	1989	装饰性 圆雕	石材	西门外广场
	花　神	陈青	2010	主题性 圆雕	不锈钢	东门内
	荷　韵（9件组）	济南市雕塑创作室	2010	装饰性 圆雕	不锈钢	西门内广场
	花　柱（6件组）	济南市雕塑创作室	2010	装饰性 圆雕	石材	东门内两侧
	稚子问孝	胡希佳	2010	主题性 圆雕	铸铜	芦花湖北侧
	堆城堡	张浩	2010	装饰性 圆雕	石材	儿童游乐区
	跳舞兰	高蒙	2010	装饰性 圆雕	石材	儿童游乐区
	嘘！听……	陆东东	2010	装饰性 圆雕	铸铜	儿童游乐区
济南国际园博园	玉　琮	博良纳、吴军、赖冰梅等	2009	主题性 浮雕	石材	天圆广场
	十天干	博良纳、吴军、赖冰梅等	2009	主题性 透雕	不锈钢	天圆广场
	人类起源	博良纳、吴军、赖冰梅等	2009	主题性 浮雕	石材	地方广场
	十二地支（生肖）	博良纳、吴军、赖冰梅等	2009	主题性 浮雕	石材	地方广场
	八　音	博良纳、吴军、赖冰梅等	2009	主题性 圆雕	石材、不锈钢	和谐广场
	九　鼎	博良纳、吴军、赖冰梅等	2009	主题性 圆雕	石材、不锈钢	和谐广场
	竹　简	博良纳、吴军、赖冰梅等	2009	主题性 浮雕	石材	和谐广场
	齐鲁24名人墙	博良纳、吴军、赖冰梅等	2009	主题性 圆雕	石材	和谐广场
	长清铭	博良纳、吴军、赖冰梅等	2009	主题性 浮雕	石材	和谐广场
	湖山泉水老济南	博良纳、吴军、赖冰梅等	2009	主题性 浮雕	石材	和谐广场
	跳皮筋	车秀申	2009	主题性 圆雕	铸铜	和谐广场旁
	拿倒立	车秀申	2009	主题性 圆雕	铸铜	和谐广场旁
	划　板	车秀申	2009	主题性 圆雕	铸铜	和谐广场旁
	拔　河	车秀申	2009	主题性 圆雕	铸铜	和谐广场旁
	螳螂扑蝉黄雀在后	杜利华	2009	主题性 圆雕	铸铜	亲水平台旁
	父子骑车	车秀申	2009	主题性 圆雕	铸铜	亲水平台旁

续表5-2

落成区域	雕塑名称	作者	落成年份	类别	材质	位置
济南国际园博园	磕 拐	车秀申	2009	主题性 圆雕	铸铜	亲水平台旁
	捉 蝉	车秀申	2009	主题性 圆雕	铸铜	音乐喷泉旁
	老鹰捉小鸡	车秀申	2009	主题性 圆雕	铸铜	音乐喷泉旁
	捉迷藏	车秀申	2009	主题性 圆雕	铸铜	音乐喷泉旁
	齐心协力（梨）	车秀申	2009	主题性 圆雕	铸铜	音乐喷泉旁
	翻 绳	车秀申	2009	主题性 圆雕	铸铜	音乐喷泉旁
	乐 章	车秀申	2009	主题性 圆雕	铸铜	音乐喷泉旁
	放风筝	车秀申	2009	主题性 圆雕	铸铜	音乐喷泉旁
	信	博良纳、吴军、赖冰梅等	2009	主题性 圆雕	石材	齐鲁园
	济南名胜	山东省雕塑艺术家协会	2009	主体性 透雕	木质	济南园
	青岛号	—	2009	主题性 圆雕	铸铜	青岛园
	青苹果红苹果	于继海	2009	主题性 圆雕	不锈钢	烟台园
	凿壁偷光	—	2009	主体性 圆雕	石材	枣庄园
	杏坛讲学	—	2009	主体性 圆雕	石材	济宁园
	太阳之城	—	2009	主题性 圆雕	不锈钢	德州园
	古战车	—	2009	主题性 圆雕	铸铜	滨州园
	弹琉璃球	—	2009	主题性 圆雕	铸铜	深圳园
	劲 牛	—	2009	主题性 圆雕	铸铜	深圳园
	周恩来塑像	张晓晴	2009	主题性 圆雕	玻璃钢	南昌园
	台湾图腾柱	王永鹏	2009	主题性 圆雕	树脂	台北园
	海南丢	高飞	2009	主题性 浮雕	紫铜	大连园
	祈祷，呐喊	徐松涛	2009	主题性 圆雕	铝板腐蚀	北川园
	生命接力	徐松涛	2009	主题性 圆雕	玻璃钢	北川园
	莲年有余	—	2009	主题性 圆雕	铸铜	天津园
	牧羊卓玛	李圣钊	2009	主题性 圆雕	塑钢	西宁园
	龙 壁	—		装饰性 浮雕	石材	北京园
	麻将文化	李圣钊	2009	主题性 圆雕	塑钢	宁波园
济南森林公园	生 命	刘大力	2010	装饰性 圆雕	铸铜	雕塑园
	90，90后，耶！	胡希佳	2010	装饰性 圆雕	铸铜、石材	雕塑园
	无 题	泰德·奥博［美国］	2010	装饰性 圆雕	铸铜	雕塑园
	普罗米修斯	查尔金［俄罗斯］	2010	装饰性 圆雕	铸铜	雕塑园
	森林的乐章	林岗	2010	主题性 圆雕	锻铜	雕塑园
	嫁 接	杜雷	2010	装饰性 圆雕	铸铜、木材	雕塑园

续表5-2

落成区域	雕塑名称	作者	落成年份	类别	材质	位置
济南森林公园	圆·融	王爱红	2010	装饰性 圆雕	不锈钢、陶瓷	雕塑园
	林中胴体	秦璞	2010	装饰性 圆雕	不锈钢	雕塑园
	和谐大家庭	林胜煌［日本］	2010	装饰性 圆雕	不锈钢、石材	雕塑园
	生命从这里开始	吕迪	2010	装饰性 圆雕	铸铜	雕塑园
	森林之父、森林之母	莱州石材工艺厂	2010	主题性 圆雕	石材	雕塑园
	航　标	Steve Jensen［美国］	2010	装饰性 圆雕	不锈钢	科普馆前
	故乡的雨	徐松涛	2010	装饰性 圆雕	铸铜	喷泉西侧
	绿　荫	李友生	2010	装饰性 圆雕	锻铜	喷泉西侧
	编花篮	章华	2010	装饰性 圆雕	铸铜	喷泉东侧广场
	玫瑰花语	赵美周	2010	装饰性 圆雕	不锈钢	正门喷泉处
	聆　听	张浩	2010	装饰性 圆雕	石材	台地园西侧
	春华秋实	王志刚	2010	装饰性 圆雕	铸铜	花语湾北
	润	张海军	2010	装饰性 圆雕	不锈钢、石材	花语湾北
	湖光山色	张廷举	2010	装饰性 圆雕	石材	揽翠湖西
	关　爱	沈允庆	2011	装饰性 圆雕	钢板喷漆	雕塑园
	同　根	杨逢春	2011	装饰性 圆雕	钢板喷漆	儿童乐园沙坑旁
	嬉　戏	唐永辉	2011	装饰性 圆雕	石材	揽翠湖南
广场	“四五”烈士纪念碑	仇志海	1989	纪念性 浮雕	石材	博远广场
	世纪风	—	1996	标志性 圆雕	不锈钢	新宇广场
	巨龙腾飞	—	1997	主题性 圆雕	不锈钢	东亚家具城广场
	泉　标	王天任	1999	标志性 圆雕	不锈钢	泉城广场
	泉城览胜	刘玉安	1999	主题性 浮雕	石材	泉城广场
	荷　花	济南市雕塑创作室	1999	装饰性 圆雕	不锈钢	泉城广场
	圣贤史迹图（14件组）	—	1999	主题性 浮雕	石材	泉城广场文化长廊
	齐鲁名人（12件组）	李友生、王黎明等	1999	纪念性 圆雕	锻铜	泉城广场文化长廊
	天使沐浴	—	1999	装饰性 圆雕	石材	洪楼广场
	终军像	—	2000	主题性 圆雕	石材	终军广场
	图腾柱	—	2002	装饰性 浮雕	石材	清悦园广场
	网虫蜘蛛 歪歪 数码情侣	—	2003	主题性 圆雕	不锈钢	赛博数码广场
	毛泽东塑像	—	2006	纪念性 圆雕	石材	幸福柳广场
	济南胜景	马兆兰、杨丰波等	2008	主题性 浮雕	石材	火车东站广场
	清河恋	—	2009	主题性 圆雕	不锈钢	板桥广场

续表5-2

落成区域	雕塑名称	作者	落成年份	类别	材质	位置
广场	放风筝	—	2009	主题性 圆雕	铸铜	板桥广场
	石磨余香	—	2010	主题性 圆雕	石材	标山广场
	荷　花	—	2010	主题性 圆雕	不锈钢	小清河荷花广场
	涌　泉	—	2010	主题性 地雕		小清河水韵广场
	习　武	—	2009	主题性 圆雕	锻铜	板桥广场
街道	天　使	—	1988	装饰性 圆雕	石材	经三纬六路
	荷花喷泉	济南市雕塑创作室	1989	主题性 圆雕	石材	纬二路北首
	和平鸽	—	1989	主题性 圆雕	石材	经六纬十二路口
	饮虎池	—	1995	主题性 圆雕	石材	泺源大街
	人民警察	仇志海	1996	纪念性 圆雕	锻铜	泺源大街南门路口
	齐鲁儿女 为国争光	胡希佳	1996	纪念性 圆雕	铸铜	泺源大街玉泉森信门旁
	和平旋律	格瑞斯园林绿化有限公司		装饰性 圆雕	不锈钢	解放桥路口
	打电话者	仇世森、李友生	2002	主题性 圆雕	铸铜	泉城路
	母女俩	仇世森、李友生	2002	主题性 圆雕	铸铜	泉城路
	爷儿俩	仇世森、李友生	2002	主题性 圆雕	铸铜	泉城路
	老残听曲	仇世森、李友生	2002	主题性 圆雕	铸铜	泉城路
	泉　韵	仇世森、李友生	2002	主题性 圆雕	铸铜	泉城路
	新　航	—	2000	装饰性 圆雕	不锈钢	经十西路与凤山路口
	锚	—	2007	主题性 圆雕	铸铁	济洛路成丰桥北端
	荷·柳	—	2009	主题性 雕塑	不锈钢、石材	经二纬二路口
庭院小区	毛泽东塑像	张松鹤、李振才、张玉林	1967	纪念性 圆雕	石材	山东师范大学
	奔　马	—		主题性 圆雕	石材	济南白马集团
	燕居·燕展	—	1988	主题性 圆雕	石材	燕子山小区
	体操 晨练 舞蹈	张玉林	1989	主题性 圆雕	不锈钢	济南幼儿师范
	九鹤泉	—	1989	主题性 圆雕	石材	历城影剧院东侧
	毛泽东塑像	张玉林	1970	纪念性 圆雕	石材	水屯路明湖小学操场
	大　舜	—	1997	主题性 圆雕	铸铜	舜耕山庄
	双　鸭	—	1997	主题性 圆雕	石材	济南小鸭集团
	孔子塑像	—	2001	主题性 圆雕	锻铜	山东大学中心校区
	白求恩塑像	—	2001	纪念性 雕塑	石材	山东大学趵突泉校区
	升　腾	—	2002	主题性 圆雕	不锈钢	济南大学
	山东大学星	—	2002	纪念性 圆雕	不锈钢	山东大学兴隆校区
	毛泽东塑像	—	2007	纪念性 圆雕	铸铜	山东省农科院

续表5–2

落成区域	雕塑名称	作者	落成年份	类别	材质	位置
庭院小区	闻一多塑像	—	2011	纪念性 圆雕	锻铜	山东大学中心校区
	臧克家塑像	—	2011	纪念性 圆雕	锻铜	山东大学中心校区
	蒋维崧塑像	—	2011	纪念性 圆雕	石材	山东大学中心校区
	华岗塑像	—	2011	纪念性 圆雕	锻铜	山东大学中心校区
	冯沅君与陆侃如塑像	—	2011	纪念性 圆雕	石材	山东大学中心校区
	成仿吾塑像	—	2011	纪念性 圆雕	锻铜	山东大学中心校区
	“八马”塑像	—	2011	纪念性 圆雕	锻铜	山东大学中心校区
省体育中心	运动（2件组）	—	1988	主题性 圆雕	石材	中心西北门内
	中心标志塔	山东省建筑设计院等	1988	标志性 圆雕	石材、不锈钢	中心西北角
	田径运动	池清泉	1988	主题性 圆雕	不锈钢	体育场北侧，2004年拆除
	拼　搏	刘大力	1988	装饰性 圆雕	不锈钢	体育场北侧，2004年拆除
其他	王士栋纪念雕像	王昭善	1968	纪念性 圆雕	锻铜	泺口黄河铁路大桥北端
	五子戏佛	—	1993	主题性 圆雕	石材	佛山苑小区广场
	小清河综合治理工程纪念碑	—	1996	纪念性 圆雕	石材	济南动物园北门
	成人植树纪念林碑	—	1997	纪念性 浮雕	石材	郎茂山
	九烈士纪念碑	—	2005	纪念性 圆雕	石材	泺口黄河南岸
	五柳风帆	王德兴	2009	主题性 圆雕	不锈钢	小清河五柳岛
	舞	—	2009	装饰性 圆雕	不锈钢	小清河五柳岛
	1934	—	2009	主题性 圆雕	合金	小清河五柳岛
	坐而论道	—	2010	主题性 圆雕	铸铜	小清河华山路桥北端

注：本表所列雕塑系不完全统计。

第四节　城市雕塑管理

1985年3月，市政府成立济南市雕塑规划领导小组，由分管城建的副市长兼任领导小组组长，在市建设委员会设办公室，为领导小组的办事机构。自此，济南市城市雕塑有了专门的管理机构。1987年4月，领导小组办公室及其实体——济南市城市雕塑创作室划归市园林管理局管辖。

1988年7月，市政府发布《济南市城市雕塑管理办法》，使城市雕塑走上了依法规划、建设和管理的轨道。办法规定：济南市园林管理局是城市雕塑建设的主管部门，其办事机构为济南市雕塑办公室；城市雕塑建设应当符合城市规划，与周围环境相协调；雕塑建设严格按规定程序审批；雕塑设计方案批准后，不得擅自变更，确需变更时，须按批准程序重新报批；雕像建成后，任何单位和个人都不得擅自迁移或拆除，如确需迁移或拆除的，须事先征得市雕塑主管部门同意；建成后的雕塑，在公共场所的，由所在区的园林绿化管理部门负责维护；在单位院内的，由单位负责维护；对沾污和损毁雕塑的单位或个人，视情节轻重，分别给予处罚。

第六篇 科技教育

第一章 科　技

第一节　科技队伍

1980年前，济南园林没有专门科技队伍，园林系统的科技工作主要由园林基层单位专业技术人员和技术工人结合工作实践开展。1981年10月，成立济南市园林科研所，编制10人，园林系统有了专门的科技队伍。1984年2月，整合科技力量，将原属市绿化队植保室、化验室和济南市园林树木普查课题组的人员、设备划归市园林科研所，科研专业队伍进一步壮大。1992年，为推动圈养动物研究，以济南动物园为依托，成立济南野生动物研究所。之后，随着园林事业的发展，园林科技队伍不断发展壮大：一是园林科研人员不断充实加强。除市园林科研所满编配备科研人员外，园林局属公园、植物园、动物园、机械厂、苗圃等单位，都先后设立科技科室，配备专职科研人员，紧密结合单位生产建设实际，开展科技研究工作或承担市科技机构下达的研究课题。二是通过招收大学毕业生、鼓励在职人员参加学历教育和加强园林职工学校轮训等形式，扩大专业技术人员和工勤技能人员队伍。三是成立园林专家组，充分发挥老专家、老科研人员在指导园林科技发展中的作用。到2011年，全局有专业技术人员1543人，其中，有专业技术职称的科技人员512人，技术工人1031人。

第二节　科研成果与科技推广

济南园林科研工作起步于20世纪60年代。1964年，成立市西郊苗圃的当年，从武汉、南京等地引进蜀桧、雪松、海桐、石楠、文冠果等，开展引种驯化研究。1965年秋自北京中国林科院引进榆叶梅接穗20多个品种、馒头柳插穗1000余支，进行嫁接和扦插繁殖。驯化成功的蜀桧和雪松，部分植于英雄山烈士陵园甬道两侧，繁殖成功的馒头柳等用于城市绿化。“文化大革命”开始后，苗圃一度改为农场。1971年恢复苗圃生产后，引种繁育试验迅速扩大，结合土法生产赤霉素和5406菌肥的成功，使得育苗成功率显著提高。

20世纪70年代中期，西郊苗圃引自中科院北京植物园的火炬树播种试种成功，成为山东最早引进火炬树并成功推广应用的单位。1977—1980年，通过人工授粉，每年获取成熟雪松种子1000余粒，并成功育苗。同期，还自行研制雾化喷头与自控喷雾电子叶，建造全光雾插繁殖苗床，提高了扦插成活率，成功繁殖了雪松、龙柏、桧柏、日本花柏、美国香柏、唐桧（龙角柏）、美国肥皂荚、菱叶常春藤等大量种苗。与市农科所合作，进行雪松花粉育苗研究，达到出苗的水平。市绿化队成功研制出青虫菌等生物制剂，对防治园林植物病虫害发挥了作用。园林基建队改良研发园林施工程序和施工机械，提高了园林建设施工水平。南郊果园（今泉城公园）承担了全国果树病虫防治会确定的《利用中华草蛉防治山楂红蜘蛛的研究》和《苹果轮纹病发病规律及防治研究》课题，取得破题成果。其中，《利用中华草蛉防治山楂红蜘蛛的研究》取得的生物防治红蜘蛛技术，在全国得到推广应用；《苹果轮纹病发病规律及防治研究》，获得省建委科技进步三等奖和省农业厅技术成果三等奖。园林机械厂研制的JYEW-72植树挖穴机填补了国内空白，获得建设部科技进步三等奖。

1983—1985年，市绿化队作为山东省林业科研所《东方木蠹蛾生物学特性及防治技术的研究》课题的协作单位，开展了对该课题在济南地区的研究，准确掌握了济南地区木蠹蛾类生物学特性，研究提炼出一套综合防治技术，有效地控制了其危害。1984—1986年，市园林科研所开展的《济南市园林绿化树种调查》，摸清了济南市树种资源，提出“济南市绿化树种规划（建议）”，为济南地区绿化树种的选择开发、利用以及育苗规划提供了科学依据。1985—1987年，开展《济南市园林植物病虫害、天敌资源普查及检疫对象研究》，查清了园林植物病虫危害及天敌状况，编写成济南市园林植物虫害、病害、天敌等名录。1986—1990年，开展《柳树蛀干害虫综合防治技术研究》，查明了危害柳树的主要虫种，筛选出4种“靶子”害虫开展综合防治，取得明显效果。《园林花卉引种驯化的研究》，引进200余种花卉，丰富了济南园林花卉种类。济南动物园承担的东北虎、孟加拉虎的繁殖研究课题，12年研究繁殖8胎21只仔虎，成活17只，成活率达 81%。同期，《济南早菊育种研究》《合欢主要病虫害及防治技术》及园林机械厂研制生产的JYJ5130GYP绿化喷洒多用车研究等，均达到国内领先水平，研究成果在城市绿化中得到广泛应用。

20世纪90年代，市园林局《济南市大环境绿化规划方案实施及对策研究》，填补了大环境绿化综合性研究的空白，为实施济南大环境绿化建设提供了基础。市园林机械厂研制的绿化喷洒多用车、洒水车、吸粪车、翻斗车4个系列10多个产品，均处于国内领先水平，其中，JY130SP绿化升喷多用车被建设部评为国家级新产品，在全国推广应用。济南动物园开展的黑鹤、金丝猴、东北虎等人工繁殖、饲养技术研究，获得一套完整的受孕、保胎、分娩和幼仔抚育技术，填补了省内人工繁育动物空白。市植物园（今泉城公园）完成的SS-TSB系列水上游乐设计吸引多家兄弟单位学习借鉴。市园林科研所与省林科所合作的《侧柏主要食叶害虫综合防治技术研究》摸清了柏树食叶性害虫在济南地区的发生规律，筛选出一套高效低度的防治方法和适用农药种类。市园林苗圃《国槐、白蜡良种选育研究》和市园林科研所《地被植物引种及栽培、繁殖技术研究》，筛选出珍贵的“黄金槐”和良种白蜡及14种适宜济南地区生长的优良地被植物，丰富了济南城市绿化植物品种。同期，《绿地草坪草种引种、筛选及建植管护》《延长草坪绿色期技术》《地毯式草坪快速生产与建植技术》等研究，为迅速扩大绿地面积，增加绿化覆盖率发挥了作用。

进入21世纪，园林科研工作深入开展。2001年，市园林管理局承担的《济南城市绿化工程空气环境效益的研究与示范》，为济南市城市总体规划起到补充和完善作用，为改善城市空气环境提供了技术支撑。2002年，市名泉研究会和名泉办组织20多位专家、学者完成的《济南市保泉方略研究》，形成了重要研究成果，为市政府决策泉水保护利用提供了理论依据。2004年，市花木科研中心承担的《花卉苗木科技示范园建设研究》，以现代园艺生产方式，实现了花卉苗木生产工厂化、专业化和规模化。2005年，《商品规模花卉关键技术研究》《优良色叶植物引种驯化与推广示范研究》《常绿阔叶树种引种驯化及规模化生产》《济南市树种规划》《非洲食草动物半散放混群驯养繁殖技术研究》《珍稀鸟类孵化技术及科普展示》等11个课题通过专家鉴定验收，取得良好的经济、社会、环境效益。第11届全运会和第七届中国（济南）园林花卉博览会筹备期间，加大花卉品种及绿化树种选育研究，增加了楸树、杂交马褂木、青桐、银杏、黄山栾等行道树种栽植，推广应用了千屈菜、黄菖蒲、水葱、花叶芦竹、再力花、梭鱼草、水生美人蕉、欧洲慈姑、泽泻等20余个水生植物新品种。2010年，在市科技局、市建委、国家林业局立项的7个课题中，获市科技进步二等奖1个，三等奖2个。

从1975年到2011年年底，全局共完成研究课题94项。其中，园林树种调查与规划2项，植物信息系统1项，植物引种13项，植物选育12项，植物保护11项，植物组培2项，生态园林4项，实用技术20项，标准规范2项，名泉保护1项，动物保护9项，园林机械17项。

《利用中华草蛉防治山楂红蜘蛛的研究》 由市南郊果园（今泉城公园）1978年研究完成。课题组历时三年研究得出：选择有利时机释放中华草蛉，可以有效防治山楂红蜘蛛的危害。1978通过全国果树病虫防治会组织的专家鉴定。鉴定认为该研究可减少打药次数，减轻环境污染，降低果品残毒量，并减轻劳动强度。当时科技成果评奖活动还未启动，但这一生物防治方法在全国山楂生产区得到了广泛推广。

《苹果轮纹病发病规律及防治研究》 为市南郊果园（今泉城公园）1980年完成的自选课题。研究人员通过观察，发现侵染果实的病源来源于病枝干，并发现其病孢子侵染果实，能造成轮纹病的症状。通过接种实验，证明该病具有潜伏侵染的特点，其幼果受侵染率较高。由此确定防治的关键期是幼果期，采用福镁砷涂枝干，果面保护喷洒波尔多液或多菌灵可以有效防治该病的发生。1981年通过专家鉴定，并获山东省建委科技进步三等奖、省农业厅科技进步三等奖。这是自1979年国家开设科技成果评奖以来，济南园林获得的第一个科技奖项。

《济南市园林绿化树种调查》 市园林科研所于1983—1985年调查完成。该课题共调查树种59科132属392种计4万余株，其中，常绿类51种，落叶类311种，藤类29种，竹类1种。纪录百年以上的古树名木30种300多株。摸清济南市公园、街道、庭院和近郊风景山树种，编写了《济南市绿化树种调查报告》《济南市绿化树种规划》，编写成《济南市绿化树种名录》《济南市古树名木名录》《济南市特色树种名录》《济南市抗污树种名录》《济南市绿化树种物候期观测记录》，制作腊叶标本3000余件。课题1987年获山东省科协第二届优秀学术成果三等奖。

《济南市园林植物病虫害、天敌资源普查及检疫对象研究》 1985年，城乡建设环境保护部下达《园林植物病虫害、天敌资源普查及检疫对象研究》课题，包括济南在内的全国45个大中城市参加研究。济南市园林科研所通过课题查清济南市园林植物病害200种，害虫300种，天敌100种。采集制作园林植物病虫、天敌标本1022件，其中，病害标本338件，害虫标本512件，害虫天敌标本172件。根据普查结果，编写成《济南市园林植物病害名录》《济南市园林植物虫害名录》《济南市园林主要树木害虫名录》《济南市园林主要花卉害虫名录》《济南市园林害虫天敌名录》。此课题填补了济南市园林植物病虫害、天敌资源的研究空白，为园林生产、教学、科研提供了实物资料。课题于1987年2月通过市建委组织的专家鉴定，当年获山东省建委科技进步二等奖。

《济南地区早菊育种》 1986年，市园林管理局立项研究国庆节期间的专用菊花，由市园林科研所承担。当年筛选早菊优株100余株。1987—1988年，对所选优株扩繁生产4万余株，用于国庆节期间公园、街道及庭院美化。还为科研所创收5万余元。1990年通过专家鉴定，达到国内先进水平，获市建委科技进步一等奖。

《柳树钻蛀性害虫综合防治技术的研究》 该课题由济南市科委下达计划，市园林科研所1989年研究完成。课题组人员通过对济南柳树钻蛀性害虫状况的普查和北京、上海、天津、西安、沈阳、南京、苏州、杭州、合肥、武汉、长沙、青岛等城市3630株柳树（垂柳、旱柳 、馒头柳、龙爪柳）调查，确认国内城市柳树钻蛀性害虫总发生率达76.12%，受害程度的总体状况是中等偏重。查明了危害柳树的主要虫种，整理出柳树钻蛀性害虫名录101种，筛选出四种“靶子”害虫，研究提出了一套综合防治技术，推广后，取得明显的防治效果。1989年通过市科委组织的专家鉴定，1990年先后获市科委科技进步二等奖，建设部和林业部科技进步三等奖，1991年获国家科委颁发的“国家优秀科技成果奖”。

《微波防治树木蛀干害虫技术的研究》 该课题由市园林科研所1986年立项并发起研究，建设部建设研究院、电子部第十二研究所参与微波测试工作。1990年完成。该项研究开辟了利用微波技术防治蛀干害虫的先导，研究成果填补国内外物理防治技术的空白，为防治蛀干害虫增添了新的防治技术。1991年通过建设部组织的专家鉴定，之后获市建委科技进步一等奖。

《柳树蛀干害虫综合防治技术推广》 该课题是在《柳树蛀干害虫综合防治技术研究》获得成功的基础上，通过建立领导体系、督导体系、技术体系和推广网络体系的政府行为，使科研成果转化为生产力。推广面积约400平方公里，防治区域占济南市20世纪90年代建成区90%以上，覆盖了公园、街道、庭院、苗圃等10种绿地类型及工厂、机关、学校、部队、住宅区等34万株柳树。1995年9月通过市科委主持的专家鉴定，当年获市科委科技进步二等奖。

《合欢、雪松主要病害及防治技术研究》 由市园林科研所研究完成。分别摸清了济南地区合欢、雪松主要病害种类、发生规律及综合防治措施，填补了济南地区合欢、雪松病害研究的空白。其中，《合欢病害防治技术研究》于1988—

1990年完成，当年通过市建委组织的专家鉴定；《雪松主要病害及防治技术研究》于1991—1993年完成，1994年通过市建委组织的专家鉴定。前者获市建委科技进步一等奖，后者获山东省建委科技进步二等奖。

《荷花引种及栽培技术研究》 由市园林科研所1987—1990年研究完成。研究人员从武汉、南京等地引种145个品种，并按《中国荷花品种图志》分类系统建立了包含119个品种的品种圃进行观察研究，筛选出着花多、观赏价值高的26个品种推广应用。其中美洲黄莲花为济南地区首次引进并获得成功。课题还对荷花花期控制、冬季水藏种藕及无土栽培等方面进行了系统研究。其中采用花期控制技术，让济南的荷花在第1届全国城市运动会上一展风采。1991年市科委组织专家鉴定，当年获市建委科技进步三等奖。

《柳树引种及选育》 该课题为市园林管理局“八五”期间科技发展规划项目，由市园林苗圃1989—1991年研究完成。研究针对柳树种苗抗性差的问题，展开柳树引种及良种选育。以济南垂柳和哈尔滨的垂柳为母本，金枝垂柳J842为父本，历时8年，通过水培杂交选出有金黄色枝条、主梢下垂、抗性强的4个系号的金枝垂柳，丰富了济南地区园林树种观赏类型。1992年通过市科委组织的专家鉴定。获市建委科技进步三等奖。

《SS—TSB系列水上游乐设计》 由市植物园（今泉城公园）结合1991年建设“水上世界”游乐项目研究完成。该设计在占地1.5万平方米的“水上世界”中，结合人体工程学原理，运用园林造景的手法，营造风格新潮、造型优美、功能多样的水上娱乐设施，增加戏水的乐趣。依据该设计建成的济南市植物园（今泉城公园）“水上世界”成为集园林艺术、游乐、冒险、技巧于一体的新型游乐设施，投入使用后，成为市民尤其是儿童戏水娱乐、健身的场所，吸引全国多个城市效仿建设，取得良好的效益。1992年通过市科技局组织的专家鉴定。获市建委科技进步一等奖、市科委科技进步二等奖。

《济南市大环境绿化规划方案实施及对策研究》（软课题） 该项目为市园林管理局自选课题，1991—1993年研究完成。研究认为省会城市开展大环境绿化建设，是解决环境污染、调节气候、防风固沙和涵养水源最有效、最直接、最经济的基本措施，对改善大环境和维持生态平衡具有不可替代的作用，应当作为全市的一项战略任务大力实施。提出建设8条防风固沙的防护林带，8条工业防护林带，保护、整修文物古迹，开辟风景游览区，建设山区道路和水利设施等建设目标和实施办法，并对大环境绿化建设效能进行预测，填补了济南市大环境绿化综合性研究的空白。先后获市科技进步二等奖，山东省建委科技进步一等奖。

《侧柏人工疏伐效果及合理经营密度的研究》 是因市林场针对济南近郊侧柏人工林密度过大，造成林木分化及病虫害严重和生长势减弱等问题，于1992—1999年年开展的研究。通过设立固定标准地，采取定位动态观测方法，获取了不同间伐强度对林木各种生长指标的影响及与病虫害发生关系等数据，提出了人工侧柏林合理间伐技术指标。并据此编制出《侧柏人工林合理经营密度表》，推广应用到山林间伐抚育中，取得良好效果。先后获市建委科技进步二等奖、市科委科技进步三等奖和山东林业科技成果二等奖。

《地被植物引种及栽培繁殖技术研究》 由市园林科研所于1995—1998年研究完成。课题从城市绿地的不同生态需要出发，按照观花、观叶、耐荫、常绿等不同类型，分别从北京、郑州等地引进地被植物55种，经抗逆性研究，筛选出金叶女贞、大花金鸡菊、小叶扶芳藤、酢浆草、地被月季、长春蔓、地被竹等14种，扩大繁殖10万株，应用到公园、庭院、街道绿化中。1998年12月通过市科委组织的专家鉴定。1999年获市建委科技进步一等奖、市科技进步三等奖。

《地被植物扩繁与示范研究》 由市园林科研所在《地被植物引种及栽培繁殖技术研究》获得成功的基础上，于1998—1999年展开的拓展研究。该研究针对不同绿地类型的地被植物配植，展开对应性示范研究，涉及公园、景区、广场、庭园、街头绿地等26个示范单位，推动了新植物材料的大面积推广应用。1999年11月通过市科委组织的专家鉴定，当年获市建委科技进步三等奖，2000年获市科委科技进步三等奖。

《国槐良种选育研究》 由市园林苗圃于1994—1998年研究完成。课题通过对107个系号的供试材料进行观察和测定，筛选出性状稳定，观赏价值高的色叶树种“黄金槐”。并扩繁黄金槐树苗50余万株，配套研究了栽培管理技术，吸引多地园林部门引进，成为北方地区不可多得的优良色叶树种。1998年11月通过市科委组织的专家鉴定。当年获市建委科技进步一等奖，1999年获市科委科技进步三等奖。

《绒毛白蜡优良无性系选育研究》 由市园林苗圃1999—2002年研究完成。课题利用常规育种手段，改善绒毛白蜡的遗传品质，选育出生长快、干性好、观赏价值高的优良无性系进行扩繁和栽培技术研究，为城区绿化提供了优良的绒毛白蜡无性系。2002年11月通过市科技局组织的专家鉴定，当年获2002年市建委科技进步二等奖，2005年获市科委科技进步三等奖。

《常绿阔叶树种引种驯化及规模化生产》 由市植物园（今泉城公园）2002—2004年研究完成。课题组先后从国内外引进常绿阔叶树种50种进行物候观测，排序研究抗寒性，并系统研究了繁殖方法和栽培管理措施。还结合研究在全市20多个路（地）段进行应用推广，有效改变了济南地区冬季绿量少，景观单调的状况。2004年12月通过市科技局组织的专家鉴定。

《竹类引种驯化研究》 由市趵突泉公园2001—2004年研究完成。通过对竹子特性和引种区环境条件的调查，筛选出25个成活率高、适应性强、抗性好、生长量大、观赏价值高的种类，解决了济南市乃至山东省园林绿化竹类资源匮乏的问题。并配套研究不同用途竹种的栽培管理技术，推动了市区公园及新建绿地对竹类的广泛采用。2004年12月通过市科技局组织的专家鉴定。2006年获市建委科技进步二等奖。

《双条杉天牛综合防治技术研究》 由市林场2001—2004年研究完成。20世纪90年代末，济南及周边地区侧柏纯林暴发了双条杉天牛灾害，造成大量侧柏及柏科树木死亡。研究通过饵木诱杀、释放管氏肿腿蜂、清除虫源木等方法综合防治双条杉天牛，效果明显。市林场推广应用此成果，仅用两年时间就实现了双条杉天牛有虫不成灾的防治目标。2004年12月通过市科技局组织的专家鉴定。2006年获市建委科技进步三等奖。

《济南市公园绿地主要害虫无公害防治技术应用研究》 由市植物园（今泉城公园）2003—2007年研究完成。该课题在摸清公园绿地害虫种类的基础上，研究使用频振式杀虫灯、无公害农药等方法控制公园绿地害虫发生，并监控预测害虫发生危害动态。筛选出8种防治效果好，对天敌影响小的无公害药剂。这些无公害防治技术，有效地抑制了害虫，保护了天敌。2007年2月由市科技局组织专家鉴定，2010年获山东省建设技术创新三等奖。

《济南市城市生态绿化体系的研究与示范》 由千佛山风景名胜区管理处2003—2006年研究完成。该课题为山东省可持续发展科技示范工程《城市环境综合治理技术和生态绿化体系技术研究与示范》项目的子项目，于2003年10月立项。结合城市生态园林建设的实际，从树种的选择到植物群落的构建开展了系列研究。完成《济南市绿化树种名录》《济南常见树种主要生态习性调查》《济南常见树种选优量化排序》“不同类型道路在城市不同区域达到减噪最优效果的绿地最小宽度试验”等，建立了“济南市生态系树种选择应用的检索系统”，编制了不同生态环境中《群落的设计建造示范及施工养护方案》。2006年12月通过市科技局组织的专家鉴定。2007年获市科委科技进步三等奖。

《黄河沿岸沙化地园林绿化树种选择及栽培技术研究》 由市中山公园管理处2005—2007年研究完成。课题通过在黄河沿岸建立试验基地，选择适合沙化地的园林树种引种栽培，同时展开沙化地适生树种的繁殖和栽培技术。研究确定了乔木、灌木和藤本类的沙化地适生树种21种，半适生树种24种，可选择树种27种，宿根地被10种，水生植物30种。完成了《黄河沿岸沙化地园林植物选择及栽植养护主要技术规范》。结合研究，向济南及周边地区20余家园林施工单位和业户提供植物材料50余种近20万株，并跟踪进行技术指导。2007年12月通过市科技局组织的专家鉴定。2008年获市科委科技进步二等奖，2010年获山东省建设技术创新三等奖。

《济南红叶谷风景区生态旅游研究》 由市园林管理局科教处和市花卉苗木开发中心2002—2004年研究完成。课题对红叶谷风景区的动植物以水资源分布、利用及保护进行研究。完成了红叶谷风景区动植物名录和水资源保护与处理研究，提出保护红叶谷风景区动植物及水资源的措施，对保护景区生态，促进景区旅游发挥了积极作用。2008年11月通过市科技局组织的专家鉴定。2009年获市科委科技进步二等奖。

《济南城市绿化工程环境空气效益的研究与示范》 该课题是《山东十大可持续发展战略研究》的子课题之一，由市园林局课题研究组1999—2002年研究完成。研究采用生态系绿化法的理论，提出济南绿化要“因害设防”“有限扩大，块状有序”“适当扩大绕城片林”，才能“敞开北窗，迎风送气”，充分利用自然风力资源与绿地（或森林）合理组合，改善空气质量的根本措施。该项研究补充和完善了济南城市总体规划。2002年1月通过市科技局组织的鉴定。当年获市建委科技进步一等奖，2003年获市科委科技进步三等奖。

《屋顶绿化的研究、开发与示范》 该课题是《山东十大可持续发展战略研究》子课题之一，由市园林局组成课题研究组1999—2002年研究完成。研究从屋顶承重及防水、土层结构及排水、植物选择及配置入手，选用软式透水管、玻璃纤维布、PE管等新材料，成功建成济南地区首个屋顶花园“泉景·四季花园”屋顶绿化，为市区立体绿化起到示范作用，推广后取得很好效果。2002年1月通过市科技局组织的鉴定，当年获市建委科技进步三等奖。

城市立交桥生态环境工程示范研究 由市园林花卉苗木开发中心2005—2007年研究完成。该课题基于打破城市立交桥单纯架高道路的传统模式，从改善立交桥及周边区域生态环境，利用桥下空间扩大城市绿地，提高景观效果入手，选择在建的燕山立交桥进行立交桥生态环境建设示范研究，取得很好效果，为之后建设的北园、段店等立交桥同步做好环境绿化提供了经验。2007年8月通过市科技局组织的专家鉴定。2008年获市科委科技进步三等奖，2010年获省建委建设技术创新三等奖。

《城市河道生态修复技术研究》 由市园林局和中国海洋大学于2005—2007年研究完成。该课题以玉绣河综合治理工程为依托，围绕城市河道生态景观恢复及水环境可持续治理，通过曝气生物滤池，对点源污染水分散处理，控制出水水质指标，实现中水回补；河道配植水生及亲水植物，持续生物净化；河两岸复层配植乔、灌、花、草，增建花架、小品、坐凳等，方便市民休闲观光。该研究解决了城区河道污染，改善了河道生态，提高了沿河景观，成为城市河流生态治理的典范。2007年8月通过市科技局组织的专家鉴定。基于研究修复的玉绣河（泉城公园部分）2008年获建设部“中国人居环境范例奖”。城市河道生态修复技术研究项目，2010年获省建设技术创新三等奖，2011年获市科技进步三等奖。

《玉簪萱草月季菊花试管苗生产应用技术研究》 由市园林科研所1988—1990年研究完成。该研究利用试管苗栽培技术，对火鹤花、大叶花烛、重瓣玉簪、杂种萱草、丰花月季、早菊等进行快繁研究，通过改良培养基质，解决了快繁中试管苗玻璃化及继代苗退化问题，生产出优质花卉6.5万余株，并形成一套工厂化育苗流程。1990年10月通过市科委组织的专家鉴定。1991年获济南市科委科技进步三等奖。

植物组培中试管苗玻璃化作用的预防研究 由市园林科研所1991—1993年研究完成。课题针对植物组织培养中存在的试管苗玻璃化问题展开研究，搞清了试管苗玻璃化作用的形成机理，通过改良培养基质，设计改进光照与温度等措施改善试管苗的生长环境，有效地控制了唐菖蒲、香石竹、矮牵牛、甜菜等试管苗的玻璃化作用。该研究具有投资少、见效快、操作方便等特点，应用于生产日本小菊、荷兰菊等试管苗，取得显著效果，创造了可观的经济效益。1993年12月通过山东省科委组织的专家鉴定，当年获省建委科技进步三等奖。

《济南城市绿地草坪草种（品种）引种筛选及建植管护研究》 由市园林科研所联合市植物园1997—1999年研究完成。该课题旨在配合造绿工程，研究筛选适合济南地区的冷季型草坪草品种及建坪模式，探索冷季型草坪的耐荫性、抗旱性，解决建设绿地草坪品种和栽培管理技术问题。通过研究选出了适应济南地区生长的冷季型草坪草品种，并研究制定出《济南地区草坪养护管理规程和月历》，为冷季型草坪养护管理提供了技术指导。1999年11月通过市科委组织的专家鉴定。1999年获市建委科技进步二等奖，2000年获市科委科技进步三等奖。

《花卉苗木科技示范园建设研究》 由市园林花卉苗木开发中心2000—2002年研究完成。课题围绕市园林花卉苗木开发中心基地建设，引进蝴蝶兰、一品红等高端花卉和百合、郁金香等球根花卉，利用智能温室和现代园艺生产方式，展开规范化生产研究；结合市区“造绿工程”，研制与生产地毯式草坪；运用组织培养技术，批量繁育新优花木品种；打破传统苗木生产模式，联合花木经营者，引进生产并迅速扩大苗木储备量等，实现了花卉苗木生产经营工厂化、专业化和规模化。在研究期间，为园林绿化提供苗木40多种90余万株，地毯式草坪5万余平方米；移植成活试管苗10万株；生产花坛花30余万盆，温室花卉近5万株，鲜切花60余万枝；种植储备各类苗木126个品种200万株，草花及温室花卉26个品种110万盆，地毯式草坪卷15万平方米。2003年1月通过市科技局组织的专家鉴定，当年获市科委科技进步二等奖，省科委科技进步三等奖。

《商品花卉规模化生产关键技术研究》 由市园林花卉苗木开发中心2002—2004年研究完成。课题围绕商品花卉品种收集与种源库建设展开研究，搜集观赏木本花卉35种，宿根花卉30种，野生植物5种，草花25种，运用组培技术、花期调控技术、切花储藏技术，丰富了济南地区商品花卉种类，解决了商品花卉规模化生产的技术问题，实现了周年供花和订单生产，带动了本地花卉总体水平的提高。2006年获市建委科技进步二等奖。

《春节主要花卉系列化栽培技术研究》 由市园林科研所1996—2002年研究完成。该课题围绕蝴蝶兰、一品红、红掌、西洋杜鹃等高端花卉的栽培技术展开研究，针对花卉品种差异，探索出一套济南地区行之有效的温室花卉栽培技术规程，提高了花卉产品的成品率及商品化率。2002年1月通过市科技局组织的专家鉴定。当年获市建委科技进步三等奖。

《园林树木规模化容器栽培技术研究》 由市园林花卉苗木开发中心2004—2005年研究完成。该课题针对重点市政工程常常要求绿化苗木规格大，反季节栽培的问题，研究筛选出适合规模化生产的容器类型7种，配方基质2种，宜栽苗木31种，解决了反季节移植苗木管理难度大、成活率低、景观效果差的难题，实现了反季节移植不伤根、工期短、成活率高、景观效果好的绿化高端市场要求。

《植物资源多媒体信息系统研究》 由市植物园（今泉城公园）管理处1999—2002年研究完成。课题运用计算机与植物学知识，研究开发了植物园栽培植物和植物科普教育多媒体两大信息系统，为植物科研、科普及园林苗木生产管理提供了科学依据。该系统开发建设的栽培植物信息数据库，是当时山东省第一个栽培植物信息数据库。2002年12月通过市科技局组织的专家鉴定，当年获市建委科技进步一等奖，2003年获市科技进步二等奖、省科技进步三等奖。

《济南市园林绿化技术标准》 由市园林花木开发中心2005年研究完成。课题研究形成了《园林绿化养护管理质量标准》《城市绿化工程施工及验收技术规程》《园林植物配置技术规范》《行道树栽植及修剪技术规程》《草坪建植与养护管理技术规程》《古树名木管理技术规范》等12项济南市园林绿化技术标准。这些标准的形成，借鉴了国内兄弟省市园林绿化发展的新理念、新经验、新成果，突出了行业特点和济南地域特色，对济南园林绿化管理技术起到指导作用。2005年12月通过市科技局组织的专家鉴定，并经市标准计量局核准作为济南市的地方标准正式发布实施。2008年获市科委科技进步三等奖

《东北虎、孟加拉虎的繁殖研究》 由市动物园管理处1980—1992年研究完成。历经12年的课题研究，成功繁育东北虎、孟加拉虎8胎21只，成活率由原来的60%多提高到81%，其中有5只完全在人工哺育条件下成活。该项研究对东北虎、孟加拉虎的繁殖、人工育幼及异地保护珍稀野生动物等方面提供了技术依据，填补了省内空白。1993年通过市科技局组织的专家鉴定。1994年，获市建委科技进步一等奖，市科委科技进步三等奖，省科委科技进步三等奖。1996年入选《中国“八五”科技成果》。

《黑鹳繁殖技术的研究》 由市动物园管理处1992—1995年研究完成。该课题围绕圈养条件下黑鹳的孵化率和幼雏成活率展开研究，通过技术措施，促进黑鹳择偶交配，提高繁殖力，实施人工孵化和育雏等，使其繁殖力、孵化率和幼雏成活率提高一倍多。研究获得的黑鹳繁殖生物学资料及人工孵化和育雏技术，为保护濒危物种提供了有效途径和方法。1995年12月通过市科

委组织的专家鉴定。相继获市科委科技进步二等奖、省科委科技进步三等奖、建设部科技进步三等奖。

《金丝猴饲养与繁殖技术研究》 由市动物园管理处1995—1996年研究完成。该课题基于金丝猴野外栖息地日益恶化，野生数量不断减少，研究探索圈养条件下金丝猴的喂养、保护、扩大种群等技术。通过在圈养条件下，对其实施日粮配置、小环境创造、疾病防治、幼仔人工护理等，使种群不断扩大，为异地保护金丝猴积累了经验，也完善了动物园科普教育及动物保护的功能。1996年12月通过市科委组织的专家鉴定。1999年获市科委科技进步二等奖。

《笼养东方白鹳繁殖技术研究》 由市动物园管理处1994—1999年研究完成。课题围绕东方白鹳自然种群数量少，繁殖率低，研究探索其繁殖生态、营巢环境、食性与行为学特点。通过饲料选择、改善营巢环境、促进幼雏提前离巢等措施，历时5年，成功繁殖7只幼鹳。其中，创下一年产卵（1998年）5枚，全部孵化成功，并育成4只幼鹳的全国新记录。为在圈养条件下，自然繁殖大型涉禽类提供了技术支持。1999年11月通过市科委组织的专家鉴定。当年获市建委科技进步一等奖、市科委科技进步三等奖，2002年获省林业厅科技成果一等奖。

《建立金丝猴圈养种群的技术研究》 由市动物园管理处1999—2002年研究完成。研究从金丝猴的行为生物学特性入手，通过笼舍承载量、繁殖控制、行为生物学与管理结合的种群驯养管理技术，建立了一套金丝猴圈养种群的饲养管理技术，形成了增长型圈养小种群。2004年通过市科技局组织的专家鉴定，当年获市科委科技进步三等奖。

《非洲食草动物半散放混群驯养繁殖技术研究》 由市动物园管理处2004—2005年研究完成。课题通过电脑模拟喷绘，创造了感官接近自然的放养环境，并调整混养群体及放养量，建立了大羚羊、蓝角马、跳羚、白长角羚等稳定的增长型混养种群生态放养区，也改善了动物展示模式，并总结形成半散放混群条件下驯养繁殖非洲食草动物的技术方案。结合研究，在生态放养区繁育动物21只，创造经济效益126万元。2005年12月通过市科技局组织的专家鉴定。2006年获市科技进步三等奖。

《亚洲象异地驯养与疾病防治研究》 由市动物园管理处2006—2008年研究完成。课题围绕亚洲象驯养出现的问题，研究探索通过人与动物的情感交流，使异地驯养获得成功；筛选药物配方及治疗方法，成为国内首家成功治愈亚洲象破伤风病、腐蹄病和长鼻神经瘫痪病的单位。2009年1月通过市科技局组织的专家鉴定。当年获市科技进步三等奖、山东建设技术创新三等奖。

《南非动物异地繁育技术研究》 由市野生动物世界2006—2008年研究完成。课题主要针对从南非引进的大羚羊、犀牛、黑角马、蓝角马、南非长角羚、白长角羚、斑马、白脸牛羚、长颈鹿等动物异地生存状况及繁育能力展开研究。通过设计合理的饲喂方式和日粮配方，改善小环境，人工干预择偶交配，适时调整妊娠母兽营养，加强母幼兽护理和人工哺育等，成功繁育大羚羊10只、斑马2只、黑角马4只、蓝角马8只、长颈鹿2只、南非长角羚5只、白脸牛羚9只、白长角羚11只。并结合国内动物园中南非动物数量及血缘情况，制定了合理的输入输出计划，先后向兄弟省市动物园出售动物13只、交换2只、合作繁殖1只，创造了可观的经济效益。2009年12月通过市科技局组织的专家鉴定，2010年获市科技进步三等奖和山东省建设技术创新三等奖。

《济南名泉保护研究及对策》 由市园林管理局1997—2004年 研究完成。课题在深入调查研究的基础上，提出将济南泉水划分为绝对保护区、相对保护区、南部山区泉水补给区和重点渗漏区，按区采取保源保泉的针对性措施，在济南保泉工作中发挥了积极作用。2004年12月通过市科技局组织的专家鉴定，2006年获市建委科技进步一等奖。

《千佛山风景名胜区野生地被资源研究与应用》 由千佛山风景名胜区管理处2008—2010年研究完成。课题通过对千佛山风景名胜区野生地被植物资源调查，形成《千佛山风景名胜区野生地被植物名录（2010年版）》和《千佛山风景名胜区野生地被植物生态习性调查报告》，筛选出野菊、诸葛菜、白颖苔草、紫花地丁、蛇莓、多花胡枝子、荆条、锦鸡儿等25种优势种类扩大繁殖，并在市区绿地中推广应用。2010年10月通过市科技局组织的专家鉴定。

《人工植物浮岛在中水水源景观水体中的应用研究》 由市泉城公园管理处2006—2010年研究完成。该课题依托玉绣河和泉城公园映日湖两处生活中水水体，采用植物浮岛技术，试种美人蕉、旱伞草、芦苇、花叶卢竹、黄菖蒲、梭鱼草等水生植物，取得了营造水体景观，去除水中氮磷，净化中水水体，柔化生硬驳岸的效果，为组建浮岛或湿地选择植物提供了理论依据和技术支持。2010年10月通过市建委组织的专家鉴定。2011年获市科技进步三等奖和山东建设技术创新三等奖。

《白颊长臂猿异地驯养繁殖技术研究》 由市动物园管理处2000—2010年研究完成。课题主要对白颊长臂猿圈养条件下的饲养管理、繁育技术及疾病防治进行系统研究。研究人员根据野外白颊长臂猿的生物学习性，从改善环境，科学喂养入手，对其圈养条件下的生物学行为进行定性观察、定量分析，初步掌握了白颊长臂猿在异地圈养条件下的饲养管理、繁殖技术和疾病发生规律，形成一套完整的白颊长臂猿圈养条件下饲养、繁育及疾病防治技术，为扩大种群数量提供了技术支持。研究中将PCR技术运用到白颊长臂猿的性别鉴定，成为全国动物园中首家具有鉴定白颊长臂猿幼猿性别能力的单位。该课题研究成果在全国很多省市动物园和野生动物保护机构中推广应用。2010年12月通过鉴定。2011年获山东省建设技术创新二等奖。

《济南市园林绿化建设质量评价体系研究》 由市园林工程质量技术监督站2008—2010年研究完成。该课题通过采集市区122条道路绿地信息，对其中主干道绿化养护管理实行动态考核，结合国家行业标准，编制形成涵盖园林绿化规划设计、建设施工、养护管理等多个层面的30项园林绿化地方标准，并建立起“济南市园林植物选择检索系统”，为评价园林绿化建设质量和园林规划设计、施工中的植物选择及苗圃生产适销对路苗木提供了技术支持。2010年通过市科委组织的专家鉴定。2011年获市科技进步二等奖和山东建设创新三等奖。

《济南地区水生植物引种驯化及生产应用技术研究》 由中山公园管理处2006—2010年研究完成。研究筛选出水生植物在济南地区的适生品种和最佳配置模式，并通过栽植实验，形成了济南地区常见水生植物品种及生产栽培操作规程，为水生植物的规模化生产并在园林水景中应用提供了理论依据和技术支持。2011年1月通过市科委组织的专家鉴定，同年获市科技进步三等奖和山东建设技术创新二等奖。

济南市园林科研成果汇总表
（1975—2011年）

表6-1

序号	成果名称	承担单位	主要参加人员	起止年	鉴定年度及水平	获奖情况
1	利用中华草蛉防治山楂红蜘蛛的研究	南郊果园（今泉城公园）	李玉忠、董景尧、关维华、王凤华、刘淑芬	1975—1978	1978	全国果树病虫防治会商定承担课题
2	苹果轮纹病发病规律及防治研究	南郊果园（今泉城公园）	黄招兰、李玉忠、吕庆孝	1979—1980	1981，省内先进	省建委科技进步三等奖 省农业厅科技进步三等奖
3	JYEW-72植树挖穴机	园林机械厂	苏伯礼、张志宏、李世诚	1979—1980	1984，国内空白	建设部科技进步三等奖
4	JY15PS多用车	园林机械厂	杨　光、王帮儒、段启章	1983—1984	1984，国内先进	省优秀产品
5	东方木蠹蛾生物学特性及防治技术研究	园林科研所	蒋三登、王玉华	1980—1985	1985，国内领先	林业部科技进步三等奖
6	济南市园林绿化树种调查	园林科研所	索奎霖、陈玉梅、章文郁、王翠莲、熊德琴等	1983—1985	1987，省内先进	省科协第二届优秀学术成果三等奖
7	济南市园林植物病虫害、天敌资源普查及检疫对象的研究	园林科研所	李绍凯、王翠莲、黄招兰、吕成民、吴奎河等	1985—1986	1987，国内先进	省建委科技进步二等奖
8	园林花卉引种驯化的研究	园林科研所	索奎霖、张淑萍、刘运初	1985—1987	1987，国内先进	第二届全国花博会科技进步二等奖
9	JY141PS绿化喷洒多用车	园林机械厂	谢建章、李世诚、李长德、张建义	1986—1987	1987，国内先进	省优秀产品
10	JY130SP绿化升喷多用车	园林机械厂	张昭君、杨晓钟、韩光美、王爱萍、段启章	1986—1988	1988，国内先进	省建委科技进步三等奖
11	JY130PS绿化喷洒多用车	园林机械厂	杨晓钟、王爱萍、韩光美	1987—1988	1988，国内先进	市建委科技进步三等奖
12	JY144SS洒水车	园林机械厂	张昭君、杨晓钟、王爱萍、宋德荣、韩光美	1987—1988	1988，国内先进	市科技成果奖
13	柳树钻蛀性害虫综合防治技术研究	园林科研所	蒋三登、王桂欣、李玉忠	1986—1989	1989，国内领先	市科委科技进步二等奖 建设部科技进步三等奖 国家科委国家科技成果奖

续表6-1

序号	成 果 名 称	承担单位	主要参加人员	起止年	鉴定年度及水平	获 奖 情 况
14	济南地区早菊育种	园林科研所	刘富达	1986—1990	1990，国内先进	市建委科技进步一等奖
15	玉簪萱草月季菊花试管苗生产应用技术研究	园林科研所	李玉忠、佟德耀、侯玉民、高　雁	1988—1990	1990，国内先进	市科委科技进步三等奖
16	合欢病虫害防治技术的研究	园林科研所	李绍凯、吴　玲	1988—1990	1990，国内首创	市建委科技进步一等奖
17	荷花引种及栽培技术的研究	园林科研所	熊德琴、张永英	1987—1990	1991，省内领先	市建委科技进步三等奖
18	微波防治树木蛀干害虫技术的研究	园林科研所	蒋三登、李玉忠、王桂欣、张中泽	1986—1990	1991，国内领先	市建委科技进步一等奖
19	JYJ5130GYP绿化喷洒多用车	园林机械厂	王爱萍、杨晓钟、张志宏	1990—1991	1991，国内先进	市建委科技进步一等奖 省建委科技进步三等奖
20	柳树引种及选育	园林苗圃	邱　光、李克俭	1989—1991	1992，省内先进	市建委科技进步三等奖
21	SS-TSB系列水上游乐设计	植物园（今泉城公园）	于红生、刘新利、吴福德、吕庆孝、万慧勇	1991—1992	1992，国内先进	市建委科技进步一等奖 市科委科技进步二等奖
22	JYJ5060JYP绿化喷洒多用车	园林机械厂	李长德、韩光美、李世城	1991—1992	1992，国内领先	市建委科技进步二等奖 省建委科技进步三等奖
23	东北虎、孟加拉虎的繁殖研究	动物园	张继忠、李亨利、徐世元、孟庆山、胡玉萱等	1980—1992	1993，国内领先	市建委科技进步一等奖 市科委科技进步三等奖 省科委科技进步三等奖
24	植物组培中试管苗玻璃化预防研究	园林科研所	佟德耀、马　骏、李兴锋、侯玉民	1991—1993	1993，国内领先	省建委科技进步三等奖
25	JYJ5090GXE 真空吸粪车	园林机械厂	李长德、韩光美、张延军	1993	1993，国内先进	市建委科技进步三等奖
26	雪松主要病害及防治技术的研究	园林科研所	吴　玲、薛　玲、吕成民	1991—1993	1994，国内领先	省建委科技进步二等奖
27	济南市大环境绿化规划方案实施及对策研究	园林局	贾祥云、马长骏、薛英茂、王家友、刘建东	1991—1993	1994，国内先进	市科委科技进步二等奖 省建委科技进步一等奖

续表6-1

序号	成果名称	承担单位	主要参加人员	起止年	鉴定年度及水平	获奖情况
28	黑鹳繁殖技术的研究	动物园管理处	张继忠、郭爱霞、张茂金、杨卫平、董宜新	1992—1995	1995，国内领先	市科委科技进步二等奖 建设部科技进步三等奖
29	柳树蛀干害虫综合防治技术推广	园林局	蒋三登、于红生、王玉华、张忠泽、杨　波	1992—1995	1995，国内领先	市科委科技进步二等奖
30	园林生态经济发展战略研究	协作研究	贾祥云等	1995	1995，	联合国发明创新科技之星奖
31	侧柏主要食叶害虫综合防治技术研究	园林科研所	王桂欣	1992—1996	1996，国内先进	省科委科技进步二等奖
32	金丝猴饲养与繁殖技术研究	动物园	马　战、张继忠、张茂金、孟庆山、胡玉萱	1995—1996	1996，国内先进	市科委科技进步二等奖
33	JYJ5042JSJ绿化升喷多用车	园林机械厂	李世诚、张延军、张昭君	1996	1996，国内领先	省建委科技进步三等奖
34	JYJ5041GYP绿化喷洒多用车	园林机械厂	李世诚、李长德、张昭君	1996	1996，国内领先	
35	JYJ5042GYP绿化喷洒多用车	园林机械厂	李世诚、杨晓钟、张昭君	1996	1996，国内领先	
36	JYJ5102GYP绿化喷洒多用车	园林机械厂	李世诚、谢建章、李长德	1996	1996，国内先进	省建委科技进步二等奖
37	JYJ5110GYPC绿化喷洒多用车	园林机械厂	李长德、张延军、杨晓钟	1996	1997，国内先进	市建委科技进步三等奖
38	JYJ5111GYPC绿化喷洒多用车	园林机械厂	李世诚、杨晓钟	1998	1998，国内领先	
39	国槐良种选育研究	园林苗圃	施卫东、李　芳、赵万梅	1994—1998	1998，国内先进	市建委科技进步一等奖 市科委科技进步三等奖
40	白蜡良种选育研究	园林苗圃	施卫东、赵万梅、李　芳	1994—1998	1998，国内先进	市建委科技进步二等奖
41	地被植物引种及栽培、繁殖技术研究	园林科研所	索奎霖、张淑萍、焦玉忠、何秀芹、赵国怀	1995—1998	1998，国内领先	市建委科技进步一等奖 市科委科技进步三等奖

续表6-1

序号	成果名称	承担单位	主要参加人员	起止年	鉴定年度及水平	获奖情况
42	JYJ5061GYPC绿化喷洒多用车	园林机械厂	李世诚、李长德、张昭君	1998	1998，国内领先	
43	JYJ5080 GYPC绿化喷洒多用车	园林机械厂	李长德、李世诚、韩光美	1998	1998，国内领先	
44	丰花月季新品种培育	园林花木中心	胡庆延、杨庆绪、方李明、张传兴	1992—1999	1999，国内先进	市建委科技进步三等奖
45	笼养东方白鹳繁殖技术研究	动物园管理处	张继忠、张茂金、杨卫平、胡玉萱、郭爱霞	1994—1999	1999，国内先进	市建委科技进步一等奖 市科委科技进步三等奖 省林业厅科技成果一等奖
46	侧柏人工林疏伐效果及合理经营密度的研究	济南市林场	车洪昌、王春红、王　禄、魏树恒、刘俊刚等	1992—1999	1999，国内先进	市建委科技进步二等奖 市科委科技进步三等奖 省林业厅科技成果二等奖
47	济南城市绿地草坪草种引种筛选及建植管护研究	园林科研所	索奎霖、张忠泽、王吉栋、姜　伟	1997—1999	1999，国内先进	市建委科技进步二等奖 市科委科技进步三等奖
48	地被植物扩繁与示范研究	园林科研所	索奎霖、张淑萍	1998—1999	1999，国内先进	市建委科技进步三等奖 市科委科技进步三等奖
49	春节主要花卉系列栽培技术研究	园林科研所	佟德耀、张宝迎、王桂欣、索奎霖、王丽达等	1996—2002	2002，省内领先	市建委科技进步三等奖
50	延长草坪绿色期的技术研究	园林科研所	吴奎河、张淑萍、陈学军、尹相韡、王吉栋等	1999—2002	2002，省内领先	市建委科技进步三等奖
51	济南城市绿化工程环境空气效益的研究与示范	园林局	索奎霖、赵国怀、逄丽艳、王维霞、焦玉忠等	1999—2002	2002，国内先进	市建委科技进步一等奖 市科委科技进步三等奖
52	屋顶绿化的研究、开发与示范	园林局	索奎霖、赵国怀、王明生、何庚军等	1999—2002	2002，国内先进	市建委科技进步三等奖
53	绒毛白蜡优良无性系选育研究	园林苗圃	施卫东、李　芳、张　凡、赵万梅	1999—2002	2002，国内领先	市建委科技进步二等奖 市科委科技进步三等奖
54	金枝槐等五个优良无性系选育研究	园林苗圃	施卫东、李　芳、张　凡、赵万梅	1999—2002	2002，国内领先	市建委科技进步二等奖
55	植物资源多媒体信息系统研究	植物园（今泉城公园）	布凤琴、安吉磊、李玉民、王维霞、沈振宁	1999—2002	2002，国内领先	市建委科技进步一等奖 市科委科技进步二等奖 省科委科技进步三等奖

续表6-1

序号	成果名称	承担单位	主要参加人员	起止年	鉴定年度及水平	获奖情况
56	花卉苗木科技示范园建设研究	花木开发中心	杨庆绪、张宝迎、齐海鹰、张运德、佟德耀等	2000—2002	2003，国内领先	市科委科技进步二等奖 省科委科技进步三等奖
57	地毯式草坪快速生产与建植技术研究	花木开发中心	哈新英、杨庆绪、张运德、齐海鹰、姚洪涛	2000—2003	2003，国内领先	
58	树种规划与示范：商品花坛花现代生产技术研究	花木开发中心	齐海鹰、杨庆绪、张宝迎、郭世泉、郭　燕等	2001—2002	2002，国内先进	市建委科技进步二等奖
	树种规划与示范：球根花卉生产技术研究	花木开发中心	吕成民、杨庆绪、张保全、吴奎河、何秀芹等	2001—2002	2003，国内先进	
	树种规划与示范：济南城市树种规划	园林局	焦玉忠、于俊强、苏宪春、李　岳、于一民	2001—2004	2004，国内先进	市建委科技进步三等奖
	树种规划与示范：竹类引种驯化研究	趵突泉公园管理处	谷　涛、武雪炜、刘锦荣、董娟娟、王　燕	2001—2004	2004，国内领先	市建委科技进步二等奖
59	双条杉天牛综合防治技术研究	济南市林场	王　禄、汪玉静、崔　琳、王　成、王春红等	2001—2004	2004，国内先进	市建委科技进步三等奖
60	济南名泉保护研究及对策	园林局	于红生、李世欣、魏　强、丁大尧、马思凤等	1997—2004	2004，国内领先	市建委科技进步一等奖
61	建立金丝猴圈养种群的技术研究	动物园管理处	马　战、张继忠、张茂金、谢绪昌、胡玉萱	1999—2002	2004，国内领先	市科委科技进步三等奖
62	商品花卉规模化生产关键技术研究	花木开发中心	张运德、哈新英、刘　毓、王丽达、吕成民	2002—2004	2004，国内领先	市建委科技进步二等奖
63	常绿阔叶树种引种驯化及规模化生产	植物园（今泉城公园）	安吉磊、布凤琴、张德顺、赵子贤、韩梅珍	2002—2004	2004，国内先进	
64	珍稀鸟类孵化技术研究及科普展示	动物园管理处	张继忠、张茂金、郭爱霞、谢绪昌、黄象谭等	2002—2005	2005，国内先进	
65	优良色叶植物引种驯化与推广示范研究	花木开发中心	张运德、姚洪涛、张淑萍、哈新英、高瑞超	2003—2005	2005，国内领先	
66	野生花卉种苗繁育与产业化	花木开发中心	方李明、张传兴、张志国、马婷婷、潘大波等	2001—2005	2005，国内先进	

续表6-1

序号	成 果 名 称	承担单位	主要参加人员	起止年	鉴定年度及水平	获 奖 情 况
67	非洲食草动物半散放混群驯养繁殖技术研究	动物园管理处	张继忠、张茂金、谢绪昌、马 战、徐凤珠等	2004—2005	2005，国内先进	市科委科技进步三等奖
68	优秀园林树种本氏木蓝开发应用研究	泉城公园管理处	韩梅珍、安吉磊、万平平、沈振宁、巩向艳	2004—005	2005，国内领先	市建委科技进步二等奖
69	园林树木规模化容器栽培技术研究	花木开发中心	姚洪涛、陈学军、王洪磊、哈新英、张淑萍等	2004—2005	2005，国内领先	
70	济南市城市行道树引种繁殖与推广示范研究	花木开发中心	张保全、哈新英、陈学君、姚洪涛、张淑萍等	2003—2005	2005，国内领先	
71	济南市园林绿化技术标准	花木开发中心	杨庆绪、张保全、柴 哲、刘 毓、张慧等	2005	2005，国内领先	市科委科技进步三等奖
72	长红合欢选育研究	园林苗圃	施卫东、王亚玲、彭治豹、张 云、张凡等	2004—2006	2006，国内领先	
73	济南市城市生态绿化体系的研究与示范	千佛山风景名胜区管理处	姜庆超、孙凤雪、张瑞洁、索奎霖、于永红等	2003—2006	2006，国内领先	市科委科技进步三等奖
74	济南市公园绿地主要害虫无公害防治技术应用研究	植物园（今泉城公园）	魏雪莲、尹相韡、万平平、沈振宁、逯 朋	2003—2007	2007，国内领先	省建委建设技术创新三等奖
75	城市河道生态修复技术研究 —— 以济南市玉绣河为例	园林局 中国海洋大学	王 琳、韩晓光、张 炯、李永昌、曹 敏等	2005—2007	2007，国际领先	省建委建设技术创新三等奖
76	济南地区荷花（睡莲）容器种植研究	大明湖风景名胜区管理处	马小琳、赵殿德、王爱华、王珍华、田启银等	2004—2007	2007，国内先进	
77	黄河沿岸沙化园林绿化树种选择及栽培技术研究	中山公园管理处	王吉栋、郭克玺、张 凡、李 涛、宋 贞等	2005—2007	2007，国内领先	市科委科技进步二等奖， 省建委建设技术创新三等奖
78	城市立交桥生态环境工程示范研究与推广	园林科研所	杨庆绪、张运德、赵国怀、刘 毓、张保全	2005—2007	2007，国内领先	市科委科技进步三等奖 省建委建设技术创新三等奖
79	现代节水技术在园林中的应用研究	泉城公园管理处	刘红权、静东梅、魏雪莲、巩向艳	2003—2007	2008，国内领先	省建委建设技术创新三等奖
80	济南原生植物在生态城市建设中的应用	园林苗圃	魏 强、张 云、张 凡、陈 梅、彭治豹等	2005—2006	2008，国内领先	省建委建设技术创新三等奖

续表6-1

序号	成果名称	承担单位	主要参加人员	起止年	鉴定年度及水平	获奖情况
81	济南红叶谷风景区生态旅游研究	园林局 园林科研所	张德顺、杨庆绪、王春红、李秀芬、张运德等	2002—2004	2008，国内领先	市科委科技进步二等奖
82	济南地区荷花新品的引种选育及推广应用研究	花木开发中心	姚洪涛、刘　毓、高炳宇、陈学军、张慧等	2006—2008	2008，国内领先	市科委科技进步三等奖 省建委建设技术创新一等奖
83	城市道路绿地管理技术示范研究	花木开发中心	张保全、陈学军、王　震、曹宇鹏、段晓旭等	2006—2008	2008，国内领先	省建委建设技术创新三等奖
84	亚洲象异地驯养与疾病防治研究	动物园管理处	张茂金、谢绪昌、胡玉萱、马　战、李伟等	2006—2008	2009，国内领先	市科委科技进步三等奖 省建委建设技术创新三等奖
85	观赏草在节约型园林建设中的应用研究	花木开发中心	哈新英、布凤琴、刘　毓、姚洪涛、张保全等	2007—2009	2009，国内领先	市科委科技进步二等奖 省建委建设技术创新三等奖
86	优良彩叶槭树品种引种及栽培技术研究	花木开发中心	姚洪涛、刘　毓、张保全、刘　媛、哈新英等	2007—2009	2009，国内领先	省建委建设技术创新二等奖
87	南非动物异地繁育技术研究	野生动物世界	陈玉才、韩云池、高　迎、李　迎、黄曙光等	2006—2008	2009，国内领先	市科委科技进步三等奖 省建委建设技术创新三等奖
88	千佛山风景名胜区野生地被资源研究与应用	千佛山风景名胜区管理处	高　丽、孙凤雪、张瑞洁、焦玉忠、卢　明	2007—2010	2010，国内领先	市科委科技进步三等奖 省建委建设技术创新三等奖
89	人工植物浮岛在中水水源景观水体中的应用研究	泉城公园管理处	巩向艳、刘淑琴、魏雪莲、马爱晖	2006—2010	2010，国内领先	市科委科技进步三等奖 省建委建设技术创新三等奖
90	山东野生观赏植物资源引种驯化及应用研究	花木开发中心	刘　毓、苏先春、王海英、吕战国、闫　丹	2008—2010	2010，国内领先	省建委建设技术创新二等奖
91	济南市园林绿化建设质量评价体系研究	园绿工程质监站	郭京山、齐海鹰、布凤琴、索奎林、王秀珍等	2008—2010	2010，国际先进	市科委科技进步二等奖， 省建委建设技术创新三等奖
92	白颊长臂猿异地驯养繁殖技术研究	动物园管理处	谢绪昌、马　战、郭爱霞、仉　伟、李建春等	2000—2010	2010，国内领先	省建委建设技术创新二等奖
93	济南地区水生植物引种驯化及生产应用技术研究	中山公园管理处	王吉栋、张宝迎、何长新、宋　贞、李宁等	2006—2010	2010，国内领先	市科委科技进步三等奖 省建委建设技术创新二等奖
94	水生植物在济南地区园林中应用的研究	植物园管理处	胡玉厚、周　晶、韩梅珍、李　伟、许　金	2006—2010	2010，国内领先	

第三节 科技信息与科普宣传

中共十一届三中全会后，城市园林科技信息工作得到自上而下的重视。1980年5月，国家城建总局园林绿化局召开园林科研单位座谈会，提出将科技情报信息研究列入园林研究项目，由国家提供补助经费，组织相关单位联合研究。并讨论决定建立以北京园林科研所为组长单位，上海、天津等为成员单位的园林科技情报网，编辑出版《园林科技情报》，介绍国内外科技情报动态，交流科技成果和科研工作经验，推动全国范围内的园林发展。1981年，隶属建设部风景园林学会信息委员会专业科技信息组织之一的“全国园林科技信息网”成立，成员包括全国各省、市园林科研单位或主管部门及高等院校70余家。济南园林局作为首批网员单位，积极为《园林科技情报》提供济南地区园林科技动态信息、成果经验，向济南地区园林工作者提供国内外园林发展动态信息及新技术、新方法等。由于工作出色，连年被评为全国科技情报（信息）先进单位。为更好地指导全市庭院绿化，1988年11月2日，市园林局决定成立“济南市园林科技情报网”（后改称信息网），吸收全市机关事业、厂矿企业、军队、学校、医院等50余个单位参加。局科教处负责园林科技信息网日常工作。园林科技信息网成立当年创办了《济南园林科技情报》，发往园林科技信息网员单位，并与兄弟省市进行园林科技信息交流。1988—2005年，局科教处共编印《济南园林科技信息》109期，发放2万余册。2006年《济南园林科技信息》改版，更名为《园林发展动态》。2007年，《园林发展动态》又更名为《济南园林》。局科教处同期利用行业网络和专业优势，组织网员单位的绿化管理人员全程参加园林职工学校举办的园林技能培训、技术讲座、特色展览及参观交流等活动。据统计，1988—2006年先后举办全市性的技术讲座及培训、现场绿化技术指导、组织参加全国性及地方性的插花展、迎春花展、国庆花展、菊展、花卉博览会等活动40余次，推动了全市园林绿化事业的发展。

为及时指导全市开展园林植物病虫害防治，市园林局、园林科研所于1997年创办了《济南园林植物保护》刊物，发往全市各园林单位及园林科技信息网员单位。《济南园林植物保护》逐步由季刊、双月刊发展到月刊，并根据园林植物病虫害发生发展情况适时增刊，到2008年年底，《济南园林植物保护》共编印472期，对济南地区园林植物保护发挥了及时的指导作用，被《济南日报》誉为济南三大信息刊物之一。2009年起，《济南园林植物保护》改由网上不定期发布。

时常组织举办特色展览、编印出版园林知识性图书等，宣传普及园林知识。自20世纪80年代始，每年定期不定期的举办插花展、迎春花展、国庆花展、菊展、摄影展、书画展及园林建设养护科技成果展。先后编印《绿色泉城》《济南风景园林集萃》等10余种宣传介绍济南园林绿化建设、名胜景点的图书、画册。2004年又在市政务大厅园林窗口开设“市民养花热线”，每周两次安排花卉专家接听热线，指导市民养花。2006年3月，还组织绿化、花卉专家在泉城广场现场解惑答疑，宣传园林，普及园林知识。

第四节 科技管理

1978年12月，建设部在济南召开第三次全国城市园林绿化工作会议，会后转发《关于加强城市园林绿化工作的意见》，要求加强园林科研与教育工作，逐步提高园林机械化水平，提高城市园林绿化艺术水平。济南园林部门以此为契机，开始筹备园林科技科，科技管理和科研工作正式启动。1979年3月，经济南市编委批准，市园林管理处正式成立科技科，济南园林科技工作自此有了专门的管理机构。1984年4月，科技科改为科教科。1985年，编制了《七五期间园林科技发展规划》，这是济南市园林史上的第一个科技发展规划。依据规划，基层各单位先后设立技术科室，配备科技人员从事科技管理，开展科研工作，当年申报科研项目11项。1987年3月，市园林管理处改称市园林管理局，科教科更名科教处。1989年，局科教处制定了《八五期间至2000年科研发展规划纲要》。纲要针对城市园林绿化存在的问题和园林科研周期长，科研力量薄弱，设备不足的实际情况，提出立足应用技术研究，根据生产需要开展科技攻关，切实抓好科技成果的中试和推广应用。

1992年5月22日市园林局召开“科技兴园”座谈会，探讨推进园林科技进步，实现园林绿化发展规划的策略、方法，号召科技人员为园林事业快速发展，积极钻研，快出成果，多做贡献。会上科技人员积极献计献策，提出9条建议，对园林发展起到了推动作用。

1998年，随着造绿工程的推进，对园林绿化建设与管理提出了更高的技术要求。为鼓励园林职工积极创新，制定了《济南市园林局科技进步 优秀设计 优质工程 优秀论文评审奖励办法》。同年，为强化园林科研、教育工作，成立了市园林局科技教育知识分子工作领导小组。1999年5月19日，召开首次“全局科教兴园大会”，提出振兴园林科技的四项措施：（1）加大人才培养力度，建设一支实力强大的科技队伍。（2）深化科技体制改革，激励科技人员多出成果、早出效益、快成人才。（3）加大投入，建立多渠道和多层次科技投入体系。（4）加强领导，把各项措施落到实处。要求局属各单位把科技工作列入重要议事日程，制定工作目标和措施，推进园林科研上水平。

2004年召开首次“全局园林科研课题调度会”，调度科研项目进展情况，研究解决科研项目研究中的问题。园林科研项目管理迈向了规范化、制度化。是年底，局科教处更名为发展规划处，其职能调整为：负责编制城市规划区内园林绿化中长期规划和年度计划；研究制定园林绿化行业科技发展规划；制定年度科研和技术革新项目计划；组织重点项目科技攻关，制定园林技术规程、规范；组织园林科技成果鉴定、申报和推广应用；开展生物多样性保护和科普宣传工作；制定行业职工教育计划，并监督实施。翌年，成立园林局专家组，参与园林科研等园林建设重点项目的研究和决策。

2008年，市园林局发展规划处更名为规划建设处，工作重心向规划建设倾斜。2010年4月，重新设立发展规划处，把行业中长期规划、科技管理工作纳入发展规划处职能，并成立17人组成的园林科研专家组，强化了园林科技管理。同年，召开园林局第二次科研课题调度会，决定对在研的行道树复壮、屋顶绿化、桥体及立体绿化、湿生和野生植物应用、金丝猴和雪豹人工繁育、生物多样性保护等课题进行重点扶持，深入研究。编制了《济南市十二五期间园林科技发展规划》，确立40多个研究项目。根据园林科技科研管理规范化、标准化、制度化建设需要，制定了《济南园林科技管理办法》《济南园林科技奖励办法》。当年投入300多万元扶持科研和科技创新活动，推动了园林科研工作健康发展和科技人才茁壮成长。

第二章 教 育

第一节 教育机构

1958年，市园林处为解决职工队伍文化水平低、技术人员缺乏的问题，设职工教育办公室，专门负责园林职工教育。此为解放后济南市成立的第一个园林职工教育机构。

1964年5月，经市人委批准，市园林局与市教育局联合举办山东省济南市园林职业中学，培养园林急需人才。该中学为高级中学层次，学制三年，是济南市一所公办的正规学校，列入国家教育事业计划，其各项经费、开支标准和教职员工待遇与普通中学相同，各项经费来源由市园林局、教育局协商解决，当年预计需要经费4万元，市园林局和教育局各负担一半。学校根据园林工作特点，安排学员半工半读，季节性顶班上岗。“文化大革命”开始后，学校受到冲击，办学中断。

1981年6月22日，市政府召开全市职工教育工作会议，要求各单位都要重视职工教育，有条件的单位须专设职工教育机构。同年8月8日，市园林局根据这一要求，在局机关内增设职工教育科，所需人员从局内编制中调剂解决。

1983年机构改革时，市编委重新核定了市园林局机关处室，将科技科与职工教育科合并为科教科。翌年，市园林局与市教育局联办园林职业高中班，开设园林基础课程。学生毕业后，分配到园林局属单位，充实技术工人队伍。市园林局先后接受1987年、1988年两届毕业生。1989年，园林职业高中班停办，当年毕业生未安排工作。

1987年，局科教科改为科教处。翌年2月25日，科教处内设园林职工培训中心，承担园林职工培训任务。

1992年4月20日，市编委批准成立济南市园林职工学校，为科级事业单位，编制23人，办学经费由园林局自筹。根据市编委批复，市园林局用英雄山公园的编制，组建了园林职工学校，承担园林职工教育任务。学校仍属市园林管理局科教处管理。成立之初，实有职工7人。

2004年，成立济南市园林行业教育中心，与市园林职工学校“一套班子、两块牌子”。是年年底，园林职工教育划归市园林管理局宣传教育处管理。

2010年，市园林管理局宣传教育处撤销，园林职工教育划归市园林管理局组织人事处管理。是年年底，园林职工学校职工人数为7人，其中，具有高级职称的2人，中级职称的2人，初级职称的2人。

2011年4月，市园林职工学校撤销，与同时撤销的市园林苗圃合并成立济南森林公园管理处，内部机构设科普教育科，承担园林职工教育工作。

第二节 职工教育

对园林职工进行有计划的教育开始于1958年，到2011年，提高园林职工政治、文化、技能素质的教育，主要采取岗位培训和学历教育两种形式。

岗位培训 1958年，市园林处职工教育办公室成立后，即开始有计划地组织园林职工学文化、学园艺。到20世纪60年代初，主要进行了两个方面的教育：一是组织文盲职工学习文化，识字扫盲；二是组织职工拜师学艺，通过师傅带徒弟的方式掌握园林技能。通过这些学习，职工文化水平得到提高，培养了一批养花能手、施工巧匠和园林绿化技术人才。这个时期济南建设的大明湖公园、趵突泉公园、金牛动物园都是靠自己培养的技术人才完成的。当时的街道绿化施工养护管理水平和花卉养殖（特别是菊花、温室花卉养殖）水平走在全国前列。“文化大革命”期间职工教育中断。“文化大革命”结束后，园林职工教育重新走上轨道。

1980年1月15日，中共济南市委批转市总工会党组、团市委党组、市教育局党委《关于办好职工业余教育意见的报告》，报告提出：凡300人以上的单位，都要把职工夜校办起来；300人以下的单位可以几个单位联合办学；最近三年，职工业余教育的任务是普及初中文化教育和在1966年以后入厂的青年工人中普及初级技术教育为主。据此，市园林管理处成立职工教育领导小组，并根据市编委的批复设立职工教育科，负责市园林系统的“双补”培训。到1984年，园林系统全面完成职工“双补”培训。1988年，根据市园林局《关于对职工进行系统职业道德教育的安排意见》，园林职工培训中心对全局青工、班组长、干部共1352人进行了职业道德教育培训。1989年，继续扩大职工培训范围，对全局2000多名职工全部进行了职业道德培训。同年，为了更好地开展职工教育，局科教处组织了“全局职工现状普查”。根据普查情况，提出了职工教育培训意见。

1990年，市园林局第一个《职工教育培训计划》出台。根据计划安排，当年进行了“青工双基培训”“公园、宾馆服务培训”“计划生育培训”“招工培训”等。1991年，制定了《园林局职工教育八五发展规划》，为“八五”期间的职工教育规划了目标和方向。1992年4月，市园林职工学校成立以后，园林职工教育工作由于有了专门的实施机构而得到加强。当年9月，园林职工学校根据局《关于开展外语培训的实施意见》，在市城建系统率先组织全局职工参加英语、日语、拉丁语培训。为加强培训工作和办证培训效果，市园林局成立了学习外语领导小组，根据市“万人学外语”活动要求，制定出“万人学外语”培训管理制度，设专兼职管理人员。这一年，园林职工学校专职教师开始享受工资增加10%的教师待遇，教师工作积极性大大提高，园林职工教育工作打开新局面。1994年，市里开展“万人学微机”活动，园林局投资10万元，为园林职工学校购置15台电脑，用以组织开展微机培训学习。局属单位全体领导干部及专业技术人员全部参加了培训学习，并获得结业证书。园林职工学校也成为市建委系统的一个培训点，承担了建委系统职工的微机培训任务。为开发园林职工创造力，1995年，组织开展了“园林职工创造力开发”培训，全局45岁以下职工分期分批地参加了培训，并通过结业考试。“八五”期间，共举办各类培训30多项60多期，全员培训率达80%以上，岗位和适应性教育培训面达45%以上。1997年，根据局《关于开展职业道德教育活动的通知》要求，市园林职工学校对全局职工分期分批进行了职业道德培训。翌年，围绕着提高职工素质这一主题，继续在全体青工中深入开展思想道德、爱岗敬业教育。全局1500余名青工参加培训并全部通过考试。1999年，组织完成340名科技人员参加的职工创造力开发教育、30多名机关干部参加的计算机培训、45人参加的青年干部培训和42名军转干部上岗培训的任务。当年，职工学校根据园林科技人员的状况，组织编写了《科技文章写作概要》讲义，分批次对全体科技人员进行了培训。

2000年，是园林职工岗位培训开展得最广泛的一年，全年共组织各类培训30期培训2292人次，在职职工培训率达到91.2%。在当年10月举办的“菊花养殖研修班”上，采取教师主持引导，请养菊艺人、养菊能手学员传授养殖经验，老师、学员共同探讨菊花养殖技巧的方式授课，收到很好的培训效果。参加研修的人员不仅学到了养殖技术，而且更新了观念，提高了信心。研修班结束后，园林职工学校教师继续跟踪教学，扩大培训成果，推动了菊花养殖工作，当年参展菊花的养殖水平明显提高。

2001年，培训30多期1500余人次。其中，历时5个多月、涉及10个大类、38个专题的全局青年干部培训班，创造了园林系统单个培训时间最长、课程安排最多、外聘教师层次最高、数量最多涉及专业面最广的记录。参加培训的59名学员后来相继走上领导岗位，为济南园林建设做出了突出贡献。同年，还举办了园林艺术审美、“WTO”入世、市场经济与营销等专题讲座，开阔了职工视野，调动了职工投身市场经济的积极性。2002年，根据局《关于实施2002年职工培训计划的通知》，针对园林发展急需解决的问题，安排了26个班次培训。2003年，安排落实27个班次，进行了古树名木保护、建设生态园林、建设学习型团队、构建企业文化、推广普通话、名泉保护与管理等专题培训。其中，名泉保护与管理专题培训，邀请山东师范大学教授黄春海、济南教育学院李永祥教授等，就“济南泉水的地质结构及成因”“泉水的自然历史人文景观”“保泉战略”等内容作了专题讲授。2004年，结合园林绿化重点工程的实施，进行园林建筑施工与管理、园林植物栽培管理、园林绿化养护管理等相关技术培训和档案管理、办公自动化、经营管理等实用性培训，共完成培训19个班次1183人次。还结合培训组织举办了“园林英语知识竞赛”。同年，济南市园林行业教育中心挂牌，标志着园林职工学校承担的园林职工岗位教育培训具备了扩展延伸到园林全行业的资格。2005年，举办了保持共产党员先进性教育、党风廉政教育、组织人事干部、入党积极分子、团干部业务、工会干部、中层以上领导干部、名泉保护法规、应用文写作知识、酒店服务、档案管理、市场营销、电子政务、商务、办公自动化与网络、动物饲养管理、园林树木观赏与植物配置、园林树木分类、园林树木栽植、园林树木养护、园林树木整形修剪、园林草坪建植与养护、园林工程投标书编制、园林科研方法与科技文章写作等31期培训班。2006年，组织了党风廉政教育、公务员法、干部任用标准、园林设计规划、新优植物推广、盆景技艺与欣赏等多项专题讲座和全局副科级以上干部、入党积极分子、领导干部、安全保卫人员、政工干部、共青团干部等培训学习。2007年，园林职工教育深入开展。年初，市园林局召开职工教育座谈会，讨论制定了《园林职工教育培训检查评分方案》，建立了“园林职工教育及从业状况信息库”，并将园林职工培训情况列入当年市园林系统综合检查考核评比中。这一举措，调动了局属各单位加强职工教育的积极性。园林职工学校除主要承担全局范围的大型培训任务外，还协助局属单位开展实用性培训。2008年，进行了学习中共十七大文件、青年干部培训、党风廉政主题教育、计划生育、政务信息、公文写作、解放思想大讨论、园林技术及岗位服务规范和现代社交礼仪等培训。全年共有7000余人次参加培训学习。同年，园林职工学校根据园林事业发展及园林绿化管理的需要，组织编写了《班组长手册》《济南地区园林植物病虫害防治技术》《绿化施工养护管理、《园林树木修剪》《园林植物分类》等职工培训系列教材。2009年，对新员工实施“入职培训”，进行拓展训练，提升了新员工的团队精神和敬业精神，保证以良好的精神状态进入工作角色。年内，分别组织了学习实践科学发展观、入党积极分子、廉政警示系列教育、反腐倡廉系列教育、廉政法规与制度、公园景区管理、园林植物保护、园林绿地建植与养护管理等12个班次的培训。2010年，除完成园林系统内绿化管理、接待服务等15个班次的常规性培训外，还走出济南，为淄博大地园林公司举办了项目经理专场培训，赢得良好的教学声誉。

学历教育　为适应园林绿化发展的需要，系统地培养具有一定政治觉悟、文化程度和园林基础知识的新技术工人，1964年5月，市园林局与市教育局共同创办山东省济南市园林职业中学。这是济南解放后由园林部门牵头创办的第一所具有园林专业学历的职业学校，也是最早开始的园林职工学历教育。学制定为三年，学生经过3年学习，达到相当于高中毕业的文化程度。课程设置有政治课、生产基础知识课、文化课、园林技术课。办学规模定为12个班，专业分设城市绿化、果树园艺、花卉、林业4个专业。每个专业每年招生1个班50人，学生总额控制在600人。根据当时批准的《济南市园林局关于建立济南市园林置业中学的计划》，具体安排是：第一学年每个专业招收1个班，分别在5月1日和9月1日各开两个班。5月1日开的两个班由市劳动局安排学生来源，市园林局直接招生；同时附设短期园林技术培训班1—2个，吸收在职工人和历城县有关社员参加专业技术培训。除第一学年“五一”开的两个班外，其余招生任务列入市教育局招生计划，由市招生委员会统一安排，招生对象为初中应届毕业生，其政治、身体、年龄等有关条件、以及招生考试、录取时间，按市教育局统一规定进行；但学生年龄和男女生的比例，由市园林局和教育局研究确定。校址设在市西郊苗圃内，改建整修原糖厂作为学校办公室和教室，维修原多余的职工宿舍作为教职工和学生宿舍。学校行政关系受市园林局领导，教学业务接受市教育局领导。有关学校发展变化的重大问题，由两局协商确定。学生毕业后的安排原则，一是根据园林事业发展，择优录用，做园林技术工人。二是可以上山下乡，从事农业、林业生产。三是允许继续深造。学校设教务委员会，总管教学工作。教务委员会下设教导处和总务处，分别负责教学业务、学生思想工作、学校行政事务与学生食宿工作。学校党务工作、工会工作及团组织由西郊苗圃统一组织管理。管理人员配备正、副校长各1人，教导主任2人（其中一人兼任团支书），总务主任1人，图书兼仪器管理员1人，会计1人，司务兼司务长1人，教务员2人，炊事员10人，公务员1人，共21人。师资配备按省、市教育部门规定标准办，人员来源由两局协商解决。学生待遇原则上实行自费学习，国家给予一定的生活补助费（每人每月10元），在具体分配使用时，从鼓励学生的学习积极性出发，规定奖惩办法，对请假、旷课者按比例扣除补助费。学生劳动课则根据园林特点，适当延长春季、秋季的劳动时间。劳动期间，适当发放劳保用品和解决集体福利，以鼓励学生的劳动积极性。

1964年5月1日，济南市园林职业中学第一届园林、果树园艺专业各一个班的学生正式入学。当年12月3日，市委、市人委在八一礼堂举行典礼，庆祝山东省济南市园林职业中学等13所职业学校成立，同时将学校全部定位于“半工半读”，中共济南市委书记处书记、市长杨毅参加典礼并讲话。自此，山东省济南市园林职业中学在校生遂实行半工半读。学校教学根据工作需要，将半工半读学生分为“以工为主”和“工学结合”两部分，技术要求相对低的以工为主的学生要顶岗上班，工作、学习两不误，技术精度要求高的则以学为主，“学”与“习”并重。1966年“文化大革命”开始后，招生中断。但首批学员已经基本完成学业。为解决这部分学生的分配问题，1967年夏，市园林局专门请示市革命委员会生产指挥部，安排落实毕业生去向。1967年10月6日，市革命委员会生产指挥部签发《关于对半工半读园林学校毕业生分配报告的批复》（〔67〕济生办字第48号），同意1966年毕业的园林、果树两班毕业生在城建系统有关需要的单位中按正式工分配工作，毕业生待遇上执行接收单位学徒工最高标准，一年后由所在单位根据政治表现予以评薪定级。批复要求园林局会同市城建局组成专门班子，高举毛泽东思想伟大旗帜，突出无产阶级政治，活学活用毛主席著作，以“斗私批修”为纲，依靠群众做好分配工作。根据批复，市园林局会同市城建局、市园林职业中学组成1966年毕业生分配小组，将这批毕业生在市城建口做了分配，其中部分毕业生被分配到园林单位，成为市园林局自己培养接受的首批具有高中文凭的园林职工。

20世纪80年代初，市园林局职工教育办公室根据中共济南市委批转的市总工会等部门党组《关于办好职工业余教育意见的报告》，组织本系统没有高中学历的青年职工通过参加“电视高中”“广播高中”等形式获得文凭。到80年代末，全局青年职工没有高中学历的全部完成高中知识的学习，获得高中毕业证书。

1985年，为尽快缓解园林系统缺乏技工的状况，市园林局与市教育局再度联手，举办济南市园林职业高中班，培养园林专业技术工人。当年，市教育局指定由济南第三十八中学招收2个园林专业班共90余名学生。文化基础课教学由三十八中教师担任，专业技术科目由市园林局选定具有一定园林专业水平的园林技术人员讲授。1987年，首批学生毕业，其中70%以上的毕业生以合同制用工形式进入园林科研所、大明湖公园、趵突泉公园、千佛山公园、动物园、植物园（今泉城公园）、环城公园、中山公园等单位。

1988年，第二批毕业生中70%亦从事园林工作，进一步壮大了园林技术工人队伍。1989年后，园林系统不再接受市园林职业高中班毕业生，园林职高班遂停办。1988年，市园林职工教育培训中心积极与济南市职工中专联系，采取由市职工中专统一招生考试、核发毕业证，园林职工教育中心自己组班教学管理的方式，分别举办了财会、行政管理、企业管理专业的中专班（业余学习）。同年，市园林局根据国务院批转《国家教委关于改革和发展成人教育的决定》，开始选送在职职工脱产接受大专教育。被选送参加脱产学习的学员，劳动关系不变，工资照发，所需教育费用全部由局财务列支。不能参加脱产学习的，鼓励参加夜校、函授等形式的业余学习。园林职工的学历水平迅速得到提高。

1989年，与济南市工会职工中等专科学校共同举办园林绿化专业业余中专班。该教学班由园林职工教育培训中心主办，课程根据园林行业需要设置，专业课教师由园林系统专业技术人员担任。生源主要是本市园林系统在职职工，兼收省内其他地市园林职工。学制三年，学生修业期满考试合格，由市职工中专颁发“济南市职工中专园林专业毕业证”。2000年，因为邹城、兖州两地报名参加园林职工中专学习的学员较多，特在邹城市设立教学点，由邹城市园林处提供场地，济南市园林职工学校派出授课老师和教学管理人员组织教学。教学点于每年的11—12月集中进行面授，连续进行了三年。2003年后，园林专业中专班因生源不足停办。

1995年，市园林职工学校根据山东省关于干部业余大专学业证书的规定，协助山东农业大学，招收具有中专以上学历的在职职工参加山东农业大学园林大专班学习。市园林职工学校负责该教学班教学管理，课程设置及师资力量由山农大统一安排。先后共有110名园林职工取得园林专业大专学业证书。

2002年，济南市广播电视大学与山东农业大学联手，推荐中专生免试接受大专教育。市园林职工学校获得推荐园林中专生免试接受大专教育的资格，共推荐123名园林职工取得免试学习资格并完成学业获得园林大专毕业证书。

为方便职工在职学习，2003年，市园林职工学校又积极争取，成为山农大成人教育济南教学站。同年，市园林职工学校组织具有专科学历的园林职工参加全国成人高考并对其进行专升本考前培训。当年有30名学员通过高考并顺利完成本科学业，取得园林专业本科学历。

2004年年底，市园林职工学校与山东省农干院达成协议，获准设立中国农业大学远程教育济南地区园林专业学习站。市园林职工学校利用这个平台，组织园林职工参加中国农业大学远程教育。到2010年年底，共有187人取得中国农业大学远程教育的专科或本科学历。

通过这些多形式、多途径的学历教育，有力地提升了园林职工队伍的学历水平和总体素质，为建设一支高素质的园林职工队伍打下了文化和专业基础。

第三节 行业培训

1992年市园林职工学校成立以后，利用现有办学条件，承揽园林行业培训任务。

全省园林绿化所（队）长岗位培训 1993年初，山东省建设厅根据建设部《贯彻〈建设企事业单位关键岗位持证上岗管理规定〉的实施意见》精神和《山东省建设教育十年规划和“八五”计划》的要求，为进一步提高全省城市园林绿化管理干部的政治业务素质，促进城市园林绿化事业的发展，决定在全省实行园林绿化所（队）长岗位培训制度。省建设厅对市园林职工学校考察后，委托市园林职工学校承办全省园林绿化所（队）长岗位培训班，培训对象是全省城乡建设系统正副园林绿化所（队）长及后备干部。9月，首期全省园林绿化所（队）长岗位培训班开班。在两个半月总计400余个课时的全脱产培训中，参加培训的学员系统学习了城市园林绿化管理法规、园林职务基础知识、园林绿地规划设计与施工、园林绿地养护管理、园林管理养护技术规程、常用的园林机具基本知识及园林应用文等课程。教材全部由济南市园林职工学校组织编写，并通过省建委科教处组织的专家审定。该培训班共举办5期，先后有132人参加了培训，获得由山东省建委颁发的结业证书。

计算机应用培训 1994年，在全市机关事业单位开展的“三学”（学外语、学微机、学驾驶）活动中，市园林职工学校承担了市建委系统干部的微机培训任务。2003—2004年，又对全局领导干部及机关人员开展了办公自动化培训。之后，利用师资和硬件条件，面向社会开展计算机培训，教授计算机应用知识。

仿古建筑及园林工程预（结）算员资格考前培训 1994年，山东省定额站委托市园林职工学校编写《仿古建筑及园林工程预算定额》培训教材，并负责“仿古建筑及园林工程预（结）算员”考前培训。1995年9月，举办第一期培训班，参加培训的学员通过考试，成为山东省首批具有仿古建筑及园林工程预决算资格的人员。到2010年，这项培训先后举办10期，共培训988人，其中近70%的学员通过了仿古建筑及园林工程预

（结）算员初、中级或高级资格考试。

艺术插花培训 1991年10月，市园林局邀请日本和歌山县插花大师中森庆甫在南苑宾馆传授插花技艺，全市42个单位的66名学员参加了此次插花艺术培训。10月4日，80多件师生作品在济南植物园展出。1993年，市园林局又邀请上海花艺专家蔡仲娟到济南授课，培训学员，并举行学员插花作品展。这两次插花花艺培训，促进了济南插花的普及和技艺的提高。济南市在之后国内举办的大型插花比赛中，连连获奖。2000年，市园林职工学校组织编写了《插花艺术基础教材》，于当年9月面向社会举办插花技艺培训班，教授艺术插花、庆典插花、礼仪及家居插花等，吸引了众多插花爱好者报名参加培训学习。培训班融插花理论、现场演示、操作技巧于一体，直观易懂，学练结合，取得较好的培训效果。培训结束后，在五龙潭公园举行汇报展出，有30余名学员的作品分获一、二、三等奖。事后，《插花艺术基础教材》还被山东省花卉协会作为协会插花培训教材。2003年7月，市园林局再次邀请上海著名插花艺术家蔡仲娟到济南传授插花技艺。局属单位和园林科技信息网成员单位及山东省花协等单位的80余人参加了为期一周的现场观摩学习。学习结束后，在大明湖公园举行艺术插花汇报展出，有20件作品分别获得一、二、三等奖。

劳动职业资格考前培训 1996年始，市劳动局委托市园林职工学校承办济南市报考绿化工、苗圃工、花卉工、植保工、假山工等国家劳动职业资格考试的命题和考前培训。到2010年年底，共有1391人参加培训并分别通过不同级别的职业资格考试。

游艺机和游乐设施安全技术培训 2003年年初，市质量技术监督局会同市园林局开展“游艺机和游乐设施安全技术培训”。市园林职工学校承担了此次培训，共培训59人。

全省城市园林绿化企业项目经理培训 2004年12月7日，省建设厅委托市园林职工学校承办最后一期城市园林绿化企业项目经理培训。共培训207人。

园林绿化技术标准集中学习培训 2005年12月，由市园林局编制的《城市绿化工程施工及验收规程》《园林绿化养护管理质量标准》《园林绿化养护管理技术规范》《园林植物配植技术规范》《城市绿化大树移植技术规程》《行道树栽植及修剪技术规程》《花坛花境建植技术规程》《地被建植技术规程》《草坪建植与养护管理技术规程》《垂直绿化技术规范》《园林植物保护技术规程》《古树名木管理技术规范》等12项园林绿化地方标准，由市质量技术监督局批准发布实施。翌年1月，市园林管理局、市质量技术监督局联合发文，对实施12项园林绿化标准进行集中培训。为此，市园林职工学校于当年连续举办3期“园林绿化技术标准集中学习培训班”，共有212名来自全市园林建设行业的技术人员参加培训，使12项园林绿化地方标准有效地在全市得到贯彻执行。

全省园林绿化施工企业安全生产管理培训 2005年，省建设厅委托济南市园林行业教育中心编写了《园林建设工程安全生产管理实务》一书。实务从园林绿化各个层面诠释安全生产技术，具有很强的指导性和可操作性，被确定为全省园林施工企业安全生产培训唯一指定教材。2006年起，市园林行业教育中心承担了全省园林施工企业安全生产培训工作，先后在济南、威海、东营、聊城、潍坊、临沂等地设置培训点。到2010年年底，全省2000余家三级资质以上的园林施工企业法人、项目经理、专职安全员4000余人，参加了培训并考取安全资格证。

第七篇 机构队伍

第一章 行政机构

第一节 市园林行政机构

济南市设园林行政管理机构可以追溯到济南开埠。清末光绪三十年（1904年）济南开埠后，由商埠总局负责辟建商埠公园并管理，1920年1月，商埠总局撤销后，公园及苗圃由山东省会市政厅负责。1929年7月，公园、苗圃及造林绿化等归属新成立的济南市政府工务局管理。济南沦陷期间，又先后由伪市公署建设局、社会局管理。1945年，国民政府接管济南后，公园、苗圃经营和造林绿化等由市政府社会局管理，公园建筑修缮等由工务局负责。

1948 年 9 月 24 日济南解放后，专门的园林管理机构逐步建立，机构名称、建制级别也几经变更。

1949年5月22日，济南特别市政府建设局更名为济南市人民政府建设局，内设农林科，分管园林绿化事业。1952年8月，农林科和市建设局内设的公用科合并为园林科，分管全市园林绿化。

1956年1月，市人民政府建设局改称济南市城市建设局。同年9月18日，市城建局撤销内设园林科，成立局属事业单位济南市园林管理所。1957年4月20日，市园林管理所整建制移交市农林水利局，市园林管理所改称市农林水利局园林科。是年年底，市农林水利局撤销。1958年1月6日市农林水利局园林科移交市城建局，当年2月15日，正式恢复市园林管理所原建制，仍归属市城建局。原市农林水利局所属的果树园艺场、济南林场亦交由市城建局管理。

1958年12月20日，市园林管理所、济南林场、市果树园艺场三个单位合并，组建成立济南市园林管理处。市园林管理处办公地点设于趵突泉公园内。1959年5月，济南林场归属市农林水利局领导，负责近郊山场绿化；市园林管理处归属市城建局领导，所管辖的公园、街道、庭院等绿化业务由农林局负责技术指导。1959年11月市园林管理处撤销，原处属公园、苗圃、果园、市绿化队等单位由济南林场管理。

1960年5月，恢复济南市园林管理处建制，事业单位性质，并将市林场并入，原林场所属的单位全部划归市园林处。将中共济南市林场委员会改为中共济南市园林处委员会，归中共济南市委直接领导，市委城建办公室负责指导日常工作，保留市林场名称。市园林管理处内设秘书、人事保卫、生产财务、公园管理、绿化科等科室。1961年1月，市园林管理处与市城市建设局合并为一个机构，挂两个牌子。

1964年1月30日，市园林管理处调整为市园林管理局，行政编制46人。局机关增设政治部、水产科（水产工作站）、试验科、林业科（对外称林业工作站）。是年7月，市长集体办公会议决定，市园林处改局后增设济南市园林规划设计室，增加事业编制3人。

“文化大革命”时期，市园林管理机构受到冲击，机关干部先后下放到“五七干校”劳动改造。1969年9月，济南市革命委员会将市园林管理局、城建局、房管局、建工局合并，组成济南市城市建设局革命委员会。市城市建设局革命委员会内设园林组，负责园林绿化工作。

1972年11月8日，济南市革委决定成立市园林管理处，作为市革委城建局属事业单位，编制17人，统一管理园林基层单位，同时撤销市革委城建局园林组。1973年7月2日，中共济南市委批准建立中共济南市园林管理处委员会。1973年8月9日，中共济南市革委城市建设局核心领导小组决定，市园林管理处设立办公室、政工科、公园科、绿化科。1976年3月，市园林管理处调整内设机构，设办公室、知青办、政工科、园林管理科、计划财务科和工会、共青团等部门，编制34

人。1978年10月28日，市园林管理处撤销政工科和园林管理科，改设组织科、宣传科、保卫科、公园管理科、绿化管理科。

1981年2月23日，市城市建设局、市规划管理局合并为济南市城市规划建设局，以市城建局所属的市园林管理处为基础，建立济南市园林管理局，列行政编制10人，事业编制31人。局内设办公室、政工科、综合科、公园管理科、绿化管理科、科技科、保卫科，办公地点在五龙潭原园林管理处驻地，与市城市规划建设局合署办公。是年4月，市园林管理局划归市建委领导，与市城市规划建设局分署办公。同年8月8日，市园林管理局增设职工教育科，人员编制未变。

1983年8月17日，撤销市园林管理局，改设济南市园林管理处，为市政府城乡建设委员会管理的事业单位，列事业编制55人，内设秘书科、综合科、绿化科、公园科、科教科、组织人事科、宣传科、保卫科、接待科及工会和共青团委员会等科室。1984年11月，增设老干部管理科和基建科。

1987年2月23日，恢复济南市园林管理局建制，不列政府部门序列，为市人民政府直属局级事业单位，人员编制不变。内设办公室、组织人事处、绿化处、公园处、综合处、科教处、保卫处。同年10月，将原接待科改为接待处。1989年2月，增设基建工程处。1996年5月30日，《济南市机构改革实施意见》确认保留市园林管理局，隶属关系不变。内设办公室（挂法规处牌子）、城市绿化办公室、园林绿化处、公园管理处、科技教育处、计划财务处、保卫处、组织人事处、离退休干部工作处、宣传处、名泉保护管理办公室。2004年8月25日，市园林管理局由市政府直属局级事业单位，改为市建设委员会管理的全额预算管理的正局级事业单位，仍依法规授权行使园林行政管理职能。配事业编制50人，领导职数配局长1人，副局长4人，处长9人，副处长9人。内设办公室、政策法规（保卫）处、发展规划处、绿化处（城市绿化办公室）、风景园林管理处、财务审计处、宣传处、组织人事处8个职能处室和离退休干部工作处。2008年6月撤销发展规划处，设立规划建设管理处；撤销离退休干部工作处，职能并入组织人事处，组织人事处加挂离退休干部工作处牌子；宣传处改称宣传教育处；增设经营管理处。

2011年济南市城市园林绿化局组织机构图

济南市城市园林绿化局
济南市名泉保护委员会办公室

局机关

- 办公室
- 政策法规处
- 组织人事处
- 发展规划处
- 财务审计处
- 风景园林管理处
- 园林工程建设管理处
- 公共绿地管理处
- 城市绿化指导处
- 名泉保护管理处
- 名泉保护技术处
- 中共济南市城市园林绿化局机关总支委员会
- 济南市城市园林绿化局工会
- 共青团济南市城市园林绿化局委员会

局属单位

- 济南园林开发建设集团
- 济南大明湖风景名胜区管理处
- 济南市趵突泉公园管理处
- 济南千佛山风景名胜区管理处
- 济南动物园管理处
- 济南泉城公园管理处
- 济南植物园管理处
- 济南市中山公园管理处
- 济南市花卉苗木开发中心
- 济南市林场
- 济南市英雄山风景区管理处
- 济南市园林绿化工程质量监督站（市雕塑办公室）
- 济南国际园博园管理处
- 济南森林公园管理处
- 济南市园林花卉苗木中心
- 济南市园林规划设计研究院
- 济南跑马岭野生动物世界股份有限公司

2009年12月31日，市园林管理局更名为济南市城市园林绿化局。翌年4月9日，市人民政府办公厅印发《济南市城市园林绿化局主要职责内设机构和人员编制规定》，将原市园林管理局、市名泉保护管理办公室的职责整合列入市城市园林绿化局。市城市园林绿化局增挂济南市名泉保护委员会办公室牌子，为市政府直属财政拨款正局级事业单位。内部机构设办公室、政策法规处、组织人事处、发展规划处、财务审计处、风景园林管理处、园林工程建设管理处、公共绿地管理处、城市绿化指导处、名泉保护管理处、名泉保护技术处11个职能处室，列事业编制人员59名。领导职数核定局长（市名泉保护委员会办公室主任）1名，副局长4名，市名泉保护委员会办公室副主任1名（副局级），处长（主任）11名，副处长（副主任）11名，可配工勤人员6名。

济南市园林管理机构和领导人更迭表

（1949—2013年）

表7-1

机构名称	正职			副职		
	职务	姓名	任职时间	职务	姓名	任职时间
市建设局农林科 （1949.12—1952.8）	科　长	王文清	1949.12—1953.2			
市建设局园林科 （1952.8—1956.9）	科　长	陈竹郫	1952.8—1954.8	副科长	齐天祥	1953.2—离职时间不详
		李仲余	1955.2—1956		王泉甫	1954.4—离职时间不详
市城建局园林管理所 （1956.9—1957.4）	负责人	李仲余	1956—1957.4			
	支部书记	吴良溪	1956—1957.4			
市农林水利局园林科 （1957.4—1958.1）	科　长	李仲余	1957.4—1958.2			
市城建局园林管理所 （1958.2—1958.12）	所　长	李仲余	1958.2—1958.12			
市园林管理处 （1958.12—1959.11）				副处长	常　坚	1958.12—1959.11
济南林场 （1959.11—1960.5）	党委书记	李传富	1959.11—1960.5	副书记	庞恩堂	1959.11—1960.5
	场　长	许云轩	1959.11—1960.5	副场长	李广德	1959.11—1960.5
市园林管理处 （1960.5—1964.1）	党委书记 党组书记	郑文斋	1961.4—1962.6 1962.6—1964.1	副书记	李传富 鞠沿波 王旭初	1960.5—1961.10 1963.6—1964.1 1963.6—1964.1
	处　长	郑文斋	1961.4—1964.1	副处长	李传富 李广德 王旭初 张馨亭 许云轩	1960.5—1961.10 1960.5—1962 1960.9—1964.1 1961.9—1964.1 1962.1—1964.1
市园林管理局 （1964.1—1969.9）	党组书记 党委书记	郑文斋	1964.1—1965.1 1965.1—1969.9	副书记	卜广来	1965.4—1969.9
	局　长	郑文斋	1964.8—1969.9	副局长	张馨亭 王旭初 许云轩 焦　春 李　雪	1964.10—1969.9 1964.10—1969.9 1964.10—1966.1 1964.8—1969.9 1964.11—1969.9

续表7-1

机构名称	正职			副职		
	职务	姓名	任职时间	职务	姓名	任职时间
市城建局园林组 （1969.9—1972.11）	组　长	季宝华	1972.4—1972.11			
市园林管理处 （1972.11—1981.2）	党委书记	邱洪江 夏玉成	1975.5—1977.3 1978.6—1981.2	副书记	邱洪江 季宝华 吕国选 王继忠 陈进业	1973.7—1975.5 1973.7—1978.6 1973.7—1981.2 1975.5—1981.2 1978.6—1981.2
	主　任	邱洪江 陈进业	1975.5—1977.3 1978.6—1981.2	副主任	邱洪江 季宝华 吕国选 杨洪志 李传富 王继忠 贾玉孝	1973.7—1975.5 1973.7—1978.6 1973.7—1980.5 1973.7—1981.2 1973.7—1981.2 1975.5—1981.2 1977.4—1981.2
市园林局 （1981.2—1983.8）	党委书记	刁庆芳	1981.3—1982.12	副书记	刘凤祥 郭元祥	1981.3—1983.3 1981.3—1983.3
	局　长	刁庆芳	1981.6—1982.12	副局长	郭元祥 王瑞甫 贾玉孝 王继忠	1981.3—1983.8 1981.3—1983.3 1981.12—1983.8 1981.12—1983.8
				顾　问	李传富 夏玉成 杨洪志	1981.3—1982.12 1982.3—1983.8 1982.3—1983.5
市园林管理处 （1983.8—1987.2）	党委书记	郭元祥	1983.10—1987.2	副书记	于红生	1984.3—1987.2
	主　任	郭元祥	1983.10—1987.2	副主任	刘凤祥 王继忠 贾玉孝	1983.10—1987.2 1983.10—1985.1 1983.10—1987.2
市园林管理局 （1987.2—2009.12）	党委书记	郭元祥 李凤美（女） 孙培森 韩晓光	1987.2—1990.3 1990.3—1997.7 1997.7—2008.1 2008.1—2009.12	副书记	刘锡民 郭元祥 孙启胜 李光明 韩晓光 李心宏	1987.3—1990.3 1990.3—1991.1 1990.12—1997.7 1999.9—2006.7 2006.3—2008.1 2006.12—2009.12
	局　长	郭元祥 孙启胜 孙培森 韩晓光	1987.4—1991.1 1991.1—1997.7 1997.7—2006.3. 2006.3—2009.12	副局长	贾玉孝 于红生 贾祥云 孙义和 王道海 刘新利 董海涛 韩晓光 权田智 王玉华（女） 杨庆绪 李心宏 吕剑平 朱传东 周坤三	1987.4—1988.7 1987.4—2006.3 1987.4—1999.4 1988.7—1994.6 1992.3—2003.7 1998.5—2004.8 2001.1—2004.6 2002.2—2006.3 2003.7—2005.10 2004.8—2009.12 2004.8—2009.12 2006.12—2009.12 2006.8—2009.12 2006.8—2006.12 2008.2—2008.10
				纪委书记	孙肇生 郭忠清	1991.11—1997.11 2006.11—2009.12

续表7-1

机构名称	正职			副职		
	职务	姓名	任职时间	职务	姓名	任职时间
市园林管理局 （1987.2—2009.12）	巡视员	贾玉孝 刘凤翔 贾祥云 刘锡民 于红生	1988.7—1990.11 1987.3—1990.11 1999.4—2001.2 1999.10—2001.6 2006.3—2009.12	助理巡视员	王玉华（女） 杨庆绪	1999.9—2004.8 1999.9—2004.8
				副巡视员	权田智 丁桂军（女）	2005.10—2008.8 2009.9—2009.12
市城市园林绿化局 市名泉保护委员会办公室 （2009.12—）	党委书记	韩晓光 韩永军	2009.12—2012.3 2012.3—	副书记	李心宏 吕建平 杨德海	2009.12—2012.3 2012.12—2013.11 2013.7—
	局　长 主　任 （兼）	韩晓光	2009.12—2012.3 2010.12—2012.3	副局长	李心宏 杨庆绪 吕建平 杨德海 刘建东 王继东 刘　洪 潘大波 崔家新	2009.12—2012.3 2009.12—2010.3 2009.12—2012.12 2009.12—2013.7 2010.2— 2011.9— 2012.7— 2012.12— 2013.8—
		韩永军	2012.3—	副主任	潘大波 杨　波	2010.12—2012.12 2012.12—
	巡视员	王玉华(女)	2010.1—2012.12	副巡视员	丁桂军（女） 孙平远 于增利 王永华	2009.12—2013.4 2009.12—2014.2 2013.8— 2013.12—

济南市园林局（处）机关内设机构和领导人更迭表

（1960—2013年）

表7-2

起止时段	内设机构	正　职			副　职		
		职务	姓名	任职期限	职务	姓名	任职期限
市园林管理处 （1958.12—1964.1）	秘书科	科　长	刘占先 崔炳文	1961.9—1961.12 1961.12—1962.2	副科长	魏兴翰 王登山 翟凤仁	1960.5—1961.2 1962.2—1964.1 1962.2—1964.1
	人事保卫科	科　长	李固勤 郑建兴	1960.11—1961.9 1961.11—1963.6	副科长	邱士武 孙景华 杨树彬 季宝华	1961.2—不详 1961.11—1964.1 1960.3—1961.11 1962.2—1964.1
	监察委员会	书　记	郑建兴	1963.6—1964.1			
	生产财务科	科　长	王登山 崔炳文 杨树彬	1960.3—1962.2 1961.11—1962.10 1962.2—1963.5	副科长	崔炳文 李学圣	1960.2—1961.11 1962.2—不详
	公园管理科	科　长	刘占先	1961.12—1962.2	副科长	李学圣 苏伯礼	1960.3—1961.12 1960.3—1961.11

续表7–2

起止时段	内设机构	正职			副职		
		职务	姓名	任职期限	职务	姓名	任职期限
市园林管理处（1958.12—1964.1）	绿化科	科　长	卜善礼	1961.11—1964.1	副科长	李学圣	1961.12—1962.2
	果树研究所	所　长	郑文斋（兼）	1963.6—1964.1	副所长	李学圣	1963.6—1964.1
	林业科				副科长	杨树彬	1963.5—1964.1
	工　会	主　席	庞恩堂 武文跃	时间不详 时间不详			
	职工教育办公室	主　任	武文跃	时间不详			
市园林局（1964.1—1969.9）	政治部	主　任	卜广来	1965.4—1969.9	副主任	卜广来	1965.1—1965.4
	秘书科	科　长	乜振东 刘占先	时间不详 时间不详	副科长	季宝华	1965.7—时间不详
	人事保卫科	科　长	乜振东	时间不详	副科长	季宝华 陈淑凤 孙景华	1964.1—1965.7 1965.6—1969.9 1964.1—1969.9
	生产财务科	科　长	王登山	1964.1—1969			
	公园科	科　长	刘占先	1968—1969.9			
	绿化科	科　长	卜善礼	1964.1—1969	副科长	翟凤仁	1964.1—1969
	林业科				副科长	杨树彬	1964.1—1969
	果树研究所	所　长	郑文斋（兼）	1964.1—1969	副所长	李学圣	1964.1—1969
	工　会		武文跃	时间不详			
	团　委		纪家佐	时间不详			
市园林管理处（1972.11—1981.2）	办公室	主　任	贾玉孝 戴传楼 汪光治	1973.11—1976.6 1976.6—1978.11 1980.3—1981.2	副主任	张子玉 潘景元	1977.2—1979.5 1978.10—1980.10
	政工科	科　长	孙志广 郝传东 孙景华(宣传)	1973.11—1979.5 1979.5—1981.5 1979.5—1981.7	副科长	徐家茂	1973.11—1978.11
	公园管理科	科　长	杨同立 刘占先	1973.11—1976.6 1978.11—1981.2	副科长	刘祚湘	1980.10—1981.6
	绿化科	科　长	周福政	1973.11—1975.1			
	园林科	科　长	杨同立	1976.6—1978.10			
	绿化管理科	科　长	杨同立	1978.11—1981.2			
	计划财务科	科　长	贾玉孝 董信一 崔炳文	1976.6—1977.4 1979.5—1981.5 1978.11—1979.5			
	规划设计室	负责人	周培正	1980.10—1981.2			
	科技科	科　长	黄世珂	1979.3—1981.2			
	基建办公室				副主任	高长丰 李继成 刘化谦	1979.5—1981.2 1979.5—1981.2 1979.10—1980.10

续表7–2

起止时段	内设机构	正职			副职		
		职务	姓名	任职期限	职务	姓名	任职期限
市园林管理处（1972.11—1981.2）	保卫科	科　长	孙志广	1979.5—1981.2	副科长	周福政	1980.10—1981.2
	纪检委	书　记	陈进业（兼）	1980.4—1981.2	副书记	郑建兴	1980.4—1982.4
	宣传科				副科长	沈顺义	1978.10—1979.5
	知青办						
	工　会				副主任	郝传东	1976.6—1979.5
	团　委				副书记	刘红军（女）	1978.11—1981
	汽车队	队　长	卢金雪	1979.5—1981.2	副队长	李良才 杨兆军	1979.5—1981.2 1979.5—1981.2
济南市园林局（1981.2—1983.8）	办公室	主　任	王光治 迟效初	1981.2—1981.7 1981.7—1983.8	副主任	王光治 张良忠	1981.7—1981.11 1981.7—1983
	政工科	科　长	郝传东	1981.6—1983.8	副科长	郑文远 孙景华 金树长 于红生	1981.7—1983.8 1981.7—1981.12 1981.7—1982.1 1982.8—1983.8
	综合科	科　长	董信一	1981.6—1982.12	副科长	丛华珠	1981.7—1983.8
	公园管理科	科　长	刘占先 王继忠	1981.2—1981.6 1981.6—1981.12	副科长	刘祚湘 高长丰	1981.7—1983.8 1982.11—不详
	绿化管理科	科　长	杨同立 贾玉孝	1981.2—1981.7 1981.6—1981.12	副科长	杨同立 李怀古	1981.7—1983.8 1981.9—1983.8
	科技科	科　长	黄世珂 刘占先	1981.2—1981.11 1981.6—1983.8	副科长	法来友	1981.7—1982.5
	保卫科	科　长	孙志广	1981.2—1981.5	副科长	周福政 刘光余	1981.2—1983.8 1981.7—1983.8
	职工教育科				副科长	王光治	1981.11—1982
	基建办公室				副主任	高长丰 李继成	1981.2—1982.11 1981.2—1981.7
	工　会	主　任	朱连生	1982.2—1983.8			
	纪检委	书　记	刘凤翔	1982.4—1983.10	副书记	郑建兴	1982.4—1983.11
	团　委	书　记	金树长（兼）	1981.7—1982.1	副书记	刘国荣	1983.3—1983.8
	汽车队	队　长	卢金雪	1981.2—1981.5	副队长	李良才 杨兆军	1981.2—1981.7 1981.2—1981.7

续表7-2

起止时段	内设机构	正职			副职		
		职务	姓名	任职期限	职务	姓名	任职期限
市园林管理处（1983.8—1987.2）	办公室	主　任	迟效初	1983.8—1984.4			
	秘书科	科　长	迟效初	1984.4—1987.1	副科长	徐荣道 李世欣	1984.4—1987.2 1986.10—1987.2
	组织人事科	科　长	郝传东 刘锡民	1983.8—1984.6 1984.4—1987.2	副科长	于红生 郑文元 杨慧珍（女）	1983.8—1984.3 1983.8—1984.2 1984.4—1987.6
	老干部管理科				副科长	陈莹（女）	1984.11—1987.6
	宣传科				副科长 协理员	王振刚 孙景华	1984.4—1987.6 1984.4—1985.4
	保卫科	协理员	周福政	1984.12—1985.4	副科长	周福政 刘光余 王伯元	1983.8—1984.12 1983.8—1984.4 1984.4—1987.6
	综合科	科　长	丛华珠	1984.4—1987.6	副科长	丛华珠 滕吉媛（女）	1983.8—1984.4 1986.10—1987.6
	科教科	科　长	刘占先 法来友 黄世珂	1983.8—1984.4 1984.4—1984.7 1986.1—1987.6	副科长	王玉华（女）	1984.7—1987.6
	绿化科	科　长	杨同立	1984.4—1987.6	副科长	杨同立 韩晓光	1983.8—1984.4 1985.5—1987.6
	公园科	科　长	刘祚湘 许圣敏	1984.4—1986.1 1986.3—1987.1	副科长	刘祚湘	1983.8—1984.4
						符道昌	1984.4—1986.1 1987.1—1987.6
						许圣敏 徐荣道	1986.1—1986.3 1986.3—1987.1
	基建科				副科长	韩学孔 牟　文	1986.1—1989.3 1986.1—1987.1
	接待科				副科长	王常信	1985.10—1987.6
	工会	主　任	朱连生	1983.8—1987.6			
	纪检委	书　记	于红生（兼）	1984.6—1987.2	副书记	孙肇生	1984.4—1987.6
市园林管理局（1987.2—2009.12）	办公室	主　任	李世欣 牛家泉 孙平远	1987.12—1997.11 1997.11—2002.7 2002.7—2009.12	副主任	徐荣道 李世欣 王常信 潘景元 牛家泉 尤凤尧 孙平远 郭兆文 张运德 陈兴建	1987.6—1988.1 1987.6—1987.12 1987.6—1987.12 1988.3—1997.11 1991.8—1997.11 1997.11—2000.1 2000.1—2002.7 2001.11—2004.2 2004.12—2006.11 2006.11—2008.3
					副调研员	张建胜	2008.4—2009.11
	法规处				副处长	尤凤尧（兼）	1997.11—2000.1

续表7-2

起止时段	内设机构	正职			副职		
		职务	姓名	任职期限	职务	姓名	任职期限
市园林管理局（1987.2—2009.12）	信访处	处　长	迟效初	1990.10—1993.8			
	接待处	处　长	王常信	1987.12—1991.2	副处长 副处长 副处长	孟宪俊 张　利（女） 姜景余	1987.12—1990.12 1987.12—1994 1992.3—1996.9
	组织人事处	处　长	杨慧珍（女） 袁绪连 郭忠青 王永华	1989.3—1997.11 1997.11—2003.2 2004.2—2006.11 2006.11—2009.12	副处长	杨慧珍（女） 陈　莹（女） 袁绪连 郭忠青 王永华	1987.6—1989.3 1987.6—1989.2 1989.3—1996.5 2003.2—2004.2 2004.12—2006.11
		调研员	袁绪连	1996.5—1996.11	助调员	陈兴建	2004.12—2006.11
	离退休干部工作处	处　长	陈　莹（女） 季　静（女）	1993.4—1999.2 2005.9—2008.4	副处长	陈　莹（女） 王士梅（女） 季　静（女） 吴炳泽	1989.2—1993.4 1999.4—2004.2 2004.2—2005.9 2008.4—2009.11
	保卫处	处　长	王伯元 尤凤尧	1989.3—2000.1 2000.1—2001.11	副处长	王伯元	1987.6—1989.3
	政策法规处	处　长	尤凤尧 王家友 魏　强	2001.11—2006.11 2006.11—2009.11 2009.11—	副处长	魏　强	2004.12—2009. 2
		调研员	尤凤尧 李　强	2006.11—2009.12 2004.12—2009.12			
	综合处	处　长	丛华珠	1987.6—1997.10	副处长	滕吉媛（女） 韩学孔 李崇勋 李延兴 丁桂军（女） 刘培梓	1987.6—1991.7 1987.6—1989.3 1987.7—1989.3 1989.3—1990.6 1989.1—1997.10 1991.7—1997
	计划财务处	处　长	丁桂军（女）	1997.11—2004.8	副处长	刘聪印 刘春丽（女）	1997.11—2004.2 2001.11—2004.8
		调研员	孙济生 刘聪印	1999.1—2004.8 2004.2—2004.8			
	财务审计处	处　长	丁桂军（女） 刘春丽（女）	2004.8—2009.11 2009.11—	副处长	刘春丽（女） 王淑娟（女）	2001.11—2005.8 2005.8—2009.11
		调研员	刘聪印 孙济生 刘春丽（女） 王淑娟（女）	2004.8—2010 2004.8—2010.8 2005.8—2009.1 2009.11—2009.12	助调员	史国安 吴炳泽	2004.12—2008.3 2004.12—2008.3

续表7-2

起止时段	内设机构	正职			副职		
		职务	姓名	任职期限	职务	姓名	任职期限
市园林管理局 （1987.2—2009.12）	绿化处	处长	杨同立 曹瑛(女) 高存太 杨波	1987.6—1994.6 1994.6—1997 1997.11—2001.11 2006.11—2010.4	副处长	曹瑛(女) 王家友 王吉栋 刘劲梅(女)	1987.6—1994.6 1995.1—1997.11 2009.11—2010.4 2005.8—2009.11
	城市绿化办公室	主任	王家友	1997.11—2006.11	副主任	王亚玲(女)	2001.11—2006.11
	公园处	处长	王立永 韩晓光 李光明	1988.11—1997.11 1997.11—1998.8 1998.8—2000.1	副处长	韩晓光 符道昌	1987.6—1997.11 1987.6—1988.1
						吕奎刚	1991.8—1992.6 1993.12—1997.12
		调研员	王立永	1997.11—1999.10		杨波	2000.1—2001.11
	风景园林管理处	处长	杨波 于增利 王亚玲(女)	2001.11—2003.2 2004.7—2008.4 2008.3—2009.12	副处长	潘大波 崔家新	2004.2—2006.11 2004.12—2008.3
		调研员	高明兰	2009.1—2009.12	副调员	马迎伟	2007.3—2011.1
	科教处	处长	黄世珂 王玉华(女)	1987.6—1990.12 1992.11—2000.1	副处长	王玉华 王振刚 贾名山 张德舜	1987.6—1992.11 1987.6—1995.11 1991.8—1997.11 2000.1—2004
					助调研员	王清珍(女)	2001.11—2004.9
	发展规划处	处长	杨波 王亚玲(女) 崔家新	2004.12—2006.6 2006.11—2008.3 2008.3—2008.6	副处长	谢玉浩	2001.12—2008.6
					副调研员	王清珍(女) 史国安	2004.9—2008.6 2008.3—2008.6
	基建工程处	处长	徐志泉	1989.3—1996.9	副处长	李崇勋 韩学孔 孙济生 胡延忠	1989.3—1993.10 1989.3—1994 1989.3—1993.10 1992.3—1993
	规划建设管理处	处长	崔家新	2008.6—2010.4	副处长	谢玉浩 焦国荣(女)	2008.6—2009.11 2009.11—2010.4
					副调研员	史国安	2008.5—2009.11
	经营管理处	处长	刘春丽(女) 吕杰	2009.1—2009.11 2009.11—2010.4			
	宣传处	处长	贾名山 宋雪翔	1997.11—2001.11 2004.2—2008.6	副处长 助调员	宋雪翔 张建胜	2000.1—2004.2 2004.12—2008.3
	宣传教育处	处长	宋雪翔	2008.6—2010.4	副调员	王清珍(女)	2008.6—2010.4
	监察室	主任	李延兴	1992.11—1997.11	副主任	李延兴	1990.6—1992.11
	纪检监察室	主任	王毓奎 陈兴建	1997.11—2009.1 2009.1—2009.7	副主任	陈兴建	2008.3—2009.1

续表7-2

起止时段	内设机构	正职			副职		
		职务	姓名	任职期限	职务	姓名	任职期限
市园林管理局（1987.2—2009.12）	名泉保护管理办公室	主　任 调研员	李世欣 孙济生	1997.11—2000.12 1997.11—1999.1			
	工会	主　任	朱连生 刘红军（女） 贾名山 吕　杰 谢玉浩	1987.6—1993.4 1997.11—2001.11 2001.11—2003.8 2005.9—2009.11 2009.11—2009.12	副主任	刘红军(女) 吕　杰	1993.4—1997.11 2004.12—2005.9
		调研员	季　静（女）	2008.4—2009.12			
	女工委员会	主　任	刘红军（兼）	1992.5—2001.11			
	团委	书　记	朱传东 田晓东	1997.1—2003.2 2004.2—2006.11	副书记	朱传东 田晓东	1992.3—1997.1 2000.1—2004.2
	机关党总支	书　记	刘锡民（兼） 李光明（兼） 郭忠清（兼）	1992.5—1999.9 1999.9—2006.7 2006.11—2009.12	副书记	王振刚 潘景元 高存太 郭兆文 魏　强 吴炳泽	1992.5—1995.11 1997.11—2001.11 2001.11—2003.8 2004.2—2009.1 2009.1—2009.11 2009.11—2009.12
市城市园林绿化局 市名泉保护管理办公室 （2009.12—）	办公室	主　任	孙平远	2009.12—2011.1	副主任	林祥龙 荣立楠	2011.1—2012.7 2012.7—2013.7
		调研员	张建胜	2009.12—2011.1			
	组织人事处	处　长	王永华 于增利	2009.12—2011.1 2011.2—2013.8	副处长	马思凤(女)	2012.7—
		调研员	刘劲梅(女)	2009.12—2013.7			
	政策法规处	处　长	魏　强 林祥龙	2009.12—2014.1 2014.1—			
		调研员	尤凤尧 李　强	2009.12—2011.9 2009.12—			
	财务审计处	处　长	刘春丽(女)	2009.12—	副处长	董建国	2012.8—
		调研员	孙济生 王淑娟(女)	2009.12—2010.8 2009.12—2012.7			
	公共绿地管理处	处　长	宋雪翔 苏先春	2010.4—2011.1 2013.7—	副处长	王吉栋 苏先春	2010.4—2012.7 2012.7—2013.7
	城市绿化指导处	处　长	杨　波 安吉磊	2010.4—2011.1 2011.1—	副处长	孙艾修(女)	2011.1—
	风景园林管理处	处　长	王亚玲(女)	2009.12—			
		调研员	高明兰 马迎伟	2009.12— 2011.1—2014.1	副调员	马迎伟	2009.12—2011.1
	工程建设管理处	处　长	崔家新	2010.4—2013.8	副处长	焦国荣(女)	2010.4—2013.7

续表7-2

<table>
<tr><th rowspan="2">起止
时段</th><th rowspan="2">内设机构</th><th colspan="3">正 职</th><th colspan="3">副 职</th></tr>
<tr><th>职务</th><th>姓名</th><th>任职期限</th><th>职务</th><th>姓名</th><th>任职期限</th></tr>
<tr><td rowspan="11">市城市园林绿化局
市名泉保护管理
办公室
（2009.12—）</td><td rowspan="2">发展规划处</td><td>处 长</td><td>吕 忝
韩明新
荣立楠</td><td>2010.4—2011.1
2011.1—2013.7
2013.7—</td><td>副处长</td><td>康斯文</td><td>2011.5—2014.7</td></tr>
<tr><td>调研员</td><td>王清珍（女）
王淑娟（女）</td><td>2011.1—2012.1
2012.8—</td><td>副调员</td><td>王清珍(女)</td><td>2010.4—2011.1</td></tr>
<tr><td>名泉保护
管理处</td><td>处 长</td><td>雷学端
焦国荣（女）</td><td>2010.4—2013.1
2013.7—</td><td rowspan="2">副调员</td><td>丁大尧</td><td>2012.8—</td></tr>
<tr><td>名泉保护
技术处</td><td>处 长</td><td>孙文禄
田晓东</td><td>2010.4—2011.1
2011.1—</td><td>曹慧兰(女)</td><td>2012.8—</td></tr>
<tr><td rowspan="2">工 会</td><td>主 任</td><td>谢玉浩
韩明新</td><td>2009.12—2013.7
2013.7—</td><td rowspan="2"></td><td rowspan="2"></td><td rowspan="2"></td></tr>
<tr><td>调研员</td><td>季 静（女）</td><td>2009.12—2014.1</td></tr>
<tr><td rowspan="2">机关党总支</td><td rowspan="2">书 记</td><td rowspan="2">郭忠清（兼）
李心宏（兼）
吕剑平（兼）</td><td rowspan="2">2009.12—2010.1
2010.1—2012.3
2012.12—2013.3</td><td>副书记</td><td>吴炳泽</td><td>2009.12—2013.3</td></tr>
<tr><td>调研员</td><td>史国安</td><td>2011.1—2013.3</td></tr>
<tr><td rowspan="2">机关党委</td><td rowspan="2">书 记</td><td rowspan="2">吕剑平（兼）
杨德海（兼）</td><td rowspan="2">2013.3—2013.11
2013.7—</td><td>副书记</td><td>史国安
刘劲梅(女)</td><td>2013.3—2014.1
2014.1—</td></tr>
<tr><td>调研员</td><td>史国安
马迎伟</td><td>2013.3—2014.1
2014.1—</td></tr>
</table>

第二节 区（市、县）园林行政机构

1964年1月，济南市人委批准各区建立绿化队，每区配备10名工人，编制、工资、待遇均从市绿化工程队解决，实行双重领导，以区为主，人员不得抽作他用。1966年2月6日，市人委批转市园林局关于调整绿化管理体制的请示报告，区建设科配专管园林绿化工作的科长或副科长、技术员，市绿化工程队的绿化人员全部下放到区绿化队，保留园林树木病虫害防治小组并改称市绿化队，负责全市园林树木病虫害防治工作。体制调整后，区绿化队建制属市人委，党务和行政领导关系归区，绿化业务受市园林局领导。区绿化队负责区内道路、街巷、隙地、庭院绿化设计并组织绿化施工和树木的养护管理及病虫害防治；兴办区属苗圃；组织发动群众见缝插绿，普遍育苗；处理辖区内违反树木管理办法的事宜，受理伐树、移植等申请事项。1979—1987年，槐荫、市中、历城区绿化队先后改为绿化管理所，之后到2007年，历下、历城、槐荫、市中区将园林行政机构先后改设区园林管理处和区园林管理局。县（市）在20世纪90年代到2011年也相继成立园林局（处）或市容环卫园林局。

历下区园林绿化管理局 1964年成立区绿化队，1966年2月改称区市政工程养护绿化队。1979年2月，绿化队与市政工程机构分设，恢复区绿化队名称。1989年7月，撤销区绿化队，设区绿化管理处。1994年3月，改称区园林绿化管理处。1997年改称今名，为正处级全民事业单位。到2011年，内部机构设办公室、政工科、财务科、社会绿化科、绿化管理科、发展规划科、绿化队、汽车队、名泉保护管理办公室和历下区广场管理处、历下区绿化发展中心两个副处级事业单位，下辖11个街道办事处绿化所，有职工88人，其中具有大专以上学历75人。

1979—2011年历下区园林行政机构领导人更迭表

表7-3

机构名称	正职			副职		
	正职	姓名	任职时间	副职	姓名	任职时间
区绿化队 （1979.2—1989.7）	队　长	潘海涛	1988.8—1989.12	副队长	王大森	1988.8—1989.7
区绿化管理处 （1989.7—1994.3）	处　长	昝金平 陈加桐	1989.12—1991.12 1991.12—1994.3	副处长	王大森	1989.7—1994.12
区园林绿化管理处 （1994.3—1997.9）	处　长	陈加桐	1994.3—1997.9	副处长	方　平（女） 王从周	1994.12—1997.9 1994.12—1997.9
区园林绿化管理局 （1997.9—）	局　长	陈加桐 吕顺利	1997.9—2010.8 2010.8—	副局长	方　平（女） 房立平 张洪安 王建华	1997.9—2001.3 1998.10— 1999.12— 2005.4—2010.8

2011年历下区园林绿化管理局在职职工统计表

表7-4　　单位：人

总计	行政管理人员					技术人员				普工	性别		文化程度			
	处级	副处级	科级	科员	小计	高级	中级	初级	小计		男	女	本科以上	大专	高中	初中以下
88	3	3	44	25	75	1	5	2	8	5	51	37	44	31	13	0

市中区园林局　1965年年底，成立区绿化队，归属区建委建设科领导。1966年，区绿化队与市政养护所合并，改称市中区市政工程养护绿化队。1979年，区绿化队与市政工程养护机构分设，恢复区绿化队建制，全民事业单位，全额财政拨款，独立核算。1986年，改为区绿化管理所。1995年7月，改称区园林绿化管理处。2001年4月改称今名。到2011年，内部机构设办公室、财务科、生产计划科、园林绿化工程质量监督科、绿地养护管理科、汽车队、监察科、社会绿化管理科，有在职职工72人，其中具有大专以上学历63人。

1979—2011年市中区园林行政机构领导人更迭表

表7-5

机构名称	正　职			副　职		
	职务	姓名	任职时间	职务	姓名	任职时间
区绿化队 （1979—1986）	队　长	李怀古 刘同生	1979—1982 1982—1986	副队长	徐莉雷	1982—1985
区绿化管理所 （1986—1995.7）	所　长	刘同生 边茂君	1986—1989 1990.8—1995.7	副所长	王蔼芝 王忠信	1986.11—1997.12 1990.12—1995.7

续表7-5

机构名称	正职			副职		
	职务	姓名	任职时间	职务	姓名	任职时间
区绿化管理处（1995.7—2001.4）	处　长 调研员	边茂君 王　恒	1995.8—2001.4 2002.7—2006.5	副处长	王忠信 高　霞（女） 高爱丽（女） 王　恒	1995.8—2001.4 1995.12—1998.6 1998.6—2001.4 1998.6—2002.7
区园林局（2001.4—）	局　长	边茂君 邹　斌	2001.8—2009.12 2009.12—	副局长	王忠信 高爱丽（女） 刘　健 黄元良 左　颖（女） 鲁殿军 顾文娟（女） 王金凯 范伟斌	2001.8—2006.4 2001.4—2008.11 2001.4—2004.12 2002.7—2009.12 2003.9—2010.11 2004.12—2010.11 2006.5— 2009.3— 2010.11—
	调研员	左　颖（女）	2010.11—			

2011年市中区园林局在职职工统计表

表7-6　　单位：人

总计	行政管理人员					技术人员				性别		文化程度			
	处级	副处级	科级	科员	小计	高级	中级	初级	小计	男	女	本科以上	大专	高中	初中以下
72	5	3	19	3	30	1	5	36	42	49	23	30	33	5	4

槐荫区园林绿化管理局　1966年，成立槐荫区市政工程养护绿化队。1977年，区绿化队与市政工程养护机构分设，成立区绿化队，为全民事业单位，全额财政拨款，独立核算。1979年4月改称区绿化管理所。1985年5月更名为园林绿化管理所，隶属区城市建设委员会。1993年11月更名为区园林绿化管理处。2000年4月升格为正处级单位，为区政府直属部门。2007年2月更名为区园林绿化管理局。到2011年，内部机构设生产科、社会绿化科、监察科、计财科、局办公室、腊山公园管理办公室、槐荫广场管理办公室、槐荫公园办公室等8个科室，有职工124名，其中具有大专以上学历44人。

1977—2011年槐荫区园林行政机构领导人更迭表

表7-7

机构名称	正职			副职		
	职务	姓名	任职时间	职务	姓名	任职时间
区绿化队（1977—1979.4）	队　长	祁中甫	1977.8—1979.4	副队长	侯兆鹏	1977.8—1979.4
区绿化管理所（1979.4—1985.5）	所　长	侯兆鹏 刘崇镇	1979.4—1984.5 1984.5—1985.5		刘崇镇 贺建城	1981.8—1984.5 1984.5—1985.5

续表7-7

机构名称	正职			副职		
	职务	姓名	任职时间	职务	姓名	任职时间
区园林绿化管理所（1985.5—1993.11）	所　长	刘崇镇 李洪庆	1985.5—1987.12 1987.12—1993.11	副所长	于作文 刘志海 王德仁 刘国栋	1987.12—1989.12 1989.12—1993.11 1991.3—1993.11 1991.3—1993.11
区园林绿化管理处（1993.11—2007.2）	处　长	李洪庆 于秀花 章建东 张爱萍 吴大明	1993.11—1994.4 1994.04—1999.12 1999.12—2000.8 2000.08—2003.7 2003.07—2007.2	副处长	刘志海 王德仁 刘国栋 吴京泽 曹洪振 马宗辉 张　民 刘华新	1993.11—1996.10 1993.11—1994.9 1993.11—2002.11 1999.12—2007.2 1999.12—2007.2 2000.8—2007.2 2003.3—2007.2 2006.6—2007.2
区园林绿化管理局（2007.2—）	局　长	吴大明 马宗辉 刘金龙	2007.2—2007.4 2007.4—2011.3 2011.3—	副局长	吴京泽 曹洪振 马宗辉 张　民 刘华新 温　梅 朱崇秀 龚文华	2007.2—2013.1 2007.2—2012.8 2007.2—2007.4 2007.2— 2007.2— 2007.7—2011.8 2009.12— 2011.8—

2011年槐荫区园林绿化管理局在职职工统计表

表7-8　　单位：人

总计	行政管理人员					技术人员				性别		文化程度			
	处级	副处级	科级	科员	小计	高级	中级	初级	小计	男	女	本科以上	大专	高中	初中以下
124	1	7	26	15	49	52	14	9	75	66	58	13	40	43	28

天桥区园林绿化管理局　1965年年底，区建设科内设天桥区绿化队。1966年，区绿化队与区市政养护所合并组成天桥区市政养护绿化队。1979年市政养护与城市绿化机构分离，设天桥区绿化队。1982年，区绿化队改称天桥区绿化管理所。1991年改设天桥区绿化管理处。2001年11月，更名为天桥区园林绿化处，为正处级事业单位。2002年5月，与天桥区绿化委员会办公室合署办公。2007年改称今名。到2011年，内部机构设办公室、生产计划科、绿化管理科、财务科、监察科、车辆管理科、火车东站广场管理办公室，有在职职工70人，其中有大专以上学历44人。

1982—2011年天桥区园林行政机构领导人更迭表

表7-9

机构名称	正职			副职		
	职务	姓名	任职时间	职务	姓名	任职时间
区绿化管理所（1982—1991）	所　长	羊荣兴 王金兰	1985—1990 1990—1992	副所长	王金兰（女） 张凤鸣 王永苓	1985—1990 1986—1992 1990—1992

续表7-9

机构名称	正职			副职		
	职务	姓名	任职时间	职务	姓名	任职时间
区园林绿化管理处（1991—2007）	处长	王永苓 梁兆海 费晓伟 王伦嵩	1994—1997 1997—2000 2000—2003 2003—2007	副处长	张凤鸣 梁兆海 董超 齐树贵 刘锋	1992—1995 1992—1997 1995—2007 1997—2007 2000—2007
区园林绿化管理局（2007—）	局长	王伦嵩	2007—	副局长	董超 刘锋 齐树贵 张玉丽（女） 黄宝昌	2007—2008 2007—2009 2007— 2007— 2007—

2011年天桥区园林绿化管理局在职职工统计表

表7-10 单位：人

总计	行政管理人员					技术人员				普工	性别		文化程度			
	处级	副处级	科级	科员	小计	高级	中级	初级	小计		男	女	本科以上	大专	高中	初中以下
70	3	2	7	6	18	27	7	11	45	7	56	14	14	30	14	12

历城区园林绿化管理局 1987年5月，历城设区后，以郊区绿化所为基础成立历城区绿化所，有职工13人。1992年8月，区绿化所更名为历城区园林绿化管理处。1997年12月改称今名。到2011年，内部机构设办公室、财务科、监察科、社会管理科、园林科、工程管理科、植保科、政工科、将军广场管理所、洪楼广场管理所、工业北路绿化所、外环东路绿化所、名泉保护管理办公室。有在职职工90人，其中具有大专以上学历职工67人。

1987—2013年历城区园林行政机构领导人更迭表

表7-11

机构名称	正职			副职		
	职务	姓名	任职时间	职务	姓名	任职时间
区绿化所（1987.5—1992.8）	所长	温立刚 于优德	1987—1991.6 1991.6—1992.8	副所长	王义俊 李志甫	1987—1992.8 1987—1992.8
区园林绿化管理处（1992.8—1997.12）	主任	于优德 温立刚 王义俊	1992.8—1993.2 1993.2—1994.5 1994.5—1997.12	副主任	温立刚 王义俊 赵克富	1991.6—1993.2 1992.8—1994.5 1993.6—1997.12
区园林绿化管理局（1997.12—）	局长	王义俊 张孝恩 张庆富 康和祯	1997.12—1999.1 1999.1—2001.12 2001.12—2005.4 2005—	副局长	赵克富 赵吉兰 张莉萍 路全新 李恒仁 韩道文 刘传琳 梁国强	1997.12—2001.12 1997.12—1999.1 1999.3—2012.3 1999.2—2001.12 2001.12—2005.4 2003.3— 2007.9— 2013.12—

2011年历城区园林绿化管理局在职职工统计表

表7-12　　　　单位：人

总计	行政管理人员					工勤人员				性别		文化程度			
	处级	副处级	科级	科员	小计	高级工	中级工	普工	小计	男	女	本科以上	大专	高中	初中以下
90	1	4	45	27	77	8	1	4	13	48	42	28	39	20	3

长清区城市管理局环卫绿化管护中心　1984年11月成立长清县环卫绿化队，为股级全额财政拨款事业单位。1985年12月，环卫与绿化分设专业队伍，建立长清县绿化队。1987年2月改称长清县园林绿化管理所；1993年4月升格为长清县园林绿化管理处。2000年7月与市容环卫机构合并，成立长清县市容环卫园林管理局。2001年6月，长清改区后，改称长清区市容环卫园林管理局，2010年9月改称今名。到2011年，内部机构设办公室、财务科、绿化科、绿化队、公园管理处、清运中心、保洁队等科室，有在职职工98人，其中大专以上学历57人。

1987—2011年长清区园林行政机构领导人更迭表

表7-13

机构名称	正职			副职		
	职务	姓名	任职时间	职务	姓名	任职时间
县园林绿化管理所 （1987.2—1993.4）	所　长	裴广利	1987.1—1993.3	副所长	庞延华	1987.1—1993.3
县园林绿化管理处 （1993.4—2000.7）	主　任	裴广利	1993.3—2000.6	副主任 副主任	庞延华 李昌元	1993.3—2000.6 1993.3—2000.6
县市容环卫园林管理局 （2000.7—2010.9）	局　长	付　勇 陈元成	2000.6—2004.10 2004.11—2010.2	副局长	贾云强 朱庆和 贾云强 朱庆和 房鲁豫	2002.4—2004.10 2003.9—2004.10 2004.11—2009.4 2004.11—2010.2 2005.5—2010.2
区城市管理局 环卫绿化管护中心 （2010.9—）	主　任	朱庆和	2010.9—	副主任	王寿国	2010.9—

2011年长清区城市管理局环卫绿化管护中心在职职工统计表

表7-14　　　　单位：人

总计	行政管理人员					工勤人员				性别		文化程度			
	处级	副处级	科级	科员	小计	高级工	中级工	普工	小计	男	女	本科以上	大专	高中	初中以下
98	1	2	7	16	26		5	67	72	55	43	21	36	28	13

章丘市园林局 1985年成立章丘县园林管理处，为章丘县城建委下属的股级事业单位。2003年7月，成立章丘市园林局，为市政府所属正科级全额拨款事业单位，编制10人。到2011年，内部机构设办公室、财务科、政工科、绿化科、工程管理科、考核科6个职能科室和市园林绿化公司、市园林规划设计院2个事业单位，辖市园林工程建设服务中心、济南春雨园林绿化工程有限公司2个绿化施工企业，有在职职工25人，其中大专以上学历23人。

1985—2012年章丘市园林行政机构领导人更迭表

表7-15

机构名称	正职			副职		
	职务	姓名	起止时间	职务	姓名	任职时间
县园林管理处（1985—2003.7）	主　任	李成法 张希庭 张景淦 池建民 李大跃	1983.9—1990.8 1990.8—1991.4 1991.4—1996.7 1996.7—1998.2 2001.7—2003.7			
市园林局（2003.7—）	局　长	柴启德 王小玲 孙　东	2003.7—2009.11 2009.11—2012.2 2012.9—	副局长	孙　东 刘在明 牛忠东 周　涛 王　力 耿　斌	2003.7—2012.9 2003.7— 2004.12—2008.3 2007.5— 2008.3—2011.2 2012.12—

2011年章丘市园林局在职职工统计表

表7-16　　单位：人

总计	行政管理人员					工勤人员				性别		文化程度			
	处级	副处级	科级	科员	小计	高级工	中级工	普工	小计	男	女	本科以上	大专	高中	初中以下
25	0	0	3	1	4	2	3	16	21	11	14	23	0	1	1

平阴县环卫绿化管护中心 1985年6月，成立平阴县园林管理所，隶属平阴县城乡建设环境保护委员会，为股级全额财政拨款事业单位，编制5人。1989年2月，定编79人。1996年6月，更名为平阴县园林管理处，为副科级全额拨款事业单位。2010年3月，更名为平阴县园林局。是月，县环境卫生局和县园林局职能整合，组建县环卫绿化管护中心，隶属县住房和城乡建设管理委员会，为全额财政拨款正科级事业单位，到2011年，内部机构设办公室、组织人事科、财务科、技术科、巡查科、渣土科、环卫科和汽车队、绿化一队、绿化二队、绿化三队、绿化四队等科、室、队。有在职职工175人，其中大专以上学历61人。

1985—2012年平阴县园林行政机构领导人更迭表

表7-17

机构名称	正职			副职		
	职务	姓名	任职时间	职务	姓名	任职时间
县园林管理所 （1985.6—1996.6）	所　长	王广甫 孔庆荣 杨再祯 孟　飞	1985.8—1989.7 1989.7—1990.12 1990.12—1995.3 1995.3—1996.6	副所长	石秀东 钟方凯 杨再祯 温树峰 刘允东 董光生 赵仲安	1985.12—1989.7 1987.6—1994.4 1989.7—1990.12 1993.4—1996.6 1993.4—1996.6 1995.3—1996.6 1995.3—1996.3
县园林管理处 （1996.6—2010.3）	主　任	孟　飞 赵书祥	1996.6—2000.12 2000.12—2010.3	副主任	刘允东	1996.6—2010.3
					董光生	1996.6—1997.2 2003.8—2009.6
					温树峰 史爱军 齐乐渝 郭泗亭 赵玉祥 王　芬（女） 展　钊	1996.6—2005.8 1997.2—2010.3 1999.7—2005.8 1999.7—2010.3 2000.8—2002.6 2006.4—2010.3 2006.9—2010.3
县环卫绿化 管护中心 （2010.3—）	主　任	张明忠 于现伟	2010.3—2012.3 2012.3—	副主任	温树峰 赵一强 郭泗亭 柳　红	2010.5— 2011.4— 2011.4— 2012.3—

2011年平阴县环卫绿化管护中心在职职工统计表

表7-18　　　　单位：人

总计	行政管理人员				专技人员			技术工人					性别		文化程度			
	科级	副科级	科员	小计	中级	初级	小计	高级工	中级工	初级工	普工	小计	男	女	本科以上	大专	高中	初中以下
175	2	2	12	16	9	28	37	47	41	20	14	122	113	62	24	37	53	61

济阳县园林局 2002年以前，济阳县城园林绿化工作先后归口1988年成立的济阳县城区管理办公室，1994年成立的济阳县城建环卫事业管理局，1996年成立的济阳县城市建设管理局。2002年6月，县城市建设管理局更名为济阳县园林局，为正科级全额拨款事业单位，编制45人，到2011年，内部机构设办公室、财务科、人事科、设计室、为民服务中心、工程管理科、市政科、道路养护科、园林一科、园林二科、路灯所、监察科、防汛科、广场公园管理办公室等职能科室。有在职职工69人，其中大专以上学历42人。

2002—2013年济阳县园林行政机构领导人更迭表

表7-19

机构名称	正职			副职		
	职务	姓名	任职时间	职务	姓名	任职时间
县园林局 （2002.6—）	局　长	刘家禄 付丙新 刘景福 杨春亭	2002.6—2004.3 2004.3—2008.4 2008.4—2012.4 2012.4—	副局长	李　耕 杨国庆 刘杭清 王传华 郭克文 尹文昌 张庆安 王学林 张立明 魏长文 王玉成	2002.6—2007.4 2002.6.4—2008.4 2002.6 —2003.12 2003.4— 2007.3—2010.3 2005.5—2008.4 2004.2—2013.2 2008.4—2013.2 2010.3— 2013.2— 2013.2—

2011年济阳县园林局在职职工统计表

表7-20　　单位：人

总计	行政管理人员				工勤人员					性别		文化程度			
	科级	副科级	科员	小计	高级工	中级工	初级工	普工	小计	男	女	本科以上	大专	高中	初中以下
69	2	8	0	10	0	6	19	34	59	51	18	23	19	27	0

商河县园林处 1990年之前，商河县城园林绿化由县林业局管理。1990年6月，成立县环境卫生绿化管理所。1993年，变更为县环境卫生园林管理局。2007年12月，环卫园林局撤销，成立县园林绿化管理处，隶属县建设局，为副科级财政差额拨款事业单位。2010年，县建设局改称县住房和城市建设管理委员会，县园林处隶属改革后的县住建委，建制级别、差额拨款事业单位性质未变。到2011年，内部机构设办公室、园林绿化科、园林养护科，有职工29人，其中大专以上学历16人。

1990—2011年商河县园林行政机构领导人更迭表

表7-21

机构名称	正职			副职		
	职务	姓名	任职起止时间	职务	姓名	任职时间
县环卫绿化管理所（1990.6—1993.3）	所　长	窦可曾	1990.6—1993.3	副所长	刘增春	1990.6—1993.3
县环卫园林管理局（1993.3—2007.12）	局　长	窦可曾 董作清 宋庆林	1993.3—1995.5 1995.5—2000.7 2000.7—2007.12	副局长	刘佃兴 刘增春 王笃国 郜海平 李　华	1993.3—1998 1993.3—2000 1998.3—2007.12 2002.1—2006.1 2005.12—2007.12
县建设局园林处（2007.12—2010.3）	处　长	宋庆林 牛登军 张成伟	2007.12—2008.5 2008.5—2009.6 2009.6—2010.3	副处长	郜建勇 惠　军	2007.12—2008.4 2008.4—2010.3
县住建委园林处（2010.3—）	主　任	张成伟	2010.3—	副主任	惠　军	2010.3—

2011年商河县住建委园林处在职职工统计表

表7-22　　　　单位：人

总计	行政管理人员				技术人员				普工	性别		文化程度			
	科级	副科级	科员	小计	高级工	中级工	初级工	小计		男	女	本科以上	大专	高中	初中以下
29	0	1	11	12	0	0	12	12	5	24	5	7	9	13	0

第二章 事业机构

第一节 沿 革

济南市园林事业机构始建于50年代中期。1956年9月成立济南市园林管理所，负责济南市的园林建设管理。1958年12月，园林管理所、济南林场、济南市果树园艺场三个单位合并组建济南市园林管理处，统一管理人民公园（今中山公园）、济南林场、段店苗圃（今济南园林花木中心）、匡山苗圃、王庄苗圃（后为花卉苗圃）、四里山果园（后改为英雄山果园）、济南果树园艺场（后改建成济南植物园，今更名为泉城公园）等园林事业单位。1959年，随着三大名胜等公园的建成开放，相继组建了大明湖公园、趵突泉公园、千佛山公园、金牛动物园（今济南动物园）等事业单位。济南园林事业单位增加到11个。

20世纪60、70年代，先后改建或组建西郊苗圃（由市蔬菜园艺场改建）、南郊果园、园林绿化队、园林基建队、泺口葡萄园、园林机械厂，园林事业单位达到15个。

80年代到2011年，随着园林事业的发展，新的园林事业机构也随之组建。1980年11月组建园林规划设计室。1981年10月，设立市园林科研所。1984年2月，市园林科研所以原市绿化队植保室、化验室和济南市园林树木普查课题组人员设备为基础正式组建成立，撤销市绿化队建制；3月组建了市马鞍山苗圃。1986年10月，市环城公园建成开放，列为科级事业单位；11月成立济南市园林建设开发服务中心，撤销园林基建队建制。1987年4月，原隶属市建委的济南市城市雕塑规划领导小组办公室（科级事业，全额预算，编制3人）及其实体济南市雕塑创作室划归市园林局管理，与市园林建设开发服务中心一个领导班子，挂三块牌子；10月，建成市五龙潭公园，列为科级事业单位，与市环城公园“一套机构，两块牌子”，人员编制总数为150人；11月，市匡山苗圃与市西郊苗圃合并，组建成立市园林苗圃。1988年，市雕塑创作室单列为差额拨款科级事业单位，同时履行市城市雕塑规划领导小组办公室的管理职能。1989年9月，市植物园（今泉城公园）建成开放，列为科级事业单位，1992年升格为县级事业单位；1989年9月，市百花公园建成开放，定为科级事业单位，人员编制150人。1992年4月，成立市园林职工学校，列科级事业单位，人员编制23人。1998年5月，以市园林建设开发服务中心为主体，组建济南园林开发建设集团，列为企业化管理县级事业单位；8月，在市园林局绿化监察大队基础上组建市园林监察支队，列正处级事业单位，编制20人；9月，成立市英雄山风景区管理处，列为县级事业单位，撤销市英雄山果园、市英雄山公园。1999年8月，合并市园林科研所和市花卉苗圃，组建市花卉苗木科研中心（后更名市花卉苗木开发中心），为差额预算管理县级事业单位。2000年12月，市名泉保护管理办公室由市园林管理局机关内设处室，单列为全额预算管理县级事业单位。2002年11月，将市环城公园和市五龙潭公园两个差额拨款科级事业单位并入市趵突泉公园管理处，保留市环城公园、市五龙潭公园名称；将市百花公园（差额拨款科级事业单位）并入千佛山风景名胜区管理处，保留市百花公园名称。2003年8月，市城建局所属的市山岭管理处（县处级事业单位）整建制划归市园林管理局，2004年11月撤销。2006年9月，新的济南植物园建成开放，并成立济南植物园管理处，列正处级事业单位，配事业编制60人；原市植物园改称济南泉城公园。2007年2月，济南跑马岭野生动物世界移交市园林局管理。2008年10月，济南国际园博园管理处正式组建成立，为正处级差额预算事业单位。2010年4月，市名泉保护管理办公室职责整合入市城市园林绿化局，市名泉保护管理办公室撤销。到2011年年底，济南市城市园林绿化局所属事业单位16个，其中，县（处）级单位14个，科级单位2个。14个处级单位是：济南园林开发建设集团，济南大明湖风景名胜区管理处，济南市趵突泉公园，济南千佛山风景名胜区管理处，济南动物园管理处，济南泉城公园管理处，济南植物园管理处，济南市中山公园管理处，济南市花卉苗木开发中心，济南市林场，济南市英雄山风景区管理处、济南市园林绿化工程质量监督站，济南国际园博园管理处，济南森林公园管理处。2个科级单位是：济南市园林花卉苗木中心，济南市园林规划设计研究院。另有1个企业单位：济南跑马岭野生动物世界股份有限公司。

第二节 2011年在编的事业机构

济南园林开发建设集团 1998年5月28日，以济南市园林建设服务中心为主体，联合9家具有独立法人资格单位为成员单位，正式组建成立济南园林开发建设集团，为处级事业单位，编制50人。1999年增加编制10人，2000年扩编至160人。内部机构设办公室、组织人事部、财务部、工程部、项目开发部、设计部。1999年，成立济南园林开发建设集团有限公司，实行企业化管理。公司下设一、二、三分公司、监理有限公司、机械化施工公司、金鸣苑餐饮娱乐有限公司、职工培训中心、海南公司等。1999年5月，集团有限公司取得园林绿化一级企业资质，2000年获对外经济合作经营权资质，2002年，取得山东省建筑业市政二级资质，2006年，获风景园林工程设计专项乙级资质。

1998—2012年济南园林开发建设集团领导人更迭表

表7-23

机构名称	正职			副职		
	职务	姓名	任职时间	职务	姓名	任职时间
济南园林开发建设集团有限公司（1998.03—）	党总支书记	刘新利 刘建东（兼） 张　旭	1998.5—2003.6 2005.8—2009.11 2009.11—	副书记	郭京山 刘建东 张　旭 杨春梅(女)	1998.5—2006.11 2002.7—2005.7 2001.11—2009.11 2013.11—
	总经理	刘新利 刘建东 刘运初	1998.5—2003.6 2003.6—2009.2 2011.1—	副总经理	杨庆绪 刘建东 史作刚 张光群(女) 刘运初 赵晓平 姚洪涛 李照勇	1998.5—2000.1 2000.1—2003.5 2001.11— 2005.9—2008.3 2005.9—2011.1 2008.3— 2009.11— 2012.1—

济南大明湖风景名胜区管理处 1949年，大明湖由省建设厅移交济南市人民政府建设局管理。1955年，正式辟建为公园，1957年5月，实行售票游园，当年划归市农林水利局。1958年年初，复归市城建局，湖田全部收归国有，同时把1953年湖民自发组织的济南市历下区大明湖群众生产捕鱼委员会解散，部分人员转为公园职工，并成立大明湖公园管理处。行政管理工作由管理员纪凡童、王在祥、郑亦桥、代玉明、张洪傲等人先后主持。1959年，建立中共党支部，1961年，明确为科级事业单位，设正副主任。“文化大革命”时期成立公园革命委员会。1978年，革委会撤销，仍由主任、副主任负责公园管理，配备技术、劳工、财务、治保等若干管理人员。1986年，公园内先后设立生产服务、园容、综合、基建、保卫、宣传等科室。1987年，公园人员编制由444人增为454人。1991年，升格为县级事业单位，差额预算管理。1992年，设立济南市

大明湖公园管理处，内部机构设办公室、组织人事科、宣传科、园容绿化科、经营服务科、财务科、基建科、保卫科，人数编制为456人，领导职数配3—5人，中层干部配16人。1997年，成立大明湖清淤施工队，为大明湖公园管理处内设科级机构。2003年，公园管理处更名为济南大明湖风景名胜区管理处。

2013年9月25日，济南大明湖风景名胜区管理处整建制并入济南天下第一泉风景区管理中心（济南趵突泉公园管理处），加挂济南大明湖风景名胜区管理处牌子，济南大明湖风景名胜区管理处事业单位建制撤销。

1959—2014年济南大明湖风景名胜区管理处领导人更迭表

表7-24

机构名称	正职			副职		
	职务	姓名	任职时间	职务	姓名	任职时间
大明湖公园 （1959.12—1969.10）	党支部书记	葛家友 卢　平 陈进业	1959.12—1960 1960—1961.2 1961.2—1969.9	副书记	李作宾	1961.11—1963
	主　任			副主任	戴传楼 王继忠 张洪傲	1961.11—1963 1961—1969.9 1965.5—1969.9
大明湖公园 革命委员会 （1969.10—1978.9）	核心小组组长	陈进业	1970.7—1971.6	副组长	郭方宇 (军代表)	1970.5—1971.11
	党支部书记	陈进业 王继忠 鲍庆贵	1973.8—1975.11 1975.6—1977.4 1977.4—1978.9	副书记	王继忠 王丹书	1973.8—1975.5 1976.12—1978.8
	主　任	陈进业 王继忠 鲍庆贵	1969.10—1973.8 1973.8—1977.4 1977.4—1978.9	副主任	郭方宇 (军代表)	1970.5—1972
					张洪傲 王继忠 于秀岩 潘宗仁 唐玉珍（女） 王基业	1969.10—1970.4 1972.5—1973.8 1972.5—1975.6 1973.11—1978.9 1976.3—1978.9 1976.3—1978.9
大明湖公园 （1978.9—1992.2）	党支部书记	鲍庆贵 王凤杰 郑文元	1978.9—1980.10 1981.12—1983.3 1984.2—1992.2	副书记	朱连生 王凤杰 金树长 郝木君	1979.5—1982.1 1981.7—1981.12 1982.4—1984.2 1991.2—1992.1
	主　任	鲍庆贵 朱连生 金树长 孙义和 郝木君	1978.9—1979.5 1979.5—1981.12 1981.12—1984.2 1984.2—1988.7 1989.1—1992.2	副主任	唐玉珍（女） 王基业	1978.9—1992.6 1978.9—1984.2
					孙义和	1981.7—1982.5 1982.8—1984.2
					许圣敏 郝木君 刘明仁 许绍荣 郑文元	1981.9—1986.1 1985.5—1989.3 1987.7—1992.2 1987.7—1989.1 1989.3—1989.11
济南市大明湖 公园管理处 （1992.2—2003.2）	党总支书记	郑文元	1992.2—1995.2	副书记	柏承恩 郭忠青	1995.2—2002.1 2002.1—2003.2
	主　任	郝木君	1992.2—2003.2	副主任	刘明仁 于增利 董寿声	1992.2—1995.7 1995.11—1999.3 1999.3—2003.2

续表7-24

机构名称	正职			副职		
	职务	姓名	任职时间	职务	姓名	任职时间
济南大明湖风景名胜区管理处 (2003.2—2013.9)	党总支书记	孙士林 张茂金	2003.2—2009.12 2009.12—2014.1			
	主　任	杨　波 于增利 吕　杰	2003.2—2004.12 2004.12—2011.1 2011.1—2014.1	副主任	董寿声 张文运 马迎伟 赵殿德 王爱华（女） 张明艳（女） 马国康 胡宝柱	2003.2—2011.1 2004.2—2009.2 2004.2—2007.3 2005.8—2012.1 2008.3—2012.7 2009.2—2012.1 2012.9—2014.1 2012.9—2014.1

济南市趵突泉公园管理处 1956年11月，趵突泉辟建为公园，1957年2月15日售票游园。1964年前，公园没有明确建制级别，由管理员杜继业、丁元祥主持行政工作。1964年，确定为科级事业单位。1970年1月，建立趵突泉公园革命委员会，1978年9月，恢复趵突泉公园名称。1992年，成立济南市趵突泉公园管理处。是年7月，公园管理处调整为县级事业单位。内部机构设办公室、组宣科、财务科、园容科、经营服务科、保卫科和沧园管理办公室、万竹园管理办公室；1999年，增设基建科。2002年，五龙潭公园和环城公园划归趵突泉公园管理处管理。2008年4月，五龙潭公园、环城公园整建制并入趵突泉公园管理处，内设机构未变，人数编制为369人。

2013年9月25日，济南大明湖风景名胜区整建制并入，成立济南天下第一泉风景区管理中心（济南趵突泉公园管理处），加挂济南大明湖风景名胜区管理处牌子，为市城市园林绿化局所属财政补贴副局级事业单位。核定事业编制730名；内部机构设综合处、组织人事处、财务处、运营管理处、服务监督处、园容绿化处、基建维修处、安全保卫处，均为副处级；领导职数核定主任1名（副局级）、副主任4名（正处级），处长8名（副处级）、副处长16名（正科级）。

1956—2014年济南市趵突泉公园管理处领导人更迭表

表7-25

机构名称	正职			副职		
	职务	姓名	任职时间	职务	姓名	任职时间
市趵突泉公园 (1956—1969.12)	党支部书记	周福政	1962.10—1969.9	副书记	丁元祥(女)	1961.2—1962.10
	主　任	刘祚湘	1964.6—1969.11			
市趵突泉公园革命委员会 (1970.1—1978.9)	党支部书记	王　峰(女) 唐家隆	1973.8—1975.10 1975.10—1978.11			
	主　任	王　峰(女) 唐家隆	1973.8—1975.10 1975.10—1978.9	副主任	王文义 姜万岱(工人)	1969.11—1974.10 1969.11—1975.11
				副主任 (军代表)	万永年 李湘桂	1970.6—1971.4 1971.4—1972
				副主任	李　雪 刘祚湘 于秀岩 刘化谦	1973.8—1978.3 1973.8—1975.10 1975.6—1977.10 1975.10—1978.10

续表7-25

机构名称	正职			副职		
	职务	姓名	任职时间	职务	姓名	任职时间
市趵突泉公园（1978.9—1992.6）	党支部书记	高明水 姜景余 刘祚湘 李福新	1978.10—1984.2 1985.1—1988.1 1988.1—1989.5 1989.5—1992.6	副书记	姜景余 李福新	1984.2—1985.1 1988.1—1989.5
	主 任	唐家隆 贾祥云 刘祚湘 董继来	1978.9—1983.11 1984.2—1987.2 1988.1—1989.5 1989.8—1992.6	副主任	刘化谦 丁元祥 车成礼 贾祥云 李继成 符道昌 马广玉 丁桂军（女） 李光明 董继来（聘） 李福新（兼） 郭京山 许绍荣	1978.10—1979.7 1979.5—1987.10 1981.7—1984.2 1981.9—1984.2 1984.3—1987.11 1986.1—1987.2 1986.7—1987.7 1987.7—1989.1 1987.12—1992.6 1987.7—1989.8 1989.3—1989.11 1989.12—1992.6 1990.11—1992.5
	调研员	高明水 刘祚湘	1984.2—1985.5 1989.5—1993.6	调研员	车成礼 李继成	1984.2—1985.4 1987.11—1989.11
市趵突泉公园管理处（1992.6—2013.9）	党总支书记	吕奎刚 李光明 王洪山 袁功廷	1992.6—1993.12 1995..9—1998.8 1998.8—2002.1 2009.2—2012.1	副书记	李光明 孙文禄 孙济生 冯宇虹（女）	1993.12—1995.9 2002. 2—2006.11 2006.11—2009.1 2012.1—2014.1
	主 任	李福新 韩晓光 朱传东 潘大波 王永华	1992.6—1998.8 1998.8—2003.2 2003.2—2006.11 2006.11—2011.1 2011.1—2014.1	副主任	李光明 郭京山 张传平 吴炳泽 王宗华（女） 魏 强 王 昆 胡玉厚 李选民 荣立楠 杨文朴 冯宇虹（女） 杨文凯（女） 张 兵	1992.6—1993.12 1992.6—1993.12 1999.4—2008.4 1999.4—2004.11 1999.4—2005.8 2004.3—2005.9 2004.3—2005.9 2005.9—2006.11 2005.9—2009.1 2008.4—2012.7 2008.4—2009.11 2009.2—2012.1 2011.1—2014.1 2012.9—2014.1
济南天下第一泉风景区管理中心（济南市趵突泉公园管理处）2013.9—				党委副书记	魏 强	2014.1—
	主 任	吕 杰	2014.1—	副主任	张茂金 房士元	2014.1— 2014.1—
				主任助理	马国康	2014.1—
				纪委书记（副处级）	冯宇虹（女）	2014.1—
				工会副主席（副处级）	张明艳（女）	2014.1—

济南千佛山风景名胜区管理处 原为济南林场所属林区，1959年，辟建为公园。公园筹建期间，由市城建局派出的管理员谭业州、郑江等人主持工作。1961年，确定为正科级事业单位，设副主任主持管理工作。“文化大革命”期间，千佛山公园一度改称向阳山公园革命委员会。1978年9月革委会撤销，恢复千佛山公园名称，设正副主任负责行政工作。1995年7月，公园调整为县级事业单位，内部机构设办公室、组织人事科、财务科、经营服务科、园容绿化科、基建科、保卫科。2000年3月，机构名称变更为济南千佛山公园管理处。2002年，市百花公园划归公园管理处管理。2003年更名为今称。2008年4月，市百花公园整建制并入千佛山风景名胜区管理处，内设机构未变。

1959—2013年济南千佛山风景名胜区管理处领导人更迭表

表7-26

机构名称	正职			副职		
	职务	姓名	任职时间	职务	姓名	任职时间
千佛山公园 （1959—1969.11）				副主任	范文友 翟守增 潘宗仁	1961.11—1969.9 1964—1965.5 1966.3—1969.9
千佛山公园 （向阳山公园） （1969.11—1978.9）	党支部书记	杨振舫	1973.8—1978.9	副书记	张敬德	1973.8—1978.9
	主　任	杨振舫	1973.8—1978.9	军代表	芦自杭	1970.6—1972
				副主任	潘宗仁 范文友 张敬德	1973.8—1973.11 1973.8—1978 1973.8—1978.9
千佛山公园 （1978.9—1995.7）	党支部书记	杨振舫 金树长 陈学良 王洪山	1978.9—1982.4 1984.2—1987.6 1987.7—1990.1 1990.1—1995.7	副书记	张敬德 高凤鸣 刘新利 林立忠	1978.9—1981.6 1982.4—1982.11 1982.11—1984.4 1985.9—1987.6
	主　任	杨振舫 高凤鸣 李在旭	1978.9—1981.6 1981.6—1989.5 1990.1—1993.11	副主任	张敬德 高凤鸣 范文友 刘化谦 林立忠 薛英茂 李道吾 陈学良 鲍庆贵	1978.9—1984.6 1980.10—1981.6 1978.9—1984.2 1980.10—1984.2 1985.5—1985.9 1986.1—1987.1 1987.1—1993.4 1989.3—至退休 1989.3—1990.1
	调研员	高凤鸣	1989.5 –退休	调研员	范文友	1984.2—1985.12
千佛山公园 （县处级） （1995.7—2000.3）	党总支书记	王洪山 李福新	1995.7—1998.8 1998.8—2000.3			
	主　任	刘明仁	1995.7—2000.3	副主任	宫云广 高明兰	1995.7—1999.3 1999.3—2000.3

续表7-26

机构名称	正职			副职		
	职务	姓名	任职时间	职务	姓名	任职时间
千佛山公园管理处 （2000.3—2003.5）	党总支书记	李福新	2000.3—2002.1	副书记	左绪国	2002.2—2003.5
	主　任	刘明仁	2000.3—2003.5	副主任	高明兰 郭兆文 王钰清 谢玉浩	2000.3—2003.5 2000.3—2001.12 2001.3—2003.58 2001.12—2003.5
千佛山风景名胜区管理处 （2003.5—）	党总支书记	宫云广 王宗华 林祥龙	2004.7—2005.8 2005.8—2009.1 2012.7—2014.1	副书记	左绪国 张　蔚（女） 卢　明（女）	2003.5—2008.3 2009.2—2013.1 2014.1—
	主　任	刘明仁 王钰清 焦玉忠	2003.5—2005.8 2005.8—2009.11 2009.11—	副主任	高明兰 王钰清 谢玉浩 王　凯 张　蔚（女） 焦国荣 卢　明（女） 张　云 周　晶（女）	2003.5—2005.9 2003.5—2005.8 2003.5—2004.2 2005.8—2012.1 2008.3—2009.2 2009.2—2009.11 2009.11—2014.1 2011.1— 2013.1—

济南动物园管理处 解放前为济南市苗圃。1950年改称金牛山苗圃，1955年改名金牛山早园。到1959年，负责人有周吉林、申景龙、赵宝珍、赵兴三等。1959年10月动工改建公园，1960年5月1日建成开放，称金牛公园。“文化大革命”时期曾一度称北郊公园。1988年10月17日，更名为济南市金牛动物园。1989年5月10日，改称济南动物园。1990年5月，市马鞍山苗圃划归公园。同年10月30日，济南动物园建制级别由科级调整为县级事业单位，机构名称改为今名。内部机构设办公室、组织人事科、宣传教育科、动物管理科、园容绿化科、经营服务科、财务科、基建科、保卫科，附设野生动物研究所、野生动物繁殖场、动物饲养队，编制总人数293人，领导职数配3—5人，中层科级干部配18人。

1960—2012年济南动物园管理处领导人更迭表

表7-27

机构名称	正职			副职		
	职务	姓名	任职时间	职务	姓名	任职时间
金牛公园 （1960.5—1988.10）	党支部书记	翟凤仁 吴竹溪 莫景林 郭遵鲁	1960.4—1961.1 1961.6—1964 1973.8—1975.1 1975.1—1976.6	副书记	陈进业 季宝华 赵子章 郑建兴 韩朝友 沈顺义	1960.6—1961.2 1960.6—1962.9 1963.8—1967 1975.10—1977.12 1978.10—1980.10 1979.5—1980.10
		卢金雪	1976.3—1979.5 1981.6—1984.5			
		刘新利 王洪山	1984.5—1988.10 1987.9—1988.10			

续表7-27

机构名称	正职			副职		
	职务	姓名	任职时间	职务	姓名	任职时间
金牛公园 （1960.5—1988.10）	主　任	翟凤仁 季宝华	1960.4—1960.7 1961.6—1962.9	副主任	张九洪	1960.4—1961.11 1981.7—1988.1
		崔炳文	1962.9—1969.9 1979.5—1983.4		游景志 季宝华 尹裕民 赵子章	1960.4—1968 1960.6—1961.6 1961.6—1962.10 1962.9—1970.4
		莫景林 郭遵鲁 马长俊 刘新利 马广玉（聘）	1973.8—1975.1 1975.6—1976.6 1983.4—1986.3 1986.3—1988.10 1987.7—1988.10		张同范 （军代表）	1970.6—1972
					刘化谦 崔炳文 金　华（女） 郑建兴 刘祚湘 曾继昌 张继忠 马长俊 刘　伟	1973.8—1977.6 1973.8—1976.6 1973.8—1975.6 1975.10—1977.12 1975.10—1980.10 1979.5—1983.4 1980.10—1988.10 1981.9—1983.4 1987.4—1988.10
	调研员	崔炳文 卢金雪	1983.4—1986.3 1984.5—1991.7	调研员	曾继昌	1983.4—1985.8
金牛动物园 （1988.10—1989.5）	党支部书记	刘新利 王洪山 焦富坤	1988.10—1989.3 1988.10—1989.3 1989.3—1989.5	副书记	韩朝友	1988.10—1989.3
	主　任	马广玉（聘） 刘新利	1988.10—1989.5 1988.10—1989.3	副主任	张继忠 刘　伟 慕泉乐	1988.10—1989.5 1988.10—1989.5 1989.3—1989.5
				调研员	韩朝友 孙广忠	1989.3—1989.5 1989.3—1989.5
济南动物园 （1989.5—1990.10）	党支部书记	焦富坤	1989.5—1990.10			
	主　任	马广玉（聘）	1989.5—1990.10	副主任	张继忠 刘　伟 慕泉乐	1989.05—1990.10 1989.3—19990.10 1989.5—1990.10
				调研员	韩朝友 孙广忠	1989.5—1990.10 1989.5—1990.10
济南动物园管理处 （1990.10—）	党总支书记	焦富坤 孙士林 杨文朴	1990.10—2002.1 2002.1—2003.2 2013.1—	副书记	杨道正 潘丕旗 刘俊刚	2003.2—2009.2 2009.2—2009.11 2009.11—2013.1
	主　任	马广玉 张继忠 张茂金 潘丕旗	1990.10—1999.12 1999.12—2005.8 2005.9—2009.11 2012.1—	副主任	张继忠 刘 伟 慕泉乐 孙士林 张茂金	1990.10—1999.12 1990.10—2000.4 1990.10—1992.1 2001.1—2002.1 2001.11—2005.8
					潘丕旗 （主持工作）	2009.11—2012.1
					孙艾修（女） 方李明 吴延飞 陈玉才 谢绪昌	2009.11—2011.1 2012.1—2013.1 2012.1— 2009.2— 2014.1—
				调研员	韩朝友 孙广忠	1990.10—1992.5 1990.10—1992.5

济南泉城公园管理处 原为1949年辟建的人民广场。1956年春，山东省第一届劳模大会代表在省长赵健民的带领下，在广场栽种果树1万余株，同年8月建立果树园艺场。1958年年底，市园林管理处成立后，更名为南郊果园。1979年3月，恢复市果树园艺场名称。1981年12月，改称济南市植物园。1984年2月至8月，与市园林科研所组成一套班子。1989年9月29日建成开放，确定为科级事业单位。1992年7月，调整为县级事业单位，管理机构改称济南市植物园管理处。。2006年9月22日，济南新植物园建成后，更名为济南泉城公园，管理机构改称今名，其隶属关系、建制级别、人员编制及经费渠道未变。

1956—2013年济南泉城公园管理处领导人更迭表

表7-28

机构名称	正职			副职		
	职务	姓名	任职时间	职务	姓名	任职时间
果树园艺场 （1956.8—1958.12）	场　长	常　坚	1958.4—1958.12			
市南郊果园 （1959.1—1979.3）	党支部书记	周福政	1959.10—1962.10 1975.1—1979.3	副书记	汤考相 李金凤（女） 李道吾	1962.2—1963.5 1973.8—1979.3 1977.2—1979.3
		汤考相 杨洪志（兼）	1969.4—1970 1973.8—1975.1			
	主　任	葛家友 杨洪志（兼） 周福政	1969.4—1970 1973.8—1975.6 1975.6—1979.3	副主任	张书川 谢敬岑 葛家友 高广润 李耐恩	1960.3—1962.2 1962.2—1963.5 1961.11—1965.7 1962.2—1963.5 1960.2—1965.3
					曾继昌	1965.5—1969.9 1973.8—1979.5
					李金凤（女） 汤树彬 李道吾	1973.8—1979.3 1973.8—1979 1977.2—1979.3
市果树园艺场 （1979.3—1981.12）	党支部书记	周福政 李金凤（女）	1979.3—1980.10 1981.6—1982.4	副书记	李金凤（女） 李道吾	1979.3—1981.6 1979.3—1981.6
	主　任	周福政 鲍庆贵	1979.3—1980.10 1980.10—1981.6	副主任	李耐恩 李金凤 李道吾	1979.5—1982.5 1979.3—1981.6 1979.3—1982.5
市植物园 （1981.12—1984.2）	党支部书记	李金凤（女）	1982.4—1984.2	副主任	李耐恩 李道吾	1982.5—1984.2 1982.5—1984.2
市植物园 市园林科研所 （1984.2—1984.8）	党支部书记	李金凤（女）	1984.2—1984.8			
	主　任	索奎琳	1984.2—1984.8	副主任	李玉忠 李道吾	1984.2—1984.8 1984.2—1984.8
市植物园 （1984.8—1992.7）	党支部书记	李金凤（女） 姜景余	1984.8—1987 1988.1—1989.3	副书记	李福新 方曙光 何文海	1986.7—1988.1 1989.1—1991.8 1991.8—1992.11

续表7-28

机构名称	正职			副职		
	职务	姓名	任职时间	职务	姓名	任职时间
市植物园 （1984.8—1992.7）	主　任	法来友 王宜轩 刘新利	1984.7—1986.3 1986.3—1989.3 1989.3—1992.11	副主任	李道吾 李玉忠 王宜轩 李在旭（聘） 陈鸿岭 方曙光	1984.8—1987.1 1984.8—1986.3 1985.6—1986.3 1987.7—1990.1 1988.1—1991.8 1989.1—1992.11
	调研员	法来友	1986.7—1993.6			
市植物园管理处 （1992.7—2006.9）	党总支书记	王振刚 贾名山 宫云广	1995.11—2001.11 2001.11—2002.5 2006.12—2006.9	副书记	何文海 孙济生	1992.11—1995.9 2003.2—2006.9
	主　任	刘新利 贾名山（兼） 张宝迎 安吉磊	1992.11—1998.5 1998.6—2001.11 2001.11—2005.8 2005.8—2006.9	副主任	方曙光 杨　波 安吉磊 雷学端 杨道正 吕　杰 陈新敏（女） 王　昆 尹相韡	1992.11—2002.1 1999.4—2001.11 2000.1—2005.8 2000.1—2005.8 2002.1—2004.3 2004.2—2004.12 2004.2—2006.3 2005.8—2006.9 2005.12—2006.9
济南泉城公园管理处 （2006.9—）	党总支书记	宫云广 张光群（女）	2006.9—2009.2 2011.1—2013.1	副书记	孙济生 张光群（女） 张明艳（女） 谢广江	2006.9—2006.11 2008.3—2011.1 2013.1—2014.1 2014.1—
	主　任	安吉磊 王　昆 尹相韡	2006.9—2011.1 2011.1—2013.1 2013.1—	副主任	陈新敏 王　昆 尹相韡 王　矗 苏先春 栾卫东 唐玉林	2006.9—2011.1 2006.9—2011.1 2006.9—2009.11 2009.11— 2011.1—2012.7 2012.1—2014.1 2012.1—

济南植物园管理处　2006年9月4日设立，为市园林管理局属差额预算管理正处级事业单位，配事业编制60人。在编人员从市花卉苗木开发中心调剂15人，从市中山公园管理处调剂45人。内部机构设办公室、组织人事科、保卫科、经营服务科、园容绿化科、财务科、科技科、基建科；领导职数配主任1人，副主任3人，科长8人，副科长8人。

2006—2014年济南植物园管理处领导人更迭表

表7-29

机构名称	正职			副职		
	职务	姓名	任职时间	职务	姓名	任职时间
济南植物园管理处 （2006.9—）	党总支书记	田晓东 王　凯	2006.11—2008.3 2014.1—	副书记	胡玉厚 林祥龙 孙华勇	2008.3—2009.11 2009.11—2011.1 2011.1—
	主任	张宝迎 焦玉忠 胡玉厚	2006.11—2008.3 2008.3—2009.11 2009.11—	副主任	王　矗 胡玉厚 李爱国 周　晶（女） 郝迎久（聘）	2006.11—2009.11 2006.11—2008.3 2009.11— 2011.1—2013.1 2014.1—

济南市中山公园管理处 清光绪三十年（1904年）济南开埠后建设商埠公园，后亦称济南公园。民国14年（1925年）改称中山公园，解放后改称人民公园，1986年恢复中山公园称谓。济南解放前，公园归市政府工务局管理，1948年9月，由济南特别市政府建设局接管。1949年5月改由市文教局管理，1951年改称人民公园。1954年3月移交市人民政府建设局园林科管理。1957年短暂划归市农林水利局管理。1958年6月售票开放。1960年以前，委任管理员管理公园。1960年10月，设副主任1人负责公园行政管理。1969年10月设公园革命委员会，1978年，公园革委会撤销后，设主任、副主任管理公园的行政工作。1995年，由科级事业单位调整为县级事业单位，称济南市中山公园管理处。内部机构设办公室、组织人事科、财务科、经营服务科、园容绿化科、保卫科，与园林宾馆“一套班子，两个牌子”。2002年10月，内部机构增设北国卉园管理科、园林绿化工程中心、园林广告公司。2004年1月，改革内部机构，组建综合办公室，管理人事、财务及办公事宜；组建公园管理科，承担经营服务、园容绿化、基建和保卫工作。2008年2月，调整内部管理机构，设办公室、财务科、公园综合管理科、园容绿化科、北国卉园管理科、中山园林绿化工程中心，注销济南市园林广告公司。

1951—2014年济南市中山公园管理处领导人更迭表

表7-30

机构名称	正职			副职		
	职务	姓名	任职时间	职务	姓名	任职时间
人民公园 （1951—1986.11）	管理员	张书平 张长绪 宋锋伍	1955—1956.1 1956.4—时间不详 1958.3—1958.10			
	指导员	高忠孝	1965.5—1969.9	副主任	高广润	1960—1966
	党支部书记	曹岳东 朱连生	1973.8—1975.12 1977.12—1979.5	副书记	孙广忠 徐家茂 沈顺义 潘景元（兼） 申天玉	1975.6—1980.12 1978.12—1982.11 1981.6—1984.2 1984.2—1985.6 1985.6—1986.11
	主　任	高忠孝 郑建兴 朱连生 潘景元	1965.5—1970.2 1970.2—195.10 1977.12—1979.5. 1981.6—1986.11	副主任	高忠孝	1960.10—1966 1970.2—1978.11
					曹光华 石振胜 孙广忠 潘景元 徐家茂 阎颜改 释　达 苏春耕	1973.8—1984.2 1973.8—1977.12 1975.6—1981.6 1980.10—1981.6 1982.11—1984.2 1983.7—1986.11 1986.8—1986.11 1986.1—1986.11
				调研员	沈顺义 曹光华 徐家茂	1984.2—1986.11 1984.2—1986.11 1984.2—1986.11

续表7-30

机构名称	正职			副职		
	职务	姓名	任职时间	职务	姓名	任职时间
市中山公园 （1986.11—1995.6）	党支部 书记	李金凤（女） 王基业	1988.11—1991.12 1991.12—1995.6	副书记	申天玉	1985.5—1988.1
	主　任	潘景元 符道昌 张　利（女）	1986.11—1988.3 1988.3—1992.6 1992.6—1995.6	副主任	阎颜改 释　达 苏春耕 刘红军 孟宪俊 张　利（女） 张九洪 王基业 毕序兹 路百读	1986.11—1988.1 1986.11—1987.8 1986.11—1987.6 1987.6—1989.5 1987.7—1987.12 1987.6—1992.6 1988.1—1992.6 1990.1—1991.12 1992.6—1995.6 1992.6—1995.6
				调研员	曹光华 徐家茂 沈顺义	1986.11—1987.4 1986.11—1993.6 1986.11—1991.9
市中山公园 管理处 （1995.6—）	党总支 书记	王基业 孙丽萍（女） 赵殿德	1995.6—2002.1 2005.9—2012.1 2012.1—	副书记	孙丽萍（女）	2002.1—2005.8
	主　任	张　利（女） 吕奎刚 隆中华 张宝迎 王　昆（聘）	1995.6—1997.10 1997.10—2002.1 2005.9—2008.3 2008.3—2013.1 2013.1—	副主任	路百读	1995.6—1998.7
					姜景余	1997.10—2002.1 2005.8—2008.12
					隆中华 （主持工作）	2002.1—2005.8
					栾卫东 王吉栋 何长新 卢长明 宋　桥	2005.9—2012.1 2006.12—2009.11 2012.9— 2014.1— 2014.1—

济南市花卉苗木开发中心（济南市园林科学研究所） 1999年8月24日，济南市编委批准由市园林科学研究所和市花卉苗圃合并，成立济南市花卉苗木科学研究中心，为差额预算管理县级事业单位，编制130人。领导职数配党总支书记1人，主任1人，副主任3人。所需人员在市园林系统内部调剂解决。内部机构设办公室、组织人事科、计划财务科、经营服务科、科研技术室、组织培养室、植保研究室。2000年8月24日，济南市花卉苗木科研中心完成组建正式成立。2000年10月23日，济南市花卉苗木科研中心更名为济南市花卉苗木开发中心，并对内设机构进行调整，设办公室、组织人事部、财务部、基建办公室、生产计划部、营销部、园林工程部、组织培养室、百合绿洁公司、物业公司。2008年，撤销基建办划归办公室，撤销组织培养室划归生产部并更名为科研生产部，百合绿洁公司更名为绿化管理部，物业公司更名物业部。

济南市园林科学研究所。1981年10月设立，科级事业单位，编制10人，经费从市园林经费中列支。1984年2月，市园林科研所以原市绿化队植保室、化验室和济南市园林树木普查课题组人员、设备为基础，正式组建成立，与济南市植物园（今泉城公园）合署，"一套班子，两个牌子"。同年8月与济南市植物园分设，与济南市向阳果园合署。时有科研用地约24万平方米，职工38人。1990—1992年，科研用地先后被市委党校、省城建学校、舜耕山庄等征用。1999年8月，与市花卉苗圃合并组建济南市花卉苗木科研中心，保留市园林科研所名称。中心内部机构设科研生产部进行植保、组培等科研生产工作。

1999—2014年济南市花卉苗木开发中心领导人更迭表

表7-31

机构名称	正职			副职		
	职务	姓名	任职时间	职务	姓名	任职时间
市花卉苗木科研中心（1999.8—2000.10）	党总支书记	杨庆绪	2000.1—2000.10	副书记	袁功廷	2000.1—2000.10
	主　任	杨庆绪	2000.1—2005.8	副主任	张宝迎	2000.1—2000.10
市花卉苗木开发中心（2000.10—）	党总支书记	杨庆绪 袁功廷 孙济生 张光群（女） 刘俊刚	2000.10—2005.8 2005.8—2009.2 2009.2—2013.1 2013.1—2014.1 2014.1—	副书记	袁功廷 刘俊刚 赵国怀	2000.01—2005.8 2013.1—2014.1 2014.1—
	主　任	杨庆绪 张运德 张保全	2000.1—2006.12 2006.11—2009.11 2009.11—	副主任	张宝迎 张运德 张保全（聘） 赵国怀 姚洪涛 片西玉 胡正阳 刘红权 刘俊刚（兼）	2000.1—2001.11 2002.1—2004.12 2002.1—2009.11 2006.11— 2006.11—2009.11 2009.11— 2011.1— 2011.1— 2013.1—2014.1

1981—2011年济南市园林科学研究所领导人更迭表

表7-32

机构名称	正职			副职		
	职务	姓名	任职期限	职务	姓名	任职期限
市园林科学研究所（筹建期）（1981.10—1984.2）	所　长	法来友	1982.4—1984.2	副所长	黄世珂 索奎霖	1981.11—1984.2 1982.1—1984.2
市园林科学研究所市植物园（1984.2—1984.8）	党支部书记	李金凤（女）	1984.2—1984.8			
	主　任	索奎霖	1984.2—1984.8	副主任	李玉忠 李道吾	1984.2—1984.8 1984.2—1984.8
市园林科学研究所市向阳果园（1984.8—1992.6）				副书记	李洪禄 申天玉	1986.3—1988.1 1988.1—1992.6
	所　长	索奎霖	1984.8—1986.3 1988.1—1992.6	副所长	申天玉（兼） 宫云广 杨兆军 徐隆道	1988.1—1992.6 1986.7—1988.7 1987.6—1992.6 1988.1—1990.4
		马长俊	1985.3—1988.1			
市园林科学研究所（1992.6—2000.1）	党支部书记	申天玉	1992.6—2000.1			
	所　长	董继来 王玉华（女，兼） 张宝迎	1992.6—1995.3 1995.3—1997.4 1997.11—2000.1	副所长	吴　玲（女） 张宝迎 王桂欣（女）	1992.6—1995.7 1995.8—1997.11 1997.11—2000.1
市园林科学研究所（挂牌）（2000.1—）	所　长	杨庆绪 张运德 张保全	2000.1—2006.11 2006.11—2009.11 2009.11—			

济南市林场（近郊风景区管理处） 1949年4月，山东省实业厅以济南旧有的张庄、桑园、辛庄3个苗圃及小龙洞、四里山、马鞍山、燕子山等8个林场为基础建立济南林场，当年由山东省实业厅移交济南市人民政府建设局，为科级财政全额拨款事业单位。1956年8月，划归济南市郊区办事处实业科。1957年4月划归市农林水利局，同年12月归属中共济南市委直接领导，由市委城建部负责指导日常工作。时辖兴福寺苗圃及龙洞、土屋、千佛山等林区。1958年2月，林场归回市城市建设局。当年，历城县的环济林场合并到济南林场，林场面积扩大到5333.3万平方米，苗圃面积达到168.67万平方米。1959年5月28日，中共济南市委确定济南林场在行政上由市农林局领导，负责市郊风景区、风景林的绿化工作。当年11月，市园林管理处撤销，其原所属的大明湖、趵突泉、人民、青年、四里山等公园，泺口、王庄、段店等苗圃和果树园艺场、金牛山果园、市绿化队等单位归属林场管理。自1958年2月到1960年5月，史称“大林场”时期。1960年5月，市林场与市城建局所属园林处合并成立济南市园林管理处，撤销济南林场建制。为便于工作，仍然保留济南林场牌子。合并成立市园林管理处后，原林场所属林区和苗圃分别交由济南市园林管理处、金牛公园、西郊苗圃等分散领导管理。1961年6月，恢复济南市林场建制。“文化大革命”时期，因山林经常遭到人为破坏，成立了专业护林防火组织，各林区设30人的专业护林防火队伍。1977年工作转入正轨后，设总场民主管理委员会和林区民主管理委员会，组成人员由党政领导、技术干部、职工代表，参与制定各项规章制度，定期召开会议，研讨解决生产计划、财务收支、劳动管理等重大问题。总场设生产科，负责全林场的技术管理；各林区配专职技术人员，负责计划与技术的实施。各林点、施工队，配技术工人和质量检查员，负责施工指导、质量验收等。1994年7月，济南市林场增挂济南市近郊风景区管理处牌子。1999年5月，调整为县级事业单位，编制150人，领导职数配场长1人，副场长3人，内部机构设办公室、景区管理科、育林技术科、经营服务科、组织人事科和龙洞、土屋、浆水泉、金鸡岭林区管理科。2000年12月，经费类型由差额预算管理改为全额预算管理，隶属关系、建制级别未变。

1949—2014年济南市林场领导人更迭表

表7–33

机构名称	正职			副职		
	职务	姓名	任职时间	职务	姓名	任职时间
济南林场 （1949.4—1958.2）	场　长	徐祇普 伟兴昌 郭新学 张子玉	1949—1950 1950—1950 1952—1954 1956—1957			
	负责人	魏春舫	1950—1951			
		杨文华	1951—1952 1955—1956			
济南林场 （大林场） （1958.2—1960.5）	党委书记	李传富	1959.4—1960.3	副书记	刁庆芳 李传富 逄恩堂	1958.1—1959.1 1958.1—1959.4 1959.4—1960.3
	场　长	许云轩	1958.2—1960.5	副场长	李德舜 李广德	1958.2—1958.12 1958.12—1960.3

续表7-33

机构名称	正职			副职		
	职务	姓名	任职时间	职务	姓名	任职时间
济南市林场（1961.6—1969.3）	党支部书记			副书记	王祚文	1961.6—1969.9
	场　长	逄恩堂	1961.6—1969.9	副场长	徐志明 王兴明 陈秉珍 张子玉	1961.6—1969.9 1961.6—1969.9 1961.6—1969.9 1962.8—1969.9
济南林场革命委员会（1969.3—1981.7）	党支部书记	高广润 陈伯洪	1973.8—1977.4 1978.10—1981.7	副书记	王祚文	1973.8—1981.5
	主　任	王仲凯 高广润	1969.3—1969.10 1973.8—1977.4	副主任	王祚文 陈秉珍 张子玉	1973.8—1981.7 1973.8—1981.7 1979.5—1981.7
济南市林场（1981.7—1994.7）	党支部书记	陈伯洪 王祚文 高存泰（兼）	1981.7—1983.4 1983.4—1985.4 1989.3—1994.7	副书记	孙志广 李思彬	1981.7—1983.4 1985.5—1989.3
	场　长	孙志广 薛英茂 鲍庆贵 高存泰	1981.6—1983.4 1983.4—1986.1 1987.1—1989.3 1989.3—1994.7	副场长	张子玉 陈秉珍 卜照祯 王兴明 薛英茂 车洪昌 李鲁太 张宝新 李玉昌 李桂华 谷　涛	1981.7—1983.4 1981.7—1983.4 1982.11—1983.4 1981.7—1983.4 1981.9—1983.4 1981.9— 1994.7 1986.1—1987.1 1986.7—1989.3 1989.3—1991.3 1989.1—1994.7 1992.5—1994.11
	调研员	陈伯洪 张子玉 卜照祯	1983.4—1984.12 1983.4—1983.11 1983.4—1985.4			
济南市林场（济南近郊风景区）（1994.7—1999.5）	党支部书记	高存泰	1994.7—1997.12			
	场　长	高存泰 李桂华	1994.7—1997.12 1997.12—1999.5	副场长	车洪昌 李桂华 刘俊刚 张保全	1994.7—1999.5 1994.7—1997.12 1997.12—1998.7 1998.7—1999.5
济南市林场（济南市近郊风景区管理处）（县级）（1999.5—）	党总支书记	张传平 张建胜	2008.4—2010.12 2011.1—	副书记	袁功廷 李沿海 房士元	1999.6—2000.1 2000.3—2005.8 2005.8—2008.3
	场　长	李桂华 韩明新 杨　波 张宝迎	1999.6—2008.4 2008.4—2011.1 2011.1—2013.1 2013.1—	副场长	车洪昌 张保全 韩明新 李　强 谢玉浩 王　禄 房士元 宋　健	1999.6—2001.10 1999.5—2002.1 2002.4—2003.3 2004.11—2004.12 2004.11—2004.12 2005.8— 2008.3—2014.1 2014.1—

济南市英雄山风景区管理处 1950年7月建立四里山公园，1963年改为四里山果园。1973年3月，改称英雄山果园。1982年1月，以英雄山、五里山、六里山、七里山风景区包括英雄山果园为主建立英雄山公园，科技事业单位，编制10人。人员和经费从市园林局及局属单位中调剂解决。1998年3月，市英雄山公园改建风景区工程开工，同年9月12日，完成一期工程建设并对外开放，当月成立济南市英雄山风景区管理处，为县级差额预算管理事业单位，编制为60人，领导职数配主任1人，副主任2—3人，中层干部8人，内部机构设办公室、园林绿化科、财务基建科、保卫科。

1950—2014年济南市英雄山风景区管理机构及领导人更迭表

表7-34

机构名称	正职			副职		
	职务	姓名	任职时间	职务	姓名	任职时间
四里山公园 （1950.7—1963）	党支部书记	梁维德	1961.11—1962.2	副书记	李春寿	1961.11—1962.1
	主　任	魏春舫 杨树彬	1951—1954.2 1961.11—1962.2	副主任	贾象学	1962.2—1963
四里山果园 （1963—1973.3）	负责人	杨同立	1969.9—1970.4			
	组　长	李春寿	1970.2—1973.3			
	主　任	杨同立 郭遵鲁	1970.4—1972 1972—1973.3	副主任	鲍庆贵 武文跃 张洪傲	1969.9—1973.3 1972—1973.3 1972.9—1973.3
英雄山果园 （1973.3—1998.9）	党支部书记	郭遵鲁	1973.8—1975.1	副书记	鲁丛启 王基业（兼）	1982.2—1983.11 1987.11—1989.3
		鲍庆贵	1975.6—1977.4 1981.5—1981.7 1982.2—1982.4 1984.2—1987.1 1990.1—1992.6			
		鲁丛启 杨振肪 王洪山 符道昌	1979.5—1982.2 1982.4—1984.2 1989.3—1990.1 1992.6—1998.5			
	主　任	郭遵鲁	1973.8—1975.1	副主任	鲍庆贵 武文跃 张洪傲 高中孝 田宝明	1973.8—1975.6 1975.6—1980.10 1973.8—1984.2 1978.11—1981.7 1979.5—1981.7
		鲍庆贵	1975.6—1977.4 1981.6—1984.2 1986.3—1987.1 1990.1—1998.5		段明辰	1982.1—1984.2 1986.3—退休
		段明辰 王基业（聘）	1984.2—1986.3 1988.3—1990.1		周宝俊 张永祥 王基业 苏春耕 林　杰	1982.5—1984.2 1982.5—1983.3 1986.3—1988.3 1987.11—1992.6 1989.5—1992.12
				调研员	张洪傲	1984.2—1987.12

续表7-34

机构名称	正职			副职		
	职务	姓名	任职时间	职务	姓名	任职时间
英雄山风景区管理处（1998.9—）	党总支书记	宫云广 李沿海 高明兰 杨道正 杨文朴	1999.5—2004.7 2005.9—2008.4 2008.4—2009.2 2009.2—2009.11 2009.11—2013.1	副书记	符道昌 史国安 潘丕旗 方李明 丁立梅（女）	1999.5—2002.1 2002.1—2004.12 2008.4—2009.2 2013.1—2014.1 2014.1—
	主　任	宫云广 于增利（兼） 高明兰 隆中华 方李明	1999.5—2004.7 2004.7—2004.12 2005.9—2008.4 2008.4—2013.7 2013.7—	副主任	赵淑兰（女） 王　昆（聘）	1999.5—2004.7 2004.7—2005.9
					方李明	2005.9—2012.1 2013.1—2014.1（兼）
					李玉民 王大力（聘） 陈宗梅（女）	2011.1—2013.1 2013.1— 2014.1—

济南市园林绿化工程质量监督站（济南市雕塑规划领导小组办公室及创作室） 市园林绿化工程质监站成立于2000年10月，为自收自支县级事业单位，编制20人。其中，行政管理人员5人，专业技术人员12人，工人3人；领导职数配站长1人，副站长1人；内部机构设办公室、资质管理科、质量监督科；隶属济南市园林管理局（今市城市园林绿化局）领导，业务上接受市建筑工程质量监督站指导。市雕塑规划领导小组办公室（市雕塑创作室）2008年4月，从市园林建设开发服务中心划入市园林绿化工程质监站，质监站加挂市雕塑办公室（市雕塑创作室）牌子。

济南市雕塑规划领导小组办公室及创作室。领导小组办公室成立于1985年3月20日，设在市城乡建设委员会，为全额预算管理科级事业单位，编制3人。翌年成立市雕塑创作室，为领导小组办公室开展雕塑创作的实体机构。1987年4月4日，领导小组办公室及其实体划归市园林管理局，与市园林建设开发服务中心“一套班子，三块牌子”。1988年。市雕塑创作室单列为差额拨款科级事业单位，同时履行市城市雕塑规划领导小组办公室职能，人员编制增至15人。2008年4月，济南市雕塑规划领导小组办公室及创作室从市园林建设开发服务中心划出，并入市园林绿化工程质量监督站，保留科级事业单位名称及编制。济南市城市雕塑规划领导小组办公室及雕塑创作室自成立到2008年4月并入市园林绿化工程质量监督站，主任先后由张玉林、简伦、孟晋元、万慧永担任。

2000—2014年济南市园林绿化工程质量监督站领导人更迭表

表7-35

机构名称	正职			副职		
	职务	姓名	任职时间	职务	姓名	任职时间
济南市园林绿化工程质量监督站（2000.10—2008.4）	站　长	王玉华（女，兼） 王亚玲（女） 郭京山	2001.4—2005.8 2005.8—2006.11 2006.11—2008.4	副站长	焦玉忠	2005.8—2008.3
济南市园林绿化工程质量监督站（济南市雕塑办公室）（2008.4—）	党支部书记	郭景山 王秀珍（女）	2008.4—2013.3 2013.7—			
	站　长 主　任(兼)	郭京山	2008.4—2013.3	副站长	王秀珍（女）	2009.2—2013.7
	站　长	王秀珍（女）	2013.7—		王维霞（女）	2014.1—
	主　任	张传兴	2014.1—			

济南国际园博园管理处 2008年10月12日设立，为差额预算管理正处级事业单位，配主任1人，副主任2人，事业编制30人，在编人员从园林系统内部调剂。内部机构设综合科、园容绿化科、基建科、经营服务科和保卫科。2013年1月1日，济南国际园博园由济南西城投资集团与济南园林开发建设集团共同投资维护管理，事业编制及单位归属未变。

2008—2014年济南国际园博园领导人更迭表

表7-36

机构名称	正职			副职		
	职务	姓名	任职时间	职务	姓名	任职时间
济南国际园博园管理处（2008.10—）	党总支书记	田晓东 董寿生 王吉栋	2009.2—2011.1 2011.1—2012.7 2012.7—	副书记	哈新英（女）	2014.1—
	主　任	刘建东 尹相韡 王吉栋	2009.2.—2010.2 2011.1—2013.1 2014.1—	副主任	林祥龙 尹相韡 王大力 于俊强	2009.2—2009.11 2009.11.17—2011.1 2011.1—2013.1 2014.1—

济南森林公园管理处 初为1957年12月成立的济南市蔬菜园艺场，县级事业单位。1964年1月，市蔬菜园艺场由市二商局移交市园林管理局。同年7月1日，更名为西郊苗圃，列为县级事业单位，并将原由市园林管理处直接管理的匡山苗圃、段店苗圃改为西郊苗圃匡山生产队、段店生产队归其领导。1965年3月，市西郊苗圃建制级别调整为科级事业单位，匡山和段店生产队从市西郊苗圃析出，恢复匡山苗圃和段店苗圃名称，各为独立事业单位。1968—1969年，西郊苗圃改称市“五七干校”。1970年，恢复西郊苗圃名称，设市西郊苗圃革命委员会。1979年，重新恢复济南市西郊苗圃名称。1987年11月13日，市匡山苗圃并入，更名为济南市园林苗圃，编制107人，科级事业性质未变。1996年9月，利用苗圃南部面积约55.5万平方米的圃地改建公园，1999年12月改建公园工程完成，市园林苗圃增挂济南市西郊森林公园牌子。2000年，市园林苗圃经费类型由差额预算管理变更为全额预算管理。2010年12月26日，市园林苗圃全面改建成公园。2011年4月22日，撤销市园林苗圃和市园林职工学校，设立济南森林公园管理处，为市城市园林绿化局属全额财政拨款处级事业单位，核定事业编制107人，领导职数核定主任1名，副主任3名，科长6名，副科长6名。内部机构设综合科、组织科、保卫科、园容绿化科、财务科、科普教育科。

1964—2014年济南森林公园管理处领导人更迭表

表7-37

机构名称	正职			副职		
	职务	姓名	任职时间	职务	姓名	任职时间
市西郊苗圃（1964.8—1968）	党支部书记	何守信 李汉清	1964.4—1965.2 1965.2—不详	副书记	房瞿之 王德钧	任免时间不详 1968—1969
	主　任	李开红 张汉清	1964.4—1965.3 1965.3—不详	副主任	李子贞 郭道鲁 王德钧	任免时间不详 任免时间不详 1965.3—1968
市五七干校（1968—1969）				副书记 副主任	王德钧	1968—1969

续表7-37

机构名称	正职			副职		
	职务	姓名	任职时间	职务	姓名	任职时间
市西郊苗圃 革命委员会 （1970—1979.5）	党支部 书记	孟兆倫 延树田	1973.8—1975.6 1976.3—1979.5	副书记	刘占先 李良才	1973.8—1978.11 1975.10—1979.5
	主　任	张馨亭 孟兆伦 张馨亭	1970.4—1972.4 1972.4—1975.6 1975.6—1979.5	副主任	王祥玲 王德钧 刘占先 李良才	1970.4—1972.4 1973.8—1979.5 1973.8—1978.11 1975.10—1979.5
市西郊苗圃 （1979.5—1987.11）	党支部 书记	延树田 潘和林 孙志广 高存泰	1979.5—1983.4 1983.4—1985.5 1985.5—1986.7 1986.7—1987.11	副书记	王德钧 潘和林	1979.5—1983.11 1981.11—1983.4
	主　任	王德钧 孙志广 李鲁太	1979.5—1983.4 1983.4—1987.1 1987.1—1987.11	副主任	刘启镛 刘彭华 索奎霖 陈克礼 陈鸿岭 李玉昌	1979.5—1987.1 1979.5—1983.4 1981.11—1982.5 1982.6—1983.4 1984.8—1987.11 1987.1—1987.11
	调研员	延树田 陈克礼 孙志广	1983.4—1985.12 1983.4—1987.11 1987.1—1987.7			
市园林苗圃 （1987.11—1999.12）	党支部 书记	高存泰 何长胜 朱传东（兼）	1987.11—1989.3 1991.7—1998.7 1998.8—1999.12	副书记	何长胜	1989.3—1990.4
	主　任	何长胜 吕志云 高存泰（兼）	1990.4—1991.7 1991.7—1998.7 1998.8—1999.12	副主任	陈鸿岭 吕志云 刘乃昀 刘俊刚	1987.11—1988.1 1987.11—1991.7 1989.3—1999.12 1998.8—1999.12
市园林苗圃 （市西郊森林公园） （1999.12—2011.4）	党支部 书记	朱传东（兼） 刘俊刚 田晓东 李　忠	1999.12—2003.2 2003.2—2008.4 2008.3—2009.1 2009.11—2011.4	副书记	李　忠	2003.1—2009.11
	主　任	高存泰（兼） 刘俊刚 王亚玲（女，兼） 魏　强（兼） 王　凯（兼）	1999.12—2001.11 2001.11—2003.2 2003.2—2006.11 2006.12—2009.11 2009.11—2011.4	副主任	刘乃昀 刘俊刚 宋承志 郑　霖 彭治豹	1999.12—2002.1 1999.12—2000.7 2002.1—2012.1 2004.3—2008.4 2008.4—2011.4
济南森林公园 （县处级） （2011.4—）	党总支 书记	王　凯 张广群（女）	2012.7—2014.1 2014.1—	副书记	张明艳（女） 李玉民	2012.1—2013.1 2013.1—
	主　任	王　凯 王爱华	2012.1—2012.7 2012.7—	副主任	谢广江 李　忠 李玉民 赵宇翔（女）	2012.1—2014.1 2012.11— 2014.1— 2014.1—

济南市园林花卉苗木中心 前身为济南市段店苗圃，由伪山东省公署建设厅林业推广委员会第一林务局1941年租地建立，1945年期满停办。1948年，济南解放后恢复并扩建，称济南市段店苗圃。1964年7月，划归济南市西郊苗圃，改称西郊苗圃段店生产队。1965年3月从西郊苗圃分出，恢复济南市段店苗圃名称和科级事业单位建制。1985年，将济南市林场小饮马村附近土地100亩划归段店苗圃，建立兴福寺分圃。1996年11月，改称今名，原建制级别、经费渠道、隶属关系未变。

1952—2014年济南市园林花卉苗木中心领导人更迭表

表7-38

<table>
<tr><th rowspan="2">机构名称</th><th colspan="3">正职</th><th colspan="3">副职</th></tr>
<tr><th>职务</th><th>姓名</th><th>任职时间</th><th>职务</th><th>姓名</th><th>任职时间</th></tr>
<tr><td rowspan="4">段店苗圃
（1952—1996.11）</td><td rowspan="3">党支部书记</td><td rowspan="3">孙广忠
孟兆倫
李良才</td><td rowspan="3">1965.5—1969.9
1975.6—1978.11
1994.4—1995.1</td><td rowspan="3">副书记</td><td>崔秀忠</td><td>1987.4—1989.3</td></tr>
<tr><td>李良才（兼）</td><td>1984.8—1987.11
1989.3—1994.4</td></tr>
<tr><td>陈鸿岭</td><td>1978.10—1980.10
1984.6—1984.8
1991.8—1996.11</td></tr>
<tr><td>主　任</td><td>王文义
颜挺正
孙广忠
孟兆伦
李良才
杨庆绪</td><td>1952—1960
1961—1970
1973.8—1975.6
1975.6—1978.11
1984.8—1994.4
1994.4—1996.11</td><td>副主任</td><td>曹继同
陈鸿岭
王国真
杨兆军
杨海山
杨庆绪
刘建东</td><td>1978.11—1980.10
1980.10—1984.8
1980.10—1984.2
1984.5—1987.6
1984.5—1987.6
1987.1—1994.4
1989.8—1996.11</td></tr>
<tr><td rowspan="3">市花卉苗木中心
（1996.11—）</td><td>党支部书记</td><td>韩建新
片西玉
郑云霞</td><td>2004.9—2008.4
2008.3—2014.1
2014.1—</td><td>副书记</td><td>陈鸿岭
刘建东
韩　峰</td><td>1996.11—1997.12
1997.12—2000.1
2004.3—2006.11</td></tr>
<tr><td rowspan="2">主　任</td><td>杨庆绪
刘建东
方李明
潘大波（兼）
刘运初（兼）</td><td>1996.11—1998.5
1998.5—2000.1
2000.1—2005.8
2005.9—2006.11
2006.11—2009.2</td><td rowspan="2">副主任</td><td rowspan="2">刘建东
方李明
段克平
张传兴
郑云霞（女）
马婷婷（女）</td><td rowspan="2">1996.11—1998.5
1997.12—2000.1
2000.1—2006.12
2008.3—2014.1
2009.2—2014.1
2014.1—</td></tr>
<tr><td>片西玉</td><td>2009.2—2009.11
（聘）
2009.11—（兼）</td></tr>
</table>

济南市园林规划设计研究院　1983年11月22日，济南市编制委员会批准建立济南市园林规划设计室，列科技事业单位，配事业编制18人。1989年3月，与市园林建设开发服务中心合并组建为济南市园林规划建设服务中心。1991年8月，规划设计室析出，恢复原名称，仍为科级事业单位。1993年8月31日改称今名，时有职工22人。内部机构设建筑室、结构室、规划室、管理（财务）室。2002年取得国家级风景园林设计甲级、建筑设计乙级资质，2006年，注册成立济南彩叶园林工程项目管理有限公司，2007年，成立济南格林园林建设服务有限公司。到2011年，已有“四所”（规划一所、规划二所、规划三所、建筑所）、“三室”（出图室、资料室、财务室）、“两公司”（彩叶园林工程项目管理有限公司、格林园林建设服务有限公司），有职工104人。

济南市园林规划设计研究院领导人更迭表

表7-39

机构名称	正职			副职		
	职务	姓名	任职时间	职务	姓名	任职时间
市园林规划设计室 （1983.11—1993.8）	党支部书记	刘祚湘 王立永（兼）	1986.1—1988.1 1988.1—1988.11			
	主　任	黄世珂 马有信	1984.2—1986.1 1988.1—1993.8	副主任	周培正 王立永 李继成 马有信 夏祖高	1983.9—1986.1 1984.2—1988.11 1984.2—1984.8 1986.1—1988.1 1986.7—1989.3
市园林规划设计研究院 （1993.8—）	党支部书记	翟延菊 朱　忆 赵晓平（兼） 杨春梅（女，兼）	1998.9—2004.11 2004.12—2011.1 2011.1—2013.1 2013.1—	副书记	翟延菊（女） 朱　忆（女）	1994.4—1998.9 2001.2—2004.11
	院　长	马有信 韩晓光 崔家新 赵晓平	1994.4—1995.12 1995.12—1998.9 2001.2—2004.11 2004.12—	副院长	赵立强 李善坤 赵晓平 李　岳 刘　飞（兼） 张显峰 郭广忠 肖　鹏	1994.4—2001.2 1997.12—1999.9 2001.2—2004.11 2004.11—2006.12 2004.12— 2008.3—2011.1 2008.3— 2011.1—

济南跑马岭野生动物世界股份有限公司 1998年6月，筹建济南跑马岭野生动物世界，1999年9月建成开放，时称济南野生动物世界，由济南跑马岭景区开发建设管理委员会（正局级事业单位）管理。2000年9月改称今名。2007年2月，整建制移交济南市园林管理局。到2011年，内部机构设办公室、财务部、策划营销部、保卫部、工程部、动物管理部、经营部、园容部等。

1999—2012年济南跑马岭野生动物世界股份有限公司领导人更迭表

表7-40

机构名称	正职			副职		
	职务	姓名	任职时间	职务	姓名	任职时间
济南野生动物世界 （1999.9—2000.9）	总经理	马广玉	1999.9—2000.9			
济南跑马岭野生动物世界股份有限公司 （2000.9—2007.2）	总经理	张树振 韩剑侠 王增刚	2000.9—2001.6 2001.6—2003.1 2003.1—2007.2	执行经理	曹福源	2000.9—2001.6
济南跑马岭野生动物世界股份有限公司 （市园林局接管） （2007.2—）	党总支书记	陈玉才	2012.7—			
	总经理	高明兰 陈玉才 王　凯	2007.2—2009.11 2009.11—2012.7 2012.7—	副总经理	王淑娟（女） 陈玉才 吴延飞 唐玉林	2007.2—2008.12 2007.2—2009.11 2009.11—2012.7 2009.2—

第三节 撤销或划出的事业机构和单位

闫千户苗圃 原为20世纪30年代林业界人士合资开设经营的中华农林种苗公司圃地，1949年，由山东省林业厅划归济南市政府建设局，时有职工8人。1953年整编为6人，其中谷殿臣任管理员。1954年被济南铁路大厂占用。

辛庄苗圃 由山东省建设厅第一林务局1930年创建。解放后，划归市建设局。1950年征地扩建。1954年，省劳动厅在辛庄苗圃处建设劳动技校，苗圃被占用。

济南市果树研究所 1963年6月成立。编制5人。郑文斋、李学圣分任正、副所长，赵宝珍、张益昌任技术员，慕泉乐任技术助理。市园林处领导日常工作，山东省林业厅负责技术指导。办公地点设在济南市南郊果园内。“文化大革命”期间撤销。

泺口葡萄园 位于原泺口南门外，今泺口服装城北。1949年成立，始称泺口苗圃，1961年改称泺口葡萄园，时有职工21人。1970年4月并入北郊公园（即金牛公园）。1973年3月由北郊公园析出，为市革委城建局直属事业单位。1973年8月15日起，归属市园林处。1977年5月19日，撤销泺口葡萄园，将原址改建为市城建机械修制厂（1981年5月改称园林机械厂）。

1961年前，未配专职领导人，由派驻管理员负责行政管理工作，管理人员先后有李馨斋（办事员）、周辑林（技术员）、汤家友（管理员）等。1961年6月到1969年9月，尹裕民任副主任；1965年5月到1969年9月，法来友任指导员（党支部书记）。1969年9月成立革委会。法来友为主任，金华（女）为副主任，1972年增加姜长生任副主任；1975年到1977年5月，金华任书记、主任，姜长生为副主任。

济南市园林基建队 解放初期，园林基建工作由市建设局的北城工程处负责。1955年，为辟建大明湖公园，市人民政府建设局遂成立园林基建工程队。基建队人员主要由市建设局的专业技术人员和从社会上招募的能工巧匠组成。1960年3月，市园林基建工程队划归市园林管理处，为科级事业单位。1964年7月改称“园林基建队”。1969年9月成立济南市园林基建队革命委员会。1972年6月始，以机械生产为主兼搞基建。1977年10月，将园林基建队的机械生产与维修析出，成立市城建机械修制厂（即后来的园林机械厂）。1978年11月3日，撤销市园林基建队，所属职工按性质、待遇、隶属关系不变的原则，充实到新成立的济南市城建基建队。1981年5月30日，恢复济南市园林基建队名称。1982年11月6日，园林基建队建制撤销。

1960—1982年济南市园林基建队领导人更迭表

表7-41

机构名称	正职			副职		
	职务	姓名	任职时间	职务	姓名	任职时间
市园林基建工程队（1960.3—1964.7）	党支部书记	翟凤仁	1960.3—1964.7	副书记	李作宾	1960.2—1964.7
	队　长	翟凤仁 苏伯礼	1960.3—1961.11 1961.11—1964.7			
市园林基建队（1964.7—1969.9）	党支部书记	翟凤仁 高长丰	1964.7—1965.5 1965.5—1969.9	副书记	李作宾	1964.7—1969.9
	队　长	苏伯礼	1964.7—1969.9	副队长	翟守增	1964.7—1969.9

续表7–41

机构名称	正职			副职		
	职务	姓名	任职时间	职务	姓名	任职时间
市园林基建队革命委员会（1969.9—1978.11）	党支部书记	吴竹溪	1973.8—1976.6	副书记	苏伯礼 高长丰	1976.6—1978.11 1976.6—1978.11
	主任	吴竹溪	1973.8—1976.6	副主任	郝传东 苏伯礼 高长丰 崔炳文 胡树林 赵子章 张永祥	1973.8—1976.11 1973.8—1976.6 1973.8—1978.9 1976.6—1978.11 1976.6—1978.11 1976.6—1978.11 1976.12—1978.11
市城建基建队（1978.11—1981.5）	党支部书记	彭鼎明	1979.7—1981.5	副书记	苏伯礼 高长丰	1978.11—1981.5 1978.11—1979.5
	主任	戴传楼	1979.7—1981.5	副主任	胡树林 赵子章 张永祥 朱瑞芳 周宝骏 张九洪	1978.11—1979.5 1978.11—1979.5 1978.11—1979.5 1979.5—1981.5 1979.7—1981.5 1980.1—1981.5
市园林基建队（1981.5—1982.11）	党支部书记	彭鼎明	1981.5—1982.11	副书记	苏伯礼 李继成	1981.5—1981.7 1981.9—1982.11
	主任	戴传楼	1981.5—1982.9	副队长	李继成 周宝骏 朱瑞芳 张永祥 孙义和 李仁君 李新平 石振峰	1981.7—1982.11 1981.7—1982.11 1981.7—1982.11 1981.7—1982.11 1982.5—1982.8 1982.5—1982.11 1982.5—1982.11 1982.5—1982.11

济南市绿化队 1956年9月园林管理所成立后，设立“马路行道树”机构，负责市区行道树的栽植养护。1960年5月，恢复济南市园林管理处建制后，遂将马路行道树机构改称济南市绿化工程队，为科级事业单位。1966年2月6日，根据市人委批转的市园林局关于调整绿化管理体制的请示报告，市绿化工程队的绿化人员下放到各区绿化队，保留园林树木病虫害病虫害防治小组并改称济南市绿化队。1969年9月，成立市绿化队革命委员会。1970年11月，市绿化队划归市城建局所属市政工程管理处，1972年7月，列为市城建局直属单位，1973年8月复归市园林管理处。1984年2月，市绿化队与市园林树木普查课题组整合，组建成立济南市园林科学研究所，市绿化队建制撤销。

1960—1984年济南市绿化队领导人更迭表

表7–42

机构名称	正职			副职		
	职务	姓名	任职时间	职务	姓名	任职时间
市绿化工程队（1960.3—1966.2）	党支部书记	李怀古	1960.3—1966.2	副书记	戴传楼	1961.11—1966.2
	队　长	李怀古	1960.3—1966.2	副队长	贾长贵	1960.3—1966.2
市绿化队（1966.2—1970.11）	党支部书记	张大伦	1969—1970			
	队　长	戴传楼	1969—1970	副队长	张庆亭 王文义	1969—1970 1969—1970

续表7-42

机构名称	正职			副职		
	职务	姓名	任职时间	职务	姓名	任职时间
市绿化队 （1973.8—1984.2）	党支部书记	戴传楼 孟兆伦 黄建厚	1975.6—1976.6 1979.7—1981.7 1981.5—1984.3	副书记	戴传楼 吕志云	1973.11—1975.6 1979.7—1981.7
	队　长	周福政 戴传楼	1973.8—1973.11 1982.9—1984.5	副队长	周宝骏 戴传楼 赵子章 吕志云 李良才	1973.8—1978.11 1973.11—1975.6 1976.6—1984.3 1979.7—1981.7 1981.7—1984.5
					杨兆军	1973.8—1979.5 1981.7—1984.5

济南市兴福寺苗圃 1949年建立，由市人民政府建设局农林科管辖，时有职工16人。1953年经整编后，有职工10人，1954年增至16人，管理员为李宝珠，办事员为孙广志。1957年4月，随市园林管理所所属单位一起划归市农林水利局。1958年1月，复归市城建局，职工10人，郑明远、王明水先后为管理员，李全德为办事员兼会计。1960年5月市园林管理处重建后，划归市园林处，由段店苗圃管理。1985年，将济南林场小饮马庄附近土地100亩划拨段店苗圃，建立市段店苗圃兴福寺分圃。20世纪90年代初建二环西路及2008年后建济南铁路西站，圃地先后被占用。

济南市园林机具维修厂 1984年2月18日，与已确定撤销的园林基建队人员、资产为基础，成立园林机具维修厂，事业性质，独立核算，自负盈亏。李桂华、胡延忠任副厂长，何长胜任厂党支部副书记。1987年3月5日，划归市园林机械厂，更名为市园林机械分厂。

济南市匡山苗圃 1959年3月从市蔬菜园艺场划出约33.3万平方米土地建立，时有职工16人。1964年7月并入市西郊苗圃，称市西郊苗圃匡山生产队。1965年3月从西郊苗圃分出，恢复原名称，为市园林局直属单位。1969年9月，成立济南市匡山苗圃革命委员会。1976年职工增至50人。1978年11月，恢复匡山苗圃名称。1987年11月，与西郊苗圃合并组建济南市园林苗圃，匡山苗圃建制撤销。

1959—1987年济南市匡山苗圃领导人更迭表

表7-43

机构名称	正职			副职		
	职务	姓名	任职时间	职务	姓名	任职时间
市匡山苗圃 （1959.3—1969.9）	党支部书记	李怀古 尹裕民 李仁君 孙志广	1959.4—1960.3 1960.3—1961.6 1962.2—1965.5 1965.5—1969.9			
	主　任	尹裕民 孟　兆	1959.3—1961.6 1965.5—1969.9	副主任	郑明远 郭新学	1960.3—1962.2 1961.2—1965.5
市匡山苗圃革命委员会 （1969.9—1978.11）	党支部书记	赵子章 程绍湘	1973.8—1976.6 1977.4—1978.3	副书记	吕志云 刘柏林	1975.6—1978.11 1976.3—1978
	主　任	孙志广 赵子章 程绍湘	1970.4—1972.3 1973.8—1976.6 1977.4—1978.3	副主任	孟兆倫 吕志云 田宝明	1970.4—1972.4 1975.6—1978.11 1975.6—1978.11

续表7-43

机构名称	正职			副职		
	职务	姓名	任职时间	职务	姓名	任职时间
市匡山苗圃 （1978.11—1987.11）	党支部 书记	孟兆倫 崔秀忠	1978.11—1983.4 1983.4—1987.11	副书记	吕志云 韩朝友	1978.11—1983.4 1981.7—1983.4
	主　任	吕志云	1983.4—1987.11	副主任	吕志云	1978.11—1983.4
					田宝明	1978.11—1979.5 1981.7—1984.4
	调研员	孟兆倫	1983.4—1985.12		宋峰伍 孙广忠 崔秀忠 刘彭华	1979.5—1983.4 1981.7—1983.4 1982.1—1983.4 1983.4—1987.11

济南市向阳果园 位于今济南市舜耕山庄处。1965年1月在原千佛山公墓旧址改建，时称千佛山果园，由天桥区政府管理，为市向阳液压机械厂负责经费补助的集体事业单位。“文化大革命”时期改称向阳果园。1976年7月12日，划归市革委城建局，经费不足部分仍暂由向阳液压机械厂（后改称济南玻璃钢厂）支付。1977年5月19日，市革委城建局将果园划归市革委城建局园林管理处，时有职工122人。1984年8月，向阳果园与市园林科研所合署，保留向阳果园名称、编制及性质。1992年，向阳果园整建制划归济南舜耕山庄。

1976—1986年济南市向阳果园领导人更迭表

表7-44

机构名称	正职			副职		
	职务	姓名	任职时间	职务	姓名	任职时间
市向阳果园 革命委员会 （1976.7—1981.7）	党支部 书记	周同琛	1976—1981.7	副书记	张长甲	1977.5—1981.7
				副主任	修忠文 姜长生	1977.2—1981.7 1979.5—1981.7
济南市向阳果园 （1981.7—1992）	党支部 书记			副书记	张长甲 李洪禄	1981.7—1984.2 1984.2—1986.3
	主　任	李耐恩	1984.2—1984.8	副主任	修忠文 姜长生 王国真	1981.7—1984.2 1981.7—1984.2 1984.2—1986.3

济南市马鞍山苗圃 位于北马鞍山脚下，紧邻济南动物园。原为向阳果园之一部分，1981年改建苗圃。1984年3月5日，正式组建成立，为市园林管理处属事业单位，编制30人。1990年5月，圃地及人员编制并入济南动物园。马鞍山苗圃存在期间，韩朝友任党支部书记，慕泉乐、田宝明先后任副主任，孙广志任调研员。

山东省省会城乡大环境绿化总指挥部办公室 1991年2月28日，山东省人民政府批准成立，为省会城乡大环境绿化总指挥部的办事机构，具体负责组织开展济南市大环境绿化工程建设。时任山东省副省长张瑞凤和济南市市长翟永浮任总指挥，济南市副市长庄庆臣、谭永青任常务副总指挥，副总指挥和指挥分别由山东省、济南市有关部门和济南市区、县（市）长担任。1993年7月8日，明确省会城乡大环境绿化总指挥部办公室为局级事业单位，郭元祥（市园林局原局长）任办公室主任，迟效初任副主任。内设秘书处、业务处。秘书处处长孙济生，业务处处长李崇勋、副处长尤凤尧。1997年3月，总指挥部办公室撤销，大环境绿化职责归并市园林局。

济南市园林建设开发服务中心　1986年11月设立，为科级事业单位，实行企业化管理，经济独立核算。1989年3月，与市园林规划设计室合并组建市园林规划建设服务中心，为科级事业单位。1991年8月，市园林规划设计室从中心析出，恢复济南市园林建设开发服务中心名称。1998年3月，以中心为主体，成立济南园林开发建设集团，市园林建设开发服务中心遂撤销。

1986—1998年济南市园林建设开发服务中心领导人更迭表

表7-45

机构名称	正职			副职		
	职务	姓名	任职时间	职务	姓名	任职时间
市园林建设开发服务中心（1986.11—1989.3）	党支部书记	迟效初	1987.1—1989.3			
	经　理	徐志泉	1987.1—1989.3	副经理	许圣敏 苏伯礼 胡延忠	1987.1—1989.3 1987.1—1989.3 1987.1—1989.3
市园林规划建设服务中心（1989.3—1991.8）	党支部书记	迟效初（兼）	1989.3—1990.10	副书记	王龙基	1990.10—1991.8
	经　理	迟效初	1989.3—1990.10	副经理	许圣敏 马有信 胡延忠	1989.3—1991.8 1989.3—1991.8 1989.3—1991.8
					王龙基（主持工作）	1990.10—1992.11
市园林建设开发服务中心（1991.8—1998.3）	党支部书记	崔建亭	1992.11—1998.3	副书记	王龙基	1991.8—1992.11
	经　理	王龙基	1992.11—1998.3	副经理	王龙基 马有信 许圣敏 胡延忠 崔建亭	1991.8—1992.11 1991.8—1994.4 1991.8—1998.3 1991.8—1992.3 1991.8—1992.11

济南市英雄山公园　1982年1月，市政府决定以英雄山、五里山、六里山、七里山风景区包括英雄山果园为主建立英雄山公园，为科级事业单位，编制10人。人员和经费从市园林局及局属单位中调剂解决。公园规划范围北至经十一路，南至七里山南坡，东至省委二宿舍、省妇联和省公安厅警察学校，西至纬二路（今英雄山路）。在规划范围内，除英雄山烈士陵园仍归民政部门管理外，其余地方归市园林局规划建设管理。在公园筹建过程中，省、市妇联利用部分土地建设了山东省妇女儿童活动中心和济南市儿童乐园，公园建设规划未予实现，但事业编制一直保留至1998年8月，市英雄山公园改建成英雄山风景区，市英雄山公园和市英雄山果园同时撤销。

1982—1992年济南市英雄山公园领导人更迭表

表7-46

机构名称	正职			副职		
	职务	姓名	任职时间	职务	姓名	任职时间
市英雄山公园 （1982.1—1998.8）	党支部书记	杨振舫	1982.4—1985.4			
				副主任	周宝骏 张永祥 张化民 孙济生（聘） 释　达 刘红罡（女，聘）	1982.5—1986.9 1982.5—1983.3 1986.10—1988.2 1987.7—1989.1 1987.8—1992.8 1987.8—1992.5

济南市花卉苗圃（济南市花木公司） 前身为王庄苗圃。1957年7月，利用省劳动厅1954年建设劳动技校占用辛庄苗圃地的补偿款，在今马鞍山脚下原市林场育苗地相接处购地建成王庄苗圃，时有面积187.44亩。1970年2月，并入四里山果园，改称王庄苗圃革命委员会。1973年3月，从四里山果园析出，更名为济南市花卉苗圃，并成立市花卉苗圃革委会，为市革委城建局直属科级事业单位。同年8月，划归市园林处。1982年5月，成立济南市花木公司，与花卉苗圃“一个班子，两块牌子”，实行企业化管理，独立核算，所需人员由市园林局内部调剂解决，不另增编制。1999年8月，济南市花卉苗圃（市花木公司）与济南市园林科学研究所合并，组建成立济南市花卉苗木科研中心，济南市花卉苗圃（济南市花木公司）建制撤销。

1957—1998年济南市花卉苗圃领导人更迭表

表7-47

机构名称	正职			副职		
	职务	姓名	任职时间	职务	姓名	任职时间
市王庄苗圃 （1957.7—1970.2）	党支部书记	李春寿	1960.8—1962.11	副书记	李春寿	1967.11—1970.2
	主　任		1960.8—1970.2	副主任	刘继曾	1962—1970.2
市王庄苗圃 革命委员会 （1970.2—1973.3）	主　任	李春寿	1970.2—1973.3	副主任	刘继曾	1970.2—1973.3
市花卉苗圃 革命委员会 （1973.3—1978.12）	党支部 书记 主　任	李春寿	1973.3—1978	副主任	刘继曾	1973.3—1978.12
市花卉苗圃 （1978.12—1999.8）	党支部 书记	李春寿 朱兴源 王洪山 刘玉林	1978.12—1980.10 1982.9—1984.2 1985.1—1987.7 1992.11—2000.8	副书记	王洪山 刘玉林	1984.2—1985.1 1987.7—1992.11
	主　任	李春寿 慕泉乐 李耐恩 田宝明 刘启镛	1978.12—1980.10 1984.2—1984.8 1984.8—1989.3 1989.1—1991.3 1991.3—1997.3	副主任	刘继曾 于秀岩 曹　瑛（女） 慕泉乐 刘启镛 刘玉林 杨兆军 韩建新	1978.12—1984.2 1981.7—1984.2 1981.9—1987.6 1983.7—1984.2 1987.1—1991.3 1987.7—1989.11 1992.6—2000.8 1996.9—1998.5
	调研员	于秀岩 刘继曾 李耐恩 田宝明	1984.2—1986.2 1984.2—1985.4 1989.3—1993.6 1991.3—1992.5			

济南市山岭管理处　1950年10月31日成立市石沙管理处，为市人民政府建设局属科级事业单位，1953年撤销。1982年4月恢复石沙管理机构，称名济南市石沙管理所，为市城市规划建设局属科级事业单位，所长王霖，副所长先后为李延兴、潘和林。1991年11月，更名济南市山岭管理处，为市城建局属正处级事业单位，处长潘和林。2003年8月，市山岭管理处整建制划归市园林管理局，2004年11月撤销，其职能并入市林场。时任处长李强，副处长谢玉浩。

济南市城建监察总队园林监察支队　1998年8月成立，为处级全额拨款事业单位，编制20人。市城市绿化办公室主任王家友兼任队长，李杰（女）任党支部书记。2004年，园林监察支队整建制并入济南市综合执法局。

济南市环城公园　1985年4月26日成立，为科级差额财政拨款事业单位，人员编制及所需经费由市园林处自行调剂解决。1987年9月，济南市五龙潭公园建成后归其管理。1994年11月，环城公园与五龙潭公园分立，仍为科级差额事业单位。2002年11月，环城公园划归市趵突泉公园管理处管理。2008年4月，整建制移交趵突泉公园管理处，仍保留环城公园名称。

1985—2008年济南市环城公园领导人更迭表

表7-48

机构名称	正职			副职		
	职务	姓名	任职时间	职务	姓名	任职时间
环城公园 （五龙潭公园） （1985.5—1994.11）	党支部书记	陈学良 金树长 林立忠	1985.5—1987.7 1987.7—1989.3 1989.3—1994.11	副书记	林立忠	1987.7—1989.3
	主　任	金树长	1987.6—1994.11	副主任	周琴君（女） 王家友 林立忠 徐隆道 季　静（女） 付殿亭	1985.5—1987.6 1985.5—1994.11 1989.3—1989.11 1990.4—1994.4 1992.5—1994.11 1992.8—1994.10
	调研员	黄建厚 李怀古	1985.6—1989.2 1988.11—1993.6			
环城公园 （1994.11—2008.4）	党支部书记	季　静（女） 孙丽萍 潘丕旗	1995.9—2000.1 2000.1—2002.2 2004.2—2008.4	副书记	季　静（女） 李照勇	1994.9—1995.9 2002.1—2003.7
	主　任	金树长 于增利 路百读 高明兰（兼） 杨文朴	1994.11—1998.6 1999.3—1999.7 1999.7—2000.1 2000.1—2005.9 2005.9—2008.4	副主任	谷　涛 赵　军 谢成喜	1994.11—2000.1 2003.2—2008.4 2004.2—2008.4

济南市五龙潭公园　1987年7月28日，市政府确定五龙潭公园为市园林局下属科级事业单位，与1985年4月建成开放的环城公园设“一套班子，两个牌子”，实行企业化管理，编制总人数为150人，所需经费从管理服务费中列支。1994年11月，五龙潭公园和环城公园分立，列差额财政拨款科级事业单位。2002年11月，五龙潭公园划归趵突泉公园管理处管理。2008年4月，五龙潭公园整建制移交趵突泉公园管理处，仍保留五龙潭公园名称。

1994—2008年济南市五龙潭公园领导人更迭表

表7-49

机构名称	正职			副职		
	职务	姓名	任职时间	职务	姓名	任职时间
市五龙潭公园 （1994.11—2008.4）	党支部书记	刘元蛟 吴炳泽（兼） 张传平	1994.11—1997.3 1997.3—2004.12 2004.12—2008.4			
	主　任	林立忠 张传平（兼）	1994.11—1997.3 1997.3—2004.12	副主任	徐隆道 杜庆银 李志猛 于一民	1994.11—1997.3 2003.2—2008.4 2004.2—2008.4 2004.2—2007

济南市百花公园 1986年，征用甸柳庄374亩土地，筹建闵子骞公园。后改称济南市郊区百花公园。1987年7月27日，更名为济南市芦花公园，为市园林局属科级事业单位。1989年3月，更名为济南市百花公园。2002年11月26日，公园划归济南千佛山风景名胜区管理。2008年4月，市百花公园整建制移交千佛山风景名胜区管理处，保留济南市百花公园名称。

1987—2008年济南市百花公园领导人更迭表

表7-50

机构名称	正职			副职		
	职务	姓名	任职年月	职务	姓名	任职年月
市芦花公园 （1987.2—1989.3）	主　任	李崇勋（兼）	1988.1—1989.3	副书记	何长胜	1988.3—1989.3
市百花公园 （1989.3—2008.4）	党支部书记	姜景余 刘元蛟 李思彬 孙士林 孙济生 卢长明	1989.3—1991.3 1991.3—1994.10 1994.10—1999.3 1999.3—1999.12 1999.12—2003.2 2003.2—2008.4			
	主　任	李崇勋（兼） 付殿亭 李思彬 王钰清（兼）	1989.3—1991.3 1994.10—1999.3 1999.3—2001.3 2001.11—2005.8	副主任（主持工作）	李玉昌	1991.3—1994.5
				副主任	李思彬 许绍荣 于金福 张朴实 曹丰嘉 张　蔚（女） 刘学江	1989.3—1994.10 1992.5—1993.12 1994.10—1999.3 2000—2005.8 2000—2002 2003.1—2008.4 2005.8—2008.4

济南市名泉保护管理办公室　成立于1997年7月。原为市园林管理局内设处室，2000年12月27日，改列为市园林局属全额预算管理县级事业单位，编制15人，领导职数配主任1人，副主任1人。内部机构设综合科、监察科、技术科。2010年4月，与市园林管理局职责整合，成立济南市城市园林绿化局，市城市园林绿化局加挂济南市名泉保护委员会办公室（局级）牌子，市园林绿化局局长兼任市名泉保护委员会办公室主任，设专职副主任1人，在市城市园林绿化局内设机构中设名泉保护管理处和名泉保护技术处。到2010年4月，李世欣、雷学端先后任市名泉保护管理办公室主任，张宝迎、孙文禄先后任党总支书记。

济南园林宾馆　位于中山公园北门西侧，坐西向东，占地面积671平方米。原为日本商人藤原藤义1940年11月租地建成的有声电影院，时称大观第三常设馆。初建时面积为300平方米。1947年2月25日至同年8月，国民党济南市政府与行政院善后救济总署鲁青分署济南办事处在此合办平价食堂，同年11月改设社会食堂。济南解放后，一度作为文化馆活动场所。1952年，扩建为人民俱乐部。1968年6月改建，安放连椅，有坐席822个。1971年12月1日改称人民公园礼堂，放映电影。1984年7月，新建济南市图书馆工程在礼堂西部开工，礼堂暂由施工单位使用而停业。1985年年底，规划改建园林宾馆。1986年建成投入使用，为园林局属但未列编的独立核算经济实体。1992年6月，与中山公园合并为一个单位。1998年12月，宾馆从公园析出。2008年4月，宾馆划归中山公园管理处管理。2010年10月经市国资委审批注销。园林宾馆自成立到注销，经理先后由孟宪俊、张利、姜景余、徐华江、王瑛、栾卫东担任。

南苑宾馆　原为济南市植物园（今泉城公园）建设的配套工程，1988年4月18日动工建设，10月18日建成投入使用，属市园林局自办企业单位。宾馆总建筑面积7800平方米，设有82个房间，其中附设会客厅的房间5个，双人房间53个，3人房间24个。主楼为三层，每层设有可容纳40人的会议室。2006年，宾馆客房除保留10间高端客房和餐饮服务外，其他设施由济南电视台租用。2009年转租给山东省老干部活动中心使用，宾馆服务业务基本停止。宾馆自建成，经理先后由孟宪俊、姜景余、雷学端、王昆担任。

济南市园林职工学校　1992年4月成立，为科级差额拨款事业单位，编制23人。2004年，加挂济南市行业教育培训中心牌子。2011年4月22日，整建制并入济南森林公园管理处。

1992—2011年济南市园林职工学校领导人更迭表

表7–51

机构名称	正职			副职		
	职务	姓名	任职时间	职务	姓名	任职时间
济南市园林职工学校	书　记	贾明山	1992.8—2004.3			
	校　长	释　达 李玉民 杨旭平	1992.4—2003.4 2008.2—2011.1 2011.1—2012.1	副校长	马长俊 李玉民 杨旭平	1992.8—1997 2003.4—2008.2 2009.2—2011.1

济南园林机械厂　1977年10月8日，由市园林基建队析出机械生产与维修，正式组建济南市城建机械修制厂，为市城建局属单位，时有职工144人。1981年5月30日，市城建机械修制厂更名为济南园林机械厂，为市园林管理局属科级事业单位。该厂后来成为建设部定点生产园林绿化、环卫机械的专业厂。园林机械厂占地面积38336平方米，主要生产设备70余台。开发研制的主要产品有JY141PS绿化喷洒多用车、JY130PS喷洒多用车、JY130PS升喷两用车、PS－10B机动翻斗车和ZW－72型植树挖穴机等四个系列十几种产品。所有产品均经省级、部级鉴定，产品质量处于国内领先水平，其中ZW－72型植树挖穴机填补国内空白，1986年获建设部优秀新产品奖。到1997年，

该厂生产的产品先后获国家级新产品和建设部、省市建委科技进步奖14个。产品畅销全国各省、市、自治区，并部分出口国外。“七五”期间，该厂被建设部列入城建设备行业技术改造单位，投资250万元。“八五”期间，年销售收入和年创利税分别以20.5%和21.29%的速度增长。园林机械厂是济南市文明单位、“市级先进企业”“重合同守信用企业”，1995年被中国企业形象认定委员会授予“中国企业最佳形象AAA级”称号。1997年11月28日，济南园林机械厂整建制移交新组建的济南齐鲁考格尔集团。

1977—1997年济南市园林机械厂领导人更迭表

表7-52

机构名称	正职			副职		
	职务	姓名	任职时间	职务	姓名	任职时间
市城建机械修制厂（1977.10—1981.5）	党支部书记	黄健厚	1978.6—1981.6	副书记	金　华（女）	1977.12—1981.7
	主　任	黄健厚	1978.6—1981.5	副主任	崔炳文 金　华（女） 胡树林 张永祥 邱金亭 王芳勤	1977.10—1979.5 1977.12—1981.5 1979.5—1981.7 1979.5—1981.5 1979.5—1981.7 1980.3—1981.7
市园林机械厂（1981.5—1997.11）	党支部书记	王凤杰 刘昌连 焦福坤 李正彦	1983.3—1985.5 1985.5—1986.7 1986.7—1989.3 1992.4—1997.11	副书记	王祚文 李正彦	1981.7—1983.3 1989.3—1992.4
	厂　长	杨　光 张志宏（聘） 张永祥	1984.4—1986.7 1989.1—1990.1 1990.1—1997.11	副厂长	苏伯礼 耿殿浩 邱金亭 王芳勤 金　华（女） 张永祥 张志宏 苏士厚 李世诚	1981.7—1986.7 1982.6—1984.4 1981.7—1984.4 1981.7—1984.4 1981.7—1984.4 1983.3—1990.1 1984.4—1989.3 1986.7—1997.11 1987.6—1997.11
				调研员	苏伯礼	1986.7—1987.1

第三章 职工队伍

第一节 职工队伍的发展

济南解放到2011年，园林职工队伍随着园林事业发展不断壮大。

1949年，建泺口苗圃、兴福寺苗圃，有园林职工9人。1950年，辟建四里山公园，扩建辛庄苗圃，市苗圃改称金牛山苗圃，省辖济南林场和阎千户苗圃及大明湖也先后移交济南市人民政府建设局管理。到1953年4月，市人民政府建设局属有园林单位8个，职工69人。

1953年济南市人民政府建设局园林科下辖单位职工学历统计表

（根据“1953年4月18日济南市人民政府建设局简明登记表”整理）

表7-53

单位：人

总人数	文盲	初识	私3年	小学			初小	高小	初中	中学	未填学历
				2年	3年	4年					
69	20	4	1	3	8	2	15	13	1	1	1

1954年，因建山东省劳动厅技校和济南铁路大厂，辛庄、闫千户苗圃被占用，但增加了青年公园和西郊于家庄果园2个单位，市园林系统仍有8个单位，职工人数增加到93人。其中，包括市建设局园林科管理人员8人，工人4人。到1958年市园林管理处初建时，共有职工201人，其中，干部56人，工程师1人，技术员15人，工人129人。

1960年3月，职工人数达到2400余人。是年10月动员回乡1200人。1961年9月份又整减176人，当月底，实有在职职工1044人，其中园林处机关人员28人。至1963年12月，实有职工人数897人，其中，干部87人，工程技术人员36人，工人744人。

1964年1月，市园林处改为市园林局，编制总数1307人，其中，干部232人，工人1075人。到1965年12月31日，实有职工1388人，包括局机关24人。

1965年济南市园林管理局属事业机构编制及实有职工情况表

（根据1965年12月31日省编委报表整理）

表7-54

单位：人

机构名称	编制数		实有人数					
	合计	干部	合计	干部	工勤	工人	临时工	其他人员
	1075	232	1451	280	72	823	257	19
大明湖公园	167	12	173	14	5	149	5	
趵突泉公园	36	4	40	5	1	31	3	
人民公园	44	6	45	6	1	36	2	
金牛公园	112	15	133	18	11	85	18	1

续表7-54

机构名称	编制数		实有人数					
	合计	干部	合计	干部	工勤	工人	临时工	其他人员
千佛山公园	28	3	29	4	1	24		
绿化队	71	21	116	27	1	57	31	
基建队	103	16	249	16	4	85	144	
王庄苗圃	47	5	50	7	4	34	3	2
匡山苗圃	52	7	55	8	3	35	5	4
段店苗圃	22	3	34	4	1	17	5	7
西郊苗圃	118	25	144	29	7	89	14	5
园林党委	30	24	39	25	10		4	
园林学校	17	16	20	16	4			
南郊果园	112	19	144	25	3	107	9	
林场	66	19	104	29	4	62	9	
泺口葡萄园	16	3	22	4	1	12	5	
林业工作站	5	5	20	9	11			
果树研究所	5	5	10	10				
局机关	24	24	24	24				

1969年9月撤销市园林局，至1972年11月设立园林处。到1976年12月30日，园林职工人数达到1657人，其中，干部226人，工人1431人。1985年，园林单位18个，有职工2056人。其中，干部131人，技术人员165人，生产（服务）工人1760人。女职工占职工总数的41.2%。

1985年济南市园林管理处职工队伍状况统计表

表7-55 单位：人

总人数	干 部		工 人		文化程度		
	管理	技术	男	女	大专	高中中专	初中及以下
2056	131	165	914	846	84	383	1589

1987年2月，市园林管理处恢复为市园林管理局建制。至1989年12月底，职工总人数2553人，其中局机关52人。之后20余年间，园林职工人数虽有增减变化，但严格控制在编制之内，保持了职工队伍的基本稳定。到2011年年底，全局在职职工有2387人

60余年间，园林职工队伍素质不断提高：一是文化程度提高很大。1953年时，在69名园林职工中，最高文化程度为初中，且只有2人，高小13人，初小2—4年34人，文盲20人。1985年时，在2056名在职职工中，高中（中专）以上文化程度的有467人，其中，大专84人，余者多为初中和初中以下文化程度。到2011年，全局2387名在职职工当中，1094人具有专科以上学历，848人有高中（中专）学历，初中以下学历仅435人，没有文盲。二是职工专业素质不断提高，专业技术人员数量快速增加。1958年园林处初建时，只有工程师1人，技术员15人。1980年职称套改时，有38人被评为助理工程师，16人为技术员。1985年技术人员增加到165人。到2011年，全局2375名在职职工中，有专业技术人员493人，其中，高级职称以上的65人，中级167人，初级259人；有技工1255人，其中，技师2人，高级工649人，中级工420人，初级工184人。形成了合理的专业技术梯队。

2011年济南市城市园林绿化局系统在职职工状况统计表

表7-56　　单位：人

单位名称	干部												工人						合计						
	行管人员							技术人员					技工					普工	总计	其中					
	局级	处级	科级	科员	办事员	其他	小计	高级	中级	初级	员级	小计	技师	高级工	中级工	初级工	小计			男	女	本科以上	大专	高中中专	初中以下
局机关	7	25	11	8	3		54							4	1		5		59	38	21	46	10	2	1
济南园林开发集团		3	6	2			11	4	22	32		58		13	1	2	16	3	88	56	32	43	24	14	7
大明湖风景名胜区管理处		9	13	14			36	5	15	27		47	2	183	56	43	284	7	374	202	172	64	61	196	53
趵突泉公园管理处		5	22	6			33	4	17	43		64		65	61	32	158	52	307	168	144	65	78	134	35
千佛山风景名胜区管理处		10	16	12			38	1	18	25		44		62	48	18	128	83	293	178	115	47	89	100	57
济南动物园管理处		3	13	4			20	10	14	17		41		119	80	21	220	3	284	157	127	29	48	67	140
泉城公园管理处		6	17	4	3		30	2	9	9	2	22		52	27	25	104	26	182	99	83	27	39	77	39
南苑宾馆			4	2			6	2		7		9		29	31		60	2	77	41	36	5	22	34	16
济南植物园管理处		2	10	1			13	1	5	6		12		6	17	4	27	2	54	38	16	19	9	23	3
中山公园管理处		3	8	6			17		3	5		8		18	11	9	38	4	67	38	29	18	10	39	
济南市花卉苗木开发中心		3	6	1			10	6	15	24		45		18	13	7	38		93	53	41	41	31	14	8
济南市林场		3	10	9			22	3	12	6		21		40	39	11	90	1	134	94	40	26	39	40	29
英雄山风景区管理处		7	7	4			18	2	5	5		12		9	7	4	20		50	26	24	14	26	9	1
济南市园林花卉苗木中心		2	3	1			6			12		12		5	5	4	14	1	33	18	13	9	8	7	7
园林规划设计研究院		1	4	2			7	8	10	8		26							33	18	10	23	4	1	
济南国际园博园		1	8	5			14	2	5	3		10		1	2	1	4		28	21	7	19	3	6	
济南市园林苗圃		2	1	5			8	2	7	14		23		23	21	3	47		78	42	36	19	37	13	9
济南市园林职工学校			1				1	1	3	2		6		1			1		8	4	3	6		1	
园林绿化工程质量监督站		1	1				2	2	3	1		6		1			1	1	10	7	3	8	1	1	
济南市雕塑创作室									2			2						1	3	2	1	2	1		
济南跑马岭野生动物世界						10	10	10	2	13		25						97	132	79	43	8	16	70	30
合计	7	86	161	86	6	10	356	65	167	259	2	493	2	649	420	184	1255	283	2387	1379	996	538	556	848	435

第二节 荣 誉

一、集体荣誉及奖项

自20世纪80年代至2011年，市园林局及局属单位荣获许多集体荣誉。本志仅将2000年以来有资料可查的获市级以上先进称号及奖项列举如下：

（一）局机关

2000年 市两个文明建设标兵单位。

2001年 市两个文明建设标兵单位；厦门国际城市环保博览会城市园林及环保成就一等奖；市国家安全工作先进单位。

2002年 市两个文明建设标兵单位；市国家安全工作先进单位。

2003年 市"两个文明"建设标兵单位；市安全生产工作先进单位；市直文明机关；市防治非典型肺炎工作先进集体；市创建国家园林城市先进集体；市红旗团委；省建设系统行风建设先进集体；市国家安全工作先进单位。

2005年 省"巾帼建功"先进单位；省"慈善一日捐"先进单位；市绿化先进集体；市工会工作先进单位；市老干部工作先进集体；市老龄工作先进单位；市红旗团委；市重点工程建设先进单位；市国家安全工作先进单位。

2006年 中国建设系统思想政治工作先进单位；省反腐倡廉宣传教育工作先进集体；"市级文明单位；市直文明机关；市国家安全工作先进单位；市防范和处理邪教工作先进集体；弘扬济南精神，创建文明城市"主题活动先进单位；市档案工作先进集体；落实《济南市保障老年人合法权益若干规定》先进单位；市东区工程建设先进单位；市"巾帼"文明标兵岗和"三八"红旗集体（财务审计处）；市红旗团委。

2007年 省级文明机关；2005—2007年度山东省城乡综合整治先进单位；市城市绿化工作先进单位；市工会工作标兵单位；市红旗团委；市创建"两好一高机关"十佳单位。

2008年 "中国人居环境范例奖"（泉城公园（玉绣河区域）综合整治工程）；北京奥运安全保卫先进单位；第六届中国国际园林花卉博览会（厦门）先进集体。省级文明机关；省国家安全工作先进单位；省先进会计工作集体；市安全生产先进单位；市先进理论教育工作先进单位。

2009年 省级文明机关；市安全生产先进单位；市森林防火先进单位；市军队转业干部安置工作先进单位；省"山东人居环境范例奖"（大明湖扩建改造及护城河通航工程）。

2010年 省级文明机关；中国建设工程鲁班奖（济南国际园博园建设）；山东人居环境范例奖（济南国际园博园建设）；市安全生产先进单位；市森林防火先进单位；市工会工作优秀单位；市生态城市建设先进单位。

2011年 省级文明单位；省安全生产先进单位；省住房城乡建设系统优秀思想政治工作单位；省住房城乡建设系统"五五"普法先进单位；市工会工作先进单位；市老龄工作先进单位；中国建设职工政研会园林行业分会2010—2011年度先进会员单位

（二）局属单位

济南园林开发建设集团 2003年：市级文明单位；市重合同守信用企业。2004年：市"两个文明"建设先进单位。2005年：市重点工程建设先进单位；省"青年文明号"（三公司）。2006年：市"建功立业"标兵集体（齐鲁园艺景石公司）；市女职工建功立业标兵岗；市巾帼文明标兵岗；市三八红旗集体；市先进女职工集体（工程部）。市十佳旅游景区（红叶谷生态文化旅游区）。2007年：第二届山东省城市园林博览会最佳企业形象奖；市建功立业标兵集体（齐鲁园艺景石公司）；市"五一"劳动奖状先进集体（齐鲁园艺景石公司）；市女职工建功立业标兵岗（景观设计公司）；省城乡环境综合治理旅游景区先进单位（红叶谷生态文化旅游区）；齐鲁山水"十景"（红叶谷生态文化旅游区）；省诚信旅游示范单位（红叶谷生态文化旅游区）；市巾帼文明岗（红叶谷生态文化旅游区女子电瓶车组）。2008年：市市政园林八强企业；市安全生产管理先进单位；市建功立业先进集体；市五一劳动奖状先进集体；市五一劳动奖状先进单位（齐鲁园艺景石公司）。2009年：市"五一"劳动奖状先进单位；市守合同重信用企业。2010年：省园林绿化优质工程奖；省卫生先进单位（红叶谷生态文化旅游区）、市守合同重信用企业和市第九届消费者满意单位。2011年：省住房城乡建设系统优秀思想政治工作研究会；市工人先锋号；小清河综合治理工程建设先进单位；市巾帼文明岗（财务部）。

大明湖风景名胜区管理处 2003年：市级文明单位；市安全生产先进单位；省巾帼文明示范岗（西南门门票组）。2004年：市“两个文明”建设先进单位；市创建文明窗口先进单位。2005年：省十大魅力景点；省级文明风景区；市旅游工作先进单位；省“十一”黄金周旅游区排行榜十佳城市公园；全国文明示范岗（南门门票组）；市先进示范岗（导游班）。2006年：省优秀基层党组织；山东交运“旅游杯”市民最满意十佳景区；市建功立业标兵集体；市安全生产先进单位；市港航安全生产先进单位；市优秀基层党组织；市模范职工之家；市“巾帼文明岗”（导游班、西茶社组）。2007年：全国园林绿化行业基层思想政治工作先进集体；省女职工先进集体；省“巾帼文明岗”；市“五一”劳动奖状先进集体；市创建文明城市先进基层单位；市十佳旅游景区；市“弘扬济南精神，创建文明城市”主题活动先进单位；市安全生产先进单位；市爱国拥军模范单位；市模范职工之家。2008年：省风景名胜区综合整治先进集体；市五一劳动奖状先进单位。2009年：国家重点公园；市安全生产先进单位；“十一运”济南赛区志愿者工作优秀组织单位；市巾帼文明岗（大明湖扩建资金组）。2010年：全国模范职工之家先进集体；省建设重点工程立功竞赛先进集体；市“二十佳”文明服务窗口；市巾帼文明岗；市“三八”红旗集体；市青年文明号（南门接待船班）。2011年：省“富民兴鲁”劳动奖状；市“先进基层党组织”；市第九届消费者满意单位。

趵突泉公园管理处 2003年：省级文明单位；市级文明单位。2004年：市“两个文明”建设先进单位；创建文明窗口先进单位。2005年：全国精神文明建设工作先进单位；全国三八红旗先进集体；国家级青年文明号（导游班）；省巾帼文明示范岗（门票班）；市安全生产先进单位。2006年：全国三八红旗集体；国家级青年文明号；市五一劳动奖状（导游班）；市巾帼文明标兵岗和市三八红旗集体（沧园班）；市青年文明号（趵突泉食府班）。2007年：国家重点公园；省富民兴鲁事业单位劳动奖状。2008年：全国巾帼文明岗；全国京剧传承示范园；省规范化管理先进单位；市旅游工作先进单位；市爱国拥军模范单位；市城市防汛先进集体；市先进基层党组织；市2007—2008年度文化市场文明经营单位；市五一劳动奖状先进单位。2009年：第四届全国精神文明建设工作先进单位；省敬老模范先进单位；“十一运”省旅游服务先进集体；省巾帼文明岗（导游班）；市“五一”劳动奖状先进单位；市优秀企业文化品牌单位；市安全生产单位。2010年：全国交通建设“工人先锋号”；全国巾帼文明岗（护城河游船服务公司）；市“二十佳”文明服务窗口；市安全生产先进单位。2011年：中国十大休闲胜地；省住房城乡建设系统优秀思想政治工作单位；市“微笑服务”先进单位。

千佛山风景名胜区管理处 2003年：市级文明单位；市职工道德建设先进单位；职工读书自学活动先进集体。2004年：市“两个文明”建设先进单位；市创建文明窗口先进单位。2005年：国家4A级风景区；省“十一”黄金周旅游区排行榜十佳城市公园；省巾帼文明示范岗（门票班）；市“五一”劳动奖章（导游班）；市青年文明号（经营科）。2006年：省“百优团支部”（团总支）；市十佳旅游景区；市建功立业标兵集体（索道公司）；市巾帼文明岗（导游班）；市“青年文明号”（佛山书苑）。2007年：省建设系统信得过基层工会暨模范职工之家；市安全生产先进单位；市女职工先进集体。2008年：省风景名胜区综合整治先进集体；市安全生产先进单位；市志愿者行动组织先进集体；市优质服务迎全运巾帼文明岗；市第八届（2008年）消费者满意单位；市“五四”红旗团委（团总支）。2009年：中国建设职工政研会风景园林分会基层思想政治工作先进单位；省爱国主义教育基地。2010年：省住房城乡建设系统“工人先锋号”（百花公园环境改造提升工程项目部）；市建功立业先进集体。2011年：省级文明单位，省住房城乡建设系统优秀思想政治工作研究会。

济南动物园管理处 2000年：市巾帼文明示范岗（饲料班）。2002年：省建设系统模范职工之家；市安全生产先进单位。2003年：省野生动物保护先进单位；市级文明单位。2004年：市巾帼文明示范岗；市青年文明号。2005年：省级文明公园。2006年：国家野生动物保护优秀科普教育基地；市“巾帼文明岗”（兽医院）。2007年：市未成年人生态道德教育先进单位。2008年：市基层思想政治工作先进单位。2009年：市“巾帼文明岗”（动物饲料队）。2010年：省级卫生先进单位；省厂务公开民主管理工作先进单位；市服务品牌单位；市“二十佳”文明服务窗口。2011年：中国建设职工政研会风景园林行业分会2010—2011年度基层思想政治工作先进单位；市第九届消费者满意单位。

泉城公园管理处 2003年：省级文明单位；省卫生先进单位；全国模范职工之家（女子卫生队工会小组）；2004年：省级文明公园。2005年：全国计划生育管理先进单位；全国野生植物保护科普教育基地；省级文明单位；省级文明风景区先进单位；省爱国卫生先进单位；市“五一”劳动奖章（导游班）；市文明风景旅游景区；市厂务公开民主管理先进单位；市安全生产先进单位。2006年：全国建设系统园林行业思想政治工作先进基层单位；省级文明单位；市建功立业标兵集体（绿鑫公司）。2007年：市安全生产先进单位。2008年：省级文明单位；省级创建文明旅游区工作先进单位；省建设系统“工人先锋号”（公园中水站）；市“五四”红旗团总支。2009年：省级文明单位；省“工人先锋号”；市巾帼文明岗。2010年：中国城市榜济南城市名片《最济南》旅游景点；省级文明单位；市“二十佳”文明服务窗口。2011年：省级文明单位；省卫生先进单位。

花卉苗木开发中心（百合园林集团） 2003年：中国建设系统园林绿化行业基层思想政治工作先进单位；中国外贸企业信用体系指定示范单位；市文明单位；市“五一”劳动奖状先进集体（工程部）。2004年：市“两个文明”建设先进单位。2005年：省建设系统最具发展潜力的园林企业；省十佳花卉市场（百合花卉展销市场）；市重点工程先进单位。2006年：省青年文明号和市“五一”劳动奖状（生产计划部）；市“巾帼”文明标兵岗和市“三八”红旗集体（物业公司）。2007年：省十佳园林绿化苗木企业；省十大花卉企业；市“五一”劳动奖状。2010年：省文明诚信市场（百合花卉展销市场）；市“五一”劳动奖状。2011年：省守合同重信用企业（百合园林集团）；省“青年文明号”（百合集团管理部）。

花卉苗木中心 2004年：市“两个文明”建设先进单位。2006年：市“五一”劳动奖状；市工程建设先进单位。2009年：省建设系统女职工建功立业标兵岗。

济南林场 2004年：市“两个文明”建设先进单位。2005年：市“青年文明号”（龙洞林区管理科）。2006年：市安全生产先进单位；市森林防火先进单位；市“建功立业”标兵集体（金鸡岭林区管理科）；市青年文明号（林场派出所）。2007年：省“五四”红旗团总支（场团总支）；市森林防火工作先进单位；市“五一”劳动奖状和市建功立业标兵集体（金鸡岭林区管理科）。2008年：市森林防火先进单位；市“五一”劳动奖状。2009年：省“工人先锋号”（长生树管理处）；市森林防火先进单位。2010年：市森林防火先进单位。2011年：市森林防火先进单位；市安全生产先进单位；市“五四”红旗团支部（场团总支）。

英雄山风景区管理处 2005年：市优秀广场文化活动场地（赤霞广场）。2006年：市“巾帼”文明岗（园容卫生班）。2007年：市“三八”红旗集体（广场卫生班）。2008年：市建功立业先进集体（花卉展销中心）。2009年：市“巾帼”示范岗；市安全生产先进单位。2011年：市“优秀文化广场和电影文化广场”（赤霞广场）。

园林苗圃暨济南森林公园 2006年：市文明单位；市生产先进单位；市职工职业道德建设先进集体；市女职工建功立业标兵岗、市“巾帼”文明岗（苗木生产管理女子队）。2007年：省十佳园林苗木企业。2008年：市文明单位；市“巾帼”文明号（女子生产队）；市工人先锋号（苗圃工会）。2009年：市文明单位。2010年：市工人先锋号（生产科）。2011年：省科普教育基地（森林公园）。

济南植物园管理处 2006年：市“巾帼”文明标兵岗；市“三八”红旗集体（绿化施工部）。2007年：国家3A级旅游景区；齐鲁山水新十景；市十佳旅游景区；市安全生产先进单位；市“巾帼”文明示范岗（门票班）。2009年：国家4A级旅游景区。

中山公园管理处 2008年：市“五一”劳动奖状。2011年：省妇女健身示范点。

园林绿化工程质量监督站 2007年：市建功立

业先进集体。2009年：支持第十一届全运会济南赛区贡献奖。

济南国际园博园管理处 2010年：中国建设职工政研会基层思想政治工作先进单位；省“巾帼”文明岗；第七届园博会先进集体；市级先进单位；市“青年文明号”（游客中心）。

园林规划设计研究院 2005年：省职工创新示范岗。2006年：市建功立业标兵集体。2007年：市“五一”劳动奖状。2008年：省“三八”红旗集体；市“五一”劳动奖状。2009年：全国“巾帼”文明示范岗。2010年：中国建设职工政研会基层思想政治工作先进单位。2011年：小清河综治工程建设先进单位。

五龙潭公园 2003年：市级文明单位；市级卫生先进单位。2005年：全国园林基层思想政治工作先进单位。2006年：市优秀校外教育基地。

百花公园 2004年：市“两个文明”建设先进单位；市创建文明窗口先进单位。2005年：市十大文明风景区。

园林职工学校 2003年：市级文明单位。2010年：市成人教育先进单位。

园林宾馆 2005年：市“青年文明号”（总服务台）；市职工先进道德建设先进单位。2006年：市级文明单位。

跑马岭野生动物世界 2009年：市“巾帼”文明岗（饲养一队）。

二、个人荣誉

（一）人物传略

黄宜进（1945.7—2005.9）男，汉族，山东郓城县张营公社十二里铺村人，小学文化，高级技工。1955—1980年，先后在原籍和黑龙江省拜泉县务农，1980年4月，35岁的黄宜进接替父亲到济南林场当了一名护林员。当他满怀喜悦地从郓城农村来到济南，背着铺盖翻山越岭来到父亲的工作地点——西黑峪林点时，眼前的破败情景顿时让他傻了眼。为了不辜负父亲的嘱托，他住下了，一干就是25年，并于1992年12月加入中国共产党。

西黑峪林点距离市区20多公里，地处偏僻的深山峡谷，没有进出的道路，走的是陡峭险峻的山梯、天梯、云梯。林点没有电，夜间靠煤油灯照明；也没有饮用水，喝的是每年汛期积存在山洼里的雨水，每逢干旱季节要下山往返近10公里路背水吃。虽然条件极其艰苦，黄宜进还是坚持了下来，常年独自一人在勤勤恳恳、兢兢业业地工作，日复一日、年复一年，踏着当年父亲走过的十几公里山路和10多座山头去护林：严格盘查进山人员，阻截进山的牛羊，防火防虫……就这样，他走遍了467万平方米山林的每个角落，山上的一草一木他都了如指掌，爱若子女。

护林过程中，黄宜进还遇到不少危险。有一次夜晚护林，竟遇上了狼。而一些盗伐者也对这个认真负责的护林员心怀不满。1990年夏天的一个晚上，3个不明身份的人闯进林点，对他一阵恐吓，并抢走了他的手表和刚从山下背上来的面粉。但他都不为此胆怯，毅然兢兢业业地坚守在自己工作的岗位上。

自打进了山林，他从未与老母、妻儿过个团圆年。1991年春节前，林场领导派人顶替他，“强行”让他回家。可到了腊月二十九，他担心春节期间山林失火，又回到护林点上看守着山林。之后，年年除夕，当家家户户张灯结彩合家团聚的时候，他都是守着宁静的深山度过的。他从不讲条件，不计较待遇。白天除了巡逻护林，每月下山挑粮以外，还整修树枝133万余平方米，育黄栌树苗近2700平方米。西黑峪林点467万平方米山林，在黄宜进的精心管护下，没发生一次火灾、虫灾，没出现过一次盗伐现象。

由于工作出色，黄宜进连续多年被评为济南林场的先进，多次被评为济南市园林局的先进个人、优秀共产党员等。1990年，获济南市先进工作者称号。1991年，获山东省“富民兴鲁”劳动奖章。1992年，获山东省劳动模范。同年，被中华全国总工会授予全国优秀业务能手称号及五一劳动奖章。2000年，当选第八届山东省人大代表，同年，被国务院授予全国先进工作者称号。2005年9月，在自己一直工作的岗位上病逝，终年60岁。

（二）先摸人物

自20世纪60年代到2011年，有众多园林职工获市级以上政府和部门授予的劳动模范和先进工作者、五一劳动奖章、三八红旗手、建功立业标兵等荣誉称号。本志仅将获市级以上劳动模范和先进工作者、五一劳动奖章荣誉的人员列表如下：

1963—2011年市级以上劳动模范和先进工作者一览表

表7-57

序号	姓名	性别	出生年月	工作单位及职务	称号	授予单位	获得年份
1	辛延根	男	1925.3	市西郊苗圃职工	先进生产者	济南市人委	1963 1966
2	付兰英	女	1933.12	人民公园技师	先进生产者	济南市人委	1964
3	孟庆任	男	1929.11	市西郊苗圃职工	劳动模范	山东省政府	1982
4	张建东	男	1945.1	市花卉苗圃职工	劳动模范	济南市政府	1984
5	高贤仁	男	1938.1	市植物园职工	劳动模范	济南市政府	1988
6	侯玉珍	女	1939.1	市植物园职工	劳动模范	济南市政府	1988
7	赵炳华	男	1949.4	大明湖公园职工	劳动模范	山东省建设厅	1989
8	吴洪慈	男	1940.10	市动物园职工	劳动模范	国家建设部	1990
9	刘灿福	男	1940.5	市植物园职工	劳动模范	济南市政府	1990
10	吴福德	男	1941.10	市植物园职工	劳动模范	济南市政府	1994
						山东省政府	1995
11	张　利	女	1956.4	市中山公园管理处主任	先进工作者	国务院军转办	1996
12	崔巧云	女	1950.10	济南动物园管理处职工	劳动模范	济南市政府	1997
13	崔家新	男	1966.7	市园林局风景园林处处长	劳动模范	济南市政府	1997
14	张继忠	男	1949.9	济南动物园管理处副主任	劳动模范	山东省建设厅	1997
15	刘红军	女	1948.8	市园林局工会主任	劳动模范	济南市政府	2000
16	李　秀	女	1952.1	市园林设计院高级工程师	劳动模范	济南市政府	2000
17	陈朝霞	女	1972.5	济南园林开发建设集团设计部副部长	劳动模范	济南市政府	2000
18	卞索军	男	1964.3	市趵突泉公园管理处职工	劳动模范	济南市政府	2000
19	黄宜进	男	1945.7	市林场护林员	先进工作者	济南市政府	1990
					劳动模范	山东省政府	1992
					先进工作者	国务院	2000
20	杨庆绪	男	1964.11	市园林花木开发中心主任	劳动模范	山东省政府	2003
21	胡玉萱	女	1955.1	济南动物园野生动物研究所副所长	劳动模范	山东省建设厅	2003
22	王爱华	女	1965.3	市大明湖公园绿化科科长	劳动模范	山东省建设厅	2003
23	史作刚	男	1960.1	济南园林开发建设集团副总经理	劳动模范	济南市政府	2004
24	林延江	男	1967.1	市花卉苗木开发中心职工	劳动模范	济南市政府	2004
25	罗延美	女	1967.11	大明湖风景名胜区管理处职工	劳动模范	济南市政府	2004
26	朱传东	男	1964.3	趵突泉公园管理处主任	劳动模范	济南市政府	2005
27	王钰清	男	1953.1	千佛山风景名胜区管理处主任	劳动模范	山东省建设厅	2007

续表7-57

序号	姓名	性别	出生年月	工作单位及职务	称号	授予单位	获得年份
28	韩晓光	男	1962.1	市园林局党委书记、局长	劳动模范	山东省建设厅	2007
29	高明兰	男	1959.5	市英雄山风景区管理处主任	先进工作者	济南市政府	2007
30	肖　鹏	男	1975.6	市园林规划设计研究院职工	先进工作者	济南市政府	2007
					优秀工作者	山东省建设厅	2009
31	王洪磊	男	1977.7	市花卉苗木开发中心生产部计划员	先进工作者	济南市政府	2007
32	刘运初	男	1964.5	市花卉苗木中心主任	劳动模范	山东省政府	2008
				济南园林开发建设集团第三分公司项目经理	先进工作者	山东省政府	2009
33	刘建东	男	1966.1	园林开发建设集团党总支书记总经理	先进工作者	山东省政府	2009
34	潘大波	男	1969.10	市趵突泉公园管理处主任	先进工作者	济南市政府	2010
35	于增利	男	1960.11	大明湖风景名胜区管理处主任	先进工作者	济南市政府	2010
36	刘劲梅	女	1968.5	市园林局绿化处副处长	先进工作者	济南市政府	2010
37	孙济生	男	1950.8	市园林局财务审计处调研员	先进工作者	济南市政府	2010
38	杨文朴	男	1959.5	市英雄山风景区管理处党总支书记	先进工作者	济南市政府	2010
39	周传明	男	1980.10	济南园博园管理处基建科科长	先进工作者	济南市政府	2010
40	袁　超	男	1977.11	济南园博园管理处综合科科长	先进工作者	济南市政府	2010
41	孙艾修	女	1965.7	济南动物园管理处副主任	先进工作者	济南市政府	2010
42	杨文凯	女	1970.5	市趵突泉公园管理处主任助理	先进工作者	济南市政府	2010
43	田晓东	男	1971.4	济南园博园管理处党总支书记	先进工作者	济南市政府	2010

1991—2011年市级以上劳动奖章获得者一览表

表7-58

序号	姓名	性别	出生年月	工作单位及职务	奖章名称	获得年份	发奖单位
1	黄宜进	男	1945.7	济南市林场护林员	富民兴鲁劳动奖章	1991	山东省总工会
					五一劳动奖章	1992	中华全国总工会
2	李亨利	男	1939.6	济南动物园职工	富民兴鲁劳动奖章	1993	山东省总工会
3	彭宝鸿	男	1958.11	大明湖公园经营科科长	富民兴鲁劳动奖章	1994	山东省总工会
4	刘新利	男	1951.8	市植物园主任	五一劳动奖章	1998	全国总工会
5	吴春胜	男	1964.12	市花卉苗圃职工	五一劳动奖章	1999	济南市总工会
6	刘瑞莲	女	1953.6	市园林苗圃职工	五一劳动奖章	2002	济南市总工会
7	刘运初	男	1964.5	济南园林开发建设集团职工	五一劳动奖章	2002	济南市总工会
8	刘海涛	男	1970.2	市趵突泉公园经营科科长	五一劳动奖章	2003	济南市总工会

续表7–58

序号	姓名	性别	出生年月	工作单位及职务	奖章名称	获得年份	发奖单位
9	刘建东	男	1966.1	园林集团党总支副书记、副总经理	五一劳动奖章	2003	济南市总工会
10	薛彦云	女	1962.1	济南市植物园园容科副科长	五一劳动奖章	2003	济南市总工会
11	马　战	男	1968.1	济南动物园动管科党支部书记	五一劳动奖章	2004	济南市总工会
12	刘明仁	男	1952.1	千佛山公园主任	富民兴鲁劳动奖章	2004	山东省总工会
13	朱传东	男	1964.3	趵突泉公园管理处主任	富民兴鲁劳动奖章	2005	山东省总工会
					五一劳动奖章	2006	中华全国总工会
14	丁桂军	女	1954.11	市园林局财务审计处处长	富民兴鲁劳动奖章	2005	山东省总工会
15	苗振荣	女	1953.12	市植物园财务科科长	五一劳动奖章	2005	济南市总工会
16	李桂华	男	1950.7	市林场场长	五一劳动奖章	2005	济南市总工会
17	刘聪印	男	1947.8	市园林局财务审计处调研员	五一劳动奖章	2005	济南市总工会
18	王钰清	男	1953.1	千佛山风景名胜区管理处主任	五一劳动奖章	2005	济南市总工会
19	赵殿德	男	1960.3	大明湖风景名胜区管理处副主任	五一劳动奖章	2005	济南市总工会
						2010	山东省总工会
20	安吉磊	男	1964.1	市植物园管理处副主任	五一劳动奖章	2005	济南市总工会
21	赵晓平	男	1963.9	市园林规划设计研究院院长	五一劳动奖章	2005	济南市总工会
22	杨文朴	男	1959.4	市环城公园主任	五一劳动奖章	2005	济南市总工会
23	王丽达	女	1977.7	市花木开发中心职工	五一劳动奖章	2005	济南市总工会
24	董春晖	男	1967.3	市园林绿化质监站科长	五一劳动奖章	2005	济南市总工会
25	张宝迎	男	1966.6	市植物园管理处主任	五一劳动奖章	2005	济南市总工会
26	田晓东	男	1971.4.	市园林局团委书记	五一劳动奖章	2005	济南市总工会
27	焦玉忠	男	1970.11	市园林绿化质监站副主任	五一劳动奖章	2005	济南市总工会
				千佛山风景名胜区管理处副主任	富民兴鲁劳动奖章	2011	山东省总工会
28	于增利	男	1960.11	大明湖风景名胜区管理处主任	五一劳动奖章	2006	济南市总工会
29	李　岳	男	1975.9	济南植物园总工程师	五一劳动奖章	2006	济南市总工会
30	郭世泉	男	1968.3	济南植物园绿化科长	五一劳动奖章	2006	济南市总工会
31	刘运初	男	1964.5	济南园林集团副总经理	富民兴鲁劳动奖章	2007	山东省总工会
32	杨波	男	1968.12	市园林局绿化处处长	五一劳动奖章	2007	济南市总工会
33	刘锦荣	男	1959.8	市趵突泉公园管理处园容科科长	五一劳动奖章	2007	济南市总工会
34	齐　红	女	1968.4	规划建设服务中心党支部副书记	五一劳动奖章	2007	济南市总工会
35	李　忠	男	1968.8	市园林苗圃副主任	五一劳动奖章	2007	济南市总工会
36	张运德	男	1969.7	市花木开发中心主任	五一劳动奖章	2007	济南市总工会
37	赵国怀	男	1973.9	百合园林集团副总经理	五一劳动奖章	2007	济南市总工会

续表7–58

序号	姓名	性别	出生年月	工作单位及职务	奖章名称	获得年份	发奖单位
38	张传兴	男	1968.11	市园林花卉苗木中心职工	五一劳动奖章	2007	济南市总工会
39	王　矗	男	1967.7	济南植物园副总经理	五一劳动奖章	2007	济南市总工会
40	孙平远	男	1956.11	市园林局办公室主任	五一劳动奖章	2008	济南市总工会
41	魏　强	男	1965.6	市园林局机关党总支副书记	五一劳动奖章	2008	济南市总工会
42	李永昌	男	1978.4	市名泉保护管理办公室职工	五一劳动奖章	2008	济南市总工会
43	宋　桥	男	1974.10	市趵突泉公园管理处职工	五一劳动奖章	2008	济南市总工会
44	李　泓	男	1968.5	市趵突泉公园管理处职工	五一劳动奖章	2008	济南市总工会
45	郭继华	男	1970.4	市百花公园职工	五一劳动奖章	2008	济南市总工会
46	万平平	女	1978.12	市泉城公园管理处职工	五一劳动奖章	2008	济南市总工会
47	李传莹	男	1972.8	市园林绿化质量监督站科长	五一劳动奖章	2008	济南市总工会
48	崔　琳	女	1979.11	市林场职工	五一劳动奖章	2008	济南市总工会
49	逯修泉	男	1982.10	济南植物园管理处职工	五一劳动奖章	2008	济南市总工会
50	潘大波	男	1969.10	市趵突泉公园管理处主任	五一劳动奖章	2008	济南市总工会
51	张文运	男	1952.8	大明湖风景名胜区管理处副主任	五一劳动奖章	2008	济南市总工会
52	谢玉浩	男	1958.6	市园林局规划处调研员	五一劳动奖章	2008	济南市总工会
53	张　旭	男	1962.1	济南园林开发建设集团党总支副书记	抗震救灾模范个人	2008	济南市政府
54	韩明新	男	1961.11	市林场场长	五一劳动奖章	2010	济南市总工会
55	任　正	男	1955.1	大明湖风景名胜区管理处工会主席	五一劳动奖章	2010	济南市总工会
56	王国平	男	1958.4	济南园博园管理处科长	五一劳动奖章	2010	济南市总工会
57	张建胜	男	1960.8	市园林局办公室调研员	五一劳动奖章	2010	济南市总工会
58	孙艾修	女	1965.7	济南动物园管理处副主任	五一劳动奖章	2010	济南市总工会
59	于俊强	男	1975.7	济南园博园管理处科长	五一劳动奖章	2010	济南市总工会
60	袁　超	男	1977.11	济南园博园管理处科长	五一劳动奖章	2010	济南市总工会
61	尹相韡	男	1968.12	济南园博园管理处副主任	五一劳动奖章	2010	济南市总工会
62	张保全	男	1963.8	市花木开发中心主任	五一劳动奖章	2010	济南市总工会
63	隆中华	男	1958.6	市英雄山风景区管理处主任	五一劳动奖章	2010	济南市总工会
64	王　凯	男	1967.11	市园林苗圃主任	五一劳动奖章	2010	济南市总工会
65	片西玉	男	1965.1	市园林花卉苗木中心主任	五一劳动奖章	2011	济南市总工会
66	焦玉忠	男	1970.11	千佛山风景名胜区管理处主任	富民兴鲁劳动奖章	2011	山东省总工会

附　录

园林艺文选录

济南市有关园林的诗、文、楹联、碑刻不计其数，本志仅从作诵趵突泉、大明湖、千佛山三大名胜和其他部分名胜景点的诗、文及其区域内的楹联、碑刻中，撷取一部分辑录如下。

一、诗

（一）趵突泉诗

题刘诏寺丞槛泉亭 ［宋］赵抃

泉名从古冠齐邱，独占溪心涌不休。深似蜀都分海眼，势如吴分起潮头。连宵鼓浪摇明月，当暑迎风作素秋。亭上主人留我语，只将尘事指浮沤。

赵抃（1008—1084），字阅道，今浙江衢县人。进士，宋神宗时，曾以资政殿学士出知青州，官至参知政事。有《赵清献集》留世。

趵突泉 ［宋］曾巩

一派遥从玉水分，暗来都洒历山尘。滋荣冬茹温常早，润泽春茶味更真。已觉路傍行似鉴，最怜沙际涌如轮。曾成齐鲁封疆会，况托娥英诧世人。

曾巩（1019—1083），字子固，今江西南丰人。宋嘉祐二年（1057年）进士，唐宋文学八大家之一。宋熙宁四年至六年（1071—1073年）知齐州期间，兴修水利，并写下了大量赞咏济南山水的诗文，著有《元丰类稿》等书。此文作于熙宁六年（1073年）二月十五日。

槛泉亭 ［宋］苏辙

连山带郭走平川，伏涧潜流发涌泉。汹汹秋声明月夜，蓬蓬晓气欲晴天。谁家鹅鸭横波去，日暮牛羊饮道边。滓秽未能妨洁净，孤亭每到一依然。

苏辙（1039—1112年），字子由，号颍滨遗老，今四川眉山人。唐宋文学八大家之一。宋熙宁六年（1073年）任齐州掌书记，在任三年，对济南名胜古迹多有吟咏。著有《栾城集》。

趵突泉 ［金］元好问

白烟消尽冻云凝，山月飞来夜气澄。且向波间看玉塔，不须桥畔觅金绳。

元好问（1190—1257），字裕之，号遗山，今山西忻县人。金代文学家，工诗善文。官至尚书省左司员外郎。著有《遗山生集》40卷，编有《中州集》10卷。

趵突泉 ［元］赵孟頫

泺水发源天下无，平地涌出白玉壶。谷虚久恐元气泄，岁旱不愁东海枯。云雾润蒸华不注，波涛声震大明湖。时来泉上濯尘土，冰雪满怀清兴孤。

赵孟頫（1254—1322），字子昂，号松雪道人，宋宗室，因赐第湖州（今浙江省湖州市），故称湖州人。入元后累官至翰林学士承旨，封魏国公，谥文敏。至元二十九年至三十一年（1292—1294年），曾任同知济南路总管府事。诗、书、画皆精，所画《鹊华秋色》图称为珍品，至今留存台湾。

趵突泉 ［元］张养浩

绕栏惊视重徘徊，流水缘何自作堆？三尺不消平地雪，四时尝吼半空雷。深通沧海愁波尽，怒撼秋涛恐岸摧。每过尘怀为潇洒，斜阳欲没未能回。

张养浩（1270—1329），字希孟，号云庄，山东历城人，元散曲家。官至监察御史、礼部尚书，元文宗天历二年（1329年）出任陕西行台中丞，值关中大旱，病卒于赈灾中。著有《云庄休居自适小乐府》《云庄类稿》等。现济南北郊有其墓地。

饮趵突泉 [明]叶冕

一脉原从天上来，翻涛如怒震如雷。千年玉树波心立，万叠冰花浪里开。神液暗分天地髓，灵光尝护水晶台。飞龙有日还收去，散作甘霖遍九垓。

叶冕（生卒年不详），浙江上虞人，进士，明永乐年间任山东布政使左参政。

趵突泉，和赵松雪韵 [明]王守仁

泺源特起根虚无，下有鳌窟连蓬壶。绝喜坤灵能尔幻，却愁地脉还时枯。惊湍怒涌喷石窦，流沫下泻翻云湖。月色照衣归独晚，溪边瘦影伴人孤。

王守仁（1472—1528），字伯安，浙江余姚人，因居阳明洞，世称阳明先生。明代哲学家、教育家。官至南京兵部尚书，谥文成。明弘治十七年（1504年）曾到济南做主考官。

饮趵突泉 [明]王廷相

济水东来伏，泉开涌玉林。恍疑焦釜沸，翻讶石堂沉。作泽随云远，成波助海深。春回潜跃遂，郁有羡鱼心。

王廷相（1474—1544），字子衡，号浚川，河南兰考人。明代哲学家和文学家，"前七子"之一。官至南京兵部尚书，万历初曾任山东学政。

咏趵突泉 [明]胡缵宗

王屋流来山下泉，清波聊酌思泠然。云含雪浪频翻地，河涌三星倒映天。滚滚波涛生海底，芃芃蕊萼散城边。秋光一片凌霄汉，最好乘槎泛斗前。

胡缵宗（1480—1560），字孝思，号可泉，明代巩昌府秦川安县（今甘肃秦安县）人，正德年间进士。嘉靖年间任山东巡抚都御史。有诗名，著有《辛巳集》《丙辰集》等。

丁丑春日再过泉亭酒家二首选一 [明]许邦才

趵突泉头卖酒家，板桥迤逦跨河斜。东风解得丹青意，画出垂杨间杏花。

许邦才（生卒年不详），字殿卿。明代山东历城人。居济南府城布政司街。年少读书时与同县李攀龙、殷士儋为友。嘉靖二十二年（1543年），举乡试第一，官至周府右长史，赏加四品服俸。善诗文，作品有《瞻泰楼集》《海右倡和集》《梁园集》。此诗作于明万历五年（1577年）春天。

趵突泉 [明]王象春

嗟余六月移家远，总为斯泉一系情。味沁肝脾声沁耳，看山双眼也添明。

王象春（1578—1632），原名王象巽，字季木，号虞求，新城（今山东淄博市桓台县新城镇）人，明代诗文作家。万历三十八年（1610年）进士，官至南京吏部考功郎，终因刚直而免官归田。他才气奔轶，诗宗前后七子，诗文结集为《齐音》（亦题《济南百咏》）、《问山亭集》等。

题趵突泉 [明]张鹤鸣

宓灵碎剪夜光绡，笑掷波心雪浪骄。倒卷银河穿泺底，遥牵海月涌江潮。惊看乳窦投珠佩，响应冰壶冷玉箫。我欲挂冠从卜筑，抱琴直傍水西桥。

张鹤鸣（1551—1635），字元平，号凤皋，河南颍川人。明万历二十年（1592年）进士，任历城知县，后升山东按察司副使、南京主政、兵部尚书，有诗名。在济南期间，修五龙潭，浚怀家洼，多兴修水利。

岁旱趵突泉涸歌 [明]叶承宗

辛巳泉涸，宋人化我曰："子无复泉是望，盖王屋之源已竭矣。"于是投袂而起，走泺上，痛饮而言之，匪独间执谗慝之口也，亦聊以自信云。

君昔三尺喷蜚雪，游人涂壁多奇绝。君今数奇溘然干，过客趑趄不忍看。人情炎凉镇如此，不谓一泉犹然尔。人生失意能几时，会见奔腾喷薄之。吁嗟乎！物不大蓄不大泻，千载灵源焉能灭？风尘偶困休呜咽，有我对君心尚热。

叶承宗（？—1648），字奕绳，号泺湄啸史，山东历城人。明天启七年（1626年）举人，清顺治三年（1646年）进士，官江西临川知县。明崇祯年间纂修《历城县志》。著《泺函集》。此歌作于明崇祯十四年（1641年）。

趵突泉 [清]施闰章

劳生惭物役，越郭就临眺。澧澧涌寒泉，渊渊发地窍。喷薄阳侯舞，颠倒湘灵笑。荇菜冬青葱，雪月皆照曜。时闻独鹤鸣，回瞩四山峭。逝者怅如斯，素心惬从好。睎发缅潺湲，荡胸隔要妙。欲为沧海歌，谁司伯牙调。

施闰章（1618—1683），字尚白，号愚山，安徽宣城人。清初著名诗人。清顺治六年（1649年）进士，官至侍读。顺治十三年至十七年（1656—1660年）任山东学政。有《施愚山先生集》传世。

来鹤楼观趵突泉 [清]王士祯

南郭山泉好，登临复此楼。碧晴诸岫雨，绿淡一泓秋。晓日浮沙碛，明玕出静流。翳然林木处，吾意已沧洲。

王士祯（1634—1711），字贻上，号阮亭，别号渔洋山人，山东新城（今桓台）人。官至刑部尚书。清初文坛盟主，著名诗人，著作甚丰。早年曾在大明湖秋柳园读书交友，赋诗《秋柳四章》，因其句句写柳，却不见一个“柳”字，轰动大江南北。

趵突泉歌 [清]田雯

十年不到趵突泉，今夕观泉颇詄荡。乍听只疑地肺坼，坐久如闻江鼍（tuó）涨。澄泓一池竹树深，吞纳千溪亭榭旷。冯陵叫啸众山响，迸落檐花劈高浪。白髭道士前致词，七十二泉各殊状。独有趵突绝神奇，王屋倒泻夸娥创。崩裂不闻海髓干，喷薄直从石窍上。轩辕张乐列笙镛，白鲵掉尾饮瓮盎。泺源百脉皆伏流，此水不知安归向。鹊华屹立四扇开，面面诸峰作屏障。我闻道士说泉源，尘壒埽除神色王。岸帻振翮思骞腾，如御樵风吹五两。钱塘劲弩射潮回，广陵夜雨听涛壮。况自千佛岩顶归，春风绿酒供行帐。波纹凌乱菡萏出，山脚斑驳桃花放。及到此泉已昏黑，冷冷月色照衣桁。有客登楼踏白雪，何人吹笛送高唱。陂陀荦确泥路滑，桥边一鹤行相傍。

田雯（1635—1704），字紫纶、子纶、纶霞，号漪亭，自号山姜子，晚号蒙斋。山东德州人。清初著名诗人。清康熙三年（1664年）进士，授中书舍人，历任江南学政、江苏、贵州巡抚等职。著有《山姜诗选》《古欢堂集》《黔书》《长河志籍考》等。

趵突泉 [清]爱新觉罗·玄烨

十亩风潭曲，亭间驻羽旗。鸣涛飘素练，迸水溅珠玑。汲杓旋烹鼎，侵阶暗湿衣。似从银汉落，喷作瀑泉飞。

爱新觉罗·玄烨（1654—1722），满族，清朝康熙皇帝，1662—1722年在位，庙号清圣祖。清康熙二十三年（1684年）十月到济南巡视，赏趵突泉，题“激湍”二字，并写此诗。

趵突泉 [清]王苹

三间老屋一尘无，十载勾留击唾壶。乱水声中诗骨瘦，崩涛烟里鬓毛枯。遗春酝藉词人宅，入梦凭陆西子湖。更是泉头多旧雨，不教高柳苹门孤。

王苹（1661—1720），字秋史，号蓼谷，山东历城人。清康熙四十五年（1706年）进士，故居在万竹园望水泉边。善诗，著有《二十四泉草堂集》。

摸鱼儿·趵突泉 [清]田同之

探灵源，几多神液，喷流不舍今古？晴岚暖翠函山对，光彻冰壶瑶圃。凝目处，疑鬼剔山根石眼宽如许。迎云合雨，听响嗒晶台；波涛斜卷，三宝振雷鼓。

泉流溥，地脉清涵不露，遥牵王屋潜注。珠玑乱撒天花坠，却是谁操玉杵？飞更舞，似帝女，鸣箫跨鹤凌仙宇。临流四顾，正跳沫风棂，空青倒影，月映济川渚。

田同之（生卒年不详），字在田，另字彦威，山东德州人，著名诗人田雯之孙。清康熙五十九年（1720年）举人，官国子监助教。工诗，著有《西圃丛辨》《晚香词》等。

趵突泉歌 [清]张元

济南名泉七十数，冠以趵突余皆附。何年平地澒洞开，从中陡涌三株树。涛声直撼莲子湖，湍激欲溅华不注。珠玑散堕闪晶光，冰绡碎剪喷寒雾。有时斜风卷地来，横曳飞流凌空渡。红栏窈窕入颠波，宝刹玲珑缀秋露。恍惚白昼走惊霆，咫尺青天骇倾霔。眼前但恐天吴翻，足下更防支祈怒。岂是银河蟠地底，断裂天根起雷驭。海门东下一千里，归墟直欲沧溟遇。沐日浴月荡三山，混漾乾坤错朝暮。吁嗟此泉来王屋，万里湫流不肯住。却来历下迸云根，管领名泉恣吞吐。始知浚发有渊源，金流石烁常如故。泉边清淑跃红鳞，泉上晴沙立白鹭。杈枒老树荫空蒙，亭台高下森回互。云章烂漫揭中间，下俯泉流垂宝璐。亦有词人耽宴游，短咏长吟纷题注。我来但取壁上观，袖手未敢夸能赋。胆壮吾友破天荒，因赓第一名泉句。

张元（生卒年不详），字殿传，号榆村，山东淄川人。清雍正四年（1726年）解元。著有《绿筠轩集》。

趵突泉 [清]龚章

海右奇观宇内传，冰花三树脉相连。霞光返照喷红雨，柳色斜侵涌绿烟。声彻千寻雷震地，寒生六月雪飞天。浙江潮汛庐山瀑，不及家门趵突泉。

龚章（生卒年不详），字达庵，山东长清人。

趵突泉 ［清］翁方纲

槛泉咏毕沸，正出维其深。兹源泺所伏，澄涌无古今。秋晴势未壮，我来脉初寻。金沙四萦绕，碧藻间浮沉。奔腾一气间，仿佛三渊临。地底积阳奋，仰出宫徵音。微云四山合，巨石环苔阴。欲就风雨会，试听蛟龙吟。

翁方纲（1733—1818），字正三，号苏斋，又号覃溪，直隶大兴（今北京市）人。进士，官至内阁学士。著名学者、诗人。清乾隆年间曾任山东学政。著有《经义考补正》《两汉金石记》《复初斋集》。

趵突泉 ［清］董芸

三窟居然水倒流，浪花高卷玉壶秋。阑杆十二无人倚，月色泉声满郡楼。

董芸（生卒年不详），字香草，号书农，山东平原人。清嘉庆三年（1798年）举人，常寓居济南，继王象春《齐音》后，又作《广齐音》（又称《济南诗咏》）百首，吟咏济南优美风光。还著有《历下山水纪略》《半隐园诗集》等。

和孔绣山孝廉游趵突泉之作 ［清］李宗传

两岸垂杨一径开，回栏白石净无苔。跃渊怕有蛟龙起，倒卷三山雪浪来。

李宗传（1767—1840），字孝曾，号海帆，安徽桐城人。清道光十六年（1836年）任山东按察使。有《寄鸿堂诗集》传世。

趵突泉，用赵松雪韵一首 ［清］马国翰

曾见龙门三激无，腾空混混喷银壶。伏流忽作泺源出，莽世休疑济水枯。地奋雷声绕西郭，天飞雪练汇东湖，观澜亭畔恣瞻玩，印我吟怀明月孤。

马国翰（1794—1857），字词溪，号竹吾，山东历城人。清道光十二年（1832年）进士，官至陕西陇州知州。喜藏书，以毕生精力，辑录已佚古书600余种，纂成《玉函山房辑佚书》。著有《玉函山房诗集》等。

趵突泉 ［清］何绍基

泺水源头太是奇，千年趵突有神机。人工天匠难窥察，万斛珠玑尽倒飞。

何绍基（1799—1873），字子贞，号蝯叟，湖南道县人。清道光十六年（1836年）进士。历任翰林院编修、四川学政等。咸丰年间，曾主讲济南泺源书院。善诗文，工书法，著有《东洲草堂诗钞》等。

（二）大明湖诗

登历下古城员外孙新亭 ［唐］李邕

吾宗固神秀，体物写谋长。形制开古迹，曾冰延乐方。

泰山雄地理，巨壑眇云庄。高兴泊烦促，永怀清典常。

含宏知四大，出入见三光，负郭喜粳稻，安时歌吉祥。

李邕（678—747），字泰和，广陵江都（今江苏省扬州市）人。曾任北海太守等职，人称“李北海”。工文，尤长碑颂。善行书，书风豪挺，结体茂密，笔画雄劲。传世作品有《端州石室记》《麓山寺碑》《法华寺碑》《云麾将军李思训碑》《云麾将军李秀碑》等。

陪李北海宴历下亭 ［唐］杜甫

东藩驻皂盖，北渚凌青荷。海右此亭古，济南名士多。云山已发兴，玉佩仍当歌。修竹不受暑，交流空涌波。蕴真惬所遇，落日将如何！贵贱俱物役，从公难重过。

杜甫（712—770），字子美，号少陵野老。河南巩县（今郑州巩义）人，曾任左拾遗、检校工部员外郎，人称杜少陵、杜工部。唐代伟大的现实主义诗人，世称“诗圣”，与李白并称“李杜”。一生写诗1400多首，其中很多是传颂千古的名篇，对后世影响深远。

西湖二首 ［北宋］曾巩

左符千里走东方，喜有西湖六月凉。塞上马归终反复，泰山鸱饱正飞扬。懒宜鱼鸟心常静，老觉诗书味更长。行到平桥初见日，满川风露紫荷香。

湖面平随苇岸长，碧天垂影入晴光。一川风露荷花晓，六月蓬瀛燕坐凉。沧海桴浮成旷荡，明河槎上更微茫。何须辛苦求天外，自有仙乡在水乡。

西湖纳凉 ［北宋］曾巩

问吾何处避炎蒸，十顷西湖照眼明。鱼戏一篙新浪满，鸟啼千步绿荫成。虹腰隐隐松桥出，鹢首峨峨画舫行。最喜晚凉风月好，紫荷香里听泉声。

寄齐州同官 [北宋]曾巩

西湖一曲舞霓裳，劝客花前白玉觞。谁对七桥今夜月，有情千里不相忘。

环波亭（《和孔教授武仲济南四咏》之一）[北宋]苏辙

南山迤逦入南塘，北渚岧峣枕北墙。过尽绿荷桥断处，忽逢朱槛水中央。凫鸥聚散湖光净，鱼鳖浮沉瓦影凉。清境不知三伏热，病身唯要一藤床。

北渚亭（《和孔教授武仲济南四咏》之二）[北宋]苏辙

西湖已过百花汀，未厌相携上古城。云放连山瞻岳麓，雪消平野看春耕。临风举酒千钟尽，步月吹笳十里声。犹恨雨中人不到，风云飘荡恐神惊。

登汇波楼 [元]张养浩

何处登临思不穷，城楼高倚半天风。鸟飞云锦千层外，人在丹青万幅中。景物相夸春亘野，古今皆梦水连空。浓妆淡抹坡仙句，独许西湖恐未公。

过李溉之天心亭二首 [元]张养浩

久别天心水面亭，风生吟袖喜重登。谪仙将月游何处，揖遍云山问不应。

放眼乾坤独倚栏，古今如梦水云闲。南山也解留连客，直送岚光到座间。

鱼乐楼 [元]赵孟頫

楼下南来水，清泠百尺深。菰蒲终夜响，杨柳半溪阴。日月驱人世，江湖动客心。向来歌舞宴，达晓看横参。

湖上暮归（二首选一） [元]赵孟頫

春阴柳絮不能飞，雨足蒲芽绿更肥。政恐前呵惊白鹭，独骑款段遶湖归。

泛舟大明湖（待杜子不至） [元]元好问

长白山前绣江水，展放荷花三十里。看山水底山更佳，一堆苍烟收不起。山从阳丘西来青一湾，天公掷下半玉环。大明湖上一杯酒，昨日绣江眉睫间。晚凉一棹东城渡，水暗荷深若无路。江妃不惜水芝香，狼籍秋风与秋露。兰襟郁郁散芳泽，罗袜盈盈见微步。晚晴一赋画不成，枉着风标夸白鹭。我时骖鸾追散仙，但见金支翠蕤相后先。眼花耳热不称意，高唱吴歌叩两舷。唤取樊川摇醉笔，风流聊与付他年。

湖上杂兴（四首） [明]边贡

云水地临三宪节，江湖天放一渔舟。虚烦倚树看黄帽，耐可乘槎漾碧流。

漾漾莲舟系古槎，沉沉波影照乌纱。多情最喜台中客，乘兴能看水际花。

水岸风回晚更凉，菰蒲零乱拂衣裳。扁舟莫到花深处，恐碍波心片月光。

万竹阴阴暑气微，主人迎客敞山扉。翻愁使节传呼近，惊起舟前白鹭飞。

边贡（1476—1532），字庭实，因家居华泉附近，自号华泉子，历城（今山东济南市）人。明代著名诗人、文学家。弘治九年（1496年）丙辰科进士，官至太常丞。边贡以诗著称于弘治、正德年间，与李梦阳、何景明、徐祯卿并称“弘治四杰”。后来又加上康海、王九思、王廷相，合称为明代文学“前七子”。

春初邀殷少保、刘国威泛湖 [明]许邦才

春风佳兴动亭台，况是浓芳水木隈。带雪山从城外见，负冰鱼逐网中来。湖平自信方舟入，家近何妨倒载回。公等不缘逢圣主，尊前得共济川才。

七夕云川舒柱史邀泛北湖 [明]刘天民

秋入明湖水咽波，夕阳倒浸碧波楼。四方簪组聊朋盍，百岁风烟几胜游。幡影摇知莲渚寺，笛声吹过柳阴舟。唯君自是乘槎客，此夜将因问女牛。

刘天民，生卒年不详，字希尹，号函山，明代历城人。明正德九年（1514年）中进士，授户部主事，后迁吏部郎中，出知寿州，历官至按察司副使。撰有《函山集》十卷。

北极庙 [明]刘敕

庙貌郁崔嵬，溪云护法台。凭轩双目豁，倚槛万峰来。树影孤帆动，香烟古殿开。喜看载酒者，一棹任徘徊。

刘敕（1560—1639），字君授，明代济南历城人。明万

历七年（1579年）中举，曾任陕西富平知县。爱好诗词，好著书，明崇祯五年（1632年）编著的《历乘》，是现存最早的历城县志，名扬海内，时称“真儒名世”。

青萝馆（二首） ［明］李攀龙

十亩青萝别馆开，使君延眺意悠哉。风摇北渚清阴合，烟杂南山黛色来。台敞高秋深染翰，庭虚斜日净衔杯。西邻荣叟常还往，带索应同薜荔裁。

湖上高斋此一时，垂萝四面绕茅茨。欲令何处红尘入，可道窥人片月疑。色借古松成远势，意含幽石有余姿。空传蒋诩开三径，不遇裘羊那得知。

李攀龙（1514—1570），字于鳞，号沧溟，历城（今山东济南）人，明代著名文学家。继“前七子”之后，与谢榛、王世贞等倡导文学复古运动，为“后七子”的领袖人物，被尊为“宗工巨匠”。主盟文坛20余年，其影响及于清初。

大明湖 ［明］王象春

万派千波竞一门，冈峦回合紫云屯。莲花水底危城出，略似镂金翡翠盆。

游湖绝句（二首） ［明］张鹤鸣

荷叶包鱼绿竹港，瓷瓶酤酒藕花洲。棹歌不断菱风急，吹入白苹湾尽头。

点点青螺华不注，团团飞镜大明湖。相传玉女梳妆处，济上于今有画图。

明湖杂诗（十首选二） ［清］任弘远

荷叶田田千点碧，藕花冉冉满城香。贪看明湖忘归路，敲碎钟声月色黄。

年来喜遇太平春，赢得身闲踏翠茵。消受明湖风雪月，此生幸作济南人。

历下亭（三首）［清］爱新觉罗·弘历

芳洲城郭里，亭榭画图间。杜句已称古，春游偶趁闲。渔歌隔浦远，桥影卧波弯。一棹蓬瀛到，仙风那引还。

天光澄上下，诗意寄烟波。濯戟银鳞直，连拳玉鹭多。浮图森古甓，远岫滴新螺。万顷碧漪外，轻帆瞥眼过。

朱栏横绿渚，倒影漾澄泓。烟柳万千树，春禽三两声。从来称历下，到此适清明。流水落花意，维摩句有情。

爱新觉罗·弘历（1711—1799），满族，清朝乾隆皇帝，庙号“清高宗”。在位六十年，清朝达到了康乾盛世以来的最高峰。好游历，一生六下江南，多次驻跸济南，留下不少诗作。

明湖曲（八首选三） ［清］王初桐

湖水半篙清，无风滑笏平。与天同一色，人在镜中行。

井字界琼田，家家种白莲。朝来菰叶里，撑出采莲船。

古庙森云际，停桡试一登。回看来处绿，不辨几层层。

王初桐（1730—1821），字子阳，又字竹所，清嘉定（今属上海市）人。曾任齐河县丞和新城、淄川知县。著有《资治通鉴考证》《路史正讹》《济南竹枝词》《海右集》等。

大明湖 ［清］尹廷兰

秋浦一篙水，夕阳千柄荷。野船受人少，高树得蝉多。花外晒鱼网，烟中闻棹歌。鹊华东北望，流恨满江河。

尹廷兰，字畹阶，历城人。清乾隆甲午举人，官高唐学正。与翟凝、周奕黉并称“历下三诗人”，著有《华不注山房诗集》。

明湖 ［清］董芸

微风吹绉碧层层，几处湖船唱采菱。红藕香中放花鸭，绿杨阴里挂鱼罾。

明湖曲 ［清］余正酉

东风吹皱波粼粼，芦芽界破明湖春。风定湖光作明镜，群峰倒插青嶙峋。参差楼台渺烟树，隔岸渔舟知何处？翩翩白鹭下夕阳，铁笛一声惊飞去。

余正酉（生卒年不详），字秋门，清代济南历城人。清道光五年（1825年）举人。曾任镶白旗官学教习、山西潞城知县、吉州知州等职。著述颇富，辑《国朝山左诗汇钞》《国朝山左诗汇钞后集》共39卷，另自著《秋门诗钞》等。

明湖柳色 ［清］刘伍宽

鹊桥两岸近清明，点逗春光翠叶生。古寺楼台时隐见，画船箫鼓半阴晴。平铺鸭绿和烟亘，淡染鹅黄着雨轻。莫向人间绾离别，一枝留取待新莺。

刘伍宽（生卒年不详），字蒲若，号此亭，五十岁时始得拔贡，著有《海右草堂集》。

明湖秋柳（二首选一） ［清］郑云龙

弱柳千株指碧塘，满湖诗思忆渔洋。丛分桐叶秋将老，絮借芦花舞欲狂。官渡西风愁暮雨，画桥流水澹斜阳。玉关羌笛多哀怨，触忤游人一断肠。

郑云龙（生卒年不详），字耕南，号萍史。清道光十二年（1840年）举人，著有《焚余》诗稿。

湖上 ［清］田雯

湖上沉吟立，春阴柳半遮。烟波经雨阔，衣带受风斜。闲拄红藤杖，看栽白藕花。欲寻北渚去，前浦路三叉。

济南杂诗 ［清］张之洞

伏生亲授济南经，杜甫留题历下亭。十里明湖成苇荡，百年名士等晨星。

张之洞（1837—1909），字孝达，号香涛、香岩，又号壹公、无竞居士，晚年自号抱冰。清代直隶南皮（今河北南皮）人，洋务派代表人物之一，与曾国藩、李鸿章、左宗棠并称晚清”四大名臣”。

历下杂咏（七首选二） ［清］孔尚任

香生荷叶散千家，堤上篱门向水斜。数遍画船无一事，女郎相对浣银纱。

湖水湖烟湖上花，游人多半是天涯。板桥西去听箫鼓，忙杀平原旧酒家。

孔尚任（1648—1718），字聘之，又字季重，号东塘，别号岸堂，自称云亭山人。山东曲阜人，孔子六十四代孙，清初诗人、戏曲作家，世人将他与《长生殿》作者洪升并论，称“南洪北孔”。

独游明湖 ［清］何绍基

芦花风里快扬舲，金碧新装古历亭。制就沧江渔父曲，晚凉唱与白鸥听。

忆明湖 ［清］王士祯

一曲明湖照眼明，越罗吴縠剪裁轻。烟峦浓澹山千叠，荷芰扶疏水半城。历下亭中坐怀古，水西桥畔卧吹笙。鹊山寒食年年负，哪得樵风引棹行。

明湖夕泛 ［清］钟辕

偶尔来明湖，停桡小港东。一亭思北海，半亩吊南丰。柳映天心月，莲摇水面风。夜凉倾白酒，带苦吸荷筒。

钟辕（生卒年不详），字圣舆，历城人，清康熙丙寅拔贡，著有《蒙木集》。

春日泛舟明湖 ［清］马国翰

芦芽短短荇丝长，浪软三篙送晚航。得月亭边成小憩，一天飞絮点春裳。

夕阳人影聚湖隈，滟滟波光一镜开。独倚阑干发长啸，不知近水几楼台。

同严子餐给谏、李君渥枢部泛明湖 ［清］施闰章

落日扁舟野兴长，繁弦急管绮筵张。回波荷芰余零乱，曲浦亭台接森茫。海内词人从二仲，客中佳节近重阳。东藩皂盖传高会，此地风流倘未央。

北湖泛舟（二首） ［清］王允榛

千条杨柳数声鸥，一片玻璃一叶舟。闲看鱼儿游镜里，不知人在镜中游。

一声欸乃破芦烟，直向湖心放钓船。水面风来香不断，才知撑到藕花边。

湖上观钓 ［清］陈嗣良

日夕绿阴斜，波明衬晚霞。歌声清荻浦，人影杂莲花。茶社桥边市，柴门水上家。羡他湖畔侣，垂钓作生涯。

陈嗣良，字颂萱，秀水（今浙江嘉兴市）人。诸生，历官德州知州。著有《学稼草堂诗草》。

湖上捕鱼词（二首） ［清］朱缃

莲叶初生乱荇丝，一年寒食燕来时。渔儿菱女春波上，解向东风唱竹枝。

乳莺巧舌柳纤腰，卯酒帘低覆小桥。好待明年新水绿，杏花时节买鱼苗。

朱缃（1670—1707），字子青，号橡村、橡村居士、枫香，出身贵族，先世高唐人，清初迁往历城，遂为历城人。师承神韵派领袖王士祯，潜心于诗歌创作， 诗风质朴、自然、风流蕴藉，喜与四方文人骚客交游。

历下亭 ［清］符兆纶

想见新诗把臂论，当年皂盖驻东藩。济南名士几人在，海内交情千古敦。岸柳泼青分小艇，湖波漫绿绕闲门。孤亭此日重携手，潦倒休辞酒一尊。

符兆纶（1805—1865），字雪樵，号卓峰居士，江西宜黄人，清代著名词人，著有《梦梨云馆词钞》《留梦草》等。

晚游历下亭 ［清］蒋士铨

春水绿波平不泻，门外上船亭外下。偶经御宿一揽结，佳气随风动檐瓦。层轩虚敞纳湖色，展拓空明入平野。谁添畦畛界棋局，区画湖水未全打。北地由来重烟水，倒涵城郭真潇洒。林腰倘肯著村店，应有遨头弄杯斝。晚烟著树境俱远，水风吹面颜生赭。坐久翻疑屋是舟，林低忽露山如马。笑声隔岸乱清磬，且复回篙扣兰若。

蒋士铨（1725—1784），字心馀、苕生，号藏园，又号清容居士，晚号定甫。铅山（今属江西）人，清代戏曲家、文学家。乾隆二十二年（1757年）进士，官翰林院编修。精通戏曲，工诗、古文，著有《忠雅堂诗集》《红雪楼九种曲》等。

游历下亭 ［清］黄景仁

城外青山城里湖，七桥风月一亭孤。秋云拂镜荒蒲苂，水气销烟冷画图。邕甫名游谁可继？颍杭胜迹未全输。酒船只傍鸥边舣，携被重来兴有无？

黄景仁（1749—1783），字汉镛、仲则，号鹿菲子，阳湖（今江苏省常州市）人，清代诗人，“毗陵七子”之一，著有《两当轩全集》。

饮历下亭、泛舟莲子湖作（二首） ［清］朱彝尊

济水来王屋，源泉处处清。自从湖口入，不复地中行。柳岸鸣蝉急，荷风浴鸟轻。江南归思缓，仿佛棹歌声。

海右亭仍在，城隅路不赊。竹深池馆静，山转柁楼斜。小队千行柳，行厨五色瓜。未愁沾席雨，归棹豁晴霞。

朱彝尊（1629—1709），字锡鬯，号竹垞、驱芳，晚号小长芦钓鱼师，又号金风亭长。秀水（今浙江嘉兴市）人，清代诗人、词人、学者、藏书家。清康熙十八年（1679年）举博学鸿词科，受翰林院检讨。康熙二十二年（1683年）入直南书房。著有《曝书亭集》《日下旧闻》《竹垞文类》等，还曾参加纂修《明史》。

小沧浪亭（并序） ［清］阮元

小沧浪亭在铁公祠旁，与学署近隔一湖，其后轩元题为“水木明瑟”，用《水经注》语也。夏秋间，每泛舟过之，茶灶书床，流连竟日，较之春秋行迹，颇分劳逸。

小港西轩外，扁舟北渚涯。百弓开柳岸，六柱泛芦箔。独往宵无约，高情或有侪。李公休皂盖，杜子屡青鞋。桥彴围栽苇，亭门窄缚柴。轩窗商启闭，几席合安排。煮茗燃双鼎，摊书占一斋。写碑金石录，题字水松牌。槛曲看盘鹤，墙阴认篆蜗。旧诗犹在竹，午梦间依槐。起对山鬟拥，闲临天镜揩。岚光遥接案，波影上平阶。岩屋小于匣，池鱼细似钗。濠梁多古意，泉石湛秋怀。拄笏西风爽，搴簾夕照佳。新凉流玉宇，暮色动银淮。月露收园钥，轮蹄忆箭靫。江湖浪游迹，襟抱未全乖。

阮元（1764—1849），字伯元，号云台、雷塘庵主，晚号怡性老人，谥号“文达”，扬州仪征人。清乾隆五十四年（1789年）进士，历任山东、浙江学政，兵部、礼部、户部、工部侍郎，是清代名臣、著名经学家、金石学家、训诂学家、书法家和文学家。

鹊华桥（二首） ［清］盛百二

北渚层城浮杳霭，王孙妙笔有无间。夹岸宛转湖双璧，浸水婵娟月一弯。

人隔芙蓉闻笑语，我今木石共痴顽。地偏不厌寻幽数，日日盟鸥约伴还。

盛百二（1720—？），字秦川，号柚堂，秀水（今浙江嘉兴）人，清乾隆二一一年（1756年）举人，官山东淄川知县，著有《皆山阁吟稿》《柚堂续笔谈》《问水漫录》《听泉斋记》《尚书释天》《柚堂文存》等，还参与纂修《济宁直隶州志》《历城县志》。

汇波楼春望 ［清］李廷芳

楼高舒远眺，霁色满林垌。春水一湖碧，齐烟九点青（济南城北诸山，郡人取李长吉“遥望齐州九点烟”句，谓之“九点烟”）。花飞杨柳岸，人过短长亭。好载兰陵酒，临风倒玉瓶。

李廷芳（生卒年不详），清嘉庆道光年间济南历城人，著有《清爱堂诗抄》。

铁公祠　[清]郝植恭

雪释冰消漾碧漪，明湖西北谒崇祠。国原无难何须靖，臣尽如公尚可为。庙算擒羊尚纵虎，天心弱干竟强枝。七桥芜没增悲感，日落苍茫独立时。

郝植恭（1832—1885），字梦尧，顺天三河（今河北蓟县）人。曾任山东夏津、堂邑知县、临清知州、莱州知府。清同治二年（1863年）、同治十二年（1873年）和清光绪元年（1875年），三为同考官，来济任事，清同治十三年（1874年）作《济南七十二泉记》。善诗文，著有《漱六山房文集》《诗集》。

北极台　[清]周乐

城上平临北斗悬（成句），梵王宫殿灿诸天。试从松柏中间坐，恰可湖山一览全。水阁清凉无热客，琴师洒落忆游仙（道人醉琴）。自从胜境重经理，箫鼓朝朝集画船。

周乐（生卒年不详），字二南，山东历城人，清代文人，著有《二南诗钞》2卷、《二南诗续钞》5卷、《二南文集》2卷、《二南文外集》2卷。

（三）千佛山诗

历山思亲操　虞舜

陟彼历山兮崔嵬，有鸟翔兮高飞，瞻彼鸠兮徘徊。河水洋洋兮清冷，深谷鸟鸣兮嘤嘤，设罥张罝兮思我父母力耕。日与月兮往如驰，父母远兮吾将安归？

舜，传说中的父系社会后期部落联盟领袖。有虞氏，史称虞舜，后世尊称其为大舜。性至孝，有贤名，曾于历山下耕种居住。济南有舜庙、舜井等多处名胜。

登舜山　[北齐]魏收

述职无风政，复路阻山河。还思麾盖日，留谢此山阿。

魏收（506—572），北齐历史学家，字伯起，下曲阳（今河北省晋县西）人，仕北魏及北齐，号称北朝“三才子”，历任齐州（今济南）刺史、尚书右仆射等职，撰有《魏书》。

历山　[元]于钦

济南山水天下无，晴云晓日开画图。群山尾岱东走海，鹊华落星青照湖。

于钦（1283—1333），元代山东益都人，字思容。元至元年间任山东东西道肃政廉访司照磨、益都田赋总管，官至兵部侍郎。著有《齐乘》。

九日登千佛山寺　[明]边贡

南山空崒嵂，野老倦登临。城郭千年迹，云霄万里心。夕阴涵积水，风叶下长林。短发新来白，黄花不可簪。

窈窈寺门敞，苍苍山径微。风轻不落帽，云进忽凝衣。背岭丹枫直，垂岩紫菊肥。晚途喧葆吹，舆醉出林霏。

亭午登山寺，淹留夕未归。凉风起高树，落叶满僧衣。城郭寒烟聚，楼台暮景微。京华十载客，愁绝赏心违。

游千佛山　[明]赵秉忠

空翠苍茫出化城，诸天历历接云平。龙泉乍涌千岩湿，佛日高悬百雉明。槛外松花清客思，座中梵语带潮生。若非尽去因缘识，谁解青莲足下生。

赵秉忠（1573—1626），字季卿，明青州府益都县（今山东省青州市）人。明万历二十六（1598年）年高中状元，官至礼部尚书。其状元卷为历史仅存的状元卷，系国家一级文物。

游千佛山　[明]李攀龙

青樽何处不蹉跎？白发相看一醉歌。坐久镜中悬片华，望来城上出双河。杉松半壁浮云满，砧杵千家落照多。纵使平台秋更好，故山犹恐未同过。

登千佛山　[明]蔡汝南

出郭携双彦，登岩扣梵筵。松云龙洞口，花雨佛楼前。济水南流合，华峰北斗连。照临齐地小，共怜一灯燃。

蔡汝南（1516—1565），字子木，号白石，明浙江德清人。明嘉靖十一年（1532年）进士，官至南京工部右侍郎，著有《自知堂集》、《说经札记》。

登千佛山　[明]王在晋

春郊积翠锦云莲，嫩绿新黄色色鲜。千佛莲花香带雨，孤城雉堞翠生烟。高峰东锁华泉水，飞瀑平分历下田。忆昔旻天呼不应，牛羊畎亩苦胝胼。

王在晋，字明初，号岵云。明太仓（今属江苏）人。明万历二十年（1592年）进士，官至兵部尚书，曾任右副都御史，巡抚山东。著有《岵云集》《三朝辽事实录》。

兴国禅寺 ［明］刘敕

数里城南寺，松深曲径幽。片湖明落日，孤嶂插清流。云绕山僧室，苔侵石佛头。洞中多法水，为客洗烦愁。

济南九日登历山 ［清］施闰章

看山结伴太逡巡，杖策贪趋采菊辰。天际长风正落帽，樽前今日是闲人。苍岩石壁孤城影，深洞莓苔古佛身。薄暮寒烟连海色，华峰千丈独嶙峋。

九月十八与杭客游千佛山 余不至是山者十四年矣 ［清］王苹

孤嶂孤花漫寂寥，山灵应笑发萧萧。僧残老树馀双寺，佛冷空泉自六朝。杖倚秋烟刚半起，袖携海气未全消。苍然华鹊斜阳外，可似西泠第几桥。

雪后游千佛山 ［ 清］王苹

雪花乱洒秋娘墓，石发长埋子固祠。只剩题名泉上水，春风啜茗记当时。

千佛山极目有作 ［清］爱新觉罗·弘历

分干自岱宗，冈峦雄且秀。历城作南屏，洪荒判早就。偶来恣揽结，望远欣所遘，驻辇傍云关，步屧跻萝岫。初元五丁斧，石佛谁所镂。 拈花或鼓笑，悲物或眉皱。其下有空洞，淙淙出乳窦。精室筑左侧，琴书芳润漱。两树丁香花，芳菲绿阴茂。开窗纳烟霞， 俯槛睇锦绣。泰麓巢云处，延赏既已富。探奇复得此，坐久消清昼。因悟境无穷，骋怀难尽副。

千佛山 ［清］翁方纲

山对济南城，人言帝舜耕。登临记秋晚，几案与云平。曾巩文传久，开皇象凿成。历亭遥望处，寤寐倚栏情。

登千佛山岩远望 ［清］肖培元

翠嶂摩天雨气收，登高下视古齐州。一城树影青铺地，九点烟痕绿上楼。鸠煎贩图栏外画，鹊华山色座中秋。林边遥望黄云走，东去长河扶雾流。

肖培元（1816—1873），字仲之，号质斋，云南昆明人。清咸丰二年（1852年）进士，授翰林院修编。同治元年（1862年）任济南知府，后任山东按察司使等职。著有《思过斋诗抄》。

历山 ［清］ 王大堉

谁移海上一神山，铁索横陈笑未坚。佛慧至今名尚误，舜耕从古俗相传。明湖浮白收杯底，泰岱空青落眼前。记得去年秋欲晓，诗镌石破忽惊天。

咏龙泉洞 ［清］ 刘大绅

千尺高岩万树林 ，时时洞口老龙吟。不知几夜清秋雨，并作寒泉一水深。

刘大绅（1747—1828），字寄庵，号潭西，宁州（今云南华宁）人。清乾隆三十七年（1772年）进士，官至山东武定府同知。著有《赤霞山房诗草》。在其任山东新城（今山东桓台）知县期间，对济南山水有所题咏。

登千佛山诗用边华泉旧韵 ［清］沈廷芳

佳日招携惬共登，南山爽气翠千层。悬空赤壁扪萝上，俯磵红亭带树凭。拄杖不辞盘曲磴，劳人转爱对闲僧。鹊华两点未能到，却望莲趺遥睇凝。

沈廷芳（1702—1772），字畹叔、萩林，号椒园，仁和（今浙江杭州）人，清学者、藏书家。清乾隆元年（1736年）举博学鸿词科，授翰林院庶吉士，官至山东按察使。著有《十三经注疏正字》《续经义考》《古文指授》《鉴古录》《理学渊源》《隐拙斋诗文集》等。

初望见历下诸山 ［清］王士祯

千人千里发燕关，衰草平芜黯旅颜。十万芙蓉天外落，今朝正见济南山。

重阳节同人挈酒历山登高 ［清］朱照

闲招两三友，把酒醉南山。静喜高松下，香偎野菊间。石棱秋有骨，苔点雨留斑。磴道归来晚，空罍挈月还。

朱照，字晓村，别号齐右乡人，山东历城人，监生。著述有《水道考》《锦秋老屋笔记》《山左诗续抄》《清画家诗史》等。

登千佛山 ［清］张元

风日肃明霁，坦步出南郭，抗怀物外游，履险凌岩壑。苍松森蔽兮，荫翳壁面削。山风吹白云，散漫分布濩。厓窾閟珠龛，叠嶂倚仙歌。积水阴洞深，络藓怪石攫。窈窕屡湾环，欹倾仍倚著。湿翠交岚光，杳霭余参错。颇讶鸿濛初，谁为施斧凿。徙倚纵遐眺，凌临穷寥廓。烟鬟漾鹊华，瑶流明济泺。雄城半烟水，楼阁涵澄泊。湖山叠苍翠，一一归领略。须臾四山暝，素月穿林薄。峭茜生夜凉，爽籁荡烦熇。闪闪佛灯明，历历梵诵作。了此世外缘，胸臆倏开拓。仰视星汉流，坐觉天宇扩。踏月下层峦，宿雾拥山脚。回眸一以眺，幽磬云中落。

九日登千佛山 ［清］朱崇勋

翠微秋色里，著屐上层峰。黄叶落无数，白云深几重。寒烟笼涧菊，返景入岩松。渺渺凭高目，临风倚短筇。

朱崇勋，字彝存，号怡园，山东历城人。工诗，著有《桐阴卷屋集》二卷，《四库总目》传于世。

千佛山 ［清］董芸

郭外青山一带斜，楼台金碧炫明霞。我来高处凭栏望，烟水苍茫十万家。

九日偕李东臣、胡介眉登千佛山 ［清］马国翰

登高时节及方辰，共约南山作主人。桃李门墙才订好，芝兰臭味更相亲。那须载酒沿风旧，何用提糕隶事新。 最上峰头供一览，各凭情话写天真。

游千佛寺 ［清］ 范炯

年年迁祓寺中游，城影湖光一望收。闻道修真须面壁，如何石佛不回头。

范炯，清道光年间诗人。

三月望日登千佛山 ［清］ 何邻泉

才销临水兴，蹑屐又登山。树杪闻人语，峰头看鸟还。佛疑观壁上，客喜醉云间。不觉归来晚，湖光月印环。

何邻泉，因近趵突泉故名。字岱麓，号平野，清济南人，曾与周乐、范炯、马国翰等于大明湖结诗社，留《无我相斋诗选》于世。

历山诗并序 ［清］ 王初桐

曾子固《齐州二堂记》，谓历山即舜耕处，晏氏《三齐记》亦云历山在历城县南，后人思舜而置庙。按《史记》及郑康成释，历山在河东，《列子》舜耕河阳，《九域志》济南、濮阳、河中皆有历山，俱存祠庙，《苏氏演义》历山有四：一河中、二齐之历阳、三冀州、四濮之雷译。而《乐史》又以信都历山舜耕在是，周处又谓始宁有舜耕之历山，罗秘又以太原舜城有舜井，有历山。聚讼，愈多折衷愈难阙疑焉。可也。

倚仗齐烟外，凭高览地形。山川莽雄丽，城郭郁葱青。古庙森千佛，荒郊走万灵。传闻舜耕地，何处证遗名。

题千佛山寺壁 ［清］ 濮文暹

东游得地亦蓬莱，猿鸟西风却可哀。千佛名经山有福，九秋高会我无才。

品题泉石恩犹厚，扈跸星云路又开。圣祖神孙好赓和，可能重见写诗来。

濮文暹（1830—1909），字青士，号梅瘦子，原籍江苏溧水，曾任刑部主事、郎中及南阳、开封知府，晚年到山东，其间游济南，留《见在龛集》于世。

重游千佛山题壁 ［清］ 方启英

名山曾记昔时游，十载重来上上头。湖水半城思旧雨，齐烟九点入残秋。

茫茫岁月双蓬鬓，纳纳乾坤一钓舟。不向人间传姓氏，题诗聊等雪鸿留。

千佛山晚眺 ［清］ 尹廷兰

丹崖翠巘梵王居，金碧楼台晚照余。九点齐烟天尽处，半城秋水雁来初。

洞门昼掩寒潭静，塔院风高落水疏。宴坐忽闻钟磬响，扶筇欲去尚踟蹰。

历山 ［清］ 符兆纶

杖策游齐鲁，寻游遍上头。来参千佛座，高览历山秋。一气岱云合，无边海色收。躬耕吾未遂，三叹感淹留。

秋日登佛山 ［清］ 李西堂

瑟瑟佛山秋，风廻涧壑幽。乱峰红树里，野寺白云头。虫语凄樵径，钟声出佛楼。老僧偏好事，导我听泉流。

李西堂，清代人，字春池，诸生。著有《晚悔堂诗集》。

历下杂咏 ［清］ 陈永修

历山佛阁早春开，鸟语香铃次第催。无那东风吹野草，王秋娘墓踏青来。

陈永修，清代济南府历城县（今济南市）人。“少师马国翰，亟蒙矜赏。及长，肆力古文辞，博雅工诗。性宽和，无疾言遽色。然遇事果毅，有经世才”。为晚清济南颇具才华的乡土诗人。有《鲍西楼诗文集》存世。

（四）其他名胜景点诗

陪从祖济南太守泛鹊山湖三首［唐］李白

其一

初谓鹊山近，宁知湖水遥。此行殊访戴，自可缓归桡。

其二

湖阔数十里，湖光摇碧山。湖西正有月，独送李膺还。

其三

水入北湖去，舟从南浦回。遥看鹊山转，却似送人来。

李白（701—762），汉族，祖籍陇西成纪，生于中亚碎叶城，后迁绵州昌隆青莲乡，字太白，号青莲居士，官至供奉翰林，唐代伟大的浪漫主义诗人。其诗风豪放飘逸，被称为“诗仙”。与杜甫并称“大李杜”。

古风［唐］李白

昔我游齐都，登华不注峰。兹山何峻拔，绿秀如芙蓉。潇洒古仙人，了知是赤松。借余一白鹿，自挟双青龙。含笑凌倒影，欣然愿相从。

华不注山［金］元好问

元气遗形老更顽，孤峰直上玉鼻颜。龙头突出海波沸，鳌足断来天宇闲。齐国伯图残照里，谪仙诗兴冷云间。乾坤一剑无人识，夜夜光芒北斗殷。

游华不注［元］张养浩

苍烟万顷插孤岑，未许华山冠古今。翠刃刺云天倚剑，白头归第日挥金。攀援直欲穷危顶，歌舞休教阻壮心。星月满湖归路晚，不妨吟棹碎清阴。

泛舟北抵华不注夜从陆归［明］边贡

泛舟出近郭，落日半溪阴。水阔蒹葭净，山寒烟雾深。壶觞不尽兴，丝竹有余音。独恨黄花少，犹烦隔浦寻。

华不注晴望［清］蒲松龄

城里看山山愈幽，依微城畔雨初收。楼台影浸花千亩，烟水晴归鹭一洲。人在木兰俱是客，月来香国更宜秋。轻桡去向寒烟外，醉拍红桥又放舟。

过华不注山［清］阮元

两年山下记行踪，秀泽单椒磴百重。南渡济流初起岳，北离岱麓独成峰。三周人与车声远，九月秋如画色浓。不是明湖开晓镜，鄂跗谁照碧芙蓉。

舜井（二首）［唐］魏炎

齐州城东舜子郡，邑人虽移井不改。时闻汹汹动渌波，犹谓重华井中在。

济南郡里多沮洳，娥皇女英汲井处。穷向池中潜映来，浇茆溪上平流去。

魏炎生卒年不详，唐代文人。此诗作于唐肃宗乾元年间（758—759年）。

留题齐州舜泉［宋］欧阳修

岸有时而为谷，海有时而为田，虞痉已殁三千年。耕田浚井虽鄙事，至今遗迹还依然。历山之下有寒泉，向此号泣于旻天。无情草木亦改色，山川惨淡生云烟。一朝垂衣正南面，皋夔稷契来联翩。功名德大被万世，今人过此犹流连。齐州太守政之暇，凿渠开沼疏清涟。游车击毂惟恐后，众卉乱发如争先。岂徒邦人知乐此，行人亦为留征轩。

欧阳修（1007—1072），字永叔，号醉翁、六一居士，吉州永丰（今江西省吉安市永丰县）人，因吉州原属庐陵郡，以“庐陵欧阳修”自居。北宋政治家、文学家。宋仁宗天圣八年（1030年）进士，官至翰林学士、枢密副使、参知政事，与韩愈、柳宗元、苏轼、苏洵、苏辙、王安石、曾巩被世人称为“唐宋散文八大家”。

舜泉诗并序［宋］苏辙

始余在京师，游宦贫困，思归而不能。闻济南多甘泉，流水被道，蒲鱼之利与东南比，东方之人多称之。会其郡从事阙，求而得之。

既至，大旱几岁，赤地千里，渠存而水亡。问之，其人曰：“城南舜祠有二泉，今竭矣。”越明年夏，虽雨而泉不作，邦人相与惊曰：“舜其不复享耶？”又明年夏，大雨霖，麦禾荐登，泉始复发。民欢曰：“舜其尚顾我哉！”泉之始发，潴为二池，酾为石渠，自东南流于西北，无不被焉，灌濯播洒，蒲莲鱼鳖，其利滋大。因为诗，使祠者歌之。诗曰：

历山岩岩，虞舜宅焉。虞舜徂矣，其神在天；其德在人，其物在泉。神不可亲，德用不知。有洌斯泉，下民是祇。泉流无疆，有永我思。源发于山，施于北河；播于中逵，汇为澄波。有鳖与鱼，有菱与荷。蕴毒是泄，污浊以流。埃壒消亡，风火灭收。蘖木敷荣，劳者所休。谁为旱灾，靡物不伤。天地耗竭，泉亦沦亡。民咸不宁，曰不享耶。时雨既澍，百谷既登。有流浤然，弥坎而升。沟洫满盈，虾黾沸腾。匪泉实来，帝实顾余。执其羔豚，苹藻是菹。帝今在堂，泉复如初。

咏黑虎泉［明］刘敕

悬崖之下碧潭深，潭上悬崖欲几寻。石激湍声成虎吼，泉喷清响作龙吟。寒光一坐常惊骨，澄色千年可洗心。最喜酒家多野趣，相携同醉绿杨阴。

踏城南诸泉 [明] 胡缵宗

济水城南黑虎泉，一泓泻出玉蓝田。巨鳌伏地来河内，灵液流云到海边。杨柳溪桥青绕石，鹭鸶烟水碧涵天。金汤沃野还千里，春满齐州花满川。

五龙潭 [清] 范炯

云行雨施五龙潭，精舍新泉七十三。手植青铜高出屋，敲棋煮酒夜深谈。

潭上杂咏（八首选二）[清] 桂馥

潭西精舍

树色不离门，水声长绕屋。昨夜月上时，散步未能宿。

琴床

我有石上琴，一弹不复理。化作流水声，声从太初起。

游五龙潭（二首）［清］宋恕

泉声洗尘耳，胜绝五龙潭。潭西有精舍，谁可共清谈。

胡国宅犹记，唐家陵久平。二三老农贩，闲坐说秦琼。

济南珍珠泉［金］雷渊

大地万宝藏，玄冥不敢私。抉开清玉罅，浑浑流珠玑。轻明疑夜光，洁白真摩尼。风吹忽脱串，日射俄生辉。有时如少靳，觱沸却累累。风色媚一川，老蚌初未知。君看一日间，巧历所不赀。游人随意满，不畀乾没儿。吾谓历下城，繁华富瑰奇。贪夫死专利，帝意怜其痴。故露连城珍，可玩不可儿。若曰天壤间，所遇皆汝赀。何必私箧笥，自贻伊瑕疵。诗成一大笑，臆说量天机。

雷渊（1184—1231），字希颜，别字季默，应州浑源（今属山西省）人，著名文学家、政治家。金卫绍王崇庆元年（1212年）进士，官至翰林修撰。

白云楼［清］符北纶

白云泉上白云楼，楼自荒荒泉自流。楼上听泉人不见，白云飞冷鹊华秋。

观珍珠泉［清］爱新觉罗·玄烨

一弘清浅漾珠圆，细浪潆洄小荇牵。偶与诸臣闲倚槛，堪同渔藻入诗篇。

珍珠泉观雨［清］郝植恭

珍珠泉上雨，万颗蚌胎含。急点跳莹白，迴波蹙浅蓝。云垂林影暗，风战苇声酣。北榭凭栏眺，游鱼出石潭。

祷雨龙洞山 [元] 赵孟頫

苍山如犬牙，细路入深谷。绝壁千余仞，上有凌云木。阴崖不受日，洞穴自成屋。萧然人迹少，荟蔚兽攸伏。云林互隐映，涧道相回复。翔禽薄穹霄，鸣鸟响岩曲。临桥濯清飔，汲井漱寒玉。神物此渊潜，愆阳有祈祝。风漓惭善教，吏懦耻厚禄。暂怀尘外想，独往疑有牿。过幽难久居，济胜乏高躅。策马寻故溪，归樵相追逐。

游龙洞寺［明］李攀龙

壁削芙蓉万仞丹，禅林隐隐画图看。人间胜地僧多占，洞里诸天客到难。云傍龙来晴作雨，风从涧底暑生寒。年来剩有烟霞癖，石畔长松好挂冠。

龙洞四律选一（用李沧溟韵）［清］马国翰

蜃为楼阁贝为宫，老洞龙眠海窟同。岚气深迷黄鸟雨，尘缘远谢紫骝风。石开丹鼎参仙诀，屏激松涛识化工。暂向名山成小憩，景光都在画图中。

九日于鳞招登四里山（二首）［明］许邦才

新诗忽自故人来，令节黄花初发醅。城外青山城里见，篱边哪忍独徘徊。

山头对酌夕阳斜，不见湖城十万家。剩有登高酬令节，何人正不负黄花。

秋居赤霞山感咏 [清] 王苹

柴门寂寂夕阳横，满地蓼花野水明。黄叶下时牛背晚，青山缺处酒人行。

玉函山眺望［明］于慎行

岱宗直北玉函开，海客乘春蹑屩来。绝壁松杉含宝相，中峰云气出香台。湖边万井烟光动，城上双河练影回。青鸟不归丹鹫远，仙踪佛地两徘徊。

神通寺［明］李攀龙

相传精舍朗公开，千载金牛去不回。初地花间藏洞壑，诸天树杪出楼台。月高清梵西峰落，霜尽疏钟下界来。岂谓投簪能避俗，将因卧病白云隈。

九顶塔［明］许邦才

何年涌出九华灯，古寺深山嗟变兴。玄度再来人已老，就中谁是识予僧。

九顶塔二首 [清] 董芸

朗公精舍古祠通，捷火烧残五代空。唯有四门古塔下，长松九顶尚青葱。

九顶凌空插碧霄，齐城烟树郁苕峣。空馀一片头陀石，右史雄文压六朝。

咏百脉泉［明］李开先

水劲无过济，斯泉更著名。不霍清见底，漱石寂无声。颗颗如珠翠，沄沄比镜平。不能容小艇，但可濯长缨。

李开先（1502—1568），字伯华，号中麓子、中麓山人、中麓放客，山东省章丘市人，明代文学家、戏曲作家。明嘉靖八年（1529）进士，历官户部主事、吏部考功主事、员外郎、郎中、提督四夷馆太常寺少卿，与王慎中、唐顺之、赵时春等并称“嘉靖八才子”。

百脉寒泉 [清] 钟运泰

古寺垂杨里，名泉百脉通。源疑星宿涌，声共海涛雄。月浸寒光白，云留夕照红。坐来浑不倦，徙倚思无穷。

钟运泰（生卒年不详），浙江钱塘人，清康熙时任章丘县令。

女郎山［清］蒲松龄

当年曾此葬双鬟，骚客凭临泪色斑。远翠飘摇青廓外，小坟杂沓乱云间。秋郊罗袜迷榛梗，月夜霜风冷佩环。旧迹不知何处是，于今空说女郎山。

登锦屏山［清］彭脉泉

锦屏山上谒元君，古寺钟声隔岸闻。树满悬崖峰滴翠，人行绝顶足生云。洞留韩羽仙人迹，墨写秋阳石上文。小憩丹丘昂首望，红霞片片衬斜曛。

彭脉泉，生卒年不详，清道光年间章丘籍诗人。

洪范池和韵［明］于慎行

何地探灵境，仙泉旧有名。天光金镜冷，潭影玉壶清。溪鸟依人立，林蝉尽日鸣。鱼龙今寂寞，不畏夜珠惊。

于慎行（1545—1608），字可远、无垢，山东东阿人（今属平阴县东阿镇人）。明代政治家、文学家。曾任礼部尚书、东阁大学士。

望云翠山绝顶［明］于慎行

乾坤灵迹自何年，缥缈孤标斗际骞。矗立千寻疑挂日，削成一柱欲承天。苏房近傍瑶坛路，鸟道晴飞玉洞烟。岱岳西来如万马，千峰云气总相连。

游洪范池 ［明］宋祖舜

池是何年凿，群龙一镜中。共我濯缨者，倘然耿朴公。

宋祖舜（生卒年不详），山东东平县人，明代进士。

灵岩寺西入石路［唐］刘长卿

山僧候谷口，石路拂莓苔。深入泉源去，遥从树杪回。香随青霭散，钟过白云来。野雪空斋掩，山风古殿开。桂寒知自发，松老问谁栽？惆怅甘泉水，何人更渡杯！

刘长卿（约726—约786），字文房，宣城（今属安徽）人，后迁居洛阳河间（今属河北），唐玄宗天宝进士。官至随州刺史。诗长于五言，自诩为 “五言长城”，著有《刘随州集》，名作《逢雪宿芙蓉山主人》入选中国全日制学校教材。

灵岩寺［宋］苏辙

青山何重重，行进士囊底。岩高日气薄，秀色如新洗。入门尘虑息，盥漱得清泚。高堂见真人，不觉首自稽。祖师古禅伯，荆棘昔亲启。人迹尚萧条，豺狼夜相觝。白鹤导清泉，甘芳胜醇醴。声鸣青龙口，光照白室陛。尚可满畦塍，岂惟濯蔬米？居僧三百人，饮食安四体；一念但清凉，四方尽兄弟。何言庇华屋，食苦当如荠！

重登灵岩［清］顾炎武

重来绝巘一攀援，环阁崔嵬起暮烟。山静狖猱栖佛地，堂空龙象散诸天。芰林果树红椒后，入定僧归白鹤前。莫问江南身世事，残金兵火一凄然。

顾炎武（1613—1682），本名绛，字忠清，后改名炎武，字宁人，亦字署蒋山佣，学者尊为亭林先生。明朝南直隶苏州府昆山（今江苏省昆山市）人，著名思想家、史学家、语言学家，与黄宗羲、王夫之并称为明末清初三大儒。

五峰山（二首）［明］张鹤鸣

五峰山色好，积翠入烟萝。绀殿藏珠笈，香泉响玉珂。文禽寂落木，丹柿缀霜柯。回首仙凡隔，何缘此再过。

仙人不可见，空翠有仙台。遗像留碑在，何年化鹤回。翔鸾巢古木，羽客扫香苔。汲漱灵源上，松花落酒杯。

二、文

（一）趵突泉文

《水经注·济水》（摘录）［北魏］郦道元

济水又东北，泺水入焉。水出历城县故城西南，泉源上奋，水涌若轮。《春秋》桓公十八年，公会齐侯于泺是也。俗谓之为娥姜水，以泉源有舜妃娥英庙故也。城南对山，山上有舜祠，山下有大穴，谓之舜井，抑亦茅山禹井之比矣。书：舜耕历山，亦云在此，所未详也。其水北为大明湖，西即大明寺，寺东北两面侧湖，此水便成净池也。池上有客亭，左右楸桐，负日俯仰，目对鱼鸟，水木明瑟，可谓濠梁之性，物我无违矣。湖水引渎，东入西郭，东至历城西而侧城北注，陂水上承东城，历祀下泉，泉源竞发。其水北流径历城东，又北，引水为流杯池，州僚宾燕，公私多萃其上。分为二水，右水北出，左水西径历城北，西北为陂，谓之历水，与泺水会。又北，历水枝津首受历水于历城东，东北径东城西而北出郭，又北注泺水。又北，听水出焉。泺水又北流注于济，谓之泺口也。济水又东北，华不注山单椒秀泽，不连丘陵以自高；虎牙桀立，孤峰特拔以刺天。青崖翠发，望同点黛。山下有华泉，故京相璠《春秋土地名》曰：华泉，华不注山下泉水也。《春秋左传》成公二年，齐顷公与晋郤克战于鞍，齐师败绩，逐之。三周华不注，逢丑父与公易位，将及华泉，骖絓于木而止。丑父使公下，如华泉取饮，齐侯以免。韩厥献丑父，郤子将戮之。呼曰：自今无有代其君任患者，有一于此，将为戮矣。郤子曰：人不难以死免其君，我戮之不祥，赦之以劝事君者。乃免之。即华水也。北绝听渎二十里，注于济。

郦道元（约470—527），字善长，范阳涿州（今河北涿州）人。北魏地理学家、散文家。幼时曾随父亲到山东访求水道，后又游历大江南北，考察河道沟渠，搜集风土民情、历史故事、神话传说，撰《水经注》四十卷，是一部内容丰富多彩、颇有文学价值的地理著作。

观趵突泉记 ［明］乔宇

山东济南之名泉，著于碑，品于论，详于志，传于人口者，七十有二。在府城，自金线、珍珠以下；在章丘，自百脉、净明以下；在泰山，自白鹤、水帘以下；在新泰，自王□以下。或取澄澈，或可酿，或可已目翳，或如垂练，或缕缕如帘，或色如玉，明如鉴，皆不若城西之趵突泉。其源出山西之王屋山下，伏流，至河南济源县涌出。过黄河，溢为荥。西北至黄山渴马崖。又伏流五十里，至城西，突冒而出为此泉。昔人浮糠于源，竟达于此。其泉凡三穴，其出喷高尺许，珠沫大涌。土人云：数十年前，高二三尺许，岂气有盛衰然耶！其泉之周围，皆芳草清兰，垂流带波，可临可饮。其出也，又会诸泉入城，汇为大明湖，占城三之一。由北水门出。与济水合。沛漫无际。又流为小清河，为济之南源。经章丘、邹平、新城界入海。其归也大，其源也千里，所以为名泉之冠。泉上有观澜亭，余小憩于上。亭壁有赵松雪诗，因次其韵，遂生策杖王屋寻源之兴。

乔宇（1457—1524），字希大，号白岩山人，乐平（今山西昔阳）人。明成化二十年（1484年）登进士第，授礼部主事，官至兵部尚书，参赞机务。善诗文，兼通篆籀，有《乔庄简公集》《游嵩集》等。

对泉说 ［明］毛在

济南之泉七一二，而特称趵突最胜。余以九月受代入省，适对泉李公东巡海上，余同乡先生太仆周公往观，之最后一亭，凭栏观泉，极便。独左为通衢，往来杂沓，无所障蔽。而面当民居，举目苦无佳境。已中丞公从东巡还，再携往观，公谓左偏初有垣，为水冲激而圮，今宜以木屏障之。水泛则彻，敝坏则葺，盖甚便也。西须筑基竖亭相对，有废寺余材可用。乃命官鸠工，而捐赎锾百金以助。几两月而落成。有屏有亭，而居民所植树翼之。周遭掩映，大为兹泉增胜。公曰：斯亭当有名，将奚取为？余应之曰；“亭依于公，以对泉名乎？”公笑而许之。趵突泉平地涌出，高至数尺，四时不竭，性温而味厚。其注而北，则谓之泺水，达小清河，经华不注山，东行，会济、漯、孝妇诸河，青州北县界而入海。其发源最深，而其流泽也最远。中丞公起家县令，拜诸官，敭历中外，所至膏泽及民。其开府山东也，入境之初，旱魃为虐，公首登泰岱祈祷，甘澍立降，遐迩欢呼。民之饥而无食也，则请发粟以赈之；民之穷而无能急公赋也，则请蠲租以恤之。凡可以去民疾苦而休养生息之者，无所不用其极。即数月之间，公之德泽，惠此六郡生灵者，渊深汪濊，岂直斯泉云乎哉。所谓寒泉之食，公信足以当之。此则对泉之义，而亭之所由名也。是为对斯亭说。李公讳戴，河南延津人，对泉其别号云。

建来鹤桥记 ［明］刘鸿训

天启丙寅计鸿训自海外来六年矣。盖强半病困且千日。将生平所遥慕于缑氏，结想于桥阳，玉笥金简之搜，五图九籥之事，并晚为无所用之，付云梦已久。尝考列仙图籍，间以人世所传。纯阳吕仙，每现景尘界，疏髯多须之殊，柳魈乘蹇，巾笠独行之异。求一确据，作焚祷恍遇之神不可得者亦淴语，听之已而。一日宪大夫樊公大瀛，以新建泺上来鹤桥纪石见属。益梦唤梦，余安知之。惟是敦部公之义，不可逆命耳。夫余自丱岁游泺上，见神水三泓，或云海目，出济之坤方。空珑踊跃，可数尺，惊浣俗肠。或留憩移时，屏息净虑，若忘身在城市之侧。又女降林词，天光上下，宛如入水壶而出琉璃晶珠之界。因叹曰：烟火闉隅何得有此？渡板桥，谒岿然之宇，则吕仙祠。盖庙初年，开府延津对泉李公所建也。读楹间“胜地自从开府辟，仙人原为对泉来”之句，询之知为毛直指无心之唱，对泉公未及应，一羽士指楼即吟，俄失所在者，盖延津公家当时乩致仙翁，有约会白雪楼语。讵知楼为仙祠前，李沧溟先生夙筑，而今始应于李毛之觞此地，所以祠仙翁也异矣。祠初成，一羽士题其柱云：“趵水新词千尺剑，蓬山旧迹几行书”。非仙翁孰复有此？自是辄为好事者乩致。一日与诸生期，及往，道觏羽士，面黎貌毁，为少年生斥去，抵祠致乩，佥叩仙曷爽约？乩曰：适晤矣。诸灵异状，不可更仆数。济人已略举告樊公，讵知公与仙翁夙因之奇，不异延津公云。己酉涮榜时，先期乩示“双口作伴，三三是齐”之句，后联名吕姓数符三三。丙辰上公车未放榜，公有故先归，行至汾水，遇羽客赤脚长髯，貌伟甚。语公曰：我以黄甲付汝矣。俄捷书至，又闻羽客朗诵偈句，密示点化者。盖心知为吕之幻出也。公来守济上，一日旱祷，得松风陈寒之句，果连雨如诗意。迨乙丑岁且杪艰雪，公再请雪，乩示“雪映山头月，月笑雪山低”。何呼响答也。祠就圮，公业为新之。小板桥欹脆，岌岌不可渡，且逼窄，有减游致。遂与一二同事议更成之。因移白雪楼前，选材弘壮，水中奠以石礤，环三洞。桥土可列方席，俛仰顾盼，觉远岫葱笼，流泉飞洒，落洒杯中，直可羽化而仙矣。因题曰“来鹤桥”，志望也。坊榜曰“蓬山旧迹”，即取仙翁联句。既礲石将刊志矣，忽于乩雪中再示桥额云：“弱水玄津”，又联二：一“脱伪堪登岸，忘机自有程”；一“玉水流三岛，蟠桃致五云”。盖目前玄清真度人如此。乃字迹奇绝，非人腕中可得者。公再立亭示异，令游斯地者，时有仿佛恍遇之神乎。夫樊公自子岁下车，多所完葺，省会一为改观，劳矣。至仙祠与桥成，则又群心浩爽，为名泉增胜。而公不言劳，盖根气际合，匪现前之故耳。因感余以海上饿夫，忧居长白，相仍数年。每笑谈黄白人窃法、财两足之说。妄希仙术，而渺功行。即余所值，都成百五十余岁人，亦不免抱玉焚火金棺埋狗之诮。岂无灵族耶？乃李樊两公与仙翁神契乃尔，复以纪石传妙役属不敏训，岂无荄于宿昔而三幻者乎？是邪非邪？附勒以请，且再结恍然遇之之梦矣。是为记。

刘鸿训（1565—1634），字默承，号青岳，周村区太和庄人，明万历四十一年（1613年）进士，先授庶吉士，后改授翰林院编修，参与修国史，官至礼部尚书兼东阁大学士。著有《四素山房集》《皇华集》《玉海纂囷学纪闻钞》等。

重修趵突泉记 ［清］施闰章

山川之美，灵异之区，大夫、士、庶人群萃而游者，匪直耳目之娱，所以望云物、节劳逸、荡涤心志也。事有堙废，以时修举。吏用尽职，上下以和。济南多名泉，趵突最显。源出河东王屋山为沇水。潜行地中，屡伏屡见，数千里而出于历城之西南。三穴觱沸，高数尺。《水经注》所谓“水涌若轮”者也。流为泺水，达于小清河，以入于海。其上为仙宫，祷雨著异。其桥曰来鹤，跨泉之南。其楼榭亭馆之美，烂若霞起。宾燕咸集，凭栏周瞩，仰而见山之青，俯而见泉之洁。且驶侧耳静听，盖未尝不喟然兴叹。浩乎其有得焉。壤居都会，郡儿裸浴为水嬉，饮马践蹂，沙石阻淤，向所称涌起数尺者，今仅尺许。又其桥材弗良，旋构旋圮，游人惴惴失坠，临观不欢。监察侍御程公来按是邦，布令流膏，修旧举废，既数月过泉上，诧曰：“何泉之昔壮今弱也？”亟出俸钱，命浚之。闰章为之经始，上自中丞许公，及藩臬郡僚诸大夫，咸有助焉。于是疏壅决滞，所去沙石成邱，剑拔雷轰，复泉之旧。召工师，询桥材。对曰：“柳可三年，榆槐可十年，松杉可数十年。杉为上。然南产也，其直数倍”。吾为其难且久者，遂桥以杉。施丹涂漆，辅槛以砖。桥下横置联锁，饮马者不得至。禁民毋亵污。凡楔桷垣甓之颓缺漫漶者，皆治而新之。又为桥于漱玉亭前，三月落成。齐人踊跃来观，咸谓其事举工速。曰吾乐而不吾役也。为之歌曰：清流激湍兮，孰浚其源？潜蛟出蛰兮，飞虹蜿蜒。又歌曰：宣郁导淤，泽用不衰；选材济危，功用不隳。君之戾止，饮酒燕喜。小人忭舞，歌此乐土。闰章闻而异之，此泉上之歌也，而可得为政之道焉，是可以书。侍御公命纪其事，爰刻石以告后之吏斯土者。

游趵突泉记 ［清］怀应聘

趵突泉者，在山东济南郊外，为天下奇观。其游而见之者，无不咄咄称异。余心向往久矣，而未得亲观其胜。

甲子岁，余适齐鲁间，大中丞徐暾庵招余饮，即偕游趵突泉。泉有三穴，中间相去不数十步，其水自三穴中涌出，各高二三丈。怒起跃突，如三柱鼎立，并势争高，不肯相下。喷珠飞沫，又如冰雪错杂，自相斗击。呜呼!水之劲挺一至此哉!夫水，柔物也。方之则方，圆之则圆；挹之则盈掬，挥之则散落；环之则为池沼，决之则为川流。狎弄挠拢，无不如意。即深如长江，险如黄河，为人患害者，莫有加焉。然不过因风鼓浪，触石生涛，挟鱼龙诸怪物以自雄耳。假使无风石之险，无鱼龙诸怪物以助其势，其为平流直泻者，与众水无异也。曾有独起卓立，首耸发竖，若与山峰竞其高下如趵突泉者哉？呜呼!世有戴天履地，目视日月，耳辨声音， 手持足行，生而命为人者，无不有心、有性、有情、有识，其为浩然之气，更当何如？而一遇君国大故，濡忍不决，生死一迫，随即披靡，逐波顺流，往而不返，曾不若兹泉之介然自立，足以厉廉耻而砥节行也，岂不哀哉!呜呼!同一水耳，谁实使之然邪？岂润下之名水不乐居，故以至柔之质而发为至刚之概，以自见其奇邪？抑水亦有不平于中而怒气迸发，排空直上，势不可遏，如荆卿悲歌，渐离击筑，壮士发冲冠时邪？泉之上有吕祖阁，亭中题咏属对，后先唱和者不一人。余今与暾庵相对，不能无感于兹泉矣，故记之。

怀应聘（生卒年不详），浙江嘉兴人，著有《冰斋文集》。此篇游记写于清康熙二十三年（1684年）。文中“大中丞徐暾庵”，即徐旭龄，号暾庵，浙江钱塘人，时任山东巡抚。

趵突泉赋 ［清］李兴祖

岁维辛未，时值春三，移守瀛海，转运济南。理剧之暇，名胜是探。陟古帝登封之岳，造先圣在川之潭。暨灵岩与仙穴，及神洞与佛龛。既穷幽而极胜，亦目豁而情酣。若乃平原泉涌，来何超忽。会城内外，旁喷侧浡。七十二所，出出呵咄。超奇拔异，无称趵突。弩射冰澌，丸抛雪窟。如台星列，如鼎足兀。声泙湃而上腾，势倾奔而下滑。汲其碧，可以瀹心；扬其清，更为彻骨。知地肺之长滋，识土脉之不涸。由是仙人栖魄，文士怡情。寄孤纵于枕石，结群侣以濯缨。踞其朦者，纯阳之阁嵯峨；载之咏者，松雪之韵铿鍧。晶宫拟其皎洁，月镜比其精莹。岂若大泽深渊，渺茫灝漶。方之舟之，频耽忧患。即槛泉终逊其异，而泌水亦让其粲。以彼易此，智者所叹。纵昔之称甘醴名汤名冷，亦止供口味之餐，何如此之响玉磬而倾冰壶，资忖物者之赏赞。斯可以迩将远视，小作大观。其值风雨也，若惊涛骇浪之相迸；其值雪月也，若鲛绡洛袜之交攒。有时奏笙竽而和琴瑟，静夜清朝；有时戏鸥凫而翔鸾鹤，拂浪冲湍。举星宿之海，而源流不过如是；极银汉之河，而上下可以同看。然终莫测其所自，而磅礴乎日月，荡涤乎乾坤，惟斯泉其永不刊。乱曰：“源何自兮，流何长。我欲穷兮，觅无方。惟无力兮，泉之始。惟流长兮，泉之常。”逝者如斯，谁能悟其消息；不息云尔，予徒怅乎望洋。思“有本”之语，庶几与道为回翔。

李兴祖（生卒年不详），字广宁，号慎斋，汉军正黄旗人。先后任庆云知县，沂、郯、海、赣同知，河间知府。清康熙三十一至三十四年（1692—1695年）任山东盐运使，其间主持重建历下亭，编纂《灵岩志》等。

趵突泉赋 ［清］蒲松龄

泺水之源，发自王屋；为济为荥，时见时伏；下至稷门，汇为巨渎；穿城绕郭，汹汹相续。自开府之品题，成游人之胜瞩。朱槛拂人，丹楼碍目，云是旧时所为，当年所筑。

尔其石中含窍，地下藏机，突三峰而直上，散碎锦而成漪。波汹涌而雷吼，势須洞而珠垂；砰訇兮三足鼎沸，鞺鞳兮一部鼓吹。沈鳞骇跃，过鸟惊飞，羌无风而动藻，径上栏而溅衣。夜气长熏，涛声不断；沙阵抟云，波纹似线；天光徘徊，人影散乱；快鱼龙之腾骧，睹星河之隐现；未过院而成溪，先激沼而动岸；漱玉喷花，回风舞霰；吞高阁之晨霞，吐秋湖之冷焰。树无定影，月无静光，斜牵水荇，横绕荷塘，冬雾蒸而作暖，夏气缈而生凉。其出也：则奔腾澎湃，突兀匡襄，噌噌吰吰，炤翠色以盈裳。其散也：则石沈鹘落，鸟堕蝶飏，泯泯棼棼，射清冷以满眶。其清则游鳞可数，其味则瀹茗增香，海内之名泉第一，齐门之胜地无双。迨夫翠华东，警跸至，天颜喜，词臣侍，爰飞鸾凤之书，写成蝌蚪之字，如飞燕之凌风，似惊鸿之舒翼，穹碑临池，辉影万世。东海之游人顾而叹曰："幸哉泉乎！滔滔滚滚，几百千年，夜以继昼兮，无一息之曾闲。谁知千载而下兮，邀圣主之盘桓。诚一时之隆遇兮，觉色壮而声欢。"乃歌曰："东园杨柳树，西园桃李花。不逢邹生吹暖律，空闻苔莓老山家。喜湔腾之小技，乃分太液之余华。"

趵突泉记 ［清］王培荀

城南趵突泉最奇，平地喷涌直上，并列者三，各高四五尺，轰然雷震。龙湫之瀑布，奇在悬空而下，此奇在正出也。说者谓自渴马崖伏流至此。要皆济水之伏地而出者。水味极清，纯皇帝南巡，一路饮玉泉水，至此换趵突泉水，携之而南，遇名泉再易。唐济武先生云：吾行几遍天下，所谓第一泉、第二泉，皆虚有其名，实不及吾东诸泉， 惜陆羽不至，无从品其味耳。济水正身为汶河所夺，不得已伏流旁出，分支别派，如周室不宗，子弟散落诸国。四渎几缺其一，然其实固未尝没也。高帝子孙尽隆准龙种， 自与凡人殊。诸泉沉静，趵突汹涌，又如王谢子弟，风流翩翩，忽有跳地作彪子舞， 势欲啖人，安得不为之改观。旁立碑亭，圣祖御书"激湍"二字。吕仙阁临泉上。昔元遗山在太原，有道人尝邀同食，曰："吾家在趵突泉上，异日可相见。"后数年， 遗山过济南，卧泺源堂，忽梦前道人，曰："忘旧约耶？"醒，上北岸入祠中，见吕祖像，俨然道人也。阁上扁，乩书"蓬境"甚秀逸。又有扁，曰"蓬瀛液润"，极苍劲。 楹联乩书飞舞，曰："胜地自从开府辟，仙人原为对泉来。"传巡抚胡公宝瑔与吕仙素契，及任山东，仙为书此，今皆失去，故记之。两廊壁上尽砌诗碣，一碑有亭巍然，书赵子昂诗警句云："云气润蒸华不注，波涛声震大明湖。"众多和其韵。此脱胎於孟襄阳之"气蒸云梦泽，波撼岳阳城"；而气象阔大，字句浑成，相去远矣！或曰泉水固盛，其间亦有人力，水伏流至此，地势特凹，因其迅急之势，石板压下使不得逞，遇石板三孔，腾跃而出。其说可信。滇中广南府地名响水塘，有泉上喷，高十余丈，白雨洒空，三里外声若雷霆，近里许对面语不相闻。盖旁有多山，水汇为一，趋而直下，遇盘石怒激，势猛力遒，郁为宇内奇观。较此不啻百倍，然无名人题咏，寂寂无传。史公云："附青云之士而名益彰。"若趵突者，亦幸在都会，得松雪之品题也夫。

王培荀（1783—1859），字景淑，号雪峤，清山东淄川（今山东淄博市淄川区）人。历任荣昌、新津等地知县。一生著述颇丰，有《寓蜀草》4卷、《雪峤外集》1卷、《乡园忆旧录》8卷、《听雨楼随笔》10卷等。

趵突泉赋 ［清］高瑾

谁凿历山之坂？忽涌泺水之源。气蒸鳌背，波撼云根。芰荷发而夏茂，藻行牵而冬温，既晴雪之压天，复昼雨之翻盆。客子按图以考，盖脉出王屋而湁潗，流伏渴马而咽吞。羌空濛于华注山脚，倏澎湃于谭子国门。倚郭辟塘，穿隍为澬。松谡谡以覆崖，柳冥冥而藏室。坐鸟道以行觞，藉苔痕而歇膝，暗香来兮稻花开，清风吹兮蒲叶密。轮蹄隔浦以相喧，鹭鸶浅沙而群昵。迤逶而北，复道回廊。有阁翼然，吕翁仙房。其南，则矗青霄而植树，树几成盖。其东，则横绝壑而架石，西可通梁，凭槛西望，酒帘轻扬。箫鼓时发，士女徬徨。地旷且偏，林疏乃静。颇宜嵇康之癖，更乘子猷之兴。春飔拂而雪消，宿雾收而鸳醒。翠岫远临，朝风乍定。触沫惊鳞，澄光对镜。讶银海之击空，喜珠璎之奇横。落落历历，吐漱明净，岂非玉壶凝冰平地涌出，而皎然其四映者耶。是泉也，何突兀兮，辟自太古。方外三山兮，恍惚可数，或涌如轮兮，或覆如釜。龙女散花兮，老蛟拥扈。烟涨芙蓉兮，锦帆飞舞。吼半天之雷兮，亦瀑四时之雨。不知其浅深兮，自为仰俯。自为仰俯兮，与人乎何取。当夫初出谷口，噌吰镗鞳，如钟鼓之竞宣。及乎白浪惊飞，荡冲上下，又如十里浮沤，明灭出没于江湖之天。忆昔李杜之游齐也，逸情挥霍，吟咏山川。胡为乎笔墨之灵独靳惜于此泉。抑世远言湮，而碑版其无传。幸有南丰二堂之记，子昂濯尘之篇，而后之览胜者，愈不能漠然矣。迨乎甲子之冬，銮辂东游，遍询疾苦，凭吊林邱。罗左右臣邻之博雅，供至尊拟骚作赋之风流。驻跸观澜，放眼悠悠。万派朝宗，天地一沤。叹逝者之如斯，悟至道之可求。毫楮出于上方，奉侍严于从官。御腕神结，书就"激湍"。浑沦元气，大力控抟。一时得意，千古称难。夫以位崇九五，历永支干。梯航效顺，河岳晏安。尔乃厌薄繁缛。忽会心于奔腾澎湃之石滩。彼黄尘赤日兮，车马衣冠。对清涟而移晷兮，宁不发胸中之高寒。乱曰：黄河之水兮，来自天上兮。兹何崩巨涛于地罅兮，滔滔汩汩兮，曾不间于昼夜兮，紫绿万状兮，嗟顷刻之变化兮，惟兹潺湲兮，常明月之来射兮。

高瑾（生卒年不详），字山颜，清山东历城人，贡生。

趵突泉的欣赏（节选）　［现代］老舍

千佛山，大明湖和趵突泉，是济南的三大名胜，现在单讲趵突泉。

在西门外的桥上，便看见一溪活水，清浅，鲜洁，由南向北流着。 这就是由趵突泉流出来的。设若没有这泉，济南定会丢失了一半的美。……

泉太好了。泉池是差不多见方的，三个泉口偏西，北边便是条小溪，流向西门去。看那三个大泉，一年四季，昼夜不停，老那么翻滚。你立定呆呆的看三分钟，你便觉出自然的伟大，使你再不敢正眼去看。永远那么纯洁，永远那么活泼，永远那么鲜明，冒，冒，冒，永不疲乏，永不退缩，只有自然有这样的力量!冬天更好，泉上起了一片热气 ，白而轻软，在深绿的长的水藻上飘荡着，不由你不想起一种似乎神秘的境界。

池边还有小泉呢：有的像大鱼吐水，极轻快地上来一串水泡；有的像一串明珠，走到中途又歪下去，真像一串珍珠在水里斜放着；有的半天才上来一个水泡，大、扁一点，慢慢的，有姿态的，摇动上来，碎了；看，又来了一个！有的好几串小碎珠一齐挤上来，像一朵攒得很整齐的珠花，雪白。有的……这比那大泉还更有味。

老舍（1899—1966），原名舒庆春，字舍予，满族，北京人。著名作家，著有《骆驼祥子》《四世同堂》《茶馆》等。曾任中国文联副主席、中国作家协会副主席。此文发表于1932年8月出版的《年华》第一卷第十七期。当时，作者正在济南齐鲁大学任教。

（二）大明湖文

莲子湖　［唐］段成式

历城北二里有莲子湖，周环二十里。湖中多莲花，红绿间明，乍疑濯锦。又渔船掩映，罟罾疏布，远望之者，若蛛网浮杯也。魏袁翻曾在湖燕集，参军张伯瑜谘公言：“向为血羹，频不能就。”公曰：“取洛水必成也。”遂如公语，果成。时清河王怪而异焉，乃谘公：“未审何义得尔？”公曰：“可思湖目。”清河笑而然之，而实未解。坐散，语主簿房叔道曰：“湖目之事，吾实未晓。”叔道对曰：“藕能散血，湖目莲子，故令公思。”清河叹曰：“人不读书，其犹夜行。二毛之叟，不如白面书生。”

段成式（约803—863），唐代文学家。字柯古，临淄人。唐会昌三年（843年）以荫入官，为秘书省校书郎，精研苦学秘阁书籍，累迁尚书郎、太常少卿。他博学强记，能诗善文，在当时的文坛上与李商隐、温庭筠齐名。他一生著述甚多，有《酉阳杂俎》20卷、《续杂俎》10卷、《卢陵官下记》20卷等。

北渚亭赋并序　［北宋］晁补之

北渚亭，熙宁五年集贤校理南丰曾侯巩守齐之所作也。盖取杜甫《宴历下亭》诗以名之，所谓“东藩驻皂盖，北渚凌清河”者也。风雨废久，州人思侯，犹能道之。后二十一年，而秘阁校理南阳晁补之来承守乏。侯于补之，丈人行。辱出其后，访其遗文故事，廑有存者。而圃多大木，历下亭又其最高处也。举首南望，不知其有山。尝登所谓北渚之址，则群峰屹然列于林上，城郭井闾皆在其下；陂湖迤逦，川原极望。因太息语客：“想见侯经始之意，旷然可喜，非特登东山小鲁而已。”乃撤池南苇间坏亭，徙而复之。或请记其事，补之曰：“赋可也。”作《北渚亭赋》。其词曰：

登爽邱之故墟兮，睇岱宗之独立。棂磅礴而维坤兮，支扶疏而走隰。跆琅邪与巨野兮，梁清济而北出。前浚漫而将屯兮，后嶊嶉其相袭。坯者，扈者，峄者，峘者，礐者，磝者，障鲁屏齐。曰：惟历山或肺附之，箕拱环连。势厓绝而脉泄兮，万源发于其间，谷射沙出，浸淫滭瀷，瀺灂汩泌，澎濞渤潏，忽瀵起而成川，经营一国，其利汾浍，防为井沼，甃为碓硙，得平而肆，乃滉漾而滂沛。经民间而贯府舍兮，潴为池之千亩。惟守之居，面岩背阻，邈闉阇之遗址兮，肇嘉名乎北渚。悲经始之几何兮，牛羊牧而宇颠。非境胜之为难兮，善择胜之为难。尝试观夫其园，千章之萩，合抱之杨，立而成阡。跻历下之岧峣，望南山之孱颜。修干大枝，出棡造云，藐砠岫之蔽亏，乍仿佛其云烟；思仙人之楼居，尚轻举而高翻。盍驾言其北游，登斯渚而盘桓。冈峦忽其翔舞，萩杨眇以如箸；抚千里于一眒，收城郭乎环堵。其下陂湖汗漫，葭芦无畔，菱荷荇藻，蘅荃杜茝，众物居之，浩若烟海。岁秋八月，草木始衰。乃命罾罟，观渔其雁。鸣榱四合，方舟顺涯，鲩鲤窘乎深塘兮，鸿雁起于中泜。复有桂舫兰枻，浮游其中，榜歌流唱，自西徂东；纤饵投隈，微鳞挂空。客顾而嬉，倾盂倒钟。明月出于缺岭，夕阳眇其微红。天耿耿而益高，夜寥寥其方中。骇河汉之冲波，披海岱之泠风。恐此乐之难留兮，愿檠槎乎星渚。期韩终与偓佺兮，采芝英乎瑶圃。庶忘老而遗死兮，路漫漫其修阻。于是酒含太息，中座语客曰："自昔太公，奄有此邱？是征五侯，桓公用之，攘狄尊周。方其盛时，山河十二，号称东秦。临淄遨乐，中具五民。秋田青邱，实囿海滨，而薛又其小邑也。区区之赋，食三千人，其强孰与比哉？观华不注，竭其孤巘，虎牙桀立，芙蓉菡萏，尚想三周，追奔执羁，下车取饮，仅以身免，困责质于萧同，尚何私乎纪甗？而齐自是亦不竞矣！夸夺势穷，虽强安在？事以日迁，而山不改，则物之可乐，固不可得而留也。认而有之，来不可持。所玩无故，去何必悲？此齐侯之所雪涕而晏子之所窃嗤也。今我与客，论古人则知迷，属有感而歔欷，岂不重惑也哉？仕如行贾，孰非逆旅？托生理于四方，固朝秦而暮楚，曾无必于一笑，尚何知乎千古？"于是客颦然喜，再拜举觞而前曰："凡主人言，理实易求，而我旷然已忘昔忧。使客常满，使酒不空，请寿主人如汉孔公。"主人亦颦然喜，受饮反觞，执客之手而言曰："《诗》固有之：未见君子，忧心忡忡。既见君子，云乎不乐？"再拜洗觞而酬客，舍然大笑。

晁补之（1053—1110），北宋著名文学家。字无咎，号归来子，济州巨野（今属山东巨野县）人。北宋元丰二年（1079年）进士，授澶州（今河北濮阳）司户参军。后曾任礼部郎中、国史编修官、知河中府等职。北宋大观四年（1110年）秋，擢知泗州（今江苏盱眙东北），到官后不久即以疾卒。晁补之一生嗜学不倦，在文学理论和文学创作上都取得了较高成就，与北宋诗人黄庭坚、秦观、张耒并称"苏门四学士"。

济南行记（节选） [元]元好问

至济南，辅之与同官权国器置酒历下亭故基。此亭在府宅之后，自周、齐以来有之。旁近有亭曰"环波"、"鹊山"、"北渚"、"岚漪"、"水香"、"水西"、"凝波"、"狎鸥"。台与桥同，曰"百花"、"芙蓉"，堂曰"静花"，轩曰"名士"。水西亭之下湖曰"大明"，其源出于舜泉，其大占城府三之一。秋荷方盛，红绿如绣，令人渺然有吴儿洲渚之想。大概承平时，济南楼观天下莫与为比。丧乱二十年，惟有荆榛瓦砾而已。正如南都隆德故宫，颓圮百年，涧溪草树，有荒寒古淡之趣，虽高甍画栋无复其旧，而天巧具在，不待外饰而后奇也。

会波楼赋 [元]张之翰

览山东之胜槩，独济南之为多；萃湖秀之尤著，又皆输乎会波。问兹楼之安在？压水门以峨峨。通中外之诸泉，亦岂特北渚之凌清河？华峰剑倚绝阿附，鹊山壁立无陂陀。或浮岚滴翠于交流，或颠光倒影于回涡。真江中之两孤，立亘古而不颇。使九衢之尘土，虽相去咫尺，敢避而不敢过。当其火未西流、星尚南讹，海岳气冥而阴深，阛阓暑溽，以消磨。翠浪舞千顷之穲稏，锦云翻千里之风荷。郡侯可以观民风，土人可以致时和。余尝望危栏而直造，纵一叶之如梭。对无穷之潇洒，忘薄宦之蹉跎。倚清风之临眺，美明月以婆娑。嚼斫雪之紫蟹，卷滟海之红螺。觉浮世之荡摇，眩万象之森罗，然后游无怀、入无何，唤偃卧之鱼龙，起幽伏之鼋鼍，与之诵少陵之章、咏谪仙之歌。追二公之不可及，醒而视之，但茫然雨笠与夫烟蓑也。

张之翰（1243—1296），元代文学家。字周卿，晚号西岩老人，邯郸（今属河北）人。元世祖中统元年（1260年），任洺磁知事；元至元十三年（1276年），除真定路知事，后以行台监察御史按临福建，因病侨居高邮，以读书、教授学生为乐。后来，又被任命为户部郎中、翰林侍讲学士，出知松江府，兴利除弊，颇有政声。他工诗词，著有《西岩集》30卷。

重修会波楼记 [元]张养浩

吾乡山水之胜，名天下。代之谈佳丽者，多以江左为称首。畴尝游焉，南方之山，大概肖其风土，沉雄浑垕者少，秾鲜清婉、靓庄雅服之比，道路相望。惟吾乡则兼而有之。其曰"历山"者，迤岚突翠，虎逐龙从，南健岱宗，东属于海。华、鹊两峰，屹然剑列，削拔无附丽，众山皆若相率拱秀而君之。大明湖则汇碧城郭间，涵光倒景，物无遁形。自远而视，鹊、华又若据上游而都其胜者。至于四时之变与夫阴霁早暮，水行陆走，随遇出奇。凡可以排器宣郁，使人蜕凡，近心高明，可喜、可愕、可诗、可触、可图者，靡一不具。其基城北水门、翘然而屋者，为会波楼。盖济南形胜，惟登兹楼可得其全焉。繇吾乡多名泉，众流至此而合，故以名之。往年官转运者，尝一增葺，今国子司业张先生临为记，其成距兹殆三纪周矣。泰定改元，秋雨甚，城少圮，楼亦挈挈入于坏。舟者仰视缩颈，速舞棹过之，怖其见压。于是，司宪诸公以语监郡都侯。侯曰："是不难。"遂割己俸鸠工，式新厥构，不华侈是尚，惟固是图。未浃月溃成，民弗知劳，倏还旧观。一日邀余落之。酒半，余指众山谓客曰："有天地则有是山，其阅变故多矣！盖代有兴替，山则亘今古而自如。惟人也有生有卒，虽曰最灵且贵，要之反有不逮物之荣悴循环者，况能山之久乎！故凡登眺者，无论先后彼此，往往燕乐甫洽，而感慨踵至。此无他，盖有见乎是也。虽然，人而苟欲与山并存，抑亦有不难者。前辈谓：死而不朽，是谓之寿。臣焉以皋、夔、稷、契而为心，子焉以舜之事亲为法，儒焉以颜、孟、伊、洛诸公自期。若然，则其形虽不寿于山，而令闻长世，亦足与山无穷矣，又何感慨之有哉？"于是都侯矍然兴、洒然喜，引杯相属曰："公之此言，非直咏景述事，又足廉顽立懦，振耸人之善心，殆不可使无传焉。"遂书以贻之。都侯，国人，名某，莅官廉慎，由世为都达鲁花赤济南，故以官氏云。

天心水面亭记 ［元］虞集

天历三年春，臣集、臣洞、臣九思得侍清闲之燕，论山川形胜。臣九思曰："济南山水似江南，殆或过之。臣洞之居，在大明湖上，壅土水中而为亭，可以周览其胜，名之曰'天心水面'，可想见其处矣！"于是，有敕臣集书其榜而记之。臣集再拜，稽首而言曰：

昔宋儒邵雍氏之诗曰"月到天心处，风来水面时"，臣洞盖取诸此。臣闻雍之为道，上达乎包羲，以至于帝尧、周文、孔子之盛。其始学也，隐居百原之山，仰而思之，至忘寒暑。如是者，且二十年。其制作在《皇极经世》，其性情寓于诗。程颢氏之言曰："就其所至而论之，可谓安且成矣！"噫！非几于古之所谓"睿知者"，其孰能与于此？然则臣何足以知之？虽然窃尝闻之，斯二言者，岂非阴阳、动静之交乎？按《先天图》：阳尽午中而"姤"生焉，拟之为月窟；阴尽子中而"复"生焉，拟之为天根。天根又曰"天心"，所谓"天心无改移"是也。以月临天心，非阴阳之互交者乎？"巽"之为卦，阴为主，于物为风；"坎"之为卦，阳为主，于物为水。以风之初而行乎水之上，非动静之始交者乎？所谓"一动一静之间，天地人之至妙"，至妙者庶于此乎？可见而臣不足以言之也。请以人事论之：月到天心，清之至也；风来水面，和之至也。今夫月未盈，则不足于东；既亏，则不足于西。非在天心，则何以见其全体？譬诸人心，有丝毫物欲之蔽，则无以为清；堕乎空寂，则绝物，又非其至也！今夫水滔滔汩汩，一日千里，趋下而不争，渟而为渊，注而为海，何意于冲突？一旦有风鼓之，则横奔怒激、沸性而害物，则亦何取乎？水也，必也至平之水，而遇夫方动之风，其感也。微其应也，涛涣乎至文生焉，非至和乎？譬诸人心，拂婴于物，则不能和；流而忘返，又和之过，皆非其至也。是以君子有感于清和之至而永歌之不足焉。臣洞天资明爽，应物乐易，宜能有取于此。请以是为记。

虞集（1272—1348），元朝著名文学家。字伯生，号邵庵、道园，世称邵庵先生。先世为蜀人，生于衡阳。南宋亡，随父汲居崇仁（今属江西）。他历仕八朝，秩从二品，且弘才博识，学问博洽，与揭傒斯、黄溍、柳贯并称为当时的"儒学四杰"。

游济南大明湖记 ［明］李裕

济南面高山，其地低洼，有七十二名泉，皆散流汇为大明湖，由北水门注于济，萦迂东流数百里，达于海。湖占城内地三之一，延亘长堤，堤傍多柳，堤上跨七桥，以通诸泉之流泄；棋布于中若洲、若渚、若沚、若溆者以百数，为历下胜概。余至济南阅四载，未获览湖上之胜。成化己丑，左长史屈公天锡新构轩于湖北之湄，其夏邀余与叶公拱宸、郑公德聚、刘公行恕、董公国器、张公鸣玉、吴公大禄至轩，临清以嬉，泛览湖上，水光映天，澄鲜一碧，属玉、水鸦浮游而先后。洲渚间崇林茂柳，输幽呈秀，空翠轻烟，舒敛异状，诚为佳致。于时主宾献酢，交相酬酌，情思甚畅。天锡命仆舣三舟于水涯，起席曰："值兹繁华佳景，是湖不可不游。"余八人登舟列坐，命歌童三五载小舟前导，庖丁铛釜之类后舟随之，举棹停桡，随流曲折，悠漾柳阴中，遇奇处即维舟取鱼，果蔬、莲菱之品随折随供，而丝竹管弦之声洋洋盈耳，效郑公，卷荷叶作碧筒杯，流饮无算。时清风徐至，荷香袭人，心凝形释，与万物冥会，恍若身在阆苑、蓬莱间。遂循南岸至历下、环波、水香三亭。亭瞰湖滨，宋曾子固知齐州重建，今湮圮，基存，余与拱宸辈深叹古人之乐事四百年来无一人继曾后而新之者。比日将申舟由北岸复至轩下饮茗。天锡复携具偕余辈登北门城楼。启窗四顾，其泰山绵亘百里、重叠而南拱，华不注峰虎牙桀立于其东，鹊、药诸山环抱于西北；俯视白云、巨合诸水皆在阶所下，而东兖、登莱数州之土壤俱在望中。济南山川形势亦雄矣哉！时主宾皆醉，日已西坠。嗟夫！佳山秀水皆天作而地成之，无处无之。是以贤人达士雅好者随所遇而穷探远索于山谷草莽间，得胜即为台、为亭、为池沼，游览而品题之，然后得美名而传之后世。若永之石城诸山、钴鉧诸泉不见遇于宗元，滁之琅琊之秀、酿泉之美不见称于永叔，终芜没于空山荒野，人孰得而知耶？是湖子固昔尝游之，题品载于郡志。自时厥后，寥寥无闻。今余因天锡邀，始得偕同志者周览一湖之胜，以舒郁滞之怀，乃余之深幸，而湖之名益增重。虽然，余与诸公皆膺民社之寄，一赏而足，奚可耽游废务如山简习家池惟知酩酊倒载而归、以犯荒佚之戒乎？

李裕（1424—1511），字资德，号古澹，江西丰城人，明景泰五年（1454年）进士，官至吏部尚书。

大明湖杂记 ［明］王象春

（大明）湖出城中，宇内所无。异在"恒雨不涨、久旱不涸"，至于"蛇不见、蛙不鸣"，则又诞异矣。湖既出居民之北，而华峰又落齐城之东北，故凡宅门之北向者，得两收其妙，然于阴阳之理不无少舛，安得巨灵推转地轴、跨高山于负鳌哉？余曰：幸此湖幽潜，故散人得享之、不观之，太微星帝、少微星隐士耶？

百花池，一名濯缨湖，在王宫北墙外百花桥下是也。方广不过数亩，而居民庐舍团旋，视之北湖更有韵致，惜其地属藩府，水渠不通舟游。余谓此湖时未至耳，终必有其际遇，余不及见矣！

客济寓邸在水面亭西，宅后一隙地，古柳十围，旧砌如铁，考之遗志，则宋之北渚亭故地，建自齐梁者也。往读晁无咎《北渚亭赋》，辄为神往。今朝夕坐卧其间而不知，是亦阴福。

泛明湖记 ［清］王士禛

予去明湖十年矣。游漪园之次日，钟、朱二子复有泛湖之约。肩舆而北，过百花洲，葭芦弥望，新荷田田被水。故德藩宫泉北出，溢为洲。又北，过薛文清、王文成二公祠，不入。过许忠节公祠。许公，讳逵，正德中为乐陵令，杀流贼，全其城，后与孙忠烈同死宁濠之乱。西阶下刻何大复《乐陵令行》一碑。祠西邻水面亭，亭前有池，种佛座、锦边诸白莲，皆异种，一桥跨之，惜不及花时来游也。亭西登舟，舟颇具栏槛。解缆而北，弥望皆芦荻葭菼。湖本空阔，势家规为塘堰，擅蒲藕之利，如围棋界道，如明镜著瘢，舟循港行，不复能溯洄上下矣。西北古历下亭，即李北海、杜子美赋诗处，近颇修葺，亭中额曰"历下此亭古"，叹其朴雅。亭之北有奥室，回廊缭之。而西复有一轩，甚纡折。亭轩皆构架于水上，菱芡被渚，鸥凫近人。城南龙洞诸山，苍翠若在眉睫。湖上看山，无逾此亭之旷者。流连移晷，解缆而东，复由水面亭舍舟登岸，取道鹊华桥以归。桥之所跨即百花洲，北流入湖之支也。

夜泛莲子湖记 ［清］张贞

吾乡山水，济南为最胜。七十二泉皆散汇于北城，为莲子湖，澹荡空明，弥漫数十顷。南山回环断续，与城内之渔庄蟹舍遥相掩映，无异画图，此昔人所以有"济南山水天下无"之语也。余当壮盛，槐黄席帽，从事会城，必偕朋好流连湖上，文酒歙集，一时名胜士后先不啻数十人。年运而往，知交零落，余亦日就衰索，消迹名场，游兴奇减，不至济南者几十五年。康熙庚辰，有事北上，取道其间，自伤孤另，顿觉湖山惨淡矣。解后得朱君子青，遂托友契，交情绸洽，不殊前日之诸君子也。相邀月夕重寻旧游，于天心水面亭登舟，再过历下亭，放舟烟水，皓魄澄波，凫沉雁宿，声籁四绝，独健鱼往往触响船头而已。子青所载酒特芳洌，坐客皆醉。余虽不能饮，亦强进两蕉叶，不觉醺然。清歌忽自坐中起，音韵缥缈，声绕茭芦，令人神骨俱爽。至北极台，夜漏乙丙，庙扉尽阖，道士已入华胥，因不复叩。徘徊月下久之，更登舟纵谈，哄然而笑，水鸟惊起，群犬齐吠若豹。沿水门、遵东渚而归，不能成寐。言念初游，忽忽余四十年，且此四十年中，荐历幽愁，备遭哀酷，犹是往日酒痕墨渍之地，浩然俯仰，已非故吾。胸怀耿耿，何能下脐邪！故泚笔作记，以志今昔之感云。同泛者为钟圣舆、吴木欣、朱子青、杜西山、谷九畹、胡宗舜、余与儿子在戊，凡八人，时则四月十五日也。

张贞（1637—1712），清初著述家、书法家、篆刻家。字起元，号杞园，别号渠亭山人，山东安丘人。与清初著名文人王士禛、蒲松龄、朱彝尊、汪琬、魏禧、洪昇等著名文学家多有交游。张贞天资聪颖，才华横溢，博览群书，著述甚丰，而尤以文名世，有文集《渠亭山人半部稿》《或语》《潜州集》《娱老集》。

小沧浪记 ［清］翁方纲

运使雨窗阿公既建铁公、佛公二祠于济南明湖之北渚，于是事举而人和、气舒而民乐。渚面故多植莲，自历下亭沿苇荡而西北，境愈旷，眺愈远，莲亦益靓且深。爰因筑祠余工，度面势，构轩槛，周以回廊，带以穹桥，有亭翼然，有台豁然。地不加高，而城南千佛诸山皆在几席，水香花气摇扬于半陂峰影之间。谒祠者载酒而湖洄，怀古者兴歌而沿棹。昔渔洋先生谓“水面、历下诸亭应皆在湖之南，不足以当北渚遗址，晁无咎所赋北渚亭应更在其北”者，当即斯地欤？前人所谓百花之堤、七桥之径，今皆已不可尽考，独此地得于修祠之隅，若天造而神贻之者。雨窗题曰：“小沧浪”实则一揽七十二泉之胜有余矣！故书此以记之。

大明湖杂记 ［清］阮元

小沧浪者，历下明湖西北隅别业，即杜子美所言“北渚”也。鱼鸟沈浮，水木明瑟，白莲弥望，青山向人，至此者渺然有江湖之思。别业为盐运使阿雨窗（林保）所筑，雨窗移任天津，方伯江滋伯（兰）领之。方伯移任云南，余乃领之。与学署相距一湖，少暇即放舟来读书于此，或避暑竟日，或坐月终夜，笔床茶灶，夷犹其间。鹊华在北，惜为城堞所掩；历山在南，苍翠万状，远望梵宇，小如箱箧。或黑云堆墨，骤雨翻盆，万荷竞响，跳珠溅玉，霅然而霁，残霞雌霓，起于几席。斜日向晚，湖风生凉，皓月转空，疏星落水，鸳鸯鸂鶒，拍拍然不避人也。及其清露湿衣，仰见参昴，城头落月，大如车轮，是天将曙矣。此境罕有人领之者。

……

大明湖水，即《水经注》之泺水。其地较大清河高十余丈，其下流入大清河处，今尚名“泺口”。盖大清河乃古之济水，济水纵能伏流，断不能逆流上山。今学者皆称明湖为“济水”，虽竹垞亦尚其误。又：“水木明瑟”四字，见《水经注·泺水》下，足以尽明湖之妙。如上沙陆氏水木明瑟园，乃借用也。故予题小沧浪轩额曰“水木明瑟”。

……

坐小沧浪亭可见学署之钟楼，冬时林叶疏脱，始见历下亭。由小沧浪乘舟，经北极阁，西至曾南丰祠，祠边即北水门。明湖汇七十二泉之水，皆从此泻出，经华不注、泺口，入大清河。城上重关，下临平楚，曰“汇波楼”。鹊华两山，青翠相竞。余题“鹊华秋色”四字，匾悬楼上，用松雪图名也。南丰祠多水木之趣，秋藤压廊，间花绕屋，人迹罕有至者。

明湖白莲数十顷，无间地。种荷者以苇为界，舟行不能见花，为可惜。故余有“会须尽剪青芦叶，顿放花光上客船”之句。

明湖景物记 ［清］董芸

大明湖，一名西湖。（渔洋、竹垞谓即莲子湖，非也。莲子湖在城北，见《酉阳杂俎》。）湖汇城西北隅，其大占城内地三之一。元遗山《济南行记》：“每秋荷方盛，红绿如绣，令人渺然有吴儿洲渚之想。”又，《齐音》称其“恒雨不涨、久旱不涸，蛇不见、蛙不鸣”，今验之，良然。（按：《水经注》：“泺水北为大明湖。”又：“湖水引渎，东入西郭。”《一统志》：“源出舜泉。”今泺水绕城北流向东，不入城；舜泉亦止成一井，不流；惟北珍珠、濯缨诸泉北流入大明湖，而自北水门出，注泺水如旧。）

历下亭，唐杜子美陪李北海宴游赋诗于此。自宋、元以来，遗址久不可考。晁无咎《北渚亭赋序》："圃多大木，历下亭其最高处。"《齐乘》："历下亭在历山台上，面山背湖，盖已非唐人之旧。"《齐音》乃以李泂之天心水面亭即历下亭，则更非也。今之古历亭，据湖心，四面环水，为济阳艾氏故地，李兴祖兴建。

湖上亭馆之盛自宋始。熙宁间，曾子固知齐州事，一时歌咏见于《南丰集》中者：曰仁风厅，曰芍药厅，曰静治堂，曰竹斋，曰凝香斋，曰环波亭，曰采香亭，曰水香亭。《齐音》以水香亭为唐杖杀李邕处，杜《八哀诗·陂陁青州血》一章哀李邕而作也，邕之死不在济南明矣，且唐时亦不闻有"水香"之名。

名士轩，南丰守郡时所建，地临明湖西偏，即集中所谓"西湖"也。今入藩司署中。《香祖笔记》："明时尚有古竹数竿、芍药一丛，传是宋故物。"

北渚亭，曾子固建，取杜诗中"北渚凌清河"之意，亭已圮。元祐间，晁无咎（补之）继来为守，复修之。《齐音》谓"水面亭西，宅后隙地，古柳十围，旧砌如铁，即宋北渚亭故址"，非也。（按：无咎《北渚亭赋并叙》："尝登所谓北诸之址，则群峰屹然列于林上，城郭井闾皆在其下。"）《济南行记》："泰山去城百里而近，特为函山所碍，天晴登北渚则隐隐见之，盖湖上最高处也。"又，苏子由《北渚亭》诗："西湖已过百花汀，未厌相携上古城。"据此，则亭当在城上，今之北极台疑是其地。

刘公严善画，一日雨后与王季木登北极台。是时，云水空濛，远山叠翠。王瞪目久之，不禁叫绝，谓刘曰："尔画跨轶古人，然尝自珍秘，不肯以粉本示人。今吾凭高纵目，及得翻阅正谱，独恨难袖取耳！"

会波楼，其下为会波桥。宋熙宁间，曾子固建。元于钦尝拟《会波楼记》，其略曰："济南山水甲齐鲁，泉甲天下。盖他郡有泉一二数，此独以百计。涛喷珠跃，金霏碧渟，韵琴筑而味肪醴，不殚名状。在邑者，潴市之半；在郭者，环城之三。棋布星流，走城北陬，汇于水门，东流为泺，并于汶，过于时，入于海……"钦言可谓尽之矣！

天心水面亭，元学士李泂之（泂）所建也。虞伯生为泂作记，谓"壅土水中而筑亭，可周览其胜"，与今水面亭异。今亭在鹊华桥下，北临湖水，相传即渔洋山人赋《秋柳》处。

七忠祠在西门内，祀建文死难臣铁铉、陈迪、胡子昭、平安、高巍、王省、郑华。万历间，黜平安而跻丁志芳。周应治赞，陈瑛作记。考新、旧《志》所载，并无铁公专祠。乾隆壬子，盐运使阿公始建祠于湖西北隅，又于祠之西偏筑别馆，曰"小沧浪"。

小沧浪，在铁公祠西偏，门东向，入门砌石子为路，杂花铺锦。路西北隅，修竹十余竿中有堂三楹，西为平台，容数人列坐，宜望月。下台循长廊南行数十步，稍折而东为水榭，开窗面南山，环列如屏障，榭半浸水中，导湖水自廊下入，北流折而东，板桥跨之。水自桥下濞濞鸣，又折而北，迤西汇为方池，莲花盛开，鯈鱼数百头，倏忽往来游泳。时槛外有白鹤方刷羽，见游人，避池中立，俯而啄，不顾。过桥，别一径东北出。径尽，得小山。山筑土叠石而为之，石骨瘦削，巉巉刻露。山顶建一亭，高于平台者数尺。坐亭中小憩，全湖烟景在一览中矣。

小淇园，赵尚书象贤（世卿）别墅，在湖上，今废。尚书慷慨敢言，立朝有气节。初筮仕，上书奏匡时五要，忤江陵相，落职。万历之季，矿税使四出，海内骚然。尚书力争之，不能得。又以楚宗人狱，与廷臣议不和，遂连章求去，不报，乃拜书出城，俟命月余，乘柴车竟去。（王荆石与公书："读前后大疏，淋漓描写国虚民困之状，尝私为痛心陨涕。"邢子愿书："比目奏疏诸篇，一本赤衷罣罣，而彩毫挥斥，遂至细入虱心、大蹴鳌极。"其为一时名辈推重如此。）

烟雨亭，孟观察竹宾所建，在鹊华桥西，其临水一亭曰"濯锦"。《齐音》："（濯锦亭）北向湖心，见华山如笔卓……去东西四五步，即隐不可见。明湖、华山得两兼者，无二地也。"亭今废。

新城王季木象春由桓台徙历下，初得李于鳞废宅葺而居之，复筑问山亭于湖上，日夕置酒，悲歌啸傲于其中，所谓"问山亭子拱如笠，屹立湖中阅古今"是也。（季木）尝自号"鹊湖居士"，著《齐音》百首，成一家言。

闻韶馆，一名闻韶驿。《齐音》："在城中湖上，而城北又有闻韶台。"今其遗址已不可考。

回龙湾水北出百花桥，玉带河会芙蓉诸水自西南来注之，汇为百花洲。洲广十余亩，居人于中多种白莲，傍岸栽杨柳。四面庐舍参差相望，不减画图。洲上旧有百花台，今废。（按：旧《志》："玉带河出濯缨湖分派。今故道久淤塞。藩伯江公（兰）复浚之，导使西行，由茶巷口经贡院、布政司署后入湖。百花桥一支，水势顿减。"）

《齐乘》："百花桥，今曰鹊华，在大明湖南岸。""鹊华"之名，盖自元始也。或曰："百花桥在百花洲内，与鹊华桥相对。"俟考。

环湖有七桥，见于《齐乘》者：曰芙蓉，曰水西，曰湖西，曰北池。曾子固诗"从此七桥风与月，梦魂常到木兰舟"是也。今惟存鹊华一桥，而百花洲近为土人所壅，桥下水已不复流。直西一板桥甚小，濯缨、梯云诸泉水皆由此入湖口，意者殆水西之遗址欤?

明湖忆旧录 ［清］王培荀

大明湖中历下亭，杜少陵与李北海宴客于此，所谓"海右此亭古"也。其亭甚高，四围有廊，屡修屡圮，纯皇帝诗碑在焉。北渚亭，晁补之作赋，或以明湖北之小圃当之，非是。按其形势，今之北极台高耸，背城面湖，当是此地。台上祀真武，悬联云："宫中下见南山尽，城上平临北斗悬。"唐人句，若为此地设也。俯视荷花百顷，芦苇参差，蟹舍渔庄，历历可数，若不知在城市间。南岸垂柳数株，披风曳露，即渔洋咏秋柳处。或于湖东委巷建一院，题"秋柳诗社"。去湖远，未可信。昔有人维舟湖中，夜半忽小舟出苇间，一伟丈夫携丽人，四顾太息曰："丁酉与渔洋会此，今岁又丁酉矣！"倏忽不知所往。刘金门夫子与铁冶亭抚台泛舟共作一联云："四面荷花三面柳，一城山色半城湖。"不可移置他处。

百花洲与明湖别为一区，如附庸，莲叶田田，地极幽净，李沧溟白雪楼移建于此，后属邢太仆子愿。其实老屋三间，王季木得之，筑问山亭，犹仍白雪楼旧额。

自历下亭一舸顺风，可至铁公祠。公于靖难时守城尽节，至今俎豆俨然。祠西厅三楹，前面虚敞，匾曰"水木明瑟"，取《水经注》语，恰合。联取渔洋句，云："烟峦浓淡山千叠，荷芰扶疏水半城。"雅切有余味。叠石为小山，建得月亭，两廊尽画黑竹。前面架板为屋，前后尽敞，眺望烟水无际。余见其圮而复建者三，不知何时遽然撤去，虽空阔有余，而绝无收束，少含蓄。盖人日趋简易，诸事如此，不独一游赏地也。为之慨然。（按：此名小沧浪。）

七桥，在大明湖上，曰百花、曰泺源、曰芙蓉、曰水西、曰北地。南丰诗云："从此七桥风与月，梦魂长到木兰舟。"人言子固不能诗，渊材恨之，来官齐州，作诗未尝不佳，宋人辑唐宋八家诗韵，子固与焉。取杜诗"济南名士多"句作名士轩，其风雅如此。今入藩署，在西园。

历下旧有大明寺，湖在寺侧，因以名寺。运使阿雨窗于湖北修亭榭，称为"小沧浪"，自是游屐日盛。尝记水阁一联云："烟水此间真酒地，风光今日是诗天。"吴秋渔与客会此作诗云："昔人买山今买水，水面亭台明镜里。放棹追凉月两三，蓼花风过芙蓉死。湖中景物换秋霜，束蒲踏藕家家忙。晚烟隔浦野鸥白，斜日半山村柳黄。平波尽豁芦中汉，一片空明眼前乍。不是琴壶共泛秋，只言水竹堪消夏。果然官长如灵运，能为湖山助风韵。闲上红亭待月来，尽除翠箔教星近。星月迢迢夜色赊，马嘶岸草雁惊沙。画屏银烛三更笛，瓷斗金铃九日花。花深曲好歌难住，小户偏寻逃酒处。不罚深杯愿罚诗，回船一路吟哦去。"

历城北门外，最饶佳境，三春烟雨，菜花弥望，大似郫县。海客诗云："城北濛濛碧水湾，放舟无那稻屯还。微吟清壑《郊行》句，'黄菜花中见鹊山'。"

昔明湖周数十里，泺水、舜井皆流入湖，烟波弥漫，望华不注如浸水中。后泺水不入湖，舜井不流，惟濯缨泉、珍珠泉、朱砂泉入湖，仅周五、六里。朱砂泉，今亦莫考。鹊山湖绕鹊山三面，刘豫引泺东流，遂成平陆。

渔洋《忆明湖》诗有云："历下亭中坐怀古，水西桥畔卧吹笙。"今之历下亭，非昔之历下亭也。今亭在湖中，昔在湖北。《齐乘》云："历下亭在府城驿邸内历山台上，面山背湖，实为胜境。”又在扬州作《冶春词》，有云：“故国风光在眼前，鹊山寒食泰和年。邗沟未似明湖好，名士轩头碧涨天。”先生盖无时忘济南风景也。后田家园，作《红桥诗社图》，蒋心馀题之，云：“难觅风流杜牧之，绿杨城郭故迟迟。如何一片红桥水，肠断渔洋七字诗。”“红桥诗社”与“秋柳诗社”南北辉映，永为骚坛故事矣！（按：“鹊山”句用元遗山诗。）

家银台公泛大明湖，小憩北水门，疏柳覆岸，茅屋数楹，渔网空悬，清波见底，壁间有昔人石碑，上题“钓矶”，后附一绝句：“一竿独抱水云隈，半载微官解绶来。岂是明时甘卧隐，高风不羡子陵台。”不著姓氏。徘徊畅饮至夜，作诗云：“白云楼空剩绿莎，钓矶无恙酒人过。全收山翠为屏嶂，小减溪光是芰荷。秋浦眠鸥欣雨足，晚汀浴鹭占烟多。停桡却忆元真子，应趁斜风起绿波。”

历下明湖，其初，白地光明锦耳；后来，莲荡各栽芦苇为界，舟入其中，曲折如围棋界画，殊不畅快。乾隆间，中丞某欲游湖，一夕令人伐去。取快一时，民皆腹非。第予尝冬月过之，苇芦净尽，一望无余，反不如多其纡折，突至一处，旷然改观，饶有别趣……

记大明湖 ［清］许宗衡

咸丰五年夏五月，余客济南，尝游大明湖。湖堧有铁公铉祠，其临湖轩次有仪徵阮文达榜额，曰“水木明瑟”。余读《水经注》：大明湖西即大明寺，寺东、北两面侧湖，此水便成净池也。池上有客亭，左右楸桐，负日俯仰，目对鱼鸟，水木明瑟，可谓濠梁之性、物我无违矣。不知今铁公祠是昔大明寺旧址否？祠左又里许，有历下亭，亦未必即当日池上之客亭。然弥望芰荷，杂以茭苇，风水掩蔽，景物清绝。文达以“水木明瑟”写之，欲更易一语不得。

《水经》：“济水又东北，泺水出焉。”注云：“出历县故城西南。”则《齐乘》谓“源曰趵突，流曰泺”者，误也。又曰：“其水北为大明湖。”则大明湖自在城西南。盖泺源左右前后发地皆泉，其潴为湖，即去泺源泉不远。今此地半为街衢，盖后人筑土水中为之耳。求其地而不得，乃以今城内之湖当之，其误在金、元以前矣……

许宗衡（1811—1869），字海秋，江苏上元人。清咸丰二年（1852年）进士。由庶常改内阁中书，官至起居注主事。宗衡工诗文、能词，为清词后七家之一，著有《玉井山馆文略》2卷、《玉井山馆诗集》15卷及《玉井山馆诗余》1卷、《玉井山馆笔记》1卷，并传于世。

《古历亭雅集诗》序 ［清］方宗诚

济南大明湖古历亭，世传即杜子美、李北海宴游之地。环湖万顷芦苇荷蕖，掩映纷披。虽在城隅而烟波无际，恍如十洲之浮于海上也。面埶千佛山，若屏障环列，与湖光遥通一气，直不知有城闉之隔。山左名胜，实为第一。乾隆时，高宗纯皇帝尝巡幸，龙章玉藻，巨碑丰亭，矗立其间。岁月历久，轩廊将圮。福州陈公弼夫都转是邦，惧古迹就湮，无以兴《都人士》怀古之思。且御碑所在，不肃修之，亦非推广皇仁同乐于民之至意。爰命工人经营兴作，轩亭廊序，稍易旧制，豁然改观。亭成，游人云集。时道州何子贞编修主讲泺源书院，公招之同游，闻诚避乱来济南，亦命陪末坐焉。或谓：“方今逆氛蔓延，海内多事，青、齐虽曰乐土，而修废举坠事有大于此者。兴作园亭，以乐游人，似非政要。”余谓：“不然。夫民气乐而后太和生，民气苦而后乖戾作。古之善为政者，必先惠养其民，使民知有生人之乐，而后不肯为作奸犯科之行。若政治迫促，使民无所游息安乐，以解其郁湮之气，于是始有轻生败伦、陷于大恶不可禁者矣。公总鹾政于此三年，政善民安，贼不入境。公因以其暇，修理兹亭，为士民游观之所。既使人仰御碑而生尊君爱上之心、瞻古迹而兴起不朽之志，又使人旷览湖山风月之胜，以宣畅其和心，达于四境。和气薰蒸，戾气日散，则虽陷于贼中者，闻其风亦将慕吾民太平之乐，而不终狃于奸宄以自蹈于死亡之苦。是公今虽不膺平贼之任，而充其作为，亦将为平贼之助也。且夫修废举坠者，贵治之于未然，而不可徒救之于已然。兹亭今虽未圮，惧其将圮而修之，则易为功；待其已坏而后理之，则必事倍而功半。逆氛之蔓延，由是故也。”编修以为然，游归，作诗纪之，命诚为叙。咸丰九年六月望日，桐城方宗诚撰于山东藩署之嘉树轩。

方宗诚（1818—1888），字存之，号柏堂，安徽桐城人，清代学者、桐城派后期著名作家之一，著有《诸经说都》

33卷、《柏堂集》六编92卷、《俟命录》、《志学录》二编11卷、《读书笔记》13卷、《宦游随笔》2卷、《辅仁录》4卷、《春秋集义》12卷、《周子讲义》1卷、《思辨录记录》2卷等。《清史稿·文苑传》《清史列传·儒林传》均有其传。

明湖湖边美人绝调 ［近代］刘鹗

话说老残在渔船上被众人砸得沉下海去，自知万无生理，只好闭着眼睛，听他怎样。觉得身体如落叶一般，飘飘荡荡，顷刻工夫沉了底了。只听耳边有人叫道："先生，起来罢！先生，起来罢！天已黑了，饭厅上饭已摆好多时了。"老残慌忙睁开眼睛，愣了一愣道："呀！原来是一梦！"

自从那日起，又过了几天，老残向管事的道："现在天气渐寒，贵居停的病也不会再发，明年如有委用之处，再来效劳。目下鄙人要往济南府去看看大明湖的风景。"管事的再三挽留不住，只好当晚设酒饯行，封了一千两银子奉给老残，算是医生的酬劳。老残略道一声"谢谢"，也就收入箱笼，告辞动身上车去了。一路秋山红叶，老圃黄花，颇不寂寞。到了济南府，进得城来，家家泉水，户户垂杨，比那江南风景，觉得更为有趣。到了小布政司街，觅了一家客店，名叫高升店，将行李卸下，开发了车价酒钱，胡乱吃点晚饭，也就睡了。

次日清晨起来，吃点儿点心，便摇着串铃满街踅了一趟，虚应一应故事。午后便步行至鹊华桥边，雇了一只小船，荡起双桨，朝北不远，便到历下亭前。下船进去，入了大门，便是一个亭子，油漆已大半剥蚀。亭子上悬了一副对联，写的是"历下此亭古，济南名士多"，上写着"杜工部句"，下写着"道州何绍基书"。亭子旁边虽有几间群房，也没有什么意思。复行下船，向西荡去，不甚远，又到了铁公祠畔。你道铁公是谁？就是明初与燕王为难的那个铁铉。后人敬他的忠义，所以至今春秋时节，土人尚不断地来此进香。

到了铁公祠前，朝南一望，只见对面千佛山上，梵宇僧楼，与那苍松翠柏，高下相间，红的火红，白的雪白，青的靛青，绿的碧绿，更有那一株半株的丹枫夹在里面，仿佛宋人赵千里的一幅大画，做了一架数十里长的屏风。正在叹赏不绝，忽听一声渔唱，低头看去，谁知那明湖业已澄净得同镜子一般。那千佛山的倒影映在湖里，显得明明白白。那楼台树木，格外光彩，觉得比上头的一个千佛山还要好看，还要清楚。这湖的南岸，上去便是街市，却有一层芦苇，密密遮住。现在正是着花的时候，一片白花映着带水气的斜阳，好似一条粉红绒毯，做了上下两个山的垫子，实在奇绝。

老残心里想道："如此佳景，为何没有甚么游人？"看了一会儿，回转身来，看那大门里面楹柱上有副对联，写的是"四面荷花三面柳，一城山色半城湖"，暗暗点头道："真正不错！"进了大门，正面便是铁公享堂，朝东便是一个荷池。绕着曲折的回廊，到了荷池东面，就是个圆门。圆门东边有三间旧房，有个破匾，上题"古水仙祠"四个字。祠前一副破旧对联，写的是"一盏寒泉荐秋菊，三更画船穿藕花"。过了水仙祠，仍旧上了船，荡到历下亭的后面。两边荷叶荷花将船夹住，那荷叶初枯，擦得船嗤嗤价响；那水鸟被人惊起，格格价飞；那已老的莲蓬，不断地绷到船窗里面来。老残随手摘了几个莲蓬，一面吃着，一面船已到了鹊华桥畔了。

到了鹊华桥，才觉得人烟稠密，也有挑担子的，也有推小车子的，也有坐二人抬小蓝呢轿子的。轿子后面，一个跟班的戴个红缨帽子，膀子底下夹个护书，拚命价奔，一面用手巾擦汗，一面低着头跑。街上五六岁的孩子不知避人，被那轿夫无意踢倒一个，他便哇哇地哭起。他的母亲赶忙跑来问："谁碰倒你的？谁碰倒你的？"那个孩子只是哇哇地哭，并不说话。问了半天，才带哭说了一句道："抬轿子的！"他母亲抬头看时，轿子早已跑得有二里多远了。那妇人牵了孩子，嘴里不住叽叽咕咕地骂着，就回去了。

老残从鹊华桥往南，缓缓向小布政司街走去。一抬头，见那墙上贴了一张黄纸，有一尺长、七八寸宽的光景。居中写着"说鼓书"三个大字，旁边一行小字是"二十四日明湖居"。那纸还未十分干，心知是方才贴的，只不知道这是甚么事情，别处也没有见过这样招子。一路走着，一路盘算。只听得耳边有两个挑担子的说道："明儿白妞说书，我们可以不必做生意，来听书罢。"又走到街上，听铺子里柜台上有人说道："前次白妞说书是你告假的，明儿的书，应该我告假了。”一路行来，街谈巷议，大半都是这话，心里诧异道：“白妞是何许人？说的是何等样书？为甚一纸招贴，便举国若狂如此？”信步走来，不知不觉已到高升店口。

进得店去，茶房便来回道：“客人，用什么夜膳？”老残一一说过，就顺便问道：“你们此地说鼓书是个什么玩意儿？何以惊动这们许多的人？”茶房说：“客人，你不知道。这说鼓书本是山东乡下的土调，用一面鼓，两片梨花简，名叫‘梨花大鼓’，演说些前人的故事，本也没甚稀奇。自从王家出了这个白妞、黑妞姊妹两个，这白妞名字叫做王小玉，此人是天生的怪物！他十二三岁时就学会了这说书的本事。他却嫌这乡下的调儿没甚么出奇，他就常到戏园里看戏，所有甚么西皮、二簧、梆子腔等唱，一听就会；甚么余三胜、程长庚、张二奎等人的调子，他一听也就会唱。仗着他的喉咙，要多高有多高；他的中气，要多长有多长。他又把那南方的甚么昆腔、小曲，种种的腔调，他都拿来装在这大鼓书的调儿里面。不过二三年工夫，创出这个调儿，竟至无论南北高下的人，听了他唱书，无不神魂颠倒。现在已有招子，明儿就唱。你不信，去听一听就知道了。只是要听还要早去，他虽是一点钟开唱，若到十点钟去，便没有座位的。”老残听了，也不甚相信。

次日六点钟起，先到南门内看了舜井。又出南门，到历山脚下，看看相传大舜昔日耕田的地方。及至回店，已有九点钟的光景，赶忙吃了饭，走到明湖居，才不过十点钟时候。那明湖居本是个大戏园子，戏台前有一百多张桌子。哪知进了园门，园子里面已经坐得满满的了，只有中间七八张桌子还无人坐，桌子却都贴着“抚院定”“学院定”等类红纸条儿。老残看了半天，无处落脚，只好袖子里送了看座儿的二百个钱，才弄了一张短板凳，在人缝里坐下。看那戏台上，只摆了一张半桌，桌子上放了一面板鼓，鼓上放了两个铁片儿，心里知道就是所谓梨花简了，旁边放了一个三弦子，半桌后面放了两张椅子，并无一个人在台上。偌大的个戏台，空空洞洞，别无他物，看了不觉有些好笑。园子里面，顶着篮子卖烧饼油条的有一二十个，都是为那不吃饭来的人买了充饥的。

到了十一点钟，只见门口轿子渐渐拥挤，许多官员都着了便衣，带着家人，陆续进来。不到十二点钟，前面几张空桌俱已满了，不断还有人来，看座儿的也只是搬张短凳，在夹缝中安插。这一群人来了，彼此招呼，有打千儿的，有作揖的，大半打千儿的多。高谈阔论，说笑自如。这十几张桌子外，看来都是做生意的人；又有些像是本地读书人的样子，大家都嘁嘁喳喳地在那里说闲话。因为人太多了，所以说的甚么话都听不清楚，也不去管他。

到了十二点半钟，看那台上，从后台帘子里面，出来一个男人，穿了一件蓝布长衫，长长的脸儿，一脸疙瘩，仿佛风干福橘皮似的，甚为丑陋，但觉得那人气味倒还沉静。出得台来，并无一语，就往半桌后面左手一张椅子上坐下。慢慢地将三弦子取来，随便和了和弦，弹了一两个小调，人也不甚留神去听。后来弹了一支大调，也不知道叫什么牌子。只是到后来，全用轮指，那抑扬顿挫，入耳动心，恍若有几十根弦、几百个指头在那里弹似的。这时台下叫好的声音不绝于耳，却也压不下那弦子去。这曲弹罢，就歇了手，旁边有人送上茶来。

停了数分钟时，帘子里面出来一个姑娘，约有十六七岁，长长鸭蛋脸儿，梳了一个抓髻，戴了一副银耳环，穿了一件蓝布外褂儿，一条蓝布裤子，都是黑布镶滚的。虽是粗布衣裳，倒十分洁净。来到半桌后面右手椅子上坐下。那弹弦子的便取了弦子，铮铮鏦鏦弹起。这姑娘便立起身来，左手取了梨花简，夹在指头缝里，便丁丁当当地敲，与那弦子声音相应；右手持了鼓捶子，凝神听那弦子的节奏。忽羯鼓一声，歌喉遽发，字字清脆，声声宛转，如新莺出谷，乳燕归巢。每句七字，每段数十句，或缓或急，忽高忽低；其中转腔换调之处，百变不穷，觉一切歌曲腔调俱出其下，以为观止矣。

旁坐有两人，其一人低声问那人道：“此想必是白妞了罢？”其一人道：“不是。这人叫黑妞，是白妞的妹子。他的调门儿都是白妞教的，若比白妞，还不晓得差多远呢！他的好处人说得出，白妞的好处人说不出；他的好处人学得到，白妞的好处人学不到。你想，这几年来，好顽耍的谁不学他们的调儿呢？就是窑子里的姑娘，也人人都学，只是顶多有一两句到黑妞的地步。若白妞的好处，从没有一个人能及他十分里的一分的。”说着的时候，黑妞早唱完，后面去了。这时满园子里的人，谈心的谈心，说笑的说笑。卖瓜子、落花生、山里红、核桃仁的，高声喊叫着卖，满园子里听来都是人声。

正在热闹哄哄的时节，只见那后台里，又出来了一位姑娘，年纪约十八九岁，装束与前一个毫无分别，瓜子脸儿，白净面皮，相貌不过中人以上之姿，只觉得秀而不媚，清而不寒，半低着头出来，立在半桌后面，把梨花简丁当了几声，煞是奇怪：只是两片顽铁，到他手里，便有了五音十二律似的。又将鼓捶子轻轻地点了两下，方抬起头来，向台下一盼。那双眼睛，如秋水，如寒星，如宝珠，如白水银里头养着两丸黑水银，左右一顾一看，连那坐在远远墙角子里的人，都觉得王小玉看见我了；那坐得近的，更不必说。就这一眼，满园子里便鸦雀无声，比皇帝出来还要静悄得多呢，连一根针跌在地下都听得见响！

王小玉便启朱唇，发皓齿，唱了几句书儿。声音初不甚大，只觉入耳有说不出来的妙境：五脏六腑里，像熨斗熨过，无一处不伏贴；三万六千个毛孔，像吃了人参果，无一个毛孔不畅快。唱了十数句之后，渐渐地越唱越高，忽然拔了一个尖儿，像一线钢丝抛入天际，不禁暗暗叫绝。哪知他于那极高的地方，尚能回环转折。几啭之后，又高一层，接连有三四叠，节节高起。恍如由傲来峰西面攀登泰山的景象：初看傲来峰削壁千仞，以为上与天通；及至翻到傲来峰顶，才见扇子崖更在傲来峰上；及至翻到扇子崖，又见南天门更在扇子崖上：愈翻愈险，愈险愈奇。

那王小玉唱到极高的三四叠后，陡然一落，又极力骋其千回百折的精神，如一条飞蛇在黄山三十六峰半中腰里盘旋穿插，顷刻之间，周匝数遍。从此以后，愈唱愈低，愈低愈细，那声音渐渐地就听不见了。满园子的人都屏气凝神，不敢少动。约有两三分钟之久，仿佛有一点声音从地底下发出。这一出之后，忽又扬起，像放那东洋烟火，一个弹子上天，随化作千百道五色火光，纵横散乱。这一声飞起，即有无限声音俱来并发。那弹弦子的亦全用轮指，忽大忽小，同他那声音相和相合，有如花坞春晓，好鸟乱鸣。耳朵忙不过来，不晓得听那一声的为是。正在撩乱之际，忽听霍然一声，人弦俱寂。这时台下叫好之声，轰然雷动。

停了一会，闹声稍定，只听那台下正座上，有一个少年人，不到三十岁光景，是湖南口音，说道：“当年读书，见古人形容歌声的好处，有那‘余音绕梁，三日不绝’的话，我总不懂。空中设想，余音怎样会得绕梁呢？又怎会三日不绝呢？及至听了小玉先生说书，才知古人措辞之妙。每次听他说书之后，总有好几天耳朵里无非都是他的书，无论做什么事，总不入神，反觉得‘三日不绝’，这‘三日’二字下得太少，还是孔子‘三月不知肉味’，‘三月’二字形容得透彻些！”旁边人都说道：“梦湘先生论得透辟极了！‘于我心有戚戚焉’！”

说着，那黑妞又上来说了一段，底下便又是白妞上场。这一段，闻旁边人说，叫做“黑驴段”。听了去，不过是一个士子见一个美人，骑了一个黑驴走过去的故事。将形容那美人，先形容那黑驴怎样怎样好法，待铺叙到美人的好处，不过数语，这段书也就完了。其音节全是快板，越说越快。白香山诗云：“大珠小珠落玉盘”可以尽之。其妙处，在说得极快的时候，听的人仿佛都赶不上听，他却字字清楚，无一字不送到人耳轮深处。这是他的独到，然比着前一段却未免逊了一筹了。

这时不过五点钟光景，算计王小玉应该还有一段。不知那一段又是怎样好法。究竟如何，且听下回分解。

刘鹗（1857—1909），原名孟鹏，字云抟、公约，后更名鹗，字铁云，号老残，署名“鸿都百炼生”。江苏丹徒（今镇江市）人，清末小说家。一生著述颇多，有小说《老残游记》、数学著作《勾股天元草》、治河著作《历代黄河变迁图考》、医学著作《人命安和集》、金石著作《铁云藏龟》、《铁云藏陶》、诗集《铁云诗存》等。

大明湖之春 ［现代］老舍

北方的春本来就不长，还往往被狂风给七手八脚的刮了走。济南的桃李丁香与海棠什么的，差不多年年被黄风吹得一干二净，地暗天昏，落花与黄沙卷在一处，再睁眼时，春已过去了！记得有一回，正是丁香乍开的时候，也就是下午两三点钟吧，屋中就非点灯不可了；风是一阵比一阵大，天色由灰而黄，而深黄，而黑黄，而漆黑，黑得可怕。第二天去看院中的两株紫丁香，花已像煮过一回，嫩叶几乎全破了！济南的秋冬，风倒很少，大概都留在春天刮呢。

有这样的风在这儿等着，济南简直可以说没有春天；那么，大明湖之春更无从说起。

济南的三大名胜，名字都起得好：千佛山，趵突泉，大明湖，都多么响亮好听！一听到“大明湖”这三个字，便联想到春光明媚和湖光山色等等，而心中浮现出一幅美景来。事实上，可是，它既不大，又不明，也不湖。

湖中现在已不是一片清水，而是用坝划开的多少块“地”。“地”外留着几条沟，游艇沿沟而行，即是逛湖。水田不需要多么深的水，所以水黑而不清；也不要急流，所以水定而无波。东一块莲，西一块蒲，土坝挡住了水，蒲苇又遮住了莲，一望无景，只见高高低低的“庄稼”。艇行沟内，如穿高粱地然，热气腾腾，碰巧了还臭气烘烘。夏天总算还好，假若水不太臭，多少总能闻到一些荷香，而且必能看到些绿叶儿。春天，则下有黑汤，旁有破烂的土坝；风又那么野，绿柳新蒲东倒西歪，恰似挣命。所以，它既不大，又不明，也不湖。

话虽如此，这个湖到底得算个名胜。湖之不大与不明，都因为湖已不湖。假若能把“地”都收回，拆开土坝，挖深了湖身，它当然可以马上既大且明起来：湖面原本不小，而济南又有的是清凉的泉水呀。这个，也许一时做不到。不过，即使做不到这一步，就现状而言，它还应当算作名胜。北方的城市，要找有这么一片水的，真是好不容易了。千佛山满可以不算数儿，配作个名胜与否简直没多大关系。因为山在北方不是什么难找的东西呀。水，可太难找了。济南城内据说有七十二泉，城外有河，可是还非有个湖不可。泉，池，河，湖，四者俱备，这才显出济南的特色与可贵。它是北方唯一的“水城”，这个湖是少不得的。设若我们游湖时，只见沟而不见湖，请到高处去看看吧，比如在千佛山上往北眺望，则见城北灰绿的一片——大明湖；城外，华、鹊二山夹着弯弯的一道灰亮光儿——黄河。这才明白了济南的不凡，不但有水，而且是这样多呀。

况且，湖景若无可观，湖中的出产可是很名贵呀。懂得什么叫做美的人或者不如懂得什么好吃的人多吧，游过苏州的往往只记得此地的点心，逛过西湖的提起来便念叨那里的龙井茶、藕粉与莼菜什么的，吃到肚子里的也许比一过眼的美景更容易记住。那么大明湖的蒲菜、茭白、白花藕，还真许是它驰名天下的重要原因呢。不论怎么说吧，这些东西既都是水产，多少总带着些南国风味。在夏天，青菜挑子上带着一束束的大白莲花蓇葖出卖，在北方大概只有济南能这么“阔气”。

我写过一本小说——《大明湖》——在“一·二八”与商务印书馆一同被火烧掉了。记得我描写过一段大明湖的秋景，词句全想不起来了，只记得是什么什么秋。桑子中先生给我画过一张油画，也画的是大明湖之秋，现在还在我的屋中挂着。我写的，他画的，都是大明湖，而且都是大明湖之秋，这里大概有点意思。对了，只是在秋天，大明湖才有些美呀。济南的四季，唯有秋天最好，晴暖无风，处处明朗。这时候，请到城墙上走走，俯视秋湖，败柳残荷，水平如镜。唯其是秋色，所以连那些残破的土坝也似乎正与一切景物配合：土坝上偶尔有一两截断藕，或一些黄叶的野蔓，配着三五枝芦花，确是有些画意。“庄稼”已都收了，湖显得大了许多，大了当然也就显着明。不仅是湖宽水净，显着明美，抬头向南看，半黄的千佛山就在面前，开元寺那边的“橛子”——大概是个塔吧——静静地立在山头上。往北看，城外的河水很清，菜畦中还生着短短的绿叶。往南往北，往东往西，看吧，处处空阔明朗，有山有湖，有城有河，到这时候，我们真得到个“明”字了。桑先生那张画便是在北城墙上画的，湖边只有几株秋柳，湖中只有一只游艇，水作灰蓝色，柳叶儿半黄。湖外，他画上了千佛山，湖光山色，连成一幅秋图，明朗，素净，柳梢上似乎吹着点不大能觉出来的微风。

对不起，题目是大明湖之春，我却说了大明湖之秋，可谁教亢德先生出错了题呢！

大明湖泛舟　［现代］陶钝

从一中出来同到鹊华桥码头，雇了一只小船，船夫给冲上茶水，我们买了码头上小摊的瓜子、花生米。轻桨一摆，小船顺着船道向东北方向驰去。我本来想，大明湖一定是湖水清澈、其明如镜而得名的，实景告诉我们，大明湖内芦苇、荷花塘和鱼池已经把大明湖分割成了一小块块了。只有历下亭前，因为停船多，留了一片水。这季节正是荷花凋谢，只剩下了三朵两朵。小木盆子划来向我们售卖新藕和莲蓬。俗话说："苔下韭，花下藕"，是最有味的。藕削去皮入口清脆，莲子也是鲜嫩可口。历下亭是唐代太守李邕在这里大会宾客的地方，杜甫与会并写了诗。一到门前就看到"海右此亭古，济南名士多"这副摘用杜甫诗句、由何绍基写的对联。亭内壁上还有李邕和杜甫的线条浮雕的像和几幅名人字画和横匾。此处是大明湖名胜中最惹人注意的所在。"此亭古"古到什么年代，也无从考证。但我们仅仅知道济南就是战国时齐国的稷下，聚集了很多名士在这里讲学。"名士多"也不是虚传的。除了稷下的名士以外，宋代的爱国词人辛弃疾和女词人李清照也是济南人。济南解放以后，想把西门桥重修加固，拆旧桥时，发现地下还有一架废桥，必须把这道废桥挖除，挖除后又发现底下还有一道桥。所以半年的工程，两年才完成。起码是两千多年了，三座桥叠起来，经过了多少沧桑？

我们这三位少年在小船上喝茶、吃藕、谈心，遍游了大明湖的寺院亭台，也很欣赏有"四面荷花三面柳，一城山色半城湖"联文的铁公祠。游罢之后，天色将午，初秋天气，阳光炎热，我们又同到文升园吃油旋和坛子肉，然后他们送我回小店。

陶钝（1901—1996），原名徐宝梯，字步云，山东诸城人，现当代曲艺研究家、作家。著有长篇唱本《杨桂香鼓词》，长篇小说《为了革命的后代》，散文集《故乡十小记》和《在福建前线》，短篇说唱《姑嫂打水》和《小倆口算账》等。

（三）千佛山文

游历山记 ［清］ 黄钺

嘉庆甲子九月九日，济南省试毕，诸同考官招游城南历山，修登高故事。

去城五里，至其麓，拾级而上，可十丈，憩于半山亭。再折而上，又十丈许，始至寺门。东转有屋三楹，题曰"旷如"，全城在望矣。所谓"鹊华秋色"者，并列于前；鹊山如扆，华不注如未开芙蓉。是日，天阴晦，时有小雨飞洒，两山明灭于烟霭迷茫中，尤可爱。明湖为芦苇所填塞，不见水光，又甚可憾！

茶罢，遍历山径，略如燕子矶永济寺，而雄秀不及。谒舜祠塑像，衮冕执圭，如三十许人。左右妃肓娅嫠，珠冠、蟒服、不觉失笑。历山本非大舜耕处，然有其举之莫敢废也，则于木主宜。过黔娄洞，白须方巾，如世之土地神者。余戏为我辈祖师，同人皆绝倒。刘司马大绅作诗以实之，恐黔公恕我寒士不逊也。

是日游人如织，男女错杂，耳目扰乱，减人清兴，归于湖北铁公祠之小沧浪饮焉。

黄钺（1750—1841），字左君，原籍安徽当涂，乾隆进士、礼部尚书，有《西斋集》留世。清嘉庆九年（1804年）任山东提督学政，次年，游千佛山写此文。

修千佛山记 ［清］ 毛鸿宾

考古历山有三，而济南首，邑南郭外之历山，载在《齐乘》，其一也。一名舜耕山，旧传为舜所耕处。曾子固《齐州二堂记》主其说。辨证綦详。隋开皇时，镌佛像于石壁，故又名千佛山。山脉来自东岳，层峦叠巘，雄秀冠齐鲁诸山，俯瞰郡城，烟树万家，阡陌纵横，宛然图画，洵为一方名胜。春秋，四方瞻拜舜祠暨观音大士殿者，络绎不绝。

其登山之路有二。东山丛木宿莽，人踪绝少。而自西路登者，仄径峭隘，细石磝确，扪藓攀萝，几无驻足之地。比跻上方，瘈喘已甚，人往往苦之。山右乔君朗斋，客历下，久念此山为会垣屏障，庙貌雕残，不足壮观瞻。而又以攀跻之非易也，迺为修葺计，捐千金以倡复，走书所识官商，醵金鸠工。相度地形，盘路自西麓始，抵胡国公祠，分道而上。祠前筑月台，环之以树，为游人憩息所，石磴凡栉比十数级，既以宽平者一级间之。俾肩舆旋折无有触碍。磴道左右夹以矮墙，随山势布置，至西山口木坊止，可徙倚瞻瞩。又整葺西山庙宇，缺者补之，颓者筑之。前院北厅三楹，拓数弓地，叠石为台，周以长廊，可供远眺。一览亭屹立悬崖上，规模亦廓于前，盖自是而花天霜晨。游人士女，相与上下于晓岚晚照间，如蹑阶梯，无復臣惫矣。是役也，乔君躬自督理，胼手胝足不辞况瘁。建置西山磴道，凡三百余级，一仿东岳程式，参以己见创而为之。其他兴造，大都因其所旧有，次第更新焉。未及一载，变崎岖为坦夷，而祠庙庄严，尤足妥山灵而宏保障。乔君之为功于此山，岂浅鲜哉。厥后徐梅桥中丞，以西麓石磴少、直，与行（形）家言不合，复补修百余丈，迂而曲之，兼申采山之禁，使拳石尺树，皆得有所卫护。

历下之人，以是贤徐公之乐成人美，而益思乔君不置也。余与乔君向无倾盖交，然闻其素多义行，心焉重之，乔君因余旋里，丐余为文勒石，余德其有功于吾乡也，遂允其请而为之记其颠末如此。工兴于道光乙巳年五月，竣于丙午年九月，共费金钱一万六千缗有奇，凡捐资与乔共事者，均得书名碑阴云。

毛鸿宾（1811—1867），字寅庵、翊云、寄云，号菊隐。历城人，清末大臣。道光十八年（1838年）进士，历任监察御史、江苏布政使、湖南巡抚、两广总督等职。著有《毛尚书奏议》16卷、《澹虑斋诗文集》2卷。

登千佛山记 ［清］方宗诚

余客济南，游览名胜之地三，曰：趵突泉、大明湖、千佛山。而趵突泉余独无取，其泉三穴出池中，池水盈盈，泉涌沸高出六七寸，横列整齐，相离各尺许，似人为穿凿而成，非尽天然之奇，且地近喧嚣，余尝一游焉而已。泉在城之南，其北城内，大明湖为诸水汇注之区。烟波草树，蔽隔城市，如在旷野间。遥见千佛山，奇伟深秀，如画屏远列，泛舟其中，莲苇纷披，水清洌，游鱼出没可数，无异南方湖山胜处也。

千佛山出城南五里，望之，不甚高耸。自下而登，蹊径曲折，回观城郭，平原境象，移步变易。山多大石，壁立十余仞。佛宇亭树，依倚为垣，各踞其胜。面临大野，鹊华河济，山水环绕，雄远之观，又江南不可多得者。

咸丰己未秋八月，余与何子永、吴执夫携诸生往游半日，坐山上古亭，饮香若纵谈易理而返。山岩多凿石供佛，故曰千佛山，又曰历山，相传以为虞舜耕稼地也。古圣贤居游之所，后人往往扳以为重，今无从考信，不足置辩，惟佛宇旁有堂数处。像设虞舜，以二女夹配焉，此则近于亵矣。齐鲁圣人之乡，名贤大儒，历代生于是，与官兹土者，不乏其人，何以未加厘正，余故附记之，以为欲明道教者告焉。

（四）其他名胜景点文

游华不注记 ［元］王恽

济南山水，可游观者甚富，而华峰、泺源为之冠。余到官八月，湖光山色，朝夕与对於庭户几席间，若无所睹，心有所不快焉。然每以历居卑湿为念。或有云堰头者，乃自西漯引诸泉入大清之峻口也；一锸之力，不崇朝可彻而陆之，常欲一往而未遑也。冷灶节得暇且宽，宪使耶律君邀余暨签书杜君为兹山游，且寻堰头之盟，诺焉。迨十有一日，遂自历下亭登舟，乱大明湖，经会波楼下，出水门，入废齐漕渠，所谓小清河者是也。泛滟东行，约里馀，运肘而北，水渐弥漫，北际黄台，东连叠径，悉为稻畦莲荡，水村渔舍，间错烟际，直画图也。於是，绿萍荡桨，白鸟前导，北望长吟，华之风烟胜赏，尽在吾目前矣。是日也。天朗气淑，清风徐来。水平不波，鸣丝歌板，响动林谷，举酒相属，开口而噱。少顷，扶掖登岸，相与步入华阳道观，主人方布几延宾，仆以疾作遽还，二君为愀然也。至於罔获陟连云绝顶，追谪仙之逸驾，叫苍梧之暮云，富览江山以尽游观之美，特闲适馀事，初不讶其从违，正恐山灵独回俗驾，造物者有所靳耳。既归，伏卧舟中，怦怦焉如宿酲在怀，殊伊郁也。但闻两舷间风水之声，自宫自商，拍拍盈耳。殆魏献子之歌钟石钟山之水乐也。且念华峰之胜。乐在近郊。因以步里计之，自历亭北至华阳院下，二十里而远；由水门抵黄台北渚；十八里而近。以苇汀渔箔，周折湾溆，从城东北阿至舣舟山家，盖且十曲矣。（《古今图书集成》）

王恽（1226—1304），字仲谋，号秋涧，卫州路汲县（今河南卫辉市）人。元朝著名学者、诗人、政治家，一生仕宦，刚直不阿，清贫守职，好学善文。

龙洞山记 ［元］张养浩

历下多名山水，龙洞尤为胜。洞距城东南三十里，旧名禹登山。按《九域志》，禹治水至其上，故云。中有潭，时出云气，旱祷辄雨，胜国尝封其神曰灵惠公。其前，层峰云矗，曰锦屏，曰独秀，曰三秀，释家者流居之。由锦屏抵佛刹山，巉岩环合，飞鸟劣及其半。即山有龛屋，深广可容十数人，周镌佛象甚夥。世兵，逃乱在多此焉。依上下有二穴，下者居傍，可逶迤东出，其曰龙洞，即此穴也。望之窅然，窃欲偕同来数人入观。或曰是中极暗，非烛不能往，即遣仆燃束茭前导。初焉，若高阔可步；未几，俯首焉；未几，磬折焉；又未几，膝行焉；又未几，则蒲伏焉；又未几，则全体覆地蛇进焉。会所导火灭，烟郁勃满洞中。欲退，身不容；引进，则其前愈狭，且重以烟，遂缄吻、抑鼻、潜息。心骇乱恐甚，自谓命当尽死此，不复出矣。余强呼使疾进，众以烟故，无有出声应者，心尤恐然。余适居前，倏得微明，意其穴竟于是，极力奋身，若鱼纵焉者，始获脱然以出。如是，仅里所。既会，有泣者，恚者，诟者，相讥笑者，顿足悔者，提肩喘者，喜幸生手其额者，免冠科首具陈其狼狈状者。惟导者一人年稚，形瘠小，先出，若无所苦，见众皆病，亦阳慑力殆。其宴于外者，即举酒酌穴者，人二杯。虽雅不酒，必使之釂，名曰定心饮。

余因默忆，昔韩文公登华山，穷绝顶，梗不能返，号咷连日。闻者为白县吏，遂遣人下之。尝疑许事未必有。由今观之，则韩文公之号为非妄矣。呜呼，不登高、不临深，前圣之训较然。而吾辈为细娱，使父母遗体几同压溺不吊。其为戒，讵止殁身不可忘！窃虞嗣至者或不知，误及此，故记其事以告焉。游洞中者七，某官某；洞之外坐而宴饮者四，某官某；凡十有一人。时延祐龙集丁巳八月也。（苏天爵《元文类》）

三、楹联

（一）趵突泉公园楹联

济上林泉，此处允称绝胜；
域中圣哲，仲尼乃为独尊。

吉常宏撰，蒋维崧2000年10月书，位于趵突泉公园南大门门柱两旁。

腕底寒鸢飞皓雪，
吟边古柏起惊涛。

范曾1987年撰并书，位于沧园一展室门口。

笔底生华 ，艺海梅兰留雅韵；
墨染风云，画坛桃李溢清芬。

尹瘦石1987年初夏撰并书，位于沧园二展室门口。

十载风云，半生袍泽；
三更灯火，一代丹青。

陈叔亮1987年10月撰并书，位于沧园三展室门口。

白雪曲高传异域，
泉源上奋汇沧溟。

徐北文1997年孟夏撰并书，位于白雪楼内。

大海回澜，七子敦盘狎娄水；
峨眉积雪，百年文献继华泉。

余正酉1840年夏撰并书，位于白雪楼。

人拟古今双学士，
天开图画两瀛洲。

边习诗句，孙墨龙书，位于白雪楼。

临泉集盛，展我家国粹；
漱玉凝馨，邀天下名贤。

欧阳中石1997年撰并书，位于白雪楼北侧。

水底洞天巧测脉，
城西泉上最关情；
历下灵源永相思。

徐北文2004年撰并书，位于天尺亭。

百花齐放，
推陈出新。

集毛泽东字，1997年10月镌，位于白雪楼北侧。

滋荣冬茹温常早，
润泽春茶味更真。

曾巩句，关友声1962年书，位于望鹤亭。

云雾润蒸华不注，
波涛声震大明湖。

赵孟頫诗句，金棻1962年书，位于泺源堂。

琴瑟友之钟鼓乐，
凤凰归矣潇湘吟。
徐北文1995年撰并书，位于娥英祠。

趵突腾飞，三泉歌唱尧舜禹；
中华昌盛，万代长明日月星。
徐北文撰，朱学达1995年书，位于三圣殿门口。

千秋佳话娥英水，
四海闻名趵突泉。
徐北文撰，魏启后1999年书，位于公园北门。

三尺不消平地雪，
四时尝吼半天雷。
张养浩诗句，武中奇1996年书，位于观澜亭。

济南泉水，洛下园林，间气英华钟韵语；
故国前尘，归来梦影，偏安文献让遗嫠。
启功1990年冬撰并书，位于清照后院。

词人称三李，
宋代有二姬。
舒同撰并书，位于李清照纪念堂。

大明湖畔，趵突泉边，故居在垂杨深处；
漱玉集中，金石录里，文采有后主遗风。
郭沫若1959年9月撰并书，位于清照前院。

清音万代，名泉漱玉；
独步千秋，居士易安。
季羡林撰，陈梗桥书，位于清照前院。

金石录，有几页闲情好梦；
漱玉词，积多年国恨离愁。
欧阳中石1990年撰并书，位于清照西院。

梁燕语多终日在，
蔷薇风细一帘香。
李清照诗句，魏启后1998年书，位于清照前院西亭。

二十四泉，清流遍绕楼台亭榭；
万千个竹，绿意长存春夏秋冬。
徐北文1999年9月撰并书，位于万竹园东门。

天地有情终为鉴，
桃李无语自成蹊。
龚继先1985年冬书，位于万竹园石榴院东屋。

事必能传多具癖，
人非有格不堪贫。
李苦禅撰并书，1986年镌，位于万竹园石榴院北屋。

巍哉丹青千秋业，
浩然德品万世师。
蒋竹涵1986年撰并书，位于万竹园石榴院西屋。

一世苦辛，化育桃李遍天下；
百年禅悟，长留春色满人间。
王森然1986年撰并书，位于万竹园玉兰院东屋。

草木有本心，万竹因先生而碧；
江山留胜迹，斯堂为齐鲁添雄。
范曾1986年撰并书，位于万竹园玉兰院北屋。

艺事无涯泽寰宇，
哲人有范重晚晴。
日本长崎孔子庙中国历代博物馆联
李苦禅书，位于万竹园玉兰院西屋。

胸融山川，触纸皆入大化境；
笔掀波澜，挥毫溢出民族魂。
“苦禅写意摄制组”1986年撰并书，位于万竹园木瓜院北屋。

功薄昆崚，
花香百代。
李可染1986年撰并书，位于万竹园木瓜院西屋。

临危不屈，乃真义士；
运笔扛鼎，称大画师。
董寿平1986年撰并书，位于万竹园木瓜院东屋。

竹影拂阶尘不起，
月光穿池水无声。
李燕1985年撰并书，位于爱荷亭。

芳溢苍宇无相意，

花归莲房有苦心。
王超1986年撰并书，位于爱荷亭。

花茎丝丝联故土，
碧叶习习爽晚风。
雄伯齐1986年撰并书，位于爱荷亭。

朱颜迎旭从无蔓，
玉质出泥自超尘。
康宁1986年撰并书，位于爱荷亭。

未曾出土便有节，
及至凌云尚虚心。
魏隐儒1985年冬书，位于海棠院北屋。

艺塑黑陶，技胜神超；
精美展览，举压洪涛。
启功2002年撰并书，位于杏院南屋。

大义薄云霄，留千古河山正气；
此亭临海右，想当年樽俎英风。
王向荣1932年10月撰并书，位于五三亭。

平地起长虹，叹诸君报国捐躯，永为河山留壮气；
万方多难日，愿此后同仇敌忾，共扶干橹障狂澜。
张绍棠1932年10月撰并书，位于五三亭。

英烈仰当年夏五，
梦魂归夜月更三。
吴贞纘1932年孟冬撰并书，位于五三亭。

馨香祝万古千秋，长留兹，海岳英灵，河山壮气；
事变记五月三日，犹想见，杲卿断舌，温序衔须。
张钺1932年10月撰并书，位于五三亭。

喷注屑玉水澜翻，
孕鲁育齐相鼎峙。
1996年集乾隆诗句，位于公园南大门。

阁构山阳读书论世，
泉飞云壑听瀑煮茶。
高宝庆2006年书，位于泺苑。

观泉品茶赏明月，
临风抚琴奏华章。
董凤基2006年撰并书，位于泺苑。

汲来泉水煮新茗，
买尽青山当画屏。
李福增2006年书，位于泺苑。

风物小桃源，且此徘徊，说道花深堪辟世；
水竹旧院落，无人与问，真个壶中别有天。
张仲亭2006年书，位于泺苑。

一杯香露暂留客，
两腋清风几欲仙。
张仲亭2006年书，位于泺苑。

檐外白云来寄宿，
梁间紫燕语关情。
集赵孟頫诗句，梁修2006年书，位于泺苑。

柳影婆娑留画意，
泉声清越生诗情。
荣斌撰，王仲武2006年书，位于泺苑。

就读书上体认义理，
於日用处磨砺精神。
朱熹语，董邦达书，位于泺苑。

涛声如雷起槛外，
茗香似雾飘轩中。
吉常宏撰，王仲武2006年书，位于泺苑。

黄鹂翠柳凌波舞，
红雨白云绕楼飞。
孔宪雷撰，张光容2006年书，位于泺苑。

满园春色和茶煮，
绕阁泉声谐韵流。
高宝庆2006年撰并书，位于泺苑。

清风明月来无价，
近水远山皆有情。
俞樾撰并书，位于泺苑。

兴来临水伴满月，
吟罢倚云对新朋。
荣斌撰，潘景年2006年书，位于泺苑。

空濛云岫来天外，
素雅画图入席间。
孔宪雷撰，张卫正2006年书，位于泺苑。

泉声入耳鸣环佩，
柳色迎眸展画屏。
荣斌撰，张仲亭2006年书，位于泺苑。

淡著烟云轻著雨，
竹边台榭水边亭。
黄士陵1984年书，位于泺苑。

清谈可以饱，
为文俟其醺。
许麟庐1984年书，位于泺苑。

看画客无寒具手，
论诗僧有折钗评。
金棻 1950 年书，位于泺苑。

烟桥画柳，倾心入座清吟客；
镜水皴山，快意流杯雅品泉。
石川撰，高小岩2006年书，位于泺苑。

香茗清泉邀雅客，
惠风紫气入珠簾。
高宝庆2006年撰并书，位于泺苑。

茶香入座午阴静，
花气侵簾春昼长。
汪士慎书，位于泺苑。

到门鹤静童将睡，
入室茶香烛尚明。
集何绍基字，位于泺苑。

扫来竹叶烹茶叶，
劈碎松根煮菜根。
郑燮书，位于泺苑。

水边柳色千楼满，
园内泉声百道飞。
荣斌撰，关天相2006年书，位于泺苑。

雨后双禽来占竹，
秋深一蝶下寻花。
任晓麓1976年书，位于泺苑。

（二）大明湖风景名胜区楹联

海右此亭古，
济南名士多。
何绍基集杜甫诗句并书，位于历下亭。

李北海亦豪哉，杯酒相邀，顿教历下此亭，千年入诗人歌咏；
杜少陵已往矣，湖山如昨，试问济南过客，有谁继名士风流。
龚霭仁撰联，陈梗桥书丹。位于历下亭。

凿壁开窗，最可喜雪霁南山，霞明东海；
皮床枕水，有几个春宵听雨，秋月弹琴。
丰春申撰联，魏启后书丹。位于历下亭。

刘略班艺，虞志荀录，伊昔有怀，交相欣勖；
瀑水怪石，杉月桂风，平生所爱，尽在其中。
陈鸿寿撰，位于历下亭。

杨柳春风，万方极乐；
芙蕖秋月，一片大明。
郭沫若1959年撰并书，位于历下亭。

蔚秀依栏凭水色，
蓝阴对镜鉴天光。
欧阳中石撰并书，位于历下亭。

铁板铜琶，继东坡高唱大江东去；
美芹悲黍，冀南宋莫随鸿雁南飞。
郭沫若1959年秋撰并书，位于辛弃疾纪念祠。

烟柳斜阳，归去东南余半壁；
云山故国，望中西北是长安。
马公愚撰，位于辛弃疾纪念祠。

湖山钟秀，英杰出。仗剑入敌垒，气吞胡虏；
怒发冲冠，肝胆吐。词风开豪放，雄视千古。
臧克家撰，位于辛弃疾纪念祠。

湖尚称明，问燕子龙孙，不堪回首；
公真是铁，惟景忠方烈，差许同心。
严正烺撰，朱学达书，位于铁公祠。

四面荷花三面柳，
一城山色半城湖。
刘凤诰撰，铁保书，位于铁公祠。

垂柳轻摇沧浪外，
佛山倒映明湖中。
关友声、杨德俊撰，关友声书。位于小沧浪亭

翠柳映佛山，荷香溢泉城，似瞻赵伯驹兄弟画图；
名贤留胜迹，绝唱启后人，若读刘铁云祖孙诗文。
欧阳秉森撰并书，位于得月亭。

波静佛山观倒影，
莲开亭丽湖中央。
王仲武撰并书，位于得月亭。

槛外时飘蕉叶雨，
帘前不断芰荷风。
陈夔龙书，位于铁公祠院内明湖斋。

宫中下见南山尽，
城上平临北斗悬。
梁章钜撰，集王羲之书法，位于北极阁。

数点雨声风约住，
一帘花影月移来。
选自梁启超书联，位于月下亭。

满地月明仙鹤语，
平湖波静画船来。
庶常寿撰，清朝贺寿慈书，位于月下亭茶社。

荷香墨香馨溢四壁，
书友画友雅聚一堂。
任真撰并书，位于月下亭。

华泉墨宝留青史，
古井清波印月明。
徐北文撰并书，位于感应井泉。

北渚云飞，泺水历山迎帝子；
明湖波净，莲歌渔唱念曾巩。
徐北文撰并书，位于曾南丰政迹画像壁

作湖山一日主人，看万脉争流，诸峰罗列；
历唐宋百年过客，有少陵诗笔，曾巩文章。
刘增騄撰，曾光熙书，位于南丰祠。

北宋一灯传作者，
南丰两字属先生。
佚名，位于南丰祠。

随遇自生欣，朗日和风契怀抱；
静观咸得趣，崇兰虚竹有情文。
吴未淳书，位于南丰祠院内孙墨佛孙天牧父子书画馆。

金钟鸣处蛙声静，
壁月升时客梦清。
徐北文撰并书，位于明昌钟亭。

一盏寒泉荐秋菊，
三更画船穿藕花。
刘如璞书，位于藕神祠。

是也非耶，水中仙子荷花影；
归去来兮，宋代词宗才女魂。
徐北文撰并书，位于藕神祠。

微风笛韵凉于水，
静夜琴怀澹若秋。
选自清代郭尚先书联，位于雨荷厅。

山色只宜远处看，
竹香时向静中闻。
选自清代郭尚先书联，位于雨荷厅。

虚竹幽兰生静气，
和风畅日契天怀。
选自清代王文治书联，位于雨荷厅。

兰有群清竹无一曲，
山同人朗水与情长
选自清代翁同龢书联，位于雨荷厅。

夏日听雨珍珠落玉盘声声入耳戏游龙；
辰时观荷翡翠披霞光朵朵映目引彩凤。
柏承恩撰，电脑集字，位于雨荷厅。

忙里偷闲，下盘棋去；
闹中取静，泡碗茶来。
邢增庆书，位于汇波楼。

尚书天北斗，
司寇鲁东家。
钱名世撰，季羡林书，位于秋柳园。

切磋推敲历山下，
交流唱和秋柳园。
欧阳中石撰并书，位于秋柳园秋柳诗社。

月到天心处，
风来水面时。
宋邵雍诗句，字集王文治书帖，位于天心水面亭

烟峦浓淡山千叠，
荷芰扶疏水半城。
集王士祯诗句，陈梗桥书，位于秋柳园谭艺轩。

风月一庭为良友，
诗书半榻是严师。
高小岩书丹，位于秋柳园谭艺轩。

萤火出深碧，
池荷闻暗香。
张百行书，位于镜亭。

天下文章莫大乎是，
一时贤士皆从其来。
殷誉庆撰，魏启后书，位于秋柳园清远堂

名须后世称方好，
书至今生读已迟。
王渔洋撰书，位于秋柳园清远堂室内。

春水船如天上座，
秋山人在画中行。
选自启功《书法集》，位于西南门迎旭楼。

月转花间影，
风书水上文。
选自胡梅生编《晋王羲之书圣教序集联》，位于西南门回廊。

晨风莲花香远，
朝日古木影长。
选自胡梅生编《晋王羲之书圣教序集联》，舒安书，位于藕香榭。

圣德英名垂万古，
威灵昭感镇千秋。
联借用湖北武当古二郎神庙楹联，字集于欧阳询书帖，位于二郎庙

开池纳天影，
种竹引秋声。
集陈鸿寿字，位于水香亭。

边柳涉新绿，
田园散微和。
佚名，集任晓麓字，位于水香亭。

北渚横沧色，
南山印翠痕。
集邓石如字，位于司家码头。

竹净堪居鹤，
荷香欲醉鱼。
集陈鸿寿字，位于司家码头。

书韵如闻小玉唱，
茶香留待老残游。
陶钝撰联并书，位于南丰戏楼大门。

小玉大玉山左巧玲，
古曲俚曲历下妙音。
左玉华撰联，欧阳秉森书，位于南丰戏楼大厅内柱。

历山山下，舜风犹厚；
湖水水边，清韵更新。
欧阳中石撰联，荆向海书，位于南丰戏楼大厅内柱。

舟行著色屏风里，
人在回文锦字中。
作者郭铭盘，悬挂在画舫上。

携来百侣曾游，
胜似闲庭信步。
（集联）悬挂在画舫上，李予昂书。

一湖山色藏清镜，
四面荷风扑画船。
作者徐北文，悬挂在画舫上。

桃花笑日临明镜，
柳絮随风点画船。
作者鲁特，悬挂在画舫上。

一抹青山留倒影，
半城碧水映斜阳。
作者高启云，悬挂在画舫上。

（三）千佛山风景名胜区楹联

古寺瞰名城，好把晓钟开万户；
佛山营帝室，竟与佛陀共一龛。
近代罗正纬撰，位于兴国禅寺。

暮鼓晨钟，惊醒世间名利客；
经声佛号，唤回苦海梦迷人。
杨兆庆书。位于兴国禅寺西门。

千山千佛，佛佛道同开觉路；
万世万代，代代相传印心灯。
沙门能禅撰文，林建敏于壬申年（1992年）冬月书于历下。位于大雄宝殿（外柱）

金像妙庄严，反观自性本清净；
圣境难思议，悟诸法空皆自然。
沙门龙阐撰联，林建敏于庚午年（1990年）金秋书于历下。位于大雄宝殿（内柱）。

童子求法，圆成佛果；
观音垂慈，普救一切。
弘一法师撰联。丙子年（1996年）金秋青岛净仁居士姜宏钧敬书。位于大雄宝殿东门内。

智慧无边不可说，
光明照世为所归。
弘一法师撰联。丙子年（1996年）金秋青岛净仁居士姜宏钧敬书。位于大雄宝殿东门外。

勤学五明，弘范三界；
庄严国土，利乐有情。
佚名，青岛三宝弟子净仁居士姜宏钧于丙子年（1996年）荷月敬书。位于玉佛殿正门。

千处祈求千处应，
苦海常作度人舟。
佚名，青岛净仁居士姜宏钧于丙子年（1996年）金秋敬书。位于观音殿正门。

笑到几时方合口，
坐来无日不开怀。
佚名，位于弥勒韦驮殿西门。

大肚能容，容天下难容之事；
开口常笑，笑世间可笑之人。
佚名，天津静闲斋核萱庭书于癸酉年（1993年）之春。位于弥勒韦驮殿西门。

现将军身，群魔降伏阎浮泰；
作如来使，正法护持圣教隆。
佚名，青岛佛门弟子净仁姜宏钧于丙子年（1996年）冬月敬书。弥勒韦驮殿东门。

饮诸佛法海，
放大智慧光。
佚名，位于对华亭。

色相皆空，城廓河山尽幻影；
烟云过眼，神仙富贵了无痕。
作者袁家善，位于对华亭。

恩泽敷三界，
慈航度众生。
佚名，位于观音园。

日月光天地，
山河壮帝居。
徐北文撰，位于舜祠大门。

高山仰止，景行行止；
卿云烂兮，纠缦缦兮
集联，位于舜祠。

昌言赓歌， 君明臣直九州乐；
齐政敷教 ，音谐律和四海同。
徐北文撰并书，位于舜祠。

古帝诒深情，记得潇湘斑竹泪；
娥皇钟隽秀，长怀历下千山泉。
范曾撰并书，位于舜祠。

英皇一体，肇神州为一统；
日月重瞳，继尧帝而重华。
徐北文撰，位于舜祠神龛。

仁民爱物，功高华夏千秋远；
睦族孝亲，德泽子孙万世昌。
徐北文撰并书，位于圣裔宗祠。

雨露湛深，历下田畴青未了；
卿云烂漫，虞宫唱和乐长存。
徐北文撰并书，位于圣裔宗祠神龛。

清光盈古观，
紫气启玄门。
逸静由四川省青城山圆明宫联改写而成，位于三清观大门。

一生二，二生三，三生万物；
地法天，天法道，道法自然。
联集自《老子》（亦称《道德经》），位于三清殿。

王母降临，万道霞光充海岱；
华园化育，千年鲜果献人寰。
逸静由山东崂山王母殿联改写而成。位于王母殿。

天地水，三界呈祥三圣至；
上中下，众仙垂爱众民安。
逸静由山东省文登市三官殿联改写而成。朱振东书，位于三官殿。

距历山文星照耀迎贤士，
临泺水昌运通达毓英才。
李淦撰联，位于文昌阁山门。

若无真才实学休忙拜我，
要想功成名就先去读书。
李淦撰并书，位于文昌殿。

灯下观春秋俨然文夫子，
马上振华夏真乃武圣人。
陈松言撰，位于关圣殿。

做事无邪人重义，
求财有道宝成山。
孔宪雷撰，位于财神殿。

山高则配天，阳鲁阴齐资化育；
坤厚故载物，西河东海仰生成。
佚名，位于碧霞宫。

匠心独运，木鸢传说千秋佳话；
广厦众成，周礼犹存万字考工。
徐北文撰，位于鲁班祠。

三眼能观天下事，
一鞭惊醒世间人。
佚名，位于灵官殿。

石压笋斜出，
岩垂花倒生。
彭玉麟撰，位于极乐洞。

蟠桃献寿，花雨缤纷映九点；
翠柏逢春，薰风淡荡暖三齐。
徐北文撰联，雷衣谷书丹，位于红雨亭。

（四）其他名胜景点楹联

望彻云霄，夙夜纯勤依禁闼；
恩敷雨露，旬宣渥泽遍东藩。
清乾隆十三年（1748年），爱新觉罗弘历书，位于珍珠泉大院院署御碑亭上。

五方龙戏潭中月，
七彩笔生泉上花。
徐北文撰，魏启后书，位于五龙潭公园名士阁。

潭临外郭园临水，
池带轻波柳带风。
吉常宏撰，张百行书，位于五龙潭公园余乐园水榭。

三教劝皈依正直聪明心似日悬天上，
九州隆享祀英灵昭格神如水在地中。
位于五龙潭公园关帝庙。

清泉品幽韵，
对柳听清音。
董正春撰，于太昌书，位于环城公园清音阁。

轻松绕画廊，
白水望金牛。
舒同撰，位于济南动物园。

依山傍水千华茂，
乍暖还寒万树欣。
欧阳中石撰，位于泉城公园石亭上。

三泉凝碧一珠明，鼎立广场见典型；
浪舞波歌夜色好，华灯万盏灿群星。
位于泉城广场泉标处。

三元庇佑恩光大，
万善同归福泽长。
位于华山三元宫。

大哉乾元统天下，
皇哉上帝系山河。
位于华山玉皇庙。

真气森喷薄，
神功接混茫。
位于龙洞洞口处。

四面好山疑禹凿，
半山飞瀑自天来。
位于龙洞佛峪环翠亭。

台榭屯荫，翡翠半涵兜率殿；
池涛漾玉，水云深锁梵王宫。
雪蓑撰写，位于百脉泉畔。

一泓清沁尘无染，
万颗珠玑影自圆。
位于百脉泉北壁上。

岩前松桧年年绿，
殿上君王岁岁春。
八达氏撰写，位于灵岩寺。

焚香且上五花殿，
煮茗更临双鹤泉。
爱新觉罗·弘历撰写，位于灵岩寺千佛殿石碑上。

名山圣水
珠树莲台
张鹏撰写，位于灵岩寺千佛殿摩顶松树基围壁上。

露滴仙人掌，
云流玉女盆。
黄易撰写，位于五峰山清泠亭。

到此息尘虑，
对之清客心。
英和撰写，位于五峰山清泠亭。

一派水声流不尽，
四周山石欲飞来。
位于五峰山真武庙正门。

至诚感神，神功还得人功助；
惟德动帝，帝力须凭物力感。
位于长清孝堂山汉石祠。

溥博渊泉流长源远，
洪范休徵物阜民康。
庄守忠撰，位于洪范池龙王庙。

四、碑刻

（一）趵突泉公园碑刻

激湍

爱新觉罗·玄烨1684年题书，碑高1.36米，宽0.68米。位于娥英祠。

观澜

张钦题书，明嘉靖十四年（1535年）立。碑高1.90米，宽1.08米。位于观澜亭西。

趵突泉

胡缵宗题书，明嘉靖十六年（1537年）立。碑高1.55米，宽0.72米。位于观澜亭南侧。

第一泉

王钟霖书，清同治八年（1869年）立。碑高1.6米，宽0.65米。位于观澜亭北侧。

突达时涌

佛伦题书，清康熙三十一年（1692年）立。碑高1.47米，宽0.62米。位于娥英祠。

鸢飞鱼跃

龚葆琛题书，清光绪二十七年（1901年）立。碑高1.35米，宽0.57米。位于漱玉泉旁。

十有八年春王正月，公会齐侯于泺。

武中奇题书，《春秋》记事碑，1999年立。碑高1.91米，宽0.61米。位于“观澜”碑阴。

红藕香残玉簟秋，轻解罗裳，独上兰舟。云中谁寄锦书来？雁字回时，月满西楼。

花自飘零水自流，一种相思，两处闲愁。此情无计可消除，才下眉头，却上心头。

李清照词《一剪梅》。沈鹏书，1990年刻立，高0.34米，宽0.70米。位于李清照纪念堂前院。

湖上风来波浩渺，秋已暮，红稀香少。水光山色与人亲，说不尽，无穷好。

莲子已成荷叶老，清露洗，苹花汀草。眠沙鸥鹭不回头，似也恨，人归早。

李清照词《怨王孙》。徐无闻书，1990年刻立，高0.35米，宽0.48米。位于李清照纪念堂前院。

小院闲窗春色深，重帘未卷影沉沉。倚楼无语理瑶琴。

远岫出云催薄暮，细风吹雨弄轻阴。梨花欲谢恐难禁。

李清照词《浣溪沙》。大康书，1990年刻立，高0.35米，宽0.48米。位于李清照纪念堂前院。

风韵雍容未甚都，尊前甘橘可为奴。谁怜流落江湖上，玉骨冰肌未肯枯。

谁教并蒂连枝摘，醉后明皇倚太真。居士擘开真有意，要吟风味两家新。

李清照词《瑞鹧鸪》。孙其峰书，1990年刻立，高0.38米，宽0.49米。位于李清照纪念堂前院。

素约小腰身，不奈伤春。疏梅影下晚妆新。袅袅婷婷（娉娉）何样似？一缕轻云。

歌巧动朱唇，字字娇嗔。桃花深径一通津。怅望瑶台清夜月，还送归轮。

李清照词《浪淘沙》。徐无闻书，1990年刻立，高0.35米，宽0.43米。位于李清照纪念堂前院。

暖雨晴风初破冻，柳眼梅腮，已觉春心动。酒意诗情谁与共？泪融残粉花钿重。

乍试夹衫金缕缝，山枕斜欹，枕损钗头凤。独抱浓愁无好梦，夜阑犹剪灯花弄。

李清照词《蝶恋花》。费新我书，1990年刻立，高0.34米，宽1.13米。位于李清照纪念堂前院。

草际鸣蛩，惊落梧桐，正人间天上愁浓。云阶月地，关锁千重。纵浮槎来，浮槎去，不相逢。

星桥鹊架，经年才见，想离情别恨难穷。牵牛织女，莫是离中。甚霎儿晴，霎儿雨，霎儿风。

李清照词《行香子》。吴文蜀书，1990年刻立，高0.34米，宽0.84米。位于李清照纪念堂前院。

昨夜雨疏风骤，浓睡不消残酒。试问卷帘人，却道海棠依旧。 知否？知否？应是绿肥红瘦。

李清照词《如梦令》。王轶猛书，1990年刻立，高0.34米，宽0.69米。位于李清照纪念堂前院。

风柔日薄春犹早，夹衫乍著心情好。睡起觉微寒。梅花鬓上残。

故乡何处是？忘了除非醉，沉水卧时烧。香消酒未消。

李清照词《菩萨蛮》。吴未淳书，1990年刻立，高0.35米，宽0.69米。位于李清照纪念堂前院。

萧条庭院，又斜风细雨，重门须掩（闭）。宠柳娇花寒食近，种种恼人天气。险韵诗成，扶头酒醒，别是闲滋味。征鸿过尽，万千心事难寄。

楼上几日春寒，帘垂四面，玉阑干慵倚。被冷香消春（新）梦觉，不许愁人不起。清露晨流，新桐初引，多少游春意！日高烟敛，更看今日晴未？

李清照词《念奴娇》，刘征书，1990年刻立，高0.34米，宽1.02米。位于李清照纪念堂前院。

玉瘦香浓，檀深雪散，今年恨探梅又晚。江楼楚馆，云闲水远。清昼永，凭栏翠帘低卷。

坐上客来，尊前酒满，歌声共水流云断。南枝可插，更须频剪，莫直待西楼，数声羌管。

李清照词《殢人娇》。王学仲书，1990年刻立，高0.35米，宽1.20米。位于李清照纪念堂前院。

淡荡春光寒食天，玉炉沉水袅残烟，梦回山枕隐花钿。

海燕未来人斗草，江梅已过柳生绵，黄昏疏雨湿秋千。

李清照词《浣溪纱》。萧劳书，1995年刻立，高0.35米，宽1米。位于李清照纪念堂前院。

一年春事都来几？早过了三之二。绿暗红嫣浑可事。垂杨庭院，暖风帘幕，有个人憔悴。

买花载酒长安市，又争似家山见桃李。不枉东风吹客泪。相思难表，梦魂无据，惟有归来是。

李清照词《青玉案》。颜家龙书，1990年刻立，高0.34米，宽1.88米。位于李清照纪念堂前院。

小阁藏春，闲窗锁昼，画堂无限深幽。篆香烧尽，日影下帘钩。手种江梅更好，又何必、临水登楼。无人到，寂寥浑似，何逊在扬州。

从来知韵胜，难堪雨藉，不耐风揉。更谁家横笛，吹动浓愁。莫恨香消雪减，须信道、扫迹情留。难言处，良宵淡月，疏影尚风流。

李清照词《满庭芳》。杨鲁安书，1990年刻立，高0.34米，宽1.92米。位于李清照纪念堂前院。

禁幄低张，彤阑巧护，就中独占残春。容华淡伫，绰约俱见天真。待得群花过后，一番风露晓妆新。妖娆艳态，妒风笑月，长殢东君。

东城边，南陌上，正日烘池馆，竞走香轮。绮筵散日，谁人可继芳尘。更好明光宫殿，几枝先近日边匀。金尊倒，拚了尽烛，不管黄昏。

李清照词《庆清朝慢》。兰阔书，1990年刻立，高0.35米，宽1.82米。位于李清照纪念堂前院。

雪里已知春信至，寒梅点缀琼枝腻。香脸半开娇旖旎，当庭际，玉人浴出新妆洗。

造化可能偏有意，故教明月玲珑地。共赏金尊沈绿蚁，莫辞醉，此花不与群花比。

李清照词《渔家傲》。林鹏书，1990年刻立，高0.36米，宽1.93米。位于李清照纪念堂前院。

寒日萧萧上锁窗，梧桐应恨夜来霜。酒阑更喜团茶苦，梦断偏宜瑞脑香。

秋已尽，日犹长，仲宣怀远更凄凉。不如随分尊前醉，莫负东篱菊蕊黄。

李清照词《鹧鸪天》。李鹤年书，1990年刻立，高0.3米，宽1.99米。位于李清照纪念堂前院。

微寒应候，望日边，六叶阶蓂初秀。爱景欲挂扶桑，漏残银箭，杓回摇斗。庆高闳此际，掌上一颗明珠剖。有令容淑质，归逢佳偶。到如今，昼锦满堂贵胄。

荣耀，文步紫禁，一一金章绿绶。更值棠棣连阴，虎符熊轼，夹河分守。况青云咫尺，朝暮重入承明后。看彩衣争献，兰羞玉酎。祝千龄，借指松椿比寿。

李清照词《长寿乐》。王遐举书，1990年刻立，高0.34米，宽1.79米。位于李清照纪念堂前院。

薄雾浓云愁永昼，瑞脑消金兽。 佳节又重阳，玉枕纱厨，半夜凉初透。

东篱把酒黄昏后，有暗香盈袖。 莫道不消魂，帘卷西风，人比黄花瘦。

李清照词《醉花阴》。魏启后书，1990年刻立，高0.34米，宽2.44米。位于李清照纪念堂前院。

春到长门春草青。江梅些子破，未开匀。碧云笼碾玉成尘。留晓梦，惊破一瓯春。

花影压重门，疏帘铺淡月，好黄昏。二年三度负东君，归来也，著意过今春。

帘外五更风，吹梦无踪。画楼重上与谁同？记得玉钗斜拨火，宝篆成空。

回首紫金峰，雨润烟浓。一江春浪醉醒中。留得罗襟前日泪，弹与征鸿。

李清照词《小重山》/《浪淘沙》。意庵书，1990年刻立，高0.34米，宽1.06米。位于李清照纪念堂前院。

窗前谁种芭蕉树？阴满中庭。阴满中庭，叶叶心心，舒卷有余情。

伤心枕上三更雨，点滴霖霪。点滴霖霪，愁损北人，不惯起来听。

李清照《添字采桑子》。宗惟成书，1990年刻立，高0.34米，宽0.80米。位于李清照纪念堂前院。

寻寻觅觅，冷冷清清，凄凄惨惨戚戚。乍暖还寒时候，最难将息。三杯两盏淡酒，怎敌他、晚来风急！雁过也，正伤心，却是旧时相识。

满地黄花堆积，憔悴损，如今有谁堪摘？守着窗儿，独自怎生得黑！梧桐更兼细雨，到黄昏，点点滴滴。这次第，怎一个愁字了得！

李清照词《声声慢》。宗惟成书，1990年刻立，高0.34米，宽0.83米。位于李清照纪念堂前院。

年来桡客寄禅扉，多话贫居在翠微。黄雀数声催柳变，清溪一路踏花归。空林野寺经过少，落日深山伴侣稀。负米到家春未尽，风萝闲扫钓鱼矶。

戴叔伦诗《越溪村居》。爱新觉罗・永理书，1986年镌，高0.47米，宽0.80米。位于万竹园。

渴马崖前水满川，江心泉迸蕊珠圆。济南七十泉流乳，趵突独称第一泉。

晏璧诗《趵突泉》。孙其峰书，1998年刻立，高0.69米，宽1.34米。位于趵突泉碑廊。

突兀泉声涌净波，东流远近浴羲和。源清分流白云洁，不虑浮沙汙水涡。

爱新觉罗・玄烨诗《趵突泉》。欧阳中石书，1998年刻立，高0.70米，宽1.37米。位于趵突泉碑廊。

一派遥从玉水分，暗来都洒历山尘。滋荣冬茹温常早，润泽春茶味更真。已觉路傍行似鉴，最怜沙际涌如轮。曾成齐鲁封疆会，况托娥英诧世人。

曾巩诗《趵突泉》。蒋维崧书，1998年刻立，高0.70米，宽1.34米。位于趵突泉碑廊。

泺源特起根虚无，下有鳌窟连蓬壶。绝喜坤灵能尔幻，却愁地脉还时枯。惊湍怒涌喷石窦，流沫下泻翻云湖。月色照衣归独晚，溪边瘦影伴人孤。

王守仁诗《趵突泉》。刘如璞书，1998 年刻立，高 0.70 米，宽 1.34 米。位于趵突泉碑廊。

峰峦疑印渚，鱼鸟即华林。歌曲清晖集，方塘积翠深。伏流生急雪，惊瀑起文禽。坐觉微风寂，朱弦空静音。

王士祯诗《来鹤桥观趵突泉》。孙墨龙书，1998年刻立，高0.70米，宽1.34米。位于趵突泉碑廊。

水下由来性沛然，奔流激荡一回旋。苍生霖雨终虚愿，惭愧来观趵突泉。

柳亚子诗《趵突泉》。魏启后书，1998 年刻立，高 0.70 米，宽 1.34 米。位于趵突泉碑廊。

连山带郭走平川，伏涧潜流发涌泉。汹汹秋声明月夜，蓬蓬晓气欲晴天。谁家鹅鸭横波去，日暮牛羊饮道边。滓秽未能妨洁净，孤高每到一依然。

苏辙诗《趵突泉》。高小岩书，1998年刻立，高0.70米，宽1.34米。位于趵突泉碑廊。

绕栏惊视重徘徊，流水缘何自作堆？三尺不消平地雪，四时尝吼半天雷。深通沧海愁波尽，怒撼秋涛恐岸摧。每过尘怀为潇洒，斜阳欲没未能回。

张养浩诗《趵突泉》。朱学达书，1998年刻立，高0.70米，宽1.34米。位于趵突泉碑廊。

三间老屋一尘无，十载勾留击唾壶。乱水户中诗骨瘦，崩涛烟里鬓毛枯。遗春酝藉词人宅，入梦凭陆西子湖。更是泉头多旧雨，不教高柳荜门孤。

王苹诗《趵突泉》。陈左黄书，1998年刻立，高0.70米，宽1.34米。位于趵突泉碑廊。

地下汪洋水，形成趵突泉。珍珠随处涌，金线自然牵。普天诚第一，历世岂三千？濠上知鱼乐，欣逢跃进年。

郭沫若诗《趵突泉》。陈梗桥书，1998年刻立，高0.70米，宽1.34米。位于趵突泉碑廊。

济南城南古观里，别开仙境非尘市。致我清跸两度临，却为突泉三窦美。喷珠屑玉水澜翻，孕鲁育齐相鼎峙。汇为圆池才数亩，放泺达江从此始。朱栏匼（读音：kē）匝接穹楼，祀者何仙钟吕子。曲廊蜿蜒壁勒字，题咏谁能分姓氏。过桥书室恰三楹，研净瓯香铺左纸。拈咏名泉亦已多，汍兹实可称观止。曾闻地灵古所云，屯膏殄享恐非理。拟唤天龙醒痴眠，今宵一洒功德水。

《再题趵突泉作》，爱新觉罗•弘历1748年赋并书，高2.30米，宽0.77米。位于娥英祠。

解道群灵拥岱宗，飞泉忽漫舞天风。惊衔玉烛蛟龙起，倒卷银河渤澥通。谁凿乾坤开混沌，直排河洛自西东。化工留与人间世，白雪楼高倚碧空。

《饮趵突泉有怀李于鳞先生白雪楼》，王仕性撰并书，高0.50米，宽0.69米。位于白雪楼。

济南第一泉，知者勤多妙。伏流气上腾，穴出川有窍。橐侖透肌缄，活泼恣吟眺。珠喷咳唾飞，镜晃须眉照。风雨秋有声，钟磬古同调。突如刀枪鸣，怒若鼍龙叫。碎蹴水精球，迸吐银华爆。搏之一丈高，激矶三峡峭。潇洒入画图，轶荡添诗料。四壁纷留题，一石兀坐啸。货贝罗市廛，绀碧新祠庙。空明雀初来，清浅鱼可钓。卜邻结茅庐，小园近蓬峤。门前车马喧，墙外旌旗耀。左辟肩常随，游行臂毋掉。磬折从大官，洞口仙人笑。

《趵突泉诗》，徐宗幹1839年撰并书，高0.34米，宽1.07米。位于娥英祠。

长日奇观似此无，分明雪浪跳冰壶。若教疏扶还须溜，纵使翻悬也不枯。远意直从王屋顶，细流都入大明湖。秋风梧叶萧萧下，坐对清冷夜月孤。

《趵突泉次赵松雪韵》，王祖鹏撰并书，高0.33米，宽0.61米。位于娥英祠。

一隙灵源鬼斧开，飞涛喷沫亦奇哉。全将鲛室珠玑出，并挟龙宅风雨来。四面青山连埤堄，千秋白社倚楼台。郊游事事称欣赏，况有甘霖发麦荄。

《趵突泉观畦》，吕纯如1625年撰并书，高0.38米，宽0.90米。位于娥英祠。

济南泉水，洛下园林，间气英华钟韵语；
故国前尘，归来梦影，偏安文献让遗篓。

启功1990年书，位于清照前院。

拜瞻李清照词碑廊之后

易安居士，清照女史，起居于斯，泉城有光。泰山余脉，东州遗绪，融作漱玉一集，字字珠玑，阕阕感人，实是深闺淑女，词坛风流。正以济南有祠，遂得稷下盈馨。幸省市领导、园林有司，又于祠内修建擢阕碑廊，敦请全国以及居台书法名家分阕手书。诸大家率皆花甲以上，长者以届耄耋，近百享名于海内外者得知此举，皆欣然而命笔，以襄斯盛。余故籍岱麓汶阳，有幸先瞻石笈。既念易安词之篇篇隽永，又美当代名家华笺之灼灼翰光，更感与有力诸公之拳拳热忱，遂不揣翦陋，虽不敢附丽，谨缀语其后，以罄微诚。

欧阳中石撰并书。1992年刻立，高0.37米，宽1.53米。位于清照前院。

齐州二堂记

齐滨泺水，而初无使客之馆，使客至，则常发民调材木为舍以寓。去则撤之，既费且陋。乃为徙官之废屋，为二堂于泺水之上，以舍客。因考其山川而名之。盖《史记·五帝纪》谓“舜耕历山，渔雷泽，陶河滨，作什器于寿邱，就时于负夏”。郑康成释：历山在河东，雷泽在济阴，负夏在卫地。皇甫谧释：寿邱，在鲁东门之北。河滨，济阴定陶西南陶丘亭是也。以予考之，耕、稼、陶、渔，皆舜之初，宜同时，则其地不宜相远。二家所释雷泽、河滨、寿邱、负夏，皆在鲁卫之间，地相望，则历山不宜独在河东也。《孟子》又谓“舜，东夷之人”，则陶、渔在济阴，作什器在鲁东门，就时在卫，耕历山在齐，皆东方之地，合于《孟子》。按图记，皆谓《禹贡》所称雷首山在河东， 妫水出焉。而此山有九号，历山其一号也。予观《虞书》及《五帝纪》，盖舜娶尧之二女，乃居沩汭。则耕历山盖不同时，而地亦当异。世之好事者，乃因妫水出于雷首，迁就附益，谓历山为雷首之别号，不考其实矣。由是言之，则图记皆谓齐之南山为历山，舜所耕处，故其城名历城，为信然也。今泺上之北堂，其南则历山也，故名之曰历山之堂。

按图，泰山之北与齐之东南诸谷之水，西北汇于黑水之湾。又西北，汇于柏崖之湾，而至于渴马之崖。盖水之来也众，其北折而西也，悍疾尤甚。及至于崖下，则泊然而止。而自崖以北，至于历城之西，盖五十里，而有泉涌出，高或至数尺，其旁之人，名之曰趵突之泉。齐人皆谓尝有弃糠于黑水之湾者，而见之于此。盖泉自渴马之崖，潜流地中，而至此复出也。趵突之泉冬温，泉旁之蔬甲经冬常荣，故又谓之温泉。其注而北，则谓之泺水。达于清河，以入于海。舟之通于济者，皆于是乎出也。齐多甘泉，冠于天下。其显名者以十数，而色味皆同。以予验之，盖皆泺水之旁出者也。泺水尝见于《春秋》鲁桓公十有八年“公及齐侯会于泺”。杜预释：在历城西北入济。济水，自王莽时不能被河南，而泺水之所入者，清河也。预盖失之。今泺上之南堂，其西南则泺水之所出也。故名之曰泺源之堂。夫理使客之馆，而辨其山川者，皆太守之事也。故为之识，使此邦之人尚有考也。熙宁六年二月己丑记。

曾巩文，王仲武书，位于泺源堂西侧。

重修白雪楼记

先九世祖沧溟公白雪楼，初建于城东王舍庄，再建于湖上碧霞宫侧，后俱倾圮。明万历间，臬使叶公梦熊补建于趵突泉上，年久亦废。至国朝顺治十一年，藩使张公缙彦重建于历山书院，即今楼也。楼上供沧溟公木主，地方官春秋致祭。康熙三十九年，提学徐公炯重新之，颁有四照，令市民后人世守其地、勿许豪强侵占，恩至渥也。嘉庆八年，臬使金公光悌因保护名迹，为文勒石，逮道光十七年献方奉祀，结庐其下，开设花圃。为供奉香火之计，咸丰四年，请于观察陈公宽、邑绅吴公铭捐资重修，献方变产继之，轮奂一新，迄今完固。同治八年，请于观察丁公彦臣捐资助建厅舍三楹，为致祭官退息之所，并改建大门。少宰匡公源题曰：“李沧溟先生祠”。同治十年，更筑围墙，以资防卫，请于臬使长公赓、运使郑公兰、观察萧公培元、太守豫公山、邑令刘公嘉干及本城绅士捐资共襄竣事。此历年重修之大概也。初，道光丁未年，献方重雕公诗文集，贮于楼上，下设义学，男懋德令授徒其中。伏念奉祀以来，获食旧德而殷勤护持，俾世泽未湮，实赖诸大君子之力。因记颠末，以告后嗣世守勿替云。奉祀生李献方谨记。

李献方撰文，匡源书，清光绪二年（1876年）立，高0.7米，宽1.14米。位于白雪楼前。

第一泉记

济水源自王屋，伏流至济南，随地涌泉，不止七十二也，而趵突为最。天下名泉，扬子第一，惠山第二，长白磷见亭先生谓趵突可与二泉伯仲。齐郡唐际武先生云：“吾行几遍天下，所谓第一、第二泉者，皆不及吾济诸泉，惜陆羽未品之耳。”夫泉之著名在甘与清。趵突甘而淳，清而冽，且重而有力，故潜行远，而矗腾高。若水晶三峰，欲冲霄汉，而四时若雷吼也。噫！异矣。毛海客云：“济南名泉七十二，独有趵突称神功。”又云：“呜乎！此泉洵第一，碑记尝读曾南丰，则趵突实为第一。”因名之为第一泉。

王钟霖撰并书，清同治八年（1869年）立，高0.48米，宽0.86米。位于娥英祠。

重修娥英祠记

济南北凭河，南依岱，左海右陆，饶湖山之胜，享泉城之誉，为东土名邦。其趵突泉觱沸鼎立，喷雪溅珠，尤为天下冠。泉为泺水之源。据《春秋》载，齐鲁国君曾于公元前六九四年会于泺者，即其地。书与典籍者，距今已二千七百年矣。北魏地理学家郦道元于六世纪初曾观此泉，其《水经注》云：“泺水出历城故城西南，泉源上奋，水涌若轮，俗谓之娥英水也，以泉源为舜妃娥英庙故也。”按娥英河之得名，乃在古有鹅英庙，然则此庙之建当在郦道元之前不知若干岁月，盖亦二千余年之久矣。娥皇与女英，乃帝尧之二女，史载舜耕于历山，渔于雷泽，陶于河滨，作什器于寿丘，贩于顿丘，就时于负夏。能教化耕者互让畔，渔者互让其居，使东夷之陶者器以牢，其所居地民皆从之而成邑。故帝尧举舜于畎亩之中，妻之以娥英二女以观其得。舜父顽母嚚而弟傲，日以虐舜为事。二女佐之，屡脱舜于难，克谐以和，终以孝闻。帝尧以天下禅舜，帝舜巡狩四方，二妃从之。俗说舜南巡，崩于苍梧，二女泪洒丛竹成斑，是为湘妃竹；二女之神，楚人祀之为湘夫人云。夫娥皇女英不以其贵骄人，相夫孝亲，友于同气，其硕德懿行，尤为世所景慕，享庙祀数千百年于兹者，信有由也。历山俗名千佛山，上有舜祠，山下有舜井。娥英河东流，正穿行于祠北井南，皆舜虞夫妇之遗迹也。宋代文学家曾巩知齐州事，爰于公元一零七三年在娥英庙故址重建历山堂与泺源堂，其《齐州二堂记》以孟子称舜为东夷人为据，考其所历之地望，皆在泰山周围，参以文献所记，确认舜耕之历山在济南者无疑。建国以来，世运昌荣，中华文化日益发扬。祖国伦理之优秀传统日益彰明而绵绵永存。今济南市园林局特于趵突泉公园中之故址，重建娥英祠，其继往开来，有益于世道人心者匪浅，岂徒为湖山增色而已哉！是为记。

徐北文撰，胡连珠书。1994年刻立，碑高1.36米，宽0.64米。位于娥英祠。

济南五三惨案纪念亭重修记

公元一九二八年四月，侵华日军借口保护侨民出兵济南。五月三日，突袭中国军队，杀害无辜民众。外交部山东交涉署官员蔡公时等十七人被凌辱杀害。八日，日军重炮轰城，顺城街焚夷无存；十一日，全城失陷。日军悬格杀令十八款，纵兵屠戮，奸淫我军民，死难者计六千余人，资损无数。史称“济南五三惨案”，济南民众为祭悼罹难亡灵，于一九三二年在经四路小纬六路私立建国中学院内修建此亭。一九三七年“七七事变”后原亭被毁。八方亭柱，辗转藏匿，保存至今。今逢“五三惨案”七十周年之际，据其原貌修葺一新，以励中华民族之志。

徐北文撰，马子恺书，2000年立，高0.69米，宽0.73米。位于五三亭。

（二）大明湖风景名胜区碑刻

大明湖

清嘉庆十六年（1811年），登州于书佃题书。高1.87米，宽0.85米，在南门牌坊西侧。

历下亭

清乾隆十三年（1748年）三月，爱新觉罗·弘历撰书，高0.94米，宽1.92米。在历下亭南临湖阁西。

遐园

清宣统元年（1909年）湘潭罗正钧题。高0.62米，宽1.40米，在遐园东门北侧。

晏公庙

汤世培立。高0.65米，宽1.27米。在晏公台南壁上。

精神欺竹树，气色压亭台。
隐起磷磷状，凝成瑟瑟胚。

白香山咏太湖石诗，翟云升书，在遐园东廊门南外侧太湖石上。

铁肩担道义　碧血照湖光

魏启后书，1996年刻立，高1.48米，宽0.77米。在铁公祠堂内。

文皇东破济南城，鼓角连天草木兵。悬板无灵千古恨，铁公祠下一吞声！

周坚夫书，高1.54米，宽0.77米，在铁公祠堂内。

四面荷花三面柳
一城山色半城湖

清嘉庆九年（1804年）七月，刘凤诰联，铁保书。在铁公祠西廊月门两侧，二幅，每幅高1.37米，宽0.33米。

《张氏穿中记》字原曰：在眉州碧鸡岩。《隶释》云：武阳城东耕夫，劚，有声，得之。

清光绪三十四年（1908年）张之洞书，畿南崔钟善镌。高1.24米，宽0.34米，在铁公祠西廊。

历城周廓十二里，大明湖乃居其半。平吞济泺众泉流，远带齐鲁诸郡县。泛舟初入鹊华堤，烟水苍茫迷远岸。鸢鱼上下各逍遥，花木周遭相明绚。演漾绿蒲隐钓矶，缥缈白云临古观。应接无暇有余乐，水亭清雅陈笔砚。便教乘兴一挥毫，苕华记予初所见。

爱新觉罗·弘历，清乾隆十三年（1748年）撰书，高1.92米，宽0.94米（帽高0.88米，座高0.67米，中高1.68米，宽0.85米，厚0.31米。）位于历下亭南侧碑亭内。

人生易老天难老，岁岁重阳。今又重阳，战地黄花分外香。

一年一度秋风劲，不似春光。胜似春光，寥廓江天万里霜。

暮色苍茫看劲松，乱云飞渡仍从容。

天生一个仙人洞，无限风光在险峰。

毛泽东词《采桑子·重阳》，毛泽东手书，1965年刻立。高3.40米，宽10.20米。在大明湖西南门内。

归行在破阵声宏，檀板节成长短句；
望长安叩阍途远，夕阳红隔万重山。

启功1990年题书，高0.41米，宽0.79米。在稼轩祠东廊。

千古江山，英雄无觅，孙仲谋处。舞榭歌台，风流总被，雨打风吹去。斜阳草树，寻常巷陌，人道寄奴曾住。想当年：金戈铁马，气吞万里如虎。

元嘉草草，封狼居胥，赢得仓皇北顾。四十三年，望中犹记，烽火扬州路。可堪回首，佛狸祠下，一片神鸦社鼓。凭谁问：廉颇老矣，尚能饭否。

辛弃疾词《永遇乐·京口北固亭怀古》，孙其峰题写，1992年刻立，高0.41米，宽0.91米。位于稼轩祠西廊。

壮岁旌旗拥万夫，锦襜突骑渡江初。燕兵夜娖银胡䩮，汉箭朝飞金仆姑。

追往事，叹今吾，春风不染白髭须。却将万字平戎策，换得东家种树书。

辛弃疾词《鹧鸪天·有客慨然谈功名因追念少年时事戏作》，费新我题写，1992年刻立，高0.41米，宽1.12米。在稼轩祠西廊。

举头西北浮云，倚天万里须长剑。人言此地，夜深长见，斗牛光焰。我觉山高，潭空水冷，月明星淡。待燃犀下看，凭栏却怕，风雷怒，鱼龙惨。

峡束苍江对起，过危楼欲飞还敛。元龙老矣，不妨高卧，冰壶凉簟。千古兴亡，百年悲笑，一时登览。问何人又卸，片帆沙岸，系斜阳缆。

辛弃疾词《水龙吟·过南剑双溪楼》，颜家龙书，1992年刻立，高0.41米，宽2.23米。在稼轩祠西廊。

老大那堪说。似而今、元龙臭味，孟公瓜葛。我病君来高歌饮，惊散楼头飞雪。笑富贵、千钧如发。硬语盘空谁来听?记当时、只有西窗月。重进酒，换鸣琴。

事无两样人心别。问渠侬：神州毕竟，几番离合？汗血盐车无人顾，千里空收骏骨。正目断、关河路绝。我最怜君中宵舞，道男儿到死心如铁。看试手，补天裂。

辛弃疾《贺新郎·同父见和再用韵答之》，王学仲书，1992年刻立，高0.41米，宽1.66米。在稼轩祠西廊。

春入平原荠菜花，新耕雨后落群鸦。多情白发春无奈，晚日青帘酒易赊。

闲意态，细生涯，牛栏西畔有桑麻。青裙缟袂谁家女，却趁蚕生看外家。

辛弃疾词《鹧鸪天·春入平原荠菜花》，杨鲁安书，1992年刻立，高0.41米，宽0.84米。在稼轩祠东廊。

婆娑欲舞，怪青山欢喜。分得清溪半篙水。记平沙鸥鹭，落日渔樵；湘江上，风景依然如此。

东篱多种菊，待学渊明，酒兴诗情不相似。十里涨春波，一棹归来，只做个，五湖范蠡。是则是，一般弄扁舟，争知道，他家有个西子。

辛弃疾词《洞仙歌》，郭仲游1990年9月书，1992年刻立，高0.41米，宽1.17米。在稼轩祠东廊。

进退存亡，行藏用舍。小人请学樊须稼。衡门之下可栖迟，日之夕矣牛羊下。去卫灵公，遭桓司马。东西南北之人也。长沮桀溺偶而耕，丘何为是栖栖者。

辛弃疾词《踏莎行》，徐无闻书，1992年刻立，高0.41米，宽1.16米。在稼轩祠东廊。

醉里挑灯看剑，梦回吹角连营。八百里分麾下炙，五十弦翻塞外声。沙场秋点兵。

马作的卢飞快，弓入霹雳弦惊。了却君王天下事，赢得生前身后名。可怜白发生！

辛弃疾词《破阵子·为陈同父赋壮语寄》，徐无闻书，1992年刻立，高0.41米，宽1.16米。在稼轩祠东廊。

带湖吾甚爱，千丈翠奁开。先生杖屦无事，一日走千回。凡我同盟鸥鹭，今日既盟之后，来往莫相猜。白鹤在何处，尝试与偕来。

破青萍，排翠藻，立苍苔。窥鱼笑汝痴计，不解举吾杯。废沼荒丘畴昔，明月清风此夜，人世几欢哀？东岸绿阴少，杨柳更须栽。

辛弃疾词《水调歌头·盟鸥》，萧劳书，1992年刻立，高0.41米，宽1.15米。在稼轩祠东廊。

聚散匆匆不偶然，二年历遍楚山川。但将痛饮酬风月，莫放离歌入管弦。萦绿带，点青钱。东湖春水碧连天。明朝放我东归去，后夜相思月满船。

辛弃疾词《鹧鸪天》，大康书，1992年刻立，高0.41米，宽1.40米。在稼轩祠东廊。

更能消几翻风雨，匆匆春又归去。惜春常怕花开早，何况落红无数。春且住。见说道、天涯芳草无归路。怨春不语。算只有殷勤，画檐蛛网，尽日惹飞絮。

长门事，准拟佳期又误。蛾眉曾有人妒。千金纵买相如赋，脉脉此情谁诉？君莫舞，君不见、玉环飞燕皆尘土。闲愁最苦。休去倚危栏，斜阳正在，烟柳断肠处。

辛弃疾词《摸鱼儿·更能消几番风雨》，大康书，1992年刻立，高0.41米，宽1.40米。在稼轩祠东廊。

野棠花落，又匆匆过了，清明时节。刬地东风欺客梦，一枕云屏寒怯。曲岸持觞，垂杨系马，此地曾轻别。楼空人去，旧游飞燕能说。

闻道绮陌东头，行人曾见，帘底纤纤月。旧恨春江流不尽，新恨云山千叠。料得明朝，尊前重见，镜里花难折。也应惊问：近来多少华发？

辛弃疾词《念奴娇·书东流村壁》，王遐举书，1992年刻立，高0.41米，宽1.20米。在稼轩祠东廊。

宝钗分，桃叶渡，烟柳暗南浦。怕上层楼，十日九风雨。断肠片片飞红，都无人管；更谁劝、啼莺声住。

鬓边觑。试把花卜归期，才簪又重数。罗帐灯昏，哽咽梦中语：是他春带愁来，春归何处？却不解、带将愁去。

辛弃疾词《祝英台令·晚春》，魏启后书，1992年刻立，高0.41米，宽2.58米。在稼轩祠东廊。

一曲明湖照眼明，越罗吴縠剪裁轻。烟峦浓淡山千叠，荷芰扶疏水半城。历下亭中坐怀古，水西桥畔卧吹笙。鹊山寒食年年负，那得樵风引棹行。

王渔洋诗《忆明湖》张传旭书，2009年刻立，位于秋柳园碑廊。

屈子离骚，史公货殖。直须一石懵腾醉，胸中五岳不能平，何人解识狂奴意。修竹弹文，绿章封事，聊将笔墨供游戏。茂陵若问马卿才，飘飘大有凌云气。

王渔洋诗《踏莎行醉后作》，王建国书，2009年镌，位于秋柳园碑廊。

潦倒年年愧不才，春风披拂冻云开。穷途已尽行焉往，青眼忽逢涕欲来。一字褒疑华衮赐，千秋业付后人猜。引生所恨无知己，纵不成名未足哀。

王渔洋诗《偶感》，项亚龙书，2009年镌，位于秋柳园碑廊。

朝日出蒲口，遥见清凉寺。深竹不逢人，经声在空翠。

王渔洋诗《清凉寺》 于太昌书，2009年镌，位于秋柳园碑廊。

齐州南北千峰绕，中有明湖一镜分。今日雪中更奇绝，华山云接鹊山云。

王渔洋诗《郡城北路作》，梁修书，2009年镌，位于秋柳园碑廊。

昔日金枝间白花，只今摇落向天涯。条空不系长征马，叶少难藏觅宿鸦。老去桓公重出塞，罢官陶令乍归家。先皇玉座灵和殿，泪洒西风日又斜。

顾炎武和诗《赋得秋柳》，赵长刚书，2009年镌，位于秋柳园碑廊。

红桥飞跨水当中，一字栏干九曲红。日午画船桥下过，衣香人影太匆匆。

王渔洋诗《冶春绝句》，刘方明书，2009年镌，位于秋柳园碑廊。

摇落江天倍黯然，隋堤鸦噪夕阳边。谁家楼角当霜杵，几处关程送晚蝉。为计使人西去日，不堪流涕北征年。孤生所寄今如此，苏武魂伤汉史前。

徐夜诗《和阮亭〈秋柳〉四首》，李向东书，2009年镌，位于秋柳园碑廊。

山郡逢春复乍晴，陂塘分出玉沟清。郭边万户皆临水，雪后千峰半入城。

王渔洋诗《初春三日过济南作》，荆向海书，2009年镌，位于秋柳园碑廊。

鹅鸭城边水映空，渔舟来往暮烟中。唱歌未断神鸦起，荇叶菱花四面风。

王渔洋《锦秋湖绝句》，温彦国书，2009年镌，位于秋柳园碑廊。

姑妄言之姑听之，豆棚瓜架雨如丝。料应厌作人间语，爱听秋坟鬼唱时。

王渔洋诗《戏题蒲生〈聊斋志异〉卷后》，范润华书，2009年镌，位于秋柳园碑廊。

秋柳四章

秋来何处最消魂，残照西风白下门。他日差池春燕影，只今憔悴晚烟痕。

愁生陌上黄骢曲，梦远江南乌夜村。莫听临风三弄笛，玉关哀怨总难论。

娟娟凉露欲为霜，万缕千条拂玉塘。浦里青荷中妇镜，江干黄竹女儿箱。

空怜板渚隋堤水，不见琅琊大道王。若过洛阳风景地，含情重问永丰坊。

东风作絮糁春衣，太息萧条景物非。扶荔宫中花事尽，灵和殿里昔人稀。

相逢南雁皆愁侣，好语西乌莫夜飞。往日风流问枚叔，梁园回首素心违。

桃根桃叶镇相怜，眺尽平芜欲化烟。秋色向人犹旖旎，春闺曾与致缠绵。

新愁帝子悲今日，旧事公孙忆往年。记否青门珠络鼓，松柏相映夕阳边。

王渔洋诗，欧阳中石书，2009年刻立（木刻），位于秋柳园。

司家码头原为大明湖南岸主要码头，当年十分繁华。乾隆皇帝游湖即由此登船。《泛舟湖滨》御诗碑原在此处，后移至历下亭。清王钟霖诗谓“桃源差可拟，乐境小乾坤”。近人胡适先生等已有作品述及。

2008年刻立，位于大明湖扩建新区司家码头。

拜瞻辛弃疾词碑廊之后

稼轩居士弃疾，是宋代南北两朝实无其匹的民族英雄、罕见的爱国词人。稷门四风闸德育雄才，年甫及冠便愤然起义反金，可歌可泣。仕宦途中力主反降，虽有政绩而终遭劾；虽老益壮，而竟不得用。一腔孤愤，惟于词中一仕得集长短句五六百阙，响震词坛，泽及后人，为我济南历城博来德辉文光，永照青史，斯地承泽无限也。

省市领导园林有司，择基建祠又修碑廊的是盛举；全国各省各地，凡大书家皆应请而命笔慷慨之士，齐力一心，自一九八八年始经四年而廊就石。幸得先瞻，既钦先贤之雄才绝句，又敬诸书家之文光翰采，更感谢与有力诸公之丹忱高义。抚今思古，怆然动心，不顾卑拙，乃援笔一扬殷殷之衷。

欧阳中石1992年撰并书，高0.41米，宽1.65米。在稼轩祠西廊。

伊尹申诰于王曰："呜呼，惟天无亲，克敬惟亲。民罔常怀，怀于有仁。鬼神无常享，享于克诚。天位艰哉，德惟治，否德乱。与治同道，罔不兴；与乱同事，罔不亡。终始慎厥与，惟明明后。先王惟时懋敬厥德，克配上帝。今王嗣有令绪，尚监兹哉。若升高，必自下，若陟遐，必自迩。无轻民事，惟艰：无安厥位，惟危。慎终于始。有言逆于汝心，必求诸道，有言逊于汝志，必求诸非道。呜呼，弗虑胡获，弗为胡成？一人元良，万邦以贞。君罔以辩言乱旧政，臣罔以宠利居成功，邦其永孚于休。"伊尹即复政厥辟，将告归，乃陈戒于德。曰："呜呼，天难谌，命靡常。常厥德，保厥位。厥德匪常，九有以亡，夏王弗克庸德，慢神虐民。皇天弗保，监于万方，启迪有命，眷求一德，俾作神主。惟尹躬暨，咸有一德，克享天心，受天明命，非天私我有商，惟天佑于一德；非商求于下民，惟民归于一德。德惟一，动罔不吉，德二三，动罔不凶。 惟吉凶不僭在人，惟天降灾祥在德。今嗣王新服厥命，惟新厥德。终始唯一，时乃日新。任官惟贤才，左右惟其人。臣为上为德，为下为民。其难其慎，惟和惟一，德无常师，主善为师。善无常主，协于克一。俾万姓咸曰：'大哉，王言。'又曰：'一哉，王心。'呜呼。七世之庙，可以观德。万夫之长，可以观政。后非民罔使，民非后罔事。无自广以狭人，匹夫匹妇，不获自尽，民主罔与成厥功。

清光绪十一年（1885年）陈士杰书，刻于6块石上，每块高2.44米，宽0.64米。镶嵌在铁公祠北壁上。

当时北海宴工部，海右此亭已称古。员外虽营结构新，台观之旧何年所。堂堂更阅千余岁，代有废兴增仰俯。天然胜境留湖山，寥廓高名仍李杜。福州陈君济时杰，家世诵芬传治谱。卅年扬历涉中外，满身才望资文武。怀贤诹古寓襟抱，振废修残得根矩。高情澹荡落湖水，薄俸翩然化亭宇。溯惟纯庙屡巡方，步趋仁皇勤缵绪。济南胜处御题遍，湖上频烦宸翰咀。

钦瞻两碣星斗联，势耶层霄龙凤舞。百年礼乐今犹昔，三代忧勤孙绍祖。游豫徒劳望翠华，艰虞更益廑当宁。十年宵旰无暇逸，四海疮痍但凄楚。今兹旱干异常岁，坐见千里成赤土。可怜菽麦尽枯倒，又看蝗螟生翅股。五月望后雨始来，直自京畿浃齐鲁。连宵彻旦姿酣渥，久郁一舒成莽卤。兼旬畏景复焦迫，万陇雏婴待甘乳。欣逢昨夜再沾洽，恰与前番相助补。计从仲夏得雨初，亭子经营事斤斧。今朝工罢芳宴开，天与滂沱润轩庑。快闻夷艘焚海上，又报捷书走江浦。即看天下洗兵马，何止山东多黍稌。穹苍有意苏疲民，福应从兹归哲主。（小臣）闲放坐迂阔，终年悲喜相错迕。敢云一日恋琴尊，会见九州乐干羽。众宾跌宕负文采，相与脱略遗萁组。结屋或在菰芦乡，寻盟早入鸥凫侣（谓春源、仲远）。半湖晴霭乍开合。四山夕阳争媚妩。是时十六月正望，水镜圆灵照初鼓。烟云敛尽夜光满，荷芰无声暗香吐。主人见谓宜有诗，匪曰落成仍喜雨。诗成纸上露珠生，字字光明定堪煮。

清咸丰九年（1859年）何绍基撰并书，历城陈浩刻石。高0.45米，宽0.90米。镶嵌于历下亭名士轩内东墙上。

小沧浪亭雅集诗序

小沧浪亭，在明湖西北隅，即古之北渚也。鱼鸟沉浮，水木明瑟，白莲弥望，青山向人。每至此，渺然有江湖之思。乙卯夏，马秋药前辈、桂未谷、颜运生两广文同在泺源书院。武虚谷寓此亭，朱朗斋寓四照楼。二君与元同纂《山东金石》。适孙渊如同年前辈拜兖沂曹济观察之命，元以诗促其速之官云："济南池馆傍湖开，湖上西风且漫催。万朵荷华五名士，一时齐望使君来。"观察报诗云："扶容池馆报华开，驿骑传诗一夕催。不为时需访碑使，也应天与聚星来。"未谷和诗云："湖里莲华四照开，道旁驿骑递相催。人间天上中秋近，可要承槎犯斗来。"缘湖中华事将残，最后得碧莲一枝，四朵并蒂。适观察以足疾，迟至秋半始由天津泛舟来济南，未谷诗后二语似豫为兆者。八月中旬，元又奉命移任浙江，与观察诸君子屡宴此亭。惟未谷以赴铨北上，而余伯扶、周曼亭两同年，元和陆直之、钱唐何梦华、歙县吴南芗、郑研斋、益都段赤亭、历城郭小华，一时同为坐上之客。斯时，秋芦作华，湖山清敛，相与捧手题衿，极一时诗酒之盛。此后，观察与曼亭将之兖州，元与朗斋、梦华南下，秋药、运生北行，虚谷、伯扶诸君多有去历下者，湖亭风月属之后来者管领。人生聚散之感最多，斯其一矣。因属小华作图，并记事迹，凡有作者继此书之。

清人阮元撰并书，清乾隆六十年（1795年）立，高0.86米，宽1.63米。镶嵌于铁公祠西廊门北。

前出师表

臣亮言，先帝创业未半而中道崩殂，今天下三分，益州疲敝，此诚危急存亡之秋也。然侍卫之臣不懈于内，忠志之士忘身于外者，盖追先帝之殊遇，欲报之于陛下也。诚宜开张圣听，以光先帝遗德，恢弘志士之气；不宜妄自菲薄，引喻失义，以塞忠谏之路也。

宫中府中，俱为一体，陟罚臧否，不宜异同。若有作奸犯科及为忠善者，宜付有司论其（刑）赏，以昭陛下平明之治，不宜偏私，使内外异法也。侍中、侍郎郭攸之、费祎、董允等，此皆良实，志虑忠纯，是以先帝简拔以遗陛下。愚以为宫中之事，事无大小，悉以咨之，然后施行，必能裨补阙漏，有所广益。将军向宠，性行淑均，晓畅军事，试用于昔日，先帝称之曰能，是以众议举宠以为督，愚以为营中之事，事无大小，悉以咨之，必能使行阵和穆〔睦〕，优劣得所也。亲贤臣，远小人，此先汉所以兴隆也。亲小人，远贤臣，此后汉所以颓败〔倾颓〕也。先帝在时，每与臣论此事，未尝不叹惜〔息〕痛恨于桓、灵也。侍中、尚书、长史、参军，此悉贞亮死节之臣，愿陛下亲之信之，则汉室之隆，可计日而待也。

臣本布衣，躬耕（于）南阳，苟全性命于乱世，不求闻达于诸侯，先帝不以臣卑鄙，猥自枉屈，三顾臣于草庐之中，咨臣以当世之事，由是感激，遂许先帝以驱驰。后值倾覆，受任于败军之际，奉命于危难之间，尔来二十有一年矣。先帝知臣谨慎，故临终〔崩〕寄臣以大事也。受命以来，夙夜忧虑〔叹〕，恐托付不效，以伤先帝之明，故五月渡泸，深入不毛。今南方已定，甲兵〔兵甲〕已足，当奖帅三军，北定中原，庶竭驽钝，攘除奸凶，兴复汉室，还于旧都。此臣（之）所以报先帝而忠陛下之职分也。至于斟酌损益，进尽忠言，则攸之、祎、允之任也。愿陛下托臣以讨贼兴复之效，不效则治臣之罪，以告先帝之灵。若无兴德之言，则责攸之、祎、允之咎，以彰其慢。陛下亦宜自谋，以咨诹善道，察纳雅言，深追先帝遗诏，臣不胜受恩感激，当今远离，临表涕泣，不知所云。

诸葛亮文，传为岳飞书，樊登沄镌刻。长6.30米，宽为1.12米，由20方片石组成。镶嵌在遐园西廊内南壁上，

后出师表

先帝虑汉、贼不两立，王业不偏安，故托臣以讨贼也。以先帝之明，量臣之才，故〔固〕知臣伐贼，才弱敌强也，然不伐贼，王业亦亡，惟坐而待亡，孰与伐之？是故托臣而弗疑也。臣受命之日，寝不安席，食不甘味。思惟北征，宜先入南，故五月渡泸，深入不毛，并日而食。臣非不自惜也，顾王业不可偏安于蜀都，故冒危难以奉先帝之遗意，而议者谓为非计。今贼适疲于西，又务于东，兵法乘劳，此进趋之时也，谨陈其事如左：

高帝明并日月，谋臣渊深，然涉险被创，危然后安。今陛下未及高帝，谋臣不如良、平，而欲以长策取胜，坐定天下，此臣之未解一也。刘繇、王朗各据州郡，论安言计，动引圣人，群疑满腹，众难塞胸，今岁不战，明年不征，使孙策坐大，遂并江东，此臣之未解二也。曹操智计殊绝于人，其用兵也，仿佛孙、吴，然困于南阳，险于乌巢，危于祁连，逼于黎阳，几败北山，殆死潼关，然后伪定一时耳。况臣才弱，（而）欲以不危而定之，此臣之未解三也。曹操（五）攻昌霸不下，四越巢湖不成，任用李伏〔服〕而李服图之，委任夏侯而夏侯败亡，先帝每称操为能，犹有此失，况臣驽下，何能必胜？此臣之未解四也。自臣到汉中，中间期年耳，然丧赵云、阳群、马玉、阎芝、丁立、白寿、刘郃、邓铜等及曲长屯将七十余人，突将、无前、賨叟、青羌，散骑、武骑一千余人，此皆数十年之内所纠合四方之精锐，非一州之所有，若复数年，则损三分之二也，当何以图敌？此臣之未解五也。今民穷兵疲，而事不可息；事不可息，则住与行劳费正等。而不及早图之，欲以一州之地，与贼持久，此臣之未解六也。

夫难平者，事也。昔先帝败军于楚，当此时，曹操拊手，谓天下已定，然后先帝东连吴、越，西取巴、蜀，举兵北征，夏侯授首，此操之

失计，而汉事将成也。然后吴更违盟，关羽毁败，秭归蹉跌，曹丕称帝。凡事如是，难可逆料。臣鞠躬尽力〔瘁〕，死而后已。至于成败利钝，非臣之明所能逆睹也。

诸葛亮文，传为岳飞书，刻石长6.93米，宽1.12米，由22方片石组成。镶嵌在遐园西廊南壁上，和《前出师表》相连。

感应井泉记

济南七十二泉名天下旧矣。今湮没于瓦砾蒿莱者三之二。其幸存而名著者，多在城之西南，曰趵突、曰珍珠，二流迤逦曲折至会波门合而为一，达清河以入于海。曰大明湖，在城西北，中有莲藕菱芡之所附丽，鱼鳖虾□之所依凭。岸有华堂广厦、茂林修竹。每春夏之交，清香□阴，悦可人之耳目。官僚士庶泛□□观者无虚日，倦则沐浴其间，其水秽垢不可食。湖之四旁，卑湿汙下。其水碱卤，亦不可食。真武庙在湖之北，依城为基。近因倾圮，德藩承奉白公修之。人众工大，百务俱举，独求甘水为难。东至齐川门，南至罗姑井，西至玉环泉，大率□二里许，远汲不胜其劳。公甚恻然，□□手加额默祈祷之。一夕梦寐间，若有□□异物指示其地曰："泉在此"。诘旦，即其地凿之，未数仞，果得泉涌出，色清味甘。众欢欣踊跃，以为公一念之所格也，遂□以石作亭于上，名曰"感应井泉"。董工林聪、白璋、杨达、李福通，庙主杨振、杨环、杨□，环井者老谷瑶等，属予记之，以垂永久。窃惟天地以生物为心，而所生之物莫先于水，物之所赖以生者，亦莫先于水。水在天地间，在在有之。大而江淮河汉，通舟楫，济漕运，其为国家之利甚博。至于井泉之水，五祀居其一焉。在一邑，则有一邑之井，故《易》曰："改邑不改井"。在一乡，则有一乡之井，故《礼》曰："乡田同井"。井之利，□于民生。日用之，常不可一处一时而无。然水之甘苦不同，好甘恶苦，人之心也。惟欲甘以养人，不欲苦以害人，天地之心也。若夫好恶处之，各得其当，则在乎人耳。有人于此，体天地之心以为心，一有所感，则天地之心应□，自有不期而至者矣。昔汉将军李广利行师无水，拔刀刺山，飞泉涌出。后汉耿恭，居疏勒，匈奴绝其水源。恭乃整衣向井再拜，有顷，泉出之。二公者事在史册，至今□□□之。公之事若合符节，亦当上与二公并称。公名闰，字德和，十一岁内阁读书随侍贤王殿下，由典宝升前秩。今几七袠，发鬓颜丹，聪明强健，如少壮人。盖其为善之报如此，福寿犹未艾也。故特并记以俟且系之以歌曰：

井体本静，井用有常。天覆地载，冬温夏凉。求此玄德，固闭深藏。陌人所召，□灵孔彰。仁哉白公，乃发其祥。色休香美，□□液浆。何以饰□，□石银床。镇重黄河，歌沸沧浪。始济群工，终惠一方。食饮点滴，百世不忘。

邹袠撰文，边贡篆额，霍淞书。明正德九年（1514年）刻立，高3.25米，宽0.95米。位于北极庙东侧感应井泉处。

重修历下亭记

废者兴之，毁者成之，事之常也。特废之甚，或至荡然无存，毁之甚，或至不可收拾，则其兴之成之也较难。若基址犹留，规模尚在，因而振之，此固反古复始者所幸，为事半而功倍也。元遗山谓"济南楼观甲天下"，历下亭尤称胜赏。然考志乘及诸家诗文，知唐、宋、金、元间，此亭所在互异，今之亭未必仍宋元以来之旧，而相习以为即杜少陵题诗之亭。是耶？非耶？明自李沧溟修葺后，百五十年废为邱墟。国朝李中丞兴祖得艾氏遗产，重新焉。嗣都转罗公正、杨公宏俊相继各有兴作。道光辛丑，吾乡杨方伯庆琛复筹款修之。距今甫二十年，已渐就倾圮，日久将弥甚。名胜之就堙，官斯土者之责也。余因请于中丞觉罗崇公，谋诸僚友，筹及盐筴羡余，得制钱三千缗，鸠工庀材，属张司马檠董其事。亭中向有纯庙御书匾额、御制诗碑，又有《泛舟湖滨》御诗碑在司家马头，今敬移亭前。其月台倾废，重建西偏，上下绕以回廊，复就月台故基增置照厅三间。亭在湖心，水啮易毁，岸加巨石，环以木桩。台榭廊庑及缭垣外栅，腐陊挠折者易焉，漫漶不鲜者饰焉。阅四月而告成，非侈游观，差慰怀古之情云尔。抑余窃幸斯亭尚易为力，故得而为之也。使如前代，互易所在，而创始以为之，不大难耶？夫天下事之及时可为者，岂独斯亭也欤？

陈景亮撰，何绍基书，陈芝刻石。清咸丰九年（1859年）立。高0.65米，宽1.45米。镶嵌在历下亭茶社内进门北墙壁上。

古历亭赋

亭以地名，物因人见。何人何代，迹肇创于华阳？几世几年，名永齐于水面？凭轩四望，俯瞰长渠；顺水一航，直通高殿。笼笼树色，近环薜荔之墙；泛泛溪津，遥接芙蓉之苑。入眶清冷，狎鸥与野鹭兼飞；聒耳啾嘈，禽语共蝉声相乱。金梭织锦，唼呷蒲藻之乡；桂楫张筵，容与芦荻之岸。蒹葭挹露，翠生波而将流；荷芰连天，香随风而不断。蝶迷春草，疑谢氏之池塘；竹荫花斋，类王家之庭院。旧题始于老杜，新亭结于盛唐。方其盛也：南有蜡山、北渚，西有环碧、水香。沈璧浮珠，佳人拾翠之浦；乘轩载妓，名贤醉白之堂。石季伦方来，闻笙歌之满路；羊侍中所到，见灯烛之成行。坐上之素恰青衫，莺与燕认；槛外之篮舆蜡屐，月并花荒。京兆蹇驴，过冲行盖；章台骏马，嘶立垂杨。少陵之什连篇，尚留吉光于艺苑；秦和之词五韵，犹统墨气于云庄。夫何濠濮之沦涟，依然鱼鸟；蓬莱之清浅，业已沧桑？摩诘之铛臼无存，叔夜之山庐近古。邈矣北海太守，谁操风雅之权？幸也泺水才人，起任湖山之主。珠帘画栋，复历下之奇观；茗碗诗瓢，寻天宝之坠绪。此亭之一兴也，迄今又百年矣。夕阳红湿，招凉叶于明沙；秋径微茫，缈寒萤于败堵。飘摇欲尽，凄凉半亩蓬蒿；风景不殊，寂寞一蓑烟雨。苍苔遍隰，绣地为文；绿荇分钗，抽茎作股。望桃源而去，再返棹已无人家；自天台而还，旋回头竟属邱莽。乃有营州国士，适司鹾政于齐门；陇右洪支，又继骚踪于湖渚。苏舜钦年年纸瓤，为买沧浪；谢灵运夜夜呼门，长燃火炬。而乃瓦盆再见，恍悟前身；舍宇重临，还同旧谱。先后辉映，事亦奇矣！又有神明连帅，纲纪群侯，政简刑清，扬春和于光霁；鸣琴挑藻，写襟抱于弦讴。散馥乎八宝毫端，则庾开府、鲍参军，起凤腾蛟，拟杜圣、李仙之瑰玮；躧履兮五花馆内，则支道人、温处士升堂入室，尽潘江、陆海之风流。劝乡校以文章，即野叟黄童，亦与常公之宴；搴缇帷而过从，或笔床钓具，辄偕秦望之游。诗垒千秋，尤喜恢复；鸾笺五色，用助添修。惊倒影之楼台，忽开紫府；羡迎薰之牖户，仍傍仙舟。城上鹤归，未觉人民之异；雪中鸿杳，幸有指爪之留。人相助而弥彰，迹以传而益久。乡名曾起于漆吏，命曰“无何”；亭子如建于后山，讶为顿有。从此鸳鸯水暖，长开君子之花；憾节门高，复种先生之柳。地如滕阁，伫佩玉而鸣銮；人比兰亭，更流觞而泛酒。梁园胜会，即席千言；金谷豪吟，约章三斗。尘罴热客，聊解危厉之熏；勃窣文心，共放霹雳之手。霞蔚云兴之际，发遥望层城之遐思；菱陂芡沼之傍，眠倒著接䍦之狂友。噫嘻！于今百年来，再衰再盛，恰逢白雪之宗；焉知千载下，复废复兴，不有青莲之后哉！

蒲松龄文，王仲武书。2007年刻立，位于历下亭。

铁公祠记

曾子曰：“临大节而不可夺”，此以守言也；“寄百里之命”，又兼守土言之，则才与守合矣。古今忠节之臣，以守土之才而兼殉身之烈，孰逾有明铁尚书者？而尚书当时未有谥，至我皇上特赐谥曰“忠定”。昔于史馆得见钦定赐谥诸臣黄册，“忠定”之谥词曰：“荣励守城，气吞伏版；才能优裕，志节坚刚。”呜呼！此四言者，实以才与守并言之，足以昭千古矣。方纲窃因斯义绎公前后事迹，所以致命成仁者，皆以浩气行之。孟子曰：“其为气也，至大至刚，不以时之久暂异也，不以事之成败计也，不以地之远近殊也。”而况济南为公矢志固守之区乎！公以济南居南北之间，遏挫燕师，至今四百年矣。故老犹传，绐燕王入城，悬铁板几中者，今之城西门也；慷慨誓师者，北湖水面亭也。其气足以壮鹊华，瀲源泉，贯金石，而耀日星也，则其精灵妥侑于湖之北渚，宜矣。先是，今礼部侍郎长沙刘公视学于此，与巡抚长白长公谋立公祠而未果。今运使长白阿公始度地于湖上，以今夏六月工就。适方纲试事毕，获与拜祠，阿公以书石之文为属。爰敬书圣天子褒忠之旷典，与公之才守相发明者，庶几伸此土人之积感，而为百世效忠者劝。

清乾隆五十七年（1792年），翁方纲撰并书丹篆额。1995年12月刻石，王仲武补篆额。高1.08米，宽2.00米。位于铁公祠堂内。

重修铁公祠记

济南旧有铁公祠，颓废已久。往岁阿雨窗夫子谋所以复之，且拟以前中丞佛公为之祔，顾蓄是意而未及举也。壬子春，时和物阜，槐堂听政之暇，谋兴是役。适骥于役省门，命为图，度得地于明湖西北隅，纵横数百弓，绘图以献。公曰："可"。爰鸠工而庀材焉。计堂庑水廊共屋七十余间，中以奉香火，而庖湢客寮毕具。土木费若干，皆吾夫子所捐俸，而董其事者，为漆君凝斋与王君理堂。是役也经始于仲春下浣，告成于夏五上旬。湖光山色咸萃于兹，而登其堂者，惟想见铁公之英风壮采与。前中丞之仁风善政，令人慨慕于无穷而今日我夫子之重复旧章，以为百世劝，其美亦于是乎著。于其落成也，爰为之记。

清乾隆五十七年（1792年）立，吴人骥撰。高0.29米，宽0.42米。位于铁公祠西廊壁上。

重修铁佛二公祠记

济南之有铁佛二公祠，创自乾隆壬子。长白阿鎚使既度地于湖滑藕荡间，复拓其西为厅院，恣观游也。湖坳如弓，两吻南出为横筑一堤，当其弦正中，列三楹门寮疏达，曰："四面亭"。洞其□者三，令通水。左右则亘以廊，左廊北折而桥，右廊南折而门，风月当胸，全湖在目，柳垂青眼，莲开并头，晴好雨宜，游□相望，所谓小沧浪是也。《说文》："水中可居谓之洲，小洲曰渚。"渚遮也，遮水使傍回也。亭之可居，而遮水以回于桥，得毋兼洲渚而有之，与今将驾龟梁凌鳌背而为井，千丽谯于其上。其不逾时，中馁而即于倾陷者，盖匙况复，下凭沮洳旁激风涛，上栖狸鼯内穴鳝龟，积百十寒暑，而宛在中央者乎。岁丙戌，予权摧东纲。明年春，左廊七楹圮，因谛视亭址半裂于冻，砖石坌起，庭无完瓬，柱尽朽株，阶陀出水，才数指，夏秋湖溢，没门牡者屡矣。水之以眠其平南陷于北者，王寸嘻宜其圮也。急鸠工，并西廊及门尽卸之。庀其材，盖废者半易以新，厦为增高亭址者尺，凡底后厚必以倍。南至于门及门南磡，北至厅院及院西厅亦如之，并补绽实罅。垩壁丹楹新，庙貌如初。又以其余平中唐之甓，设广座之陈，除旁出之径，维坚维完，毋率毋滥。费三千金，阅八十日，而蒇事。溯自移建，厥祠凡几年岁时修葺，凡几辈何独无易，底石加高，期于有基勿坏如。予今日者，则以黄流高仰济漯倒漾入湖，亦自今始耳。更而张之，岂得已哉。君子居高，明远眺望，籍以下问民间疾苦，而出水火，而衽席之，此亦其见端焉。工既竣，遒簠期于巡抚张尚书祭告二公之神，蝓同官以落之，并书丹而寿之石。

清光绪十三年（1887年）四月，陈锦立。高0.35米，宽0.92米。镶嵌在铁公祠西簷墙壁上。

重修铁公祠记

明朝肇建，济南升为省会，城池始修，居民始安。继而明太祖遗诏以太孙建文帝嗣位，皇四子燕王据北平拥军叛，长驱南京以夺嫡。建文二年，即公历一四〇〇年六月八日，兵临济南城下。山东布政司参政铁公与都督盛庸撄城固守。史载燕兵堤水灌城，筑长围，昼夜进攻。公以计焚其攻具，间出兵奋击。又诈降，悬铁板门上，另设伏断桥，诱燕王入城，将下板击之。会王至稍迟，板骤落，王惊走，桥亦仓促未断，乃鞭马脱去。王愤而百计强攻，凡三月不克。时援军将至，燕兵遂于九月四日解围去。是后南伐，不敢取道济南矣。

公讳铉，河南邓州色目人也。明太祖喜其才干，字之曰"鼎石"，至此而得展其用。建文擢之山东布政使，寻升兵部尚书，参平燕将军盛庸军务，又大败燕兵于东昌。一四〇二年燕王占据南京称帝，是为成祖。铁公已被俘淮上，执之见帝。公背坐廷中斥骂，强其一回顾终不可，遂磔于市，年仅三十七岁耳。铉家族戍边发配，天下冤之。

夫皇室阋墙，明朝基业固自若也，公之捐躯抑且愚矣。然坚守封疆，乃官吏守土保民之职责，以死殉职，其德尚矣。故其忠烈英风，弥足以激励后世者。是以弘光帝谥之曰"忠襄"，清朝乾隆帝又追谥曰"忠定"。济南人士景其节义，哀其不幸，既于嘉靖十一年，即一五三二年，以公陪祀于华不注山崇正祠中，又于西门内建祠祀公与靖难殉职之陈迪、胡子昭、丁志方、高巍、郑华、王省等六臣，为七忠祠焉。清代明后，乾隆三十七年，即一七九二年，又建专祠于大明湖今址，请宿儒翁方纲书碑记。从此，铁公祠偕小沧浪园同为湖上名胜。方今国运昌隆，百业兴盛，大明湖面貌日益美善，反视此祠习显湫隘狭小之不相称也。当局爰于一九九五年吉日拓建重修，规模胜前，美轮美奂，不祇美化市容，洵游观之乐地也。是为记。

徐北文撰，王仲武书。1995年9月刻立，高1.08米，宽2.00米。位于铁公祠堂内。

北极庙常住产碑文

济南之有北极庙，所以镇幽都而奠青齐也。居阴笞阳，枕城襟岭。明湖绕其膝，平野铺其茵，莲红映瑶水之楹，柳翠拂青城之座，不诚玄霜绛雪之府，绀瞳绿□之宫哉。自元初肇造以来，迄乎明季，代有营修，时为增葺。故守者马合德□志不懈，夫骑龙心每怀乎化鹤，特其富于烟霞，贫于餮铺。茹芝饮醴，时嗟粒食之艰，种杏饵松，空笑青精之美。此有庙无人，终归无庙，有人无食，究其无人之可虞也。用是，捐我羞囊，共襄口给腴田□□，长为嚼蕊之资，约费多金，永制步虚之产，勒贞珉于庭左，豪右毋兼，镌亩数于碑阴，羽流常守因记。

清康熙十六年（1677年）贾文骥撰，住持羽士马合德暨门孙傅永成马文成立石。高1.60米，宽0.66米。镶嵌在北极庙启圣殿厦檐内东壁上。

北极庙钟鼓楼重修记

盖闻至道之精，窈窈冥冥，至道之极，昏昏默默。大无外而小无内，探索无穷。仰弥高而钻弥坚，研几靡息然。而道不远人，唯人远道者，能清心寡欲定静。由于无为，抱朴守真，自然乃能率性。人能知道唯一唯精，则高坚者可得其门，无穷者能知所止，庶几大道倡明人心咸正，此圣之所以道为宗，以教为用者也。然则宗教之有关于世道、人者，心讵不重且大哉。至于庙貌崇宏，法相庄严，触目惊心。防微杜渐，其潜移默化之功，既鸿且普。辅弼政治之用，运化无穷。此又宗教溥化之法门，至道进行之阶梯也。而寺观之建修，盖有由来矣。大明湖畔之北极庙，建自古代。其钟鼓二楼，乃清光绪末叶，住持道衲董高文募建，迄今已数十年之久。风雨剥蚀已有倾斜之势，殿廊庑宇亦现残裂之痕，如不重行修葺，势将堕落凌圮。而古迹名胜之地，实难坐视其荒凉。虽用款甚钜，进行不易，然不畏艰阻，坚诚叩募。复经鄰佑首事热心倡率，蒙苏镜清先生首捐巨款于前，方永昌王立章先生解囊助成于后，中蒙各大善士慨然囊助，众擎易举于癸未年己未月兴工，至乙丑月竣事。庙貌焕然一新，法相辉煌朗耀，庄重严肃。瞻拜者惕然而恪恭，游观者凛焉而敬穆，岂仅点缀湖山风景以供游乐也哉。呜呼！邪说横行，人心惶惑，灾害莅临，疾病满目，如不宣扬道德崇仰神明，而滔天浩劫伊于胡底际。兹狂暴播荡之秋，众善士共成善举，岂徒广结福缘，而其有功于世也大矣。工竣，道衲孙嗣秀嘱记其事，勋不文谨按其实记之。

民国32年（1943年）杨秉勋撰，王廷翰书。刻石上端有“万古流芳”四字。高1.68米，宽0.69米。镶嵌在北极庙后殿隔外西壁上。

明昌钟亭记

金朝诗人元好问称：“济南楼观，天下莫与为比。”盖济南为东藩重镇，历代名郡。金代自大定以来，南北相安，物阜民丰，乃珍视文物，踵事增华。城中开元寺，始建于唐代，素为海内名刹。北宋末，有刘姓僧人，率寺兵赴汴京勤王，尤为郡民所敬重。爰于明昌年间（公元一一九零年至一一九六年）集资冶铁，鼓铸万斤巨钟，建钟楼于此寺以表倾慕。晨钟暮鼓，四方萦情，画栋雕梁，湖山增色。明代以济南为省会首府，占用寺院以扩充官衙，遂将此钟移于湖滨之康和尚院。特筑高楼悬之，更名为镇安院。成化年间（公元一四六五年至一四八七年），因名为钟楼寺，为僧纲司驻地，附近道路则名为钟楼寺街。钟楼临湖，黄钟大吕之音乃与波声相上下，日缭绕于游客舟子之耳。居民习知大明湖青蛙素不鸣叫，里巷因而传言，金钟鸣故蛙声退也。近代以来，内忧外患，国无宁日，千年古钟亦荒置于市井宅舍间。建国后，世运昌盛，百废俱兴，大明湖等名胜修整一新，泉城风貌日新月异，特选湖北岸之晏公庙旧址，建崇亭以安此巨钟。此钟阅世已八百载，饱经沧桑，与济南人民同休共戚，倘或有知，亦当乐逢当今盛世，金声长鸣而歌颂升平矣。《乐记》云“治世之音安以乐，其政和”。今中华将由小康而登大同之世，钟声当与吾民同声欢唱，而永享太平之福也。

徐北文撰，雷衣谷书，房献智刊石，1994年4月立。高0.92米，宽1.50米。位于晏公台上。

秋柳园记

大明湖之东南隅，有秋柳园在焉。园以清代

大诗人王渔洋曾寓此赋《秋柳》诗蜚声海内而得名。顺治十有四年，时正秋试，齐鲁名士云集玥湖。一日会饮水面亭。渔洋见亭下杨柳，披拂水面，绰约近人，叶始微黄，若有摇落之态，怅然有感，赋《秋柳四章》，和者甚众。旋有江浙名士，飞章遥和。又三年，渔洋释褐，司李扬州，诗已传遍大江南北，和者数十家。不独为一时艺苑之口实，亦千古诗人难得之幸事。盖诗言志，尚酝藉。《秋柳》诗汇咏柳之自然意象与历史人事意象于一炉，词采清丽，声调和美，出脱人生黍离、羁旅、伤逝之忧思，是以动人心弦，不邀而和之者众也。园以诗人之诗名之，诗人与诗亦以园而有可征之迹，来游者必见园而兴叹，景慕诗人，记诵其诗，品味历史人生，不独游赏园之景观已也。是为记。

袁世硕文，张仲亭书，2009年立，位于秋柳园碑廊。

齐州北水门记

济南多甘泉，名闻者以十数。其酾而为渠，布道路、民庐、官寺，无所不至，潏潏分流，如深山长谷之间。其汇而为渠，环城之西北，故北城之下疏为门，以泄之。若岁水溢，城之外流潦暴集，则常取荆苇为蔽，纳土于门，以防外水之入，既弗坚完，又劳且费。至是，始以库钱买石，僦民为工，因其故门，累石为两涯，其深八十尺、广三十尺，中置石楗，析为二门，扃皆用木，视水之高下而闭纵之。于是内外之水，禁障宣通，皆得其节，人无后虞，劳费以熄。其用工始于二月庚午，而成于三月丙戌。董役者，供备库副使、驻泊都监张如纶，右侍禁、兵马监押伸怀德。二人者，欲后之人知作之自吾三人者始也，来请书，故为之书。是时熙宁五年壬子也。

曾巩文，陈梗桥书，2010年刻立，位于北水门东侧。

大明湖扩建记

岱宗为枕，黄河作襟，古邑济南，钟灵毓秀。惟大明湖，众泉汇流，衔山吞河，映日接天。鸥鹭啼红，竹篁滴翠，祠阁亭榭，涵蕴典奥。江北明珠，海右名胜，初载北魏史乘，北宋曾巩治水患，堤、桥、亭、台渐成景观，迄金代始称大明湖。

岁次庚辰千禧之初，扩建肇始。比及己丑仲夏，共和国六十华诞，工程告竣。逢河清海晏，得民众拥赞。迁民居二九六零户，移单位二十一所，增绿地水面计二九点肆万平方米，东西护城河贯通，环城可航。新辟八园，人工神斧，拓承古韵，更开新图："稼轩悠韵"访词坛翘楚，"秋柳含烟"寻诗苑英华，"竹港清风"探通幽曲径，"超然致远"观银汉飞旋，"鸟啼绿荫"闻天籁清音，"明昌晨钟"觅千秋回响，"七桥风月"展锦轴丹青，"曾堤萦水"铺一湖诗笺。

湖区阔全城增色，亲水居万民腾欢。沐十里柳风，浸百顷荷香，秉尧舜遗策，续齐鲁新章。上善若水，水运济画，擎科学发展大纛，构和谐安康家邦。福天圣二，来日未央，维我桑梓，福祉无疆！

是为记。

刘春明撰，梁修书　2009年9月21日，济南市人民政府刻立。位于大明湖新区超然楼前。

（三）千佛山风景名胜区碑刻

护龙泉洞碑

清康熙六十年（1721年）二月立，高1.1米，宽0.6米。位于舜祠东山墙外侧西壁上。

弥陀普救慈竹

清光绪十九年（1893年）立，高0.65米，宽0.55米。在兴国禅寺西门外南石壁上。

察罕普华千佛山题名记

宽1米，高0.5米，在龙泉洞内南壁西端。

齐鲁青来

1980年赵朴初题书，高0.45米，宽1.32米。在兴国禅寺内北廊中东墙上。

第一弭化

民国13年（1924年）吕祖乩书，字高2.8米，深0.17米，为阴文篆字。在兴国禅寺西南上方石壁上。

刘景茂造像记

大隋开皇七年岁次丁未，七月十五日，弟子刘景茂，知身非恒疾踰露叶，是以敬造弥勒像一躯、二菩萨，为皇帝陛下臣僚百官，七世师僧父

母见在眷属法界众生，共同斯福。（据拓本）

隋朝开皇七年（587年）立，高0.4米，宽0.2米。在龙泉洞内南壁。

曹大墓志铭

君讳大，字僧颢，定州安德人。家风夙著，少染青衿，春秋六十有二，奄殂于寝。金乌始照，终是西沉；玉菟（兔）弓弯，能无东没。大业九年岁次癸酉，二月乙巳朔，十六日庚申，葬于舜山东北七里，行路交游，叹山历如能早。

其词曰：泉源浩污，基路嵚崟，舍芳玉蕊，布藻琼林。祖曹冀，迁梁国镇将骠骑将军。奉车令史，骋国大臣。父英哲，静境都督，兼郡主簿。

隋大业九年（613年）立，纵0.36米，横0.38米。早年出土于千佛山东北麓，石藏济南市博物馆。

俯瞰齐州烟九点，踏寻崖窟佛多尊。半轮新月天心吐，一片东风扫雪痕。

郭沫若1959年春登历山诗作并题书，高1.32米，宽0.45米。刻于兴国禅寺内北廊中之北墙上。

古寺云千佛，而今存者稀。金身难免劫，玉宇少迎辉；境妙原非幻，山清自得机。人民能管领，不籍旧时微。

董必武游千佛山诗。1964年8月立，高1.32米，宽0.45米。刻于兴国禅寺内之北廊中北墙上。

历山铭

乾隆六十年，龙集单阏，七月庚戌朔，起居注日讲官，文渊阁直阁事，詹事府詹事，提督山东学政仪征阮元，游登历山，勒铭乐石，其词曰：

登此翠微，堂基戴石。岱麓分阴，妫田启陌。雷雨坐生，峰峦竞碧。楼驾三重，厓县百尺，绕穑虹落，宛阁云飞。碑头六代，松要十围。岑苔藉屐，天华满衣。磴随客意，岚成佛辉。下涌泉原，清交水木。湖平镜揩，城回带曲。野气沈郇。林烟隐屋。两岫同秋，千塍共绿。平原似海，晓日开天，燕齐道直，蓬莱景圆。山栖寿佛，台降飞仙。后之来者，亦百千年。

阮元撰文，桂馥书。高1.18米，宽0.56米，刻立年代不祥。位于历山院门内南山墙上。

重修千佛山寺永远千年碑

□□不灭，固在乎前有创，而后有继也。心心相照，尤在乎夙有缘，而今有因也。前无创者，后将何继，夙无缘者，今将何因，后所继述前所创，今所因了夙所缘耳。济南千佛山寺，去城六七里，右回左护，前控后耸，径折而蚁援焉。传隋唐间曾建寺，厥后兵燹废弛，殿堂蓁芜，无存一砖一瓦，特荒基遗址□，莫不是我前世里也。在寺中，今世又来重修圣像也。不知

德府内官苏贤，成化四年八月初三日，因游览至千佛山，睹遗址叹曰：“与其寄迹于一世，孰若留名于千古，何不使灯之已灭而复明，心之已寂而复照乎？”于是大发良心，梦寐遐想，欲成善果，遂捐己资，鸠众工，不远四五里，□人给浆以供众，辟土剪荆棘抡材筑基。西山山门三教殿中，建佛殿二座，侧盖僧房、庖廪。东山建三清殿，山上建高楼，中塑真武，穷极华丽，黝垩适均，金碧相映。垣周以石，地凑以砖，落成于成化七年四月上吉，真胜境也，延僧以绵香火。上以祝：

皇图□固

社奠定下，以替群生之乐育他意，昔之荒芜而不堪，今则雄壮而美丽，非有夙世缘者，其能若是乎？谨书以纪其实。

西山寺殿内像，释迦像一尊、大悲观音一尊、地藏王菩萨一尊、十八罗汉、四大天王。东山三清殿内像，元始天尊、太上老君、九天应元雷声普化天尊、救苦天尊、武德天尊、玉皇大帝、紫微大帝、长生大帝、北极大帝。护法全须众焚□祝□

明成化七年（1471年）五月，李玘撰文，苏贤立石。高1米，宽0.7米。刻于兴国禅寺龙泉洞西南石壁上。

千佛山吕祖事记

山岩中神仙遗像其来非一日矣，□有隙地数武，俯视诸境，靡不瞭焉在目，昔有二士人抚景联诗，因索句未成而思竭，忽有人从岩巅来续成二语，转瞬间渺若无踪，闻者异之，以为仙神诞降也。三齐大僚刘君讳诛者来信宿此山，山僧纯上人述言其事，遂捐构亭一楹于其上以栖仙灵，洵盛事也，余实耳而目焉，因笔之以志不朽。

清顺治十八年（1661年）二月黄□伟记。高0.35米，宽

0.55米。刻于千佛山对华亭东南茶社下石壁上。

千佛山吕祖洞醮社小记

夫记祀事也，记异乎，记诚乎，曰："记异所以记诚也"。戊午岁

四月望前一日。

纯阳祖师诞辰也，南关善士华可宗等捐资礼祀。礼成，饮福醴时，有幼童失手，茶瓯坠石上，磕二小孔，如雕如凿，瓦片未碎，扣其瓯仍硁硁有声。从骇异者，久之，乃恍然曰："二孔乃两□也，两□乃吕字也，祖师临矣。"祖何临，生遂环拜，矢愿结社醮祀，迄今十九年不懈。书曰："至诚感神。"又曰："享于克诚，是洵诚之聚也。神之凝也，灵异惊人昭著□，若有若无之际也，或曰山灵招之也。"佛山高不满三里许，石磴盘空，蜿蜒若亿万仞。山之腰，迭嶂层崖，林壑尤美，有穴冷然沁人心脾者，龙泉洞也。傍洞而上，山迳穿云，直抵峭壁间，仙洞幽秀焉。

仙临以山故也。余曰："不然，倘谓爱山而来，独不闻色□，乾坤总是空之咏乎"。余知诸公以诚意结仙缘，必皆□龄有常，而祀事不替，永祈上仙，布阳刚之正气。荡雅秽福，国祚奠民生也，诚可祀也，异云乎哉。

清康熙三十五年（1696年）立，王养纯撰书。高0.56米，宽1.12米。刻于对华亭南石壁上。

重修千佛山庙记

千佛山兀然峙济南之南，竦拔霄间，望若芙蓉削成，登其巅四瞩，群峰大野，城郭村墅，远近参差，悉罗顾盼，一一可指点而图也。三济自泰岱而下多名山，则介于其间者，宜难乎标胜矣。而兹山独能豁人观览，若此讵不伟欤？旧有堂宇亭轩，以为宴赏游息之所，阅岁滋久，轩寝圮剥，余因思古士大夫游宦名区，凡因胜地而缔构栋宇，每不辞创建之艰良，以寓怀高明睹风物之盛衰，亦为治之一助，故不敢略也。矧今规模完备，不过□□增茸而景象一新，予敢有惮焉。乃暨都使谷君，各捐月俸，命工将事，而一时名贤之官于济者，咸愿为助，幸观卒业辄于治事之暇为一登临，见夫突者以高，洼者以深，碧烟翠霭，凌乱氤氲，既足以缪流变态，得其怳惚无端，以写我襟。次而每瞻沟塍绣错，烟火绵延，耕夫樵牧继踵而游，鼓歌乎风日清明之下，窃有感于圣朝雨露涵濡、沦肌浃髓、休养培护之深，乃得至此也，非徒游览之资，乃升平之瑞，志之贞珉，以当史垂，后有采风者尚无忽哉。

清康熙三十六年（1697年）张勄撰，喻士膺书，张敏、苏昌臣、陈俞侯、张圣猷、刘谦吉、李兴祖、孟光宗、谭弘宪同立。刻于对华亭内吕祖洞西侧南石壁上。

特调济南府正堂加十级纪录十三次曾〔僧〕，为出示严禁事，照得千佛山关系省城风水，不宜凿石伐树致伤龙脉。近闻石工人等，私自在山凿伐售卖图利，大属不合。除严禁外，合行出示，晓谕住持约地人等知悉，不时加紧查察，如有仍在山凿伐者，立即禀报，以凭按法究处。该僧人约地如敢询隐，一经访闻，定行一并拘究，各宜凛遵，特示！

禁采伐山石树木的石刻。乾隆五十一年（1786年）二月初一日周永年、张锐、江镛、陈霖书，暨阖邑绅士公立。高1.7米，宽1.3米。刻于兴国禅寺西门外一百米处南崖石壁上。

钦命山东提刑按察使司兼管黄运河道事务康扎开

该境千佛山为省城龙脉，所关本司前经出示严禁采石，并饬该寺僧看守山场，毋许作践在案。惟查该寺向无香火地亩，不敷养赡口口捐置山前地五十七亩，收入籽粒以供日用。仍恐日久弊生私相售卖，合行抄粘饬扎到该县，即出示严禁采石，并将前项地亩禁止盗卖。如有盗买盗卖，除不给原价外，一并照例治罪，仍将地亩弓口四至造册口口送备案，一面照依勒石永远遵守。并将碑摹送阅，勿违此扎等因除造册申送备案外，合行勒石永禁。为此仰住持僧人乡约地保军民人等知悉，如敢仍前违禁开山采石及将前项地亩盗买盗卖者，定行照例治罪。断不顾宽凛之慎之。毋违特示。

计开

西院地贰契，计拾柒段，共贰拾玖亩。

第一契，卖主何百禄南保一地方（何志贵退粮银贰钱肆分，何磬宜退粮银捌分）

第二契，卖主吴大文南保五地方，本名退粮银贰钱伍厘。南至山根，北至东院地泷曰林，东至沟，西至道。

东院地叁契，计拾叁段，共贰拾捌亩。

第一契，卖主聂敬修地陆段，共贰拾亩，

在山东首，南至山根，北至业主，东至道，西至沟。南保一地方，本名退粮银壹钱柒分。

第二契，卖主刘景元，地贰段，共陆亩，在下院沟南南保一地方，刘毓楷退粮银壹钱，南至方起永，北至阎成，东至道，西至沟。

叁契，卖主葛智地五段，共拾亩，南保一地方，葛登顺退粮银贰钱伍分，南至沈曰林西院地，北至王姓，东至沟，西至王汉亭。

千佛山庙宇地亩的石刻。清嘉庆元年（1796年）二月立，高0.45米，宽0.75米。刻于历山门西南石壁上。

署历城县口为遵札严禁事蒙

按察司康扎开，千佛山为省城龙脉所关，前经出示，严禁采石，并饬寺僧看守山场，毋许作践在案。惟该寺向无香火地亩，当即捐置山前地七十五亩，收入籽粒以供日用。仍恐日久弊生。合行札饬。该县即出示严禁采石，并前项地亩，如有盗买盗卖，一并治罪，仍将地亩弓口四至造册，呈送备案，一面照依勒石，永远遵守。为此仰住持、僧人、乡约、地保、军民人等知悉，如敢仍前违禁开山采石及将前项地亩盗买盗卖者，定行照例治罪。凛之慎之。毋违，特示。

严禁千佛山采石的碑刻，清嘉庆元年（1796年）立。位于千佛山上。

抑抑威仪，维德之隅。人亦有言 ，“靡哲不愚”。庶人之愚，亦职维疾。哲人之愚，亦维斯戾。

无竞维人，四方其训之。有觉德行，四国顺之。訏谟定命，远犹辰告。敬慎威仪，维民之则。

其在于今，兴迷乱于政。颠覆厥德，荒湛于酒。女虽湛乐从，弗念厥绍，罔敷求先王，克共明刑。

肆皇天弗尚，如彼泉流。无沦胥以亡。夙兴夜寐，洒扫廷内，维民之章。修尔车马，弓矢戎兵。用戒戎作，用逷蛮方。

质尔人民，谨尔侯度，用戒不虞。慎尔出话，敬尔威仪，无不柔嘉。白圭之玷，尚可磨也。斯言之玷，不可为也。

无易由言，无曰苟矣，莫扪联舌。言不可逝矣，无言不雠。无德不报。惠于朋友，庶民小子。子孙绳绳，万民靡不承。

视尔友君子，辑柔尔颜，不遐有愆。相在尔室，尚不愧于屋漏，无曰不显，莫予云觏。神之格思，不可度思，矧可射思。

辟尔为德，俾臧俾嘉。淑慎尔止，不愆于仪。不僭不贼，鲜不为则。我以投桃，报之以李。彼童而角，实虹小子。

荏染柔水，言缗之丝。温温恭人，维德之基。其为哲人，告之话言。顺德之行，其维愚人。覆为我僭，民各有心。 於乎小子，未知臧否。匪手携之，言示之事。匪面命之，言提其耳。借曰未知，亦既抱子。民之靡盈，谁夙知而莫成。

昊天孔昭，我生靡乐。视尔梦梦，我心惨惨。诲尔谆谆，听我藐藐。匪用为教，覆用为虐。借曰未知，亦聿即耄。

於乎小子，告尔旧止。听用我谋，庶无大悔，天方艰难，日丧厥国。取譬不远，昊在不忒。回遹其德，俾民大棘。

清光绪元年（1875年）立。石小南诗，丁宝祯书。共十二石，镶嵌于兴国禅寺东门外南石壁上。·

重修文昌阁记

古称济南多佳山水，余以同治二年，捧檄东来泛游之下，见明湖潋滟，柳色荷香，与云影月华相荡漾。城以外，则鹊华烟雨耸翠排青，其西南诸峰，林壑尤美，望之蔚然而深秀者，千佛山也。巅旧有文昌阁，旁则朱衣与魁星并峙，闻都人士于仲春之吉，醵金祀焉。溯自建阁以来，科名丕振，人材辈出，虽菁英钟毓之盛，实文垣默佑之灵。咸丰二三年间，曾重加修葺，屈指至今又二十余年矣。岁久失修，庙貌就衰，栋宇半多倾圮，当风摧雨撼之频来，能无惨目?若木本水源之是念，孰任仔肩?乃有毛在亭、李荫东者，于光绪二年者，倡议更新，筹凑捐款迄四年，复经张邻予、曹炳南为之纠合同人，多方广劝，藉众擎之义举，得集腋以成裘，计共捐京蚨三百余缗，乃卜吉期，鸠工庀材，佛龛，门窗、殿宇、垣墙以及台阶、栅栏，均焕然一新，于五年秋月告竣。念此文运攸关，非苟崇夫轮奂书香所寄，讵自外于门墙，望诸君子乐喜不倦，惟怀永图，以迓神庥而垂久远，将见文风蒸蒸日上，凤起蛟腾，匪特山川生色，而亦邦家之光也。是为记。

清光绪五年（1879年）立，贺璠谨撰并书。清光绪十六年（1890年）补泐陈如兰书。共二方，每方高0.45米，宽0.8米。在文昌阁厦檐下之西墙壁上。

重修辛亥革命山东烈士墓记略

一九一一年辛亥革命是我国历史上一次伟大的资产阶级民主革命。它推翻了清王朝的腐朽统治，建立了我国第一个资产阶级民主共和国，结束了封建帝制统治中国的历史，为中国人民实现彻底的民主革命开辟了广阔道路。

早在一九〇五年，山东籍留日学生五十余人，在日本参加了孙中山先生领导的同盟会。之后，以徐镜心为代表的山东同盟会员陆续回国，在山东地区开展革命活动，多次发动武装起义，与清王朝军队进行了殊死搏斗。袁世凯篡权后，扼杀革命，残酷杀害辛亥革命山东著名领袖徐镜心、刘溥林等，进一步激起山东人民的强烈反抗，山东的同盟会员和革命人民，在孙中山先生的领导下，英勇奋战，前赴后继，百折不挠，在山东近代史上留下了光荣的一页。

辛亥革命山东烈士墓，始建于一九三四年，安葬了在辛亥革命时期牺牲的徐镜心等十九位烈士，抗日战争前夕，陵墓建设中辍，只建成了纪念塔和墓室部分，济南解放后，党和政府对陵园进行了认真保护。十年动乱期间，塔体和墓室被严重损坏。

一九八一年，纪念辛亥革命七十周年，山东省暨济南市人民政府决定重修，次年破土，一九八三年九月竣工，立碑以志纪念。

济南市人民政府1983年9月立。位于辛亥革命烈士陵园北端。

建千佛山万佛洞题记

自古至今，世纪更替，沧海桑田，凡留存下的一切历史遗迹，都在无言地展示人类不朽的创造。这中间，幸存的那些划时代的石窟艺术珍品，则成了每个时代最形象、最忠实的历史佐证。它们的容量已经大大超越宗教和宗教艺术的范畴，为后人探寻过去的文明敞开了历史的大门。

万佛洞的开凿，正是基于这些伟大艺术的启示。

敦煌、龙门、麦积山、云岗分布着我国规模宏大、历史悠久，成就辉煌的四大石窟。各以其精美瑰丽、浑朴雄建、含蓄秀丽、宏伟粗犷等不同风采交相映辉。不仅在我国美术史上占有重要的位置，且以成为举世景仰的世界文化遗产。用仿造的方法，将四大石窟浩瀚的艺术瑰宝加以精选、浓缩、重构，分别以“莫高集锦”、“龙门精华”、“麦积奇观”、“云岗荟萃”四部，由万千彩塑和壁画构成一座思接千载、视通万里的石窟艺术博物馆，不啻是一种别开生面的创举。

佛教自佛教艺术自东汉时由印度移植中土，经千百年风雨，在中华大地生根、开花、结果，逐渐汇入我民族文化沃土。石窟造像随时光流逝，其宗教风彩日趋淡化，但它在发展演变中与中国古代政治、经济、思想、文化相互碰撞，交融所积淀的深厚“文化地质”依然存在。它的中国化了的灿烂艺术光彩和民族文化的精神魂魄依然存在，这正是有待进一步开掘，用来繁荣发展今日之新文化的宝贵财富。

“文以地生辉、地以文益秀”，万佛洞艺术，必将为千佛山带来新的风采和新的繁荣。

1992年9月刻立，镶嵌在万佛洞门口东墙壁上。

历山颂

上古有伟人焉，曰虞舜。史称其耕历山，渔雷泽，陶河滨，孝友仁爱，百姓攸归。帝尧乃以二女妻之，以大位禅让之。大舜兴于畎亩，修齐治平，选贤与能，天下为公。庶民歌之颂之，神之圣之，侈言其为日月之父，众神之主，百姓之祖，若泰西神话之宙斯然。

考各地多有以历山名者，然而孟子有言：“舜，东夷之人也”。则惟华东之济南历山为近实。夫龙山文化以黑陶著，而舜以陶艺称，盖亦有自矣。济南有舜井、娥英河，又有舜祠与二妃庙，此《水经注》之可按者也。

历山一名舜耕山，俗称千佛山，位泰山北，古济水南，锺岳渎之灵秀，兴文明之都会。南承儒道春风，东沐稷学化雨，自谭国大夫赋《大东》始，名士辈出。学者则伏生传经于秦火之后，义净求法于南海之外。诗人则易安、幼安之二安崛起词坛；与夫七子魁首，神韵宗师之领袖海内，皆其尤者也。故吾曾有“多少诗人生历下，泉城自古是诗城”之咏。世传瞽叟造琴瑟，大舜歌《南风》，“萧韶九成，凤皇来仪”斯有虞乐之遗泽欤。

当今中华新建，世运昌盛，山河改观，历山之秀美尤胜于前。吾人登高以赋，兴会飘举，爰为之颂，其辞曰：

弦歌《南风》，诗唱《大东》。
虞舜之泽，四方攸同。
齐风鲁雨，文教汇通。
济渎舞凤，岱岳卧龙。
登兹历山，瞻望市容：
中华新造，日益兴隆。
娥英水甘，虞田稼丰。
尧天舜日，绵绵无穷。

1993年7月，徐北文撰文并书。刻在正门牌坊南左侧鸡鸣石上。

大舜石图园记

上古环泰山而居者东夷人也。先民倚山傍河，以猎以渔。大舜乃躬耕历山，兴于田亩，孝亲睦族，百姓戴之。舜受禅登位，恩施四海。民思慕不已，歌舞絃诵。尊为神灵；口碑流传，赞为圣德；文明载籍，颂为明君。一体而三位焉。

其尊为神灵也：谓帝舜鸟首人身，诞育日月之魄，殷商既祀为祖先，而白民、黑齿、三身等异民亦其苗裔。东夷一名鸟夷，以爽鸠、薄姑等鸟名方土，又以凤等五鸟暨五鸠、五雉、九扈名官，特绘神鸟载日翔于泰山之像，盖以鸟为族徽，舜为造物主矣。

其讚圣德也，传大舜为瞽叟之子，遭继母与弟象之虐待，然孝友唯谨，耕历山，渔雷泽，陶于河滨，教民礼让，人皆向化。帝尧以二女娥皇、女英嫁之，验其身修家齐，遂禅位焉。舜为天子，仁民爱物，南巡而殂，葬于苍梧。二妃泪洒丛林，斑竹生焉，楚人奉为潇湘之神云。

其颂为明君也：谓其世天下为公，选贤与能。帝尧既老，四岳荐舜，舜受禅登位，礼贤下士，举禹治洪水，稷务田稼，契行教化，皋陶司法，垂掌工艺，益护山林，伯夷执礼，夔典乐舞，龙任纳言。君明臣良，天下太平。后乃禅于夏禹。

曰神曰圣曰君，三者不同，人心所向，其揆一也。

舜所耕历山，史籍云在济南，即今千佛山也。历山之舜庙与趵突畔之娥英祠，载于《水经注》，盖筑于二千年前矣。自孔孟与墨子祖述尧舜之道，先秦显学勃兴，儒家道统肇立，中华文明由此发轫。济南市园林局暨千佛山公园管理处为继承优秀传统，弘扬齐鲁文化，特辟此石图园。爰置浮雕石幢九柱，区为三列，分别镌刻大舜之神话、传说与史实三者轶事。睹中华文明之灿烂，立建设祖国之壮志，凡游览者可以兴矣。是为记。

徐北文撰文并书。1999年春刻立，碑高1.3米，宽2.1米。在大舜石图园东南隅之路北。

（四）其他名胜景点碑刻

环城公园

谷牧题书，1993年立。高约4米，宽约1.5米，位于护城河坤顺门桥北。

解放阁

陈毅题书，1985年立。高1.35米，宽3.49米，位于护城河畔解放阁。

济南五三惨案纪念碑

题写人不详，1929年立。高1.6米，座高0.8米，位于五三街中段。

唐左武卫大将军胡国公秦叔宝之故宅

题写人、建立年代不详。高1.9米，宽0.98，现立于五龙潭公园秦琼祠院内。

潭西精舍记

历城西门外，唐翼国公故宅，一夕化为源，既五龙潭也。潭之名始见于于钦《齐乘》，其言曰：“水经注：泺水北为大明湖，西有大明寺，水成净池，池上有亭，即北渚也。今名五龙潭，潭上有五龙庙，亭则废矣。”按池上亭即水经注所称客亭，在趵突泉西北。何得以潭为净池？大明湖在古历城西南，今误以城内历水陂当之，北渚亭亦不在潭上。曾子固北城闲步诗云：“饱食城头信意行”，又云：“便起高亭临北渚。”苏子由北渚亭诗云：“西湖已过百华汀，未厌相携上古城。”晁无咎北渚亭赋序云：“尝登北渚之址，则群峰屹然列于林上，城郭井闾皆在其下。”据三家之言，则亭在北城上无疑。于氏不知净池填为平地，乃移客亭及北渚于潭上，疏矣。今潭上五龙庙犹在。吾友陈君明轩，嘉其水木之胜，与小香二香诸君，募钱于潭西架屋为游息地，属予记之。元遗山言：“济南楼观甲天下”，多无能指其处。因念翼公甲第连云，一旦为神物夺去，今以一瓦一椽托之潭上，几何不与颓垣废址同归乌有。虽然诸君旅人也寄兴而已，后人于烟水榛莽间追寻我辈游迹或亦有感于遗山之言也夫。

桂馥撰并书，清乾隆五十八年（1793年）立。高0.57米，宽1.36米，现位于五龙潭公园武中奇书法篆刻碑廊东端。

元丰戊午仲冬二十六日，度支郎中知齐州韩铎，奉朝命以冬旱躬诣龙洞祈雪。大理评事、知历城县赵齐贤，前颍州团练推官李毅，同拜祠下。

韩铎撰并书，宋元丰元年（1078年）立。高0.65米，宽0.5米，位于龙洞祠。

元丰二年二月八日，知齐州事韩铎，再奉朝旨以春旱祷雨灵祠。前颍州团练推官李毅、历城尉李景隆陪谒。

韩铎撰并书，宋元丰二年（1079年）立。高0.65米，宽0.5米，位于龙洞祠。

游山不陟，高无以恣；远眺攀岩，不入深何，以穷幽奥。石蹬天梯陡且悬，锦屏千仞无人到。神龙飞去巢窟空，万壑千峰豁一窍。我来正值九月初，洞口落叶红如烧。蚁附蛇行探其幽，山僧秉烛远相照。始焉逼仄躬为鞠，继焉游行臂为掉。混沌知是何年凿，玲珑曲折幽而妙。危途历尽坦途开，豁然天光生朗曜。洞口下视千寻深，虚翠浮岚拥群峭。忽见半空亘玉龙，断崖飞下千尺瀑。环山松柏万千株，风涛响入琴中操。我昔黔西访牟珠，狮象鱼龙形维肖。又向楚南觅桃源，水浅不容渔郎棹。世事耳闻半属虚，目睹乃能穷其要。似此幽境类幽人，万象罗胸无俗好。鼓掌大呼造化奇，霹雳一声众山啸。

萧培元撰并书，清同治八年（1869年）立。高1.35米，宽2.1米，位于龙洞洞口处。

御书阁

唐太宗李世民题书，初立时间为宋大观三年（1109年），明万历十六年（1588年）重立。高1.6米，宽0.5米，位于灵岩寺。

大灵岩寺

文书讷题书，元至正四年（1344年）立。高2米，宽0.95米，位于灵岩寺。

海内第一名塑

梁启超题书，民国11年（1922年）立。高1.5米，宽0.45米，位于灵岩寺。

灵岩名塑，天下第一，有血有肉，活灵活现。

刘海粟题书，1983年立。高1.2米，宽2.2米，位于灵岩寺。

一代词宗

舒同题书，1997年立。高1.58米，宽0.66米，位于百脉泉公园清照园。

一代词人有旧居，半生漂泊憾何如。冷清今日生轰烈，传谕千秋是著书。

郭沫若撰并书，1957年立。高1.6米，宽0.85米，位于百脉泉公园清照园。

宋朝名迹此中稀，剩水赊山感异时。唯有女郎风雅在，又随兵舫泣江蓠。

王象春诗，焦传生书，1997年立。高1.26米，宽0.69米，位于百脉泉公园清照园。

绿肥红瘦有新词，画扇文窗遣兴时。象管鼠须书草帖，就中几字胜羲之。

元淮诗，刘艺书，1997年立。高0.57米，宽0.6米，位于百脉泉公园清照园。

张南湖论词派有二，一曰婉约，一曰豪放。仆谓婉约以易安为宗；豪放惟幼安称首。皆吾济南人难乎为继矣。

王士祯诗《花草蒙拾》，张虎书，1997年立。高0.79米，宽1.65米，位于百脉泉公园清照园。

常记溪亭日暮，沉醉不知归路。兴尽晚回舟，误入藕花深处。争渡、争渡，惊起一滩鸥鹭。

李清照词《如梦令》，权希军书，1997年立。高0.92米，宽0.58米，位于百脉泉公园清照园。

风住尘香花已尽，日晚倦梳头。物是人非事

事休，欲语泪先流。闻说双溪春尚好，也拟泛轻舟。只恐双溪舴艋舟，载不动许多愁。

李清照词《武陵春》，张辛书，1997年立。高0.6米，宽1.26米，位于百脉泉公园清照园。

千古风流八咏楼，江山留与后人愁。水通南国三千里，气压江城十四州。

李清照诗《题八咏楼》，李铎书，1997年立。高0.65米，宽1.34米，位于百脉泉公园清照园。

珍珠泉宴赏

嘉泉灵沼向济称，百道清淙地底腾。炯炯骊珠回夜色，盈盈蛟泪夺秋澄。初疑碧汉翻金粟，忽忆明河锁玉绳。最是沾恩歌湛露，赐来尊酒又如渑。

王世贞撰并书，2000年立。高1.35米，宽0.68米，位于百脉泉公园龙泉寺。

园林政策法规

一、政府规章

商埠公园游览章程

（摘自1927年《济南快览》）

一、凡来公园游览者，先在售票处购券，方准入内。览毕出园，即将该券缴销。

二、入览券每张铜元十枚（原本三枚），游附设陈列馆者加铜元二枚。

三、售券时间每日上午八时起、下午六时止，如有宴会，先期知照，不在此列。

四、凡有捐助花木、禽兽、陈设物者，随时付给收据，并登报鸣谢外，另行送给优待券。其期限之久暂，以捐品价值之贵贱定之。

五、本园管理园务之职员及匠役人等，均佩有特别标帜，以便稽查。除有特别优待券者外，无论何人，均须一律购券。

六、本园门前备有停车场，以备游人停放车马，不得乘坐入内。

七、入园游人均须鱼贯出入，以免拥挤。

八、园内花木果实以及所蓄动物等类，只可观览，不得攀折侵害。如有折花一朵者，罚京钱二百文；损害全株者，加倍议罚。

九、游人入园，不得携带危险及有妨害卫生等物。

十、游人入园，不得污画墙壁，违者议罚。

十一、酒醉疯癫等人，概不售给入览券，以防滋事。

十二、园内备有厕所，游览者不得在厕所外随意便溺，违者照警章罚。

十三、入览券以宽一寸五、长二寸白纸为之，上印公园游览券，盖有图章。

十四、如有不购券闯入园内者，于出园时查出，加倍罚之。

十五、凡欲借本园亭座宴会者，须先一日知会本园挂号，如先有人定座，须酌改之。

十六、凡假本园宴会者，除正面大厅不得租赁外，其余亭座，每桌收大洋一元（竟日者加倍，其费须于挂号时预交），随从人等仍须购券，轿车夫等概不准入。

十七、凡在本园宴会者，所有炉灶及茶杯、桌椅等物，归设宴者自备。

十八、因宴客如有损伤器具者，照价赔偿。损及花木者，照第八条罚之。

十九、如欲打球者，本园备有球网。每人以铜元五枚，每次以一小时为度。损坏者照价赔偿。

二十、园内偏东，准设茶馆，以备游人啜饮。暂不收取租费，俟将来生意兴旺再行酌量收捐。饮茶者照承办人定价付资。

以上二十条，如有应行修改之处，随时核订登明。

中山公园管理规则

（1933年）

第一条 本规则依据济南市工务局组织细则第四条第七项之规定订定之。

第二条 本园设管理员一员管理园内一切事务，并得设雇员若干人佐理之。

第三条 园内风纪秩序管理员应负维持之责，遇必要时得通知该管公安分局派警协助。

第四条 园内游人如有违背游览规则情事，由管理员随时取缔，其情节较重者，送交该管公安分局办理并呈报工务局备案。

第五条 园内茶社及民众俱乐部等，均招商承租，其一切部署须受管理员之指导，如有违背各种章则情事，管理员须随时呈请核办。

第六条 凡承租各商应将经理及伙友姓名、人数，报由管理员转呈工务局备查。

第七条 各商雇用之伙友所著衣服，均须一律佩带符号，但须依照市政府之规定式样制备之。

第八条 公园每日上午六时开门，下午八时闭门。但因季节或其他原因得随时呈请变更之。

第九条 承租各商及伙友出入，均须遵守启闭时间，并不准容留闲人在内寄宿。

第十条（略）

第十一条（略）

附：济南市公署保护大明湖湖田祠宇办法

（1939年）

第一条 本局署为保护明湖名胜，杜绝侵占，以免年久淹没起见，特定本办法。

第二条 由市公署测勘湖界绘图存案，并择要树立界石，以后每年六月会同警察局复查一次，如有占侵湖面者，无论湖田为公有私有，概照本办法第十三条之规定处罚。

第三条 凡沿湖修建房屋，由市公署按照湖界图，切实查勘，确无侵占湖界，或填垫湖田者，方准给照兴工。

第四条 凡修建房屋者，不准将碎料余土运弃湖中，或湖岸近旁。

第五条 凡一切垃圾秽物碎砖土石等，不能倾入湖内，或其近旁。

第六条 湖内蒲荷之属，当收获后，由各该地主，随时清理湖池。

第七条 市民对于湖内祠宇墙壁，不得污损涂抹，或粘贴广告标语。

第八条 游人对于祠宇内器具，及一切花木，不得随意损坏攀折。

第九条 不准在湖内赤身沐浴，或在祠宇内任意便溺。

第十条 各祠宇看守人，对于祠宇一切什物，有管理保存清洁之责。

第十一条 城内各该管警察分局应随时派警注意考查，如有违犯本规定者，应即照章取缔。

第十二条 大明湖管理员，如查有市民违犯本办法之行为，得随时制止，倘有不遵者，即通知各该管分局，送局处罚。

第十三条 凡违犯本办法第二条至第五条之规定者，每侵占湖面亿平方公尺，罚金五元，并勒令其恢复原状。

第十四条 凡侵占湖面经人举发，查明属实者，除对于举发人姓名保守秘密外，并提罚款二成，以作奖励。

第十五条 凡罚款以三成提奖办事出力人员（有举发人者办事人一成，举发人二成），其余七成归公。

第十六条 凡违犯本办法第六条至第九条之规定者，得酌量情节轻重处以一元以上十元以下之罚金，其损坏物件者，并以值赔偿。

第十七条 本办法如有未尽事宜，得随时会同修正之。

第十八条 本办法自公布之日起施行。

附：济南市公署整理商埠公园、保护公物、限制杂商摊贩在园内营业的布告

（1941年）

为布告事：查市设公园，原为市民游憩之所，景色极为幽静，秩序尤宜严肃，栽植花木，圈养动物，即可供游人之观赏，复可增自然之常识，观感所景，心旷神怡。

惟以往园内商贩杂沓，爱护公物维护园林者固属甚多，而任意毁坏公物，摧残花株者亦复不少，以致园林胜地变为烦嚣市场，若不严加限制，势必败坏不堪。兹为保护公物及繁荣公园起见，将承租商贩严加限制，自本年度起，拟将有益公园之贩、供人游饮之茶社，以及养鱼等贩，仍准租用，其余杂贩叫卖一律取缔。除将招商承包茶社办法另案布告外，合行布告，仰合市商民一体知照为要。

此布！

附：济南市公署投标办法布告

（1941年）

为布告事：查本署前为整理公园，限制杂商贩在园内营业，籍资保护公物，维护园内秩序，业经布告周知在案。值此夏令将届，为繁荣公园，便利游人休息起见，仍按向例招商承包公园茶社，计自承包之日起至本年十月底止，最低标额为三千元，并于四月二十六日上午十时，在本署会议室当众投标，合将茶棚图样及投标办法布告周知，仰合市商民等，如愿承包公园茶社者，务于

投标期前，先到本署财政局报名，届时来署投标，勿自延误为要。切切，此布。

兹将投标办法列后：

投标资格：承包人以能遵守公园章则及市署规定办法为合格。

请承手续：凡愿承包者，需于报名期限内来署领取报名单，详细填明，附交押标金，听候投标。

包办期限：自中标之日起，至本年十月底。

投标地点：济南市公署会议室。

最低标额：定为三千元。

营业范围：承包人营业范围以茶水、瓜子、纸烟、冷食、糖果、冰激淋、汽水、啤酒、鲜花、水果、糖类、蔻蔻咖啡以及其他冷食物品为限，不得任意增加或私售违禁物品，并须随时保持清洁。

营业界限：公园四照厅旧址为茶社社址。

保证金：投标人须按照最低标额呈缴十分之二押标金，中标者即作为标款，不中标者照数发还；如中标而不遵章认包者，即押金全部没收。

中标规定：投标人认包数目，须超过所定最低标准；以认数最多者为中标；如有数目相同者，得复投之，如认数不足最低标额，延期另投。

投标开标手续：凡投标人务于规定日时齐集投标地点报到，领取标纸，亲自书写愿认数目，投匦内，俟投齐当众开标后，即行公布。

缴款期限：投标人中标后，必须觅具殷实铺保，租金分两期缴纳；第一期为中标后一星期内缴纳金额十分之五；第二期为七月一日交金额十分之五，不得延期。

设备等费：凡承包人，营业时临时搭盖席棚，雇佣工友及须用电灯煤炭等费，盖由承包人自备。

承包责任：承包者对于公园物品及树株，须加爱护，其余承包范围内指定地点，依照本署制定图样搭盖席棚，承包期满须即时自行拆除，不得转让。（席棚图样分存本署，财政局及济南市商埠公园，以备查阅）

临时公用：承包地点如遇公家临时集会，包商应暂停营业，以利公用。

济南市公园管理暂行规则

（济南市人民政府1949年11月公布）

第一条 为树立公园内之公共秩序，及养成群众爱护公物习惯，特制定本规则。

第二条 游人须自觉遵守下列各项。

一、出入公园要严守秩序，不得争先拥挤。

二、不准带进牲畜和脚踏车。

三、不得在园内鸣枪、打鸟、打弹弓、抛砖石、打手榴弹。

四、不准涂抹，或损坏墙壁，及一切设备。

五、不准随意张贴广告、布告、及各种宣传品。

六、不准攀折，或践踏花木。

七、不准攀登树木，或在树上钉挂衣物。

八、不准喧哗、乱跑、打闹、或叫卖物品。

九、不准随地吐痰与便溺。

十、不准在规定时间以外游览。

第三条 大明湖公园之游人，除须遵守上条规定外，并须遵守以下各项。

一、不准任意摆设茶摊。

二、乘船预先讲好船价。

三、不准涂抹损坏古迹。

四、不准采折荷花蒲苇。

五、不准在附近赤身沐浴。

第四条 游艺茶社商贩等，未经本府批准，不准在园内营业。

第五条 对于公物花木如有损坏，须按价赔偿。

第六条 如有违犯本规则，轻者予以批评制止，重者得酌情议处。

第七条 神经失常及醉酒者，及八岁以下儿童无大人带领者，均不能入园游览。

第八条 本规则如有未尽事宜，得随时修正之。

第九条 本规则自公布之日施行。

济南市树木保护管理暂行办法

（济南市人民委员会1956年4月20日公布）

第一条 本市公有山林、广场、公园、街道、河岸及郊区公路两旁等树木均属公共财产，人人都有抚育爱护的义务。

（一）机关、工厂、部队、学校、团体等部门，对本地段以内的树木（包括行道树），应切实负责抚育和管理。

（二）各街道居民和工商业住户，对门前和街道临近的树木及其保护设施，应负责抚育和管理，在两户之间或同院数户者，则共同保护，但需选定其中的一户负责；远离四邻的街道树木，由区人民委员会责成当地居民委员会酌情指定附近居民分段负责抚育和管理。

（三）郊区公路两旁、河堤两岸的公有树木，由当地乡人民委员会负责组织群众分段养护。

（四）公有山林、广场、公园由城市建设局和郊区办事处分别直接管理。

第二条 树木不得任意砍伐，公有树木必须砍伐时，须报经城市建设局批准；砍伐市区私有树木时，须经区人民委员会批准。

第三条 凡树木的发育妨碍现有建筑物、电线、上下水道、道路等公共设施确需剪裁或移植者，属于公有者应经市城建局批准，属于私有者应取得树主的同意，其所需全部费用由申请单位负责。

第四条 凡有纪念意义或古老稀有的树木花株，应特别加以保护；必须移植者，须报经市城建局批准。

第五条 严加制止一切破坏树木的行为。如有下列情形之一者，根据不同情况予以批评教育，责成赔偿或其他处罚。

（一）对树木随意攀折、摇动、刻划、挖根剥皮者。

（二）在树上拴系牲畜、钉挂招牌、电灯和其他物品以及就树作架搭棚者。

（三）在树下挖土、堆置砖石、倾倒垃圾污水或放置发烟发热的物品者。

（四）损坏树木的保护设施者。

（五）有其他破坏树木的行为者。

对偷窃、滥肆砍伐、纵火等破坏树木行为情节严重者，依法惩处。

第六条 对树木热心抚育、管理有显著成绩或对他人破坏树木的行为积极检举者，应予表扬或奖励。

第七条 本办法自公布之日起施行。

济南市公园管理通则

（济南市人民委员会1960年1月10日发布）

第一条 为加强公园管理，维护秩序，保护公园设施，特制定本通则。

第二条 入园游览者，应爱护公共财产，遵守公共秩序，尊重社会公德，爱护公共卫生，对违犯本通则之行为，人人都有监督制止的责任。

第三条 游人一律购票入园，身高 1.2 公尺以下的儿童免费入园，必须有成人带领。

第四条 游览时间，根据季节随时公告。

第五条 除儿童、残废人乘坐之轻便车辆或经公园许可的车辆外，其他各种车辆及牲畜一律不得入园。

第六条 酒醉、神经病患者及携带武器、猎枪者，一律不得入园（现役军人、警察除外）。

第七条 凡有下列行为之一的，公园管理人员，应予劝阻制止或 酌情处理，对情节严重者，送交当地公安机关按情节予以处理：

一、攀折花木，采摘果实的；

二、在湖、泉、河、池内洗澡，洗涤物品，倾掷污物或打捞垂钓，伤害水生物的；

三、任意在文物古迹、建筑物、山岩、树干上涂写、刻划、张贴或移动公园陈设物的；

四、在公园随地便溺、吐痰或任意投掷果皮、纸屑、渣核的；

五、未经公园许可 ，在公园销售物品的；

六、成年人或逾龄儿童使用儿童玩具的；

七、任意激怒、嬉弄、伤害动物，向动物投掷食品、杂物，攀越栏杆，接近动物笼舍的；

八、游船划入水面种植区以内 ，损坏水生作物的；

九、在公园内开荒种地的；

十、其它妨害公共秩序的。

第八条 各公园如有特殊事情发生时，应及时处理。

第九条 凡公园规定的各项管理细则，应予遵守 。

第十条 本通则自公布之日起施行。

公园管理通则补充规定

（济南市人民委员会1963年1月公布）

根据《济南市公园管理通则》（以下简称管理通则）第七条规定，对一切违犯章则和破坏行为，再做如下补充规定：

第一条 对违犯管理通则第五、六、七条规定，情节轻微，未造成损失或损失较轻，而又承认错误，愿意改正的，可给予批评教育。

第二条 对犯有下列条款的，应按照损失令其赔偿：

一、刻划岩石无明显印迹，或有划纹不致岩

石破裂的，应折价赔偿，由于刻划造成岩石破裂的，应全价赔偿；

二、损失公园陈列物品，根据物品价值照价赔偿；

三、成年人或超龄儿童使用儿童玩具，致使玩具损坏者，按损坏情况偿付修理费用或全部赔偿；

四、伤害动物，根据伤势轻重情况，偿付治疗费用，致死动物者，全价赔偿；

五、游船划入种植区内损坏水生作物的，根据损坏的数量，按价赔偿；

六、采摘果实、花叶及种子，按数量及成熟价值赔偿。

第三条 对违犯下列各款的，分别情况给予罚款处分：

一、折断树枝一至五公分的，罚款五角以上五元以下，加重处罚，不超过十元。

二、折断树枝五公分以上的，罚款五元以上廿元以下，或根据情节加重处罚。

三、破坏珍贵树木，比一般树木增加一至十倍的罚金。

四、刻划树木轻微的，罚款二角以上一元以下；影响愈合需治疗的，罚款一元以上五元以下；刻划严重而难以愈合的，罚款三元以上十元以下；情节特别严重的可加重处罚。

五、剥离树皮一至五公分的，罚款一元以上五元以下；五至十公分的，罚款五元以上十五元以下；十公分以上的，加重处罚；因剥离树皮致树木死亡的，应根据树木价值加一倍或几倍处罚。

六、在湖、泉、河、池中洗澡或投抛污物，有害水生物及卫生的，罚款一至五元。

七、在禁止片区打捞垂钓，除返回所捕钓水生物外，并酌情罚款一元。

八、污损或刻划文物古迹和建筑物的，酌情罚款一至五元，情节严重者，加重处罚。

九、张贴广告、纸条等，酌情罚款一至五元。

第四条 在公园内打架斗殴，搞流氓活动，放火、放毒，造成或有其它严重破坏行为的，送交当地公安机关，依法惩处。

本规定自批准之日起施行。

济南市泉水管理暂行办法

（济南市人民委员会1963年1月10日颁布）

第一条 为加强我市泉水的管理，确保全市水源清洁，满足生产和生活的需要，有计划有步骤地保护改善泉源，美化城市，特制定本办法。

第二条 本办法所管理的范围包括：历史名泉、露天涌泉、泉地、泉井和人工钻孔喷泉，以及泉水道和附属设施。

第三条 本市所有泉水，由济南市建设局（以下简称市建设局）统一管理。在各单位或居民院内的均应根据本办法负责管理保护，并根据市建设局的规划设计，进行绿化。在管理部门检查时，住户应随时配合不得拒绝。

第四条 对泉水非经批准，任何单位或个人均不得侵占、移动、填垫、损坏或作其他利用。

第五条 为了确保泉水水质清洁，水流畅通，严禁下列行为：

1．倾倒垃圾、炉灰、渣土、废物。

2．漂洗和浸泡有毒、有害、有味、有尘土杂质、油垢等物品。

3．在泉源上洗衣、洗菜、淘米。

4．排入生产废水和生活污水。

5．筑坝、打桩、设闸、提高水位。

6．洗澡及游泳。

7．破坏原生鱼类和水草。

8．放养家禽家畜。

第六条 在泉源30米内不得有厕所、粪坑渗井，已有的用不透水材料进行改建。

第七条 在泉源保护范围内（泉源名称及防护范围由市建设局另订）的居住房屋的坍塌破旧、没有修缮价值者，应拆除迁建。公房由济南市房地管理局负责，私房按规定给予补偿。

第八条 凡未经市建设局批准，不得在泉源附近进行爆破打桩，防止地质变化，影响泉流。

第九条 爱护泉源，人人有责，遵守本办法有互相监督的权利和义务，对维护泉源有显著成绩者，酌情给予奖励。

第十条 凡违犯本办法之规定者，分别情况，由管理部门给予批评、教育、赔偿、罚款等处分，情节严重者送交司法部门依法处理。

第十一条 本办法自公布之日起施行。

济南市近郊国有山林管理暂行办法

（济南市人民委员会1963年1月10日颁布）

第一条 为加速近郊山区的绿化，保护与扩大森林资源，以适应工农业建设的需要，改变城市自然面貌和精神面貌，特制定本办法。

第二条 国有山林是全民的财产，由国营林场统一经营管理，城市居民、机关、部队4学校、企业、团体均有保护之责，对一切破坏山林的行为都有权制止和检举。

第三条 为加速绿化，国营林场可以和附近生产队订立合同，把国有荒山分片包给生产队造林和营林，由国家按劳付酬，林权和效益归国家所有，也可以采取国家与生产队合作造林，国家出土地和种苗，生产队负责造林和养护，地权归国家，林权为双方所共有，修枝割草收益全部给生产队，在间伐和更新时，国家提取百分之三十至四十的木材，其余全部给生产队。

第四条 国营林场、郊区人民委员会和人民公社，均应加强对护林工作的领导，以林区为单位共同组织护林组织，民主制定护林公约，实行分片划段层层负责的联防制和责任制。

第五条 护林组织的职责是：

一、执行护林工作指示，贯彻林业政策；

二、向群众进行护林宣传教育；

三、组织与领导群众进行护林防火；

四、制止与检举破坏山林的活动；

五、观察与汇报山林病虫与其他灾害。

第六条 护林组织的权益是：

一、在责任制区内，定期地、有领导地进行修枝、割草和采集林付产品；

二、灌木林采集时，可提取百分之二十至三十的编条材；

三、间伐和更新时，可提取百分之三十的小规格用材和全部树枝树根。

第七条 在固有山林内，凡有违犯下列条款之一的，酌情给予批评教育和补栽、赔偿、罚款的处分，对情节严重者，送交司法部门依法惩处：

一、毁林开荒和陡坡开荒；

二、滥放牲畜。放牧时必须在划定的牧场内进行，没有牧场的单位或机关，所养之牛、羊、猪都要实行圈养；

三、盗伐树木，折树枝、采树叶、剥树皮，以及刨野生灌木，刨草根等，从而破坏堰坝和山皮的；

四、放火、玩火或因吸烟、烤火、烧饭、上坟烧纸等引起山火；

五、开山采石必须报请市城建局批准，并在指定的采石区内进行，审批单位亦应征求园林处同意；

六、破坏林道、防火设施、蓄水保土工程（水平阶、鱼鳞坑）和古迹名胜。

第八条 对护林工作，有下列情形之一的，按其贡献大小予以表扬或物质奖励：

一、积极组织领导群众保护山林有显著成绩的；

二、热心宣传护林政策，做到家喻户晓，因而山林确无破坏的；

三、及时报告山火或积极带头扑灭山火 ，因而减轻损失或未酿成灾害的；

四、捕获或检举盗罚林木、纵火烧山，经查属实的；

五、及时汇报病虫情况，从而减轻或避免灾害的。

第九条 本办法自公布之日起施行。

济南市近郊国有山林管理暂行办法的补充规定

（济南市人民委员会1963年4月发布）

根据《济南市近郊国有山林管理暂行办法》的处罚条款，特作如下补充规定 ：

第一条 犯有下列规定之一，能够承认错误，保证今后不再重犯，给予批评教育。

一、折毁树枝，采摘树叶，对树木生长影响不大的；

二、破坏山皮不超过十平方米的；

三、破坏林道及防火线不超过十平方公尺的；

四、踏坏水平阶或鱼鳞坑堰不超过一公尺的。

第二条 折毁树枝，影响树木生长或滥放牲畜、放纵牲畜啃伤或踏伤树木的，令其补植树木。补栽树木的规定：

一、根际直径不到二公分的，每破坏一株，罚补栽五株；

二、根际直径二至四公分的，每破坏一株，

罚补栽十株；

三、根际直径四至五公分的，每被坏一株，罚补栽二十株。

以上补植树木，必须保证成活。

第三条 犯有下列条款之一的，酌情给予罚款的处分：

一、擅自砍伐树木的；

二、折树枝，采花果造成树木死亡的；

三、滥放牲畜，啃毁或踏毁树木幼林十株以上的，成林五株以上的；

四、破坏山皮十公尺以上的；

五、破坏林道或防火线三平方公尺以上的；

六、踏坏水平阶或鱼鳞坑堰一公尺以上的。

罚款规定：

一、幼树：按每株根际计算，每公分罚款五角；

二、成林：按每株胸径记算，六至十公分者，每公分罚款二元；

三、果树：在五公分以下的，罚款十五元以下，五至十公分的罚款十五元至五十元，十公分以上的，酌情加重处罚；

四、破坏山皮，每平方公尺罚款一至二元；

五、破坏林道、防火线和水平阶、鱼鳞坑堰，每公尺罚款一至二元；

六、未经许可，采石取土，每立方公尺罚款十元。

第四条 蓄意破坏造成严重损失的，送交司法部门依法处理。

第五条 本规定自批准之日起施行。

济南市树木管理暂行办法

（济南市人民委员会1964年1月11日发布）

第一条 为了加强树木的保护和管理，加速城市绿化，有利于调节气候，改善环境卫生，美化市容，更好地为生产和人民生活服务，特制定本办法。

第二条 凡国家在马路、铁路、公路、河坝、街道、堤岸、公园、隙地、风景区等公共绿地的树木，一律归国家所有。凡机关、部队、学校、团体、厂矿企业、事业及其他专用绿地，庭院的树木，归使用单位所有，其经济收益由使用单位自行分配。居民所住公用庭院的树木，归国家所有，果品、树枝归扶育者所有。

第三条 市区树木的管理：

1．马路和街道的树木，在谁门口由谁负责管理；

2．对公共绿地的树木，由就近所住单位和驻地居民按照卫生区划，分片划段，负责抚育管理。群众管不到的，由园林部门负责管理。

3．专用绿地、庭院的树木，由使用单位负责管理。

4．居民所住公有庭院内的树木，由住户负责，一院多户者，应推选一户负责组织管理。

第四条 人人有抚育爱护树木的义务，有劝阻、制止和检举一切破坏树木行为的责任。对公有树木管理有成绩的和检举破坏树木有功的单位或个人，酌情给予奖励。

第五条 规划设计修建各项工程时，应注意保护现有树木，对有纪念意义和古老稀有树木，应特别加以保护。凡因修建工程、砍伐或修剪树木时，应事先与园林部门协商解决，不得擅自处理。

第六条 电线杆与行道树在一直线上，为保证通讯、供电安全，照顾城市绿化，对行道树的修剪应电业、电机、园林部门共同研究，根据实际情况，确定修剪标准，不得自行修剪。凡线路低于上级规定标准的，应逐步改进，达到标准。

第七条 市区所有树木，一律禁止任意伐除。凡病株或枯老不能生长又无保存价值确需更新或需要间伐、移植的树木，不论公有私有，必报请园林部门审查批准。

第八条 对于一切破坏树木的行为，有下列情形之一者，根据情节轻重，给予批评教育、赔偿损失或罚款的处分；情节特别严重的，送交司法部门依法处理。

1．盗窃和破坏树木及附属保护设施者；

2．攀折、刻划、剥皮、挖根、采花叶者；

3．在树上钉挂招牌、电灯、拉线以及就树做架、搭棚者；

4．在树下挖土、种植，倾倒污水及距树二公尺内放置烟火、发热物品，堆积材料者；

5．在树上拴系牲畜，放纵牲畜啃伤树木者；

6．驾驶车辆撞伤树木及其他有损树木者；

7．未经批准私自砍伐树木者。

第九条 本办法自公布之日起施行。一九五六年四月廿日公布的《济南市树木保护管理暂行办法》即予废止。

关于加速绿化加强山林树木保护管理的布告

（济南市革命委员会1972年9月28日发布）

林业是国民经济的重要组成部分，是社会主义建设的重要资源。积极发展林业，加强对林木的保护管理，是战备的需要，是提高人民生活的需要，对于发展工业、农业生产具有十分重要的意义。

几年来，在毛主席革命路线的指引下，广大贫下中农、革命干部，热烈响应毛主席关于“绿化祖国”的伟大号召，积极开展植树造林运动，使林业生产取得了很大成绩。 为了进一步认真落实党的林业政策，切实加强山林、树木的保护管理，根据“六十条”和省委“十五条”规定精神，特作如下规定：

（一）坚持执行“国造国有，社造社有，队造队有。社员个人种植的零星树木归社员所有”的政策。树木生长周期长，所有权必须长期固定不变。经济林从种到老死，用材林从种植到成材采伐，所有权不得变动。

（二）过去已划归国家所有的山林，仍归国家所有。国营林场必须坚持“以林为主，多种经营”的方针，充分示范和骨干作用。

（三）现有生产大队和生产队的树木经营管理体制，如果符合“六十条”和省委“十五条”规定，即不再变动。如果不符合“六十条”和省委“十五条”规定，即按照“六十条”和省委“十五条”规定执行，这些树木的所有权和经营权，长期固定不变。

（四）社员在宅旁、屋前、屋后或生产队指定的其他地方种植的树木，永远归社员所有。以往实行的林木确权发证，不得任意宣布无效。如果当时确权确实不合理，群众意见很大，个别需要调整的，必须经县革命委员会批准。

归社员个人所有的树木，社员可以自行处理，不需办理批准手续。

（五）各级革命委员会必须依法保护国家、集体、个人林木的所有权。不论国家所有、集体所有和个人所有的树木，任何单位、个人都不准侵犯。不准将国有山林划归集体；不准将集体山林划归个人；也不准以任何借口把社员的树木收归集体，已收归集体的树木应重新退还给社员。

（六）县、社、队三级要普遍建立和健全护林组织和护林制度。要发动群众讨论和制订护林公约。严禁乱砍滥伐，严禁放火烧山，严禁盗窃树木；不准毁林开荒，不准毁林搞副业。违者，应根据情节轻重，给予批评教育或处分，对情节严重的首恶分子或地、富、反、坏、右分子要依法严惩。

（七）严格禁止犯法收购、购买木材。任何机关、学校、工矿企业单位，不经县以上革命委员会批准，一律不准到国营或集体单位采购或换取木材。对贩运木材的投机倒把分子要坚决打击。

（八）各级革命委员会要加强对林业工作的领导。经常组织群众认真学习毛主席有关发展林业生产的指示，开展育苗、植树造林运动。不论城市、农村、机关、学校、厂矿企业、街道居民，都要积极行动，为实现伟大领袖毛主席关于“绿化祖国”的号召，为加速实现《全国农业发展纲要》规定而努力。

关于对破坏园林树木的处理规定

（济南市革命委员会1973年3月14日颁布）

为了加强城市园林绿化管理，保护公园、道路、隙地、河岸、洪沟树木，全市人民要自觉地遵守革命纪律，积极参加管理监督，对违犯园林树木管理办法的单位和个人，公安、园林部门有权按照以下规定处理。

一、凡有下列违章行为之一的，给以批评教育、警告、检查改正。

1. 爬树、攀折、摇晃树木、采折花叶果实的；
2. 在树上拴绳挂物、刻划、钉钉挂牌、安装电灯、拴铁丝、架电线、系牲口及就树搭棚、做架的；
3. 在树下挖土、倒污水的；
4. 距树一公尺内堆置砖、瓦、砂、石等建筑材料的。

二、凡有下列违章行为的，除令其书面检讨外，并须按规定每株树木交纳1—30元的赔偿费。

1. 由于以上各项违章行为造成树木损害的；
2. 车辆撞伤树木或其他行为造成树木损伤的；
3. 在树上拴系牲口，啃咬树皮造成损伤的；
4. 借树依树作业，造成损害的；
5. 距树二公尺内堆置石灰、水泥等发烟、发热及散发有害树木的气体、液体等物品造成损害的；

6. 未经园林主管部门同意或虽经同意，但不按技术要求强修乱剪树木造成损害的。

三、凡有下列违章行为之一，须按赔偿费的1—5倍处以罚款，或处以拘留或拘役，直至送交政法部门处理。

1. 由于以上违章行为造成树木死亡的；

2. 未经园林主管部门批准私伐树木的；

3. 剥树皮，蓄意促使树木死亡的；

4. 违章情节严重，管理人员和群众制止纠正时蛮不讲理，无理取闹的或殴打管理人员和群众的。

本规定自公布之日起实行。园林主管部门必须履行职责，积极宣传严格管理。公安机关要积极协助园林主管部门执行本规定。各机关、工厂、企业、学校、部队、街道、公社要积极配合，对所属人员要经常进行爱护树木的教育，积极参加树木管理，好的要及时表扬，对被坏树木者要积极支持公安、园林部门处理；对蓄意破坏树木的阶级敌人，要依法严惩。

附：赔偿损失规定。

造成树木损伤赔偿规定

（常绿乔木据情酌价）

附录表-1

树木规格	赔偿金额	
	损伤落叶乔木	造成树木死亡
胸径5公分以下树木	1—4元/株	5元/株
5—10公分	2—9元/株	10元/株
10—15公分	3—9元/株	20元/株
15—20公分	4—29元/株	30元/株
20公分以上	胸径再增加两公分赔偿再增加一倍	

损伤树木枝条赔偿规定

（花灌木绿篱参照下表酌价）

附录表-2

树木规格	赔偿金额	
	落叶乔木	常　绿
折断树枝1公分以下者	0.01—0.01元/枝	0.20元—1.00/枝
3公分以下至1公分者	0.02—0.05元/枝	0.30元—5.00/枝
3公分以上者	每公分0.30元	每公分1元

济南市城市树木管理办法

（济南市革命委员会1973年3月15日颁发）

第一条 为了认真落实毛主席关于“绿化祖国”“实行大地园林化”的指示，加强城市树木的保护管理，加速城市绿化和改善城市面貌，特制定本办法。

第二条 凡国家在城市道路（包括郊区市管道路）、空隙地、公园、河岸、堤坝种植的树木，一律归国家所有，木材收益归园林主管部门。

机关、部队、学校、团体、国营厂矿、企业、事业单位专用庭院种植的树木，树权归国家所有，收益归本单位。

国家和社队联合经营的树木，树权归国家所有，收益按比例分成。

集体所有制单位院内种植的树木，归集体单位所有。

居民所住公房庭院种植的树木，树权归国家所有，木材收益归园林主管部门，枝条、树根和果实归抚育者所有。

私房庭院内种植的树木归个人所有。

第三条 公共绿地树木的养护管理，由所在区、街道办事处发动、组织驻地单位和街道居民分片包干，负责栽植和抚育管理。绿化专业队伍，要履行职责，加强技术指导。机关、部队、厂矿企业、事业单位庭院和居民庭院内的树木，由所在单位和住户负责抚育管理。

第四条 抚育爱护树木人人有责。对破坏树木行为，有权劝阻、制止和检举。对公有树木养护管理有成绩，对检举破坏树木有功的单位或个人，酌情给予奖励。

第五条 修建工程和其它市政设施的设计规划，应注意保护现有树木，特别是属于文物保护的树木和古老稀有树木。凡因修建工程、改善交通等需要，迁移伐除或修剪树木时，应事前与园林主管部门协商解决，不得擅自处理。

第六条 电杆与行道树在一直线上，线路距树冠过近的地方，电业、电信部门应采取措施保护电缆。线路低于规定标准的，应逐步加高。如确需修剪树枝时，电业、电信部门应与园林主管部门协商解决。在今后新建、改建道路时，对植树、架设电杆线路等应作统一规划安排，避免互相影响。

第七条 公私树木一律禁止任意采伐。凡病株、枯老，不能生长，又无保存价值的，确需更新、间伐或移植的树木，不论公有私有，必须报园林主管部门批准。

第八条 对一切破坏树木的行为，由园林主管部门根据情节轻重，按照“关于对破坏园林树木的处理规定”，给予批评教育、赔偿损失和罚款的处分。情节严重的送交司法部门依法处理。对蓄意破坏树木的阶级敌人，要依法严惩。

本办法自公布之日起实行

关于千佛山公园风景区控制范围的决定

（济南市人民政府1982年1月30日发布）

为保护和开发我市风景名胜，增加人民群众游息场所，发展旅游事业，根据国发〔1981〕38号文《国务院批转国家城建总局等部门关于加强风景区保护管理工作报告的通知》的规定和我市总体规划的要求，经研究决定，将向阳果园、金鸡岭、佛慧山、黄石崖、开元寺、燕子山等处，划为济南市千佛山风景区。其范围，北至经十一路，南至罗寺顶和佛慧山，西至向阳果园西边金鸡岭，东至开元寺为界。在此范围内，千佛山分水线以北，经十一路以南，连同千佛山路两侧各宽50米绿化带，为千佛山公园，千佛山分水线以南和开元寺、燕子山、金鸡岭等为千佛山风景区。

在风景区控制范围内，除金鸡岭在统一规划下由市林业局管理外，其他地域均有园林局建设和管理。今后风景区内不得安排与风景游览无关的建设项目和设施；原经规划部门批准的建设项目，暂可保留，不得扩建，并根据公园建设需要外迁，所有违章建筑由建设单位在限期内无偿拆除；租借出去的土地要抓紧收回；属林场管理的土地，山林划归园林局管理；属生产队的，不得随意出卖或租赁，不得安插有碍景观的建筑物和其他设施。要爱护风景区的名胜古迹，花草树木，不得在风景区内开山采石，毁林开荒和放牧。

园林部门，要认真做好公园和风景区规划，设计工作，按照规划要求分期进行建设。

附范围图（略）

济南市区周围山岭资源管理办法

（济南市人民政府1983年8月2日印发）

为了加强市区周围山岭的管理，合理开发石砂资源，保护好风景名胜，美化绿化城市，以及确保人民生命安全，根据宪法总纲第九条关于矿藏、水流、森林、山岭、草原、荒地、滩涂等自然资源都属于国家所有的规定，特制定本办法。

一、按照城市总体规划的要求，市区周围的山岭（山岭名称表附后）由市规划建设局负责总的规划管理。其中，已划为公园风景名胜的山岭，由园林和林业部门维护管理；有军事设施的山岭，由部队负责维护管理，在管理范围内不得自行构筑非军事设施；位于郊区和历城县的其他山岭，除已划归国营企业开采的外，由区、县政府采取专业部门和群众结合的方法搞好管理。

二、对风景名胜山岭、公园区、军事设施区、文物古迹区，要严加保护，不得开山采石。对这些地区的现有采石者，由所在地区政府分别不同情况，限期组织转产、转移或取缔。

三、对蕴藏贵重花岗石的大驴山、小驴山、狗屎山、小山等矿山，原划归济南市花岗石开发公司开采的区域，其他进入开采的单位和个人都要退出；未明确划定的区域，由市规划建设局会同郊区政府划定开采界限，组织国营和集体单位有领导有计划地进行开发，其他任何单位和个人不得进入开采。

四、对市区周围可以开采一般石料的山岭，必须由所在地政府组织集体单位有领导有计划地开采，并经市规划建设局批准。严禁乱采滥打和个人开采出售。

五、凡被批准开采的山场，使用单位必须搞好管理，不准出租转让，不准擅自构筑建筑物，不准私拉其他单位进行开采。因开山采石需要砍伐树木时，要报经园林或林业部门批准，并按规定进行经济补偿。

六、凡经批准开采的石料场，周围半径三百米以内，不准新建任何设施，已有的违章建筑要自行拆除。所有山场必须做到安全生产，放炮警戒标志要明显，对爆炸药物的使用、储存，要严格按照公安部门的有关规定执行。

七、开采石砂后的地段、石坑、石渣地，不

准擅自占用或搞建筑物，由市规划建设局按照国有土地管理办法统一安排使用，或组织植树绿化。

八、坚决制止违章开采，凡未经市规划建设局批准的开采单位，工商管理部门不发许可证，供电部门不予供电，运输部门不承运其产品，银行、信贷部门不予开户结算、贷款，公安部门不供应爆炸器材，任何单位或部门不准采购其生产的石砂，如有违犯一并进行处罚。

九、一切开山采石单位要定期报送开采计划和实际开采报表，按照规定向国家缴纳资源开采费。对隐瞒或匿报者要处以罚款。山岭资源开采费只能用于山岭资源维护管理，不准挪作他用，并由规划建设部门提出使用计划，财政部门监督执行。

十、对管理山岭和保护资源有贡献者，要给予表扬奖励。对拒不服从山岭资源管理和破坏山岭资源者，要根据情节轻重给予经济处罚，以至追究法律责任。

十一、本办法自公布之日起执行，以前市有关规定与本办法抵触的，按本办法执行。

附：山岭名称表。

山岭名称表

附录表-3

风景名胜山岭	华山、卧牛山、鹊山、凤凰山、标山、北马鞍山、粟山、药山、匡山、金鸡岭、老虎山、蝎子山、迴龙山、平顶山、敖角山、 橛子山、羊头山、罗袁寺山、烈士山、鲍山、砚池山、峨嵋山、郎茂山、万灵山、兴隆山
公园区	千佛山、燕子山、金牛山、四里山、六里山、七里山、南马鞍山、小狗屎山
军事设施区（略）	—
开采石料山岭	属郊区范围的，东灰山、西灰山、马武寨山、白马山、皇上岭、窟窿山、腊山西头、龟山、西卧牛山、刘长山、丁家山、无影山、黄岗山、小山坡、大山坡、洪山、转山、赶牛山、馍馍山、雪山、野峪顶山、围子山、荆山、长山岭、石门山、小姑山、小南峪、蒋山、盘龙山、马山坡、石牛山
	属历城县范围的，大丘山、西凤凰山、东凤凰山、大青山、青牛山、围子山、西橛山、大涧山、双山顶、珍珠山、小东山、土元山、瓦屋檐山、大峪山

济南市区园林绿化管理实施细则

（济南市人民政府1984年9月4日发布）

第一条 为了搞好市区园林绿化的建设和管理，保证总体规划的顺利实施，根据国家《森林保护法（试行）》和城乡建设环境保护部颁发的《城市园林绿化管理暂行条例》，特制订本实施细则。

第二条 市区园林绿化管理的基本任务是：认真贯彻改革精神，充分调动各方面的绿化积极性，大力发展和巩固全民义务植树运动成果，切实加强园林绿化管理，为全市人民创造良好的工作和生活环境，促进文明“泉城”的建设。

第三条 市园林主管部门要按照城市总体规划，制定园林绿化的近期规划，并认真组织实施。对总体规划中划定的公共绿地，任何单位不准擅自改动和侵占。城市新建区的绿化用地（包括树木、花草），应不低于总面积的百分之三十，旧城改造区不低于百分之二十五。要仿照基本建设程序，在施工前做出设计，报主管部门审批，所需投资应列入基建项目计划。

第四条 绿化城市，人人有责。全市人民和所有单位都要履行植树义务，在市、区绿化委员会的领导下，积极参加全民义务植树运动，保质保量地完成植树任务。同时，在市区提倡见缝插绿，凡有条件绿化的地方都要利用起来，以不断提高绿化覆盖率。

第五条 落实市区园林绿化政策。国家依靠专业队伍和发动群众在公园、道路（包括郊区市管道路）、空隙地、风景区、山场、河岸、堤坝、苗圃、果园等种植的树木和建设的公共绿地，一律归国家所有，收益归园林主管部门。

国家同近郊办事处、乡、镇、村联合经营的树木，所有权归国家，收益按比例分成。

机关、部队、学校和企事业等单位，在院内种植的树木、花草，所有权和收益归本单位；在居民居住区、公房庭院内种植的，所有权归国家，木材收益归投资单位。枝条、果实、树根归抚育者。

个人投资在公房庭院内种植的树木和私房庭院内个人种植的树木，树权和收益均归个人所有。

树木、绿地产权发生争议时，要按有关规定协商处理，未解决之前应维持现状，不得单方擅自处理。

第六条 加强市区园林绿化的养护管理。市区行道树木和公共绿地 ，由园林主管部门按照市区分工，采取专业队伍和发动群众相结合的方法，进行养护管理。有条件的地方，由区、街道办事处组织驻地单位和街道居民实行门前三包（包栽、包活、包管）。国家和乡、村联合经营的树木，由乡、村负责养护管理。单位和个人在庭 民内种植的树木，各自负责养护管理。园林绿化专业队伍应及时给予技术指导。

第七条 市区行道树 ，园林部门在选择树种、确定种植形式时，应尽量选择耐修剪、绿化效果好的树种，并加强管理，力求减少与架空线路的矛盾。供电、电信、路灯、电车等部门在建设线路时，要按规定标准立杆架线 ，低于规定标准的，应逐步加高。 树冠与线路发生矛盾需要修剪时，线路管理部门应与园林主管部门协商，由区绿化专业队统一组织修剪。任何单位不得擅自修剪和乱砍树木，否则按违章处理。

第八条 在我市风景名胜区和古老庭院，散存着许多百年以上的大树、稀有名贵树以及具有历史价值和纪念意义的树木。这些古树名木是国家的宝贵财富，应由园林主管部门建立档案，挂牌立标，进行重点管理，严禁吹砍伐。

第九条 近郊风景山林是我市绿化的重要组成部分，全市人民人人有责任保护山林，严禁毁林开荒，开山采石，乱挖山土，破坏植被。违者按有关规定处理。

第十条 所有树木，不论公有或私有，不经批准，一律禁止砍伐。确因枯老病死，不能继续生长，又无保存价值，需要更新伐除的树木，或因建设工程需要迁移、伐除的树木，必须按市、区分工，报请园林主管部门审查批准，发给伐树许可证后，方可伐除。 其审批权限：五株以下，由所在区园林部门批准；五株以上二十株以下，由市园林处批准；二十株以上和占用公共绿地，报市政府批准。对 受自然灾害影响，造成树木歪倒，危及交通和人民生命财产安全的，所在区绿化专业队应采取紧急措施及时处置。

国有树木伐除后的木材收益，市区园林部门按五五比例分成。

第十一条 对保护和管理公共绿地、公有树木做出成绩的单位或个人，应给予奖励。

对有下列损害树木、破坏绿地行为者，分别给予教育、警告、处罚直至追究刑事责任：

1. 爬树、攀折、摇晃树木、采摘花叶果实种籽的；

2. 在树上拴绳挂物、拴铁丝、乱刻乱划、钉钉挂牌、安装电灯、架电线、系牲口及就树搭棚做架的；

3. 在树下和绿地内挖土、倒污水垃圾、损坏草皮、践踏花坛、损坏园林设施的；

4. 距树一公尺内堆置砖瓦石砂等建筑材料的；

5. 距树二公尺内堆置石灰、水泥及散发有害树木的气体、液体等物品造成损失的；

6. 车辆撞伤树木或其他行为造成树木花草损伤的；

7. 未经园林主管部门同意或不按技术要求强修乱剪树木造成损害的；

8. 未经园林主管部门批准私伐树木的；

9. 剥脱树皮或偷盗树木、花草、苗木、园林设施的；

10. 违章情节严重，不服从管理，无理取闹或殴打管理人员的。

犯有以上违章行为，除依据有关规定给予行政或刑事处分外，按下列标准赔偿经济损失和执行罚款：

一、落叶乔木

1. 速生树种，胸径 5 公分以下每株 12 元，5—10 公分每株 18 元，10 公分以上，每增加一公分增加 2 元。

2. 慢长树种，胸径 5 公分以下每株 18 元，5—10 公分每株 24 元，10 公分以上，每增加 1 公分增加 4 元。

二、常绿乔木

雪松，每公尺 60 元 ，三公尺以上视树形优异定价格；桧柏类每公尺 36 元，三公尺以上视树形优异定价格。

三、花灌木

每墩（株）高一公尺 6 元，冬青绿篱每跑米 36 元，花篱、侧柏绿篱每跑米 24 元。草坪每平方米 18 元。

四、损坏园林设施，视损坏程度，按投资造价的 1—2 倍赔偿损失。

五、果树价值的计算方法是苗木费加三年平

均产量价值。花卉按品种以质论价。

六、对违章情节严重者除按规定价格赔偿损失外，另加 1—5 倍罚款。

七、经批准伐除国有树木者，可参照赔偿规定交纳苗木补偿费。

第十二条 本实施细则自公布之日起执行，县城、乡、镇可参照执行。过去市里颁发的城市树木管理办法，同时废止。

关于加强环城公园管理的通告

（济南市人民政府1985年8月27日发布）

环城公园经过一年多的建设，现已初具规模，这是全市人民辛勤劳动的成果。为保护公园优美环境、保护泉水、河道清洁，保护园林建筑及花木不受损害，维护公园秩序，把公园建设成文明单位，特通告如下：

一、全市人民要自觉维护公园内的环境卫生，保护泉水，爱护花草树木和园林设施。二、严禁在泉池及护城河内洗衣、洗澡、洗菜、涮刷器皿、倾倒污水，违犯者罚款三至五元。

三、严禁向公园内倾倒垃圾、污土，违犯者除清除现场垃圾、污土外，并倾倒数量处以五至八十元的罚款。随地吐痰、乱抛污 物者罚款五角。大、小使者罚款五至十元。

四、严禁向护城河内排放污水。现有向东、南护城河排污水者，本着“谁污染谁治理”的原则，限期截污改道，逾期不治者，每排放一立方污水罚款十元。

五、严禁攀折、摇晃树木，严禁采摘果实，种子；严禁在树干上刻划、钉钉、拴绳；严禁进入封闭的绿地内践踏，违犯者罚款一至五元。造成花木死亡，按规定予以赔偿。偷盗花木者从严处治，直至追究法律责任。

六、严禁在园林建筑和园林设施上涂写、刻划，违犯者罚款三至五元。对造成公用设施损坏者，照价予以赔偿。

七、公园内的一切服务性设施和经营业务，由环城公园统一规划建设和管理，凡进入公园内经营的单位和个人，须经园林部门批准，遵守公园的管理规定，违犯者罚款十至二十元。

八、本通告自一九八五年十月一日起执行。以市园林部门为主组织实施。各区政府、公安、工商、城建、环保、环卫部门协助进行管理。对不服从管理并辱骂、殴打管理人员者，要追究其法律责任。

济南市城市雕塑管理办法

（济南市人民政府1988年7月18日发布）

第一条 为了发展城市雕塑事业，加强我市雕塑建设的管理，根据国家和省有关规定，结合我市情况，特制定本办法。

第二条 济南市市区的室外雕塑建设均适用本办法。

第三条 济南市园林管理局是城市雕塑建设的主管部门，其办事机构为济南市雕塑办公室。

第四条 城市雕塑建设应当符合城市规划，与周围环境相协调。雕塑的思想内容要符合社会主义精神文明建设的要求，并达到与艺术造型的和谐统一。

第五条 雕塑建设的审批程序如下：

（一）凡属国家公布的纪念性雕塑的建设，由市雕塑主管部门审查，逐级报国家雕塑主管部门审批；

（二）凡以历史事件或历史名人为题材的纪念性雕塑和置于城市主要街道、广场、公园、火车站、大型公共建筑物周围等重要位置的雕塑以及高度超过 3 公尺的雕塑的建设，应经市雕塑主管部门审查，报省雕塑部门审批；

（三）除本条（一）、（二）项之外的其他雕塑的建设，均由市雕塑主管部门审批，报省雕塑主管部门备案。

第六条 雕塑设计制作者须持《城市雕塑创作资格证书》，无资格证书的须经省雕塑主管部门审查批准后，方可承接设计任务。

第七条 申报雕塑建设项目时，必须持两个以上设计方案，其内容包括：雕像台座、雕塑模型稿的照片和环境效果图、雕塑的位置、尺寸以及制作材料、创作意图的简要说明等。

第八条 设计方案经批准后，不得擅自变更，确需变更时，须按批准程序重新报批。

第九条 雕塑建成后由市雕塑主管部门组织验收。凡因放大制作施工质量不合格，需要修改、返工或拆除的，其经济损失由承建者承担。

第十条 雕像建成后，兴建单位须将建成后的雕塑照片及有关资料按批准程序上报存档。

第十一条 雕像建成后，任何单位和个人都不得擅自迁移或拆除。如确需迁移或拆除时，须事先征得市雕塑主管部门同意。

第十二条 建成后的雕塑，在公共场所的，由所在区的园林绿化管理部门负责维护；在单位院内的，有单位负责维护。

第十三条 对玷污和损毁雕塑的单位或个人，视情节轻重，分别给予下列惩罚：

对玷污雕像者处 7 至 10 元罚款；

对损毁雕塑者处 10 至 50 元罚款，并包赔修复所需的全部费用

盗窃雕像者，由司法机关依法追究刑事责任。

第十四条 本办法由园林管理局组织实施，并负责解释。

第十五条 本办法自公布之日起施行。

济南市封山育林管理规定

（济南市人民政府1990年1月8日发布）

第一条 为加速我市荒山绿化步伐，改善生态环境，适应社会主义现代化建设的需要，根据《中华人民共和国森林法》和国家有关规定，结合我市实际情况，制定本规定。

第二条 对具备下列条件之一的山场地块，必须在一九九〇年六月一日前实行封山育林：

（一）有培育前途的疏林、幼林山场地块；

（二）每万平方米有天然下种能力的母树六十株以上的山场地块；

（三）每万平方米有萌芽、萌蘖力强的伐根、幼树九百株以上的山场地块；

（四）分布有珍贵、稀有树种经封育可望成林的山场地块；

（五）人工营造难以成林的高山、陡坡、岩石裸露地和水土流失区；

（六）其他需要封育的山场地块。

第三条 封山育林实行市、县（区）、乡（镇）三级管理。市级封育的重点区域是：药山、粟山、北马鞍山、标山、凤凰山、匡山、鹊山、卧牛山、华山、马鞍山（南）、英雄山、五里山、六里山、七里山、兴隆山、郎茂山、转山、千佛山、平顶山、金鸡岭、罗袁寺顶、橛子山、老虎山、回龙山、蝎子山、狸猫山、蚰蜒山、小姑山、龟山、白云山、将军帽、拔山橛、北大顶、炮楼山等济南林场所管辖的山岭。

县（区）、乡（镇）的封育区域，由各县（区）人民政府确定。

林业、园林主管部门，应会同规划、土管、城建主管部门具体划定封育区域的边界线。

第四条 封山育林的年限：

（一）市级管理的山岭为十五年；

（二）县（区）级以下管理的山岭为七至十二年。

第五条 封山育林应贯彻“以封为主、封育结合”的原则。在封育区外围的路口，由当地林业、园林主管部门设立标牌，注明封育区的界限，必要时应在边界周围埋设界桩，设置护栏。

所有封育区都必须建立护林组织，配备护林人员，制定护林公约，落实管理措施，确保封山育林目标的实现。

第六条 封山育林期间，未经批准，任何单位和个人不得进入封育区从事下列不利于林木生长繁育、破坏植被的活动：

（一）割草、放牧、拾柴；

（二）狩猎、野炊、烧荒、烧纸；

（三）开荒、采石、挖沙、取土；

（四）违章建设；

（五）其他妨害封山育林的活动。

第七条 对违反第六条规定的单位和个人，给予以下处罚：

（一）责令停止妨害封山育林的活动；

（二）限期退出封山育林区，

（三）警告或通报批评；

（四）没收非法所得和毁林物品；

（五）赔偿经济损失、补种树木、罚款。

以上处罚可以合并适用。

第八条 对违反第六条规定情节严重的直接责任人员，由其所在单位给予行政处分；违反治安管理的，由公安机关依照有关规定处罚；触犯刑律的，依法追究刑事责任。

第九条 对有下列事迹之一的单位和个人，由人民政府或林业、园林主管部门给予表彰奖励：

（一）努力完成封山育林计划，成绩显著的；

（二）积极采取护林措施，制止毁林行为成绩显著’的；

（三）在查处毁林案件中贡献突出的。

第十条 市林业和园林主管部门，可根据本规

定制定具体的奖惩办法，报市政府批准后执行。

第十一条 本规定由市林业局和园林局负责解释。

本规定自发布之日起施行。

关于在市区实行义务植树登记制度的规定

（济南市人民政府1990年12月4日发布）

第一条 为推动本市市区全民义务植树活动的开展，促进城市绿化美化，根据《国务院关于开展全民义务植树运动的实施办法》和《济南市园林绿化管理办法》，制定本规定。

第二条 本市市区，自一九九一年一月一日开始实行义务植树登记制度。

第三条 市绿化委员会城市绿化办公室统一印制和颁发义务植树登记卡。各区绿化委员会负责组织驻区单位义务植树登记卡的登记、核实和汇总上报工作。

第四条 市绿化委员会城市绿化办公室应根据城市绿化规划，统一编制义务植树计划，在颁发义务植树登记卡的同时，向各区绿化委员会下达义务植树任务，由各区绿化委员会将义务植树任务分配到各街道办事处（镇），各街道办事处（镇）分别将义务植树任务落实到辖区内的机关、学校、部队、企事业单位及个体工商业户。

第五条 本市市区公民，男十八至六十周岁，女十八至五十五岁，除丧失劳动能力者外，每人每年应义务植树三至五株或承担相应的绿化任务。

第六条 凡有义务植树任务的单位和个人，应当按照规定要求填写义务植树登记卡，并认真履行植树义务。

第七条 市绿化委员会城市绿化办公室根据各区义务植树登记卡人数，安排70%的人力用于市区统一组织的义务植树任务，30%的人力用于各单位庭院绿化和管护任务。

第八条 参加义务植树的单位和个人，应做到包栽、包活。当年植树成活率不得低于85%。

第九条 因故不能参加义务植树的单位，可向所在区绿化委员会提出以资代劳的申请，经批准后，按应参加义务植树总人数的70%计算缴纳代植费，标准是每人每年应植树三株。每株缴纳代植费五元。凡有条件进行庭院绿化而没有完成当年绿化任务的单位，应按照区绿化委员会核定的可绿化面积每平方米一元的标准缴纳绿化保证金。

第十条 收取的绿化代值费和绿化保证金（以下简称绿化费），30%上交市绿化委员会城市绿化办公室，60%留区绿化委员会，10%拨给街道办事处，专款专用，不得挪用。

第十一条 各区在使用绿化费时，应当编制使用计划，经市绿化委员会城市绿化办公室审批，并抄报财政部门实行财务监督。

第十二条 市、区人民政府应把施行义务植树登记制度作为考核各部门、各单位工作的一项重要内容。凡不认真履行义务植树登记制度，未完成义务植树任务的，不得评为精神文明单位和绿化先进单位。

第十三条 市、区绿化委员会对认真遵守本规定做出显着成绩的单位和个人，应当给予表彰奖励；对未完成义务植树任务又不缴纳绿化费的单位，给予通报批评、限期补栽或者限期交纳绿化费，逾期不交的，给予经济处罚。

第十四条 市辖各县县城和建制镇可参照本规定执行。

第十五条 本规定自发布之日起施行。实施中的有关问题由市绿化委员会城市绿化办公室负责解释。

济南市市区山岭管理办法

（济南市人民政府1991年6月25日发布）

第一条 为加强本市市区山岭的管理，保护其自然容貌，根据济南市总体规划和有关规定，制定本办法。

第二条 本办法所称市区山岭，系指本市城市规划区范围内的山岭。

第三条 市区山岭容貌的维护与管理由济南市城市建设管理局（以下简称市城建局）负责；规划、土地、园林、林业、矿产资源管理等部门应当按照各自的职责，协同市城建局加强对市区山岭容貌的维护和管理。

第四条 严禁任何单位和个人在下列市区山岭地区从事烧荒、狩猎、挖沙、取土、采石等活动和兴建有损于该地区山岭容貌的建（构）筑物：

（一）风景名胜保护区和公园区；

（二）封山育林区；

（三）大环境绿化规划区；

（四）军事设施保护区；

（五）直接影响城市容貌的山岭地区；

（六）济南市总体规划规定必须控制和保护的地区；

第五条 需要占用第四条规定范围以外的地区开采石料，挖沙取土的，必须按照本办法第七条规定，向市城建局申请办理山岭占用有关手续。

第六条 任何单位和个人未经批准，不得在市区山岭兴建建（构）筑物。确需在市区山岭地区架（埋）设输电通讯线路、修建道路和防洪、水利等设施以及其他建（构）筑物的，建设单位应当按照基本建设程序办理有关手续后，按本办法第七条规定 ，到市城建局办理山岭占用手续。

建设工程竣工后，建设单位应当及时清理施工现场，补栽因施工被毁坏的苗木，并向市城建局报送竣工报告。

第七条 需占用市区山岭的单位和个人，须持下列文件，向市城建局申请，经审查批准后，领取《山岭占用许可证》：

1. 占用山岭申请书；

2. 占用位置地形图；

3. 建设工程规划许可证、建设工程用地许可证；

4. 所在区建委签署的意见；

5. 其他需要提供的有关资料和证件。

第八条《山岭占用许可证》有效期一年，逾期不使用的，由发证机关收回。

《山岭占用许可证》不得买卖、租赁、转让和抵押。

第九条 单位和个人领取《山岭占用许可证》后，需要开采石料的，应当按照《济南市矿产资源管理办法》的有关规定办理采矿审批手续。因开采、占用需要砍伐树木的，应当报经园林或者林业管理部门批准，并按照有关规定进行补偿。

第十条 经过批准在市区山岭开采石料的单位和个人，必须按照市城建局规定的范围、标高和期限开采，不得擅自扩大开采范围、变更场地，超期开采。批准开采期满，开采单位和个人应停止开采，整理并撤出现场，将批 准证件交回审批机关。需延长开采期限的，必须办理延期手续。

第十一条 经批准占用市区山岭的单位和个人，必须遵守国家及省、市有关环境保护、土地管理、规划管理、园林管理、水利管理、林业管理、矿产资源管理、文物管理、军事设施管理等规定，加强对占用现场及周围环境的保护，严禁各种破坏市区山岭自然景观的行为。

第十二条 在市区山岭开采后的石场、石坑、排渣地等归国家所有，由市城建局按照有关规定统一管理；任何 单位和个人未经批准，不得擅自占用或者修筑建（ 构）筑 物，不得买卖、出租、转让或者抵押。确需占用的，必须按照有关规定重新办理占用手续。

第十三条 单位和个人在市区山岭开采石料以及使用开采后的石场、石坑、排渣地，应当向市城建局缴纳山岭维护费。具体收费标准由市物价局核定。山岭维护费用于 山岭容貌的维护和管理，不得挪作他用。

第十四条 对违反本办法，有下列情形之一的，由市城建局会同有关部门，按照各自的管理权限和以下规定处罚：

（一）未经批准，擅自占用、开采山岭，破坏山岭容貌的，责令其立即停止开采，除拆一切违章设施，恢复山岭容貌，并处以 500 元以上、2000 元以下的罚款。

（二）私自扩大批准占用范围、超期开采、变更场地的，责令其停止违章开采活动，限期拆除违章设施，并处以 300 元以上、1500 元以下罚款，情节严重的，吊销《山岭占用许可证》。

（三）私自买卖、出租、转让、抵押被批准占用开采场地的，责令违章双方立即停止占用开采，吊销《山岭占用许可证》、没收非法所得，并处以非法所得 5% 以上、10% 以下的罚款。

（四）无故拖欠或者拒缴山岭维护费的，每逾期一天，加收应缴山岭维护费金额 1% 的滞纳金。情节严重的，责令其停止占用或者开采活动，并吊销其《山岭占用许可证》。

第十五条 对违反本办法，破坏市区山岭，情节严重的直接责任人员，由其所在单位给予行政处分，触犯刑律的，依法追究刑事责任。

第十六条 对违反本办法，阻挠山岭管理人员执行公务，侮辱、殴打山岭管理人员，违反治安管理有关规定的，由公安机关依照有关规定处罚。

第十七条 对行政处罚决定不服的单位或个人，可于接到处罚决定书之日起十五日内，向作出处罚决定的机关的上一级主管部门申请复议，对复议决定不服的，可于接到复议决定书之日起十五日内向当地人民法院起诉；也可以在接到处罚决定书之目起十五日内，直接向人民法院起诉；逾期不申请复议、不起诉，又不履行处罚决定的，由作出处罚决定的机关申请人民法院强制执行。

第十八条 对山岭管理人员玩忽职守、滥用职权、徇私舞弊的，由其主管部门视其情节，给予行政处分；构成犯罪的，依法追究刑事责任。

第十九条 执行罚款，必须开具财政部门统一印制的罚款收据。罚没收入一律缴同级财政部门。

第二十条 对符合下列条件之一的单位和个人，由市城建局给予表彰奖励：

（一）积极维护和管理市区山岭，做出突出贡献的；

（二）积极检举、揭发和制止各种破坏市区山岭的行为，成绩显著的。

第二十一条 本办法具体应用中的问题由市城建局负责解释。

第二十二条 本办法自公布之日起施行。

济南市园林绿化管理办法实施细则

（济南市人民政府1992年6月18日发布）

第一条 为了加强园林绿化的规划、建设和管理，根据《济南市园林绿化管理办法》第三十四条规定，制定本细则。

第二条 本细则由济南市园林管理局组织实施。

其他有关部门应按照各自的职责，配合园林部门做好园林绿化的规划建设和管理工作。

第三条 任何单位和个人必须严格执行《济南市城市园林绿地详细规划》，不得擅自改变绿地规划和绿地性质。不得在绿地内建设有碍绿化的建（构）筑物及其他设施。

第四条 各项工程建设，应当按照《济南市园林绿化管理办法》第九条和第十条规定留足绿化建设用地。

第五条 建设工程的绿化设计应与主体工程设计同时进行。绿化工程规划设计方案，由园林绿化主管部门按以下权限审批：

（一）市区内的绿化工程规划设计方案，占地面积不足一千平方米的，由区园林绿化主管部门审批；一千平方米以上的，由市园林绿化主管部门审批；

（二）县城及建制镇的绿化工程规划设计方案，占地面积不足一千平方米的，由县园林绿化主管部门审批；一千平方米以上的，经县园林绿化主管部门审查后，报市园林绿化主管部门审批。

第六条 建设工程投资中的绿化经费，按以下标准确定：

（一）开发新区的绿化经费为工程总投资的百分之三；

（二）旧城改造区的绿化经费为工程总投资的百分之二。

第七条 市、县（区）园林绿化主管部门应当依照《济南市园林绿化管理办法》的有关规定，明确本辖区内的树木权属。

因树木权属发生的争议，由当事人协商解决；协商不成的，可提请园林绿化主管部门裁定。在争议解决之前，任何一方不得擅自砍伐树木。

第八条 本地生产的花草、苗木或引进外地的花草、苗木，应当依照有关规定进行检疫；发现疫情，须在园林绿化主管部门的监督下销毁。

第九条 任何单位和个人不得擅自砍伐园林树木，确需砍伐的，须按《济南市园林绿化管理办法》第十八条规定的权限审批，并持有园林绿化主管部门发给的砍伐树木许可证。

第十条 经批准砍伐园林树木的单位和个人，须按下列标准交纳树木补偿费：

（一）落叶乔木速生树种，胸径五厘米以下的，每株二十四元；五厘米以上至八厘米的，每株三十六元；八厘米以上至十厘米的，每株四十五元；十厘米以上的，每增加一厘米加十元。

（二）落叶乔慢生树种，胸径五厘米以下的，每株三十六元；五厘米以上至八厘米的，每株四十八元；八厘米以上至十厘米的，每株六十元；十厘米以上的，每增加一厘米加十五元。

（三）雪松，每米六十元；三米以上至五米的，每增加十厘米加十元；五米以上的，每增加十厘米加二十五元。

（四）桧柏，每米四十元；三米以上至五米的每增加十厘米加八元；五米以上的，每增加十厘米加二十元。

（五）常绿球类花灌木，冠幅五十厘米以下的，每株三十至五十元；五十厘米以上的，每增加五厘米加三至五元。

（六）丛生花灌木，冠幅一米以下的，每株

二十至四十元；一米至二米的，每增加十厘米加五元；二米以上的每增加十厘米加十元。

（七）小乔木型花灌木，地径四厘米以下的，每厘米十元；四厘米以上的，每增加一厘米加十五元。

（八）花篱、绿篱，每米五十至一百元。

（九）攀缘植物，以覆盖面积计算，每平方米十五元。

砍伐果树除交纳树木补偿费外，还应赔偿三年平均产量的经济损失。

第十一条 经批准砍伐树木的单位和个人，除按本细则第十条规定向树木所有者支付补偿费外，还应在园林绿化主管部门指定的地点补栽相当于砍代数量五倍的树木；因特殊情况不能补栽的，可按每株五元的标准向园林绿化主管部门交纳苗木费和代植费，由园林部门代植。

第十二条 对违反《济南市园林绿化管理办法》和本细则的单位和个人，按规定权限，分别予以通报批评、警告、罚款、责令停止侵害行为、限期退还园林绿地、赔偿经济损失；对情节严重的直接责任人员和单位负责人，由园林主管部门提请有关部门给予行政处分。其中处以罚款的，按以下规定执行：

（一）对未取得市园林主管部门批准的资格证书，而从事园林施工的，处以五百元至一千元的罚款，并责令停止施工，听候处理。

（二）对擅自变更绿化设计方案，减少绿化用地面积的，每减少一平方米，处以五十元至一百元的罚款。

（三）因管理不善，造成园林植物生长衰弱的，对管理单位或责任人处以一百元至三百元的罚款。

（四）未经批准擅自砍伐园林树木的，除参照本细则第十条规定赔偿经济损失外，并处以损失金额三至五倍的罚款。

（五）未经批准，擅自占用园林绿地的，除按每平方米三百元至五百元赔偿经济损失外，并处以损失金额三至五倍的罚款。

（六）在公共绿地内挖坑取土、堆放杂物、排放污物、损害花木草皮或损坏园林设施的，除赔偿经济损失外，并处以损失金额一至二倍的罚款。

（七）对古树名木损害较轻的，对责任人处以五百元的罚款；损害枝干或根系较重的，处以五百元以上至一千元的罚款；造成古树名木死亡的，处以一千元以上至五万元以下的罚款；构成犯罪的，依法追究刑事责任。

（八）擅自修剪公共绿地和街道上的树木的，除赔偿损失外，并处以损失金额二至三倍的罚款。

（九）攀折花木、践踏花坛草皮或破坏花卉布置的，处以五元至五十元的罚款。

（十）刻扒树皮、滥采树籽、在树木及绿化设施上拴绳挂物的，处以十元至一百元的罚款。

（十一）借用树木搭棚做架、钉钉挂牌、安装电灯、电线的，处以五十元至二百元的罚款。

（十二）开发新区和改造旧区的绿化任务逾期完成的，对建设单位处以未完成绿化面积每平方米二十元的罚款。

第十三条 罚款在一千元以下的，由区、县园林绿化主管部门执行，报市园林绿化主管部门备案。罚款在一千元以上的，市区内的由市园林绿化主管部门批准，各县城、建制镇的由县人民政府批准，报市园林绿化主管部门备案。

第十四条 当事人对园林主管部门作出的处罚决定不服的，可依照《济南市园林绿化管理办法》第二十九条规定申请复议或者直接向人民法院起诉。对逾期不申请复议也不向人民法院起诉又不履行处罚决定的，由作出处罚决定的部门申请人民法院强制执行。

第十五条 本细则实施中的问题由济南市园体管理局负责解释。

第十六条 本细则自发布之日起施行。济政发〔1984〕144 号文件公布的《济南市市区园林绿化管理实施细则》同时废止。

济南市园林绿化工程施工管理办法

（济南市人民政府 1994 年 4 月 11 日发布，1998 年 3 月 1 日修订）

第一条 为加强园林绿化工程施工管理，确保施工质量，根据国务院《城市绿化条例》和《济南市园林绿化管理办法》制定本办法。

第二条 本办法适用于本市城市规划区内园林绿化工程施工管理。

第三条 本办法所称园林绿化工程施工，包括园林绿地工程施工和园林设施工程施工。

园林绿地工程施工是指公共绿地、居住区绿地、专用绿地、生产绿地和防护绿地中的绿化施工。

园林设施工程施工是指假山工程、水景工程、园林道路、亭、廊、园墙、园林小品及其他园林设施工程施工。

第四条 济南市园林管理局是本市园林绿化工程施工的主管部门，各县（市）、区园林绿化主管部门按照职责分工，负责本辖区内园林绿化工程施工管理。

第五条 本市的园林绿化工程，必须由持有相应园林绿化工程施工资质等级证书的施工单位承担。

第六条 申请园林绿化工程施工资质等级证书，按下列程序办理：

（一）持资质等级申报书、企业法定代表人和经济技术负责人的职称证件、已开业企业的统计年报及其他有关证件，向市园林绿化主管部门提出申请；

（二）市园林绿化主管部门依照有关规定对申请人进行资质审查；

（三）市园林绿化主管部门按照审批权限，将符合一、二、三级园林施工企业等级条件的报省建委审批，对非等级施工企业直接进行审批。

第七条 任何单位和个人不得涂改或伪造资质等级证书，也不得将资质等级证书出租、转让给他人使用。

第八条 外地施工企业进入本市承包园林绿化工程，必须持有资质等级证书、地市以上园林绿化行政主管部门出具的外出承包工程证明以及营业执照，到市园林绿化主管部门办理登记手续，并到工商行政 管理部门申领临时营业执照。

第九条 施工企业必须按照其资质等级和核准的经营范围承包园林绿化工程。确需越级承包工程的，必须报经园林绿化主管部门批准。

第十条 建设工程的绿化设计应与主体工程设计同时进行，并由持有相应资格证书的设计单位承担。绿化工程设计方案由园林绿化主管部门按以下权限审批：

（一）市区内的绿化工程设计方案，占地面积不足一千平方米的，由区园林绿化主管部门审批；一千平方米以上的，由市园林绿化主管部门审批。

（二）县（市）城及建制镇的绿化工程设计方案，占地面积不足二千平方米的，由县（市）园林绿化主管部门审批；二千平方米以上的，经县（市）园林绿化主管部门审查后，报市园林绿化主管部门审批。

第十一条 园林绿化工程设计方案经批准后，任何单位和个人不得擅自改变；因特殊情况确需改变时，须报经原审批机关批准。

第十二条 园林绿化施工企业，应当严格按照设计规范和工程建设标准组织施工，并接受园林绿化主管部门的监督检查。工程竣工后，必须经园林绿化主管部门验收合格，方可交付使用。

第十三条 违反本办法规定无资质等级证书或者超越等级范围施工的，责令停止施工，没收非法所得，并处绿化工程总造价 10%—30% 的罚款，对单位负责人处以一千元以下的罚款。

第十四条 罚款数额在一千元以下的，由县（市）、区园林绿化主管部门执行，报市园林绿化主管部门备案。罚款数额超过一千元的，属市区内的，须经市园林绿化主管部门批准，由区园林绿化主管部门执行；属各县（市）城、建制镇的，须经县（市）人民政府批准，由县（市）园林绿化主管部门执行，并报市园林绿化主管部门备案。

第十五条 施工企业无营业执照或者涂改、伪造、转让营业执照的，由工商行政管理部门依照有关规定给予处罚。

第十六条 当事人对行政处罚决定不服的，可以依照《行政复议条例》和《中华人民共和国行政诉讼法》申请行政复议或者提起行政诉讼。

第十七条 本办法由济南市园林管理局负责解释。

第十八条 本办法自发布之日起施行。

济南市城市喷泉管理办法

（济南市人民政府 1994 年 10 月 19 日发布，1998 年 3 月 1 日修订）

第一条 为加强城市喷泉的管理，提高喷泉景观效果，美化城市环境，结合本市实际情况，制定本办法。

第二条 本办法适用于本市城市市区内城市喷泉工程的规划、建设和管理。

第三条 本办法所称城市喷泉系指：本市道路两侧、公共场所、旅游景点和居住区的绿地内建设的人工喷泉（以下称公共场所的喷泉），以及单位院内的人工喷泉。

第四条 济南市园林管理局是本市城市喷泉

的主管部门，各区园林绿化主管部门负责本辖区内城市喷泉的建设管理工作。

第五条　鼓励各单位按照城市规划的要求，建设城市喷泉，增加泉城景观。

第六条　城市喷泉的规划建设应当坚持高标准、高质量的原则，突出泉城特色，喷泉周围要合理配置植物，并与环境相协调。

第七条　公共场所的喷泉，由区园林绿化管理部门按照城市规划，统一组织建设。区园林绿化管理部门应将喷泉设计方案报市园林绿化主管部门审批后实施。

单位院内的喷泉设计方案，由单位报所在区园林绿化主管部门审核，经市园林绿化主管部门审批后实施。

第八条　公共场所的喷泉的喷涌时间在每周六、日和国家规定的节假日及全市性重大活动期间，遵守下列规定：

（一）春、秋季节为上午 9 时至晚 19 时；

（二）夏季为上午 9 时至晚 21 时。

在上款规定时间内，可以适当间隔喷涌。其余时间可自行确定喷涌时间。

单位院内喷泉的喷涌时间，参照以上规定执行。

第九条　对城市喷泉应当本着“谁建设，谁管理”的原则，按照以下规定进行管理：

（一）实行专人负责，确保喷泉设施完好无损；

（二）定期换水，保持水体清洁，使泉池内无污物、无异味；

（三）保持泉池周围花草树木生长茂盛。

第十条　对违反本办法规定有下列行为之一的，由园林绿化主管部门给予批评、警告；责令其限期改正；造成经济损失的，责令其赔偿损失，并可按下列规定处以罚款：

（一）向泉池内乱扔果皮、纸屑等污物者，处以五元以上，五十元以下罚款；

（二）在喷泉设施及附属建筑物上乱涂、乱画或张贴广告者，处以二十元以上，二百元以下罚款；

（三）损坏喷泉设施、照明、音响设备以及周围绿地的，处以损失金额一至二倍的罚款。

第十一条　损坏喷泉设施，扰乱城市喷泉周围公共秩序，触犯治安处罚有关规定者，由公安机关依照《中华人民共和国治安管理处罚条例》给予处罚；构成犯罪的，依法追究刑事责任。

第十二条　执行罚款，必须开具财政部门统一印制的罚款收据；罚款收入须全部缴同级财政部门。

第十三条　当事人对行政处罚不服的，可依照《行政复议条例》和《中华人民共和国行政诉讼法》的有关规定申请复议或提起诉讼。

第十四条　本办法由济南市园林管理局负责解释。

第十五条　本办法自发布之日起施行。

关于加强植物园管理的通告

（济南市人民政府1997年9月15日发布）

经市政府研究决定，自今年九月二十六日起开放济南市植物园。为了加强对植物园的保护和管理，创造人民群众游玩休闲的优美环境，促进社会主义精神文明建设，特作如下通告：

一、植物园内的公开绿地和公共设施（除观赏温室、盆景园、水上世界外）实行全天免费开放。

二、游人要自觉遵守社会公德，维护植物园内的公共秩序和环境卫生，保护树木植被和园林设施。

三、任何单位和个人不得侵占植物园用地，不得在植物园内修建与园林绿化无关的建（构）筑物。严禁在植物园内设置商业性广告牌，经批准设置的公益性广告应与周围环境相协调。

四、严禁砍伐树木、攀折花木、采摘花果和种籽；严禁踩踏观赏性草坪；严禁进入圈围的观赏花木区。

五、严禁倾倒垃圾、乱扔污物、随地吐痰和便溺；严禁焚烧树叶和垃圾。

六、严禁在园林设施和树木上张贴、涂写、刻划，损毁园林设施和树木；严禁在园内垂钓或猎捕鸟禽。

七、严禁酗酒、赌博、打架斗殴、进行色情和传播封建迷信活动。

八、未经市园林管理部门和公安部门批准，任何单位不得在植物园内举行游艺活动和各类集会活动。

九、各种车辆不得进入植物园。进入植物园的工作车辆，须出示准入证。

十、植物园内的一切服务性设施由植物园管理处统一建设和管理，凡进入园内经营的单位和个人，必须经市园林管理部门批准。

十一、对违反本通告的行为，任何人都有权制止和检举。对保护植物园做出突出贡献的，给予表彰和奖励。

十二、对违反本通告的行为，由园林、环境卫生、规划、工商行政管理等有关部门依照有关法律、法规、规章给予处罚；违反《中华人民共和国治安管理处罚条例》的，由公安机关给予处罚；构成犯罪的，依法追究刑事责任。

十三、本通告由济南市园林管理局负责组织实施。

济南市市区绿地广场管理规定

（济南市人民政府1997年10月15日发布）

第一条 为了加强市区绿地广场的规划建设和保护管理，美化城市环境，根据《济南市城市绿化管理办法》，结合本市实际，制定本规定。

第二条 本规定适用于本市市区内绿地广场（含济南市植物园）的规划建设和保护管理。

第三条 本规定所称绿地广场是指以植物造景为主，开放式公共绿地场所。

第四条 济南市园林管理局主管本市绿地广场的管理工作。

规划、公安、城建、工商行政管理等有关部门按照各自职责，配合市园林管理部门搞好绿地广场的规划建设和保护管理。

第五条 绿地广场建设应当符合城市规划，体现泉城特色，并与周围环境相协调。

绿地广场用地应当以植物占地为主，非植物占地面积不得超过广场总面积的百分之三十。

第六条 鼓励有条件的区人民政府、街道办事处（镇）及企、事业单位按照城市规划，建设开放式公共绿地。单位投资建设的公共绿地内的经营权归己。

第七条 绿地广场的管理单位应按照国家城市绿地养护标准进行养护管理，确保花木草坪的正常生长。

逢重大节日、纪念日或有其他重要活动期间，绿地广场管理单位应当按照市园林管理部门的要求布置临时性花坛。

第八条 游人要自觉遵守社会公德，维护绿地广场内的公共秩序和环境卫生，保护树木植被和广场设施。

第九条 未经市规划管理部门和市园林管理部门批准，任何单位和个人不得擅自对绿地广场进行改造。

第十条 任何单位或者个人不得擅自占用绿地广场。因城市市政公用设施建设项目确需临时占用绿地广场的，必须经市园林管理部门批准，并按每日每平方米五元的标准向市园林管理部门缴纳临时占用绿地补偿费。临时占用绿地广场期限最长不得超过半年，占用期满，必须退还绿地并恢复原状。

第十一条 绿地广场内的服务设施由绿地广场管理单位按照城市规划统一建设，并负责维护管理。凡进入广场内经营的单位和个人，必须经市园林管理部门批准，并按规定办理有关手续，在指定的位置设点经营。

第十二条 城市绿地广场内禁止下列行为：

（一）侵占绿地和在绿地广场内修建与园林绿化管理无关的建（构）筑物；

（二）砍伐树木、攀折花木、采摘花果和种籽，踩踏观赏性草坪和进入圈围的观赏花木区；

（三）在广场设施和树木上张贴、涂写、刻划，损毁广场设施和树木；

（四）挖坑取土、倾倒垃圾，乱扔污物，随地吐痰和便溺，焚烧树叶和垃圾；

（五）酗酒、赌博、打架斗殴，进行色情和传播封建迷信活动；

（六）未经市园林管理部门和公安部门批准，在绿地广场内举行各种游艺和集会活动；

（七）设置商业性广告牌和进行人流集中的商业性宣传活动；

（八）其他损坏绿地广场的行为。

第十三条 违反本规定第十条、第十二条第（一）项规定，擅自占用绿地广场，临时占用绿地广场期满后不及时退还，以及在绿地广场内修建与园林无关的建（构）筑物的，由市园林管理部门会同市规划管理部门责令限期拆除违法建（构）筑物，退还绿地，恢复原状，并按每平方米二千元以上五千元以下处以罚款。

第十四条 违反本规定第十二条第（二）、（三）、（四）项规定，由市园林管理部门责令赔偿损失，给予警告，并处以三百元以上五百元以下罚款；造成树木死亡的，处以树木补偿费五倍的罚款；毁坏古树名木的，按照《济南市古树名木保护管理办法》予以处罚。

第十五条 违反本规定第十二条第（五）、（六）、（七）项规定，由公安、城建、工商行政管理等有关部门依照有关法律、法规、规章给予处罚；违反《中华人民共和国治安管理处罚条例》的，由公安机关给予处罚；构成犯罪的，依法追究刑事责任。

第十六条 当事人对行政机关作出的行政处罚决定不服的，可以依法申请复议或者提起诉讼。

当事人逾期不申请复议也不向人民法院起诉，又不履行处罚决定的，由作出处罚决定的行政机关申请人民法院强制执行。

第十七条 行政机关执法人员玩忽职守、滥用职权、徇私舞弊的，由其所在单位或者上级主管机关给予行政处分，构成犯罪的，依法追究刑事责任。

第十八条 本规定自发布之日起施行。

济南市城市道路美化管理规定

（济南市人民政府1998年7月17日发布）

第一条 为加强对城市道路美化工作的管理，改善城市生态环境，美化市容，根据《济南市城市绿化管理办法》，结合本市实际情况，制定本规定。

第二条 本规定适用于本市市区的城市道路美化工作。

第三条 本规定所称城市道路美化是指利用栽植或摆放草本、木本花卉及组建花坛、制作植物造型等形式对城市道路进行的美化。

第四条 市城市绿化管理部门主管本市城市道路美化工作，各区城市绿化管理部门负责本辖区内的道路美化工作。

公安、工商、城建、环卫等有关部门，应当按照各自的职责，配合市绿化管理部门做好城市道路绿化工作。

第五条 市、区城市绿化管理部门应当在"五一""十一"等重大节日和重要活动期间，组织有关单位按下列分工对市区各主次干道及主要路口进行美化：

（一）市城市绿化管理部门指定绿化专业队伍对部分主要干道及主要路口进行美化；

（二）各区城市绿化管理部门在本辖区内选择两条以上主要道路，由区绿化专业队伍进行美化；

（三）沿街各单位应在门前摆放鲜花，有条件的应组建临时花坛，所需花卉由各单位自行解决。

经七路和泺源大街作为城市重点美化道路，在三月至十一月期间，沿街单位应当按照区城市绿化管理部门的要求，在门前摆放鲜花、组建临时花坛，绿化专业队伍应对道路两侧及隔离带进行重点绿化。

第六条 城市道路美化设计方案，按下列规定审批：

（一）绿化专业队伍组织实施的，由市城市绿化管理部门审批；

（二）各单位组织实施的，由所在区城市绿化管理部门审批。

第七条 各责任单位应当对城市道路美化中布置、摆放的花卉定期进行养护、更换，保证观赏效果。

第八条 在城市道路美化地段禁止下列行为：

（一）乱扔污物、烟头、倾倒污水和垃圾，采摘叶、花、果实和种籽，踩踏地被植物和花卉；

（二）破坏、盗窃道路美化设施和植物材料；

（三）其他破坏道路美化的行为。

第九条 城市绿化管理部门应当加强对道路美化的技术指导，确保花卉布置的质量。对在城市道路美化工作中成绩突出的单位和个人，给予表彰奖励，对不能按本规定完成城市道路绿化工作的单位和个人进行通报批评。

第十条 对违反本规定第八条的行为，由市城市绿化管理部门给予警告，并处以十元以上五百元以下的罚款。

第十一条 绿化管理部门对违反本规定的单位和个人进行处罚时，应当使用财政部门统一印制的罚款收据，罚款全部上缴财政。

第十二条 单位和个人对行政机关作出的行政处罚不服的，可以依法申请行政复议或者提起行政诉讼。

第十三条 本规定具体应用中的问题由市绿化管理部门负责解释。

第十四条 本规定自发布之日起施行。

关于城区建设工程附属绿地项目实行绿色图章制度的通知

（济南市人民政府办公厅2003年3月26日印发）

各区人民政府、市政府各部门：

为进一步提高城市绿化水平，加快我市，生态环境建设步伐，根据《山东省人民政府贯彻国发〔2001〕20号文件关于加强城市绿化建设的通知》（鲁政发〔2001〕67号）和《济南市城市绿化管理办法》规定，市政府确定，对城区建设工程附属绿化项目实行“绿色图章”制度，即对建设工程附属绿化项目的规划方案和绿化工程审验合格后，分别加盖“济南市城市绿化规划审批专用章”和“济南市城市绿化工程合格专用章”。现将有关事项通知如下：

一、凡在我市城市规划区内所有新建、改建、扩建的建设项目，建设单位要按照基本建设程序，在申请建设工程规划许可证之前，先到市城市绿化主管部门（市行政审批服务中心园林局窗口）审验其附属绿化工程规划方案。绿化指标符合规定的，由市绿化主管部门加盖“济南市城市绿化规划审批专用章”后方可办理规划许可手续。

二、建设项目竣工后，市城市绿化主管部门对该建设项目附属绿化工程进行验收，验收合格的，加盖“济南市城市绿化工程合格专用章”后方可交付使用。附属绿化工程因季节不适宜未能按期完成的，经市城市绿化主管部门批准，可以延期至验收后的第一个绿化季节内完成。

三、对批准实施的建设项目附属绿化工程，市城市绿化主管部门要加强施工全过程的监督管理，及时查处擅自变更绿化规划和无绿化资质施工等违章行为。

四、规划绿化用地达到规定指标而不按照绿化规划建设随意降低绿地指标和建设标准的，市城市绿化主管部门应责令其限期进行整改；绿化用地达不到规定的指标又确需建设的项目，须由建设单位在市城市绿化主管部门指定的地点补建所缺面积的绿地，没有条件补建的，建设单位应按缺少的绿地面积交纳绿地代建费；凡达不到规定绿地指标而又不按要求进行补建所缺绿地或交纳绿地代建费的，市城市绿化主管部门要按照相关规定从严处罚。

五、市建委、规划、园林、房产管理等部门应根据各自职责，协同搞好建设项目附属绿地的建设和管理工作。凡未按照规定履行职责的，要追究有关部门领导和责任人的责任。

关于济南市植物园保护范围有关问题的通告

（济南市人民政府2004年10月29日公布）

为加强对济南市植物园的保护和管理，现将有关问题通告如下：

一、保护范围：北至经十路南侧人行道，东至舜耕路西侧人行道，南至植物园围栏，西至玉涵路东侧人行道。

二、上述范围内的绿地、广场、停车场均由济南市园林部门按照有关法规、规章的规定实施管理。

关于市属公园对市民晨练和晚练活动免费入园的通知

（济南市园林管理局2004年11月20日公布）

第一条 根据山东省人民代表大会常务委员会发布的《山东省全民体育健身条例》及山东省体育局、山东省建设厅《关于“政府投资兴办的公园应当对公众晨练和晚练活动免费开放”的实施意见》（鲁体字〔2004〕35号）和有关法规，制定本规定。

第二条 晨练、晚练活动免费入园的公园（风景区）有：大明湖风景名胜区、千佛山风景名胜区、植物园、环城公园、中山公园、百花公园、英雄山风景区、森林公园。

第三条 免费晨练、晚练入园时段：

3月1日至10月31日 晨练入园时间5：00—6：30

晚练入园时间 19：30—21：00

11月1日至2月28日：晨练入园时间5：00—6：30

晚练入园时间 19：00—20：30

第四条 为保证晨练、晚练人员的人身安全，晨练及晚练人员应在划定的区域（见公园晨练、晚练区域范围）内活动，遵守公园的各项管理制度，服从公园工作人员的疏导管理，不得在公园内聚会或集会。不得在公园内聚会或集会。

第五条 禁止在公园（风景区）水域范围内游泳、滑冰、钓鱼、戏水、取水、水上器械活动等。

第六条 禁止各种车辆（工作用车、残疾人专用车辆除外）进入公园。

第七条 禁止携带各类管制刀具、枪械、易燃易爆等危险及宠物进入公园。

第八条 公园（风景区）内严禁烟火，禁止野炊、烧纸、吸烟等各种形式动用明火的行为。

第九条 文物场馆及古建筑受到保护，晨练、晚练禁止入内。

第十条 晨练、晚练人员应凭本市居民身份证、工作证入园。晨、晚练期间谢绝旅游团体入园。

第十一条 入园锻炼人员要爱护公园设施、植被以及古树名木，禁止利用各种植物等非健身设施进行健身活动，破坏公园设施、植被、古树名木等要按价赔偿。

第十二条 老弱病残及未成年人入园晨练、晚练期间需有监护人陪伴，无监护人员陪伴谢绝入园。晨晚练期间，发生人身意外事故，由本人负责。

第十三条 各公园应加大安全保卫力度，当客流量达到公园设计荷载容量时，为保证游客安全，应停止入园。

第十四条 为确保安全，在春节、“五一”、“十一”黄金周期间以及举办大型游园活动或遇有特殊情况时，暂时停止入园晨练、晚练，暂停时间以公园告示为准。

第十五条 本规定自二00四年十一月二十日起执行。

济南市公园风景区安全管理规定（试行）

（济南市人民政府办公厅2005年6月14日公布）

第一条 为加强全市公园、风景区的安全管理，确保公众安全，根据有关法律、法规和规章，结合我市实际，特制定本规定。

第二条 公园、风景区的主要负责人对本单位的安全工作负总责，并负责本单位安全管理规定的落实。

公园、风景区应建立健全各项安全责任制，依法设立本单位安全管理机构或配备专兼职安全管理人员。

第三条 公园、风景区管理机构应当按照规定容量接待游人，当游人量超过设计容量时，公园管理机构应当采取有效措施，避免造成安全隐患。

第四条 公园、风景区举办大型活动，必须报上级主管部门同意，并要按规定报当地公安、消防部门审查批准后方可进行，在文物保护单位举办活动还应报市文物保护部门审查批准。按照“谁主办，谁负责”的原则，由活动主办单位承担活动安全工作第一责任，并制定相应的安全工作方案和应急预案。审批单位承担监管责任。

第五条 公园、风景区要完善各项应急预案，并定期演练。在黄金周、主要节假日及举办大型活动期间，因人员过多或遇有紧急情况和突发事件时，要立即启动应急预案，并及时向有关部门报告。

第六条 公园、风景区要加强对锅炉、压力容器等特种设备的安全技术管理工作，建立健全特种设备安全管理制度和特种设备技术档案。并向特种设备监督管理部门注册登记，进行定期检验。未取得特种设备使用证及存在安全隐患的特种设备，不得投入运行。

公园、风景区特种作业人员必须经国家或本市特种作业人员安全技术考核，持证上岗。

第七条 公园、风景区内的游船、缆车、索道、码头等交通游览及游乐设施须经有关部门进行质量和安全检验，并定期维护检查，保持完好、安全、有效。各类交通游览设施及游乐设施必须公示安全须知。

第八条 公园、风景区在游览危险地段应当完善安全防范措施、设置明显的警示标志。

第九条 风景区内的道路应当符合规定标准，并按道路交通管理的有关规定设置禁行、限速、警示等标志，保障道路畅通、交通安全。

施工部位应当设置明显的施工标志，并提供安全防护措施。

第十条 公园、风景区内应当按照消防安全规定合理设置消防水源和设施器材，保证消防通道畅通，并依法建立义务消防队，组织相应的消防演习。消防设施器材应当定期检查维修保养，保持完好。

第十一条 公园、风景区要加强对辖区内古建筑的消防安全管理：

（一）凡古建筑的管理、使用单位，必须严格对一切火源、电源和各种易燃、易爆物品的管理。

禁止在古建筑保护范围内堆存柴草、木料等易燃可燃物品。严禁将煤气、液化石油气等引入古建筑物内。

（二）禁止利用古建筑当旅店、食堂、招待所或职工宿舍。禁止在古建筑的主要殿屋进行生产、生活用火。

（三）在重点要害场所，应设置“禁止烟火”的明显标志。指定为宗教活动场所的古建筑，如要点灯、烧纸、焚香时，必须在配有消防设施、设备的指定地点，并派专人看管或采取值班巡查等措施。

（四）凡与古建筑毗连的其他房屋，应有防火分隔墙或开辟消防通道。古建筑保护区的通道、出入口必须保持畅通，不得堵塞和侵占。

（五）古建筑需要修缮时，应由古建筑的管理与使用单位和施工单位共同制订消防安全措施，严格管理制度，明确责任，并报上级管理部门审批后，才能开工。在修缮过程中，应有防火人员值班巡逻检查，遇有情况及时处理。

第十二条 公园、风景区应当制定相应的林区防火管理办法。重点部位应当设置明显的禁烟禁火标志，并设专人管理。

第十三条 本规定由市园林局、安监局等负责组织实施和解释。

济南市封山育林管理规定

（济南市人民政府2005年7月19日发布）

第一条 为培育林业资源，扩大植被面积，改善生态环境，根据《中华人民共和国森林法》和有关法律法规，结合我市实际，制定本规定。

第二条 本市行政区域内封山育林的管理适用本规定。

第三条 本规定所称封山育林是指对荒山荒地、迹地、未成林造林地、灌木林地、疏林地、退耕还林地、防护林、特种用途林等林地进行封育和封护。

第四条 封山育林应当坚持统一规划、因地制宜、封山与育林相结合、管理和保护并重的原则。

第五条 市林业行政主管部门负责本市封山育林的管理工作，县（市）、区林业行政主管部门负责本辖区内封山育林的管理工作。

城市绿化管理部门负责职责范围内的封山育林工作。

财政、国土资源、公安、畜牧和农业等有关部门依据各自职责，配合做好封山育林工作。

第六条 畜牧主管部门应当引导、扶持封山育林区群众做好牛羊等家畜良种的引进、改良和舍饲推广工作，促进畜牧业和林业共同发展。

第七条 市、县（市）区林业行政主管部门应当依据土地利用总体规划分级编制封山育林规划，报同级人民政府批准后实施。

封山育林规划的内容主要包括封育范围、封育条件、封育方式、封育年限、封育措施及封育成效预测等。

市、县（市）区人民政府应当安排封山育林经费，并纳入财政预算。

第八条 市、县（市）区林业行政主管部门应当根据封山育林规划，编制年度封山育林计划，划定封山育林区，报经同级人民政府批准后实施。

第九条 市、县（市）区林业行政主管部门经同级人民政府批准后对封山育林区的封育范围、年限以及措施应当予以公告，并在封山育林区周界明显处设立标牌，标明封育区名称、范围、面积、年限、方式、措施、责任人等内容，督促封山育林区的村民委员会或者基层单位订立护林公约。

封育区封育期满，经市、县（市）区林业行政主管部门组织验收，达到国家规定封育成效标准的，报经市、县（市）区人民政府批准后公告解除。

第十条 企事业单位、社会团体及其他组织和个人均可以承包、租赁、拍卖、股份合作等形式获得封育区林地的使用权，但不得改变林地用途，必须按照期限和要求完成造林任务。

第十一条 有封山育林区的乡（镇）、村应当成立护林组织，聘用护林员，由市、县（市）区林业行政主管部门免费对其进行专业培训；培训合格的，核发护林员证，并建立护林员档案。

第十二条 在封山育林区内，禁止从事下列活动：

（一）砍柴、割草、放牧牲畜；

（二）毁坏树穴、采挖树木和其他植物；

（三）毁林开垦和毁林采石、采砂、取土、采种、采脂和私自建埋坟墓；

（四）擅自移动或者毁坏封山育林标牌、界桩及其他封山育林设施；

（五）其他破坏封山育林的活动。

第十三条 市、县（市）区人民政府对封山育林成绩显著的单位和个人，给予表彰、奖励。

第十四条 违反本规定第十条的规定，擅自改变林地用途的，由市、县（市）区林业行政主管部门责令其限期恢复原状并按改变林地用途面积处以每平方米十元至三十元的罚款。

第十五条 违反本规定第十二条规定的，由市、县（市）区林业行政主管部门分别给予下列处罚：

（一）在封山育林区砍柴、割草和放牧牲畜的，责令其停止违法行为，并处以十元以上一百元以下的罚款；致使林木受到毁坏的，依法赔偿损失，补种毁坏林木株数三倍的树木，并处毁坏林木价值一倍以上五倍以下的罚款；拒不补种树木或补种树木不符合国家有关规定的，由县（市）区林业行政主管部门代为补种，所需费用由违法者支付；

（二）在封山育林区毁坏树穴的，责令其限期恢复原状，并按每个树穴处以十元的罚款；逾期不恢复原状的，由县（市）区林业行政主管部门代为恢复，所需费用由违法者支付；

（三）擅自移动或者毁坏封山育林标牌、界桩及其他封山育林设施的，责令其恢复原状，并处二百元以上一千元以下的罚款；逾期不恢复原状的，由县（市）区林业行政主管部门代为恢复，所需费用由违法者支付；

（四）在封山育林区采挖树木、其他植物及毁林开垦、采石、采砂、取土、采种、采脂和私自建埋坟墓以及从事其他破坏封山育林活动的，依照《中华人民共和国森林法》和有关法律、法规的规定进行处罚。

第十六条 拒绝、妨碍林业行政主管部门及其工作人员依法执行公务的，由所在地公安机关依法予以治安处罚；构成犯罪的，依法追究刑事责任。

第十七条 当事人对行政处罚决定不服的，可以依法申请行政复议或者向人民法院起诉。

第十八条 林业行政主管部门的工作人员玩忽职守，滥用职权，徇私舞弊的，由所在单位或者有关机关给予行政处分；构成犯罪的，由司法机关依法追究刑事责任。

第十九条 本规定自2005年10月1日起施行。1990年1月8日市人民政府第五十九次常务会议审议通过的《济南市封山育林管理规定》同时废止。

济南市保持泉水喷涌应急预案

（济南市人民政府2006年4月9日印发）

为在特殊状态下最大限度地减缓我市泉域地下水位下降速度，延长泉水喷涌时间，力争保持泉水持续喷涌，特制定本预案。

一、工作原则

保持泉水喷涌要坚持预防管理与应急措施并举的原则，在做好引水保泉、封井保泉、节水保泉、水源涵养、人工增雨等日常管理工作的前提下，特殊情况按本预案采取应急措施。

二、适用范围

本应急预案适用于趵突泉地下水位在28.15米至停止喷涌期间。

三、应急预案分级

应急预案分为三级：趵突泉地下水位降至28.15米时，发布黄色预警，启动Ⅲ级应急预案；趵突泉地下水位降至28.00米时，发布橙色预警，启动Ⅱ级应急预案；趵突泉地下水位降至27.60米时，发布红色预警，启动Ⅰ级应急预案。

四、应急预案响应

（一）三级应急预案响应。

1. 发布预警。趵突泉地下水位降至28.15米时，由市名泉保护管理办公室（以下简称市名泉办）通过新闻媒体（济南日报、济南电视台、济南广播电台，下同）向社会发布黄色预警，启动Ⅲ级保泉应急预案，并将水情、气象等有关情况报市名泉保护委员会和济南警备区、市园林局、气象局、水利局、市政公用局等相关责任部门。

2. 应急措施。各责任部门应迅速进入应急准备状态，认真落实岗位责任制，严格遵守值班制度，保持24小时通讯联络畅通，并按照人工增雨、水源置换、控采限用、回灌补源等工作分工，做好实施前的各项准备工作。

3. 监督检查。市名泉办负责组织对Ⅲ级应急预案启动情况进行检查，及时提出整改意见，并将具体情况向市名泉保护委员会书面报告。

4. 预警解除。当趵突泉地下水位稳定至28.15米以上后，由市名泉办及时报告市名泉保护委员会，并通知新闻媒体和各相关责任部门，解除黄色预警，进入正常泉水保护状态。

（二）二级应急预案响应。

1. 发布预警。当趵突泉地下水位降至28.00米时，由市名泉办通过新闻媒体向社会发布橙色预警，启动Ⅱ级保泉应急预案，并将水情、气象等有关情况报市名泉保护委员会和济南警备区、市园林局、气象局、水利局、市政公用局等相关责任部门。

2. 应急措施。

（1）人工增雨。在南部山区实施人工增雨，加强泉水补给区范围内的补源，该地区内布置的增雨火箭、高炮全部进入临战状态，各火力点指挥员、操作员随时待命，有适合天气出现时，立即展开高强度、大密度的人工增雨作业。

（2）水源置换。停止采用邻近市区泉群的地下水作为自来水水源，按照总量平衡的原则，改用地表水进行置换，依次停止西郊腊山、大杨庄、峨眉山地下水源地取水，减少地下水源供水10万立方米/日，增加玉清湖水库供水10万立方米/日。

（3）控采限用。做好泉域范围内工业用水大户的用水调配工作，该范围内自备井取水量核减10%；上述范围内企事业单位的额定用水指标核减5%。建筑工地深基础施工，施工企业应编制渗透堵漏方案，遇有地下水渗透流失，及时组织补救。

（4）回灌补源。利用卧虎山水库蓄水，每日放水回灌30万立方米，增加地下水补给量。

3. 监督检查。市名泉办负责组织对Ⅱ级应急预案启动情况进行检查，及时提出整改意见，并将具体情况向市名泉保护委员会书面报告。

4. 预警转换。当趵突泉地下水位稳定至28.00米以上后，市名泉办及时报告市名泉保护委员会，通知新闻媒体和相关责任部门解除橙色预警，进入Ⅲ级应急状态。

（三）一级应急预案响应。

1. 发布预警。当趵突泉地下水位降至27.60米时，由市名泉办通过新闻媒体向社会发布红色预警，启动Ⅰ级保泉应急预案，并将水情、气象等有关情况报告市名泉保护委员会和济南警备区、市园林局、气象局、水利局、市政公用局等相关责任部门。

2. 应急措施。各责任部门在落实Ⅱ级应急预案的基础上，再采取以下应急措施。

（1）水源置换。减少济西地下水源地取水10万立方米/日，增加玉清湖水库供水10万立方米/日；减少东郊地下水源地取水3万立方米/日，增加鹊山水库供水3万立方米/日。

（2）控采限用。将泉域范围内自备井取水量核减至20%，企事业单位的额定用水指标核减至10%。

（3）回灌补源。将卧虎山水库回灌补源量增加至每日40万立方米。

3. 监督检查。市名泉办负责组织对Ⅰ级应急预案启动情况进行检查，及时提出整改意见，并将具体情况书面报市名泉保护委员会。

4. 预警转换。当趵突泉地下水位稳定至27.60米以上后，由市名泉办及时报告市名泉保护委员会，并通知新闻媒体和相关责任部门，解除红色预警，进入Ⅱ级应急状态。

五、责任分工

（一）本预案由市名泉保护委员会负责监督执行，市名泉办具体组织实施。

（二）济南警备区和市气象局负责应急预案规定的人工增雨措施的实施。

（三）市水利局负责应急预案规定的水源置换、控采限用、回灌补源等措施的实施。

（四）市市政公用局负责应急预案规定的水源置换、控采限用措施涉及的相关工作。

（五）新闻媒体负责及时、准确刊登预警启动和解除信息，并对保泉应急预案实施过程进行跟踪报道。

本预案自发布之日起实施。

关于进一步加强城区树木绿化保护管理工作的通知

（济南市人民政府办公厅2006年4月26日印发）

各区人民政府，市政府有关部门：

为进一步加强城区树木的保护管理工作，充分发挥树木的生态景观效益，现将有关事项通知如下：

一、严格履行移伐树木审批制度。任何单位

和个人未经批准不得随意伐移树木，因工程建设确需伐移的，建设单位要按规定程序逐级申报，由市城市绿化主管部门审查同意或报市政府批准后方可实施，古树名木严禁砍伐或迁移。同时，城市绿化主管部门要做好移植树木的登记备案以及移植定点和栽后管理的监督管理工作，防止移植树木外流，并确保移植树木成活。

二、加强树木修剪工作的管理。城市绿化主管部门负责及时组织修剪城区公共绿地和道路上的树木，其他单位和个人不得擅自修剪。树木妨碍城市管线安全使用需要修剪时，管线管理部门应当通知城市绿化主管部门统一组织实施。单位庭院、居住区内树木在正常养护工作中可轻度修剪。

三、做好施工现场树木保护工作。各施工单位应强化树木保护意识，在城市绿化主管部门的指导下制定树木有效避让等保护措施，不损伤树木。

四、加强树木保护的执法监督和宣传教育工作。城市绿化主管部门要制定和实施严格的绿化养护检查考核办法，提高树木的养护管理水平。城管执法部门要加大执法监督力度 ，对随意砍伐、移植、修剪和破坏树木的行为依法给予查处。城市绿化主管部门应建立日常巡查和举报制度，及时发现和制止各种毁绿行为。同时，要加强对树木保护的宣传，增强市民的爱绿护绿意识，营造全民保护树木的良好氛围。

济南市市区临时闲置建设用地绿化管理规定

（济南市人民政府办公厅2006年10月30日印发）

第一条 为进一步美化市容环境，减少扬尘污染，提高空气质量，依据有关法律、法规，结合我市实际，制定本规定。

第二条 本规定适用于市建成区范围内临时闲置建设用地的绿化管理。

第三条 本规定所指的市区临时闲置建设用地为具有下列情形之一的地块 ：

（一）土地使用权人依法取得建设用地批准文件以后，6 个月内不能开工建设的 ；

（二）单位及个人使用土地的地上物自行拆迁后，6 个月内不能开工建设的 ；

（三）法律、法规规定的其他情况。

第四条 临时闲置建设用地应当按照本规定实施绿化，并可分别采取以下方式实施 ：

（一）土地使用权人按规定自行实施绿化，并负责养护管理 ；

（二）土地使用权人委托绿化施工企业实施绿化及养护管理 ；

（三）土地使用权人不按规定实施绿化的，由临时闲置建设用地所在区园林主管部门组织代为绿化。

第五条 临时闲置建设用地绿化应满足以植物覆盖裸露土地，防止扬尘，美化环境的要求。

第六条 临时闲置建设用地由土地使用权人自行实施绿化的，费用由土地使用权人承担 ；土地使用权人委托绿化企业实施绿化及养护的，其费用由双方协商约定 ；土地使用权人不按规定实施绿化，由临时闲置建设用地所在区园林主管部门组织代为绿化的，费用由该土地使用权人承担。土地使用权人应当最迟在绿化工程完工后 10 日内结清绿化费用。代为绿化的标准，由市园林局根据有关规定和临时闲置建设用地区位及闲置时间确定。

第七条 建立联席会议制度，负责协调临时闲置建设用地绿化管理工作。市建委为联席会议召集单位，成员单位由市园林局、规划局、国土资源局、城管执法局等部门组成。

第八条 联席会议成员单位按职责分工，做好以下工作 ：

（一）市园林局负责汇总临时闲置建设用地示意图表，并标明区位、面积、四至、土地使用权人、用地建设手续、绿化标准要求、土地闲置期限等内容。

（二）市规划局、国土资源局负责对临时闲置建设用地的土地权属状况和规划审批情况出具书面意见。

（三）市建委、园林局综合有关资料和意见，提出临时闲置建设用地范围，认定初步意见，并对不按规定进行绿化的，拟订绿化计划，一并提交联席会议审议。联席会议通过后，由市园林局对土地使用权人下达绿化计划。各区园林主管部门负责督促土地使用权人按绿化计划要求实施。绿化计划下达 20 日后，土地使用权人仍没有开工绿化的，区园林主管部门组织代为绿化，并告知土地使用权人。

（四）市城管执法局负责依法拆除临时闲置建设用地内违章建筑及设施。

（五）临时闲置建设用地绿化后，实施绿化的单位应在绿化区显著位置设立公示牌，标示该地块属临时绿化性质及责任单位。

第九条 临时闲置建设用地绿化地块具备开工建设条件时，土地使用权人须书面告知所在区园林主管部门。

第十条 本规定由市建委负责解释。

第十一条 本规定自发布之日起施行。

济南市城市绿化条例实施细则

（济南市人民政府2012年5月24日印发）

第一条 为促进城市绿化事业的发展，保护和改善生态环境，加快美丽泉城建设，根据《济南市城市绿化条例》及有关法律、法规，结合本市实际，制定本实施细则。

第二条 公园绿地、防护绿地、风景林地和城市道路绿化工程施工前，建设单位应当将工程设计方案和平面设计图按下列规定报城市绿化主管部门备案：

（一）市城市规划区内绿化工程占地面积不足3000平方米的，报区城市绿化主管部门备案；3000平方米（含）以上的，报市城市绿化主管部门备案。

（二）县（市）城市规划区内绿化工程占地面积不足5000平方米的，报县（市）城市绿化主管部门备案；5000平方米（含）以上的，由县（市）城市绿化主管部门初审后，报市城市绿化主管部门备案。

第三条 建设工程项目附属绿化工程设计方案中的绿地率经审查未达到规定指标的，建设单位应在城市绿化主管部门指定地点建设面积相等、类型相同的绿地；不能建设的，建设单位应缴纳易地补建绿地代建费。

第四条 市园林绿化工程质量监督站受市城市绿化主管部门委托，负责绿化工程建设质量的监督管理和审核验收。

第五条 绿化工程项目开工前，建设单位应到城市绿化工程质量监督部门办理工程质监申报手续，符合申报条件的，城市绿化工程质量监督部门应当受理。

第六条 绿化工程项目竣工后，建设单位持相关材料到城市绿化工程质量监督部门申请绿化工程竣工验收。城市绿化工程质量监督部门对符合条件的，出具绿化工程竣工验收合格证明；不符合条件的，出具整改通知书。

第七条 城市绿化工程未经城市绿化工程质量监督部门验收或者验收不合格的，不得擅自交付使用。擅自交付使用的，责令其补办验收手续，并依法予以处罚。

第八条 鼓励机关、企（事）业单位、其他社会组织及社区居民开展楼（房）顶绿化和垂直绿化。楼（房）顶绿化工程设计和施工应符合建筑安全和园林工程规范。

第九条 鼓励对具备条件的建筑墙体、道路护栏、立交桥及高架桥桥体等建（构）筑物，实施垂直绿化。

第十条 市、县（市）区城市绿化主管部门应按照楼（房）顶绿化和垂直绿化的建设标准及景观效果给予表彰奖励。

楼（房）顶绿化、垂直绿化及沿街单位开放式绿化实施情况列入“花园式单位”、“花园式小区”评选条件。

楼（房）顶绿化经区城市绿化主管部门验收合格后，给予每平方米80至100元人民币奖励。

第十一条 新建城市绿地经验收合格后，确需移交城市绿化主管部门进行专业养护的，建设单位应在落实养护经费后，与市、县（市）城市绿化主管部门签署备忘录，由其按照属地管理原则落实专业养护责任单位。

第十二条 绿地养护责任单位应严格执行绿地养护管理质量标准，建立养护管理巡查制度，发现绿地缺损及时修复，确保城市绿地完整。城市绿化主管部门应当定期对养护管理情况进行检查和考核。

第十三条 实施临时绿化应按照《济南市市区临时闲置建设用地绿化管理规定》（济政办字〔2006〕68号）执行。

第十四条 严格控制在城市绿地内埋设地下设施。因城市建设确需在城市绿地内埋设地下设施的，建设单位应征求城市绿化主管部门意见。经批准在城市绿地内埋设地下设施的，按照《城市道路绿化规划与设计规范》（建标〔1997〕259号）

有关规定执行。

第十五条 经批准占用或临时占用城市绿地需移植树木的，由城市绿化主管部门组织专业队伍进行移植，移植费用由申请单位承担。

第十六条 单位或个人可以投资方式参与公园绿地的建设和管理。投资者与建设单位可通过协议约定自行建设，但必须委托有相应资质的企业进行建设。投资建设应按照建设单位审定并经规划部门批准的规划设计方案执行。投资者依法享有合法权益。

第十七条 捐资建设管理城市绿地的，应与绿地养护责任单位签订捐资协议。捐资 5 万元人民币以上的单位或个人，依法享有冠名权，冠名期限不超过 2 年。

第十八条 认养城市绿地的单位或个人，应在城市绿地所在区城市绿化主管部门办理登记手续，并与绿地养护责任单位签订认养协议，明确认养方式、期限和养护标准。城市绿地认养面积 1000 平方米以上的，依法享有冠名权，冠名期限不超过认养期限。

第十九条 绿地养护责任单位应当为捐资、认养城市绿地的单位或个人设立冠名标志牌匾，牌匾设置应与城市绿地环境相协调。

第二十条 城市规划区内的古树名木实行统一管理，分工养护。养护责任单位或个人按下列分工确定：

（一）城市道路、街头绿地、城市广场用地范围内的古树名木，由所在县（市）、区城市绿化主管部门负责养护。

（二）风景名胜区、公园内的古树名木，由风景名胜区或公园管理单位负责养护。

（三）机关、企（事）业单位及其他社会组织用地范围内的古树名木，由用地单位负责养护。

（四）城市居住（社）区、居民院落内的古树名木，所有权属国家或集体的，由街道办事处负责养护；所有权属个人所有的，由所有人负责养护。

（五）集体所有制土地内的古树名木，所有权属国家或集体的，由乡（镇）政府或街道办事处负责养护；所有权属个人所有的，由所有人负责养护。

（六）铁路、公路、河堤用地范围内的古树名木，分别由铁路、公路、河道管理部门负责养护。

第二十一条 古树名木日常养护费用由养护责任单位或个人承担。市、县（市）区政府应当将古树名木保护经费列入本级财政预算，用于古树名木保护以及养护补助。承担养护费用确有困难的单位或个人，可以向所在县（市）、区城市绿化主管部门申请养护补助。

第二十二条 古树名木养护责任单位或个人，应按相关技术规范对古树名木进行养护管理，确保古树名木的正常生长。养护责任单位或个人因养护不力，造成古树名木损害、死亡的，应依法予以赔偿。

第二十三条 各级城市绿化主管部门应定期对古树名木生长和养护情况进行监督检查，对长势濒危的古树名木提出抢救措施，并监督养护责任单位或个人实施。

古树名木受到损害或长势濒危，养护责任单位或个人应当及时报告城市绿化主管部门，并按照城市绿化主管部门要求实施抢救、复壮；抢救无效死亡的，由城市绿化主管部门查明原因、明确责任后予以注销登记。

第二十四条 在古树名木树冠外缘以外 5 米区域内，应保持土壤透水、透气性，不得从事挖掘取土、铺埋管线、堆放杂物、倾倒有害废渣废液、焚烧和修建建（构）筑物等活动。保护范围内现存的建（构）筑物危及古树名木正常生长、生存的，应当依法拆除。

第二十五条 经批准移植的古树名木，由城市绿化主管部门组织相关专家制定移植保护方案，并指定专业队伍进行移植，费用由申请单位承担。

第二十六条 各级城市绿化主管部门应配合城管行政执法部门，现场处置占绿、毁绿等行为，并严格执行有关赔偿和处罚规定。对私砍乱伐、占绿、毁绿等违法犯罪行为，公众可直接向公安机关举报。

第二十七条 城市绿地范围控制线内禁止新建、扩建各类建（构）筑物或其他设施。违反规定的，由城市绿化主管部门责令其停止违法行为，恢复原状；不停止违法行为或不恢复原状的，由城市管理行政执法部门依法实施行政处罚；构成犯罪的，由司法机关依法追究刑事责任。

第二十八条 本细则自 2012 年 6 月 1 日起施行，有效期至 2017 年 5 月 30 日。

二、地方法规

济南市园林绿化管理办法

（1990年5月24日济南市第十届人民代表大会常委会第十六次会议通过，1990年6月27日山东省第七届人民代表大会常务委员会第十六次会议批准）

第一章 总 则

第一条 为加强园林绿化的规划、建设和管理，改善城市生态环境，建设具有泉城特色、环境优美、文明整洁的社会主义现代化城市，根据国家有关法律法规，结合我市实际情况，制定本办法。

第二条 本办法适用于本市城市规划区和县城规划区、建制镇规划区内的园林绿化的规划、建设和管理。

第三条 凡本市公民，男11岁至60岁，女11岁至55岁，除丧失劳动能力者外，应当依照国家规定履行植树和其他绿化义务。

第四条 全市各级政府和各部门、各单位，都应大力组织全民义务植树和美化环境的活动。对园林绿化做出显著成绩的单位和个人，由各级人民政府或园林管理部门给予表彰和奖励。

第五条 济南市园林管理局，是本市园林绿化工作的主管部门。各区、县园林主管部门负责本辖区内的园林绿化管理工作。

第二章 规划和建设

第六条 城市园林绿地详细规划，依据《济南市城市总体规划》由规划主管部门和园林主管部门共同编制，报市、县人民政府批准后实施。

第七条《济南市城市总体规划》中确定的园林绿地，任何单位和个人不得擅自改变和占用。市人民政府认为确需改变时，应提请市人民代表大会常务委员会审定。

第八条 城市园林绿化规划指标，本世纪末人均公共绿地面积应当达到五平方米，绿化覆盖率应不低于百分之三十。城市园林绿化远景规划，人均公共绿地面积应当达到八平方米，绿化覆盖率应不低于百分之四十。

第九条 一切建设项目都必须严格按照规划要求留足绿化用地。新建城市主要道路的绿化用地，不得低于道路总用地面积的百分之二十；旧城改造区的绿化用地，不得低于总用地面积的百分之二十五；新建住宅区和新建中、小学校的绿化用地，不得低于总用地面积的百分之三十；新建医院、疗养院、大专院校、科研单部队营区和冶炼、化工、水泥生产单位的绿化用地，不得低于总用地面积的分之四十。各主管部门在审批计划、设计、施工时，应严格执行。

第十条 园林建设应以植物为主。庭院专用绿地的植物种植面积，不得低于绿化用地总面积的百分之八十；公园的植物种植面积，不得低于公园总占地面积的百分之七十（含水面）；园林建筑小品的占地面积，不得超过总绿化用地面积的百分之二。

第十一条 开发新区和改造旧区的工程投资中必须包括百分之二至百分之三的绿化费用，由建设单位负责组织绿化。绿化任务应在建设工程竣工后的第一个绿化季节内完成，由园林主管部门负责验收。因特殊情况不能完成的，经园林主管部门批准可延期至建设工程竣工后的第二个绿化季节内完成。

第十二条 公共绿地、居住区绿地、专用绿地、防护绿地和重点建设工程的绿化设计，必须符合有关设计的要求，经园林主管部门批准并办理绿化施工手续。

第十三条 凡从事园林绿化施工的单位必须持有市园林主管部门批准的资格证书。

第十四条 园林、林业、农业等有关部门和有条件的单位，应大力开展群众性的苗木生产，逐步实现苗木自给。城市园林苗圃用地，应为城市建成区总用地面积的百分之二至百分之三。

第十五条 花草树木的选择，应适应本地条件，品种多样化，提倡选用当地苗木，引进外地品种必须按照有关规定进行植物检疫。

第三章 保护和管理

第十六条 公共绿地、生产绿地、防护绿地、行道树及干道绿化带，由园林主管部门进行管理；各单位建设的公园、防护林带、专用绿地以及陵园绿地由各单位负责管理；居住区绿地由园林主管部门确定管理单位进行管理。

为保证园林植物生长繁茂，要切实搞好养护管理，适时松土、灌溉、施肥、修剪和防治病虫害。

第十七条 城市园林部门管辖范围内的树木，归园林部门所有；各单位在其管界内种植养护的树木，归单位所有；个人投资在自住房屋的庭院内种植养护的树木，归个人所有。

第十八条 本办法第二条规定的适用范围内的所有园林树木，不分权属，一律不得擅自砍伐，确需砍伐的，必须按以下权限审批：

（一）砍伐城市规划区内的树木，胸径二十厘米以下，一处一次一至五株，由所在区园林主管部门审批；砍伐胸径二十厘米以下，一处一次六至二十株或者胸径二十厘米以上的，由市园林主管部门审批；砍伐一处一次二十株以上的，不论胸径大小，一律由市园林主管部门审核后报市政府审批。

（二）砍伐县城规划区内的树木，一处量次二十株以下的由县园林主管部门审批；超过二十株的由县人民政府审批。

（三）砍伐其他建制镇规划区内的树木，一处一次五株以下的由镇人民政府审批；五至二十株的由县园林主管部门审批，二十株以上的由县人民政府审批。

第十九条 经批准砍伐树木的单位和个人，除按有关规定向树木所有者支付补偿费外，还应当在园林主管部门指定的地点补栽相当于砍伐数量五倍的树木，补栽的树木归国家所有。

第二十条 单位或居民搬迁时，应将其所有的树木移交给迁入户。迁入户应向树木所有者支付树木补偿费，补偿费的数额由双方议定。协议不成的，由园林主管部门裁定。任何一方不得擅自砍伐或损坏树木。

第二十一条 建设单位应妥善保护施工现场保留的树木和绿化设施，不得损坏。

第二十二条 符合下列条件之一的树木，经园林主管部门鉴定后，树木所有者应及时砍伐更新；

（一）树木发生病虫害，无法挽救或自然枯死的；

（二）树木严重倾斜，妨碍交通，危害建（构）筑物和人身安全的；

（三）树龄、树容已达到更新期的。

第二十三条 百年以上的树木和稀有珍贵树种，以及具有历史价值和纪念意义的树木，均属古树名木，必须重点保护，不得损害、砍伐或随意修剪。园林主管部门对古树名木应建立档案和设立标记，并指定有关单位或确定专人负责保护。

第二十四条 任何单位和个人不得擅自修剪公共绿地和街道上的树木。为了保证城市管线的安全使用需要修剪树木时，由管线管理部门通知园林主管部门统一组织修剪。管线管理部门应按规定向园林主管部门提供修剪费用。因修剪不及时造成损失的，园林主管部门应当承担责任。因不可抗力致使树木倾倒危及管线安全使用时，管线管理部门可采取紧急措施处理，并及时向园林主管部门报告情况。

第二十五条 任何单位和个人不得在公共绿地内挖坑取土、堆放杂物、排放污物、损害花木草皮；不得借用树木搭棚做架、拴绳挂物、钉钉挂牌、安装电灯电线；不得刻扒树木，滥采树籽，践踏花坛、草坪；不得损坏园林设施。

第二十六条 公园内必须保持树木花草繁茂，园容整洁美观，设施完好安全。在公园保护区内，不得设置妨碍景观、污染环境、妨碍游览的建筑物、构筑物和其它设施。

第四章 法律责任

第二十七条 对违反本办法规定的单位和个人，视情节轻重．按规定权限分别予以通报批评、警告、罚款；责令停止侵害行为、限期退还园林绿地、赔偿经济损失。对情节严重的直接责任人员和单位负责人，由其所在单位或上级主管机关给予行政处分。

以上处罚可单独或合并适用。罚没款上交财政作为绿化专用资金。

对违反治安管理处罚条例的，由公安机关依照有关规定处罚；构成犯罪的，依法追究刑事责任。

第二十八条 凡在本办法公布以前擅自占用的园林绿地，由园林主管部门会同有关部门进行处理，对主动到园林主管部门申报登记的，可以从轻处理；凡在本办法公布实施后擅自占用园林绿地的，予以从严惩处。

第二十九条 当事人对园林主管部门作出的处罚决定不服的，可以在接到处罚通知之日起十五日内，向作出处罚决定机关的上一级机关申请复议，对复议决定不服的，在接到复议决定之日起十五日内，向当地人民法院起诉。当事人也可以在接到处罚通知之日起十五日内，直接向人民法院起诉。期满不申请复议也不向人民法院起诉又不履行处罚决定的，由作出处罚决定的部门申请人民法院强制执行。

第三十条 园林主管部门的工作人员必须模范执行本办法。对滥用职权、徇私舞弊、玩忽职守，给国家财产造成损失的，视其情节轻重，追究行政责任和经济责任，构成犯罪的，依法追究刑事责任。

第五章 附 则

第三十一条 本办法所称园林绿地，包括公共绿地、居住区绿地、专用绿地、生产绿地和防护绿地。

公共绿地是指公园、动物园、植物园、风景点、陵园及小游园、干道绿化带和街道广场的绿地。

居住区绿地是指居住区内除公园以外的其他绿地。

专用绿地是指机关、团体、企业、事业单位和宅院的绿地。

生产绿地是指为园林绿化提供苗木、花草、种子的生产及科研绿地。

防护绿地是指用于防风、防尘、防噪音及卫生、安全等防护目的的林带和绿地。

第三十二条 本办法所称园林设施，包括亭、廊、花架、喷泉、假山、石桌、石凳、围栏、围墙、园林道路、雕塑、雕刻及其它景观建筑和园林服务设施。

第三十三条 本办法中所列数字，凡称“以下”包括本数在内，“以上”不包括本数。

第三十四条 市政府可根据本办法制定实施细则。

第三十五条 本办法自山东省人民代表大会常务委员会批准公布之日起施行。

济南市古树名木保护管理办法

（1992年10月22日济南市第十届人民代表大会常务委员会第三十一次会议通过，1992年11月21日山东省第七届人民代表大会常务委员会第三十一次会议批准）

第一条 为了加强古树名木的养护管理，保护历史文化名城特色，根据《中华人民共和国森林法》和国务院《城市绿化条例》等法律法规的有关规定，结合本市实际情况，制定本办法。

第二条 本办法所称古树名木，是指百年以上树龄的树木，稀有、珍贵树木，具有历史价值或重要纪念意义的树木。

第三条 市园林行政主管部门主管本市古树名木的管理工作。各县（市）、区园林行政主管部门主管本行政区域内古树名木的管理工作。

第四条 市、县（市）、区园林行政主管部门负责古树名木的调查、登记、鉴定和建档工作，设立古树名木标志，划定保护范围，落实养护责任单位。

第五条 本市古树名木，按以下分工负责养护：（一）生长在机关、部队、学校、企事业单位和坛庙寺院的古树名木，由所在单位负责养护。（二）生长在铁路、公路、水库、河道等用地范围内的古树名木，分别由铁路、公路和水利等部门负责养护。（三）生长在风景区、城镇道路、街巷内的古树名木，由市、县（市）、区园林绿化队伍负责养护。（四）生长在林区的古树名木，由林区管理单位负责养护。（五）生长在城镇居民院内的古树名木，所有权属于国家或集体的，由街道办事处指定专人负责养护；所有权属于个人的，由个人负责养护。（六）生长在村庄和村民院内的古树名木，所有权属于国家或集体的，由乡（镇）人民政府指定专人负责养护；所有权属于个人的，由个人负责养护。

第六条 集体或个人所有古树名木的抵押或转让，应到园林行政主管部门办理登记。

第七条 古树名木养护单位和个人，必须严格执行市园林行政主管部门制定的《古树名木养护管理技术规范》，确保古树名木的正常生长。

第八条 禁止在古树名木上刻划、钉钉、缠绕绳索、攀缘折枝或借用树干搭棚作架等有损古树名木生长的行为；禁止在树冠下堆放物料，挖坑取土，动用明火，排放烟气，倾倒有害树木的污水、污物；禁止在树冠外缘五米以内新建任何建筑物。

第九条 对危害古树名木生长的废水、废气、废渣，有关单位或个人必须按照环境保护规定和园林行政主管部门的要求，在限期内采取措施，消除危害。

第十条 建设项目在规划、设计、施工中，必须严格保护古树名木，遇有可能使古树名木安全受到影响的情况，必须事先向园林行政主管部门提出，共同研究避让保护措施，由建设单位负责实施。

第十一条 严禁砍伐或者迁移古树名木。因特殊需要迁移古树名木，必须经市园林行政主管部门审查同意，报市人民政府批准后实施。

第十二条 任何单位和个人都有保护古树名木的义务；对损伤和破坏古树名木的行为，有劝阻、制止、检举和控告的权利。

第十三条 对养护和管理古树名木做出显著成绩的单位和个人，由市、县（市）、区人民政府给予表彰、奖励。

第十四条 对违反本办法的单位和个人，由市、县（市）、区园林行政主管部门责令停止侵害，造成损失的，应当负赔偿责任，可以并处罚款；情节严重的，对直接责任人员和单位负责人，由其所在单位或上级主管机关给予行政处分；应当给予治安管理处罚的，依照《中华人民共和国治安管理处罚条例》的有关规定处罚；构成犯罪的，依法追究刑事责任。

第十五条 对处以罚款的，按下列规定执行：（一）违反本办法第七条规定，不按技术规范进行养护，影响古树名木正常生长的，对养护单位或个人处以五十元至一千元的罚款。（二）违反本办法第八条、第九条和第十条规定，对古树名木损害较轻的，对责任单位或个人处以五百元以下罚款；损害枝干或根系较重的，处以五百元至一千元的罚款；造成古树名木死亡的，处以一千元至五万元的罚款。（三）违反本办法第十一条规定，擅自砍伐古树名木的，对责任单位或个人处以五万元至十万元的罚款。擅自迁移古树名木未造成死亡的，处以一千元至五千元的罚款；造成古树名木死亡的，处以五千元至五万元的罚款。以上罚款，五千元以下的，县（市）、区园林行政主管部门决定，报县（市）、区人民政府备案；五千元至二万元的，县（市）、区人民政府审批；二万元至五万元的，市园林行政主管部门决定，报市人民政府备案；五万元以上的，市人民政府审批。

第十六条 当事人对行政处罚不服的，可以自接到处罚决定通知之日起十五日内，向作出处罚决定机关的上一级机关申请复议；对复议决定不服的，可以自接到复议决定之日起十五日内向人民法院起诉。当事人也可以直接向人民法院起诉。逾期不申请复议或者不向人民法院起诉又不履行处罚决定的，由作出处罚决定的机关申请人民法院强制执行。

第十七条 园林行政主管部门的工作人员必须模范执行本办法。对玩忽职守、滥用职权、徇私舞弊的，由其所在单位或者上级主管机关给予行政处分；构成犯罪的，依法追究刑事责任。

第十八条 本办法具体应用中的问题，由市园林行政主管部门负责解释。

第十九条 本办法自发布之日起施行。

济南市城市绿化管理办法

（1996年5月30日济南市第十一届人民代表大会常务委员会第二十一次会议通过，1996年6月15日山东省第八届人民代表大会常务委员会第二十二次会议批准）

第一章 总 则

第一条 为加强城市绿化的规划、建设、保护和管理，改善城市生态环境，增进市民身心健康，建设环境优美、文明整洁、具有泉城特色的省会城市，根据《城市绿化条例》等法律法规的有关规定，结合本市实际，制定本办法。

第二条 本办法适用于本市市、县（市）城市规划区内城市绿化的规划、建设、保护和管理。

第三条 市、县（市）人民政府应当把城市绿化建设纳入国民经济和社会发展计划。

第四条 凡本市男十一岁至六十岁、女十一岁至五十五岁的公民，除丧失劳动能力者外，应当依照国家规定履行植树和其他绿化义务。

第五条 本市各级人民政府和各部门、各单位，应当大力组织开展全民义务植树和美化环境的活动，加强城市绿化管理，提高绿化艺术水平。对城市绿化作出显著成绩的单位和个人，由各级人民政府给予表彰和奖励。

第六条 济南市园林管理局是本市城市绿化的主管部门，负责本市城市绿化工作的统一管理。县（市、区）城市绿化主管部门负责本辖区的城市绿化管理工作。

第二章 规划和建设

第七条 市、县（市）人民政府应当组织城市规划管理部门和城市绿化主管部门编制城市绿化规划，并纳入城市总体规划。

第八条 任何单位和个人不得擅自改变城市规划绿地性质，不得擅自占用城市规划绿地。对擅自改变城市规划绿地性质或擅自占用城市规划绿地的，由城市规划管理部门会同市、县（市）城市绿化主管部门责令限期改正，恢复原状。市、县（市）人民政府根据国民经济和社会发展需要，改变城市规划绿地性质，须报同级人民代表大会常务委员会和原批准机关备案。国家重点工程建设确需占用城市规划绿地的，须征得市、县（市）城市绿化主管部门同意，由城市规划管理部门调整规划，经市或县（市）人民政府批准后，报同级人民代表大会常务委员会和原批准机关备案。

第九条 新建、改建、扩建工程项目的绿化用地面积占建设用地总面积的比例指标为：(一）新开发居住区不低于百分之三十；旧城改造居住区不低于百分之二十五；(二）机关、团体、文教、卫生、科研等单位及部队营区，不低于百分之三十五；(三）大型体育场（馆）等公共设施不低于百分之三十；(四）城市主干道不低于百分之二十；次干道不低于百分之十五；(五）产生有毒、有害物质污染环境的单位不低于百分之三十，并根据国家规定设立不低于五十米宽的防护林带；(六）城市内的河、湖等水体及铁路的防护林带宽度不低于三十米；(七）其他建设项目不低于百分之二十。前款（二)、(三)、(五)、(七）项规定的建设项目属于改建的，可以在相应比例指标的基础上降低五个百分点。

第十条 单位和居民区现有绿化面积低于本办法第九条规定且有可绿化用地的，必须绿化；对不绿化的，由市、县（市）城市绿化主管部门责令有关单位限期绿化。凡具备条件适宜垂直绿化的，应当进行垂直绿化建设。

第十一条 建设项目绿化经费占其基建工程投资总额的比例应不低于百分之二，由建设单位按本办法第九条规定的指标建设绿地。绿化用地达不到本办法第九条规定的指标又确需建设的项目，须经市、县（市）城市绿化主管部门审核，报同级人民政府批准，并在市、县（市）城市绿化主管部门指定的地点补建所缺面积的绿地，补建绿地的全部费用由该建设单位承担。

第十二条 建设项目与其附属绿化工程项目应当同时设计、同时施工、同时交付使用。建设单位在申请领取建设工程规划许可证之前，应当将绿化工程设计方案报送市、县（市）城市绿化主管部门审核。未经审核同意的，规划管理部门不得发给建设工程规划许可证。建设项目竣工后，市、县（市）城市绿化主管部门应当参加该建设项目附属绿化工程的验收。验收合格的，方可交付使用。附属绿化工程因季节不适宜未能按期完成的，经市、县（市）城市绿化主管部门批准，可以延期至验收后的第一个绿化季节内完成。

第十三条 建设公共绿地、居住区绿地、生产绿地、防护绿地、风景林地、道路绿地和重点绿化工程，建设单位应当将设计方案报经市、县（市）城市绿化主管部门审批，并按照批准后的方案建设施工。

第十四条 公园内非植物占地面积（不含水面面积）不得超过百分之三十；其他城市绿地内非植物占地面积不得超过百分之二十。园林建筑及小品的占地面积不得超过总绿化用地面积的百分之二。

第十五条 城市生产绿地面积占城市建成区总面积的比例不得低于百分之二。

第十六条 凡在本市、县（市）从事城市绿化工程施工的单位，必须持有市、地级以上城市绿化行政主管部门批准的园林绿化工程施工企业资质等级证书。

第三章 保护和管理

第十七条 树木所有权按下列规定确认：(一）园林绿化管理部门在其管辖范围内种植的树木，归国家所有；(二）单位在其用地范围内种植的树木，归该单位所有；(三）个人投资在自住房屋的庭院内或房前屋后种植的树木，归个人所有。在全民义务植树活动中种植的树木，归使用土地的单位所有；另有合同的，按合同规定办理。

第十八条 对城市绿地按下列分工实行养护责任制：(一）公共绿地、生产绿地、防护绿地、风景林地、道路绿地，由绿化专业养护单位负责；(二）居住区绿地，由居住区管理单位或房屋产权单位负责；(三）单位附属绿地，由产权单位负责；(四）各单位门前责任区内的花草树木和绿化设施，由责任单位负责；(五）居民宅院内的树木，由树木所有权人负责。前款（二）、(三)、(四)、(五）项中规定的养护工作，责任单位和个人可以委托城市绿化专业单位进行有偿养护。

第十九条 下列区域内的城市绿地禁止占用：(一) 县（市）级以上风景名胜区；(二) 烈士陵园；(三) 各级公园、植物园、动物园；(四) 居住区；(五) 市、县（市）人民政府划定公布的其他重点保护区域。

第二十条 因城市规划调整或者城市道路建设确需占用前条规定以外城市绿地的，按下列规定办理审批手续：(一) 占用城市绿地二千平方米以下，在市城市规划区内的，经区城市绿化主管部门审核，市城市绿化主管部门同意，报市人民政府批准；在县（市）城市规划区内的，由县（市）城市绿化主管部门审核，报县（市）人民政府批准。(二) 占用城市绿地二千平方米以上，在市城市规划区内的，经市城市绿化主管部门审核，市人民政府同意，报省人民政府批准；在县（市）城市规划区内的，经县（市）城市绿化主管部门审核，县（市）人民政府同意，报市人民政府批准。临时占用城市绿地的，应当事先征得市、县（市）城市绿化主管部门同意。占用城市绿地经批准或同意后，按照有关规定办理用地审批手续。擅自占用城市绿地的，必须退还，恢复原状。

第二十一条 占用城市绿地，应当向所有权人支付树木补偿费，并在市、县（市）城市绿化主管部门指定的地点建成同等面积、相同性质的绿地后方可占用，建设绿地所需费用由占用者承担。临时占用城市绿地的，应当向市、县（市）城市绿化主管部门缴纳临时占用绿地补偿费。临时占用绿地期限最长不得超过一年，占用期满，必须退还绿地并恢复原状。

第二十二条 任何单位和个人不得擅自砍伐树木。确需砍伐的，必须办理审批手续，领取批准机关颁发的砍伐许可证后方可砍伐。砍伐市城市规划区内城市绿地的树木按下列规定审批：(一) 砍伐公共绿地、防护绿地、风景林地内树木，一处一次五株以下的，由区城市绿化主管部门审核，报市绿化主管部门批准；一处一次五株以上五十株以下的，由区城市绿化主管部门审核，经市绿化主管部门审查，报市人民政府批准。(二) 砍伐行道树由市城市绿化主管部门审查同意，报市人民政府审批。(三) 砍伐单位附属绿地和居住区绿地内树木，一处一次五株以下、胸径不足二十厘米的，由区城市绿化主管部门批准，报市城市绿化主管部门备案。一处一次五株以上、二十株以下或者胸径二十厘米以上的，由区城市绿化主管部门审核，报市城市绿化主管部门批准。一处一次二十株以上五十株以下的，由区城市绿化主管部门审核，市城市绿化主管部门同意，报市人民政府批准。砍伐县（市）城市规划区内城市绿地的树木，一处一次十株以下的，由县（市）城市绿化主管部门审批；十株以上五十株以下的，由县（市）城市绿化主管部门审核，报县（市）人民政府审批。砍伐市、县（市）城市规划区内城市绿地的树木，一处一次五十株以上的，必须报经省人民政府批准。各级城市绿化主管部门砍伐树木时，砍伐株数在其批准权限以内的必须报经其上级主管部门审批；砍伐株数超过其批准权限的，按照本条有关规定办理。移植树木的，按照本条第二、三、四款规定办理报批手续。

第二十三条 伐除垂直绿化的植物，市城市规划区内的，由区城市绿化主管部门审核，市城市绿化主管部门批准；在县（市）城市规划区内的，由县（市）城市绿化主管部门审核，报县（市）人民政府批准。

第二十四条 经批准在城市绿地范围内砍伐树木或者伐除垂直绿化植物的，除按照规定向树木所有者支付补偿费外，还应当在市、县（市）城市绿化主管部门指定的地点补栽相当于砍伐数量二倍的树木；没有条件补栽的，应当向市、县（市）城市绿化主管部门缴纳树木代植费。树木代植费应当在砍伐树木后的第一个绿化季节内全部用于植树。经批准移植树木的，应当移植至市、县（市）城市绿化主管部门指定的地点。移植未成活的，按前款砍伐规定办理。

第二十五条 单位或者居民搬迁时，应当将其所有的树木移交给迁入户。迁入户应当给予树木所有者补偿。补偿金额双方议定。因树木权属或者补偿金额发生争议的，由双方当事人协商解决；协商不成的，可以依法向仲裁委员会申请仲裁或者向人民法院起诉。争议解决以前，任何一方不得砍伐有争议的树木。

第二十六条 树木有下列情形之一的，经市、县（市）城市绿化主管部门鉴定后，所有者应当及时更新。(一) 发生严重病虫害已无法挽救或自然枯死的；(二) 严重倾斜、妨碍交通、危害建（构）

筑物和人身安全的；（三）其他需要更新的。

第二十七条 城市绿化主管部门应当及时组织修剪公共绿地内和道路上的树木，其他单位和个人不得擅自修剪。树木妨碍城市管线安全使用需要修剪时，管线管理部门应当通知市、县（市）城市绿化主管部门统一组织修剪。接到通知后修剪不及时造成损失的，市、县（市）城市绿化主管部门应当赔偿损失。因不可抗力致使树木倾倒危及管线安全时，管线管理部门可以采取紧急措施处理，并及时向市、县（市）城市绿化主管部门报告。

第二十八条 在城市公共绿地、居住区绿地、防护绿地、风景林地、道路绿地内禁止下列行为：（一）挖坑取土，乱扔污物，排放污水，停放车辆，堆放、焚烧物品，损坏绿篱，践踏花坛、草坪，捕猎放牧；（二）借用树木搭棚、建房，在树木上钉钉、刻扒树皮，折枝摘花，滥采树籽；（三）损坏园林绿化设施；（四）其他损坏绿地、树木的行为。对前款规定城市绿地范围以外的树木，任何单位和个人不得在正常树冠垂直投影范围内兴建建筑物，不得在距树干基部一点五米范围内挖沟取土。对违反本条规定的，由市、县（市）城市绿化主管部门责令停止侵害行为，恢复原状。

第四章 法律责任

第二十九条 对违反本办法规定，有下列情形之一的，由市城市绿化主管部门或县（市）城市绿化主管部门按照管理权限给予行政处罚：（一）违反本办法第八条第一款规定，擅自改变城市规划绿地性质或者擅自占用城市规划绿地的，以及违反第十九条、第二十条规定，占用城市绿地的，按每平方米五百元以上五千元以下处以罚款，并对单位负责人和直接责任人分别处以二百元以上二千元以下的罚款；（二）违反本办法第十条第一款规定，在限期内未绿化的，按低于规定标准面积每平方米五十元以上一百元以下处以罚款；对单位负责人和直接责任人分别处以一百元以上一千元以下的罚款。（三）违反本办法第十一条规定，未建设绿地或补建绿地的，处以绿地建设费用三至五倍的罚款；对单位负责人和直接责任人分别处以二百元以上二千元以下的罚款。（四）违反本办法第十二条第四款规定，附属绿化工程项目虽经批准延期，仍未按期完成的，按应当绿化面积每平方米五百元以上一千元以下处以罚款；对单位负责人和直接责任人分别处以二百元以上二千元以下的罚款。（五）违反本办法第十三条规定，绿地设计方案未经批准或者不按批准的方案施工的，责令停止施工，并按绿化建设项目总投资的百分之五至百分之十处以罚款；对单位负责人和直接责任人分别处以一百元以上一千元以下的罚款。（六）违反本办法第十六条规定，无证施工或者越级承揽绿化工程施工的，责令停止施工，没收违法所得，并处以绿化工程总造价的百分之十至百分之三十的罚款；对单位负责人处以一百元以上一千元以下的罚款。（七）违反本办法第二十一条规定，未在指定地点建成同等面积、相同性质绿地即占用城市绿地的，或者临时占用绿地期满后不退还绿地恢复原状的，按每平方米三百元以上三千元以下处以罚款；对单位负责人和直接责任人分别处以二百元以上二千元以下的罚款。（八）违反本办法第二十二条规定，擅自砍伐或者移植城市树木的，处以树木补偿费三至五倍的罚款；对单位负责人和直接责任人分别按罚款金额百分之二十处以罚款。（九）违反本办法第二十七条规定，擅自修剪树木的，处以一百元以上一千元以下的罚款。因修剪造成树木死亡的，处以树木补偿费三至五倍的罚款；对单位负责人和直接责任人分别按罚款金额百分之二十处以罚款。（十）违反本办法第二十八条规定，未停止侵害行为和恢复原状的，给予警告，并处以十元以上五百元以下罚款；造成树木死亡的，处以树木补偿费三至五倍的罚款。

第三十条 对违反本办法规定的当事人进行处罚时，应当按照国家行政处罚的有关规定执行。罚没收入应当按照国家行政处罚的有关规定交同级财政。

第三十一条 拒绝、阻碍城市绿化管理人员依法执行公务，违反《中华人民共和国治安管理处罚条例》的，由公安机关处理；构成犯罪的，依法追究刑事责任。

第三十二条 当事人对行政处罚决定不服的，可以按照《中华人民共和国行政诉讼法》和《行政复议条例》的规定，申请行政复议或者提起行政诉讼；逾期不申请复议也不起诉又不执行行政处罚决定的，作出处罚决定的机关可以申请人民法院强制执行。

第三十三条 城市绿化主管部门工作人员滥用职权、徇私舞弊、玩忽职守的，由其所在单位或者上级主管机关给予行政处分；构成犯罪的，依法追究刑事责任。

第五章 附 则

第三十四条 本办法所称城市绿地，包括公共绿地、居住区绿地、生产绿地、防护绿地、风景林地、道路绿地及单位附属绿地。本办法所称园林绿化设施，包括亭、廊、花架、喷泉、假山、石桌、石凳、护栏、围墙、园路、雕塑、雕刻及其他景观建筑。

第三十五条 建制镇规划区内城市绿化的规划、建设、保护和管理可以参照本办法执行。

第三十六条 市人民政府根据本办法制定实施细则。

第三十七条 本办法自批准公布之日起施行，济南市人民代表大会常务委员会一九九〇年七月九日公布实施的《济南市园林绿化管理办法》同时废止。

济南市城市绿化管理办法

（1996年5月30日济南市第十一届人民代表大会常务委员会第二十一次会议通过，1996年6月15日山东省第八届人民代表大会常务委员会第二十二次会议批准。2001年5月18日济南市第十二届人民代表大会常务委员会第二十次会议通过，2001年6月15日山东省第九届人民代表大会常务委员会第二十一次会议批准第一次修正；2004年7月29日济南市第十三届人民代表大会常务委员会第十二次会议通过，2004年9月23日山东省第十届人民代表大会常务委员会第十次会议批准第二次修正；2009年4月8日济南市第十四届人民代表大会常务委员会第十二次会议通过，2009年5月27日山东省第十一届人民代表大会常务委员会第十一次会议批准第三次修正）

第一章 总 则

第一条 为加强城市绿化的规划、建设、保护和管理，改善城市生态环境，增进市民身心健康，建设环境优美、文明整洁、具有泉城特色的省会城市，根据《城市绿化条例》等法律法规的有关规定，结合本市实际，制定本办法。

第二条 本办法适用于本市市、县（市）城市规划区内城市绿化的规划、建设、保护和管理。

第三条 市、县（市）人民政府应当把城市绿化建设纳入国民经济和社会发展计划。

第四条 凡本市男十一岁至六十岁、女十一岁至五十五岁的公民，除丧失劳动能力者外，应当依照国家规定履行植树和其他绿化义务。

第五条 本市各级人民政府和各部门、各单位，应当大力组织开展全民义务植树和美化环境的活动，加强城市绿化管理，提高绿化艺术水平。

对城市绿化作出显著成绩的单位和个人，由各级人民政府给予表彰和奖励。

第六条 济南市园林管理局是本市城市绿化的主管部门，负责本市城市绿化工作的统一管理。县（市、区）城市绿化主管部门负责本辖区的城市绿化管理工作。

第二章 规划和建设

第七条 市、县（市）人民政府应当组织城市规划管理部门和城市绿化主管部门编制城市绿化规划，并纳入城市总体规划。

第八条 任何单位和个人不得擅自改变城市规划绿地性质，不得擅自占用城市规划绿地。对擅自改变城市规划绿地性质或擅自占用城市规划绿地的，由城市规划管理部门会同市、县（市）城市绿化主管部门责令限期改正，恢复原状。

市、县（市）人民政府根据国民经济和社会发展需要，改变城市规划绿地性质，须报同级人民代表大会常务委员会和原批准机关备案。

第九条 新建、改建、扩建工程项目的绿化用地面积占建设用地总面积的比例指标为：

（一）新开发居住区不低于百分之三十；旧城改造居住区不低于百分之二十五；

（二）机关、团体、文教、卫生、科研等单位及部队营区，不低于百分之三十五；

（三）大型体育场（馆）等公共设施不低于百分之三十；

（四）城市主干道不低于百分之二十；次干道不低于百分之十五；

（五）产生有毒、有害物质污染环境的单位不低于百分之三十，并根据国家规定设立不低于五十米宽的防护林带；

（六）城市内的河、湖等水体及铁路的防护林带宽度不低于三十米；

（七）其他建设项目不低于百分之二十。

前款（二）、（三）、（五）、（七）项规定的建设项目属于改建的，可以在相应比例指标的基础上降低五个百分点。

第十条 单位和居民区现有绿化面积低于本办法第九条规定且有可绿化用地的，必须绿化；对不绿化的，由市、县（市）城市绿化主管部门责令有关单位限期绿化。

凡具备条件适宜垂直绿化的，应当进行垂直绿化建设。

第十一条 建设项目绿化经费占其建工程投资总额的比例应不低于百分之二，由建设单位按本办法第九条规定的指标建设绿地。

绿化用地达不到本办法第九条规定的指标又确需建设的项目，须在市、县（市）城市绿化主管部门指定的地点补建所缺面积的绿地，补建绿地的全部费用由该建设单位承担。

第十二条 建设项目与其附属绿化工程项目应当同时设计、同时交付使用。

第十三条 公园内非植物占地面积（不含水面面积）不得超过百分之三十；其他城市绿地内非植物占地面积不得超过百分之二十。园林建筑及小品的占地面积不得超过总绿化用地面积的百分之二。

第十四条 城市生产绿地面积占城市建成区总面积的比例不得低于百分之二。

第三章 保护和管理

第十五条 树木所有权按下列规定确认：

（一）园林绿化管理部门在其管辖范围内种植的树木，归国家所有；

（二）单位在其用地范围内种植的树木，归该单位所有；

（三）个人投资在自住房屋的庭院内或房前屋后种植的树木，归个人所有。在全民义务植树活动中种植的树木，归使用土地的单位所有；另有合同的，按合同规定办理。

第十六条 对城市绿地按下列分工实行养护责任制：

（一）公共绿地、生产绿地、防护绿地、风景林地、道路绿地，由绿化专业养护单位负责；

（二）居住区绿地，由居住区管理单位或房屋产权单位负责；

（三）单位附属绿地，由产权单位负责；

（四）各单位门前责任区内的花草树木和绿化设施，由责任单位负责；

（五）居民宅院内的树木，由树木所有权人负责。

前款（二）、（三）、（四）、（五）项中规定的养护工作，责任单位和个人可以委托城市绿化专业单位进行有偿养护。

第十七条 下列区域内的城市绿地禁止占用：

（一）县（市）级以上风景名胜区；

（二）烈士陵园；

（三）各级公园、植物园、动物园；

（四）居住区；

（五）市、县（市）人民政府划定公布的其他重点保护区域。

第十八条 临时占用城市绿地的，应当事先征得市、县（市）城市绿化主管部门同意。

擅自占用城市绿地的，必须退还，恢复原状。

第十九条 占用城市绿地，应当向所有权人支付树木补偿费，并在市、县（市）城市绿化主管部门指定的地点建成同等面积、相同性质的绿地后方可占用，建设绿地所需费用由占用者承担。

临时占用城市绿地的，应当向市、县（市）城市绿化主管部门缴纳临时占用绿地补偿费。临时占用绿地期限最长不得超过一年，占用期满，必须退还绿地并恢复原状。

第二十条 任何单位和个人不得擅自砍伐树木。确需砍伐的，必须办理审批手续，领取批准机关颁发的砍伐许可证后方可砍伐。

砍伐市城市规划区内城市绿地的树木按下列规定审批：

（一）砍伐公共绿地、防护绿地、风景林地内树木，一处一次五株以下的，由区城市绿化主管部门审核，报市绿化主管部门批准；一处一次五株以上五十株以下的，由区城市绿化主管部门审核，经市绿化主管部门审查，报市人民政府批准。

（二）砍伐行道树由市绿化主管部门审查同意，报市人民政府审批。

（三）砍伐单位附属绿地和居住区绿地内树木，一处一次五株以下、胸径不足二十厘米的，由区城市绿化主管部门批准，报市城市绿化主管部门备案。一处一次五株以上、二十株以下或者胸径二十厘米以上的，由区城市绿化主管部门审核，报市城市绿化主管部门批准。一处一次二十株以上五十株以下的，由区城市绿化主管部门审核，市城市绿化主管部门同意，报市人民政府批准。

砍伐县（市）城市规划区内城市绿地的树木，一处一次十株以下的，由县（市）城市绿化主管部门审批；十株以上五十株以下的，由县（市）城市绿化主管部门审核，报县（市）人民政府审批。

砍伐市、县（市）城市规划区内城市绿地的树木，一处一次五十株以上的，必须报经省人民政府批准。

各级城市绿化主管部门砍伐树木时，砍伐株数在其批准权限以内的必须报经其上级主管部门审批；砍伐株数超过其批准权限的，按照本条有关规定办理。

移植树木的，按照本条第二、三、四款规定办理报批手续。

第二十一条 伐除垂直绿化的植物，市城市规划区内的，由区城市绿化主管部门审核，市城市绿化主管部门批准；在县（市）城市规划区内的，由县（市）城市绿化主管部门审核，报县（市）人民政府批准。

第二十二条 经批准在城市绿地范围内砍伐树木或者伐除垂直绿化植物的，除按照规定向树木所有者支付补偿费外，还应当在市、县（市）城市化主管部门指定的地点补栽相当于砍伐数量二倍的树木；没有条件补栽的，应当向在市、县（市）城市绿化主管部门缴纳树木代植费。树木代植费应当在砍伐树木后的第一个绿化季节内全部用于植树。

经批准移植树木的，应当移植至市、县（市）城市绿化主管部门指定的地点。移植未成活的，按前款砍伐规定办理。

第二十三条 单位或者居民搬迁时，应当将其所有的树木移交给迁入户。迁入户应当给予树木所有者补偿。补偿金额双方议定。

因树木权属或者补偿金额发生争议的，由双方当事人协商解决；协商不成的，可以依法向仲裁委员会申请仲裁或者向人民法院起诉。争议解决以前，任何一方不得砍伐有争议的树木。

第二十四条 树木有下列情形之一的，经市、县（市）城市绿化主管部门鉴定后，所有者应当及时更新：

（一）发生严重病虫害已无法挽救或自然枯死的；

（二）严重倾斜、妨碍交通、危害建（构）筑物和人身安全的；

（三）其他需要更新的。

第二十五条 城市绿化主管部门应当及时组织修剪公共绿地内和道路上的树木，其他单位和个人不得擅自修剪。树木妨碍城市管线安全使用需要修剪时，管线管理部门应当通知市、县（市）城市绿化主管部门统一组织修剪。接到通知后修剪不及时造成损失的，市、县（市）城市绿化主管部门应当赔偿损失。

因不可抗力致使树木倾倒危及管线安全时，管线管理部门可以采取紧急措施处理，并及时向市、县（市）城市绿化主管部门报告。

第二十六条 在城市公共绿地、居住区绿地、防护绿地、风景林地、道路绿地内禁止下列行为：

（一）挖坑取土，乱扔污物，排放污水，停放车辆，堆放、焚烧物品，损坏绿篱，践踏花坛、草坪，捕猎放牧；

（二）借用树木搭棚、建房，在树木上钉钉、刻扒树皮，折枝摘花，滥采树籽；

（三）损坏园林绿化设施；

（四）其他损坏绿地、树木的行为。

对前款规定城市绿地范围以外的树木，任何单位和个人不得在正常树冠垂直投影范围内兴建建筑物，不得在距树干基部一点五米范围内挖沟取土。

对违反本条规定的，由市、县（市）城市绿化主管部门责令停止侵害行为，恢复原状。

第四章 法律责任

第二十七条 对违反本办法规定，有下列情形之一的，由市城市绿化主管部门或县（市）城市绿化主管部门按照管理权限给予行政处罚：

（一）违反本办法第八条第一款规定，擅自改变城市规划绿地性质或者擅自占用城市规划绿地的，以及违反第十七条、第十八条规定，占用城市绿地的，按每平方米五百元以上五千元以下处以罚款，并对单位负责人和直接责任人分别处以二百元以上二千元以下的罚款；

（二）违反本办法第十条第一款规定，在限期内未绿化的，按低于规定标准面积每平方米五十元以上一百元以下处以罚款；对单位负责人和直接责任人分别处以一百元以上一千元以下的罚款；

（三）违反本办法第十一条规定，未建设绿地或补建绿地的，处以绿地建设费用三至五倍的罚款；对单位负责人和直接责任人分别处以二百元以上二千元以下的罚款；

（四）违反本办法第十九条规定，未在指定地点建成同等面积、相同性质绿地即占用城市绿地的，或者临时占用绿地期满后不退还绿地恢复原状的，按每平方米三百元以上三千元以下处以罚款；对单位负责人和直接责任人分别处以二百元以上二千元以下的罚款；

（五）违反本办法第二十条规定，擅自砍伐或者移植城市树木的，处以树木补偿费三至五倍的罚款；对单位负责人和直接责任人分别按罚款金额百分之二十处以罚款；

（六）违反本办法第二十五条规定，擅自修剪树木的，处以一百元以上一千元以下的罚款。因修剪造成树木死亡的，处以树木补偿费三至五倍的罚款；对单位负责人和直接责任人分别按罚款金额百分之二十处以罚款；

（七）违反本办法第二十六条规定，未停止侵害行为和恢复原状的，给予警告，并处以十元以上五百元以下罚款；造成树木死亡的，处以树木补偿费三至五倍的罚款。

第二十八条 对违反本办法规定的当事人进行处罚时，应当按照国家行政处罚的有关规定执行。

罚没收入应当按照国家行政处罚的有关规定交同级财政。

第二十九条 拒绝、阻碍城市绿化管理人员依法执行公务，违反《中华人民共和国治安管理处罚法》的，由公安机关处理；构成犯罪的，依法追究刑事责任。

第三十条 当事人对行政处罚决定不服的，可以依法申请行政复议或者提起行政诉讼。逾期不申请复议也不向人民法院起诉又不履行处罚决定的，由作出处罚决定的机关申请人民法院强制执行。

第三十一条 城市绿化主管部门工作人员滥用职权、徇私舞弊、玩忽职守的，由其所在单位或者上级主管机关给予行政处分；构成犯罪的，依法追究刑事责任。

第五章 附则

第三十二条 本办法所称城市绿地，包括公共绿地、居住区绿地、生产绿地、防护绿地、风景林地、道路绿地及单位附属绿地。

本办法所称园林绿化设施，包括亭、廊、花架、喷泉、假山、石桌、石凳、护栏、围墙、园路、雕塑、雕刻及其他景观建筑。

第三十三条 建制镇规划区内城市绿化的规划、建设、保护和管理可以参照本办法执行。

第三十四条 市人民政府根据本办法制定实施细则。

第三十五条 本办法自批准公布之日起施行，济南市人民代表大会常务委员会一九九0年七月九日公布实施的《济南市园林绿化管理办法》同时废止。

济南市名泉保护管理办法

（1997年5月29日济南市第十一届人民代表大会常务委员会第二十七次会议通过，1997年6月6日山东省第八届人民代表大会常务委员会第二十八次会议批准）

第一条 为加强对名泉的保护和管理，保持泉城特色，根据法律、法规的有关规定，结合本市实际，制定本办法。

第二条 本办法适用于本市行政区域内名泉泉池及其人文景观的保护管理。

第三条 本办法所指名泉，包括本市行政区域内的古名泉和新发现并经市人民政府命名的天然泉。

本办法所指人文景观，包括名泉的铭碑、题记及其相关的建（构）筑物。

第四条 市园林管理局主管本市名泉管理工作，并具体负责市区范围内名泉的保护管理。县（市）

园林管理部门负责本辖区内名泉的保护管理。规划、城建、环境保护、公用事业、文物管理等部门应当按照各自职责，协助名泉管理部门做好名泉保护工作。

第五条 任何单位和个人都有保护名泉的义务；对破坏名泉的行为，有权进行劝阻、制止、检举和控告。

第六条 名泉管理部门应当对名泉进行调查、登记、鉴定、建档和设立标志，并组织有关部门对名泉进行科学研究。

第七条 名泉属于国家所有。名泉维护按照以下分工负责：

（一）风景名胜区、公园内的，由风景名胜区或公园管理机构负责；

（二）单位院内的，由所在单位负责；

（三）居（村）民院内的，由居（村）民委员会指定专人负责；

（四）其他范围内的，由市、县（市）名泉管理部门指定有关单位或个人负责。

名泉管理部门应当与前款规定的名泉维护单位和个人，签订名泉保护管理责任书，落实保护管理责任制。

第八条 市、县（市）人民政府应当编制名泉保护规划，并纳入城市总体规划。

规划管理部门应当会同名泉管理部门依据城市总体规划和历史文化名城保护规划，划定名泉保护规划控制区，编制名泉保护专业规划，报同级人民政府批准公布实施。

县（市）的名泉保护专业规划按照规定程序报批后，报市名泉管理部门备案。对已批准的名泉保护专业规划，任何单位和个人不得擅自变更。确需变更的，须经原批准机关批准。

第九条 在名泉保护规划控制区内，禁止开凿新井；对现有水井，由市、县（市）人民政府作出规划，统筹安排，实行限量开采并逐步封闭。

第十条 在名泉保护规划控制区内，禁止建设有碍名泉风貌和可能造成泉系阻淤的建(构)筑物。

在名泉保护规划控制区内，新建、改建、扩建工程项目，规划管理部门在审批工程设计方案时，应当通知名泉管理部门参加审查；建设深基础工程项目应当严格控制，确需建设的，建设单位必须进行专项地质勘探，并委托规划管理部门认可的专家组织进行预防泉系阻淤的可行性论证，经论证可能造成泉系阻淤的，规划管理部门不予办理审批手续。

第十一条 名泉保护规划控制区内的建设项目施工前，建设单位应当对施工现场及其毗邻的名泉采取相应的保护措施，并报经名泉管理部门查验合格后方可施工。工程竣工，建设单位必须于竣工验收合格后十日内恢复名泉原貌。

第十二条 禁止填埋、圈占和损毁名泉。

第十三条 禁止在泉池内游泳、洗刷衣物，向泉池内排放污水、污物和倾倒垃圾。

第十四条 对已被填埋、占压、损毁、污染的名泉，市、县（市）人民政府应当组织名泉管理等有关部门进行修复，在本办法实施后三年内修复完毕。确实不能修复的，应当在名泉原址附近设立碑记。

第十五条 在建设施工中，

任何单位和个人发现新的天然泉，应当立即报告当地名泉管理部门，不得损毁。名泉管理部门应当会同规划管理部门对新发现的天然泉及时组织论证鉴定。对确有观赏、文化、科研、利用价值的，采取相应的保护措施，并按规定程序报市人民政府命名。

第十六条 每年九月份为名泉保护月。在名泉保护月，集中开展名泉保护的宣传、教育、检查、督办等项工作。

第十七条 名泉保护管理经费由市、县（市）人民政府从城市建设维护费中拨付，专款专用。

第十八条 对模范遵守本办法、保护管理名泉做出显著成绩的单位和个人，由市、县（市）人民政府给予表彰、奖励。

第十九条 违反本办法有下列情形之一的，由市、县（市）名泉管理部门责令其停止违法行为，限期恢复名泉原状，造成损失的责令其赔偿，并按照下列规定予以罚款：

（一）名泉保护规划控制区内的建设项目施工前，对施工现场及其毗邻的名泉，未采取保护措施或保护措施未经查验合格擅自施工的以及工程竣工后未按规定恢复名泉原貌的，处以五千元至三万元罚款；

（二）在建设施工中对发现的新天然泉擅自损毁的，处以五千元至三万元罚款；

（三）填埋、圈占、损毁名泉或改变名泉原状的，处以一万元至五万元罚款。

第二十条 在泉池内游泳、洗刷衣物，向泉池内排放污水、污物或倾倒垃圾的，由名泉管理部门责令其停止违法行为，并处以二十元至五百元罚款。

第二十一条 违反本办法依照规划、城建、环境保护、文物管理等法律、法规应当予以处罚的，由有关部门依法处罚，但不得给予两次以上罚款的行政处罚。

第二十二条 违反本办法应当依法给予治安处罚的，由公安机关依照《中华人民共和国治安管理处罚条例》给予处罚；构成犯罪的，依法追究刑事责任。

第二十三条 对当事人进行行政处罚，应当按照《中华人民共和国行政处罚法》的有关规定办理。

第二十四条 当事人对行政处罚决定不服的，可以自接到处罚决定书之日起十五日内，向作出处罚决定机关的上级行政机关申请复议；对上一级机关的复议决定不服的，可以自接到复议决定书之日起十五日内向人民法院起诉。当事人也可以自接到处罚决定书之日起十五日内直接向人民法院起诉。当事人逾期不申请复议也不向人民法院起诉又不履行处决的，由作出处罚决定的机关申请人民法院强制执行。

第二十五条 名泉管理部门的工作人员玩忽职守、滥用职权、徇私舞弊的，由其所在单位或者上级主管机关给予行政处分；构成犯罪的，依法追究刑事责任。

第二十六条 本办法自公布之日起施行。

附：古名泉名录（略）

济南市名泉保护条例

（2005年7月22日济南市第十三届人民代表大会常务委员会第十九次会议通过，2005年9月29日山东省第十届人民代表大会常务委员会第十六次会议批准）

第一章 总 则

第一条 为加强对名泉的保护，保持泉城特色，维护历史文化名城风貌，促进我市经济社会的可持续发展，根据有关法律、法规规定，结合本市实际，制定本条例。

第二条 本条例适用于本市行政区域内泉水补给区、出露区和名泉泉池、泉渠及其人文景观的保护。

第三条 市名泉保护委员会负责名泉保护工作的组织领导。市园林管理局是本市名泉保护工作的主管部门，负责本市行政区域内名泉保护的统一管理和监督，具体工作由市名泉保护管理办公室负责。

有关县（市、区）人民政府应当确定一个部门负责本行政区域内的名泉保护管理工作。

城市规划、国土资源、环境保护、水利、林业、农业、气象等有关部门应当按照各自职责做好名泉保护工作。

第四条 市和有关县（市、区）人民政府应当将名泉保护纳入国民经济和社会发展计划，在同级财政预算内安排名泉保护管理专项经费，组织协调有关部门依法履行保泉职责。

第五条 名泉保护工作应当坚持保泉与保源并举，保泉与泉水综合利用并重，保泉与城市发展相协调、与弘扬泉文化相结合的原则。

第六条 任何单位和个人都有保护名泉的义务。

市和有关县（市、区）人民政府对在名泉保护工作中做出突出贡献的单位和个人，应当给予表彰奖励。

第二章 规 划

第七条 市和有关县（市、区）应当编制名泉保护规划。名泉保护规划分为全市名泉保护总体规划和十大泉群的保护详细规划。

第八条 市名泉保护主管部门应当会同市城市规划行政主管部门编制全市名泉保护总体规划和趵突泉泉群、珍珠泉泉群、黑虎泉泉群、五龙潭泉群的保护详细规划，经市人民政府批准公布后实施。

章丘市、平阴县、历城区、长清区人民政府应当根据全市名泉保护总体规划，分别组织编制本行政区域内的百脉泉泉群、洪范池泉群、白泉泉群、涌泉泉群、玉河泉泉群、袈裟泉泉群的保护详细规划，报经市名泉保护主管部门批准后公布实施。

编制名泉保护规划应当广泛征求有关部门、专家和群众的意见，进行多方面的比较、论证，统筹兼顾，科学编制。

名泉保护规划应当在本条例施行后一年内公布实施。

第九条 全市名泉保护总体规划的主要内容包括：泉水补给区、泉水补给区内的直接补给区、直接补给区内的重点渗漏带以及泉水出露区的保护范围、基础资料、现状分析，泉水资源评价，名泉保护目标和保护措施。

第十条 编制名泉保护规划应当遵循下列规

定：

（一）依据名泉特征、水文地质地貌和历史沿革情况；

（二）保护自然与文化遗产，保持名泉原有风貌；

（三）防止污染和其他公害，维护良好的泉水生态环境；

（四）发挥泉水功能，科学合理利用泉水资源。

第十一条 名泉保护规划公布后，任何单位和个人不得擅自变更。确需变更的，由原编制机关向原批准机关提出变更方案；原批准机关应当向社会公布变更方案并组织听证。批准变更的，按照本条例第八条第一款、第二款的规定向社会公布。

第十二条 城市建设、土地利用、环境保护、水利、林业、农业、气象、旅游等规划需与名泉保护规划相协调。

第三章 管 理

第十三条 市名泉保护主管部门在统一管理中行使下列职责：

（一）调查名泉分布情况，建立名泉档案，组织设立名泉标志；

（二）调度收集水利、国土资源、环境保护、气象、供水、林业等与名泉保护有关的信息资料并进行综合分析，及时向市政府提出保泉建议；

（三）拟订保泉应急预案；

（四）监督、指导全市名泉保护的日常维护和管理工作，提供技术服务；

（五）受理对违反本条例行为的举报。

第十四条 名泉泉池、泉渠及其人文景观的日常维护管理按照下列分工负责：

（一）风景名胜区、公园内的名泉，由风景名胜区或者公园的管理机构负责；

（二）单位用地范围内的名泉，由用地单位负责；

（三）居（村）民用地范围内的名泉，由居（村）民委员会指定专人负责；

（四）其他名泉由其所在的县（市、区）人民政府名泉保护管理部门确定的单位或者个人负责。

有关县（市、区）人民政府名泉保护管理部门应当与前款规定的责任人分别签订名泉维护管理责任书，落实日常维护管理责任。

第十五条 在泉水补给区保护范围内，应当加快植树造林，封山育林、育草，保护植被，涵养水源，合理拦洪蓄水，保持地形地貌，不得擅自取直、压实、垫高河道和沟谷，禁止建设污染水质的工业生产设施。

第十六条 市、县（市、区）、乡（镇）人民政府应当严格控制在泉水补给区保护范围内建设工程项目。

在泉水补给区保护范围内，除村民自建自住房屋以外的其他确需建设的工程项目，建设单位应当进行环境影响评价。环境保护行政主管部门应当会同名泉保护管理部门对环境影响评价文件进行审查。对环境影响评价文件未经审查或者审查后未予批准的，规划、建设部门不得办理规划、施工许可手续，建设 单位不得开工建设。

第十七条 在泉水直接补给区保护范围内，应当遵守下列规定：

（一）经批准建设的工程项目，其用地中硬化面积不得超过总建设用地面积的百分之三十。

（二）在市政污水管网未覆盖的区域范围内建设工程项目，应当建设污水处理设施，其排放的污水必须达到规定的标准；已经建成的工程项目，其污水排放超过规定标准的，应当限期治理。

（三）禁止倾倒、堆放、填埋城市生活垃圾、工业固体废物和危险废物。禁止建设工业固体废物集中贮存、处置的设施、场所和生活垃圾填埋场。

第十八条 在泉水直接补给区保护范围内的重点渗漏带，禁止下列行为：

（一）新建、扩建、改建影响地表水渗漏的工程项目；

（二）开山、采石、挖砂、取土；

（三）其他影响地表水渗漏和污染水质的行为。

第十九条 在泉群的泉水出露区保护范围内建设工程项目，建设单位应当在施工前对施工现场的名泉及其毗邻的名泉采取相应的保护措施，并于工程竣工前恢复名泉原貌。

第二十条 在趵突泉泉群、珍珠泉泉群、黑虎泉泉群、五龙潭泉群、百脉泉泉群、洪范池泉群的泉水出露区保护范围内，建设工程基础施工限制采用箱形基础；禁止建设有碍名泉风貌的建（构）筑物。

在前款规定的范围内，新建、扩建、改建工

程项目，建设单位应当进行环境影响评价。环境保护行政主管部门应当会同名泉保护管理部门对环境影响评价文件进行审查。对环境影响评价文件未经审查或者审查后未予批准的，规划、建设部门不得办理规划、施工许可手续，建设单位不得开工建设。

第二十一条 在七十二名泉泉池周围二十米以内，禁止新建、扩建任何与名泉保护无关的建（构）筑物；泉池周围五十米以内禁止新建、扩建工程地基基础深度超过二米的建（构）筑物。

第二十二条 禁止填埋、占压、损毁名泉泉池、泉渠及其人文景观。

禁止向泉池、泉渠内排放污水和倾倒垃圾、污物。

禁止在公共场所的泉池内游泳、洗涮衣物。

第二十三条 在建设施工中发现新的泉水出露点，建设单位应当立即采取措施保护现场，不得损毁，并报告市名泉保护主管部门。

市名泉保护主管部门对新发现的泉水出露点应当及时组织论证鉴定。对确认有观赏、文化、科研、利用价值的，依法报市人民政府命名。

第二十四条 城市供水经营单位应当加快城市公共供水管网建设。在城市公共供水管网覆盖范围内的单位和个人，应当使用公共供水，禁止开凿新井。原有经批准的自备水井由水行政主管部门责令自城市公共供水管网覆盖之日起三个月内封闭；本条例实施前在城市公共供水管网已经覆盖的范围内仍使用的，由水行政主管部门责令自本条例实施之日起三个月内封闭。

第二十五条 市、县（市、区）人民政府和有关部门应当加强节约用水管理，推广节约用水器具，降低城市供水管网漏失率，加快分质供水建设。

在城市建设中，建设单位对需硬化的地面应当采取有利于雨洪渗入地下的措施；对因施工需大量疏干排水的，应当采取减少疏干排水的措施。

新建、扩建、改建工程项目，应当依法配套建设节水设施、中水设施。

第二十六条 名泉保护管理专项资金的来源：

（一）财政部门安排的名泉保护管理专项经费；

（二）社会捐助。

名泉保护管理专项资金应当专款专用，并接受财政、审计部门的监督。

第四章 监督检查

第二十七条 市和有关县（市、区）人民政府应当建立名泉保护监督检查机制。

第二十八条 任何单位和个人对违反本条例的行为，均有权向市名泉保护主管部门举报。市名泉保护主管部门接到举报后，应当及时调查处理，并将处理结果书面告知举报人。对属于其他部门职权范围的，应当在三日内移送有关部门，并将移送处理情况书面告知举报人。受移送的部门应当将处理结果书面告知举报人和市名泉保护主管部门。

第二十九条 名泉保护管理部门应当对泉水补给区、出露区的保护状况进行巡查，对在建工程项目进行跟踪检查。巡查、跟踪检查中发现的问题，应当及时查处。对属于其他部门职权范围的，应当在三日内移送有关部门，受移送的部门应当将处理结果反馈名泉保护管理部门。

第三十条 名泉保护管理部门进行检查时，检查人员应当出具工作证和部门主要负责人签署的检查通知书。检查通知书的内容应当包括检查依据、检查时间、检查事项、检查人员。检查人员不得少于二人。

被检查当事人应当如实反映情况、提供资料，不得拒绝和阻碍检查。

第三十一条 监察机关应当加强对有关行政机关及其工作人员执行水资源保护、水土保持、森林资源保护、水污染防治、固体废物污染环境防治、矿产资源、土地管理、城市绿化、节约用水和本条例等法律法规情况的监察。对不依法履行职责的，应当及时做出监察决定或者提出监察建议。

第三十二条 市人民政府应当每年向市人民代表大会常务委员会报告名泉保护工作情况。

第五章 法律责任

第三十三条 市、县（市、区）人民政府有关部门及其工作人员违反本条例规定，玩忽职守、滥用职权、徇私舞弊，有下列行为之一的，由其所在单位或者上级主管机关给予行政处分；构成犯罪的，依法追究刑事责任：

（一）对建设工程项目应当进行环境影响评价而未进行的，或者不应当批准环境影响评价文件而予以批准的；

（二）对本条例禁止建设的工程项目或者可以建设但必须经过环境影响评价批准的工程项目，擅自批准规划、施工许可的；

（三）未责令限期封井的；

（四）对举报违反本条例的行为，未及时进行调查处理的；

（五）其他未按照本条例规定履行职责的。

第三十四条 有下列情形之一的，由城市管理行政执法部门给予处罚：

（一）违反本条例第十九条规定，未采取保护措施或者保护措施不力，造成名泉泉池、泉渠或者人文景观损毁的，责令限期恢复原状，并处三万元以上三十万元以下罚款。

（二）违反本条例第十八条第一项、第二十一条规定，擅自开工建设的，责令停止施工、限期拆除和恢复原状，并处工程合同价款百分之一以上百分之二以下罚款。

（三）违反本条例第二十二条规定，除法律、行政法规另有规定的外，填埋、占压、损毁名泉泉池、泉渠及其人文景观的，责令停止违法行为、限期恢复原状，并处三万元以上三十万元以下罚款；向泉池、泉渠内排放污水或者倾倒垃圾、污物的，责令停止违法行为，对单位处一万元以上三十万元以下罚款，对个人处一千元以上五千元以下罚款；在公共场所的泉池内游泳、洗涮衣物的，责令停止违法行为，可以并处五十元以上一百元以下罚款。

（四）违反本条例第二十三条规定，发现新的泉水出露点未向市名泉保护主管部门报告或者未采取保护措施，致使泉水出露点损毁的，责令停止违法行为，恢复原状，并处五万元以上十万元以下罚款。

第三十五条 违反本条例第十六条第二款、第二十条第二款、第十五条、第十七条、第二十四条、第十八条第二项或者第三项规定，未进行环境影响评价或者环境影响评价文件未经批准，擅自开工建设的；擅自取直、压实、垫高河道和沟谷的；建设污染水质的工业生产设施的；排放污水的；倾倒、堆放、填埋城市生活垃圾、工业固体废物和危险废物的；建设工业固体废物集中贮存、处置的设施、场所和生活垃圾填埋场的；建设工程项目超过用地硬化面积的；开凿新井或者逾期未封闭自备水井的；开山、采石、挖砂、取土或者其他影响地表水渗漏、污染水质的行为的，分别由环境保护行政主管部门、水行政主管部门、国土资源行政主管部门依法处罚。

第三十六条 当事人对行政处罚不服的，可以依法申请行政复议或者提起行政诉讼。

第六章 附 则

第三十七条 本条例下列用语的含义：

（一）“名泉”为附件一《济南市名泉名录》所列的天然泉和根据本条例由市人民政府命名的天然泉。

（二）“人文景观”包括名泉的铭碑、题记及有关建（构）筑物。

（三）泉水补给区保护范围”是指在名泉保护规划中划定的汇流、渗漏大气降水具有直接、间接补充地下泉水功能的区域。

（四）“泉水出露区保护范围”是指在名泉保护规划中划定的，地下水自然涌出地表的区域。

第三十八条 本条例自公布之日起施行。1997年6月6日颁布实施的《济南市名泉保护管理办法》同时废止。

附件一：济南市名泉名录（略）

附件二：济南市十大泉群名录（略）

济南市城市绿化条例

（2011年11月30日济南市第十四届人民代表大会常务委员会第三十四次会议通过，2012年1月13日山东省第十一届人民代表大会常务委员会第二十八次会议批准）

第一章　总 则

第一条　为促进城市绿化事业发展，保护和改善城市生态环境，建设宜居城市，根据国务院《城市绿化条例》的规定，结合本市实际，制定本条例。

第二条　本条例适用于本市市、县（市）城市规划区内城市绿化的规划、建设、管理、保护和监督。

第三条　市、县（市、区）人民政府应当将城市绿化建设纳入国民经济和社会发展规划，确定城市绿化发展目标，保障城市绿化发展所需资金及用地。

第四条 市城市绿化主管部门负责本市城市绿化工作。

县（市、区）城市绿化主管部门负责本辖区内的城市绿化工作。

镇人民政府、街道办事处负责本辖区内的城市绿化工作。

发展改革、城乡规划、城乡建设、国土资源、市政公用、交通运输、城市管理行政执法、公安等部门应当按照各自职责做好城市绿化工作。

城市规划区内，有关法律、法规规定由林业行政主管部门管理的绿化工作，依照有关法律法规规定执行。

第五条 城市绿化应当坚持因地制宜、生态优先、科学规划、严格保护的原则，突出泉城风貌和历史文化特色。

第六条 鼓励和支持城市绿化科学技术的基础研究，推广先进技术，开发应用当地植物资源，选育适应本市自然环境的植物品种。引进植物品种应当防止有害植物侵入。

第七条 市、县（市、区）人民政府应当组织开展群众性城市绿化工作，鼓励单位和个人以投资、捐资、认养等方式，参与城市绿化建设和养护工作。

投资的单位或者个人按照协议享有合法权益。

捐资、认养的单位或者个人可以享有一定期限的绿地冠名权。

投资、捐资、认养的具体办法由市人民政府制定。

第八条 机关、学校、企事业单位和新闻媒体应当加强对城市绿化保护的宣传教育，提高市民爱护城市绿地的意识。

任何单位和个人都有保护城市绿地、树木花草以及城市绿化设施的义务，有劝阻和举报损害城市绿化行为的权利。

第九条 市、县（市、区）人民政府应当对城市绿化工作做出贡献的单位和个人给予表彰和奖励。

第二章 规划编制和实施

第十条 市、县（市）城市绿化主管部门应当会同城乡规划、国土资源主管部门编制城市绿地系统规划和山林保护专项规划，经同级人民政府批准并纳入城市总体规划。

第十一条 城市绿地系统规划和山林保护专项规划批准后，应当报同级人民代表大会常务委员会备案。

第十二条 城市绿地系统规划应当确定城市绿化目标，分层次合理布局各类绿地，规定各类绿地控制原则，确定绿地范围和用地面积。

山林保护专项规划应当确定保护范围，保护利用的方向、目标，环山防火通道的建设及其与城市道路的衔接。

第十三条 城市总体规划修编或者进行重大调整时，城市绿地系统规划和山林保护专项规划应当做相应调整，并按照本条例第十条、第十一条规定的程序报批、备案。

第十四条 城市绿地实行绿线管理制度。市、县（市）城市绿化主管部门应当会同城乡规划、国土资源主管部门根据城市规划、城市绿地系统规划和山林保护专项规划，进行实地测量划界，确定城市绿地绿线，并向社会公布，接受公众监督。

绿线不得擅自调整。因城市建设确需调整的，按前款规定办理。

第十五条 新建、改建、扩建工程项目的绿化用地面积占建设用地总面积的比例指标为：

（一）新开发居住区不低于百分之三十；旧城改造居住区不低于百分之二十五；

（二）学校、医院、机关团体、体育场馆、公共文化设施不低于百分之三十五；

（三）交通枢纽、商业中心不低于百分之二十；

（四）产生有毒、有害物质污染环境的单位不低于百分之三十，并根据国家规定设立不低于五十米宽的防护林带；

（五）道路红线宽度大于五十米的，不低于百分之三十；红线宽度在四十米以上五十米以下的，不低于百分之二十五；红线宽度小于四十米的，不低于百分之二十；

（六）城市内的河、湖等水体及铁路的防护林带宽度不低于三十米；

（七）其他建设项目不低于百分之二十。

第十六条 建设单位在申请办理建设工程规划许可证时，应当向城乡规划主管部门一并提交该工程项目的附属绿化工程设计方案。城乡规划主管部门应当将附属绿化工程设计方案移交城市绿化主管部门审查。城市绿化主管部门应当自收到附属绿化工程设计方案之日起五日内勘察现场，向城乡规划主管部门回复审查意见；逾期不回复的，视为同意。

第十七条 公园绿地、防护绿地、风景林地和城市道路绿化的工程设计方案，应当报市城市绿化主管部门备案。

第三章 建设与保护

第十八条 城市绿化项目建设单位，应当按照设计规范和工程建设标准组织施工，并接受城市绿化主管部门的监督检查。

第十九条 城市绿化工程的设计、施工和监理应当委托具备相应资质等级的单位承担。

承担绿化工程的单位不得违反资质标准承揽工程的设计、施工和监理。

第二十条 申请城市园林绿化企业资质的，应当向市城市绿化主管部门提交申报材料，经审核同意后，报城乡建设主管部门审批。

第二十一条 建设项目进行竣工验收时，建设单位应当提请城市绿化主管部门对附属绿化工程进行验收。符合条件的，城市绿化主管部门应当自受理之日起五日内出具竣工验收合格证明。

第二十二条 鼓励有条件的单位和居住区发展垂直绿化和楼（房）顶绿化，鼓励城市主要道路两侧沿线单位实施开放式绿化。

第二十三条 在城市规划区范围内取得土地使用权后不能及时开工建设的单位，应当实施临时绿化，满足以植物覆盖裸露土地、防治扬尘的要求。

第二十四条 实施临时绿化、垂直绿化和楼（房）顶绿化的具体办法，由市人民政府制定。

第二十五条 城市绿地养护管理责任按照下列规定确定：

（一）使用财政性资金建设的，由市、县（市、区）城市绿化专业养护单位负责；

（二）居住区的，由管理单位或者受委托的机构负责；

（三）单位附属的，由单位负责；

（四）其它类型的，由产权人负责。

城市绿化主管部门委托具备相应资质的企业实施城市绿地养护管理的，应当通过招投标方式确定。

养护管理责任不清或者有争议的绿地，由所在地县（市、区）人民政府确定养护管理责任单位。

第二十六条 绿地养护责任单位应当按照市城市绿化主管部门制定的绿地养护管理质量标准进行养护管理。

第二十七条 城市绿地养护管理责任考核情况，由市、县（市、区）城市绿化主管部门每年向社会公布。

第二十八条 树木因树龄已达到更新期、自然枯死或者有严重病虫害无法挽救等自然原因需要砍伐更新时，养护责任单位应当及时报告城市绿化主管部门，并按要求砍伐更新。

第二十九条 城市绿地养护责任人应当建立检查制度，定期修剪树木，避免妨碍交通、危害建（构）筑物和人身安全。

城市绿地中的树木妨碍城市管线安全，需要修剪时，管线管理部门应当向县（市、区）城市绿化主管部门提出申请，由城市绿化主管部门统一组织修剪。

因不可抗力致使树木危及管线安全的，管线管理部门可以采取紧急处理措施，并及时向所在地城市绿化主管部门报告。

第三十条 市政、交通、电力、通讯等建设工程项目影响城市绿化的，建设单位应当按照有关规定保护绿地和树木，并在建设施工前告知养护管理责任单位。

第三十一条 禁止占用下列区域内的城市绿地：

（一）风景名胜区；

（二）烈士陵园；

（三）综合公园、专类公园、风景林地；

（四）市、县（市）人民政府确定的其他重点保护区域。

第三十二条 城市绿地内禁止下列行为：

（一）挖坑取土，乱扔污物，排放污水，堆放、焚烧物品，损坏绿篱、花坛，捕猎放牧；

（二）在正常树冠垂直投影范围内兴建建（构）筑物，拴绳挂物，钉、划树木，刻扒树皮，攀折花木，滥采树籽；

（三）损坏、盗窃绿化设施；

（四）私设坟墓；

（五）其他损害绿地、树木的行为。

第三十三条 任何单位和个人不得擅自占用城市绿地。因城市规划调整占用城市绿地的，应当在城市绿化主管部门指定的地点建设面积相等、类型相同的绿地；不能建设的，应当缴纳易地补建绿地代建费。

第三十四条 建设工程项目确需临时占用城市绿地的，应当按照下列规定办理：

（一）临时占用城市绿地一千平方米以下，在市城市规划区内的，由区城市绿化主管部门审核，报市城市绿化主管部门批准；在县（市）城市规划区内的，由县（市）城市绿化主管部门审核，报县（市）人民政府批准。

（二）临时占用城市绿地超过一千平方米，在市城市规划区内的，由市城市绿化主管部门审核，报市人民政府批准；在县（市）城市规划区内的，由县（市）人民政府审核，报市人民政府批准。

经批准临时占用城市绿地的，应当向城市绿化主管部门缴纳临时占用绿地补偿费；临时占用绿地期限不得超过两年；占用期满，应当恢复原状并退还临时占用的城市绿地。

第三十五条 城乡规划主管部门、城市绿化主管部门对确需占用、临时占用城市绿地的项目审批前应当依法进行公示。

第三十六条 易地补建绿地代建费和临时占用绿地补偿费应当用于城市绿化。

第三十七条 任何单位和个人不得擅自移植、砍伐树木；确需移植、砍伐的，应当按下列规定办理审批手续：

（一）一处一次移植或者砍伐树木不足十株的，由县（市、区）城市绿化主管部门审批，报市城市绿化主管部门备案；

（二）一处一次移植或者砍伐树木十株以上不足五十株的，由市城市绿化主管部门审批；

（三）一处一次移植或者砍伐行道树不足五十株的，由市、县（市）城市绿化主管部门审查同意，报同级人民政府批准；

（四）一处一次移植或者砍伐树木五十株以上的，按有关规定报批。

第三十八条 经批准砍伐树木的，应当在城市绿化主管部门指定的地点补栽相当于砍伐数量二倍的树木。无法补栽的，应当向城市绿化主管部门缴纳树木代植费。

经批准移植树木的，应当在城市绿化主管部门指定的地点进行移植；移植未成活的，按照前款规定执行。

第三十九条 伐除垂直绿化的植物，市城市规划区内的，由区城市绿化主管部门审核，市城市绿化主管部门批准；在县（市）城市规划区内的，由县（市）城市绿化主管部门审核，报县（市）人民政府批准。

第四章 古树名木保护

第四十条 市、县（市、区）城市绿化主管部门应当加强对古树名木的保护和管理，做好古树名木的调查、登记、鉴定和建档工作；设立古树名木标志，划定保护范围，落实养护管理责任单位。

第四十一条 古树名木的保护范围为树冠外缘以外五米的区域。

第四十二条 建设单位在进行建设项目规划、设计、施工时，应当对古树名木采取避让和保护措施。

第四十三条 严禁砍伐古树名木。

第四十四条 禁止擅自迁移古树名木。确因特殊需要迁移的，按照下列规定报批：

（一）在县（市）城市规划区内的，应当经县（市）绿化主管部门审查同意，报同级人民政府批准；

（二）在市城市规划区内的，应当经市城市绿化主管部门审查同意，报市人民政府批准；

（三）三百年以上和特别珍贵稀有或者具有重要历史价值和纪念意义的古树名木，按有关规定报批。

第四十五条 砍伐、移植古树名木或者在建设项目施工中未对古树名木采取避让保护措施，致使古树名木受到损害或者死亡的，其价值由评估机构评估，并向社会公示。

第五章 监督检查

第四十六条 市、县（市、区）城市绿化主管部门和城市管理行政执法部门应当加强城市绿化监督管理，建立日常巡查制度，对侵害城市绿化的行为，应当责令停止侵害，限期改正。

第四十七条 市、县（市、区）城市绿化主管部门应当加强城市绿化的资源调查、监控预警、服务指导、知识普及，建立和完善管理信息系统，依法公布相关信息。

第四十八条 城市绿化主管部门、城市管理行政执法部门应当加强工作协调，实现城市绿化管理信息共享，建立工作联动机制。

城市绿化主管部门发现违反城市绿化管理的行为时，应当自发现之日起五日内告知城市管理行政执法部门，城市管理行政执法部门应当将查处结果在七日内告知城市绿化主管部门。

城市管理行政执法部门发现违反城市绿化管理的行为时，应当自发现之日起五日内告知城市绿化主管部门，并对作出的处罚决定及执行情况，自作出决定之日和执行完毕之日起七日内告知城市绿化主管部门。

第四十九条 城市绿化主管部门、城市管理行政执法部门应当建立投诉举报受理机制，自接到投诉、举报之日起十日内核查、处理并予以答复。

第五十条 违反本条例第十九条第二款规定承揽工程设计、施工和监理的，城市绿化主管部门应当予以制止，并可以向社会公告，同时移送有关资质审批机关处理。

第六章 法律责任

第五十一条 违反本条例第十三条、第十四条规定，擅自改变城市绿地系统规划、山林保护专项规划或者绿线的，由市、县（市）城市绿化主管部门报市、县（市）人民政府撤销改变的有关文件，并由相关部门对责任人进行处理。

第五十二条 违反本条例第三十一条规定，占用城市绿地的，由城市管理行政执法部门按易地补建绿地代建费的五倍处以罚款。

第五十三条 违反本条例第三十二条规定，损害城市绿地的，由城市管理行政执法部门处一百元以上五百元以下罚款；情节严重的，处造成损害价值三倍以上五倍以下罚款。

第五十四条 违反本条例第三十三条规定，擅自占用城市绿地的，由城市管理行政执法部门按易地补建绿地代建费的三倍以上五倍以下处以罚款。

第五十五条 违反本条例第三十四条规定，临时占用城市绿地超过批准期限的，由城市管理行政执法部门按临时占用城市绿地补偿费的五倍处以罚款。

第五十六条 违反本条例第三十七条、第三十九条规定，擅自移植、砍伐树木或者伐除垂直绿化植物的，由城市管理行政执法部门按树木补偿费的三倍以上五倍以下处以罚款。

第五十七条 违反本条例第四十二条规定，未采取避让保护措施，造成古树名木损害的，由城市管理行政执法部门按每株评估价格百分之二十以上百分之五十以下处以罚款；造成古树名木死亡的，按每株评估价格的五倍处以罚款。

第五十八条 违反本条例第四十三条规定，砍伐古树名木的，由城市管理行政执法部门按每株评估价格的十倍处以罚款。

第五十九条 违反本条例第四十四条规定，擅自迁移古树名木，未造成死亡的，由城市管理行政执法部门按每株评估价格的二倍处以罚款；造成死亡的，按每株评估价格的十倍处以罚款。

第六十条 违反本条例规定，造成树木、花草或者绿化设施损害、灭失的，应当依法予以赔偿。

第六十一条 违反本条例规定，故意损害城市绿地或者拒绝、阻碍城市绿化主管部门、城市管理行政执法部门依法执行公务，违反《中华人民共和国治安管理处罚法》的，由公安机关处理；构成犯罪的，依法追究刑事责任。

第六十二条 城市绿化主管部门、城市管理行政执法部门以及其他部门的工作人员在城市绿化管理工作中玩忽职守、滥用职权、徇私舞弊的，由其所在单位、上级主管部门或者监察机关依法给予处分。构成犯罪的，依法追究刑事责任。

第七章 附 则

第六十三条 城市绿化主管部门审批、审查的各类事项，应当按照政府行政审批中心确定的审批要求办理。

第六十四条 本条例下列用语的含义：

城市绿线，是指城市各类绿地范围的控制界线；

城市绿地，包括公园绿地、生产绿地、防护绿地、附属绿地、和其他绿地；

古树名木，是指百年以上树龄的树木，稀有、珍贵的树木，具有历史价值或者重要纪念意义的树木。

第六十五条 本条例规定由市人民政府和市城市绿化主管部门制定的具体办法和标准，应当自本条例施行之日起公布实施。

第六十六条 本条例自 2012 年 6 月 1 日起施行。济南市人民代表大会常务委员会 1996 年 6 月 15 日颁布施行的《济南市城市绿化管理办法》和 1992 年 11 月 21 日颁布施行的《济南市古树名木保护管理办法》同时废止。

文　存

济南市园林管理局
关于成立《济南园林志》编辑委员会和工作机构的通知
（济园〔2008〕97号）

局属各单位、机关各处室：

为做好济南园林志编辑工作，经研究决定成立济南园林志编辑委员会和工作机构，现将组成人员及分工通知如下：

主 任 委 员：韩晓光
副 主 任 委 员：杨庆绪
编辑委员会成员：（按姓氏笔画）

丁桂军　于增利　尤凤尧　王　昆　王永华　王亚玲　王家友　王钰清
王毓奎　刘运初　刘建东　刘春丽　吕　杰　孙平远　安吉磊　宋雪翔
张运德　张宝迎　张茂金　李玉民　杨　波　赵晓平　郭京山　高明兰
崔家新　隆中华　焦玉忠　释　达　韩明新　雷学端　潘大波　魏　强

编委会办公室
主　任：尤凤尧
副主任：释　达
成　员：于文玲　王桂欣　徐家茂

做好济南园林志编写工作，是全局的一项重要工作。望各单位、处室接此通知后，切实加强对编志工作的组织领导，把编辑园林志工作当成任内一项重要工作来做，明确专人具体负责与局编志办公室保持沟通联系，并按照要求及时向局编志办公室提供所需材料、资料，积极配合、支持编委会工作机构完成园林志编写任务。

二〇〇八年十一月三日

关于调整《济南风景园林志》编委会及成员的通知

机关各处室、局属各单位：

根据《济南园林志》编辑委员会组成人员变动情况，经研究决定，对原编委会及成员进行调整，调整后编委会全称《济南风景园林志》编纂委员会，其组成人员及分工如下：

编委会主任：韩晓光
副　主　任：李心宏　吕剑平　杨德海　刘建东　王玉华　丁桂军　孙平远
委　　　员：（按姓氏笔画）
于增利　尤凤尧　片西玉　王永华　王亚玲　王　凯　刘云初　刘春丽
吕　杰　安吉磊　宋雪翔　张宝迎　张保泉　李玉民　杨　波　陈玉才
胡玉厚　赵晓平　郭京山　崔家新　隆中华　焦玉忠　谢玉浩　释　达
韩明新　雷学端　潘大波　潘丕旗　魏　强

编委会办公室
主　任：孙平远（兼）
副主任：尤凤尧　释　达
成　员：王桂欣　于文玲

二〇一〇年三月二十六日

济南市城市园林绿化局
关于调整《济南风景园林志》编委会组成人员的通知

（济园〔2012〕22号）

机关各处室、局属各单位：

2010年3月26日，《济南风景园林志》编委会成立后，原组成人员有较大变动。鉴于此，为切实加强对园林编志工作的领导，决定对《济南风景园林志》编委会组成人员进行调整，调整后的组成人员及分工如下：

主　任：韩永军

副主任：吕剑平　杨德海　刘建东　潘大波　丁桂军　孙平远

委　员：（按姓氏笔画）

于增利　尤凤尧　片西玉　王永华　王亚玲　王吉栋　王　凯　王　昆

尹相韡　田晓东　刘运初　刘春丽　吕　杰　安吉磊　吴炳泽　张宝迎

张保泉　杨　波　陈玉才　林祥龙　胡玉厚　赵晓平　郭京山　崔家新

隆中华　焦玉忠　谢玉浩　释　达　韩明新　雷学端　潘丕旗　魏　强

编委会办公室

主　任：孙平远（兼）

副主任：尤凤尧　释　达

成　员：王桂欣　于文玲

二○一二年三月二十九日

后 记

《济南园林志》编纂始于2009年10月，到2014年8月，经历了调研准备、志稿纂写、评审定稿三个阶段。

一、调研准备——2009年10月至2010年12月。2009年10月，编志人员在如期完成《济南市志（1986—2005）》“泉水”和“园林绿化”两篇承编稿初编任务后，济南园林志编纂准备工作随即展开。一是，搜集兄弟城市园林志及其他领域部门志学习研究，结合济南园林实际，提出了《济南园林绿化志》编写篇目及其工作方案。二是，2010年1月15日，邀请贾祥云、于红生、王玉华、王立永、索奎霖、蒋三登、李世欣、徐家茂等园林专家对编写篇目及其工作方案进行了论证。根据专家论证意见，调整了工作方案，制定了新的编写篇目，志书名改为《济南风景园林志》。编写篇目框架及工作方案经局领导批准确定了下来；三是，根据编写篇目框架广泛搜集资料。资料搜集采取统一征集和编纂人员自己搜集相结合的办法。2010年3月26日，局印发《关于编写〈济南风景园林志〉征集资料及任务分工的通知》，将需要征集的资料（文字、图片等）逐一明确下达到局机关处室、局属单位和区、县（市）园林部门，限期完成资料征集和报送。局编纂人员也通过上网、跑书店、查档案等途径，搜集获得了大量一手资料。扎实有效的准备工作，为展开志稿编纂奠定了基础。

二、志稿纂写——2011年至2012年8月。为加快志稿编纂进度，保证志稿编纂质量，志稿编写采取分工负责、齐头并进的办法。本志文稿分工执笔者和审通稿人如次：总述，于文玲、尤凤尧；第一篇“风景区（点）”、第二篇“公园”，于文玲；第三篇“泉水”，于文玲、王桂欣、尤凤尧；第四篇“城市绿化”、第五篇“设计与施工”，王桂欣；第六篇“科技教育”，王桂欣、释达；第七篇“机构队伍”，尤凤尧、释达；“大事记”，于文玲、王桂欣、尤凤尧；“附录：园林艺文选录”，于文玲。“园林政策法规”，尤凤尧；审通稿，尤凤尧、释达。2011年6月，《济南风景园林志》完成初编，形成了征求意见稿。当年7月至9月底，征求意见稿在市园林局机关、局属单位和区、县（市）园林部门及局领导（含离职退休的老局长）、园林专家范围内征求意见。意见搜集上来后，2011年10月至2012年8月，编纂人员对征求意见稿进行修改，并对志稿涉及的重要事件及记述的客观性，通过拜访园林老人，召开老员工座谈会，到档案管理部门查阅档案等方式作了查证，最终形成了领导、专家评议稿。

三、评审定稿——2012年8月至2014年8月。《济南风景园林志》（评议稿）形成后，送市史志办和市园林局领导、专家及区、县（市）园林部门分头评议。2012年12月27日，在济南园林开发建设集团会议室又专门召开《济南风景园林志》（评议稿）专家评议会，对评议稿进行评议。受邀参加评议会的领导、专家有：市史志办主任李吉祥、巡视员朱佩峰，市园林专家贾祥云、于红生、王立永、索奎霖、蒋三登、李世欣、徐家茂、孔宪雷、黑自明等。局领导王玉华、丁桂军、孙平远等出席会议听取专家评议。会中，局党委书记、局长韩永军会见了参加评议的领导和专家，对他们受邀参加评议会，支持、指导园林编志工作表示感谢。分头评议和专家集中评议认为：《济南风景园林志》（评议稿）体例完备，资料翔实，行文规范，语言简洁流畅，行业和时代特色突出，是一部质量较好、可发挥存史、资政作用的部门志书。同时，也提出了评议稿存在着个别章节设置不够合理，内容上有的缺漏不全，事件记述有的详略失当，纪年、数量单位运用不够统一等问题。编纂人员根据评议提出的问题，又补征了部分资料，对文稿篇目作了部分调整，文字上进行了字斟句酌的修改。新的志稿形成后，风景区（点）、公园和园林艺文选录、城市绿化、机构队伍等重要篇章又分别送请孔宪雷、索奎霖、黑自明进行了审读，编志人员对其他篇、章进行了交叉审读，朱佩峰做了通稿审读。根据专家审读提出的意见，编纂人员又进行了通稿修改，2014年6月形成局领导审定稿（送审样书），并根据专家领导审读的意见，将志书名改为《济南园林志》。8月经由市城市园林绿化局局长韩永军审阅定稿，并为本志作了序。至此，编纂工作全部完成。

本志在编纂过程中，得到了市史志办主任李吉祥、巡视员朱佩峰的精心指导，园林局老领导、老专家的极大帮助，局机关处室、局属单位和区、县（市）园林部门的大力支持，有100多人提供了资料或文稿。在此，谨致谢忱。

由于资料搜集工作不足，加之编纂人员的水平所限，本志存在的欠缺和错误之处一定不少，敬请多提宝贵意见，以便更正。

编 者

2014年9月